臺灣商務印書館

60週年

商務印書館

110週年

創館元老王雲五先生誕辰

120週年

文淵閣四庫全書

225週年紀念版

景印文淵閣四庫全書 目錄・索引

編輯者◆臺灣商務印書館股份有限公司
董事長◆王學哲
副董事長◆施嘉明
總編輯◆方鵬程
編印者◆本館四庫籌備小組
承製者◆博創印藝文化事業有限公司

出版發行：臺灣商務印書館股份有限公司
台北市重慶南路一段三十七號
局版北市業字第 993 號
電話：(02)2371-3712
讀者服務專線：0800056196
郵撥：0000165-1
網路書店：www.cptw.com.tw
E-mail：ecptw@cptw.com.tw
網址：www.cptw.com.tw

初版一刷：1986 年 7 月
初版二刷：2008 年 11 月
定價：新台幣1,200 元

臺灣商務印書館 POD 數位製作（2008.11）67037011

ISBN 978-957-05-2336-2（精裝）

景印文淵閣四庫全書

書名及著者姓名索引

臺灣商務印書館發行

景印文淵閣四庫全書
書名及著者姓名索引

目　次

I 四角號碼索引

四角號碼檢字法………………………………………… 1
索引字頭筆畫檢字……………………………………… 3
書名四角號碼索引……………………………………11
著者姓名四角號碼索引……………………………75

II 筆畫部首索引

書名筆畫部首索引………………………………… 123
著者姓名筆畫部首索引…………………………… 193

第二次改訂 四角號碼檢字法

王雲五發明

第一條 筆畫分為十種，各以號碼代表之如下：

號碼	筆名	筆形	舉例	說明	注意
0	頭	亠	言主广疒	獨立之點與獨立之橫相結合	0456789各種均由數筆合為一複筆．檢查時遇單筆與複筆並列，應儘量取複筆；如亠作0不作3，寸作4不作2，厂作7不作2，𠂉作8不作32，⺌作9不作33．
1	橫	一㇀乚㇏	天土地江元風	包括橫，㇇與右鈎	
2	垂	丨丿亅	山月千則	包括直，撇與左鈎	
3	點	丶㇏	宀礻冖厶之衣	包括點與捺	
4	叉	十乂	草杏皮刈大葤	兩筆相交	
5	插	扌	才戈申史	一筆通過兩筆以上	
6	方	口	國鳴目四甲由	四邊齊整之形	
7	角	㇇𠃌㇄𠂆㇇	羽門灰陰雪衣學罕	橫與垂相接之處	
8	八	八丷人𠆢	分頁羊余災尒疋午	八字形與其變形	
9	小	小⺌⺍忄	尖糸粦呆惟	小字形與其變形	

第二條 每字祇取四角之筆，其順序：

(一)左上角 (二)右上角 (三)左下角 (四)右下角

(例) (一)左上角……端……(二)右上角
(三)左下角……端……(四)右下角

檢查時按四角之筆形及順序，每字得四碼：

(例) 顏＝0128 截＝4325 縣＝6789

第三條 字之上部或下部，祇有一筆或一複筆時，無論在何地位，均作左角，其右角作0．

(例) 宣 直 首 冬 軍 宗 母

每筆用過後，如再充他角，亦作0．

(例) 干 之 持 掛 大 十 車 時

第四條 由整個口門鬥所成之字，其下角取內部之筆，但上下左右有他筆時，不在此例．

(例) 因＝6043 閉＝7724 關＝7712

菌＝4460 瀾＝3712

附則

Ⅰ字體均照楷書如下表

正	住 匕 反 禾 戶 安 心 卜 斥 刃 业 亦 草 真 執 禺 衣
誤	住 匕 反 禾 戶 安 心 卜 斥 刃 业 亦 草 真 執 禺 衣

Ⅱ取筆時應注意之點

(1)宀 户 等字，凡點下之橫，右方與他筆相連者，均作3，不作0

(2)尸 四 門 等字，方形之筆端延長於外者，均作7，不作6·

(3)角筆之兩端，不作7，如 刀

(4)交叉之筆，不作　，如 美

(5)业 氺 中有二筆，水 小 旁有二筆，均不作小形·

Ⅲ取角時應注意之點

1獨立或平行之筆，不問高低，概以最左或最右者為角·

(例) 非　倬　疾　浦　帝

2最左或最右之筆，有他筆蓋於其上或承於其下時，取蓋於上者為上角，承於下者為下角·

(例) 宗　幸　寧　共

3有兩複筆可取時，在上角應取較高之複筆，在下角應取較低之複筆·

(例) 功　盛　頗　鴨　奄

4斜撇為他筆所承，取他筆為下角·

(例) 春　奎　雁　衣

5左上之撇作左角，其右角取右筆·

(例) 勾　鈎　侔　鳴

Ⅳ四角同碼字較多時，以右下角上方最貼近而露鋒芒之一筆為附角；如該筆業已用過，則附角作0·

(例) 芒=44710 元 洋 是 疝 歆 畜 残 主 難 霖

䞈 拼 鑾 覽 功 郭 癥 愁 金 遠 仁 見

附角仍有同碼字時，得按各該字所含橫筆（即第一種筆形，包括橫ㄱ及右鈎）之數順序排列：

例如「市」「帝」二字之四角及附角均同，但市字含有二橫，帝字含有三橫，故市字在前帝字在後，餘照此類推·

索引字頭筆畫檢字

一畫

一 1000_0

二畫

丁 1020_0
七 4071_0
九 4001_7
了 1720_7
二 1010_0
人 8000_0
入 8000_0
八 8000_0
刁 1712_0
十 4000_0
卜 2300_0

三畫

万 1022_7
三 1010_1
上 2110_0
于 1040_0
千 2040_0
土 4010_0
士 4010_0
大 4003_0
子 1740_7
小 9000_0
山 2277_0
干 1040_0
才 4020_0

四畫

不 1090_0
中 5000_6
丹 7744_0
五 1010_7
井 5500_0
亢 0021_7
仁 2121_0
仇 2421_7
今 8020_7
介 8022_0
允 2321_0
元 1021_1
內 4022_7
公 8073_2
六 0080_0
分 8022_7
切 4772_0
勿 2722_0
化 2421_0
升 2440_0
午 8040_0
卞 0023_0
友 4004_7
天 1043_0
太 4003_0
孔 1241_0
少 9020_0
尤 4301_0
尹 1750_7
巴 7771_7
心 3300_0
戈 5300_0
文 0040_0
斗 3400_0
方 0022_7
无 1041_0
日 6010_0
月 7722_0
木 4090_0
止 2110_0
毛 2071_4
氏 7274_0
水 1223_0
牛 2500_0
王 1010_4

五畫

世 4471_7
丘 7210_1
丙 1022_7
仕 2421_0
令 8030_7
冋 7722_0
册 7744_0
冬 2730_3
刊 1240_0
包 2771_2
北 1111_0
半 9050_0
古 4060_0
句 2762_0
可 1062_0
史 5000_6
叶 6400_0
司 1762_0
四 6021_0
外 2320_0
左 4001_1
平 1040_9
弁 2344_0
弘 1223_0
未 5090_0
本 5023_0
正 1010_1
永 3023_2
片 2202_1
玄 0073_2
玉 1010_3
瓜 7223_0
甘 4477_0
用 7722_0
田 6040_0
甲 6050_0
申 5000_6
白 2600_0
皮 4024_7
石 1060_0
示 1090_1
立 0010_8

六畫

交 0040_8
亦 0033_0
仰 2722_0
仲 2520_6
任 2221_4
伊 2725_7
伍 2121_7
伏 2323_4
伐 2325_0
先 2421_1
全 8010_4
列 1220_0
匡 7171_1
印 7772_0
危 2721_2
合 8060_1
同 7722_0
名 2760_0
后 7226_1
向 2722_0
回 6060_0
因 6043_0
在 4021_4
圭 4010_4
夷 5003_2
字 3040_7

存 4024_7
宅 3071_4
宇 3040_1
守 3034_2
安 3040_4
州 3200_0
式 4310_0
托 5201_4
曲 5560_0
朱 2590_0
次 3718_2
此 2111_0
汗 3114_0
汝 3414_0
江 3111_0
池 3411_2
牟 2350_0
百 1060_0
竹 8822_0
米 9090_4
羽 1712_0
老 4471_1
考 4420_7
自 2600_0
至 1010_4
艮 7773_2
艾 4440_0
行 2122_1
西 1060_0

七畫

伯 2620_0
伸 2520_6
何 2122_0
佘 8090_1
余 8090_4
佛 2522_7
作 2821_1
克 4021_6
冷 3813_7
別 6240_0
利 2290_0
努 4742_7
却 4772_0
吳 2643_0
吹 6708_2
吾 1060_1
呂 6060_0
困 6090_4
坊 4012_7
夾 4003_8
妙 4942_0
孝 4440_7
孛 4040_7
宋 3090_4
宏 3043_2
局 7722_7
岑 2220_7
巵 7221_7
希 4022_7
延 1240_1
成 5320_0
戒 5340_0
抑 5702_0
抒 5702_2
投 5704_7
折 5202_1
攻 1814_0
旴 6104_0
李 4040_7
杏 4060_9
杜 4491_0
步 2120_1
求 4313_2
汪 3111_4
汴 3013_0
汶 3014_0
沐 3419_0
沈 3411_2
沖 3510_6
沙 3912_0
甫 5322_7
甬 1722_7
肘 7420_0
見 6021_0
言 0060_1
谷 8060_8
貝 6080_0
赤 4033_1
車 5000_6
辛 0040_1
邢 1742_7
酉 1060_0
阮 7121_1

八畫

乖 2011_1
事 5000_7
京 0090_6
佩 2721_0
來 4090_8
兒 7721_7
兩 1022_7
具 7780_1
初 3722_0
卓 2140_6
協 4402_7
卦 4310_0
周 7722_0
呻 6500_6
和 2690_0
咏 6303_2
坡 4414_7
坤 4510_0
坦 4611_6
垂 2010_4
奇 4062_1
始 4346_0
姑 4446_0
姓 4541_0
孟 1710_7
季 2040_7
宗 3090_1
官 3077_7
定 3080_1
宛 3021_2
宜 3010_7
尙 9022_7
居 7726_4
屈 7727_2
岳 7277_2
幸 4040_1
庚 0023_7
弧 1223_0
征 2121_1
徂 2721_0
忠 5033_6
念 8033_2
性 9501_0
或 5310_0
房 3022_7
所 7222_1
抱 5701_2
押 5605_0
拂 5502_7
拙 5207_2
放 0824_0
於 0823_3
昌 6060_0
昆 6071_1
明 6702_0
易 6022_7
杭 4091_7
東 5090_6
杼 4792_2
松 4893_2
林 4499_0
果 6090_4
武 1314_0
河 3112_0
治 3316_0
泊 3610_0
法 3413_1
注 3011_4
泠 3813_7
炎 9080_9
牧 2854_0
物 2752_0
玩 1111_1
盱 6104_0
直 4010_7
知 8640_0
秇 2491_7
空 3010_1
芥 4422_8
芮 4422_7
花 4421_4
芳 4422_7
芸 4473_1
虎 2121_7
近 3230_2
邱 7712_7
邵 1762_7
金 8010_9
長 7173_2

字	號碼
阿	7122_0
附	7420_0
雨	1022_7
青	5022_7

九　畫

字	號碼
侯	2723_4
俗	2826_8
保	2629_4
俞	8022_1
俟	2323_4
信	2026_1
則	6280_0
前	8022_1
勉	2441_2
南	4022_7
卻	8762_0
厚	7124_7
咸	5320_0
品	6066_0
契	5743_0
姚	4241_3
姜	8040_4
客	3060_4
宣	3010_6
封	4410_0
屏	7724_1
帝	0022_7
幽	2277_0
建	1540_0
弇	8044_6
彥	0022_2
待	2424_1
律	2520_7
後	2224_7
思	6033_0
急	2733_7
扁	3022_7
括	5206_4
拾	5806_1
按	5304_4
政	1814_0
施	0821_2
星	6010_4
春	5060_3
昭	6706_2
柏	4690_0
柘	4196_0
查	4010_6
柯	4192_0
柳	4792_0
段	7744_7
昆	6071_1
洗	3411_1
洛	3716_4
洞	3712_0
洪	3418_1
洹	3111_6
洺	3716_0
珂	1112_0
珊	1714_0
珍	1812_2
畏	6073_2
癸	1243_0
皇	2610_4
盈	1710_7
相	4690_0
省	9060_2
眉	7726_7
禹	2042_7
秋	2998_0
紀	2791_7
耐	1420_0
耶	1712_7
胤	2201_0
胡	4762_0
致	1814_0
苑	4421_2
苕	4460_2
苟	4462_7
英	4453_0
范	4411_2
茅	4422_2
茆	4472_7
衍	2110_3
表	5073_2
訂	0162_0
計	0460_0
貞	2180_6
負	2780_6
迪	3530_6
述	3330_9
郁	4722_7
郊	0742_7
重	2010_4
革	4450_6
韋	4050_6
音	0060_1
風	7721_0
香	2060_9

十　畫

字	號碼
修	2722_2
倪	2721_7
倚	2422_1
兼	8033_7
凌	3414_7
剡	9280_0
原	7129_6
員	6080_6
唐	0026_7
夏	1024_7
娛	4643_4
孫	1249_3
宮	3060_6
家	3023_2
容	3060_3
峴	2671_0
島	2772_7
師	2172_7
席	0022_7
庫	0025_6
庭	0024_1
徐	2829_4
恥	1310_0
息	2633_0
悟	9106_1
捕	5302_7
旅	0823_2
晁	6011_3
時	6404_1
晉	1060_1
晏	6040_4
書	5060_1
柴	2190_4
栟	4894_1
校	4094_8
格	4796_4
桂	4491_4
桐	4792_0
桑	7790_4
桓	4191_6
栲	4492_7
殷	2724_7
泰	5013_2
浙	3212_1
浣	3311_1
浦	3312_7
浩	3416_1
浪	3313_2
浮	3214_7
海	3815_7
涇	3111_1
涉	3112_1
涑	3519_6
烏	2732_7
珞	1716_4
珠	1519_0
珩	1112_1
班	1111_4
留	7760_2
病	0012_7
益	8010_7
真	4080_1
矩	8141_7
祖	3721_0
祛	3423_1
祝	3621_0
神	3520_6
祕	3320_0
祠	3722_0
秘	2390_0
秦	5090_4
納	2492_7
純	2591_7
素	5090_3
翁	8012_7
耆	4460_1
耕	5590_0
耿	1918_0
能	2121_1
脈	7223_2
芻	2742_7
荔	4442_7
茶	4490_4

荀 4462$_7$
苔 4460$_1$
荆 4240$_0$
草 4440$_6$
荒 4421$_1$
蚓 5210$_0$
袁 4073$_2$
記 0761$_7$
貢 1080$_6$
起 4780$_1$
迺 3130$_6$
追 3730$_7$
逃 3230$_1$
邕 2271$_7$
郝 4732$_7$
郎 3772$_7$
郡 1762$_7$
酒 3116$_0$
針 8410$_0$
陜 7423$_8$
陣 7520$_6$
馬 7132$_7$
高 0022$_7$
鬼 2621$_3$

十一畫

乾 4841$_7$
偶 2622$_7$
區 7171$_6$
參 2320$_2$
唯 6001$_4$
商 0022$_7$
問 7760$_7$
啓 3860$_4$
國 6015$_3$
執 4441$_7$
埤 4614$_0$
婁 5040$_4$
婦 4742$_7$
密 3077$_2$
寇 3021$_4$
尉 7420$_0$
崇 2290$_1$
崑 2271$_1$
崔 2221$_4$
崆 2371$_1$
崧 2293$_2$
巢 2290$_4$
常 9022$_7$
庶 0023$_1$
康 0023$_2$
庸 0022$_7$
張 1123$_2$
強 1323$_6$
得 2624$_1$
御 2722$_0$
惜 9406$_1$
惟 9001$_4$
戚 5320$_0$
扈 3021$_7$
授 5204$_7$
排 5101$_1$
探 5209$_4$
推 5001$_4$
教 4844$_0$
救 4814$_0$
敖 5824$_0$
晝 5010$_6$
晞 6402$_7$
晦 6805$_7$
曹 5560$_6$
望 0710$_4$
桯 4691$_4$
梁 3390$_4$
梅 4895$_7$
梨 2290$_4$
梧 4196$_1$
淙 3319$_1$
淡 3918$_9$
淨 3215$_7$
淮 3011$_4$
深 3719$_4$
淳 3014$_7$
淵 3210$_0$
淶 3419$_8$
清 3512$_7$
猗 4422$_1$
理 1611$_4$
產 0021$_4$
畢 6050$_4$
畦 6401$_4$
異 6080$_1$
痎 0018$_2$
皎 2064$_8$
眾 6023$_2$
䂬 1760$_1$
研 1164$_0$
竟 0021$_6$
章 0040$_6$
笠 8810$_8$
符 8824$_3$
紹 2796$_2$
紺 2497$_0$
習 1760$_2$
脚 7722$_0$
脫 7821$_6$
莊 4421$_4$
莫 4443$_0$
術 2190$_7$
訥 0462$_4$
許 0864$_0$
逍 3930$_2$
通 3730$_2$
連 3530$_0$
郭 0742$_7$
郴 4792$_7$
野 6712$_2$
釣 8712$_0$
陰 7823$_1$
陳 7529$_6$
陵 7424$_7$
陶 7722$_0$
陸 7421$_4$
雪 1017$_7$
鹿 0021$_1$

十二畫

傅 2324$_2$
備 2422$_7$
剩 2290$_0$
勝 7922$_7$
博 4304$_2$
善 8060$_5$
喇 6200$_0$
喻 6802$_1$
喬 2022$_7$
單 6650$_6$
堯 4021$_1$
壺 4010$_7$
富 3060$_6$
寒 3030$_3$
寓 3042$_7$
尊 8034$_6$
尋 1734$_1$
屠 7726$_4$
嵇 2397$_2$
巽 7780$_1$
幄 4721$_4$
幾 2245$_3$
庚 0023$_6$
强 1623$_6$
彭 4212$_2$
復 2824$_7$
惠 5033$_3$
惲 9705$_6$
揚 5602$_7$
握 5701$_4$
揭 5602$_7$
揮 5705$_6$
敝 9824$_0$
散 4824$_0$
斐 1140$_0$
普 8060$_1$
景 6090$_6$
智 8660$_0$
曾 8060$_6$
朝 4742$_0$
棃 2790$_4$
棋 4498$_1$
棠 9090$_4$
棣 4593$_2$
椒 4794$_0$
欽 8718$_2$
渚 3416$_0$
測 3210$_0$
渭 3612$_7$
游 3814$_7$
渾 3715$_6$
湖 3712$_0$
湘 3610$_0$
湛 3411$_1$
湯 3612$_7$
滋 3813$_2$
無 8033$_1$
焦 2033$_1$

字	號碼
爲	2022_7
牋	2305_3
琴	1120_7
畫	5010_6
疎	1519_6
痤	0011_1
登	1210_8
發	1224_7
盛	5310_7
硯	1661_0
稅	2891_6
程	2691_4
童	0010_4
筆	8850_7
筍	8862_7
策	8890_2
粵	2620_7
紫	2190_3
絕	2791_7
絜	5790_3
給	2896_1
絳	2795_4
脾	7624_0
舒	8762_2
菊	4492_7
菌	4460_0
華	4450_4
菽	4494_7
萍	4414_9
虛	2121_7
蛟	5014_8
觚	2223_0
註	0061_4
詁	0466_0
詠	0363_2
評	0164_9
詞	0762_0
象	2723_2
貴	5080_6
費	5580_6
賀	4680_6
越	4380_5
週	3730_2
逯	3730_3
逸	3730_1
都	4762_7
鄂	6722_7
鈍	8511_7
鈕	8711_5
開	7744_1
閑	7790_4
閒	7722_7
陽	7622_7
隆	7721_4
隋	7422_7
雁	7121_4
雅	7021_4
集	2090_4
雲	1073_1
項	1118_6
須	2128_6
馮	3112_7
黃	4480_6

十三畫

字	號碼
催	2221_4
傲	2824_0
傳	2524_3
傷	2822_7
勤	4412_7
叠	7710_7
圓	6080_6
嵩	2222_7
廉	0023_7
意	0033_6
愚	6033_2
愛	2024_7
愧	9601_3
慎	9408_1
慈	8033_3
搜	5704_7
敬	4864_0
新	0292_1
會	8060_6
楊	4692_7
楓	4791_0
楚	4480_1
楳	4499_4
極	4191_4
歲	2125_3
殿	7724_7
溫	3611_7
源	3119_6
準	3040_1
溪	3213_3
滄	3816_7
滇	3418_1
滏	3811_9
滑	3712_7
煎	8033_2
熙	7733_1
瑞	1212_7
瑟	1133_1
禁	4490_1
禽	8042_7
稗	2694_0
筮	8810_8
筠	8812_7
綏	2294_4
經	2191_1
羣	1750_1
義	8055_3
聖	1610_4
肆	7570_7
與	7780_1
萬	4442_7
葉	4490_4
葛	4472_7
董	4410_4
葦	4450_6
葬	4444_1
葯	4492_7
虞	2123_4
蛻	5811_6
蜀	6012_7
裘	4373_2
補	3322_7
解	2725_2
詩	0464_1
詳	0865_1
詹	2726_1
資	3780_6
賈	1080_6
跨	6412_7
路	6716_4
農	5523_2
遁	3230_6
遂	3830_3
遊	3830_4
運	3730_4
過	3730_2
道	3830_6
鄒	2742_7
鄉	2772_7
鄖	6782_7
雍	0071_4
雷	1060_3
靖	0512_7
靳	4252_1
鳧	2721_2
鼎	2222_1
鼠	7771_7

十四畫

字	號碼
像	2723_2
僑	2222_7
僧	2826_6
滮	3121_7
嘉	4046_5
圖	6060_4
墓	4410_4
壽	4064_1
夢	4420_7
實	3080_6
寧	3020_1
對	3410_0
幔	4624_7
廖	0022_2
摛	5002_7
榕	4396_8
榘	8190_4
榮	9990_4
槎	4891_1
滎	9923_2
滹	3114_9
滿	3412_7
漁	3713_6
演	3318_6
漢	3413_4
漫	3614_7
漱	3718_2
熊	2133_1
爾	1022_7
甄	1111_7
瑤	1717_2

疑 2748$_1$
盡 5010$_7$
監 7810$_7$
睽 6203$_4$
碧 1660$_1$
福 3126$_6$
端 0212$_7$
箋 8850$_3$
算 8864$_6$
管 8877$_7$
精 9592$_7$
綦 4490$_3$
綱 2792$_0$
網 2792$_0$
緇 2296$_3$
翟 1721$_4$
翠 1740$_8$
聞 7740$_1$
臧 2325$_0$
臺 4010$_4$
蒙 4423$_2$
蒲 4412$_7$
裴 1173$_2$
語 0166$_1$
誠 0365$_0$
說 0861$_6$
賓 3080$_6$
趙 4980$_2$
輔 5302$_7$
遜 3230$_9$
銀 8713$_2$
銅 8712$_0$
閩 7713$_6$
韶 0766$_2$
頖 9158$_6$
駁 7434$_0$
鳳 7721$_0$
鳴 6702$_7$
齊 0022$_3$

十五畫

儀 2825$_3$
劇 2220$_0$
劉 7210$_0$
劍 8280$_0$
厲 7122$_7$
增 4816$_6$
墨 6010$_4$
審 3060$_9$
履 7724$_7$
廟 0022$_7$
廣 0028$_6$
彈 1625$_6$
徵 2824$_0$
德 2423$_1$
慕 4433$_3$
慶 0024$_7$
撫 5803$_1$
數 5844$_0$
樂 2290$_4$
樊 4443$_0$
樓 4594$_4$
樗 4192$_7$
歐 7778$_2$
毅 0724$_7$
潁 2128$_6$
潏 3712$_7$
潘 3216$_9$
潛 3116$_1$
澗 3712$_0$
滕 7923$_2$
澉 3814$_0$
熬 5833$_4$
熱 4433$_1$
璇 1818$_1$
畿 2265$_3$
瘟 0011$_7$
盤 2710$_7$
稼 2393$_2$
稽 2396$_1$
穀 4794$_7$
箴 8825$_3$
節 8872$_7$
篁 8810$_4$
篆 8823$_2$
篋 8871$_3$
緝 2694$_1$
緣 2793$_2$
編 2392$_7$
緩 2294$_7$
緯 2495$_6$
練 2599$_6$
羯 8652$_7$
蓮 4430$_4$
蔡 4490$_1$
蔣 4424$_7$
褚 3426$_0$
談 0968$_9$
論 0862$_7$
輟 5704$_7$
鄧 1712$_7$
鄭 8742$_7$
鄮 7782$_7$
鄱 2762$_7$
醉 1064$_8$
閬 7773$_2$
震 1023$_2$
頤 7178$_6$
養 8073$_2$
魯 2760$_3$
黎 2713$_2$

十六畫

儒 2122$_7$
圜 6073$_2$
學 7740$_7$
戰 6355$_0$
撼 5305$_0$
整 5810$_1$
曆 7126$_9$
曇 6073$_1$
曉 6401$_1$
樵 4093$_1$
橘 4792$_7$
橫 4498$_6$
歙 8718$_2$
歷 7121$_1$
澹 3716$_1$
潞 3716$_4$
澠 3711$_7$
燕 4433$_1$
獨 4622$_7$
瓢 1293$_0$
盧 2121$_7$
穆 2692$_2$
積 2598$_6$
穎 2198$_6$
篔 8880$_6$
篝 8844$_7$
糖 9096$_7$
縉 2196$_1$
翰 4842$_7$
膳 7826$_5$
蕭 4422$_7$
融 1523$_6$
衞 2122$_7$
衡 2143$_0$
親 0691$_0$
諭 0862$_1$
謚 0861$_7$
諸 0466$_0$
謀 0469$_4$
豫 1723$_2$
賴 5798$_6$
輶 5806$_1$
辨 0044$_1$
遵 3830$_4$
選 3730$_8$
遺 3530$_8$
遼 3430$_9$
鄴 3792$_7$
錄 8713$_2$
錢 8315$_3$
錦 8612$_7$
錫 8612$_7$
閻 7777$_7$
隨 7423$_2$
霏 1011$_1$
靜 5225$_7$
餘 8879$_4$
駮 7034$_8$
駢 7834$_1$
駱 7736$_4$
鬳 2122$_7$
鮑 2731$_2$
麈 0021$_4$
黔 6832$_7$
默 6333$_4$
龍 0121$_1$
龜 2711$_7$

十七畫

優 2124$_7$
嶺 2238$_6$
應 0023$_1$
擊 5750$_2$

檀 4091_6
檮 4092_7
檄 4196_0
檜 4896_6
濟 3012_2
營 9960_6
燭 9682_7
燮 9940_7
牆 2426_1
環 1613_2
禪 3625_6
繆 2792_2
聲 4740_1
臨 7876_6
薇 4424_8
薛 4474_1
薜 4464_1
襄 0073_2
謙 0863_7
謝 0460_0
谿 2846_8
蹇 3080_1
輿 7780_1
避 3030_4
邁 3430_2
還 3630_3
鍾 8211_4
鍼 8315_0
隱 7223_7
隸 4593_2
霞 1024_7
韓 4445_6
鮮 2835_1
鴻 3712_7

十八畫

儲 2426_0
彝 2744_9
戴 4385_0
斷 2272_1
歸 2712_7
璿 1116_8
瓊 1714_7
甕 0071_7
瞿 6621_4
禮 3521_8
簡 8822_7
繙 2296_9
職 1315_0
聶 1014_1
薩 4421_4
舊 4477_7
藍 4410_7
藏 4425_3
蟫 5114_6
覆 1024_7
豐 2210_8
轉 5504_3
邇 3130_2
鄺 0722_7
醫 7760_1
鎦 8716_2
雙 2040_7
雜 0091_4
雞 2041_4
題 6180_8
騎 0128_6
顏 7432_1
魏 2641_3
鵝 2752_7

十九畫

嬾 4748_6
廬 0021_7
懷 9003_2
曝 6603_2
瀕 3118_6
瀛 3011_7
籀 8856_2
繪 2896_6
繹 2694_1
羅 6091_4
藝 4473_1
藥 4490_4
蟹 2713_6
證 0261_8
譚 0164_6
識 0365_0
贊 2480_6
辭 2024_1
邊 3630_2
關 7777_2
離 0041_4
難 4051_4
韻 0668_6
願 7128_6
類 9148_6
鯤 2631_1
鯨 2039_6
麗 1121_1
龐 0021_1

二十畫

嚴 6624_8
寶 3080_6
瀼 3013_2
獻 2323_4
竇 3080_6
籌 8864_1
繼 2291_3
蘆 4421_7
蘇 4439_4
覺 7721_6
贍 6786_1
釋 2694_1
鐔 8114_6
鐘 8011_4
鶡 6772_7

二十一畫

灊 3112_7
灌 3411_4
爛 9782_0
續 2498_6
蘭 4422_7
蠛 5415_3
蠡 2713_6
辯 0044_1
鐵 8315_0
顧 3128_6
饒 8471_1
驂 7332_2
鶴 4722_7
鷄 2742_7

二十二畫

儼 2624_8
權 4491_4
疊 6010_7
臞 7621_4
蠧 4013_6
讀 0468_6
酈 1722_7
鑑 8811_7
霽 1022_3
鬻 1722_7
龔 0180_1

二十三畫

巖 2224_8
欒 2290_4
顯 6138_6
麟 0925_9

二十四畫

孏 4442_7
蠶 7113_6
蠹 5013_6
讕 0762_0
靈 1010_8
鹽 7810_7

二十五畫

蠻 2213_6
觀 4621_0
顱 2128_6

二十六畫

灤 3219_4

二十七畫

讜 0963_1

二十九畫

鬱 4472_2

書　名
四角號碼索引
凡　例

1. 書名係指「景印文淵閣四庫全書」各書之名稱，只限於四庫著錄之書，四庫存目並不包含在內，各書名稱概以景印本內封所印「本册目次」及本館新編目錄所著錄之書名爲準。
2. 書名次序，按書名第一字之四角號碼從小到大之次序先後排列；第一字號碼相同者，以第二、第三字之號碼順次排列。
3. 一書名稱不一，時有別名；而四庫著錄之書，書名亦不劃一，或封面與提要不同，或內文標題與中縫有別，而內文各卷，偶亦有所歧異，與「總目」和「簡明目錄」更互有出入；遇此情況，則以景印本內封「本册目次」所著錄之書名爲準，而以別名之後注見某書。
4. 書名相同者，按頁碼之先後排列。而相同之書名，爲便於區別，有時另加著者姓氏、別號或尊稱於其上，如「趙氏易說」、「惠氏易說」；「夏氏尙書詳解」、「陳氏尙書詳解」；「段氏毛詩集解」、「毛詩李黃集解」等，與四庫原本名稱分別參見著錄。
5. 凡書名前所冠“欽定”、“御定”、“御製”、“御纂”等字樣，分別製作刪去與不刪去之索引，兩頭互見，庶便檢索。
6. 書名前有“重訂”、“增訂”、“古本”、“新本”、“別本”等字樣，概仍其舊。
7. 各書續集、後集、外集、別集或續、廣、增補等，若非單行別出，索引中儘量附在正集之後，不另列書名。
8. 附錄之書，凡有單行性質與獨立名稱者，如「兒易內儀以」所附「兒易外儀」，「周易輯聞」所附「易雅」、「筮宗」，「箴膏肓」所附「起廢疾」、「發墨守」等，皆自作索引。
9. 總集類以及雜家類中雜纂、雜編之書，有部分乃係彙集各書而成之大叢書，如「說郛」、「漢魏六朝百三家集」等，其所收各書雖有獨立的性質和名稱，以書名繁複，目錄中未予排列，故除總目提要中述及者外（如「鄱陽五家集」、「閩中十子詩」），皆不單獨製作索引。

10. 書名因避諱改字，儘可能加以復原，改字與不改字之兩書名並見，唯僅用原書名作索引，並注明頁碼；而避諱改字之書名則注見某書，不注頁碼。
11. 書名後所注頁碼，前一個數字爲景印本之册次，後一個數字則爲該書之起始頁碼。如泰泉鄉禮，後注“142-591”，卽此書在第 142 册 591 頁開始。

0

0010₄ 童

17～子問(見詩童子問)
32～溪易傳 17- 1
44～蒙訓 698- 515

0010₈ 立

00～齋遺文 1259- 431

0011₁ 痙

50～書 775- 149

0011₇ 瘟

00～疫論 779- 1

0012₇ 病

42～機氣宜保命集 745- 1

0018₂ 痎

00～瘧論疏 779- 63

0021₁ 鹿

32～洲初集 1327- 567
40～皮子集 1216- 635

0021₄ 產

00～育寶慶方(見產育寶慶集)
～育寶慶集 743- 117
30～寶諸方 743- 525

塵

50～史 862- 595

0021₆ 竟

22～山樂錄 220- 291

0021₇ 亢

80～倉子 1059-509
～倉子注 1059- 525

廬

22～山記 585- 13
～山集 1189- 167
～山紀略(見廬山略記)
～山略記 585- 42

0022₂ 彥

77～周詩話 1478- 907

0022₃ 齊

20～乘 491- 685
50～東野語 865- 635
72～丘(邱)子(見化書)
77～民要術 730- 1

0022₇ 方

00～齋詩文集(見方齋存稿)
～齋存稿 1271- 673
～言(見輶軒使者絕代語釋別國方言)
26～泉詩集 1175- 1
～泉集(見方泉詩集)
27～舟集 1149- 529
32～洲集 1247- 179
40～壺存稿 1178- 117
44～麓集 1285- 97
60～是閒居士小稿 1176- 565
77～輿勝覽 471- 521
88～簡肅文集 1260- 79

帝

10～王經世圖譜 922- 383
77～學 696- 725
88～範 696- 657

席

21～上腐談 1061- 597

商

00～文毅疏稿 427- 417
～文毅疏稿略(見商文毅疏稿)
17～子 729- 561

高

00～齋漫錄 1038- 313
17～子遺書 1292- 329
22～峯文集 1142- 303
24～待詔集(見閩中十子詩) 1372- 251
30～宗評書(見思陵翰墨志)
～宗翰墨志(見思陵翰墨志)
40～士傳 448- 85
72～氏三宴詩集 1332- 1
～氏春秋集註 151- 251
90～常侍集 1071- 373

庸

00～齋集 1181- 235
44～菴集 1222- 395

廟

22～制圖考 662- 167
77～學典禮 648- 323

0023₁ 庶

00～齋老學叢談 866-513

應

00～齋雜著 1159- 1
07～詔集(見欒城應詔集)

0023₂ 康

00～齋文集(見康齋集)
～齋集 1251- 357
30～濟錄 663- 223
77～熙字典 229- 1 ～ 231- 1
88～範詩集 1175- 573
～範續集 1175- 584

～範實錄 1175- 586

0023₇ 康

17～子銷夏記 826- 1
32～溪詩話 1479- 53

庚

17～子山集 1064- 297
77～開府集箋註 1064- 1

廉

50～吏傳 448- 28

0024₁ 庭

02～訓格言(見聖祖仁皇帝庭訓格言)

0024₇ 慶

10～元黨禁 451- 19
37～湖遺老詩集 1123- 193
～湖遺老集(見慶湖遺老詩集)

0026₇ 唐

00～文粹 1343- 1 ～ 1344- 1
～音 1368- 173
～音癸籤 1482- 519
～六典 595- 1
01～語林 1038- 1
02～新語 1035- 287
04～詩(見御選唐詩)
～詩紀事 1479- 257
～詩鼓吹 1365- 379
～詩拾遺(見唐詩品彙) 1371- 924
～詩品彙 1371- 1
～詩鏡 1411- 303
06～韻正 241- 167
～韻考(見孫氏唐韻考)
10～百家詩選 1344- 563
17～子西集(見眉山集)
～歌詩(見唐御覽詩)
25～律疏義 672- 1
27～御覽詩(見御覽詩)
28～僧弘秀集 1356- 861
～僧宏秀集(見唐僧弘秀集)
30～宋文醇 1447- 99
～宋詩醇 1448- 1
～宋元名表 1382- 291
～宋八大家文鈔 1383- 1 ～ 1384- 1
40～大詔令集 426- 1
～才子傳 451- 409
44～英歌詩 1084- 1
46～觀察集(見閩中十子詩) 1372- 358
47～朝名畫錄 812- 357
50～史論斷 685- 639
～摭言 1035- 695
～書釋音(見新唐書附) 276- 530
～書直筆 685- 703
60～國史補 1035- 411
～四僧詩 1332- 321
～愚士詩 1236- 519
77～風集 1083- 583
～開元占經 807- 159
～闕史 1042- 785
～賢三昧集 1459- 1
80～人萬首絕句選 1459- 85
～會要 606- 1 ～ 607- 1
82～創業起居注 303- 955
88～鑑 685- 469

0028₆ 廣

06～韻(見原本廣韻) 236- 1
～韻(見重修廣韻) 236- 223
10～西通志 565- 1 ～ 568- 1
13～弘(宏)明集 1048- 219
17～羣芳譜(見佩文齋廣羣芳譜)
22～川畫跋 813- 443
～川書跋 813- 329
30～宏明集(見廣弘明集)
32～州四先生詩 1372- 1
43～博物志 980- 1 ～ 981- 1
50～東通志 562- 1 ～ 564- 1
53～成集 1084- 585
70～雅 221- 425
74～陵集 1106- 393

0033₀ 亦

10～玉堂稿 1288- 209

0033₆ 意

44～林 872- 197

0040₀ 文

00～章辨體彙選 1402- 1 ～ 1410- 1
～章正宗 1355- 1
～章緣起 1478- 203
～章軌範 1359- 541
～章精義 1481- 803
～襄奏疏(見靳文襄奏疏) 430- 451
02～端集 1329- 275
07～毅集 1236- 591
08～說 1482- 243
10～正集(見范文正集)
17～子 1058- 305
～子纘義 1058- 371
20～信國集杜詩 1184- 805
～信公集杜詩(見文信國集杜詩)
22～山詩史(見文信國集杜詩)
～山集 1184- 359
23～獻集 1209- 215
～獻通考 610- 1 ～ 616- 1
～編 1377- 101 ～ 1378- 1
26～泉子集 1082- 619
30～房四譜 843- 1

～憲集 1223-235～1224-1
～安集 1208-149
～定集 1138-585
32～淵閣書目 675-111
～溪集 1181-113
～溪存稿(見文溪集)
33～心雕龍 1478-1
～心雕龍輯注 1478-71
37～潞公集(見潞公文集) 1100-573
～選註 1329-1
～選顏鮑謝詩評 1331-573
～選補遺 1360-1
44～苑英華 1333-1～1342-1
～苑英華辨證 1342-733
～莊集 1087-45
～恭集 1088-609
～藪 1083-153
50～忠集(宋歐陽修撰) 1102-1～1103-1
四朝國史本傳 1102-6
年譜 1102-11
～忠集(宋周必大撰) 1147-1～1149-1
～忠集(元王結撰) 1206-201
～忠集(明范景文撰) 1295-439
60～昌雜錄 862-649
62～則 1480-683
72～氏五家集 1382-421
80～公易說 18-415
88～簡集 1271-55
～敏集 1240-1

0040_6 章

26～泉稿 1155-332
34～斗津先生行狀(見圖書編) 972-850

0040_8 交

32～州藁(見陳剛中詩集) 1202-627

0041_4 離

77～騷草木疏 1062-455

0044_1 辨

30～定祭禮通俗譜 142-743
53～惑編 709-535
87～歙石說 843-83

辯

00～言 863-849

0060_1 言

21～行龜鑑 75-463

音

06～韻述微 240-853
～韻闡微 240-1
08～論 241-1
77～學五書(見音論、詩本音、易音、唐韻正、古音表)

0071_4 雍

87～錄 587-249

0071_7 甕

23～牖閒評 852-411

0073_2 玄

27～綱論 1071-758
40～真子 1059-549
44～英集 1084-43

襄

07～毅文集 1245-603
74～陵文集 1123-491
～陵集(見襄陵文集)

0080_0 六

10～一詩話 1478-247
～一詞 1487-21
11～研齋筆記 867-485
二筆 867-569
三筆 867-656
20～壬大全 808-471
21～經正誤 183-455
～經天文編 786-133
～經奧論 184-1
～經圖 183-137
30～家詩名物疏 80-1
41～帖補 948-739
42～韜 726-9
44～藝綱目 242-581
～藝之一錄 830-1～838-1
續編 838-547
47～朝通鑑博議 686-95
～朝事迹編類 589-175
50～書正譌 228-106
～書統 227-1
～書故 226-1
～書本義 228-285
71～臣註文選 1330-1～1331-1

0090_6 京

60～口耆舊傳 451-119
72～氏易傳 808-439

0091_4 雜

77～學辨 699-489
記疑 699-516

0121_1 龍

10～雲集 119-63
22～川文集(見龍川集)
～川詞 1488-103
～川集 1171-497
～川略志 1037-1
別志 1037-38
32～洲詞 1488-433
～洲集 1172-1
39～沙紀略 592-841
43～城錄 1077-281
77～學文集 1098-791
源流始末 1098-882
80～龕手鑑 226-647
88～筋鳳髓判 889-851

0128_6 顏

22～山雜記 592- 759
27～魯公集 1071- 585
　年譜 1071- 697
　行狀 1071- 706
　神道碑 1071- 717
72～氏家訓 848- 937

0162_0 訂

02～譌雜錄 861- 431

0164_6 譚

00～襄敏奏議 429- 587
44～苑醍醐(見譚苑醍醐)
～苑醍醐 855- 671

0164_9 評

88～鑑闡要 694- 1

0212_7 端

10～平詩雋 1185- 525
32～溪硯譜 843- 87
67～明集 1090- 337

0261_8 證

33～治準繩 767- 1 ～ 771- 1
91～類本草 740- 1

0292_1 新

00～序 696- 187
～唐書 272- 1 ～ 276- 1
～唐書糾謬 276- 617
01～語 695- 369
10～五代史 279- 1
～五代史記(見新五代史)
28～儀象法要 786- 79
30～安文獻志 1375- 1 ～ 1376- 1
～安志 485- 337
34～法算書 788- 1 ～ 789- 1
50～本鄭氏周易(見增補鄭氏周易)
～書 695- 387

0363_2 詠

27～物詩 1216- 619
50～史詩(見咏史詩)

0365_0 誠

00～齋詩話 1480- 725
～齋集 1160- 1 ～ 1161- 1
～齋易傳 14- 513
～意伯文集 1225- 1

識

35～遺 854- 507
90～小編 861- 519

0460_0 謝

30～宣城集 1063- 611

0462_7 訥

28～谿奏疏 429- 559

0464_1 詩

00～童子問 74- 271
～序 69- 1
～序(見詩傳大全) 78- 326
～序(見欽定詩經傳說彙纂) 83- 774
～序補義 89- 1
～辨說 77- 566
02～話總龜 1478- 329
　前集 1478- 329
　後集 1478- 665
～話補遺 1482- 473
03～識名解 86- 307
06～韻舉例(見古韻標準) 242- 490
08～說 87- 1
～說(見廣東學詩) 89- 374
～說解頤 79- 1
20～集傳(見蘇氏詩集傳) 70- 311
～集傳(見詩經集傳) 72- 745
～集傳名物鈔 76- 1
21～經疏義(見詩經疏義會通)
～經疏義會通 77- 1
～經集傳 72- 745
～經樂譜(見詩經樂譜全書)
～經樂譜全書 219- 1
～經傳說彙纂 83- 1
～經稗疏 84- 769
～經疑問 77- 531
～經疑問(見重訂詩經疑問) 80- 579
～經通義 85- 1
～經大全(見詩傳大全)
～經世本古義 81- 1
～經劄記 87- 33
24～纘緒 77- 577
25～傳旁通 76- 789
～傳詩說駁義 86- 233
～傳名物輯覽 86- 543
～傳遺說 75- 499
～傳通釋 76- 261
～傳大全 78- 307
26～總聞 72- 433
～緝 75- 1
27～解頤 78- 191
～疑辨證 88- 211
～疑問 77- 531
～紀匡謬 1380- 703
30～家鼎臠 1362- 1
33～瀋 88- 593
～演義 78- 1
～補傳 72- 1
42～札 86- 213
44～地理考 75- 633
～考 75- 597
～林廣記 1482- 1
　前集 1482- 1
　後集 1482- 105
48～故 79- 549
50～本音 241- 33
60～品 1478- 189
72～所 86- 1
80～人玉屑 1481- 1

～義折中 84- 1

0466₀ 詁

02～訓柳先生文集(見柳河東集)

諸

44～蕃志 594- 1
～葛忠武書 447- 127
50～史然疑 254-1038
66～器圖說 842- 545
71～臣奏議(見宋名臣奏議)

0468₆ 讀

04～詩私記 79- 505
～詩略記 82- 337
～詩質疑 87- 49
08～論語劄記(見榕村四書說) 210- 42
17～孟子劄記(見榕村四書說) 210- 89
25～朱隨筆 725- 477
35～禮通考 112- 1 ～ 114- 1
～禮志疑 129- 425
40～左日鈔 175- 1
～左日鈔補 175- 231
50～史記十表 248- 421
～史錄(見方洲集) 1247- 581
～書齋偶存稿 1316- 745
～書記(見西山讀書記)
～書後 1285- 1
～書偶記 725- 661
～書紀數略 1033- 1
～書叢說 61- 449
～書分年日程 709- 457
～書劄記 714- 373
～書錄 711- 541
續錄 711- 702
～書管見 62- 443
～春秋編 158- 509
～春秋偶筆(見春秋大事表二) 180- 614
～春秋略記 171- 1

60～四書叢說 202- 529
～易詳說 10- 263
～易私言 22- 1
～易紀聞 32- 429
～易述 33- 1
～易大旨 39- 1
～易考原 25- 509
～易日鈔 42- 261
～易舉要 21- 395
～易餘言 30- 1

0512₇ 靖

00～康要錄 329- 407
～康緗素雜記 850- 385

0668₆ 韻

00～府羣玉 951- 1
～府拾遺 1029- 1 ～ 1030- 1
01～語陽秋 1479- 79
10～石齋筆談 872- 91
33～補 237- 55
～補正 241- 535

0691₀ 親

21～征朔漠方略(見聖祖仁皇帝親征平定朔漠方略)
～征朔漠紀略(御製)(見聖祖仁皇帝親征平定朔漠方略) 354- 436

0710₄ 望

10～雲集 1231- 637
32～溪集 1326- 713

0724₇ 毅

00～齋詩文集(見毅齋集)
～齋集 1237- 431

0742₇ 郊

34～社禘祫問 129- 569

郭

26～鯤溟集(見鯤溟詩集) 1288- 137
72～氏傳家易說 13- 1

0761₇ 記

88～纂淵海 930- 1 ～ 932- 1

0762₀ 詞

02～話(見西河詞話)
08～譜(見御定詞譜) 1495- 1
23～綜 1493- 1
25～律 1496- 1
44～苑叢談 1494- 571
～林典故 599- 421

謭

00～言長語 867- 27

0766₂ 韶

80～舞九成樂補 212- 93

0821₂ 施

00～註蘇詩 1110- 1

0823₂ 旅

80～舍備要方 738- 439

0824₀ 放

80～翁詩選 1163- 727
前集 1163- 729
後集 1163- 769
別集 1163- 802
～翁詞 1488- 223
～翁逸稿 1163- 710

0861₆ 說

00～文解字 223- 63
～文解字篆韻譜 223- 849
～文字原 228- 75
～文繫傳 223- 385
～文繫傳考異 223- 791
27～郛 876- 1 ～ 882- 1
44～苑 696- 1

67～略 964- 341
77～學齋稿 1226- 647

0861_7 諡

34～法 646- 897

0862_7 論

00～方(見傷寒論方)
01～語商 207- 431
～語意原 199- 111
～語正義(見論語注疏)
～語集註(見四書章句集注) 197- 14
～語集註大全(見四書大全) 205- 108
～語集註考證(見論孟集註考證) 202- 37
～語集說 200- 557
～語集解義疏 195- 333
～語集編(見四書集編) 200- 100
～語稽求篇 210- 133
～語解(見癸巳論語解) 199- 189
～語注疏 195- 525
～語通(見四書通) 203- 105
～語拾遺 196- 45
～語學案 207- 505
～語全解 196- 63
～語義疏(見論語集解義疏)
～語劄記(見榕村四書說：讀論語劄記)
～語筆解 196- 1
～語纂疏(見四書纂疏) 201- 200
～語纂箋(見四書纂箋) 204- 125
～語類考 207- 97
～語精義(見論孟精義) 198- 6
17～孟集註考證 202- 35
～孟精義 198- 1
21～衡 862- 1
25～律呂(見禮書綱目附錄) 134- 578
77～學繩尺 1358- 71

0863_7 謙

00～齋文錄 1248- 521

0865_1 詳

00～註東萊左氏博議(見左氏博議)

0925_9 麟

27～角集 1083- 95
40～臺故事 595- 303
71～原文集 1260- 357

0963_1 讜

08～論集 427- 319

0968_9 談

01～龍錄 1483- 923
44～苑 1037- 119
～藝錄(見迪功集) 1268- 777

1

1000_0 一

22～峯文集 1251- 629
～峯集(見一峯文集)
～山文集 1217- 685

1010_0 二

26～皇甫集 1332- 281
～程文集 1345- 585
～程子抄釋 715- 107
～程外書 698- 281
～程遺書 698- 1
～程粹言 698- 355
30～家詩選 1459- 61
～家宮詞 1416- 689
40～希堂文集 1325- 633
44～薇亭詩集 1171- 159
～薇亭集(見二薇亭詩集)
～老堂詩話 1480- 709
49～妙集 1365- 523

1010_1 三

10～正考 181- 329
25～傳辨疑 161- 1
～傳折諸 177- 1
26～吳水利錄 576- 517
～吳水考 577- 87
27～魚堂文集 1325- 1
外集 1325- 194
～魚堂賸言 725- 561
30～家詩拾遺 88- 499
～家宮詞 1416- 665
35～禮圖 129- 285
～禮圖集注 129- 1
44～華集 1372- 33
～楚新錄 464- 163
47～朝北盟會編 350- 1 ～ 352- 1
50～事忠告 602- 729
53～輔黃圖 468- 1
60～國志文類 1361- 505
～國雜事 686- 13
～國志 254- 1
～國志辨誤(見三國史辨誤)
～國志補注 254-949
～國史辨誤 254-937
～易備遺 20- 741
～易洞璣 806- 435
～因極一病證方論 743- 149
67～略直解 726- 99
72～劉家集 1345- 543
75～體唐詩 1358- 1
80～合切音清文鑑(見滿珠蒙古漢字三合切音清文鑑)
～命通會 810- 1
～命指迷賦 809- 177
88～餘集 1132- 757

正

25～律審音(見御呂正義上編) 215- 2
40～嘉四書文(見欽定四書文) 1451- 73
44～蒙初義 697- 411
46～楊 856- 47
77～學隅見述 724- 341

1010$_3$ 玉

22～山璞稿 1220- 127
　～山名勝集 1369- 1
　外集 1369- 147
　～山紀遊 1369- 481
26～泉子 1035- 619
34～斗山人集 1195- 627
37～瀾集 1133- 548
38～海 943- 1 ～ 948- 1
40～臺新詠 1331- 631
　～臺新詠考異 1331- 725
　～壺野史 1037- 283
42～機微義 762- 1
44～坡奏議 429- 351
　～芝堂談薈 883- 1
　～楮集 1181- 441
55～井樵唱 1202- 693
67～照新志 1038- 617
　～照定眞經 809- 29
88～篇(見重修玉篇) 224- 1
　～篇反組圖 224- 237
　～篇分毫字樣 224- 240
　～笥集(元張憲撰) 1217- 365
　～笥集(元鄧雅撰) 1222- 667
　～管照神局 810- 713
90～堂雜記 595- 549
　～堂嘉話 866- 439
　～堂藁(見陳剛中詩集) 1202- 648

1010$_4$ 王

00～文正筆錄 1036- 265
　～文忠集(見文忠集) 1206- 201
　～文成全書 1265- 1 ～ 1266- 1
02～端毅奏議 427- 453
17～子安集 1065- 61
　～司馬集 1078- 577
26～魏公集 1100- 1
30～注正譌(見施註蘇詩) 1110- 56
40～右丞集箋注 1071- 1
42～荊公詩注 1106- 1
44～著作集 1136- 63
48～翰林集(見閩中十子詩) 1372- 414
　～檢討集(見閩中十子詩) 1372- 364
50～忠文集 1226- 1
55～典籍集(見閩中十子詩) 1372- 277
72～氏談錄 862- 577
80～舍人詩集 1237- 81
90～常宗集 1229- 385
　～半軒傳(見半軒集) 1231- 468

至

10～正集 1211- 1
　～元嘉禾志 491- 1
40～大金陵新志 492- 1

1010$_7$ 五

00～音集韻 238- 1
04～誥解 57- 601
10～百家註柳先生集 1077- 1
　～百家注音辨柳先生文集(見五百家註柳先生集)
　～百家注音辨昌黎先生文集(見五百家注昌黎文集)
　～百家注昌黎文集 1074- 1
　～百家播芳大全文粹 1352- 1 ～ 1353- 1
21～經文字 224- 251
　～經說 184- 245
　～經稽疑 184- 679
　～經蠡測 184- 433
　～經算術 797- 193
23～代詩話 1486- 453
　～代名畫補遺 812- 433
　～代史(見新五代史)
　～代史記(見新五代史)
　～代史記纂誤(見五代史纂誤)
　～代史補 407- 641
　～代史闕文 407- 631
　～代史纂誤 279- 539
　～代會要 607- 439
26～總志 863- 801
27～峰集(宋胡宏撰) 1137- 87
　～峰集(元李孝光撰) 1215- 91
35～禮通考 135- 1 ～ 142- 1
55～曹算經 797- 179
60～國故事 464- 203
92～燈會元 1053- 1

1010$_8$ 靈

22～巖集 1181- 501
40～臺祕苑 807- 1
41～樞經 733- 317
43～城精義 808- 113
44～棋經 808- 197

1011$_1$ 霏

10～雪錄 866- 657

1017$_7$ 雪

12～磯叢稿 1182- 689
22～山集 1149- 343
30～窗集 1181- 61
32～溪集 1136- 547
44～坡文集(見雪坡集)
　～蓬詩選(見廣州四先生詩) 1372- 2
　～坡集 1184- 1
45～樓集 1202- 1

年譜 1202- 466
77～履齋筆記 866- 645

1020$_0$ 丁

44～孝子傳(見鶴年詩集) 1217- 543
47～鶴年集(見鶴年詩集)
77～卯詩集 1082- 555

1021$_1$ 元

00～文類 1367- 1
～音 1370- 403
～音遺響 1369- 579
04～詩選 1468- 1～1471- 1
初集 1468- 1～1469- 1
二集 1470- 1～1471- 1
三集 1471- 231
～詩體要 1372- 491
10～元棋經(見棋經)
21～儒考略 453- 763
～經 303- 829
22～豐九域志 471- 1
～豐類藳 1098- 345
23～獻遺文 1087- 31
26～和郡縣志 468- 131
～和御覽(見唐御覽詩)
～和姓纂 890- 499
27～包(見元包經傳)
～包經傳 803- 217
～包數總義 803- 242
～綱論(見玄綱論)
30～憲集 1087- 401
40～真子(見玄真子)
43～城語錄解 863- 353
行錄 863- 392
44～英集(見玄英集)
～藝圃集 1382- 941
47～朝名臣事略 451- 497
～朝典故編年考 645- 687
50～史 292- 1～295- 1
～史語解(見遼金元三史國語解) 296- 244
～史續編 334- 449
～史紀事本末 353- 753
67～明事類鈔 884- 1
72～氏長慶集 1079- 347
77～風雅 1368- 1

1022$_3$ 霽

22～山文集 1188- 687

1022$_7$ 丙

17～子學易編 17- 775

兩

28～谿文集 1243- 403
30～宋名賢小集 1362- 327～1364- 1
31～河經略 430- 189
～河清彙 579- 347
34～漢詔令 426- 971
～漢刊誤補遺 253- 821
～漢博聞 461- 1
～漢筆記 686- 413
41～垣奏議 430- 249
47～朝綱目備要 329- 685
77～同書 849- 213

雨

20～航雜錄 867- 327

爾

70～雅註 221- 237
～雅注疏 221- 1
～雅翼 222- 239
～雅鄭注(見爾雅註)

1023$_0$ 震

22～川文集(見震川集)
～川集 1289- 1
別集 1289- 422
36～澤集 1256- 119
～澤長語 867- 189

1024$_7$ 夏

27～侯陽算經 797- 227
50～忠靖集(見忠靖集) 1240- 481
72～氏尚書詳解 56- 393
90～小正戴氏傳 128- 541

覆

01～瓿集(宋趙必瑑撰) 1187- 275
～瓿集(明朱同撰) 1227- 649

霞

23～外詩集 1204- 55

1040$_0$ 干

37～祿字書 224- 243

于

37～湖詞 1488- 1
～湖集 1440- 539
35～清端政書 1318- 541
50～忠肅集(見忠肅集) 1244- 1

1040$_9$ 平

00～齋文集(見平齋集)
～齋詞 1488- 259
～齋集 1175- 133
30～定三逆方略 354- 1
～定兩金川方略 360- 1～361- 1
～定準噶爾方略 357- 1～359- 1
前編 357- 1
正編 358- 1～359- 1
續編 359- 506
～定金川方略 356- 1
～宋錄 408-1035
31～江記事 590- 459

40～臺紀略 369- 557
42～橋藁 1246- 521

1041_0 无

21～能子 1059- 567

1043_0 天

10～玉經內傳 808- 91
外編 808- 107
～下同文集 1366- 591
17～子肆獻祼饋食禮 109- 827
21～步眞原 793- 647
～經或問前集 793- 565
23～台前集 1356- 409
前集別編 1356- 444
續集 1356- 458
續集別編 1356- 517
37～祿琳琅書目 675- 335
44～地間集 1188- 346
50～中記 965- 1 ～ 967- 1
71～原發微 806- 1
～馬山房遺稿 1273- 439
72～隱子 1059- 563
77～學會通 793- 661
～問略 787- 851
88～籟集 1488- 629

1060_0 石

02～刻鋪敍 682- 37
21～經考 683- 833
～經考(見萬氏石經考) 683- 853
～經考異 684- 765
22～峯堡紀略 362- 487
～山醫案 765- 325
31～渠寶笈 824- 1 ～ 825- 1
37～洞集 1286- 229
～湖詩集 1159- 593
～初集 1218- 457
40～柱記箋釋 588- 433
44～鼓論語答問 199- 1
～林詩話 1478- 985
～林詞 1487- 449
～林燕語 863- 535
～林居士建康集(見建康集)
60～墨鐫華 683- 445
～田詩選 1249- 559
～田文集 1206- 459
～田集(見石田文集)
72～隱園藏稿 1293- 377
77～屏詩集 1165- 549
～屏詞 1488- 613
～屏集(見石屏詩集)
～門文字禪 1116- 143
～門集 1222- 619
80～羊生傳(見少室山房集) 1290- 4
～倉歷代詩選 1387- 1 ～ 1394- 1

百

10～正集 1189- 463
30～官箴 602- 657
43～越先賢志 453- 723
44～菊集譜 845- 41

西

00～京雜記 1035- 1
07～郊笑端集 1231- 721
10～晉文紀 1398- 1
22～巖集(宋翁卷撰) 1171- 171
～巖集(元張之翰撰) 1204- 361
～崑詶唱集 1344- 487
～山文集 1174- 1
～山讀書記 705- 1 ～ 706- 1
25～使記 460- 923
28～谿易說 17- 621
30～渡集 1127- 353
31～河詞話 1494- 551
～河集 1320- 1 ～ 1321- 1
32～溪集 1097- 1
～溪叢語 850- 913
34～漢文紀 1396- 185
～漢詔令(見兩漢詔令) 426- 971
～漢年紀 329- 1
～漢會要 609- 1
35～淸硯譜 843- 133
～淸古鑑 841- 1 ～ 842- 1
37～湖百詠 1189- 233
～湖遊覽志 585- 59
～湖遊覽志餘 585- 284
～湖志纂 586- 337
40～臺集 1122- 1
～臺慟哭記註 1188- 349
～塘集 1117- 361
～樵語業 1488- 203
43～域同文志 235- 1
44～菴集 1231- 471
～村詩集 1273- 397
～村集 1259- 685
72～隱集 1225- 809
74～陂類稿 1323- 1
79～塍集 1183- 175
87～銘述解 697- 15

酉

76～陽雜俎 1047- 637
續集 1047- 769

1060_1 吾

10～吾類稿 1219- 1
30～汶藁 1189- 561

晉

50～書 255- 1 ～ 256- 1
～書音義(見晉書) 256-1007

1062_0 可

00～齋雜藁 1179- 163
續藁前 1179- 503
續藁後 1179- 568
25～傳集 1232- 361
77～閒老人集 1222- 499

一〇四〇九——一〇六二〇 平无天石百西酉吾晉可

1073_1 雲

22～仙雜記 1035- 641
～峯集 1199- 735
～巢編 1117- 515
26～泉詩 1186- 737
28～谿友議 1035- 563
32～溪集 1134- 1
～溪居士集 1119- 339
40～臺編 1083- 449
～南通志 569- 1～570- 1
44～麓漫鈔 864- 259
～莊集(宋曾協撰) 1140- 225
～莊集(宋劉爚撰) 1157- 331
～莊禮記集說(見陳氏禮記集說)
～村集 1272- 131
～林石譜 844- 583
～林集(元貢奎撰) 1205- 595
～林集(明危素撰) 1226- 755
48～松巢集 1220- 621
57～邨文集(見雲村集)
76～陽集 1219- 629
80～谷雜記 850- 853
88～笈七籤 1060- 1～1061- 1
96～烟過眼錄 871- 45
續錄 871- 81

1080_6 貢

77～舉條式 237- 300

賈

72～氏譚錄 1036- 127

1090_0 不

57～繫舟漁集 1216- 121

1090_1 示

77～兒編 864- 411

1111_0 北

00～齊文紀 1400- 1
～齊書 263- 1
07～郊配位議(見北郊配位尊西向議)
～郊配位尊西向議 662- 155
～郭集(元許恕撰) 1217- 317
～郭集(明徐賁撰) 1230- 547
17～磵集 1183- 1
22～山集(宋程俱撰) 1130- 1
～山集(宋鄭剛中撰) 1138- 1
～山酒經 844- 813
～山小集(見程俱北山集)
30～戶錄 589- 29
～窗炙輠錄 1039- 363
31～河紀 576- 567
～河紀餘 576- 724
32～溪字義 709- 1
～溪大全集 1168- 501
外集 1168- 896
37～湖集 1122- 415
38～海集 1134- 521
～遊集 1187- 449
43～狩見聞錄 407- 685
44～夢瑣言 1036- 1
46～觀集(見止山集) 1277- 225
50～史 266- 1～267- 1
～史識小錄 462- 574
51～軒筆記 866- 609
90～堂書鈔 889- 1

1111_1 玩

00～齋集 1215- 509

1111_4 班

71～馬字類 225- 749
～馬異同 251- 431

1112_0 珂

10～雪詞 1488- 685

1112_1 珩

14～璜新論 863- 99

1116_8 璿

12～璣圖詩讀法(見璇璣圖詩讀法)

1118_6 項

72～氏家說 706- 471

1120_7 琴

08～譜合璧 839- 179
21～旨 220- 687
50～史 839- 1
90～堂諭俗編 865- 221

1121_1 麗

36～澤論說集錄 703- 265
62～則遺音 1222- 145

1123_2 張

00～文貞集 1322- 389
～襄壯奏疏 430- 303
17～子全書 697- 75
～子抄釋 715- 31
～司業集 1078- 1
44～莊僖文集 1277- 305
～燕公集 1065- 661
72～丘建算經 797- 251
～氏可書 1038- 707
～氏拙軒集 1181- 369
～氏春秋集注 156- 1
77～邱建算經(見張丘建算經)

1133_1 瑟

08～譜 212- 49

1140_0 斐

23～然集 1137- 257

1164_0 研

11～北雜志 866- 561
22～山齋襍記(見硯山齋雜記)

1210_8 登

32～州集(見林登州集)

1212_7 瑞

88～竹堂經驗方 746- 1

1220_0 列

17～子 1055- 573
22～仙傳 1058- 487

1223_0 水

10～雲集 1188- 251
　～雲村稾 1195- 335
21～經注 573- 1
　～經注集釋訂訛 574- 1
　～經注釋 575- 1
　～經注箋刊誤 575- 706
33～心集 1164- 33
38～道提綱 583- 1
50～東日記 1041- 1

弘

67～明集 1048- 1

弧

80～矢算術 798- 305

1224_7 發

28～微論 808- 189
60～墨守 145- 876

1240_0 刊

06～誤 850- 167
10～正九經三傳沿革例(見九經三傳沿革例)

1240_1 延

10～露詞(見松桂堂全集) 1317- 305
　～平答問 698- 643
34～祐四明志 491- 319

1241_0 孔

11～北海集 1063- 231
17～子集語 709- 319
　～子編年 446- 1
　～子家語 695- 1
32～叢子 695- 307
72～氏談苑(見談苑)

1243_0 癸

00～辛雜識 1040- 1
　　前集 1040- 1
　　後集 1040- 31
　　續集 1040- 60
　　別集 1040- 111
77～巳論語解 199- 189
　～巳孟子說 199- 321

1249_3 孫

07～毅菴奏議 429- 289
10～可之集 1083- 63
17～子 726- 43
　～子算經 797- 139
26～白谷集(見白谷集) 1296- 197
53～威敏征南錄(見征南錄)
67～明復小集 1090- 157
72～氏唐韻考 242- 337
　～氏春秋經解 147- 551
80～公談圃 1037- 95

1293_0 瓢

26～泉吟稿 1213- 373

1310_0 恥

90～堂存稿 1182- 1

1314_0 武

14～功集 1245- 1
　～功縣志 494- 1
21～經總要前集 726- 235
　　後集 726- 583
23～編前集 727- 205
　　後集 727- 511
32～溪集 1089- 1
44～英殿聚珍版程式 673- 709
　～林梵志 588- 1
　～林舊事 590- 173
50～夷新集 1086- 351

1315_0 職

00～方外紀 594- 279
30～官分紀 923- 1

1323_6 強

00～齋集 1232- 383

1413_1 聽

10～雨詩選(見廣州四先生詩) 1373- 27

1519_0 珠

10～玉詞 1487- 1

1519_6 疎

30～寮小集 1170- 146

1523_6 融

90～堂書解 59- 459
　～堂四書管見 183- 579

1540_0 建

00～康集 1129- 587
　～康實錄 370- 225
90～炎雜記(見建炎以來朝野雜記)
　～炎德安守禦錄(見守城錄) 727- 191
　～炎以來朝野雜記 608- 239
　　甲集 608- 239
　　乙集 608- 449
　～炎以來繫年要錄 325- 1 ～ 327- 1

1610_4 聖

08～諭廣訓 717- 589
　～諭樂本解說 220- 197
30～濟總錄纂要 739- 1

37～祖仁皇帝庭訓格言 717-613
～祖仁皇帝親征平定朔漠方略 354-425～355-1
～祖仁皇帝聖訓 411-145
～祖仁皇帝御製文集 1298-1～1299-1
初集 1298-1
第二集 1298-320
第三集 1299-1
第四集 1299-377
40～壽萬年歷(見聖壽萬年曆)
～壽萬年曆 786-449
43～求詞 1487-383
77～學宗要(見劉子遺書) 717-100

1611_4 理

77～學類編 709-741

1613_2 環

32～溪詩話 1480-27
80～谷集 1220-649

1623_6 强

(同強，見1323_6強)

1660_1 碧

27～鷄漫志 1494-505
41～梧玩芳集 1187-1

1661_0 硯

08～譜 843-91
22～山齋雜記 872-129
50～史 843-63
88～箋 843-97

1710_7 孟

17～子音義 196-29
～子雜記 207-289
～子說(見癸巳孟子說) 199-321
～子正義(見孟子注疏)
～子集注(見四書章句集注) 197-90
～子集註通證(見四書通證) 203-702
～子集註大全(見四書大全) 205-534
～子集註考證(見論孟集註考證) 202-102
～子集疏 200-383
～子集編(見四書集編) 200-238
～子師說 208-831
～子傳 196-229
～子解 196-53
～子注疏 195-1
～子通(見四書通) 203-381
～子劄記(見榕村四書說：讀孟子劄記) 210-89
～子纂疏(見四書纂疏) 201-496
～子纂箋(見四書纂箋) 204-302
～子精義(見論孟精義) 198-420
34～浩然集 1071-437
50～東野詩集 1078-311

盈

22～川集 1065-187

1712_0 羽

00～庭集 1216-1

1712_7 鄧

17～子 729-553
25～紳伯集(見大隱居士詩集)
42～析子(見鄧子)

1714_0 珊

17～瑚網 818-1
～瑚木難 815-1
～瑚鈎詩話 1478-961

1716_4 珞

17～琭子三命消息賦注 809-157
～琭子賦注 809-105

1717_2 瑤

10～石山人稿 1277-1

1720_7 了

00～齋易說 9-413
80～翁易說(見了齋易說)

1722_7 甬

21～上耆舊詩 1474-1

翯

17～子 848-1

1723_2 豫

00～章文集 1135-641
年譜 1135-644

1734_1 尋

77～門餘論(見周易尋門餘論) 40-678

1740_7 子

10～夏易傳 7-1
32～淵詩集 1215-307
44～華子 848-149
50～史精華 1008-1～1010-1
60～思子(見子思子全書)
～思子全書 703-487
67～略 674-491

1740_8 翠

28～微南征錄 1176-625
30～寒集 1208-303
31～渠摘稿 1254-721
續編 1254-872
77～屏集 1226-515

1750_1 羣

21～經音辨 222- 1
～經補義 194- 1
50～書考索 936- 1 ～ 938- 1
前集 936- 1
後集 937- 1
續集 938- 1
別集 938- 685
～書會元截江網 934- 1

1750_7 尹

00～文子 848- 181

1760_1 碧

32～溪詩話 1479- 215

1760_2 習

77～學記言 849- 323

1762_0 司

30～空表聖文集 1083- 487
71～馬法 726- 65

郡

00～齋讀書志 674- 153
附志 674- 301
後志 674- 368

1812_2 珍

00～席放談 1037- 533

1814_0 攻

46～媿集 1152- 263 ～ 1153- 1

政

00～府奏議(見范文正奏議)
21～經 706- 441
26～和五禮新儀 647- 1
～和御製冠禮(見政和五禮新儀) 647- 36
50～書(見于清端政書)

1818_1 璇

12～璣圖詩讀法 1063- 529

2

2010_4 垂

90～光集 429- 263

重

01～訂詩經疑問 80- 579
～訂大金國志 383- 805
～訂契丹國志 383- 655
02～刻淳化閣帖釋文 683- 559
～刻周易本義(見別本周易本義)
23～編瓊臺藁 1248- 1
～編瓊臺會稿(見重編瓊臺藁)
27～修廣韻 236- 223
～修玉篇 224- 1
～修宣和博古圖 840- 371
～修革象新書 786- 273

2011_1 乖

22～崖集 1085- 575

2022_7 喬

72～氏易俟(見易俟)

爲

18～政忠告(見三事忠告)

2024_1 辭

77～學指南(見玉海) 948- 268

2024_7 愛

60～日齋叢鈔 854- 613

2026_1 信

10～天巢遺稿(見菊磵集)

2033_1 焦

72～氏易林 808- 269

2039_6 鯨

11～背吟集 1214- 427

2040_0 千

21～頃堂書目 676- 1
77～叟宴詩(康熙) 1447- 1
～叟宴詩(乾隆) 1452- 1
80～金要方(見備急千金要方)

2040_7 雙

32～溪醉隱集 1199- 355
～溪集(宋蘇籀撰) 1136- 121
～溪集(宋王炎撰，見雙溪類藁)
～溪集(明杭淮撰) 1266- 251
～溪類藁 1155- 411
42～橋隨筆 724- 373

2041_4 雞

74～肋 948- 731
～肋集 1118- 407
～肋編 1039- 127

2042_7 禹

10～貢說斷 57- 1
～貢論 56- 53
後論 56- 108
～貢山川地理圖 56- 117
～貢指南 56- 1
～貢長箋 67- 1
～貢錐指 67- 211
～貢會箋 68- 249

2060_9 香

08～譜 844- 217
～譜(見陳氏香譜) 844- 239
20～乘 844- 349
22～山集 1151- 639
～山九老詩(見高氏三宴詩集) 1332- 8
32～溪集 1140- 1
37～祖筆記 870- 379
77～屑集 1327- 375

2071_4 毛

04～詩講義 74- 43
～詩譜(見毛詩注疏) 69- 48
～詩譜(見詩本義附鄭氏詩譜) 70- 301
～詩正義(見毛詩注疏)
～詩集解(見毛詩李黃集解) 71- 1
～詩集解(見段氏毛詩集解) 74- 421
～詩稽古編 85- 327
～詩名物解 70- 535
～詩注疏 69- 43
～詩寫官記 86- 171
～詩古音考 239- 403
～詩草木鳥獸蟲魚疏 70- 1
～詩本義(見詩本義)
～詩指說 70- 169
～詩陸疏廣要(見陸氏詩疏廣要)
～詩類釋 88- 1
續編 88- 197

2090_4 集

06～韻 236- 433
10～玉山房稿 1296- 379
20～千家註杜詩(見集千家註杜工部詩集)
～千家註杜工部詩集 1069- 663
40～古錄 681- 1
60～異記 1042- 573
78～驗背疽方 743- 433

2110_0 上

44～蔡語錄 698- 565

止

00～齋文集(見止齋集)
～齋集 1150- 493
22～山集 1277- 205
90～堂集 1155- 759

2110_3 衍

41～極 814- 441

2111_0 此

22～山詩集 1204- 1
～山集(見此山詩集)
40～木軒四書說 210- 521
50～事難知 745- 573

2120_1 步

60～里客談 1039- 399

2121_0 仁

00～齋傷寒類書 744- 570
～齋直指 744- 1
02～端錄 762- 571
22～山文集 1189- 783
～山集(見仁山文集)

2121_1 征

40～南錄 460- 827

能

18～改齋漫錄 850- 501

2121_7 虎

88～鈐經 727- 1

虛

00～齋集 1257- 755
27～舟集 1237- 1
～舟集(見王檢討集)

盧

32～溪文集 1134- 97
～溪集(見盧溪文集)
60～昇之集 1065- 293

2122_0 何

00～文簡疏議 429- 1
12～水部集 1063- 691
43～博士備論 727- 131
72～氏語林 1041- 441

2122_1 行

12～水金鑑 580- 1 ～ 582- 1

2122_7 儒

00～言 698- 497
21～行集傳 122-1119
40～志編 696- 781
44～林宗派 458- 519
～林公議 1036- 275
77～門事親 745- 99

衞

30～濟寶書 741- 813

鬳

00～齋續集(見竹溪鬳齋十一藁續集)
～齋考工記解 95- 1

2123_4 虞

50～東學詩 89- 371

2124_7 優

40～古堂詩話 1478- 299

2125_3 歲

30～寒堂詩話 1479- 31
44～華紀麗譜 590- 433
64～時廣記 467- 1

～時雜詠 1340- 207

2128_6 須

32～溪集 1186- 401
～溪四景詩集 1186- 637

頴

22～川語小 853- 629

顱

21～顖經 738- 1

2133_1 熊

22～峯集 1259- 487

2140_6 卓

60～異記 448- 115

2143_0 衡

00～廬精舍藏稿 1287- 225
衡廬續稿 1287- 702

2172_7 師

22～山文集(見師山集)
～山集 1217- 1
師山遺文 1217- 67
40～友詩傳錄 1483- 881
續錄 1483- 894
～友談記 863- 171

2180_6 貞

26～白遺稿 1235- 725
46～觀政要 407- 337
～觀公私畫史 812- 17
50～素齋集 1217- 547

2190_3 紫

22～巖詩選 1189- 653
～巖易傳 10- 1
～山大全集 1196- 1
28～微雜說 863- 821
～微詩話(見紫薇詩話)
～微集 1131- 339
44～薇詩話 1478- 927

2190_4 術

58～數紀遺(見數術記遺)

柴

72～氏四隱集 1364- 871

2191_1 經

08～說(見五經說) 184- 245
23～外雜鈔 853- 69
26～稗 191- 503
30～濟文集 1214- 433
～濟文衡 704- 1
前集 704- 1
後集 704- 157
續集 704- 315
～濟類編 960- 1～963- 1
35～禮補逸 105- 635
47～幄管見 686- 29
50～史講義 722- 125～723- 1
～史正音切韻指南 238- 853
55～典稽疑 184- 779
～典釋文 182- 355
76～咫 194- 61
77～問 191- 7
～問補 191- 221
80～義考 677- 1～680- 1
～義模範 1377- 79

2196_1 縉

10～雲文集 1138- 825

2202_1 片

10～玉詞 1487- 337

2210_8 豐

10～干拾得詩 1065- 56
22～川易說 51- 383

2213_6 蠻

50～書 464- 1

2220_0 劇

09～談錄 1042- 661

2221_4 崔

72～氏春秋經解 148- 173

催

30～官篇 808- 153

2222_1 鼎

87～錄 840- 9

2222_7 僑

26～吳集 1216- 421

嵩

22～山集 1139- 1
～山居士集(見嵩山集)
76～陽石刻集記 684- 97
紀遺 684- 164

2223_0 觚

10～不觚錄 1041- 425

2224_7 後

22～山詩話 1478- 279
～山詩注(見后山詩注)
～山談叢 1037- 61
～山集 1114- 511
～樂集 1169- 463
34～漢紀 303- 491
～漢書 252- 1～253- 1
～漢書補逸 402- 325
44～村詩話 1481- 301
～村集 1180- 1
77～周文紀 1400- 57

2224_8 巖

10～下放言 863-721

2238_6 嶺

23～外代答 589-389
38～海輿圖 494-61
40～南風物紀 592-827
50～表錄異 589-79

2245_3 幾

21～何論約 802-1
～何約 802-541
～何原本 798-563

2265_3 畿

53～輔通志 504-1～506-1

2271_1 崑

22～崙河源考 579-317

2271_7 邕

32～州小集 1096-393

2272_1 斷

76～腸詞 1488-623

2277_0 山

00～齋文集 1263-1
～齋集(見山齋文集)
10～西通志 542-1～550-1
12～水純全集 813-315
22～川地理圖(見禹貢山川地理圖)
30～房集 1169-1
後藁 1169-123
～房遺文 1187-582
外集 1187-625
～房隨筆 1040-331
～窗餘稿 1218-535
38～海經 1042-1
～海經廣注 1042-85
～海漫談 1278-579
44～帶閣註楚辭 1062-601
～村遺集 1198-63
50～中集(見顧華玉集) 1263-173
～中集(見止山集) 1277-245
～中白雲詞 1488-463
～東通志 539-1～541-1
77～居新語(見山居新話)
～居新話 1040-343
80～谷詞 1487-151
～谷集 1113-1
內集 1113-5
外集 1113-320
別集 1113-539
詞 1113-741
簡尺 1113-769
年譜 1113-819
～谷外集詩注 1114-235
～谷內集詩注 1114-1
～谷別集詩注 1114-481
90～堂考索(見羣書考索)
～堂肆考 974-1～978-1

幽

77～閒鼓吹 1035-551

2290_0 剩

01～語 1194-397

2290_1 崇

00～文總目 674-1
40～古文訣 1354-1

2290_4 巢

72～氏諸病源候總論 734-549

樂

00～庵遺稿(見鄱陽五家集) 1476-313
～府雜錄 839-989
～府詩集 1347-1～1348-1
～府補題 1490-101
～府指迷(見山中白雲詞) 1488-537
～府指迷(見沈氏樂府指迷) 1494-527
～府雅詞 1489-167
～章集 1487-43
07～郊私語 1040-397
25～律正俗 219-918
～律表微 220-369
～律全書 213-1～214-1
44～菴語錄 849-295
～菴遺書(見樂菴語錄)
50～書 211-23
51～軒集 1152-27
52～靜集 1122-257
60～圃餘藁 1119-1
80～全集 1104-1
～善堂全集定本 1300-233

欒

43～城集 1112-1
欒城後集 1112-585
欒城第三集 1112-783
欒城應詔集 1112-844
～城遺言 864-171

2291_3 繼

40～志齋集 1234-651

2291_4 種

44～菊庵集(見三華集) 1372-87

2293_2 崧

44～菴集 1135-577

2294₄ 綏

30～寇紀略 363- 847

2294₇ 緩

94～慟集(見顧華玉集) 1263- 612

2296₃ 緇

00～衣集傳 122-1013

2296₉ 繙

06～譯五經四書 185- 1 ～ 189- 1

2300₀ 卜

34～法詳考 808- 849

2305₃ 牋

22～紙譜 590- 438

2320₀ 外

24～科理例 765- 111
附方 765- 278
～科精義 746- 799
40～臺祕要方 736- 1 ～ 737- 1
44～藩蒙古回部王公表傳 454- 217
50～史檮杌(見蜀檮杌)

2320₂ 參

04～讀禮志疑 129- 585
30～寥子詩集 1116- 1

2323₄ 俟

44～菴集 1213- 597
墓志銘 1213- 600

2324₂ 傅

17～子 696- 503
77～與礪詩文集 1213- 181

2325₀ 伐

40～檀齋集 1285- 665
～檀集 1092- 761

2344₀ 弁

22～山小隱吟錄 1205- 1

2350₀ 牟

72～氏陵陽集 1188- 1

2371₁ 崆

27～峒樵音(見元音遺響) 1369- 579

2390₀ 秘

(見3320₀祕)

2392₇ 編

15～珠 887- 37

2393₂ 稼

44～村類藳 1193- 1
51～軒詞 1488- 111

2396₁ 稽

35～神錄 1042- 849
40～古錄 312- 391

2397₂ 嵇

50～中散集 1063- 329
77～留山先生傳(見抱犢山房集) 1319- 200

2421₀ 化

33～治四書文(見欽定四書文) 1451- 10
50～書 849- 227

仕

77～學規範 875- 1

2421₁ 先

16～聖大訓 706- 585
～醒齋廣筆記 775- 159
30～進遺風 1041- 379

2421₇ 仇

34～池筆記 863- 1

2422₁ 倚

48～松詩集 1117- 199
～松老人集(見倚松詩集)

2422₇ 備

00～忘集 1284- 1
27～急千金要方 735- 1

2423₁ 德

76～隅齋畫品 812- 937

2424₁ 待

22～制集 1210- 177
51～軒詩記 82- 1

2426₀ 儲

10～玉齋集(見陳徵君集)
90～光羲詩集 1071- 471

2426₁ 牆

50～東類稿 1194- 527

2440₀ 升

44～菴集 1270- 1

2441₂ 勉

00～齋集 1168- 1

2491₇ 執

60～圃擷餘 1482- 509

2495₆ 緯

67～略 852- 253

2497₀ 紺

15～珠集 872- 273

2498_6 續

00～齊諧記 1042- 553
～方言 222- 585
～文章正宗 1356- 1
～文獻通考 626- 1 ～ 631- 1
04～詩話 1478- 257
～詩傳鳥名(見續詩傳鳥名卷)
～詩傳鳥名卷 86- 275
12～列女傳(見續古列女傳)
17～孟子 696- 619
22～後漢書(見蕭氏續後漢書) 384- 385
～後漢書(見郝氏續後漢書) 385- 1 ～ 386- 1
～後漢音義(見蕭氏續後漢書) 384- 689
～仙傳 1059- 583
23～編珠 887- 110
27～名醫類案 784- 1 ～ 785- 1
30～宋編年資治通鑑 328- 873
33～演繁露(見演繁露續集)
37～通志 392- 1 ～ 401- 1
～通典 639- 1 ～ 641- 1
～資治通鑑長編 314- 1 ～ 322- 1
40～古列女傳 448- 74
～古今考 853- 129
43～博物志 1047- 931
44～考古圖 840- 271
～茶經 844- 661
50～畫品 812- 13
～書譜 813- 553
～書史會要 814- 810
51～軒渠集 1205- 57
60～呂氏家塾讀詩記 73- 799

2520_6 仲

12～弘集(見楊仲弘集)
72～氏易 41- 183

伸

44～蒙子 696- 629

2520_7 律

60～呂新論 220- 511
～呂新書 212- 1
～呂正義 215- 1
～呂正義後編 215- 223 ～ 218- 1
～呂成書 212- 115
～呂闡微 220- 547
71～歷融通(見律曆融通)
～曆融通 786- 556
音義 786- 658

2522_7 佛

37～祖通載(見佛祖歷代通載)
～祖歷代通載 1054- 221
60～國記 593- 617

2524_3 傳

20～信適用方 741- 745
30～家集 1094- 1
～家質言(見愚菴小集) 1319- 195
35～神祕要 838- 741
38～道適用方(見傳信適用方)

2590_0 朱

00～公文易說(見文公易說) 18- 415
17～子詩序辨說(見詩傳大全) 78- 326
～子詩序辨說(見欽定詩經傳說彙纂) 83- 774
～子語類 700- 1 ～ 702- 1
～子讀書法 709- 351
～子論學切要語 447- 414
～子五經語類 193- 1
～子禮纂 142- 663
～子古文書疑 66- 523
～子校昌黎集傳(見東雅堂昌黎集註) 1075- 13
～子抄釋 715- 251
～子全書 720- 1 ～ 721- 1
～子年譜 447- 245
～子年譜考異 447- 364

2591_7 純

10～正蒙求 952- 1
26～白齋類稿 1214- 551

2598_6 積

00～齋集 1212- 311

2599_6 練

50～中丞集(見中丞集) 1235- 1
72～兵雜集(紀之誤,見練兵雜紀)
～兵雜紀 728- 799
～兵實紀 728- 687

2600_0 白

10～石詩集(見白石道人詩集)
～石山房逸藁 1229- 445
～石道人詩集 1175- 63
～石道人歌曲別集 1488- 269
別集 1488- 300
～雲集(元釋英撰) 1192- 663
～雲集(元許謙撰) 1199- 529
～雲集(明唐桂芳撰) 1226- 773
～雲稿 1228- 1
～雲樵唱集 1231- 83
12～孔六帖 891- 1 ～ 892- 1
20～香山詩集 1081- 1

～香山年譜(見白香山詩集) 1081- 21
21～虎通(見白虎通義)
～虎通義 850- 1
39～沙集(見陳白沙集)
44～蓮集 1084- 327
60～田雜著 859- 645
72～氏長慶集 1008- 1
80～谷集 1296- 197

自

48～警編 875- 203
67～鳴集 1165- 379
90～堂存藳 1189- 739
93～怡集 1233- 335

2610_4 皇

00～言定聲(見律呂闡微卷首) 220- 549
～言定聲錄 220- 219
10～王大紀 313- 1
～霸文紀 1396- 1
34～祐新樂圖記 211- 1
35～清文穎 1449- 1 ～ 1450- 1
～清職貢圖 594- 395
～清開國方略 341- 1
41～極經世解(見皇極經世書解)
～極經世解起數訣 805- 193
～極經世索隱 804- 1
～極經世觀物外篇衍義 804- 37
～極經世書 803- 291
～極經世書解 805- 245
47～朝文獻通考 632- 1 ～ 638- 1
～朝禮器圖式 656- 1
～朝通志 644- 1 ～ 645- 1
～朝通典 642- 1 ～ 643- 1
53～甫司勳集 1275- 523
～甫持正集 1078- 63
～甫少玄集 1276- 491
外集 1276- 673
～甫少元集(見皇甫少玄集)
77～輿西域圖志 500- 1

2620_0 伯

71～牙琴 1189- 501

2620_7 粵

10～西文載 1465- 427 ～ 1467- 1
～西詩載 1465- 1
～西叢載 1467- 343
77～閩巡視紀略 460- 943

2621_3 鬼

80～谷子 848- 257

2624_1 得

30～宜本草 783- 923

2624_8 儼

22～山集 1268- 1
續集 1268- 651
～山外集 885- 1

2629_4 保

43～越錄 460- 929

2631_1 鯤

37～溟詩集 1288- 137

2633_0 息

60～園存稿文(見顧華玉集) 1263- 453
～園存稿詩(見顧華玉集) 1263- 337

2641_3 魏

50～書 261- 1 ～ 262- 1
87～鄭公諫續錄 447- 55
～鄭公諫錄 446- 161

2643_0 吳

00～文正集 1197- 1
～文肅摘稿 1259- 351
17～子 726- 57
～郡志 485- 1
～郡圖經續記 484- 1
27～船錄 460- 847
43～越備史 464- 497
～越春秋 463- 1
44～地記 587- 53
～地記後集 587- 66
47～都文粹 1358- 589
～都文粹續集 1385- 1 ～ 1386- 1
50～中水利書 476- 1
～中水利全書 478- 1
～中舊事 590- 443
～中金石新編 683- 93
60～園易解(見吳園周易解)
～園周易解 9- 459
77～興備志 494- 251
80～尊師傳(見宗玄集) 1071- 772

2671_0 峴

26～泉集 1236- 337

2690_0 和

05～靖詩集(見林和靖集)
～靖集 1136- 1
32～州詩集(見文氏五家集) 1382- 531
35～清眞詞 1487- 431

2691_4 程

72～氏經說 183- 45
～氏春秋或問 160- 519
～氏春秋分記(見春秋分記) 154- 1

2692_2 穆

10～天子傳 1042- 245
23～參軍集 1087- 1
遺事 1087- 28

2694_1 釋

00～文紀 1400- 409 ～ 1401- 1
27～名 221- 383
40～希坦詩(見九華詩集) 1189- 711
72～氏稽古略 1054- 1

緝

40～古算經 797- 303

繹

50～史 365- 1 ～ 368- 1

2710_7 盤

22～山志 586- 1
32～洲文集 1158- 243
～洲集(見盤洲文集)

2711_7 龜

22～山集 1125- 101
～巢集(見龜巢稿)
～巢稿 1218- 1
28～谿集 1133- 115

2712_7 歸

31～潛志 1040- 223
60～愚詞 1488- 85
～田稿 1256- 1
～田錄 1036- 531
～田類稿 1192- 471

2713_2 黎

22～嶽集 1083- 39

2713_6 蠡

38～海集 866- 699

蟹

08～譜 847- 689
67～略 847- 703

2721_0 佩

00～文齋廣羣芳譜 845- 207 ～ 847- 1
～文齋詠物詩選 1432- 1 ～ 1434- 1
～文齋書畫譜 819- 1 ～ 823- 1
～文韻府 1011- 1 ～ 1028- 1
10～玉齋類藁 1220- 49
22～觿 224- 377
40～韋齋文集(見佩韋齋集)
～韋齋集 1189- 1
～韋齋輯聞 865- 573

徂

24～徠集 1090- 181

2721_2 梟

44～藻集 1230- 253

2721_7 倪

00～文貞集 1297- 1
續編 1297- 212
奏疏 1297- 231
講編 1297- 324
詩集 1297- 343
～文僖集 1245- 235
10～石陵書 1152- 1

2722_0 勿

00～齋集 1183- 473
44～菴歷算書記(見勿菴曆算書記)
～菴曆算書記 795- 961
51～軒集 1188- 761

仰

88～節堂集 1293- 669

御

00～註道德經(見御定道德經註)
～註孝經(見御定孝經註)
01～訂全金詩增補中州集 1445- 1
22～製文集 1301- 1
初集 1301- 1
二集 1301- 271
三集 1301- 563
餘集 1301- 684
～製評鑑闡要(見評鑑闡要) 694- 417
～製詩集 1302- 1 ～ 1311- 1
初集 1302- 1
二集 1303- 1 ～ 1304- 1
三集 1305- 1 ～ 1306- 1
四集 1307- 1 ～ 1308- 1
五集 1309- 1 ～ 1311- 1
餘集 1311- 521
～製樂善堂全集定本 1300- 233
～製繙譯詩經(見欽定繙譯五經四書) 185- 405
～製繙譯論語(見欽定繙譯五經四書) 189- 340
～製繙譯孟子(見欽定繙譯五經四書) 189- 452
～製繙譯禮記(見欽定繙譯五經四書) 186- 1
～製繙譯大學(見欽定繙譯五經四書) 189- 282
～製繙譯中庸(見欽定繙譯五經四書) 189- 305

～製繙譯書經(見欽定繙譯五經四書) 185- 212
～製繙譯春秋(見欽定繙譯五經四書) 187- 1 ～ 189- 1
～製繙譯易經(見欽定繙譯五經四書) 185- 3
～製律品正義 215- 1
～製律呂正義後編 215- 223 ～ 218- 1
～製滿珠蒙古漢字三合切音清文鑑 234- 1
～製增訂清文鑑 232- 1 ～ 233- 1
～製數理精蘊 799- 1 ～ 801- 1
～製日知薈說 717- 633
～製歷象考成(見御製曆象考成)
～製歷象考成後編(見御製曆象考成後編)
～製曆象考成 790- 1 ～ 791- 1
～製曆象考成後編 792- 1
～製人臣儆心錄(見御定人臣儆心錄)
30～定康熙字典 229- 1 ～ 231- 1
～定廣羣芳譜(見御定佩文齋廣羣芳譜)
～定音韻闡微 240- 1
～定韻府拾遺 1029- 1 ～ 1030- 1
～定詞譜 1495- 1
～定平定準噶爾方略(見平定準噶爾方略)
～定子史精華 1008- 1 ～ 1010- 1
～定千叟宴詩 1447- 1
～定律呂正義(見御製律呂正義)
～定佩文齋廣羣芳譜 845- 207 ～ 847- 1
～定佩文齋詠物詩選 1432- 1 ～ 1434- 1
～定佩文齋書畫譜 819- 1 ～ 823- 1
～定佩文韻府 1011- 1 ～ 1028- 1
～定儀象考成(見欽定儀象考成)
～定淵鑑類函 982- 1 ～ 993- 1
～定滿洲蒙古漢字三合切音清文鑑(見御製滿珠蒙古漢字三合切音清文鑑)
～定通鑑綱目三編(見御定資治通鑑綱目三編)
～定道德經註 1055- 445
～定資政要覽 717- 531
～定資治通鑑綱目三編 340- 1
～定內則衍義 719- 347
～定孝經衍義 718- 1 ～ 719- 1
～定孝經注 182- 255
～定執中成憲(見欽定執中成憲)
～定春秋直解(見御纂春秋直解)
～定曲譜 1496- 395
～定數理精蘊(見御製數理精蘊)
～定四朝詩(見御選宋金元明四朝詩)
～定星歷考原(見御定星曆考原)
～定星歷考原 811- 1
～定題畫詩(見御定歷代題畫詩類)
～定歷代詩餘(見御選歷代詩餘)
～定歷代紀事年表 387- 1 ～ 391- 1
～定歷代題畫詩類 1435- 1 ～ 1436- 1
～定歷代賦彙 1419- 1 ～ 1422- 1
～定歷象考成(見御製歷象考成)
～定歷象考成後編(見御製歷象考成後編)
～定月令輯要 467- 39
～定醫宗金鑑(見御纂醫宗金鑑)
～定駢字類編 994- 1 ～ 1004- 1
～定人臣儆心錄 602- 761
～定全唐詩 1423- 1 ～ 1431- 1
～定全唐詩錄 1472- 1 ～ 1473- 1
～定全金詩(見御訂全金詩增補中州集)
～定分類字錦 1005- 1 ～ 1007- 1
～定小學集註 699- 521
37～選唐詩 1446- 1
～選唐宋文醇 1447- 99
～選唐宋詩醇 1448- 1
～選元詩(見御選宋金元明四朝詩) 1439- 419 ～ 1441- 1
～選宋詩(見御選宋金元明四朝詩) 1437- 1 ～ 1438- 1

～選宋金元明四朝詩 1437- 1 ～ 1444- 1
～選古文淵鑒 1417- 1 ～ 1418- 1
～選明詩(見御選宋金元明四朝詩) 1442- 1 ～ 1444- 1
～選明臣奏議 445- 1
～選歷代詩餘 1491- 1 ～ 1493- 1
～選金詩(見御選宋金元明四朝詩) 1439- 1
51～批續資治通鑑綱目 693- 1 ～ 694- 1
～批通鑑綱目(見御批資治通鑑綱目)
～批通鑑綱目續編(見御批續資治通鑑綱目)
～批通鑑綱目前編(見御批資治通鑑綱目前編)
～批通鑑輯覽(見御批歷代通鑑輯覽)
～批資治通鑑綱目 689- 1 ～ 691- 1
～批資治通鑑綱目前編 692- 1
外紀 692- 3
舉要 692- 577
～批歷代通鑑輯覽 335- 1 ～ 339- 1
78～覽詩 1332- 95
～覽經史講義 722- 125 ～ 723- 1
88～纂詩義折中 84- 1
～纂律呂正義(見御製律呂正義)
～纂朱子全書 720- 1 ～ 721- 1
～纂孝經集注 182- 269
～纂春秋直解 174- 1
～纂周易述義 38- 595
～纂周易折中 38- 1
～纂醫宗金鑑 780- 1 ～ 782- 1
～纂性理精義 719- 589

2722_2 修

20～辭鑑衡 1482- 255

2723_2 象

22～山集 1156- 237
外集 1156- 500
語錄 1156- 540
40～臺首末 447- 1

像

27～象述金針(見周易像象述卷首) 34- 371
～象管見 33- 559

2723_4 侯

25～鯖錄 1037- 355

2725_7 伊

22～川易傳 9- 155
33～濱集 1208- 391
37～洛淵源錄 448- 411

2730_3 夂

50～青引註(見夂青樹引註)
～青樹引註 1188- 361

2731_2 鮑

23～參軍集(見鮑明遠集)
33～溶詩集 1081- 531
集外詩 1081- 557
67～明遠集 1063- 563
72～氏戰國策注 406- 469

2733_7 急

03～就章(見急就篇)
～就篇 223- 1
48～救仙方 744- 665

2742_7 𦐇

00～言 849- 277
44～蕘集 1236- 1

鷄

(見2041_4 雞)

2744_9 彝

00～齋文編 1181- 305

2748_1 疑

01～龍經 808- 58
43～獄集 729- 795
97～耀 856- 159

2752_0 物

16～理小識 867- 741

2752_7 鵝

37～湖集 1233- 629

2760_0 名

27～疑 952- 593
65～蹟錄 683- 25
71～臣言行錄(見宋名臣言行錄)
～臣碑傳琬琰之集 450- 1
～臣經濟錄 443- 1 ～ 444- 1
77～醫類案 765- 411
～賢氏族言行類稿 933- 1
80～義考 856- 299

2760_3 魯

00～齋集 1186- 1
～齋遺書 1198- 273

2762_0 句

55～曲外史集 1216- 351

77～股引蒙 802- 593
～股義 789- 837
～股矩測解原 802- 679

2762$_7$ 鄱

76～陽五家集 1476- 267
～陽集(宋彭汝礪撰) 1101- 173
～陽集(宋洪皓撰) 1133- 391

2771$_2$ 包

44～孝肅奏議集 427- 73

2772$_0$ 勾

(見2762$_0$ 句)

2772$_7$ 島

50～夷志略 594- 17

鄉

90～黨圖考 210- 713

2780$_6$ 負

63～暄野錄 871- 3

2790$_4$ 梨

72～岳集(見黎嶽集)

2791$_7$ 紀

08～效新書 728- 487

絕

49～妙好詞箋 1490- 1

2792$_0$ 綱

60～目訂誤 323- 647
～目續麟 323- 1
彙覽 323- 439
～目分註拾遺 323- 513

網

22～山集 1149- 853

2793$_2$ 緣

27～督集 1156- 1

綠

44～苔軒集(見三華集) 1372- 34

2795$_4$ 絳

10～雪園古方選註 783- 779
30～守居園池記 1078- 555
補注 1078- 573
41～帖平 682- 1

2796$_2$ 紹

77～陶錄 446- 273
～熙州縣釋奠儀圖 648- 1
～興十八年同年小錄 448- 345

2821$_1$ 作

80～義要訣(見書義斷法) 62- 580
～義要訣 1482- 371

2822$_7$ 傷

30～寒論注釋 734- 201
～寒論條辨 775- 1
～寒舌鑑 783- 699
～寒總病論 738- 575
修治藥法 738- 663
～寒微旨論 738- 541
～寒直格方 744- 847
～寒標本心法類萃 744- 904
～寒明理論 734- 307
～寒論方 734- 347
～寒兼證析義 783- 735
～寒類方 785- 581
～寒類書活人總括(見仁齋傷寒類書)

2824$_0$ 傲

51～軒吟稿 1216- 725

2824$_7$ 復

00～齋易說 13- 681
40～古詩集 1222- 123
～古編 225- 679

2825$_3$ 儀

27～象考成 793- 1
35～禮旁通圖 104- 315
～禮商 108- 253
～禮章句 109- 289
～禮識誤 103- 1
～禮石本誤字 108- 249
～禮要義 104- 341
～禮集說 105- 33
～禮集編 110- 1 ～ 111- 1
～禮集釋 103- 31
～禮集傳集註(見儀禮經傳通解)
～禮經傳通解 131- 1
～禮經傳通解續 131- 605 ～ 132- 1
～禮釋宮 103- 521
～禮釋宮增註 109- 883
～禮注疏 102- 1
～禮述註 108- 295
～禮逸經 105- 1
～禮析疑 109- 1
～禮圖 104- 1
～禮監本正誤 108- 244
～禮義疏 106- 1 ～ 107- 1
～禮鄭注句讀 108- 1
～禮小疏 109- 899

2826$_6$ 僧

30～寶傳(見禪林僧寶傳)

2826₈ 俗

50～書刊誤 228- 539

2829₄ 徐

10～正字詩賦 1084- 287
　～霞客遊記 593- 61
44～孝穆集箋注 1064- 791
　～孝穆集箋注卷六備考 1064- 925
72～氏珞琭子賦注(見珞琭子賦注)
　～氏筆精 856- 451

2854₀ 牧

00～庵文集(見牧庵集)
　～庵集 1201- 401
　　年譜 1201- 770
31～潛集 1198- 107

2896₁ 給

50～事集 1124- 1

2896₆ 繪

50～事備考 826- 101
　～事微言 816- 189

2998₀ 秋

22～崖集 1182- 131
　～巖詩集 1202- 673
37～澗集 1200- 1 ～ 1201- 1
47～聲集(宋衞宗武撰) 1187- 627
　～聲集(元黃鎮成撰) 1212- 523
90～堂集 1187- 475

3

3010₁ 空

77～同集 1262- 1

3010₆ 宣

24～德鼎彝譜 840-1019
26～和北苑貢茶錄 844- 635
　　北苑別錄 844- 647
　～和博古圖(見重修宣和博古圖)
　～和畫譜 813- 67
　～和奉使高麗圖經 593- 811
　～和書譜 813- 207
30～室志 1042- 697
67～明方論 744- 745
91～爐博論 840-1066

3010₇ 宜

29～秋集(見周祠部集)

3011₄ 注

27～解正蒙 697- 333

淮

38～海詞 1487- 179
　～海集 1115- 427
　　後集 1115- 653
　　長短句 1115- 686
40～南子(見淮南鴻烈解)
　～南鴻烈解 848- 505
76～陽集 1191- 703
　　詩餘 1191- 717

3011₇ 瀛

40～奎律髓 1366- 1

3012₃ 濟

25～生方 743- 449

40～南集 1115- 701

3013₀ 汴

00～京遺蹟志 587- 513

3013₂ 灖

32～溪草堂稿(見文簡集)

3014₀ 汶

76～陽端平詩雋(見端平詩雋)

3014₇ 淳

24～化祕閣法帖考正 684- 503
77～熙三山志 484- 109
　～熙稿 1155- 17

3020₁ 寧

38～海將軍固山貝子功績錄 447- 227
41～極齋稿 1189- 713

3021₂ 宛

72～丘集(見柯山集)
74～陵羣英集 1366- 955
　～陵集 1099- 1
77～邱集(見宛丘集)

3021₄ 寇

50～忠愍公詩集(見忠愍集) 1085- 667

3021₇ 扈

28～從詩(見扈從集)
　～從集 1214- 542
　～從西巡日錄 460-1153

3022₇ 扁

47～鵲神應鍼灸玉龍經 746- 755

3023₂ 永

40～嘉八面鋒(見八面鋒)

家

22～山圖書 709- 421
35～禮 142- 527
44～藏集 1255- 1
88～範 696- 657

3030_3 寒

22～山詩集 1065- 29
～山帚談 816- 263
～山子詩集(見寒山詩集)
48～松閣集 1179- 1

3030_4 避

60～暑錄話 863- 629

3034_2 守

43～城機要(見守城錄) 727- 185
～城錄 727- 175

3040_1 準

00～齋雜說 709- 63

3040_4 安

40～南志略 464- 591
67～晚堂詩集(見安晚堂集)
～晚堂集 1176- 845
70～雅堂集 1213- 1
72～岳集 1098- 289
74～陸集 1487- 79
76～陽集 1089- 215

3040_7 字

04～詁 222- 549
22～孿 228- 587
32～溪集 1183- 254
37～通 226- 619
71～原 242- 636
88～鑑 228- 17

3042_7 寓

00～庵詩集(見鄱陽五家集) 1476- 387
～意編 814- 635
～意草 783- 604
88～簡 864- 103

3043_2 宏

67～明集(見弘明集)

3060_3 容

00～齋隨筆 851- 265
續筆 851- 401
三筆 851- 534
四筆 851- 662
五筆 851- 790
50～春堂集 1258- 1
前集 1258- 1
後集 1258- 225
續集 1258- 400
別集 1258- 722

3060_4 客

00～亭類稿 1165- 427

3060_6 宮

30～室考 109- 801
48～教集 1151- 779

富

22～山遺稿 1189- 365

3060_9 審

00～齋詞 1488- 49

3071_4 宅

21～經 808- 1

3077_2 密

00～齋筆記 864- 643
續筆記 864- 686
44～菴集 1228- 77

3077_7 官

88～箴 602- 651

3080_1 定

00～齋集 1157- 563
～庵類稿 1152- 119
22～山集 1254- 145
30～宇集 1205- 151
年表 1205- 152
別集 1205- 427

3080_6 賓

37～退錄 853- 653

實

30～賓錄 920- 293

竇

72～氏聯珠集 1332- 357

寶

00～慶〔會稽〕續志(見會稽續志)
～慶四明志 487- 1
～章待訪錄 813- 51
02～刻叢編 682- 181
～刻類編 682- 583
10～晉英光集 1116- 91
34～祐四年登科錄(見宋寶祐四年登科錄)
40～真齋法書贊 813- 563

3090_1 宗

00～玄集 1071- 723
10～元集(見宗玄集)
17～子相集 1287- 1
26～伯集 1291- 193
30～室王公功績表傳 454- 1
50～忠簡集 1125- 1

3090_4 宋

00～高僧傳 1052- 1
～文紀 1398- 471
～文選 1346- 1
～文鑑 1350- 1 ～ 1351- 1
04～詩紀事 1484- 1 ～ 1485- 1

三〇二三三——三〇九〇四
家寒避守準安字寓宏容客宮富審宅密官定賓實竇寶宗宋

～詩鈔 1461- 1～1462- 1
10～元詩會 1463- 1～1464- 1
～元憲集(見元憲集) 1087- 401
～百家詩存 1477- 1
20～季三朝政要 329- 961
26～稗類鈔 1034- 215
27～名臣言行錄 449- 1
前集 449- 1
後集 449- 125
續集 449- 292
別集 449- 362
外集 449- 642
～名臣奏議 431- 1～432- 1
30～宰輔編年錄 596- 1
～寶祐四年登科錄 451- 47
40～九朝編年備要(見九朝編年備要)
～大事記講義 686- 185
～布衣集 1296- 543
44～藝圃集 1382- 597
47～朝名畫評 812- 445
～朝事實 608- 1
50～史 280- 1～288- 1
～史紀事本末 353- 1
～史全文 330- 1～331- 1
～本古文孝經 182- 19
～書 257- 1～258- 1
60～景文集(見景文集) 1088- 1
～景文筆記 862- 533
～景濂未刻集 1224- 563
77～學士全集(見文憲集)
80～金元明四朝詩 1437- 1～1444- 1

3111_0 江

00～文通集 1063- 713
10～西通志 513- 1～518- 1
30～淮異人錄 1042- 901
34～漢叢談 590- 471
37～湖後集 1357- 719
～湖長翁集 1166- 1
～湖小集 1357- 1
40～南經略 728- 1
～南通志 507- 1～512- 1
～南別錄 464- 119
～南野史 464- 69
～南餘載 464- 149
43～城名蹟 588- 287
44～村銷夏錄 826- 467
50～表志 464- 131
57～邨遺稿 1170- 144
77～月松風集 1217- 795

3111_1 涇

26～皐藏稿 1292- 1
67～野子內篇 714- 521

3111_6 洹

07～詞 1267- 369

3112_0 河

22～嶽英靈集 1332- 19
31～源紀略 579- 1
38～汾諸老詩集 1365- 613
40～南集 1090- 1
～南經說(見程氏經說)
～南通志 535- 1～538- 1
50～東集 1085- 237
70～防一覽 576- 137
～防述言 579- 746
～防通議 576- 43
87～朔訪古記 593- 17

3112_1 涉

00～齋集 1154- 405
50～史隨筆 686- 75

3112_7 灊

22～山集 1133- 809

馮

30～安岳集(見安岳集) 1098- 289
90～少墟集(見少墟集) 1293- 1

3114_0 汗

88～簡 224- 307
目錄敍略 224- 309

3114_9 滹

40～南集 1190- 267
～南遺老集(見滹南集)

3116_0 酒

08～譜 844- 835
36～邊詞 1487- 523

3116_1 潛

00～齋文集(見潛齋集)
～齋集 1188- 365
21～虛 803- 263
～虛發微論 803- 283
22～山集 1186- 293
50～夫論 696- 355
72～丘劄記 859- 381
77～邱劄記(見潛丘劄記)

3118_6 瀕

37～湖脈學 774- 571

3119_5 源

30～流至論前集 後集 續集 別集(見古今源流至論)

3126_6 福

15～建通志 527- 1～530- 1

3128_6 顧

11～非熊詩 1072- 562
44～華玉集 1263- 135
55～曲雜言 1496- 383

3130_2 邇

00～言 703- 509

3133_2 憑

77～几集(見顧華玉集) 1263- 262
～几集續編(見顧華玉集) 1263- 312

3200_0 州

62～縣提綱 602- 1

3210_0 測

60～量法義 789- 815
～量異同 789- 833
～圓海鏡 798- 1
～圓海鏡分類釋術 798- 127

淵

21～穎集 1209- 1
88～鑑類函 982- 1 ～ 993- 1

3212_1 浙

10～西水利書 576- 83
31～江通志 519- 1 ～ 526- 1

3213_4 溪

22～蠻叢笑 594- 43
90～堂詞 1487- 297
～堂集 1122- 473

3214_7 浮

22～山集 1137- 785
31～沚集 1123- 599
32～溪文粹 1128- 335
～溪集 1128- 1
36～湘集(見浮湘藁)
～湘藁(見顧華玉集) 1263- 135

3215_7 淨

24～德集 1098- 1

3216_9 潘

17～司空奏疏 430- 1

3219_4 滦

00～京雜咏 1219- 617

3230_1 逃

36～禪詞 1487- 637

3230_2 近

50～事會元 850- 253
60～思錄 699- 1
～思錄集註(清茅星來撰) 699- 127
～思錄集註(清江永撰) 699- 357
90～光集 1214- 505

3230_6 遁

60～甲演義 810- 921

3230_9 遜

40～志齋集 1235- 43

3300_0 心

21～經 706- 1
26～泉學詩稿 1189- 835

3311_1 浣

22～川集 1176- 687
44～花集 1084- 531

3312_7 浦

76～陽人物記 452- 1

3313_2 浪

01～語集 1159- 143

3316_0 治

31～河奏續書 579- 613
～河圖略 576- 71
～河題藁(見靳文襄奏疏) 430- 451
44～世龜鑑 709- 595

3318_6 演

22～山集 1120- 1
80～禽通纂 809- 237
88～繁露 852- 67
續集 852- 208

3319_1 淙

22～山讀周易 19- 579
～山讀周易記(見淙山讀周易)

3320_0 祕

50～書監志 596- 753
77～殿珠林 823- 443

3322_7 補

22～後漢書年表 253- 735
27～疑獄集 729- 822
～饗禮 109- 489
28～繪離騷全圖(見補繪蕭雲從離騷全圖)
～繪蕭雲從離騷全圖 1062- 495
30～注杜詩 1069- 1
年譜辨疑 1069- 16
～注東坡編年詩(見蘇詩補註)
34～漢兵志 663- 481
71～歷代史表 402- 1

3330_9 述

40～古齋集 1217- 361
50～書賦 812- 77
60～異記 1047- 611

3390_4 梁

00～文紀 1399- 231
28～谿集 1125- 491 ～ 1126- 1

年譜 1126- 869
行狀 1126- 882
～谿遺稿 1149- 509
～谿漫志 864- 691
50～書 260- 1
60～園寓稿 1233- 273

3400_0 斗

40～南老人集 1233- 353

3410_0 對

00～床夜語 1481- 853
22～山集 1266- 317
24～牀夜話(見對床夜語)

3411_1 洗

33～心齋讀易述(見讀易述)

湛

23～然居士集 1191- 487
32～淵集 1198- 87
～淵靜語 866- 283
60～園集 1323- 593
～園札記 859- 567

3411_2 池

11～北偶談 870- 1

沈

10～下賢集 1079- 1
72～氏樂府指迷 1494- 527

3411_4 灌

60～園集 1123- 1
64～畦暇語 862- 481

3412_7 滿

15～珠蒙古漢字三合切音清文鑑 234- 1
32～洲祭神祭天典禮 657- 619
～洲源流考 499- 451
～洲蒙古漢字三合切音清文鑑(見滿珠蒙古漢字三合切音清文鑑)

3413_1 法

00～言集註(見揚子法言)
41～帖音釋刊誤 812- 416
～帖譜系 682- 61
～帖刊誤 681- 377
～帖釋文 681- 395
～帖釋文刊誤(見法帖音釋刊誤)
～帖釋文考異 683- 357
44～苑珠林 1049- 1 ～ 1050- 1
～藏碎金錄 1052- 425
50～書要錄 812- 101
～書名畫見聞表(見書畫見聞表)
～書考 814- 477

3413_4 漢

13～武帝內傳 1042- 289
～武洞冥記(見洞冥記) 1042- 299
～武故事 1042- 281
21～上易集傳(見漢上易傳)
～上易傳 11- 1
22～制考 609- 779
26～魏六朝百三家集 1412- 1 ～ 1416- 1
27～紀(見前漢紀)
30～官舊儀 646- 1
33～濱集 1139- 661
44～藝文志考證 675- 1
45～隸字源 225- 791
～隸分韻 228- 183
50～書(見前漢書)

3414_0 汝

40～南遺事 408- 933

3414_7 凌

50～忠介公集 1297- 379

3416_0 渚

22～山堂詞話 1494- 531
30～宮舊事 407- 555
～宮故事(見渚宮舊事)

3416_1 浩

23～然齋雅談 1481- 813

3418_1 洪

13～武正韻 239- 1
27～龜父集 1124- 395
72～氏春秋說 156- 457
88～範正論 68- 1
～範統一 59- 647
～範皇極內篇 805- 697
～範口義 54- 451
～範明義 64- 797

滇

44～考 364- 1
67～略 494- 97

3419_8 涞

12～水詩集(見文氏五家集) 1382- 422
文集(見文氏五家集) 1382- 434

3423_1 祛

27～疑說 865- 201

3426_0 褚

72～氏遺書 734- 541

3430_9 遼

50～史 289- 1
～史語解(見遼金元三史國語解) 296- 3
～史拾遺 289- 737
80～金元三史國語解 296- 1

3510_6 沖

21～虛至德眞經解 1055- 651

3512_7 清

00～文穎(見皇清文穎)
～文鑑(見御製增訂清文鑑)
10～正存稿 1178- 805
13～職貢圖(見皇清職貢圖)
23～獻集(宋趙抃撰) 1094- 739
～獻集(宋杜範撰) 1175- 599
28～谿漫稿(見青谿漫稿)
30～容居士集 1203- 1
31～江詩集 1228- 179
文集 1228- 290
～江三孔集 1345- 177
～河書畫舫 817- 1
～河書畫表 817- 607
34～波雜志 1039- 1
33～祕藏 872- 1
別志 1039- 92
44～苑齋詩集 1171- 189
～苑齋集(見清苑齋詩集)
50～惠集 1264- 315
60～異錄 1047- 837
77～風亭稿 1247- 101
～閟閣全集 1220- 151
～開國方略(見皇清開國方略)

3519_6 涑

12～水記聞 1036- 315

3520_6 神

22～仙傳 1059- 253
55～農本草經疏 775- 287
～農本草經百種錄 785- 557
60～異經 1042- 265

3521_8 禮

07～記註疏 115- 1 ～ 116- 1
～記訓義擇言 128- 87
～記正義(見禮記註疏)
～記集說 117- 1 ～ 120- 1
～記集說(見陳氏禮記集說) 121- 679
～記述註 127- 279
～記大全 122- 1
～記析疑 128- 1
～記義疏 124- 1 ～ 126- 1
～記纂言 121- 1
～部集 1212- 1
～部志稿 597- 1 ～ 598- 1
08～說 101- 665
21～經本義 109- 499
～經會元 92- 1
50～書 130- 1
～書綱目 133- 1 ～ 134- 1

3530_0 連

32～叢子(見孔叢子) 695- 359

3530_6 迪

14～功集 1268- 733
～功集選(見二家詩選) 1459- 62

3530_8 遺

08～論九事(見易數鉤隱圖遺論九事) 8- 160
22～山集 1191- 1

3610_0 泊

30～宅編 1037- 507
44～菴集 1237- 177

湘

22～山野錄 1037- 225
續錄 1037- 268

3611_7 溫

12～飛卿詩集箋注 1082- 447
44～恭毅集 1288- 361
72～氏母訓 717- 521
80～公易說 8- 565

3612_7 湯

17～子遺書 1312- 421
30～液本草 745- 909

渭

40～南文集 1163- 1

3614_7 漫

40～塘文集(見漫塘集)
～塘集 1170- 275

3625_6 禪

44～林僧寶傳 1052- 639
補禪林僧寶傳 1052- 781
77～月集 1084- 423

3630_3 還

22～山遺稿 1198- 219
考歲略 1198- 221
30～寃志 1042- 561

3711_7 漽

12～水燕談錄 1036- 469

3712_0 洞

10～霄圖志 587- 405
～天清錄 871- 1
37～冥記 1042- 299
44～麓堂集 1277- 401

湖

00～廣通志 531- 1 ～ 534- 1
22～山集 1138- 445
～山類稿 1188- 221

澗

26～泉集 1180- 563
～泉日記 864- 769

3712_7 滴

12～水集 1121- 1

鴻

00～慶居士集 1135- 1

3713_6 漁

38～洋詩話 1483- 831
67～墅類稿 1176- 769
72～隱叢話 1480- 45
　前集 1480- 45
　後集 1480- 385

3715_6 渾

44～蓋通憲圖說 789- 851

3716_0 洺

12～水集 1171- 221

3716_1 澹

00～齋集 1135- 561
　～齋集(見鄭博士集)
23～然軒集(見淡然軒集)
44～菴文集 1137- 1
51～軒集 1152- 197

3716_4 洛

76～陽牡丹記 845- 1
　～陽伽藍記 587- 1
　～陽名園記 587- 239
　～陽搢紳舊聞記 1036- 133

潞

80～公文集 1100- 1

3718_2 次

22～山集 1071- 509
47～柳氏舊聞 1035- 403

漱

10～玉詞 1487- 555

3719_4 深

00～衣考 127- 1
　～衣考誤 128- 389
　～衣考誤(見禮書綱目附錄) 134- 612

3721_0 祖

44～英集 1091- 641

3722_0 初

30～寮詞 1487- 373
　～寮集 1127- 1
77～學記 890- 1

祠

07～部集 1091- 1

3730_1 逸

77～周書 370- 1

3730_2 通

40～志 372- 1～381- 1
50～書述解 697- 21
55～典 603- 1～605- 1
70～雅 857- 1
88～鑑外紀(見資治通鑑外紀)
　～鑑續編 332- 435
　～鑑總類 461- 201～462- 1
　～鑑釋文辨誤 312- 217
　～鑑釋例(見資治通鑑釋例)
　～鑑紀事本末 346- 1～349- 1
　～鑑綱目三編(見資治通鑑綱目三編)
　～鑑地理通釋 312- 1
　～鑑胡注舉正 312- 381
　～鑑問疑 686- 1
　～鑑前編舉要(見資治通鑑前編)
　～鑑答問 686- 617

過

00～庭錄 1038- 245

週

10～天大象賦(見天中記) 965- 46

3730_4 運

70～甓漫稿 1242- 407

3730_7 追

44～昔遊集 1079- 79

3730_8 選

30～進集(見唐御覽詩)

3780_6 資

18～政要覽 717- 531
33～治通鑑 304- 1～310- 1
　～治通鑑後編 342- 1～345- 1
　～治通鑑外紀 312- 655
　～治通鑑外紀目錄 312- 527
　～治通鑑釋文辨誤(見通鑑釋文辨誤) 312- 217
　～治通鑑釋例 311- 317
　～治通鑑綱目三編 340- 1
　～治通鑑考異 311- 1
　～治通鑑目錄 311- 321
　～治通鑑前編 332- 1
　前編舉要 332- 376
67～暇集 850- 143

3792_7 鄴

50～中記 463- 305

3811_9 滏

12～水集 1190- 55

3813_2 滋

32～溪文稿 1214- 1

3813_7 冷

00～齋夜話 863- 237

泠

23～然齋集 1179- 69

38140 潋

12～水志(見海鹽潋水志)

38147 游

00～鴈山集 1121- 627
30～宦紀聞 864- 585

38157 海

01～語 594- 117
22～嶽名言 813- 63
23～岱會集 1377- 1
27～壑吟稿 1285- 543
～島算經 797- 173
40～塘錄 583- 317
～內十洲記 1042- 273
60～國聞見錄 594- 847
67～野詞 1488- 31
74～陵集 1142- 1
77～叟集 1233- 161
～桑集 1232- 523
78～鹽潋水志 487- 523
87～錄碎事 921- 1
90～棠譜 845- 133

38167 滄

32～洲塵缶編 1176- 889
33～浪詩話 1480- 809
～浪集 1179- 27
37～溟集 1278- 173
38～海遺珠 1372- 441
56～螺集 1229- 475

38303 遂

37～初堂書目 674- 435
60～昌雜錄 1040- 379

38304 遊

43～城南記 593- 1

遵

22～巖集 1274- 1
25～生八牋 871- 329

38306 道

22～山清話 1037- 645
24～德經註(清世祖註) 1055- 445
～德經註(清徐大椿撰) 1055- 519
～德經解(見老子解)
～德寶章 1055- 239
～德眞經註 1055- 257
～德指歸論 1055- 75
27～鄉集 1121- 161
44～藏目錄詳註 1061- 627
60～園遺稿 1207- 707
～園學古錄 1207- 1
73～院集要 1052- 611

38604 啓

31～禎四書文(見欽定四書文) 1451- 315
44～蒙意見 30- 95

39120 沙

32～溪集 1264- 483

39189 淡

23～然軒集 1291- 765

39302 逍

37～遙集 1085- 565

4

40000 十

00～六國春秋 463- 315
～六國春秋(見別本十六國春秋)
10～一經問對 184- 343
～三經注疏正字 192- 1
～三經義疑 191- 251
～五家詞 1494- 1
24～先生奧論註 1362- 27
40～七史纂古今通要 688- 111
60～國春秋 465- 1 ～ 466- 1

40011 左

25～傳讞(見春秋三傳讞) 149- 496
～傳要義(見春秋左傳要義) 153- 253
～傳紀事本末 369- 1
～傳注疏(見春秋左氏傳注疏) 143- 1 ～ 144- 1
～傳補注(見惠氏春秋左傳補注) 181- 119
～傳杜解補正 174- 287
～傳杜林合注 171- 323
～傳事緯 175- 263
～傳事緯前集 175- 620
～傳折諸(見三傳折諸) 177- 1
～傳附注 167- 683
～傳屬事(見春秋左傳屬事) 169- 491
50～史諫草 427- 389
72～氏續說 152- 143
～氏傳說 152- 1
～氏釋 169- 953
～氏博議 152- 295

40017 九

00～章錄要 802- 859
～章算術 797- 1
～章算術音義 797- 126
10～靈山房集 1219- 253
年譜 1219- 256
補編 1219- 608
21～經辨字瀆蒙 194- 93
～經誤字 191- 1
～經三傳沿革例 183- 559
～經字樣 224- 295
～經補韻 237- 767

～經古義 191-359
30～家集注杜詩 1068-1
44～華詩集 1189-687
～華集 1158-1
47～朝編年備要 328-1

4003₀ 大

00～唐新語(見唐新語)
～唐西域記 593-635
～唐傳載 1035-527
～唐開元禮 646-19
～唐創業起居注(見唐創業起居注)
10～元混一平宋實錄(見平宋錄)
20～統歷志(見大統曆志)
～統曆志 795-819
21～衍索隱 806-313
24～德昌國州圖志(見昌國州圖志)
28～復集 1267-1
35～清一統志 474-1 ~ 483-1
～清律例 672-377 ~ 673-1
～清通禮 655-1
～清會典 619-1
～清會典則例 620-1 ~ 625-1
43～戴禮記 128-17
50～事記 324-1
通釋 324-98
解題 324-124
～事記講義(見宋大事記講義)
～事記續編 333-1 ~ 334-1
60～易集義粹言(見合訂刪補大易集義粹言)
～易緝說 24-17
～易象數鉤深圖 25-1
～易通解 44-1
～易擇言 52-451
～易粹言 15-1
70～雅集 1369-511
72～隱集 1133-1
～隱居士詩集 1137-755
77～學章句(見四書章句集注) 197-3
～學章句大全(見四書大全) 205-2
～學章句或問通證(見四書通證) 203-641
～學證文 210-277
～學疏義 202-1
～學發微 200-737
～學翼眞 208-905
～學集說啓蒙(見大學中庸集說啓蒙) 204-964
～學集編(見四書集編) 200-3
～學衍義 704-497
～學衍義補 712-1 ~ 713-1
～學通(見四書通) 203-8
～學古本說(見榕村四書說) 210-2
～學中庸集說啓蒙 204-961
～學本旨 200-740
～學或問(見四書大全) 205-49
～學纂疏(見四書纂疏) 201-1
～學纂箋(見四書纂箋) 204-1
80～全集 1230-1
～金弔伐錄 408-833
～金集禮 648-27
～金德運圖說 648-309
～金國志(見重訂大金國志)

太

00～玄經 803-1
～玄本旨 803-107
10～元經(見太玄經)
～元本旨(見太玄本旨)
～平廣記 1043-1 ~ 1046-1
～平經國書 92-185
～平御覽 893-1 ~ 901-1
～平寰宇記 469-1 ~ 470-1
～平治迹統類 408-1
～平惠民和劑局方 741-469
17～乙金鏡式經 810-855
26～白山人漫藁 1268-783
～白陰經 726-163
30～宗文皇帝聖訓 411-39
35～淸神鑑 810-759
37～祖高皇帝聖訓 411-1
41～極圖說述解 697-1
50～史詩集(見文氏五家集) 1382-439
77～醫局諸科程文格 743-1
～醫局程文(見太醫局諸科程文格)
80～倉稊米集 1141-1
90～常續考 599-1

4003₈ 夾

37～漈遺稿 1141-505

4004₇ 友

10～石山人遺稿 1217-129
40～古詞 1487-405
44～林乙稿 1178-89

4010₀ 土

30～官底簿 599-331

士

17～翼 714-451

4010₄ 圭

00～齋文集 1210-1
～齋集(見圭齋文集)
22～峯集(元盧琦撰) 1214-687

～峯集(明羅玘撰) 1259- 1
40～塘欸乃集 1366- 863
～塘小藁 1211- 579
別集 1211- 684
續集 1211- 717

臺

32～灣紀略 363- 1
38～海使槎錄 592- 861

4010_7 直

00～齋書錄解題 674- 525
45～隸河渠志 579- 781
51～指詳說(見悟眞篇註疏) 1061- 517

壺

22～山四六 1178- 333

4012_7 坊

07～記集傳 122- 927
～記春秋問業 122-1003

4013_6 蠹

(同蠹，見 5013_6 蠹)

4020_0 才

07～調集 1332- 381

4021_1 堯

22～峯文鈔 1315- 203

4021_4 在

51～軒集 1189- 629

4021_6 克

00～齋詞 1488- 95
～齋集 1171- 1

4022_7 內

02～訓 709- 721
23～外傷辯惑論 745- 363
～外服制通釋 111- 709
62～則衍義 719- 1
77～丹九章經(見南統大君內丹九章經)

88～簡尺牘 1135- 467
～簡尺牘編注(見內簡尺牘)

希

37～澹園詩集 1233- 581

南

00～齊文紀 1399- 1
～齊書 259- 1
～方草木狀 589- 1
～唐近事 1035- 927
～唐書(馬氏) 464- 247
～唐書(陸氏) 464- 383
～南唐書音釋(見陸氏南唐書) 464- 492
07～部新書 1036- 175
20～統大君內丹九章經 1071- 770
21～行集(見止山集) 1277- 206
22～嶽倡酬集 1348- 607
～嶽小錄 585- 1
30～湝集(見松桂堂全集) 1317- 342
～窗記談 1038- 235
～宮奏稿 429- 409
～宋襍事詩 1476- 489
～宋院畫錄 829- 541
～宋館閣錄 595- 417
續錄 595- 467
32～巡盛典 658- 1 ～ 659- 1
37～湖集(宋張鎡撰) 1164- 527
～湖集(元貢性之撰) 1220- 1
～澗甲乙稿 1165- 1
44～華眞經新傳 1056- 169
～華眞經義海纂微 1057- 1
50～史 265- 1
～史識小錄 462- 483
51～軒集 1167- 413
～軒易說 13- 625
57～邨詩集 1231- 575
60～園漫錄 867- 255
76～陽集(宋趙湘撰) 1086- 1

～陽集(宋韓維撰) 1101- 503
年譜 1101- 770
～陽名畫表(見南陽書畫表)
～陽法書表(見南陽書畫表)
～陽書畫表 817- 619
法書表 817- 620
名畫表 817- 624

4024_7 皮

17～子文藪(見文藪)

存

16～硯樓文集 1327- 1
30～家詩稿 1285- 477
70～雅堂遺稿 1189- 525
98～悔齋稿 1199- 323

4033_1 赤

12～水玄珠 766- 1
～水元珠(見赤水玄珠)
43～城集 1356- 615
～城志 486- 567
48～松山志 585- 45
70～雅 594- 337

4033_6 熹

30～宗原本本紀(見東林列傳) 458- 484

4040_1 幸

27～魯盛典 652- 1

4040_7 李

00～文公集 1078- 101
10～元賓文編 1078- 265
外編 1078- 294
11～北海集 1066- 1
17～羣玉詩集 1083- 1
後集 1083- 22
21～虛中命書 809- 1
～衞公問對 726- 143
33～冶詩集(見薛濤李冶詩集) 1332- 341

37～深之文集(見李相國論事集)

～遐叔文集 1072- 345

40～太白文集 1066- 219

～太白集注 1067- 1

～太白集分類補註 1066- 437

～直講年譜(見盱江集) 1095- 4

46～相國論事集 446- 209

72～氏學樂錄 220- 339

80～義山文集箋註 1082- 237

～義山詩譜(見李義山詩集注) 1082- 232

～義山詩集 1082- 1

～義山詩集注 1082- 79

4046_5 嘉

05～靖以來首輔傳 452- 421

20～禾百咏 1186- 765

30～定赤城志(見赤城志)

34～祐集 1104- 845

～祐雜志 1036- 557

50～泰會稽志(見會稽志)

4050_6 韋

00～齋集 1133- 425

行狀 1133- 429

44～蘇州集 1072- 77

4051_4 難

21～經本義 733- 429

4060_0 古

00～廉文集 1242- 659

～廉集(見古濂文集)

～文龍虎經註疏 1061- 535

～文集成前集 1359- 1

～文參同契集解 1058- 811

～文淵鑒 1417- 1 ～ 1418- 1

～文苑 1332- 573

～文孝經孔氏傳 182- 1

～文孝經指解(見孝經指解)

～文四聲韻 224- 413

～文雅正 1476- 1

～文關鍵 1351- 715

～文尚書疏證(見尚書古文疏證)

～文尚書寃詞 66- 543

～文尚書逸篇(見尚書埤傳) 66- 964

～音叢目 239- 241

～音獵要 239- 278

～音表 241- 521

～音略例 239- 333

～音附錄 239- 323

～音駢字 228- 399

續編 228- 432

～音餘 239- 294

02～刻叢鈔 683- 1

04～詩紀 1379- 1 ～ 1380- 1

～詩鏡 1411- 1

06～韻標準 242- 483

10～靈集 1093- 497

12～列女傳 448- 1

20～穰集 1244- 481

21～儷府 979- 1

～經傳(見易學啓蒙古經傳)

～經解鉤沈 194- 353

22～樂府 1368- 427

～樂經傳 220- 1

～樂苑 1395- 1

衍錄

～樂書 220- 97

28～微書 194- 807

40～友詞(友古詞之倒誤，見友古詞)

43～城集 1257- 591

～歡堂集 1324- 1

48～梅遺稿 1188- 841

～梅吟藁(見古梅遺稿)

50～史 371- 205

～夫于亭雜錄 870- 597

～畫品錄 812- 1

63～賦辯體 1366- 711

77～周易 15- 779

～周易章句外編(見周易章句外編)

～周易訂詁 36- 1

80～今詩刪 1382- 1

～今韻會舉要 238- 357

～今說海 885- 225 ～ 886- 1

～今列女傳 452- 37

～今刀劍錄 840- 1

～今歲時雜詠(見歲時雜詠)

～今儲貳金鑑 694- 583

～今律歷考(見古今律曆考)

～今律曆考 787- 1

～今紀要 384- 1

～今注 850- 97

～今源流至論 942- 1

前集 942- 1

後集 942- 157

續集 942- 331

別集 942- 509

～今禪藻集 1416- 291

～今通韻 242- 1

～今考 853- 107

～今姓氏書辯證 922- 1

～今事文類聚 925- 1 ～ 929- 1

前集 925- 1

後集 926- 1

續集 927- 1

別集 927- 518

新集 928- 1

外集 929- 1

遺集 929- 328

～今同姓名錄 887- 1

～今合璧事類備要 939- 1 ～ 941- 1

前集 939- 8

後集 939- 552 ～ 940- 1
續集 940- 393
別集 941- 1
外集 941- 444
94～懽堂集(見古歡堂集)

4060_9 杏

00～亭摘稿(庭之誤，見杏庭摘稾)
～庭摘稾 1212- 665

4062_1 奇

21～經八脈考 774- 549
30～字韻 228- 375
66～器圖說 842- 407

4064_1 壽

06～親養老新書 738- 283

4071_0 七

18～政推步 786- 311
21～經孟子考文補遺 190- 1
～經小傳(見公是七經小傳) 183- 1
60～國考 618- 765
81～頌堂識小錄 872- 119

4073_2 袁

72～氏世範 698- 595

4080_1 真

04～誥 1059- 313
22～山民集 1189- 447
65～蹟日錄 817- 511
72～臘風土記 594- 53

4090_0 木

80～鐘集(見木鍾集)
82～鍾集 703- 553

4090_8 來

00～齋金石刻考略 684- 1
～齋金石考(見來齋金石刻考略)
47～鶴亭詩(見來鶴亭集)
～鶴亭集 1220- 569

4091_6 檀

17～弓疑問 128- 273
60～園集 1295- 293

4092_7 檇

40～李詩繫 1475- 1

4093_1 樵

10～雲獨唱 1219- 45
20～香小記 859- 781
72～隱詞 1488- 213

4094_8 校

10～正淳化閣帖釋文(見重刻淳化閣帖釋文)

4191_4 極

00～玄集 1332- 149
10～元集(見極玄集)

4192_0 柯

22～山集 1115- 1

4192_7 樗

44～菴類稾 1232- 93
72～隱集 1221- 111

4196_0 柘

51～軒集 1227- 733

檆

32～溪居士集 1130- 403

4196_1 梧

32～溪集 1218- 563
77～岡集 1242- 521

4212_2 彭

43～城集 1096- 1
50～惠安集 1247- 1

4240_0 荊

22～川集 1276- 183
～川稗編 953- 1 ～ 955- 1
32～溪林下偶談 1481- 485
40～南倡和詩集 1370- 229
44～楚歲時記 589- 13

4241_3 姚

90～少監詩集 1081- 695

4252_1 靳

00～文襄奏疏 430- 451

4304_2 博

27～物志 1047- 573
30～濟方 738- 97
40～士詩集(見文氏五家集) 1382- 491
60～異記 1042- 585

4310_0 式

40～古堂書畫彙考 827- 1 ～ 829- 1

卦

22～變考略 35- 651

4313_2 求

40～古錄 683- 659

4346_0 始

22～豐稿 1229- 139

4380_5 越

27～絕書 463- 73
50～史略 466- 559

4396_8 榕

40～壇問業 717- 271
44～村語錄 725- 1
～村集 1324- 525
～村四書說 210- 1

4402₇ 協

27～紀辨方書 811- 109

4410₀ 封

72～氏聞見記 862- 415

4410₄ 墓

87～銘舉例 1482- 379

4410₇ 藍

22～山集 1229- 771
37～澗集 1229- 833

4411₂ 范

00～文正集 1089- 551
　別集 1089- 769
　補編 1089- 797
～文正奏議 427- 1
～文忠集(見文忠集) 1295- 439
24～德機詩集 1208- 67
40～太史集 1100- 83
44～村菊譜 845- 37
～村梅譜 845- 33
50～忠貞集 1314- 1
30～忠宣集 1104- 541

4412₇ 蒲

30～室集 1204- 525
31～江詞 1488- 253

勤

00～齋集 1206- 377
40～有堂隨錄 866- 433

4414₇ 坡

77～門酬唱集 1346- 463

4414₉ 萍

32～洲可談 1038- 273

4420₇ 考

10～工記解 91- 176
14～功集 1272- 1
40～古文集(見趙考古文集)
～古編 852- 1
～古圖 840- 91
～古質疑 853- 15

夢

30～窗稿 1488- 305
32～溪筆談 862- 707
　補筆談 862- 858
33～粱錄 590- 13
36～澤集 1272- 531
46～觀集 1215- 227

4421₁ 荒

18～政叢書 663- 13

4421₂ 苑

37～洛集 1269- 331
～洛志樂 212- 189

4421₄ 花

28～谿集 1221- 43
40～木鳥獸集類 1034- 1
44～草粹編 1490- 113
～菴詞選 1489- 305
　續集 1489- 394
77～間集 1489- 1

莊

05～靖集 1190- 519
17～子翼 1058- 1
～子注 1056- 1
～子口義 1056- 355
～子闕誤 1058- 278
30～定山集(見定山集) 1254- 145
31～渠遺書 1267- 673
72～氏算學 802- 717
88～簡集 1128- 429

4421₇ 蘆

22～川詞 1487- 585
～川歸來集 1136- 581
33～浦筆記 852- 505

4422₁ 猗

77～覺寮雜記 850- 431

4422₂ 茅

00～亭客話 1042- 915
88～簷集 1297- 505

4422₇ 芳

32～洲集(見鄱陽五家集) 1476- 268
44～蘭軒集 1171- 145
80～谷集 1202- 543

蕭

44～茂挺文集 1072- 317
72～氏續後漢書 384- 385

蘭

00～亭續考 682- 155
～亭考 682- 73
～庭集 1244- 419
26～皐集 1186- 719
30～室祕藏 745- 469
32～州紀略 362- 233
40～臺軌範 785- 343
51～軒集 1202- 727

4422₈ 芥

72～隱筆記 852- 483

4423₂ 蒙

00～齋集 1175- 331
～齋中庸講義 199- 553
22～川遺稿 1182- 639
40～古王公功績表傳(見外藩蒙古回部王公表傳)
～古源流 410- 549
43～求集註 892- 651
72～隱集 1151- 751

4425₃ 藏

10～一話腴 865- 537
38～海詩話 1479- 1

～海居士集 1135- 783
50～春集 1191- 633

4430_4 蓮

22～峯集 1165- 661
38～洋詩鈔 1322- 275
墓誌銘 1322- 278

4433_1 熱

31～河志 495- 1 ～ 496- 1

燕

10～石集 1212- 367
17～翼詒謀錄 407- 713
90～堂詩稿 1142- 193

4439_4 蘇

04～詩續補遺(見施註蘇詩) 1110- 696
～詩補註 1111- 1
年表 1111- 12
10～平仲文集 1228- 509
26～魏公文集 1092- 127
34～沈良方 738- 217
72～氏詩集傳 70- 311
～氏演義 850- 185
～氏春秋集解 148- 1
77～學士集 1092- 1
～門六君子文粹 1361- 1
～門集 1273- 561
～門集選(見二家詩選) 1459- 75

4440_0 艾

51～軒集 1142- 551

4440_6 草

36～澤狂歌 1231- 209
40～木子 866- 733
77～閣詩集 1232- 1
文集 1232- 81
90～堂詩話 1481- 519
～堂詩餘 1489- 531
～堂雅集 1369- 175

4440_7 孝

04～詩 1183- 213
21～經正義(見孝經注疏)
～經刊誤 182- 103
～經集註(見御纂孝經集註) 182- 269
～經集傳 182- 155
～經衍義 718- 1 ～ 719- 1
～經注(見御定孝經注) 182- 255
～經注疏 182- 23
～經定本 182- 127
～經述註 182- 141
～經大義 182- 111
～經指解 182- 85
～經問 182- 281

4441_7 執

50～中成憲 722- 1

4442_7 茘

44～枝譜 845- 153

萬

40～壽盛典初集 653- 1 ～ 654- 1
45～姓統譜 956- 1 ～ 957- 1
72～氏石經考 683- 853
80～首唐人絕句 1349- 1

嬾

30～窟詞 1487- 623

4443_0 樊

22～川文集 1081- 561
44～榭山房集 1328- 1
續集 1328- 144

4444_1 葬

34～法倒杖 808- 72
50～書 808- 11

4445_6 韓

04～詩外傳 89- 775
11～非子 729- 597
17～子(見韓非子)
20～集點勘 1075-533
～集舉正 1073- 1
外集舉正 1073- 113
敍錄 1073- 118
40～內翰別集 1083- 547

4446_0 姑

32～溪詞 1487- 281
～溪居士前集 1120- 391
後集 1120- 628
44～蘇志 493- 1

4450_4 華

00～亭百詠 1170- 1
26～泉集 1264- 1
67～野疏稿 430- 729
76～陽集(唐顧況撰) 1072- 503
～陽集(宋王珪撰) 1093- 1
～陽集(宋張綱撰) 1131- 1
～陽國志 463- 131

4450_6 革

27～象新書(見原本革象新書) 786- 221
～象新書(見重修革象新書) 786- 273
78～除逸史 410- 529

葦

20～航漫遊稿 1186- 663

4453_0 英

32～溪集 1189- 221

4460_0 菌

08～譜 845- 205

4460_1 耆

44～舊續聞 1039- 587

4460₂ 苕

32～溪集 1132- 1
～溪漁隱叢話(見漁隱叢話)

4462₇ 荀

17～子 695- 115

4464₁ 薛

44～荔園詩集 1288- 1

4471₁ 老

17～子註(見老子道德經王弼註)
～子說略 1055- 481
～子翼 1055- 323
～子解 1055- 187
～子注(見老子道德經河上公注)
～子道德經(河上公注) 1055- 45
～子道德經(王弼註) 1055- 137
～子考異(見老子翼) 1055- 436
60～圃集 1127- 377
77～學庵筆記 865- 1

4471₇ 世

08～說新語 1035- 29
～說新書(見世說新語)
24～緯 717- 1
30～宗憲皇帝硃批諭旨 416- 1 ～ 425- 1
～宗憲皇帝聖訓 412- 1
～宗憲皇帝上喻內閣 414- 1 ～ 415- 1
～宗憲皇帝上諭八旗 413- 1
上諭旗務議覆 413- 313
諭行旗務奏議 413- 483
～宗憲皇帝御製文集 1300- 1
37～祖章皇帝聖訓 411- 97
77～醫得效方 746- 43

4472₂ 鬱

32～洲遺稿 1256- 529

4472₇ 茆

00～亭客話(見茅亭客話)

4473₁ 芸

00～庵類藁 1159- 69
72～隱橫舟稿 1182- 617
～隱勌游稿 1182- 627

藝

00～文類聚 887- 137 ～ 888- 1
44～林彙考 859- 1
棟宇篇 859- 8
服飾篇 859- 105
飲食篇 859- 185
稱號篇 859- 254
植物篇 859- 371
47～圃 856- 1
圃補 856- 41
60～圃擷餘(見秇圃擷餘)

4474₁ 薛

00～文清集(見敬軒文集)
34～濤詩集(見薛濤李冶詩集) 1332- 341
34～濤李冶詩集 1332- 341
72～氏醫案 763- 1 ～ 764- 1

4477₀ 甘

36～澤謠 1042- 823
50～肅通志 557- 1 ～ 558- 1

4477₇ 舊

00～唐書 268- 1 ～ 271- 1
10～五代史 277- 1 ～ 278- 1
50～本白文公年譜(見白香山詩集) 1081- 29
77～聞證誤 686- 571

4480₁ 楚

07～詞補注 1062- 115
20～辭章句 1062- 1
～辭說韻(見山帶閣註楚辭) 1062- 772
～辭集注 1062- 299
辯證 1062- 379
後語 1062- 402
～辭補註(見楚詞補注)
～辭餘論(見山帶閣註楚辭) 1062- 723
44～蒙山房易經解 49- 239
學易初津 49- 239
易翼宗 49- 287
易翼說 49- 471

4480₆ 黃

00～帝內經素問 733- 1
～帝內經素問遺篇 738- 499
～帝素問(見黃帝內經素問)
～文獻集(見文獻集) 1209- 215
10～石公三略 726- 89
～石公素書 726- 127
27～御史集 1084- 87
43～博士集(見閩中十子詩) 1372- 437
72～氏補註杜詩(見補注杜詩)
～氏日抄 707- 1 ～ 708- 1

4490₁ 禁

30～扁 468- 37

蔡

50～中郎集 1063- 137
～忠惠集(見端明集)

4490_4 茶

21～經 844- 609
22～山集 1136- 473
87～錄 844- 627

葉

72～氏春秋傳 149- 1
77～兒樂府(見曝書亭集) 1318- 535
80～八白易傳 32- 585

藥

30～房樵唱(葯之誤，見葯房樵唱)

4491_0 杜

04～詩詳註 1070- 91
補註 1070-1002
～詩攟 1070- 1
10～工部詩年譜 446- 259
～工部年譜 446- 251
76～陽雜編 1042- 597

4491_4 桂

38～海虞衡志 589- 365
44～苑叢談 1042- 649
～林風土記 589- 63
48～故 585- 739
72～隱文集 1195- 115
～隱詩集 1195- 213
79～勝 585- 637

權

00～文公集 1072- 797

4492_7 菊

17～磵集 1170- 119
50～史補遺(見百菊集譜)

栲

44～栳山人詩集 1215- 459

葯

30～房樵唱 1215- 419

4494_7 菽

60～園雜記 1041- 231

4498_1 棋

05～訣 839-1009
21～經 839-1001

4498_6 横

31～渠先生行狀(見横渠易說) 8- 760
～渠易說 8- 659
33～浦集 1138- 293
40～塘集 1127- 163

4499_0 林

10～霽山集(見霽山文集)
12～登州集 1227- 1
23～外野言 1216- 699
26～泉高致集 812- 571
～和靖集 1086- 615
37～湖遺稿 1170- 142
44～蕙堂全集 1314- 195
77～間錄 1052- 791
後集 1052- 861
78～膳部集(見閩中十子詩) 1372- 184

4499_4 楳

44～埜集 1181- 599

4510_0 坤

77～輿圖說 594- 729

4541_0 姓

72～氏急就篇 948- 633

4593_2 棣

44～華雜著 1142- 297

隸

00～辨 235- 431
24～續 681- 759
26～釋 681- 443

4594_4 樓

77～居雜著 1291- 597

4611_0 坦

00～齋通編 853- 1
44～菴詞 1487- 499

4614_0 埤

70～雅 222- 59

4621_0 觀

27～物篇解 805- 1
44～林詩話 1480- 1
49～妙齋金石文考略(見金石文考略)
90～光藁(見陳剛中詩集) 1202- 615

4622_7 獨

10～醉亭集 1233- 107
12～孤公神道碑(見毘陵集) 1072- 314
16～醒雜志 1039- 523
22～斷 850- 75

4624_7 幔

00～亭詩集(見幔亭集)
～亭集 1296- 1

4643_4 娛

50～書堂詩話 1481- 461

4690_0 柏

00～齋集 1266- 465

相

22～山集 1132- 521

4691_4 桯

50～史 1039- 407

4692_7 楊

00～文忠三錄 428- 749
～文敏集(見文敏集) 1240- 1
25～仲弘集 1208- 1
～仲宏集(見楊仲弘集)
50～忠愍集 1278- 611
～忠介集 1276- 1
72～氏易傳 14- 1
80～公筆錄 863- 191

4721_4 幄

42～機經(見握奇經)

4722_7 郁

72～氏書畫題跋記(見書畫題跋記) 816- 587
續題跋記 816- 768

鶴

22～山集 1172- 75 ～ 1173- 1
44～林玉露 865- 253
～林集 1176- 1
80～年詩集 1217- 493

4732_7 郝

72～氏續後漢書 385- 1 ～ 386- 1

4740_1 聲

07～調譜 1483- 903
50～畫集 1349- 805

4742_0 朝

28～鮮志 594- 369
～鮮史略 466- 367
～鮮賦 594- 105
60～邑縣志 494- 47
67～野僉載 1035- 215
～野類要 854- 101

4742_7 婦

80～人大全良方 742- 435

4748_6 嬾

40～真子 863- 401

4762_0 胡

00～文穆雜著 867- 1
～文敬集 1260- 1
02～端敏奏議 428- 559
25～仲子集 1229- 1
72～氏春秋傳 151- 1
～氏尚書詳解 60- 281

4762_7 都

30～官集 1096- 405
43～城紀勝 590- 1

4772_0 切

06～韻指掌圖 237- 1
檢圖之例 237- 44

却

(同卻，見8762_0 卻)

4780_1 起

00～廢疾 145- 869

4791_0 楓

22～山語錄 714- 111
行實 714- 134
～山集 1254- 1
30～窗小牘 1038- 207

4792_0 柳

24～先生年譜(見五百家註柳先生集) 1077- 4
31～河東集 1076- 1
外集 1076- 446
新編外集 1076- 464
～河東集注 1076- 469
別集注 1076- 850
外集注 1076- 872
40～塘外集 1186- 783

桐

22～山老農文集(見桐山老農集)
～山老農集 1219- 123
31～江續集 1193- 219

4792_2 杼

22～山集 1071- 775

4792_7 郴

31～江百詠 1136- 109

橘

22～山四六 1169- 133
87～錄 845- 161

4794_0 椒

72～丘文集 1249- 1
外集 1249- 529
77～邱文集(見椒丘文集)

4794_7 穀

33～梁折諸(見三傳折諸) 177- 642
43～城山館詩集 1291- 1

4796_4 格

00～齋四六 1151- 1
18～致鏡原 1031- 1 ～ 1032- 1
～致餘論 746- 637
27～物通 716- 1
40～古要論 871- 85

4814_0 救

44～荒活民書 622- 233
～荒本草 730- 609

4816_6 增

00～廣註釋音辯柳集(見柳河東集注)
01～訂清文鑑 232- 1 ～ 233- 1

27～修互註禮部韻略 237- 333
～修校正押韻釋疑 237- 587
～修東萊書說 57- 127
30～注唐策 1361- 781
33～補武林舊事 590- 301
～補鄭氏周易 7- 185

4824$_0$ 散

44～花菴詞 1488- 605

4841$_7$ 乾

38～道稿 1155- 1
～道臨安志 484- 53
45～坤清氣 1370- 259
～坤鑿度(易緯之一) 53- 821
～坤體義 787- 755

4842$_7$ 翰

44～苑新書 949- 1 ～ 950- 1
前集 949- 3
後集上 949- 536
後集下 949- 693
別集 950- 1
續集 950- 118
～苑羣書 595- 341
～苑集 1072- 565
～林記 596- 859
～林志 595- 295
60～墨志(見思陵翰墨志)

4844$_0$ 敎

40～坊記 1035- 541

4864$_0$ 敬

00～齋古今黈 866- 319
21～止集 577- 1
27～鄉錄 451- 251
32～業堂詩集 1326- 1
～業堂集(見敬業堂詩集)
51～軒文集 1243- 31

4891$_1$ 槎

80～翁詩集 1227- 205

4893$_2$ 松

00～亭行記 460-1125
10～雪齋集 1196- 597
外集 1196- 745
20～絃館琴譜 839- 71
22～巢漫稿(見鄱陽五家集) 1476- 336
26～泉集 1328- 381
詩集 1328- 391
文集 1328- 691
27～鄉文集(見松鄉集)
～鄉集 1196- 487
30～窗雜錄 1035- 557
34～漠紀聞 407- 695
續 407- 704
44～桂堂全集 1317- 1
72～隱文集(見松隱集)
～隱集 1129- 319
74～陵集 1332- 163
76～陽講義 209- 839
～陽鈔存 725- 627
77～風閣琴譜 839- 139

4894$_1$ 栟

47～櫚集 1133- 257

4895$_7$ 梅

22～巖文集 1188- 531
～山續藁 1170- 11
32～溪詞 1488- 581
～溪集 1151- 45
44～苑 1489- 97
～花百詠 1366- 559
～花字字香 1205- 667
前集 1205- 669
後集 1205- 676
～花道人遺墨 1215- 491
～村集 1312- 1
77～屋集 1183- 187

4896$_6$ 檜

00～亭集 1208- 335

4942$_0$ 妙

27～絕古今 1356- 783

4980$_2$ 趙

44～考古文集 1229- 653
72～氏易說 14- 449
～氏鐵網珊瑚 815- 263

5

5000$_6$ 中

00～庵集 1206- 1
～庸章句(見四書章句集注) 197- 198
～庸章句大全(見四書大全) 205- 868
～庸章句或問通證(見四書通證) 203- 734
～庸章段(見榕村四書說) 210- 11
～庸集說啓蒙(見大學中庸集說啓蒙) 204-1007
～庸集編(見四書集編) 200- 44
～庸衍義 715- 281
～庸通(見四書通) 203- 40
～庸指歸 200- 713
～庸或問(見四書大全) 205- 948
～庸輯略 198- 555
～庸分章 200- 722
～庸餘論(見榕村四書說) 210- 27
～庸纂疏(見四書纂疏) 210- 77
～庸纂箋(見四書纂箋) 204- 49

08～說 696- 521
～論 696- 465
10～西經星同異考 795- 993
17～丞集 1235- 1
中丞遺事 1235- 37
22～山詩話 1478- 265
26～吳紀聞 589- 289
32～州集 1365- 1
～州樂府 1365- 359
～州名賢文表 1373- 1
～州人物考 458- 1
44～華古今注 850- 114
47～朝故事 1035- 809
60～星譜 793- 533
71～原音韻 1496- 657
77～興間氣集 1332- 125
～興小紀 313- 779

史

07～記 243- 1 ～ 244- 1
～記正義 247- 1 ～ 248- 1
～記集解 245- 1 ～ 246- 1
～記疑問 248- 673
～記索隱 246- 447
24～糾 688- 451
25～傳三編 459- 1
37～通 685- 1
～通通釋 685- 157
72～氏菊譜 845- 29
88～纂通要(見十七史纂古今通要)

申

00～齋集 1204- 171
50～忠愍詩集 1297- 471
78～鑒 696- 433

5000₇ 事

00～文類聚(見古今事文類聚)
27～物紀原 920- 1
30～實類苑 874- 1
90～類賦 892- 799

5001₄ 推

43～求師意 765- 1
60～易始末 41- 479

5002₇ 擒

00～文堂集 1123- 297

5003₂ 夷

26～白齋稿 1222- 181
外集 1222- 356
77～堅支志 1047- 265

5010₆ 畫

88～簾緒論 602-7 05

畫

22～山水賦 812- 421
～繼 813- 503
36～禪室隨筆 867- 419
46～墁集 1117- 1
～墁錄 1037- 155
50～史 813- 1
～史會要 816- 403
78～鑒 814- 419

5010₇ 盡

00～言集 427- 183

5013₂ 泰

10～西水法 731- 931
26～泉集 1273- 299
～泉鄉禮 142- 591

5013₆ 蠹

00～齋鉛刀編 1154- 571
拾遺詩 1154- 690

5014₈ 蛟

22～峯文集 1187- 495
外集 1187- 592

5022₇ 青

10～霞集 1278- 1
年譜 1278- 165
22～崖集 1198- 689
～山集(宋郭祥正撰) 1116- 571
～山集(元趙文撰) 1195- 1
～山續集 1116- 757
43～城山人集 1237- 681
44～村遺稿 1217- 473
28～谿漫稿 1251- 1
50～囊序 808- 83
～囊奥語 808- 89
76～陽集 1214- 361
88～箱雜記 1036- 609

5023₀ 本

01～語 849- 811
44～草乘雅半偈 779- 97
～草綱目 772- 1 ～ 774- 1
～草鈔 775- 129
47～朝四書文(見欽定四書文) 1451- 576
50～事詩 1478- 231
90～堂集 1185- 1

5033₃ 惠

72～氏左傳補註(見惠氏春秋左傳補註)
～氏春秋說 178- 627
～氏春秋左傳補註 181- 119
～氏易說 47- 675

5033₆ 忠

05～靖集 1240- 481
10～正德文集 1128- 635
21～貞集 1314- 1
～貞錄 447- 91
26～穆集 1131- 257
30～宣文集(見范忠宣集)
50～肅集(宋劉摯撰) 1099- 443
～肅集(宋傅察撰) 1124- 695
～肅集(明于謙撰) 1244- 1

～肅集(明盧象昇撰) 1296- 589
～惠集 1129- 181
78～愍集(宋寇準撰) 1085- 667
～愍集(宋李若水撰) 1124- 657
80～介爐餘集 1295- 411
～義集 1366- 913

5060$_1$ 書

00～齋夜話 865- 611
05～訣 816- 153
08～說(見增修東萊書說) 57- 127
～譜 812- 31
20～集傳(見書經集傳)
～集傳或問 60- 193
～集傳纂疏(朱子訂定蔡氏集傳) 61- 201
21～經集傳 58- 1
～經傳說彙纂 65- 375
～經稗疏(見尚書稗疏) 66- 1
～經大全 63- 185
～經考異(見尚書埤傳) 66- 691
～經衷論 68- 143
22～斷 812- 37
25～傳 54- 485
～傳旁通(見書蔡氏傳旁通)
～傳大全(見書經大全)
～傳輯錄纂註 61- 531
～傳會選 63- 1
27～舟詞 1487- 195
28～儀 142- 457
34～法離鉤 816- 335
～法正傳 826- 321
～法雅言 816- 243
44～苑菁華 814- 1
～蔡氏傳旁通 62- 209
50～史 813- 27
～史會要 814- 645
～畫彙考(見式古堂書畫彙考) 827- 1～829- 1
～畫見聞表 817- 613
～畫題跋記 816- 587
續題跋記 816- 768
～畫跋跋 816- 15
續 816- 112
60～品 812- 7
80～義矜式 68- 425
～義斷法附作義要訣 62- 511
81～敍指南 920- 455
87～錄 814- 283
外篇 814- 314
88～纂言 61- 1
90～小史 814- 205

5060$_3$ 春

10～王正月考(見春秋春王正月考) 165- 753
～雨軒集(見鄱陽五家集) 1476- 429
29～秋意林(見劉氏春秋意林) 147- 485
～秋辨疑 148- 107
～秋辯義 170- 155
～秋讞(見春秋三傳讞)
～秋讞義 162- 1
～秋識小錄 181- 1
～秋諸傳會通(見春秋會通) 162- 163
～秋諸國統紀 159- 865
～秋講義 155- 1
～秋說(見洪氏春秋說) 156- 457
～秋說(見惠氏春秋說) 178- 627
～秋詳說(見春秋集傳詳說) 158- 1
～秋三傳辨疑(見三傳辨疑) 161- 1
～秋三傳讞 149- 495
～秋正旨 168- 323
～秋正傳 167- 37
～秋正傳辨疑 167- 679
～秋王霸列國世紀編 156- 179
～秋五禮例宗 148- 459
～秋五論 157- 664
～秋平義 174- 409
～秋列國諸臣傳(見春秋臣傳)
～秋列國世紀編(見春秋王霸列國世紀編)
～秋孔義 170- 1
～秋億 169- 1
～秋毛氏傳 176- 1
～秋集註(見高氏春秋集註) 151- 251
～秋集註(見張氏春秋集註) 156- 1
～秋集傳 164- 1
～秋集傳辨疑 146- 595
～秋集傳 158- 1
～秋集傳釋義大成 159- 1
～秋集傳微旨 146- 537
～秋集傳纂例 146- 375
～秋集解(見蘇氏春秋集解) 148- 1
～秋集解(見呂氏春秋集解) 150- 1
～秋集義 155- 175
～秋占筮書 41- 519
～秋比事 153- 1
～秋師說 164- 253
～秋經傳辨疑 167- 1
～秋經傳闕疑(見春秋闕疑) 163- 1
～秋經解(見孫氏春秋經解) 147- 551
～秋經解(見崔氏春秋經解) 148- 173
～秋經筌 157- 1
～秋例要 148- 335
～秋後傳 151- 593
～秋傳(見劉氏春秋傳) 147- 363
～秋傳(見葉氏春秋傳) 149- 1

～秋傳(見胡氏春秋傳)　151-　1
～秋傳說(見左氏傳說)　152-　1
～秋傳說例　147- 541
～秋傳說彙纂　173-　1
～秋皇綱論　147- 127
～秋稗疏　174- 341
～秋釋例　146-　1
～秋名號歸一圖　146- 685
～秋微旨(見春秋集傳微旨)　146- 537
～秋究遺　181- 347
～秋宗朱辨義　178-　1
～秋通訓　148- 535
～秋通說　156- 289
～秋通論　178- 291
～秋通義　147- 159
～秋左傳讞(見春秋三傳讞)　149- 496
～秋左傳正義(見春秋左傳注疏)
～秋左傳要義　153- 253
～秋左傳注疏　143-　1 ～ 144-　1
～秋左傳補註(見惠氏春秋左傳補註)　181- 119
～秋左傳屬事　169- 491
～秋左傳小疏　181- 231
～秋左氏傳說(見左氏傳說)
～秋左氏傳續說(見左氏傳續說)
～秋左氏傳補註　164- 327
～秋左氏傳事類始末　349- 445
～秋左氏傳小疏(見春秋左傳小疏)
～秋大事表　179-　1 ～ 181-　1
～秋大全　166-　1
～秋直解(見御纂春秋直解)　174-　1
～秋地理考實　181- 247
～秋地名考略　176- 479
～秋考　149- 247
～秋世族譜　178- 351
～秋權衡　147- 171
～秋胡傳考誤　169- 937
～秋胡傳附錄纂疏　165-　1
～秋胡氏傳辨疑　167- 753
～秋穀梁傳讞(見春秋三傳讞)　149- 744
～秋穀梁傳注疏　145- 535
～秋事義全考　169-　83
～秋本例　148- 345
～秋本義　160-　1
～秋書法鉤元　165- 807
～秋春王正月考　165- 753
～秋春王正月考辨疑　165- 788
～秋表記問業　122- 921
～秋或問(見呂氏春秋或問)　157- 477
～秋或問(見程氏春秋或問)　160- 519
～秋輯傳　168- 335
～秋提綱　159- 753
～秋四傳糾正　174- 385
～秋四傳質　171- 227
～秋別典　386- 589
～秋戰國異辭　403-　1
～秋明志錄　168-　1
～秋臣傳　448- 123
～秋長歷(見春秋長曆)
～秋長曆　178- 393
～秋質疑　169- 979
～秋隨筆　181- 661
～秋凡例　168- 355
～秋屬辭　164- 441
～秋屬辭比事記　176- 441
～秋闕疑　163-　1
～秋闕如編　177- 739
～秋問業(見坊記春秋問業)
～秋金鎖匙　164- 413
～秋分記　154-　1
～秋尊王發微　147-　1
～秋年表　146- 719
～秋公羊傳讞(見春秋三傳讞)　149- 645
～秋公羊傳注疏　145-　1
～秋鉤元(見春秋書法鉤元)
～秋簡書刊誤　176- 409
～秋管窺　176- 681
～秋繁露　181- 697
～秋纂言　159- 335
　總例　159- 335
34～渚紀聞　863- 451
44～草齋集　1232- 123
　詩集　1232- 125
　文集　1232- 177
67～明退朝錄　862- 499
～明夢餘錄　868-　1 ～ 869-　1
77～卿遺稿　1087- 339

5073$_2$ 表

00～度說　787- 807
07～記集傳　122- 833

5080$_6$ 貴

10～耳集　865- 409
　二集　865- 430
　三集　865- 449
32～州通志　571-　1 ～ 572-　1

5090$_0$ 未

51～軒文集　1254- 367

5090$_3$ 素

50～書(見黃石公素書)
77～履子　696- 645
～問玄機原病式　744- 703
～問元機原病式(見素問玄機原病式)
～問入式運氣論奧　738- 451

5090_6 東

00～庵集 1199- 493
～齋記事 1036- 579
～京夢華錄 589- 125
10～西洋考 594- 137
20～維子集 1221- 373
21～征集 369- 584
22～巖集 1271- 1
～山詩選 1175- 39
～山存稿 1221- 159
～山趙先生汸行狀(見東山存稿) 1221- 365
23～牟集 1132- 297
26～臯子集 1065- 1
～臯子集傳(見東臯子集) 1065- 24
～臯錄 1227- 563
～皐子詩(見石屏詩集) 1165- 551
30～家雜記 446- 57
～窻集 1129- 1
～宮備覽 709- 291
31～江家藏集 1261- 273
32～洲初稿 1269- 711
～溪試茶錄 844- 655
～溪集 1136- 427
～溪日談錄 714- 137
33～浦詞 1487- 615
34～漢文紀 1397- 1
～漢詔令(見兩漢詔令) 426-1062
～漢會要 609- 449
37～澗集 1176- 397
38～遊集(見止山集) 1277- 219
40～塘集 1154- 141
～南紀聞 1040- 199
43～城雜記 592- 985
44～坡詩集註 1109- 1
～坡詞 1487- 101
～坡手澤(見東坡志林)
～坡先生墓誌銘(見東坡全集) 1107- 19
～坡先生墓誌銘(見施註蘇詩) 1110- 79
～坡先生年譜(見東坡全集) 1107- 28
～坡先生年譜(見施註蘇詩) 1110- 87
～坡志林 863- 21
～坡書傳(見書傳) 54- 485
～坡易傳 9- 1
～坡全集 1107- 1～1108- 1
～萊詩集 1136- 679
～萊集 1150- 1
別集 1150- 162
外集 1150- 366
～林列傳 458- 173
46～觀集 1087- 349
～觀漢記 370- 65
～觀奏記 407- 609
～觀餘論 850- 301
47～都事略 382- 1
51～軒筆錄 1037- 415
60～里集 1238- 1～1239- 1
文集 1238- 1
詩集 1238- 300
續集 1238- 370～1239- 1
別集 1239- 579
～里全集(見東里集)
～國史略(見朝鮮史略)
～田遺稿 1264- 245
～園文集 1249- 729
～園叢說 864- 181
67～野農歌集 1178- 683
70～雅堂昌黎集註 1075- 1
外集註 1075- 490
71～原錄 862- 555
80～谷易翼傳(見易翼傳) 18- 303
90～堂詞 1487- 307
～堂集 1123- 695

5101_1 排

06～韻增廣事類氏族大全 952- 61

5106_1 指

40～南總論 741- 706

5114_6 蟫

95～精雋 867- 69

5202_1 折

43～獄龜鑑 729- 861

5204_7 授

21～經圖(見授經圖義例)
～經圖義例 675- 231
64～時通考 732- 1

5206_4 括

50～囊稿(見文氏五家集洓水詩文集)

5207_2 拙

00～齋文集 1140- 369
51～軒集 1190- 1

5209_4 採

44～芹錄 867- 357

5210_0 蚓

30～竅集 1231- 673

5225_7 靜

28～修集 1198- 481
續集 1198- 668
44～菴集 1230- 489
50～春堂詩集 1206- 263
～春堂集(見靜春堂詩集)
60～思集 1219- 155
77～居集(明張羽撰，見靜菴集)
～學文集 1235- 805

5302_7 捕

56～蝗考 663- 1

5305_0 撼

01～龍經 808- 39

5310_0 或

77～問(見傷寒論條辨) 775- 140

5310_7 盛

00～京通志 501- 1 ～ 503- 1

5320_0 成

47～都文類 1354- 291
～都理亂記(見錦里耆舊傳)

咸

10～平集 1085- 353
30～淳遺事 408- 797
～淳臨安志 490- 1

5322_7 甫

60～里集 1083- 279
～田集 1273- 1
～田集(見太史詩集)

5340_0 戒

17～子通錄 703- 1

5415_3 蠛

54～蠓集 1289- 755

5500_0 井

46～觀瑣言 867- 233

5504_3 轉

30～注古音略 239- 349

5523_2 農

18～政全書 731- 1
50～書(宋陳旉撰) 730- 169
～書(元王禎撰) 730- 315
77～桑衣食撮要 730- 291
～桑輯要 730- 195

5560_0 曲

08～譜 1496- 395
27～阜集 1101- 325
31～江集 1066- 57
34～洧舊聞 863- 285

5560_6 曹

00～唐詩 1083- 144
～文貞公詩集 1202- 475
後錄 1202- 535
17～子建集 1063- 263
37～祠部集 1083- 127
77～月川集 1243- 1

5590_0 耕

77～學齋詩集 1232- 259

5602_7 揚

17～子雲集 1063- 1
～子法言 696- 269
32～州芍藥譜 845- 9

5701_2 抱

24～犢山房集 1319- 199
43～朴子內篇 1059- 1
外篇 1059- 124

5701_4 握

40～奇經 726- 1
42～機經(見握奇經)

5702_0 抑

44～菴文集 1241- 1
～菴文後集 1241- 304 ～ 1242- 1

5702_2 抒

90～懷操 839- 164

5704_7 投

53～轄錄 1038- 681

搜

10～玉小集 1332- 561
35～神記 1042- 365
～神後記 1042- 469

輟

55～耕錄 1040- 409

5705_6 揮

00～麈前錄 1038- 363
後錄 1038- 400
三錄 1038- 534
餘話 1038- 566

5743_0 契

77～丹國志(見重訂契丹國志)

5750_2 擊

40～壤集 1101- 1

5790_3 絜

00～齋毛詩經筵講義 74- 1
～齋集 1157- 1
～齋家塾書抄 57- 627

5803_1 撫

23～皖題藁(見靳文襄奏疏) 430- 713

5806_1 拾

26～得詩(見豐干拾得詩) 1065- 56
35～遺記 1042- 311
～遺錄 858- 257

輶

51～軒使者絕代語釋別國方言 221- 281

5810₁ 整

44～菴存稿 1261- 1

5811₆ 蛻

22～巖詞 1488- 657
44～菴集 1215- 1

5833₄ 熬

34～波圖 662- 311

5844₀ 數

00～度衍 802- 233
16～理精蘊 799- 1 ～ 801- 1
21～術記遺 797- 161
77～學 796- 607
　續數學 796- 779
　～學九章 797- 323
　～學鑰 802- 91

6

6001₄ 唯

30～室集 1139- 615

6010₀ 日

05～講禮記解義 123- 1
　～講書經解義 65- 1
　～講春秋解義 172- 1
　～講四書解義 208- 1
　～講易經解義 37- 201
10～下舊聞考 497- 1 ～ 499- 1
31～涉園集 1122- 615
56～損齋筆記 854- 697
77～聞錄 866- 417
86～知薈說 717- 663
　～知錄 858- 367

6010₄ 星

71～歷考原(見星曆考原)
　～曆考原 811- 1
77～學大成 809- 285
80～命總括 809- 191
　～命溯源 809- 45

墨

08～譜(見墨譜法式)
　～譜法式 843- 625
17～子 848- 19
21～經 843- 649
30～客揮犀 1037- 673
34～池瑣錄 816- 1
　～池編 812- 595
　～法集要 843- 677
44～莊漫錄 864- 1
　～藪 812- 375
50～史 843- 655

6010₇ 疊

22～山集 1184- 843

6011₃ 晁

10～无咎詞 1487- 253
72～氏客語 863- 141

6012₇ 蜀

44～檮杌 464- 221
50～中廣記 591- 1 ～ 592- 1
86～錦譜 590- 440
88～鑑 352- 481

6015₃ 國

01～語 406- 1
　～語補音 406- 187
17～子監志 600- 1
20～秀集 1332- 63
44～老談苑 1037- 631
　～老閒談(見國老談苑)
47～朝宮史 657- 1

6021₀ 四

00～庫全書總目 1- 1 ～ 5- 1
　～庫全書考證 1497- 1 ～ 1500- 1
　～庫全書簡明目錄 6- 1
　～六話 1478- 941
　～六談麈 1480- 19
　～六法海 1394- 293
　～六標準 1177- 1
22～川通志 559- 1 ～ 561- 1
37～溟集 1289- 605
46～如講稿 183- 737
　～如集 1188- 591
47～聲全形等子 238- 837
　～聲等子(見四聲全形等子)
　～朝詩(見宋金元明四朝詩)
　～朝聞見錄 1039- 637
50～書文 1451- 1
　化治四書文 1451- 10
　正嘉四書文 1451- 73
　隆萬四書文 1451- 200
　啟禎四書文 1451- 315
　本朝四書文 1451- 576
　～書章句集注 197- 1
　～書辨疑 202- 331
　～書講義困勉錄 209- 1
　～書集編 200- 1
　～書集義精要 202- 149
　～書經疑貫通 203- 891
　～書釋地 210- 315
　續 210- 340
　又續 210- 370
　三續 210- 435
　～書疑節 203- 745
　～書近指 208- 649
　～書逸箋 210- 657
　～書通 203- 1
　～書通證 203- 637
　～書通旨 204- 1

五八一〇₁——六〇二一₀
整蛻熬數唯日星墨疊晁蜀國四

～書大全 205- 1
～書蒙引 206- 1
～書蒙引別錄 206- 728
～書或問 197- 215
～書因問 206- 753
～書留書 207- 709
～書臆言 210- 207
補 210- 250
～書劄記 210- 483
～書管窺 204- 675
～書纂疏 201- 1
～書纂箋 204- 1
67～明文獻集 1187- 181
～明續志(見開慶四明續志)
～明它山水利備覽 576- 15

見

50～素集 1257- 1
奏議 1257- 325
續集 1257- 454

6022₇ 易

00～齋集 1236- 209
～音 241- 143
06～韻 242- 297
08～說(見溫公易說) 8- 565
～說(見趙氏易說) 14- 449
～說(見惠氏易說) 47- 675
17～酌 39- 165
～翼說(楚蒙山房易經解之三) 49- 471
～翼傳 18- 303
～翼宗(楚蒙山房易經解之二) 49- 287
～翼述信 50- 525
18～璇璣 11- 597
20～統論 21- 479
21～經衷論 44- 581
～經通注 37- 1
～經存疑 30- 195
～經蒙引 29- 1
～經精義(見易精蘊大義)
22～例 52- 371
～變體義 11- 627
23～外傳(見厚齋易學) 16- 593
～外別傳 1061- 577
～俟 42- 1
24～緯辨終備(易緯之三) 53- 864
～緯辨中備(見易緯辨終備)
～緯稽覽圖(易緯之二) 53- 840
～緯通卦驗(易緯之五) 53- 884
～緯坤靈圖(易緯之八) 53- 909
～緯乾元序制記(易緯之六) 53- 899
～緯是類謀(易緯之七) 53- 903
～緯筮類謀(見易緯是類謀)
25～傳(見伊川易傳) 9- 155
～傳燈 15- 809
27～象意言 18- 107
～象正 35- 101
～象大意存解 52- 421
～象圖說內篇 806- 371
外篇 806- 407
～象義 21- 473
～象鈎解 31- 651
～象鈔(見易像鈔)
～像鈔 31- 131
31～源奧義 22- 697
34～漢學 52- 301
36～裨傳 15- 851
外篇
37～通 17- 797
～通變 804- 197
44～菴詩選(見廣州四先生詩) 1372- 19
～林(見焦氏易林)
50～本義附錄纂疏(見易附錄纂註)
56～輯(見厚齋易學)
～輯傳(見厚齋易學) 16- 69
～輯注(見厚齋易學) 16- 5
58～數鈎隱圖 8- 125
～數鈎隱圖遺論九事 8- 160
60～圖說 15- 753
～圖通變 21- 789
～圖明辨 44- 639
70～雅 19- 286
71～原 12- 505
～原就正 43- 349
～原奧義(見易源奧義)
74～附錄纂註 22- 9
77～用 35- 1
～學 805- 667
～學辨惑 9- 401
～學變通 26- 1
～學象數論 40- 1
～學濫觴 24- 1
～學啓蒙意見(見啓蒙意見) 30- 95
～學啓蒙翼傳(見周易啓蒙翼傳) 22- 199
～學啓蒙集略(見周易劄記) 34- 2
～學啓蒙古經傳 19- 17
～學啓蒙通釋 20- 653
～學啓蒙小傳 19- 1
80～義古象通 34- 171
88～筮通變 21- 821
～箋 49- 1
～纂言 22- 399
～纂言外翼 22- 595
90～小傳 10- 459
～小帖 41- 549
95～精蘊大義 25- 537

6023₂ 衆

49～妙集 1356- 925

6033₀ 思

00～辨錄輯要 724- 1
74～陵翰墨志 812- 427

6033$_2$ 愚

44～菴小集 1319- 1
80～谷集 1273- 653

6040$_0$ 田

77～間詩學 84- 395
～間易學 39- 597

6040$_4$ 晏

10～元獻遺文(見元憲遺文) 1087- 31
17～子春秋 446- 1

6043$_0$ 因

02～話錄 1035- 469
60～園集 1325- 301

6050$_0$ 甲

17～乙經(見鍼灸甲乙經)
50～申雜記 1037- 179
～申聞見二錄補遺 1037- 219

6060$_0$ 回

00～文類聚 1351- 793

呂

21～衡州集 1077- 595
72～氏雜記 863- 207
～氏家塾讀詩記 73- 321
～氏春秋 848- 271
～氏春秋集解 150- 1
～氏春秋或問 157- 477

昌

60～國州圖志 491- 267
80～谷集(唐李賀撰) 1078- 437
外集 1078- 474
～谷集(宋曹彥約撰) 1167- 1

6060$_4$ 圖

28～繪寶鑑 814- 541
續編 814- 625
50～畫見聞誌 812- 507
～書辨惑(見圖學辯惑)
～書編 968- 1 ～ 972- 1
77～學辯惑 40- 734

6066$_0$ 品

44～茶要錄 844- 631

6071$_1$ 昆

74～陵集(唐獨孤及撰) 1072- 159
～陵集(宋張守撰) 1127- 669
～陵易傳(見東坡易傳)

6073$_2$ 畏

00～齋集 1199- 609

圜

30～容較義 789- 925

6080$_1$ 異

27～魚圖贊 847- 733
～魚圖贊補 847- 815
閏集 847- 845
～魚圖贊箋 847- 751
43～域錄 594- 793
44～苑 1042- 499

6090$_4$ 困

77～學齋雜錄 866- 1
～學紀聞 854- 137
86～知記 714- 275
續錄 714- 317

果

90～堂集 1328- 287

6090$_6$ 景

00～文集 1088- 1
30～定建康志 488- 1 ～ 489- 1
～定嚴州續志 487- 523
31～迂生集 1118- 1
72～岳全書 777- 1 ～ 778- 1

6091$_4$ 羅

37～湖野錄 1052- 873
40～圭峯文集(見圭峯集) 1259- 1
67～昭諫集 1084- 191
～鄂州小集 1142- 461

6104$_0$ 盱

31～江集 1095- 1
外集 1095- 336

旴

31～江集(見盱江集)

6180$_8$ 題

50～畫詩(見歷代題畫詩類)

6203$_4$ 睽

50～車志 1047- 221

6240$_0$ 別

50～本十六國春秋 463-1105
～本韓文考異 1073- 261
外集 1073- 694
～本周易本義 12- 705
61～號錄 1034- 113
70～雅 222- 607

6280$_0$ 則

90～堂集 1189- 273

6303$_2$ 咏

50～史詩 1083- 417

6333_4 默

00～庵集 1199- 707
　～齋遺稿 1178- 365
07～記 1038- 325
53～成文集 1133- 373
90～堂集 1139- 299

6355_0 戰

60～國策 406- 239
　～國策注(見鮑氏戰國策注) 406- 469
　～國策校注 407- 1

6400_0 叶

06～韻彙輯 240- 449

6401_1 曉

44～菴新法 793- 451

6401_4 畦

22～樂詩集 1232- 711

6402_7 晞

72～髮集 1188- 281
　晞髮遺集 1188- 330
　遺集補 1188- 343

6412_7 跨

58～鼇集 1124- 421

6500_6 呻

68～吟語摘 717- 27

6502_7 嘯

90～堂集古錄 840- 15

6603_2 曝

50～書亭集 1317- 389 ～ 1318- 1

6624_8 嚴

74～陵講義 709- 58
　～陵集 1348- 523

6702_0 明

00～唐桂二王本末(見御批歷代通鑑輯覽) 339- 737
　～文衡 1373- 483 ～ 1374- 1
　～文海 1453- 1 ～ 1458- 1
04～詩綜 1459- 173 ～ 1460- 1
08～謚紀彙編 651- 463
10～一統志 472- 1 ～ 473- 1
20～集禮 649- 1 ～ 650- 1
21～儒言行錄 458- 591
　～儒言行錄續編 458- 993
　～儒學案 457- 1
26～皇雜錄 1035- 507
27～名臣琬琰錄 453- 1
　續錄 453- 275
30～宮史 651- 603
40～太祖文集 1223- 1
50～史 297- 1 ～ 302- 1
　～史紀事本末 364- 117
　～本釋 703- 159
　～本排字九經直音 184- 123
71～臣謚彙考(見明臣謚考)
　～臣謚考 651- 417
　～臣奏議(御選) 445- 1
80～會典 617- 1 ～ 618- 1
90～堂灸經 738- 51

6702_7 鳴

53～盛集 1231- 1

6706_2 昭

24～德新編 849- 253
50～忠錄 451- 219
67～明太子集 1063- 647

6708_2 吹

82～劍錄外集 865- 469

6712_2 野

20～航文稿 1251- 618
　～航詩稿 1251- 615
　～航附錄 1251- 623
21～處集 1215- 185
　～處類藁 1158- 223
30～客叢書 852- 547
40～古集 1236- 261
　年譜 1236- 263
44～老紀聞 852- 801
　～菜博錄 731- 979
47～趣有聲畫 1193- 729
80～谷詩稿 1175- 89

6716_4 路

50～史 383- 1

6722_7 鄂

32～州小集(見羅鄂州小集)

6772_7 鷃

37～冠子 848- 199

6782_7 郋

32～溪集 1097- 109

6802_1 喻

44～林 958- 1 ～ 959- 1

6805_7 晦

00～庵集 1143- 1 ～ 1146- 1
　續集 1146- 424
　別集 1146- 544

6832_7 黔

50～書(見古歡堂集) 1324- 395

7

7021_4 雅

18～頌正音 1370- 583

7034_8 駮

（見7434_0駁）

7113_6 蠶

50～書 730- 193

7121_1 歷

23～代帝王宅京記 572- 571
～代詩話 1483- 1
～代詩餘 1491- 1 ～ 1493- 1
～代建元考 662- 1
～代制度詳說 923- 893
～代名畫記 812- 277
～代名臣奏議 433- 1 ～ 442- 1
～代名賢確論 687- 1
～代紀事年表 387- 1 ～ 391- 1
～代通略 688- 1
～代通略蒙求（見歷代通略） 688- 109
～代通鑑輯覽 335- 1 ～ 339- 1
～代史表（見補歷代史表）
～代題畫詩類 1435- 1 ～ 1436- 1
～代賦彙 1419- 1 ～ 1422- 1
正集 1419- 1 ～ 1421- 1
外集 1422- 1
補遺 1422- 391
～代兵制 663- 437
～代鐘鼎彝器款識法帖 225- 503
27～象考成（見曆象考成）
～象考後編（見曆象考成後編）
47～朝通略（見歷代通略）
75～體略（見曆體略）
88～算全書（見曆算全書）

7121_4 雁

77～門集 1212-565

7124_7 厚

00～齋易學 16- 1

7126_9 曆

27～象考成 790- 1 ～ 791- 1
～象考成後編 792- 1
75～體略 789- 945
88～算全書 794- 1 ～ 795- 1

7128_6 願

77～學集 1294- 1

7129_6 原

50～本廣韻 236- 1
～本韓文考異（見原本韓集考異）
～本韓集考異 1073- 127
～本革象新書 786- 221
～本周易本義 12- 625

7132_7 馬

02～端肅奏議 427- 705
18～政紀 663- 503
72～氏南唐書 464- 247

7171_1 匡

07～謬正俗 221- 471

7173_2 長

27～物志 872- 31
30～安志 587- 73
～安志圖 587- 469
31～江集 1078- 389
～河志籍考（見古歡堂集） 1324- 469
77～興集 1117- 263
81～短經 849- 1

7178_6 頤

00～庵文選 1237- 545
22～山詩話 1482- 459
44～菴居士集 1164- 17

7210_0 劉

00～彥昺集 1229- 713
17～子 848- 881
～子遺書 717- 99
28～給事集（見給事集） 1124- 1
30～賓客文集 1077- 323
外集 1077- 517
～賓客嘉話錄 1035- 453
35～清惠集（見清惠集） 1264- 315
40～左史集 1124- 57
44～蕺山集 1294- 301
72～氏菊譜 845- 15
～氏春秋意林 147- 485
～氏春秋傳 147- 363
74～隨州集 1072- 1

7221_7 卮

44～林 858- 1

7222_1 所

30～安遺集 1210- 543

7223_0 瓜

00～廬詩 1171- 205

7223_2 脈

05～訣刊誤 746- 863
50～書要語 746- 924

7223_7 隱

77～居通議 866- 19
～居通義(見隱居通議)

7226_1 后

22～山詩注 1114- 741

7274_0 氏

08～族大全(見排韻增廣事類氏族大全) 952- 61
～族博考 957- 824

7277_2 岳

13～武穆遺文 1136- 459
76～陽風土記 589- 109

7323_2 脉

(見7223_2 脈)

7332_2 驂

22～鸞錄 460- 847

7420_0 附

26～釋文互註禮部韻略 237- 133

肘

22～後備急方 734- 365

尉

24～繚子 726- 71

7421_4 陸

17～子餘集 1274- 577
40～士龍集 1063- 389
72～氏南唐書 464- 383
～氏易解 7- 185

7422_7 隋

00～文紀 1400- 197
50～書 264- 1

7423_2 隨

20～手雜錄 1037- 211
72～隱漫錄 1040- 165

7423_3 陝

10～西通志 551- 1 ～ 556- 1

7424_7 陵

22～川集 1192- 1
76～陽集(宋韓駒撰) 1133- 763
～陽集(宋牟巘撰，見牟氏陵陽集) 1188- 1

7432_1 騎

90～省集 1085- 1

7434_0 駁

10～五經異義 182- 295

7520_6 陣

27～紀 727- 675

7529_6 陳

00～文紀 1399- 595
26～白沙集 1246- 1
28～徵君集(見閩中十子詩) 1372- 233
29～秋巖詩集(見秋巖詩集) 1202- 673
48～檢討四六 1322- 1
50～書 260- 511
58～拾遺集 1065- 527
72～剛中詩集 1202- 613
～氏香譜 844- 239
～氏禮記集說 121- 679
～氏禮記集說補正 127- 15
～氏春秋後傳(見春秋後傳) 151- 593
～氏尚書詳解 59- 1

7570_7 肆

23～獻祼饋食禮(見天子肆獻祼饋食禮) 109- 827

7621_4 臞

51～軒集 1178- 441

7624_0 脾

60～胃論 745- 401

7710_7 疊

(同疊，見6010_7 疊)

7713_6 閩

26～粵巡視紀略(見粵閩巡視紀略)
50～中理學淵源考 460- 1
～中海錯疏 590- 499
～中十子詩 1372- 183

7721_0 風

28～俗通義 862- 349
70～雅翼 1370- 1
77～月堂詩話 1479- 13
～聞言事論文(見東江家藏集) 1261- 878

鳳

34～池吟稿 1225- 493

7721_4 隆

10～平集 371- 1
44～萬四書文(見欽定四書文) 1451- 200

7721_7 兒

60～易外儀 35- 524
～易內儀以 35- 457

7722_0 月

26～泉吟社詩 1359- 617
34～波洞中記 810- 693

37～洞吟 1189- 489
77～屋漫稿 1293- 777
～令解 116- 537
～令輯要 467- 39
～令明義 122- 783

用

60～易詳解 19- 349

回

（同回，見6060₀回）

同

00～文韻統 240- 359
～文館唱和詩 1344- 523
～文算指 798- 339
前編 798- 339
通編 798- 380
45～姓名錄 964- 1
錄補 964- 326

周

10～元公集 1101- 415
17～子抄釋 715- 1
30～官新義 91- 1
～官集傳 95- 761
～官集注 101- 1
～官總義 92- 261
～官祿田考 101- 665
～官義疏 98- 1 ～ 99- 1
35～禮註疏刪翼 97- 1
～禮訂義 93- 1 ～ 94- 1
～禮訓纂(見周禮纂訓)
～禮詳解 91- 197
～禮翼傳(見周禮傳) 96- 375
～禮集說 95- 251
～禮傳 96- 1
～圖說 96- 284
～翼傳 96- 375
～禮疑義學要 101- 715
～禮句解 95- 105
～禮復古編 91- 603
～禮注疏 90- 1
～禮述注 100- 1
～禮圖說(見周禮傳) 96- 284
～禮全經釋原 96- 483
～禮纂訓 100- 541
37～祠部集(見閩中十子詩) 1372- 427
50～忠愍奏疏 430- 259
～書 263- 391
～秦刻石釋音 228- 1
60～易文詮 27- 423
～易章句證異 53- 671
～易章句外編 12- 609
～易辨畫 53- 1
～易辯錄 31- 1
～易註 7- 201
～易新講義 9- 577
～易正義(見周易注疏)
～易要義 18- 123
～易函書約註 48- 399
～易函書約存 48- 1
～易函書別集 48- 817
～易玩辭 14- 215
～易玩辭集解 47- 427
～易玩辭困學記 36- 383
～易孔義集說 50- 1
～易尋門餘論 40- 678
～易集註 32- 1
～易集說 21- 1
～易集傳 25- 417
～易集解 7- 603
～易衍義 23- 447
～易經傳訓解 (見周易卦爻經傳訓解)
～易經傳集解 12- 1
～易參同契發揮 1058- 625
釋疑 1058- 733
～易參同契解 1058- 581
～易參同契通眞義 1058- 509
～易參同契考異 1058- 557
～易參同契分章注 1058- 749
～易參義 27- 195
～易傳註 47- 1
～易傳義大全 28- 1
～易傳義附錄 20- 1
～易傳義合訂 47- 249
～易程朱傳義折衷 23- 1
～易緝聞(見周易輯聞)
～易總義 17- 379
～易稗疏 39- 133
考異
～易象辭 40- 155
～易象旨決錄 31- 421
～易象義(見易象義)
～易像象述 34- 369
～易注疏 7- 283
～易窺餘 11- 395
～易淺釋 51- 1
～易淺述 43- 1
～易淺述圖 43- 317
～易述 52- 1
～易述義 38- 595
～易洗心 51- 181
～易通論 42- 535
～易啓蒙翼傳 22- 199
～易大全(見周易傳義大全)
～易爻變易緼 27- 1
～易爻變義蘊(見周易爻變易緼)
～易古占法 12- 599
～易卦爻經傳訓解 18- 1
～易觀彖 42- 611
～易乾鑿度(易緯之四) 53- 866
～易本義(見原本周易本義) 12- 625
～易本義(見別本周易本義) 12- 705
～易本義集成 24- 577

七七二二〇 月用回同周

～易本義通釋 24- 305
～易折中 38- 1
～易輯聞 19- 25
～易口訣義 8- 1
～易口義 8- 169
繫辭 8- 449
～易易簡說 34- 67
～易圖說 26- 617
～易略例 7- 584
～易圖書質疑 53- 421
～易原旨 22- 710
～易舉正 8- 105
～易義海撮要 13- 275
～易會通 26- 69
～易劄記(明逯中立撰) 34- 1
～易劄記(清楊名時撰) 47- 1
～易鄭康成注 7- 129
～易筮述 41- 1
～易筮考 47- 196
～易精蘊大義(見易精蘊大義)
76～髀算經 786- 1
音義 786- 69

陶

22～山集 1117- 55
25～朱新錄 1047- 197
32～淵明集 1063- 467
44～菴全集 1297- 621
77～學士集 1225- 567

脚

80～氣集 865- 505
～氣治法總要 738- 417

7722_7 局

00～方發揮 746- 675

閒

77～居叢稿(見閑居叢稿)
～居錄 866- 629

7724_1 屏

22～巖小稿 1195- 579
～山集 1134- 351

7724_7 殿

77～閣詞林記 452- 121

履

00～齋遺集(見履齋遺稿)
～齋遺稿 1178- 389

7726_4 居

30～濟一得 579- 485
32～業錄 714- 1
60～易錄 869- 309
88～竹軒詩集 1216- 277
～竹軒集(見居竹軒詩集)

7726_7 眉

22～山集 1124- 271
眉山詩集 1124- 272
眉山文集 1124- 322
44～菴集 1230- 329

7727_2 屈

30～宋古音義 239- 519

7736_4 駱

17～丞集 1065- 341

7740_1 聞

37～過齋集 1217- 143
60～見後錄 1039- 213
～見近錄 1037- 191
～見前錄(見聞見錄)
～見錄 1038- 715

7740_7 學

00～齋佔畢 854- 1
～庸正說 207- 357
～庸集說啓蒙(見大學中庸集說啓蒙) 204- 961
～言(見劉子遺書) 717- 121
～言詩稿(見學言稿)
～言稿 1217- 253
04～詩小箋總論(見待軒詩記) 82- 5
35～禮質疑 129- 425
40～古編 839- 839
～古緒言 1295- 1
44～林 851- 1
50～史 688- 337
60～易記 25- 97
～易集 1121- 533
88～餘堂文集 1313- 1
詩集 1313- 359
外集 1313- 849

7744_0 丹

32～淵集 1096- 553
76～陽詞 1487- 467
～陽集 1127- 397
87～鉛餘錄 855- 1
續錄 855- 123
摘錄 855- 226
總錄 855- 325

册

00～府元龜 902- 1 ～ 919- 1

7744_1 開

00～慶四明續志 487- 347
10～元天寶遺事 1035- 843
～元釋教錄 1051- 1
～天傳信記 1042- 839

7744_7 段

72～氏毛詩集解 74- 421

7760_1 醫

08～說 742- 1
21～旨緒餘 766-1079

～經溯洄集 746- 937
30～宗金鑑 780- 1～782- 1
60～壘元戎 745- 631
77～學源流論 785- 639
～閭集 1254- 625
～門法律 783- 271

7760$_7$ 問

00～辨錄 207- 1

7771$_7$ 巴

10～西文集(見巴西集)
～西集 1195- 507

鼠

12～璞 854- 61

7772$_0$ 印

55～典 839- 853

7773$_2$ 艮

00～齋詩集 1205- 451

閭

77～風集 1187- 323

7777$_2$ 關

17～尹子 1055- 551
50～中奏議 428- 1
～中勝蹟圖志 588- 479
77～學編(見少墟集) 1293-325

7778$_2$ 歐

76～陽文粹 1103- 643
～陽行周文集 1078- 195
～陽行周集(見歐陽行周文集)
～陽修撰集 1136- 333
～陽修撰事蹟(見歐陽修撰集) 1136- 416

7780$_1$ 具

44～茨集 1277- 653
詩集 1277- 653
文集 1277- 723
遺藁 1277- 868

巽

00～齋文集 1183- 501
72～隱集 1236- 135

輿

44～地廣記 471- 233
～地碑記目 682- 517

7782$_7$ 鄖

22～峯眞隱漫錄 1141- 529

7790$_4$ 閑

77～居叢稿 1210- 567

7810$_7$ 監

50～本正誤(見儀禮監本正誤)

鹽

83～鐵論 695- 475

7823$_1$ 陰

88～符經註 1055- 546
～符經講義 1055- 19
～符經解 1055- 1
～符經考異 1055- 11

7826$_5$ 膳

07～部集(見林膳部集)

7834$_1$ 駢

30～字類編 994- 1～1004- 1
40～志 973- 1
70～雅 222- 515

7876$_6$ 臨

22～川文集 1105- 1
～川集(見臨川文集)
26～皐文集 1291- 597
30～濟宗旨(見禪林僧寶傳) 1052- 784
～安集 1229- 513
34～漢隱居詩話 1478- 291
35～清詩選(見廣州四先生詩) 1372- 30
～清紀略(見剿捕臨清逆匪紀略)

7922$_7$ 勝

47～朝殉節諸臣錄 456- 393

8

8000$_0$ 八

08～旗滿洲氏族通譜 455- 1～456- 1
～旗通志 664- 1～671- 1
10～面鋒 923- 989
26～白易傳(見葉八白易傳) 32- 585
27～旬萬壽盛典 660- 1～661- 1

人

08～譜 717- 175
～譜類記 717- 186
27～物志 848- 759
28～倫大統賦 810- 823
71～臣儆心錄 602- 761

入

60～蜀記 460- 875

8010₄ 全

00～唐詩 1423- 1 ～ 1431- 1
～唐詩錄 1472- 1 ～ 1473- 1
25～生指迷方 741- 1
30～室外集 1234- 785
續編 1234- 853
44～芳備祖集 935- 1
前集 935- 3
後集 935- 266
50～史日至源流 796- 1
60～蜀藝文志 1381- 1
77～閩詩話 1486- 1
80～金詩(見全金詩增補中州集)
～金詩增補中州集 1445- 1

8010₇ 益

07～部方物略記 589- 99
～部談資 592- 735
32～州名畫錄 812- 477
40～古演段 798- 243

8010₉ 金

00～文靖集 1240- 573
10～石文字記 683- 701
～石文考略 684- 169
～石要例 1483- 819
～石經眼錄 684- 711
～石例 1482- 289
～石林時地考 683- 417
～石史 683- 533
～石錄 681- 147
23～佗稡編 446- 305
～佗續編 446- 528
30～漳蘭譜 845- 121
32～淵集 1198- 1
40～臺集 1215- 261
44～薤琳琅 683- 223
～華子(見金華子雜編)
～華子雜編 1035- 823
45～樓子 848- 791
50～史 290- 1 ～ 291- 1
～史語解(見遼金元三史國語解) 296- 118
58～鼇退食筆記 588- 401
71～匱要略論註 734- 1
～匱鉤玄 746- 697
～匱鉤元(見金匱鉤玄)
72～氏文集 1095- 351
73～陀稡編(見金佗稡編)
74～陵百詠 1164- 1

8011₄ 鐘

22～鼎款識(見歷代鐘鼎彝器款識法帖)
25～律通考 212- 643

8020₇ 今

23～獻備遺 453- 503

8022₀ 介

44～菴詞 1488- 61

8022₁ 前

30～定錄 1042- 625
續錄 1042- 641
34～漢紀 303- 203
～漢書 249- 1 ～ 251- 1

8022₇ 分

44～甘餘話 870- 543
45～隸偶存 684- 447
77～門古今類事 1047- 1
91～類字錦 1005- 1 ～ 1007- 1
～類補注李太白集(見李太白集分類補註)

8033₁ 無

20～住詞 1487- 549
～爲集 1099- 679
21～能子(見无能子)
86～錫縣志 492- 653

8033₂ 念

00～庵集(見念菴文集)
44～菴文集 1275- 1

煎

44～茶水記 844- 807

8033₃ 慈

37～湖詩傳 73- 1
～湖遺書 156- 605

8033₇ 兼

30～濟堂文集 1312- 645
67～明書 850- 209

8034₆ 尊

17～孟辨 196- 517
～孟辨別錄 196- 564
～孟續辨 196- 549
26～白堂集 1154- 1
80～前集 1489- 67

8040₀ 午

00～亭文編 1316- 1
32～溪集 1215- 355

8042₇ 禽

21～經 847- 677
60～星易見 810- 999

8044₆ 弇

22～山堂別集 409- 1 ～ 410- 1
32～州山人四部稿續稿(見弇州四部稿，弇州續稿)
～州續稿 1282- 1 ～ 1284- 1
～州四部稿 1279- 1 ～ 1281- 1

8055_2 羲

00～府 858-295
22～豐集 1154-537
77～門讀書記 860-1

8060_1 合

01～訂刪補大易集
　義粹言 45-1～46-1

普

30～濟方 747-1～761-1
　直音略 761-561

8060_6 曾

17～子(見曾子全書)
　～子全書 703-457

會

23～稽三賦 589-251
　～稽續志 486-440
　～稽志 486-1
　～稽掇英總集 1345-1
60～昌一品集 1079-107
　李衞公別集 1079-241
　李衞公外集 1079-305

8060_8 谷

00～音 1365-593
27～響集 1195-659

8073_2 公

12～孫龍子 848-245
60～是集 1095-401
　～是七經小傳 183-1
　～是先生弟子記(見公是弟子記)
　～是弟子記 698-439
80～羊注疏(見春秋公羊注疏)
　～羊折諸(見三傳折諸) 177-537

養

10～吾齋集 1199-1
44～蒙文集 1194-429
　～蒙集(見養蒙文集)
52～靜集(見王翰林集)

8114_6 鐔

35～津集 1091-397

8141_7 矩

22～山存稿 1181-1

8190_4 榘

44～菴集 1206-659

8211_4 鍾

25～律通考(見鐘律通考)

8242_7 矯

44～世惑脈論 746-931

8280_0 劍

40～南詩稾 1162-1～1163-1

8315_0 鍼

27～灸資生經 742-229
　～灸甲乙經 733-509
　～灸問對 765-41

鐵

00～廬集 1323-521
　外集 1323-571
22～崖古樂府 1222-1
　樂府補 1222-79
25～牛翁遺稿 1188-520
44～菴集 1178-145
60～圍山叢談 1037-551

8315_3 錢

25～仲文集 1072-441
37～通 662-365
40～塘集 1097-379
　～塘先賢傳贊 451-1
　～塘遺事 408-959
72～氏私志 1036-657
87～錄 844-1

8410_0 針

(同鍼，見8315_0鍼)

8511_7 鈍

68～吟雜錄 886-511

8612_7 錦

25～繡萬花谷 924-1
　前集 924-1
　後集 924-513
　續集 924-828
44～樹集(見三華集) 1372-115
60～里耆舊傳 464-175

8640_0 知

00～言 703-109
11～非堂稿 1205-523
20～稼翁詞 1488-245
　～稼翁集 1139-541

8652_7 羯

44～鼓錄 839-979

8712_0 釣

12～磯立談 464-43

銅

80～人鍼灸經 738-15

8713_2 錄

50～事詩集(見文氏五家集) 1382-548

銀

38～海精微 735-945

8718_2 欽

30～定康濟錄 663-223
　～定音韻述微 240-853

～定音韻闡微(見御定音韻闡微)
～定詩經樂譜全書 219- 1
～定詩經傳說彙纂 83- 1
～定詩義折中(見御纂詩義折中)
～定詞譜(見御定詞譜)
～定平定兩金川方略 360- 1 ～ 361- 1
～定平定金川方略 356- 1
～定天祿琳琅書目 675- 335
～定石峯堡紀略 362- 487
～定西清硯譜 843- 133
～定西清古鑑 841- 1 ～ 842- 1
～定西域同文志 235- 1
～定武英殿聚珍版程式 673- 709
～定重訂大金國志 383- 805
～定重訂契丹國志 383- 655
～定重刻淳化閣帖釋文 683- 559
～定千叟宴詩 1452- 1
～定剿捕臨清逆匪紀略 362- 1
～定樂律正俗 219- 918
～定繙譯五經四書 185- 1 ～ 189- 1
～定外藩蒙古回部王公表傳 454- 217
～定續文獻通考 626- 1 ～ 631- 1
～定續通志 392- 1 ～ 401- 1
～定續通典 639- 1 ～ 641- 1
～定皇朝文獻通考 632- 1 ～ 638- 1
～定皇朝禮器圖式(見皇朝禮器圖式)
～定皇朝通志 644- 1 ～ 645- 1
～定皇朝通典 642- 1 ～ 643- 1
～定皇輿西域圖志 500- 1
～定盤山志 586- 1
～定儀象考成 793- 1
～定儀禮義疏 106- 1 ～ 107- 1
～定宗室王公功績表傳 454- 1
～定河源紀略 579- 1
～定補繪蕭雲從離騷全圖 1062- 495
～定滿洲祭神祭天典禮 657- 619
～定滿洲源流考 499- 451
～定遼金元三史國語解 296- 1
～定禮記義疏 124- 1 ～ 126- 1
～定大清通禮 655- 1
～定大清會典 619- 1
～定大清會典則例 620- 1 ～ 625- 1
～定臺灣紀略 363- 1
～定南巡盛典 658- 1 ～ 659- 1
～定古今儲貳金鑑 694- 583
～定校正淳化閣帖釋文(見欽定重刻淳化閣帖釋文)
～定協紀辨方書 811- 109
～定蘭州紀略 362- 233
～定蒙古王公功績表傳(見欽定外藩蒙古回部王公表傳)
～定蒙古源流 410- 549
～定熱河志 495- 1 ～ 496- 1
～定執中成憲 722- 1
～定書經傳說彙纂 65- 375
～定春秋傳說彙纂 173- 1
～定授時通考 732- 1
～定盛京通志 501- 1 ～ 503- 1
～定曲譜(見御定曲譜)
～定日下舊聞考 497- 1 ～ 499- 1
～定國子監志 600- 1
～定四庫全書總目 1- 1 ～ 5- 1
～定四庫全書考證 1497- 1 ～ 1500- 1
～定四庫全書簡明目錄 6- 1
～定四書文 1451- 1
～定叶韻彙輯 240- 449
～定明臣奏議(見御選明臣奏議)
～定歷代職官表 601- 1 ～ 602- 1
～定歷代紀事年表(見御定歷代紀事年表)
～定月令輯要(見御定月令輯要)
～定同文韻統 240- 359
～定周官義疏 98- 1 ～ 99- 1

～定臨清紀略(見欽定剿捕臨清逆匪紀略)
～定勝朝殉節諸臣錄 456-393
～定八旗滿洲氏族通譜 455-1～456-1
～定八旗通志 664-1～671-1
～定錢錄 844-1

歙

16～硯說 843-79
32～州硯譜 843-73

8742_7 鄭

25～仲賢遺集(見南唐近事) 1035-941
40～志 182-325
43～博士集(見閩中十子詩) 1372-361
50～忠肅奏議遺集 1140-189
72～氏詩譜 70-301
77～開陽雜著 584-443
90～少谷集(見少谷集) 1269-1

8762_0 郤

57～掃編 863-747

8762_2 舒

00～文靖集 1157-507

8810_4 篔

48～墩文集 1252-1～1253-1

8810_8 笠

36～澤叢書 1083-229

筮

30～宗 19-317

8811_7 鑑

03～誡錄 1035-867

8812_7 筠

28～谿集 1130-583
～谿樂府(見筠谿集) 1130-829
～谿樂府 1487-479
～谿李公家傳(見筠谿集) 1130-842
51～軒集 1213-427
80～谷詩集 1232-85

8822_0 竹

00～齋詩集 1169-423
～齋詩餘 1488-563
～齋集 1233-1
續集 1233-92
08～譜(元李衎撰) 814-317
～譜(晉戴凱之撰) 845-171
10～雲題跋 684-643
22～巖集 1246-467
～山詞 1488-543
27～嶼山房雜部 871-115
32～洲集 1142-207
～溪鬳齋十一藁續集 1185-553
37～澗文集(見竹澗集)
～澗集 1266-645
奏議 1266-755
40～友集 1122-559
44～坡詩話 1480-665
～坡詞 1487-561
～莊詩話 1481-549
50～書統箋 303-43
～書紀年 303-1
～素山房詩集 1195-739
51～軒雜著 1140-307
72～隱畸士集 1124-113
77～屋癡語 1488-445

8822_7 簡

00～齋集 1129-663
02～端錄 184-539
10～平儀說 787-835

8823_2 篆

45～隸考異 235-845

8825_3 箴

00～膏肓 145-863

8844_6 算

77～學(見數學)

8850_3 箋

00～註評點李長吉歌詩 1078-481
外集 1078-548

8850_7 筆

07～記(見宋景文筆記)
34～法記(見畫山水賦) 812-424
95～精(見徐氏筆精)

8856_2 籀

50～史 681-427

8862_7 筍

08～譜 845-181

8864_1 籌

38～海圖編 584-1

8871_3 篋

50～中集 1332-11

8872_7 節

44～孝語錄 698-473
～孝集 1101-779

8877_7 管

17～子 729-1
～子補注 729-275
30～窺外篇 709-617
43～城碩記 861-1

8879_4 餘

21～師錄 1480-747

8880_6 簠

30～窻集 1178- 1

9

9000_0 小

00～亨集 1198- 159
～辨齋偶存 1292- 253
～畜集 1086- 1
22～山詞 1487- 219
～山畫譜 838- 701
～山類稿 1272- 285
27～名錄 892- 623
30～字錄 948- 701
67～鳴稿 1260- 169
77～兒衞生總微論方 741- 49
～學集註 699- 521
～學紺珠 948- 379

9001_4 惟

30～實集 1206- 295

9003_2 懷

35～清堂集 1325- 433
44～麓堂詩話 1482- 435
～麓堂集 1250- 1
60～星堂集 1260- 363

9020_0 少

00～廣補遺 802- 697
28～儀外傳 703- 219
30～室山房筆叢正集 886- 165
～室山房集 1290- 1
～室山房類稿(見少室山房集)
41～墟集 1293- 1
76～陽集 1136- 283
80～谷集 1269- 1

9022_7 尚

08～論篇 783- 1
後篇 783- 146
27～絅齋集 1229- 563
50～史 404- 1 ～ 405- 1
～書廣聽錄 66- 631
～書講義 56- 169
～書說 57- 467
～書詳解(見夏氏尚書詳解) 56- 393
～書詳解(見陳氏尚書詳解) 59- 1
～書詳解(見胡氏尚書詳解) 60- 281
～書正義(見尚書注疏)
～書疏衍 64- 725
～書要義 60- 1
～書砭蔡編 64- 679
～書集傳或問(見書集傳或問) 60- 193
～書集傳纂疏(見書集傳纂疏) 61- 201
～書稗疏 66- 1
～書解義(見尚書七篇解義)
～書疑義 64- 99
～書句解 62- 885
～書注疏 54- 1
～書注考 64- 703
～書通考 62- 1
～書大傳 68- 385
～書古文疏證 66- 127
～書七篇解義 68- 99
～書地理今釋 68- 217
～書考異 64- 1
～書埤傳 66- 687
～書故實 862- 467
～書表注 60- 431
～書輯錄纂註(見書傳輯錄纂註)
～書日記 64- 221
～書全解 55- 1
～書纂傳 62- 587
～書精義 58- 141

常

09～談 864- 237
15～建詩 1071- 425

9050_0 半

51～軒集 1231- 279
55～農春秋說(見惠氏春秋說)

9060_2 省

00～齋集 1167- 271
21～愆集 1240- 433
33～心雜言 698- 545
61～題詩(見鱗角集) 1083- 123

9080_9 炎

28～徼紀聞 352- 603

9090_4 棠

78～陰比事 729- 969

9096_7 糖

10～霜譜 844- 839

9106_1 悟

40～真篇註疏 1061- 429
～真篇註疏直指詳說 1061- 517

9148_6 類

02～證普濟本事方 741- 375
08～說 873- 1
21～經 776- 1
～經圖翼 776- 688
～經附翼 776- 957
23～編草堂詩餘(見草堂詩餘)

43～博稿 1246- 353
88～篇 225- 1

9158_6 頖

30～宮禮樂疏 651- 1

9280_0 剡

31～源文集 1194- 1
～源集(見剡源文集)

87～錄 485- 527

9406_1 惜

20～香樂府 1488- 375

9408_1 慎

17～子 848- 193
46～獨叟遺稿 1189- 734

9501_0 性

16～理羣書句解 709- 91
～理大全書 710- 1 ～ 711- 1
～理精義 719- 589
80～善堂稿 1170- 151
95～情集 1221- 1

9592_7 精

44～華錄 1315- 1

9601_3 愧

97～郯錄 865- 91

9682_7 燭

37～湖集 1166- 521
附編 1166- 764

9824_0 敝

17～帚藁畧 1178- 703

9923_2 滎

76～陽外史集 1234- 1

9960_6 營

10～平二州地名記 588- 375
34～造法式 673- 399

9990_4 榮

30～進集 1233- 217

著者姓名
四角號碼索引

凡　例

1. 著者包括一書之撰著者、編校者、釋注者、輯訂者、增補者等，而以景印本「本册目次」與本館所編「景印文淵閣四庫全書目錄」所著錄之姓名爲準。
2. 若一書爲數人同撰或經他人補撰及注釋、輯訂者，在各人姓名下互見之，而以本目錄所著錄及「總目提要」與「簡明目錄」所述及之姓名爲限。
3. 人名次序，按姓名第一字之四角號碼次序先後排列；第一字號碼相同，以第二、第三字之號碼順次排列。不論單姓、複姓、單名、雙名，皆按此類推。
4. 同姓名之著者加注朝代爲別，如：張景〔宋〕、張景〔明〕；朝代相同者加注別號或籍貫爲別，如：蔣驥（字赤霄）、蔣驥（字涑塍）。前者按朝代先後排列，後者按首見頁碼先後排列。
5. 著者係歷代帝王，在廟號前加冠朝代，與原姓名互見，後者並注明頁碼。如唐玄宗（見李隆基），李隆基 182-23, 182-85。
6. 帝王“敕撰”之書，以奉敕人爲著者；否則以不著撰人姓氏論。
7. 著者名尊稱“子”，在尊稱下注見某某，而在原姓名下注明頁碼。如朱子(見朱熹)、朱熹 12-625等。
8. 著者係釋氏，按釋字排列，另製去“釋”字留法號之索引，前後互見，均注明頁碼。
9. 著者係一人而名字不一，無論原名、異名、異寫或以字行，均作互見，唯只以其中之一作索引，其異名或字，則注見某某，如鄭康成(玄字，見鄭玄)。鄭玄（字康成）7-129……等。韓伯（字康伯，見韓康伯）。韓康伯 7-20、　。
10. 著者姓名因避諱缺筆、缺字或改字，缺筆者逕加復原，不作注解，如“𤣥”“弘”逕復原爲“玄”“弘”；改字、缺字者注見某某，而在復原之姓名下注明頁碼，如鄭元（見鄭玄），鄭玄 7-129 等；吾衍（見吾丘衍），吾丘衍 228-1，吾邱衍（見吾丘衍）。
11. 著者係元朝譯名，經清代“改正”者，新編目錄中雖悉照清代“改正”之譯名著錄，然依名從主人之例，本索引特爲之復原，“改正”者注見某某，復原者注明頁碼，如保巴（見保八），保八 22-697。
12. 著者失名而但有姓，如：徐總幹（子子東）、宋□（如璋子）等，均按原題注明頁碼。若著者失姓而但有別號，如：耐得翁、西方子、東軒居士之類，則照別號著錄。若著者姓名明顯爲假托或筆誤，如黃帝之類，經後人考得認爲錯誤者，於姓名後或頁碼前以（?）爲識。

13. 凡一書之撰著者，其姓名下只列册頁碼，不另作說明；若爲編校、注釋、輯訂、增補者，則於其姓名下所列册頁碼之前，加括號注明（編）、（注）、（輯）、（補）等字樣；帝王敕撰之書，其領銜之奉敕人若非親自撰著，亦加注（奉敕）等字樣。

0

0010_4 童

11～冀 1229- 563
27～佩 (輯編)1065- 187
30～宗説 (註釋)1076- 469
51～軒 1247- 101
60～品 167- 1

0021_1 龐

10～元英 862- 649
30～安時 738- 575

0022_2 廖

21～行之 1167- 271
38～道南 452- 121
72～剛 1142- 303
99～瑩中 (集註)1075- 1

0022_3 齊

17～召南 (考證)54- 1
(考證)115- 1〜116- 1
(考證)143- 1〜144- 1
(考證)145- 1
(考證)145- 535
(考證)249- 1〜251- 1
(考證)280- 1〜288- 1
583- 1
～己 1084- 327
24～德之 (編)746- 799
71～庶 709- 351
77～履謙 159- 865

0022_7 方

10～干 1084- 43
20～千里 1487- 431
21～仁榮 487- 523
～熊 (補註)1478- 203
22～崧卿 1073- 1
27～勺 1037- 507
28～以智 857- 1
867- 741
30～良永 1260- 79
～實孫 19- 579
37～逢振 1187- 582
1187- 625
～逢辰 1187- 495
1187- 592
40～大琮 1178- 145
～有執 775- 1
775- 129
775- 140
775- 149
43～式濟 592- 841
44～孝孺 1235- 43
～苞 101- 1
109- 1
128- 1
178- 291
1326- 713
(奉敕)1451- 1
50～中 (續輯)1187- 592
(續輯)1187- 625
～中通 802- 233
802- 541
60～回 427- 404
427- 411
853- 129
1193- 219
1331- 1
(編)1366- 1
72～岳 1182- 131
77～鳳 1189- 525
～聞一 15- 1
80～夔 1189- 365
94～煒 (考證)297- 1〜302- 1

商

45～鞅 729- 561
52～挺 (編)1191- 691
57～輅 427- 417
693- 1〜694- 1
80～企翁 596- 753

高

00～彥休 1042- 785
02～誘 (註)406- 239
(註)848- 271
(註)848- 505
10～正臣 (輯)1332- 1
～晉 (初編)658- 1〜659- 1
12～登 1136- 427
～廷禮(同高棅) 1372- 251
17～承 920- 1
24～德基 590- 459
25～仲武 (編)1332- 125
26～保衡 (校註)733- 509
(校正)735- 1
27～叔嗣 1273- 561
1459- 75
28～似孫 485- 527
674- 491
(刪定)682- 73
(註跋)726- 1
843- 97
847- 703
852- 253
1170- 146
30～濂 871- 329
～適 1071- 373
34～邁 1170- 144
37～選 1170- 144
38～啓 1230- 1
1230- 253
40～士奇 176- 479
361- 1
460-1125
460-1153
588- 401
826- 467
887- 70
887- 110

(編)1170- 119
(輯註)1358- 1
42～斯得 1182- 1
～棣 1371- 1
1372- 251
44～翥 1170- 119
～攀龍 34- 67
170- 1
1292- 329
～楚芳 (編)1069- 663
46～觀國 1488- 445
54～拱 168- 323
207- 1
849- 811
68～晦叟 1037- 533
77～閱 151- 251
～鵬飛 1170- 142

0023_0 卞

30～永譽 827- 1 ～ 829- 1

0023_1 應

14～劭 862- 349
23～俊 (輯補)865- 221
52～撝謙 220- 97

0023_2 康

38～海 494- 1
1266- 317
44～萬民 1063- 529
58～軿 1042- 661
78～駢(軿之誤，見康軿)

0023_7 庚

77～桑楚(?) 1059- 509

庾

20～信 1064- 1
1064- 297
～季才 807- 1
30～肩吾 812- 7

0024_7 度

10～正 1170- 151

慶

44～老(釋) 1052- 781

0025_6 庫

44～勒納 (奉敕)65- 1
(奉敕)172- 1

0026_7 唐

00～庚 686- 13
1124- 271
～文鳳 1242- 521
～章懷太子(見李賢)
～玄度 224- 295
～玄宗(見李隆基)
10～元 1213- 427
～元度(見唐玄度)
～元竑 1070- 1
～元宗(見唐玄宗)
21～順之 727- 205
(編)953- 1 ～ 955- 1
1276- 183
(編)1377- 101 ～ 1378- 1
25～仲友 922- 383
～積 843- 73
30～之淳 1236- 519
40～太宗(見李世民)
～士恥 1181- 501
～志契 816- 189
44～執玉 (監修)504- 1 ～ 506- 1
～桂芳 1226- 773
50～泰 1372- 358
94～慎微 740- 1

0040_0 文

00～彥博 1100- 573
10～震亨 872- 31
～天祥 1184- 359
1184- 805
17～珦(釋) 1186- 293
22～彪 (續補)920- 293
28～徵明 1273- 1
1382- 439
30～安禮 1077- 4
34～洪 1382- 422
38～肇祉 1382- 548
40～嘉 1273- 293
1382- 531
42～彭 1382- 491
77～同 1096- 553
80～含 (校)235- 845
99～瑩(釋) 1037- 225
1037- 283

0040_1 辛

00～文房 451- 409
～棄疾 1488- 111
81～銒 1058- 305

0040_6 章

13～琬 (編)1222- 123
23～俊卿(如愚字，見章如愚)
30～定 933- 1
34～潢 968- 1 ～ 972- 1
35～沖 349- 445
37～祖程 (註)1188- 687
40～樵 (註)1332- 573
44～懋 714- 111
1254- 1
～世純 207- 709
46～如愚 936- 1 ～ 938- 1
53～甫 1165- 379

0044_1 辯

42～機(釋) 593- 635

0073_2 玄

24～奘(釋) (譯)593- 635
94～燁(清聖祖) 354- 436
411- 145

(批)689-1～691-1
(批)692-1
(批)693-1～694-1
(諭)717-589
717-613
1298-1～1299-1
(選)1417-1～1418-1
(選)1446-1

0090_{6} 京

30～房 808-439

0121_{1} 龍

00～衮 464-69
21～仁夫 25-417

0128_{6} 顏

00～文選 (註)1065-341
10～元孫 224-243
21～師古 221-471
(註)223-1
(註)249-1～251-1
30～之推 848-937
1042-561
40～眞卿 1071-585

0164_{6} 譚

28～綸 429-587
29～峭 849-227
80～善心 (重編)1345-585

0180_{1} 龔

07～詡 1236-261
15～璛 1199-323
22～鼎臣 862-555
60～昱 (編)849-295
67～明之 589-289
71～頤正 852-483

78～敦 1233-629

0460_{0} 計

40～有功 1479-257

謝

00～應芳 709-535
1218-1
10～晉 1244-419
12～廷傑 (彙集)1265-1～1266-1
20～采伯 864-643
～維新 939-1～941-1
26～伯采(宋謝采伯之誤，見謝采伯)
27～伋 1480-19
～翺 1188-281
(錄)1188-346
1188-349
1188-361
30～良佐 698-565
～宗可 1216-619
31～遷 1256-1
37～逸 1122-473
1487-297
38～道承 (編纂)527-1～530-149
～肇淛 494-97
576-567
576-724
40～希深 (註)848-245
～枋得 1184-843
1359-541
44～薖 1122-559
～赫 812-1
45～榛 1289-605
50～肅 1228-77
60～旻 (監修)513-1～518-1
72～朓 1063-611

0466_{0} 諸

86～錦 109-489

0512_{7} 靖

38～道謨 (編纂)569-1～570-1
(編纂)571-1～572-1

0722_{7} 酈

10～露 594-337

0742_{7} 郭

00～雍 13-1
～京 8-105
05～諫臣 1288-137
10～正己(守正字，見郭守正)
～元釪 (原編)1445-1
12～琇 430-729
～璞 221-1
221-281
808-11
809-29
(註)1042-1
(註)1042-245
17～豫亨 1205-667
～翼 866-645
1216-699
23～允蹈(居仁字) 352-481
～稽中 (編)743-117
27～彖 1047-221
～象 (註)1056-1
30～憲 1042-299
～守正 (增修)237-587
～良翰 651-463
～宗昌 683-533
38～祥正 1116-571
1116-757
40～奎 1231-637
44～薦(？) 491-267
～茂倩 (輯)1347-1～1348-1
～若虛 812-507
50～忠恕 224-307
224-377
60～思 (編)812-571

77～熙 812- 571
～印 1134- 1
81～鈺 1219- 155
86～知達 (編)1068- 1

0821_2 施

10～元之 (註)1110- 1
24～德操 1039- 363
30～宿 486- 1
41～樞 1182- 617
1182- 627
77～閏章 1313- 1

0823_3 於

00～文熙(于文熙之誤見于文熙)

0864_0 許

00～應龍 1176- 397
～文正公(見許衡)
～文忠公(見許有壬)
08～謙 61- 449
76- 1
202- 529
(補正)1078- 555
1199- 529
11～棐 1183- 187
17～及之(非許綸) 1154- 405
20～重炎 (編)1323- 521
21～顗 1478- 907
～衡 22- 1
1198- 273
1373- 24
22～嵩 370- 225
26～伯政 796- 1
27～叔微 741- 375
28～綸(?) 1154- 405
30～容 (監修)557- 1 ～ 558- 1
37～洞 727- 1
～渾 1082- 555
40～有壬 1211- 1
1211- 579
1366- 863
1373- 295
～有孚 (編)1211- 579
1366- 863
46～恕 1217- 317
～相卿 1272- 131
48～翰 1123- 491
60～景衡 1127- 163
61～顒 (編)1211- 717
77～月卿 602- 657
88～節 (編)1217- 317
1217- 361
90～尚 1170- 1
94～慎 182- 295
223- 63

1

1010_1 三

50～泰 (奉敕)672- 377 ～ 673- 1

正

24～勉(釋) (輯)1416- 1

1010_4 王

00～立道 1277- 653
～充 862- 1
～充耘 62- 443
68- 425
703- 891
～方慶 446- 161
～應麟 (編)7- 129
(輯)7- 147
75- 597
75- 633
(補注)223- 1
312- 1
409- 779
675- 1
686- 617
786- 133
854- 137
943- 1 ～ 948- 1
928- 268
948- 379
948- 633
1187- 181
～應電 96- 1
～庭珪 1134- 97
～庭曾 (重編)1125- 1
～文定公(見王惲)
～文清 (考證)279- 1
～奕 1195- 627
～奕清 (奉敕)653- 1 ～ 654- 1
(奉敕)1491- 1 ～ 1493- 1
(奉敕)1495- 1
(奉敕)1496- 395
～袞 738- 97
～褒 1372- 414
09～讜 1038- 1
10～正德 1480- 747
～元杰 162- 1
～元敬 (編)1278- 165
～雱 1056- 169
～霆震 (編)1359- 1
～天與 62- 587
11～項齡 (奉敕)65- 37
12～廷陳 1272- 531
～廷燦 (編)1312- 421
～孫錫 (編)1295- 439
14～珪 1093- 1
1416- 681
～琦 (注)1067- 1
15～建 1078- 577
1416- 666
17～弼 7- 201
7- 283
7- 584
1055- 137
～子俊 1151- 1
～子接 783- 779
783- 923
～鞏 1037- 179
1037- 191

1037- 211
1037- 219
～君玉(？)(夷門隱叟) 1037- 631
18～璲 1237- 681
20～千秋 1488- 49
～禹偁 407- 641
1086- 1
～維 1071- 1
21～仁裕 1035- 843
～行 1231- 279
1482- 379
～肯堂 767- 1 ～ 771- 1
22～偁(宋王稱之誤，見王稱)
～偁〔明〕 (輯)1217- 129
(輯)1217- 143
1237- 1
1372- 364
～稱 382- 1
～崇慶 (解)863- 353
23～俅 840- 15
～峻 1075- 576
～紱 1237- 81
24～佐 1372- 27
～升 (商榷)206- 728
～結 1206- 201
～稹 (校)1241- 1
(編)1241- 304 ～ 1242- 1
25～紳 1234- 651
～績 1065- 1
26～伯大 (重編)1073- 261
～得臣 862- 595
27～象之 682- 517
～僎 (纂修) 239- 1
～彝 1229- 385
～叔和 (編)734- 201
～叔英(明王原采字，見王原采)
～叔權(見王執中)
～稽 (編)1241- 1
28～徵 (譯)842- 407
842- 545
30～永吉 (奉敕)602- 761
～之望 1139- 661
～之道 1132- 521
～之樞 (奉敕)387- 1 ～ 391- 1
～守仁 1265- 1 ～ 1266- 1
～安石 91- 1
91- 176
1105- 1
1106- 1
(編)1344- 563
1384- 1
～安禮 (重修)807- 1
～安中 1100- 1
1127- 1
1487- 373
～宏撰 41- 1
724- 341
～定保 1035- 695
～宗傳 17- 1
～宗稷 1107- 28
1110- 87
～寂 1190- 1
31～禎 730- 315
32～沂 1208- 391
～冰 (次注)733- 1
(注)733- 317
33～心敬 51- 383
～溥 606- 1 ～ 607- 1
607- 439
～黼(楚之誤) 840- 371
34～澍 684- 503
684- 643
～洪 1237- 431
～禕 292- 1 ～ 295- 1
333- 1 ～ 334- 1
(刋訂)786- 273
1226- 1
～褘(禕之誤，見王　)
～祐 (參修)1333- 1 ～ 1342- 1
～逵 866- 699
～邁 1178- 441
35～洙 (修)236- 433
(奉敕)674- 1
～禮 1220- 357
36～湜 805- 667
37～鴻緒 (奉敕)83- 1
～祖庚 (考證)259- 1
(考證)292- 1 ～ 295- 1
～逸 1062- 1
～通 303- 829
696- 521
～逢 1218- 563
38～洋 1132- 297
～道 1061- 535
～道焜 (編)171- 323
～棨 1083- 95
40～十朋 589- 251
(注)1109- 1
1151- 45
～太岳 (纂輯)1497- 1 ～ 1500- 1
～士元(見王士源)
～士俊 (監修)535- 1 ～ 538- 1
～士源 1059- 509
～士禎(見王士禛)
～士禛 869- 309
870- 1
870- 379
870- 543
870- 597
(奉敕)982- 1 ～ 993- 1
1315- 1
(編)1459- 1
(編)1459- 61
(編選)1459- 85
1483- 831
～士點 468- 37
6- 753

～直 1241- 1 ～ 1242- 1
～堯臣 (奉敕)674- 1
～克貞 (奉敕)1043- 1 ～ 1046- 1
～希明 810- 855
～存 (奉敕)471- 1
～志慶 (編)979- 1
～志長 97- 1
～志堅 (編)1394- 1
～燾 736- 1 ～ 737- 1
～杰 (奉敕)1309- 1 ～ 1311- 1
～嘉 1042- 311
～古 (編)1052- 611
～喜 576- 71
～樵 64- 221
168- 335
1285- 97
41～楨(禎之誤，見王禎)
42～晳 147- 127
43～朴 810- 759
～棫 407- 713
44～蘋 (輯錄)1083- 123
1136- 63
～蘧 (編)1345- 177
～恭 1231- 83
1231- 209
1372- 277
～懋竑 447- 245
859- 645
～孝通 797- 303
～執中 742- 229
～勃 1065- 61
～英明 789- 945
～若虛 1190- 267
～世貞 409- 1 ～ 410- 1
452- 421
1041- 425
1279- 1 ～ 1281- 1
1282- 1 ～ 1284- 1
1285- 1
1290- 4
～世懋 1482- 509
～楚 840- 371
～植 697- 411
805- 245
～楙 852- 547
45～構 (編)1482- 255
46～旭 1202- 727
～坦 220- 687
～觀〔宋〕 845- 9
～觀〔明〕 (編)1136- 63
～觀國 851- 1
～恕 427- 453
～柏 1186- 1
47～好古 745- 573
745- 631
745- 909
48～翰〔元〕 1217- 129
～翰〔明〕 1233- 273
50～申子 24- 17
～夫之 39- 133
66- 1
84- 769
174- 341
～肅 695- 1
58～鏊 493- 1
867- 189
1256- 119
1261- 878
59～掞 (奉敕)173- 1
(監修)653- 1 ～ 654- 1
60～國端(瑞之誤，見王國瑞)
～國瑞 746- 755
～冕 1233- 1
64～暐(?) 1037- 645
66～貺 741- 1
67～明清 1038- 363
1038- 617
1038- 681
～昭禹 91- 197
～鶚 408- 933
71～阮 1154- 537
～原采(字叔英) 1235- 805
～原祁 653- 1 ～ 654- 1
72～質 72- 433
446- 273
1449- 343
77～周 (編)1233- 1
～履 746- 937
～聞詩 (編)1251- 45
～聞禮 (編)1251- 45
～又樸 50- 525
～開祖 696- 781
～闢之 1036- 469
～際華 (奉敕)675- 335
(校正)683- 559
～與之 93- 1 ～ 94- 1
80～益之 329- 1
～介之 171- 227
～令 1106- 393
～毓賢 826- 101
～義山 1193- 1
～曾 1036- 265
81～銍 (?)1035- 641
1038- 325
1136- 547
1478- 941
86～錫闡 793- 451
87～欽若 (奉敕)902- 1 ～ 919- 1
～欽臣 862- 577
88～鎡 1189- 489
～符 696- 355
90～當 448- 123
～炎 1155- 411
～炎午 1189- 561
94～慎中 1274- 1
97～惲 866- 439
1200- 1 ～ 1201- 1
1373- 350

～灼 844- 839
1494- 505
98～燧(璲之誤，見王璲)

1010_8 靈

10～一 1332- 326
38～澈 1332- 321

1014_1 聶

22～崇義 129- 1

1020_0 丁

00～度 (奉敕)236- 433
237- 133
(奉敕)726- 235
28～復 1208- 335
47～鶴年 1217- 493
60～易東 21- 473
806- 313

1021_1 元

24～奘(見玄奘)
～結 1071- 509
(編)1332- 11
～稹 1079- 347
47～好問 1191- 1
(編)1365- 1
(編)1365- 379

1023_0 下

17～邳神人(見黃石公)

1024_7 夏

00～文彥 814- 541
～言 429- 409
05～竦 224- 413
1087- 45
10～元鼎 1055- 19
27～侯陽 797- 227
～僎 56- 393
30～良勝 715- 281
1269- 711
40～力恕 (編纂)531- 1 ～ 534- 1

71～原吉 1240- 481
90～尚樸 1271- 1

1040_0 干

30～寶 1042- 365

于

00～文熙 (補)863- 392
08～謙 1244- 1
10～石 1189- 653
53～成龍 1318- 541
87～欽 491- 685
88～敏中 (奉敕)362- 1
(奉敕)456- 393
(奉敕)497- 1 ～ 499- 1
(奉敕)499- 451
(奉敕)500- 1
(漢澤)657- 619
(奉敕)675- 335
(校正)683- 559
(奉敕)843- 133
(奉敕)1301- 1
(奉敕)1305- 1 ～ 1306- 1
94～慎行 1291- 1

1060_0 石

04～墊(磬之誤，見石磬)
08～磬 (編)198- 555
18～珤 1259- 487
40～存禮 1377- 1
80～介 1090- 181
90～光霽 165- 807

西

00～方子 738- 51

1060_1 吾

21～衍(見吾丘衍)
72～丘衍 228- 1
839- 839
866- 629
1195- 739

77～邱衍(見吾丘衍)

1060_3 雷

60～思齊 21- 789
21- 821
83～鋐 725- 661

1080_6 貢

21～師泰 1215- 509
40～奎 1205- 595
95～性之 1220- 1

賈

03～誼 695- 387
27～島 1078- 437
60～思勰 730- 1
～昌朝 222- 1
(修)236- 433
80～公彥 (疏)90- 1
(疏)102- 1

1111_4 班

60～固 249- 1 ～ 251- 1
850- 1
1042- 281
1042- 289

1111_7 甄

22～鸞 (重述)786- 1
(注)797- 161
797- 193
(注)797- 227
(注)797- 251

1118_6 項

10～于汴 840-1066
～霦 682- 141
26～穆 816- 243
30～安世 14- 215
706- 471
44～夢昶 (編)1198- 63
88～篤壽 453- 503

1123_2 張

張

00～彥遠 812-101
812-277
～齊賢 1036-133
～方平 1104-1
～商英 (註)726-127
～應文 872-1
～唐英 464-221
02～端義 865-409
03～詠 1085-575
04～詵 (註)1330-1～1331-1
～讀 1042-697
08～鷟 889-851
1035-215
～敦實 803-283
～敦頤 589-175
(音辨)1076-469
～說 1065-661
～謙德(更名丑) 872-1
10～玉書 (奉敕)229-1～231-1
(奉敕)1011-1～1028-1
1322-389
(奉敕編)1298-1～1299-1
(奉敕)1432-1～1434-1
～丁(字孟兼) (註)1188-349
(註)1188-361
1229-445
～元凱 1285-665
～元幹 1136-581
1487-585
～元素 745-1
～雨 1216-351
～爾岐 108-1
108-244
108-249
1055-481
～震 (注)1368-173
～晉生 (編纂)559-1～561-1
～靄生 (編述)579-746
12～登 783-699
～弘範 1191-703
1191-717
～弧 696-645
～烈 42-261
～廷玉 (奉敕)123-1
(奉敕)173-1
(奉敕)297-1～302-1
(奉敕)340-1
(奉敕)599-421
(奉敕)732-1
(敕續)1449-1～1450-1
16～理 25-1
806-371
806-407
17～丑(原名謙德) 817-1
817-511
817-607
817-613
817-619
～孟兼(明張丁字，見張丁)
～羽(字來儀) 1230-489
羽(字鳳舉) 1264-245
～豫章 (奉敕)1437-1～1444-1
～子(見張載)
～勇 430-303
～習 (重編)1216-421
～君房 1060-1～1061-1
20～舜民 1037-155
1117-1
21～行成 803-242
804-1
804-37
804-197
～行簡 810-823
～虙 116-537
～倬 783-735
～衡 965-46
～師愚 1366-955
22～鼎 (編)1243-31
23～參 224-251
～獻翼(更名敉) 32-429
24～先 1487-79
～幼學 (增定)974-1～978-1
25～仲深 1215-307
26～自勳 323-1
323-439
～自超 178-1
～伯端 1061-429
～伯行 579-485
(編)724-1
(輯)1243-1
～伯淳 1194-429
～侃 1181-369
～嵲 1131-339
27～綱 1131-1
28～以寧 165-753
165-788
1226-515
～從正 745-99
～儉 (編)1209-215
30～淳 103-1
～寧 1247-179
1247-581
～永明 1277-305
～之象 (注)695-475
～之翰 1204-361
～憲 1217-365
～守 1127-669
～守節 (正義)243-1～244-1
247-1～248-1
～宇初 1236-337
～宏範(見張弘範)
33～溥 (編)1412-1～1416-1
～浚 10-1
34～湛 (注)1055-573
～洪 709-351
～洪範(張弘範之誤，見張弘範)
～達 1369-716

35～禮 593- 1
36～洎 1036- 127
(奉敕編)1043- 1～1046- 1
～淏 486- 440
850- 853
37～次仲 36- 383
82- 1
～逸少 (奉敕)845- 207～847- 1
38～洽 156- 1
(校補)1073- 127
40～九韶 709- 741
～九齡 595- 1
1066- 57
～九成 196- 229
1138- 293
～大亨 148- 459
148- 535
～士佩 (編)1270- 1
～堯同 1186- 765
～內蘊 577- 87
～有 225- 679
～存中 203- 637
～志和 1059- 549
～志淳 867- 255
～吉 1257- 591
41～楨 (編)1264- 245
42～機 734- 1
734- 201
43～載 8- 659
697- 75
～栻 13- 625
199- 189
199- 321
1167- 413
1348- 607
44～萱 856- 159
～翥 1215- 1
1488- 657
～孝伯 593- 909
～孝祥 1140- 539
1488- 1
～華 (注)847- 677
(注)1042- 265
1047- 573
～英 44- 581
68- 143
(監修)718- 1～719- 1
(奉敕)982- 1～993- 1
1319- 275
～世南 864- 585
46～觀光 1195- 579
47～根 9- 459
50～表臣 1478- 961
～擴 1129- 1
～耒 1115- 1
(等撰)1361- 1
53～戒 1479- 31
56～揖 221- 425
57～邦基 864- 1
60～昱 1222- 499
～國維 578- 1
～田 (編)427- 73
～固 1035- 551
～杲 742- 1
～景〔宋〕 (編)1085- 237
～景〔明〕 729- 822
61～顒 (注)809- 29
64～時泰 (廣義)693- 1～694- 1
65～映斗 (考證)264- 1
67～鳴鳳 585- 637
585- 739
～照 (考證)69- 43
(敕纂)215- 223～218- 1
(考證)221- 1
(奉敕)243- 1～244- 1
(奉敕)823- 443
(奉敕)824- 1～825- 1
71～原 429- 351
72～丘建 797- 251
～岳 1272- 285
77～邱建(見張丘建)
～又新 844- 807
80～鉉 492- 1
～介賓 776- 1
777- 1～778- 1
～養浩 602- 729
1192- 471
84～銑 (註)1330- 1～1331- 1
86～知甫 1038- 707
88～鎡 875- 1
1164- 527
～籍 1078- 1
90～懷瓘 812- 37
～光祖 875- 463
～尚瑗 177- 1
～炎 1488- 463
98～燧 (輯)1189- 525
99～燮 594- 137
(編)1065- 61

1173_2 裴

00～庭裕 407- 609
44～孝源 812- 17
48～松之 (注)254- 1
76～駰 (集解)243- 1～244- 1
245- 1～246- 1

1220_0 列

27～禦寇 1055- 573

1223_0 弘

50～晝 (續編)414- 1～415- 1
71～曆(清高宗) 694- 417
717- 663
1300- 233
1301- 1
1302- 1～1311- 1

1241_0 孔

00～文仲 1345- 179
10～疏圻(孔毓圻之誤)
～平仲 863- 99
1037- 119
1345- 402
12～延之(或作延世) (編)1345- 1
13～武仲 1345- 201
15～融 1063- 231
21～穎達 (疏) 7- 283
(疏) 54- 1
(疏) 69- 43
(疏) 115- 1 ≀ 116- 1
(疏) 143- 1 ≀ 144- 1
23～臧 695- 359
24～鮒 695- 307
25～傳 446- 57
891- 1 ≀ 892- 1
30～安國 (傳) 54- 1
(傳)182- 1
60～晁 (注)370- 1
80～毓圻 652- 1

1249_3 孫

00～應求 1166- 764
～應時 1166- 521
～應符 1166- 764
～奕 864- 411
10～元 1268- 783
～一奎 766- 1
766-1079
～雲翼 (注)1169- 133
(箋註)1177- 1
12～廷銓 592- 759
13～武 726- 43
～強 (增補)224- 1
17～承澤 645- 687
826- 1
868- 1 ≀ 869- 1
872- 129
～承恩 1271- 55
22～繼皐 1291- 193
24～升 1037- 95
～緒 1264- 483
25～傳庭 1296- 197
27～紹遠 1349- 805
28～作 1229- 475
～復 147- 1
1090- 157
30～之騄 (輯)68- 420
31～灝 (編纂) 535- 1 ≀ 538- 1
32～兆 (校正) 736- 1 ≀ 737- 1
37～過庭 812- 31
～逢吉 923- 1
40～奭 (疏、音義)195- 1
196- 29
～士毅 (奉敕) 601- 1 ≀ 602- 1
～在豐 (奉敕)37- 201
～存吾 (編)1368- 1
～奇逢 39- 1
208- 649
458- 1
～樵 1083- 63
44～夢觀 1181- 61
～懋 429- 1
～蕡 239- 1
1231- 471
46～覿 1135- 1
1135- 467
47～穀 (編)194- 807
60～思邈 735- 1
735- 945
～景烈 (編)1266- 317
63～默 (編)1494- 1
71～原理 1370- 403
72～岳頒 (奉敕) 819- 1 ≀ 823- 1
77～覺 147- 551
80～人龍 (考證) 255- 1 ≀ 256- 1
(考證)260- 1
(考證)260- 511
(考證) 261- 1 ≀ 262- 1
(考證) 266- 1 ≀ 267- 1
(考證)279- 1
～鑛 816- 15
～介 1166- 764
90～光憲 1036- 1

1323_6 強

10～至 1091- 1

1420_0 耐

26～得翁(趙姓) 590- 1

1623_6 强

(見1323_6 強)

1710_7 盂

07～郊 1078- 311
10～元老 589- 125
34～浩然 1071- 437
38～棨(或作啓) 1478- 231

1712_0 刁

27～包 39- 165

1712_7 耶

25～律純 809- 191
～律楚材 1191- 487
～律鑄 1199- 355

鄧

00～文原 1195- 507
10～玉函 842- 407
26～伯羔 856- 1
27～名世 922- 1
28～牧 587- 405
1189- 501
37～深 1137- 755
42～析 729- 553
45～椿 813- 503
～椿(椿年之誤)

～椿年 (編)922- 1
50～肅 1133- 257
～忠臣 1344- 523
70～雅 1222- 667

1721_4 翟

34～汝文 1129- 181
44～耆年 681- 427
47～均廉 53- 671
583- 317
60～思忠 447- 55

1722_7 酈

38～道元 573- 1

鬻

21～熊 848- 1

1742_7 邢

10～雲路 787- 1
14～璹 7- 584
27～凱 853- 1
60～昺 (疏)182- 23
(疏)195- 525
(疏)221- 1

1750_7 尹

00～文 848- 181
12～廷高 1202- 693
35～洙 1090- 1
40～臺 1277- 401
～喜 1055- 551
90～焞 1136- 1

1762_0 司

30～空圖 1083- 487
71～馬穰苴 726- 65
～馬貞 (索隱) 243- 1 ～ 244- 1
244- 964
246- 447
～馬彪 252- 1 ～ 253- 1
～馬遷 243- 1 ～ 244- 1
245- 1 ～ 246- 1
247- 1 ～ 248- 1
～馬光 8- 565
142- 457
182- 85
(奉敕)225- 1
(奉敕)236- 433
237- 1
304- 1 ～ 310- 1
311- 1
311- 317
311- 321
312- 391
(重添注)696- 269
696- 657
803- 263
1036- 315
1085- 358
1094- 1
1478- 257

1762_7 邵

00～亨貞 1215- 185
～雍 803- 291
1101- 1
10～晉涵 (輯考) 277- 1 ～ 278- 1
17～子(見邵雍)
26～伯溫 9- 401
1038- 715
30～寶 184- 539
688- 337
1258- 1
34～浩 (編)1346- 463
43～博 1039- 213
50～泰衢 128- 273
248- 673
71～長蘅 (補注)1110- 1
87～銅 (編)1231- 1
90～光祖 237- 44

1918_0 耿

30～定向 1041- 379
40～南仲 9- 577

2

2010_4 重

61～顯(釋) 1091- 641

2022_7 喬

44～萊 42- 1

2033_1 焦

04～竑 228- 539
1055- 323
1058- 1
07～贛(字延壽) 808- 269
12～延壽(漢焦贛字，見焦贛)
40～袁熹 177- 739
210- 521

2040_7 季

50～本 79- 1

2064_8 皎

23～然(釋) 1071- 775

2071_4 毛

00～亨 (傳)69- 43
～應龍 95- 761
10～晉 70- 23
(輯)1163- 710
(編)1416- 665
(編)1416- 689
21～幷 1488- 213
30～滂 1123- 695
1487- 307
34～遠宗 (輯)191- 221
(編)210- 250
40～在 (增補)1041- 379
～奇齡 41- 183

41- 479
41- 519
41- 549
66- 543
66- 631
86- 171
86- 213
86- 233
86- 275
129- 569
142- 743
176- 1
176- 409
176- 441
182- 281
191- 7
191- 221
210- 133
210- 207
210- 250
210- 277
220- 197
220- 219
220- 291
242- 1
242- 297
662- 155
1320- 1 ～ 1321- 1
1494- 551
57～邦翰 (補)183- 137
60～晃 56- 1
(增註)237- 333
77～鳳韶 (輯)1152- 1
～居正 183- 455
(重增註)237- 333

2121_7 盧

00～辯 128- 399
14～琦 1214- 689
27～象昇 1296- 589
30～之頤 779 -63
779- 97
37～祖臯 1488- 253
45～柟 1289- 755
67～照鄰 1065- 293

2122_0 何

10～瑭 1266- 465
12～琇 859- 781
17～孟春 429- 1
20～喬新 1249- 1
24～休 (解詁)145- 1
27～粲 1059- 527
28～谿汶(何汶之誤，見何汶)
30～汶 1481- 549
～宇度 592- 735
～良俊 1041- 441
～良臣 727- 675
32～遜 1063- 691
33～溥 808- 113
40～大任 (校訂)741- 49
(編)743- 1
～犿 (註)729- 597
～悳固 (編)1354- 291
～去非 727- 131
41～楷 36- 1
81- 1
44～夢桂 1188- 365
～薳 863- 451
47～超 256-1007
50～中 1205- 523
60～國宗 (奉敕)790- 1 ～ 791- 1
(奉敕)811- 109
～晏 (集解)195- 333
(集解)195- 525
～異孫 184- 343
～景福 1188- 520
～景明 1267- 1
90～光遠 1035- 867
91～焯 (評註)854- 137
860- 1
(奉敕)1005- 1 ～ 1007- 1

2122_1 行

47～均(釋) 226- 647

2122_7 衞

10～元嵩 803- 217
30～宏 646- 1
～宗武 1187- 627
31～涇 1169- 463
36～湜 117- 1 ～ 120- 1
43～博 1152- 119

2123_4 虞

20～集 1207- 1
1207- 707
24～儔 1154- 1
44～堪 (編)1207- 707
1233- 581
～荔 840- 9
～世南 889- 1

2133_1 熊

00～方 253- 735
10～三拔 731- 931
(口譯)787- 807
787- 835
17～孟秉 (編)1188- 761
20～禾 1188- 761
30～良輔 24- 577
37～過 31- 421
168- 1
40～克 313- 779
(繪圖)844- 635
44～蕃 844- 635
50～忠 238- 357
66～賜履 (奉敕)720- 1 ～ 721- 1
72～剛大 (註)709- 91
77～朋來 184- 245
212- 49
88～節 (編)709- 91

2140_6 卓

10～爾康 170- 155

2172_7 師

60～曠 847- 677

2190_4 柴

07～望 1187- 475
1364- 875
10～元彪 1364- 898
28～復貞 (輯)1364- 871
74～隨亨 1364- 893

2201_0 胤

34～禛(清世宗) 182- 269
412- 1
413- 1
413- 313
413- 483
414- 1 ≀ 415- 1
416- 1 ≀ 425- 1
(繹釋)717- 589
(纂)717- 613
1300- 1

2210_8 豐

10～干(釋) 1065- 56
40～坊(更名道生) 816- 153

2220_7 岑

30～安卿 1215- 459

2221_4 任

00～廣 920- 455
16～環 1278- 579
32～淵 (註)1114- 1
(註)1114- 741
38～啓運 51- 181
109- 801
109- 827
40～士林 1196- 487
60～昉 1047- 611
1478- 203
75～陳晉 52- 421

崔

08～敦禮 849- 277
1151- 779
17～子方 148- 173
148- 335
148- 345
27～豹 850- 97
34～祜甫 1072- 314
37～鴻 463- 315
463-1105
80～令欽 1035- 541
84～銑 30- 1
714- 451
863- 392
1267- 369

2277_0 山

55～井鼎 190- 1

2290_0 利

11～瑪竇 787- 755
(譯)798- 563

2290_4 巢

10～元方 (奉敕)734- 549

欒

07～韶鳳 (奉敕)239- 1
10～雷發 1182- 689
50～史 469- 1 ≀ 470- 1

2300_0 卜

00～商(子夏) 7- 1
69- 1
17～子夏(見卜商)

2321_0 允

37～祹 (奉敕)619- 1
～祿 (奉敕)215- 223 ≀ 218- 1
(奉敕)240- 359
(奉敕)413- 1
(奉敕)413- 313
(奉敕)413- 483
(奉敕)414- 1 ≀ 415- 1
(奉敕)656- 1
(總辦)657- 619
(奉敕)790- 1 ≀ 791- 1
(奉敕)792- 1
(奉敕)793- 1
(奉敕)811- 109
(敕編)1299- 377

2323_4 伏

79～勝 68- 385

2324_2 傅

00～玄 696- 503
10～王露 586- 337
～元(見傅玄)
17～習 (編)1368- 1
22～崧卿 (注)128- 541
26～伯壽 (編)1124- 695
28～以漸 (奉敕)37- 1
(奉敕)719- 347
30～寅 57- 1
～察 1124- 695
32～遜 169- 491
36～澤洪 580- 1 ≀ 582- 1
44～若金 1213- 181
74～肱 847- 689
91～恒 (奉敕)38- 595
(奉敕)84- 1
(奉敕)174- 1
(奉敕)232- 1 ≀ 233- 1
(奉敕)235- 1
(奉敕)240- 359
(奉敕)335- 1 ≀ 339- 1
(奉敕)357- 1 ≀ 359- 1
(奉敕)500- 1
(奉敕)594- 395
(合編)658- 1 ≀ 659- 1

2350_0 牟

23～巘 1188- 1

2397_2 嵇

00～康 1063- 329

14～璜 (奉敕) 392- 1 ～ 401- 1

(奉敕) 626- 1 ～ 631- 1

(奉敕) 639- 1 ～ 641- 1

30～永仁 1319- 199

80～曾筠 (監修) 519- 1 ～ 526- 1

(編)1319- 199

～含 589- 1

2421_7 仇

32～兆鰲 1070- 91

34～遠 1198- 1

1198- 63

2426_0 儲

33～泳 865- 201

40～大文 (編纂) 542- 1 ～ 550- 1

1327- 1

90～光義 1071- 471

2480_6 贊

30～寧(釋) 845- 181

1052- 1

2492_7 納

02～新(元廼賢之新譯，見迺賢)

12～延(元廼賢之新譯，見迺賢)

62～喇性德 45- 1 ～ 46- 1

127- 15

2500_0 牛

37～運震 (補說)684- 711

87～鈕 (奉敕)37- 201

2520_6 仲

71～長統 (校定)848- 181

80～幷 1137- 785

2590_0 朱

00～廉 (纂修)239- 1

03～誠泳(明秦簡王) 1260- 169

04～謀垔 814- 810

816- 403

～謀㙔 79- 549

222- 515

10～元璋(明太祖) 1223- 1

～元昇 20- 741

～震 11- 1

～震亨 746- 637

746- 675

746- 697

12～廷煥 (增補)590- 301

14～珪 683- 25

17～翌 850- 431

1133- 809

～子(見朱熹)

～翼中(號大隱翁) 844- 813

21～倬 77- 531

22～崇正 (附遺)744- 1

23～弁 863- 285

1479- 13

27～象賢 839- 853

～翱 (反切)223- 385

～彝尊 677- 1 ～ 680- 1

1317- 389 ～ 1318- 1

1459- 173 ～ 1460- 1

1493- 1

～名世(朱晞顏字，見朱晞顏)

30～良裘 (考證)7- 283

32～淛 1273- 439

37～淑眞 1488- 623

～祖義 62- 885

40～希晦 1220- 621

～存理 (編)815- 1

815- 263

(編)1199- 351

1251- 597

1251- 615

1251- 618

～存孝 (輯補)1351- 822

～熹 12- 625

12- 705

18- 415

66- 523

(辨說)69- 1

72- 745

75- 499

78- 326

83- 774

131- 1

142- 527

142- 663

182- 103

193- 1

197- 1

197- 215

198- 1

(刪定)198- 555

448- 411

449- 1

648- 1

689- 1 ～ 691- 1

(編)698- 1

(編)698- 281

(刪定)698- 565

698- 643

(編)699- 1

(編)699- 127

(編)699- 357

699- 489

699- 516

699- 521

700- 1 ～ 702- 1

704- 1

709- 351

(？)709- 421

720- 1 ～ 721- 1
1055- 11
1058- 557
1062- 299
1073- 127
(考異)1073- 261
1143- 1 ～ 1146- 1
(編)1167- 413
1348- 607
(纂修)239- 1
～右 1228- 1
42～樸(或作朴，見朱朴)
43～載堉(字伯勤) 213- 1 ～ 214- 1
786- 449
786- 556
～朴 1273- 397
44～荃 (考證)263- 1
45～橚(明周定王) 730- 609
747- 1 ～ 761- 7
46～觀潛 (輯)1251- 591
(輯)1251- 615
(輯)1251- 618
～槔 1133- 548
47～鶴齡 66- 687
67- 1
85- 1
175- 1
1082- 79
1319- 1
～朝瑛 82- 337
171- 1
48～松 1133- 425
50～申 95- 105
53～輔 594- 43
～軾 47- 249
459- 1
～彧 1038- 273
60～思 (輯)1119- 1
～昆田 462- 483
462- 574
～景玄 812- 357
～景元(見朱景玄)
64～睦㮮 184- 679
410- 529
675- 231
～晞顏(字景淵) 1213- 373
～晞顏(字名世) 1214- 427
67～明鎬 688- 451
71～長文 484- 1
182- 595
839- 1
1119- 1
77～同 1227- 649
79～勝非 872- 273
80～善 78- 191
～公遷 77- 1
204- 507
88～鑑 (編)18- 415
(編)75- 499

2599₆ 練

17～子寧 1235- 1

2600₀ 白

10～雲霽 1061- 627
12～珽 866- 283
1198- 87
42～樸 1488- 629
77～居易 (原本) 891- 1 ～ 892- 1
1080- 1
1081- 1
1332- 8

2610₄ 皇

26～侃 (義疏)195- 333
40～太極(清太宗) 411- 39
53～甫謐 448- 85
733- 509
～甫汸 1275- 523
～甫涍 1276- 491
～甫湜 1078- 63
～甫冉 1332- 281
～甫曾 1332- 281

2621₃ 鬼

80～谷子 809- 1
848- 257

2622₇ 偶

41～桓 (編)1370- 259

2629₄ 保

77～巴(元保八之新譯，見保八)
80～八 22- 697
22- 710

2641₃ 魏

00～齊賢 (編) 1352- 1 ～ 1353- 1
～裔介 1312- 645
～慶之 1481- 1
10～天應 (編選)1358- 71
17～了翁 18- 123
60- 1
104- 341
153- 253
853- 69
853- 107
1172- 75 ～ 1173- 1
24～峙 1095- 4
25～仲舉(懷忠字) 1074- 1
1077- 1
26～峴 576- 15
28～徵 264- 1
～收 261- 1 ～ 262- 1
30～之琇 (考證)765- 411
784- 1 ～ 785- 1
31～濬 34- 171
37～初 1198- 689
40～校 1267- 673
44～荔彤 44- 1
50～泰 1037- 415
1078- 291
67～野 1087- 349

二五九〇。——二六四一三 朱練白皇鬼偶保魏

77～學洢	1297-505

2643_0 吳

00～彥夔	741-745
～文英	1488-305
～襄	(奉敕)1008-1～1010-1
01～龍翰	1188-841
04～訥	(刪補)729-969
08～謙	(奉敕)780-1～782-1
10～正子	1078-481
～玉搢	222-607
	(編)859-381
～雯	1322-275
～平	463-73
～可	1135-783
	1479-1
12～廷華	109-289
15～融	1084-1
17～琠	181-329
～子良	1481-485
21～仁傑	15-753
	253-821
	1062-455
～處厚	1036-609
～幵	1478-321
～師道	407-1
	451-251
	(補正)1078-555
	(編)1189-653
	1212-1
22～任臣	465-1～466-1
	1042-85
23～紱	(考證)90-1
24～偉業	363-847
	1312-1
～綺	592-827
	1314-195
～縝	276-617
	279-539
26～自牧	590-13
～伯宗	1233-217
～儼	1259-351
～皐	1219-1
28～儆	1142-207
	(?)1142-297
～復	(編)1222-1
30～沆	11-597
～寬	1255-1
～之鯨	588-1
～之振	(編)1461-1～1462-1
～寶芝	1034-1
31～潛	1178-389
32～兆宜	(註)1064-1
	(註)1064-791
～澄	22-399
	22-595
	61-1
	105-1
	121-1
	159-335
	182-127
	(刪定)808-11
	1055-257
	1197-1
33～泳	1176-1
～祕	(重註)696-266
34～浩	191-251
36～渭	(編)1359-617
37～淑	892-799
	1042-901
	(奉敕編)1043-1～1046-1
	(編)1085-1
38～海	1217-143
40～士玉	(奉敕)994-1～1004-1
	(奉敕)1008-1～1010-1
～有性	779-1
～存	1476-313
43～棫	237-55
44～兢	407-337
～芾	(編)1120-391
	1138-445
～萊	1209-1
～桂森	34-369
46～如愚	709-63
47～均	1035-1
	1042-553
～垌	863-801
～起	726-57
50～聿	1480-1
60～景奎	1215-419
～景旭	1483-1
62～則禮	1122-415
77～與弼	1251-357
80～曾	850-501
84～鎮	1215-491
86～錫疇	1186-719
88～銳	(重修)224-1
～筠	1071-723
～箕	864-237
90～當	(編)1197-1
	1217-253
91～焯	1476-516
97～炯(宋吳垌之誤，見吳垌)	

2690_0 和

15～珅	(奉敕)474-1～483-1
	(奉敕)495-1～496-1
24～㠓	729-795
37～凝	729-795
50～素	(譯)839-179

2691_4 程

00～文海(元程鉅夫原名，見程鉅夫)	
02～端禮	709-457
	1198-609
～端學	160-1
	160-519
	161-1
	1212-311
12～廷祚	52-451
	181-1
13～珌	1171-221
17～子伊川(見程頤)	

～子明道(見程顥)
21～師恭 (註)1322- 1
22～川 (編)193- 1
27～俱 595- 303
1130- 1
36～遇孫 (編)1354- 291
37～迥 12- 599
12- 609
～通 1235- 725
38～道生 810- 921
40～大中 210- 657
～大昌 12- 505
56- 53
56- 117
587- 249
852- 1
852- 67
～垓 1487- 195
～雄 839- 139
839- 164
44～世京 1202- 466
～林 (刪定)739- 1
50～本 848- 149
～本立 1236- 135
61～顥 698- 1
698- 281
698- 355
1345- 585
71～長 (輯)1235- 725
～頤 9- 155
183- 45
698- 1
698- 281
698- 355
1345- 585
80～公說 154- 1
～公許 1176- 889
81～鉅夫 1202- 1
88～敏政 (編)1244- 481
1252- 1 ～ 1253- 1
(編)1373- 483 ～ 1374- 1
(編)1375- 1 ～ 1376- 1

2692_2 穆

28～修 1087- 1
77～尼閣 793- 647

2694_1 釋

00～齊己 1084- 327
～慶老 1052- 781
～文珦 1186- 293
～文瑩 1037- 225
1037- 283
～辯機 593- 635
～玄奘 (譯)593- 635
10～正勉 (輯)1416- 1
～靈一 1332- 326
～靈澈 1332- 321
～元奘(見玄奘)
20～重顯 1091- 641
～皎然 1071- 775
21～行均 226- 647
22～豐干 1065- 56
24～贊寧 845- 181
1052- 181
28～僧祐 (編)1048- 1
30～寒山 1065- 29
～宗泐 1234- 785
34～法顯 593- 611
35～清塞 1332- 332
～神珙 224- 237
224- 240
38～道璨 1186- 783
～道宣 1048- 219
～道潛 1116- 1
～道世 1049- 1 ～ 1050- 1
40～大訢 1204- 525
～大圭 1212- 227
～希坦 1189- 711
44～英 1192- 663
49～妙聲 1227- 563
50～惠洪 863- 237
1052- 639
1052- 784
1052- 791
1052- 861
1116- 143
～惠遠(同慧遠) 585- 42
55～慧遠(見惠遠)
57～契嵩 1091- 397
58～拾得 1065- 56
60～曇瑩 809- 105
～圓至 1198- 107
64～曉瑩 1052- 873
67～明本 1366- 559
～居簡 1183- 1
～貫休 1084- 423
77～覺岸 1054- 1
～覺慈 (編)1116- 143
～覺範(卽釋惠洪，見惠洪)
80～念常 1054- 221
～普濟 1053- 1
～善住 1195- 659
86～智昇 1051- 1
90～常達 1332- 338
95～性通 (輯)1416- 1

2711_7 龜

60～圖 (註)589- 295

2712_7 歸

40～有光 576- 517
1289- 1
44～莊 (編)1289- 1

2713_2 黎

00～立武 200- 713
200- 721
200- 737
200- 740
～諒 (編)1164- 33
05～靖德 (編)700- 1 ～ 702- 1
12～廷瑞 1476- 268
22～崱 464- 591
77～民表 1277- 1

2721_2 危

00～亦林 746- 43

50～素 1226- 647

1226- 755

2721_7 倪

08～謙 1245- 235

10～元璐 35- 457

35- 524

1297- 1

～天隱 (述)8- 169

12～璠 (纂註)1064- 297

14～瓚 1220- 151

28～復 212- 643

30～守約 585- 45

32～澄 (重編)1356- 1

34～濤 830- 1 ～ 838- 1

40～士毅 62- 580

1482- 371

42～樸(同朴，見倪朴)

43～朴 1152- 1

60～國璉 (檢擇)663- 223

～思 (編)251- 431

72～岳 1251- 1

2722_0 向

17～子諲 1487- 523

2723_4 侯

30～寘 1487- 623

40～克中 1205- 451

88～銓 (編)1325- 1

2724_7 殷

12～璠 (編)1332- 19

40～奎 1232- 383

48～敬愼 (釋文)1055- 573

2725_2 解

21～縉 452- 37

1236- 591

44～蒙 25- 537

98～悅 (編)1236- 591

2726_1 詹

37～初 1179- 1

38～道傳 204- 1

91～烜 1221- 365

2731_2 鮑

00～應鼇 651- 417

10～雲龍 806- 1

22～彪 406- 469

～山 731- 979

30～寧 (辨正)806- 1

806- 23

33～溶 1081- 531

67～照 1063- 563

2732_7 烏

42～斯道 1232- 123

2742_7 鄒

00～奕孝 (奉敕)219- 1

219- 918

10～一桂 838- 701

～元標 1294- 1

17～孟達 (纂修)239- 1

34～浩 1121- 161

80～鉉 (續編)738- 283

86～智 1259- 431

2752_0 物

46～觀 (補遺)190- 1

2760_3 魯

21～貞 1219- 123

22～訔 446- 259

67～明善 730- 291

80～曾煜 (編纂)562- 1 ～ 564- 1

2762_0 句

12～延慶 464- 175

2771_2 包

28～儀 43- 349

57～拯 427- 73

91～恢 1178- 703

2791_7 紀

30～容舒 242- 337

1351- 725

67～昀 1- 1 ～ 5- 1

6- 1

579- 1

(奉敕)601- 1 ～ 602- 1

2792_2 繆

40～希雍 775- 159

775- 287

2826_6 僧

34～祐(釋) (編)1048- 1

2829_4 徐

00～鹿卿 1178- 805

～彥 (疏)145- 1

～應秋 883- 1

～庭垣 176- 681

～度 863- 747

～文靖 68- 249

303- 4[3]

861- 1

～文炳 (注)1064- 925

08～謙 762- 571

10～一夔 (奉敕)649- 1 ～ 650- 1

1229- 139

～三重 867- 357

～元太 958- 1 ～ 959- 1

～元杰 1181- 599

～天麟 609- 1

609- 449

～天祜 463- 1

11～碩 491- 1

12～瑞 1476- 336

～璣 1171- 159

17～子平 808- 157

～子光 (註)892- 651

21～倬 (編)1472- 1 ～ 1473- 1

～經孫 1181- 1
24～紘 453- 1
25～積 698- 473
1101- 779
26～自明 596- 1
～伯齡 867- 69
～總幹(子子東) 15- 809
30～宏祖 593- 61
～寅 1084- 287
31～禎卿 1268- 733
1268- 777
1459- 62
33～溥 (奉敕) 617- 1 ～ 618- 1
1248- 521
40～大椿 785- 343
785- 557
785- 581
785- 639
1055- 519
1055- 546
～克范 (補)248- 421
～有貞 1245- 1
～賁 1230- 547
42～彬 (註)734- 1
44～夢莘 350- 1 ～ 352- 1
～兢 593- 811
～樹穀 (箋)1082- 237
48～乾學 112- 1 ～ 114- 1
342- 1 ～ 345- 1
(編註) 1417- 1 ～ 1418- 1
～幹 696- 465
50～本 (奉敕) 672- 377 ～ 673- 1
60～景望 (編)1354- 291
67～明善 1202- 543
～照 1171- 145
71～階 (編)1136- 459
72～氏(明仁孝后) 709- 721

～岳 797- 161
74～陵 1064- 791
(編)1331- 631
77～堅 890- 1
～用誠 (原輯)762- 1
～用錫 (輯)725- 1
～學謨 169- 1
～問 714- 373
80～鉉 (增釋)223- 63
1042- 849
(敕編) 1043- 1 ～ 1046- 1
1085- 1
(奉敕) 1333- 1 ～ 1342- 1
～無黨 (注)279- 1
81～鍇 223- 385
223- 849
84～釚 1494- 571
90～光啓 731- 1
788- 1 ～ 789- 1
789- 815
789- 833
789- 837
(筆受)798- 563
94～燉 856- 451
97～炯 (註)1082- 237
～熥 1296- 1

2835$_1$ 鮮

10～于樞 866- 1

2891$_6$ 稅

77～與權 19- 1
19- 17

3

3021$_4$ 寇

30～準 1085- 667
～宗奭 (衍義)740- 1

3021$_7$ 扈

25～仲榮 (編)1354- 291
44～蒙 (編) 1043- 1 ～ 1046- 1
(奉敕) 1333- 1 ～ 1342- 1

3022$_7$ 房

00～玄齡 (奉敕) 225- 1 ～ 256- 1
(註)729- 1
20～喬(字玄齡，見房玄齡)
34～祺 (編)1365- 613

3023$_2$ 永

13～瑢 (奉敕) 1- 1 ～ 5- 1
(奉敕)6- 1
(奉敕)219- 1
(奉敕) 277- 1 ～ 278- 1
(奉敕) 601- 1 ～ 602- 1

家

03～誠之 (編)1096- 553
80～鉉翁 158- 1
1189- 273

3030$_3$ 寒

22～山 1065- 29
～山子(見寒山)

3040$_1$ 宇

00～文紹奕 (考異)863- 535
～文懋昭 383- 805

3040$_4$ 安

27～磐 1482- 459

77～熙 1199- 707

3060_6 宮

44～夢仁 1033- 1

富

15～珠哩文靖公(見富珠哩翀)
～珠哩翀(見孛朮魯翀)
40～大用 928- 1 ～ 929- 1

3077_7 官

44～著 (承修)657- 619

3080_6 寶

77～巴(元保八之新譯，見保八)

竇

00～庠 1332- 357
17～羣 1332- 357
～鞏 1332- 357
23～牟 1332- 357
26～臮 812- 77
44～蒙 812- 77
～苹 844- 835
90～常 1332- 357

3090_1 宗

34～泐(釋) 1234- 785
36～澤 1125- 1
71～臣 1287- 1
90～懍 589- 13

3090_4 宋

～□(如璋子) 1047- 1
00～齊丘 810- 713
～齊邱(見宋齊丘)
～高宗(見趙構)
～庠 (補葺)406- 187
1087- 401
04～訥 1225- 809
07～詡 871- 115
10～无(同無，見宋無)
12～登春 1296- 543
～廷佐 (輯)1198- 219
17～子安 844- 655
19～褧 1212- 367
23～俊(字長白) (增補)592- 827
24～德之 (編)1354- 291
～緒(字公傳，以字行，見宋公傳)
26～白 (編) 1043- 1 ～ 1046- 1
(奉敕) 1333- 1 ～ 1342- 1
～伯仁 1183- 175
28～徽宗(見趙佶)
30～濂 (奉敕)239- 1
292- 1 ～ 295- 1
452- 1
1198- 104
(編)1209- 1
(編)1210- 177
1223- 235 ～ 1224- 1
1224- 563
～寧宗后(見楊氏)
34～禧 1222- 395
37～祁 (修)236- 433
272- 1 ～ 276- 1
589- 199
862- 533
1088- 1
53～咸 (重註)696- 269
80～無 1208- 303
～公傳 (編)1372- 491
88～敏求 (編)426- 1
587- 73
862- 499
(編)1071- 585
(輯補)1077- 323
(編)1078- 311
99～犖 1323- 1

3111_0 江

00～應宿 (增補)765- 411
02～端禮 (編)698- 473
14～瓘 (編)765- 411
24～休復 1036- 557
30～永 101- 715
109- 883
128- 287
128- 389
133- 1 ～ 134- 1
181- 247
194- 1
210- 713
220- 511
220- 547
242- 438
699- 357
796- 607
34～湛然 (輯)1290- 1
～淹 1063- 713
37～遹 1055- 651
77～闓 (刪訂)592- 827
90～少虞 874- 1

3111_4 汪

00～立名 (編註)1081- 1
1081- 21
～應辰 1138- 585
1151- 634
～廣洋 (評定)239- 1
1225- 493
10～元量 1188- 221
1188- 251
～霦 (奉敕) 1432- 1 ～ 1434- 1
11～砢玉 818- 1
13～琬 1315- 203
23～紱 129- 585
30～憲 223- 791
31～灝 (奉敕) 845- 207 ～ 847- 1

36～澤民 (編)1366- 955
40～大淵 594- 71
～克寬 105- 635
165- 1
1220- 649
～森 (編)1465- 1
(編)1465- 427～1467- 1
(編)1467- 343
42～機 746- 924
746- 931
(校錄)765- 1
765- 41
765- 111
43～越 248- 421
44～藻 1128- 1
1128- 335
～夢斗 1187- 449
～莘 1178- 117
50～由敦 (奉敕)123- 1
(奉敕)586- 1
1328- 381
61～晫 703- 457
703- 487
1175- 573

3112$_0$ 河

21～上公 1055- 45

3112$_7$ 馮

07～翊子 1042- 649
11～班 886- 511
12～瑗 (編)960- 1～963- 1
13～武 26- 321
(輯編)886- 511
(原編)353- 1
14～琦 (編)960- 1～963- 1
(編)1291- 765
(輯編)1377- 1
15～甦 364- 1
17～子振 1366- 559
22～山 1098- 289
～繼先 146- 685
28～復京(元馮福京之誤，見馮福京)
～復京〔明〕(總目與簡目均誤作馮應京) 80- 1
～從吾 453- 763
1293- 1
31～福京 491- 267
38～裕 1377- 1
44～贄 1035- 641
～椅 16- 1
60～景 (補註)1110- 696
64～時可 169- 953
867- 327
～時行 1138- 825
87～舒 1380- 703
90～惟訥 1379- 1～1380- 1

3116$_1$ 灊

08～說友 490- 1

3126$_6$ 福

77～隆安 (校補)656- 1
78～臨(清世祖) (定)182- 255
411- 97
602- 761
717- 531
(定)719- 347
(註)1055- 445

3128$_6$ 顧

00～應祥 798- 127
798- 305
11～非熊 1072- 562
14～瑛 1220- 127
(編)1369- 1
(編)1369- 175
1369- 481
17～予咸 (補註)1082- 447
19～璘 1263- 135
23～允成 1292- 253
27～名端 1072- 503
28～從義 683- 357
30～憲成 1292- 1
35～清 1261- 273
36～況 1071- 503
40～奎光 181- 661
44～藹吉 235- 431
45～棟高 88- 1
179- 1～180- 1
(編纂)535- 1～538- 1
47～起元 964- 341
67～野王 224- 1
～嗣立 (重訂)1082- 447
(編)1468- 1～1471- 1
71～阿瑛(見顧瑛)
84～鎮 89- 371
90～炎武 174- 287
191- 1
241- 1
241- 33
241- 143
241- 167
241- 521
241- 535
572- 571
588- 375
683- 659
683- 701
683- 833
858- 367

3130$_6$ 酒

77～賢 593- 17
1215- 261

3216$_9$ 潘

10～天成 1323- 521
20～季馴 430- 1
430- 189
576- 137
24～緯 (音義)1076- 469
26～自牧 930- 1～932- 1
30～永因 (編)1034- 215

～之淙 816- 335
～良貴 1133- 373
38～滋 (輯編)1188- 531
40～士藻 33- 1
～希曾 1266- 645
1266- 755
60～思榘 51- 1
～昂霄 1482- 289
64～時選(永因字，見潘永因)
77～閬 1085- 565

3312_7 浦

47～起龍 685- 157
60～杲 (編)1229- 431

3390_4 梁

04～詩正 (奉敕)240- 449
586- 337
(刪潤)663- 223
(奉敕)823- 443
(奉敕)824- 1 ～ 825- 1
(奉敕)841- 1 ～ 842- 1
(奉敕)844- 1
10～元帝(見蕭繹)
24～佐 (編)855- 325
～儲 1256- 529
30～寅 27- 195
78- 1
1222- 619
～賓 (編)1063- 713
31～潛 1237- 177
40～克家 484- 109
42～橋
44～蘭 1232- 711
50～蕭 (編)1072- 159
60～國治 (奉敕)240- 853
(奉敕)341- 1
(奉敕)495- 1 ～ 496- 1
(奉敕)600- 1
(奉敕)675- 335
(奉敕)843- 133
(奉敕)1301- 271
67～昭明太子(見蕭統)
80～益 76- 789

3411_1 湛

44～若水 167- 37
716- 1
(校定)1246- 1

3411_2 沈

00～度 (編)1139- 299
～該 10- 459
02～端節 1488- 95
10～亞之 1079- 1
11～棐 (輯)1104- 976
～棨 153- 1
12～廷芳 192- 1
1075- 577
17～翼機 (編纂)519- 1 ～ 526- 1
20～季友 (編)1475- 1
22～繼孫 843- 677
24～佳 458- 591
～德潛 (考證)268- 1 ～ 271- 1
(考證)272- 1 ～ 276- 1
586- 337
～德符 1496- 383
26～自南 859- 1
～鯉 1288- 209
27～名蓀 462- 483
462- 574
～約 257- 1 ～ 258- 1
(注)303- 1
28～作喆 864- 103
30～宗敬 (奉敕)994- 1 ～ 1004- 1
34～遼 1117- 515
35～淸 (編)1221- 43
～遘 1097- 1
37～初 (奉敕)1301- 563
38～汾 1059- 583
40～嘉轍 1476- 489
41～樞 461- 201 ～ 462- 1
44～夢麟 1221- 43
47～起元 50- 1
50～青崖 (編纂)551- 1 ～ 556- 1
52～括 738- 217
862- 707
1117- 263
71～辰垣 (奉敕)1491- 1 ～ 1493- 1
72～彤 101- 665
109- 899
181- 231
1328- 287
77～周 1249- 559
～與求 1133- 115
80～義父 1494- 527
85～鈇 (編校)1223- 1
～鍊 1278- 1
91～炳震 194- 93
～炳巽 574- 1
95～性 (編)1215- 509

池

50～本理 810- 999

3413_1 法

61～顯(釋) 593- 611

3414_7 凌

10～雲翰 1227- 733
35～迪知 956- 1 ～ 957- 1
957- 824
80～義渠 1297- 379

3418_1 洪

22～巖虎 1205- 148
24～皓 407- 695
1133- 391

27～錙 844- 217
1127- 377
32～适 681- 443
681- 759
1158- 243
34～邁 851- 265
1047- 265
(？)1158- 223
1349- 1
(原本)1459- 85
37～咨夔 156- 457
1175- 133
1488- 259
38～遵 595- 341
40～在 (編)1212- 665
～希文 1205- 57
77～朋 1124- 395
～興祖 1062- 115
90～炎 (編)1113- 5
1127- 353
～焱祖 (言釋)222- 239
1312- 665

3419_0 沐

60～昂 (編)1372- 441

3426_0 褚

23～峻 (摹圖)684- 711
26～伯秀 1057- 1
32～澄 734- 541
44～藏言 (編)1332- 357

3430_2 邁

40～柱 (監修)531- 1～534- 1

3512_7 清

00～高宗(見弘曆)
16～聖祖(見玄燁)
30～塞(釋) 1332- 332
40～太宗(見皇太極)
～太祖(見努爾哈赤)
44～世宗(見胤禛)
～世祖(見福臨)

3520_6 神

14～珙 224- 237
224- 240

3530_0 連

00～文鳳 1189- 463
34～斗山 53- 1

3611_7 溫

00～庭筠(號飛卿) 1082- 447
14～璜 (述)717- 521
25～純 1288- 361
34～達 (奉敕)354- 425～355- 1
40～大雅 303- 955

3612_7 湯

03～斌 1312- 421
14～璹 727- 191
23～允謨 871- 81
34～漢 (編)1356- 783
40～右曾 1325- 433
72～垕 814- 419
98～悅 (奉敕編)1043- 1～1046- 1

3621_0 祝

23～允明 1260- 363
26～穆 471- 521
925- 1～929- 1
32～淵 929- 328
33～泌 850- 1
850- 193
40～堯 1366- 711

3630_2 邊

10～貢 1264- 1

3712_7 滑

40～壽 (注)733- 429

3721_0 祖

22～行 (編)1098- 791
80～無擇 1098- 791

3730_3 逸

50～中立 34- 1
430- 249

3730_4 逢

22～行珪 (注)848- 1

3772_7 郎

12～廷槐 (編)1483- 881
60～昱(見郎曄)
16～曄 (編)1138- 293

3814_7 游

18～酢 1121- 627
40～九言 1178- 365
44～藝 793- 565

3815_7 海

12～瑞 1281- 1
～廷芳 (編)1281- 1

3816_7 滄

32～州樵叟 451- 19

3830_6 道

17～璨(釋) 1186- 783
30～宣(釋) 1048- 219
31～潛(釋) 1116- 1
44～世(釋) 1049- 1～1050- 1

3912_0 沙

40～克什(元瞻思之新譯，見瞻思)
60～圖穆蘇(元薩理彌實之新譯，見薩理彌實)

4

4001_1 左

24～贊 (編)1095- 1
38～祥 (增補)865- 221
40～克明 1368- 427
72～丘明 143- 1
～
144- 1

4003$_0$ 大

02～訢(釋) 1204- 525
40～圭(釋) 1212- 227

太

30～宰純 (音)182- 1
80～公(呂望號，見呂望)

4010$_6$ 查

20～爲仁 (箋)1490- 1
94～慎行 47- 427
(補注)1111- 1
1326- 1

4022$_7$ 希

46～坦(釋) 1189- 711

南

21～卓 839- 979
90～懷仁 594- 729

4024$_7$ 皮

60～日休 1332- 163
1083- 153

4040$_7$ 李

00～商隱 1078- 478
1082- 1
1082- 79
1082- 237
～廌 812- 937
863- 171
1115- 701
1361- 284
～庚 (原編)1356- 409
～廉 162- 163
～文仲 228- 17
01～龍官 (考證)254- 1
～龏 (編)1185- 525
(編)1356- 861
02～新 1124- 421
03～誠 673- 399
05～靖 726- 143
08～謙之 (輯)1208- 335
10～正民 1133- 1
～玉鳴 (奉敕)655- 1
～璽 (編)1138- 825
～石 1047- 931
1149- 529
～百藥 263- 1
11～彌遜 1130- 583
1487- 479
12～廷忠 1169- 133
～延壽 265- 1
266- 1
～
267- 1
14～琪 156- 179
15～翀 866- 417
17～羣玉 1083- 1
20～舜臣 1273- 653
～維楨 447- 91
21～上交 850- 253
～虛中 (注)809- 1
～處權 1135- 577
～頻 1083- 39
～衎 814- 317
～衡 13- 275
849- 295
～衞 (監修)504- 1
～
506- 1
～綽 862- 467
22～鼎祚 7- 603
～邕 1066- 1
～繼本 1217- 685
23～俊民 1190- 519
24～先芳 79- 505
～德 1372- 19
～德裕 1035- 403
1079- 107
1079- 241
1079- 305
～幼武 (纂集)449- 292
(纂集)449- 362
(纂集)449- 642
25～伸 (編)1199- 529
(編)1214- 433
(編)1217- 685
～紳 1079- 79
26～白 1066- 219
1066- 437
1067- 1
～穆 (編)1043- 1
～
1046- 1
27～翱 196- 1
448- 115
1078- 101
～綱 1125- 491
～
1126- 1
～叔(一作淑)允 (纂修)239- 1
～絳 446- 209
28～攸 608- 1
～復 1121- 1
～從周 226- 619
30～流謙 1133- 561
～流芳 1295- 293
～濂 587- 513
～淳風 (注釋)786- 1
(注釋)797- 1
(奉詔注)797- 173
(注)797- 193
(注釋)797- 251
～涪 850- 167
～之儀 1120- 391
1120- 628
1487- 281
～之藻 651- 1
789- 851
789- 925
798- 339
798- 380
31～江 (注)803- 217
～濬 1035- 557
32～澄 (編)1247- 101
33～心傳 17- 775
325- 1
～
327- 1
608- 329

686- 571
～治〔唐〕 1332- 341
～治(元李治之誤，見李治)
～治 798- 1
(原撰)798- 127
798- 243
866- 319
34～漢 (編)1075- 1
～洪 1159- 69
35～沖昭 585- 1
～淸馥 460- 1
～淸植 (考證)7- 283
(考證)102- 1
(考證)182- 23
(輯)725- 1
～淸照 1487- 555
～迪 (編纂)557- 1 ≀ 558- 1
37～溆 (典領)236- 433
～祖堯 (編註)1135- 467
～祁 1219- 629
～迅 743- 433
～過 17- 621
38～瀚(唐李翰之誤，見李翰)
～肇 595- 295
1035- 411
40～士瞻 1214- 433
～存 1213- 597
～燾 314- 1 ≀ 322- 1
686- 95
～吉甫 468- 131
41～樗 71- 1
42～彭 1122- 615
44～塨 47- 1
47- 196
220- 339
～夢陽 1262- 1
～孝美 843- 625
～孝光 1215- 91
～攀龍 1278- 173
(編)1382- 1
～華 1072- 345
～耆卿 1481- 803
～若水 1124- 657
～世民(唐太宗) 696- 587
～龏 1382- 597
1382- 941
～林甫 595- 1
46～觀 1078- 265
～如圭 103- 31
103- 521
～如箎 864- 181
～賀 1078- 437
1078- 481
47～好文 587- 469
～杞 19- 349
～格非 587- 239
48～翰 892- 651
50～東陽 (重修)617- 1 ≀ 618- 1
(編)1246- 353
1250- 1
1482- 435
54～軌 (注)696- 269
～轅 1232- 85
56～覯 1095- 1
57～邦獻 698- 545
60～昉 (奉敕)893- 1 ≀ 901- 1
(奉敕)1043- 1 ≀ 1046- 1
(奉敕)1333- 1 ≀ 1342- 1
～日華 867- 485
867- 569
867- 656
～昱(見李曄)
～呂 1152- 197
～昌祺 1242- 407
～昴英 1181- 113
～杲 745- 363
745- 401
745- 469
61～顒 (編)1242- 659
64～時珍 772- 1 ≀ 774- 1
774- 549
774- 571
～時勉 1242- 659
～曄 1232- 1
67～明復 155- 175
～昭玘 1122- 257
70～壁 1106- 1
71～匡乂 850- 143
72～劉 1177- 1
～彤 (編)1113- 320
77～隆基(唐玄宗) 182- 23
182- 85
～周翰 (註)1330- 1 ≀ 1331- 1
～賢(唐章懷太子) (注)252- 1 ≀ 253- 1
～賢〔明〕 (奉敕)472- 1 ≀ 473- 1
1244- 481
80～善 (註)1329- 1
(註)1330- 1 ≀ 1331- 1
～曾伯 1179- 163
1179- 503
1179- 568
81～鍇 404- 1 ≀ 405- 1
82～鍾倫 100- 541
88～筌 726- 163
(注)1055- 1
～簡 25- 97
～籍 (音義)786- 69
797- 126
90～光 10- 263
1128- 429
～光地 (奉敕)38- 1
42- 535
42- 611
68- 99
86- 1
(編)142- 663
(奉敕)171- 1

210- 1
220- 1
(奉敕)240- 1
(奉敕)467- 39
697- 333
(奉敕)719- 589
(奉敕)720- 1 ～ 721- 1
725- 1
(奉敕)811- 1
1324- 525
～光坡 100- 1
108- 295
127- 279
～光暎 684- 169

孛

43～朮魯翀 1373- 452

4050$_6$ 韋

00～應物 1072- 77
24～續 812- 375
27～絢 (述)1035- 453
34～漢卿 (釋音)803- 217
44～莊 1084- 531
～藹 (編)1084- 531
47～瞉 (編)1332- 381
67～昭 (注)406- 1
70～驤 1097- 379

4073$_2$ 袁

～□ 1038- 207
00～康 463- 73
～文 852- 411
～袠 717- 1
07～郊 1042- 823
～韶 451- 1
08～說文 1154- 141
20～采 698- 595
21～仁 64- 679
169- 937
23～俊翁 203- 745
27～凱 1233- 161
30～宏 303- 491
40～表 (編)1372- 183
～樞 346- 1 ～ 349- 1
44～孝政 (注)848- 881
～華 1232- 259
1232- 361
(編)1369- 481
47～桷 491- 319
1203- 1
53～甫 199- 553
1175- 331
60～易 1206- 263
99～燮 57- 627
74- 1
1157- 1

4080$_1$ 真

22～山民(見眞桂芳)
24～德秀 200- 1
704- 497
705- 1 ～ 706- 1
706- 425
706- 441
1174- 1
(編)1355- 1
(編)1356- 1
44～桂芳 1189- 447

4090$_8$ 來

26～保 (奉敕)356- 1
(奉敕)655- 1
86～知德 32- 1

4091$_7$ 杭

30～淮 1266- 1
44～世駿 222- 585
254- 949
254-1038
684- 765

4093$_1$ 樵

77～叟(見滄州樵叟)

4191$_6$ 桓

30～寬 695- 475

4192$_0$ 柯

31～潛 1246- 467
90～尚遷 96- 483

4212$_2$ 彭

07～韶 1247- 1
10～元瑞 (敕編)1301- 563
(敕編)1301- 684
～百川 408- 1
12～孫遹 1317- 1
1317- 305
1317- 342
20～乘 1037- 673
25～仲剛 (續)865- 221
27～龜年 1155- 759
～叔夏 1342- 733
34～汝礪 1101- 173
40～大翼 974- 1 ～ 978- 1
64～曉 1058- 509

4240$_0$ 荆

34～浩 812- 421
812- 424

4241$_3$ 姚

00～文灝 576- 83
～文公(見姚燧)
01～龍起 (編)1184- 1
20～舜牧 80- 579
21～虞 494- 61
24～勉 1184- 1
30～寬 850- 913
～之駰 402- 325
884- 1
～宏 (續注)406- 239
40～士觀 (編校)1223- 1
～士粦 (輯)7- 185
47～桐壽 1040- 397
60～最 812- 13
～思廉 260- 1
260- 511

80～鉉 (編)1343- 1 ～ 1344- 1
～合 1081- 695
(編)1332- 149
88～範 (考證)263- 1
91～炳 86- 307
98～燧 1201- 401
1373- 83

4252$_1$ 靳

53～輔 430- 451
579- 613

4301$_0$ 尤

00～袤 674- 435
1149- 509
27～侗 (輯)1149- 509

4373$_2$ 裘

44～萬頃 1169- 423
60～曰修 (敕校)683- 559

4385$_0$ 戴

21～衢亨 (補)732- 1
(敕編)1301- 684
24～德 128- 399
27～凱之 845- 171
～侗 226- 1
28～復古 1165- 549
1488- 613
30～進賢 (奉敕)793- 1
～良 1219- 253
32～溪 73- 799
155- 1
199- 1
38～啓宗(同起宗) 746- 863
40～難 (編)1242- 659
44～埴 854- 61
～植(埴之誤，見戴埴)
47～起宗(同啓宗) (疏)1061- 429
～栩 1176- 687
50～表元 1194- 1
60～昺 1178- 683
71～原禮 (校補)746- 697
765- 1

88～斂 1165- 551

4410$_0$ 封

33～演 862- 415

4410$_4$ 董

04～誥 (敕補)732- 1
(敕編)1301- 271
(敕編)1307- 1 ～ 1308- 1
08～說 618- 765
10～更(一作史) 814- 283
21～衝進 276- 530
22～豐垣 861- 519
～鼎 61- 531
182- 111
25～仲舒 181- 697
27～紀 1231- 721
30～淳 (奉敕編)1043- 1 ～ 1046- 1
～守諭 35- 651
31～逌 813- 329
813- 443
37～汲 738- 417
738- 439
40～真卿 26- 69
41～楷 20- 1
42～斯張 494- 251
980- 1 ～ 981- 1
43～越 594- 105
44～莽(見董弅)
～其昌 867- 419
50～史(一作更，見董更)
57～邦達 (奉敕)586- 1
67～嗣杲 1189- 167
1189- 221
1189- 233
80～弅 (編)1348- 523
91～炳 (編)738- 578
96～熠 662- 233

4410$_7$ 藍

21～仁 1229- 771
22～鼎元 369- 557
369- 584
1327- 567
60～田 1377- 1
86～智 1229- 833

4411$_2$ 范

00～雍 (編)1085- 667
07～望 (注)803- 1
17～承謨 1314- 1
18～致明 589- 109
21～能濬 (輯)1089- 797
(輯補)1104- 541
～處義 72- 1
25～仲淹 427- 1
1089- 551
～純仁 1104- 541
30～寧 145- 535
～家相 88- 499
88- 593
33～浚 1140- 1
37～祖禹 (說)182- 85
685- 465
696- 725
1100- 83
40～梈(字德機) 1208- 67
44～蔚宗(南朝宋范曄字，見范曄)
47～坰(？)(宋錢儼假托，見錢儼)
51～攄 1035- 363
53～成大 460- 833
460- 847
485- 1
589- 365
845- 33
845- 37
1159- 593
60～景文 1295- 439
64～晞文 1481- 853
～曄(字蔚宗) 252- 1 ～ 253- 1
80～毓秀 (編)1295- 439
～公偁 1038- 245

四二四一₃——四四一一₂ 姚靳尤裘戴封董藍范

84～鎮 1036- 579

4412_7 蒲

25～積中 (編)1348- 207
38～道源 1210- 567
40～壽宬 1189- 835
42～機 (編)1210- 567

4421_4 花

44～蘂夫人(蜀孟昶妃費氏，見費氏)

莊

00～亨陽 802- 717
20～季裕(宋莊綽字，見莊綽)
21～綽 1039- 127
22～鼎鉉 228- 432
60～杲 1254- 145
67～煦 (編)206- 728
77～履豐 228- 432

薩

16～理彌實 746- 1
43～載 (續編) 658- 1 ～ 659- 1
47～都拉(見薩都剌)
～都剌 1212- 565
50～囊徹辰 410- 549

4422_2 茅

45～坤 (編) 1383- 1 ～ 1384- 1
60～星來 699- 127

4422_7 芮

52～挺章 (編)1332- 63
71～長恤 323- 513

蕭

10～雲從 (原圖並注)1062- 495
17～子顯 259- 1
20～統(梁昭明太子) 1063- 647
(編)1329- 1
(編) 1330- 1 ～ 1331- 1
21～穎士 1072- 317
22～嵩 (奉敕)646- 19
24～綺 (輯編)1042- 311
26～繹(梁元帝) 848- 791
887- 1
34～漢中 25- 509
37～洵 1204- 171
40～士贇 (補編)1066- 437
44～斞 1206- 377
～楚 148- 107
90～常 384- 385

4424_7 蔣

10～一彪 1058- 811
～正子 1040- 331
12～廷錫 68- 217
17～子正(正子之誤，見蔣正子)
20～維鈞 (編)860- 1
21～偕 (編)446- 209
33～溥 (奉敕)240- 449
(奉敕)586- 1
(刪潤)663- 223
(奉敕) 722- 125 ～ 723- 1
(奉敕) 841- 1 ～ 842- 1
(奉敕)844- 1
(奉敕)1300- 233
(奉敕)1302- 1
(奉敕) 1303- 1 ～ 1304- 1
44～赫德 (纂)182- 255
47～超 (編)1224- 563
55～捷 1488- 543
60～冕 (輯)1083- 127
(輯)1083- 144
71～驥(字赤霄) 838- 741
～驥(字涑塍) 1062- 601
84～鑽 (輯)1087- 339
90～惟鈞(或作維，見蔣維鈞)
～堂 1087- 339
98～悌生 184- 433

4433_3 慕

30～容彥逢 1123- 297

4439_4 蘇

10～天爵 451- 497
709- 595
1214- 1
(編)1367- 1
20～舜欽 1092- 1
26～伯衡 1228- 509
31～源明 (傳)803- 217
37～泂 1179- 69
～洵 646- 897
1104- 845
1384- 302
50～攜 (編)1092- 127
53～軾 9- 1
54- 485
738- 217
863- 1
863- 21
1107- 1 ～ 1108- 1
1109- 1
1110- 1
1110- 696
1111- 1
1384- 396
1487- 101
58～轍 70- 311
148- 1
196- 45
196- 53
371- 205
1037- 1
1055- 187
1107- 19
1110- 78
1112- 1
1112- 585
1112- 783

1112- 844
1384- 719
60～易簡 843- 1
(參修)1333- 1 ～ 1342- 1
67～鶚 850- 185
1042- 597
81～頌 786- 79
1092- 127
88～籀 (記)864- 171
1136- 121

4440_0 艾

21～儒略 594- 279
95～性(見艾性夫)
～性夫 1194- 397

4442_7 萬

17～承蒼 (考證)257- 1 ～ 258- 1
(考證)265- 1
21～經 684- 447
42～斯大 108- 253
129- 425
～斯同 402- 1
458- 519
579- 317
662- 167
683- 853
44～樹 1496- 1
77～民英 809- 285
810- 1
90～尙烈 972- 850

4443_0 樊

21～綽 464- 1
30～宗師 1078- 555

莫

24～休符 589- 63

4445_6 韓

00～彥直 845- 161
～康伯 7- 201
(注)7- 283
～雍 1245- 603
10～玉 1487- 615
～元吉 1165- 1
～醇 (詁訓)1076- 1
11～非 729- 597
14～琦 1089- 215
20～維 1101- 503
26～伯(字康伯，見韓康伯)
27～偓 1083- 547
31～滮 864- 769
1180- 563
32～祇和 738- 541
38～道昭 238- 1
44～菼 (編纂)718- 1 ～ 719- 1
52～拙 813- 315
57～邦靖 494- 47
～邦奇 30- 95
212- 189
1269- 331
60～昴 814- 625
66～嬰 89- 775
77～駒 1133- 763
80～愈 196- 1
1073- 261
1074- 1
1075- 1
1383- 17

4450_4 華

34～汝德 (編)1249- 559
72～岳 1176- 625
84～鎮 1119- 339

4452_7 勒

24～德洪 (奉敕)354- 1

4453_0 英

～(釋) 1192- 545
00～廉 (奉敕)497- 1 ～ 499- 1

4460_1 荅

37～祿與權 (纂修)239- 1

4462_7 苟

30～宗道 (注)385- 1 ～ 386- 1

荀

36～況 695- 115
98～悅 303- 203
696- 433

4471_1 老

60～圃 862- 481

4472_7 葛

00～立方 1479- 79
1488- 85
10～元承(紹體字，見葛紹體)
27～紹體 1175- 39
34～洪〔晉〕 734- 365
(輯)1035- 1
1059- 1
1059- 124
1059- 253
～洪〔宋〕 686- 75
44～萬里 1034- 113
62～昕 1296- 379
71～長庚 1055- 239
79～勝仲 1127- 397
1487- 467

4474_1 薛

12～延年 (注)810- 823
13～瑄 711- 541
711- 702
1243- 31
17～己 763- 1 ～ 764- 1
20～季宣 1159- 143
21～虞畿 386- 589
～師石 1171- 205
26～嵎 1186- 737
28～收 (續並傳)303- 829
34～濤 1332- 341
44～蕙 1272- 1

51～據 (輯)709- 319
60～旦 (編)1159- 143
77～鳳祚 579- 347
(譯)793- 647
793- 661
～用弱 1042- 573
～居正 277- 1 ～ 278- 1
90～尙功 225- 503

4477₀ 甘

28～復 1218- 535

4480₆ 黃

00～彥平 1132- 757
～帝(?) 808- 1
1055- 1
～庶 1092- 761
～庚 1193- 777
～庭堅 1113- 1
1114- 1
1114- 253
1114- 481
1361- 235
1487- 151
～度 57- 467
～衷 594- 117
02～訓 443- 1 ～ 444- 1
05～諫 (音釋)1059- 527
07～訒 (編)850- 301
10～元 1372- 437
～震 384- 1
707- 1 ～ 708- 1
～石公 726- 89
726- 127
～百家 802- 679
12～廷桂 (監修) 559- 1 ～ 561- 1
18～玠〔宋〕 (編)1120- 1
～玠〔元〕 1205- 1
21～儒 844- 631
～虞稷 676- 1
24～佐 142- 591
452- 121
596- 859
1273- 299
～休復 812- 477
1042- 915
25～生 222- 549
858- 295
～仲元 183- 737
1188- 591
～仲昭 1254- 367
～仲炎 156- 289
26～伯思 681- 377
850- 301
27～叔琳 (編)1323- 593
1478- 71
～叔璥 592- 861
28～倫 58- 141
～徹 1479- 215
30～淮 (奉敕) 433- 1 ～ 442- 1
1240- 433
～淳耀 1297- 621
～之雋 (編纂) 507- 1 ～ 512- 1
1327- 375
～宗羲 40- 1
127- 1
208- 831
457- 1
(編) 1453- 1 ～ 1458- 1
1483- 819
～宗炎 40- 155
40- 678
40- 734
31～溍 854- 697
1209- 215
32～滔 1084- 87
36～澤 24- 1
164- 253
38～道周 35- 101
64- 797
122- 783
122- 833
122- 921
122- 927
122-1003
122-1033
122-1119
182- 155
717- 271
806- 435
40～大輿 (編)1489- 97
～希 (原注)1069- 1
42～櫄 71- 1
～機 1488- 563
47～鶴 (補注)1069- 1
～朝英 850- 385
48～榦 131- 605 ～ 132- 1
1168- 1
50～中松 88- 211
52～哲 1372- 2
60～昇 1488- 605
1489- 305
77～履翁 942- 509
～學準 (增注)594- 117
～卿 1377- 1
80～公度 1139- 541
1488- 245
～公紹 238- 357
1189- 629
84～鎮成 62- 1
1212- 523
90～裳 1120- 1
～省曾 (注)696- 433
99～瞀 (編)1113- 539
1113- 819

4490₁ 蔡

00～卞 70- 535
～襄 844- 627
845- 153
1090- 337
10～正孫 1482- 1
～元定 212- 1
808- 189
22～邕 850- 75

1063- 137
24～德晉 109- 499
25～伸 1487- 405
28～係 1037- 551
32～淵 18- 1
18- 107
34～沈 58- 1
805- 697
35～淸 29- 1
206- 1
1257- 755
43～戡 1157- 563
44～夢弼 1481- 519
～世遠 1325- 633
1476- 1
～模 200- 383
88～節 200- 557

4490_3 綦

22～崇禮 1134- 521
97～煥 (輯)1089- 769

4490_4 葉

～□ 854- 613
00～方藹 (奉敕) 65- 1
1316- 745
(監修)718- 1～719- 1
～庭珪 921- 1
10～酉 181- 347
(考證)272- 1～276- 1
12～廷珪(見葉庭珪)
17～子奇 803- 107
866- 733
20～釆 (集解)699- 1
～秉敬 228- 587
22～山 32- 585
27～紹翁 1039- 637
30～適 849- 323
40～大慶 853- 15
～森 (補)887- 1
44～封 684- 97
～夢得 149- 1
149- 247
149- 495
863- 535
863- 629
863- 721
1129- 587
1478- 985
1487- 449
～蘭 1476- 387
～懋 1476- 416
～棻 (編)1352- 1～1353- 1
50～春及 1286- 229
53～盛 1041- 1
61～顒 1219- 45
64～時 92- 1
77～隆禮 283- 655

4491_0 杜

07～詔 (編纂)539- 1～541- 1
11～預 (注)143- 1～144- 1
146- 1
(原注)171- 323
15～臻 460- 943
17～瓊 1231- 468
23～綰 844- 583
24～佑 603- 1～605- 1
28～牧 1081- 561
38～道堅 1058- 371
40～大珪 450- 1
44～荀鶴 1083- 583
50～本 (輯)1265- 593
53～甫 1068- 1
1069- 1
1069- 663
1070- 91
80～公瞻 887- 37
86～知耕 802- 1
802- 91
88～範 1175- 599
90～光庭 1084- 585

4491_4 桂

44～萬榮 729- 969

權

24～德輿 1071- 772
1072- 797

4499_0 林

00～亦之 1149- 853
～文俊 1271- 673
10～至 15- 851
～栗 12- 1
17～弼 1227- 1
～子長 (箋解)1358- 71
20～億 (校正)733- 1
(校注)733- 509
(校正)735- 1
(校正)736- 1～737- 1
～季仲 1140- 307
～禹(?)(宋錢儼假托，見錢儼)
21～虙 (編)426- 971
～師蒧 (編)1356- 409
(編)1356- 458
23～俊 1257- 1
27～侗 684- 1
30～之奇 55- 1
1140- 369
～寶 890- 499
32～近龍 (編)1254- 721
33～逋 1086- 615
37～鴻 1231- 1
1372- 184
40～堯叟 (注)171- 323
～堯俞 (纂修)597- 1～598- 1
～希元 30- 195
(編)1136- 427
～希逸 95- 1
1056- 355
1185- 553
(編)1152- 27
43～式之 (編)1185- 553
44～蒲封 (考證)280- 1～288- 1

48～增志 447- 91
50～表民 (編)1356- 444
(編)1356- 517
(編)1356- 615
60～景熙 1188- 687
77～用中 1348- 607
～同 1183- 213
～駉 942- 1
～岊 74- 43
90～光朝 1142- 551
94～愼思 696- 619
696- 629

4594_4 樓

60～昉 (編)426-1065
(編)1354- 1
88～鑰 1152- 1 ～ 1153- 1

4622_7 獨

12～孤及 1072- 159

4680_6 賀

28～復徵 (編)1402- 1 ～ 1410- 1
40～士諮 (編)1254- 625
84～鑄 1122- 193
87～欽 1254- 625

4692_7 楊

00～彥齡 863- 191
～齊賢 (集注)1066- 437
～應奎 1377- 1
10～一淸 428- 1
～至質 1183- 473
～于庭 169- 979
12～瑀 1040- 343
～弘道 1198- 159
～廷和 428- 749
～延齡(彥齡之誤，見楊彥齡)
17～翮 1220- 49
20～億 (奉敕)902- 1 ～ 919- 1
1086- 351
(編)1344- 487
～倞 (注)695- 115
～爵 31- 1
1276- 1
～維楨 1221- 373
1222- 1
1222- 123
1222- 145
(評)1229- 713
(刪定)1232- 361
21～衒之 587- 1
22～巍 1285- 477
～繼盛 1278- 611
23～允孚 1219- 617
25～傑 1099- 679
26～伯嵒(嵓) 237- 767
948- 739
～侃 461- 1
27～奐 1198- 219
～名時 47- 209
87- 3
210- 483
28～復 104- 1
104- 315
131- 605 ～ 132- 1
30～宏道(見楊弘道)
～寅秋 1291- 597
34～汝明 (編)1354- 291
37～冠卿 1165- 427
38～道聲 43- 317
40～太后(宋寧宗后，見楊氏)
～士弘 (編)1368- 173
～士勛 (疏)145- 535
～士瀛 744- 1
744- 570
～士宏(見楊士弘)
～士奇 (奉敕)433- 1 ～ 442- 1
(編)675- 111
1238- 1 ～ 1239- 1
41～桓 227- 1
43～載 1208- 1
44～基 1230- 329
～萬里 14- 513
1160- 1 ～ 1161- 1
1480- 725
58～掄 839- 179
60～甲 183- 137
64～時 (編)698- 355
1125- 101
～時喬 663- 503
～時偉 (編)447- 127
71～長孺 (編)1160- 1 ～ 1161- 1
72～氏(宋寧宗后) 1416- 710
77～用道 (補)734- 365
～開鼎 (考證)280- 1 ～ 288- 7
～開基 (編注)725- 261
80～公遠 1193- 729
88～筠松 808- 39
808- 58
808- 72
808- 89
808- 91
～簡 14- 1
57- 601
73- 1
706- 585
1156- 605
90～炎正 1488- 203
94～愼 228- 375
228- 399
239- 241
239- 278
239- 294
239- 323
239- 333
239- 349
816- 1
847- 733
(原本)847- 751
855- 1

855- 123
855- 226
855- 325
855- 671
1270- 1
1482- 473
97～炯 1065- 187
99～榮 1240- 1

4722$_7$ 郁

37～逢慶 816- 587

4732$_7$ 郝

10～玉麟 (監修)527- 1 ～ 530- 1
(監修)562- 1 ～ 564- 1
～天挺 (注)1365- 379
21～經 385- 1 ～ 386- 1
1192- 1

4742$_7$ 努

10～爾哈赤(清太祖) 411- 1

4762$_0$ 胡

00～亶 793- 533
～彥昇 220- 369
～方平 20- 653
～應麟 868- 165
1290- 1
～廣 (奉敕)28- 1
(奉敕)63- 185
(奉敕)78- 307
(奉敕)122- 1
(奉敕)166- 1
(奉敕)205- 1
(奉敕)710- 1 ～ 711- 1
867- 1
～亦堂 (輯)1087- 31
～文學 (編)1474- 1
10～一桂 22- 9
22- 199
688- 111
～三省 (音注)304- 1 ～ 310- 1
312- 217
～震 22- 447
～震亨 (編)1482- 519
～天游 1216- 725
12～瑗 8- 169
54- 451
(奉敕)211- 1
15～璉 (輯編)1188- 531
21～行簡 1221- 111
23～我琨 662- 365
25～仲弓 1186- 663
26～儼 1237- 545
27～仔 446- 1
1480- 45
30～宿 1088- 609
～安國 151- 1
(編)698- 565
(原編)1345- 585
～宏 313- 1
703- 109
1137- 87
～寅 1137- 257
～宗憲 584- 1
32～祗遹 1196- 1
36～渭 44- 639
67- 211
68- 1
208- 905
37～次焱 1188- 531
40～大時 (編)1137- 87
～太初 602- 705
～士行 60- 281
～奎 1233- 353
～直 1287- 225
1287- 702
～堯臣 (刋)1128- 335
～布 1369- 579
44～世寧 428- 559
～世安 (箋)847- 751
847- 815
847- 845
48～翰 1229- 1
～松 (增訂)1356- 1
(編)1382- 291
67～鳴玉 861- 431
～煦 48- 1
48- 399
48- 817
808- 849
74～助 1214- 551
77～居仁 31- 131
714- 1
1260- 1
80～曾 1083- 417
86～知柔 447- 1
88～銓 1137- 1
90～光大 (續)23- 447
～爌 858- 257
～粹中 334- 449
91～炳文 24- 305
203- 1
952- 1
1199- 735

4762$_7$ 都

26～穆 683- 223
814- 635
(編)1229- 385
57～絜 11- 627

4792$_0$ 柳

30～永 1487- 43
～宗元 (注)696- 269
1076- 1
1076- 469
1077- 1
1077- 281
1383- 203
77～開 1085- 237
～貫 1210- 177

4794$_7$ 穀

33～梁赤 145- 535

4895$_7$ 梅

00～應發 487- 347

～文鼎 794- 1～795- 1
795- 819
795- 961
～文鼏 795- 993
08～鷟 64- 1
22～鼎祚 (編)1178- 389
(編)1395- 1
(編)1396- 1
(編)1396- 185
(編)1397- 1
(編)1398- 1
(編)1398- 471
(編)1399- 1
(編)1399- 231
(編)1399- 595
(編)1400- 1
(編)1400- 57
(編)1400- 197
(編)1400- 409～1401- 1
40～堯臣 1099- 1
47～轂成 (奉敕)790- 1～791- 1
(奉敕)811- 109

4942_0 妙

47～聲(釋) 1227- 563

4980_2 趙

00～彥端 1488- 61
～彥衞 864- 259
～彥肅 13- 681
～文 1195- 1
10～一清 575- 1
575- 706
～震 (編)1354- 291
12～弘恩 (監修)507- 1～512- 1
14～琦美 (編)815- 263
17～孟頫 1196- 597
～孟堅 1181- 305
～子櫟 446- 251
～君卿 786- 1
19～璘 1035- 469
20～信 1476- 611
～釆 23- 1
～秉文 1190- 55
21～順孫 201- 1
～仁舉 (注)1078- 555
～師秀 1171- 189
(編)1356- 925
～師使 1487- 499
～崡 683- 445
22～鼎 1128- 635
～鼎臣 1124- 113
～崇絢 948- 731
～崇祚 (編)1489- 1
～繼序 53- 421
24～德麟(宋趙令畤字，見趙令畤)
～佶(宋徽宗) 1416- 691
～升 854- 101
～岐 (注)195- 1
27～緣督(友欽號，見趙友欽)
28～以夫 17- 797
30～宜中 (附注)242- 581
～汸 27- 423
164- 1
164- 253
164- 327
164- 413
164- 441
1221- 159
～完璧 1285- 543
～宏恩(見趙弘恩)
～宦光 816- 263
33～必瑑 1187- 275
34～汝礪 844- 647
～汝适 594- 1
～汝楳 19- 25
19- 286
19- 317
～汝愚 (編)431- 1～432- 1
～汝騰 1181- 235
～汝鐩 1175- 89
36～湘 1086- 303
40～爽(一作嬰，字君卿，見趙君卿)
～友欽 786- 221
786- 273
～士彩 (編)1099- 679
～希弁 (續輯)674- 153
～希鵠 871- 1
～南星 207- 357
～悳 77- 566
42～壎 (纂修)239- 1
44～執信 1325- 301
1483- 903
1483- 923
～蕃 1155- 1
1155- 7
1155- 332
45～蕤 849- 1
～構(宋高宗) 812- 427
46～如源 (編)171- 323
47～均 683- 417
50～抃 1094- 739
52～撝謙 228- 285
1229- 653
60～昱 1476- 570
～昇(見趙升)
～昂 (編)1078- 294
～景良 (編)1366- 913
64～時庚 845- 121
～曄 463- 1
66～嬰(一作爽，見趙君卿)
67～明誠 681- 147
71～長卿 1488- 375
77～鵬飛 157- 1
～殿成 (箋注)1071- 1
～與虤 1481- 461
～與旹 853- 653
80～介 1372- 30
～令畤 1037- 355
～善璙 875- 203
～善湘 59- 647
～善括 1159- 1
～善譽 14- 449
～公豫 1142- 193

96～煜(見趙曄)

97～鄰幾　(奉敕編)　1043- 1 ～ 1046- 1

5

5000₆ 史

～□(史虛白子)　464- 43

04～謹　1233- 107

10～正志　845- 29

11～彌寧　1178- 89

20～季溫　(注)1114- 481

22～崧　(校正、音釋)733- 317

26～伯璿　204- 675 / 709- 617

27～繩祖　854- 1

28～徵　8- 1

30～容　(注)1114- 235

34～浩　56- 169 / 1141- 529

～達祖　1488- 581

38～游　223- 1

40～堯弼　1165- 661

84～鑄　(注)589- 251 / 845- 41

88～鑑　1259- 685

～簡　(編)1476- 267

申

24～佳胤　1297- 471

～佳允(見申佳胤)

車

40～垓　111- 709

44～若水　865- 505

5003₂ 夷

77～門君玉(見王君玉)

～門隱叟(見王君玉)

5033₃ 惠

34～洪(釋)　863- 237 / 1052- 639 / 1052- 784 / 1052- 791 / 1116- 143

～遠(釋)　585- 42

40～士奇　47- 675 / 101- 387 / 178- 627

45～棟　(考補)7- 147 / 52- 1 / 52- 301 / 52- 371 / 181- 119 / 191- 359

77～周惕　87- 1

5040₄ 婁

42～機　225- 749 / 225- 791

77～堅　1295- 1

5090₄ 秦

34～湛(?)(秦觀之誤)　730- 193

40～九韶　797- 323

43～越人(扁鵲)　733- 429

44～蕙田　135- 1 ～ 142- 1

46～觀　730- 193 / 1115- 427 / 1361- 154 / 1487- 170

5090₆ 東

00～方朔　808- 197 / 1042- 265 / 1042- 273

51～軒居士　741- 813

5201₄ 托

40～克托(元脫脫之新譯，見脫脫)

5300₀ 戈

40～直　(集論)407- 337

5302₇ 輔

00～廣　74- 271

5310₇ 盛

28～以進　(訂補)1289- 605

44～世佐　110- 1 ～ 111- 1

46～如梓　866- 513

77～熙明　814- 477

5320₀ 成

12～廷珪　1216- 277

26～伯璵　70- 169

40～克鞏　(纂)1055- 445

80～無己　(注)734- 201 / 734- 307 / 734- 347

81～矩　(編)12- 705

戚

22～繼光　728- 487 / 728- 687 / 728- 799

90～光　464- 492

5560₆ 曹

00～彥約　686- 29 / 1167- 1

～庭(或作廷)棟　(編)1477- 1

～唐　1083- 144

02～端　697- 1 / 697- 15 / 697- 21 / 1243- 1

10～于汴　1293- 669

21～仁虎　(奉敕)392- 1 ～ 401- 1 / (奉敕)626- 1 ～ 631- 1 / (奉敕)642- 1 ～ 643- 1

～貞吉　1488- 685

26～伯啓 1202- 475
27～叔遠 (編)1150- 493
30～安 867- 27
37～鄴 1083- 127
38～道振 (編)1135- 641
40～士冕 682- 61
～焙廉 (編)1220- 151
44～孝忠 (校)740- 1
～植 1063- 263
50～本榮 (奉敕)37- 1
64～勛 407- 685
1129- 319
67～昭 871- 85
77～學佺 591- 1～592- 1
(編)1387- 1～1394- 1

5580_6 費

00～袞 864- 691
40～士戣 (編)1354- 291
41～樞 448- 283
44～著 590- 433
590- 438
590- 440
72～氏(蜀花蘂夫人) 1416- 674

5602_7 揭

22～傒斯 1208- 149

揚

10～无咎 1487- 637
40～雄 221- 281
696- 269
803- 1
1063- 1

5743_0 契

22～嵩(釋) 1091- 397

5798_6 賴

00～文俊 808- 153
30～良 (編)1369- 511

5806_1 拾

26～得(釋) 1065- 56

5824_0 敖

22～繼公 105- 33

6

6010_4 墨

17～翟 848- 19

6011_3 晁

08～說之 698- 497
863- 141
1118- 1
～謙之 (編)1118- 407
20～季一(貫之字，見晁貫之)
28～以道(說之字，見晁說之)
33～補之 1118- 407
1361- 318
1487- 253
37～迥 849- 253
1052- 425
1052- 611
72～氏(見晁貫之)
77～貫之(字季一) 843- 649
80～公武 674- 153
～公遡 1139- 1

6022_7 易

33～祓 17- 379
92- 261

6040_0 田

00～文鏡 (監修)535- 1～538- 1
10～雯 1324- 1
1324- 395
1324- 469
34～汝成 352- 603
585- 59
585- 284
36～況 1036- 275
60～易 (編纂)504- 1～506- 1
86～錫 1085- 353

6040_4 晏

10～天章 839-1001
15～殊 1087- 31
1487- 1
22～幾道 1487- 219
42～斯盛 49- 239
49- 287
49- 471
66～嬰 446- 95

6043_0 因

00～亮 1071- 706

6050_4 畢

25～仲游 1122- 1
26～自嚴 1293- 377
31～沅 588- 479

6060_0 呂

00～文仲 (奉敕編)1043- 1～1046- 1
03～誠 1220- 569
07～望 726- 9
10～震 (奉敕)840-1019
～夏卿 685- 703
～不韋 848- 271
12～延濟 (註)1330- 1～1331- 1
20～喬年 (編)703- 265
(編)1150- 1
21～毖 (校次)651- 603
27～向 (註)1330- 1～1331- 1
30～宮 (纂)717- 531
33～濱老 1487- 383
36～溫 1077- 595
37～祖謙 15- 779

57- 127
73- 321
152- 1
152- 143
152- 295
324- 1
324- 98
324- 124
685- 469
(編)699- 1
703- 219
703- 265
923- 983
1150- 1
(編) 1350- 1 ~ 1351- 1
(編)1351- 715
～祖儉 (蒐錄)703- 265
(編)1150- 1
40～大圭 157- 477
157- 664
～大臨 840- 91
840- 271
～希哲 863- 207
～南公 1123- 1
45～坤 717- 27
～柟 206- 753
714- 521
715- 1
715- 31
(編)715- 107
715- 251
50～中 686- 185
～本中 150- 1
602- 651
698- 515
863- 821
1136- 679
1478- 927
71～頤浩 1131- 257
77～陶 1098- 1
80～午 427- 389
93～熾 (考證)195- 525

6060_4 圖

16～理琛(見覺羅圖理琛)

6073_1 曇

99～瑩(釋) 809- 105

6080_0 貝

14～琳 (修輯)786- 311
17～瓊 1228- 179

6080_6 員

77～興宗 863- 849
1158- 1

圓

10～至(釋) 1198- 107

6090_6 景

60～星 204- 961

6091_4 羅

17～玘 1259- 1
28～倫 1251- 629
～從彥 1135- 641
30～良弼 (編)1119- 63
31～濬 487- 1
33～泌 383- 1
34～洪先 1275- 1
40～大經 865- 253
44～椅 (選)1163- 729
70～璧 854- 507
71～願 222- 239
485- 337
1142- 461
72～隱 849- 213
1084- 191
87～欽順 714- 275
1261- 1

6200_0 喇

39～沙里 (奉敕)208- 1

6401_1 曉

99～瑩(釋) 1052- 873

6404_1 時

37～瀾 (增修)57- 127

6621_4 瞿

44～莊 (纂修)239- 1
60～曇悉達 807- 159

6624_8 嚴

17～羽 1179- 27
1480- 809
21～虞惇 87- 49
27～粲 75- 1
31～福 (考證) 297- 1 ~ 302- 1
38～澂 839- 71
～遵 1055- 75
77～用和 743- 449

6650_6 單

86～鍔 576- 1

6702_0 明

21～仁孝文皇后(見徐氏)
30～安圖 (奉敕)793- 1
40～太祖(見朱元璋)
50～本(釋) 1366- 559

6722_7 鄂

10～爾泰 (奉敕)123- 1
(監修) 569- 1 ~ 570- 1
(監修) 571- 1 ~ 572- 1
(奉敕)599- 421
(奉敕)732- 1

6786_1 瞻

60～思 576- 43

6802_1 喻

30～良能 1151- 639
60～昌 783- 1

783- 271
783- 604

7

7121$_1$ 阮

37～逸 (奉敕)211- 1
(注)303- 829
(注)696- 521
(?)726- 143
77～閎 1136- 109
1478- 329

7122$_0$ 阿

44～桂 (奉敕)234- 1
(奉敕)341- 1
(奉敕)360- 1～361- 1
(奉敕)362- 233
(奉敕)499- 451
(奉敕)501- 1～503- 1
(漢譯)657- 619
(合編)658- 1～659- 1
(纂修)660- 1～661- 1

7122$_7$ 厲

67～鶚 289- 737
592- 985
(輯)829- 541
1328- 1
1328- 144
1476- 593
1484- 1～1485- 1
(箋)1490- 1

7132$_7$ 馬

00～文貞公(見馬祖常)
～文升 427- 705
02～端臨 610- 1～616- 1
12～廷鸞 1187- 1
15～臻 1204- 55
20～縞 850- 114
25～純 1047- 197
26～總 872- 197
30～永易 920- 293
～永卿 (編)863- 353
863- 401
33～治 1370- 229
37～祖常 1206- 459
1373- 207
67～明衡 64- 99
75～驌 175- 263
175- 620
365- 1～368- 1
77～隆 (述讚)726- 1
80～令 464- 247
90～熒 (編)1372- 183

7171$_6$ 區

40～大任(歐大任之誤，見歐大任)

7173$_2$ 長

12～孫無忌 (奉敕)672- 1

7210$_0$ 劉

00～應奎 (編)1182- 639
～應時 1164- 17
04～詵 1195- 115
1195- 213
～謹之 (奉敕)501- 1～503- 1
07～歆 1035- 1
08～於義 (監修)551- 1～556- 1
09～麟 1264- 315
10～一止 1132- 1
～一清 408- 959
～三吾 ((奉敕)63- 1
～玉汝 77- 577
～元高 (編)1345- 543
～可書 (編)1314- 1
11～坪 (編)1134- 351
12～延世 (編)1037- 95
～廷璋 1229- 431
13～球 1243- 403
14～瑾 76- 261
212- 115
15～璉 1233- 335
16～璟 1236- 209
17～承 (輯)200- 1
～子玄(知幾字，見劉知幾)
～子元(見劉子玄)
～子翬 1134- 351
～卲 848- 759
18～珍 370- 65
～致 1201- 770
20～禹錫 1077- 323
1077- 517
～秉忠 1191- 633
～統勳 (奉敕)500- 1
(續纂)672- 377～673- 1
(編)694- 417
(奉敕)722- 125～723- 1
21～仁本 1216- 1
22～嵩 1227- 205
～崇遠 1035- 823
～崧(見劉嵩)
23～允鵬 (注)889- 851
25～仲甫 839-1009
～傑 (編)1226- 1
～純 (續增)762- 1
～績 129- 285
729- 275
27～向 448- 1
696- 1
696- 187
1058- 487
～將孫 1199- 1
[illegible]～仔肩 (編)1370- 583
～紹 1369- 730

28～徽 (注)797- 1
797- 173
～牧 8- 125
8- 160
30～完素 744- 703
744- 745
744- 847
744- 904
～守眞(金劉完素字，見劉完素)
～宰 1170- 275
～安 848- 505
～安上 1124- 1
～安世 427- 183
863- 353
～安節 1124- 57
～良 (註)1330- 1 ～ 1331- 1
～寅 726- 99
～宗周 207- 505
717- 59
717- 121
717- 175
717- 186
1294- 301
32～淵甫 1377- 1
～澄甫 1377- 1
33～黻 1182- 639
35～清之 703- 1
36～溫舒 738- 451
738- 499
37～潤之 (編)1332- 281
～渙 1345- 543
～次莊 681- 395
～祁 1040- 223
～過 1172- 1
1488- 433
38～裕鐸 (奉敕)780- 1 ～ 782- 1
～道醇 812- 433
812- 455
40～大勳 (編)1483- 894
～才卲 1130- 403
～克莊 1180- 1
1481- 301
～有定 (注)814- 441
41～梗 (編)1157- 331
42～壎 866- 19
1195- 335
44～基 (評定)239- 1
(注)808- 197
1225- 1
～蒙 845- 15
～孝孫 (細草)797- 251
～孝標 (注)1035- 29
～摯 1099- 443
～荀 703- 159
45～榛 (輯)1288- 209
46～恕 312- 527
～勰 1478- 1
47～郁 460- 923
48～敬叔 1042- 499
50～晝 848- 881
～肅 1035- 287
58～蛻 1082- 619
60～因 202- 149
1198- 481
～昌 1373- 1
～昌詩 852- 505
61～昞 (注)848- 759
64～時舉 328- 873
～跂 1121- 533
67～昫 (奉敕)268- 1 ～ 271- 1
～昭 (注志)252- 1 ～ 253- 1
～鶚 1206- 295
71～辰翁 (評)251- 431
(評點)1078- 481
(選)1163- 769
1186- 401
1186- 637
～長卿 1072- 1
72～岳申 1204- 171
75～體仁 872- 119
77～同 (編)1226- 1
～履 (編)1370- 1
～熙 221- 383
～學箕 1176- 565
80～羲仲 686- 1
～弇 1119- 63
～義慶 1035- 29
86～錫 487- 347
～知幾 685- 1
88～鑑 238- 853
～攽 1096- 1
1478- 265
～敏中 408-1035
1206- 1
90～炎 703- 509
91～炳 1229- 713
1476- 429
97～恂 589- 79
98～敞 147- 171
147- 363
147- 485
147- 541
183- 1
698- 439
1095- 401
～爚 1157- 331

7210_1 丘

00～雍 224- 1
(奉敕)236- 223
10～爾穀 1248- 1
～雲霄 1277- 205
31～濬 712- 1 ～ 713- 1
1248- 1
90～光庭 850- 209

7277_2 岳

10～正 1246- 353
11～珂 (重編)146- 685
183- 559
446- 305
446- 528
(補注)809- 177
813- 563
865- 91
1039- 407
1181- 441
12～飛 1136- 459

七二一〇。——七二七七二 劉丘岳

31～濬 (監修)539- 1～541- 1

7420$_0$ 尉

24～繚 726- 71
37～遲偓 1035- 809

7421$_4$ 陸

00～廣微 587- 53
～文圭 1194- 527
10～元朗(見陸德明)
～雲 1063- 389
～賈 695- 369
12～璣 70- 1
70- 23
～廷燦 844- 661
17～羽 844- 609
～子虡 (編)1162- 1～1163- 1
24～德明 (音義)7- 283
(音義)54- 1
(音義)69- 43
69- 112
(音義)90- 1
(音義)102- 1
(音義)115- 1～116- 1
(音義)143- 1～144- 1
143- 35
(音義)145- 1
(音義)145- 535
(音義)182- 23
182- 355
(音義)195- 525
(音義)221- 1
25～績 7- 185
(注)808- 439
26～佃 222- 59
(解)848- 199
1117- 55
27～龜蒙 892- 623
1083- 229
1083- 279
1332- 163
～翽 463- 305
～粲 167- 683
167- 753
1274- 577
30～淳 146- 375
146- 537
146- 595
～容 1041- 231
～宗楷 (考證)195- 1
(考證)195- 525
～深 885- 1
1268- 1
1268- 651
38～游 460- 875
464- 383
865- 1
1162- 1～1163- 1
1163- 307
1163- 710
1163- 727
1163 769
1163- 802
1488- 223
40～九淵 1156- 237
～大業 (編)1188- 281
～友 843- 655
866- 561
～友仁(字輔之) 590- 443
～友仁(元陸友字，見陸友)
～希聲 (編)1078- 265
44～世儀 724- 1
～贄 1072- 565
46～楫 (編)885- 225～886- 1
54～持之 (編)1156- 1
55～費墀 (奉敕)601- 1～602- 1
64～時雍 1411- 1
1411- 303
71～隴其 129- 475
209- 1
209- 839
725- 477
725- 561
725- 627
1325- 1
1325- 194
72～氏(溫璜母) (訓)717- 521
80～善經 (續)887- 1
～曾禹 (原撰)663- 223
86～錫熊 579- 1
(奉敕)601- 1～602- 1

7422$_7$ 勵

30～宗萬 (考證)69- 43
67～鶚(厲之誤，見厲鶚)

7529$_6$ 陳

00～亮〔宋〕 (編)1103- 643
1171- 497
1488- 103
～亮〔明〕 1372- 233
～高 1216- 121
～應潤 27- 1
～應芳 577- 1
～文蔚 1171- 1
～言 743- 149
～襄 1093- 497
01～龍正 (編)1292- 329
～訏 802- 593
04～謨(宋陳模之誤，見陳模)
～謨〔明〕 1232- 523
08～旅 (選)1204- 1
1213- 1
10～元龍 1031- 1～1032- 1
(奉敕)1419- 1～1422- 1
～元晉 1176- 769
～元靚 467- 1
～霆 1494- 531
～天祥 202- 331
12～弘緒 588- 287

～廷敬 (奉敕)208- 1
(奉敕)229- 1 ≀ 231- 1
(奉敕)1011- 1 ≀ 1028- 1
1316- 1
(敕注)1446- 1
(敕編)1449- 1 ≀ 1450- 1
14～瓘 9- 413
17～子昻 1065- 527
18～致虛 1058- 749
20～舜兪 585- 13
1096- 405
～孚 1202- 613
～禹謨 (補注)889- 1
973- 1
～維崧 1322- 1
21～仁玉 845- 205
～仁子 (輯)1360- 1
～師文 (奉敕)741- 469
741- 706
～師聖 (編)743- 117
～師凱 62- 209
～師道 1037- 61
1114- 511
1114- 741
1361- 261
1478- 279
～經〔宋〕 59- 1
～經〔明〕 1377- 1
22～鼎 458- 173
～巖 1189- 687
～巖肖 1479- 53
～岩(見巖)
23～獻章 1246- 1
～傅良 151- 593
663- 437
923- 989
1150- 493
26～自明 742- 435
～繹曾 1482- 243
27～鵠 1039- 587
～叔方(宋陳昉字) 853- 629
～紹夫 (編)1093- 497
28～倫炯 594- 847
～儀 579- 781
29～秋巖(見陳宜甫)
30～宜甫 1202- 673
～濟 (編)725- 561
～淳 709- 1
1168- 501
～寧 (評定)239- 1
～宏緒(見陳弘緒)
32～淵 1139- 299
34～法 49- 1
～浩 (考證)7- 283
(考證)54- 1
(考證)143- 1 ≀ 144- 1
(考證)145- 1
(考證)145- 535
(考證)252- 1 ≀ 253- 1
～澔 121- 679
～潢 579- 746
～造 1166- 1
37～次升 427- 319
～深 158- 509
1189- 713
～祖范 194- 61
～祖念 35- 1
～選 (集註)699- 521
38～祥道 130- 1
196- 63
～啓源 85- 327
40～大章 86- 543
～大猷 60- 193
～友仁 (增修)95- 251
～士元 31- 651
207- 97
207- 289
590- 471
952- 593
～直 738- 283
～存禮 (編)1222- 145
～杰 1189- 739
～壽 254- 1
～樵 1216- 635
41～桱 332- 435
～櫄 871- 31
42～彭年 (奉敕)224- 1
(奉敕)236- 223
464- 119
～櫟 61- 201
688- 1
866- 433
1205- 151
44～基 1222- 181
～埴 703- 553
～藻 1152- 27
～夢雷 43- 1
～芳生 663- 1
～芝光 1476- 535
～懋仁 (註)1478- 203
～葵 (刪定)762- 571
～耆卿 486- 567
1178- 1
～著 1185- 1
～世仁 802- 697
～世崇 1040- 165
～世隆 866- 609
(補編)1362- 327 ≀ 1364- 1
～贇 (和韻)1232- 523
～植 1189- 734
～模 709- 291
45～棣 1151- 751
～椿 662- 311
46～恕可 1490- 101
47～均 328- 1
～郁 865- 537
～朝輔 (輯)1187- 181
～起 (編)1357- 1
1357- 719
～桷 (編)765- 325
48～敬 844- 239
50～泰 1210- 543
～泰交 64- 703
～東 1136- 283
51～振孫 674- 525
1081- 29
53～寔 730- 169

56～規 727- 175
57～邦彥 (奉敕) 1435- 1 ～ 1436- 1
～邦瞻 (增輯)353- 1
353- 753
60～昉(字叔方，見陳叔方)
～思 682- 181
814- 1
814- 205
845- 133
948- 701
(編) 1362- 327 ～ 1364- 1
～景元 1058- 278
～景雲 312- 381
323- 647
1075- 533
～景沂 935- 1
61～顯微 1058- 581
62～則通 159- 753
64～暐 683- 93
66～暘 211- 23
67～鄂 (奉敕編) 1043- 1 ～ 1046- 1
71～厚耀 178- 351
178- 393
403- 1
～長方 1039- 399
1139- 615
72～騤 595- 417
1480- 683
77～鵬年 (奉敕) 1005- 1 ～ 1007- 1
～與義 812- 416
1129- 663
1487- 549
81～籲 (編)1213- 1
～榘 (編)1168- 501
88～鎰 1215- 355
～第 64- 725
239- 403
239- 519
91～焯 (編) 1463- 1 ～ 1464- 1
97～耀文 184- 679
856- 47
965- 1 ～ 967- 1
(編)1490- 113
98～悅道 62- 511

7622$_7$ 陽

11～瑪諾 787- 851
40～枋 1183- 253

7712$_7$ 邱

(見7210$_1$ 丘)

7721$_0$ 風

72～后 726- 1

7721$_6$ 覺

22～岸(釋) 1054- 1
60～羅石麟 (監修) 542- 1 ～ 550- 1
～羅圖理琛 594- 793
80～慈(釋) (編)1116- 143
88～範(釋惠洪字，見惠洪)

7722$_0$ 同

46～恕 1206- 659

周

00～應賓 964- 326
～應合 488- 1 ～ 489- 1
～文璞 1175- 1
05～靖 235- 845
(編)1295- 411
08～敦頤(見周惇頤)
09～麟之 1142- 1
10～璽 429- 263
～元 1372- 427
～霆震 1218- 457
12～砥 1370- 229
14～琦 714- 137
～瑛 1254- 721
17～羽翀 464- 163
～弼 1185- 525
(編)1358- 1
～子(見周惇頤)
～子愚 (筆錄)787- 807
～召 724- 373
20～孚 1154- 571
～維鏞 (輯)1254- 872
21～順昌 1295- 411
～行己 1123- 599
～紫芝 1141- 1
1480- 665
1487- 561
24～德清 1496- 657
26～伯琦 228- 75
228- 106
1214- 505
1214- 542
28～復俊 1381- 1
～儀 (輯編)1194- 1
～綸 (編) 1147- 1 ～ 1149- 1
30～準 (編)1142- 1
～密 590- 173
(原撰)590- 301
865- 635
871- 45
1040- 1
1481- 813
(編)1490- 1
～宗建 207- 431
32～祈 856- 299
33～必大 595- 549
(編)1102- 1 ～ 1103- 1
1147- 1 ～ 1149- 1
1480- 709
～淙 484- 53
34～沈珂 (編)1101- 415
～達觀 594- 53

35～清源(見周清原)

～清原 (奉敕)387- 1～391- 1

～禮 (發明)693- 1～694- 1

40～大韶 577- 87

～南 1169- 1

～南瑞 (編)1366- 591

～嘉冑 844- 349

～去非 589- 389

44～世則 589- 251

～權 1204- 1

47～起元 430- 259

57～邦彥 1487- 337

60～是修 1236- 1

66～嬰 858- 1

71～長發 (考證)289- 1

77～學健 (考證)102- 1

～巽 1221- 1

90～惇頤 1101- 415

93～怡 429- 559

97～煇 1039- 1

陶

13～弘景 (補)734- 365
840- 1
1059- 313

17～弼 1096- 393

27～凱 (評定)239- 1

30～安 1225- 567

～宏景(見陶弘景)

～宗儀 683- 1
814- 645
(編)876- 1～882- 1
1040- 409
1231- 575

31～潛 1042- 469
1063- 467

47～穀 1047- 837

53～成 (編纂)513- 1～518- 1

72～岳 407- 641

7726$_4$ 屠

00～文濟 802- 859

50～本畯 590- 499

居

88～簡(釋) 1183- 1

7736$_4$ 駱

30～賓王 1065- 341

77～居安 (編)1233- 92

～居敬 (編)1233- 92

7744$_7$ 段

30～安節 839- 989

40～克己 1365- 523

53～成己 1365- 523

～成式 1047- 637

60～昌武 74- 421

80～公路 589- 29

留

10～元剛 1071- 697

7777$_7$ 閻

03～詠 (輯)66- 523

44～若璩 66- 127
210- 315
210- 340
210- 370
210- 435
(評註)854- 137
859- 381

7778$_2$ 歐

40～大任 453- 723

76～陽忞 471- 233

～陽玄 1210- 1

～陽元(見歐陽玄)

～陽詢 887- 137～888- 1

～陽德隆 237- 587

～陽詹 1078- 195

～陽修 70- 181
701 301
272- 1～276- 1
279- 1
(奉敕)674- 1
681- 1
845- 1
1036- 531
1102- 1～1103- 1
1103- 643
1383- 324
1383- 680
1478- 247
1487- 21

～陽守道 1183- 501

～陽澈 1136- 416

～陽鉞 (輯)1136- 416

77～几里得 798- 563

7780$_6$ 貫

24～休(釋) 1084- 423

7790$_4$ 桑

44～世昌 682- 73
(編)1351- 793

7821$_6$ 脫

78～脫 (奉敕)280- 1～288- 1
(奉敕)289- 1
(奉敕)290- 1～291- 1

7823$_1$ 陰

14～勁弦 951- 1

28～復春 951- 1

50～中夫(見陰復春)

64～時夫(見陰勁弦)

7923$_2$ 滕

10～元發(宋滕甫字，見滕甫)

14～珙 (編)704- 1
(編)704- 157
(編)704- 315

30～安上 1199- 493

53～甫 460- 827

8

8010₉ 金

00～文淳 (考證)263- 391
17～君卿 1095- 351
24～魁 (輯)1217- 473
～幼孜 1240- 573
36～涓 1217- 473
77～履祥 60- 431
202- 1
202- 35
332- 1
(原撰)692- 1
1189- 783
～居敬 652- 1
84～鉷 (監修) 565- 1 ～ 568- 1
88～簡 673- 709

8012₇ 翁

44～葆光 (注)1061- 429
1061- 517
90～卷 1171- 171

8022₁ 俞

00～庭椿 91- 603
～文豹 865- 469
19～琰 21- 1
21- 395
865- 611
1058- 625
1058- 733
1061- 577
1061- 597
24～德鄰 865- 573
1189- 1
26～皐 159- 1
34～汝言 174- 385
174- 409
～汝楫 597- 1 ～ 598- 1
40～森 663- 13
48～松 682- 155

8030₇ 令

42～狐峘 1071- 717
～狐德棻 263- 391
～狐楚 (編)1332- 95

8033₂ 念

90～常(釋) 1054- 221

8040₄ 姜

24～特立 1170- 11
27～紹書 872- 91
30～宸英 859- 567
1323- 593
～寶 169- 83
37～垐 1319- 200
80～夔 682- 1
813- 553
1175- 63
1488- 269
91～炳璋 89- 1

8060₁ 普

30～濟(釋) 1053- 1

8060₅ 善

20～住(釋) 1195- 659

8060₆ 曾

00～文迪 808- 83
17～鞏 371- 1
1098- 345
1384- 190
22～幾 1136- 473
26～㒶 (編)1488- 31
30～宏父 682- 37
38～肇 1101- 325
41～極 1164- 1
44～協 1140- 225
46～覿 1488- 31
50～丰 1156- 1
77～貫 26- 1
80～益 (注)1082- 447
～公亮 726- 235
88～敏行 1039- 523
92～恬 (錄)698- 565
94～慥 873- 1
1038- 313
1489- 167

8060₈ 谷

00～應泰 364- 117
35～神子(見鄭還古) 1042- 585

8073₂ 公

12～孫龍 848- 245
～孫弘 726- 1
～孫宏(見公孫弘)
60～是先生(見劉敞)
80～羊高 145- 1

8090₁ 佘

87～翔 1288- 1

8090₄ 余

05～靖 1089- 1
22～繼登 1291- 765
23～允文 196- 517
25～仲荀 (編)1089- 1
30～寅 964- 1
34～祐 (編)1260- 1
43～載 212- 93
44～蕭客 194- 353
77～闕 1214- 361
86～知古 407- 555
98～熂 (編)1232- 383

8211₄ 鍾

29～嶸 1478- 189
32～淵映 662- 1
57～輅 1042- 625

8315₃ 錢

00～文子 663- 481

～元昌 (編纂) 565-1～568-1
17～子正 1372-34
～子義 1372-87
20～維善(見錢惟善)
24～德洪 (原編) 1265-1～1266-1
25～仲益 1372-115
26～儼 464-497
30～宰 1229-513
32～澄之 39-597
84-395
44～芬 (輯)1215-491
～世昭 1036-657
47～起 1072-441
～穀 (編) 1385-1～1386-1
60～易 1036-175
64～時 59-459
183-579
686-413
80～義方 26-617
～公善 (編)1372-33
90～惟善 1217-795

8471_1 饒

80～介之 (輯)1208-335
88～節 1117-199

8612_7 錫

62～喇布哈(元燮理溥化之新譯，見燮理溥化)

8660_0 智

60～昇(釋) 1051-1

8716_2 鎦

25～績 866-657

8742_7 鄭

00～方坤 191-503
1486-1
1486-453
～康成(漢鄭玄字，見鄭玄)
～文康 1246-521
～文寶 464-131
1035-927
～玄(字康成) 7-129
7-147
(注)53-821
(注)53-840
(注)53-864
(注)53-866
(注)53-884
(注)53-899
(注)53-903
53-909
(注)68-385
(箋)69-43
69-48
70-301
(注)90-1
(注)102-1
(注)115-1～116-1
145-863
145-869
145-876
182-295
182-325
10～玉 163-1
1217-1
～玉道 865-221
～元(見鄭玄)
～元慶 588-433
～元祐 1040-379
1216-421
12～瑗 867-233
13～戩 (修)236-433
17～瑤(琬之訛，見鄭琬)
18～琬 487-523
21～虎臣 (編)1358-589
～處誨 1035-507
～處晦(見鄭處誨)
24～俠 1117-361
26～伯謙 92-185
27～紀 1249-729
30～良嗣 (編)1138-1
～定 1372-361
～宗顏 (輯)91-176
31～潛 1232-93
34～汝諧 18-303
199-111
35～清之 1176-845
36～還古(谷神子) 1042-585
38～棨 1042-839
～綮(棨之誤，見鄭棨)
40～克 729-861
～真 (輯)1187-181
1234-1
～樵 184-1
221-237
372-1～381-1
1141-505
42～樸 (編)1063-1
44～若曾 584-443
728-1
47～獬 1097-109
～杓 814-441
72～剛中 11-395
1138-1
～岳 (編)1142-551
1263-1
77～居中 (奉敕)647-1
～興裔 1140-189
80～善夫 1269-1
～谷 1083-449
90～小同 182-325
～炫 (編)1263-1

8762_2 舒

10～天民 242-581
19～璘 1157-507
44～赫德 (奉敕)362-1
456-393
～恭 (注)242-581
51～頔 1217-547
72～岳祥 1187-323

8822_0 竹

44～莊居士(見何谿汶)

8824_3 符

80～曾 1476- 554

8877_7 管

25～仲 729- 1
64～時敏 1231- 673

9

9000_0 小

28～徹辰薩囊台吉
(見薩囊徹辰)

9022_7 常

11～璩 463- 131
15～建 1071- 425
34～達(釋) 1332- 338
90～棠 487- 493

9090_4 米

44～芾 813- 1
813- 27
813- 51
813- 63
843- 63
1116- 91

9408_1 慎

12～到 848- 193

9501_0 性

37～涵(釋) (輯)1416- 1

9940_7 燮

16～理溥化 (編)1208-149

書名
筆畫部首索引

凡例

1. 書名以「景印文淵閣四庫全書」各書名稱爲主，只限於四庫著錄之書，存目各書不包括在內，其名稱以景印本內封所印「本册目次」及本目錄所著錄之書名爲準。
2. 書名次序，按書名第一字之筆畫部首順序排列；第一字筆畫部首順序相同者，則以第二、第三字之筆畫部首順序排列。
3. 書名後所注頁碼，前一個數字爲景印本之册次，後一個數字則爲首見之頁次。如泰泉鄉禮，後注“142-591”，即此書在第142册第591頁開始。
4. 一書名稱不一，悉以本目錄所著錄之書名爲準，而於別名之後注見某書，參見引出，以利查核。如：

   周易正義（見周易注疏）

   周易正義見於四庫總目，本目錄則從庫本原書名作周易注疏。又如：

   方言（見輶軒使者絕代語釋別國方言）

   方言乃習見之簡稱，庫本原書封面、總目和簡目皆從之，本目錄之書名則從庫本原書首卷標題著錄。
5. 書名相同者，按頁碼之先後排列。而相同之書名，爲便於區別，有時另加著者姓氏、別號或尊稱於其上，與庫書原本分別著錄，並均注明頁碼。
6. 凡書名前所冠“欽定”、“御定”、“御製”、“御纂”等字樣，分別製作刪去與不刪去之索引，兩頭互見，庶便檢索。
7. 書名前有“重訂”、“增訂”、“古本”、“原本”、“新本”、“別本”等字樣，概仍其舊。
8. 各書續集、後集、外集、別集，或續、廣、增補等，若非單行別出，索引中儘量附在正集之後，不另列書名。若附錄之書，有單行性質與獨立名稱者，如「易圖通變」所附「易筮通變」，「呂氏春秋或問」所附「春秋五論」等，皆自作索引，下加括號說明書之所從出，否則仍隨正集。
9. 總集類以及雜家類中雜纂、雜編之屬，有部分乃係彙集各書而成之大叢書，如「說郛」、「兩宋名賢小集」等，其所收各書雖有獨立的性質和名稱，以書名繁複，目錄中未予排列，故除提要中述及者外（如「閩中十子詩」、「鄱陽五家集」），皆不單獨製作索引。

10. 書名因避諱改字，儘可能加以復原，首字避諱者，改字與不改字之兩書名並見，惟僅用原書名作索引，並注明著者、類別和頁碼；而避諱改字之書名則僅注見某書，不注著者、類別和頁碼。如：

元眞子（見玄眞子）

玄眞子　唐張志和撰　道家 1059-549

若書名第二、第三以下字避諱改字，則逕以原書名作索引，附注諱字。如：

春秋長曆（歷）　淸陳厚耀撰　春秋 178-393

10. 書名後列著者姓名、類別，最後注明册次頁碼，不僅可供檢索，亦可作書目參考之用。所附著者姓名，凡因避諱缺字、改字及經乾隆“改正”之元朝人名譯名，皆一一加以復原。其注解已見「著者姓名筆畫部首索引」，玆不另注。類別則因限於篇幅，概用簡稱，其全稱請參閱「目錄目次」。

一　畫

書　名	著者	類別	冊頁
一山文集	元李繼本撰	別集四	1217- 685
一峯文集	明羅　倫撰	別集五	1251- 629
一峯集(見一峯文集)			

二　畫

書　名	著者	類別	冊頁
丁卯集(見丁卯詩集)			
丁卯詩集	唐許　渾撰	別集一	1082- 555
丁孝子傳(見鶴年詩集)		別集四	1217- 543
丁鶴年集(見鶴年詩集)			
七政推步	明貝琳修輯	天算一	786- 311
七國考	明董　說撰	政書一	618- 765
七經小傳(見公是七經小傳)	宋劉　敞撰	經總義	183- 1
七經孟子考文補遺	日本山井鼎撰 物觀補遺	經總義	190- 1
七頌堂識小錄	清劉體仁撰	雜家四	872- 119
九家集注杜詩	宋郭知達編	別集一	1068- 1
九章算術	晉劉　徽注 唐李淳風注釋	天算二	797- 1
音義	唐李　籍撰	天算二	797- 126
九章錄要	清屠文漪撰	天算二	802- 859
九朝編年備要	宋陳　均撰	編年	328- 1
九華集	宋員興宗撰	別集三	1158- 1
九華詩集	宋陳　巖撰	別集三	1189- 687
釋希坦詩	□釋希坦撰	別集三	1189- 711
九經三傳沿革例	宋岳　珂撰	經總義	183- 559
九經古義	清惠　棟撰	經總義	191- 359
九經字樣	唐唐玄度撰	小學二	224- 295
九經直音(見明本排字九經直音)			
九經補韻	宋楊伯嵒撰	小學三	237- 767
九經誤字	清顧炎武撰	經總義	191- 1
九經辨字瀆蒙	清沈炳震撰	經總義	194- 93
九靈山房集	元戴　良撰	別集四	1219- 253
年譜		別集四	1219- 256
補編		別集四	1219- 608
了翁易說(見了齋易說)			
了齋易說	宋陳　瓘撰	易類	9- 413
二老堂詩話	宋周必大撰	詩文評	1480- 709
二妙集	金段克己 段成己撰	總集	1365- 523
二希堂文集	清蔡世遠撰	別集六	1325- 633
二皇甫集	唐皇甫冉 皇甫曾撰 明劉潤之編	總集	1332- 281
二家宮詞	明毛　晉編	總集	1416- 689
二家詩選	明徐禎卿 高叔嗣撰 清王士禛選	總集	1459- 61
二程子抄釋	明呂　柟編	儒家	715- 107
二程文集	宋程　顥 程　頤撰 宋胡安國編	總集	1345- 585
二程外書	宋程　顥 程　頤撰 宋朱　熹編	儒家	698- 281
二程粹言	宋楊　時編	儒家	698- 355
二程遺書	宋程　顥 程　頤撰 宋朱　熹編	儒家	698- 1
二薇亭集(見二薇亭詩集)			
二薇亭詩集	宋徐　璣撰	別集三	1171- 159
人臣儆心錄	清世　祖撰 王永吉纂	職官二	602- 761
人物志	魏劉　邵撰 北魏劉昞註	雜家一	848- 759
人倫大統賦	金張行簡撰 元薛延年注	術數五	810- 823
人譜	明劉宗周撰	儒家	717- 175
人譜類記	明劉宗周撰	儒家	717- 186
入蜀記	宋陸　游撰	傳記四	460- 875
八白易傳(見葉八白易傳)			
八旬萬壽盛典	清阿桂等纂修	政書二	660- 1 ≀ 661- 1
八面鋒	宋陳傅良撰	雜家六	923- 989
八旗通志	清世宗敕撰 高宗敕重修	政書四	664- 1 ≀ 671- 1
八旗滿洲氏族通譜	清高宗勅撰	傳記三	455- 1 ≀ 456- 1

書名	著者	類別	冊	頁
十一經問答	元何異孫撰	經總義	184-	343
十七史纂古今通要	元胡一桂撰	史評	688-	111
十三經注疏正字	清沈廷芳撰	經總義	192-	1
十三經義疑	清吳 浩撰	經總義	191-	251
十五家詞	清孫 默編	詞曲二	1494-	1
十六國春秋	後魏崔鴻撰	載記	463-	315
十六國春秋(見別本十六國春秋)				
十先生奧論(見十先生奧論註)				
十先生奧論註	宋不著編人	總集	1362-	27
前集		總集	1362-	27
後集		總集	1362-	118
續集		總集	1362-	239
十國春秋	清吳任臣撰	載記	465- 1 ~ 466-	1
卜法詳考	清胡 煦撰	術數四	808-	849

三 畫

書名	著者	類別	冊	頁
三正考	清吳 鼐撰	春秋	181-	329
三因極一病證方論	宋陳 言撰	醫家	743-	149
三合切音清文鑑(見滿珠蒙古漢字三合切音清文鑑)				
三吳水考	明周大韶撰 明張內蘊撰	地理四	577-	87
三吳水利錄	明歸有光撰	地理四	576-	517
續增	明歸有光撰	地理四	576-	562
三事忠告	元張養浩撰	職官二	602-	729
三命指迷賦	宋岳珂補注	術數五	809-	177
三命通會	明萬民英撰	術數五	810-	1
三易洞璣	明黃道周撰	術數一	806-	435
三易備遺	宋朱元昇撰 宋朱士立補	易類	20-	741
三家宮詞	明毛 晉編	總集	1416-	665
三家詩拾遺	清范家相撰	詩類	88-	499
三國史辨誤	□不著撰人	正史	254-	937
三國志	晉陳 壽撰 宋裴松之註	正史	254-	1
三國志文類	宋不著編人	總集	1361-	505
三國志補注	清杭世駿撰	正史	254-	949
三國志辨誤(見三國史辨誤)				
三國雜事	宋唐 庚撰	史評	686-	13
三略直解	明劉 寅撰	兵家	726-	99
三魚堂文集	清陸隴其撰	別集六	1325-	1
外集	清陸隴其撰	別集六	1325-	194
三魚堂賸言	清陸隴其撰	儒家	725-	561
三朝北盟會編	宋徐夢莘撰	紀事本末	350- 1 ~ 352-	1
三華集	明錢子正等撰 明錢公善編	總集	1372-	33
三傳折諸	清張尚瑗撰	春秋	177-	1
三傳辨疑	元程端學撰	春秋	161-	1
三楚新錄	宋周羽翀撰	載記	464-	163
三輔黃圖	□不著撰人	地理一	468-	1
三劉家集	宋劉渙等撰	總集	1345-	543
三餘集	宋黃彥平撰	別集三	1132-	757
三禮圖	明劉 績撰	禮四	129-	285
三禮圖集注	宋聶崇義撰	禮四	129-	1
三體唐詩	宋周 弼編 清高士奇輯注	總集	1358-	1
上蔡語錄	宋謝良佐撰 曾 恬 宋胡安國錄 朱熹刪定	儒家	698-	565
于忠肅集(見忠肅集)	明于 謙撰	別集五	1244-	1
于清端政書	清于成龍撰	別集六	1318-	541
于湖詞	宋張孝祥撰	詞曲一	1488-	1
于湖集	宋張孝祥撰	別集三	1140-	539
千金要方(見備急千金要方)				
千叟宴詩	清聖祖敕編	總集	1447-	1
千叟宴詩	清高宗敕編	總集	1452-	1
千頃堂書目	清黃虞稷撰	目錄一	676-	1
土官底簿	明不著撰人	職官一	599-	331
士翼	明崔 銑撰	儒家	714-	451
大全集	明高 啓撰	別集五	1230-	1
大事記	宋呂祖謙撰	編年	324-	1
通釋	宋呂祖謙撰	編年	324-	98
解題	宋呂祖謙撰	編年	324-	124
大事記講義(見宋大事記講義)				
大事記續編	明王 褘撰	編年	333- 1 ~ 334-	1
大易通解	清魏荔彤撰	易類	44-	1

書名	撰者	類別	冊-頁
大易集義粹言(見合訂刪補大易集義粹言)			
大易象數鉤深圖	元張　理撰	易類	25- 1
大易粹言	宋方聞一撰	易類	15- 1
大易擇言	清程廷祚撰	易類	52- 451
大易緝說	元王申子撰	易類	24- 17
大金弔伐錄	□不著撰人	雜史	408- 833
大金國志(見重訂大金國志)	宋宇文懋昭撰	別史	383- 805
大金集禮	金不著撰人	政書二	648- 27
大金德運圖說	金不著撰人	政書二	648- 309
大衍索隱	宋丁易東撰	術數一	806- 313
大唐西域記	唐釋玄奘譯 釋辯機撰	地理十	593- 635
大唐創業起居注(見唐創業起居注)			
大唐開元禮	唐蕭嵩等撰	政書二	646- 19
大唐傳載	唐不著撰人	小說一	1035- 527
大唐新語(見唐新語)			
大清一統志	清和珅等撰	地理二	474- 1 ~ 483- 1
大清律例	清徐　本等撰 劉統勳續纂	政書五	672- 377 ~ 673- 1
大清通禮	清來保等撰	政書二	655- 1
大清會典	清允祹等撰	政書一	619- 1
大清會典則例	清高宗敕撰	政書一	620- 1 ~ 625- 1
大復集	明何景明撰	別集五	1267- 1
大統曆(歷)志	清梅文鼎撰	天算一	795- 819
大雅集	元賴　良編	總集	1369- 511
大德昌國州圖志(見昌國州圖志)			
大學中庸集說啓蒙	元景　星撰	四書	204- 961
大學古本說(見榕村四書說)	清李光地撰	四書	210- 2
大學本旨	宋黎立武撰	四書	200- 740
大學或問(見四書大全)	明胡廣等撰	四書	205- 49
大學衍義	宋眞德秀撰	儒家	704- 497
大學衍義補	明丘　濬撰	儒家	712- 1 ~ 713- 1
大學章句(見四書章句集注)	宋朱　熹撰	四書	197- 3
大學章句大全(見四書大全)	明胡廣等編	四書	205- 2
大學章句或問通證(見四書通證)	元張存中撰	四書	203- 641
大學通(見四書通)	元胡炳文撰	四書	203- 8
大學疏義	宋金履祥撰	四書	202- 1
大學發微	宋黎立武撰	四書	200- 737
大學集說啓蒙(見大學中庸集說啓蒙)	元景　星撰	四書	204- 964
大學集編(見四書集編)	宋眞德秀撰	四書	200- 3
大學翼眞	清胡　渭撰	四書	208- 905
大學證文	清毛奇齡撰	四書	210- 277
大學纂疏(見四書纂疏)	宋趙順孫撰	四書	201- 1
大學纂箋(見四書纂箋)	元詹道傳撰	四書	204- 2
大戴禮記	漢戴　德撰 北周盧辯注	禮三	128- 399
大隱居士詩集	宋鄧　深撰	別集三	1137- 755
大隱集	宋李正民撰	別集三	1133- 1
子史精華	清吳士玉 吳　襄等撰	類書	1008- 1 ~ 1010- 1
子思子(見子思子全書)			
子思子全書	宋汪　晫編	儒家	703- 487
子夏易傳	周卜　商撰	易類	7- 1
子淵詩集	元張仲深撰	別集四	1215- 307
子略	宋高似孫撰	目錄一	674- 491
子華子	周程　本撰	雜家一	848- 149
小山畫譜	清鄒一桂撰	藝術一	838- 701
小山詞	宋晏幾道撰	詞曲一	1487- 219
小山類稿	明張　岳撰	別集五	1272- 285
小名錄	唐陸龜蒙撰	類書	892- 623
小字錄	宋陳　思撰	類書	948- 701
小亨集	元楊弘道撰	別集四	1198- 159
小兒衞生總微論方	宋何大任校訂	醫家	741- 49
小畜集	宋王禹偁撰	別集二	1086- 1
小鳴稿	明朱誠泳撰	別集五	1260- 169
小學紺珠	宋王應麟撰	類書	948- 379
小學集註	宋朱　熹撰 明陳　選註	儒家	699- 521
小辨齋偶存	明顧允成撰	別集五	1292- 253
山中白雲詞	宋張　炎撰	詞曲一	1488- 463

書名	著者	類別	冊頁
山中集(見顧華玉集)	明顧　璘撰	別集五	1263- 173
山中集(見止山集)	明丘雲霄撰	別集五	1277- 245
山水純全集	宋韓　拙撰	藝術一	813- 315
山西通志	清覺羅石麟監修 儲大文等纂	地理三	542- 1 ～ 550- 1
山村遺集	元仇　遠撰	別集四	1198- 63
山谷內集詩注	宋任　淵注	別集二	1114- 1
山谷外集詩注	宋史　容注	別集二	1114- 235
山谷別集詩注	宋史季溫注	別集二	1114- 481
山谷詞(見山谷集)	宋黃庭堅撰	別集二	1113- 741
山谷詞	宋黃庭堅撰	詞曲一	1487- 151
山谷集	宋黃庭堅撰	別集二	1113- 1
內集	宋洪　炎編	別集二	1113- 5
外集	宋李　彤編	別集二	1113- 320
別集	宋黃　𤊹編	別集二	1113- 539
詞		別集二	1113- 741
簡尺		別集二	1113- 769
年譜	宋黃　𤊹撰	別集二	1113- 819
山居新話	元楊　瑀撰	小說一	1040- 343
山居新語(見山居新話)			
山房集	宋周　南撰	別集三	1169- 1
後藁	宋周　南撰	別集三	1169- 123
山房隨筆	元蔣正子撰	小說一	1040- 331
山東通志	清岳濬等監修 杜詔等編纂	地理三	539- 1 ～ 541- 1
山海經	晉郭　璞注	小說二	1042- 1
山海經廣注	清吳任臣注	小說二	1042- 85
山海漫談	明任　環撰	別集五	1278- 579
山帶閣註楚辭	清蔣　驥撰	楚辭	1062- 601
山堂考索(見羣書考索)			
山堂肆考	明彭大翼撰	類書	974- 1 ～ 978- 1
山窻餘稿	元甘　復撰	別集四	1218- 535
山齋文集	明鄭　岳撰	別集五	1263- 1
山齋集(見山齋文集)			
干祿字書	唐顏元孫撰	小學二	224- 243
才調集	蜀韋　穀編	總集	1332- 381

四畫

書名	著者	類別	冊頁
不繫舟漁集	元陳　高撰	別集四	1216- 121
中山詩話	宋劉　攽撰	詩文評	1478- 265
中丞集	明練子寧撰	別集五	1235- 1
中丞遺事		別集五	1235- 37
中州人物考	清孫奇逢撰	傳記三	458- 1
中州名賢文表	明劉　昌編	總集	1373- 1
中州集	金元好問編	總集	1365- 1
中州樂府(見中州集)	金元好問編	總集	1365- 359
中西經星同異考	清梅文鼏撰	天算一	795- 993
中吳紀聞	宋龔明之撰	地理八	589- 289
中星譜	清胡　亶撰	天算一	793- 533
中原音韻	元周德清撰	詞曲五	1496- 657
中庸分章	宋黎立武撰	四書	200- 721
中庸或問(見四書大全)	明胡　廣編	四書	205- 948
中庸指歸	宋黎立武撰	四書	200- 713
中庸衍義	明夏良勝撰	儒家	715- 281
中庸章句(見四書章句集注)	宋朱　熹撰	四書	197- 198
中庸章句大全(見四書大全)	明胡廣等編	四書	205- 868
中庸章句或問通證(見四書通證)	元張存中撰	四書	203- 734
中庸章段(見榕村四書說)	清李光地撰	四書	210- 11
中庸通(見四書通)	元胡炳文撰	四書	203- 40
中庸集說啓蒙(見大學中庸集說啓蒙)	元景　星撰	四書	204-1007
中庸集編(見四書集編)	宋眞德秀撰	四書	200- 44
中庸餘論(見榕村四書說)	清李光地撰	四書	210- 27
中庸輯略	宋石　𡼖編 朱熹刪定	四書	198- 555
中庸纂疏(見四書纂疏)	宋趙順孫撰	四書	201- 77
中庸纂箋	元詹道傳撰	四書	204- 49
中朝故事	南唐尉遲偓撰	小說一	1035- 809

書名	撰人	類別	冊－頁
中華古今註	五代馬縞撰	雜家二	850- 114
中庵集	元劉敏中撰	別集四	1206- 1
中說	隋王　通撰 宋阮　逸註	儒家	696- 521
中論	漢徐　幹撰	儒家	696- 465
中興小紀	宋熊　克撰	編年	213- 779
中興間氣集	唐高仲武編	總集	1332- 125
丹淵集	宋文　同撰 家誠之編	別集二	1096- 553
丹陽詞	宋葛勝仲撰	詞曲一	1487- 467
丹陽集	宋葛勝仲撰	別集三	1127- 397
丹鉛餘錄	明楊　慎撰	雜家二	855- 1
續錄	明楊　慎撰	雜家二	855- 123
摘錄	明楊　慎撰	雜家二	855- 226
總錄	明楊　慎撰 梁　佐編	雜家二	855- 325
五代史(見新五代史)			
五代史記(見新五代史)			
五代史記纂誤(見五代史纂誤)			
五代史補	宋陶　岳撰	雜史	407- 641
五代史闕文	宋王禹偁撰	雜史	407- 631
五代史纂誤	宋吳　縝撰	正史	279- 539
五代名畫補遺	宋劉道醇撰	藝術一	812- 433
五代會要	宋王　溥撰	政書一	607- 439
五代詩話	清鄭方坤撰	詩文評	1486- 453
五百家注昌黎文集	宋魏仲舉編	別集一	1074- 1
五百家注音辨昌黎先生文集(見五百家注昌黎文集)			
五百家注音辨柳先生文集(見五百家注柳先生集)			
五百家注柳先生集	宋魏仲舉編	別集一	1077- 1
五百家播芳大全文粹	宋魏齊賢 葉　棻同編	總集	1352- 1 ～ 1353- 1
五音集韻	金韓道昭撰	小學三	238- 1
五峰集	宋胡　宏撰	別集三	1137- 87
五峰集	元李孝光撰	別集四	1215- 91
五國故事	宋不著撰人	載記	464- 203
五曹算經	□不著撰人	天算二	797- 179
五經算術	北周甄鸞撰 唐李淳風注	天算二	797- 193
五經文字	唐張　參撰	小學二	224- 251
五經說	元熊朋來撰	經總義	184- 245
五經稽疑	明朱睦㮮撰	經總義	184- 679
五經蠡測	明蔣悌生撰	經總義	184- 433
五誥解	宋楊　簡撰	書類	57- 601
五燈會元	宋釋普濟撰	釋家	1053- 1
五總志	宋吳　坰撰	雜家三	863- 801
五禮通考	清秦蕙田撰	禮五	135- 1 ～ 142- 1
井觀瑣言	明鄭　瑗撰	雜家三	867- 233
亢倉子	唐王士源撰	道家	1059- 509
亢倉子注	唐何　粲撰	道家	1059- 527
仁山文集	宋金履祥撰	別集三	1189- 783
仁山集(見仁山文集)			
仁端錄	明徐　謙撰 陳葵刪定	醫家	762- 571
仁齋直指	宋楊士瀛撰	醫家	744- 1
仁齋傷寒類書	宋楊士瀛撰	醫家	744- 570
仇池筆記	宋蘇　軾撰	雜家三	863- 1
今獻備遺	明項篤壽撰	傳記三	453- 503
介菴詞	宋趙彥端撰	詞曲一	1488- 61
元元棋經(見棋經)	宋晏天章撰	藝術四	839-1001
元文類	元蘇天爵編	總集	1367- 1
元氏長慶集	唐元　稹撰	別集一	1079- 347
元包(見元包經傳)			
元包經傳	北周衛元嵩撰 唐蘇源明傳 唐李　江注	術數一	803- 217
元包數總義	宋張行成撰	術數一	803- 242
元史	明宋濂 王禕等撰	正史	292- 1 ～ 295- 1
元史紀事本末	明陳邦瞻撰	紀事	353- 753
元史語解(見遼金元三史國語解)	清高宗敕撰	正史	296- 244
元史續編	明胡粹中撰	編年	334- 449
元和姓纂	唐林　寶撰	類書	890- 499
元和郡縣志	唐李吉甫撰	地理二	468- 131
元明事類鈔	清姚之駰撰	雜家五	884- 1
元英集(見玄英集)			
元音	明孫原理輯	總集	1370- 403
元音遺響	元胡布等撰	總集	1369- 579
元風雅	元孫存吾 傅　習編	總集	1368- 1
前集	元傅　習編	總集	1368- 1

書名	著者	類目	冊-頁
後集	元孫存吾編	總集	1368- 90
元城語錄(見元城語錄解)			
元城語錄解	宋馬永卿編 明王崇慶解	雜家三	863- 353
元城行錄	明崔　銑編	雜家三	863- 392
元眞子(見玄眞子)			
元朝名臣事略	元蘇天爵撰	傳記三	451- 497
元朝典故編年考	清孫承澤撰	政書一	645- 687
元經	隋王　通撰 唐薛　收續 宋阮　逸注	編年	303- 829
元詩選	清顧嗣立編	總集	1468- 1 ≀ 1471- 1
初集	清顧嗣立編	總集	1468- 1 ≀ 1469- 1
二集	清顧嗣立編	總集	1470- 1 ≀ 1471- 1
三集	清顧嗣立編	總集	1471- 231
元詩體要	明宋公傳編	總集	1372- 491
元綱論(見玄綱論)			
元儒考略	明馮從吾撰	傳記三	453- 763
元憲集	宋宋　庠撰	別集二	1087- 401
元豐九域志	宋王存等撰	地理二	471- 1
元豐類稿	宋曾　鞏撰	別集二	1098- 345
元藝圃集	明李　蓘編	總集	1382- 941
元獻遺文	宋晏　殊撰 清胡亦堂輯	別集二	1087- 31
內丹九章經(見南統大君內丹九章經)			
內外服制通釋	宋車　垓撰	禮二	111- 709
內外傷辯惑論	元李　杲撰	醫家	745- 363
內則衍義	清世祖御定 傅以漸纂	儒家	719- 347
內訓	明仁孝后 徐氏撰	儒家	709- 721
內簡尺牘	宋孫　覿撰 李祖堯編註	別集三	1135- 467
內簡尺牘編注(見內簡尺牘)			
公是七經小傳	宋劉　敞撰	經總義	183- 1
公是先生弟子記(見公是弟子記)			
公是弟子記	宋劉　敞撰	儒家	698- 439
公是集	宋劉　敞撰	別集二	1095- 401
公孫龍子	周公孫龍撰 宋謝希深注	雜家一	848- 245
六一詞	宋歐陽修撰	詞曲一	1487- 21
六一詩話	宋歐陽修撰	詩文評	1478- 247

書名	著者	類目	冊-頁
六壬大全	□不著撰人	術數四	808- 471
六臣註文選	梁蕭　統編 唐李善等六臣註	總集	1330- 1 ≀ 1331- 1
六帖補	宋楊伯嵒撰	類書	948- 739
六家詩名物疏	明馮復京撰	詩類	80- 1
六書本義	明趙撝謙撰	小學二	228- 285
六書正譌	元周伯琦撰	小學二	228- 106
六書故	宋戴　侗撰	小學二	226- 1
六書統	元楊　桓撰	小學二	227- 1
六研齋筆記	明李日華撰	雜家三	867- 485
二筆	明李日華撰	雜家三	867- 569
三筆	明李日華撰	雜家三	867- 656
六朝事迹編類	宋張敦頤撰	地理八	589- 175
六朝通鑑博議	宋李　燾撰	史評	686- 95
六經天文編	宋王應麟撰	天算一	786- 133
六經正誤	宋毛居正撰	經總義	183- 455
六經奧論	宋鄭　樵撰	經總義	184- 1
六經圖	宋楊　甲撰 毛邦翰補	經總義	183- 137
六藝之一錄	清倪　濤撰	藝術一	830- 1 ≀ 838- 1
續編	清倪　濤撰	藝術一	838- 547
六藝綱目	元舒天民撰	小學三	242- 581
六韜	周呂　望撰	兵家	726- 9
分甘餘話	清王士禛撰	雜家三	870- 543
分門古今類事	宋不著撰人	小說二	1047- 1
分隸偶存	清萬　經撰	目錄二	684- 447
分類字錦	清何　焯 陳鵬年等撰	類書	1005- 1 ≀ 1007- 1
分類補註李太白集(見李太白集分類補註)			
切韻指掌圖	宋司馬光撰	小學三	237- 1
檢圖之例	明邵光祖撰	小學三	237- 44
勿軒集	宋熊　禾撰	別集三	1188- 716
勿菴曆(歷)算書記	清梅文鼎撰	天算一	795- 961
勿齋集	宋楊至質撰	別集三	1184- 473
化書	南唐譚峭撰	雜家一	849- 227
升菴集	明楊　愼撰	別集五	1270- 1
午亭文編	清陳廷敬撰	別集六	1316- 1
午溪集	元陳　鎰撰	別集四	1215- 355
友古詞	宋蔡　伸撰	詞曲一	1487- 405
友石山人遺稿	元王　翰撰 明王　偁編	別集四	1217- 129
友林乙稿	宋史彌寧撰	別集三	1178- 89

書名	著者	類	冊-頁
天下同文集	元周南瑞編	總集	1366- 591
天子肆獻祼饋食禮	清任啓運撰	禮二	109- 827
天中記	明陳耀文撰	類書	965- 1 ～ 967- 1
天台前集	宋李　庚編 林師蒧增修	總集	1356- 409
前集別編	宋林表民編	總集	1356- 444
續集	宋林師蒧等編	總集	1356- 458
續集別編	宋林表民編	總集	1356- 517
天玉經	唐楊筠松撰	術數三	808- 91
內傳	唐楊筠松撰	術數三	808- 91
外編	唐楊筠松撰	術數三	808- 107
天地間集	宋謝　翱錄	別集三	1188- 346
天步眞原	清穆尼閣撰 薛鳳祚譯	天算一	793- 647
天原發微	宋鮑雲龍撰 明鮑寧辨正	術數一	806- 1
問答節要	明鮑　寧撰	術數一	806- 23
天馬山房遺稿	明朱　淛撰	別集五	1273- 439
天問略	明陽瑪諾撰	天算一	787- 851
天祿琳琅書目	清于敏中等編	目錄一	675- 335
天經或問前集	清游　藝撰	天算一	793- 565
天學會通	清薛鳳祚撰	天算一	793- 661
天隱子	唐不著撰人	道家	1059- 563
天籟集	元白　樸撰	詞曲一	1488- 629
太乙金鏡式經	唐王希明撰	術數六	810- 855
太史詩集(見文氏五家集)	明文徵明撰	總集	1382- 439
太平治迹統類	宋彭百川撰	雜史	408- 1
太平御覽	宋李昉等撰	類書	893- 1 ～ 901- 1
太平惠民和劑局方	宋陳師文等撰	醫家	741- 469
太平經國書	宋鄭伯謙撰	禮一	92- 185
太平廣記	宋李昉等撰	小說二	1043- 1 ～ 1046- 1
太平寰宇記	宋樂　史撰	地理二	469- 1 ～ 470- 1
太玄(元)本旨	明葉子奇撰	術數一	803- 107
太玄(元)經	漢揚　雄撰 晉范　望注	術數一	803- 1
太白山人漫藁	明孫一元撰	別集五	1268- 783
太白陰經	唐李　筌撰	兵家	726- 163
太宗文皇帝聖訓	清世祖勅編 聖祖續編	詔令	411- 39
太倉稊米集	宋周紫芝撰	別集三	1141- 1
太祖高皇帝聖訓	清聖祖勅編	詔令	411- 1
太常續考	明不著撰人	職官一	599- 1
太清神鑑	後周王朴撰	術數五	810- 759
太極圖說述解	明曹　端撰	儒家	697- 1
太醫局程文(見太醫局諸科程文格)			
太醫局諸科程文格	宋何大任編	醫家	743- 1
孔子家語	魏王　肅注	儒家	695- 1
孔子集語	宋薛　據輯	儒家	709- 319
孔子編年	宋胡　仔撰	傳記	446- 1
孔氏談苑(見談苑)			
孔北海集	漢孔　融撰	別集一	1063- 231
孔叢子	漢孔　鮒撰	儒家	695- 307
少谷集	明鄭善夫撰	別集五	1269- 1
少室山房筆叢正集	明胡應麟撰	雜家六	886- 1
少室山房集	明胡應麟撰	別集五	1290- 1
少室山房類稿(見少室山房集)			
少陽集	宋陳　東撰	別集三	1136- 283
少墟集	明馮從吾撰	別集五	1293- 1
少儀外傳	宋呂祖謙撰	儒家	703- 219
少廣補遺	清陳世仁撰	天算二	802- 697
尹文子	周尹　文撰	雜家一	848- 181
巴西文集(見巴西集)			
巴西集	元鄧文原撰	別集四	1195- 507
心泉學詩稿	宋蒲壽宬撰	別集三	1189- 835
心經	宋眞德秀撰	儒家	706- 425
文子	周辛　鈃撰	道家	1058- 305
文子纘義	宋杜道堅撰	道家	1058- 371
文山集	宋文天祥撰	別集三	1184- 359
文公易說	宋朱　熹撰 朱　鑑編	易類	18- 415
文心雕龍	梁劉　勰撰	詩文評	1478- 1
文心雕龍輯注	清黃叔琳撰	詩文評	1478- 71
文氏五家集	明文　洪 文徵明等撰	總集	1382- 421
文正集(見范文正集)			
文安集	元揭傒斯撰	別集四	1208- 149
文定集	宋汪應辰撰	別集三	1138- 585
文忠集	宋歐陽修撰	別集二	1102- 1 ～ 1103- 1
四朝國史本傳		別集二	1102- 6
年譜		別集二	1102- 11
文忠集	宋周必大撰	別集三	1147- 1 ～ 1149- 1

書名	著者	類別	冊－頁
文忠集	元王　結撰	別集四	1206- 201
文忠集	明范景文撰	別集五	1295- 439
文房四譜	宋蘇易簡撰	譜錄一	843- 1
文昌雜錄	宋龐元英撰	雜家三	862- 649
文信公集杜詩(見文信國集杜詩)			
文信國集杜詩	宋文天祥撰	別集三	1184- 805
文則	宋陳　騤撰	詩文評	1480- 683
文泉子集	唐劉　蛻撰	別集一	1082- 619
文苑英華	宋李昉等編	總集	1333- 1 ～ 1342- 1
文苑英華辨證	宋彭叔夏撰	總集	1342- 733
文恭集	宋胡　宿撰	別集二	1088- 609
文敏集	明楊　榮撰	別集五	1240- 1
文章正宗	宋眞德秀編	總集	1355- 1
文章軌範	宋謝枋得編	總集	1359- 541
文章精義	宋李耆卿撰	詩文評	1481- 803
文章緣起	梁任　昉撰 明陳懋仁註	詩文評	1478- 203
文章辨體彙選	明賀復徵編	總集	1402- 1 ～ 1410- 1
文莊集	宋夏　竦撰	別集二	1087- 45
文淵閣書目	明楊士奇編	目錄一	675- 111
文溪存稿(見文溪集)			
文溪集	宋李昴英撰	別集三	1181- 113
文端集	清張　英撰	別集六	1319- 275
文說	元陳繹曾撰	詩文評	1482- 243
文毅集	明解　縉撰	別集五	1236- 591
文編	明唐順之編	總集	1377- 101 ～ 1378- 1
文選註	梁蕭　統撰 唐李　善註	總集	1329- 1
文選補遺	宋陳仁子輯	總集	1360- 1
文選顏鮑謝詩評	元方　回撰	總集	1331- 573
文憲集	明宋　濂撰	別集五	1223- 235 ～ 1224- 1
文潞公集(見潞公文集)			
文襄奏疏(見靳文襄奏疏)	明靳　輔撰	奏議	430- 451
文簡集	明孫承恩撰	別集五	1271- 55
文藪	唐皮日休撰	別集一	1053- 153
文獻通考	元馬端臨撰	政書一	610- 1 ～ 616- 1
文獻集	元黃　溍撰	別集四	1209- 215
斗南老人集	明胡　奎撰	別集五	1233- 353
方舟集	宋李　石撰	別集三	1149- 529
方言(見輶軒使者絕代語釋別國方言)			
方是閒居士小稿	宋劉學箕撰	別集三	1176- 565
方泉集(見方泉詩集)			
方泉詩集	宋周文璞撰	別集三	1175- 1
方洲集	明張　寧撰	別集五	1247- 179
方壺存稿	宋汪　莘撰	別集三	1178- 117
方輿勝覽	宋祝　穆撰	地理二	471- 521
方齋存稿	明林文俊撰	別集五	1271- 673
方齋詩文集(見方齋存稿)			
方簡肅文集	明方良永撰	別集五	1260- 79
方麓集	明王　樵撰	別集五	1285- 97
无能子	唐不著撰人	道家	1059- 567
日下舊聞考	清于敏中 英　廉等撰	地理三	497- 1 ～ 499- 1
日知錄	清顧炎武撰	雜家二	858- 367
日知薈說	清高宗御撰	儒家	717- 663
日涉園集	宋李　彭撰	別集二	1122- 615
日損齋筆記	元黃　溍撰	雜家二	854- 697
日聞錄	元李　翀撰	雜家三	866- 417
日講四書解義	清喇沙里 陳廷敬等撰	四書	208- 1
日講易經解義	清牛　鈕 孫在豐等撰	易類	37- 201
日講春秋解義	清庫勒納 李光地等撰	春秋	172- 1
日講書經解義	清庫勒納 葉方藹等撰	書類	65- 1
日講禮記解義	清張廷玉等撰	禮三	123- 1
月令明義	明黃道周撰	禮三	122- 783
月令解	宋張　虙撰	禮三	116- 537
月令輯要	清李光地等撰	時令	467- 39
月波洞中記	□不著撰人	術數五	810- 693
月屋漫稿	元黃　庚撰	別集四	1193- 777
月泉吟社詩	宋吳　渭編	總集	1359- 617
月洞吟	宋王　鎡撰	別集三	1189- 489
木鍾集	宋陳　埴撰	儒家	703- 553
止山集	明丘雲霄撰	別集五	1277- 205
止堂集	宋彭龜年撰	別集三	1155- 759
止齋文集(見止齋集)			
止齋集	宋陳傅良撰	別集三	1150- 493
毛詩古音考	明陳　第撰	小學三	239- 403
毛詩本義(見詩本義)			
毛詩正義(見毛詩注疏)			

書名	著者	類別	冊頁
毛詩名物解	宋蔡卞撰	詩類	70-535
毛詩李黃集解	宋李樗 黃櫄撰	詩類	71-1
毛詩注疏	漢毛亨傳 鄭玄箋 唐孔穎達疏	詩類	69-43
毛詩指說	唐成伯璵撰	詩類	70-169
毛詩草木鳥獸蟲魚疏	吳陸璣撰	詩類	70-1
毛詩陸疏廣要(見陸氏詩疏廣要)			
毛詩集解(見毛詩李黃集解)			
毛詩集解(見段氏毛詩集解)	宋段昌武撰	詩類	74-421
毛詩寫官記	清毛奇齡撰	詩類	86-171
毛詩稽古編	清陳啓源撰	詩類	85-327
毛詩講義	宋林岊撰	詩類	74-43
毛詩類釋	清顧棟高撰	詩類	88-1
續編	清顧棟高撰	詩類	88-197
氏族大全(見排韻增廣事類氏族大全)			
氏族博考(見萬姓統譜附)	明凌迪知撰	類書	957-824
水心集	宋葉適撰	別集三	1164-33
水東日記	明葉盛撰	小說一	1041-1
水雲村稾	元劉壎撰	別集四	1195-335
水雲集	宋汪元量撰	別集三	1188-251
水經注	後魏酈道元撰	地理四	573-1
水經注集釋訂訛	清沈炳巽撰	地理四	574-1
水經注箋刊誤	清趙一清撰	地理四	575-706
水經注釋	清趙一清撰	地理四	575-1
水道提綱	清齊召南撰	地理四	583-1
王子安集	唐王勃撰	別集一	1065-61
王文正筆錄	宋王曾撰	小說一	1036-265
王文成全書	明王守仁撰 錢德洪等編	別集五	1265-1 ～ 1266-1
王文忠集(見文忠集)	元王結撰	別集四	1206-201
王氏談錄	宋王欽臣撰	雜家三	862-577
王右丞集箋注	唐王維撰 清趙殿成箋	別集一	1071-1
王司馬集	唐王建撰	別集一	1078-577
王典籍集(見閩中十子詩)	明王恭撰 袁表等編	總集	1372-277
王忠文公集(見王忠文集)			
王忠文集	明王褘撰	別集五	1226-1
王舍人詩集	明王紱撰	別集五	1237-81
王荊公詩注	宋李壁撰	別集二	1106-1
王常宗集	明王彝撰 都穆編	別集五	1229-385
補遺	明劉廷璋 浦杲同編	別集五	1229-431
續補遺		別集五	1229-437
王著作集	宋王蘋撰	別集三	1136-63
王端毅奏議	明王恕撰	奏議	427-453
王翰林集(見閩中十子詩)	明王褒撰 袁表等編	總集	1372-414
王檢討集(見閩中十子詩)	明王偁撰 袁表等編	總集	1372-364
王魏公集	宋王安禮撰	別集二	1100-1
勾股義(見句股義)			

五 畫

書名	著者	類別	冊頁
世宗憲皇帝上諭八旗	清允祿等編	詔令	413-1
上諭旗務議覆	清允祿等編	詔令	413-313
諭行旗務奏議	清允祿等編	詔令	413-483
世宗憲皇帝上諭內閣	清允祿編 弘晝續編	詔令	414-1 ～ 415-1
世宗憲皇帝硃批諭旨	清世宗敕編	詔令	416-1 ～ 425-1
世宗憲皇帝御製文集	清世宗撰	別集六	1300-1
世宗憲皇帝聖訓	清高宗敕編	詔令	412-1
世祖章皇帝聖訓	清聖祖敕編	詔令	411-97
世說新語	南朝宋劉義慶撰 梁劉孝標注	小說一	1035-29
世緯	明袁袠撰	儒家	717-1
世醫得效方	元危亦林撰	醫家	746-43
丙子學易編	宋李心傳撰	易類	17-775
仕學規範	宋張鎡撰	雜家五	875-1
回文類聚	宋桑世昌編 清朱存孝輯補	總集	1351-793

書名	著者	類別	冊-頁
册府元龜	宋王欽若 楊 億編	類書	902- 1 ~ 919- 1
冬青引注(見冬青樹引註)			
冬青樹引註	宋謝 翶撰 明張 丁註	別集三	1188- 361
刋正九經三傳沿革例(見九經三傳沿革例)			
刋誤	唐李 涪撰	雜家二	850- 167
包孝肅奏議集	宋包 拯撰	奏議	427- 73
北山小集(見宋程俱撰北山集)			
北山酒經	宋朱翼中撰	譜錄二	844- 813
北山集	宋程 俱撰	別集三	1130- 1
北山集	宋鄭剛中撰	別集三	1138- 1
北戶錄	唐段公路撰 龜 圖註	地理八	589- 29
北史	唐李延壽撰	正史	266- 1 ~ 267- 1
北史識小錄	清沈名蓀 朱昆田輯	史鈔	462- 574
北河紀	明謝肇淛撰	地理四	576- 567
北河紀餘	明謝肇淛撰	地理四	576- 724
北狩見聞錄	宋曹 勛撰	雜史	407- 685
北郊配位尊西向議	清毛奇齡撰	政書二	661- 155
北郊配位議(見北郊配位尊西向議)			
北海集	宋綦崇禮撰	別集三	1134- 521
北窗炙輠錄	宋施德操撰	小說一	1039- 363
北軒筆記	元陳世隆撰	雜家三	866- 609
北堂書鈔	唐虞世南撰 明陳禹謨補註	類書	889- 1
北莊遺稿(見貞素齋集附)	元舒 遠撰	別集四	1217- 676
北郭集	元許 恕撰	別集四	1217- 317
北郭集	明徐 賁撰	別集五	1230- 547
北湖集	宋吳則禮撰	別集二	1122- 415
北溪大全集	宋陳 淳撰	別集三	1168- 501
外集	宋陳 淳撰	別集三	1168- 896
北溪字義	宋陳 淳撰	儒家	709- 1
北遊集	宋汪夢斗撰	別集三	1187- 449
北夢瑣言	宋孫光憲撰	小說一	1036- 1
北齊文紀	明梅鼎祚編	總集	1400- 1
北齊書	唐李百藥撰	正史	263- 1
北礀集	宋釋居簡撰	別集三	1183- 1

書名	著者	類別	冊-頁
北觀集(見止山集)	明丘雲霄撰	別集五	1277- 225
半軒集	明王 行撰	別集五	1231- 279
半農春秋說(見惠氏春秋說)			
古今刀劍錄	梁陶弘景撰	譜錄一	840- 1
古今列女傳	明解縉等編	傳記三	452- 37
古今合璧事類備要	宋謝維新編	類書	939- 1 ~ 941- 1
前集	宋謝維新編	類書	939- 8
後集	宋謝維新編	類書	939- 552 ~ 940- 1
續集	宋謝維新編	類書	940- 393
別集	宋謝維新編	類書	941- 1
外集	宋謝維新編	類書	941- 444
古今同姓名錄	梁元 帝撰 唐陸善經續	類書	887- 1
古今考	宋魏了翁撰	雜家二	853- 107
古今事文類聚	宋祝穆等撰	類書	925- 1 ~ 929- 1
前集	宋祝 穆撰	類書	925- 1
後集	宋祝 穆撰	類書	926- 1
續集	宋祝 穆撰	類書	927- 1
別集	宋祝 穆撰	類書	927- 518
新集	元富大用撰	類書	928- 1
外集	元富大用撰	類書	929- 1
遺集	元祝 淵撰	類書	929- 328
古今姓氏書辯證	宋鄧名世撰	類書	922- 1
古今注	晉崔 豹撰	雜家二	850- 97
古今律曆(歷)考	明邢雲路撰	天算一	787- 1
古今紀要	宋黃 震撰	別史	384- 1
古今通韻	清毛奇齡撰	小學三	242- 1
古今歲時雜詠(見歲時雜詠)			
古今源流至論	宋林 駉撰	類書	942- 1
前集	宋林 駉撰	類書	942- 1
後集	宋林 駉撰	類書	942- 157
續集	宋林 駉撰	類書	942- 331
別集	宋林 駉撰	類書	942- 509
古今詩刪	明李攀龍編	總集	1382- 1
古今說海	明陸 楫編	雜家六	885- 225 ~ 886- 1
古今禪藻集	明釋正勉 釋性𣲖輯	總集	1416- 1
古今儲貳金鑑	清高宗敕撰	史評	694- 583
古今韻會舉要	元黃公紹原編 熊 忠舉要	小學三	238- 357

書名	撰者	類別	冊－頁
古夫于亭雜錄	清王士禎撰	雜家三	870－597
古文四聲韻	宋夏　竦集	小學二	224－413
古文孝經孔氏傳	漢孔安國傳 日本太宰純音	孝經	182－1
古文孝經指解(見孝經指解)			182－85
古文尚書寃詞	清毛奇齡撰	書類	66－543
古文尚書疏證(見尚書古文疏證)			
古文苑	宋章　樵註	總集	1332－573
古文參同契集解	明蔣一彪撰	道家	1058－811
古文淵鑒	清聖　祖選 徐乾學編注	總集	1417－1 ～ 1418－1
古文雅正	清蔡世遠編	總集	1476－1
古文集成前集	宋王霆震撰	總集	1359－1
古文龍虎經註疏	宋王　道撰	道家	1061－535
古文關鍵	宋呂祖謙撰	總集	1351－715
古史	宋蘇　轍撰	別史	371－1
古列女傳	漢劉　向撰	傳記三	448－1
續古列女傳		傳記三	448－74
古刻叢鈔	明陶宗儀編	目錄二	683－1
古周易	宋呂祖謙編	易類	15－779
古周易訂詁	明何　楷撰	易類	36－1
解經處答客問		易類	36－379
古周易章句外編(見周易章句外編)			
古音表	清顧炎武撰	小學三	241－521
古音附錄	明楊　愼撰	小學三	239－323
古音略例	明楊　愼撰	小學三	239－333
古音餘	明楊　愼撰	小學三	239－294
古音駢字	明楊　愼撰	小學二	228－399
古音駢字續編	清莊履豐 莊鼎鉉撰	小學二	228－432
古音叢目	明楊　愼撰	小學三	228－241
古音獵要	明楊　愼撰	小學三	228－278
古城集	明張　吉撰	別集五	1257－591
古梅吟稿(見古梅遺稿)			
古梅遺稿	宋吳龍翰撰	別集三	1188－841
古畫品錄	南齊謝赫撰	藝術一	812－1
古廉文集	明李時勉撰	別集五	1242－659
古廉集(見古廉文集)			
古微書	明孫　穀編	經總義	194－807
古經解鉤沈	清余蕭客撰	經總義	194－353
古詩紀	明馮惟訥撰	總集	1379－1 ～ 1380－1
古詩鏡	明陸時雍編	總集	1411－1
古樂府	元左克明編	總集	1368－427
古樂苑	明梅鼎祚編	總集	1395－1
古樂書	清應撝謙撰	樂類	220－97
古樂經傳	清李光地撰	樂類	220－1
古賦辯體	元祝　堯撰	總集	1366－711
古韻標準	清江　永撰	小學三	242－438
古儷府	明王志慶編	類書	979－1
古歡堂集	清田　雯撰	別集六	1324－1
古穰集	明李　賢撰	別集五	1244－481
古靈集	宋陳　襄撰	別集二	1093－497
句曲外史集	元張　雨撰	別集四	1216－351
句股引蒙	清陳　訏撰	天算二	802－593
句股矩測解原	清黃百家撰	天算二	802－679
句股義	明徐光啓撰	天算一	789－837
可閒老人集	元張　昱撰	別集四	1222－499
可傳集	明袁　華撰	別集五	1232－361
可齋雜藁	宋李曾伯撰	別集三	1179－163
續藁前	宋李曾伯撰	別集三	1179－503
續藁後	宋李曾伯撰	別集三	1179－568
史氏菊譜	宋史正志撰	譜錄三	845－29
史糾	明朱明鎬撰	史評	688－451
史記	漢司馬遷撰 宋裴駰集解 唐司馬貞索隱 張守節正義	正史	243－1 ～ 244－1
史記正義	唐張守節撰	正史	247－1 ～ 248－1
史記索隱	唐司馬貞撰	正史	246－447
史記集解	南朝宋裴駰撰	正史	245－1 ～ 246－1
史記疑問	清邵泰衢撰	正史	248－673
史通	唐劉知幾撰	史評	685－1
史通通釋	清浦起龍撰	史評	685－157
史傳三編	清朱　軾撰	傳記	459－1
史纂通要(見十七史纂古今通要)			
叶韻彙輯	清梁詩正 蔣　溥等撰	小學二	240－449
司空表聖文集	唐司空圖撰	別集一	1083－487
司馬法	周司馬穰苴撰	兵家	726－65
四川通志	清黃廷桂監修 張晉生等纂	地理三	559－1 ～ 561－1
四六法海	明王志堅編	總集	1394－333
四六話	宋王　銍撰	詩文評	1478－941
四六標準	宋李　劉撰 明孫雲翼箋注	別集三	1177－1
四六談塵	宋謝　伋撰	詩文評	1480－19

書名	著者	類目	冊-頁
四如集	宋黃仲元撰	別集三	1188-591
四如講稿	宋黃仲元撰	經總義	183-737
四明文獻集	宋王應麟撰	別集三	1187-181
四明它山水利備覽	宋魏　峴撰	地理四	576-15
四庫全書考證	清王太岳纂輯	考證	1497-1 ～ 1500-1
四庫全書總目	清永瑢紀昀等撰	總目	1-1 ～ 5-1
四庫抽燬書提要		總目	5-349
四庫全書簡明目錄	清永瑢紀昀等撰	簡目	6-1
四書大全	明胡廣等撰	四書	205-1
四書文	清方　苞編	總集	1451-1
化治四書文	清方　苞編	總集	1451-10
正嘉四書文	清方　苞編	總集	1451-73
隆萬四書文	清方　苞編	總集	1451-200
啟禎四書文	清方　苞編	總集	1451-315
本朝四書文	清方　苞編	總集	1451-576
四書因問	明呂　柟撰	四書	206-753
四書或問	宋朱　熹撰	四書	197-215
四書近指	清孫奇逢撰	四書	208-649
四書留書	明章世純撰	四書	207-709
四書章句集注	宋朱　熹撰	四書	197-1
四書通	元胡炳文撰	四書	203-1
四書通旨	元朱公遷撰	四書	204-507
四書通證	元張存中撰	四書	203-637
四書逸箋	清程大中撰	四書	210-657
四書集義精要	元劉　因撰	四書	202-149
四書集編	宋眞德秀撰	四書	200-1
四書經疑貫通	元王充耘撰	四書	203-891
四書劄記	清楊名時撰	四書	210-483
四書疑節	元袁俊翁撰	四書	203-745
四書管窺	元史伯璿撰	四書	204-675
四書蒙引	明蔡　清撰	四書	206-1
別錄	明莊　煦編	四書	206-728
四書辨疑	元陳天祥撰	四書	202-331
四書賸言	清毛奇齡撰	四書	210-207
補	清毛遠宗編	四書	210-250
四書講義困勉錄	清陸隴其撰	四書	209-1
四書纂疏	宋趙順孫撰	四書	201-1
四書纂箋	元詹道傳撰	四書	204-1
四書釋地	清閻若璩撰	四書	210-315
續	清閻若璩撰	四書	210-340
又續	清閻若璩撰	四書	210-370
三續	清閻若璩撰	四書	210-435
四朝詩(見宋金元明四朝詩)			
四朝聞見錄	宋葉紹翁撰	小說一	1039-637
四溟集	明謝　榛撰	別集五	1289-605
四聲全形等子	□不著撰人	小學三	238-837
四聲等子(見四聲全形等子)			
外科理例	明汪　機撰	醫家	765-111
附方	明汪　機撰	醫家	765-278
外科精義	元齊德之撰	醫家	746-799
外臺祕要(見外臺祕要方)			
外臺祕要方	唐王　燾撰	醫家	736-1 ～ 737-1
外藩蒙古回部王公表傳	清高宗敕撰	傳記三	454-217
左氏傳說	宋呂祖謙撰	春秋	152-1
左氏傳續說	宋呂祖謙撰	春秋	152-143
左氏博議	宋呂祖謙撰	春秋	152-295
左氏釋	明馮時可撰	春秋	169-953
左史諫草	宋呂　午撰	奏議	427-389
左傳折諸	清張尙瑗撰	春秋	177-1
左傳杜林合注	明王道焜趙如源編	春秋	171-323
左傳杜解補正	清顧炎武撰	春秋	174-287
左傳事緯	清馬　驌撰	春秋	175-263
左傳事緯前集	清馬　驌撰	春秋	175-620
左傳附注	明陸　粲撰	春秋	167-638
左傳紀事本末	清高士奇撰	紀事	369-1
左傳補注(見惠氏春秋左傳補註)			
左傳屬事(見春秋左傳屬事)			
平江記事	元高德基撰	地理八	590-459
平宋錄	元劉敏中撰	雜史	408-1035
平定三逆方略	清勒德洪等撰	紀事	354-1
平定兩金川方略	清阿桂等撰	紀事	360-1 ～ 361-1
平定金川方略	清來保等撰	紀事	356-1
平定朔漠方略(見聖祖仁皇帝親征平定朔漠方略)			
平定準噶爾方略	清傅恒等撰	紀事	357-1 ～ 359-1

書名	著者	類別	冊-頁
前編	清傅恒等撰	紀事	357- 1
正編	清傅恒等撰	紀事	358- 1 〜 359- 1
續編	清傅恒等撰	紀事	359- 506
平臺紀略	清藍鼎元撰	紀事	369- 557
平橋藁	明鄭文康撰	別集五	1246- 521
平齋文集(見平齋集)			
平齋詞	宋洪咨夔撰	詞曲一	1488- 259
平齋集	宋洪咨夔撰	別集三	1175- 133
弁山小隱吟錄	元黃　玠撰	別集四	1205- 1
弘明集	梁釋僧祐編	釋家	1048- 1
未軒文集	明黃仲昭撰	別集五	1254- 367
本事詩	唐孟　棨撰	詩文評	1478- 231
本草乘雅半偈	明盧之頤撰	醫家	779- 97
本草鈔(見傷寒論條辨附)	明方有執撰	醫家	775- 129
本草綱目	明李時珍撰	醫家	772- 1 〜 774- 1
本堂集	宋陳　著撰	別集三	1185- 1
本語	明高　拱撰	雜家一	849- 811
正楊	明陳耀文撰	雜家二	856- 47
正蒙初義	清王　植撰	儒家	697- 411
正學隅見述	清王宏撰著	儒家	724- 341
永嘉八面鋒(見八面鋒)			
片玉詞	宋周邦彥撰	詞曲一	1487- 337
玄英集	唐方　干撰	別集一	1084- 43
玄眞子	唐張志和撰	道家	1059- 549
玄綱論(見宗玄集附)	唐吳　筠撰	別集一	1071- 758
玉山名勝集	元顧　瑛編	總集	1369- 1
外集	元顧　瑛編	總集	1369- 147
玉山紀遊	元顧瑛等撰 明袁　華編	總集	1369- 481
玉山璞稿	元顧　瑛撰	別集四	1220- 127
玉井樵唱	元尹廷高撰	別集四	1202- 693
玉斗山人集	元王　奕撰	別集四	1195- 627
玉坡奏議	明張　原撰	奏議	429- 351
玉芝堂談薈	明徐應秋撰	雜家五	883- 1
玉泉子	□不著撰人	小說一	1035- 619
玉海	宋王應麟撰	類書	943- 1 〜 948- 1
玉堂嘉話	元王　惲撰	雜家三	866- 439
玉堂稿(見陳剛中詩集)	元陳　孚撰	別集四	1202- 648
玉堂雜記	宋周必大撰	職官一	595- 549
玉笥集	元張　憲撰	別集四	1217- 365
玉笥集	元鄧　雅撰	別集四	1222- 667
玉壺野史	宋釋文瑩撰	小說一	1037- 283
玉楮集	宋岳　珂撰	別集三	1181- 441
玉照定眞經	晉郭　璞撰 張　顒註	術數五	809- 29
玉照新志	宋王明清撰	小說一	1038- 617
玉臺新詠	陳徐　陵編	總集	1331- 631
玉臺新詠考異	清紀容舒撰	總集	1331- 725
玉管照神局	南唐宋齊丘撰	術數五	810- 713
玉機微義	明徐用誠原輯 劉　純續增	醫家	762- 1
玉瀾集	宋朱　槔撰	別集三	1133- 548
瓜廬集	宋薛師石撰	別集三	1171- 205
瓜廬詩(見瓜廬集)			
甘肅通志	清許容等監修 李迪等纂	地理三	557- 1 〜 558- 1
甘澤謠	唐袁　郊撰	小說二	1042- 823
附東坡刪改圓澤傳		小說二	1042- 835
用易詳解	宋李　杞撰	易類	19- 349
田間易學	清錢澄之撰	易類	39- 597
田間詩學	清錢澄之撰	詩類	84- 395
甲乙經(見鍼灸甲乙經)			
甲申雜記	宋王　鞏撰	小說一	1037- 179
申忠愍詩集	明申佳胤撰	別集五	1297- 471
申齋集	元劉岳申撰	別集四	1204- 171
申鑒	漢荀　悅撰 明黃省曾注	儒家	696- 433
白孔六帖	唐白居易原本 宋孔　傳續撰	類書	891- 1 〜 892- 1
白文公年譜(見舊本白文公年譜)			
白氏長慶集	唐白居易撰	別集一	1080- 1
白田雜著	清王懋竑撰	雜家二	859- 645
白石山房逸藁	明張　丁撰	別集五	1229- 445
白石詩集(見白石道人詩集)			
白石道人詩集	宋姜　夔撰	別集三	1175- 63
集外詩	宋姜　夔撰	別集三	1175- 85
白石道人歌曲	宋姜　夔撰	詞曲一	1488- 269
別集	宋姜　夔撰	詞曲一	1488- 300
白沙集(見陳白沙集)			
白谷集	明孫傳庭撰	別集五	1296- 197
白虎通義	漢班　固撰	雜家二	850- 1

書名	著者	類別	冊頁
白香山年譜(見白香山詩集)	清汪立名撰	別集一	1081- 21
白香山詩集	清汪立名編注	別集一	1081- 1
白雲集	元釋 英撰	別集四	1192- 663
白雲集	元許 謙撰	別集四	1199- 529
白雲集	明唐桂芳撰	別集五	1226- 773
白雲稿	明朱 右撰	別集五	1228- 1
白雲樵唱集	明王 恭撰	別集五	1231- 83
白蓮集	唐釋齊己撰	別集一	1084- 327
皮子文藪(見文藪)			
石山醫案	明陳 桷編	醫家	765- 325
石田文集	元馬祖常撰	別集四	1206- 459
石田集(見石田文集)			
石田詩選	明沈 周撰	別集五	1249- 559
石初集	元周霆震撰	別集四	1218- 457
石刻鋪敍	宋曾宏父撰	目錄二	682- 37
石林居士建康集(見建康集)			
石林詞	宋葉夢得撰	詞曲一	1487- 449
石林詩話	宋葉夢得撰	詩文評	1478- 985
石林燕語	宋葉夢得撰	雜家三	863- 535
石門文字禪	宋釋惠洪撰	別集二	1116- 143
石門集	元梁 寅撰	別集四	1222- 619
石屏詞	宋戴復古撰	詞曲一	1488- 613
石屏集(見石屏詩集)			
石屏詩集	宋戴復古撰	別集三	1165- 549
石柱記箋釋	清鄭元慶撰	地理七	588- 433
石洞集	明葉春及撰	別集五	1286- 229
石峯堡紀略	清高宗敕撰	紀事	362- 487
石倉歷代詩選	明曹學佺編	總集	1387- 1 ～ 1394- 1
石渠寶笈	清張 照 梁詩正等撰	藝術一	824- 1 ～ 825- 1
石湖詩集	宋范成大撰	別集三	1159- 593
石經考	清顧炎武撰	目錄二	683- 833
石經考(見萬氏石經考)	清萬斯同撰	目錄二	683- 853
石經考異	清杭世駿撰	目錄二	684- 765
石鼓論語問答	宋戴 溪撰	四書	199- 1
石墨鐫華	明趙 崡撰	目錄二	683- 445
石隱園藏稿	明畢自嚴撰	別集五	1293- 377
示兒編	宋孫 奕撰	雜家三	864- 411
立齋遺文	明鄒 智撰	別集五	1259- 431

六　畫

書名	著者	類別	冊頁
交州稿(見陳剛中詩集)	元陳 孚撰	別集四	1202- 627
亦玉堂稿	明沈 鯉撰	別集五	1288- 209
仰節堂集	明曹于汴撰	別集五	1293- 669
仲氏易	清毛奇齡撰	易類	41- 183
仲弘集(見楊仲弘集)			
伊川易傳	宋程 頤撰	易類	9- 155
伊洛淵源錄	宋朱 熹撰	傳記三	448- 411
伊濱集	元王 沂撰	別集四	1208- 391
伐檀集	宋黃 庶撰	別集二	1092- 761
伐檀齋集	明張元凱撰	別集五	1285- 665
附贈答詩		別集五	1285- 780
先進遺風	明耿定向撰 毛在增補	小說一	1041- 379
先聖大訓	宋楊 簡撰	儒家	706- 585
先醒齋廣筆記	明繆希雍撰	醫家	775- 159
全史日至源流	清許伯政撰	天算一	796- 1
全生指迷方	宋王 貺撰	醫家	741- 1
全芳備祖集	宋陳景沂撰	類書	935- 1
前集	宋陳景沂撰	類書	935- 3
後集	宋陳景沂撰	類書	935- 266
全金詩(見全金詩增補中州集)			
全金詩增補中州集	清郭元釪原編 聖 祖敕補	總集	1445- 1
全室外集	明釋宗泐撰	別集五	1234- 785
續編	明釋宗泐撰	別集五	1234- 853
全唐詩	清聖祖敕編	總集	1423- 1 ～ 1431- 1
全唐詩錄	清徐 倬編	總集	1472- 1 ～ 1473- 1
全蜀藝文志	明周復俊編	總集	1381- 1
全閩詩話	清鄭方坤撰	詩文評	1486- 1
列子	周列禦寇撰 晉張 湛注 唐殷敬順釋文	道家	1055- 573
列仙傳	漢劉 向撰	道家	1058- 487
匡謬正俗	唐顏師古撰	小學一	221- 471
印典	清朱象賢撰	藝術三	839- 853

書名	撰者	類	冊－頁
合訂刪補大易集義粹言	清納喇性德編	易類	45- 1 ~ 46- 1
同文算指	明李之藻撰	天算二	798- 339
前編	明李之藻撰	天算二	798- 339
通編	明李之藻撰	天算二	798- 380
同文館唱和詩	宋鄧忠臣等撰	總集	1344- 523
同文韻統	清允祿傅恒等撰	小學三	240- 359
同姓名錄	明余　寅撰	類書	964- 1
錄補	明周應賓補	類書	964- 326
名臣言行錄(見宋名臣言行錄)			
名臣碑傳琬琰之集	宋杜大珪編	傳記三	450- 1
名臣經濟錄	明黃　訓編	奏議	443- 1 ~ 444- 1
名義考	明周　祈撰	雜家二	856- 299
名疑	明陳士元撰	類書	952- 593
名賢氏族言行類稿	宋章　定撰	類書	933- 1
名蹟錄	明朱　珪編	目錄二	683- 25
名醫類案	明江　瓘編 江應宿增補	醫家	765- 411
后山詩注	宋陳師道撰 任　淵注	別集二	1114- 741
回文類聚(見同文類聚)			
因園集	清趙執信撰	別集六	1325- 301
因話錄	唐趙　璘撰	小說一	1035- 469
在軒集	宋黃公紹撰	別集三	1189- 629
圭峯集	元盧　琦撰	別集四	1214- 687
圭峯集	明羅　玘撰	別集五	1259- 1
圭塘小藁	元許有壬撰 許有孚編	別集四	1211- 579
別集	元許有壬撰 許有孚編	別集四	1211- 684
續集	明許　顒編	別集四	1211- 717
圭塘欸乃集	元許有壬等撰	總集	1366- 863
圭齋文集	元歐陽玄撰	別集四	1210- 1
圭齋集(見圭齋文集)			
夷白齋稾	元陳　基撰	別集四	1222- 181
外集	元陳　基撰	別集四	1222- 356
夷堅支志	宋洪　邁撰	小說二	1047- 265
字通	宋李從周撰	小學二	226- 619
字詁	清黃　生撰	小學一	222- 549
字溪集	宋陽　枋撰	別集三	1183- 253
字鑑	元李文仲撰	小學二	228- 17
字孿	明葉秉敬撰	小學二	228- 587
存家詩稿	明楊　巍撰	別集五	1285- 477
存悔齋稿	元龔　璛撰	別集四	1199- 323
附遺	明朱存理輯	別集四	1199- 351
存研樓文集	清儲大文撰	別集六	1327- 1
存雅堂遺稿	宋方　鳳撰	別集三	1189- 525
宅經	舊題黃帝撰	術數三	808- 1
守城機要(見守城錄)	宋陳　規撰	兵家	727- 185
守城錄	宋陳　規撰	兵家	727- 175
安岳集	宋馮　山撰	別集二	1098- 289
安南志略	元黎　崱撰	載記	464- 591
安晚堂詩集	宋鄭清之撰	別集三	1176- 845
安陸集	宋張　先撰	詞曲一	1487- 79
安陽集	宋韓　琦撰	別集二	1089- 215
安雅堂集	元陳　旅撰	別集四	1213- 1
州縣提綱	宋不著撰人	職官二	602- 617
式古堂書畫彙考	清卞永譽撰	藝術一	827- 1 ~ 829- 1
曲江集	唐張九齡撰	別集一	1066- 57
曲阜集	宋曾　肇撰	別集二	1101- 325
曲洧舊聞	宋朱　弁撰	雜家三	863- 285
曲譜	清王奕清等撰	詞曲五	1496- 395
朱子五經語類	清程　川編	經總義	193- 1
朱子古文書疑(見尚書古文疏證附)	清閻　詠輯	書類	66- 523
朱子全書	聖祖御定 清李光地 熊賜履編	儒家	720- 1 ~ 721- 1
朱子年譜	清王懋竑撰	傳記二	447- 245
考異	清王懋竑撰	傳記二	447- 364
朱子抄釋	明呂　柟撰	儒家	715- 251
朱子詩序辨說(見詩傳大全)	宋朱　熹撰	詩類	78- 326
朱子詩序辨說(見欽定詩經傳說彙纂)	宋朱　熹撰	詩類	83- 774
朱子語類	宋黎靖德編	儒家	700- 1 ~ 702- 1
朱子論學切要語	清王懋竑撰	傳記二	447- 414
朱子禮纂	清李光地編	禮六	142- 663
朱子讀書法	宋張　洪 齊　熙編	儒家	709- 351
朱文公易說(見文公易說)			
次山集	唐元　結撰	別集一	1071- 509
次柳氏舊聞	唐李德裕撰	小說一	1035- 403
此山集(見此山詩集)			

書名	著者	類	冊-頁
此山詩集	元周　權撰	別集四	1204- 1
此木軒四書說	清焦袁熹撰	四書	210- 521
此事難知	元王好古撰	醫家	745- 573
汗簡	宋郭忠恕撰	小學二	224- 307
汝南遺事	元王　鶚撰	雜史	408- 933
江文通集	梁江　淹撰	別集一	1063- 713
江月松風集	元錢惟善撰	別集四	1217- 795
江西通志	清謝旻監修 陶成編纂	地理三	513- 1 ～ 518- 1
江村銷夏錄	清高士奇撰	藝術一	826- 467
江邨遺稿(見菊磵集附)	宋高選 高邁等撰	別集三	1170- 144
江南別錄	宋陳彭年撰	載記	464- 119
江南通志	清趙弘恩監修 黃之雋編纂	地理三	507- 1 ～ 512- 1
江南野史	宋龍　衮撰	載記	464- 69
江南經略	明鄭若曾撰	兵家	728- 1
江南餘載	宋不著撰人	載記	464- 149
江表志	宋鄭文寶撰	載記	464- 131
江城名蹟	清陳弘緒撰	地理七	588- 287
江淮異人錄	宋吳　淑撰	小說二	1042- 901
江湖小集	宋陳　起編	總集	1357- 1
江湖長翁集	宋陳　造撰	別集三	1166- 1
江湖後集	宋陳　起編	總集	1357- 719
江漢叢談	明陳士元撰	地理八	590- 471
池北偶談	清王士禛撰	雜家三	870- 1
牟氏陵陽集	宋牟　巘撰	別集三	1188- 1
百正集	宋連文鳳撰	別集三	1189- 463
百官箴	宋許月卿撰	職官二	602- 657
百菊集譜	宋史　鑄撰	譜錄三	845- 41
百越先賢志	明歐大任撰	傳記三	453- 723
竹山詞	宋蔣　捷撰	詞曲一	1488- 543
竹友集	宋謝　薖撰	別集二	1122- 559
竹坡詞	宋周紫芝撰	詞曲一	1487- 561
竹坡詩話	宋周紫芝撰	詩文評	1480- 665
竹屋癡語	宋高觀國撰	詞曲一	1488- 445
竹洲集	宋吳　儆撰	別集三	1142- 207
竹書紀年	梁沈　約注	編年	303- 1
竹書統箋	清徐文靖撰	編年	303- 43
竹素山房詩集	元吾丘衍撰	別集四	1195- 739
竹軒雜著	宋林季仲撰	別集三	1140- 307
竹莊詩話	宋何谿汶撰	詩文評	1481- 549
竹雲題跋	清王　澍撰	目錄二	684- 643
竹溪鬳齋十一藁續集	宋林希逸撰	別集三	1185- 553
竹澗文集(見竹澗集)			
竹澗集	明潘希曾撰	別集五	1266- 645
奏議	明潘希曾撰	別集五	1266- 755
竹嶼山房雜部	明宋　詡撰	雜家四	871- 115
竹隱畸士集	宋趙鼎臣撰	別集二	1124- 113
竹齋集	明王　冕撰	別集五	1233- 1
續集	明王　冕撰	別集五	1233- 92
竹齋詩集	宋裘萬頃撰	別集三	1169- 423
竹齋詩餘	宋黃　機撰	詞曲一	1148- 563
竹譜	元李　衎撰	藝術一	814- 317
竹譜	晉戴凱之撰	譜錄三	845- 171
竹巖集	明柯　潛撰	別集五	1246- 467
竹巖詩集　文集(見竹巖集)			
羽庭集	元劉仁本撰	別集四	1216- 1
老子考異(見老子翼)	明焦　竑撰	道家	1055- 436
老子注(見老子道德經)			
老子註(見老子道德經)			
老子道德經	漢河上公注	道家	1055- 45
老子道德經	魏王　弼註	道家	1055- 137
老子解	宋蘇　轍撰	道家	1055- 187
老子說略	清張爾岐撰	道家	1055- 481
老子翼	明焦　竑撰	道家	1055- 323
老圃集	宋洪　芻撰	別集三	1127- 377
老學庵筆記	宋陸　游撰	雜家三	865- 1
考工記解(見周官新義附)	宋王安石撰 鄭宗顏輯	禮一	91- 176
考古文集(見趙考古文集)			
考古圖	宋呂大臨撰	譜錄一	840- 91
續考古圖	宋呂大臨撰	譜錄一	840- 271
釋文	宋呂大臨撰	譜錄一	840- 351
考古編	宋程大昌撰	雜家二	852- 1
考古質疑	宋葉大慶撰	雜家二	853- 15
考功集	明薛　蕙撰	別集五	1272- 1
自怡集	明劉　璉撰	別集五	1233- 335
自堂存稿	宋陳　杰撰	別集三	1189- 739
自鳴集	宋章　甫撰	別集三	1165- 379
自警編	宋趙善璙撰	雜家五	875- 203
至大金陵新志	元張　鉉撰	地理三	492- 1
至元嘉禾志	元徐　碩撰	地理三	491- 1
至正集	元許有壬撰	別集四	1211- 1
艮齋詩集	元侯克中撰	別集四	1205- 451

書名	著者	類別	冊	頁
艾軒集	宋林光朝撰	別集三	1142-	551
行水金鑑	清傅澤洪撰	地理四	580- ~ 582-	1 ~ 1
西山文集	宋眞德秀撰	別集三	1174-	1
西山讀書記	宋眞德秀撰	儒家	705- ~ 706-	1 ~ 1
西村集	明史　鑑撰	別集五	1259-	685
西村詩集	明朱　朴撰	別集五	1273-	397
西京雜記	漢劉　歆撰 晉葛　洪輯	小說一	1035-	1
西使記	元劉　郁撰	傳記四	460-	923
西河文集(見西河集)				
西河詞話	清毛奇齡撰	詞曲三	1494-	551
西河集	清毛奇齡撰	別集六	1320- ~ 1321-	1 ~ 1
西陂類稿	清宋　犖撰	別集六	1323-	1
西郊笑端集	明董　紀撰	別集五	1231-	721
西晉文紀	明梅鼎祚編	總集	1398-	1
西域同文志	清傅恒等撰	小學二	235-	1
西崑詶唱集	宋楊　億編	總集	1344-	487
西清古鑑	清梁詩正 蔣　溥等撰	譜錄一	841- ~ 842-	1 ~ 1
西清硯譜	清于敏中 梁國治等編	譜錄一	843-	133
西湖百詠	宋董嗣杲撰 明陳　贄和韻	別集三	1189-	233
西湖志纂	清梁詩正等撰	地理六	586-	337
西湖遊覽志	明田汝成撰	地理六	585-	59
西湖遊覽志餘	明田汝成撰	地理六	583-	284
西渡集	宋洪　炎撰	別集三	1127-	353
西菴集	明孫　蕡撰	別集五	1231-	471
西塘集	宋鄭　俠撰	別集二	1117-	361
西溪集	宋沈　遘撰	別集二	1097-	1
西溪叢語	宋姚　寬撰	雜家二	850-	913
西塍集	宋宋伯仁撰	別集三	1183-	175
西漢文紀	明梅鼎祚編	總集	1396-	185
西漢年紀	宋王益之撰	編年	329-	1
西漢詔令(見兩漢詔令)	宋林　虙編	詔令	426-	971
西漢會要	宋徐天麟撰	政書一	609-	1
西臺慟哭記註	宋謝　翶撰 明張　丁註	別集三	1188-	349
西臺集	宋畢仲游撰	別集二	1122-	1
西銘述解	明曹　端撰	儒家	697-	15
西樵語業	宋楊炎正撰	詞曲一	1488-	203
西隱集	明宋　訥撰	別集五	1225-	809
西谿易說	宋李　過撰	易類	17-	621
西巖集	宋翁　卷撰	別集三	1171-	171
西巖集	元張之翰撰	別集四	1204-	361

七　畫

書　名	著者	類別	冊	頁
伯牙琴	宋鄧　牧撰	別集三	1189-	501
伸蒙子	宋林愼思撰	儒家	696-	629
何文簡疏議	明何孟春撰	奏議	429-	1
何氏語林	宋何良俊撰	小說一	1041-	441
何水部集	梁何　遜撰	別集一	1063-	691
何博士備論	宋何去非撰	兵家	727-	131
佛祖通載(見佛祖歷代通載)				
佛祖歷代通載	元釋念常撰	釋家	1054-	221
佛國記	南朝宋釋法顯撰	地理十	593-	611
作義要訣(見書義斷法附)	元倪士毅輯	書類	62-	580
作義要訣	元倪士毅撰	詩文評	1482-	371
克齋詞	宋沈端節撰	詞曲一	1488-	95
克齋集	宋陳文蔚撰	別集三	1171-	1
冷齋夜話	宋釋惠洪撰	雜家三	863-	237
別本十六國春秋	北魏崔鴻撰	載記	463-	1105
別本周易本義	宋朱　熹撰 明成　矩編	易類	12-	705
別本韓文考異	宋王伯大重編	別集一	1073-	261
外集	宋王伯大重編	別集一	1073-	694
別雅	清吳玉搢撰	小說一	222-	607
別號錄	清葛萬里撰	類書	1034-	113
却掃編(同卻，見卻掃篇)				
吳子	周吳　起撰	兵家	726-	57
吳中水利全書	明張國維撰	地理三	578-	1
吳中水利書	宋單　鍔撰	地理三	576-	1
吳中水利書(見吳中水利全書)				
吳中金石新編	明陳　暐撰	目錄二	683-	93
吳中舊事	元陸友仁撰	地理八	590-	443
吳文正集	元吳　澄撰	別集四	1197-	1
吳文肅摘稿	明吳　儼撰	別集五	1259-	351
吳地記	唐陸廣微撰	地理七	587-	53
吳地記後集		地理七	587-	66

書名	著者	類	冊-頁
吳郡志	宋范成大撰	地理三	485- 1
吳郡圖經續記	宋朱長文撰	地理三	484- 1
吳船錄	宋范成大撰	傳記四	460- 847
吳越春秋	漢趙　曄撰 元徐天祜注	載記	463- 1
吳越備史	宋錢　儼撰	載記	464- 497
吳都文粹	宋鄭虎臣編	總集	1358- 589
吳都文粹續集	明錢　穀編	總集	1385- 1 ～ 1386- 1
吳園周易解	宋張　根撰	易類	9- 459
吳園易解(見吳園周易解)			
吳興備志	明董斯張撰	地理三	494- 251
吹劍錄外集	宋俞文豹撰	雜家三	865- 469
吾吾類稿	元吳　皐撰	別集四	1219- 1
吾汶藁	宋王炎午撰	別集三	1189- 561
呂氏春秋	秦呂不韋撰 漢高　誘註	雜家一	848- 271
呂氏春秋或問	宋呂大圭撰	春秋	157- 477
呂氏春秋集解	宋呂本中撰	春秋	150- 1
呂氏家塾讀詩記	宋呂祖謙撰	詩類	73- 321
呂氏雜記	宋呂希哲撰	雜家三	863- 207
呂衡州集	唐呂　溫撰	別集一	1077- 595
困知記	明羅欽順撰	儒家	714- 275
續錄	明羅欽順撰	儒家	714- 317
困學紀聞	宋王應麟撰	雜家二	854- 137
困學齋雜錄	元鮮于樞撰	雜家三	866- 1
坊記春秋問業	明黃道周撰	禮三	122-1003
坊記集傳	明黃道周撰	禮三	122- 927
夾漈遺稿	宋鄭　樵撰	別集三	1141- 505
妙絕古今	宋湯　漢編	總集	1356- 783
孝經大義	元董　鼎撰	孝經	182- 111
孝經刊誤	宋朱　熹撰	孝經	182- 103
孝經正義(見孝經注疏)			
孝經定本	元吳　澄撰	孝經	182- 127
孝經注	清世祖御定 蔣赫德纂	孝經	182- 255
孝經注疏	唐玄　宗　注 宋邢　昺疏	孝經	182- 23
孝經指解	宋司馬光指解 范祖禹說	孝經	182- 85
孝經衍義	清韓菼編纂	儒家	718- 1 ～ 719- 1
孝經述註	明項　霦撰	孝經	182- 141
孝經問	清毛奇齡撰	孝經	182- 281
孝經集註	清世宗御定	孝經	182- 269
孝經集傳	明黃道周撰	孝經	182- 155
孝詩	宋林　同撰	別集三	1183- 213
宋元詩會	清陳　焯編	總集	1463- 1 ～ 1464- 1
宋元憲集(見元憲集)	宋宋　庠撰	別集二	1087- 401
宋文紀	明梅鼎祚編	總集	1398- 471
宋文選	宋不著編人	總集	1346- 1
宋文鑑	宋呂祖謙編	總集	1350- 1 ～ 1351- 1
宋史	元脫　脫撰	正史	280- 1 ～ 288- 1
宋史全文	元不著撰人	編年	330- 1 ～ 331- 1
宋史紀事本末	明馮　琦原編 陳邦瞻增輯	紀事	353- 1
宋布衣集	明宋登春撰	別集五	1296- 543
宋本古文孝經		孝經	182- 19
宋名臣言行錄	宋朱　熹 李幼武纂	傳記三	449- 1
前集	宋朱熹纂集	傳記三	449- 1
後集	宋朱熹纂集	傳記三	449- 125
續集	宋李幼武纂集	傳記三	449- 292
別集	宋李幼武纂集	傳記三	449- 362
外集	宋李幼武纂集	傳記三	449- 642
宋名臣奏議	宋趙汝愚編	奏議	431- 1 ～ 432- 1
宋百家詩存	清曹庭棟編	總集	1477- 1
宋季三朝政要	元不著撰人	編年	329- 961
宋金元明四朝詩	清聖祖御定 張豫章等編	總集	1437- 1 ～ 1444- 1
宋宰輔編年錄	宋徐自明撰	職官一	596- 1
宋書	梁沈　約撰	正史	257- 1 ～ 258- 1
宋高僧傳	宋釋贊寧撰	釋家	1052- 1
宋紹興十八年同年小錄(見紹興十八年同年小錄)			
宋景文筆記	宋宋　祁撰	雜家三	862- 533
宋景文集(見景文集)	宋宋　祁撰	別集二	1088- 1
宋景濂未刻集	明宋　濂撰	別集五	1224- 563
宋朝名畫評	宋劉道醇撰	藝術一	812- 445
宋朝事實	宋李　攸撰	政書一	608- 1
宋稗類鈔	清潘永因編	類書	1034- 215
宋詩紀事	清厲　鶚撰	詩文評	1484- 1 ～ 1485- 1

書名	著者	類別	冊－頁
宋詩鈔	清吳之振編	總集	1461-1 ～ 1462-1
宋學士全集(見文憲集)			
宋藝圃集	明李 蓘編	總集	1382-597
宋寶祐四年登科錄	宋不著撰人	傳記三	451-47
局中發揮(局方發揮之誤)			
局方發揮	元朱震亨撰	醫家	746-675
卮林	明周 嬰撰	雜家二	858-1
希澹園詩集	明虞 堪撰	別集五	1233-581
延平答問	宋朱 熹撰	儒家	698-643
延祐四明志	元袁 桷撰	地理三	491-319
延露詞(見松桂堂全集)	清彭孫遹撰	別集六	1317-305
成都文類	宋扈仲榮 程遇孫等編	總集	1354-291
戒子通錄	宋劉清之撰	儒家	703-1
抑庵集(見抑菴文集)			
抑菴文集	明王 直撰	別集五	1241-1
抑菴文後集	明王 直撰	別集五	1241-304 ～ 1242-1
抒懷操(見松風閣琴譜附)	清程 雄撰	藝術二	839-164
投轄錄	宋王明清撰	小說一	1038-681
折獄龜鑑	宋鄭 克撰	法家	729-861
攻媿集	宋樓 鑰撰	別集三	1152-263 ～ 1153-1
旴江集	宋李 覯撰	別集二	1095-1
外集	宋李 覯撰	別集二	1095-336
李元賓文編	唐李 觀撰	別集一	1078-265
外編	宋趙 昂編	別集一	1078-294
李太白文集	唐李 白撰	別集一	1066-219
李太白集(見李太白文集)			
李太白集分類補註	宋楊齊賢集註 元蕭士贇補註	別集一	1066-437
李太白集注	清王 琦注	別集一	1067-1
李太白詩集注(見李太白集注)			
李文公集	唐李 翱撰	別集一	1078-101
李氏學樂錄	清李 塨撰	樂類	220-339
李北海集	唐李 邕撰	別集一	1066-1
李相國論事集	唐李 絳撰 蔣 偕編	傳記二	446-209
李深之文集(見李相國論事集)			
李虛中命書	唐李虛中注	術數五	809-1
李羣玉集(見李羣玉詩集)			
李羣玉詩集	唐李羣玉撰	別集一	1083-1
後集	唐李羣玉撰	別集一	1083-22
李義山文集箋註	清徐樹穀箋 徐 炯註	別集一	1082-237
李義山詩集	唐李商隱撰	別集一	1082-1
李義山詩集注	清朱鶴齡注	別集一	1082-79
李義山詩譜(見李義山詩集注)	清朱鶴齡撰	別集一	1082-232
李遐叔文集	唐李 華撰	別集一	1072-345
李衛公問對	唐李 靖撰	兵家	726-143
杏亭摘稾(庭之誤，見杏庭摘稾)			
杏庭摘稾	元洪焱祖撰	別集四	1212-665
杜工部年譜	宋趙子櫟撰	傳記二	446-251
杜工部詩年譜	宋魯 訔撰	傳記二	446-259
杜陽雜編	唐蘇 鶚撰	小說二	1042-597
杜詩詳註	清仇兆鰲撰	別集一	1070-91
杜詩攟	明唐元竑撰	別集一	1070-1
步里客談	宋陳長方撰	小說一	1039-399
求古錄	清顧炎武撰	目錄二	683-659
汴京遺蹟志	明李 濂撰	地理七	587-513
汶陽端平詩雋(見端平詩雋)			
沈下賢集	唐沈亞之撰	別集一	1079-1
沈氏樂府指迷	宋沈義父撰	詞曲三	1494-527
沖虛至德眞經解	宋江 遹撰	道家	1055-651
沙溪集	明孫 緒撰	別集五	1264-483
甫田集	明文徵明撰	別集五	1273-1
甫里集	唐陸龜蒙撰	別集一	1083-279
甬上耆舊詩	清胡文學編	總集	1474-1
肘後備急方	晉葛 洪撰 梁陶弘景 金楊用道補	醫家	734-365
見素文集(見見素集)			
見素集	明林 俊撰	別集五	1257-1
奏疏	明林 俊撰	別集五	1257-325
續集	明林 俊撰	別集五	1257-454
言行龜鑑	元張光祖撰	雜家五	875-463
谷音	元杜 本輯	總集	1365-593
谷響集	元釋善住撰	別集四	1195-659
赤水玄(元)珠	明孫一奎撰	醫家	766-1

書名	著者	類別	冊頁
赤松山志	宋倪守約撰	地理六	585-45
赤城志	宋陳耆卿撰	地理三	486-567
赤城集	宋林表民編	總集	1356-615
赤雅	明鄺露撰	地理十	594-337
酉陽雜俎	唐段成式撰	小說三	1047-637
續集	唐段成式撰	小說三	1047-769

八畫

書名	著者	類別	冊頁
乖崖集	宋張詠撰	別集二	1085-575
事文類聚(見古今事文類聚)			
事物紀原	宋高承撰	類書	920-1
事實類苑	宋江少虞撰	雜家五	874-1
事類賦	宋吳淑撰註	類書	892-799
京口耆舊傳	元不著撰人	傳記三	451-119
京氏易傳	漢京房撰 吳陸績注	術數四	808-439
佩文齋書畫譜	清孫岳頒等撰	藝術一	819-1 ~ 823-1
佩文齋詠物詩選	清張玉書 汪霦編	總集	1432-1 ~ 1434-1
佩文齋廣羣芳譜	清汪灝 張逸少等撰	譜錄三	845-207 ~ 847-1
佩文韻府	清張玉書 陳廷敬等纂	類書	1011-1 ~ 1028-1
佩玉齋類藁	元楊翮撰	別集四	1220-49
佩韋齋文集(見佩韋齋集)			
佩韋齋集	宋俞德鄰撰	別集三	1189-1
佩韋齋輯聞	宋俞德鄰撰	雜家三	865-573
佩觿	宋郭忠恕撰	小學二	224-377
來齋金石考(見來齋金石刻考略)			
來齋金石刻考略	清林侗撰	目錄二	684-1
來鶴亭集	元呂誠撰	別集四	1220-569
來鶴亭詩(見來鶴亭集)			
兒易內儀以	明倪元璐撰	易類	35-457
兒易外儀	明倪元璐撰	易類	35-524
兩同書	唐羅隱撰	雜家一	849-213
兩宋名賢小集	宋陳思編 元陳世隆補	總集	1362-327 ~ 1364-1
兩河清彙	清薛鳳祚撰	地理四	579-347
兩河經略	明潘季馴撰	奏議	430-189
兩垣奏議	明逯中立撰	奏議	430-249
兩朝綱目備要	□不著撰人	編年	329-685
兩漢刊誤補遺	宋吳仁傑撰	正史	253-821
兩漢博聞	宋楊侃輯	史鈔	461-1
兩漢筆記	宋錢時撰	史評	686-413
兩漢詔令	宋林虙 樓昉編	詔令	426-971
兩谿文集	明劉球撰	別集五	1243-403
具茨集	明王立道撰	別集五	1277-653
詩集	明王立道撰	別集五	1277-653
文集	明王立道撰	別集五	1277-723
遺藁	明王立道撰	別集五	1277-868
初寮詞	宋王安中撰	詞曲一	1487-373
初寮集	宋王安中撰	別集三	1127-1
初學記	唐徐堅等撰	類書	890-1
卓異記	唐李翱撰	傳記三	448-115
協紀辨方書	清允祿 梅瑴成等撰	術數六	811-109
卦變考略	明董守諭撰	易類	35-651
周子抄釋	明呂柟撰	儒家	715-1
周元公集	宋周惇頤撰	別集二	1101-415
周官集注	清方苞撰	禮一	101-1
周官集傳	元毛應龍撰	禮一	95-761
周官新義	宋王安石撰	禮一	91-1
周官祿田考	清沈彤撰	禮一	101-665
周官義疏	清高宗敕撰	禮一	98-1 ~ 99-1
周官總義	宋易祓撰	禮一	92-261
周忠愍奏疏	明周起元撰	奏議	430-259
周易口訣義	唐史徵撰	易類	8-1
周易口義	宋胡瑗撰 倪天隱述	易類	8-169
周易大全(見周易傳義大全)			
周易孔義集說	清沈起元撰	易類	50-1
周易文詮	元趙汸撰	易類	27-423
周易爻變易緼	元陳應潤撰	易類	27-1
周易爻變義蘊(見周易爻變易緼)			
周易古占法	宋程迥撰	易類	12-599
周易本義(見原本周易本義)	宋朱熹撰	易類	12-625
周易本義(見別本周易本義)	宋朱熹撰 明成矩編	易類	12-705

書名	撰者	類	冊-頁
周易本義通釋	元胡炳文撰	易類	24-305
周易本義集成	元熊良輔撰	易類	24-577
周易正義(見周易注疏)			
周易折中	清李光地等撰	易類	38-1
周易注疏	魏王弼等注 唐孔穎達疏	易類	7-283
周易函書別集	清胡煦撰	易類	48-817
易學須知	清胡煦撰	易類	48-819
易解辨異	清胡煦撰	易類	48-859
篝燈約旨	清胡煦撰	易類	48-915
周易函書約存	清胡煦撰	易類	48-1
周易函書約註	清胡煦撰	易類	48-399
周易卦爻經傳訓解	宋蔡淵撰	易類	18-1
周易玩辭	宋項安世撰	易類	14-215
周易玩辭困學記	明張次仲撰	易類	36-383
周易玩辭集解	清查慎行撰	易類	47-427
周易易簡說	明高攀龍撰	易類	34-67
周易要義	宋魏了翁輯	易類	18-123
周易洗心	清任啓運撰	易類	51-181
周易衍義	元胡震撰 胡光大續	易類	22-447
周易述	清惠棟撰	易類	52-1
周易述義	清傅恒等撰	易類	38-595
周易原旨	元保八撰	易類	22-710
周易乾鑿度(易緯之四)	漢鄭康成註	易類	53-866
周易啓蒙翼傳	元胡一桂撰	易類	22-199
周易參同契分章注	元陳致虛撰	道家	1058-749
周易參同契考異	宋朱熹撰	道家	1058-557
周易參同契通眞義	後蜀彭曉撰	道家	1058-509
周易參同契發揮	宋俞琰撰	道家	1058-625
釋疑	宋俞琰撰	道家	1058-733
周易參同契解	宋陳顯微撰	道家	1058-581
周易參義	元梁寅撰	易類	27-195
周易淺述	清陳夢雷撰	易類	43-1
周易淺述圖	清楊道聲撰	易類	43-317
周易淺釋	清潘思榘撰	易類	51-1
周易略例(見周易注疏附)	魏王弼撰 唐邢璹注	易類	7-584
周易章句外編	宋程迥撰	易類	12-609
周易章句證異	清翟均廉撰	易類	53-671
周易通論	清李光地撰	易類	42-535

書名	撰者	類	冊-頁
周易尋門餘論(見周易象辭附)	清黃宗炎撰	易類	40-678
周易集註	明來知德撰	易類	32-1
周易集傳	元龍仁夫撰	易類	25-417
周易集解	唐李鼎祚撰	易類	7-603
周易集說	宋俞琰撰	易類	21-1
周易程朱傳義折衷	元趙采撰	易類	23-1
周易象旨決錄	明熊過撰	易類	31-421
周易象義(見易象義)			
周易象辭	清黃宗炎撰	易類	40-155
周易註	魏王弼 晉韓康伯撰	易類	7-201
周易傳註	清李塨撰	易類	47-1
周易傳義大全	明胡廣等撰	易類	28-1
周易傳義合訂	清朱軾撰	易類	47-249
周易傳義附錄	宋董楷撰	易類	20-1
周易新講義	宋耿南仲撰	易類	9-577
周易會通	元董眞卿撰	易類	26-69
周易稗疏	清王夫之撰	易類	39-133
考異	清王夫之撰	易類	39-161
周易筮考(見周易傳註)	清李塨撰	易類	47-196
周易筮述	清王宏撰撰	易類	41-1
周易經傳訓解(見周易卦爻經傳訓解)			
周易經傳集解	宋林栗撰	易類	12-1
周易義海撮要	宋李衡撰	易類	13-275
周易像象述	明吳桂森撰	易類	34-369
周易像象管見(見像象管見)			
周易圖書質疑	清趙繼序撰	易類	53-421
周易圖說	元錢義方撰	易類	26-617
周易劄記	明逯中立撰	易類	34-1
周易劄記	清楊名時撰	易類	47-209
周易鄭康成註	漢鄭玄撰 宋王應麟編	易類	7-129
周易窺餘	宋鄭剛中撰	易類	11-395
周易輯聞	宋趙汝楳撰	易類	19-25
周易辨畫	清連斗山撰	易類	53-1
周易總義	宋易祓撰	易類	17-379
周易舉正	唐郭京撰	易類	8-105
周易辯錄	明楊爵撰	易類	31-1
周易觀象	清李光地撰	易類	42-611
周書	唐令狐德棻等撰	正史	263-391

書名	著者	類別	冊-頁
周祠部集(見閩中十子詩)	明周 元撰 袁 表等編	總集	1372- 427
周秦刻石釋音	元吾丘衍撰	小學二	228- 1
周禮句解	宋朱 申撰	禮一	95- 105
周禮全經釋原	明柯尚遷撰	禮一	96- 483
周禮注疏	漢鄭 玄注 唐賈公彥疏	禮一	90- 1
周禮訂義	宋王與之撰	禮一	93- 1 ～ 94- 1
周禮述註	清李光坡撰	禮一	100- 1
周禮訓纂(見周禮纂訓)			
周禮復古編	宋俞庭椿撰	禮一	91- 603
周禮集說	宋陳友仁增修	禮一	95- 251
周禮註疏刪翼	明王志長撰	禮一	97- 1
周禮傳	明王應電撰	禮一	96- 1
周禮詳解	宋王昭禹撰	禮一	91- 197
周禮疑義舉要	清江 永撰	禮一	101- 715
周禮纂訓	清李鍾倫撰	禮一	100- 541
周髀算經	漢趙君卿注 北周甄鸞重述	天算一	786- 1
音義	唐李 籍撰	天算一	786- 69
呻吟語摘	明呂 坤撰	儒家	717- 27
和州詩集(見文氏五家集)	明文 嘉撰	總集	1382- 531
和清眞詞	宋方千里撰	詞曲一	1487- 431
和靖集	宋尹 焞撰	別集三	1136- 1
和靖詩集(見林和靖集)			
咏史詩	唐胡 曾撰	別集一	1083- 417
坡門酬唱集	宋邵 浩編	總集	1346- 463
坤輿圖說	清西洋南懷仁撰	地理十	594- 729
坦菴詞	宋趙師使撰	詞曲一	1487- 499
坦齋通編	宋邢 凱撰	雜家二	853- 1
垂光集	明周 璽撰	奏議	429- 263
奇字韻	明楊 愼撰	小學二	228- 375
奇經八脈考	明李時珍撰	醫家	774- 549
奇器圖說	西洋鄧玉函撰 明王 徵譯	譜錄一	842- 407
始豐稿	明徐一夔撰	別集五	1229- 139
姑溪居士前集	宋李之儀撰	別集二	1120- 391
後集	宋李之儀撰	別集二	1120- 628
姑溪詞	宋李之儀撰	詞曲一	1487- 281
姑蘇志	明王 鏊撰	地理三	493- 1
姓氏急就篇	宋王應麟撰	類書	948- 633
孟子正義(見孟子注疏)			
孟子注疏	漢趙 岐注 宋孫奭疏並音義	四書	195- 1
孟子音義	宋孫 奭撰	四書	196- 29
孟子師說	清黃宗羲撰	四書	208- 831
孟子通(見四書通)	元胡炳文撰	四書	203- 381
孟子集注(見四書章句集注)	宋朱 熹撰	四書	197- 90
孟子集疏	宋蔡 模撰	四書	200- 383
孟子集註大全(見四書大全)	明胡廣等撰	四書	205 -529
孟子集註考證	宋金履祥撰	四書	202- 102
孟子集註通證(見四書通證)	元張存中撰	四書	203- 702
孟子集編(見四書集編)	宋眞德秀撰	四書	200- 238
孟子傳	宋張九成撰	四書	196- 229
孟子解	宋蘇 轍撰	四書	196- 53
孟子精義(見論孟精義)	宋朱 熹撰	四書	198- 420
孟子雜記	明陳士元撰	四書	207- 289
孟子纂疏(見四書纂疏)	宋趙順孫撰	四書	201- 496
孟子纂箋(見四書纂箋)	元詹道傳撰	四書	204- 302
孟東野集(見孟東野詩集)			
孟東野詩集	唐孟 郊撰	別集一	1078- 311
孟浩然集	唐孟浩然撰	別集一	1071- 437
宗子相集	明宗 臣撰	別集五	1287- 1
宗玄(元)集	唐吳 筠撰	別集一	1071- 723
宗伯集	明孫繼皐撰	別集五	1291- 193
宗忠簡集	宋宗 澤撰 樓 昉編	別集三	1125- 1
宗室王公功績表傳	清高宗勅撰	傳記三	454- 1
官箴	宋呂本中撰	職官一	602- 651
定山集	明莊 昶撰	別集五	1254- 145
定宇集	元陳 櫟撰	別集四	1205- 151
年表		別集四	1205- 152
別集		別集四	1205- 427
定庵類稿	宋衞 博撰	別集三	1152- 119
定齋集	宋蔡 戡撰	別集三	1157- 563
宛丘集(見柯山集)			
宛陵集	宋梅堯臣撰	別集二	1099- 1
宛陵羣英集	元汪澤民 張師愚同編	總集	1366- 955

書名	著者	類別	冊-頁
宜秋集(見周祠部集)			
尙史	清李　鍇撰	別史	404- 1 ~ 405- 1
尙書七篇解義	清李光地撰	書類	68- 99
尙書大傳	漢伏　勝撰 鄭　玄註	書類	68- 385
尙書日記	明王　樵撰	書類	64- 221
尙書古文疏證	清閻若璩撰	書類	66- 127
尙書句解	元朱祖義撰	書類	62- 885
尙書正義(見尙書注疏)			
尙書全解	宋林之奇撰	書類	55- 1
尙書地理今釋	清蔣廷錫撰	書類	68- 217
尙書考異	明梅　鷟撰	書類	64- 1
尙書注考	明陳泰交撰	書類	64- 703
尙書注疏	漢孔安國傳 唐孔穎達疏	書類	54- 1
尙書故實	唐李　綽撰	雜家三	862- 467
尙書要義	宋魏了翁撰	書類	60- 1
尙書砭蔡編	明袁　仁撰	書類	64- 679
尙書表注	宋金履祥撰	書類	60- 431
尙書埤傳	清朱鶴齡撰	書類	66- 687
尙書疏衍	明陳　第撰	書類	64- 725
尙書通考	元黃鎭成撰	書類	62- 1
尙書集傳或問(見書集傳或問)			
尙書集傳纂疏(見書集傳纂疏)			
尙書稗疏	清王夫之撰	書類	66- 1
尙書解義(見尙書七篇解義)			
尙書詳解(見夏氏尙書詳解)	宋夏　僎撰	書類	56- 393
尙書詳解(見陳氏尙書詳解)	宋陳　經撰	書類	59- 1
尙書詳解	宋胡士行撰	書類	60- 281
尙書疑義	明馬明衡撰	書類	64- 99
尙書精義	宋黃　倫撰	書類	58- 141
尙書說	宋黃　度撰	書類	57- 467
尙書廣聽錄	清毛奇齡撰	書類	66- 631
尙書輯錄纂註(見書傳輯錄纂註)			
尙書講義	宋史　浩撰	書類	56- 169
尙書纂傳	元王天與撰	書類	62- 587
尙絅齋集	明童　冀撰	別集五	1229- 563
尙論篇	清喩　昌撰	醫家	783- 1
後篇	清喩　昌撰	醫家	783- 146
居竹軒集(見居竹軒詩集)			
居竹軒詩集	元成廷珪撰	別集四	1216- 277
居易錄	清王士禛撰	雜家三	869- 309
居業錄	明胡居仁撰	儒家	714- 1
居濟一得	清張伯行撰	地理四	579- 485
屈宋古音義	明陳　第撰	小學三	239- 519
岳武穆遺文	宋岳　飛撰 明徐　階編	別集三	1136- 459
岳陽風土記	宋范致明撰	地理八	589- 109
幸魯盛典	清孔毓圻等撰	政書二	652- 1
庚子銷夏記	清孫承澤撰	藝術一	826- 1
庚溪詩話	宋陳巖肖撰	詩文評	1479- 53
弧矢算術	明顧應祥撰	天算二	798- 305
征南錄	宋滕　甫撰	傳記四	460- 827
徂徠集	宋石　介撰	別集二	1090- 181
忠介燼餘集	明周順昌撰 清周　靖編	別集五	1295- 411
忠正德文集	宋趙　鼎撰	別集三	1128- 635
忠宣文集(見范忠宣集)			
忠貞集(見范忠貞集)			
忠貞錄	明李維樾 林增志同撰	傳記二	447- 91
忠惠集	宋翟汝文撰	別集三	1129- 181
忠愍集	宋寇　準撰 范　雍編	別集二	1085- 667
忠愍集	宋李若水撰	別集二	1124- 657
忠義集	元趙景良編	總集	1366- 913
忠靖集	明夏原吉撰	別集五	1240- 481
忠肅集	宋劉　摯撰	別集二	1099- 443
忠肅集	宋傅　察撰	別集二	1124- 695
忠肅集	明于　謙撰	別集五	1244- 1
忠肅集	明盧象昇撰	別集五	1296- 589
忠穆集	宋呂頤浩撰	別集三	1131- 257
念菴文集	明羅洪先撰	別集五	1275- 1
念庵集(見念菴文集)			
性情集	元周　巽撰	別集四	1221- 1
性理大全書	明胡廣等撰	儒家	710- 1 ~ 711- 1
性理羣書句解	宋熊　節編 熊剛大註	儒家	709- 91
性理精義	清李光地等撰	儒家	719- 589
性善堂稿	宋度　正撰	別集三	1170- 151
或問(見傷寒論條辨)	明方有執撰	醫家	775- 140

書名	著者	類別	冊-頁
所安遺集	元陳 泰撰	別集四	1210- 543
抱朴子內外篇	晉葛 洪撰	道家	1059- 1
內篇	晉葛 洪撰	道家	1059- 1
外篇	晉葛 洪撰	道家	1059- 124
抱犢山房集	清嵇永仁撰 嵇曾筠編	別集六	1319- 199
拙軒集	金王 寂撰	別集四	1190- 1
拙齋文集	宋林之奇撰	別集三	1140- 369
拾遺	宋林之奇撰	別集三	1140- 532
放翁逸稿	宋陸 游撰 明毛 晉輯	別集三	1163- 710
放翁詞	宋陸 游撰	詞曲一	1488- 223
放翁詩選	宋陸 游撰	別集三	1163- 727
前集	宋羅 椅選	別集三	1163- 729
後集	宋劉辰翁選	別集三	1163- 769
別集		別集三	1163- 802
昌谷集	唐李 賀撰	別集一	1078- 437
外集	唐李 賀撰	別集一	1078- 474
昌谷集	宋曹彥約撰	別集三	1167- 1
昌國州圖志	元馮福京等撰	地理三	491- 267
明一統志	明李賢等撰	地理二	472- 1 ～ 473- 1
明太祖文集	明姚士觀 沈 鈇編校	別集五	1223- 1
明文海	清黃宗羲編	總集	1453- 1 ～ 1458- 1
明文衡	明程敏政編	總集	1373- 483 ～ 1374- 1
明史	清張廷玉等撰	正史	297- 1 ～ 302- 1
明史紀事本末	清谷應泰撰	紀事	364- 117
明本排字九經直音	□不著撰人	經總義	184- 123
明本釋	宋劉 荀撰	儒家	703- 159
明名臣琬琰錄	明徐 紘編	傳記三	453- 1
續錄	明徐 紘編	傳記三	453- 275
明臣奏議	清高宗敕編	奏議	445- 1
明臣謚考	明鮑應鼇撰	政書二	651- 417
明臣謚彙考(見明臣謚考)			
明皇雜錄	唐鄭處誨撰	小說一	1035- 507
明宮史	明呂毖校次	政書二	651- 603
明唐桂二王本末(見御批歷代通鑑輯覽)	清傅恒等撰	編年	339- 737
明堂灸經	□西方子撰	醫家	738- 51
明集禮	明徐一夔等撰	政書二	649- 1 ～ 650- 1
明會典	明徐 溥等撰 李東陽重修	政書一	617- 1 ～ 618- 1
明詩綜	清朱彝尊編	總集	1459- 173 ～ 1460- 1
明儒言行錄	清沈 佳撰	傳記三	458- 591
續錄	清沈 佳撰	傳記三	458- 993
明儒學案	清黃宗羲撰	傳記三	457- 1
明謚紀彙編	明郭良翰撰	政書二	651- 463
易小帖	清毛奇齡撰	易類	41- 549
易小傳	宋沈 該撰	易類	10- 459
易外別傳	宋俞 琰撰	道家	1061- 577
易外傳(見厚齋易學)	宋馮 椅撰	易類	16- 593
易本義附錄纂疏(見易附錄纂註)			
易用	明陳祖念撰	易類	35- 1
易例	清惠 棟撰	易類	52- 371
易林(見焦氏易林)			
易附錄纂註	元胡一桂撰	易類	22- 9
易音	清顧炎武撰	小學三	241- 143
易俟	清喬 萊撰	易類	42- 1
易原	宋程大昌撰	易類	12- 505
易原就正	清包 儀撰	易類	43- 349
易原奧義(見易源奧義)			
易酌	清刁 包撰	易類	39- 165
易通	宋趙以夫撰	易類	17- 797
易通變	宋張行成撰	術數一	804- 197
易菴詩選(見廣州四先生詩)	明李 德撰	總集	1372- 19
易象大意存解	清任陳晉撰	易類	52- 421
易象正	清黃道周撰	易類	35- 101
易象鉤解	明陳士元撰	易類	31- 651
易象鈔(見易像鈔)			
易象意言	宋蔡 淵撰	易類	18- 107
易象義	宋丁易東撰	易類	21- 473
易象圖說	元張 理撰	術數一	806- 371
內篇	元張 理撰	術數一	806- 375
外篇	元張 理撰	術數一	806- 407
易雅	宋趙汝楳撰	易類	19- 286
易傳(見伊川易傳)			
易傳燈	宋徐總幹撰	易類	15- 809
易源奧義	元保 八撰	易類	22- 697

書名	撰者	類	冊-頁
易筮通變	宋雷思齊撰	易類	21- 821
易經存疑	明林希元撰	易類	30- 195
易經衷論	清張　英撰	易類	44- 581
易經通注	清傅以漸 曹本榮等撰	易類	37- 1
易經蒙引	明蔡　清撰	易類	29- 1
易義古象通	明魏　濬撰	易類	34- 171
易裨傳	宋林　至撰	易類	15- 851
外篇	宋林　至撰	易類	15- 863
易像鈔	明胡居仁撰	易類	31- 131
易圖明辨	清胡　渭撰	易類	44- 639
易圖通變	宋雷思齊撰	易類	21- 789
易圖說	宋吳仁傑撰	易類	15- 753
易漢學	清惠　棟撰	易類	52- 301
易箋	清陳　法撰	易類	49- 1
易精蘊大義	元解　蒙撰	易類	25- 537
易說(見溫公易說)	宋司馬光撰	易類	8- 565
易說(見趙氏易說)	宋趙善譽撰	易類	14- 215
易說(見惠氏易說)	清惠士奇撰	易類	47- 675
易數鉤隱圖	宋劉　牧撰	易類	8- 125
遺論九事	宋劉　牧撰	易類	8- 160
易璇璣	宋吳　沆撰	易類	11- 597
易緯坤靈圖(易緯之八)	漢鄭　玄註	易類	53- 909
易緯是類謀(易緯之七)	漢鄭　玄註	易類	53- 903
易緯乾元序制記(易緯之六)	漢鄭　玄註	易類	53- 899
易緯通卦驗(易緯之五)	漢鄭　玄註	易類	53- 884
易緯筮類謀(見易緯是類謀)			
易緯稽覽圖(易緯之二)	漢鄭　玄註	易類	53- 840
易緯辨中備(見易緯辨終備)			
易緯辨終備(易緯之三)	漢鄭　玄註	易類	53- 864
易學	宋王　湜撰	術數一	805- 667
易學啓蒙小傳	宋税與權撰	易類	19- 1
易學啓蒙古經傳	宋税與權撰	易類	19- 17
易學啓蒙意見(見啓蒙意見)			
易學啓蒙通釋	宋胡方平撰	易類	20- 653
易學啓蒙翼傳(見周易啓蒙翼傳)			
易學象數論	清黃宗羲撰	易類	40- 1

書名	撰者	類	冊-頁
易學辨惑	宋邵伯溫撰	易類	9- 401
易學濫觴	元黃　澤撰	易類	24- 1
易學變通	元曾　貫撰	易類	26- 1
易輯注(見厚齋易學)	宋馮　椅撰	易類	16- 5
易輯傳(見厚齋易學)	宋馮　椅撰	易類	16- 69
易翼宗(楚蒙山房易經解之二)	清晏斯盛撰	易類	49- 287
易翼述信	清王又樸撰	易類	50- 525
易翼傳	宋鄭汝諧撰	易類	18- 303
易翼說(楚蒙山房易經解之三)	清晏斯盛撰	易類	49- 471
易齋集	明劉　璟撰	別集五	1236- 209
易韻	清毛奇齡撰	小學三	242- 297
易纂言	元吳　澄撰	易類	22- 399
易纂言外翼	元吳　澄撰	易類	22- 595
易變體義	宋都　絜撰	易類	11- 627
東山存稿	元趙　汸撰	別集四	1221- 159
東山詩選	宋葛紹體撰	別集三	1175- 39
東田遺稿	明張　羽撰	別集五	1264- 245
東江家藏集	明顧　清撰	別集五	1261- 273
東牟集	宋王　洋撰	別集三	1132- 297
東西洋考	明張　燮撰	地理十	594- 137
東谷易翼傳(見易翼傳)			
東里全集(見東里集)			
東里集	明楊士奇撰	別集五	1238- 1 ≀ 1239- 1
文集	明楊士奇撰	別集五	1238- 1
詩集	明楊士奇撰	別集五	1238- 300
續集	明楊士奇撰	別集五	1238- 370 ≀ 1239- 1
別集	明楊士奇撰	別集五	1239- 579
東京夢華錄	宋孟元老撰	地理八	589- 125
東坡先生年譜(見東坡全集)	宋王宗稷撰	別集二	1107- 28
東坡先生年譜(見施註蘇詩)	宋王宗稷撰 清邵長蘅重訂	別集二	1110- 87
東坡先生墓誌銘(見東坡全集)	宋蘇　轍撰	別集二	1107- 19
東坡先生墓誌銘(見施註蘇詩)	宋蘇　轍撰	別集二	1110- 78
東坡全集	宋蘇　軾撰	別集二	1107- 1 ≀ 1108- 1
東坡志林	宋蘇　軾撰	雜家三	863- 21
東坡易傳	宋蘇　軾撰	易類	9- 1

書名	著者	類別	冊-頁
東坡書傳(見書傳)	宋蘇　軾撰	書類	54- 485
東坡詞	宋蘇　軾撰	詞曲一	1487- 101
東坡詩集註	宋蘇　軾撰 王十朋註	別集二	1109- 1
東征集	清藍鼎元撰	紀事	369- 584
東林列傳	清陳　鼎撰	傳記三	458- 173
東南紀聞	元不著撰人	小說一	1040- 199
東洲初稿	明夏良勝撰	別集五	1269- 711
東原錄	宋龔鼎臣撰	雜家三	862- 555
東城雜記	清厲　鶚撰	地理八	592- 985
東宮備覽	宋陳　模撰	儒家	709- 291
東家雜記	宋孔　傳撰	傳記一	446- 57
東浦詞	金韓　玉撰	詞曲一	1487- 615
東軒筆錄	宋魏　泰撰	小說一	1037- 415
東堂詞	宋毛　滂撰	詞曲一	1487- 307
東堂集	宋毛　滂撰	別集二	1123- 695
東皋子詩(見石屏詩集)	宋戴　敏撰	別集三	1165- 551
東皐子集	唐王　績撰	別集一	1065- 1
東皐子集傳(見東皐子集)		別集一	1065- 24
東皐錄	明釋妙聲撰	別集五	1227- 563
東庵集	元滕安上撰	別集四	1199- 529
東野農歌集	宋戴　昺撰	別集三	1178- 683
東萊集	宋呂祖謙撰	別集三	1150- 1
別集	宋呂祖謙撰	別集三	1150- 162
外集	宋呂祖謙撰	別集三	1150- 366
東萊詩集	宋呂本中撰	別集三	1136- 679
東都事略	宋王　稱撰	別史	382- 1
東雅堂昌黎集註	宋廖瑩中集注	別集一	1075- 1
外集	宋廖瑩中集注	別集一	1075- 490
東園文集	明鄭　紀撰	別集五	1249- 729
東園叢說	宋李如箎撰	雜家三	864- 181
東塘集	宋袁說友撰	別集三	1154- 141
東溪日談錄	明周　琦撰	儒家	714- 137
東溪集	宋高　登撰	別集三	1136- 427
東溪試茶錄	宋宋子安撰	譜錄二	844- 655
東遊集(見止山集)	明丘雲霄撰	別集五	1277- 219
東漢文紀	明梅鼎祚撰	總集	1397- 1
東漢詔令(見兩漢詔令)	宋樓　昉編	詔令	426-1062
東漢會要	宋徐天麟撰	政書一	609- 449
東維子集	元楊維楨撰	別集四	1221- 373
東澗集	宋許應龍撰	別集三	1176- 397
東窻集	宋張　擴撰	別集三	1129- 1
東齋記事	宋范　鎮撰	小說一	1036- 579
東巖集	明夏尚樸撰	別集五	1271- 1
東觀奏記	唐裴庭裕撰	雜史	407- 609
東觀集	宋魏　野撰	別集二	1087- 349
東觀漢記	漢劉珍等撰	別史	370- 65
東觀餘論	宋黃伯思撰 黃　訒編	雜家二	850- 301
杼山集	唐釋皎然撰	別集一	1071- 775
松亭行記	清高士奇撰	傳記四	460-1125
松泉集	清汪由敦撰	別集六	1328- 381
詩集	清汪由敦撰	別集六	1328- 391
文集	清汪由敦撰	別集六	1328- 691
松風閣琴譜	清程　雄撰	藝術二	839- 139
松桂堂全集	清彭孫遹撰	別集六	1317- 1
松巢漫稿(見鄱陽五家集)	元徐　瑞撰 清史　簡編	總集	1476- 336
松絃館琴譜	明嚴　澂撰	藝術二	839- 71
松陵集	唐皮日休 陸龜蒙等撰	總集	1332- 163
松雪齋集	元趙孟頫撰	別集四	1196- 597
外集	元趙孟頫撰	別集四	1196- 745
松窗雜錄	唐李　濬撰	小說一	1035- 557
松陽抄存	清陸隴其撰	儒家	725- 627
松陽講義	清陸隴其撰	四書	209- 839
松漠紀聞	宋洪　皓撰	雜史	407- 695
續	宋洪　皓撰	雜史	407- 704
松鄉文集(見松鄉集)			
松鄉集	元任士林撰	別集四	1196- 487
松隱文集(見松隱集)			
松隱集	宋曹　勛撰	別集三	1129- 319
林外野言	元郭　翼撰	別集四	1216- 699
林和靖集	宋林　逋撰	別集二	1086- 615
林泉高致集	宋郭　熙撰 郭　思編	藝術一	812- 571
林湖遺稿(見菊磵集附)	宋高鵬飛撰	別集三	1170- 142
林登州集	明林　弼撰	別集五	1227- 1
林間錄	宋釋惠洪撰	釋家	1052- 791
林膳部集(見閩中十子詩)	明林　鴻撰 袁表等編	總集	1372- 184
林蕙堂全集	清吳　綺撰	別集六	1314- 195
林霽山集(見霽山文集)			
果堂集	清沈　彤撰	別集六	1328- 287
武功集	明徐有貞撰	別集五	1245- 1

武功縣志　明康　海撰　地理三　494-　1
武夷新集　宋楊　億撰　別集二　1086-　351
武林梵志　明吳之鯨撰　地理七　588-　1
武林舊事　宋周　密撰　地理八　590-　173
武英殿聚珍板程式　清金　簡撰　政書六　673-　709
武溪集　宋余　靖撰　別集二　1089-　1
武經總要　宋曾公亮 丁　度撰　兵家　726-　235
　前集　宋曾公亮 丁　度撰　兵家　726-　235
　後集　宋曾公亮 丁　度撰　兵家　726-　583
武編　明唐順之撰　兵家　727-　205
　前集　明唐順之撰　兵家　727-　205
　後集　明唐順之撰　兵家　727-　511
河汾諸老詩集　元房　祺編　總集　1365-　613
河防一覽　明潘季馴撰　地理四　576-　137
河防述言　清陳　璜原論 張靄生編述　地理四　579-　746
河防通議　元贍　思撰　地理四　576-　43
河岳英靈集（見河嶽英靈集）
河東集　宋柳　開撰 張　景編　別集二　1085-　237
　行狀　別集二　1085-　347
河南通志　清王士俊監修 顧棟高等纂　地理三　535-　1 ~ 538-　1
河南集　宋尹　洙撰　別集二　1090-　1
河朔訪古記　元迺　賢撰　地理九　593-　17
河源紀略　清紀　昀 陸錫熊等撰　地理四　579-　1
河嶽英靈集　唐殷　璠撰　總集　1332-　19
治世龜鑑　元蘇天爵撰　儒家　709-　595
治河奏績書　清靳　輔撰　地理四　579-　613
治河圖略　元王　喜撰　地理四　576-　71
治河題藁（見靳文襄奏疏）　清靳　輔撰　奏議　430-　451
泊宅編　宋方　勺撰　小說一　1037-　507
泊菴集　明梁　潛撰　別集五　1237-　177
法言集註（見揚子法言）
法帖刊誤　宋黃伯思撰　目錄二　681-　377
法帖音釋刊誤　宋陳與義撰　藝術一　812-　416
法帖譜系　宋曹士冕撰　目錄二　682-　61
法帖釋文　宋劉次莊撰　目錄二　681-　395
法帖釋文考異　明顧從義撰　目錄二　683-　357
法帖釋文刊誤（見法帖音釋刊誤）
法苑珠林　唐釋道世撰　釋家　1049-　1 ~ 1050-　1
法書考　元盛熙明撰　藝術一　814-　477
法書要錄　唐張彥遠撰　藝術一　812-　101
法藏碎金錄　宋晁　迥撰　釋家　1052-　425
泠然齋集（見泠然齋詩集）
泠然齋詩集　宋蘇　泂撰　別集三　1179-　69
注解正蒙　清李光地撰　儒家　697-　333
炎徼紀聞　明田汝成撰　紀事　352-　603
牧庵集　元姚　燧撰　別集四　1201-　401
　年譜　元劉　致撰　別集四　1201-　770
牧菴文集（見牧庵集）
牧潛集　元釋圓至撰　別集四　1198-　107
物理小識　明方以智撰　雜家三　867-　741
　總論　明方以智撰　雜家三　867-　743
玩齋集　元貢師泰撰　別集四　1215-　509
　拾遺　元貢師泰撰　別集四　1215-　723
盱江集（見旴江集）
直隸河渠志　清陳　儀撰　地理四　579-　781
直齋書錄解題　宋陳振孫撰　目錄一　674-　525
知言　宋胡　宏撰　儒家　703-　109
知非堂稿　元何　中撰　別集四　1205-　523
知稼翁詞　宋黃公度撰　詞曲一　1488-　245
知稼翁集　宋黃公度撰　別集三　1139-　541
秇圃擷餘　明王世懋撰　詩文評　1482-　509
空同集　明李夢陽撰　別集五　1262-　1
芥隱筆記　宋龔頤正撰　雜家二　852-　483
花木鳥獸集類　清吳寶芝撰　類書　1034-　1
花草粹編　明陳耀文編　詞曲二　1490-　113
花菴詞選　宋黃　昇編　詞曲二　1489-　305
　續集　宋黃　昇編　詞曲二　1489-　394
花間集　後蜀趙崇祚編　詞曲二　1489-　1
花谿集　元沈夢麟撰　別集四　1221-　43
芳谷集　元徐明善撰　別集四　1202-　543
芳洲集（見鄱陽五家集）　宋黎廷瑞撰 清史　簡編　總集　1476-　268
芳蘭軒集　宋徐　照撰　別集三　1171-　145
芸庵類藁　宋李　洪撰　別集三　1159-　69
芸隱勌游稿　宋施　樞撰　別集三　1182-　627
芸隱橫舟稿　宋施　樞撰　別集三　1182-　617
虎鈐經　宋許　洞撰　兵家　727-　1
近光集　元周伯琦撰　別集四　1214-　505
近事會元　宋李上交撰　雜家二　850-　253

書名	著者	類別	冊頁
近思錄	宋朱熹 呂祖謙編 葉采集解	儒家	699- 1
近思錄集註	清茅星來撰	儒家	699- 127
近思錄集註	清江　永撰	儒家	699- 357
金文靖集	明金幼孜撰	別集五	1240- 573
金氏文集	宋金君卿撰	別集二	1095- 351
金史	元脫　脫撰	正史	290- 1 ～ 291- 1
金史語解	清高宗敕撰	正史	296- 118
金石文字記	清顧炎武撰	目錄二	683- 701
金石文考略	清李光暎撰	目錄二	684- 169
金石史	明郭宗昌撰	目錄二	683- 533
金石例	元潘昂霄撰	詩文評	1482- 289
金石林時地考	明趙　均撰	目錄二	683- 417
金石要例	清黃宗羲撰	詩文評	1483- 819
金石經眼錄	清褚　峻摹圖 牛運震補說	目錄二	684- 711
金石錄	宋趙明誠撰	目錄二	681- 147
金佗稡編	宋岳　珂撰	傳記二	446- 305
續編	宋岳　珂撰	傳記二	446- 528
金陵百詠	宋曾　極撰	別集三	1164- 1
金淵集	元仇　遠撰	別集四	1198- 1
金華子(見金華子雜編)			
金華子雜編	南唐劉崇遠撰	小說一	1035- 823
金匱要略論註	漢張　機撰 清徐　彬註	醫家	734- 1
金匱鉤玄(元)	元朱震亨撰	醫家	746- 697
金漳蘭譜	宋趙時庚撰	譜錄三	845- 121
金臺集	元迺　賢撰	別集四	1215- 261
金樓子	梁 元 帝撰	雜家一	848- 791
金薤琳琅	宋都　穆撰	目錄二	683- 223
金鼇退食筆記	清高士奇撰	地理七	588- 401
長安志	宋宋敏求撰	地理七	587- 73
長安志圖	元李好文撰	地理七	587- 469
長江集	唐賈　島撰	別集一	1078- 389
長河志籍考(見古歡堂集)	清田　雯撰	別集六	1324- 469
長物志	明文震亨撰	雜家四	872- 31
長短經	唐趙　蕤撰	雜家一	849- 1
長興集	宋沈　括撰	別集二	1117- 263
附釋文互註禮部韻略	宋丁　度撰 郭守正重修	小學三	237- 133
貢舉條式		小學三	237- 300
雨航雜錄	明馮時可撰	雜家三	867- 327
青山集	宋郭祥正撰	別集二	1116- 571
青山集	元趙　文撰	別集四	1195- 1
青山續集	宋郭祥正撰	別集二	1116- 757
青村遺稿	元金　涓撰	別集四	1217- 473
青城山人集	明王　璲撰	別集五	1237- 681
青崖集	元魏　初撰	別集四	1198- 689
青陽集	元余　闕撰	別集四	1214- 361
青箱雜記	宋吳處厚撰	小說一	1036- 609
青谿漫稿	明倪　岳撰	別集五	1251- 1
青霞集	明沈　鍊撰	別集五	1278- 1
年譜	明王元敬編	別集五	1278- 165
青囊序	唐曾文辿撰	術數三	808- 83
青囊奧語	唐楊筠松撰	術數三	808- 89

九　畫

書名	著者	類別	冊頁
侯鯖錄	宋趙令畤撰	小說一	1037- 355
俗書刊誤	明焦　竑撰	小學二	228- 539
保命集(見病機氣宜保命集)	金張元素撰	醫家	745- 1
保越錄	明不著撰人	傳記四	460- 929
俟菴集	元李　存撰	別集四	1213- 597
信天巢遺稿(見菊磵集)			
則堂集	宋家鉉翁撰	別集三	1189- 723
前定錄	唐鍾　輅撰	小說二	1042- 625
續錄	唐鍾　輅撰	小說二	1042- 641
勉齋集	宋黃　榦撰	別集三	1168- 1
南方草木狀	晉嵇　含撰	地理八	589- 1
南史	唐李延壽撰	正史	265- 1
南史識小錄	清沈名蓀 朱昆田輯	史鈔	462- 483
南行集(見止山集)	明丘雲霄撰	別集五	1277- 206
南宋院畫錄	清厲　鶚撰	藝術一	829- 541
南宋館閣錄	宋陳　騤撰	職官一	595- 417
續錄	□不著撰人	職官一	595- 467
南宋襍事詩	清沈嘉轍等撰	總集	1476- 489
南巡盛典	清高　晉 薩　載等編	政書二	658- 1 ～ 659- 1
南邨詩集	明陶宗儀撰	別集五	1231- 575
南宮奏稿	明夏　言撰	奏議	429- 409
南唐近事	宋鄭文寶撰	小說一	1035- 927

書名	著者	類	冊-頁
南唐書(見馬氏南唐書)	宋馬　令撰	載記	464- 247
南唐書(見陸氏南唐書)	宋陸　游撰	載記	464- 383
南軒易說	宋張　栻撰	易類	13- 625
南軒集	宋張　栻撰	別集三	1167- 413
南漘集(見松桂堂全集)	清彭孫遹撰	別集六	1317- 342
南部新書	宋錢　易撰	小說一	1036- 175
南湖集	宋張　鎡撰	別集三	1164- 527
南湖集	元貢性之撰	別集四	1220- 1
南華眞經新傳	宋王　雱撰	道家	1056- 169
南華眞經義海纂微	宋褚伯秀撰	道家	1057- 1
南陽名畫表(見南陽書畫表)	明張　丑撰	藝術一	817- 624
南陽法書表(見南陽書畫表)	明張　丑撰	藝術一	817- 620
南陽書畫表	明張　丑撰	藝術一	817- 619
南陽集	宋趙　湘撰	別集二	1086- 303
南陽集	宋韓　維撰	別集二	1101- 503
行狀		別集二	1101- 770
南園漫錄	明張志淳撰	雜家三	867- 255
南齊文紀	清梅鼎祚編	總集	1399- 1
南齊書	梁蕭子顯撰	正史	259- 1
南澗甲乙稿	宋韓元吉撰	別集三	1165- 1
南窻記談	宋不著撰人	小說一	1038- 235
南嶽小錄	唐李沖昭撰	地理六	585- 1
南嶽倡酬集	宋朱熹等撰	總集	1348- 607
南嶽酬唱集(見南嶽倡酬集)			
郤掃編	宋徐　度撰	雜家三	863- 747
厚齋易學	宋馮　椅撰	易類	16- 1
咸平集	宋田　錫撰	別集二	1085- 353
咸淳遺事	□不著撰人	雜史	408- 797
咸淳臨安志	宋潛說友撰	地理三	490- 1
品茶要錄	宋黃　儒撰	譜錄二	844- 631
契丹國志(見重訂契丹國志)	宋葉隆禮撰	別史	383- 655
姚少監詩集	唐姚　合撰	別集一	1081- 695
客亭類稿	宋楊冠卿撰	別集三	1165- 427
宣明方論	金劉完素撰	醫家	744- 745
宣和北苑貢茶錄	宋熊　蕃撰	譜錄二	844- 635
北苑別錄	宋趙汝礪撰	譜錄二	844- 647
宣和奉使高麗圖經	宋徐　兢撰	地理十	593- 811
宣和書譜	宋不著撰人	藝術一	813- 207
宣和博古圖(見重修宣和博古圖)			
宣和畫譜	宋不著撰人	藝術一	813- 67
宣室志	唐張　讀撰	小說二	1042- 697
宣德鼎彝譜	明呂震等撰	譜錄一	840-1019
宣爐博論	明項子汴撰	譜錄一	840-1066
封氏聞見記	唐封　演撰	雜家三	862- 415
屏山集	宋劉子翬撰	別集三	1134- 351
屏巖小稿	元張觀光撰	別集四	1195- 579
帝王經世圖譜	宋唐仲友撰	類書	922- 383
帝範	唐太宗撰	儒家	696- 587
帝學	宋范祖禹撰	儒家	696- 725
幽閒鼓吹	唐張　固撰	小說一	1035- 551
建炎以來繫年要錄	宋李心傳撰	編年	325- 1 ～ 327- 1
建炎以來朝野雜記	宋李心傳撰	政書一	608- 239
甲集	宋李心傳撰	政書一	608- 239
乙集	宋李心傳撰	政書一	608- 449
建炎德安守禦錄(見守城錄)	宋湯　璹撰	兵家	727- 191
建炎雜記(見建炎以來朝野雜記)			
建康集	宋葉夢得撰	別集三	1129- 587
建康實錄	唐許　嵩撰	別史	370- 225
弇山堂別集	明王世貞撰	雜史	409- 1 ～ 410- 1
弇州山人四部稿續稿(見弇州四部稿　弇州續稿)			
弇州四部稿	明王世貞撰	別集五	1279- 1 ～ 1281- 1
弇州續稿	明王世貞撰	別集五	1282- 1 ～ 1284- 1
彥周詩話	宋許　顗撰	詩文評	1478- 907
待制集	元柳　貫撰	別集四	1210- 177
待軒詩記	明張次仲撰	詩類	82- 1
律呂正義	清聖祖御定	樂類	215- 1
律呂正義後編	清允祿 張照等撰	樂類	215- 223 ～ 218- 1
律呂成書	元劉　瑾撰	樂類	212- 115
律呂新書	宋蔡元定撰	樂類	212- 1
律呂新論	清江　永撰	樂類	220- 511
律呂闡微	清江　永撰	樂類	220- 547
律曆(歷)融通	明朱載堉撰	天算一	786- 556

書名	著者	類	冊-頁
音義	明朱載堉撰	天算一	786- 658
後山集	宋陳師道撰	別集二	1114- 511
後山詩註(見后山詩注)			
後山詩話	宋陳師道撰	詩文評	1478- 279
後山談叢	宋陳師道撰	小說一	1037- 61
後村集	宋劉克莊撰	別集三	1180- 1
後村詩話	宋劉克莊撰	詩文評	1481- 301
後周文紀	明梅鼎祚編	總集	1400- 57
後漢紀	晉袁　宏撰	編年	303- 491
後漢書	宋范　曄撰 晉司馬彪撰志 唐李　賢注 梁劉　昭注志	正史	252- 1 ～ 253- 1
後漢書補逸	清姚之駰撰	別史	402- 325
後樂集	宋衞　涇撰	別集三	1169- 463
思陵翰墨志	宋高宗御撰	藝術一	812- 427
思辨錄輯要	清陸世儀撰	儒家	724- 1
急救仙方	□不著撰人	醫家	744- 665
急就章(見急就篇)			
急就篇	漢史　游撰 唐顏師古註	小學二	223- 1
扁鵲神應鍼灸玉龍經	元王國瑞撰	醫家	746- 755
拾遺記	前秦王嘉撰	小說二	1042- 311
拾遺錄	明胡　爌撰	雜家二	858- 257
指南總論	宋陳師文等撰	醫家	741- 706
政府奏議(見范文正奏議)			
政和五禮新儀	宋鄭居中撰	政書二	647- 1
政和御製冠禮(見政和五禮新儀)	宋鄭居中撰	政書二	647- 36
政書(見于清端政書)			
政經	宋眞德秀撰	儒家	706- 441
施註蘇詩	宋蘇　軾撰 宋施元之原註 清邵長蘅刪補	別集二	1110- 1
王注正譌	清邵長蘅撰	別集二	1110- 56
蘇詩續補遺	清馮景補註	別集二	1110- 696
星命溯源	□不著撰人	術數五	809- 45
星命總括	遼耶律純撰	術數五	809- 191
星曆(歷)考原	清李光地等編	術數六	811- 1
星學大成	明萬民英撰	術數五	809- 285
春王正月考(見春秋春王正月考)			
春明退朝錄	宋宋敏求撰	雜家三	862- 499
春明夢餘錄	清孫承澤撰	雜家三	868- 1 ～ 869- 1
春雨軒集(見鄱陽五家集)	明劉　炳撰 清史　簡編	總集	1476-429
春秋三傳辨疑(見三傳辨疑)	元程端學撰	春秋	161- 1
春秋三傳讞	宋葉夢得撰	春秋	149- 495
春秋大全	明胡廣等撰	春秋	166- 1
春秋大事表	清顧棟高撰	春秋	179- 1 ～ 180- 1
春秋凡例	明王　樵撰	春秋	168- 355
春秋五論(見呂氏春秋或問附)	宋呂大圭撰	春秋	157- 664
春秋五禮例宗	宋張大亨撰	春秋	148- 459
春秋公羊傳注疏	周公羊高撰 漢何　休詁 唐徐　彥疏	春秋	145- 1
春秋公羊傳讞(見春秋三傳讞)	宋葉夢得撰	春秋	149- 645
春秋分記	宋程公說撰	春秋	154- 1
春秋孔義	明高攀龍撰	春秋	170- 1
春秋比事	宋沈　棐撰	春秋	153- 1
春秋毛氏傳	清毛奇齡撰	春秋	176- 1
春秋王霸列國世紀編	宋李　琪撰	春秋	156- 179
春秋世族譜	清陳厚耀撰	春秋	178- 351
春秋占筮書	清毛奇齡撰	易類	41- 519
春秋四傳糾正	清俞汝言撰	春秋	174- 38
春秋四傳質	明王介之撰	春秋	171- 227
春秋左氏傳小疏(見春秋左傳小疏)			
春秋左氏傳事類始末	宋章　沖撰	紀事	349- 445
春秋左氏傳補注	元趙　汸撰	春秋	164- 327
春秋左氏傳續說(見左氏傳續說)			
春秋左傳小疏	清沈　彤撰	春秋	181- 231
春秋左傳正義(見春秋左傳注疏)			
春秋左傳注疏	周左丘明撰 晉杜　預注 唐孔穎達疏	春秋	143- 1 ～ 144- 1
春秋左傳要義	宋魏了翁撰	春秋	153- 253
春秋左傳屬事	明傅　遜撰	春秋	169- 491
春秋左傳讞(見春秋三傳讞)	宋葉夢得撰	春秋	149- 496
春秋平義	清俞汝言撰	春秋	174- 409
春秋本例	宋崔子方撰	春秋	148- 345

書名	撰者	類	冊-頁
春秋本義	元程端學撰	春秋	160- 1
春秋正旨	明高　拱撰	春秋	168- 323
春秋正傳	明湛若水撰	春秋	167- 37
春秋列國世紀編(見春秋王霸列國世紀編)			
春秋列國諸臣傳(見春秋臣傳)			
春秋名號歸一圖	後蜀馮繼先撰 宋岳　珂重編	春秋	146- 685
春秋地名考略	清高士奇撰	春秋	176- 479
春秋地理考實	清江　永撰	春秋	181- 247
春秋年表	□不著撰人	春秋	146- 719
春秋考	宋葉夢得撰	春秋	149- 247
春秋臣傳	宋王　當撰	春秋	448- 123
春秋別典	明薛虞畿撰	別史	386- 589
春秋究遺	清葉　酉撰	春秋	181- 347
春秋事義全考	明姜　寶撰	春秋	169- 83
春秋例要	宋崔子方撰	春秋	148- 335
春秋宗朱辨義	清張自超撰	春秋	178- 1
春秋或問(見呂氏春秋或問)			
春秋或問(見程氏春秋或問)			
春秋明志錄	明熊　過撰	春秋	168- 1
春秋直解	清傅恒等撰	春秋	174- 1
春秋金鎖匙	元趙　汸撰	春秋	164- 413
春秋長歷	清陳厚耀撰	春秋	178- 393
春秋後傳	宋陳傅良撰	春秋	151- 593
春秋春王正月考	明張以寧撰	春秋	165- 753
辨疑	明張以寧撰	春秋	165- 788
春秋皇綱論	宋王　晳撰	春秋	147- 127
春秋胡氏傳辨疑	明陸　粲撰	春秋	167- 753
春秋胡傳考誤	明袁　仁撰	春秋	169- 937
春秋胡傳附錄纂疏	元汪克寬撰	春秋	165- 1
春秋表記問業	明黃道周撰	禮三	122- 921
春秋師說	元趙　汸撰	春秋	164- 253
春秋書法鉤元	明石光霽撰	春秋	165- 807
春秋問業(見春秋表記問業)			
春秋通訓	宋張大亨撰	春秋	148- 535
春秋通義	宋不著撰人	春秋	147- 159
春秋通說	宋黃仲炎撰	春秋	156- 289
春秋通論	清方　苞撰	春秋	178- 291
春秋尊王發微	宋孫　復撰	春秋	147- 1
春秋提綱	元陳則通撰	春秋	159- 753
春秋集註(見高氏春秋集註)	宋高　閌撰	春秋	151- 251
春秋集注(見張氏春秋集注)	宋張　洽撰	春秋	156- 1
春秋集傳	元趙　汸撰	春秋	164- 1
春秋集傳詳說	宋家鉉翁撰	春秋	158- 1
春秋集傳微旨	唐陸　淳撰	春秋	146- 537
春秋集傳辨疑	唐陸　淳撰	春秋	146- 595
春秋集傳釋義大成	元俞　皐撰	春秋	159- 1
春秋集傳纂例	唐陸　淳撰	春秋	146- 375
春秋集義	宋李明復撰	春秋	155- 175
春秋集解(見蘇氏春秋集解)			
春秋集解(見呂氏春秋集解)			
春秋傳(見劉氏春秋傳)	宋劉　敞撰	春秋	147- 363
春秋傳(見葉氏春秋傳)	宋葉夢得撰	春秋	149- 1
春秋傳(見胡氏春秋傳)	宋胡安國撰	春秋	151- 1
春秋傳說(見左氏傳說)			
春秋傳說例	宋劉　敞撰	春秋	147- 541
春秋傳說彙纂	清王　掞 張廷玉等撰	春秋	173- 1
春秋微旨(見春秋集傳微旨)			
春秋意林(見劉氏春秋意林)	宋劉　敞撰	春秋	147- 485
春秋會通	元李　廉撰	春秋	162- 163
春秋稗疏	清王夫之撰	春秋	174- 341
春秋經筌	宋趙鵬飛撰	春秋	157- 1
春秋經傳辨疑	明童　品撰	春秋	167- 1
春秋經傳闕疑(見春秋闕疑)			
春秋經解(見孫氏春秋經解)	宋孫　覺撰	春秋	147- 551
春秋經解(見崔氏春秋經解)	宋崔子方撰	春秋	148- 173
春秋詳說(見春秋集傳詳說)			
春秋鉤元(見春秋書法鉤元)			

書名	著者	類別	冊-頁
春秋管窺	清徐庭垣撰	春秋	176- 681
春秋說(見洪氏春秋說)	宋洪咨夔撰	春秋	156- 457
春秋億	明徐學謨撰	春秋	169- 1
春秋穀梁傳注疏	周穀梁赤撰 晉范甯集解 唐楊士勛疏	春秋	145- 535
春秋質疑	明楊于庭撰	春秋	169- 979
春秋戰國異辭	清陳厚耀撰	別史	403- 1
通表	清陳厚耀撰	別史	403- 8
摭遺	清陳厚耀撰	別史	403-1045
春秋諸國統紀	元齊履謙撰	春秋	159- 865
春秋諸傳會通(見春秋會通)			
春秋辨義(見春秋辯義)			
春秋辨疑	宋蕭　楚撰	春秋	148- 107
春秋輯傳	明王　樵輯	春秋	168- 335
春秋隨筆	清顧奎光撰	春秋	181- 661
春秋繁露	漢董仲舒撰	春秋	181- 697
春秋講義	宋戴　溪撰	春秋	155- 1
春秋簡書刊誤	清毛奇齡撰	春秋	176- 409
春秋闕如編	清焦袁熹撰	春秋	177- 739
春秋闕疑	元鄭　玉撰	春秋	163- 1
春秋識小錄	清程廷祚撰	春秋	181- 1
春秋纂言	元吳　澄撰	春秋	159- 335
春秋釋例	晉杜　預撰	春秋	146- 1
春秋屬辭	元趙　汸撰	春秋	164- 441
春秋屬辭比事記	清毛奇齡撰	春秋	176- 441
春秋辯義	明卓爾康撰	春秋	170- 155
春秋權衡	宋劉　敞撰	春秋	147- 171
春秋讞(見春秋三傳讞)			
春秋讞義	元王元杰撰	春秋	162- 1
春草齋集	明烏斯道撰	別集五	1232- 123
春渚紀聞	宋何　薳撰	雜家三	863- 451
春卿遺稿	宋蔣　堂撰	別集二	1087- 339
昭忠錄	元不著撰人	傳記三	451- 219
昭明太子集	梁蕭　統撰	別集一	1063- 647
昭德新編	宋晁　迥撰	雜家一	849- 253
柏齋集	明何　瑭撰	別集五	1266- 465
柘軒集	明凌雲翰撰	別集五	1227- 733
柯山集	宋張　耒撰	別集二	1115- 1
柳河東集	唐柳宗元撰 宋韓醇詁訓	別集一	1076- 1
外集	唐柳宗元撰 宋韓醇詁訓	別集一	1076- 446
新編外集	唐柳宗元撰 宋韓醇詁訓	別集一	1076- 464
柳河東集注	童宗說注釋 宋張敦頤音辯 潘　緯音義	別集一	1076- 469
別集注	童宗說注釋 宋張敦頤音辯 潘　緯音義	別集一	1076- 850
外集注	童宗說注釋 宋張敦頤音辯 潘　緯音義	別集一	1076- 872
柳塘外集	宋釋道璨撰	別集三	1186- 783
毘陵集	唐獨孤及撰	別集一	1072- 159
毘陵集	宋張　守撰	別集三	1127- 669
洗心齋讀易述(見讀易述)			
洛陽名園記	宋李格非撰	地理七	587- 239
洛陽伽藍記	後魏楊衒之撰	地理七	587- 1
洛陽牡丹記	宋歐陽修撰	譜錄三	845- 1
洛陽搢紳舊聞記	宋張齊賢撰	小說一	1036- 133
洞天清錄	宋趙希鵠撰	雜家四	871- 1
洞冥記	舊題漢郭憲撰	小說二	1042- 299
洞霄圖志	宋鄧　牧撰	地理九	587- 405
洞麓堂集	明尹　臺撰	別集五	1277- 401
洪氏春秋說	宋洪咨夔撰	春秋	156- 457
洪武正韻	明樂韶鳳 宋　濂等撰	小學三	239- 1
洪範口義	宋胡　瑗撰	書類	54- 451
洪範正論	清胡　渭撰	書類	68- 1
洪範明義	明黃道周撰	書類	64- 797
洪範皇極內篇	宋蔡　沈撰	術數一	805- 697
洪範統一	宋趙善湘撰	書類	59- 647
洪龜父集	宋洪　朋撰	別集二	1124- 395
洹詞	明崔　銑撰	別集五	1267- 369
洺水集	宋程　珌撰	別集三	1171- 221
珂雪詞	清曹貞吉撰	詞曲一	1488- 685
珊瑚木難	明朱存理編	藝術一	815- 1
珊瑚鉤詩話	宋張表臣撰	詩文評	1478- 961
珊瑚網	明汪砢玉撰	藝術一	818- 1
珍席放談	宋高晦叟撰	小說一	1037- 533
畏齋集	元程端禮撰	別集四	1199- 609
癸巳孟子說	宋張　栻撰	四書	199- 321
癸巳論語解	宋張　栻撰	四書	199- 189
癸辛雜識	宋周　密撰	小說一	1040- 1
前集	宋周　密撰	小說一	1040- 1
後集	宋周　密撰	小說一	1040- 31
續集	宋周　密撰	小說一	1040- 60
別集	宋周　密撰	小說一	1040- 111
皇王大紀	宋胡　宏撰	編年	313- 1

書名	撰者	類別	冊－頁
皇言定聲(見律呂闡微卷首)	清江　永撰	樂類	220- 549
皇言定聲錄	清毛奇齡撰	樂類	220- 219
皇甫少玄(元)集	明皇甫涍撰	別集五	1276- 491
外集	明皇甫涍撰	別集五	1276- 673
皇甫司勳集	明皇甫汸撰	別集五	1275- 523
皇甫持正集	唐皇甫湜撰	別集一	1078- 63
皇祐新樂圖記	宋阮　逸 胡　瑗等撰	樂類	211- 1
皇清文穎	清陳廷敬等編 張廷玉等續編	總集	1449- 1 ～ 1450- 1
皇清開國方略	清阿　桂 梁國治等撰	編年	341- 1
皇清職貢圖	清傅恒等撰	地理十	594- 395
皇朝文獻通考	清高宗勅撰	政書一	632- 1 ～ 638- 1
皇朝通志	清高宗勅撰	政書一	644- 1 ～ 645- 1
皇朝通典	清高宗勅撰	政書一	642- 1 ～ 643- 1
皇朝禮器圖式	清允　祿等撰 福隆安校補	政書二	656- 1
皇極經世書	宋邵　雍撰	術數一	803- 291
皇極經世書解	清王　植撰	術數一	805- 245
皇極經世索隱	宋張行成撰	術數一	804- 1
皇極經世解(見皇極經世書解)			
皇極經世解起數訣	宋祝　泌撰	術數一	805- 193
皇極經世觀物外篇衍義	宋張行成撰	術數一	804- 37
皇輿西域圖志	清劉統勳 于敏中等撰	地理三	500- 1
皇霸文紀	明梅鼎祚編	總集	1396- 1
盈川集	唐楊　炯撰	別集一	1065- 187
相山集	宋王之道撰	別集三	1132- 521
省心雜言	宋李邦獻撰	儒家	698- 545
省愆集	明黃　淮撰	別集五	1240- 433
省齋集	宋廖行之撰	別集三	1167- 271
眉山集	宋唐　庚撰	別集二	1124- 271
眉菴集	明楊　基撰	別集五	1230- 329
禹貢山川地理圖	宋程大昌撰	書類	56- 117
禹貢長箋	清朱鶴齡撰	書類	67- 1
禹貢指南	宋毛　晃撰	書類	56- 1
禹貢會箋	清徐文靖撰	書類	68- 249
禹貢說斷	宋傅　寅撰	書類	57- 1
禹貢論	宋程大昌撰	書類	56- 53
後論	宋程大昌撰	書類	56- 108
禹貢錐指	清胡　渭撰	書類	67- 211
秋堂集	宋柴　望撰	別集三	1187- 475
秋崖集	宋方　岳撰	別集三	1182- 131
秋澗集	元王　惲撰	別集四	1200- 1 ～ 1201- 1
秋聲集	宋衛宗武撰	別集三	1178- 627
秋聲集	元黃鎮成撰	別集四	1212- 523
秋巖詩集	元陳宜甫撰	別集四	1202- 673
紀效新書	明戚繼光撰	兵家	728- 487
胡文敬集	明胡居仁撰	別集五	1260- 1
胡文穆雜著	明胡　廣撰	雜家三	867- 1
胡氏尚書詳解	宋胡士行撰	書類	60- 281
胡氏春秋傳	宋胡安國撰	春秋	151- 1
胡仲子集	明胡　翰撰	別集五	1229- 1
胡端敏奏議	明胡世寧撰	奏議	428- 559
脉訣刋誤(同脈，見脈訣刋誤)			
苑洛志樂	明韓邦奇撰	樂類	212- 189
苑洛集	明韓邦奇撰	別集五	1269- 331
苕溪集	宋劉一止撰	別集三	1132- 1
苕溪漁隱叢話(見漁隱叢話)			
英溪集	宋董嗣杲撰	別集三	1189- 221
范太史集	宋范祖禹撰	別集二	1100- 83
范文正奏議	宋范仲淹撰	奏議	427- 1
范文正集	宋范仲淹撰	別集二	1089- 551
別集	宋綦　煥輯	別集二	1089- 769
補編	清范能濬輯	別集二	1089- 797
范文忠集(見范景文撰文忠集)	明范景文撰	別集五	1295- 439
范村梅譜	宋范成大撰	譜錄三	845- 33
范村菊譜	宋范成大撰	譜錄三	845- 37
范忠宣集	宋范純仁撰 清范能濬輯補	別集二	1104- 541
奏議	宋范純仁撰 清范能濬輯補	別集二	1104- 735
遺文	宋范純仁撰 清范能濬輯補	別集二	1104-787
補編	宋范純仁撰 清范能濬輯補	別集二	1104-815
范忠貞集	清范承謨撰 劉可書編	別集六	1314- 1
范德機詩集	元范　梈撰	別集四	1208- 67
茅亭客話	宋黃休復撰	小說二	1042- 915
茅簷集	明魏學洢撰	別集五	1297- 505
茆亭客話(見茅亭客話)			

書名	著者	類別	冊頁
衍極	元鄭杓撰 劉有定註	藝術一	814-441
表記集傳	明黃道周撰	禮三	122-833
表度說	明熊三拔口譯 周子愚筆錄	天算一	787-807
訂譌雜錄	清胡鳴玉撰	雜家二	861-431
貞白遺稿	明程通撰	別集五	1235-725
貞素齋集	元舒頔撰	別集四	1217-547
貞觀公私畫史	唐裴孝源撰	藝術一	812-17
貞觀政要	唐吳兢撰 元戈直集論	雜史	407-337
負暄野錄	宋陳槱撰	雜家四	871-31
迪功集	明徐禎卿撰	別集五	1268-733
迪功詩選(見二家詩選)	明徐禎卿撰 清王士禛編	總集	1459-61
述古齋集(見北郭集附)	明許節撰	別集四	1217-361
述書賦	唐竇臮撰 竇蒙註	藝術一	812-77
述異記	梁任昉撰	小說三	1047-611
郁氏書畫題跋記(見書畫題跋記)	明郁逢慶撰	藝術一	816-587
郊社禘祫問	清毛奇齡撰	禮四	129-569
重刻周易本義(見別本周易本義)			
重刻淳化閣帖釋文	清于敏中等校正	目錄二	683-559
重訂大金國志	宋宇文懋昭撰	別史	383-805
重訂契丹國志	宋葉隆禮撰	別史	383-655
重訂詩經疑問	明姚舜牧撰	詩類	80-579
重修玉篇	梁顧野王撰 宋陳彭年重修	小學二	224-1
重修革象新書	元趙友欽撰 明王禕刊訂	天算一	786-273
重修廣韻	宋陳彭年等撰	小學三	236-223
重編瓊臺會稿(見重編瓊臺藁)			
重編瓊臺藁	明丘濬撰 丘爾穀編	別集五	1248-1
革除逸史	明朱睦㮮撰	雜史	410-529
革象新書(見原本革象新書)	元趙友欽撰	天算一	786-221
革象新書(見重修革象新書)	元趙友欽撰 明王禕刊訂	天算一	786-273
韋齋集	宋朱松撰	別集三	1133-425
韋蘇州集	唐韋應物撰	別集一	1072-77
音論	清顧炎武撰	小學三	241-1
音韻述微	清梁國治等撰	小學三	240-853
音韻闡微	清李光地等撰	小學三	240-
風月堂詩話	宋朱弁撰	詩文評	1479-13
風俗通義	漢應劭撰	雜家三	862-349
風雅翼	元劉履編	總集	1370-1
香山九老詩(見高氏三宴詩集)	唐白居易等撰	總集	1332-8
香山集	宋喻良能撰	別集三	1151-639
香乘	明周嘉冑撰	譜錄一	844-349
香屑集	清黃之雋撰	別集六	1327-375
香祖筆記	清王士禛撰	雜家三	870-379
香溪集	宋范浚撰	別集三	1140-1
香譜	宋洪芻撰	譜錄一	844-217
香譜(見陳氏香譜)	宋陳敬撰	譜錄一	844-239

十畫

書名	著者	類別	冊頁
修辭鑑衡	元王構編	詩文評	1482-255
倪文貞集	明倪元璐撰	別集五	1297-1
續編	明倪元璐撰	別集五	1297-212
奏疏	明倪元璐撰	別集五	1297-231
講編	明倪元璐撰	別集五	1297-324
詩集	明倪元璐撰	別集五	1297-343
倪文僖集	明倪謙撰	別集五	1245-235
倪石陵書	宋倪朴撰 明毛鳳韶輯	別集三	1152-1
倚松老人集(見倚松詩集)			
倚松詩集	宋饒節撰	別集二	1117-190
兼明書	唐丘光庭撰	雜家二	850-209
兼濟堂文集	清魏裔介撰	別集六	1312-645
凌忠介公集	明凌義渠撰	別集五	1297-379
剡源文集	元戴表元撰	別集四	1194-1
剡源集(見剡源文集)			
剡錄	宋高似孫撰	地理三	485-527
原本周易本義	宋朱熹撰	易類	12-625
原本革象新書	元趙友欽撰	天算一	786-221
原本韓文考異(見原本韓集考異)			
原本韓集考異	宋朱熹撰 張洽校補	別集一	1073-127
唐人萬首絕句選	宋洪邁原本 清王士禛選	總集	1459-85
唐大詔令集	宋宋敏求編	詔令	426-1

書名	著者	類別	冊-頁
唐子西集(見眉山集)			
唐才子傳	元辛文房撰	傳記三	451- 409
唐六典	唐張九齡等撰 李林甫等注	職官一	595- 1
唐文粹	宋姚　鉉編	總集	1343- 1 ~ 1344- 1
唐史論斷	宋孫　甫撰	史評	685- 639
唐四僧詩	唐釋靈澈等撰	總集	1332- 321
唐百家詩選	宋王安石編	總集	1344- 563
唐宋八大家文鈔	明茅　坤編	總集	1383- 1 ~ 1384- 1
唐宋元名表	明胡　松編	總集	1382- 291
唐宋文醇	清高宗敕編	總集	1447- 99
唐宋詩醇	清高宗敕編	總集	1448- 1
唐律疏義	唐長孫無忌等撰	政書五	672- 1
唐英歌詩	唐吳　融撰	別集一	1084- 1
唐音	元楊士弘編 張　震註	總集	1368- 173
唐音癸籤	明胡震亨撰	詩文評	1482- 519
唐風集	唐杜荀鶴撰	別集一	1083- 583
唐書直筆	宋呂夏卿撰	史評	685- 703
唐國史補	唐李　肇撰	小說一	1035- 411
唐御覽詩(見御覽詩)	唐令狐楚編	總集	1332- 95
唐開元占經	唐瞿曇悉達撰	術數二	807- 159
唐創業起居注	唐溫大雅撰	編年	303- 955
唐朝名畫錄	唐朱景玄撰	藝術一	812- 357
唐愚士詩	明唐之淳撰	別集五	1236- 519
唐新語	唐劉　肅撰	小說一	1035- 287
唐會要	宋王　溥撰	政書一	606- 1 ~ 607- 1
唐詩	清聖祖御定 陳廷敬編	總集	1446- 1
唐詩品彙	明高　棅編	總集	1371- 1
唐詩紀事	宋計有功撰	詩文評	1479- 257
唐詩鼓吹	金元好問編 元郝天挺註	總集	1365- 379
唐詩鏡	明陸時雍編	總集	1411- 303
唐僧弘(宏)秀集	宋李　龏編	總集	1356- 861
唐摭言	五代王定保撰	小說一	1035- 695
唐語林	宋王　讜撰	小說一	1038- 1
唐賢三昧集	清王士禛編	總集	1459- 1
唐闕史	唐高彥休撰	小說二	1042- 785
唐韻正	清顧炎武撰	小學三	241- 167
唐韻考(見孫氏唐韻考)			
唐鑑	宋范祖禹撰 呂祖謙注	史評	685- 469
唐觀察集(見閩中十子詩)	明唐　泰撰 袁表等編	總集	1372-358
夏小正戴氏傳	宋傅崧卿撰	禮三	128- 541
夏氏尚書詳解	宋夏　僎撰	書類	56- 393
夏忠靖集(見忠靖集)	明夏原吉撰	別集五	1240- 481
夏侯陽算經	□夏侯陽撰 北周甄鸞注	天算二	797- 227
娛書堂詩話	宋趙與虤撰	詩文評	1481- 461
孫子	周孫　武撰	兵家	726- 43
孫子算經	□不著撰人	天算二	797- 139
孫公談圃	宋孫　升語 劉延世編	小說一	1037- 95
孫氏春秋經解	宋孫　覺撰	春秋	147- 551
孫氏唐韻考	清紀容舒撰	小學三	242- 337
孫可之集	唐孫　樵撰	別集一	1083- 63
孫白谷集(見白谷集)	明孫傳庭撰	別集五	1296- 197
孫明復小集	宋孫　復撰	別集二	1090- 157
孫威敏征南錄(見征南錄)			
孫毅菴奏議	明孫　懋撰	奏議	429- 289
宮室考	清任啓運撰	禮二	109- 801
宮教集	宋崔敦禮撰	別集三	1151- 779
家山圖書	□不著撰人	儒家	709- 421
家語(見孔子家語)	魏王　肅注	儒家	695- 1
家範	宋司馬光撰	儒家	696- 657
家禮	宋朱　熹撰	禮六	142- 527
家藏集	明吳　寬撰	別集五	1255- 1
容春堂集	明邵　寶撰	別集五	1258- 1
前集	明邵　寶撰	別集五	1258- 1
後集	明邵　寶撰	別集五	1258- 225
續集	明邵　寶撰	別集五	1258- 400
別集	明邵　寶撰	別集五	1258- 722
容齋隨筆	宋洪　邁撰	雜家二	851- 265
續筆	宋洪　邁撰	雜家二	851- 401
三筆	宋洪　邁撰	雜家二	851- 534
四筆	宋洪　邁撰	雜家二	851- 662
五筆	宋洪　邁撰	雜家二	851- 790
峴泉集	明張宇初撰	別集五	1236- 337
島夷志略	元汪大淵撰	地理十	594- 71
師山文集(見師山集)			
師山集	元鄭　玉撰	別集四	1217- 1

書名	著者	類別	冊-頁
遺文	元鄭　玉撰	別集四	1217- 67
師友詩傳錄	清郎廷槐編	詩文評	1483- 881
續錄	清劉大勤編	詩文評	1483- 894
師友談記	宋李　廌撰	雜家三	863- 171
席上腐談	宋俞　琰撰	道家	1061- 597
庭訓格言(見聖祖仁皇帝庭訓格言)			
徐氏珞琭子賦注(見珞琭子賦注)			
徐氏筆精	明徐　𤊹撰	雜家二	856- 451
徐正字詩賦	唐徐　寅撰	別集一	1084- 287
徐孝穆集箋注	陳徐　陵撰 清吳兆宜註	別集一	1064- 791
卷六備考	清徐文炳註	別集一	1064- 925
徐霞客遊記	明徐宏祖撰	地理九	593- 61
恥存堂稿	宋高斯得撰	別集三	1182- 1
息園存稿文(見顧華玉集)	明顧　璘撰	別集五	1263- 453
息園存稿詩(見顧華玉集)	明顧　璘撰	別集五	1263- 337
悟眞篇註疏	張伯端撰 宋翁葆光註 戴起宗疏	道家	1061- 429
捕蝗考	明陳芳生撰	政書三	663- 1
旅舍備要方	宋董　汲撰	醫家	738- 439
晁无咎詞	宋晁補之撰	詞曲一	1487- 253
晁氏客語	宋晁說之撰	雜家三	863- 141
晉書	唐房玄齡等撰	正史	255- 1 ～ 256- 1
晉書音義	唐何　超撰	正史	256-1007
晏子春秋	周晏　嬰撰	傳記二	446- 95
晏元獻遺文(見元獻遺文)	宋晏　殊撰 清胡亦堂輯	別集二	1087- 31
書小史	宋陳　思撰	藝術一	814- 205
書史	宋米　芾撰	藝術一	813- 27
書史會要	明陶宗儀撰	藝術一	814- 645
書史會要續編(見續書史會要)			
書舟詞	宋程　垓撰	詞曲一	1487- 195
書法正傳	清馮　武撰	藝術一	826- 321
書法雅言	明項　穆撰	藝術一	816- 243
書法離鉤	明潘之淙撰	藝術一	816- 335
書品	梁庾肩吾撰	藝術一	812- 7
書苑菁華	宋陳　思撰	藝術一	814- 1
書敍指南	宋任　廣撰	類書	920- 455
書訣	明豐　坊撰	藝術一	816- 153
書畫見聞表	明張　丑撰	藝術一	817- 613
書畫跋跋	明孫　鑛撰	藝術一	816- 15
續	明孫　鑛撰	藝術一	816- 112
書畫彙考(見式古堂書畫彙考)	清卞永譽撰	藝術一	827- 1 ～ 829- 1
書畫題跋記	明郁逢慶編	藝術一	816- 587
續題跋記	明郁逢慶編	藝術一	816- 768
書集傳(見書經集傳)			
書集傳或問	宋陳大猷撰	書類	60- 193
書集傳纂疏	元陳　櫟撰	書類	61- 201
書傳	宋蘇　軾撰	書類	54- 485
書傳大全(見書經大全)			
書傳旁通(見書蔡氏傳旁通)			
書傳會選	明劉三吾撰	書類	63- 1
書傳輯錄纂注	元董　鼎撰	書類	61- 531
書經大全	明胡廣等撰	書類	63- 185
書經衷論	清張　英撰	書類	68- 143
書經集傳	宋蔡　沈撰	書類	58- 1
書經傳說彙纂	清王頊齡等撰	書類	65- 375
書經稗疏(見尚書稗疏)			
書義矜式	元王充耘撰	書類	68- 425
書義斷法	元陳悅道撰	書類	62- 511
書說(見增修東萊書說)			
書儀	宋司馬光撰	禮六	142- 457
書蔡氏傳旁通	元陳師凱撰	書類	62- 209
書錄	宋董　更撰	藝術一	814- 283
外篇	宋董　更撰	藝術一	814- 314
書齋夜話	宋俞　琰撰	雜家三	865- 611
書斷	唐張懷瓘撰	藝術一	812- 37
書譜	唐孫過庭撰	藝術一	812- 31
書纂言	元吳　澄撰	書類	61- 1
柴氏四隱集	宋柴望等撰 明柴復貞輯	總集	1364- 871
栟櫚集	宋鄧　肅撰	別集三	1133- 257
校正淳化閣帖釋文(見重刻淳化閣帖釋文)			
格古要論	明曹　昭撰	雜家四	871- 85
格物通	明湛若水撰	儒家	716- 1
格致餘論	元朱震亨撰	醫家	746- 637
格致鏡原	清陳元龍撰	類書	1031- 1 ～ 1032- 1

書名	撰者	類別	冊-頁
格齋四六	宋王子俊撰	別集三	1151- 1
桂林風土記	唐莫休符撰	地理八	589- 63
桂故	明張鳴鳳撰	地理六	585- 739
桂苑叢談	唐馮翊子撰	小說二	1042- 649
桂海虞衡志	宋范成大撰	地理八	589- 365
桂勝	明張鳴鳳撰	地理六	585- 637
桂隱文集	元劉 詵撰	別集四	1195- 115
桂隱詩集	元劉 詵撰	別集四	1195- 213
桐山老農文集(見桐山老農集)			
桐山老農集	元魯 貞撰	別集四	1219- 123
桐江續集	元方 回撰	別集四	1193- 219
栲栳山人詩集	元岑安卿撰	別集四	1215- 459
泰西水法	明西洋熊三拔撰	農家	731- 931
泰泉集	明黃 佐撰	別集五	1273- 299
泰泉鄉禮	明黃 佐撰	禮六	142- 591
浙江通志	清嵇曾筠監修 沈翼機等纂	地理三	519- 1 ~ 526- 1
浙西水利書	明姚文灝撰	地理四	576- 83
浣川集	宋戴 栩撰	別集三	1176- 687
浣花集	唐韋 莊撰	別集一	1084- 531
浦陽人物記	明宋 濂撰	傳記三	452- 1
浩然齋雅談	宋周 密撰	詩文評	1481- 813
浪語集	宋薛季宣撰	別集三	1159- 143
浮山集	宋仲 并撰	別集三	1137- 785
浮沚集	宋周行己撰	別集二	1123- 599
浮湘集(見浮湘藁)			
浮湘藁(見顧華玉集)	明顧 璘撰	別集五	1263- 135
浮溪文粹	宋汪 藻撰	別集三	1128- 335
浮溪集	宋汪 藻撰	別集三	1128- 1
海內十洲記	漢東方朔撰	小說二	1042- 273
海岳名言(見海嶽名言)			
海岱會集	明石存禮等撰 馮 琦編	總集	1377- 1
海叟集	明袁 凱撰	別集五	1233- 161
海島算經	晉劉 徽撰 唐李淳風注	天算二	797- 173
海桑集	明陳 謨撰	別集五	1232- 523
海國聞見錄	清陳倫炯撰	地理十	594- 847
海野詞	宋曾 覿撰	詞曲一	1488- 31
海陵集	宋周麟之撰	別集三	1142- 1
海棠譜	宋陳 思撰	譜錄三	845- 133
海塘錄	清翟均廉撰	地理四	583- 317
海語	明黃 衷撰 黃學準增注	地理十	594- 117
海錄碎事	宋葉庭珪撰	類書	921- 1
海壑吟稿	明趙完璧撰	別集五	1285- 543
海嶽名言	宋米 芾撰	藝術一	813- 63
海鹽澉水志	宋常 棠撰	地理三	487- 493
涇野子內篇	明呂 柟撰	儒家	714- 521
涇皋藏稿	明顧憲成撰	別集五	1292- 1
涉史隨筆	宋葛 洪撰	史評	686- 75
涉齋集	宋許 綸撰	別集三	1154- 405
涑水記聞	宋司馬光撰	小說一	1036- 315
珞琭子三命消息賦注	宋徐子平撰	術數五	809- 157
珞琭子賦注	宋釋曇瑩撰	術數五	809- 105
珠玉詞	宋晏 殊撰	詞曲一	1487- 1
珩璜新論	宋孔平仲撰	雜家三	863- 99
班馬字類	宋婁 機撰	小學二	225- 749
班馬異同	宋倪 思撰 劉辰翁評	正史	251- 431
病機氣宜保命集	金張元素撰	醫家	745- 1
益古演段	元李 治撰	天算二	798- 243
益州名畫錄	宋黃休復撰	藝術一	812- 477
益部方物略記	宋宋 祁撰	地理八	589- 99
益部談資	明何宇度撰	地理八	592- 735
眞山民集	宋眞桂芳撰	別集三	1189- 447
眞誥	梁陶弘景撰	道家	1059- 313
眞蹟日錄	明張 丑撰	藝術一	817- 511
眞臘風土記	元周達觀撰	地理十	594- 53
矩山存稿	宋徐經孫撰	別集三	1181- 1
祖英集	宋釋重顯撰	別集二	1091- 641
祛疑說	宋儲 泳撰	雜家三	865- 201
神仙傳	晉葛 洪撰	道家	1059- 253
神異經	漢東方朔撰 晉張 華注	小說二	1042- 265
神農本草經百種錄	清徐大椿撰	醫家	785- 557
神農本草經疏	明繆希雍撰	醫家	775- 287
祕書監志	元王士點 商企翁撰	職官一	596- 753
祕殿珠林	清張 照 梁詩正等撰	藝術一	823- 443
祠部集	宋強 至撰	別集二	1091- 1
秘書監志(見祕書監志)			
秘殿珠林(見祕殿珠林)			
純正蒙求	元胡炳文撰	類書	952- 1
純白齋類稿	元胡 助撰	別集四	1214- 551
素書(見黃石公素書)			

書名	著者	類別	冊頁
素問入式運氣論奧	宋劉溫舒撰	醫家	738- 451
素問玄(元)機原病式	金劉完素撰	醫家	744- 703
素履子	唐張　弧撰	儒家	696- 645
耆舊續聞	宋陳　鵠撰	小說一	1039- 587
耕學齋詩集	明袁　華撰	別集五	1232- 259
能改齋漫錄	宋吳　曾撰	雜家二	850- 501
脈訣刊誤	元戴啓宗撰	醫家	746- 863
脈書要語	明汪　機輯	醫家	746- 924
矯世惑脈論	明汪　機撰	醫家	746- 931
芻言	宋崔敦禮撰	雜家一	849- 277
芻蕘集	明周是修撰	別集五	1236- 1
荔枝譜	宋蔡　襄撰	譜錄三	845- 153
茶山集	宋曾　幾撰	別集三	1136- 473
茶經	唐陸　羽撰	譜錄二	844- 609
茶錄	宋蔡　襄撰	譜錄二	844- 627
荀子	周荀　況撰 唐楊　倞註	儒家	695- 115
荊川集	明唐順之撰	別集五	1276- 183
荊川稗編	明唐順之撰	類書	953- 1 ～ 955- 1
荊南倡和詩集	元周　砥 明馬　治撰	總集	1370- 229
荊南唱和集(見荊南倡和詩集)			
荊楚歲時記	梁宗　懍撰	地理八	589- 13
荊溪林下偶談	宋吳子良撰	詩文評	1481- 485
草木子	明葉子奇撰	雜家三	866- 733
草堂雅集	元顧　瑛編	總集	1369- 175
草堂詩話	宋蔡夢弼撰	詩文評	1481- 519
草堂詩餘	□不著撰人	詞曲二	1489- 531
草閣詩集	明李　曄撰	別集五	1232- 1
拾遺	明李　曄撰	別集五	1232- 58
文集	明李　曄撰	別集五	1232- 81
草澤狂歌	明王　恭撰	別集五	1231- 209
荒政叢書	清俞　森撰	政書三	663- 13
蚓竅集	明管時敏撰	別集五	1231- 673
袁氏世範	宋袁　采撰	儒家	698- 595
記纂淵海	宋潘自牧撰	類書	930- 1 ～ 932- 1
起廢疾	漢鄭　玄撰	春秋	145- 869
追昔遊集	唐李　紳撰	別集一	1079- 79
逃禪詞	宋揚无咎撰	詞曲一	1487- 637
邕州小集	宋陶　弼撰	別集二	1096- 393
郝氏續後漢書	元郝　經撰 荀宗道注	別史	385- 1 ～ 386- 1
郡齋讀書志	宋晁公武撰 趙希弁緝輯	目錄一	674- 153
附志		目錄一	674- 301
後志	宋趙希弁編	目錄一	674- 368
酒譜	宋竇　苹撰	譜錄二	844- 835
酒邊詞	宋向子諲撰	詞曲一	1487- 523
針灸問對(見鍼灸問對)			
陝西通志	清劉於義監修 沈青崖等纂	地理三	551- 1 ～ 556- 1
陣紀	明何良臣撰	兵家	727- 675
馬氏南唐書	宋馬　令撰	載記	464- 247
馬政紀	明楊時喬撰	政書四	663- 503
馬端肅奏議	明馬文升撰	奏議	427- 705
高士傳	晉皇甫謐撰	傳記三	448- 85
高子遺書	明高攀龍撰 陳龍正編	別集五	1292- 329
高氏三宴詩集	唐高正臣編	總集	1332- 1
高氏春秋集註	宋高　閌撰	春秋	151- 251
高待詔集(見閩中十子詩)	明高　棅撰 袁表等編	總集	1372- 251
高峯文集	宋廖　剛撰	別集三	1142- 303
高常侍集	唐高　適撰	別集一	1071- 373
高齋漫錄	宋曾　慥撰	小說一	1038- 313
鬼谷子	周鬼谷子撰	雜家一	848- 257

十一畫

書名	著者	類別	冊頁
乾坤清氣	明偶　桓編	總集	1370- 259
乾坤體義	明利瑪竇撰	天算一	787- 755
乾坤鑿度(易緯之一)	漢鄭　玄註	易類	53- 821
乾道稿	宋趙　蕃撰	別集三	1155- 1
乾道臨安志	宋周　淙撰	地理三	484- 53
參寥子集(見參寥子詩集)			
參寥子詩集	宋釋道潛撰	別集二	1116- 1
參讀禮志疑	清汪　紱撰	禮四	129- 585
唯室集	宋陳長方撰	別集三	1139- 615

書名	撰者	類	冊-頁
商子	秦商　鞅撰	法家	729- 561
商文毅疏稿	明商　輅撰	奏議	427- 417
問辨錄	明高　拱撰	四書	207- 1
啓蒙意見	明韓邦奇撰	易類	30- 95
國子監志	清梁國治等撰	職官一	600- 1
國老談苑	宋王君玉撰	小說一	1037- 631
國秀集	唐芮挺章編	總集	1332- 63
國朝宮史	清高宗敕撰	政書二	657- 1
國語	吳韋　昭注	雜史	406- 1
國語補音	宋宋庠補音	雜史	406- 187
執中成憲	清世宗敕撰	儒家	722- 1
埤雅	宋陸　佃撰	小學一	222- 59
婦人大全良方	宋陳自明撰	醫家	742- 435
密菴集	明謝　肅撰	別集五	1228- 77
密齋筆記	宋謝采伯撰	雜家三	864- 643
續筆記	宋謝采伯撰	雜家三	864- 686
寇忠愍公詩集(見忠愍集)	宋寇　準撰	別集二	1085- 667
尉繚子	周尉　繚撰	兵家	726- 71
崇文總目	宋王堯臣等撰	目錄一	674- 1
崇古文訣	宋樓　昉編	總集	1354- 1
崑崙河源考	清萬斯同撰	地理四	579- 317
崔氏春秋經解	宋崔子方撰	春秋	148- 173
崆峒樵音(見元音遺響)	元胡　布撰	總集	1369- 579
崧菴集	宋李處權撰	別集三	1135- 577
巢氏諸病源候總論	隋巢元方撰	醫家	734- 549
常建詩	唐常　建撰	別集一	1071- 425
常談	宋吳　箕撰	雜家三	864- 237
庶齋老學叢談	元盛如梓撰	雜家三	866- 513
康熙字典	清張玉書 陳廷敬等撰	小學二	229- 1 ~ 231- 1
康範詩集	宋汪　晫撰	別集三	1175- 573
續錄	宋汪　晫撰	別集三	1175- 584
實錄	宋汪　晫撰	別集三	1175- 586
外集	宋汪　晫撰	別集三	1175- 597
康濟錄	清陸曾禹原撰 倪國璉檢擇	政書三	663- 223
康齋文集(見康齋集)			
康齋集	明吳與弼撰	別集五	1251- 357
庸菴集	元宋　禧撰	別集四	1222- 395
庸齋集	宋趙汝騰撰	別集三	1181- 235
張子全書	宋張　載撰	儒家	697- 75
張子抄釋	明呂　柟撰	儒家	715- 31
張文貞集	清張玉書撰	別集六	1322- 389
張氏可書	宋張知甫撰	小說一	1038- 707
張氏拙軒集	宋張　侃撰	別集三	1181- 369
張氏春秋集注	宋張　洽撰	春秋	156- 1
張司業集	唐張　籍撰	別集一	1078- 1
張丘(邱)建算經	北周甄鸞註 唐李淳風註釋	天算二	797- 251
張莊僖文集	明張永明撰	別集五	1277- 305
張燕公集	唐張　說撰	別集一	1065- 661
張襄壯奏疏	清張　勇撰	奏議	430- 303
強齋集	明殷　奎撰	別集五	1232- 383
得宜本草(絳雪園古方選註附)	清王子接撰	醫家	783- 923
御批通鑑綱目(見御批資治通鑑綱目)			
御批通鑑綱目前編(見御批資治通鑑綱目前編)			
御批通鑑綱目續編(見御批續資治通鑑綱目)			
御批通鑑輯覽(見御批歷代通鑑輯覽)			
御批資治通鑑綱目	宋朱　熹撰 清聖　祖批	史評	689- 1 ~ 691- 1
御批資治通鑑綱目前編	宋金履祥撰 清聖　祖批	史評	692- 1
御批歷代通鑑輯覽	清高　宗批 傅恒等纂	編年	335- 1 ~ 339- 1
御批續資治通鑑綱目	明商輅等撰 清聖　祖批	史評	693- 1 ~ 694- 1
御定人臣儆心錄	清王永吉等撰	職官二	602- 761
御定千叟宴詩	清康熙六十一年敕編	總集	1447- 1
御定子史精華	清吳士玉 吳　襄等撰	類書	1008- 1 ~ 1010- 1
御定小學集註	宋朱　熹撰 明陳　選集註	儒家	699- 521
御定內則衍義	清世祖御定 傅以漸等纂	儒家	719- 347
御定分類字錦	清何　焯 陳鵬年等撰	類書	1005- 1 ~ 1007- 1
御定月令輯要	清李光地等撰	時令	467- 39
御定全金詩(見御訂全金詩增補中州集)			
御定全唐詩	清聖祖御定	總集	1423- 1 ~ 1431- 1

書名	著者	類	冊-頁
御定全唐詩錄	清徐　倬編	總集	1472-1 ~ 1473-1
御定曲譜	清王奕清等撰	詞曲五	1496-395
御定孝經注	清世祖御定 蔣赫德纂	孝經	182-255
御定孝經衍義	清韓菼編纂	儒家	718-1 ~ 719-1
御定佩文齋書畫譜	清孫岳頒等撰	藝術一	819-1 ~ 823-1
御定佩文齋詠物詩選	清張玉書 汪　霦等編	總集	1432-1 ~ 1434-1
御定佩文齋廣羣芳譜	清汪　灝 張逸少等撰	譜錄三	845-207 ~ 847-1
御定佩文韻府	清張玉書 陳廷敬等撰	類書	1011-1 ~ 1028-1
御定星曆(歷)考原	清李光地等編	術數六	811-1
御定春秋直解(見御纂春秋直解)			
御定音韻闡微	清李光地等撰	小學三	240-1
御定執中成憲(見欽定執中成憲)			
御定康熙字典	清張玉書 陳廷敬等纂	小學二	229-1 ~ 231-1
御定通鑑綱目三編(見御定資治通鑑綱目三編)			
御定淵鑑類函	清張　英 王士禛等纂	類書	982-1 ~ 983-1
御定詞譜	清王奕清等撰	詞曲四	1495-1
御定資治通鑑綱目三編	清張廷玉等撰	編年	340-1
御定資政要覽	清世　祖撰 呂　宮等纂	儒家	717-531
御定道德經註	清世　祖註 成克鞏纂	道家	1055-445
御定儀象考成(見欽定儀象考成)			
御定數理精蘊(見御製數理精蘊)			
御定盤山志(見欽定盤山志)			
御定歷代紀事年表	清王之樞 周清原等撰	別史	387-1 ~ 391-1
御定歷代詩餘(見御選歷代詩餘)			
御定歷代賦彙	清陳元龍等編	總集	1419-1 ~ 1422-1
御定歷代題畫詩類	清陳邦彥等編	總集	1435-1 ~ 1436-1
御定歷象考成(見御製曆象考成)			
御定歷象考成後編(見御製曆象考成後編)			
御定駢字類編	清吳士玉 沈宗敬等撰	類書	994-1 ~ 1004-1
御定醫宗金鑑(見御纂醫宗金鑑)			
御定韻府拾遺	清康熙五十五年御定	類書	1029-1 ~ 1030-1
御注孝經(見御定孝經注)			
御註道德經(見御定道德經註)			
御製文集	清高宗御製	別集六	1301-1
初集	清于敏中編	別集六	1301-1
二集	清梁國治等編	別集六	1301-271
三集	清沈初等編	別集六	1301-563
餘集	清彭元瑞等編	別集六	1301-684
御製日知薈說	清高宗御撰	儒家	717-663
御製律呂正義	清聖祖御定	樂類	215-1
御製律呂正義後編	清允　祿 張　照等纂	樂類	215-223 ~ 218-1
御製評鑑闡要(見評鑑闡要)	清高　宗撰 劉統勳等編	史評	694-417
御製詩集	清高宗御製	別集六	1302-1 ~ 1311-1
初集	清蔣溥等編	別集六	1302-1
二集	清蔣溥等編	別集六	1303-1 ~ 1304-1
三集	清于敏中等編	別集六	1305-1 ~ 1306-1
四集	清董誥等編	別集六	1307-1 ~ 1308-1
五集	清王杰等編	別集六	1309-1 ~ 1311-1
餘集		別集六	1311-521
御製數理精蘊	清康熙五十二年敕撰	天算二	799-1 ~ 801-1

書名	撰者	類別	冊-頁
御製樂善堂全集定本	清高宗御撰 蔣溥重編	別集六	1300- 233
御製曆(歷)象考成	清允祿 何國宗等撰	天算一	790- 1 ~ 791- 1
御製曆(歷)象考成後編	清允祿等撰	天算一	792- 1
御製繙譯四書(見欽定繙譯五經四書)	清乾隆間欽定	經總義	189- 282
繙譯大學			189- 282
繙譯中庸			189- 305
繙譯論語			189- 340
繙譯孟子			189- 452
御製繙譯易經(見欽定繙譯五經四書)	清乾隆間欽定	經總義	185- 3
御製繙譯春秋(見欽定繙譯五經四書)	清乾隆間欽定	經總義	187- 1 ~ 189- 1
御製繙譯書經(見欽定繙譯五經四書)	清乾隆間欽定	經總義	185- 212
御製繙譯詩經(見欽定繙譯五經四書)	清乾隆間欽定	經總義	185- 40
御製繙譯禮記(見欽定繙譯五經四書)	清乾隆間欽定	經總義	186- 1
御選古文淵鑒	清聖祖御選 徐乾學等編注	總集	1417- 1 ~ 1418- 1
御選四朝詩(見御選宋金元明四朝詩)			
御選宋金元明四朝詩	清聖祖御定 張豫章等編	總集	1437- 1 ~ 1444- 1
御選宋詩	清聖祖御定 張豫章等編	總集	1437- 1 ~ 1438- 1
御選金詩	清聖祖御定 張豫章等編	總集	1439- 1
御選元詩	清聖祖御定 張豫章等編	總集	1439- 419 ~ 1441- 1
御選明詩	清聖祖御定 張豫章等編	總集	1442- 1 ~ 1444- 1
御選明臣奏議	清乾隆四十六年敕編	奏議	445- 1
御選唐宋文醇	清乾隆三年敕編	總集	1447- 99
御選唐宋詩醇	清乾隆十五年敕編	總集	1448- 1
御選唐詩	清聖祖御定 陳廷敬等編注	總集	1446- 1
御選歷代詩餘	清聖祖御定 沈辰垣 王奕清等編	詞曲二	1491- 1 ~ 1493- 1
御纂朱子全書	清李光地 熊賜履等纂	儒家	720- 1 ~ 721- 1
御纂孝經集註	清世宗御定	孝經	182- 269
御纂周易折中	清李光地等撰	易類	38- 1
御纂周易述義	清傅恒等撰	易類	38- 595
御纂性理精義	清李光地等纂	儒家	719- 589
御纂律呂正義(見御製律呂正義)			
御纂春秋直解	清傅恒等撰	春秋	174- 1
御纂詩義折中	清傅恒等撰	詩類	84- 1
御纂醫宗金鑑	清吳謙 劉裕鐸等纂	醫家	780- 1 ~ 782- 1
御覽經史講義	清蔣溥 劉統勳等編	儒家	722- 125 ~ 723- 1
御覽詩	唐令孤楚編	總集	1332- 95
惜香樂府	宋趙長卿撰	詞曲一	1488- 375
惟實集	元劉 鶚撰	別集四	1206- 295
扈從西巡日錄	清高士奇撰	傳記四	460-1153
扈從集	元周伯琦撰	別集四	1214- 542
扈從詩(見扈從集)			
授時通考	清鄂爾泰 張廷玉等撰	農家	732- 1
授經圖(見授經圖義例)			
授經圖義例	明朱睦㮮撰	目錄一	675- 231
排韻增廣事類氏族大全	元不著撰人	類書	952- 61
採芹錄	明徐三重撰	雜家三	867- 357
推求師意	明戴原禮撰 汪機校錄	醫家	765- 1
推易始末	清毛奇齡撰	易類	41- 479
教坊記	唐崔令欽撰	小說一	1035- 541
救荒本草	明朱 橚撰	農家	730- 609
救荒活民書	宋董 煟撰	政書三	662- 233
書簾緒論	宋胡太初撰	職官二	602- 705
晞髮集	宋謝 翱撰 明陸大業編	別集三	1188- 281
晞髮遺集	宋謝 翱撰 明陸大業編	別集三	1188- 330
遺集補	宋謝 翱撰 明陸大業編	別集三	1188- 343
晦庵集	宋朱 熹撰	別集三	1143- 1 ~ 1146- 1
續集	宋朱 熹撰	別集三	1146- 424
別集	宋朱 熹撰	別集三	1146- 544
曹子建集	魏曹 植撰	別集一	1063- 263
曹月川集	明曹 端撰 清張伯行輯	別集五	1243- 1
曹文貞公詩集	元曹伯啓撰	別集四	1202- 475
後錄	元曹伯啓撰	別集四	1202- 535

書名	著者	類別	冊-頁
曹唐詩	唐曹　唐撰	別集一	1083- 144
曹祠部集	唐曹　鄴撰	別集一	1083- 127
望雲集	明郭　奎撰	別集五	1231- 637
望溪集	清方　苞撰	別集六	1326- 713
桯史	宋岳　珂撰	小說一	1039- 407
梁文紀	明梅鼎祚編	總集	1399- 231
梁書	唐姚思廉撰	正史	260- 1
梁園寓稿	明王　翰撰	別集五	1233- 273
梁谿集	宋李　綱撰	別集三	1125- 491 ～ 1126- 1
年譜	宋李　綸撰	別集三	1126- 869
行狀	宋李　綸撰	別集三	1126- 882
梁谿遺稿	宋尤　袤撰 清尤　侗輯	別集三	1149- 509
梁谿漫志	宋費　袞撰	雜家三	864- 691
梅山續集(見梅山續藁)			
梅山續藁	宋姜特立撰	別集三	1170- 11
梅村集	清吳偉業撰	別集六	1312- 1
梅花字字香	元郭豫亨撰	別集四	1205- 667
前集	元郭豫亨撰	別集四	1205- 669
後集	元郭豫亨撰	別集四	1205- 676
梅花百詠	元馮子振 釋明本撰	總集	1366- 559
梅花道人遺墨	元吳　鎮撰	別集四	1215- 491
梅屋集	宋許　棐撰	別集三	1183- 187
梅苑	宋黃大輿編	詞曲二	1489- 97
梅溪詞	宋史達祖撰	詞曲一	1488- 581
梅溪集	宋王十朋撰	別集三	1151- 45
廷試策	宋王十朋撰	別集三	1151- 50
奏議	宋王十朋撰	別集三	1151- 63
梅溪前集	宋王十朋撰	別集三	1151- 109
後集	宋王十朋撰	別集三	1151- 302
墓誌銘	宋汪應辰撰	別集三	1151- 634
梅巖文集	宋胡次焱撰 明胡璉等編	別集三	1188- 531
梧岡集	明唐文鳳撰	別集五	1242- 521
梧溪集	元王　逢撰	別集四	1218- 563
淙山讀周易	宋方實孫撰	易類	19- 579
淡然軒集	明余繼登撰 明馮　琦編	別集五	1291- 765
淨德集	宋呂　陶撰	別集二	1098- 1
淮南子(見淮南鴻烈解)			
淮南鴻烈解	漢劉　安撰 漢高　誘註	雜家一	848- 505
淮海詞	宋秦　觀撰	詞曲一	1487- 179
淮海集	宋秦　觀撰	別集二	1115- 427
後集	宋秦　觀撰	別集二	1115- 653
長短句	宋秦　觀撰	別集二	1115- 686
淮陽集	元張弘範撰	別集四	1191- 703
詩餘	元張弘範撰	別集四	1191- 717
深衣考	清黃宗羲撰	禮三	127- 1
深衣考誤	清江　永撰	禮三	128- 389
深衣考誤(見禮書綱目附)	清江　永撰	禮五	134- 612
淳化祕閣法帖考正	清王　澍撰	目錄二	684- 503
淳熙三山志	宋梁克家撰	地理三	484- 109
淳熙稿	宋趙　蕃撰	別集三	1155- 17
淵穎集	元吳　萊撰 明宋　濂編	別集四	1209- 1
淵鑑類函	清張　英 清王士禎等編	類書	982- 1 ～ 993- 1
淶水詩集(見文氏五家集)	明文　洪撰	總集	1382- 422
文集(見文氏五家集)	明文　洪撰	總集	1382- 434
清文鑑(見御製增訂清文鑑)			
清正存稿	宋徐鹿卿撰	別集三	1178- 805
清江三孔集	宋孔武仲等撰 宋王　遵編	總集	1345- 177
清江詩集	明貝　瓊撰	別集五	1228- 179
文集	明貝　瓊撰	別集五	1228- 290
清河書畫表	明張　丑撰	藝術一	817- 607
清河書畫舫	明張　丑撰	藝術一	817- 1
清波雜志	宋周　煇撰	小說一	1039- 1
別志	宋周　煇撰	小說一	1039- 92
清苑齋集(見清苑齋詩集)			
清苑齋詩集	宋趙師秀撰	別集三	1171- 189
清風亭稿	明童　軒撰	別集五	1247- 101
清容居士集	元袁　桷撰	別集四	1203- 1
清祕藏	明張應文撰	雜家四	872- 1
清異錄	宋陶　穀撰	小說三	1047- 837
清惠集	明劉　麟撰	別集五	1264- 315
清閟閣全集	元倪　瓚撰 清曹培廉編	別集四	1220- 151
清閟閣集(見清閟閣全集)			
清谿漫稿(見青谿漫稿)			
清獻集	宋趙　抃撰	別集二	1094- 739
清獻集	宋杜　範撰	別集三	1175- 599

書名	撰者	類別	冊－頁
猗覺寮雜記	宋朱　翌撰	雜家二	850- 431
理學類編	明張九韶撰	儒家	709- 741
產育寶慶方(見產育寶慶集)			
產育寶慶集	宋陳師聖 郭稽中等編	醫家	743- 117
產寶諸方	宋不著撰人	醫家	743- 525
畦樂詩集	明梁　蘭撰	別集五	1232- 711
異苑	南朝宋劉敬叔撰	小說二	1042- 499
異域錄	清覺羅圖理琛撰	地理十	594- 793
異魚圖贊	明楊　慎撰	譜錄三	847- 733
異魚圖贊補	清胡世安撰	譜錄三	847- 815
閏集	清胡世安撰	譜錄三	847- 845
異魚圖贊箋	明楊慎原本 清胡世安箋	譜錄三	847- 751
痎瘧論疏	明盧之頤撰	醫家	779- 63
眾妙集	宋趙師秀編	總集	1356- 925
䂬溪詩話	宋黃　徹撰	詩文評	1479- 215
硃批諭旨(見世宗憲皇帝硃批諭旨)			
研山齋襍記(見硯山齋雜記)			
研北雜志	元陸　友撰	雜家三	866- 561
竟山樂錄	清毛奇齡撰	樂類	220- 291
章泉稿	宋趙　蕃撰	別集三	1155- 332
笠澤藂書	唐陸龜蒙撰	別集一	1083- 229
紹陶錄	宋王　質撰	傳記二	446- 273
紹熙州縣釋奠儀圖	宋朱　熹撰	政書二	648- 1
紹興十八年同年小錄	宋不著編人	傳記三	448- 345
紺珠集	宋朱勝非撰	雜家五	872- 273
習學記言	宋葉　適撰	雜家一	849- 323
脚氣治法總要	宋董　汲撰	醫家	738- 417
脚氣集	宋車若水撰	雜家三	865- 505
莊子口義	宋林希逸撰	道家	1065- 355
莊子注	晉郭　象撰	道家	1056- 1
莊子翼	明焦　竑撰	道家	1058- 1
采摭書目	明焦　竑撰	道家	1058- 4
莊子闕誤(見莊子翼)	宋陳景元撰 明焦　竑輯	道家	1058- 278
莊氏算學	清莊亨陽撰	天算二	802- 717
莊定山集(見定山集)	明莊　昶撰	別集五	1254- 145
莊渠遺書	明魏　校撰	別集五	1267- 673
莊靖集	金李俊民撰	別集四	1190- 519
莊簡集	宋李　光撰	別集三	1128- 429
術數記遺(見數術記遺)			
訥谿奏疏	明周　怡撰	奏議	429- 559
逍遙集	宋潘　閬撰	別集二	1085- 565
通志	宋鄭　樵撰	別史	372- 1 ～ 381- 1
通典	唐杜　佑撰	政書一	603- 1 ～ 605- 1
通書述解	明曹　端撰	儒家	697- 21
通雅	明方以智撰	雜家二	857- 1
通鑑外紀(見資治通鑑外紀)			
通鑑地理通釋	宋王應麟撰	編年	312- 1
通鑑前編(見資治通鑑前編)			
通鑑胡注舉正	清陳景雲撰	編年	312- 381
通鑑紀事本末	宋袁　樞撰	紀事	346- 1 ～ 349- 1
通鑑問疑	宋劉羲仲撰	史評	686- 1
通鑑答問	宋王應麟撰	史評	686- 617
通鑑綱目三編(見資治通鑑綱目三編)			
通鑑總類	宋沈　樞撰	史鈔	461- 201 ～ 462- 1
通鑑釋文辨誤	元胡三省撰	編年	312- 217
通鑑釋例(見資治通鑑釋例)			
通鑑續編	元陳　桱撰	編年	332- 435
連叢子(見孔叢子附)	漢孔　臧撰	儒家	695- 359
郭氏傳家易說	宋郭　雍撰	易類	13- 1
郭鯤溟集(見鯤溟詩集)			
郴江百詠	宋阮　閱撰	別集三	1136- 109
野古集	明龔　詡撰	別集五	1236- 261
野老紀聞	宋王　□撰	雜家二	852- 801
野谷詩稿	宋趙汝鐩撰	別集三	1175- 89
野客叢書	宋王　楙撰	雜家二	852- 547
野航詩稿	明朱存理撰	別集五	1251- 615
文稿	明朱存理撰	別集五	1251- 618
野處集	元邵亨貞撰	別集四	1215- 185
野處類藳	舊題宋洪邁撰	別集三	1158- 223
野菜博錄	明鮑　山撰	農家	731- 979

書名	著者	類別	冊頁
野趣有聲畫	元楊公遠撰	別集四	1193- 729
釣磯立談	宋史 □撰	載記	464- 43
陰符經考異	宋朱 熹撰	道家	1055- 11
陰符經註	清徐大椿撰	道家	1055- 546
陰符經解	舊題黃帝撰 唐李 筌註	道家	1055- 1
陰符經講義	宋夏元鼎撰	道家	1055- 19
陳文紀	明梅鼎祚編	總集	1399- 595
陳氏尚書詳解	宋陳 經撰	書類	59- 1
陳氏春秋後傳(見春秋後傳)	宋陳傅良撰	春秋	151- 593
陳氏禮記集說	元陳 澔撰	禮三	121- 679
陳氏禮記集說補正	清納喇性德撰	禮三	127- 15
陳白沙集	明陳獻章撰 湛若水校定	別集五	1246- 1
陳秋巖詩集(見秋巖詩集)	元陳宜甫撰	別集四	1202- 673
陳拾遺集	唐陳子昂撰	別集一	1065- 527
陳剛中詩集	元陳 孚撰	別集四	1202- 613
陳書	唐姚思廉等撰	正史	260- 511
陳徵君集(見閩中十子詩)	明陳 亮撰 袁表等編	總集	1372- 233
陳檢討四六	清陳維崧撰 程師恭註	別集六	1322- 1
陵川集	元郝 經撰	別集四	1192- 1
陵陽集	宋韓 駒撰	別集三	1133- 763
陵陽集(見牟氏陵陽集)	宋牟 巘撰	別集三	1188- 1
陶山集	宋陸 佃撰	別集二	1117- 55
陶朱新錄	宋馬 純撰	小說二	1047- 197
陶淵明集	晉陶 潛撰	別集一	1063- 467
陶菴全集	明黃淳耀撰	別集五	1297- 621
陶學士集	明陶 安撰	別集五	1225- 567
陸士龍集	晉陸 雲撰	別集一	1063- 389
陸子餘集	明陸 粲撰	別集五	1274- 577
陸氏易解	吳陸 績撰 明姚士粦輯	易類	7- 185
陸氏詩疏廣要	吳陸 璣撰 明毛晉廣要	詩類	70- 23
雪山集	宋王 質撰	別集三	1149- 343
雪坡文集(見雪坡集)			
雪坡集	宋姚 勉撰	別集三	1184- 1
雪溪集	宋王 銍撰	別集三	1136- 547
雪履齋筆記	元郭 翼撰	雜家三	866- 645
雪樓集	元程鉅夫撰	別集四	1202- 1
年譜	元程世京編錄	別集四	1202- 466
雪蓬詩選(見廣州四先生詩)	明黃 哲撰	總集	1372- 2
雪窻集	宋孫夢觀撰	別集三	1181- 61
雪磯叢稿	宋樂雷發撰	別集三	1182- 689
鹿皮子集	元陳 樵撰	別集四	1216- 635
鹿洲初集	清藍鼎元撰	別集六	1327- 567

十二畫

書名	著者	類別	冊頁
傅子	晉傅 玄撰	儒家	696- 503
傅與礪詩文集	元傅若金撰	別集四	1213- 181
詩集	元傅若金撰	別集四	1213- 181
文集	元傅若金撰	別集四	1213- 298
備忘集	明海 瑞撰	別集五	1286- 1
備急千金要方	唐孫思邈撰 宋高保衡等校正	醫家	735- 1
剩語	元艾性夫撰	別集四	1194- 397
勝朝殉節諸臣錄	清舒赫德 于敏中等撰	傳記三	456- 393
博士詩(見文氏五家集)	明文 彭撰	總集	1382- 491
博物志	晉張 華撰	小說三	1047- 573
博異記	唐谷神子撰	小說二	1042- 585
博濟方	宋王 衮撰	醫家	738- 97
喻林	明徐元太撰	類書	958- 1 ～ 959- 1
喬氏易俟(見易俟)			
堯峯文鈔	清汪 琬撰	別集六	1315- 203
壺山四六	宋方大琮撰	別集三	1178- 333
富山遺稿	宋方 夔撰	別集三	1189- 365
寒山子詩集(見寒山詩集)			
寒山帚談	明趙宧光撰	藝術一	816- 263
寒山詩集	唐釋寒山撰	別集一	1065- 29
寒松閣集	宋詹 初撰	別集三	1179- 1
寓庵詩集(見鄱陽五家集)	元葉 蘭撰 清史 簡編	總集	1476- 387
寓意草(見醫門法律附)	清喻 昌撰	醫家	783- 604
寓意編	明都 穆撰	藝術一	814- 635

書名	撰者	類別	冊-頁
寓簡	宋沈作喆撰	雜家三	864- 103
尊白堂集	宋虞　儔撰	別集三	1154- 1
尊孟辨	宋余允文撰	四書	196- 517
續辨	宋余允文撰	四書	196- 549
別錄	宋余允文撰	四書	196- 564
尊前集	□不著編人	詞曲二	1489- 67
尋門餘論(見周易尋門餘論)			
嵇中散集	魏嵇　康撰	別集一	1063- 329
巽隱集	明程本立撰	別集五	1236- 135
巽齋文集	宋歐陽守道撰	別集三	1183- 501
幾何原本	西洋歐几里得撰 明利瑪竇譯 徐光啓筆受	天算二	798 -563
幾何約(見數度衍附)	清方中通撰	天算二	802- 541
幾何論約	清杜知耕撰	天算二	802- 1
庾子山集	北周庾信撰 清倪璠纂註	別集一	1064- 297
庾開府集箋註	北周庾信撰 清吳兆宜註	別集一	1064- 1
强齋集(見強齋集)			
彭城集	宋劉　攽撰	別集二	1096- 1
彭惠安集	明彭　韶撰	別集五	1247- 1
復古詩集	元楊維楨撰 章　琬編	別集四	1222- 123
復古編	宋張　有撰	小學二	225- 679
復齋易說	宋趙彥肅撰	易類	13- 681
惠氏易說	清惠士奇撰	易類	47- 675
惠氏春秋左傳補註	清惠　棟撰	春秋	181- 119
惠氏春秋說	清惠士奇撰	春秋	178- 627
揚子雲集	漢揚　雄撰	別集一	1063- 1
揚州芍藥譜	宋王　觀撰	譜錄三	845- 9
握奇經	舊題風后撰 漢公孫弘解 晉馬隆述讚	兵家	726- 1
揮麈錄	宋王明清撰	小說一	1038- 363
前錄	宋王明清撰	小說一	1038- 363
後錄	宋王明清撰	小說一	1038- 400
三錄	宋王明清撰	小說一	1038- 534
餘話	宋王明清撰	小說一	1038- 566
敝帚藁略	宋包　恢撰	別集三	1178- 703
散花菴詞	宋黃　昇撰	詞曲一	1488- 605
斐然集	宋胡　寅撰	別集三	1137- 257
普濟方	明朱　橚撰	醫家	747- 1 ～ 761- 1
景文集	宋宋　祁撰	別集二	1088- 1
景迂生集	宋晁說之撰	別集二	1118- 1
景定建康志	宋周應合撰	地理三	488- 1 ～ 489- 1
景定嚴州續志	宋鄭　瑤 方仁榮撰	地理三	487- 523
景岳全書	明張介賓撰	醫家	777- 1 ～ 778- 1
曾子(見曾子全書)			
曾子全書	宋汪　晫編	儒家	703- 457
朝邑縣志	明韓邦靖撰	地理三	494- 47
朝野僉載	唐張　鷟撰	小說一	1035- 215
朝野類要	宋趙　升撰	雜家二	854- 101
朝鮮史略	明不著撰人	載記	466- 367
朝鮮志	明不著撰人	地理十	594- 369
朝鮮賦	明董　越撰	地理十	594- 105
棃岳集(見黎嶽集)			
棋訣	宋劉仲甫撰	藝術四	839-1009
棋經	宋晏天章撰	藝術四	839-1001
棠陰比事	宋桂萬榮撰 明吳訥刪補	法家	729- 969
棣華雜著(見竹洲集)	宋吳　儆撰	別集三	1142- 297
椒丘(邱)文集	明何喬新撰	別集五	1249- 1
外集	明何喬新撰	別集五	1249- 529
欽定八旗通志	清乾隆五十一年敕撰	政書四	664- 1 ～ 671- 1
欽定八旗滿洲氏族通譜	清乾隆九年敕撰	傳記三	455- 1 ～ 456- 1
欽定千叟宴詩	清乾隆五十年敕編	總集	1452- 1
欽定大清通禮	清來　保 李玉鳴等奉敕撰	政書二	655- 1
欽定大清會典	清允祹等奉敕撰	政書一	619- 1
欽定大清會典則例	清乾隆十二年敕撰	政書一	620- 1 ～ 625- 1
欽定元史語解(見欽定遼金元三史國語解)	清乾隆四十七年敕撰	正史	296- 244
欽定天祿琳琅書目	清于敏中等編	目錄一	675- 335
欽定日下舊聞考	清于敏中 英　廉等撰	地理三	497- 1 ～ 499- 1
欽定古今儲貳金鑑	清乾隆四十八年敕撰	史評	694- 583

書名	著者	類別	冊次-頁次
欽定叶韻彙輯	清梁詩正 蔣溥等撰	小學三	240- 449
欽定四庫全書考證	清王太岳纂輯	考證	1497- 1 ~ 1500- 1
欽定四庫全書總目	清永瑢 紀昀等撰	總目	1- 1 ~ 5- 1
四庫抽燬書提要	清永瑢 紀昀等撰	總目	5- 349
欽定四庫全書簡明目錄	清永瑢 紀昀等撰	簡目	6- 1
欽定四書文	清方苞奉敕編	總集	1451- 1
欽定外藩蒙古回部王公表傳	清乾隆四十四年敕撰	傳記三	454- 217
欽定平定兩金川方略	清阿桂等撰	紀事	360- 1 ~ 361- 1
欽定平定金川方略	清來保等撰	紀事	356- 1
欽定石峯堡紀略	清乾隆四十九年敕撰	紀事	363- 1
欽定同文韻統	清允祿 傅恒等撰	小學三	240- 359
欽定西域同文志	清傅恒等撰	小學二	235- 1
欽定西淸古鑑	清梁詩正 蔣溥等撰	譜錄一	841- 1 ~ 842- 1
欽定西淸硯譜	清于敏中 梁國治等編	譜錄一	843- 133
欽定協紀辨方書	清允祿 梅瑴成等撰	術數六	811- 109
欽定周官義疏	清乾隆十三年敕撰	禮一	98- 1 ~ 99- 1
欽定宗室王公功績表傳	清乾隆四十六年敕撰	傳記三	454- 1
欽定武英殿聚珍版程式	清金簡撰	政書六	673- 709
欽定河源紀略	清紀昀 隆錫熊等撰	地理四	579- 1
欽定金史語解(見欽定遼金元三史國語解)	清乾隆四十七年敕撰	正史	296- 118
欽定南巡盛典	清高晉 薩載等編	政書二	658- 1 ~ 659- 1
欽定春秋傳說彙纂	清王掞 張廷玉等編	春秋	173- 1
欽定皇朝文獻通考	清乾隆十二年敕撰	政書一	632- 1 ~ 638- 1
欽定皇朝通志	清乾隆三十二年敕撰	政書一	644- 1 ~ 645- 1
欽定皇朝通典	清乾隆三十二年敕撰	政書一	642- 1 ~ 643- 1
欽定皇輿西域圖志	清劉統勳 于敏中等撰	地理三	500- 1
欽定重刻淳化閣帖釋文	清于敏中 王際華等校正	目錄二	683- 559
欽定重訂大金國志	宋宇文懋昭撰	別史	383- 805
欽定重訂契丹國志	宋葉隆禮撰	別史	383- 655
欽定音韻述微	清梁國治等撰	小學三	240- 853
欽定書經傳說彙纂	清王頊齡等撰	書類	65- 375
欽定校正淳化閣帖釋文(見欽定重刻淳化閣帖釋文)			
欽定國子監志	清梁國治等撰	職官一	600- 1
欽定執中成憲	清雍正六年敕撰	儒家	722- 1
欽定康濟錄	清陸曾禹原撰 倪國璉檢擇	政書三	663- 223
欽定授時通考	清鄂爾泰 張廷玉等撰	農家	732- 1
欽定勝朝殉節諸臣錄	清舒赫德 于敏中等撰	傳記三	456- 393
欽定盛京通志	清阿桂 劉謹之等撰	地理三	501- 1 ~ 503- 1
欽定詞譜(見御定詞譜)			
欽定剿捕臨清逆匪紀略	清舒赫德 于敏中等撰	紀事	362- 1
欽定補繪蕭雲從離騷全圖	清蕭雲從原圖並注 乾隆四十七年敕補繪	楚辭	1062- 495
欽定補繪離騷全圖(見欽定補繪蕭雲從離騷全圖)			
欽定詩經傳說彙纂	清王鴻緒等撰	詩類	83- 1
欽定詩經樂譜全書	清永瑢 鄒奕孝等撰	樂類	219- 1
欽定滿洲祭神祭天典禮	清官著等承修 于敏中漢譯	政書二	657- 619

書名	撰者	類	冊-頁
欽定滿洲源流考	清阿桂 于敏中等撰	地理三	499- 451
欽定滿洲蒙古漢字三合切音清文鑑(見御製滿珠蒙古漢字三合切音清文鑑)			
欽定臺灣紀略	清乾隆五十三年敕撰	紀事	363- 1
欽定蒙古源流	清蒙古薩囊徹辰撰	雜史	410- 549
欽定儀象考成	清允祿 戴進賢等撰	天算一	793- 1
欽定儀禮義疏	清乾隆十三年敕撰	禮二	106- 1 ～ 107- 1
欽定增訂清文鑑(見御製增訂清文鑑)			
欽定樂律正俗(見欽定詩經樂譜全書附)		樂類	219- 918
欽定熱河志	清梁國治等撰	地理三	495- 1 ～ 496- 1
欽定盤山志	清蔣溥 汪由敦等撰	地理六	586- 1
欽定歷代紀事年表(見御定歷代紀事年表)			
欽定歷代職官表	清永瑢 紀昀等撰	職官一	601- 1 ～ 602- 1
欽定遼史語解(見欽定遼金元三史國語解)	清乾隆四十七年敕撰	正史	296- 3
欽定遼金元三史國語解	清乾隆四十七年敕撰	正史	296- 1
欽定錢錄	清梁詩正 蔣溥等撰	譜錄一	844- 1
欽定禮記義疏	清乾隆十三年敕撰	禮三	124- 1 ～ 126- 1
欽定繙譯五經四書	清乾隆間欽定	經總義	185- 1 ～ 189- 1
欽定續文獻通考	清嵇璜 曹仁虎等撰	政書一	626- 1 ～ 631- 1
欽定續通志	清嵇璜 曹仁虎等撰	別史	392- 1 ～ 401- 1
欽定續通典	清嵇璜 曹仁虎等撰	政書一	639- 1 ～ 641- 1
欽定蘭州紀略	清阿桂等撰	紀事	362- 233
渚宮舊事	唐余知古撰	雜史	407- 555
渚山堂詞話	明陳霆撰	詞曲三	1494- 531
測量法義	明徐光啓撰	天算一	789- 815
測量異同	明徐光啓撰	天算一	789- 833
測圓海鏡	元李治撰	天算二	798- 1
測圓海鏡分類釋術	元李治撰 明顧應祥釋術	天算二	798- 127
渭南文集	宋陸游撰	別集三	1163- 307
游宦紀聞	宋張世南撰	雜家三	864- 585
游廌山集	宋游酢撰	別集二	1121- 627
渾蓋通憲圖說	明李之藻撰	天算一	789- 851
湖山集	宋吳芾撰	別集三	1138- 445
湖山類稿	宋汪元量撰	別集三	1188- 221
湖廣通志	清邁柱等監修 夏力恕等纂	地理三	531- 1 ～ 534- 1
湘山野錄	宋釋文瑩撰	小說一	1037- 225
續錄	宋釋文瑩撰	小說一	1037- 268
湛淵集	元白珽撰	別集四	1198- 87
湛淵靜語	元白珽撰	雜家三	866- 283
湛然居士集	元耶律楚材撰	別集四	1191- 487
湛園札記	清姜宸英撰	雜家二	859- 567
湛園集	清姜宸英撰	別集六	1323- 593
湯子遺書	清湯斌撰 王廷燦編	別集六	1312- 421
湯液本草	元王好古撰	醫家	745- 909
滋溪文稿	元蘇天爵撰	別集四	1214- 1
無住詞	宋陳與義撰	詞曲一	1487- 549
無能子(見无能子)			
無爲集	宋楊傑撰	別集二	1099- 679
無錫縣志	□不著撰人	地理三	492- 653
焦氏易林	漢焦贛撰	術數四	808- 269
爲政忠告(見三事忠告)			
牋紙譜	元費著撰	地理八	590- 438
琴史	宋朱長文撰	藝術二	839- 1
琴旨	清王坦撰	樂類	220- 687
琴堂諭俗編	宋鄭玉道等撰 應俊輯補	雜家三	865- 221
琴譜合璧	明楊掄撰 清和素譯	藝術二	839- 179
畫山水賦	唐荆浩撰	藝術一	812- 421
筆法記	唐荆浩撰	藝術一	812- 424
畫史	宋米芾撰	藝術一	813- 1
畫史會要	明朱謀垔撰	藝術一	816- 403
畫墁集	宋張舜民撰	別集二	1117- 1
畫墁錄	宋張舜民撰	小說一	1037- 155
畫禪室隨筆	明董其昌撰	雜家三	867- 419

書名	著者	類	冊-頁
畫繼	宋鄧　椿撰	藝術一	813- 503
畫鑒	元湯　垕撰	藝術一	814- 419
疏寮小集(見疎寮小集)			
疎寮小集	宋高似孫撰	別集三	1170- 146
痙書(見傷寒論條辨)	明方有執撰	醫家	775- 149
登州集(見林登州集)			
發微論	宋蔡元定撰	術數三	808- 189
發墨守	漢鄭　玄撰	春秋	145- 876
盛京通志	清阿　桂 劉謹之等撰	地理三	501- 1 ～ 503- 1
硯山齋雜記	清孫承澤撰	雜家四	872- 129
硯史	宋米　芾撰	譜錄一	843- 63
硯箋	宋高似孫撰	譜錄一	843- 97
硯譜	宋不著撰人	譜錄一	843- 91
程氏春秋分記(見春秋分記)	宋程公說撰	春秋	154- 1
程氏春秋或問	元程端學撰	春秋	160- 519
程氏經說	宋程　頤撰	經總義	183- 45
童溪易傳	宋王宗傳撰	易類	17- 1
童蒙訓	宋呂本中撰	儒家	698- 515
筆記(見宋景文筆記)	宋宋　祁撰	雜家三	862- 533
筆精(見徐氏筆精)	明徐　𤊹撰	雜家二	856- 451
筍譜	宋釋贊寧撰	譜錄三	845- 181
粵西文載	清汪　森編	總集	1465- 427 ～ 1467- 1
粵西詩載	清汪　森編	總集	1465- 1
粵西叢載	清汪　森編	總集	1467- 343
粵閩巡視紀略	清杜　臻撰	傳記四	460- 943
紫山大全集	元胡祗遹撰	別集四	1196- 1
紫微集	宋張　嵲撰	別集三	1131- 339
紫微詩話(見紫薇詩話)			
紫微雜說	宋呂祖謙撰	雜家三	863- 821
紫薇詩話	宋呂本中撰	詩文評	1478- 927
紫巖易傳	宋張　浚撰	易類	10- 1
紫巖詩選	宋于　石撰 元吳師道編	別集三	1189- 653
絕妙好詞箋	宋周　密編 清查為仁 厲　鶚箋	詞曲二	1490- 1
絜齋毛詩經筵講義	宋袁　燮撰	詩類	74- 1
絜齋家塾書抄	宋袁　燮撰	書類	57- 627
絜齋集	宋袁　燮撰	別集三	1157- 1
給事集	宋劉安上撰	別集二	1124- 1
絳守居園池記	唐樊宗師撰 元趙仁舉注	別集一	1078- 555
補注	元吳師道 許　謙補正	別集一	1078- 575
絳帖平	宋姜　夔撰	目錄二	682- 1
絳雪園古方選注	清王子接撰	醫家	783- 779
脾胃論	金李　杲撰	醫家	745- 401
舒文靖集	宋舒　璘撰	別集三	1157- 507
菊史補遺(見百菊集譜補遺)	宋史　鑄撰	譜錄三	845- 107
菊磵集	宋高　翥撰 清高士奇輯編	別集三	1170- 119
菌譜	宋陳仁玉撰	譜錄三	845- 205
華亭百詠	宋許　尚撰	別集三	1170- 1
華泉集	明邊　貢撰	別集五	1264- 1
華野疏稿	清郭　琇撰	奏議	430- 729
華陽國志	晉常　璩撰	載記	463- 131
華陽集	唐顧　況撰	別集一	1072- 503
華陽集	宋王　珪撰	別集二	1093- 1
華陽集	宋張　綱撰	別集三	1131- 1
菽園雜記	明陸　容撰	小說一	1041- 231
萍洲可談	宋朱　彧撰	小說一	1038- 273
虛舟集	明王　偁撰	別集五	1237- 1
虛舟集(見王檢討集)			
虛齋集	明蔡　清撰	別集五	1257- 755
蛟峰文集	宋方逢辰撰	別集三	1187- 495
外集	宋方逢辰撰	別集三	1187- 592
觚不觚錄	明王世貞撰	小說一	1041- 425
詁訓柳先生文集(見柳河東集)			
詠史詩(見咏史詩)			
詠物詩	元謝宗可撰	別集四	1216- 619
評鑑闡要	清高　宗撰 劉統勳編	史評	694- 417
詞林典故	清鄂爾泰 張廷玉等撰	職官一	599- 421
詞律	清萬　樹撰	詞曲四	1496- 1
詞苑叢談	清徐　釚撰	詞曲三	1494- 571
詞話(見西河詞話)			
詞綜	清朱彝尊編	詞曲二	1493- 427
詞譜	清聖　祖御定 王奕清等撰	詞曲四	1495- 1
象山集	宋陸九淵撰	別集三	1156- 237
外集	宋陸九淵撰	別集三	1156- 500
語錄	宋陸九淵撰	別集三	1156- 540
象臺首末	宋胡知柔撰	傳記二	441- 1
貴州通志	清鄂爾泰監修 靖道謨等纂	地理三	571- 1 ～ 572- 1

書名	撰者	類	冊	頁
貴耳集	宋張端義撰	雜家三	865-	409
二集	宋張端義撰	雜家三	865-	430
三集	宋張端義撰	雜家三	865-	449
越史略	□不著撰人	載記	466-	559
越絕書	漢袁康吳平同撰	載記	463-	73
逸周書	晉孔　晁注	別史	370-	1
都官集	宋陳舜俞撰	別集二	1096-	405
都城紀勝	宋耐得翁撰	地理八	590-	1
鄂州小集(見羅鄂州小集)				
鈍吟雜錄	清馮　班撰	雜家六	886-	511
開元天寶遺事	五代王仁裕撰	小說一	1035-	843
開元釋教錄	唐釋智昇撰	釋家	1051-	1
開天傳信記	唐鄭　綮撰	小說二	1042-	839
開慶四明續志	宋梅應發劉　錫撰	地理三	487-	347
開慶〔會稽〕續志(寶慶續志之誤，見會稽續志)				
閑居叢稿	元蒲道源撰	別集四	1210-	567
閒居錄	元吾丘衍撰	雜家三	866-	629
閒居叢稿(見閑居叢稿)				
隆平集	宋曾　鞏撰	別史	371-	1
隋文紀	明梅鼎祚編	總集	1400-	197
隋書	唐魏徵等撰	正史	264-	1
雁門集	元薩都剌撰	別集四	1212-	565
雅頌正音	明劉仔肩撰	總集	1370-	583
集千家註杜工部詩集	唐杜　甫撰 元高楚芳編	別集一	1069-	663
集千家註杜詩(見集千家註杜工部詩集)				
集古錄	宋歐陽修撰	目錄二	681-	1
集玉山房稿	明葛　昕撰	別集五	1296-	379
集異記	唐薛用弱撰	小說二	1042-	573
集韻	宋丁　度司馬光撰	小學三	236-	433
集驗背疽方	宋李　迅撰	醫家	743-	433
雲仙雜記	唐馮　贄撰	小說一	1035-	641
雲村集	明許相卿撰	別集五	1272-	131
雲谷雜紀	宋張　淏撰	雜家二	850-	853
雲邨文集(見雲村集)				
雲松巢集	元朱希晦撰	別集四	1220-	621
雲林石譜	宋杜　綰撰	譜錄一	844-	583
雲林集	元貢　奎撰	別集四	1205-	595
雲林集	明危　素撰	別集五	1226-	755
雲泉詩	宋薛　嵎撰	別集三	1186-	737
雲南通志	清鄂爾泰等監修 靖道謨等編	地理三	569-～570-	1
雲峯集	元胡炳文撰	別集四	1199-	735
雲烟過眼錄	宋周　密撰	雜家四	871-	45
續錄	元湯允謨撰	雜家四	871-	81
雲笈七籤	宋張君房撰	道家	1060-～1061-	1
雲巢編	宋沈　遼撰	別集二	1117-	515
雲莊集	宋曾　協撰	別集三	1140-	225
雲莊集	宋劉　爚撰	別集三	1157-	331
雲莊禮記集說(見陳氏禮記集說)				
雲陽集	元李　祁撰	別集四	1219-	629
雲溪居士集	宋華　鎮撰	別集二	1119-	339
雲溪集	宋郭　印撰	別集三	1134-	1
雲臺編	唐鄭　谷撰	別集一	1083-	449
雲谿友議	唐范　攄撰	小說一	1035-	563
雲麓漫鈔	宋趙彥衛撰	雜家三	864-	259
項氏家說	宋項安世撰	儒家	706-	471
須溪四景詩集	宋劉辰翁撰	別集三	1186-	637
須溪集	宋劉辰翁撰	別集三	1186-	401
馮少墟集(見少墟集)	明馮從吾撰	別集五	1293-	1
馮安岳集(見安岳集)	宋馮　山撰	別集二	1098-	289
黃文獻集(見文獻集)	元黃　溍撰	別集四	1209-	215
黃氏日抄	宋黃　震撰	儒家	707-～708-	1
黃氏補註杜詩(見補注杜詩)	宋黃希原注黃鶴補注	別集一	1069-	1
黃石公三略	舊題秦黃石公撰	兵家	726-	89
黃石公素書	宋張商英註	兵家	726-	127
黃帝內經素問	唐王冰次注 宋林億等校正	醫家	733-	1
黃帝內經素問遺篇	宋劉溫舒撰	醫家	738-	499
黃帝素問(見黃帝內經素問)				
黃御史集	唐黃　滔撰	別集一	1084-	87
黃博士集(見閩中十子詩)	明黃　元撰 袁表等編	總集	1372-	437

十三畫

書名	著者	類別	冊頁
催官篇	宋賴文俊撰	術數三	808- 153
傲軒吟稿	元胡天游撰	別集四	1216- 725
傳信適用方	宋吳彥夔撰	醫家	741- 745
傳家集	宋司馬光撰	別集二	1094- 1
傳神祕要	清蔣　驥撰	藝術一	838- 741
傷寒舌鑑	清張　登撰	醫家	783- 699
傷寒明理論	金成無己撰	醫家	734- 307
傷寒直格方	金劉完素撰	醫家	744- 847
傷寒兼證析義	清張　倬撰	醫家	783- 735
傷寒微旨	宋韓祇和撰	醫家	738- 541
傷寒標本心法類萃	金劉完素撰	醫家	744- 904
傷寒論方	金成無己撰	醫家	734- 347
傷寒論注釋	漢張　機撰 金成無己註	醫家	734- 201
傷寒論條辨	明方有執撰	醫家	775- 1
傷寒總病論	宋龐安時撰	醫家	738- 575
傷寒論音訓	宋龐安時撰	醫家	738- 661
修治藥法	宋董　炳編	醫家	738- 663
傷寒類方	清徐大椿撰	醫家	785- 581
傷寒類書活人總括(見仁齋傷寒類書)			
剿補臨清逆匪紀略	清舒赫德 于敏中等撰	紀事	362- 1
勤有堂隨錄	元陳　櫟撰	雜家三	866- 433
勤齋集	元蕭　㪺撰	別集四	1206- 377
疊山集	宋謝枋得撰	別集三	1184- 843
嵩山居士集(見嵩山集)			
嵩山集	宋晁公遡撰	別集三	1139- 1
嵩陽石刻集記	清葉　封撰	目錄二	684- 97
廉吏傳	宋費　樞撰	傳記三	448- 283
意林	唐馬　總撰	雜家五	872- 197
愚谷集	明李舜臣撰	別集五	1273- 653
愚菴小集	清朱鶴齡撰	別集六	1319- 1
愛日齋叢抄	宋葉　□撰	雜家二	854- 613
愧郯錄	宋岳　珂撰	雜家三	865- 91
愼子	周愼　到撰	雜家一	848- 193
愼獨叟遺稿(見寧極齋稿附)	元陳　植撰	別集三	1189- 734
慈湖詩傳	宋楊　簡撰	詩類	73- 1
慈湖遺書	宋楊　簡撰	別集三	1156- 605
搜玉小集	唐不著撰人	總集	1332- 561
搜神後記	晉陶　潛撰	小說二	1042- 469
搜神記	晉干　寶撰	小說二	1042- 365
敬止集	明陳應芳撰	地理四	577- 1
敬軒文集	明薛　瑄撰 明張　鼎編	別集五	1243- 31
敬業堂集(見敬業堂詩集)			
敬業堂詩集	清查愼行撰	別集六	1326- 1
敬鄉錄	元吳師道撰	傳記三	451- 251
敬齋古今黈	元李　治撰	雜家三	866- 319
新五代史	宋歐陽修撰	正史	279- 1
新本鄭氏周易(見增補鄭氏周易)			
新安文獻志	明程敏政編	總集	1375- 1 ～ 1376- 1
新安志	宋羅　願撰	地理三	485- 337
新序	漢劉　向撰	儒家	696- 187
新法算書	明徐光啓等撰	天算一	788- 1 ～ 789- 1
新唐書	宋歐陽修 宋宋　祁撰	正史	272- 1 ～ 276- 1
新唐書糾謬	宋吳　縝撰	正史	276- 617
新書	漢賈　誼撰	儒家	695- 387
新語	漢陸　賈撰	儒家	695- 369
新儀象法要	宋蘇　頌撰	天算一	786- 79
會昌一品集	唐李德裕撰	別集一	1079- 107
李衛公別集	唐李德裕撰	別集一	1079- 241
李衛公外集	唐李德裕撰	別集一	1079- 305
會稽三賦	宋王十朋撰 宋周世則 宋史　鑄注	地理八	589- 251
會稽志	宋施宿等撰	地理三	486- 1
會稽掇英總集	宋孔延之編	總集	1345- 1
會稽續志	宋張　淏撰	地理三	486- 440
楊公筆錄	宋楊彥齡撰	雜家三	863- 191
楊文忠三錄	明楊廷和撰	奏議	428- 749
楊文敏集(見文敏集)	明楊　榮撰	別集五	1240- 1
楊氏易傳	宋楊　簡撰	易類	14- 1
楊仲弘(宏)集	元楊　載撰	別集四	1208- 1
楊忠介集	明楊　爵撰	別集五	1276- 1

書名	著者	類別	冊-頁
楊忠愍集	明楊繼盛撰	別集五	1278- 611
楓山集	明章 懋撰	別集五	1254- 1
楓山語錄	明章 懋撰	儒家	714- 111
楓窻小牘	宋袁 □撰	小說一	1038- 207
楚詞補注	宋洪興祖撰	楚辭	1062- 115
楚蒙山房易經解（見學易初津、易翼宗、易翼說）	清晏斯盛撰	易類	49- 239
楚辭章句	漢王 逸撰	楚辭	1062- 1
楚辭集注	宋朱 熹撰	楚辭	1062- 299
辯證	宋朱 熹撰	楚辭	1062- 379
後語	宋朱 熹撰	楚辭	1062- 402
楚辭補註（見楚詞補注）			
楚辭說韻（見山帶閣註楚辭）	清蔣 驥撰	楚辭	1062- 772
楚辭餘論（見山帶閣註楚辭）	清蔣 驥撰	楚辭	1062- 723
楳埜集	宋徐元杰撰	別集三	1181- 599
極玄(元)集	唐姚 合編	總集	1332- 149
歲時廣記	宋陳元靚撰	時令	467- 1
歲時雜詠	宋蒲積中編	總集	1348- 207
歲寒堂詩話	宋張 戒撰	詩文評	1479- 31
歲華紀麗譜	元費 著撰	地理八	590- 433
殿閣詞林記	明黃 佐 廖道南撰	傳記三	452- 121
溫公易說	宋司馬光撰	易類	8- 565
溫氏母訓	明溫 璜述	儒家	717- 521
溫飛卿詩集箋注	唐溫庭筠撰 明曾益等注	別集一	1082- 447
溫恭毅集	明溫 純撰	別集五	1288- 361
源流至論前集 後集 續集（見古今源流至論）			
源流至論別集（見古今源流至論別集）			
準齋雜說	宋吳如愚撰	儒家	709- 63
溪堂詞	宋謝 逸撰	詞曲一	1487- 297
溪堂集	宋謝 逸撰	別集二	1122- 473
溪蠻叢笑	宋朱 輔撰	地理十	594- 43
滄洲塵缶編	宋程公許撰	別集三	1176- 889
滄海遺珠	明沐 昂編	總集	1372- 441
滄浪集	宋嚴 羽撰	別集三	1179- 27
滄浪詩話	宋嚴 羽撰	詩文評	1480- 809
滄溟集	明李攀龍撰	別集五	1278- 173
滄螺集	明孫 作撰	別集五	1229- 1
滇考	清馮 甦撰	紀事	364- 1
滇略	明謝肇淛撰	地理三	494- 97
滏水集	金趙秉文撰	別集四	1190- 55
煎茶水記	唐張又新撰	譜錄二	844- 807
瑞竹堂經驗方	元薩里彌實編	醫家	746- 1
瑟譜	元熊朋來撰	樂類	212- 49
禁扁	元王士點撰	地理一	468- 37
禽星易見	明池本理撰	術數六	810- 999
禽經	周師 曠撰 晉張 華註	譜錄三	847- 677
稗編（見荊川稗編）	明唐順之撰	類書	953- 1 ~ 955- 1
筮宗	宋趙汝楳撰	易類	19- 317
筠谷詩集	明李 蓘撰	別集五	1232- 85
筠軒集	元唐 元撰	別集四	1213- 427
筠谿集	宋李彌遜撰	別集三	1130- 583
筠谿樂府（筠谿集附）	宋李彌遜撰	別集三	1130- 829
筠谿樂府	宋李彌遜撰	詞曲一	1487- 479
綏寇紀略	清吳偉業撰	紀事	363- 847
經史正音切韻指南	元劉 鑑撰	小學三	238- 853
經史講義	清蔣 溥 劉統勳編	儒家	722- 125 ~ 723- 1
經外雜抄	宋魏了翁撰	雜家二	853- 69
經典稽疑	明陳耀文撰	經總義	184- 779
經典釋文	唐陸德明撰	經總義	182- 355
經咫	清陳祖范撰	經總義	194- 61
經問	清毛奇齡撰	經總義	191- 7
經問補	清毛遠宗輯	經總義	191- 221
經幄管見	宋曹彥約撰	史評	686- 29
經稗	清鄭方坤撰	經總義	191- 503
經義考	清朱彝尊撰	目錄一	677- 1 ~ 680- 1
經義模範	明不著編人	總集	1377- 79
經濟文集	元李士瞻撰	別集四	1214- 433
經濟文衡	宋朱 熹撰 滕 珙編	儒家	704- 1
前集	宋朱 熹撰 滕 珙編	儒家	704- 1
後集	宋朱 熹撰 滕 珙編	儒家	704- 157
續集	宋朱 熹撰 滕 珙編	儒家	704- 315
經濟類編	明馮 琦 馮 瑗編	類書	960- 1 ~ 963- 1
經禮補逸	元汪克寬撰	禮二	105- 635

書名	著者	類別	冊-頁
羣書考索	宋章如愚撰	類書	936-1～938-1
前集	宋章如愚撰	類書	936-1
後集	宋章如愚撰	類書	937-1
續集	宋章如愚撰	類書	938-1
別集	宋章如愚撰	類書	938-685
羣書會元截江網	宋不著撰人	類書	934-1
羣經音辨	宋賈昌朝撰	小學一	222-1
羣經補義	清江　永撰	經總義	194-1
義府	清黃　生撰	雜家二	858-295
義門讀書記	清何　焯撰 蔣惟鈞編	雜家二	860-1
義豐集	宋王　阮撰	別集三	1154-571
聖求詞	宋呂濱老撰	詞曲一	1487-383
聖祖仁皇帝庭訓格言	清世宗編纂	儒家	717-613
聖祖仁皇帝御製文集	清聖祖御製	別集六	1298-1～1299-1
初集	清張玉書等編	別集六	1298-1
第二集	清張玉書等編	別集六	1298-320
第三集	清張玉書等編	別集六	1299-1
第四集	清允　祿等編	別集六	1299-377
聖祖仁皇帝御製親征朔漠紀略(見聖祖仁皇帝親征平定朔漠方略)	清聖祖撰	紀事	354-436
聖祖仁皇帝聖訓	清世宗敕編	詔令	411-145
聖祖仁皇帝親征平定朔漠方略	清溫達等撰	紀事	354-425～355-1
聖壽萬年曆(歷)	明朱載堉撰	天算一	786-449
聖學宗要(見劉子遺書)	明劉宗周撰	儒家	717-100
聖諭廣訓	清聖祖頒諭 世宗繹釋	儒家	717-589
聖諭樂本解說	清毛奇齡撰	樂類	220-197
聖濟總錄纂要	宋徽宗敕編 清程林刪定	醫家	739-1
肆獻祼饋食禮(見天子肆獻祼饋食禮)			
萬姓統譜	明凌迪知撰	類書	956-1～957-1
萬首唐人絕句	宋洪　邁編	總集	1349-1
萬壽盛典初集	清王　掞監修 王原祁等撰	政書二	653-1～654-1
葉八白易傳	明葉　山撰	易類	32-585
葉氏春秋傳	宋葉夢得撰	春秋	149-1
葉兒樂府(見曝書亭集附)	清朱彝尊撰	別集六	1318-535
葦航漫遊稿	宋胡仲弓撰	別集三	1186-663
葬法倒杖	唐楊筠松撰	術數三	808-72
葬書	晉郭　璞撰 元吳澄刪定	術數三	808-11
葯房樵唱	元吳景奎撰	別集四	1215-419
虞東學詩	清顧　鎮撰	詩類	89-371
詩說	清顧　鎮撰	詩類	89-374
蛻菴集	元張　翥撰	別集四	1215-1
蛻巖詞	元張　翥撰	詞曲一	1488-657
蜀中廣記	明曹學佺撰	地理八	591-1～592-1
蜀錦譜	元費　著撰	地理八	590-440
蜀檮杌	宋張唐英撰	載記	464-221
蜀鑑	宋郭允蹈撰	紀事	352-481
補注東坡編年詩(見蘇詩補注)			
補注杜詩	宋黃希原本 黃鶴補注	別集一	1069-1
補後漢書年表	宋熊　方撰	正史	253-735
補疑獄集(見疑獄集)	明張　景撰	法家	729-822
補漢兵志	宋錢文子撰	政書四	663-481
補歷代史表	清萬斯同撰	別史	402-1
補繪蕭雲從離騷全圖	清蕭雲從原圖並注 高宗敕補繪	楚辭	1062-495
補繪離騷全圖(見補繪蕭雲從離騷全圖)			
補饗禮	清諸　錦輯	禮二	109-489
詩人玉屑	宋魏慶之撰	詩文評	1481-1
詩本音	清顧炎武撰	小學三	241-33
詩本義	宋歐陽修撰	詩類	70-181
詩札	清毛奇齡撰	詩類	86-213
詩地理考	宋王應麟撰	詩類	75-633
詩考	宋王應麟撰	詩類	75-597
詩序	舊題周卜商撰 宋朱　熹辨說	詩類	69-1
詩序補義	清姜炳璋撰	詩類	89-1
詩所	清李光地撰	詩類	86-1
詩林廣記	宋蔡正孫撰	詩文評	1482-1
前集	宋蔡正孫撰	詩文評	1482-1
後集	宋蔡正孫撰	詩文評	1482-105
詩品	梁鍾　嶸撰	詩文評	1478-189
詩故	明朱謀㙔撰	詩類	79-549
詩紀匡謬	清馮　舒撰	總集	1380-703

書名	撰者	類別	冊-頁
詩家鼎臠	宋不著撰人	總集	1362- 1
詩童子問	宋輔　廣撰	詩類	74- 271
詩集傳(見蘇氏詩集傳)			
詩集傳(見詩經集傳)			
詩集傳名物鈔	元許　謙撰	詩類	76- 1
詩傳大全	明胡廣等撰	詩類	78- 307
詩傳名物集覽	清陳大章撰	詩類	86- 543
詩傳旁通	元梁　益撰	詩類	76- 789
詩傳通釋	元劉　瑾撰	詩類	76- 261
詩傳詩說駁義	清毛奇齡撰	詩類	86- 233
詩傳遺說	宋朱　鑑編	詩類	75- 499
詩經大全(見詩傳大全)			
詩經世本古義	明何　楷撰	詩類	81- 1
詩經通義	清朱鶴齡撰	詩類	85- 1
詩經疏義(見詩經疏義會通)			
詩經疏義會通	元朱公遷撰	詩類	77- 1
詩經集傳	宋朱　熹撰	詩類	72- 745
詩經傳說彙纂	清王鴻緒等撰	詩類	83- 1
詩經稗疏	清王夫之撰	詩類	84- 769
詩經劄記	清楊名時撰	詩類	87- 33
詩經疑問	元朱　倬撰	詩類	77- 531
詩經疑問(見重訂詩經疑問)			
詩經樂譜全書	清允　祿 鄒奕孝等纂	樂類	219- 1
詩義折中	清傅恒等撰	詩類	84- 1
詩補傳	宋范處義撰	詩類	72- 1
詩解頤	明朱　善撰	詩類	78- 191
詩話補遺	明楊　愼撰	詩文評	1482- 473
詩話總龜	宋阮　閱撰	詩文評	1478- 329
前集	宋阮　閱撰	詩文評	1478- 329
後集	宋阮　閱撰	詩文評	1478- 665
詩疑問(見詩經疑問)			
詩疑辨證	清黃中松撰	詩類	88- 211
詩演義	元梁　寅撰	詩類	78- 1
詩說	清惠周惕撰	詩類	87- 1
詩說解頤	明季　本撰	詩類	79- 1
詩緝	宋嚴　粲撰	詩類	75- 1
詩辨說(見詩經疑問)	宋趙　悳撰	詩類	77- 566
詩總聞	宋王　質撰	詩類	72- 433
詩瀋	清范家相撰	詩類	88- 593

書名	撰者	類別	冊-頁
詩識名解	清姚　炳撰	詩類	86- 307
詩纘緒	元劉玉汝撰	詩類	77- 577
詳註東萊左氏博議(見左氏博議)			
資治通鑑	宋司馬光撰	編年	304- 1 ～ 310- 1
資治通鑑外紀	宋劉　恕撰	編年	312- 527
資治通鑑外紀目錄	宋劉　恕撰	編年	312- 527
資治通鑑目錄	宋司馬光撰	編年	311- 321
資治通鑑考異	宋司馬光撰	編年	311- 1
資治通鑑前編	宋金履祥撰	編年	332- 1
舉要	宋金履祥撰	編年	332- 376
資治通鑑後編	清徐乾學撰	編年	342- 1 ～ 345- 1
資治通鑑釋文辨誤(見通鑑釋文辨誤)	元胡三省撰	編年	312- 217
資政要覽	清世　祖撰 呂宮等纂	儒家	717- 531
資暇集	唐李匡乂撰	雜家二	850- 143
賈氏譚錄	宋張　洎撰	小說一	1036- 127
跨鼇集	宋李　新撰	別集二	1124- 421
路史	宋羅　泌撰	別史	383- 1
農政全書	明徐光啓撰	農家	731- 1
農桑衣食撮要	元魯明善撰	農家	730- 291
農桑輯要	元司農司撰	農家	730- 195
農書	宋陳　旉撰	農家	730- 169
農書	元王　禎撰	農家	730- 315
遁甲演義	明程道生撰	術數六	810- 921
遂初堂書目	宋尤　袤撰	目錄一	674- 435
遂昌雜錄	元鄭元祐撰	小說一	1040- 379
遊城南記	宋張　禮撰	地理九	593- 1
運甓漫稿	明李昌祺撰	別集五	1242- 407
過庭錄	宋范公偁撰	小說一	1038- 245
道山清話	舊題宋王暐撰	小說一	1037- 645
道院集要	宋晁　迥撰	釋家	1052- 611
道鄉集	宋鄒　浩撰	別集二	1121- 161
道園學古錄	元虞　集撰	別集四	1207- 1
道園遺稿	元虞　集撰 明虞　堪編	別集四	1207- 707
道德指歸論	漢嚴　遵撰	道家	1055- 75
道德眞經註	元吳　澄撰	道家	1055- 257
道德經註	清世　祖註 成克鞏纂	道家	1055- 445
道德經註	清徐大椿撰	道家	1055- 519
道德經解(見老子解)			

書名	著者	類別	冊頁
道德寶章	宋葛長庚撰	道家	1055- 239
道藏目錄詳註	明白雲霽撰	道家	1061- 627
鄉黨圖考	清江　永撰	四書	210- 713
鄖溪集	宋鄭　獬撰	別集二	1097- 109
雍錄	宋程大昌撰	地理七	587- 249
靖康要錄	宋不著撰人	編年	329- 407
靖康緗素雜記	宋黃朝英撰	雜家二	850- 385
靳文襄奏疏	清靳　輔撰	奏議	430- 451
鳧藻集	明高　啓撰	別集五	1230- 253
鼎錄	陳虞　荔撰	譜錄一	840- 9
鼠璞	宋戴　埴撰	雜家二	854- 61

十四畫

書名	著者	類別	冊頁
像象管見	明錢一本撰	易類	33- 559
僑吳集	元鄭元祐撰	別集四	1216- 421
僧寶傳(見禪林僧寶傳)			
嘉禾百咏	宋張堯同撰	別集三	1186- 765
嘉定赤城志(見赤城志)	宋陳耆卿撰	地理三	486- 567
嘉泰會稽志(見會稽志)	宋施宿等撰	地理三	486- 1
嘉祐集	宋蘇　洵撰	別集二	1104- 845
嘉祐雜志	宋江休復撰	小說一	1036- 557
嘉靖以來首輔傳	明王世貞撰	傳記三	452- 421
圖書編	明章　潢撰	類書	968- 1 ～ 972- 1
圖書辨惑(見圖學辯惑)			
圖畫見聞誌	宋郭若虛撰	藝術一	812- 507
圖學辯惑	清黃宗炎撰	易類	40- 734
圖繪寶鑑	元夏文彥撰	藝術一	814- 541
續編	明韓　昂撰	藝術一	814- 625
墓銘舉例	明王　行撰	詩文評	1482- 379
壽親養老新書	宋陳　直撰 元鄒鉉續編	醫家	738- 283
夢窗稿	宋吳文英撰	詞曲一	1488- 305
夢粱錄	宋吳自牧撰	地理八	590- 13
夢溪筆談	宋沈　括撰	雜家三	862- 707
補筆談	宋沈　括撰	雜家三	862- 858
夢澤集	明王廷陳撰	別集五	1272- 531
夢觀集	元釋大圭撰	別集四	1215- 227
實賓錄	宋馬永易撰 文彪續補	類書	920- 293
寧海將軍固山貝子功績錄	清不著編人	傳記二	447- 227
寧極齋稿	宋陳　深撰	別集三	1189- 713
對山集	明康　海撰	別集五	1266- 317
對床夜語	宋范晞文撰	詩文評	1481- 853
對牀夜話(見對床夜語)			
幔亭集	明徐　熥撰	別集五	1296- 1
幔亭詩集(見幔亭集)			
摛文堂集	宋慕容彥逢撰	別集二	1123- 297
榕村四書說	清李光地撰	四書	210- 1
榕村語錄	清李光地撰 李清植等輯	儒家	725- 1
榕村集	清李光地撰	別集六	1324- 525
榕壇問業	明黃道周撰	儒家	717- 271
榘菴集	元同　恕撰	別集四	1206- 659
榮進集	明吳伯宗撰	別集五	1233- 217
槎翁詩集	明劉　嵩撰	別集五	1227- 205
滎陽外史集	明鄭　眞撰	別集五	1234- 1
滹南集	金王若虛撰	別集四	1190- 267
續編詩	金王若虛撰	別集四	1190- 515
滹南遺老集(見滹南集)			
滿洲祭神祭天典禮	清官著等承修 于敏中漢譯	政書二	657- 619
滿洲源流考	清阿　桂 于敏中等撰	地理三	499- 451
滿洲蒙古漢字三合切音清文鑑(見滿珠蒙古漢字三合切音清文鑑)			
滿珠蒙古漢字三合切音清文鑑	清阿桂等撰	小學二	234- 1
漁洋詩話	清王士禛撰	詩文評	1483- 831
漁墅類稿	宋陳元晉撰	別集三	1176- 769
漁隱叢話	宋胡　仔撰	詩文評	1480- 45
前集	宋胡　仔撰	詩文評	1480- 45
後集	宋胡　仔撰	詩文評	1480- 385
演山集	宋黃　裳撰	別集二	1120- 1
演禽通纂	□不著撰人	術數五	809- 237
演繁露	宋程大昌撰	雜家二	852- 67
續集	宋程大昌撰	雜家二	852- 208
漢上易傳	宋朱　震撰	易類	11- 1

書名	撰者	類目	冊-頁
漢制考	宋王應麟撰	政書一	609- 779
漢官舊儀	漢衛　宏撰	政書二	646- 1
漢武帝內傳	舊題漢班固撰	小說二	1042- 289
漢武故事	舊題漢班固撰	小說二	1042- 281
漢武洞冥記(見洞冥記)			
漢紀(見前漢紀)	漢荀　悅撰	編年	303- 203
漢書(見前漢書)	漢班　固撰 唐顏師古註	正史	249- 1 ～ 251- 1
漢隸分韻	□不著撰人	小學二	228- 183
漢隸字源	宋婁　機撰	小學二	225- 791
漢濱集	宋王之望撰	別集三	1139- 661
漢魏六朝百三家集	明張　溥編	總集	1412- 1 ～ 1416- 1
漢藝文志考證	宋王應麟撰	目錄一	675- 1
漫塘文集(見漫塘集)			
漫塘集	宋劉　宰撰	別集三	1170- 275
漱玉詞	宋李清照撰	詞曲一	1487- 555
熊峯集	明石　珤撰	別集五	1259- 487
爾雅注疏	晉郭　璞註 宋邢　昺疏	小學一	221- 1
爾雅註	宋鄭　樵撰	小學一	221- 237
爾雅鄭注(見爾雅註)			
爾雅翼	宋羅　願撰 元洪焱祖音釋	小學一	222- 239
瑤石山人稿	明黎民表撰	別集五	1277- 1
疑龍經	唐楊筠松撰	術數三	808- 58
疑獄集	五代和　凝 和　㠓撰 明張　景續補	法家	729- 795
疑耀	明張　萱撰	雜家二	856- 159
盡言集	宋劉安世撰	奏議	427- 183
睽車志	宋郭　彖撰	小說二	1047- 221
碧梧玩芳集	宋馬廷鸞撰	別集三	1187- 1
碧雞漫志	宋王　灼撰	詞曲三	1494- 505
福建通志	清郝玉麟監修 謝道承等纂	地理三	527- 1 ～ 530- 1
種菊庵集(見三華集)	明錢子義撰	總集	1372- 87
端平詩雋	宋周　弼撰 李　龔編	別集三	1185- 525
端溪硯譜	□不著撰人	譜錄一	843- 87
箋註評點李長吉歌詩	唐李　賀撰 宋吳正子箋 劉辰翁評	別集一	1078- 481
外集	宋吳正子箋 劉辰翁評	別集一	1078- 548
算學　續(見數學)			
管子	周管　仲撰 唐房玄齡注	法家	729- 1
管子補注	明劉　績撰	法家	729- 275
管城碩記	清徐文靖撰	雜家二	861- 1
管窺外編	元史伯璿撰	儒家	709- 617
精華錄	清王士禎撰	別集六	1315- 1
綠苔軒集(見三華集)	明錢子正撰	總集	1372- 34
綱目分註拾遺	清芮長恤撰	編年	323- 513
綱目訂誤	清陳景雲撰	編年	323- 647
綱目續麟	明張自勳撰	編年	323- 1
網山集	宋林亦之撰	別集三	1149- 853
緇衣集傳	明黃道周撰	禮三	122-1013
翠屏集	明張以寧撰	別集五	1226- 515
翠寒集	元宋　无撰	別集四	1208- 303
翠渠摘稿	明周　瑛撰 清周維𨱔續補	別集五	1254- 721
續編	清周維𨱔輯	別集五	1254- 872
翠微南征錄	宋華　岳撰	別集三	1176- 625
聞見近錄	宋王　鞏撰	小說一	1037- 191
聞見前錄(見聞見錄)			
聞見後錄	宋邵　博撰	小說一	1039- 213
聞見錄	宋邵伯溫撰	小說一	1038- 715
聞過齋集	元吳　海撰	別集四	1217- 143
臺海使槎錄	清黃叔璥撰	地理八	592- 861
臺灣紀略	清高宗敕撰	紀事	363- 1
蒙川遺稿	宋劉　黻撰	別集三	1182- 639
蒙古王公功績表傳(見外藩蒙古回部王公表傳)			
蒙古源流	蒙古薩囊徹辰撰	雜史	410- 549
蒙求集註	五代李瀚撰 宋徐子光註	類書	892- 651
蒙隱集	宋陳　棣撰	別集三	1151- 751
蒙齋中庸講義	宋袁　甫撰	四書	199- 553
蒙齋集	宋袁　甫撰	別集三	1175- 331
蒲江詞	宋盧祖皐撰	詞曲一	1488- 253
蒲室集	元釋大訢撰	別集四	1204- 525
誠意伯文集	明劉　基撰	別集五	1225- 1
誠齋易傳	宋楊萬里撰	易類	14- 513
誠齋集	宋楊萬里撰	別集三	1160- 1 ～ 1161- 1
誠齋詩話	宋楊萬里撰	詩文評	1480- 725
說文字原	元周伯琦撰	小學二	228- 75
說文解字	漢許　愼撰 宋徐鉉增釋	小學二	223- 63
說文解字篆韻譜	南唐徐鍇撰	小學二	223- 849
說文繫傳	南唐徐鍇撰	小學二	223- 385

書名	著者	類別	冊頁
說文繫傳考異	清汪　憲撰	小學二	223- 791
說苑	漢劉　向撰	儒家	696- 1
說郛	明陶宗儀編	雜家五	876- 1 ~ 882- 1
說略	明顧起元撰	類書	964- 341
說學齋稿	明危　素撰	別集五	1226- 647
賓退錄	宋趙與旹撰	雜家二	853- 653
趙氏易說	宋趙善譽撰	易類	14- 449
趙氏鐵網珊瑚	明朱存理撰 趙琦美編	藝術一	815- 263
趙考古文集	明趙撝謙撰	別集五	1229- 653
遜志齋集	明方孝孺撰	別集五	1235- 43
鄮峯眞隱漫錄	宋史　浩撰	別集三	1141- 529
銀海精微	唐孫思邈撰	醫家	735- 945
銅人鍼灸經	宋不著撰人	醫家	738- 15
閩中十子詩	明袁表 馬熒同編	總集	1372- 183
閩中海錯疏	明屠本畯撰	地理八	590- 499
閩中理學淵源考	清李清馥撰	傳記三	460- 1
閩粵巡視紀略(見粵閩巡視紀略)			
韶舞九成樂補	元余　載撰	樂類	212- 93
頖宮禮樂疏	明李之藻撰	政書二	651- 1
駁五經異義	漢許愼異義 鄭玄駁	經總義	182- 295
鳳池吟稿	明汪廣洋撰	別集五	1225- 493
鳴盛集	明林　鴻撰	別集五	1231- 1
齊民要術	後魏賈思勰撰	農家	730- 1
齊東野語	宋周　密撰	雜家三	865- 635
齊乘	元于　欽撰	地理三	491- 685

十五畫

書名	著者	類別	冊頁
儀象考成	清允祿 戴進賢等撰	天算一	793- 1
奏議		天算一	793- 2
儀禮小疏	清沈　彤撰	禮二	109- 899
儀禮注疏	漢鄭　玄撰 唐賈公彥疏	禮二	102- 1
儀禮析疑	清方　苞撰	禮二	109- 1
儀禮要義	宋魏了翁撰	禮二	104- 341
儀禮述註	清李光坡撰	禮二	108- 295
儀禮旁通圖	宋楊　復撰	禮二	104- 315
儀禮商	清萬斯大撰	禮二	108- 253
儀禮章句	清吳廷華撰	禮二	109- 289
儀禮逸經	元吳　澄撰	禮二	105- 1
儀禮集說	元敖繼公撰	禮二	105- 33
儀禮集編	清盛世佐撰	禮二	110- 1 ~ 111- 1
儀禮集釋	宋李如圭撰	禮二	103- 31
儀禮經傳通解	宋朱　熹撰 黃榦等續	禮五	131- 1 ~ 132- 1
儀禮經傳通解續	宋黃　榦 楊　復撰	禮五	131- 605 ~ 132- 1
儀禮義疏	清高宗敕纂	禮二	106- 1 ~ 107- 1
儀禮圖	宋楊　復撰	禮二	104- 1
儀禮鄭注句讀	清張爾岐撰	禮二	108- 1
監本正誤	清張爾岐撰	禮二	108- 244
石本誤字	清張爾岐撰	禮二	108- 249
儀禮識誤	宋張　淳撰	禮二	103- 1
儀禮釋宮	宋李如圭撰	禮二	103- 521
儀禮釋宮增註	清江　永撰	禮二	109- 883
劇談錄	唐康　軿撰	小說二	1042- 661
劉子	北齊劉晝撰 唐袁孝政註	雜家一	848- 881
劉子遺書	明劉宗周撰	儒家	717- 99
劉氏春秋傳	宋劉　敞撰	春秋	147- 363
劉氏春秋意林	宋劉　敞撰	春秋	147- 485
劉氏菊譜	宋劉　蒙撰	譜錄三	845- 15
劉左史集	宋劉安節撰	別集二	1124- 57
劉彥昺集	明劉　炳撰	別集五	1229- 713
劉清惠集(見清惠集)	明劉　麟撰	別集五	1264- 315
劉給事集(見給事集)	宋劉安上撰	別集二	1124- 1
劉賓客文集	唐劉禹錫撰	別集一	1077- 323
外集	唐劉禹錫撰	別集一	1077- 517
劉賓客嘉話錄	唐韋　絢述	小說一	1035- 453
劉隨州集	唐劉長卿撰	別集一	1072- 1
劉蕺山集	明劉宗周撰	別集五	1294- 301
劍南詩稾	宋陸　游撰	別集三	1162- 1 ~ 1163- 1
增注唐策	宋不著編人	總集	1361- 781
增修互註禮部韻略	宋毛　晃增註 毛居正重增	小學三	237- 333
增修東萊書說	宋呂祖謙撰 時瀾增修	書類	57- 127

書名	著者	類別	冊-頁
增修校正押韻釋疑	宋歐陽德隆撰 郭守正增修	小學三	237- 587
增補武林舊事	宋周　密撰 明朱廷煥補	地理八	590- 301
增補鄭氏周易	漢鄭　玄撰 宋王應麟輯	易類	7- 147
增廣註釋音辯柳集(見柳河東集注)			
墨子	周墨　翟撰	雜家一	848- 19
墨史	元陸　友撰	譜錄一	843- 655
墨池瑣錄	明楊　愼撰	藝術一	816- 1
墨池編	宋朱長文撰	藝術一	812- 595
墨法集要	明沈繼孫撰	譜錄一	843- 677
墨客揮犀	宋彭　乘撰	小說一	1037- 673
墨莊漫錄	宋張邦基撰	雜家三	864- 1
墨經	宋晁貫之撰	譜錄一	843- 649
墨藪	唐韋　續撰	藝術一	812- 375
墨譜(見墨譜法式)			
墨譜法式	宋李孝美撰	譜錄一	843- 625
審齋詞	宋王千秋撰	詞曲一	1488- 49
履齋遺集(見履齋遺稿)			
履齋遺稿	宋吳　潛撰 明梅鼎祚編	別集三	1178- 389
廟制圖考	清萬斯同撰	政書二	662- 167
廟學典禮	元不著撰人	政書二	648- 323
廣川書跋	宋董　逌撰	藝術一	813- 329
廣川畫跋	宋董　逌撰	藝術一	813- 443
廣州四先生詩	明不著編人	總集	1372- 1
廣西通志	清金鉷等監修 錢元昌等纂	地理三	565- 1 ～ 568- 1
廣弘(宏)明集	唐釋道宣撰	釋家	1048- 219
廣成集	蜀杜光庭撰	別集一	1084- 585
廣東通志	清郝玉麟監修 魯曾煜等纂	地理三	562- 1 ～ 564- 1
廣陵集	宋王　令撰	別集二	1106- 393
廣博物志	明董斯張撰	類書	980- 1 ～ 981- 1
廣雅	魏張　揖撰	小學一	221- 425
廣羣芳譜(見佩文齋廣羣芳譜)			
廣韻(見原本廣韻)	□不著撰人	小學三	236- 1
廣韻(見重修廣韻)	宋陳彭年 丘　雍等撰	小學三	236- 223
德隅齋畫品	宋李　廌撰	藝術一	812- 937
慶元黨禁	宋滄州樵叟撰	傳記三	451- 19
慶湖遺老集(見慶湖遺老詩集)			
慶湖遺老詩集	宋賀　鑄撰	別集二	1123- 193
撫皖題藁(見靳文襄奏疏)	清靳　輔撰	奏議	430- 713
數度衍	清方中通撰	天算二	802- 233
數理精蘊	清聖祖敕撰	天算二	799- 1 ～ 801- 1
數術記遺	漢徐　岳撰 北周甄鸞注	天算二	797- 161
數學	清江　永撰	天算一	796- 607
續數學	清江　永撰	天算一	796- 779
數學九章	宋秦九韶撰	天算二	797- 323
數學鑰	清杜知耕撰	天算二	802- 91
樂本解說(見聖諭樂本解說)			
樂全集	宋張方平撰	別集二	1104- 1
樂府指迷(見山中白雲詞附)	宋張　炎撰	詞曲一	1488- 537
樂府指迷(見沈氏樂府指迷)	宋沈義父撰	詞曲三	1494- 527
樂府雅詞	宋曾　慥編	詞曲二	1489- 167
樂府補題	宋陳恕可輯	詞曲二	1490- 101
樂府詩集	宋郭茂倩輯	總集	1347- 1 ～ 1348- 1
樂府雜錄	唐段安節撰	藝術四	839- 989
樂律全書	明朱載堉撰	樂類	213- 1 ～ 214- 1
樂律表微	清胡彥昇撰	樂類	220- 369
樂郊私語	元姚桐壽撰	小說一	1040- 397
樂圃餘藁	宋朱長文撰	別集二	1119- 1
樂書	宋陳　暘撰	樂類	211- 23
樂軒集	宋陳　藻撰 林希逸編	別集三	1152- 27
樂庵遺稿(見鄱陽五家集)	元吳　存撰 清史　簡編	總集	1476- 313
樂菴語錄	宋李　衡撰 龔　昱編	雜家一	849- 295
樂菴遺書(見樂菴語錄)			
樂章集	宋柳　永撰	詞曲一	1487- 43
樂善堂全集定本	清高宗御撰 蔣溥重編	別集六	1300- 233
樂靜集	宋李昭玘撰	別集二	1122- 257
樊川文集	唐杜　牧撰	別集一	1081- 561
樊川集(見樊川文集)			
樊榭山房集	清厲　鶚撰	別集六	1328- 1

書名	著者	類	冊-頁
續集	清厲　鶚撰	別集六	1328- 144
樓居雜著	明朱存理撰	別集五	1251- 597
樗菴類藁	明鄭　潛撰	別集五	1232- 93
樗隱集	元胡行簡撰	別集四	1221- 111
歐陽文粹	宋歐陽修撰 陳　亮編	別集二	1103- 643
歐陽行周文集	唐歐陽詹撰	別集一	1078- 195
歐陽行周集(見歐陽行周文集)			
歐陽修撰集	宋歐陽澈撰	別集三	1136- 333
毅齋集	明王　洪撰	別集五	1237- 431
毅齋詩文集(見毅齋集)			
潁川語小	宋陳叔方撰	雜家二	853- 629
潙水集	宋李　復撰	別集二	1121- 1
潘司空奏疏	明潘季馴撰	奏議	430- 1
潛山集	宋釋文珦撰	別集三	1186- 293
潛夫論	漢王　符撰	儒家	696- 355
潛丘(邱)劄記	清閻若璩撰	雜家二	859- 381
潛虛	宋司馬光撰	術數一	803- 263
潛虛發微論	宋張敦實撰	術數一	803- 283
潛齋文集(見潛齋集)			
潛齋集	宋何夢桂撰	別集三	1188- 365
潤泉日記	宋韓　淲撰	雜家三	864- 769
澗泉集	宋韓　淲撰	別集三	1180- 563
澈水志(見海鹽澈水志)			
熬波圖	元陳　椿撰	政書三	662- 311
熱河志	清梁國治等撰	地理三	495- 1 ～ 496- 1
璇璣圖詩讀法	明康萬民撰	別集一	1063- 529
畿輔通志	清李衛等監修 田易等編纂	地理三	504- 1 ～ 506- 1
瘟疫論	明吳有性撰	醫家	779- 1
盤山志	清蔣溥等撰	地理六	586- 1
盤洲文集	宋洪　适撰	別集三	1158- 243
稼村類藁	元王義山撰	別集四	1193- 1
稼軒詞	宋辛棄疾撰	詞曲一	1488- 111
稽古錄	宋司馬光撰	編年	312- 391
稽神錄	宋徐　鉉撰	小說二	1042- 849
穀城山館詩集	明于愼行撰	別集五	1291- 1
箴膏肓	漢鄭　玄撰	春秋	145- 863
節孝集	宋徐　積撰	別集二	1101- 779
節孝語錄	宋徐　積撰 江端禮編	儒家	698- 473
篁墩文集	明程敏政撰	別集五	1252- 1 ～ 1253- 1
篁墩集(見篁墩文集)			
篆隸考異	清周　靖撰 文　含校	小學二	235- 845
篋中集	唐元　結編	總集	1332- 11
緝古算經	唐王孝通撰	天算二	797- 303
編珠	隋杜公瞻撰 清高士奇補	類書	887- 37
緩慟集(見顧華玉集)	明顧　璘撰	別集五	1263- 612
緯略	宋高似孫撰	雜家二	852- 253
練中丞集(見中丞集)	明練子寧撰	別集五	1235- 1
練兵實紀	明戚繼光撰	兵家	728- 687
練兵雜記	明戚繼光撰	兵家	728- 799
緣督集	宋曾　丰撰	別集三	1156- 1
羯鼓錄	唐南　卓撰	藝術四	839- 979
蓮洋詩鈔	清吳　雯撰	別集六	1322- 275
蓮峯集	宋史堯弼撰	別集三	1165- 661
蔡中郎集	漢蔡　邕撰	別集一	1063- 137
蔡忠惠集(見端明集)			
褚氏遺書	齊褚　澄撰	醫家	734- 541
談苑	宋孔平仲撰	小說一	1037- 119
談龍錄	清趙執信撰	詩文評	1483- 923
談藝錄(見迪功集附)	明徐禎卿撰	別集五	1268- 777
論孟集註考證	宋金履祥撰	四書	202- 35
論孟精義	宋朱　熹撰	四書	198- 1
論律呂(見禮書綱目附)	清江　永撰	禮五	134- 578
論語正義(見論語注疏)			
論語全解	宋陳祥道撰	四書	196- 63
論語注疏	魏何晏集解 宋邢　昺疏	四書	195- 525
論語拾遺	宋蘇　轍撰	四書	196- 45
論語商	明周宗建撰	四書	207- 431
論語通(見四書通)	元胡炳文撰	四書	203- 105
論語筆解	唐韓　愈 李　翱撰	四書	196- 1
論語集注(見四書章句集注)	宋朱　熹撰	四書	197- 14
論語集註大全(見四書大全)	明胡廣等撰	四書	205- 103
論語集註考證(見論孟集註考證)	宋金履祥撰	四書	202- 37
論語集註通證(見四書通證)	元張存中撰	四書	203- 650

書名	著者	類別	冊	頁
論語集解義疏	魏何晏集解 梁皇侃義疏	四書	195-	333
論語集說	宋蔡　節撰	四書	200-	557
論語集編(見四書集編)	宋眞德秀撰	四書	200-	100
論語意原	宋鄭汝諧撰	四書	199-	111
論語義疏(見論語集解義疏)				
論語解(見癸巳論語解)	宋張　栻撰	四書	199-	189
論語精義(見論孟精義)	宋朱　熹撰	四書	198-	6
論語稽求篇	清毛奇齡撰	四書	210-	133
論語學案	明劉宗周撰	四書	207-	505
論語類考	明陳士元撰	四書	207-	97
論語纂疏(見四書纂疏)	宋趙順孫撰	四書	201-	200
論語纂箋(見四書纂箋)	元詹道傳撰	四書	204-	125
論學繩尺	宋魏天應編選 林子長箋解	總集	1358-	71
論訣	宋魏天應編選 林子長箋解	總集	1358-	73
論衡	漢王　充撰	雜家三	862-	1
輟耕錄	明陶宗儀撰	小說一	1040-	409
鄧子	周鄧　析撰	法家	729-	553
鄧析子(見鄧子)				
鄧紳伯集(見大隱居士詩集)				
鄭少谷集(見少谷集)	明鄭善夫撰	別集五	1269-	1
鄭氏詩譜(見詩本義附)	漢鄭　玄撰 宋歐陽修補亡	詩類	70-	301
鄭志	魏鄭小同撰	經總義	182-	325
鄭忠肅奏議遺集	宋鄭興裔撰	別集三	1140-	189
鄭博士集(見閩中十子詩)	明鄭　定撰 袁表等編	總集	1372-	361
鄭開陽雜著	明鄭若曾撰	地理五	584-	443
鄱陽五家集	清史　簡編	總集	1476-	267
鄱陽集	宋彭汝礪撰	別集二	1101-	173
鄱陽集	宋洪　皓撰	別集三	1133-	391
閬風集	宋舒岳祥撰	別集三	1187-	323
震川文集(見震川集)				
震川集	明歸有光撰	別集五	1289-	1
別集	明歸有光撰	別集五	1289-	422
震澤長語	明王　鏊撰	雜家三	867-	189
震澤集	明王　鏊撰	別集五	1256-	119
頤山詩話	明安　磐撰	詩文評	1482-	459
頤庵居士集	宋劉應時撰	別集三	1164-	17
頤庵文選	明胡　儼撰	別集五	1237-	545
養吾齋集	元劉將孫撰	別集四	1199-	1
養蒙文集	元張伯淳撰	別集四	1194-	429
養蒙集(見養蒙文集)				
養靜集(見王翰林集)				
魯齋集	宋王　柏撰	別集三	1186-	1
魯齋遺書	元許　衡撰	別集四	1198-	273
黎嶽集	唐李　頻撰	別集一	1083-	39

十六畫

書名	著者	類別	冊	頁
儒行集傳	明黃道周撰	禮三	122-	1119
儒志編	宋王開祖撰	儒家	696-	781
儒言	宋晁說之撰	儒家	698-	497
儒林公議	宋田　況撰	小說一	1036-	275
儒林宗派	清萬斯同撰	傳記三	458-	519
儒門事親	金張從正撰	醫家	745-	99
嘯堂集古錄	宋王　俅撰	譜錄一	840-	15
圜容較義	明李之藻撰	天算一	789-	925
學古編	元吾丘衍撰	藝術三	839-	839
學古緒言	明婁　堅撰	別集五	1295-	1
學史	明邵　寶撰	史評	688-	337
學言(見劉子遺書)	明劉宗周撰	儒家	717-	121
學言詩稿(見學言稿)				
學言稿	元吳　當撰	別集四	1217-	253
學林	宋王觀國撰	雜家二	851-	1
學易初津(楚蒙山房易經解之一)	清晏斯盛撰	易類	49-	239
學易記	元李　簡撰	易類	25-	97
學易集	宋劉　跂撰	別集二	1121-	533
學庸正說	明趙南星撰	四書	207-	357
學餘堂文集	清施閏章撰	別集六	1313-	1
詩集	清施閏章撰	別集六	1313-	359
外集	清施閏章撰	別集六	1313-	849
學齋佔畢	宋史繩祖撰	雜家二	854-	1
學禮質疑	清萬斯大撰	禮四	129-	425
憑几集(見顧華玉集)	明顧　璘撰	別集五	1263-	262
憑几集續編(見顧華玉集)	明顧　璘撰	別集五	1263-	312

書名	著者	類別	冊－頁
戰國策	漢高誘注 宋姚宏續注	雜史	406-239
戰國策注(見鮑氏戰國策注)	宋鮑彪撰	雜史	406-469
戰國策校注	元吳師道撰	雜史	407-1
撼龍經	唐楊筠松撰	術數三	808-39
整庵存稿	明羅欽順撰	別集五	1261-1
曆象考成	清何國宗 梅瑴成等編	天算一	790-1 ~ 791-1
曆象考成後編	清允祿等編	天算一	792-1
曆算全書	清梅文鼎撰	天算一	794-1 ~ 795-1
曆體略	明王英明撰	天算一	789-945
曉菴新法	清王錫闡撰	天算一	793-451
樵香小記	清何琇撰	雜家二	859-781
樵雲獨唱	元葉顒撰	別集四	1219-45
樵隱詞	宋毛幵撰	詞曲一	1488-213
橘山四六	宋李廷忠撰 明孫雲翼注	別集三	1169-133
橘錄	宋韓彥直撰	譜錄三	845-161
橫浦集	宋張九成撰	別集三	1138-293
橫渠易說	宋張載撰	易類	8-659
橫塘集	宋許景衡撰	別集三	1127-163
歙州硯譜	宋唐積撰	譜錄一	843-73
歙硯說	宋不著撰人	譜錄一	843-79
歷代史表(見補歷代史表)			
歷代名臣奏議	明黃淮 楊士奇編	奏議	433-1 ~ 442-1
歷代名畫記	唐張彥遠撰	藝術一	812-277
歷代名賢確論	宋不著撰人	史評	687-1
歷代兵制	宋陳傅良撰	政書四	663-437
歷代制度詳說	宋呂祖謙撰	類書	923-893
歷代帝王宅京記	清顧炎武撰	地理三	572-571
歷代建元考	清鍾淵映撰	政書二	662-1
歷代紀事年表	清王之樞 周清原等撰	別史	387-1 ~ 391-1
歷代通略	元陳櫟撰	史評	688-1
歷代詩話	清吳景旭撰	詩文評	1483-1
歷代詩餘	清沈辰垣 王奕清編	詞曲二	1491-1 ~ 1493-1
歷代賦彙	清陳元龍等編	總集	1419-1 ~ 1422-1
正集	清陳元龍等編	總集	1419-1 ~ 1421-1
外集	清陳元龍等編	總集	1422-1
補遺	清陳元龍等編	總集	1422-391
歷代職官表	清永瑢 紀昀等撰	職官一	601-1 ~ 602-1
歷代鐘鼎彝器款識法帖	宋薛尚功撰	小學二	225-503
歷朝通略(見歷代通略)			
歷象考成(見曆象考成)			
歷象考成後編(見曆象考成後編)			
歷算全書(見曆算全書)			
歷體略(見曆體略)			
澹軒集	宋李呂撰	別集三	1152-197
澹然軒集(見淡然軒集)			
澹菴文集	宋胡銓撰	別集三	1137-1
澹齋集	宋李流謙撰	別集三	1133-561
澹齋集(見鄭博士集)			
潞公文集	宋文彥博撰	別集二	1100-573
潞公集(見潞公文集)			
澠水燕談錄	宋王闢之撰	小說一	1036-469
熹宗原本本紀(見東林列傳附)		傳記三	458-484
燕石集	元宋褧撰	別集四	1212-367
燕堂詩稿	宋趙公豫撰	別集三	1142-193
燕翼詒謀錄	宋王栐撰	雜史	407-713
獨醉亭集	明史謹撰	別集五	1233-107
獨斷	漢蔡邕撰	雜家二	850-75
獨醒雜志	宋曾敏行撰	小說一	1039-523
瓢泉吟稿	元朱晞顏撰	別集四	1213-373
盧昇之集	唐盧照鄰撰	別集一	1065-293
盧溪文集	宋王庭珪撰	別集三	1134-97
盧溪集(見盧溪文集)			
穆天子傳	晉郭璞注	小說二	1042-245
穆參軍集	宋穆修撰	別集二	1087-1
遺事	宋穆修撰	別集二	1087-28
積齋集	元程端學撰	別集四	1212-311
篔窗集	宋陳耆卿撰	別集三	1178-1
糖霜譜	宋王灼撰	譜錄二	844-839
縉雲文集	宋馮時行撰	別集三	1138-825
翰林志	唐李肇撰	職官一	595-295
翰林記	明黃佐撰	職官一	596-859
翰苑集	唐陸贄撰	別集一	1072-565
翰苑新書	宋不著撰人	類書	949-1 ~ 950-1

書名	撰者	類別	冊-頁
前集	宋不著撰人	類書	949- 3
後集上	宋不著撰人	類書	949- 536
後集下	宋不著撰人	類書	949- 693
別集	宋不著撰人	類書	950- 1
續集	宋不著撰人	類書	950- 118
翰苑羣書	宋洪　遵編	職官一	595- 341
翰墨志(見思陵翰墨志)			
膳部集(見林膳部集)			
蕭氏續後漢書	宋蕭　常撰	別史	384- 385
蕭茂挺文集	唐蕭穎士撰	別集一	1072- 317
融堂四書管見	宋錢　時撰	經總義	183- 579
融堂書解	宋錢　時撰	書類	59- 459
衞濟寶書	宋東軒居士撰	醫家	741- 813
衡廬精舍藏稿	明胡　直撰	別集五	1287- 225
續稿	明胡　直撰	別集五	1287- 702
親征朔漠方略(見聖祖仁皇帝親征平定朔漠方略)			
親征朔漠紀略(見聖祖仁皇帝御製親征朔漠紀略)			
謚法	宋蘇　洵撰	政書二	646- 897
諸史然疑(見三國志補注附)	清杭世駿撰	正史	254-1038
諸臣奏議(見宋名臣奏議)			
諸葛忠武書	明楊時偉編	傳記二	447- 127
諸蕃志	宋趙汝适撰	地理十	594- 1
諸器圖說	明王　徵撰	譜錄一	842- 545
豫章文集	宋羅從彥撰	別集三	1135- 641
輶軒使者絕代語釋別國方言	漢揚　雄撰 晉郭　璞注	小學一	221- 281
辨言(見辯言)			
辨定祭禮通俗譜	清毛奇齡撰	禮六	142- 743
辨惑編	元謝應芳撰	儒家	709- 535
辨歙石說	宋不著撰人	譜錄一	843- 83
遵生八牋	明高　濂撰	雜家四	871- 329
遵巖集	明王愼中撰	別集五	1274- 1
遺山集	金元好問撰	別集四	1191- 1
遼史	元脫脫等撰	正史	289- 1
遼史拾遺	清厲　鶚撰	正史	289- 737
遼史語解(見遼金元三史國語解)	清高宗勅撰	正史	296- 3
遼金元三史國語解	清高宗勅撰	正史	296- 1
鄴中記	晉陸　翽撰	載記	463- 305
錄事詩集(見文氏五家集)	明文肇祉撰	總集	1382- 548
錢氏私志	宋錢世昭撰	小說一	1036- 657
錢仲文集	唐錢　起撰	別集一	1072- 441
錢通	明胡我琨撰	政書三	662- 365
錢塘先賢傳贊	宋袁　韶撰	傳記三	451- 1
錢塘集	宋韋　驤撰	別集二	1097- 379
錢塘遺事	元劉一清撰	雜史	408- 959
錢錄	清梁詩正 蔣　溥等撰	譜錄一	844- 1
錦里耆舊傳	宋句延慶撰	載記	464- 175
錦樹集(見三華集)	明錢仲益撰	總集	1372- 115
錦繡萬花谷	宋不著撰人	類書	924- 1
前集	宋不著撰人	類書	924- 1
後集	宋不著撰人	類書	924- 513
續集	宋不著撰人	類書	924- 828
隨手雜錄	宋王　鞏撰	小說一	1037- 211
隨隱漫錄	宋陳世崇撰	小說一	1040- 165
霏雪錄	明鎦　績撰	雜家三	866- 657
靜居集(見靜菴集)			
靜春堂集(見靜春堂詩集)			
靜春堂詩集	元袁　易撰	別集四	1206- 263
靜思集	元郭　鈺撰	別集四	1219- 155
靜修集	元劉　因撰	別集四	1198- 481
續集	元劉　因撰	別集四	1198- 668
靜菴集	明張　羽撰	別集五	1230- 489
靜學文集	明王原采撰	別集五	1235- 805
餘師錄	宋王正德撰	詩文評	1480- 747
駢字類編	清吳士玉 沈崇敬等撰	類書	994- 1 ～ 1004- 1
駢志	明陳禹謨撰	類書	973- 1
駢雅	明朱謀㙔撰	小學一	222- 515
駱丞集	唐駱賓王撰 明顏文選註	別集一	1065- 341
駮五經異義(同駁，見駁五經異義)			
鬳齋考工記解	宋林希逸撰	禮一	95- 1
鬳齋續集(見竹溪鬳齋十一藁續集)			
鮑氏戰國策注	宋鮑　彪撰	雜史	406- 469
鮑明遠集	南朝宋鮑照撰	別集一	1063- 563
鮑參軍集(見鮑明遠集)			
鮑溶詩集	唐鮑　溶撰	別集一	1081- 531
集外詩	唐鮑　溶撰	別集一	1081- 557

書名	著者	類別	冊頁
麈史	宋王得臣撰	雜家三	862- 595
黔書(見古歡堂集)	清田 雯撰	別集六	1324- 395
默成文集	宋潘良貴撰	別集三	1133- 373
默記	宋王 銍撰	小說一	1038- 325
默堂集	宋陳 淵撰	別集三	1139- 299
默庵集	元安 熙撰	別集四	1199- 707
默齋遺稿	宋游九言撰	別集三	1178- 365
龍川文集(見龍川集)			
龍川略志	宋蘇 轍撰	小說一	1037- 1
別志	宋蘇 轍撰	小說一	1037- 38
龍川詞	宋陳 亮撰	詞曲一	1488- 103
龍川集	宋陳 亮撰	別集三	1171- 497
龍沙紀略	清方式濟撰	地理八	592- 841
龍洲詞	宋劉 過撰	詞曲一	1488- 433
龍洲集	宋劉 過撰	別集三	1172- 1
龍城錄(見五百家注柳先生集)	唐柳宗元撰	別集一	1077- 281
龍筋鳳髓判	唐張 鷟撰 明劉允鵬注	類書	889- 851
龍雲集	宋劉 弇撰	別集二	1119- 63
龍學文集	宋祖無擇撰	別集二	1098- 791
龍龕手鑑	遼釋行均撰	小學二	226- 647
龜山集	宋楊 時撰	別集三	1125- 101
龜巢集(見龜巢稿)			
龜巢稿	元謝應芳撰	別集四	1218- 1
龜谿集	宋沈與求撰	別集三	1133- 115

十七畫

書名	著者	類別	冊頁
優古堂詩話	宋吳 幵撰	詩文評	1478- 299
嶺外代答	宋周去非撰	地理八	589- 389
嶺南風物紀	清吳 綺撰 清宋俊增補	地理八	592- 827
嶺表錄異	唐劉 恂撰	地理八	589- 79
嶺海輿圖	明姚 虞撰	地理三	494- 61
應詔集(見欒城應詔集)			
應齋雜著	宋趙善括撰	別集三	1159- 1
擊壤集	宋邵 雍撰	別集二	1101- 1
檀弓疑問	清邵泰衢撰	禮三	128- 273
檀園集	明李流芳撰	別集五	1295- 293
檇李詩繫	清沈季友編	總集	1475- 1
檆溪居士集	宋劉才邵撰	別集三	1130- 403
檜亭集	元丁 復撰	別集四	1208- 335
濟生方	宋嚴用和撰	醫家	743- 449
濟南集	宋李 廌撰	別集二	1115- 701
營平二州地名記	清顧炎武撰	地理七	588- 375
營造法式	宋李 誡撰	政書六	673- 399
燭湖集	宋孫應時撰	別集三	1166- 521
附編	宋孫應時撰	別集三	1166- 764
牆東類稿	元陸文圭撰	別集四	1194- 527
環谷集	元汪克寬撰	別集四	1220- 649
環溪詩話	宋不著撰人	詩文評	1480- 27
禪月集	唐釋貫休撰	別集一	1084- 423
禪林僧寶傳	宋釋惠洪撰	釋家	1052- 639
聲畫集	宋孫紹遠編	總集	1349- 805
聲調譜	清趙執信撰	詩文評	1483- 903
臨川文集	宋王安石撰	別集二	1105- 1
臨川集(見臨川文集)			
臨安集	明錢 宰撰	別集五	1229- 513
臨清紀略(見剿補臨清逆匪紀略)			
臨清詩選(見廣州四先生詩)	明趙 介撰	總集	1372- 30
臨皐文集	明楊寅秋撰	別集五	1291- 597
臨漢隱居詩話	宋魏 泰撰	詩文評	1478- 291
臨濟宗旨(見禪林僧寶傳附)	宋釋惠洪撰	釋家	1052- 784
薛文清集(見敬軒文集)			
薛氏醫案	明薛 己撰	醫家	763- 1 ～ 764- 1
薛濤李冶詩集	唐薛 濤 唐李 冶撰	總集	1332- 341
薜荔園集(見薜荔園詩集)			
薜荔園詩集	明佘 翔撰	別集五	1288- 1
襄陵文集	宋許 翰撰	別集二	1123- 491
襄陵集(見襄陵文集)			
襄毅文集	明韓 雍撰	別集五	1245- 603
謙齋文錄	明徐 溥撰	別集五	1248- 521
謝宣城集	齊謝 朓撰	別集一	1063- 611
輿地碑記目	宋王象之撰	目錄二	682- 517
輿地廣記	宋歐陽忞撰	地理二	471- 233
避暑錄話	宋葉夢得撰	雜家三	863- 629
還山遺稿	元楊 奐撰 明宋廷佐輯	別集四	1198- 219

書名	著者	類別	册頁
考歲略	明宋廷佐輯	別集四	1198- 221
還寃志	隋顏之推撰	小說二	1042- 561
鍼灸甲乙經	晉皇甫謐撰 宋高保衡等校	醫家	733- 509
鍼灸問對	明汪　機撰	醫家	765- 41
鍼灸資生經	宋王執中撰	醫家	742- 229
鍾律通考（見鐘律通考）			
鍾鼎款識（見鐘鼎款識）			
隱居通議	元劉　壎撰	雜家三	866- 19
隸辨	清顧藹吉撰	小學二	235- 431
隸釋	宋洪　适撰	目錄二	681- 443
隸續	宋洪　适撰	目錄二	681- 759
霞外詩集	元馬　臻撰	別集四	1204- 55
韓內翰別集	唐韓　偓撰	別集一	1083- 547
韓非子	周韓　非撰 元何　犿注	法家	729- 597
韓集點勘	清陳景雲撰	別集一	1075- 533
韓集舉正	宋方崧卿撰	別集一	1073- 1
外集舉正	宋方崧卿撰	別集一	1073- 113
韓詩外傳	漢韓　嬰撰	詩類	89- 775
鴻慶居士集	宋孫　覿撰	別集三	1135- 1

十八畫

書名	著者	類別	册頁
儲玉齋集（見陳徵君集）			
儲光羲詩集	唐儲光羲撰	別集一	1071- 471
彝齋文編	宋趙孟堅撰	別集三	1181- 305
斷腸詞	宋朱淑眞撰	詞曲一	1488- 623
歸田稿	明謝　遷撰	別集五	1256- 1
歸田錄	宋歐陽修撰	小說一	1036- 531
歸田類稿	元張養浩撰	別集四	1192- 471
歸愚詞	宋葛立方撰	詞曲一	1488- 85
歸潛志	元劉　祁撰	小說一	1040- 223
璿璣圖詩讀法（見璇璣圖詩讀法）			
甕牖閒評	宋袁　文撰	雜家二	852- 411
禮書	宋陳祥道撰	禮五	130- 1
禮書綱目	清江　永撰	禮五	133- 1 ～ 134- 1
禮記大全	明胡廣等撰	禮三	122- 1
禮記正義（見禮記註疏）			
禮記析疑	清方　苞撰	禮三	128- 1
禮記述註	清李光坡撰	禮三	127- 279
禮記訓義擇言	清江　永撰	禮三	128- 287
禮記註疏	漢鄭　玄注 唐孔穎達疏	禮三	115- 1 ～ 116- 1
禮記集說	宋衞　湜撰	禮三	117- 1 ～ 120- 1
禮記集說（見陳氏禮記集說）	元陳　澔撰	禮三	121- 679
禮記義疏	清高宗敕撰	禮三	124- 1 ～ 126- 1
禮記纂言	元吳　澄撰	禮三	121- 1
禮部志稿	明林堯俞纂修 俞汝楫編撰	職官一	597- 1 ～ 598- 1
禮部集	元吳師道撰	別集四	1212- 1
禮經本義	清蔡德晉撰	禮二	109- 499
禮經會元	宋葉　時撰	禮一	92- 1
禮說	清惠士奇撰	禮一	101- 387
簡平儀說	明熊三拔撰	天算一	787- 835
簡端錄	明邵　寶撰	經總義	184- 539
簡齋集	宋陳與義撰	別集三	1129- 663
繙譯五經四書	清高宗欽定	經總義	185- 1 ～ 189- 1
職方外紀	明艾儒略撰	地理十	594- 279
職官分紀	宋孫逢吉撰	類書	923- 1
舊五代史	宋薛居正撰 清邵晉涵輯	正史	277- 1 ～ 278- 1
舊本白文公年譜（見白香山詩集）	宋陳振孫撰	別集一	1081- 29
舊唐書	後晉劉昫等撰	正史	268- 1 ～ 271- 1
舊聞證誤	宋李心傳撰	史評	686- 571
藍山集	明藍　仁撰	別集五	1229- 771
藍澗集	明藍　智撰	別集五	1229- 833
藏一話腴	宋陳　郁撰	雜家三	865- 537
內編	宋陳　郁撰	雜家三	865- 539
外編	宋陳　郁撰	雜家三	865- 555
藏春集	元劉秉忠撰	別集四	1191- 633
藏海居士集	宋吳　可撰	別集三	1135- 783
藏海詩話	宋吳　可撰	詩文評	1479- 1
蟫精雋	明徐伯齡撰	雜家三	867- 69
覆瓿集	宋趙必𤩪撰	別集三	1187- 275
覆瓿集	明朱　同撰	別集五	1227- 649

書名	著者	類別	冊頁
豐川易說	清王心敬撰	易類	51- 383
豐干拾得詩	唐釋豐干 釋拾得撰	別集一	1065- 56
轉注古音略	明楊　愼撰	小學三	239- 349
邇言	宋劉　炎撰	儒家	703- 509
醫旨緒餘	明孫一奎撰	醫家	766-1079
醫宗金鑑	清吳　謙 劉裕鐸等撰	醫家	780- 1 ~ 782- 1
醫門法律	清喻　昌撰	醫家	683- 271
醫經溯洄集	元王　履撰	醫家	746- 937
醫說	宋張　杲撰	醫家	742- 1
醫閭集	明賀　欽撰	別集五	1254- 625
醫學源流論	清徐大椿撰	醫家	785- 639
醫壘元戎	元王好古撰	醫家	745- 631
雙溪集	宋蘇　籀撰	別集三	1136- 121
雙溪集(宋王炎撰，見雙溪類稾)			
雙溪集	明杭　淮撰	別集五	1266- 251
雙溪醉隱集	元耶律鑄撰	別集四	1199- 355
雙溪類稾	宋王　炎撰	別集三	1155- 411
雙橋隨筆	清周　召撰	儒家	724- 373
雜學辨	宋朱　熹撰	儒家	699- 489
記疑	宋朱　熹撰	儒家	699- 516
雞肋	宋趙崇絢撰	類書	948- 731
雞肋集(見鷄肋集)	宋晁補之撰	別集二	1118- 407
雞肋編	宋莊　綽撰	小說一	1039- 127
題畫詩(見歷代題畫詩類)			
顏山雜記	清孫廷銓撰	地理八	592- 759
顏氏家訓	隋顏之推撰	雜家一	848- 937
顏魯公集	唐顏眞卿撰 宋宋敏求編	別集一	1071- 585
騎省集	宋徐　鉉撰	別集二	1085- 1
魏書	北齊魏收撰	正史	261- 1 ~ 262- 1
魏鄭公諫錄	唐王方慶撰	傳記二	446- 161
魏鄭公諫續錄	元翟思忠撰	傳記二	447- 55
鵞湖集	明龔　斅撰	別集五	1233- 629

十九畫

書名	著者	類別	冊頁
嬾眞子	宋馬永卿撰	雜家三	863- 401
廬山紀略(見廬山略記)			
廬山記	宋陳舜俞撰	地理六	585- 13
廬山略記	南朝宋釋惠遠撰	地理六	585- 42
廬山集	宋董嗣杲撰	別集三	1189- 167
懷星堂集	明祝允明撰	別集五	1260- 363
懷清堂集	清湯右曾撰	別集六	1325- 433
懷麓堂集	明李東陽撰	別集五	1250- 1
懷麓堂詩話	明李東陽撰	詩文評	1482- 435
曝書亭集	清朱彝尊撰	別集六	1317- 389 ~ 1318- 1
瀕湖脈學	明李時珍撰	醫家	774- 571
瀛奎律髓	元方　回編	總集	1366- 1
籀史	宋翟耆年撰	目錄二	681- 427
繪事備考	清王毓賢撰	藝術一	826- 101
繪事微言	明唐志契撰	藝術一	816- 189
繹史	清馬　驌撰	紀事	365- 1 ~ 368- 1
羅圭峯文集(見圭峯集)	明羅　玘撰	別集五	1259- 1
羅昭諫集	唐羅　隱撰	別集一	1084- 191
羅鄂州小集	宋羅　願撰	別集三	1142- 461
羅湖野錄	宋釋曉瑩撰	釋家	1052- 873
藝文類聚	唐歐陽詢撰	類書	887- 137 ~ 888- 1
藝林彙考	清沈自南撰	雜家二	859- 1
棟宇篇	清沈自南撰	雜家二	859- 8
服飾篇	清沈自南撰	雜家二	859- 105
飲食篇	清沈自南撰	雜家二	859- 185
稱號篇	清沈自南撰	雜家二	859- 254
植物篇	清沈自南撰	雜家二	859- 371
藝圃擷餘(見秇圃擷餘)			
藝彀	明鄧伯羔撰	雜家二	856- 1
補	明鄧伯羔撰	雜家二	856- 41
藥房樵唱(葯之誤，見葯房樵唱)			
蟹略	宋高似孫撰	譜錄三	847- 703
蟹譜	宋傅　肱撰	譜錄三	847- 689
證治準繩	明王肯堂撰	醫家	767- 1 ~ 771- 1
證類本草	宋唐愼微撰	醫家	740- 1
譚苑醍醐(見譚菀醍醐)			
譚菀醍醐	明楊　愼撰	雜家二	855- 671
譚襄敏奏議	明譚　綸撰	奏議	429- 587

書名	著者	類別	册頁
識小編	清董豐垣撰	雜家二	861- 519
識遺	宋羅　璧撰	雜家二	854- 507
辭學指南(見玉海附)	宋王應麟撰	類書	948- 268
關中奏議	明楊一淸撰	奏議	428- 1
關中勝蹟圖志	清畢　沅撰	地理七	588- 479
關尹子	周尹　喜撰	道家	1055- 551
關學編(見少墟集)	明馮從吾撰	別集五	1293- 325
離騷草木疏	宋吳仁傑撰	楚辭	1062- 455
難經本義	周秦越人撰 元滑　壽注	醫家	733- 429
韻石齋筆談	清姜紹書撰	雜家四	872- 91
韻府拾遺	清聖祖御定	類書	1029- 1 ~ 1030- 1
韻府羣玉	元陰勁弦 陰復春編	類書	951- 1
韻補	宋吳　棫撰	小學三	237- 55
韻補正	清顧炎武撰	小學三	241- 535
韻語陽秋	宋葛立方撰	詩文評	1479- 79
願學集	明鄒元標撰	別集五	1294- 1
類博稿	明岳　正撰 李東陽編	別集五	1246- 353
類經	明張介賓撰	醫家	776- 1
類說	宋曾　慥編	雜家五	873- 1
類篇	宋司馬光等撰	小學二	225- 1
類編草堂詩餘(見草堂詩餘)			
類證普濟本事方	宋許叔微撰	醫家	741- 375
鯤溟詩集	明郭諫臣撰	別集五	1288- 137
鯨背吟集(見鯨背吟詩集)			
鯨背吟詩集	元朱晞顏撰	別集四	1214- 427
麗則遺音	元楊維楨撰 陳存禮編	別集四	1222- 145
麗澤論說集錄	呂祖謙撰 宋呂祖儉 呂喬年編	儒家	703- 265

二十畫

書名	著者	類別	册頁
嚴陵集	宋董　弅編	總集	1348- 523
嚴陵講義(見北溪字義附)	宋陳　淳撰 王　雋錄	儒家	709- 58
寶刻叢編	宋陳　思撰	目錄二	682- 181
寶刻類編	宋不著撰人	目錄二	682- 583
寶眞齋法書贊	宋岳　珂撰	藝術一	813- 563
寶晉英光集	宋米　芾撰	別集二	1116- 91
寶祐四年登科錄(見宋寶祐四年登科錄)			
寶章待訪錄	宋米　芾撰	藝術一	813- 51
寶慶四明志	宋羅　濬撰	地理三	487- 1
寶慶〔會稽〕續志(見會稽續志)	宋張　淏撰	地理三	486- 440
瀼溪草堂稿(見文簡集)			
竇氏聯珠集	唐褚藏言編	總集	1332- 357
籌海圖編	明胡宗憲撰	地理五	584- 1
繼志齋集	明王　紳撰	別集五	1234- 651
蘆川詞	宋張元幹撰	詞曲一	1487- 585
蘆川歸來集	宋張元幹撰	別集三	1136- 581
蘆浦筆記	宋劉昌詩撰	雜家二	852- 505
蘇平仲文集	明蘇伯衡撰	別集五	1228- 509
蘇氏春秋集解	宋蘇　轍撰	春秋	148- 1
蘇氏詩集傳	宋蘇　轍撰	詩類	70- 311
蘇氏演義	唐蘇　鶚撰	雜家二	850- 185
蘇沈良方	宋蘇　軾 沈　括撰	醫家	738- 217
蘇門六君子文粹	宋張耒等撰	總集	1361- 1
蘇門集	明高叔嗣撰	別集五	1273- 561
蘇門詩選(見二家詩選)	明高叔嗣撰 清王士禛編	總集	1459- 75
蘇詩補註	宋蘇　軾撰 清查愼行補註	別集二	1111- 1
蘇學士集	宋蘇舜欽撰	別集二	1092- 1
蘇魏公文集	宋蘇　頌撰	別集二	1092- 127
蘇詩續補遺(見施註蘇詩)	宋蘇　軾撰 清馮景補註	別集二	1110- 696
釋文紀	明梅鼎祚編	總集	1400- 409 ~ 1401- 1
釋氏稽古略	元釋覺岸撰	釋家	1054- 1
釋名	漢劉　熙撰	小學一	221- 383
鐔津集	宋釋契嵩撰	別集二	1091- 397
鐘律通考	明倪　復撰	樂類	212- 643
鐘鼎款識(見歷代鐘鼎彝器款識法帖)			
鶡冠子	宋陸　佃解	雜家一	848- 199

二十一畫

書名	著者	類別	册頁
灑山集	宋朱　翌撰	別集三	1133- 809
灌畦暇語	唐不著撰人	雜家三	862- 481
灌園集	宋呂南公撰	別集二	1123- 1
續文章正宗	宋眞德秀原本 倪　澄重編	總集	1356- 1
續文獻通考	清嵇　璜 曹仁虎等撰	政書一	626- 1 ~ 631- 1
續方言	清杭世駿撰	小學一	222- 585
續仙傳	南唐沈汾撰	道家	1059- 583
續古今考(見古今考)	元方　回撰	雜家二	853- 129
續名醫類案	清魏之琇撰	醫家	784- 1 ~ 785- 1
續考古圖	宋呂大臨撰	譜錄一	840- 271
續呂氏家塾讀詩記	宋戴　溪撰	詩類	73- 799
續宋編年資治通鑑	宋劉時舉撰	編年	328- 873
續孟子	唐林愼思撰	儒家	696- 619
續後漢書(見蕭氏續後漢書)	宋蕭　常撰	別史	384- 385
續後漢書(見郝氏續後漢書)	元郝　經撰	別史	385- 1 ~ 386- 1
續後漢書音義(見蕭氏續後漢書)	宋蕭　常撰	別史	384- 689
續書史會要	明朱謀垔撰	藝術一	814- 810
續書譜	宋姜　夔撰	藝術一	813- 553
續茶經	清陸廷燦撰	譜錄二	844- 661
續軒渠集	元洪希文 洪巖虎撰	別集四	1205- 57
續通志	清嵇　璜 曹仁虎等撰	別史	392- 1 ~ 401- 1
續通典	清嵇　璜 曹仁虎等撰	政書一	639- 1 ~ 641- 1
續博物志	宋李　石撰	小說三	1047- 931
續畫品	陳姚　最撰	藝術一	812- 13
續詩傳鳥名卷	清毛奇齡撰	詩類	86- 275
續詩話	宋司馬光撰	詩文評	1478- 257
續資治通鑑長編	宋李　燾撰	編年	314- 1 ~ 322- 1
續齊諧記	梁吳　均撰	小說二	1042- 553
續編珠	清高士奇撰	類書	887- 110
蘭州紀略	清阿桂等撰	紀事	362- 233
蘭亭考	宋桑世昌撰 高似孫刪定	目錄二	682- 73
蘭亭續考	宋俞　松撰	目錄二	682- 155
蘭室祕藏	元李　杲撰	醫家	745- 469
蘭庭集	明謝　晉撰	別集五	1244- 419
蘭軒集	元王　旭撰	別集四	1202- 727
蘭皐集	宋吳錫疇撰	別集三	1186- 719
蘭臺軌範	清徐大椿撰	醫家	785- 343
蠛蠓集	明盧　柟撰	別集五	1289- 755
蠡海集	明王　逵撰	雜家三	866- 699
辯言	宋員興宗撰	雜家三	863- 849
鐵牛翁遺稿(見潛齋集附)	元何景福撰	別集三	1188- 520
鐵崖古樂府	元楊維楨撰 吳　復編	別集四	1222- 1
樂府補	元楊維楨撰	別集四	1222- 79
鐵圍山叢談	宋蔡　絛撰	小說一	1037- 551
鐵菴集	宋方大琮撰	別集三	1178- 145
鐵廬集	清潘天成撰	別集六	1323- 521
外集	清潘天成撰	別集六	1323- 571
顧曲雜言	明沈德符撰	詞曲五	1496- 383
顧非熊詩	唐顧非熊撰	別集一	1072- 562
顧華玉集	明顧　璘撰	別集五	1263- 135
騐鸞錄	宋范成大撰	傳記四	460- 833
鶴山全集(見鶴山集)			
鶴山集	宋魏了翁撰	別集三	1172- 75 ~ 1173- 1
鶴年詩集	元丁鶴年撰	別集四	1217- 493
鶴林玉露	宋羅大經撰	雜家三	865- 253
鶴林集	宋吳　泳撰	別集三	1176- 1
鷄肋集	宋晁補之撰	別集二	1118- 407

二十二畫

書名	著者	類別	册頁
儼山外集	明陸　深撰	雜家六	885- 1
儼山集	明陸　深撰	別集五	1268- 1
續集	明陸　深撰	別集五	1268- 651
權文公集	唐權德輿撰	別集一	1072- 797

書名	著者	類別	冊頁
疊山集(見叠山集)			
聽雨詩選(見廣州四先生詩)	明王 佐撰	總集	1372- 27
臞軒集	宋王 邁撰	別集三	1178- 441
蠹齋鉛刀編(見蠹齋鉛刀編)			
讀史記十表	清汪 越撰 徐克范補	正史	248- 421
讀史錄(見方洲集)	明張 寧撰	別集五	1247- 581
讀四書叢說	元許 謙撰	四書	202- 529
讀左日鈔	清朱鶴齡撰	春秋	175- 1
讀朱隨筆	清陸隴其撰	儒家	725- 477
讀易大旨	清孫奇逢撰	易類	39- 1
讀易日鈔	清張 烈撰	易類	42- 261
讀易考原	元蕭漢中撰	易類	25- 509
讀易私言	元許 衡撰	易類	22- 1
讀易述	明潘士藻撰	易類	33- 1
讀易紀聞	明張獻翼撰	易類	32- 429
讀易詳說	宋李 光撰	易類	10- 263
讀易餘言	明崔 銑撰	易類	30- 1
讀易舉要	宋俞 琰撰	易類	21- 395
讀孟子劄記(見榕村四書說)	清李光地撰	四書	210- 89
讀春秋偶筆	清顧棟高撰	春秋	180- 614
讀春秋略記	明朱朝瑛撰	春秋	171- 1
讀春秋編	宋陳 深撰	春秋	158- 509
讀書分年日程	元程端禮撰	儒家	709- 457
讀書後	明王世貞撰	別集五	1285- 1
讀書紀數略	清宮夢仁撰	類書	1033- 1
讀書記(見西山讀書記)			
讀書偶記	清雷 鋐撰	儒家	725- 661
讀書劄記	明徐 問撰	儒家	714- 373
讀書管見	元王充耘撰	書類	62- 443
讀書錄	明薛 瑄撰	儒家	711- 541
續錄	明薛 瑄撰	儒家	711- 702
讀書齋偶存稿	清葉方藹撰	別集六	1316- 745
讀書叢說	元許 謙撰	書類	61- 449
讀詩私記	明李先芳撰	詩類	79- 505
讀詩略記	明朱朝瑛撰	詩類	82- 337
讀詩質疑	清嚴虞惇撰	詩類	87- 49
讀論語劄記(見榕村四書說)	清李光地撰	四書	210- 42
讀禮志疑	清陸隴其撰	禮四	129- 475
讀禮通考	清徐乾學撰	禮二	112- 1 ～ 114- 1
鑑誡錄	蜀何光遠撰	小說一	1035- 867
霽山文集	宋林景熙撰 元章祖程註	別集三	1188- 687
鬻子	周鬻 熊撰 唐逄行珪注	雜家一	848- 1

二十三畫

書名	著者	類別	冊頁
巖下放言	宋葉夢得撰	雜家三	863- 721
欒城集	宋蘇 轍撰	別集二	1112- 1
欒城後集	宋蘇 轍撰	別集二	1112- 585
欒城第三集	宋蘇 轍撰	別集二	1112- 783
欒城應詔集	宋蘇 轍撰	別集二	1112- 844
欒城遺言	宋蘇 籀記	雜家三	864- 171
麟角集	唐王 棨撰	別集一	1083- 95
省題詩	宋王 蘋輯	別集一	1083- 123
麟原文集	元王 禮撰	別集四	1220- 357
麟臺故事	宋程 俱撰	職官一	595- 303

二十四畫

書名	著者	類別	冊頁
孏窟詞	宋侯 寘撰	詞曲一	1487- 623
蠶書	宋秦 觀撰	農家	730- 193
蠹齋鉛刀編	宋周 孚撰	別集三	1154- 571
拾遺詩		別集三	1154- 690
讕言長語	明曹 安撰	雜家三	867- 27
靈城精義	南唐何溥撰	術數三	808- 113
靈棋經	漢東方朔撰 明劉基等注	術數四	808- 197
靈臺祕苑	北周庾季才撰 宋王安禮重修	術數二	807- 1
靈樞經	唐王 冰注 宋史崧校釋	醫家	733- 317
靈巖集	宋唐士恥撰	別集三	1181- 501
鹽鐵論	漢桓 寬撰 明張之象註	儒家	695- 475

二十五畫

書名	著者	類別	冊	頁
蠻書	唐樊 綽撰	載記	464-	1
觀光稿(見陳剛中詩集)	元陳 孚撰	別集四	1202-	615
觀妙齋金石文考略(見金石文考略)				
觀林詩話	宋吳 聿撰	詩文評	1480-	1
觀物篇解	宋祝 泌撰	術數一	805-	1
顱顖經	宋不著撰人	醫家	738-	1

二十六畫

書名	著者	類別	冊	頁
灤京雜咏	元楊允孚撰	別集四	1219-	617

二十七畫

書名	著者	類別	冊	頁
讜論集	宋陳次升撰	奏議	427-	319

二十九畫

書名	著者	類別	冊	頁
鬱洲遺稿	明梁 儲撰	別集五	1256-	529

著者姓名
筆畫部首索引

凡　　例

1. 著者包括一書之撰著者、編校者、釋注者、輯訂者、增補者等，而以景印本內封「本册目次」及本館所編「景印文淵閣四庫全書目錄」所著錄之姓名為限。
2. 人名次序，按姓名第一字之筆畫部首順序排比，其筆畫部首相同者，則按第二、第三字之筆畫部首順序；無論單名、雙名，複姓或單姓，其單名或複姓之第二字，皆按此類推，如：

　　李心傳
　　李　光
　　李光地
　　李光坡

3. 人名後列所著書名及其所屬類別。若同一人而有多種著作，其所著書名則按册次頁碼之先後排列。可藉此考見某人在四庫全書中之著作概況。
4. 一書為數人同撰或經他人補撰及注釋輯訂者，在各人姓名下互見之。
5. 著者係歷代帝王，在廟號前加冠朝代，與原姓名互見，唯只以原姓名作索引。如：

　　唐玄宗（見李隆基）
　　李隆基（唐玄宗）　孝經注疏　孝經　182–23

6. 帝王"敕撰"之書，以奉敕人為著者；另列"官修"一項，以便檢索。
7. 凡一書之撰著者，其姓名下只列所著書名、類別、册次、頁碼，不另作說明；若為注釋、輯訂、增補者，則於其姓名下書名後加括號注明〔注〕、〔輯〕、〔補〕等字樣；帝王敕撰之書，其領銜之奉敕人若非親自撰著，其姓名下書名後亦加注〔奉敕〕等字樣，若為自著則不加。
8. 著者名尊稱"子"，在尊稱下注見某某，而用原姓名作索引。如：

　　朱　子（見朱熹）
　　朱　熹　文公易說……。

9. 著者係釋氏，釋字與法號互見，唯去釋字留法號之作索引，按一般筆畫部首順序排列，另列"釋氏"一項，以便檢索。

凡例

10. 著者係一人而名字不一，無論原名、異名、異寫或以字行，均作互見，唯只以其中之一作索引，其異名或字，則注見某某，如：

鄭康成（玄字，見鄭玄）

鄭　玄（字康成，漢）　周易鄭康成注　易類　7-129 等

11. 著者姓名因避諱缺筆、缺字或改字，缺筆者逕加復原，不作注解，如“玄”“弘”均缺末筆，逕復原作“玄”“弘”；改字者則注見某某，而以復原之姓名作索引，如：

邱　雍（見丘雍）

丘　雍（宋）　重修廣韻　小學　236-433

其他如鄭元，復原為鄭玄；吾邱衍，復原為吾丘衍。

12. 著者係元朝譯名，經清代“改正”者，雖新編目錄中悉照清代“改正”之譯名著錄，然依名從主人之例，本索引今特為之復原。其“改正”者注見某某，復原者加注書名、類別、頁碼。如保巴復原為保八，托克托復原為脫脫，納新復原為迺賢。

13. 著者姓名後所列書名，其因避諱改字者皆為之還原，其注解已見「書名筆畫部首索引」，茲不復注。

二 畫

書名	著者	類別	冊頁
丁易東〔宋〕	易象義	易類	21- 473
	大衍索隱	術數一	806- 313
丁 度〔宋〕	集韻〔奉敕〕	小學三	236- 433
	附釋文互註禮部韻略	小學三	237- 133
	貢舉條式		237- 300
	武經總要〔奉敕〕	兵家	726- 235
丁 復〔元〕	檜亭集	別集四	1208- 335
丁鶴年〔元〕	鶴年詩集	別集四	1217- 493
刁 包〔清〕	易酌	易類	39- 165
卜子夏(卜商字，見卜商)			
卜商(子夏)〔周〕	子夏易傳	易類	7- 1
	詩序	詩類	69- 1

三 畫

書名	著者	類別	冊頁
三 泰〔清〕	大清律例〔奉敕〕	政書五	672- 377 ～ 673- 1
于文熙〔明〕	元城行錄〔補〕	雜家三	863- 392
于 石〔宋〕	紫巖詩選	別集三	1189- 653
于成龍〔清〕	于清端政書	別集六	1218- 541
于敏中〔清〕	欽定剿捕臨清逆匪紀略〔奉敕〕	紀事	362- 1
	欽定勝朝殉節諸臣錄〔奉敕〕	傳記三	456- 393
	欽定日下舊聞考〔奉敕〕	地理三	497- 1 ～ 499- 1
	欽定滿洲源流考〔奉敕〕	地理三	499- 451
	欽定皇輿西域圖志〔奉敕〕	地理三	500- 1
	欽定滿洲祭神祭天典禮〔漢譯〕	政書二	657- 619
	欽定天祿琳琅書目〔奉敕〕	目錄一	675- 335
	欽定重刻淳化閣帖釋文〔校正〕	目錄二	683- 559
	欽定西清硯譜〔奉敕〕	譜錄一	843- 133
	御製文初集〔奉敕編〕	別集六	1301- 1
	御製詩三集〔奉敕編〕	別集六	1305- 1 ～ 1306- 1
于 欽〔元〕	齊乘	地理三	491- 685
于愼行〔明〕	穀城山館詩集	別集五	1291- 1
于 謙〔明〕	忠肅集	別集五	1244- 1
大圭(釋)〔元〕	夢觀集	別集四	1212- 227
大訢(釋)〔元〕	蒲室集	別集四	1204- 525
小徹辰薩囊臺吉(見薩囊徹辰)			
山井鼎〔日本〕	七經孟子考文補遺	經總義	190- 1
干 寶〔晉〕	搜神記	小說二	1042- 365

四 畫

書名	著者	類別	冊頁
仇兆鼇〔清〕	杜詩詳注	別集一	1070- 91
仇 遠〔元〕	金淵集	別集四	1198- 1
	山村遺集	別集四	1198- 63
允 祹〔清〕	欽定大清會典〔奉敕〕	政書一	619- 1
允 祿〔清〕	御製律呂正義後編〔奉敕〕	樂類	215- 223 ～ 218- 1
	欽定同文韻統〔奉敕〕	小學三	240- 359
	世宗憲皇帝上諭八旗〔奉敕〕	詔令	413- 1
	上諭旗務議覆〔奉敕〕	詔令	413- 313
	諭行旗務奏議〔奉敕〕	詔令	413- 483
	世宗憲皇帝上諭內閣〔奉敕〕	詔令	414- 1 ～ 415- 1
	皇朝禮器圖式〔奉敕〕	政書二	656- 1
	欽定滿洲祭神祭天典禮〔總辦〕	政書二	657- 619

御製曆象考成〔奉敕〕 天算一 790- 1 ~ 791- 1
御製曆象考成後編〔奉敕〕 天算一 792- 1
欽定儀象考成〔奉敕〕 天算一 793- 1
欽定協紀辨方書〔奉敕〕 術數六 811- 109
聖祖仁皇帝御製文第四集〔奉敕編〕 別集六 1299- 377
元好問〔金〕 遺山集 別集四 1191- 1
中州集〔編〕 總集 1365- 1
附中州樂府 總集 1365- 359
唐詩鼓吹〔編〕 總集 1365- 379
元 奘（見玄奘）
元 結〔唐〕 次山集 別集一 1071- 509
篋中集〔編〕 總集 1332- 11
元 稹〔唐〕 元氏長慶集 別集一 1079- 347
公羊高〔周〕 春秋公羊傳注疏 春秋 145- 1
公孫弘〔漢〕 握奇經〔解〕 兵家 726- 1
公孫宏（見公孫弘）
公孫龍〔周〕 公孫龍子 雜家一 848- 245
卞永譽〔清〕 式古堂書畫彙考 藝術一 827- 1 ~ 829- 1
太宰純〔日本〕 古文孝經孔氏傳〔音〕 孝經 182- 1
孔文仲〔宋〕 清江三孔集 總集 1345- 179
孔平仲〔宋〕 珩璜新論 雜家三 863- 99
談苑 小說一 1037- 119
清江三孔集 總集 1345- 402
孔安國〔漢〕 尙書注疏〔傳〕 書類 54- 1
古文孝經孔氏傳〔傳〕 孝經 182- 1
孔延之〔宋〕 會稽掇英總集〔編〕 總集 1345- 1
孔武仲〔宋〕 清江三孔集 總集 1345- 201
孔 晁〔晉〕 逸周書〔注〕 別史 370- 1
孔 傳〔宋〕 東家雜記 傳記一 446- 57
白孔六帖 類書 891- 1 ~ 892- 1
孔毓圻〔清〕 幸魯盛典 政書二 652- 1
孔 臧〔漢〕 連叢子（見孔叢子附） 儒家 695- 359
孔 融〔漢〕 孔北海集 別集一 1063- 231
孔 鮒〔漢〕 孔叢子 儒家 695- 307
孔穎達〔唐〕 周易注疏〔疏〕 易類 7- 283
尙書注疏〔疏〕 書類 54- 1
毛詩注疏〔疏〕 詩類 69- 43
禮記注疏〔疏〕 禮三 115- 1 ~ 116- 1
春秋左傳注疏〔疏〕 春秋 143- 1 ~ 144- 1
尤 侗〔清〕 梁谿遺稿〔輯〕 別集三 1149- 509
尤 袤〔宋〕 遂初堂書目 目錄一 674- 435
梁谿遺稿 別集三 1149- 509
尹 文〔周〕 尹文子 雜家一 848- 181
尹廷高〔元〕 玉井樵唱 別集四 1202- 693
尹 洙〔宋〕 河南集 別集二 1090- 1
尹 喜〔周〕 關尹子 道家 1055- 551
尹 焞〔宋〕 和靖集 別集三 1136- 1
尹 臺〔明〕 洞麓堂集 別集五 1277- 401
戈 直〔元〕 貞觀政要〔集論〕 雜史 407- 337
文天祥〔宋〕 文山集 別集三 1184- 359
文信國集杜詩 別集三 1184- 805
文 同〔宋〕 丹淵集 別集二 1096- 553
文安禮〔宋〕 柳先生年譜（見五百家注柳先生集） 別集一 1077- 4
文 含〔清〕 篆隸考異〔校〕 小學二 235- 845
文彥博〔宋〕 潞公文集 別集二 1100- 573
文 洪〔明〕 淶水詩集（見文氏五家集） 總集 1382- 422
淶水文集（見文氏五家集） 總集 1382- 434
文珦（釋）〔宋〕 潛山集 別集三 1186- 293
文 彪〔宋〕 實賓錄〔續補〕 類書 920- 293
文 彭〔明〕 博士詩集（見文氏五家集） 總集 1382- 491
文 嘉〔明〕 先君行略（見甫田集） 別集五 1273- 293
和州詩集（見文氏五家集） 總集 1382- 531
文肇祉〔明〕 錄事詩集（見文氏五家集） 總集 1382- 548
文瑩（釋）〔宋〕 湘山野錄 小說一 1037- 225
續錄 小說一 1037- 268
玉壺野史 小說一 1037- 283
文徵明〔明〕 甫田集 別集五 1273- 1
太史詩集（見文氏五家集） 總集 1382- 439
文震亨〔明〕 長物志 雜家四 872- 31
方 勺〔宋〕 泊宅編 小說一 1037- 507
方千里〔宋〕 和清眞詞 詞曲一 1487- 431
方大琮〔宋〕 鐵菴集 別集三 1178- 145
方 干〔唐〕 玄英集 別集一 1084- 43
方 中〔明〕 蛟峯外集〔續輯〕 別集三 1187- 592
山房外集〔續輯〕 別集三 1187- 625

著者	書名	類別	冊-頁
方中通〔清〕	數度衍	天算二	802- 233
	幾何約	天算二	802- 541
方仁榮〔宋〕	景定嚴州續志	地理三	487- 523
方以智〔明〕	通雅	雜家二	857- 1
	物理小識	雜家三	867- 741
方　回〔元〕	續古今考	雜家二	853- 129
	桐江續集	別集四	1193- 219
	文選顏鮑謝詩評	總集	1331- 1
	瀛奎律髓〔編〕	總集	1366- 1
方式濟〔清〕	龍沙紀略	地理八	592- 841
方有執〔明〕	傷寒論條辨	醫家	775- 1
	本草鈔	醫家	775- 129
	或問	醫家	775- 140
	痙書	醫家	775- 149
方孝孺〔明〕	遜志齋集	別集五	1235- 43
方良永〔明〕	方簡肅文集	別集五	1260- 79
方　岳〔宋〕	秋崖集	別集三	1182- 131
方　苞〔清〕	周官集注	禮一	101- 1
	儀禮析疑	禮二	109- 1
	禮記析疑	禮三	128- 1
	春秋通論	春秋	178- 291
	望溪集	別集六	1326- 713
	欽定四書文〔奉敕編〕	總集	1451- 1
	化治四書文	總集	1451- 10
	正嘉四書文	總集	1451- 73
	隆萬四書文	總集	1451- 200
	啓禎四書文	總集	1451- 315
	本朝四書文	總集	1451- 576
方崧卿〔宋〕	韓集舉正	別集一	1073- 1
	外集舉正	別集一	1073- 113
方逢辰〔宋〕	蛟峯文集	別集三	1187- 495
	外集	別集三	1187- 592
方逢振〔宋〕	山房遺文(見蛟峯文集)	別集三	1187- 582
	山房外集	別集三	1187- 625
方　燁〔清〕	明史〔考證〕	正史	297- 1 ～ 302- 1
方實孫〔宋〕	淙山讀周易	易類	19- 579
方　熊〔清〕	文章緣起〔補註〕	詩文評	1478- 203
方聞一〔宋〕	大易粹言	易類	15- 1
方　鳳〔宋〕	存雅堂遺稿	別集三	1189- 525
方　夔〔宋〕	富山遺稿	別集三	1189- 365
毛　在〔明〕	先進遺風〔增補〕	小說一	1041- 379
毛　幵〔宋〕	樵隱詞	詞曲一	1488- 213
毛　亨〔漢〕	毛詩注疏〔傳〕	詩類	69- 43
毛邦翰〔宋〕	六經圖〔補〕	經總義	183- 137
毛奇齡〔清〕	仲氏易	易類	41- 183
	推易始末	易類	41- 479
	春秋占筮書	易類	41- 519
	易小帖	易類	41- 549
	古文尚書寃詞	書類	66- 543
	尚書廣聽錄	書類	66- 631
	毛詩寫官記	詩類	86- 171
	詩札	詩類	86- 213
	詩傳詩說駁義	詩類	86- 233
	續詩傳鳥名卷	詩類	86- 275
	郊社禘祫問	禮四	129- 569
	辨定祭禮通俗譜	禮六	142- 743
	春秋毛氏傳	春秋	176- 1
	春秋簡書刊誤	春秋	176- 409
	春秋屬辭比事記	春秋	176- 441
	孝經問	孝經	182- 281
	經問	經總義	191- 7
	經問補	經總義	191- 221
	論語稽求篇	四書	210- 133
	四書賸言	四書	210- 207
	補	四書	210- 250
	大學證文	四書	210- 277
	聖諭樂本解說	樂類	220- 197
	皇言定聲錄	樂類	220- 219
	竟山樂錄	樂類	220- 291
	古今通韻	小學三	242- 1
	易韻	小學三	242- 297
	北郊配位尊西向議	政書二	662- 155
	西河集	別集六	1320- 1 ～ 1321- 1
	西河詞話	詞曲三	1494- 551
毛居正〔宋〕	六經正誤	經總義	183- 455
	增修互註禮部韻略〔重增註〕	小學三	237- 333
毛　晃〔宋〕	禹貢指南	書類	56- 1
	增修互註禮部韻略〔增註〕	小學三	237- 333
毛　晉〔明〕	陸氏詩疏廣要	詩類	70- 23
	放翁逸稿〔輯〕	別集三	1163- 710
	三家宮詞〔編〕	總集	1416- 665
	二家宮詞〔編〕	總集	1416- 689
毛　滂〔宋〕	東堂集	別集二	1123- 695
	東堂詞	詞曲一	1487- 307
毛遠宗〔清〕	經問補〔輯〕	經總義	191- 221

著者	書名	類別	冊-頁
	四書牕言補〔編〕	四書	210- 250
毛鳳詔〔明〕	倪石陵書〔輯〕	別集三	1152- 1
毛應龍〔元〕	周官集傳	禮一	95- 761
牛　鈕〔清〕	日講易經解義〔奉敕〕	易類	37- 201
牛運震〔清〕	金石經眼錄〔補說〕	目錄二	684- 711
王十朋〔宋〕	會稽三賦	地理八	589- 251
	東坡詩集註〔註〕	別集二	1109- 1
	梅溪集	別集三	1151- 45
	廷試策	別集三	1151- 50
	奏議	別集三	1151- 63
	梅溪前集	別集三	1151- 109
	後集	別集三	1151- 302
王又樸〔清〕	易翼述信	易類	50- 525
王千秋〔宋〕	審齋詞	詞曲	1488- 49
王士元（見王士源）			
王士俊〔清〕	河南通志〔監修〕	地理三	535- 1 ～ 538- 1
王士源〔唐〕	亢倉子	道家	1059- 509
王士禎（見王士禛）			
王士禛〔清〕	居易錄	雜家三	869- 309
	池北偶談	雜家三	870- 1
	香祖筆記	雜家三	870- 379
	分甘餘話	雜家三	870- 543
	古夫于亭雜錄	雜家三	870- 597
	御定淵鑑類函〔奉敕纂〕	類書	982- 1 ～ 993- 1
	精華錄	別集六	1315- 1
	唐賢三昧集〔編〕	總集	1459- 1
	二家詩選〔編〕	總集	1459- 61
	唐人萬首絕句選〔編選〕	總集	1459- 85
	漁洋詩話	詩文評	1483- 831
王士點〔元〕	禁扁	地理一	468- 37
	祕書監志	職官一	596- 753
王子俊〔宋〕	格齋四六	別集三	1151- 1
王子接〔清〕	絳雪園古方選註	醫家	783- 779
	得宜本草	醫家	783- 923
王之望〔宋〕	漢濱集	別集三	1139- 661
王之道〔宋〕	相山集	別集三	1132- 521
王之樞〔清〕	御定歷代紀事年表〔奉敕〕	別史	387- 1 ～ 391- 1
王仁裕〔五代〕	開元天寶遺事	小說一	1035- 843
王介之〔明〕	春秋四傳質	春秋	171- 227
王元杰〔元〕	春秋讞義	春秋	162- 1
王元敬〔明〕	青霞集年譜	別集五	1278- 165
王天與〔元〕	尚書纂傳	書類	62- 587
王太岳〔清〕	欽定四庫全書考證〔纂輯〕	考證	1497- 1 ～ 1500- 1
王夫之〔清〕	周易稗疏	易類	39- 133
	考異	易類	39- 161
	尚書稗疏	書類	66- 1
	詩經稗疏	詩類	84- 769
	春秋稗疏	春秋	174- 341
王心敬〔清〕	豐川易說	易類	51- 383
王文定公（見王惲）			
王文淸〔清〕	新五代史〔考證〕	正史	279- 1
王方慶〔唐〕	魏鄭公諫錄	傳記二	446- 161
王世貞〔明〕	弇山堂別集	雜史	409- 1 ～ 410- 1
	嘉靖以來首輔傳	傳記三	452- 421
	觚不觚錄	小說一	1041- 425
	弇州四部稿	別集五	1279- 1 ～ 1281- 1
	弇州續稿	別集五	1282- 1 ～ 1284- 1
	讀書後	別集五	1285- 1
	石羊生傳（見少室山房集附）	別集五	1290- 4
王世懋〔明〕	秇圃擷餘	詩文評	1482- 509
王　令〔宋〕	廣陵集	別集二	1106- 393
王　古〔宋〕	道院集要〔編〕	釋家	1052- 611
王正德〔宋〕	餘師錄	詩文評	1480- 747
王申子〔元〕	大易緝說	易類	24- 17
王立道〔明〕	具茨集	別集五	1277- 653
	詩集	別集五	1277- 653
	文集	別集五	1277- 723
	遺藁	別集五	1277- 868
王永吉〔清〕	御定人百儆心錄〔奉敕纂〕	職官二	602- 761
王　充〔漢〕	論衡	雜家三	862- 1
王充耘〔元〕	讀書管見	書類	62- 443
	書義矜式	書類	68- 425
	四書經疑貫通	四書	203- 891
王　冰〔唐〕	黃帝內經素問〔次注〕	醫家	733- 1
	靈樞經〔注〕	醫家	733- 317
王好古〔元〕	此事難知	醫家	745- 573
	醫壘元戎	醫家	745- 631
	湯液本草	醫家	745- 909

著者	朝代	書名	類別	冊－頁
王 存	〔宋〕	元豐九域志〔奉敕〕	地理二	471- 1
王守仁	〔明〕	王文成全書	別集五	1265- 1 ～ 1266- 1
王安中	〔宋〕	初寮集	別集三	1127- 1
		初寮詞	詞曲一	1487- 373
王安石	〔宋〕	周官新義	禮一	91- 1
		考工記解	禮一	91- 176
		臨川文集	別集二	1105- 1
		王荊公詩注	別集二	1106- 1
		唐百家詩選〔編〕	總集	1344- 563
		臨川文鈔(見唐宋八大家文鈔)	總集	1384- 1
王安禮	〔宋〕	靈臺祕苑〔重修〕	術數二	807- 1
		王魏公集	別集二	1100- 1
王 旭	〔元〕	蘭軒集	別集四	1202- 727
王 朴	〔後周〕	太清神鑑	術數五	810- 759
王 行	〔明〕	半軒集	別集五	1231- 279
		半軒集補遺	別集五	1231- 440
		方外補遺	別集五	1231- 458
		墓銘舉例	詩文評	1482- 379
王伯大	〔宋〕	別本韓文考異〔重編〕	別集一	1073- 261
		外集	別集一	1073- 694
王 佐	〔明〕	聽雨詩選(見廣州四先生詩)	總集	1372- 27
王克貞	〔宋〕	太平廣記〔纂修〕	小說二	1043- 1 ～ 1046- 1
王君玉(？)	〔宋〕	國老談苑〔舊題〕	小說一	1037- 631
王孝通	〔唐〕	緝古算經	天算二	797- 303
王宏撰	〔清〕	周易筮述	易類	41- 1
		正學隅見述	儒家	724- 341
王希明	〔唐〕	太乙金鏡式經	術數六	810- 855
王廷陳	〔明〕	夢澤集	別集五	1272- 531
王廷燦	〔清〕	湯子遺書〔編〕	別集六	1312- 421
王志長	〔明〕	周禮註疏刪翼	禮一	97- 1
王志堅	〔明〕	四六法海〔編〕	總集	1394- 1
王志慶	〔明〕	古儷府〔編〕	類書	979- 1
王 沂	〔元〕	伊濱集	別集四	1208- 391
王 灼	〔宋〕	糖霜譜	譜錄二	844- 839
		碧雞漫志	詞曲三	1494- 505
王 阮	〔宋〕	義豐集	別集三	1154- 537
王叔和	〔晉〕	傷寒論注釋〔編〕	醫家	734- 201
王叔英		(原采字，見王原采)		
王叔權		(見王執中)		
王 周	〔明〕	竹齋集〔編〕	別集五	1233- 1
王 坦	〔清〕	琴旨	樂類	220- 687
王宗傳	〔宋〕	童溪易傳	易類	17- 1
王宗稷	〔宋〕	東坡先生年譜(見東坡全集)	別集二	1107- 28
		東坡先生年譜(見施註蘇詩)	別集二	1110- 87
王定保	〔五代〕	唐摭言	小說一	1035- 695
王明清	〔宋〕	揮麈錄	小說一	1038- 363
		前錄	小說一	1038- 363
		後錄	小說一	1038- 400
		三錄	小說一	1038- 534
		餘話	小說一	1038- 566
		玉照新志	小說一	1038- 617
		投轄錄	小說一	1038- 681
王 杰	〔清〕	御製詩五集〔奉敕編〕	別集六	1309- 1 ～ 1311- 1
王 炎	〔宋〕	雙溪類藁	別集三	1155- 411
王炎午	〔宋〕	吾汶藁	別集三	1189- 561
王 直	〔明〕	抑菴文集	別集五	1241- 1
		抑菴文後集	別集五	1241- 304 ～ 1242- 1
王肯堂	〔明〕	證治準繩	醫家	767- 1 ～ 771- 1
王 俅	〔宋〕	嘯堂集古錄	譜錄一	840- 15
王 奕	〔元〕	玉斗山人集	別集四	1195- 627
王奕清	〔清〕	萬壽盛典初集〔奉敕〕	政書二	653- 1 ～ 654- 1
		御選歷代詩餘〔奉敕編〕	詞曲二	1491- 1 ～ 1493- 1
		御定詞譜〔奉敕〕	詞曲四	1495- 1
		御定曲譜〔奉敕〕	詞曲五	1496- 395
王 勃	〔唐〕	王子安集	別集一	1065- 61
王 建	〔唐〕	王司馬集	別集一	1078- 577
		宮詞(見三家宮詞)	總集	1416- 666
王昭禹	〔宋〕	周禮詳解	禮一	91- 197
王 柏	〔宋〕	魯齋集	別集三	1186- 1
王 林	〔宋〕	燕翼詒謀錄	雜史	407- 713
王 洙	〔宋〕	集韻〔同修〕	小學三	236- 433
	〔宋〕	崇文總目〔奉敕〕	目錄一	674- 1
王 洋	〔宋〕	東牟集	別集三	1132- 297
王 洪	〔明〕	毅齋集	別集五	1237- 431
王禹偁	〔宋〕	五代史闕文	雜史	407- 641
		小畜集	別集二	1086- 1
王若虛	〔金〕	滹南集	別集四	1190- 267

王英明〔明〕 曆體略 天算一 789- 945
王原釆〔明〕 靜學文集 別集五 1235- 805
王原祁〔清〕 萬壽盛典初集 政書二 653- 1 ～ 654- 1
王孫錫〔清〕 文忠集〔編〕 別集五 1295- 439
王　峻〔清〕 文道先生墓誌銘(見韓集點勘) 別集一 1075- 576
王庭珪〔宋〕 盧溪文集 別集三 1134- 97
王庭曾〔清〕 宗忠簡集〔重編〕 別集三 1125- 1
王　恕〔明〕 王端毅奏議 奏議 427- 453
王　恭〔明〕 白雲樵唱集 別集五 1231- 83
　草澤狂歌 別集五 1231- 209
　王典籍集(見閩中十子詩) 總集 1372- 277
王　珪〔宋〕 華陽集 別集二 1093- 1
　宮詞(見三家宮詞) 總集 1416- 681
王益之〔宋〕 西漢年紀 編年 329- 1
王　祜〔宋〕 文苑英華〔參修〕 總集 1333- 1 ～ 1342- 1
王祖庚〔清〕 南齊書〔考證〕 正史 259- 1
　元史〔考證〕 正史 292- 1 ～ 295- 1
王　衮〔宋〕 博濟方 醫家 738- 97
王　偁 (宋王稱之誤，見王稱)
王　偁〔明〕 友石山人遺稿〔輯〕 別集四 1217- 129
　聞過齋集〔輯〕 別集四 1217- 143
　虛舟集 別集五 1237- 1
　王檢討集(見閩中十子詩) 總集 1372- 364
王國瑞〔元〕 扁鵲神應鍼灸玉龍經 醫家 746- 755
王國端 (瑞之誤，見王國瑞)
王執中〔宋〕 鍼灸資生經 醫家 742- 229
王　寂〔金〕 拙軒集 別集四 1190- 1
王崇慶〔明〕 元城語錄解〔解〕 雜家三 863- 353
王得臣〔宋〕 麈史 雜家三 862- 595
王　掞〔清〕 欽定春秋傳說彙纂〔奉敕〕 春秋 173- 1
　萬壽盛典初集〔監修〕 政書二 653- 1 ～ 654- 1
王　符〔漢〕 潛夫論 儒家 696- 355
王　紳〔明〕 繼志齋集 別集五 1234- 651
王　紱〔明〕 王舍人詩集 別集五 1237- 81
王　通〔隋〕 元經 編年 303- 829
　中說 儒家 696- 521
王　逢〔元〕 梧溪集 別集四 1218- 563
王　喜〔元〕 治河圖略 地理四 576- 71
王堯臣〔宋〕 崇文總目〔奉敕〕 目錄一 674- 1
王　弼〔魏〕 周易註 易類 7- 201
　周易注疏 易類 7- 283
　周易略例(見周易注疏) 易類 7- 584
　老子道德經 道家 1055- 137
王　惲〔元〕 玉堂嘉話 雜家三 866- 439
　秋澗集 別集四 1200- 1 ～ 1201- 1
　中州名賢文表 總集 1373- 350
王　晳〔宋〕 春秋皇綱論 春秋 147- 127
王　冕〔明〕 竹齋集 別集五 1233- 1
　續集 別集五 1233- 92
王　曾〔宋〕 王文正筆錄 小說一 1036- 265
王　植〔清〕 正蒙初義 儒家 697- 411
　皇極經世書解 術數一 805- 245
王　棨〔唐〕 麟角集 別集一 1083- 95
王欽臣〔宋〕 王氏談錄 雜家三 862- 577
王欽若〔宋〕 册府元龜〔奉敕〕 類書 902- 1 ～ 919- 1
王　湜〔宋〕 易學 術數一 805- 667
王　琦〔清〕 李太白集注〔注〕 別集一 1067- 1
王　結〔元〕 文忠集 別集四 1206- 201
王象之〔宋〕 輿地碑記目 目錄二 682- 517
王　貺〔宋〕 全生指迷方 醫家 741- 1
王　逵〔明〕 蠡海集 雜家三 866- 699
王　逸〔漢〕 楚辭章句 楚辭 1062- 1
王開祖〔宋〕 儒志編 儒家 696- 781
王　雱〔宋〕 南華眞經新傳 道家 1056- 169
王愼中〔明〕 遵巖集 別集五 1274- 1
王　暐(？)〔宋〕 道山清話 小說一 1037- 645
王　楨 (禎之誤，見王禎)
王　楚〔宋〕 宣和博古圖 譜錄一 840- 371
王　楙〔宋〕 野客叢書 雜家二 852- 547
王　溥〔宋〕 唐會要 政書一 606- 1 ～ 607- 1
　五代會要 政書一 607- 439
王　當〔宋〕 春秋臣傳 傳記三 448- 123
王義山〔元〕 稼村類藁 別集四 1193- 1
王　肅〔魏〕 孔子家語〔注〕 儒家 695- 1
王與之〔宋〕 周禮訂義 禮一 93- 1 ～ 94- 1
王　道〔宋〕 古文龍虎經註疏 道家 1061- 535

著者	書名	類	冊-頁
王道焜〔明〕	左傳杜林合注〔編〕	春秋	171- 323
王頊齡〔清〕	欽定書經傳說彙纂〔奉敕〕	書類	65- 375
王　僎〔明〕	洪武正韻〔纂修〕	小學三	239- 1
王　嘉〔前秦〕	拾遺記	小說二	1042- 311
王　構〔元〕	修辭鑑衡〔編〕	詩文評	1482- 255
王　禎〔元〕	農書	農家	730- 315
王　禕〔明〕	元史	正史	292- 1 ～ 295- 1
	大事記續編	編年	333- 1 ～ 334- 1
	重修革象新書〔刋訂〕	天算一	786- 273
	王忠文集	別集五	1226- 1
王　稱〔宋〕	東都事略	別史	382- 1
王毓賢〔清〕	繪事備考	藝術一	826- 101
王　維〔唐〕	王右丞集箋注	別集一	1071- 1
王聞詩〔宋〕	梅溪集〔編〕	別集三	1151- 45
王聞禮〔宋〕	梅溪集〔編〕	別集三	1151- 45
王　銍〔宋〕	(?)雲仙雜記	小說一	1035- 641
	默記	小說一	1038- 325
	雪溪集	別集三	1136- 547
	四六話	詩文評	1478- 941
王際華〔清〕	欽定天祿琳琅書目〔奉敕〕	目錄一	675- 335
	欽定重刻淳化閣帖釋文〔校正〕	目錄二	683- 559
王　履〔元〕	醫經溯洄集	醫家	746- 937
王　徵〔明〕	奇器圖說〔譯〕	譜錄一	842- 407
	諸器圖說	譜錄一	842- 545
王　澍〔清〕	淳化祕閣法帖考正	目錄二	684- 503
	竹雲題跋	目錄二	684- 643
王　稹〔明〕	抑菴文集〔校〕	別集五	1241- 1
	抑菴文後集〔編〕	別集五	1241- 304 ～ 1242- 1
王　褒〔明〕	王翰林集(見閩中十子詩)	總集	1372- 414
王　質〔宋〕	詩總聞	詩類	72- 433
	紹陶錄	傳記二	446- 273
	雪山集	別集三	1149- 343
王霆震〔宋〕	古文集成前集〔編〕	總集	1359- 1
王　鞏〔宋〕	甲申雜記	小說一	1037- 179
	聞見近錄	小說一	1037- 191
	隨手雜錄	小說一	1037- 211
	附甲申聞見二錄補遺	小說一	1037- 219
王　樵〔明〕	尚書日記	書類	64- 221
	春秋輯傳	春秋	168- 335
	方麓集	別集五	1285- 97
王　翰〔元〕	友石山人遺稿	別集四	1217- 129
王　翰〔明〕	梁園寓稿	別集五	1233- 273
王錫闡〔清〕	曉菴新法	天算一	793- 451
王應電〔明〕	周禮傳	禮一	96- 1
	周禮圖說	禮一	96- 284
	周禮翼傳	禮一	96- 375
王應麟〔宋〕	周易鄭康成註〔編〕	易類	7- 129
	增補鄭氏周易〔輯〕	易類	7- 147
	詩考	詩類	75- 597
	詩地理考	詩類	75- 633
	急就篇〔補注〕	小學二	223- 1
	通鑑地理通釋	編年	312- 1
	漢制考	政書一	609- 779
	漢藝文志考證	目錄一	675- 1
	通鑑答問	史評	686- 617
	六經天文編	天算一	786- 133
	困學紀聞	雜家二	854- 137
	玉海	類書	943- 1 ～ 948- 1
	辭學指南(見玉海附)	類書	948- 268
	小學紺珠	類書	948- 379
	姓氏急就篇	類書	948- 633
	四明文獻集	別集三	1187- 181
王懋竑〔清〕	朱子年譜	傳記二	447- 245
	朱子年譜考異	傳記二	447- 364
	朱子論學切要語	傳記二	447- 414
	白田雜著	雜家二	859- 645
王　燧(璲之誤，見王璲)			
王　璲〔明〕	青城山人集	別集五	1237- 681
王　績〔唐〕	東皐子集	別集一	1065- 1
王　邁〔宋〕	臞軒集	別集三	1178- 441
王鴻緒〔清〕	欽定詩經傳說彙纂〔奉敕〕	詩類	83- 1
王　彝〔明〕	王常宗集	別集五	1229- 385
	補遺	別集五	1229- 431
	續補遺	別集五	1229- 437
王　燾〔唐〕	外臺祕要方	醫家	736- 1 ～ 737- 1
王　禮〔元〕	麟原文集	別集四	1220- 357
王　穉〔明〕	抑菴文集〔編〕	別集五	1241- 1
王　達〔宋〕	清江三孔集〔編〕	總集	1345- 177
王　鎡〔宋〕	月洞吟	別集三	1189- 489

著者	書名	類別	冊頁
王　鏊〔明〕	姑蘇志	地理三	493- 1
	震澤長語	雜家三	867- 189
	震澤集	別集五	1256- 119
	風聞言事論(見東江家藏集附)	別集五	1261- 878
王　黼(王楚之誤)〔宋〕			
	重修宣和博古圖	譜錄一	840- 371
王　蘋〔宋〕	麟角集附省題詩〔輯錄〕	別集一	1083- 123
	王著作集	別集三	1136- 63
王　鶚〔元〕	汝南遺事	雜史	408- 933
王闢之〔宋〕	澠水燕談錄	小說一	1036- 469
王　觀〔宋〕	揚州芍藥譜	譜錄三	845- 9
王　觀〔明〕	王著作集〔編〕	別集三	1136- 63
王觀國〔宋〕	學林	雜家二	851- 1
王　讜〔宋〕	唐語林	小說一	1038- 1
王　□〔宋〕	野老紀聞	雜家二	852- 801

五　畫

著者	書名	類別	冊頁
丘光庭〔唐〕	兼明書	雜家二	850- 209
丘雲霄〔明〕	止山集	別集五	1277- 205
	南行集	別集五	1277- 206
	東遊集	別集五	1277- 219
	北觀集	別集五	1277- 225
	山中集	別集五	1277- 245
丘　雍〔宋〕	重修玉篇	小學二	224- 1
	重修廣韻〔奉敕〕	小學三	236- 223
丘　濬〔明〕	大學衍義補	儒家	712- 1 ～ 713- 1
	重編瓊臺藁	別集五	1248- 1
丘爾穀〔明〕	重編瓊臺藁〔編〕	別集五	1248- 1
令狐峘〔唐〕	顏魯公神道碑(見顏魯公集)	別集一	1071- 717
令狐楚〔唐〕	御覽詩〔編〕	總集	1332- 95
令狐德棻〔唐〕	周書	正史	263- 391
包　恢〔宋〕	敝帚藁畧	別集三	1178- 703
包　拯〔宋〕	包孝肅奏議集	奏議	427- 73
包　儀〔清〕	易原就正	易類	43- 349
句延慶〔宋〕	錦里耆舊傳	載記	464- 175
史正志〔宋〕	史氏菊譜	譜錄三	845- 29
史伯璿〔元〕	四書管窺	四書	204- 675
	管窺外編	儒家	709- 617
史季溫〔宋〕	山谷別集詩注〔注〕	別集二	1114- 481
史　容〔宋〕	山谷外集詩注〔注〕	別集二	1114- 235
史　浩〔宋〕	尙書講義	書類	56- 169
	鄮峰眞隱漫錄	別集三	1141- 529
史　崧〔宋〕	靈樞經〔校正、音釋〕	醫家	733- 317
史堯弼〔宋〕	蓮峯集	別集三	1165- 661
史　游〔漢〕	急就篇	小學二	223- 1
史達祖〔宋〕	梅溪詞	詞曲一	1488- 581
史　徵〔唐〕	周易口訣義	易類	8- 1
史　簡〔清〕	鄱陽五家集〔編〕	總集	1476- 267
史繩祖〔宋〕	學齋佔畢	雜家二	854- 1
史彌寧〔宋〕	友林乙稿	別集三	1178- 89
史　謹〔明〕	獨醉亭集	別集五	1233- 107
史　鑄〔宋〕	會稽三賦〔注〕	地理八	589- 251
	百菊集譜	譜錄三	845- 41
	補遺	譜錄三	845- 107
史　鑑〔明〕	西村集	別集五	1259- 685
史　□(史虛白子)〔宋〕			
	釣磯立談	載記	464- 43
司空圖〔唐〕	司空表聖文集	別集一	1083- 487
司馬光〔宋〕	溫公易說	易類	8- 565
	書儀	禮六	142- 457
	孝經指解	孝經	182- 85
	類篇〔奉敕〕	小學二	225- 1
	集韻〔奉敕〕	小學三	236- 433
	切韻指掌圖	小學三	237- 1
	資治通鑑	編年	304- 1 ～ 310- 1
	資治通鑑考異	編年	311- 1
	資治通鑑釋例	編年	311- 317
	資治通鑑目錄	編年	311- 321
	稽古錄	編年	312- 391
	揚子法言〔重添註〕	儒家	696- 269
	家範	儒家	696- 657
	潛虛	術數一	803- 263
	涑水記聞	小說一	1036- 315
	田司徒神道碑陰(見咸平集)	別集二	1085- 358
	傳家集	別集二	1094- 1
	續詩話	詩文評	1478- 257

著者	書名	類	冊-頁
司馬貞〔唐〕	史記〔索隱〕	正史	243- 1 ≀ 244- 1
	補史記三皇本記(見史記)	正史	244- 964
	史記索隱	正史	246- 447
司馬彪〔晉〕	後漢書〔志〕	正史	252- 1 ≀ 253- 1
司馬遷〔漢〕	史記	正史	243- 1 ≀ 244- 1
	又史記集解	正史	245- 1 ≀ 246- 1
	史記正義	正史	247- 1 ≀ 248- 1
司馬穰苴〔周〕	司馬法	兵家	726- 65
左丘明〔周〕	春秋左傳註疏	春秋	143- 1 ≀ 144- 1
左克明〔元〕	古樂府	總集	1368- 427
左　祥〔元〕	琴堂諭俗編〔增補〕	雜家三	865- 221
左　贊〔明〕	盱江集〔編〕	別集二	1095- 1
弘　晝〔清〕	世宗憲皇帝上諭內閣〔續編〕	詔令	414- 1 ≀ 415- 1
弘曆(清高宗)	評鑑闡要	史評	694- 417
	御製日知薈說	儒家	717- 663
	御製樂善堂全集定本	別集六	1300- 233
	御製文集	別集六	1301- 1
	初集	別集六	1301- 1
	二集	別集六	1301- 271
	三集	別集六	1301- 563
	餘集	別集六	1301- 684
	御製詩集	別集六	1302- 1 ≀ 1311- 1
	初集	別集六	1302- 1
	二集	別集六	1303- 1 ≀ 1304- 1
	三集	別集六	1305- 1 ≀ 1306- 1
	四集	別集六	1307- 1 ≀ 1308- 1
	五集	別集六	1309- 1 ≀ 1311- 1
	餘集	別集六	1311- 521
玄奘(釋)〔唐〕	大唐西域記〔譯〕	地理十	593- 635
玄燁(清聖祖)	御製親征朔漠紀略(見聖祖仁皇帝親征平定朔漠方略)	紀事	354- 436
	聖祖仁皇帝聖訓	詔令	411- 145
	御批資治通鑑綱目〔批〕	史評	689- 1 ≀ 691- 1
	御批資治通鑑綱目前編〔批〕	史評	692- 1
	御批續資治通鑑綱目〔批〕	史評	693- 1 ≀ 694- 1
	聖諭廣訓〔頒諭〕	儒家	717- 589
	聖祖仁皇帝庭訓格言	儒家	717- 613
	聖祖仁皇帝御製文集	別集六	1298- 1 ≀ 1299- 1
	初集	別集六	1298- 1
	第二集	別集六	1298- 320
	第三集	別集六	1299- 1
	第四集	別集六	1299- 377
	御選古文淵鑒〔選〕	總集	1417- 1 ≀ 1418- 1
	御選唐詩〔選〕	總集	1446- 1
正勉(釋)〔明〕	古今禪藻集〔輯〕	總集	1416- 1
永　瑢〔清〕	欽定四庫全書總目〔奉敕〕	總目	1- 1 ≀ 5- 1
	欽定四庫全書簡明目錄〔奉敕〕	簡目	6- 1
	欽定詩經樂譜全書〔奉敕〕	樂類	219- 1
	舊五代史〔考證〕	正史	277- 1 ≀ 278- 1
	欽定歷代職官表〔奉敕〕	職官一	601- 1 ≀ 602- 1
甘　復〔元〕	山窗餘稿	別集四	1218- 535
田文鏡〔清〕	河南通志〔監修〕	地理三	535- 1 ≀ 538- 1
田汝成〔明〕	炎徼紀聞	紀事	352- 603
	西湖遊覽志	地理六	585- 59
	西湖遊覽志餘	地理六	585- 284
田　况〔宋〕	儒林公議	小說一	1036- 275
田　易〔清〕	畿輔通志〔編纂〕	地理三	504- 1 ≀ 506- 1

著者	書名	類別	冊頁
田　雯〔清〕	古歡堂集	別集六	1324- 1
	黔書	別集六	1324- 395
	長河志籍考	別集六	1324- 469
田　錫〔宋〕	咸平集	別集二	1085- 353
申佳允（見申佳胤）			
申佳胤〔明〕	申忠愍詩集	別集五	1297- 471
白居易〔唐〕	白孔六帖〔原本〕	類書	891- 1 ~ 892- 1
	白氏長慶集	別集一	1080- 1
	白香山詩集	別集一	1081- 1
	香山九老詩	總集	1332- 8
白　珽〔元〕	湛淵靜語	雜家三	866- 283
	湛淵集	別集四	1198- 87
白雲霽〔明〕	道藏目錄詳註	道家	1061- 627
白　樸〔元〕	天籟集	詞曲一	1488- 629
皮日休〔唐〕	文藪	別集一	1083- 153
	松陵集	總集	1332- 163
石　介〔宋〕	徂徠集	別集二	1090- 181
石光霽〔明〕	春秋書法鉤元	春秋	165- 807
石存禮〔明〕	海岱會集	總集	1377- 1
石　珤〔明〕	熊峯集	別集五	1259- 487
石　墪〔宋〕	中庸輯略〔編〕	四書	198- 555

六　畫

著者	書名	類別	冊頁
仲　并〔宋〕	浮山集	別集三	1137- 785
仲長統〔魏〕	尹文子〔校定〕	雜家一	848- 181
任士林〔元〕	松鄉集	別集四	1196- 487
任　昉〔梁〕	述異記	小說三	1047- 611
	文章緣起	詩文評	1478- 203
任啓運〔清〕	周易洗心	易類	51- 181
	宮室考	禮二	109- 801
	天子肆獻祼饋食禮	禮二	109- 827
任陳晉〔清〕	易象大意存解	易類	52- 421
任　淵〔宋〕	山谷內集詩注〔注〕	別集二	1114- 1
	后山詩注〔注〕	別集二	1114- 741
任　廣〔宋〕	書敍指南	類書	920- 455
任　環〔明〕	山海漫談	別集五	1278- 579
伏　勝〔漢〕	尚書大傳	書類	68- 385
列禦寇〔周〕	列子	道家	1055- 573
危亦林〔元〕	世醫得效方	醫家	746- 43
危　素〔明〕	說學齋稿	別集五	1226- 647
	雲林集	別集五	1226- 755
同　恕〔元〕	榘菴集	別集四	1206- 659
向子諲〔宋〕	酒邊詞	詞曲一	1487- 523
因　亮〔唐〕	顏魯公行狀（見顏魯公集）	別集一	1071- 706
夷門君玉（見夷門隱叟）			
夷門隱叟（見王君玉）			
宇文紹奕〔宋〕	石林燕語〔考異〕	雜家三	863- 535
宇文懋昭〔宋〕	欽定重訂大金國志	別史	383- 805
安　熙〔元〕	默菴集	別集四	1199- 707
安　磐〔明〕	頤山詩話	詩文評	1482- 459
托克托（元脫脫之新譯，見脫脫）			
朱元昇〔宋〕	三易備遺	易類	20- 741
朱元璋（明太祖）	明太祖文集	別集五	1223- 1
朱公遷〔元〕	詩經疏義會通	詩類	77- 1
	四書通旨	四書	204- 507
朱　右〔明〕	洪武正韻〔纂修〕	小學三	239- 1
	白雲稿	別集五	1228- 1
朱　弁〔宋〕	曲洧舊聞	雜家三	863- 285
	風月堂詩話	詩文評	1479- 13
朱　申〔宋〕	周禮句解	禮一	95- 105
朱　同〔明〕	覆瓿集	別集五	1227- 649
朱名世〔元〕	（朱晞顏字，見朱晞顏）		
朱存孝〔清〕	回文類聚補遺〔輯補〕	總集	1351- 822
朱存理〔明〕	珊瑚木難〔編〕	藝術一	815- 1
	趙氏鐵網珊瑚	藝術一	815- 263
	存悔齋稿附遺〔輯〕	別集四	1199- 351
	樓居雜著	別集五	1251- 597
	野航詩稿	別集五	1251- 615
	野航文稿	別集五	1251- 618
朱　朴〔明〕	西村詩集	別集五	1273- 397
朱希晦〔元〕	雲松巢集	別集四	1220- 621
朱廷煥〔明〕	增補武林舊事〔增補〕	地理八	590- 301
朱良裘〔清〕	周易註疏〔考證〕	易類	7- 283
朱明鎬〔明〕	史糾	史評	688- 451
朱昆田〔清〕	南史識小錄	史鈔	462- 483
	北史識小錄	史鈔	462- 574
朱　松〔宋〕	韋齋集	別集三	1133- 425
朱長文〔宋〕	吳郡圖經續記	地理三	484- 1
	墨池編	藝術一	812- 595
	琴史	藝術二	839- 1
	樂圃餘藁	別集二	1119- 1
朱　思〔宋〕	樂圃餘藁〔輯〕	別集二	1119- 1

朱　倬〔元〕詩經疑問　詩類　77- 531
朱　彧〔宋〕萍洲可談　小說一　1038- 273
朱　珪〔明〕名蹟錄　目錄二　683- 25
朱祖義〔元〕尙書句解　書類　62- 885
朱　荃〔清〕北齊書〔考證〕　正史　263- 1
朱崇正〔明〕仁齋直指〔附遺〕　醫家　744- 1
朱晞顏（字景淵）〔元〕
瓢泉吟稿　別集四　1213- 373
朱晞顏（字名世）〔元〕
鯨背吟集　別集四　1214- 427
朱淑眞〔宋〕斷腸詞　詞曲一　1488- 623
朱　翌〔宋〕猗覺寮雜記　雜家二　850- 431
灊山集　別集三　1133- 809
朱勝非〔宋〕紺珠集　雜家五　872- 273
朱　善〔明〕詩解頤　詩類　78- 191
朱景元（見朱景玄）
朱景玄〔唐〕唐朝名畫錄　藝術一　812- 357
朱朝瑛〔明〕讀詩略記　詩類　82- 337
讀春秋略記　春秋　171- 1
朱　淛〔明〕天馬山房遺稿　別集五　1273- 439
朱象賢〔清〕印典　藝術三　839- 853
朱　廉〔明〕洪武正韻〔纂修〕　小學三　239- 1
朱睦㮮〔明〕五經稽疑　經總義　184- 679
革除逸史　雜史　410- 529
授經圖義例　目錄一　675- 231
朱誠泳〔明秦簡王〕小鳴稿　別集五　1260- 169
朱載堉〔明〕樂律全書　樂類　213- 1 ～ 214- 1
聖壽萬年曆　天算一　786- 449
律曆融通　天算一　786- 556
朱　軾〔清〕周易傳義合訂　易類　47- 249
史傳三編　傳記三　459- 1
朱　輔〔宋〕溪蠻叢笑　地理十　594- 43
朱　震〔宋〕漢上易傳　易類　11- 1
卦圖　易類　11- 308
叢說　易類　11- 361
朱震亨〔元〕格致餘論　醫家　746- 637
局方發揮　醫家　746- 675
金匱鉤玄　醫家　746- 697
朱　樸（同朴，見朱朴）
朱　槔〔宋〕玉瀾集　別集三　1133- 548
朱　熹〔宋〕原本周易本義　易類　12- 625
別本周易本義　易類　12- 705
文公易說　易類　18- 415
朱子古文書疑（清閻詠輯）　書類　66- 523
詩序〔辨說〕　詩類　69- 1
詩經集傳　詩類　72- 745
詩傳遺說　詩類　75- 499
朱子詩序辨說（見詩傳大全）　詩類　78- 326
朱子詩序辨說（見欽定詩經傳說彙纂）　詩類　83- 774
儀禮經傳通解　禮四　131- 1
儀禮集傳集註（卽儀禮經傳通解卷廿四至三七）　禮四　131- 422
家禮　禮六　142- 527
朱子禮纂（清李光地編）　禮六　142- 663
孝經刊誤　孝經　182- 103
朱子五經語類（清程川編）　經總義　193- 1
四書章句集注　四書　197- 1
大學章句　四書　197- 3
論語集注　四書　197- 14
孟子集注　四書　197- 90
中庸章句　四書　197- 198
四書或問　四書　197- 215
論孟精義　四書　198- 1
論語精義　四書　198- 6
孟子精義　四書　198- 420
中庸輯畧〔刪定〕　四書　198- 555
伊洛淵源錄　傳記三　448- 411
宋名臣言行錄前集　傳記三　449- 1
後集　傳記三　449- 125
紹熙州縣釋奠儀圖　政書二　648- 1
御批資治通鑑綱目　史評　689- 1 ～ 691- 1
二程遺書〔編〕　儒家　698- 1
二程外書〔編〕　儒家　698- 281
上蔡語錄〔刪定〕　儒家　698- 565
延平答問　儒家　698- 643
近思錄〔編〕　儒家　699- 1
又：近思錄集註（清茅星來註）　儒家　699- 127
近思錄集註（清江永註）　儒家　699- 357
雜學辨　儒家　699- 489

著者	書名	類	冊-頁
	記疑	儒家	699-516
	御定小學集註	儒家	699-521
	朱子語類(宋黎靖德編)	儒家	700-1 ~ 702-1
	經濟文衡前集	儒家	704-1
	後集	儒家	704-157
	續集	儒家	704-315
	朱子讀書法(宋張洪、齊熙編)	儒家	709-351
	(?)家山圖書	儒家	709-421
	御纂朱子全書(清李光地等編)	儒家	720-1 ~ 721-1
	陰符經考異	道家	1055-11
	周易參同契考異	道家	1058-557
	楚辭集注	楚辭	1062-299
	楚辭辯證	楚辭	1062-379
	楚辭後語	楚辭	1062-402
	原本韓集考異	別集一	1073-127
	別本韓文考異〔考異〕	別集一	1073-261
	晦庵集	別集三	1143-1 ~ 1146-1
	續集	別集三	1146-424
	別集	別集三	1146-544
	南軒集〔編〕	別集三	1167-413
	南嶽倡酬集	總集	1348-607
朱謀垔〔明〕	續書史會要	藝術一	814-810
	畫史會要	藝術一	816-403
朱謀㙔〔明〕	詩故	詩類	79-549
	駢雅	小學一	222-515
朱橚〔明周定王〕	救荒本草	農家	730-609
	普濟方	醫家	747-1 ~ 761-1
朱　翺〔南唐〕	說文繫傳〔反切〕	小學二	223-385
朱翼中〔宋〕	北山酒經	譜錄二	844-813
朱彝尊〔清〕	經義考	目錄一	677-1 ~ 680-1
	曝書亭集	別集六	1317-389 ~ 1318-1
	葉兒樂府(曝書亭集附)	別集六	1318-535
	明詩綜〔編〕	總集	1459-173 ~ 1460-1
	詞綜〔編〕	詞曲二	1493-1
朱鶴齡〔清〕	尚書埤傳	書類	66-687
	禹貢長箋	書類	67-1
	詩經通義	詩類	85-1
	讀左日鈔	春秋	175-1
	補	春秋	175-231
	李義山詩集注〔注〕	別集一	1082-79
	愚菴小集	別集六	1319-1
朱　鑑〔宋〕	文公易說〔編〕	易類	18-415
	詩傳遺說〔編〕	詩類	75-499
朱觀熰〔明〕	樓居雜著〔輯〕	別集五	1251-597
	野航詩稿〔輯〕	別集五	1251-615
	野航文稿〔輯〕	別集五	1251-618
江少虞〔宋〕	事實類苑	雜家五	874-1
江　永〔清〕	周禮疑義舉要	禮一	101-715
	儀禮釋宮增注	禮二	109-883
	禮記訓義擇言	禮三	128-287
	深衣考誤	禮三	128-389
	禮書綱目	禮五	133-1 ~ 134-1
	論律呂(見禮書綱目附)	禮五	134-578
	深衣考誤(見禮書綱目附)	禮五	134-612
	春秋地理考實	春秋	181-247
	羣經補義	經總義	194-1
	鄉黨圖考	四書	210-713
	律呂新論	樂類	220-511
	律呂闡微	樂類	220-547
	古韻標準	小學三	242-438
	近思錄集註	儒家	699-357
	數學	天算一	796-607
	續數學	天算一	796-779
江休復〔宋〕	嘉祐雜志	小說一	1036-557
江　淹〔梁〕	江文通集	別集一	1063-713
江湛然〔明〕	少室山房集〔輯〕	別集五	1290-1
江端禮〔宋〕	節孝語錄〔編〕	儒家	698-473
江　遹〔宋〕	沖虛至德眞經解	道家	1055-651
江應宿〔明〕	名醫類案〔增補〕	醫家	765-411
江　闓〔清〕	嶺南風物記〔刪訂〕	地理八	592-827
江　瓘〔明〕	名醫類案	醫家	765-411
池本理〔明〕	禽星易見	術數六	810-999
牟　巘〔宋〕	牟氏陵陽集	別集三	1188-1
米　芾〔宋〕	畫史	藝術一	813-1
	書史	藝術一	813-27
	寶章待訪錄	藝術一	813-51
	海嶽名言	藝術一	813-63

著者	書名	類別	册頁
	硯史	譜錄一	843- 63
	寶晉英光集	別集二	1116- 91
艾　性 (見艾性夫)			
艾性夫〔元〕	剩語	別集四	1194- 397
艾儒略〔明西洋〕	職方外紀	地理十	594- 279
行均(釋)〔遼〕	龍龕手鑑	小學二	226- 647
西方子〔□〕	明堂灸經	醫家	738- 51

七　畫

著者	書名	類別	册頁
何大任〔宋〕	小兒衛生總微論方〔校訂〕	醫家	741- 49
	太醫局諸科程文格〔編〕	醫家	743- 1
何　中〔元〕	知非堂稿	別集四	1205- 523
何去非〔宋〕	何博士備論	兵家	727- 131
何　休〔漢〕	春秋公羊傳注疏〔解詁〕	春秋	145- 1
何光遠〔後蜀〕	鑑誡錄	小說一	1035- 867
何宇度〔明〕	益部談資	地理八	592- 735
何　汶〔宋〕	竹莊詩話	詩文評	1481- 549
何　犿〔元〕	韓非子〔註〕	法家	729- 597
何良臣〔明〕	陣記	兵家	727- 675
何良俊〔明〕	何氏語林	小說一	1041- 441
何孟春〔明〕	何文簡疏議	奏議	429- 1
何　晏〔魏〕	論語集解義疏〔集解〕	四書	195- 333
	論語注疏〔集解〕	四書	195- 525
何國宗〔清〕	御製曆象考成〔奉敕〕	天算一	790- 1 ～ 791- 1
	欽定協紀辨方書〔奉敕〕	術數六	811- 109
何異孫〔元〕	十一經問對	經總義	184- 343
何喬新〔明〕	椒丘文集	別集五	1249- 1
何悳固〔宋〕	成都文類〔編〕	總集	1354- 291
何景明〔明〕	大復集	別集五	1267- 1
何景福〔元〕	鐵牛翁遺稿(見湣齋集附)	別集三	1188- 520
何　焯〔清〕	困學紀聞〔評注〕	雜家二	854- 137
	義門讀書記	雜家二	860- 1
	御定分類字錦〔奉敕〕	類書	1005- 1 ～ 1007- 1
何　琇〔清〕	樵香小記	雜家二	859- 781
何　超〔唐〕	晉書音義(見晉書附)	正史	256-1007
何　楷〔明〕	古周易訂詁	易類	36- 1
	詩經世本古義	詩類	81- 1
何　溥〔南唐〕	靈城精義	術數三	808- 113
何　粲〔唐〕	亢倉子注	道家	1059- 527
何夢桂〔宋〕	潛齋集	別集三	1188- 365
何　瑭〔明〕	柏齋集	別集五	1266- 465
何　遜〔梁〕	何水部集	別集一	1063- 691
何　薳〔宋〕	春渚紀聞	雜家三	863- 451
何谿汶 (宋何汶之誤，見何汶)			
佘　翔〔明〕	薜荔園集	別集五	1288- 1
余允文〔宋〕	尊孟辨	四書	196- 517
	尊孟續辨	四書	196- 549
	尊孟辨別錄	四書	196- 564
余仲荀〔宋〕	武溪集〔編〕	別集二	1089- 1
余知古〔唐〕	渚宮舊事	雜史	407- 555
余　祐〔明〕	胡文敬集〔編〕	別集五	1260- 1
余　寅〔明〕	同姓名錄	類書	964- 1
余　載〔元〕	韶舞九成樂補	樂類	212- 93
余　熽〔明〕	強齋集〔編〕	別集五	1232- 383
余　靖〔宋〕	武溪集	別集二	1089- 1
余蕭客〔清〕	古經解鉤沉	經總義	194- 353
余　闕〔元〕	青陽集	別集四	1214- 361
余繼登〔明〕	淡然軒集	別集五	1291- 765
利瑪竇〔明西洋〕	乾坤餘義	天算一	787- 755
	幾何原本〔譯〕	天算二	798- 563
努爾哈赤(清太祖)	太祖高皇帝聖訓	詔令	411- 1
吳士玉〔清〕	御定駢字類編〔奉敕〕	類書	994- 1 ～ 1004- 1
	御定子史精華〔奉敕〕	類書	1008- 1 ～ 1010- 1
吳子良〔宋〕	荊溪林下偶談	詩文評	1481- 485
吳之振〔清〕	宋詩鈔	總集	1461- 1 ～ 1462- 1
吳之鯨〔明〕	武林梵志	地理七	588- 1
吳仁傑〔宋〕	易圖說	易類	15- 753
	兩漢刊誤補遺	正史	253- 821
	離騷草木疏	楚辭	1062- 455
吳文英〔宋〕	夢窗稿	詞曲一	1488- 305
吳　可〔宋〕	藏海居士集	別集三	1135- 783
	藏海詩話	詩文評	1479- 1
吳　平〔漢〕	越絕書	載記	463- 73

吳正子〔宋〕 箋注評點李長吉歌詩 別集一 1078- 481
外集 別集一 1078- 548
吳玉搢〔清〕 別雅 小學一 222- 607
潛丘劄記〔編〕 雜家二 859- 381
吳 玕〔宋〕 優古堂詩話 詩文評 1478- 299
吳任臣〔清〕 十國春秋 載記 465- 1 ～ 466- 1
山海經廣注 小說二 1042- 85
吳兆宜〔清〕 庾開府集箋註〔註〕 別集一 1064- 1
徐孝穆集箋注〔注〕 別集一 1064- 791
吳如愚〔宋〕 準齋雜說 儒家 709- 63
吳 存〔元〕 樂庵遺稿(見鄱陽五家集) 總集 1476- 313
吳有性〔明〕 瘟疫論 醫家 779- 1
吳 聿〔宋〕 觀林詩話 詩文評 1480- 1
吳自牧〔宋〕 夢粱錄 地理八 590- 13
吳伯宗〔明〕 榮進集 別集五 1233- 217
吳 均〔梁〕 西京雜記 小說一 1035- 1
續齊諧記 小說二 1042- 553
吳廷華〔清〕 儀禮章句 禮二 109- 289
吳 沆〔宋〕 易璇璣 易類 11- 597
吳 坰〔宋〕 五總志 雜家三 863- 801
吳 泳〔宋〕 鶴林集 別集三 1176- 1
吳 芾〔宋〕 姑溪居士集〔編〕 別集二 1120- 391
湖山集 別集三 1138- 445
吳則禮〔宋〕 北湖集 別集二 1122- 415
吳彥夔〔宋〕 傳信適用方 醫家 741- 745
吳 炯 (宋吳坰之誤，見吳坰)
吳師道〔元〕 戰國策校注 雜史 407- 1
敬鄉錄 傳記三 451- 251
絳守居園池記注〔補正〕 別集一 1078- 535
紫巖詩選〔編〕 別集三 1189- 653
禮部集 別集四 1212- 1
吳桂森〔明〕 周易像象述 易類 34- 369
吳 浩〔清〕 十三經義疑 經總義 191- 251
吳 海〔元〕 聞過齋集 別集四 1217- 143
吳 祕〔宋〕 揚子法言〔重添注〕 儒家 696- 269
吳 起〔周〕 吳子 兵家 726- 57
吳偉業〔清〕 綏寇紀略 紀事 363- 847
梅村集 別集六 1312- 1
吳 淑〔宋〕 事類賦 類書 892- 799
江淮異人錄 小說二 1042- 901
太平廣記〔纂修〕 小說二 1043- 1 ～ 1046- 1
騎省集〔編〕 別集二 1085- 1
吳 紱〔清〕 周禮注疏〔考證〕 禮一 90- 1
吳處厚〔宋〕 青箱雜記 小說一 1036- 609
吳 訥〔明〕 棠陰比事〔刪補〕 法家 729- 969
吳 復〔元〕 鐵崖古樂府〔編〕 別集四 1222- 1
樂府補 別集四 1222- 79
吳景旭〔清〕 歷代詩話 詩文評 1483- 1
吳景奎〔元〕 葯房樵唱 別集四 1215- 419
吳 曾〔宋〕 能改齋漫錄 雜家二 850- 501
吳 棫〔宋〕 韻補 小學三 237- 55
吳 渭〔宋〕 月泉吟社詩〔編〕 總集 1359- 617
吳 焯〔清〕 南宋襍事詩 總集 1476- 516
吳 皐〔元〕 吾吾類稿 別集四 1219- 1
吳 萊〔元〕 淵穎集 別集四 1209- 1
吳 雯〔清〕 蓮洋詩鈔 別集六 1322- 275
吳 當〔元〕 吳文正集〔編〕 別集四 1197- 1
學言稿 別集四 1217- 253
吳 筠〔唐〕 宗玄集 別集一 1071- 723
玄綱論 別集一 1071- 758
南統大君內丹九章經 別集一 1071- 770
吳與弼〔明〕 康齋集 別集五 1251- 357
吳 箕〔宋〕 常談 雜家三 864- 237
吳 綺〔清〕 嶺南風物記 地理八 592- 827
林蕙堂全集 別集六 1314- 195
吳 兢〔唐〕 貞觀政要 雜史 407- 337
吳 儆〔宋〕 竹洲紀 別集三 1142- 207
(?)棣華雜筆 別集三 1142- 297
吳 寬〔明〕 家藏集 別集五 1255- 1
吳 潛〔宋〕 履齋遺集 別集三 1178- 389
吳 澄〔元〕 易纂言 易類 22- 399
易纂言外翼 易類 22- 595
書纂言 書類 61- 1
儀禮逸經 禮二 105- 1
禮記纂言 禮三 121- 1
春秋纂言 春秋 159- 335
總例 春秋 159- 335
孝經定本 孝經 182- 127
葬書〔刪定〕 術數三 808- 11
道德眞經註 道家 1055- 257
吳文正集 別集四 1197- 1
吳 銳〔宋〕 重修玉篇〔重修〕 小學二 224- 1
吳 鼐〔清〕 三正考 春秋 181- 329
吳 縝〔宋〕 新唐書糾謬 正史 276- 617
五代史纂誤 正史 279- 539

吳 融〔唐〕唐英歌詩 別集一 1084- 1
吳錫疇〔宋〕蘭皐集 別集三 1186- 719
吳龍翰〔宋〕古梅遺稿 別集三 1188- 841
吳 襄〔清〕御定子史精華〔奉敕〕 類書 1008- 1 ～ 1010- 1
吳 謙〔清〕御纂醫宗金鑑〔奉敕纂〕 醫家 780- 1 ～ 782- 1
吳 鎮〔元〕梅花道人遺墨 別集四 1215- 491
吳寶芝〔淸〕花木鳥獸集類 類書 1034- 1
吳 儼〔明〕吳文肅摘稿 別集五 1259- 351
吾丘衍〔元〕周秦刻石釋音 小學二 228- 1
學古編 藝術三 839- 839
閒居錄 雜家三 866- 629
竹素山房詩集 別集四 1195- 739
吾邱衍(見吾丘衍)
吾 衍(見吾丘衍)
呂大圭〔宋〕呂氏春秋或問 春秋 157- 477
春秋五論 春秋 157- 664
呂大臨〔宋〕考古圖 譜錄一 840- 91
續考古圖 譜錄一 840- 271
呂不韋〔秦〕呂氏春秋 雜家一 848- 271
呂 中〔宋〕宋大事記講義 史評 686- 185
呂 午〔宋〕左史諫草 奏議 427- 389
呂文仲〔宋〕太平廣記〔纂修〕 小說二 1043- 1 ～ 1046- 1
呂本中〔宋〕呂氏春秋集解 春秋 150- 1
官箴 職官二 602- 651
童蒙訓 儒家 698- 515
紫微雜說 雜家三 863- 821
東萊詩集 別集三 1136- 679
紫薇詩話 詩文評 1478- 927
呂 向〔唐〕六臣註文選〔註〕 總集 1330- 1 ～ 1331- 1
呂希哲〔宋〕呂氏雜記 雜家三 863- 207
呂延濟〔唐〕六臣註文選〔註〕 總集 1330- 1 ～ 1331- 1
呂 坤〔明〕呻吟語摘 儒家 717- 27
呂南公〔宋〕灌園集 別集二 1123- 1
呂 柟〔明〕四書因問 四書 206- 753
涇野子內篇 儒家 714- 521
周子抄釋 儒家 715- 1
張子抄釋 儒家 715- 31
二程子抄釋〔編〕 儒家 715- 107
朱子抄釋 儒家 715- 251
呂夏卿〔宋〕唐書直筆 史評 685- 703
呂 宮〔清〕御定資政要覽〔纂〕 儒家 717- 531
呂 毖〔明〕明宮史〔校次〕 政書二 651- 603
呂祖儉〔宋〕麗澤論說集錄〔蒐錄〕 儒家 703- 265
東萊集〔編〕 別集三 1150- 1
呂祖謙〔宋〕古周易 易類 15- 779
增修東萊書說 書類 57- 127
呂氏家塾讀詩記 詩類 73- 321
左氏傳說 春秋 152- 1
左氏傳續說 春秋 152- 143
左氏博議 春秋 152- 295
大事記 編年 324- 1
大事記通釋 編年 324- 98
大事記解題 編年 324- 124
唐鑑〔注〕 史評 685- 469
近思錄〔編〕 儒家 699- 1
少儀外傳 儒家 703- 219
麗澤論說集錄 儒家 703- 265
歷代制度詳說 類書 923- 893
東萊集 別集三 1150- 1
別集 別集三 1150- 162
外集 別集三 1150- 366
宋文鑑〔編〕 總集 1350- 1 ～ 1351- 1
古文關鍵〔編〕 總集 1351- 715
呂 望〔周〕(?)六韜 兵家 726- 9
呂 陶〔宋〕淨德集 別集二 1098- 1
呂喬年〔宋〕麗澤論說集錄〔編〕 儒家 703- 265
東萊集〔編〕 別集三 1150- 1
呂 溫〔唐〕呂衡州集 別集一 1077- 595
呂 誠〔元〕來鶴亭詩 別集四 1220- 569
呂 震〔明〕宣德鼎彝譜〔奉敕〕 譜錄一 840-1019
呂 熾〔清〕論語注疏〔考證〕 四書 195- 525
呂頤浩〔宋〕忠穆集 別集三 1131- 257
呂濱老〔宋〕聖求詞 詞曲一 1487- 383
妙聲(釋)〔明〕東皐錄 別集五 1227- 563
孛朮魯翀〔元〕中州名賢文表 總集 1373- 452
宋子安〔宋〕東溪試茶錄 譜錄二 844- 655
宋公傳〔明〕元詩體要〔編〕 總集 1372- 491
宋 无(同無，見宋無)
宋 白〔宋〕太平廣記〔纂修〕 小說二 1043- 1 ～ 1046- 1
文苑英華〔奉敕〕 總集 1333- 1 ～ 1342- 1
宋伯仁〔宋〕西塍集 別集三 1183- 175
宋廷佐〔明〕還山遺稿〔輯〕 別集四 1198- 219

宋　祁〔宋〕集韻〔修〕 小學三 236- 433
新唐書 正史 272- 1 ～ 276- 1
益部方物略記 地理八 589- 99
宋景文筆記 雜家三 862- 533
景文集 別集三 1088- 1
宋　俊〔清〕嶺南風物記〔增補〕 地理八 592- 827
宋　咸〔宋〕揚子法言〔重添注〕 儒家 696- 269
宋　庠〔宋〕國語補音〔補葺〕 雜史 406- 187
元憲集 別集二 1087- 401
宋高宗(見趙構)
宋敏求〔宋〕唐大詔令集〔編〕 詔令 426- 1
長安志 地理七 587- 73
春明退朝錄 雜家三 862- 499
顏魯公集〔編〕 別集一 1071- 585
劉賓客文集〔輯補〕 別集一 1077- 323
外集 別集一 1077- 517
孟東野詩集〔編〕 別集一 1078- 311
宋　訥〔明〕西隱集 別集五 1225- 809
宋　無〔元〕翠寒集 別集四 1208- 303
宋登春〔明〕宋布衣集 別集五 1296- 543
宋　詡〔明〕竹嶼山房雜部 雜家四 871- 115
宋　犖〔清〕西陂類稿 別集六 1323- 1
宋齊丘〔南唐〕玉管照神局 術數五 810- 713
宋齊邱(見宋齊丘)
宋德之〔宋〕成都文類〔編〕 總集 1354- 291
宋　緒(字公傳，以字行，見宋公傳)
宋　濂〔明〕洪武正韻〔奉敕〕 小學三 539- 1
元史 正史 292- 1 ～ 295- 1
浦陽人物記 傳記三 452- 1
淵穎集〔編〕 別集四 1209- 1
待制集〔編〕 別集四 1210- 177
文憲集 別集五 1223- 235 ～ 1224- 1
宋景濂未刻集 別集五 1224- 563
宋　褧〔元〕燕石集 別集四 1212- 367
宋徽宗(見趙佶)
宋　禧〔元〕庸菴集 別集四 1222- 395
宋　□(如璋子)〔宋〕
分門古今類事 小說二 1047- 1
岑安卿〔元〕栲栳山人詩集 別集四 1215- 459
成伯璵〔唐〕毛詩指說 詩類 70- 169
成克鞏〔清〕御定道德經註〔纂〕 道家 1055- 445
成廷珪〔元〕居竹軒詩集 別集四 1216- 277
成　矩〔明〕別本周易本義〔編〕 易類 12- 705
成無己〔金〕傷寒論注釋〔注〕 醫家 734- 201
傷寒明理論 醫家 734- 307
傷寒論方 醫家 734- 347
李上交〔宋〕近事會元 雜家二 850- 253
李士瞻〔元〕經濟文集 別集四 1214- 433
李之儀〔宋〕姑溪居士前集 別集二 1120- 391
後集 別集二 1120- 628
姑溪詞 詞曲一 1487- 281
李之藻〔明〕頖宮禮樂疏 政書二 651- 1
渾蓋通憲圖說 天算一 789- 851
圜容較義 天算一 789- 925
同文算指 天算二 798- 339
前編 天算二 798- 339
通編 天算二 798- 380
李心傳〔宋〕丙子學易編 易類 17- 775
建炎以來繫年要錄 編年 325- 1 ～ 327- 1
建炎以來朝野雜記 政書一 608- 239
甲集 政書一 608- 239
乙集 政書一 608- 449
舊聞證誤 史評 686- 571
李文仲〔元〕字鑑 小學二 228- 17
李日華〔明〕六研齋筆記 雜家三 867- 485
二筆 雜家三 867- 569
三筆 雜家三 867- 656
李世民(唐太宗)帝範 儒家 696- 587
李正民〔宋〕大隱集 別集三 1133- 1
李幼武〔宋〕宋名臣言行錄續集〔纂集〕 傳記三 449- 292
別集 傳記三 449- 362
外集 傳記三 449- 642
李必恒〔清〕施註蘇詩〔刪補〕 別集二 1110- 1
李玉鳴〔清〕欽定大清通禮〔奉敕〕 政書二 655- 1
李　白〔唐〕李太白文集 別集一 1066- 219
李太白集分類補註 別集一 1066- 437
李太白集注 別集一 1067- 1
李　石〔宋〕續博物志 小說三 1047- 931
方舟集 別集三 1149- 529
李先芳〔明〕讀詩私記 詩類 79- 505
李　光〔宋〕讀易詳說 易類 10- 263
莊簡集 別集三 1128- 429
李光地〔清〕御纂周易折中〔奉敕〕 易類 38- 1

著者	書名	類別	冊-頁
	周易通論	易類	42- 535
	周易觀象	易類	42- 611
	尙書七篇解義	書類	68- 99
	詩所	詩類	86- 1
	朱子禮纂〔編〕	禮六	142- 663
	日講春秋解義〔奉敕〕	春秋	171- 1
	榕村四書說	四書	210- 1
	大學古本說	四書	210- 2
	中庸章段	四書	210- 11
	中庸餘論	四書	210- 27
	讀論語劄記	四書	210- 42
	讀孟子劄記	四書	210- 89
	古樂經傳	樂類	220- 1
	御定音韻闡微〔奉敕〕	小學三	240- 1
	御定月令輯要〔奉敕〕	時令	467- 39
	注解正蒙	儒家	697- 333
	御纂性理精義〔奉敕〕	儒家	719- 589
	御纂朱子全書〔奉敕〕	儒家	720- 1～721- 1
	榕村語錄	儒家	725- 1
	御定星曆考原〔奉敕〕	術數六	811- 1
	榕村集	別集六	1324- 525
李光坡〔清〕	周禮述註	禮一	100- 1
	儀禮述註	禮二	108- 295
	禮記述註	禮三	127- 279
李光暎〔清〕	金石文考略	目錄二	684- 169
李匡乂〔唐〕	資暇集	雜家二	850- 143
李吉甫〔唐〕	元和郡縣志	地理二	468- 131
李好文〔元〕	長安志圖	地理七	587- 469
李如圭〔宋〕	儀禮集釋	禮二	103- 31
	儀禮釋宮	禮二	103- 521
李如篪〔宋〕	東園叢說	雜家三	864- 181
李 存〔元〕	俟菴集	別集四	1213- 597
李 江〔唐〕	元包經傳〔注〕	術數一	803- 217
李百藥〔唐〕	北齊書	正史	263- 1
李 伸〔明〕	白雲集〔編〕	別集四	1199- 529
	經濟文集〔編〕	別集四	1214- 433
	一山文集〔編〕	別集四	1217- 685
李 冶〔唐〕	李冶詩集(見薛濤李冶詩集)	總集	1332- 341
李 冶(元李冶之誤，見李冶)			
李 呂〔宋〕	澹軒集	別集三	1152- 197
李孝光〔元〕	五峰集	別集四	1215- 91
李孝美〔宋〕	墨譜法式	譜錄一	843- 625
李延壽〔唐〕	南史	正史	265- 1
	北史	正史	266- 1～267- 1
李廷忠〔宋〕	橘山四六	別集三	1169- 133
李 彤〔宋〕	山谷外集(見山谷集)〔編〕	別集二	1113- 320
李 攸〔宋〕	宋朝事實	政書一	608- 1
李 杞〔宋〕	用易詳解	易類	19- 349
李沖昭〔唐〕	南嶽小錄	地理六	585- 1
李 迅〔宋〕	集驗背疽方	醫家	743- 433
李邦獻〔宋〕	省心雜言	儒家	698- 545
李叔允(一作淑，見李淑允)			
李周翰〔唐〕	六臣註文選〔註〕	總集	1330- 1～1331- 1
李 庚〔宋〕	天台前集〔編〕	總集	1356- 409
	續集	總集	1356- 458
李昌祺〔明〕	運甓漫稿	別集五	1242- 407
李明復〔宋〕	春秋集義	春秋	155- 175
李 昉〔宋〕	太平御覽〔奉敕〕	類書	893- 1～901- 1
	太平廣記〔奉敕〕	小說二	1043- 1～1046- 1
	文苑英華〔奉敕〕	總集	1333- 1～1342- 1
李東陽〔明〕	明會典〔重修〕	政書一	617- 1～618- 1
	類博稿〔編〕	別集五	1246- 353
	懷麓堂集	別集五	1250- 1
	懷麓堂詩話	詩文評	1482- 435
李林甫〔唐〕	唐六典〔註〕	職官一	595- 1
李 杲〔元〕	內外傷辨惑論	醫家	745- 363
	脾胃論	醫家	745- 401
	蘭室祕藏	醫家	745- 469
李 冶〔元〕	測圓海鏡	天算二	798- 1
	測圓海鏡分類釋術〔原撰〕	天算二	798- 127
	益古演段	天算二	798- 243
	敬齋古今黈	雜家三	866- 319
李 祁〔元〕	雲陽集	別集四	1219- 629
李俊民〔金〕	莊靖集	別集四	1190- 519
李 昱(見李曄)			
李昭玘〔宋〕	樂靜集	別集二	1122- 257
李昴英〔宋〕	文溪集	別集三	1181- 113
李 洪〔宋〕	芸庵類藁	別集三	1159- 69

著者	書名	類別	冊-頁
李若水〔宋〕	忠愍集	別集二	1124- 657
李衎〔元〕	竹譜	藝術一	814- 317
李迪〔清〕	甘肅通志〔編纂〕	地理三	557- 1 ～ 558- 1
李軌〔晉〕	揚子法言〔註〕	儒家	696- 269
李時珍〔明〕	本草綱目	醫家	772- 1 ～ 774- 1
	奇經八脈考	醫家	774- 549
	瀕湖脈學	醫家	774- 571
李時勉〔明〕	古廉文集	別集五	1242- 659
李格非〔宋〕	洛陽名園記	地理七	587- 239
李流芳〔明〕	檀園集	別集五	1295- 293
李流謙〔宋〕	澹齋集	別集三	1133- 561
李祖堯〔宋〕	內簡尺牘〔編註〕	別集三	1135- 467
李翀〔元〕	日聞錄	雜家三	866- 417
李耆卿〔宋〕	文章精義	詩文評	1481- 803
李邕〔唐〕	李北海集	別集一	1066- 1
李商隱〔唐〕	李長吉小傳(見昌谷集)	別集一	1078- 478
	李義山詩集	別集一	1082- 1
	李義山詩集注	別集一	1082- 79
	李義山文集箋註	別集一	1082- 237
李從周〔宋〕	字通	小學二	226- 619
李淑〔宋〕	集韻〔典領〕	小學三	236- 433
李淑允〔明〕	洪武正韻〔纂修〕	小學三	239- 1
李淳風〔唐〕	周髀算經〔注釋〕	天算一	786- 1
	九章算術〔注釋〕	天算二	797- 1
	海島算經〔奉詔注〕	天算二	797- 173
	五經算術〔注〕	天算二	797- 193
	張丘建算經〔注釋〕	天算二	797- 251
李涪〔唐〕	刊誤	雜家二	850- 167
李清植〔清〕	周易註疏〔考證〕	易類	7- 283
	儀禮註疏〔考證〕	禮二	102- 1
	孝經註疏〔考證〕	孝經	182- 23
	榕村語錄〔輯〕	儒家	725- 1
李清照〔宋〕	漱玉詞	詞曲一	1487- 555
李清馥〔清〕	閩中理學淵源考	傳記三	460- 1
李紳〔唐〕	追昔遊集	別集一	1079- 79
李處權〔宋〕	崧菴集	別集三	1135- 577
李善〔唐〕	文選註〔註〕	總集	1329- 1
	六臣註文選〔註〕	總集	1330- 1 ～ 1331- 1
李彭〔宋〕	日涉園集	別集二	1122- 615
李復〔宋〕	潏水集	別集二	1121- 1
李曾伯〔宋〕	可齋雜藁	別集三	1179- 163
	續藁前	別集三	1179- 503
	續藁後	別集三	1179- 568
李琪〔宋〕	春秋王霸列國世紀編	春秋	156- 179
李筌〔唐〕	太白陰經	兵家	726- 163
	陰符經解〔註〕	道家	1055- 1
李絳〔唐〕	李相國論事集	傳記二	446- 209
李舜臣〔明〕	愚谷集	別集五	1273- 653
李華〔唐〕	李遐叔文集	別集一	1072- 345
李虛中〔唐〕	李虛中命書〔註〕	術數五	809- 1
李賀〔唐〕	昌谷集	別集一	1078- 437
	外集	別集一	1078- 474
	箋註評點李長吉歌詩	別集一	1078- 481
	外集	別集一	1078- 548
李隆基(唐玄宗)	孝經註疏	孝經	182- 23
	孝經指解	孝經	182- 85
李塨〔清〕	周易傳註	易類	47- 1
	周易筮考	易類	47- 196
	李氏學樂錄	樂類	220- 339
李廌〔宋〕	德隅齋畫品	藝術一	812- 937
	師友談記	雜家三	863- 171
	濟南集	別集二	1115- 701
	濟南文粹(見蘇門六君子文粹)	總集	1361- 284
李廉〔元〕	春秋會通	春秋	162- 163
李新〔宋〕	跨鼇集	別集二	1124- 421
李羣玉〔唐〕	李羣玉詩集	別集一	1083- 1
	後集	別集一	1083- 22
李過〔宋〕	西谿易說	易類	17- 621
李靖〔唐〕	(?)李衛公問對	兵家	726- 143
李鼎祚〔唐〕	周易集解	易類	7- 603
李夢陽〔明〕	空同集	別集五	1262- 1
李漢〔唐〕	東雅堂昌黎集註〔編〕	別集一	1075- 1
李維楨〔明〕	忠貞錄	傳記二	447- 91
李綱〔宋〕	梁谿集	別集三	1125- 491 ～ 1126- 1
李綽〔唐〕	尚書故實	雜家三	862- 467
李肇〔唐〕	翰林志	職官一	595- 295
	唐國史補	小說一	1035- 411
李誡〔宋〕	營造法式	政書六	673- 399
李劉〔宋〕	四六標準	別集三	1177- 1
李德〔明〕	易菴詩選(見廣州四先生詩)	總集	1372- 19
李德裕〔唐〕	次柳氏舊聞	小說一	1035- 403
	會昌一品集	別集一	1079- 107

著者	書名	類別	冊－頁
	李衞公別集	別集一	1079-241
	李衞公外集	別集一	1079-305
李　樗〔宋〕	毛詩李黃集解	詩類	71-1
李　澄〔明〕	清風亭稿〔編〕	別集五	1247-101
李　蓘〔明〕	宋藝圃集	總集	1382-597
	元藝圃集	總集	1382-941
李賢(唐章懷太子)	後漢書〔註〕	正史	252-1～253-1
李　賢〔明〕	明一統志〔奉敕〕	地理二	472-1～473-1
	古穰集	別集五	1244-481
李　壁〔宋〕	王荊公詩注	別集二	1106-1
李　曄〔明〕	草閣詩集	別集五	1232-1
	文集	別集五	1232-81
李　濂〔明〕	汴京遺蹟志	地理七	587-513
李　穆〔宋〕	太平廣記〔纂修〕	小說二	1043-1～1046-1
李　翰〔唐〕	蒙求集註	類書	892-651
李　衞〔唐〕	畿輔通志〔監修〕	地理三	504-1～506-1
李　衡〔宋〕	周易義海撮要	易類	13-275
	樂菴語錄	雜家一	849-295
李　頻〔唐〕	黎嶽集	別集一	1083-39
李龍官〔清〕	三國志〔考證〕	正史	254-1
李彌遜〔宋〕	筠谿集	別集三	1130-583
	筠谿樂府(見筠谿集附)	別集三	1130-829
	筠谿樂府	詞曲一	1457-479
李　濬〔唐〕	松窗雜錄	小說一	1035-557
李　覯〔宋〕	盱江集	別集二	1095-1
	外集	別集二	1095-336
李謙之〔元〕	檜亭集〔輯〕	別集四	1208-335
李　轅〔明〕	筠谷詩集	別集五	1232-85
李　鍇〔清〕	尚史	別史	404-1～405-1
李鍾倫〔清〕	周禮纂訓	禮一	100-541
李　燾〔宋〕	續資治通鑑長編	編年	314-1～322-1
	六朝通鑑博議	史評	686-95
李　簡〔元〕	學易記	易類	25-97
李　翶〔唐〕	論語筆解	四書	196-1
	卓異記	傳記三	448-115
	李文公集	別集一	1078-101
李　顒〔明〕	古廉文集〔編〕	別集五	1242-659
李　龏〔宋〕	端平詩雋〔編〕	別集三	1185-525
	唐僧弘秀集〔編〕	總集	1356-861
李攀龍〔明〕	滄溟集	別集五	1278-173
	古今詩刪〔編〕	總集	1382-1
李　瀚(唐李翰之誤，見李翰)			
李繼本〔元〕	一山文集	別集四	1217-685
李　籍〔唐〕	周髀算經〔音義〕	天算一	786-69
	九章算術音義	天算二	797-126
李　觀〔唐〕	李元賓文編	別集一	1078-265
	外編	別集一	1078-294
杜大珪〔宋〕	名臣碑傳琬琰之集	傳記三	450-1
杜公瞻〔隋〕	編珠	類書	887-37
杜　本〔元〕	谷音〔輯〕	總集	1365-593
杜光庭〔蜀〕	廣成集	別集一	1084-585
杜　佑〔唐〕	通典	政書一	603-1～605-1
杜　甫〔唐〕	九家集注杜詩	別集一	1068-1
	補注杜詩	別集一	1069-1
	集千家注杜工部詩集	別集一	1069-663
	杜詩詳注	別集一	1070-91
杜　牧〔唐〕	樊川文集	別集一	1081-561
杜知耕〔清〕	幾何論約	天算二	802-1
	數學鑰	天算二	802-91
杜荀鶴〔唐〕	唐風集	別集一	1083-583
杜　詔〔清〕	山東通志〔編纂〕	地理三	539-1～541-1
杜道堅〔宋〕	文子纘義	道家	1058-371
杜　預〔晉〕	春秋左傳注疏〔注〕	春秋	143-1～144-1
	春秋釋例	春秋	146-1
	左傳杜林合注〔原注〕	春秋	171-323
杜　綰〔宋〕	雲林石譜	譜錄一	844-583
杜　範〔宋〕	清獻集	別集三	1175-599
杜　臻〔清〕	粵閩巡視紀略	傳記四	460-943
杜　瓊〔明〕	王半軒傳(見半軒集)	別集五	1231-468
汪大淵〔元〕	島夷志略	地理十	594-71
汪元量〔宋〕	湖山類稿	別集三	1188-221
	水雲集	別集三	1188-251
汪由敦〔清〕	日講禮記解義〔奉敕〕	禮三	123-1
	欽定盤山志〔奉敕〕	地理六	586-1
	松泉集	別集六	1328-381
	詩集	別集六	1328-391
	文集	別集六	1328-691

汪立名〔清〕白香山詩集〔編注〕 別集一 1081- 1
白香山年譜(見白香山詩集) 別集一 1081- 21
汪克寬〔元〕經禮補逸 禮二 105- 635
春秋胡傳附錄纂疏 春秋 165- 1
環谷集 別集四 1220- 649
汪砢玉〔明〕珊瑚網 藝術一 818- 1
汪紱〔清〕參讀禮志疑 禮四 129- 585
汪莘〔宋〕方壺存稿 別集三 1178- 117
汪晫〔宋〕曾子全書〔編〕 儒家 703- 457
子思子全書〔編〕 儒家 703- 487
康範詩集 別集三 1175- 573
康範續錄 別集三 1175- 584
康範實錄 別集三 1175- 586
汪琬〔清〕堯峯文鈔 別集六 1315- 203
汪森〔清〕粵西詩載〔編〕 總集 1465- 1
粵西文載〔編〕 總集 1465- 427 ～ 1467- 1
粵西叢載〔編〕 總集 1467- 343
汪越〔清〕讀史記十表 正史 248- 421
汪夢斗〔宋〕北遊集 別集三 1187- 449
汪廣洋〔明〕洪武正韻〔評定〕 小學三 239- 1
鳳池吟稿 別集五 1225- 493
汪憲〔清〕說文繫傳考異 小學二 223- 791
汪機〔明〕脈書要語(見脈訣刋誤)〔輯〕 醫家 746- 924
矯世惑脈論(見脈訣刋誤) 醫家 746- 931
推求師意〔校錄〕 醫家 765- 1
鍼灸問對 醫家 765- 41
外科理例 醫家 765- 111
附方 醫家 765- 278
汪澤民〔元〕宛陵羣英集〔編〕 總集 1366- 955
汪應辰〔宋〕文定集 別集三 1138- 585
汪霦〔清〕御定佩文齋詠物詩選〔奉敕編〕 總集 1432- 1 ～ 1434- 1
汪藻〔宋〕浮溪集 別集三 1128- 1
浮溪文粹 別集三 1128- 335
汪灝〔清〕御定佩文齋廣羣芳譜〔奉敕〕 譜錄三 845- 207 ～ 847- 1
沈名蓀〔清〕南史識小錄 史鈔 462- 483
北史識小錄 史鈔 462- 574
沈自南〔清〕藝林彙考 雜家二 859- 1
沈作喆〔宋〕寓簡 雜家三 864- 103
沈初〔清〕御製文三集〔奉敕編〕 別集六 1301- 563
沈廷芳〔清〕十三經注疏正字 經總義 192- 1
文道先生傳(見韓集點勘) 別集一 1075- 577
沈彤〔清〕周官祿田考 禮一 101- 665
儀禮小疏 禮二 109- 899
春秋左傳小疏 春秋 181- 231
果堂集 別集六 1328- 287
沈汾〔南唐〕續仙傳 道家 1059- 583
沈辰垣〔清〕御選歷代詩餘〔奉敕編〕 詞曲二 1491- 1 ～ 1493- 1
沈亞之〔唐〕沈下賢集 別集一 1079- 1
沈佳〔清〕明儒言行錄 傳記三 458- 591
續編 傳記三 458- 993
沈周〔明〕石田詩選 別集五 1249- 559
沈季友〔清〕檇李詩繫〔編〕 總集 1475- 1
沈宗敬〔清〕御定駢字類編〔奉敕〕 類書 994- 1 ～ 1004- 1
沈性〔明〕玩齋集〔編〕 別集四 1215- 509
沈青崖〔清〕陝西通志〔編纂〕 地理三 551- 1 ～ 556- 1
沈度〔宋〕默堂集〔編〕 別集三 1139- 299
沈括〔宋〕蘇沈良方 醫家 738- 217
夢溪筆談 雜家三 862- 707
補筆談 雜家三 862- 858
長興集 別集二 1117- 263
沈炳巽〔清〕水經注集釋訂訛 地理四 574- 1
沈炳震〔清〕九經辨字瀆蒙 經總義 194- 93
沈約〔梁〕宋書 正史 257- 1 ～ 258- 1
竹書紀年〔注〕 編年 303- 1
沈起元〔清〕周易孔義集說 易類 50- 1
沈清〔明〕花谿集〔編〕 別集四 1221- 43
沈斐〔宋〕嘉祐集附錄〔輯〕 別集二 1104- 976
沈棐〔宋〕春秋比事 春秋 153- 1
沈鈇〔明〕明太祖文集〔編校〕 別集五 1223- 1
沈義父〔宋〕沈氏樂府指迷 詞曲三 1494- 527
沈遘〔宋〕西溪集 別集二 1097- 1
沈該〔宋〕易小傳 易類 10- 459
沈嘉轍〔清〕南宋襍事詩 總集 1476- 489
沈夢麟〔元〕花谿集 別集四 1221- 43
沈端節〔宋〕克齋詞 詞曲一 1488- 95
沈與求〔宋〕龜谿集 別集三 1133- 115

著者	書名	類別	冊頁
沈德符〔明〕	顧曲雜言	詞曲五	1496- 383
沈德潛〔清〕	舊唐書〔考證〕	正史	268- 1 ~ 271- 1
	新唐書〔考證〕	正史	272- 1 ~ 276- 1
	西湖志纂	地理六	586- 337
沈　樞〔宋〕	通鑑總類	史鈔	461- 201 ~ 462 1
沈　遼〔宋〕	雲巢編	別集二	1117- 515
沈翼機〔清〕	浙江通志〔編纂〕	地理三	519- 1 ~ 526- 1
沈　鍊〔明〕	青霞集	別集五	1278- 1
沈　鯉〔明〕	亦玉堂稿	別集五	1288- 209
沈繼孫〔明〕	墨法集要	譜錄一	843- 677
沐　昂〔明〕	滄海遺珠〔編〕	總集	1372- 441
沙克什(元贍思之新譯，見贍思)			
沙圖穆蘇(元薩里彌實之新譯，見薩里彌實)			
谷應泰〔清〕	明史紀事本末	紀事	364- 117
貝　琳〔明〕	七政推步〔修輯〕	天算一	786- 311
貝　瓊〔明〕	清江詩集	別集五	1228- 179
	文集	別集五	1228- 290
車　垓〔宋〕	內外服制通釋	禮二	111- 709
車若水〔宋〕	脚氣集	雜家三	865- 505
辛文房〔元〕	唐才子傳	傳記二	451- 409
辛棄疾〔宋〕	稼軒詞	詞曲一	1488- 111
辛　鈃〔周〕	文子	道家	1058- 305
邢　昺〔宋〕	孝經注疏〔疏〕	孝經	182- 23
	論語注疏〔疏〕	四書	195- 525
	爾雅注疏〔疏〕	小學一	221- 1
邢　凱〔宋〕	坦齋通編	雜家二	853- 1
邢雲路〔明〕	古今律曆考	天算一	787- 1
阮　逸〔宋〕	皇祐新樂圖記〔奉敕〕	樂類	211- 1
	元經〔注〕	編年	303- 829
	中說〔注〕	儒家	696- 521
	(?)李衞公問對	兵家	726- 143
阮　閱〔宋〕	郴江百詠	別集三	1136- 109
	詩話總龜	詩文評	1478- 329
	前集	詩文評	1478- 329
	後集	詩文評	1478- 665

八　畫

著者	書名	類別	冊頁
京　房〔漢〕	京氏易傳	術數四	808- 439
來知德〔明〕	周易集註	易類	32- 1
來　保〔清〕	欽定平定金川方略〔奉敕〕	紀事	356- 1
	欽定大清通禮〔奉敕〕	政書二	655- 1
卓爾康〔明〕	春秋辯義	春秋	170- 155
周大韶〔明〕	三吳水考	地理四	577- 87
周子愚〔明〕	表度說〔筆錄〕	天算一	787- 807
周　元〔明〕	周祠部集(見閩中十子詩)	總集	1372- 427
周文璞〔宋〕	方泉詩集	別集三	1175- 1
周世則〔宋〕	會稽三賦〔注〕	地理八	589- 251
周去非〔宋〕	嶺外代答	地理八	589- 389
周　召〔清〕	雙橋隨筆	儒家	724- 373
周必大〔宋〕	玉堂雜記	職官一	595- 549
	文忠集〔編〕	別集二	1102- 1 ~ 1103- 1
	文忠集	別集三	1147- 1 ~ 1149- 1
	二老堂詩話	詩文評	1480- 709
周羽翀〔宋〕	三楚新錄	載記	464- 163
周行己〔宋〕	浮沚集	別集二	1123- 599
周伯琦〔元〕	說文字原	小學二	228- 75
	六書正譌	小學二	228- 106
	近光集	別集四	1214- 505
	扈從詩	別集四	1214- 542
周　孚〔宋〕	蠹齋鉛刀編	別集三	1154- 571
周沈珂〔清〕	周元公集〔編〕	別集二	1101- 415
周邦彥〔宋〕	片玉詞	詞曲一	1487- 337
周宗建〔明〕	論語商	四書	207- 431
周　怡〔明〕	訥谿奏疏	奏議	429- 559
周長發〔清〕	遼史〔考證〕	正史	289- 1
周　南〔宋〕	山房集	別集三	1169- 1
	後槀	別集三	1169- 123
周南瑞〔元〕	天下同文集〔編〕	總集	1366- 591
周是修〔明〕	芻蕘集	別集五	1236- 1
周　祈〔明〕	名義考	雜家二	856- 299

周　砥〔元〕荆南倡和詩集　總集 1370- 229
周起元〔明〕周忠愍奏疏　奏議 430- 259
周　密〔宋〕武林舊事　地理八 590- 173
增補武林舊事〔原撰〕　地理八 590- 301
齊東野語　雜家三 865- 635
雲烟過眼錄　雜家四 871- 45
癸辛雜識　小說一 1040- 1
前集　小說一 1040- 1
後集　小說一 1040- 31
續集　小說一 1040- 60
別集　小說一 1040- 111
浩然齋雅談　詩文評 1481- 813
絕妙好詞箋〔編〕　詞曲二 1490- 1
周　淙〔宋〕乾道臨安志　地理三 484- 53
周清原〔清〕御定歷代紀事年表〔奉敕〕　別史 387- 1 ~ 391- 1
周清源（見周清原）
周　巽〔元〕性情集　別集四 1221- 1
周　弼〔宋〕端平詩雋　別集三 1185- 525
三體唐詩〔編〕　總集 1358- 1
周復俊〔明〕全蜀藝文志　總集 1381- 1
周惇頤〔宋〕周元公集　別集二 1101- 415
周敦頤（見周惇頤）
周　琦〔明〕東溪日談錄　儒家 714- 137
周紫芝〔宋〕太倉稊米集　別集三 1141- 1
竹坡詩話　詩文評 1480- 665
竹坡詞　詞曲一 1487- 561
周順昌〔明〕忠介燼餘集　別集五 1295- 411
周　準〔宋〕海陵集〔編〕　別集三 1142- 1
周　煇〔宋〕清波雜志　小說一 1039- 1
別志　小說一 1039- 92
周　瑛〔明〕翠渠摘稿　別集五 1254- 721
周達觀〔元〕眞臘風土記　地理十 594- 53
周　靖〔清〕篆隸考異　小學二 235- 845
忠介燼餘集〔編〕　別集五 1295- 411
周嘉胄〔明〕香乘　譜錄一 844- 349
周維鐮〔清〕翠渠摘稿續編〔輯〕　別集五 1254- 872
周　綸〔宋〕文忠集〔編〕　別集三 1147- 1 ~ 1149- 1
周　儀〔明〕剡源文集〔輯編〕　別集四 1194- 1
周德清〔元〕中原音韻　詞曲五 1496- 657
周霆震〔元〕石初集　別集四 1218- 457
周學健〔清〕儀禮注疏〔考證〕　禮二 102- 1
周應合〔宋〕景定建康志　地理三 488- 1 ~ 489- 1
周應賓〔明〕同姓名錄補　類書 964- 326
周　嬰〔明〕巵林　雜家二 858- 1
周　禮〔明〕御批續資治通鑑綱目〔發明〕　史評 693- 1 ~ 694- 1
周　璽〔明〕垂光集　奏議 429- 263
周　權〔元〕此山詩集　別集四 1204- 1
周麟之〔宋〕海陵集　別集三 1142- 1
和　珅〔清〕大清一統志〔奉敕〕　地理二 474- 1 ~ 483- 1
欽定熱河志〔奉敕〕　地理三 495- 1 ~ 496- 1
和　素〔清〕琴譜合璧〔譯〕　藝術二 839- 179
和　凝〔五代〕疑獄集　法家 729- 795
和　㠓〔五代〕疑獄集　法家 729- 795
孟元老〔宋〕東京夢華錄　地理八 589- 125
孟　郊〔唐〕孟東野集　別集一 1078- 311
孟浩然〔唐〕孟浩然集　別集一 1071- 437
孟　棨〔唐〕本事詩　詩文評 1478- 231
季　本〔明〕詩說解頤　詩類 79- 1
宗　臣〔明〕宗子相集　別集五 1287- 1
宗泐（釋）〔明〕全室外集　別集五 1234- 785
續篇　別集五 1234- 853
宗　懔〔梁〕荆楚歲時記　地理八 589- 13
宗　澤〔宋〕宗忠簡集　別集三 1125- 1
官　著〔清〕欽定滿洲祭神祭天典禮〔承修〕　政書二 657- 619
居簡（釋）〔宋〕北磵集　別集三 1183- 1
岳　正〔明〕類博稿　別集五 1246- 353
岳　珂〔宋〕春秋名號歸一圖〔重編〕　春秋 146- 685
九經三傳沿革例　經總義 183- 559
金佗稡編　傳記二 446- 305
金佗續編　傳記二 446- 528
三命指迷賦〔補注〕　術數五 809- 177
寶眞齋法書贊　藝術一 813- 563
愧郯錄　雜家三 865- 91
桯史　小說一 1039- 407
玉楮集　別集三 1181- 441
岳　飛〔宋〕岳武穆遺文　別集三 1136- 459
岳　濬〔清〕山東通志〔監修〕　地理三 539- 1 ~ 541- 1
念常（釋）〔元〕佛祖歷代通載　釋家 1054- 221

性涌(釋)〔明〕 古今禪藻集〔輯〕 總集 1416- 1
房玄齡〔唐〕 晉書〔奉敕〕 正史 255- 1 ～ 256- 1
管子〔注〕 法家 729- 1
房　喬 (字玄齡，見房玄齡)
房　祺〔元〕 河汾諸老詩集〔編〕 總集 1365- 613
於文熙 (于文熙之誤，見于文熙)
明仁孝文皇后(明成祖后，見徐氏)
明太祖(見朱元璋)
明本(釋)〔元〕 梅花百詠 總集 1366- 559
明安圖〔清〕 欽定儀象考成〔奉敕〕 天算一 793- 1
易　祓〔宋〕 周易總義 易類 17- 379
周官總義 禮一 92- 261
杭世駿〔清〕 續方言 小學一 222- 585
三國志補注 正史 254- 949
諸史然疑 正史 254-1038
石經考異 目錄二 684- 765
杭　淮〔明〕 雙溪集 別集五 1266- 1
東方朔〔漢〕 靈棋經 術數四 808- 197
神異經 小說二 1042- 265
海內十洲記 小說二 1042- 273
東軒居士〔宋〕 衞濟寶書 醫家 741- 813
林子長〔宋〕 論學繩尺〔箋解〕 總集 1358- 71
林之奇〔宋〕 尙書全解 書類 55- 1
拙齋文集 別集三 1140- 369
林文俊〔明〕 方齋存稿 別集五 1271- 673
林用中〔宋〕 南嶽倡酬集 總集 1348- 607
林亦之〔宋〕 網山集 別集三 1149- 853
林光朝〔宋〕 艾軒集 別集三 1142- 551
林　同〔宋〕 孝詩 別集三 1183- 213
林式之〔宋〕 竹溪鬳齋十一藁續集〔編〕 別集三 1185- 553
林　至〔宋〕 易裨傳 易類 15- 851
外篇 易類 15- 863
林　岊〔宋〕 毛詩講義 詩類 74- 43
林希元〔明〕 易經存疑 易類 30- 195
東溪集〔編〕 別集三 1136- 427
林希逸〔宋〕 鬳齋考工記解 禮一 95- 1
莊子口義 道家 1056- 355
竹溪鬳齋十一藁續集 別集三 1185- 553
樂軒集〔編〕 別集三 1152- 27
林　侗〔清〕 來齋金石刻考略 目錄二 684- 1
林季仲〔宋〕 竹軒雜著 別集三 1140- 307
林近龍〔清〕 翠渠摘稿〔編〕 別集五 1254- 721
林　禹 (宋錢儼托名，見錢儼)
林表民〔宋〕 天台前集別編〔編〕 總集 1356- 444
續集別編〔編〕 總集 1356- 517
赤城集〔編〕 總集 1356- 615
林　俊〔明〕 見素集 別集五 1257- 1
奏議 別集五 1257- 325
續集 別集五 1257- 454
林師蒧〔宋〕 天台前集〔編〕 總集 1356- 409
天台續集〔編〕 總集 1356- 458
林　栗〔宋〕 周易經傳集解 易類 12- 1
林　虙〔宋〕 西漢詔令(見兩漢詔令) 詔令 426- 971
林　逋〔宋〕 林和靖集 別集二 1086- 615
林堯俞〔明〕 禮部志稿〔纂修〕 政書一 597- 1 ～ 598- 1
林堯叟〔宋〕 左傳杜林合注〔注〕 春秋 171- 323
林景熙〔宋〕 霽山文集 別集三 1188- 687
林　弼〔明〕 林登州集 別集五 1227- 1
林愼思〔唐〕 續孟子 儒家 696- 619
伸蒙子 儒家 696- 629
林蒲封〔清〕 宋史〔考證〕 正史 280- 1 ～ 288- 1
林　億〔宋〕 黃帝內經素問〔校正〕 醫家 733- 1
鍼灸甲乙經〔校注〕 醫家 733- 509
備急千金要方〔校正〕 醫家 735- 1
外臺祕要方〔校正〕 醫家 736- 1 ～ 737- 1
林增志〔明〕 忠貞錄 傳記二 447- 91
林　駉〔宋〕 古今源流至論 類書 942- 1
前集 類書 942- 1
後集 類書 942- 157
續集 類書 942- 331
林　鴻〔明〕 鳴盛集 別集五 1231- 1
林膳部集(見閩中十子詩) 總集 1372- 184
林　寶〔唐〕 元和姓纂 類書 890- 499
河上公〔漢〕 老子道德經〔註〕 道家 1055- 45
法顯(釋)〔南朝宋〕 佛國記 地理十 593- 611
物　觀〔日本〕 七經孟子考文補遺〔補遺〕 經總義 190- 1
芮長恤〔清〕 綱目分註拾遺 編年 323- 513
芮挺章〔唐〕 國秀集〔編〕 總集 1332- 63
花蘂夫人(後蜀孟昶妃費氏)
宮詞(見三家宮詞) 總集 1416- 674
邱光庭 (見丘光庭)

邱雲霄 (見丘雲霄)
邱　雍 (見丘雍)
邱　濬 (見丘濬)
邵光祖〔明〕 切韻指掌圖檢圖之例 小學三 237- 44
邵伯溫〔宋〕 易學辨惑 易類 9- 401
聞見錄 小說一 1038- 715
邵亨貞〔元〕 野處集 別集四 1215- 185
邵長蘅〔清〕 施註蘇詩〔刪補註〕 別集二 1110- 1
王注正譌(見施註蘇詩) 別集二 1110- 56
東坡先生年譜(見施註蘇詩)〔重訂〕 別集二 1110- 87
邵晉涵〔清〕 舊五代史〔輯、考證〕 正史 277- 1 ～ 278- 1
邵泰衢〔清〕 檀弓疑問 禮三 128- 273
史記疑問 正史 248- 673
邵　浩〔宋〕 坡門酬唱集〔編〕 總集 1346- 463
邵　博〔宋〕 聞見後錄 小說一 1039- 213
邵　雍〔宋〕 皇極經世書 術數一 803- 291
擊壤集 別集二 1101- 1
邵　銅〔明〕 鳴盛集〔編〕 別集五 1231- 1
邵　寶〔明〕 簡端錄 經總義 184- 539
學史 史評 688- 337
容春堂集 別集五 1258- 1
前集 別集五 1258- 1
後集 別集五 1258- 225
續集 別集五 1258- 400
別集 別集五 1258- 722
金文淳〔清〕 周書〔考證〕 正史 263- 391
金幼孜〔明〕 金文靖集 別集五 1240- 573
金君卿〔宋〕 金氏文集 別集二 1095- 351
金居敬〔清〕 幸魯盛典 政書二 652- 1
金　涓〔元〕 青村遺稿 別集四 1217- 473
金　鉷〔清〕 廣西通志〔監修〕 地理三 565- 1 ～ 568- 1
金　魁〔明〕 青村遺稿〔輯〕 別集四 1217- 473
金履祥〔宋〕 尙書表注 書類 60- 431
大學疏義 四書 202- 1
論孟集註考證 四書 202- 35
論語集註考證 四書 202- 37
孟子集註考證 四書 202- 102
資治通鑑前編 編年 332- 1
舉要 編年 332- 376
御批資治通鑑綱目前編〔原撰〕 史評 692- 1
仁山文集 別集三 1189- 783
金　簡〔清〕 欽定武英殿聚珍版程式 政書六 673- 709
長孫無忌〔唐〕 唐律疏義〔奉敕〕 政書五 672- 1
阿　桂〔清〕 御製滿珠蒙古漢字三合切音淸文鑑〔奉敕〕 小學二 234- 1
皇清開國方略〔奉敕〕 編年 341- 1
平定兩金川方略〔奉敕〕 紀事 360- 1 ～ 361- 1
欽定蘭州紀略〔奉敕〕 紀事 362- 233
欽定滿洲源流考〔奉敕〕 地理三 499- 451
欽定盛京通志〔奉敕〕 地理三 501- 1 ～ 503- 1
欽定滿洲祭神祭天典禮〔漢譯〕 政書二 657- 619
欽定南巡盛典〔合編〕 政書二 658- 1 ～ 659- 1
八旬萬壽盛典〔纂修〕 政書二 660- 1 ～ 661- 1

九　畫

著者　書名　類別　冊頁
侯克中〔元〕 艮齋詩集 別集四 1205- 451
侯　寘〔宋〕 嬾窟詞 詞曲一 1487- 623
侯　銓〔清〕 三魚堂文集〔編〕 別集六 1325- 1
外集 別集六 1325- 194
保　八〔元〕 易源奧義 易類 22- 697
周易原旨 易類 22- 710
保　巴 (元保八之新譯，見保八)
俞文豹〔宋〕 吹劍錄外集 雜家三 865- 469
俞汝言〔清〕 春秋四傳糾正 春秋 174- 385
春秋平義 春秋 174- 409
俞汝楫〔明〕 禮部志稿 職官一 597- 1 ～ 598- 1
俞　松〔宋〕 蘭亭續考 目錄二 682- 155
俞庭椿〔宋〕 周禮復古編 禮一 91- 603
俞　皋〔元〕 春秋集傳釋義大成 春秋 159- 1
俞　森〔清〕 荒政叢書 政書三 663- 13

著者	書名	類	冊-頁
兪　琰〔宋〕	周易集說	易類	21-　1
	讀易舉要	易類	21- 395
	書齋夜話	雜家三	865- 611
	周易參同契發揮	道家	1058- 625
	釋疑	道家	1058- 733
	易外別傳	道家	1061- 577
	席上腐談	道家	1061- 597
兪德鄰〔宋〕	佩韋齋輯聞	雜家三	865- 573
	佩韋齋集	別集三	1189-　1
南　卓〔唐〕	羯鼓錄	藝術四	839- 979
南懷仁〔清西洋〕	坤輿圖說	地理十	594- 729
契嵩(釋)〔宋〕	鐔津集	別集二	1091- 397
姚士粦〔明〕	陸氏易解〔輯〕	易類	7- 185
姚士觀〔明〕	明太祖文集〔編校〕	別集五	1223-　1
姚之駰〔清〕	後漢書補逸	別史	402- 325
	元明事類鈔	雜家五	884-　1
姚文公(見姚燧)			
姚文灝〔明〕	浙西水利書	地理四	576-　83
姚　合〔唐〕	姚少監詩集	別集一	1081- 695
	極玄集〔編〕	總集	1332- 149
姚　宏〔宋〕	戰國策〔續注〕	雜史	406- 239
姚思廉〔唐〕	梁書	正史	260-　1
	陳書	正史	260- 511
姚　炳〔清〕	詩識名解	詩類	86- 307
姚　勉〔宋〕	雪坡集	別集三	1184-　1
姚桐壽〔元〕	樂郊私語	小說一	1040- 397
姚　最〔陳〕	續畫品	藝術一	812-　13
姚舜牧〔明〕	重訂詩經疑問	詩類	80- 579
姚　虞〔明〕	嶺海輿圖	地理三	494-　61
姚　鉉〔宋〕	唐文粹〔編〕	總集	1343-　1 ～ 1344-　1
姚　寬〔宋〕	西溪叢語	雜家二	850- 913
姚　範〔清〕	北齊書〔考證〕	正史	263-　1
姚　燧〔元〕	牧庵集	別集四	1201- 401
	中州名賢文表	總集	1373-　83
姚龍起〔宋〕	雪坡集〔編〕	別集三	1184-　1
姜　垚〔清〕	嵇留山先生傳(見抱犢山房集)	別集六	1319- 200
姜炳璋〔清〕	詩序補義	詩類	89-　1
姜宸英〔清〕	湛園札記	雜家二	859- 567
	湛園集	別集六	1323- 593
姜特立〔宋〕	梅山續藁	別集三	1170-　11
姜紹書〔清〕	韻石齋筆談	雜家四	872-　91
姜　寶〔明〕	春秋事義全考	春秋	169-　83
姜　夔〔宋〕	絳帖平	目錄二	682-　1
	續書譜	藝術一	813- 553
	白石道人詩集	別集三	1175-　63
	白石道人歌曲	詞曲一	1488- 269
	別集	詞曲一	1488- 300
封　演〔唐〕	封氏聞見記	雜家三	862- 415
度　正〔宋〕	性善堂稿	別集三	1170- 151
拾得(釋)〔唐〕	豐干拾得詩	別集一	1065-　56
施元之〔宋〕	施註蘇詩〔註〕	別集二	1110-　1
施　宿〔宋〕	會稽志	地理三	486-　1
施閏章〔清〕	學餘堂文集	別集六	1313-　1
	詩集	別集六	1313- 359
	外集	別集六	1313- 849
施德操〔宋〕	北牕炙輠錄	小說一	1039- 363
施　樞〔宋〕	芸隱橫舟稿	別集三	1182- 617
	芸隱勌游稿	別集三	1182- 627
查爲仁〔清〕	絕妙好詞箋〔箋〕	詞曲二	1490-　1
查慎行〔清〕	周易玩辭集解	易類	47- 427
	蘇詩補註〔補註〕	別集二	1111-　1
	敬業堂詩集	別集六	1326-　1
柯尚遷〔明〕	周禮全經釋原	禮一	96- 483
柯　潛〔明〕	竹巖集	別集五	1246- 467
柳　永〔宋〕	樂章集	詞曲一	1487-　43
柳宗元〔唐〕	揚子法言〔注〕	儒家	696- 269
	柳河東集	別集一	1076-　1
	柳河東集注	別集一	1076- 469
	五百家注柳先生集	別集一	1077-　1
	龍城錄	別集一	1077- 281
	柳州文鈔(見唐宋八大家文鈔)	總集	1383- 203
柳　貫〔元〕	待制集	別集四	1210- 177
柳　開〔宋〕	河東集	別集二	1085- 237
柴元亨〔宋〕	柴氏四隱集	總集	1364- 871
柴元彪〔宋〕	柴氏四隱集	總集	1364- 898
柴　望〔宋〕	秋堂集	別集三	1187- 475
	柴氏四隱集	總集	1364- 875
柴復貞〔明〕	柴氏四隱集〔輯〕	總集	1364- 871
柴隨亨〔宋〕	柴氏四隱集	總集	1364- 893
段公路〔唐〕	北戶錄	地理八	589-　29
段安節〔唐〕	樂府雜錄	藝術四	839- 989
段成已〔金〕	二妙集	總集	1365- 523
段成式〔唐〕	酉陽雜俎	小說三	1047- 637
	續集	小說三	1047- 769
段克己〔金〕	二妙集	總集	1365- 523

著者	書名	類別	冊-頁
段昌武〔宋〕	段氏毛詩集解	詩類	74- 421
洪　在〔元〕	杏庭摘稾〔編〕	別集四	1212- 665
洪希文〔元〕	續軒渠集	別集四	1205- 57
洪　朋〔宋〕	洪龜父集	別集二	1124- 395
洪　炎〔宋〕	山谷內集(見山谷集)〔編〕	別集二	1113- 5
	西渡集	別集三	1127- 353
洪咨夔〔宋〕	洪氏春秋說	春秋	156- 457
	平齋集	別集三	1175- 133
	平齋詞	詞曲一	1488- 259
洪　芻〔宋〕	香譜	譜錄一	844- 217
	老圃集	別集三	1127- 377
洪　适〔宋〕	隸釋	目錄二	681- 443
	隸續	目錄二	681- 759
	盤洲文集	別集三	1158- 243
洪　皓〔宋〕	松漠紀聞	雜史	407- 695
	續	雜史	407- 704
	鄱陽集	別集三	1133- 391
洪焱祖〔元〕	爾雅翼〔音釋〕	小學一	222- 239
	杏庭摘稾	別集四	1212- 665
洪興祖〔宋〕	楚詞補注	楚辭	1062- 115
洪　遵〔宋〕	翰苑羣書	職官一	595- 341
洪　邁〔宋〕	容齋隨筆	雜家二	851- 265
	續筆	雜家二	851- 265
	三筆	雜家二	851- 401
	四筆	雜家二	851- 534
	五筆	雜家二	851- 662
	夷堅支志	小說二	1047- 265
	(?)野處類稿	別集三	1158- 223
	萬首唐人絕句	總集	1349- 1
	唐人萬首絕句選〔原本〕	總集	1459- 85
洪巖虎〔元〕	續軒渠集	別集四	1205- 148
皇太極(清太宗)	太宗文皇帝聖訓	詔令	411- 39
皇甫冉〔唐〕	皇甫冉詩(見二皇甫集)	總集	1332- 281
皇甫汸〔明〕	皇甫司勳集	別集五	1275- 523
皇甫涍〔明〕	皇甫少玄集	別集五	1276- 491
	外集	別集五	1276- 673
皇甫曾〔唐〕	皇甫曾詩(見二皇甫集)	總集	1332- 314
皇甫湜〔唐〕	皇甫持正集	別集一	1078- 63
皇甫謐〔晉〕	高士傳	傳記三	448- 85
	鍼灸甲乙經	醫家	733- 509
皇　侃〔梁〕	論語集解義疏〔義疏〕	四書	195- 333
紀　昀〔清〕	欽定四庫全書總目	總目	1- 1 ~ 5- 1
	欽定四庫全書簡明目錄	簡目	6- 1
	欽定河源紀略	地理四	579- 1
	欽定歷代職官表〔奉敕〕	職官一	601- 1 ~ 602- 1
紀容舒〔清〕	孫氏唐韻考	小學三	242- 337
	玉臺新詠考異	總集	1331- 725
耐得翁〔宋〕	都城紀勝	地理八	590- 1
耶律純〔遼〕	星命總括	術數五	809- 191
耶律楚材〔元〕	湛然居士集	別集四	1191- 487
耶律鑄〔元〕	雙溪醉隱集	別集四	1199- 355
胤禛(清世宗)	御纂孝經集注	孝經	182- 269
	世宗憲皇帝聖訓	詔令	412- 1
	世宗憲皇帝上諭八旗	詔令	413- 1
	世宗憲皇帝上諭旗務議覆	詔令	413- 313
	世宗憲皇帝諭行旗務奏議	詔令	413- 483
	世宗憲皇帝上諭內閣	詔令	414- 1 ~ 415- 1
	世宗憲皇帝硃批諭旨	詔令	416- 1 ~ 425- 1
	聖諭廣訓〔繹釋〕	儒家	717- 589
	聖祖仁皇帝庭訓格言〔纂〕	儒家	717- 613
	世宗憲皇帝御製文集	別集六	1300- 1
胡一桂〔元〕	易附錄纂註	易類	22- 9
	周易啓蒙翼傳	易類	22- 199
	十七史纂古今通要	史評	688- 111
胡三省〔元〕	資治通鑑〔音註〕	編年	304- 1 ~ 310- 1
	通鑑釋文辨誤	編年	312- 217
胡士行〔宋〕	胡氏尚書詳解	書類	60- 281
胡大時〔宋〕	五峰集〔編〕	別集三	1137- 87
胡天游〔元〕	傲軒吟稿	別集四	1216- 725
胡太初〔宋〕	書簾緒論	職官二	602- 705
胡文學〔清〕	甬上耆舊詩〔編〕	總集	1474- 1
胡方平〔宋〕	易學啓蒙通釋	易類	20- 653
胡世安〔清〕	異魚圖贊箋〔箋〕	譜錄三	847- 751
	異魚圖贊補	譜錄三	847- 815
	閏集	譜錄三	847- 845
胡世寧〔明〕	胡端敏奏議	奏議	428- 559
胡　仔〔宋〕	孔子編年	傳記一	446- 1
	漁隱叢話	詩文評	1480- 45
	前集	詩文評	1480- 45

著者	朝代	書名	類別	冊-頁
		後集	詩文評	1480- 385
胡　布	〔元〕	元音遺響〔編〕	總集	1369- 579
		崆峒樵音(見元音遺響)	總集	1369- 579
胡亦堂	〔清〕	元獻遺文〔輯〕	別集二	1087- 31
胡仲弓	〔宋〕	葦航漫遊稿	別集三	1186- 663
胡光大	〔元〕	周易衍義〔續〕	易類	23- 447
胡安國	〔宋〕	胡氏春秋傳	春秋	151- 1
		上蔡語錄〔錄〕	儒家	698- 565
胡次焱	〔宋〕	梅巖文集	別集三	1188- 531
胡行簡	〔元〕	樗隱集	別集四	1221- 111
胡　助	〔元〕	純白齋類稿	別集四	1214- 551
胡　宏	〔宋〕	皇王大紀	編年	313- 1
		知言	儒家	703- 109
		五峯集	別集三	1137- 87
胡我琨	〔明〕	錢通	政書三	662- 365
胡宗憲	〔明〕	籌海圖編	地理五	584- 1
胡居仁	〔明〕	易像鈔	易類	31- 131
		居業錄	儒家	714- 1
		胡文敬集	別集五	1260- 1
胡　松	〔明〕	續文章正宗〔增訂〕	總集	1356- 1
		唐宋元名表〔編〕	總集	1382- 291
胡　直	〔明〕	衡廬精舍藏稿	別集五	1287- 225
		衡廬續稿	別集五	1287- 702
胡知柔	〔宋〕	象臺首末	傳記二	447- 1
胡　奎	〔明〕	斗南老人集	別集五	1233- 353
胡炳文	〔元〕	周易本義通釋	易類	24- 305
		四書通	四書	203- 1
		大學通	四書	203- 8
		中庸通	四書	203- 40
		論語通	四書	203- 105
		孟子通	四書	203- 381
		純正蒙求	類書	952- 1
		雲峯集	別集四	1199- 735
胡彥昇	〔清〕	樂律表微	樂類	220- 369
胡祇遹	〔元〕	紫山大全集	別集四	1196- 1
胡　寅	〔宋〕	斐然集	別集三	1137- 257
胡　宿	〔宋〕	文恭集	別集二	1088- 609
胡堯臣	〔明〕	浮溪文粹〔校刊〕	別集三	1128- 335
胡　曾	〔唐〕	咏史詩	別集一	1083- 417
胡　渭	〔清〕	易圖明辨	易類	44- 639
		禹貢錐指	書類	67- 211
		洪範正論	書類	68- 1
		大學翼眞	四書	208- 905
胡　煦	〔清〕	周易函書約存	易類	48- 1
		周易函書約註	易類	48- 399
		周易函書別集	易類	48- 817
		卜法詳考	術數四	808- 849
胡　瑗	〔宋〕	周易口義	易類	8- 169
		洪範口義	書類	54- 451
		皇祐新樂圖記〔奉敕〕	樂類	211- 1
胡　亶	〔清〕	中星譜	天算一	793- 533
胡粹中	〔明〕	元史續編	編年	334- 449
胡　銓	〔宋〕	澹菴文集	別集三	1137- 1
胡鳴玉	〔清〕	訂譌雜錄	雜家二	861- 431
胡　廣	〔明〕	周易傳義大全〔奉敕〕	易類	28- 1
		書經大全〔奉敕〕	書類	63- 185
		詩傳大全〔奉敕〕	詩類	78- 307
		禮記大全〔奉敕〕	禮三	122- 1
		春秋大全〔奉敕〕	春秋	166- 1
		四書大全〔奉敕〕	四書	205- 1
		性理大全書〔奉敕〕	儒家	710- 1 ～ 711- 1
		胡文穆雜著	雜家三	867- 1
胡　璉	〔明〕	梅巖文集〔輯編〕	別集三	1188- 531
胡　震	〔元〕	周易衍義	易類	22- 447
胡震亨	〔明〕	唐音癸籤〔編〕	詩文評	1482- 519
胡　翰	〔明〕	胡仲子集	別集五	1229- 1
胡應麟	〔明〕	少室山房筆叢正集	雜家六	886- 165
		少室山房集	別集五	1290- 1
胡　爌	〔明〕	拾遺錄	雜家二	858- 257
胡　儼	〔明〕	頤庵文選	別集五	1237- 545
荀宗道	〔元〕	郝氏續後漢書〔注〕	別史	385- 1 ～ 386- 1
英(釋)	〔元〕	白雲集	別集四	1192- 663
英　廉	〔清〕	欽定日下舊聞考〔奉敕〕	地理三	497- 1 ～ 499- 1
范公偁	〔宋〕	過庭錄	小說一	1038- 245
范仲淹	〔宋〕	范文正奏議	奏議	427- 1
		田司徒墓誌銘(見咸平集)	別集二	1085- 353
		范文正集	別集二	1089- 551
		別集	別集二	1089- 769
		補編	別集二	1089- 797
范成大	〔宋〕	驂鸞錄	傳記四	460- 833
		吳船錄	傳記四	460- 847
		吳郡志	地理三	485- 1
		桂海虞衡志	地理八	589- 365
		范村梅譜	譜錄三	845- 33
		范村菊譜	譜錄三	845- 37

著者	書名	類別	冊頁
	石湖詩集	別集三	1159- 593
范承謨〔清〕	范忠貞集	別集六	1314- 1
范 垧（宋錢儼托名，見錢儼）			
范致明〔宋〕	岳陽風土記	地理八	589- 109
范家相〔清〕	三家詩拾遺	詩類	88- 499
	詩瀋	詩類	88- 593
范 浚〔宋〕	香溪集	別集三	1140- 1
范祖禹〔宋〕	孝經指解〔說〕	孝經	182- 85
	唐鑑	史評	685- 465
	帝學	儒家	696- 725
	范太史集	別集二	1100- 83
范純仁〔宋〕	范忠宣集	別集二	1104- 541
	奏議	別集二	1104- 735
	遺文	別集二	1104- 787
	補編	別集二	1104- 815
范能濬〔清〕	范文正集補編〔輯〕	別集二	1089- 797
	范忠宣集〔輯補〕	別集二	1104- 541
范晞文〔宋〕	對床夜語	詩文評	1481- 853
范 望〔晉〕	太玄經〔注〕	術數一	803- 1
范 梈〔元〕	范德機詩集	別集四	1208- 67
范處義〔宋〕	詩補傳	詩類	72- 1
范景文〔明〕	文忠集	別集五	1295- 439
范 寧〔晉〕	春秋穀梁傳注疏〔集解〕	春秋	145- 535
范毓秀〔清〕	文忠集〔編〕	別集五	1295- 439
范 雍〔宋〕	忠愍集〔編〕	別集二	1085- 667
范蔚宗（南朝宋范曄字，見范曄）			
范 曄〔南朝宋〕	後漢書	正史	252- 1 ～ 253- 1
范 攄〔唐〕	雲谿友議	小說一	1035- 563
范 鎭〔宋〕	東齋記事	小說一	1036- 579
茅 坤〔明〕	唐宋八大家文鈔〔編〕	總集	1383- 1 ～ 1384- 1
茅星來〔清〕	近思錄集註	儒家	699- 127
計有功〔宋〕	唐詩紀事	詩文評	1479- 257
郁逢慶〔明〕	書畫題跋記	藝術一	816- 587
	續題跋記	藝術一	816- 768
重顯（釋）〔宋〕	祖英集	別集二	1091- 641
韋 昭〔吳〕	國語〔注〕	雜史	406- 1
韋 莊〔唐〕	浣花集	別集一	1084- 531
韋 絢〔唐〕	劉賓客嘉話錄〔述〕	小說一	1035- 453
韋漢卿〔宋〕	元包經傳〔釋音〕	術數一	803- 217
韋 縠〔蜀〕	才調集〔編〕	總集	1332- 381
韋應物〔唐〕	韋蘇州集	別集一	1072- 77
韋 續〔唐〕	墨藪	藝術一	812- 375
韋 藹〔唐〕	浣花集〔編〕	別集一	1084- 531
韋 驤〔宋〕	錢塘集	別集二	1097- 379

十畫

著者	書名	類別	冊頁
倪士毅〔元〕	作義要訣（見書義斷法附）〔輯〕	書類	62- 580
	作義要訣	詩文評	1482- 371
倪元璐〔明〕	兒易內儀以	易類	35- 457
	兒易外儀	易類	35- 524
	倪文貞集	別集五	1297- 1
	續編	別集五	1297- 212
	奏疏	別集五	1297- 231
	講編	別集五	1297- 324
	詩集	別集五	1297- 343
倪天隱〔宋〕	周易口義〔述〕	易類	8- 169
倪守約〔宋〕	赤松山志	地理六	585- 45
倪 朴〔宋〕	倪石陵書	別集三	1152- 1
倪 岳〔明〕	清谿漫稿	別集五	1251- 1
倪 思〔宋〕	班馬異同〔編〕	正史	251- 431
倪國璉〔清〕	欽定康濟錄〔檢擇〕	政書三	663- 223
倪 復〔明〕	鐘律通考	樂類	212- 643
倪 澄〔宋〕	續文章正宗〔重編〕	總集	1356- 1
倪 璠〔清〕	庾子山集〔纂註〕	別集一	1064- 297
倪 樸（一作朴，見倪朴）			
倪 濤〔清〕	六藝之一錄	藝術一	830- 1 ～ 838- 1
	續編	藝術一	838- 547
倪 謙〔明〕	倪文僖集	別集五	1245- 235
倪 瓚〔元〕	清閟閣全集	別集四	1220- 151
凌迪知〔明〕	萬姓統譜	類書	956- 1 ～ 957- 1
	氏族博考	類書	957- 824
凌雲翰〔明〕	柘軒集	別集五	1227- 733
凌義渠〔明〕	凌忠介公集	別集五	1297- 379
員興宗〔宋〕	辯言	雜家二	863- 849
	九華集	別集三	1158- 1
唐士恥〔宋〕	靈巖集	別集三	1181- 501
唐之淳〔明〕	唐愚士詩	別集五	1236- 519
唐 元〔元〕	筠軒集	別集四	1213- 427
唐元宗（見唐玄宗）			

著者	朝代	書名	類別	冊—頁
唐元度		(見唐玄度)		
唐元竑	〔明〕	杜詩攟	別集一	1070- 1
唐太宗		(見李世民)		
唐文鳳	〔明〕	梧岡集	別集五	1242- 521
唐玄宗		(見李隆基)		
唐玄度	〔唐〕	九經字樣	小學二	224- 295
唐仲友	〔宋〕	帝王經世圖譜	類書	922- 383
唐志契	〔明〕	繪事微言	藝術一	816- 189
唐 庚	〔宋〕	三國雜事	史評	686- 13
		眉山集	別集二	1124- 271
		眉山詩集	別集二	1124- 272
		眉山文集	別集二	1124- 322
唐桂芳	〔明〕	白雲集	別集五	1226- 773
唐 泰	〔明〕	唐觀察集(見閩中十子詩)	總集	1372- 358
唐執玉	〔清〕	畿輔通志〔監修〕	地理三	504- 1 ～ 506- 1
唐順之	〔明〕	武編	兵家	727- 205
		荊川稗編〔編〕	類書	953- 1 ～ 955- 1
		荊川集	別集五	1276- 183
		文編〔編〕	總集	1377- 101 ～ 1378- 1
唐慎微	〔宋〕	證類本草	醫家	740- 1
唐 積	〔宋〕	歙州硯譜	譜錄一	843- 73
夏力恕	〔清〕	湖廣通志〔編纂〕	地理三	531- 1 ～ 534- 1
夏元鼎(雲峯散人)	〔宋〕	陰符經講義	道家	1055- 19
夏文彥	〔元〕	圖繪寶鑑	藝術一	814- 541
夏 言	〔明〕	南宮奏稿	奏議	429- 409
夏良勝	〔明〕	中庸衍義	儒家	715- 281
		東洲初稿	別集五	1269- 711
夏尚樸	〔明〕	東巖集	別集五	1271- 1
夏侯陽	〔?〕	夏侯陽算經	天算二	797- 227
夏原吉	〔明〕	忠靖集	別集五	1240- 481
夏 竦	〔宋〕	古文四聲韻	小學二	224- 413
		文莊集	別集二	1087- 45
夏 僎	〔宋〕	夏氏尚書詳解	書類	56- 393
孫一元	〔明〕	太白山人漫藁	別集五	1268- 783
孫一奎	〔明〕	赤水玄珠	醫家	766- 1
		醫旨緒餘	醫家	766-1079
孫人龍	〔清〕	晉書〔考證〕	正史	255- 1 ～ 256- 1
		梁書〔考證〕	正史	260- 1
		陳書〔考證〕	正史	260- 511
		魏書〔考證〕	正史	261- 1 ～ 262- 1
		北史〔考證〕	正史	266- 1 ～ 267- 1
		新五代史〔考證〕	正史	279- 1
孫之騄	〔清〕	尚書大傳〔輯〕	書類	68- 385
孫 升	〔宋〕	孫公談圃	小說一	1037- 95
孫 兆	〔宋〕	外臺祕要方〔校正〕	醫家	736- 1 ～ 737- 1
孫光憲	〔宋〕	北夢瑣言	小說一	1036- 1
孫在豐	〔清〕	日講易經解義〔奉敕〕	易類	37- 201
孫存吾	〔元〕	元風雅〔編〕	總集	1368- 1
孫 作	〔明〕	滄螺集	別集五	1229- 475
孫廷銓	〔清〕	顏山雜記	地理八	592- 759
孫 甫	〔宋〕	唐史論斷	史評	685- 639
孫奇逢	〔清〕	讀易大旨	易類	39- 1
		四書近指	四書	208- 649
		中州人物考	傳記三	458- 1
孫岳頒	〔清〕	御定佩文齋書畫譜〔奉敕〕	藝術一	819- 1 ～ 823- 1
孫 武	〔周〕	孫子	兵家	726- 43
孫承恩	〔明〕	文簡集	別集五	1271- 55
孫承澤	〔清〕	元朝典故編年考	政書一	645- 687
		庚子銷夏記	藝術一	826- 1
		春明夢餘錄	雜家三	868- 1 ～ 869- 1
		硯山齋雜記	雜家三	872- 129
孫 奕	〔宋〕	示兒編	雜家三	864- 411
孫思邈	〔唐〕	備急千金要方	醫家	735- 1
		銀海精微	醫家	735- 945
孫原理	〔明〕	元音〔輯〕	總集	1370- 403
孫 強	〔唐〕	重修玉篇〔增補〕	小學二	224- 1
孫紹遠	〔宋〕	聲畫集	總集	1349- 805
孫逢吉	〔宋〕	職官分紀	類書	923- 1
孫 復	〔宋〕	春秋尊王發微	春秋	147- 1
		孫明復小集	別集二	1090- 157
孫景烈	〔清〕	對山集〔編〕	別集五	1266- 317
孫雲翼	〔明〕	橘山四六〔注〕	別集三	1169- 133
		四六標準〔箋注〕	別集三	1177- 1
孫傳庭	〔明〕	白谷集	別集五	1296- 197
孫過庭	〔唐〕	書譜	藝術一	812- 31

孫夢覲〔宋〕雪窻集 別集三 1181- 61
孫 瑴〔明〕古微書 經總義 194- 807
孫 緒〔明〕沙溪集 別集五 1264- 483
孫 奭〔宋〕孟子注疏〔疏、音義〕 四書 195- 1
孟子音義 四書 196- 29
孫 樵〔唐〕孫可之集 別集一 1083- 63
孫 蕡〔明〕洪武正韻〔纂修〕 小學三 239- 1
西菴集 別集五 1231- 471
孫 默〔清〕十五家詞〔編〕 詞曲二 1494- 1
孫應時〔宋〕燭湖集 別集三 1166- 521
孫 懋〔明〕孫毅菴奏議 奏議 429- 1
孫繼皐〔明〕宗伯集 別集五 1291- 193
孫 覺〔宋〕孫氏春秋經解 春秋 147- 551
孫 覿〔宋〕鴻慶居士集 別集三 1135- 1
內簡尺牘 別集三 1135- 467
孫 鑛〔明〕書畫跋跋 藝術一 816- 15
續 藝術一 816- 112
孫 灝〔清〕河南通志〔編纂〕 地理三 535- 1 ~ 538- 1
宮夢仁〔清〕讀書紀數略 類書 1033- 1
家誠之〔宋〕丹淵集〔編〕 別集二 1096- 553
家鉉翁〔宋〕春秋集傳詳說 春秋 158- 1
則堂集 別集三 1189- 273
師 曠〔周〕禽經 譜錄三 847- 677
庫勒納〔清〕日講書經解義〔奉敕〕 書類 65- 1
日講春秋解義〔奉敕〕 春秋 172- 1
徐一夔〔明〕明集禮〔奉敕〕 政書二 649- 1 ~ 650- 1
始豐稿 別集五 1229- 139
徐三重〔明〕採芹錄 雜家三 867- 357
徐大椿〔清〕蘭臺軌範 醫家 785- 343
神農本草經百種錄 醫家 785- 557
傷寒類方 醫家 785- 581
醫學源流論 醫家 785- 639
道德經註 道家 1055- 519
陰符經註 道家 1055- 546
徐子平〔宋〕珞琭子三命消息賦注 術數五 809- 157
徐子光〔宋〕蒙求集註〔註〕 類書 892- 651
徐元太〔明〕喻林 類書 958- 1 ~ 959- 1
徐元杰〔宋〕楳埜集 別集三 1181- 599
徐天祐〔元〕吳越春秋〔注〕 載記 463- 1
徐天麟〔宋〕西漢會要 政書一 609- 1
東漢會要 政書一 609- 449
徐文炳〔清〕徐孝穆集箋注卷六備考〔注〕 別集一 1064- 925
徐文靖〔清〕禹貢會箋 書類 68- 249
竹書統箋 編年 303- 43
管城碩記 雜家二 861- 1
徐 本〔清〕大清律例〔奉敕〕 政書五 672- 377 ~ 673- 1
徐用誠〔明〕玉機微義〔原輯〕 醫家 762- 1
徐用錫〔清〕榕村語錄〔輯〕 儒家 725- 1
徐光啓〔明〕農政全書 農家 731- 1
新法算書 天算一 788- 1 ~ 789- 1
測量法義 天算一 789- 815
測量異同 天算一 789- 833
句股義 天算一 789- 837
幾何原本〔筆受〕 天算二 789- 563
徐有貞〔明〕武功集 別集五 1245- 1
徐自明〔宋〕宋宰輔編年錄 職官一 596- 1
徐伯齡〔明〕蟫精雋 雜家三 867- 69
徐克范〔清〕讀史記十表〔補〕 正史 248- 421
徐宏祖〔明〕徐霞客遊記 地理九 593- 61
徐 岳〔漢〕數術記遺 天算二 797- 161
徐明善〔元〕芳谷集 別集四 1202- 543
徐 度〔宋〕却掃編 雜家三 863- 747
徐 彥〔唐〕春秋公羊傳注疏〔疏〕 春秋 145- 1
徐 烱〔清〕李義山文集箋註〔註〕 別集一 1082- 237
徐 倬〔清〕御定全唐詩錄〔編〕 總集 1472- 1 ~ 1473- 1
徐庭垣〔清〕春秋管窺 春秋 176- 681
徐 紘〔明〕明名臣琬琰錄 傳記三 453- 1
續錄 傳記三 453- 275
徐 釚〔清〕詞苑叢談 詞曲三 1494- 571
徐乾學〔清〕讀禮通考 禮二 112- 1 ~ 114- 1
資治通鑑後編 編年 342- 1 ~ 345- 1
御選古文淵鑒〔編注〕 總集 1417- 1 ~ 1418- 1
徐 問〔明〕讀書劄記 儒家 714- 373
徐 寅〔唐〕徐正字詩賦 別集一 1084- 287
徐鹿卿〔宋〕清正存稿 別集三 1178- 805
徐 彬〔清〕金匱要略論註〔註〕 醫家 734- 1
徐 堅〔唐〕初學記 類書 890- 1
徐 陵〔陳〕徐孝穆集箋注 別集一 1064- 791

玉臺新詠〔編〕 總集 1331- 631
徐景望〔宋〕 成都文類〔編〕 總集 1354- 291
徐 焯 (倬之誤，見徐倬)
徐無黨〔宋〕 新五代史〔注〕 正史 279- 1
徐 階〔明〕 岳武穆遺文〔編〕 別集三 1136- 459
徐 幹〔漢〕 中論 儒家 696- 465
徐 溥〔明〕 明會典〔奉敕〕 政書一 617- 1 ～ 618- 1
謙齋文錄 別集五 1248- 521
徐 照〔宋〕 芳蘭軒集 別集三 1171- 145
徐 𤊹〔明〕 徐氏筆精 雜家二 856- 451
徐 瑞〔元〕 松巢漫稿(見鄱陽五家集) 總集 1476- 336
徐經孫〔宋〕 矩山存稿 別集三 1181- 1
徐 賁〔明〕 北郭集 別集五 1230- 547
徐 鉉〔宋〕 說文解字〔增釋〕 小學二 223- 63
稽神錄 小說二 1042- 849
太平廣記〔纂修〕 小說二 1043- 1 ～ 1046- 1
騎省集 別集二 1085- 1
文苑英華〔纂修〕 總集 1333- 1 ～ 1342- 1
徐夢莘〔宋〕 三朝北盟會編 紀事 350- 1 ～ 352- 1
徐 碩〔元〕 至元嘉禾志 地理三 491- 1
徐禎卿〔明〕 迪功集 別集五 1268- 733
談藝錄 別集五 1268- 777
迪功集選(見二家詩選) 總集 1459- 62
徐 兢〔宋〕 宣和奉使高麗圖經 地理十 593- 811
徐 熥〔明〕 幔亭集 別集五 1296- 1
徐學謨〔明〕 春秋億 春秋 169- 1
徐樹穀〔清〕 李義山文集箋註〔箋〕 別集一 1082- 237
徐 積〔宋〕 節孝語錄 儒家 698- 473
節孝集 別集二 1101- 779
徐 璣〔宋〕 二薇亭詩集 別集三 1171- 159
徐應秋〔明〕 玉芝堂談薈 雜家五 883- 1
徐 謙〔明〕 仁端錄 醫家 762- 571
徐 鍇〔南唐〕 說文繫傳 小學二 223- 385
說文解字篆韻譜 小學二 223- 849
徐 氏(明仁孝文皇后)
內訓 儒家 709- 721
徐 □ (總幹，子子東)〔宋〕
易傳燈 易類 15- 809
晁子健〔宋〕 景迂生集〔編〕 別集二 1118- 1
晁公武〔宋〕 郡齋讀書志 目錄一 674- 153
晁公遡〔宋〕 嵩山集 別集三 1139- 1
晁以道 (說之字，見晁說之)
晁 迥〔宋〕 昭德新編 雜家一 849- 253
法藏碎金錄 釋家 1052- 425
道院集要 釋家 1052- 611
晁貫之〔宋〕 墨經 譜錄一 843- 649
晁補之〔宋〕 鷄肋集 別集二 1118- 407
濟北文粹(見蘇門六君子文粹) 總集 1361- 318
晁无咎詞 詞曲一 1487- 253
晁說之〔宋〕 儒言 儒家 698- 497
晁氏客語 雜家三 863- 141
景迂生集 別集二 1118- 1
晁謙之〔宋〕 鷄肋集〔編〕 別集二 1118- 407
時 瀾〔宋〕 增修東萊書說〔增修〕 書類 57- 127
晏天章〔宋〕 棋經 藝術四 839-1001
晏 殊〔宋〕 元獻遺文 別集二 1087- 31
珠玉詞 詞曲一 1487- 1
晏幾道〔宋〕 小山詞 詞曲一 1487- 219
晏斯盛〔清〕 楚蒙山房易經解 易類 49- 239
學易初津 易類 49- 239
易翼宗 易類 49- 287
易翼說 易類 49- 471
晏 嬰〔周〕 晏子春秋 傳記二 446- 95
桂萬榮〔宋〕 棠陰比事 法家 729- 969
桑世昌〔宋〕 蘭亭考 目錄二 682- 73
回文類聚 總集 1351- 793
桓 寬〔漢〕 鹽鐵論 儒家 695- 475
殷 奎〔明〕 強齋集 別集五 1232- 383
殷敬愼〔唐〕 列子〔釋文〕 道家 1055- 573
殷 璠〔唐〕 河嶽英靈集〔編〕 總集 1332- 19
浦 杲〔明〕 王常宗集補遺〔編〕 別集五 1229- 431
浦起龍〔清〕 史通通釋 史評 685- 157
海廷芳〔清〕 備忘集〔編〕 別集五 1286- 1
海 瑞〔明〕 備忘集 別集五 1286- 1
烏斯道〔明〕 春草齋集 別集五 1232- 123
詩集 別集五 1232- 125
文集 別集五 1232- 177
班 固〔漢〕 漢書 正史 249- 1 ～ 251- 1
白虎通義 雜家二 850- 1
漢武故事 小說二 1042- 281
漢武帝內傳 小說二 1042- 289
留元剛〔宋〕 顏魯公年譜(見顏魯

公集） 別集一 1071- 697
眞山民（見眞桂芳）
眞桂芳〔宋〕眞山民集 別集三 1189- 447
眞德秀〔宋〕四書集編 四書 200- 1
大學衍義 儒家 704- 497
西山讀書記 儒家 705- 1～706- 1
心經 儒家 706- 425
政經 儒家 706- 441
西山文集 別集三 1174- 1
文章正宗〔編〕 總集 1355- 1
續文章正宗〔編〕 總集 1356- 1
祖　行〔宋〕龍學文集〔編〕 別集二 1098- 791
祖無擇〔宋〕龍學文集 別集二 1098- 791
祝允明〔明〕懷星堂集 別集五 1260- 363
祝　泌〔宋〕觀物篇解 術數一 805- 1
皇極經世解起數訣 術數一 805- 193
祝　堯〔元〕古賦辯體 總集 1366- 711
祝　淵〔元〕古今事文類聚遺集 類書 929- 328
祝　穆〔宋〕方輿勝覽 地理二 471- 521
古今事文類聚 類書 925- 1～929- 1
前集 類書 925- 1
後集 類書 926- 1
續集 類書 927- 1
別集 類書 927- 518
神珙（釋）〔唐〕玉篇反紐圖（見重修玉篇） 小學二 224- 237
玉篇分毫字樣（見重修玉篇） 小學二 224- 240
秦九韶〔宋〕數學九章 天算二 797- 323
秦越人（扁鵲）〔周〕
難經本義 醫家 733- 429
秦蕙田〔清〕五禮通考 禮五 135- 1～142- 1
秦　觀〔宋〕蠶書 農家 730- 193
淮海集 別集二 1115- 427
後集 別集二 1115- 653
長短句 別集二 1115- 686
淮海文粹（見蘇門六君子文粹） 總集 1361- 154
淮海詞 詞曲一 1487- 179

納喇性德〔清〕合訂刪補大易集義粹言 易類 45- 1～46- 1
陳氏禮記集說補正 禮三 127- 15
納　延（元迺賢之新譯，見迺賢）
納　新（元迺賢之新譯，見迺賢）
翁　卷〔宋〕西巖集 別集三 1171- 171
翁葆光〔宋〕悟眞篇註疏〔註〕 道家 1061- 429
直指詳說 道家 1061- 517
耿定向〔明〕先進遺風 小說一 1041- 379
耿南仲〔宋〕周易新講義 易類 9- 577
荀　況〔周〕荀子 儒家 695- 115
荀　悅〔漢〕前漢紀 編年 303- 203
申鑒 儒家 696- 433
荅祿與權〔明〕洪武正韻〔纂修〕 小學三 239- 1
荊　浩〔唐〕畫山水賦 藝術一 812- 421
筆法記 藝術一 812- 424
袁　仁〔明〕尙書砭蔡編 書類 64- 679
春秋胡傳考誤 春秋 169- 937
袁　文〔宋〕甕牖閒評 雜家二 852- 411
袁孝政〔唐〕劉子〔註〕 雜家一 848- 881
袁　宏〔晉〕後漢紀 編年 303- 491
袁　甫〔宋〕蒙齋中庸講義 四書 199- 553
蒙齋集 別集三 1175- 331
袁　易〔元〕靜春堂詩集 別集四 1206- 263
袁　采〔宋〕袁氏世範 儒家 698- 595
袁　表〔明〕閩中十子詩〔編〕 總集 1372- 183
袁　郊〔唐〕甘澤謠 小說二 1042- 823
袁俊翁〔元〕四書疑節 四書 203- 745
袁　康〔漢〕越絕書 載記 463- 73
袁　桷〔元〕延祐四明志 地理三 491- 319
清容居士集 別集四 1203- 1
袁　袠〔明〕世緯 儒家 717- 1
袁　凱〔明〕海叟集 別集五 1233- 161
袁　華〔明〕耕學齋詩集 別集五 1232- 259
可傳集 別集五 1232- 361
玉山紀遊〔編〕 總集 1369- 481
袁說友〔宋〕東塘集 別集三 1154- 141
袁　韶〔宋〕錢塘先賢傳贊 傳記三 451- 1
袁　樞〔宋〕通鑑紀事本末 紀事 346- 1～349- 1
袁　燮〔宋〕絜齋家塾書鈔 書類 57- 627
絜齋毛詩經筵講義 詩類 74- 1
絜齋集 別集三 1157- 1

著者	朝代	書名	類	冊-頁
袁 □	〔宋〕	楓窗小牘	小說一	1038- 207
貢性之	〔元〕	南湖集	別集四	1220- 1
貢 奎	〔元〕	雲林集	別集四	1205- 595
貢師泰	〔元〕	玩齋集	別集四	1215- 509
迺 賢	〔元〕	河朔訪古記	地理九	593- 17
		金臺集	別集四	1215- 261
逄行珪	〔唐〕	鬻子〔注〕	雜家一	848- 1
郝天挺	〔元〕	唐詩鼓吹〔註〕	總集	1365- 379
郝玉麟	〔清〕	福建通志〔監修〕	地理三	527- 1 ~ 530- 1
		廣東通志〔監修〕	地理三	562- 1 ~ 564- 1
郝 經	〔元〕	郝氏續後漢書	別史	385- 1 ~ 386- 1
		陵川集	別集四	1192- 1
郎廷槐	〔清〕	師友詩傳錄〔編〕	詩文評	1483- 881
郎 昱		(見郎曄)		
郎 曄	〔宋〕	橫浦集〔編〕	別集三	1138- 293
馬文升	〔明〕	馬端肅奏議	奏議	427- 705
馬文貞公		(見馬祖常)		
馬 令	〔宋〕	馬氏南唐書	載記	464- 247
馬永易	〔宋〕	實賓錄	類書	920- 293
馬永卿	〔宋〕	元城語錄解〔編〕	雜家三	863- 353
		嬾眞子	雜家三	863- 401
馬廷鸞	〔宋〕	碧梧玩芳集	別集三	1187- 1
馬明衡	〔明〕	尚書疑義	書類	64- 99
馬 治	〔明〕	荆南倡和集	總集	1370- 229
馬祖常	〔元〕	石田文集	別集四	1206- 459
		中州名賢文表	總集	1373- 207
馬 純	〔宋〕	陶朱新錄	小說二	1047- 197
馬 隆	〔晉〕	握奇經〔述讚〕	兵家	726- 1
馬 熒	〔明〕	閩中十子詩〔編〕	總集	1372- 183
馬端臨	〔元〕	文獻通考	政書一	610- 1 ~ 616- 1
馬 縞	〔五代〕	中華古今注	雜家二	850- 114
馬 臻	〔元〕	霞外詩集	別集四	1204- 55
馬 總	〔唐〕	意林	雜家五	872- 197
馬 驌	〔清〕	左傳事緯	春秋	175- 263
		左傳事緯前集	春秋	175- 620
		繹史	紀事	365- 1 ~ 368- 1
高士奇	〔清〕	春秋地名考略	春秋	176- 479
		左傳紀事本末	紀事	369- 1
		松亭行記	傳記四	460-1125
		扈從西巡日錄	傳記四	460-1153
		金鼇退食筆記	地理七	588- 401
		江村銷夏錄	藝術一	826- 467
		編珠補遺	類書	887- 70
		續編珠	類書	887- 110
		菊磵集〔編〕	別集三	1170- 119
		三體唐詩〔輯注〕	總集	1358- 1
高正臣	〔唐〕	高氏三宴詩集〔輯〕	總集	1332- 1
高仲武	〔唐〕	中興間氣集〔編〕	總集	1332- 125
高似孫	〔宋〕	剡錄	地理三	485- 527
		子略	目錄一	674- 491
		蘭亭考〔刪定〕	目錄二	682- 73
		握奇經〔注跋〕	兵家	726- 1
		硯箋	譜錄一	843- 97
		蟹略	譜錄三	847- 703
		緯略	雜家二	852- 253
		疎寮小集(見菊磵集附)	別集三	1170- 146
高廷禮		(明高棅別名，見高棅)		
高叔嗣	〔明〕	蘇門集	別集五	1273- 561
		蘇門集選(見二家詩選)	總集	1459- 75
高 承	〔宋〕	事物紀原	類書	920- 1
高保衡	〔宋〕	鍼灸甲乙經〔校注〕	醫家	733- 509
		備急千金要方〔校正〕	醫家	735- 1
高彥休	〔唐〕	唐闕史	小說二	1042- 785
高 拱	〔明〕	春秋正旨	春秋	168- 323
		問辨錄	四書	207- 1
		本語	雜家一	849- 811
高 晉	〔清〕	欽定南巡盛典〔初編〕	政書二	658- 1 ~ 659- 1
高 啓	〔明〕	大全集	別集五	1230- 1
		鳧藻集	別集五	1230- 253
高晦叟	〔宋〕	珍席放談	小說一	1037- 533
高 閌	〔宋〕	高氏春秋集注	春秋	151- 251
高斯得	〔宋〕	恥存堂稿	別集三	1182- 1
高 棅	〔明〕	唐詩品彙	總集	1371- 1
		唐詩拾遺(見唐詩品彙)	總集	1371- 924
		高待詔集(見閩中十子詩)	總集	1372- 251
高 登	〔宋〕	東溪集	別集三	1136- 427
高楚芳	〔元〕	集千家註杜工部詩集〔編〕	別集一	1069- 663
高德基	〔元〕	平江記事	地理八	590- 459

著者	書名	類別	冊頁
高 翥〔宋〕	菊磵集	別集三	1170- 119
高 誘〔漢〕	戰國策〔注〕	雜史	406- 239
	呂氏春秋〔註〕	雜家一	848- 271
	淮南鴻烈解〔註〕	雜家一	848- 505
高 適〔唐〕	高常侍集	別集一	1071- 373
高 濂〔明〕	遵生八牋	雜家四	871- 329
高 選〔宋〕	江邨遺稿(見菊磵集附)	別集三	1170- 144
高 邁〔宋〕	江邨遺稿(見菊磵集附)	別集三	1170- 144
高攀龍〔明〕	周易易簡說	易類	34- 67
	春秋孔義	春秋	170- 1
	高子遺書	別集五	1292- 329
高鵬飛〔宋〕	林湖遺稿(見菊磵集附)	別集三	1170- 142
高觀國〔宋〕	竹屋癡語	詞曲一	1488- 445
鬼谷子〔周〕	李虛中命書	術數五	809- 1
	鬼谷子	雜家一	848- 257

十一畫

著者	書名	類別	冊頁
偶 桓〔明〕	乾坤清氣〔編〕	總集	1370- 259
勒德洪〔清〕	平定三逆方略〔奉敕〕	紀事	354- 1
區大任(歐大任之誤，見歐大任)			
商企翁〔元〕	祕書監志	職官一	596- 753
商 輅〔明〕	商文毅疏稿	奏議	427- 417
	御批續資治通鑑綱目	史評	693- 1 ～ 694- 1
商 鞅〔秦〕	商子	法家	729- 561
婁 堅〔明〕	學古緒言	別集五	1295- 1
婁 機〔宋〕	班馬字類	小學二	225- 749
	漢隸字原	小學二	225- 791
寇宗奭〔宋〕	證類本草〔衍義〕	醫家	740- 1
寇 準〔宋〕	忠愍詩集	別集二	1085- 667
尉遲偓〔南唐〕	中朝故事	小說一	1035- 809
尉 繚〔周〕	尉繚子	兵家	726- 71
崔子方〔宋〕	崔氏春秋經解	春秋	148- 173
	春秋本例	春秋	148- 335
	春秋例要	春秋	148- 345
崔令欽〔唐〕	教坊記	小說一	1035- 541
崔祐甫〔唐〕	獨孤公神道銘(見毘陵集)	別集一	1072- 314
崔 豹〔晉〕	古今注	雜家二	850- 97
崔敦禮〔宋〕	芻言	雜家一	849- 277
	宮教集	別集三	1151- 779
崔 銑〔明〕	讀易餘言	易類	30- 1
	士翼	儒家	714- 451
	元城行錄〔編〕	雜家三	863- 392
	洹詞	別集五	1267- 369
崔 鴻〔北魏〕	十六國春秋	載記	463- 315
	別本十六國春秋	載記	463-1105
巢元方〔隋〕	巢氏諸病源候總論〔奉敕〕	醫家	734- 549
常 建〔唐〕	常建詩	別集一	1071- 425
常 棠〔宋〕	海鹽澉水志	地理三	487- 493
常達(釋)〔唐〕	常達詩(見唐四僧詩)	總集	1332- 338
常 璩〔晉〕	華陽國志	載記	463- 131
康 海〔明〕	武功縣志	地理三	494- 1
	對山集	別集五	1266- 317
康萬民〔明〕	璇璣圖詩讀法	別集一	1063- 529
康 軿〔唐〕	劇談錄	小說二	1042- 661
康 駢(軿之誤，見康軿)			
張 丁(字孟兼)〔明〕			
	西臺慟哭記註〔註〕	別集三	1188- 349
	多青樹引註〔註〕	別集三	1188- 361
	白石山房逸藁	別集五	1229- 445
張九成〔宋〕	孟子傳	四書	196- 229
	橫浦集	別集三	1138- 293
張九韶〔明〕	理學類編	儒家	709- 741
張九齡〔唐〕	唐六典	職官一	595- 1
	曲江集	別集一	1066- 57
張又新〔唐〕	煎茶水記	譜錄二	844- 807
張士佩〔明〕	升菴集〔編〕	別集五	1270- 1
張大亨〔宋〕	春秋五禮例宗	春秋	148- 459
	春秋通訓	春秋	148- 535
張 丑(原名謙德)〔明〕			
	清河書畫舫	藝術一	817- 1
	眞蹟日錄	藝術一	817- 511
	清河書畫表	藝術一	817- 607
	書畫見聞表	藝術一	817- 613
	南陽書畫表	藝術一	817- 619
	法書表	藝術一	817- 620
	名畫表	藝術一	817- 624

著者	書名	類別	冊－頁
張之象〔明〕	鹽鐵論〔註〕	儒家	695- 475
張之翰〔元〕	西巖集	別集四	1204- 361
張介賓〔明〕	類經	醫家	776- 1
	類經圖翼	醫家	776- 688
	類經附翼	醫家	776- 957
	景岳全書	醫家	777- 1 ～ 778- 1
張元素〔金〕	病機氣宜保命集	醫家	745- 1
張元凱〔明〕	伐檀齋集	別集五	1285- 665
張元幹〔宋〕	蘆川歸來集	別集三	1136- 581
	蘆川詞	詞曲一	1487- 585
張內蘊〔明〕	三吳水考	地理四	577- 87
張方平〔宋〕	樂全集	別集二	1104- 1
張世南〔宋〕	游宦紀聞	雜家三	864- 585
張丘建〔?〕	張丘建算經	天算二	797- 251
張以寧〔明〕	春秋春王正月考	春秋	165- 753
	辨疑	春秋	165- 788
	翠屏集	別集五	1226- 515
張幼學〔明〕	山堂肆考〔增定〕	類書	974- 1 ～ 978- 1
張弘範〔元〕	淮陽集	別集四	1191- 703
	詩餘	別集四	1191- 717
張永明〔明〕	張莊僖文集	別集五	1277- 305
張玉書〔清〕	御定康熙字典〔奉敕〕	小學二	229- 1 ～ 231- 1
	御定佩文韻府〔奉敕〕	類書	1011- 1 ～ 1028- 1
	張文貞集	別集六	1322- 389
	聖祖仁皇帝御製文集〔奉敕編〕	別集六	1298- 1 ～ 1299- 1
	御定佩文齋詠物詩選〔奉敕編〕	總集	1432- 1 ～ 1434- 1
張　田〔宋〕	包孝肅奏議集〔編〕	奏議	427- 73
張仲深〔元〕	子淵詩集	別集四	1215- 307
張　先〔宋〕	安陸集	詞曲一	1487- 79
張光祖〔元〕	言行龜鑑	雜家五	875- 463
張　吉〔明〕	古城集	別集五	1257- 591
張存中〔元〕	四書通證	四書	203- 637
張宇初〔明〕	峴泉集	別集五	1236- 337
張　守〔宋〕	毘陵集	別集三	1127- 669
張守節〔唐〕	史記〔正義〕	正史	243- 1 ～ 244- 1
	史記正義	正史	247- 1 ～ 248- 1
張　有〔宋〕	復古編	小學二	225- 679
張次仲〔明〕	周易玩辭困學記	易類	36- 383
	待軒詩記	詩類	82- 1
張　羽（字來儀）〔明〕	靜菴集	別集五	1230- 489
張　羽（字鳳舉）〔明〕	東田遺稿	別集五	1264- 245
張　耒〔宋〕	柯山集	別集二	1115- 1
	宛丘文粹（見蘇門六君子文粹）	總集	1361- 1
張自超〔清〕	春秋宗朱辨義	春秋	178- 1
張自勳〔明〕	綱目續麟	編年	323- 1
	綱目續麟彙覽	編年	323- 439
張行成〔宋〕	元包數總義	術數一	803- 242
	皇極經世索隱	術數一	804- 1
	皇極經世觀物外篇衍義	術數一	804- 37
	易通變	術數一	804- 197
張行簡〔金〕	人倫大統賦	術數五	810- 823
張伯行〔清〕	居濟一得	地理四	579- 485
	思辨錄輯要〔編〕	儒家	724- 1
	曹月川集〔輯〕	別集五	1243- 1
張伯淳〔元〕	養蒙文集	別集四	1194- 429
張伯端〔宋〕	悟眞篇註疏	道家	1061- 429
張君房〔宋〕	雲笈七籤	道家	1060- 1 ～ 1061- 1
張孝祥〔宋〕	于湖集	別集三	1140- 539
	于湖詞	詞曲一	1488- 1
張宏範（見張弘範）			
張廷玉〔清〕	日講禮記解義〔奉敕編〕	禮三	123- 1
	欽定春秋傳說彙纂〔奉敕〕	春秋	173- 1
	明史〔奉敕〕	正史	297- 1 ～ 302- 1
	御定資治通鑑綱目三編〔奉敕〕	編年	340- 1
	詞林典故〔奉敕〕	職官一	599- 421
	欽定授時通考〔奉敕〕	農家	732- 1
	皇清文穎〔奉敕續編〕	總集	1449- 1 ～ 1450- 1

著者	朝代	書名	類別	冊-頁
張志和	〔唐〕	玄眞子	道家	1059- 549
張志淳	〔明〕	南園漫錄	雜家三	867- 255
張　戒	〔宋〕	歲寒堂詩話	詩文評	1479- 31
張邦基	〔宋〕	墨莊漫錄	雜家三	864- 1
張　侃	〔宋〕	張氏拙軒集	別集三	1181- 369
張　固	〔唐〕	幽閒鼓吹	小說一	1035- 551
張孟兼		(明張丁字，見張丁)		
張尚瑗	〔清〕	三傳折諸	春秋	177- 1
		左傳折諸	春秋	177- 1
		公羊折諸	春秋	177- 537
		穀梁折諸	春秋	177- 642
張　岳	〔明〕	小山類稿	別集五	1272- 285
張　弧	〔唐〕	素履子	儒家	696- 645
張　杲	〔宋〕	醫說	醫家	742- 1
張　炎	〔宋〕	山中白雲詞	詞曲一	1488- 463
		樂府指迷	詞曲一	1488- 537
張知甫	〔宋〕	張氏可書	小說一	1038- 707
張邱建		(見張丘建)		
張　雨	〔元〕	句曲外史集	別集四	1216- 351
張　勇	〔清〕	張襄壯奏疏	奏議	430- 303
張彥遠	〔唐〕	法書要錄	藝術一	812- 101
		歷代名畫記	藝術一	812- 277
張　昱	〔元〕	可閒老人集	別集四	1222- 499
張映斗	〔清〕	隋書〔考證〕	正史	264- 1
張　洎	〔宋〕	賈氏譚錄	小說一	1036- 127
		太平廣記〔纂修〕	小說二	1043- 1 ～ 1046- 1
張　洪	〔宋〕	朱子讀書法〔編〕	儒家	709- 351
張　洽	〔宋〕	張氏春秋集注	春秋	156- 1
		原本韓集考異〔校補〕	別集一	1073- 127
張　英	〔清〕	易經衷論	易類	44- 581
		書經衷論	書類	68- 143
		御定孝經衍義〔監修〕	儒家	718- 1 ～ 719- 1
		御定淵鑑類函〔奉敕〕	類書	982- 1 ～ 993- 1
		文端集	別集六	1319- 275
張表臣	〔宋〕	珊瑚鉤詩話	詩文評	1478- 961
張　倬	〔清〕	傷寒兼證析義	醫家	783- 735
張　原	〔明〕	玉坡奏議	奏議	429- 351
張唐英	〔宋〕	蜀檮杌	載記	464- 221
張師愚	〔元〕	宛陵羣英集	總集	1366- 955
張時泰	〔明〕	御批續資治通鑑綱目〔廣義〕	史評	693- 1 ～ 694- 1
張晉生	〔清〕	四川通志〔編纂〕	地理三	559- 1 ～ 561- 1
張　根	〔宋〕	吳園周易解	易類	9- 459
張　栻	〔宋〕	南軒易說	易類	13- 625
		癸巳論語解	四書	199- 189
		癸巳孟子說	四書	199- 321
		南軒集	別集三	1167- 413
		南嶽倡酬集	總集	1348- 607
張　浚	〔宋〕	紫巖易傳	易類	10- 1
張　烈	〔清〕	讀易日鈔	易類	42- 261
張　參	〔唐〕	五經文字	小學二	224- 251
張商英	〔宋〕	黃石公素書〔註〕	兵家	726- 127
張國維	〔明〕	吳中水利全書	地理四	578- 1
張從正	〔金〕	儒門事親	醫家	745- 99
張　淳	〔宋〕	儀禮識誤	禮二	103- 1
張　淏	〔宋〕	會稽續志	地理三	486- 440
		雲谷雜記	雜家二	850- 853
張　理	〔元〕	大易象數鉤深圖	易類	25- 1
		易象圖說	術數一	806- 371
		內篇	術數一	806- 375
		外篇	術數一	806- 407
張　習	〔明〕	僑吳集〔重編〕	別集四	1216- 421
張　虙	〔宋〕	月令解	禮三	116- 537
張堯同	〔宋〕	嘉禾百咏	別集三	1186- 765
張　揖	〔魏〕	廣雅	小學一	221- 425
張敦實	〔宋〕	潛虛發微論	術數一	803- 283
張敦頤	〔宋〕	六朝事蹟編類	地理八	589- 175
		柳河東集注〔音辯〕	別集一	1076- 469
張　景	〔宋〕	河東集〔編〕	別集二	1085- 237
張　景	〔明〕	補疑獄集	法家	729- 822
張　湛	〔晉〕	列子〔注〕	道家	1055- 573
張　登	〔清〕	傷寒舌鑑	醫家	783- 699
張舜民	〔宋〕	畫墁錄	小說一	1037- 155
		畫墁集	別集二	1117- 1
張　華	〔晉〕	禽經〔注〕	譜錄三	847- 677
		神異經〔註〕	小說二	1042- 265
		博物志	小說三	1047- 573
張　詠	〔宋〕	乖崖集	別集二	1085- 575
張逸少	〔清〕	御定佩文齋廣羣芳譜〔奉敕〕	譜錄三	845- 207 ～ 847- 1
張　嵲	〔宋〕	紫微集	別集三	1131- 339
張　楨	〔明〕	東田遺稿〔編〕	別集五	1264- 245

張　溥〔明〕漢魏六朝百三家集〔輯〕總集 1412- 1 ～ 1416- 1
張　照〔清〕毛詩注疏〔考證〕詩類 69- 43
詩類御製律品正義後編〔奉敕纂〕樂類 215- 223 ～ 218- 1
爾雅注疏〔考證〕小學一 221- 1
史記〔考證〕正史 243- 1 ～ 244- 1
祕殿珠林〔奉敕〕藝術一 823- 443
石渠寶笈〔奉敕〕藝術一 824- 1 ～ 825- 1
張　萱〔明〕疑燿 雜家二 856- 159
張　詵〔唐〕六臣註文選〔註〕總集 1330- 1 ～ 1331- 1
張　載〔宋〕橫渠易說 易類 8- 659
張子全書 儒家 697- 75
張　達〔元〕張達詩(見元音遺響) 總集 1369- 716
張　鉉〔元〕至大金陵新志 地理三 492- 1
張　鼎〔明〕敬軒文集〔編〕別集五 1243- 31
張　寧〔明〕方洲集 別集五 1247- 179
讀史錄(見方洲集) 別集五 1247- 581
張爾岐〔清〕儀禮鄭注句讀 禮二 108- 1
儀禮監本正誤 禮二 108- 244
儀禮石本誤字 禮二 108- 249
老子說略 道家 1055- 481
張端義〔宋〕貴耳集 雜家三 865- 409
二集 雜家三 865- 430
三集 雜家三 865- 449
張　綱〔宋〕華陽集 別集三 1131- 1
張　說〔唐〕張燕公集 別集一 1065- 661
張鳴鳳〔明〕桂勝 地理六 585- 637
桂故 地理六 585- 739
張齊賢〔宋〕洛陽搢紳舊聞記 小說一 1036- 133
張　儉〔明〕文獻集〔編〕別集四 1209- 215
張　翥〔元〕蛻菴集 別集四 1215- 1
蛻巖詞 詞曲一 1488- 657
張養浩〔元〕三事忠告 職官二 602- 729
歸田類稿 別集四 1192- 471
張　震〔?〕唐音〔註〕總集 1368- 173
張　憲〔元〕玉笥集 別集四 1217- 365
張　機〔漢〕金匱要略論註 醫家 734- 1
傷寒論注釋 醫家 734- 201
張豫章〔清〕御選宋金元明四朝詩〔奉敕〕總集 1437- 1 ～ 1444- 1
御選宋詩 總集 1437- 1 ～ 1438- 1
御選金詩 總集 1439- 1
御選元詩 總集 1439- 419 ～ 1441- 1
御選明詩 總集 1442- 1 ～ 1444- 1
張　燮〔明〕東西洋考 地理十 594- 137
王子安集〔輯編〕別集一 1065- 61
張應文〔明〕清祕藏 雜家四 872- 1
張　燧〔清〕存雅堂遺稿〔輯〕別集三 1189- 525
張謙德(更名丑)〔明〕
清祕藏〔潤色〕雜家四 872- 1
張　鎡〔宋〕仕學規範 雜家五 875- 1
南湖集 別集三 1164- 527
張　擴〔宋〕東窻集 別集三 1129- 1
張　禮〔宋〕遊城南記 地理九 593- 1
張　顒〔?〕玉照定眞經〔注〕術數五 809- 29
張懷瓘〔唐〕書斷 藝術一 812- 37
張獻翼〔明〕讀易紀聞 易類 32- 429
張　籍〔唐〕張司業集 別集一 1078- 1
張　讀〔唐〕宣室志 小說二 1042- 697
張　鷟〔唐〕龍筋鳳髓判 類書 889- 851
朝野僉載 小說一 1035- 215
張靄生〔清〕河防述言〔編述〕地理四 579- 746
張觀光〔元〕屏巖小稿 別集四 1195- 579
強　至〔宋〕祠部集 別集二 1091- 1
戚　光〔元〕南唐書音釋(見陸氏南唐書) 載記 464- 492
戚繼光〔明〕紀效新書 兵家 728- 487
練兵實紀 兵家 728- 687
練兵雜紀 兵家 728- 799
扈仲榮〔宋〕成都文類〔編〕總集 1354- 291
扈　蒙〔宋〕太平廣記〔纂修〕小說三 1043- 1 ～ 1046- 1
文苑英華〔纂修〕總集 1333- 1 ～ 1342- 1
敖繼公〔元〕儀禮集說 禮二 105- 33
曹于汴〔明〕仰節堂集 別集五 1293- 669
曹士冕〔宋〕法帖譜系 目錄二 682- 61
曹仁虎〔清〕欽定續通志〔奉敕〕別史 392- 1 ～ 401- 1

著者	朝代	書名	類別	冊-頁
		欽定續文獻通考〔奉敕〕	政書一	626-1 ～ 631-1
		欽定續通典〔奉敕〕	政書一	642-1 ～ 643-1
曹本榮	〔清〕	易經通注〔奉敕〕	易類	37-1
曹安	〔明〕	讕言長語	雜家三	867-27
曹伯啓	〔元〕	曹文貞公詩集	別集四	1202-475
		後錄	別集四	1202-535
曹孝忠	〔宋〕	證類本草〔校〕	醫家	740-1
曹叔遠	〔宋〕	止齋文集〔編〕	別集三	1150-493
曹彥約	〔宋〕	經幄管見	史評	686-29
		昌谷集	別集三	1167-1
曹昭	〔明〕	格古要論	雜家四	871-85
曹貞吉	〔清〕	珂雪詞	詞曲一	1488-685
曹唐	〔唐〕	曹唐詩	別集一	1083-144
曹庭(廷)棟	〔清〕	宋百家詩存〔編〕	總集	1477-1
曹培廉	〔清〕	清閟閣全集〔編〕	別集四	1220-151
曹勛	〔宋〕	北狩見聞錄	雜史	407-685
		松隱集	別集三	1129-319
曹植	〔魏〕	曹子建集	別集一	1063-263
曹道振	〔元〕	豫章文集〔編〕	別集三	1135-641
曹端	〔明〕	太極圖說述解	儒家	697-1
		西銘述解	儒家	697-15
		通書述解	儒家	697-21
		曹月川集	別集五	1243-1
曹學佺	〔明〕	蜀中廣記	地理八	591-1 ～ 592-1
		石倉歷代詩選〔編〕	總集	1387-1 ～ 1394-1
曹鄴	〔唐〕	曹祠部集	別集一	1083-127
梁佐	〔明〕	丹鉛總錄〔編〕	雜家二	855-325
梁克家	〔宋〕	淳熙三山志	地理三	484-109
梁益	〔元〕	詩傳旁通	詩類	76-789
梁國治	〔清〕	欽定音韻述微〔奉敕〕	小學三	240-853
		皇清開國方略〔奉敕〕	編年	341-1
		欽定熱河志〔奉敕〕	地理三	495-1 ～ 496-1
		欽定國子監志〔奉敕〕	職官一	600-1
		欽定天祿琳琅書目〔奉敕〕	目錄一	675-335
		欽定西清硯譜〔奉敕〕	譜錄一	843-133
		御製文二集〔奉敕編〕	別集六	1301-271
梁寅	〔元〕	周易參義	易類	27-195
		詩演義	詩類	78-1
		石門集	別集四	1222-619
梁肅	〔唐〕	毘陵集〔編〕	別集一	1072-159
梁詩正	〔清〕	欽定叶韻彙輯〔奉敕〕	小學三	240-449
		西湖志纂	地理六	586-337
		欽定康濟錄〔刪潤〕	政書三	663-223
		祕殿珠林〔奉敕〕	藝術一	823-443
		石渠寶笈〔奉敕〕	藝術一	824-1 ～ 825-1
		欽定西清古鑑〔奉敕〕	譜錄一	841-1 ～ 842-1
		欽定錢錄〔奉敕〕	譜錄一	844-1
梁潛	〔明〕	泊菴集	別集五	1237-177
梁儲	〔明〕	鬱洲遺稿	別集五	1256-529
梁蘭	〔明〕	畦樂詩集	別集五	1232-711
梅文鼎	〔清〕	曆算全書	天算一	794-1 ～ 795-1
		大統曆志	天算一	795-819
		勿菴曆算書記	天算一	795-961
梅文鼐	〔清〕	中西經星同異考	天算一	795-993
梅堯臣	〔宋〕	宛陵集	別集二	1099-1
梅鼎祚	〔明〕	履齋遺稿〔編〕	別集三	1178-389
		古樂苑〔編〕	總集	1395-1
		皇霸文紀〔編〕	總集	1396-1
		西漢文紀〔編〕	總集	1396-185
		東漢文紀〔編〕	總集	1397-1
		西晉文紀〔編〕	總集	1398-1
		宋文紀〔編〕	總集	1398-471
		南齊文紀〔編〕	總集	1399-1
		梁文紀〔編〕	總集	1399-231
		陳文紀〔編〕	總集	1399-595
		北齊文紀〔編〕	總集	1400-1
		後周文紀〔編〕	總集	1400-57
		隋文紀〔編〕	總集	1400-197
		釋文紀〔編〕	總集	1400-409 ～ 1401-1
梅瑴成	〔清〕	御製曆象考成〔奉敕〕	天算一	790-1 ～ 791-1
		欽定協紀辨方書〔奉敕〕	術數六	811-1
梅應發	〔宋〕	開慶四明續志	地理三	487-347
梅鷟	〔明〕	尚書考異	書類	64-1

清太宗（見皇太極）

清太祖（見努爾哈赤）

清世宗（見胤禛）

清高宗（見弘曆）

清塞(釋)〔唐〕清塞詩(見唐四僧詩)　總集 1332- 332
清聖祖(見玄燁)
畢仲游〔宋〕西臺集　別集二 1122- 1
畢自嚴〔明〕石隱園藏稿　別集五 1293- 377
畢　沅〔清〕關中勝蹟圖志　地理七 588- 479
皎然(釋)〔唐〕杼山集　別集一 1071- 775
章世純〔明〕四書留書　四書 207- 709
章　冲〔宋〕春秋左氏傳事類始末　紀事 349- 445
章如愚〔宋〕羣書考索　類書 936- 1～938- 1
　前集　類書 936- 1
　後集　類書 937- 1
　續集　類書 938- 1
　別集　類書 938- 685
章　甫〔宋〕自鳴集　別集三 1165- 379
章　定〔宋〕名賢氏族言行類稿　類書 933- 1
章俊卿(如愚字，見章如愚)
章祖程〔元〕霽山文集〔註〕　別集三 1188- 687
章　琬〔元〕復古詩集〔編〕　別集四 1222- 123
章　潢〔明〕圖書編　類書 968- 1～972- 1
章　樵〔宋〕古文苑〔註〕　總集 1332- 573
章　懋〔明〕楓山語錄　儒家 741- 111
　楓山集　別集五 1254- 1
符　曾〔清〕南宋襍事詩　總集 1476- 554
脫　脫〔元〕宋史〔奉敕〕　正史 280- 1～288- 1
　遼史〔奉敕〕　正史 289- 1
　金史〔奉敕〕　正史 290- 1～291- 1
莊亨陽〔清〕莊氏算學　天算二 802- 717
莊季裕(宋莊綽字，見莊綽)
莊　昶〔明〕定山集　別集五 1254- 145
莊　煦〔明〕四書蒙引別錄〔編〕　四書 206- 728
莊鼎鉉〔清〕古音駢字續編　小學二 228- 432
莊　綽(字季裕)〔宋〕雞肋編　小說一 1039- 127
莊履豐〔清〕古音駢字續編　小學二 228- 432
莫休符〔唐〕桂林風土記　地理八 589- 63
許及之〔宋〕涉齋集(一作其子許綸撰，參見許綸)　別集三 1154- 405
許文正公(見許衡)
許文忠公(見許有壬)
許月卿〔宋〕百官箴　職官一 602- 657
許有壬〔元〕至正集　別集四 1211- 1
　圭塘小藁　別集四 1211- 579
　　別集　別集四 1211- 684
　　續集　別集四 1211- 717
　圭塘欸乃集　總集 1366- 863
　中州名賢文表　總集 1373- 295
許有孚〔元〕圭塘小藁〔編〕　別集四 1211- 579
　圭塘欸乃集　總集 1366- 863
許伯政〔清〕全史日至源流　天算一 796- 1
許叔微〔宋〕類證普濟本事方　醫家 741- 375
許　尚〔宋〕華亭百詠　別集三 1170- 1
許　洞〔宋〕虎鈐經　兵家 727- 1
許相卿〔明〕雲村集　別集五 1272- 131
許重炎〔清〕鐵廬集〔編〕　別集六 1323- 521
許　容〔清〕甘肅通志〔監修〕　地理三 557- 1～558- 1
許　恕〔元〕北郭集　別集四 1217- 317
許景衡〔宋〕橫塘集　別集三 1127- 163
許　渾〔唐〕丁卯詩集　別集一 1082- 555
許　棐〔宋〕梅屋集　別集三 1183- 187
許　嵩〔唐〕建康實錄　別史 370- 225
許　慎〔漢〕駁五經異義〔異義〕　經總義 182- 295
　說文解字　小學二 223- 63
許　綸〔宋〕涉齋集　別集三 1154- 405
許　節〔明〕北郭集〔編〕　別集四 1217- 317
　沭古齋集(見北郭集附)　別集四 1217- 361
許　翰〔宋〕襄陵文集　別集二 1123- 491
許　衡〔元〕讀易私言　易類 22- 1
　魯齋遺書　別集四 1198- 273
　中州名賢文表　總集 1373- 24
許應龍〔宋〕東澗集　別集三 1176- 397
許　謙〔元〕讀書叢說　書類 61- 449
　詩集傳名物鈔　詩類 76- 1
　讀四書叢說　四書 202- 529
　絳守居園池記〔補注〕　別集一 1078- 555
　白雲集　別集四 1199- 529
許　顒〔明〕圭塘小藁續集〔編〕　別集四 1211- 717
許　顗〔宋〕彥周詩話　詩文評 1478- 907
貫休(釋)〔唐〕禪月集　別集一 1084- 423
連文鳳〔宋〕百正集　別集三 1189- 463
連斗山〔清〕周易辨畫　易類 53- 1
郭允蹈〔宋〕蜀鑑　紀事 352- 481
郭元釪〔清〕御訂全金詩增補中州集〔原編〕　總集 1445- 1
郭正己(宋郭守正字，見郭守正)

郭　印〔宋〕雲溪集 別集三 1134- 1
郭守正〔宋〕增修校正押韻釋疑〔增修〕 小學二 237- 587
郭良翰〔明〕明謚紀彙編 政書二 651- 463
郭　京〔唐〕周易舉正 易類 8- 105
郭宗昌〔明〕金石史 目錄二 683- 533
郭忠恕〔宋〕汗簡 小學二 224- 307
佩觿 小學二 224- 377
郭知達〔宋〕九家集注杜詩〔編〕 別集一 1068- 1
郭　奎〔明〕望雲集 別集五 1231- 637
郭　思〔宋〕林泉高致集〔編〕 藝術一 812- 571
郭若虛〔宋〕圖畫見聞志 藝術一 812- 507
郭茂倩〔宋〕樂府詩集〔編〕 總集 1347- 1 ～ 1348- 1
郭　彖〔宋〕睽車志 小說二 1047- 221
郭祥正〔宋〕青山集 別集二 1116- 571
青山續集 別集二 1116- 757
郭　琇〔清〕華野疏稿 奏議 430- 729
郭　象〔晉〕莊子注〔注〕 道家 1056- 1
郭　雍〔宋〕郭氏傳家易說 易類 13- 1
郭載騋〔明〕六壬大全〔校〕 術數四 808- 471
郭　鈺〔元〕靜思集 別集四 1219- 155
郭　熙〔宋〕林泉高致集 藝術一 812- 571
郭　憲〔漢〕洞冥記 小說二 1042- 299
郭　璞〔晉〕爾雅注疏〔注〕 小學一 221- 1
輶軒使者絕代語釋別國方言〔注〕 小學一 221- 281
葬書 術數三 808- 11
玉照定眞經 術數五 809- 29
山海經〔注〕 小說二 1042- 1
穆天子傳〔注〕 小說二 1042- 245
郭稽中〔宋〕產育寶慶集〔編〕 醫家 743- 117
郭諫臣〔明〕鯤溟詩集 別集五 1288- 137
郭豫亨〔元〕梅花字字香 別集四 1205- 667
郭　翼〔元〕雪履齋筆記 雜家三 866- 645
林外野言 別集四 1216- 699
陰中夫（見陰復春）
陰時夫（見陰勁弦）
陰勁弦〔元〕韻府羣玉 類書 951- 1
陰復春〔元〕韻府羣玉 類書 951- 1
陳士元〔明〕易象鉤解 易類 31- 651
論語類考 四書 207- 97
孟子雜記 四書 207- 289
江漢叢談 地理八 590- 471
名疑 類書 952- 593
陳大章〔清〕詩傳名物集覽 詩類 86- 543
陳大猷〔宋〕書集傳或問 書類 60- 193
陳子昂〔唐〕陳拾遺集 別集一 1065- 527
陳仁子〔宋〕文選補遺〔輯〕 總集 1360- 1
陳仁玉〔宋〕菌譜 譜錄二 845- 205
陳元晉〔宋〕漁墅類稿 別集三 1176- 769
陳元靚〔宋〕歲時廣記 時令 467- 1
陳元龍〔清〕格致鏡原 類書 1031- 1 ～ 1032- 1
御定歷代賦彙〔奉敕編〕 總集 1419- 1 ～ 1422- 1
陳友仁〔宋〕周禮集說〔增修〕 禮一 95- 251
陳天祥〔元〕四書辨疑 四書 202- 331
陳文蔚〔宋〕克齋集 別集三 1171- 1
陳世仁〔清〕少廣補遺 天算二 802- 697
陳世崇〔宋〕隨隱漫錄 小說一 1040- 165
陳世隆〔元〕北軒筆記 雜家三 866- 609
兩宋名賢小集〔補編〕 總集 1362- 327 ～ 1364- 1
陳弘緒〔清〕江城名蹟 地理七 588- 287
陳存禮〔元〕麗則遺音〔編〕 別集四 1222- 145
陳次升〔宋〕讜論集 奏議 427- 319
陳自明〔宋〕婦人大全良方 醫家 742- 435
陳　均〔宋〕九朝編年備要 編年 328- 1
陳　孚〔元〕陳剛中詩集 別集四 1202- 613
觀光稿(陳剛中詩集卷一) 別集四 1202- 615
交州稿(陳剛中詩集卷二) 別集四 1202- 627
玉堂稿(陳剛中詩集卷三) 別集四 1202- 648
陳宏緒（見陳弘緒）
陳廷敬〔清〕日講四書解義〔奉敕〕 四書 208- 1
御定康熙字典〔奉敕〕 小學二 229- 1 ～ 231- 1
御定佩文韻府〔奉敕〕 類書 1011- 1 ～ 1028- 1
午亭文編 別集六 1316- 1
御選唐詩〔奉敕編註〕 總集 1446- 1
皇清文穎〔奉敕編〕 總集 1449- 1 ～ 1450- 1
陳　言〔宋〕三因極一病證方論 醫家 743- 149

陳邦彥〔清〕御定歷代題畫詩類〔奉敕編〕 總集 1435- 1 ～ 1436- 1
陳邦瞻〔明〕宋史紀事本末〔增輯〕 紀事 353- 1
元史紀事本末 紀事 353- 753
陳叔方(宋陳昉字) 潁川語小 雜家二 853- 629
陳宜甫〔元〕秋巖詩集 別集四 1202- 673
陳　昉(字叔方，見陳叔方)
陳　東〔宋〕少陽集 別集三 1136- 283
陳　法〔清〕易箋 易類 49- 1
陳　杰〔宋〕自堂存稿 別集三 1189- 739
陳　直〔宋〕壽親養老新書 醫家 738- 283
陳芝光〔清〕南宋襍事詩 總集 1476- 535
陳芳生〔清〕捕蝗考 政書三 663- 1
陳長方〔宋〕步里客談 小說一 1039- 399
唯室集 別集三 1139- 615
陳　亮〔宋〕歐陽文粹〔編〕 別集二 1103- 643
龍川集 別集三 1171- 497
龍川詞 詞曲一 1488- 103
陳　亮〔明〕陳徵君集(見閩中十子詩) 總集 1372- 233
陳則通〔元〕春秋提綱 春秋 159- 753
陳厚耀〔清〕春秋世族譜 春秋 178- 351
春秋長曆 春秋 178- 393
春秋戰國異詞 別史 403- 1
陳　思〔宋〕寶刻叢編 目錄二 682- 181
書苑菁華 藝術一 814- 1
書小史 藝術一 814- 205
海棠譜 譜錄二 845- 133
小字錄 類書 948- 701
兩宋名賢小集〔編〕 總集 1362- 327 ～ 1364- 1
陳禹謨〔明〕北堂書鈔〔補註〕 類書 889- 1
駢志 類書 973- 1
陳　郁〔宋〕藏一話腴 雜家三 865- 537
陳倫炯〔清〕海國聞見錄 地理十 594- 847
陳師文〔宋〕太平惠民和劑局方〔奉敕〕 醫家 741- 469
指南總論 醫家 741- 706
陳師凱〔元〕書蔡氏傳旁通 書類 62- 209
陳師聖〔宋〕產育寶慶集〔編〕 醫家 743- 117
陳師道〔宋〕後山談叢 小說一 1037- 61
後山集 別集二 1114- 511
后山詩注 別集二 1114- 741
後山文粹(見蘇門六君子文粹) 總集 1361- 261
後山詩話 詩文評 1478- 279
陳恕可〔宋〕樂府補題 詞曲二 1490- 101
陳悅道〔元〕書義斷法 書類 62- 511
陳振孫〔宋〕直齋書錄解題 目錄一 674- 525
舊本白文公年譜(見白香山詩集) 別集一 1081- 29
陳　旅〔元〕此山詩集〔選〕 別集四 1204- 1
安雅堂集 別集四 1213- 1
陳　泰〔元〕所安遺集 別集四 1210- 543
陳泰交〔明〕尚書注考 書類 64- 703
陳　浩〔清〕周易註疏〔考證〕 易類 7- 283
尚書注疏〔考證〕 書類 54- 1
春秋左傳注疏〔考證〕 春秋 143- 1 ～ 144- 1
春秋公羊傳注疏〔考證〕 春秋 145- 1
春秋穀梁傳注疏〔考證〕 春秋 145- 535
後漢書〔考證〕 正史 252- 1 ～ 253- 1
陳祖范〔清〕經咫 經總義 194- 61
陳祖念〔明〕易用 易類 35- 1
陳耆卿〔宋〕赤城志 地理三 486- 567
篔窗集 別集三 1178- 1
陳致虛〔元〕周易參同契分章注 道家 1058- 749
陳　訏〔清〕句股引蒙 天算二 802- 593
陳　起〔宋〕江湖小集〔編〕 總集 1357- 1
江湖後集〔編〕 總集 1357- 719
陳　高〔元〕不繫舟漁集 別集四 1216- 121
陳　埴〔宋〕木鍾集 儒家 703- 553
陳　基〔元〕夷白齋稿 別集四 1222- 181
外集 別集四 1222- 356
陳啓源〔清〕毛詩稽古編 詩類 85- 327
陳　旉〔宋〕農書 農家 730- 169
陳　桷〔明〕石山醫案 醫家 765- 325
陳　桱〔元〕通鑑續編 編年 332- 435
陳　深〔宋〕讀春秋編 春秋 158- 509
寧極齋稿 別集三 1189- 713
陳　淳〔宋〕北溪字義 儒家 709- 1
北溪大全集 別集三 1168- 501
外集 別集三 1168- 896
陳　淵〔宋〕默堂集 別集三 1139- 299
陳祥道〔宋〕禮書 禮五 130- 1
論語全解 四書 196- 63

十一畫 陳

陳　第〔明〕尚書疏衍　書類　64- 725
毛詩古音考　小學三　239- 403
屈宋古音義　小學三　239- 519
陳紹夫〔宋〕古靈集〔編〕　別集二　1093- 497
陳　規〔宋〕守城錄　兵家　727- 175
陳　造〔宋〕江湖長翁集　別集三　1166- 1
陳傅良〔宋〕春秋後傳　春秋　151- 593
歷代兵制　政書四　663- 437
八面鋒　類書　923- 989
止齋文集　別集三　1150- 493
陳彭年〔宋〕重修玉篇〔奉敕〕　小學二　224- 1
重修廣韻〔奉敕〕　小學三　236- 223
江南別錄　載記　464- 119
陳景元〔宋〕莊子闕誤(見莊子翼附)　道家　1058- 278
陳景沂〔宋〕全芳備祖集　類書　935- 1
前集　類書　935- 3
後集　類書　935- 266
陳景雲〔清〕通鑑胡注舉正　編年　312- 381
綱目訂誤　編年　323- 647
韓集點勘　別集一　1075- 533
陳朝輔〔明〕四明文獻集〔輯〕　別集三　1187- 181
陳　棣〔宋〕蒙隱集　別集三　1151- 751
陳　植〔元〕愼獨叟遺稿(見寧極齋稿附)　別集三　1189- 734
陳　焯〔清〕宋元詩會　總集　1463- 1 ～ 1464- 1
陳舜俞〔宋〕廬山記　地理六　585- 13
都官集　別集二　1096- 405
陳　鄂〔宋〕太平廣記〔纂修〕　小說二　1043- 1 ～ 1046- 1
陳　敬〔宋〕陳氏香譜　譜錄一　844- 239
陳　暘〔宋〕樂書　樂類　211- 23
陳　暐〔明〕吳中金石新編　目錄二　683- 93
陳　椿〔元〕熬波圖　政書三　662- 311
陳　經〔宋〕陳氏尚書詳解　書類　59- 1
陳　經〔明〕海岱會集　總集　1377- 1
陳與義〔宋〕法帖音釋刊誤(見墨藪附)　藝術一　812- 416
簡齋集　別集三　1129- 663
無住詞　詞曲一　1487- 549
陳　著〔宋〕本堂集　別集三　1185- 1
陳　葵〔明〕仁端錄〔刪定〕　醫家　762- 571
陳　鼎〔清〕東林列傳　傳記三　458- 173
陳　壽〔晉〕三國志　正史　254- 1
陳夢雷〔清〕周易淺述　易類　43- 1
陳　寧〔明〕洪武正韻〔評定〕　小學三　239- 1
陳　榘〔宋〕北溪大全集〔編〕　別集三　1168- 501
陳維崧〔清〕陳檢討四六　別集六　1322- 1
陳　儀〔清〕直隸河渠志　地理四　579- 781
陳　模〔宋〕東宮備覽　儒家　709- 291
陳　櫄〔宋〕負暄野錄　雜家四　871- 31
陳　潢〔宋〕河防述言　地理四　579- 746
陳　澔〔元〕陳氏禮記集說　禮三　121- 679
陳　霆〔明〕渚山堂詞話　詞曲三　1494- 531
陳　樵〔元〕鹿皮子集　別集四　1216- 635
陳　選〔明〕御定小學集註〔集註〕　儒家　699- 521
陳龍正〔明〕高子遺書〔編〕　別集五　1292- 329
陳應芳〔明〕敬止集　地理四　577- 1
陳應潤〔元〕周易爻變易緼　易類　27- 1
陳懋仁〔明〕文章緣起〔註〕　詩文評　1478- 203
陳　濟〔清〕三魚堂賸言〔編〕　儒家　725- 561
陳　襄〔宋〕古靈集　別集二　1093- 497
陳繹曾〔元〕文說　詩文評　1482- 243
陳　謨(宋陳模之誤，見陳模)
陳　謨〔明〕海桑集　別集五　1232- 523
陳　贄〔明〕西湖百詠〔和韻〕　別集三　1189- 233
陳　鎰〔元〕午溪集　別集四　1215- 355
陳　鵠〔宋〕耆舊續聞　小說一　1039- 587
陳　櫟〔元〕書集傳纂疏　書類　61- 201
歷代通略　史評　688- 1
勤有堂隨錄　雜家三　866- 433
定宇集　別集四　1205- 151
陳　騤〔宋〕南宋館閣錄　職官一　595- 417
文則　詩文評　1480- 683
陳鵬年〔清〕御定分類字錦　類書　1005- 1 ～ 1007- 1
陳獻章〔明〕陳白沙集　別集五　1246- 1
陳　藻〔宋〕樂軒集　別集三　1152- 27
陳耀文〔明〕經典稽疑　經總義　184- 679
正楊　雜家二　856- 47
天中記　類書　965- 1 ～ 967- 1
花草粹編　詞曲二　1490- 113
陳　瓘〔宋〕了齋易說　易類　9- 413
陳　巖〔宋〕九華詩集　別集三　1189- 687
陳巖肖〔宋〕庚溪詩話　詩文評　1479- 53
陳顯微〔宋〕周易參同契解　道家　1058- 581
陳　籲〔元〕安雅堂集〔編〕　別集四　1213- 1

著者	朝代	書名	類別	冊-頁
陶弘景	〔梁〕	肘後備急方〔補〕	醫家	734- 365
		古今刀劍錄	譜錄一	840- 1
		眞誥	道家	1059- 313
陶　安	〔明〕	陶學士集	別集五	1225- 567
陶　成	〔清〕	江西通志〔編纂〕	地理三	513- 1 ≀ 518- 1
陶宏景 (見陶弘景)				
陶宗儀	〔明〕	古刻叢鈔〔編〕	目錄二	683- 1
		書史會要	藝術一	814- 645
		說郛〔編〕	雜家五	876- 1 ≀ 882- 1
		輟耕錄	小說一	1040- 409
		南邨詩集	別集五	1231- 575
陶　岳	〔宋〕	五代史補	雜史	407- 641
陶　凱	〔明〕	洪武正韻〔評定〕	小學三	239- 1
陶　弼	〔宋〕	邕州小集	別集二	1096- 393
陶　潛	〔晉〕	搜神後記	小說二	1042- 469
		陶淵明集	別集一	1063- 467
陶　穀	〔宋〕	清異錄	小說三	1047- 837
陸九淵	〔宋〕	象山集	別集三	1156- 237
		外集	別集三	1156- 500
		語錄	別集三	1156- 540
陸大業	〔明〕	晞髮集〔編〕	別集三	1188- 281
		晞髮遺集〔編〕	別集三	1188- 330
		遺集補〔編〕	別集三	1188- 343
陸元朗 (字德明，以字行，見陸德明)				
陸子虡	〔宋〕	劍南詩稾〔編〕	別集三	1162- 1 ≀ 1163- 1
陸　友	〔元〕	墨史	譜錄一	843- 655
		研北雜志	雜家三	866- 561
陸友仁(字輔之)	〔元〕			
		吳中舊事	地理八	590- 443
陸友仁 (元陸友字，見陸友)				
陸文圭	〔元〕	牆東類稿	別集四	1194- 527
陸世儀	〔清〕	思辨錄輯要	儒家	724- 1
陸　羽	〔唐〕	茶經	譜錄二	844- 609
陸　佃	〔宋〕	埤雅	小學一	222- 59
		鶡冠子〔解〕	雜家一	848- 199
		陶山集	別集二	1117- 55
陸希聲	〔唐〕	李元賓文編〔編〕	別集一	1078- 265
陸廷燦	〔清〕	續茶經	譜錄二	844- 661
陸宗楷	〔清〕	孟子注疏〔考證〕	四書	195- 1
		論語注疏〔考證〕	四書	195- 525
陸持之	〔宋〕	象山集〔編〕	別集三	1156- 1
陸　容	〔明〕	菽園雜記	小說一	1041- 231
陸時雍	〔明〕	古詩鏡	總集	1411- 1
		唐詩鏡	總集	1411- 303
陸　深	〔明〕	儼山外集	雜家六	885- 1
		儼山集	別集五	1268- 1
		續集	別集五	1268- 651
陸　淳	〔唐〕	春秋集傳纂例	春秋	146- 375
		春秋集傳微旨	春秋	146- 537
		春秋集傳辨疑	春秋	146- 595
陸善經	〔唐〕	古今同姓名錄〔續〕	類書	887- 1
陸　游	〔宋〕	入蜀記	傳記四	460- 875
		陸氏南唐書	載記	464- 383
		老學庵筆記	雜家三	865- 1
		劍南詩稾	別集三	1162- 1 ≀ 1163- 1
		渭南文集	別集三	1163- 307
		放翁逸稿	別集三	1163- 710
		放翁詩選前集	別集三	1163- 727
		後集	別集三	1163- 769
		別集	別集三	1163- 802
		放翁詞	詞曲一	1488- 223
陸曾禹	〔清〕	欽定康濟錄〔原撰〕	政書三	663- 223
陸　雲	〔晉〕	陸士龍集	別集一	1063- 389
陸　楫	〔明〕	古今說海〔編〕	雜家六	885- 225 ≀ 886- 1
陸　粲	〔明〕	左傳附註	春秋	167- 683
		春秋胡氏傳辨疑	春秋	167- 753
		陸子餘集	別集五	1274- 577
陸　賈	〔漢〕	新語	儒家	695- 369
陸廣微	〔唐〕	吳地記	地理七	587- 53
陸德明	〔唐〕	周易注疏〔音義〕	易類	7- 283
		尙書注疏〔音義〕	書類	54- 1
		毛詩注疏〔音義〕	詩類	69- 43
		毛詩注解傳述人(見毛詩注疏)	詩類	69- 112
		周禮注疏〔音義〕	禮一	90- 1
		儀禮注疏〔音義〕	禮二	102- 1
		禮記注疏〔音義〕	禮三	115- 1 ≀ 116- 1
		春秋左傳注疏〔音義〕	春秋	143- 1 ≀ 144- 1

著者	書名	類別	冊頁
	春秋三傳注解傳述人(見春秋左傳注疏)	春秋	143- 35
	春秋公羊傳注疏〔音義〕	春秋	145- 1
	春秋穀梁傳注疏〔音義〕	春秋	145- 535
	孝經注疏〔音義〕	孝經	182- 23
	經典釋文	經總義	182- 355
	論語注疏〔音義〕	四書	195- 525
	爾雅注疏〔音義〕	小學一	221- 1
陸　璣〔吳〕	毛詩草木鳥獸蟲魚疏	詩類	70- 1
	陸氏詩疏廣要	詩類	70- 23
陸錫熊〔清〕	欽定河源紀略	地理四	579- 1
陸龜蒙〔唐〕	小名錄	類書	892- 623
	笠澤藂書	別集一	1083- 229
	甫里集	別集一	1083- 279
	松陵集	總集	1332- 163
陸　績〔吳〕	陸氏易解	易類	7- 185
	京氏易傳〔注〕	術數四	808- 439
陸　贄〔唐〕	翰苑集	別集一	1072- 565
陸　翽〔晉〕	鄴中記	載記	463- 305
陸隴其〔清〕	讀禮志疑	禮四	129- 475
	四書講義困勉錄	四書	209- 1
	松陽講義	四書	209- 839
	讀朱隨筆	儒家	725- 477
	三魚堂賸言	儒家	725- 561
	松陽抄存	儒家	725- 627
	三魚堂文集	別集六	1325- 1
	外集	別集六	1325- 194
陸　氏(明溫璜母)	溫氏母訓〔訓〕	儒家	717- 521

十 二 畫

著者	書名	類別	冊頁
傅　元(見傅玄)			
傅王露〔清〕	西湖志纂	地理六	586- 337
傅以漸〔清〕	易經通注〔奉敕〕	易類	37- 1
	御定內則衍義〔奉敕纂〕	儒家	719- 347
傅　玄〔晉〕	傅子	儒家	696- 503
傅伯壽〔宋〕	忠肅集〔編〕	別集二	1124- 695
傅　肱〔宋〕	蟹譜	譜錄三	847- 689
傅　恆〔清〕	御纂周易述義〔奉敕〕	易類	38- 595
	御纂詩義折中〔奉敕〕	詩類	84- 1
	御纂春秋直解〔奉敕〕	春秋	174- 1
	御製增訂清文鑑〔奉敕〕	小學二	232- 1 ～ 233- 1
	欽定西域同文志〔奉敕〕	小學二	235- 1
	欽定同文韻統〔奉敕〕	小學三	240- 359
	御批歷代通鑑輯覽〔奉敕〕	編年	335- 1 ～ 339- 1
	平定準噶爾方略〔奉敕〕	紀事	357- 1 ～ 359- 1
	前編	紀事	357- 1
	正編	紀事	358- 1 ～ 359- 1
	續編	紀事	359- 506
	欽定皇輿西域圖志〔奉敕〕	地理三	500- 1
	皇清職貢圖〔奉敕〕	地理十	594- 395
	欽定南巡盛典〔合編〕	政書二	658- 1 ～ 659- 1
傅若金〔元〕	傅與礪詩文集	別集四	1213- 181
傅　寅〔宋〕	禹貢說斷	書類	57- 1
傅崧卿〔宋〕	夏小正戴氏傳〔注〕	禮三	128- 541
傅　習〔元〕	元風雅〔編〕	總集	1368- 1
傅　察〔宋〕	忠肅集	別集二	1124- 695
傅　遜〔明〕	春秋左傳屬事	春秋	169- 491
傅澤洪〔清〕	行水金鑑	地理四	580- 1 ～ 582- 1
善住(釋)〔元〕	谷響集	別集四	1195- 659
喇沙里〔清〕	日講四書解義〔奉敕〕	四書	208- 1
喻良能〔宋〕	香山集	別集三	1151- 639
喻　昌〔清〕	尙論篇	醫家	783- 1
	後篇	醫家	783- 146
	醫門法律	醫家	783- 271
	寓意草	醫家	783- 604
喬　萊〔清〕	易俟	易類	42- 1
單　鍔〔宋〕	吳中水利書	地理四	576- 1
富大用〔元〕	古今事文類聚新集	類書	928- 1
	外集	類書	929- 1
	(?)遺集	類書	929- 328
富珠哩文靖公(見富珠哩翀)			
富珠哩翀(元孛朮魯翀之新譯，見孛朮魯翀)			

著者	書名	類別	冊-頁
寒山(釋)〔唐〕	寒山詩集	別集一	1065- 29
寒山子 (見寒山)			
屠文漪〔清〕	九章錄要	天算二	802- 859
屠本畯〔明〕	閩中海錯疏	地理八	590- 499
嵇永仁〔清〕	抱犢山房集	別集六	1319- 199
嵇　含〔晉〕	南方草木狀	地理八	589- 1
嵇　康〔魏〕	嵇中散集	別集一	1063- 329
嵇曾筠〔清〕	浙江通志〔監修〕	地理三	519- 1 ～ 526- 1
	抱犢山房集〔編〕	別集六	1319- 199
嵇　璜〔清〕	欽定續通志〔奉敕〕	別史	392- 1 ～ 401- 1
	欽定續文獻通考〔奉敕〕	政書一	626- 1 ～ 631- 1
	欽定續通典〔奉敕〕	政書一	639- 1 ～ 641- 1
庾季才〔北周〕	靈臺祕苑	術數二	807- 1
庾肩吾〔梁〕	書品	藝術一	812- 7
庾　信〔北周〕	庾開府集箋註	別集一	1064- 1
	庾子山集	別集一	1064- 297
强　至 (見強至)			
彭大翼〔明〕	山堂肆考	類書	974- 1 ～ 978- 1
彭元瑞〔清〕	御製文三集〔奉敕編〕	別集六	1301- 563
	御製文餘集〔奉敕編〕	別集六	1301- 684
彭仲剛〔宋〕	琴堂諭俗編〔續〕	雜家三	865- 221
彭汝礪〔宋〕	鄱陽集	別集二	1101- 173
彭百川〔宋〕	太平治迹統類	雜史	408- 1
彭叔夏〔宋〕	文苑英華辨證	總集	1342- 733
彭　乘〔宋〕	墨客揮犀	小說一	1037- 673
彭孫遹〔清〕	松桂堂全集	別集六	1317- 1
	延露詞(見松桂堂全集)	別集六	1317- 305
	南淮集(見松桂堂全集)	別集六	1317- 342
彭　韶〔明〕	彭惠安集	別集五	1247- 1
彭　曉〔後蜀〕	周易參同契通眞義	道家	1058- 509
彭龜年〔宋〕	止堂集	別集三	1155- 759
惠士奇〔清〕	惠氏易說	易類	47- 675
	禮說	禮一	101- 387
	惠氏春秋說	春秋	178- 627
惠周惕〔清〕	詩說	詩類	87- 1
惠洪(釋)〔宋〕	冷齋夜話	雜家三	863- 237
	禪林僧寶傳	釋家	1052- 639
	臨濟宗旨	釋家	1052- 784
	林間錄	釋家	1052- 791
	後錄	釋家	1052- 861
	石門文字禪	別集二	1116- 143
惠　棟〔清〕	增補鄭氏周易〔考補〕	易類	7- 147
	周易述	易類	52- 1
	易漢學	易類	52- 301
	易例	易類	52- 371
	惠氏春秋左傳補註	春秋	181- 119
	九經古義	經總義	191- 359
惠遠 (釋，同慧遠)〔南朝宋〕			
	廬山略記	地理六	585- 42
揚(或作楊)无咎〔宋〕			
	逃禪詞	詞曲一	1487- 637
揚　雄〔漢〕	輶軒使者絕代語釋別國方言	小學一	221- 281
	揚子法言	儒家	696- 269
	太玄經	術數一	803- 1
	揚子雲集	別集一	1063- 1
揭傒斯〔元〕	文安集	別集四	1208- 149
普濟(釋)〔宋〕	五燈會元	釋家	1053- 1
景　星〔元〕	大學中庸集說啓蒙	四書	204- 961
	大學集說啓蒙	四書	204- 964
	中庸集說啓蒙	四書	204-1007
智昇(釋)〔唐〕	開元釋教錄	釋家	1051- 1
曾文辿〔唐〕	青囊序	術數三	808- 83
曾公亮〔宋〕	武經總要〔奉敕〕	兵家	726- 235
	前集	兵家	726- 235
	後集	兵家	726- 583
曾　丰〔宋〕	緣督集	別集三	1156- 1
曾宏父〔宋〕	石刻鋪敘	目錄二	682- 37
曾　協〔宋〕	雲莊集	別集三	1140- 225
曾　恬〔宋〕	上蔡語錄〔錄〕	儒家	698- 565
曾　益〔明〕	溫飛卿詩集箋注〔注〕	別集一	1082- 447
曾敏行〔宋〕	獨醒雜志	小說一	1039- 523
曾　貫〔元〕	易學變通	易類	26- 1
曾　幾〔宋〕	茶山集	別集三	1136- 473
曾　極〔宋〕	金陵百詠	別集三	1164- 1
曾　慥〔宋〕	類說	雜家五	873- 1
	高齋漫錄	小說一	1038- 313
	樂府雅詞	詞曲二	1489- 167
曾　肇〔宋〕	曲阜集	別集二	1101- 325
曾　鞏〔宋〕	隆平集	別史	371- 1
	元豐類藁	別集二	1098- 345
	南豐文鈔(見唐宋八大家文鈔)	總集	1384- 190

著者	朝代	書名	類別	冊-頁
曾　儼	〔清〕	曲阜集〔編〕	別集二	1101- 325
曾　覿	〔宋〕	海野詞	詞曲一	1488- 31
游九言	〔宋〕	默齋遺稿	別集三	1178- 365
游　酢	〔宋〕	游廌山集	別集二	1121- 627
游　藝	〔清〕	天經或問前集	天算一	793- 565
湛若水	〔明〕	春秋正傳	春秋	167- 37
		格物通	儒家	716- 1
		陳白沙集〔校定〕	別集五	1246- 1
湯允謨	〔元〕	雲煙過眼錄續錄	雜家四	871- 81
湯右曾	〔清〕	懷淸堂集	別集六	1325- 433
湯　垕	〔元〕	畫鑒	藝術一	814- 419
湯　悅	〔宋〕	太平廣記〔纂修〕	小說二	1043- 1 ～ 1046- 1
湯　斌	〔清〕	湯子遺書	別集六	1312- 421
湯　漢	〔宋〕	妙絕古今〔編〕	總集	1356- 783
湯　璹	〔宋〕	建炎德安守禦錄(見守城錄)	兵家	727- 191
焦延壽		(漢焦贛字，見焦贛)		
焦　竑	〔明〕	俗書刊誤	小學二	228- 539
		老子翼	道家	1055- 323
		考異	道家	1055- 436
		莊子翼	道家	1058- 1
焦袁熹	〔清〕	春秋闕如編	春秋	177- 739
		此木軒四書說	四書	210- 521
焦　贛	〔漢〕	焦氏易林	術數四	808- 269
盛世佐	〔清〕	儀禮集編	禮二	110- 1 ～ 111- 1
盛以進	〔明〕	四溟集〔訂補〕	別集五	1289- 605
盛如梓	〔元〕	庶齋老學叢談	雜家三	866- 513
盛熙明	〔元〕	法書考	藝術一	814- 477
稅與權	〔宋〕	易學啓蒙小傳	易類	19- 1
		附易學啓蒙古經傳	易類	19- 17
程大中	〔清〕	四書逸箋	四書	210- 657
程大昌	〔宋〕	易原	易類	12- 505
		禹貢論	書類	56- 53
		禹貢後論	書類	56- 108
		禹貢山川地理圖	書類	56- 117
		雍錄	地理七	587- 249
		攷古編	雜家二	852- 1
		演繁露	雜家二	852- 67
		演繁露續集	雜家二	852- 208
程　子		(明道，宋程顥之尊稱，見程顥)		
程　子		(伊川，宋程頤之尊稱，見程頤)		
程　川	〔清〕	朱子五經語類〔編〕	經總義	193- 1
程公許	〔宋〕	滄洲塵缶編	別集三	1176- 889
程公說	〔宋〕	春秋分記	春秋	154- 1
程文海		(元程鉅夫本名，見程鉅夫)		
程世京	〔元〕	雪樓集年譜	別集四	1202- 466
程　本	〔周〕	子華子	雜家一	848- 149
程本立	〔明〕	巽隱集	別集五	1236- 135
程廷祚	〔清〕	大易擇言	易類	52- 451
		春秋識小錄	春秋	181- 1
程　林	〔清〕	聖濟總錄纂要〔刪定〕	醫家	739- 1
程　長	〔明〕	貞白遺稿〔輯〕	別集五	1235- 725
程　垓	〔宋〕	書舟詞	詞曲一	1487- 195
程　珌	〔宋〕	洺水集	別集三	1171- 221
程　迥	〔宋〕	周易古占法	易類	12- 599
		周易章句外編	易類	12- 609
程　俱	〔宋〕	麟臺故事	職官一	595- 303
		北山集	別集三	1130- 1
程師恭	〔清〕	陳檢討四六〔註〕	別集六	1322- 1
程敏政	〔明〕	古穰集〔編〕	別集五	1244- 481
		篁墩文集	別集五	1252- 1 ～ 1253- 1
		明文衡〔編〕	總集	1373- 483 ～ 1374- 1
		新安文獻志〔編〕	總集	1375- 1 ～ 1376- 1
程　通	〔明〕	貞白遺稿	別集五	1235- 725
程　雄	〔清〕	松風閣琴譜	藝術二	839- 139
		抒懷操	藝術二	839- 164
程道生	〔明〕	遁甲演義	術數六	810- 921
程遇孫	〔宋〕	成都文類〔編〕	總集	1354- 291
程鉅夫	〔元〕	雪樓集	別集四	1202- 1
程端學	〔元〕	春秋本義	春秋	160- 1
		程氏春秋或問	春秋	160- 519
		三傳辨疑	春秋	161- 1
		積齋集	別集四	1212- 311
程端禮	〔元〕	讀書分年日程	儒家	709- 457
		畏齋集	別集四	1198- 609
程　頤	〔宋〕	伊川易傳	易類	9- 155
		程氏經說	經總義	183- 45
		二程遺書	儒家	698- 1
		二程外書	儒家	698- 281
		二程粹言	儒家	698- 355
		二程文集	總集	1345- 585
程　顥	〔宋〕	二程遺書	儒家	698- 1
		二程外書	儒家	698- 281

著者	朝代	書名	類別	冊-頁
		二程粹言	儒家	698-355
		二程文集	總集	1345-585
童宗說	〔宋〕	柳河東集注〔注釋〕	別集一	1076-469
童　佩	〔明〕	盈川集〔輯編〕	別集一	1065-187
童　品	〔明〕	春秋經傳辨疑	春秋	167-1
童　軒	〔明〕	清風亭稿	別集五	1247-101
童　冀	〔明〕	尙絅齋集	別集五	1229-563
舒天民	〔元〕	六藝綱目	小學三	242-581
舒岳祥	〔宋〕	閬風集	別集三	1187-323
舒　恭	〔元〕	六藝綱目〔注〕	小學三	242-581
舒赫德	〔清〕	欽定剿捕臨清逆匪紀略〔奉敕〕	紀事	362-1
		欽定勝朝殉節諸臣錄〔奉敕〕	傳記三	456-393
舒　頔	〔元〕	貞素齋集	別集四	1217-547
舒　璘	〔宋〕	舒文靖集	別集三	1157-507
華汝德	〔明〕	石田詩選〔編〕	別集五	1249-559
華　岳	〔宋〕	翠微南征錄	別集三	1176-625
華　鎭	〔宋〕	雲溪居士集	別集二	1119-339
費士威	〔宋〕	成都文類〔編〕	總集	1354-291
費　袞	〔宋〕	梁谿漫志	雜家三	864-691
費　著	〔元〕	歲華紀麗譜	地理八	590-433
		牋紙譜	地理八	590-438
		蜀錦譜	地理八	590-440
費　樞	〔宋〕	廉吏傳	傳記三	448-283
費　□	(後蜀孟昶妃，見花蘂夫人)			
賀士諮	〔明〕	醫閭集〔編〕	別集五	1254-625
賀　欽	〔明〕	醫閭集	別集五	1254-625
賀復徵	〔明〕	文章辨體彙選〔編〕	總集	1402-1 ~ 1410-1
賀　鑄	〔宋〕	慶湖遺老詩集	別集二	1122-193
逯中立	〔明〕	周易劄記	易類	34-1
		兩垣奏議	奏議	430-249
都　絜	〔宋〕	易變體義	易類	11-627
都　穆	〔明〕	金薤琳琅	目錄二	683-223
		寓意編	藝術一	814-635
		王常宗集〔編〕	別集五	1229-385
鄂爾泰	〔清〕	日講禮記解義〔奉敕編〕	禮三	123-1
		雲南通志〔監修〕	地理三	569-1 ~ 570-1
		貴州通志〔監修〕	地理三	571-1 ~ 572-1
		詞林典故〔奉敕〕	職官一	599-421
		欽定授時通考〔奉敕〕	農家	732-1
陽　枋	〔宋〕	字溪集	別集三	1183-253
陽瑪諾	〔明西洋〕	天問略	天算一	787-851
項于汴	〔明〕	宣爐博論(見宣德鼎彝譜)	譜錄一	840-1066
項安世	〔宋〕	周易玩辭	易類	14-215
		項氏家說	儒家	706-471
項夢昶	〔清〕	山村遺集〔編〕	別集四	1198-63
項　穆	〔明〕	書法雅言	藝術一	816-243
項篤壽	〔明〕	今獻備遺	傳記三	453-503
項　霦	〔明〕	孝經述註	孝經	182-141
馮子振	〔元〕	梅花百詠	總集	1366-559
馮　山	〔宋〕	安岳集	別集二	1098-289
馮　武	〔清〕	書法正傳	藝術一	826-321
		鈍吟雜錄〔輯編〕	雜家六	886-511
馮時可	〔明〕	左氏釋	春秋	169-953
		雨航雜錄	雜家三	867-327
馮時行	〔宋〕	縉雲文集	別集三	1138-825
馮　班	〔清〕	鈍吟雜錄	雜家六	886-511
馮從吾	〔明〕	元儒考略	傳記三	453-763
		少墟集	別集五	1293-1
馮惟訥	〔明〕	古詩紀	總集	1379-1 ~ 1380-1
馮翊子	〔唐〕	桂苑叢談	小說二	1042-649
馮　景	〔清〕	蘇詩續補遺(見施註蘇詩)〔補註〕	別集二	1110-696
馮　椅	〔宋〕	厚齋易學	易類	16-1
		易輯注	易類	16-5
		易輯傳	易類	16-69
		易外傳	易類	16-593
馮　琦	〔明〕	宋史紀事本末〔原編〕	紀事	353-1
		經濟類編〔編〕	類書	960-1 ~ 963-1
		淡然軒集〔編〕	別集五	1291-765
		海岱會集〔輯編〕	總集	1377-1
馮　舒	〔清〕	詩紀匡謬	總集	1380-703
馮　甦	〔清〕	滇考	紀事	364-1
馮復京	(元馮福京之誤，見馮福京)			
馮復京	〔明〕	六家詩名物疏	詩類	80-1
馮　瑗	〔明〕	經濟類編〔編〕	類書	960-1 ~ 963-1
馮　裕	〔明〕	海岱會集	總集	1377-1
馮福京	〔元〕	昌國州圖志	地理三	491-267
馮　贄	〔唐〕	雲仙雜記	小說一	1035-641
馮繼先	〔後蜀〕	春秋名號歸一圖	春秋	146-685
黃大輿	〔宋〕	梅苑	詞曲二	1489-97

著者	朝代	書名	類	冊-頁
黃中松	〔清〕	詩疑辨證	詩類	88- 211
黃之雋	〔清〕	江南通志〔編纂〕	地理三	507- 1 ～ 512- 1
		香屑集	別集六	1327- 375
黃　元	〔明〕	黃博士集(見閩中十子詩)	總集	1372- 437
黃公度	〔宋〕	知稼翁集	別集三	1139- 541
		知稼翁詞	詞曲一	1488- 245
黃公紹	〔宋〕	古今韻會舉要	小學三	238- 357
		在軒集	別集三	1189- 629
黃　生	〔清〕	字詁	小學一	222- 549
		義府	雜家二	858- 295
黃石公(?)	〔秦〕	黃石公三略	兵家	726- 89
		黃石公素書	兵家	726- 127
黃仲元	〔宋〕	四如講稿	經總義	183- 737
		四如集	別集三	1188- 591
黃仲炎	〔宋〕	春秋通說	春秋	156- 289
黃仲昭	〔明〕	未軒文集	別集五	1254- 367
黃休復	〔宋〕	益州名畫錄	藝術一	812- 477
		茅亭客話	小說二	1042- 915
黃百家	〔清〕	句股矩測解原	天算二	802- 679
黃伯思	〔宋〕	法帖刊誤	目錄二	681- 377
		東觀餘論	雜家二	850- 301
黃　佐	〔明〕	泰泉鄉禮	禮六	142- 591
		殿閣詞林記	傳記三	452- 121
		翰林記	職官一	596- 859
		泰泉集	別集五	1273- 299
黃　希	〔宋〕	補注杜詩〔原注〕	別集一	1069- 1
黃廷桂	〔清〕	四川通志〔監修〕	地理三	559- 1 ～ 561- 1
黃叔琳	〔清〕	湛園集〔編〕	別集六	1323- 593
		文心雕龍輯註	詩文評	1478- 71
黃叔璥	〔清〕	臺海使槎錄	地理八	592- 861
黃宗炎	〔清〕	周易象辭	易類	40- 155
		周易尋門餘論	易類	40- 678
		圖學辯惑	易類	40- 734
黃宗羲	〔清〕	易學象數論	易類	40- 1
		深衣考	禮三	127- 1
		孟子師說	四書	208- 831
		明儒學案	傳記三	457- 1
		明文海〔編〕	總集	1453- 1 ～ 1458- 1
		金石要例	詩文評	1483- 819
黃　庚	〔元〕	月屋漫稿	別集四	1193- 777
黃　昇	〔宋〕	散花菴詞	詞曲一	1488- 605
		花菴詞選	詞曲二	1489- 305
		續集	詞曲二	1489- 394
黃　玠	〔宋〕	演山集〔編〕	別集二	1120- 1
黃　玠	〔元〕	弁山小隱吟錄	別集四	1205- 1
黃　帝	(?)	宅經	術數三	808- 1
		陰符經解	道家	1055- 1
黃　度	〔宋〕	尙書說	書類	57- 467
黃彥平	〔宋〕	三餘集	別集三	1132- 757
黃省曾	〔明〕	申鑒〔註〕	儒家	696- 433
黃　衷	〔明〕	海語	地理十	594- 117
黃　倫	〔宋〕	尙書精義	書類	58- 141
黃　哲	〔明〕	雪篷詩選(見廣州四先生詩)	總集	1372- 2
黃庭堅	〔宋〕	山谷集	別集二	1113- 1
		內集	別集二	1113- 5
		外集	別集二	1113- 320
		別集	別集二	1113- 539
		詞	別集二	1113- 741
		簡尺	別集二	1113- 769
		年譜	別集二	1113- 819
		山谷內集詩注	別集二	1114- 1
		山谷外集詩注	別集二	1114- 235
		山谷別集詩注	別集二	1114- 481
		豫章文粹(見蘇門六君子文粹)	總集	1361- 235
		山谷詞	詞曲一	1487- 151
黃　訓	〔明〕	名臣經濟錄	奏議	443- 1 ～ 444- 1
黃　訥	〔宋〕	東觀餘論〔編〕	雜家二	850- 301
黃　庶	〔宋〕	伐檀集	別集二	1092- 761
黃　淮	〔明〕	歷代名臣奏議〔奉敕〕	奏議	433- 1 ～ 442- 1
		省愆集	別集五	1240- 433
黃淳耀	〔明〕	陶菴全集	別集五	1297- 621
黃　卿	〔明〕	海岱會集	總集	1377- 1
黃朝英	〔宋〕	靖康緗素雜記	雜家二	850- 385
黃　溍	〔元〕	日損齋筆記	雜家二	854- 697
		文獻集	別集四	1209- 215
黃　滔	〔唐〕	黃御史集	別集一	1084- 87
黃虞稷	〔清〕	千頃堂書目	目錄一	676- 1
黃道周	〔明〕	易象正	易類	35- 101
		洪範明義	書類	64- 797
		月令明義	禮三	122- 783
		表記集傳	禮三	122- 833

著者	書名	類別	冊頁
	春秋表記問業	禮三	122- 921
	坊記集傳	禮三	122- 927
	坊記春秋問業	禮三	122-1003
	緇衣集傳	禮三	122-1013
	儒行集傳	禮三	122-1119
	孝經集傳	孝經	182- 155
	榕壇問業	儒家	717- 271
	三易洞璣	術數一	806- 435
黃 榦〔宋〕	儀禮經傳通解續	禮五	131- 605 ～ 132- 1
	勉齋集	別集三	1168- 1
黃 裳〔宋〕	演山集	別集二	1120- 1
黃履翁〔宋〕	古今源流至論別集	類書	942- 509
黃 徹〔宋〕	䂬溪詩話	詩文評	1479- 215
	山谷別集(見山谷集)〔編〕	別集二	1113- 539
黃 㽦〔宋〕	山谷年譜	別集二	1113- 819
黃 震〔宋〕	古今紀要	別史	384- 1
	黃氏日抄	儒家	707- 1 ～ 708- 1
黃 儒〔宋〕	品茶要錄	譜錄二	844- 631
黃學準〔明〕	海語〔增注〕	地理十	594- 117
黃 機〔宋〕	竹齋詩餘	詞曲一	1488- 563
黃 澤〔元〕	易學濫觴	易類	24- 1
	春秋師說	春秋	164- 253
黃 諫〔明〕	亢倉子注〔音釋〕	道家	1059- 527
黃 櫄〔宋〕	毛詩李黃集解	詩類	71- 1
黃鎮成〔元〕	尚書通考	書類	62- 1
	秋聲集	別集四	1212- 523
黃 鶴〔宋〕	補注杜詩〔補注〕	別集一	1069- 1

十三畫

著者	書名	類別	冊頁
圓至(釋)〔元〕	牧潛集	別集四	1198- 107
愼 到〔周〕	愼子	雜家一	848- 193
楊一淸〔明〕	關中奏議	奏議	428- 1
楊于庭〔明〕	春秋質疑	春秋	169- 979
楊士弘〔元〕	唐音〔編〕	總集	1368- 173
楊士宏(見楊士弘)			
楊士奇〔明〕	歷代名臣奏議〔奉敕〕	奏議	433- 1 ～ 442- 1
	文淵閣書目〔編〕	目錄一	675- 111
	東里集	別集五	1238- 1 ～ 1239- 1
	文集	別集五	1238- 1
	詩集	別集五	1238- 300
	續集	別集五	1238- 370 ～ 1239- 1
	別集	別集五	1239- 579
楊士勛〔唐〕	春秋穀梁傳注疏〔疏〕	春秋	145- 535
楊士瀛〔宋〕	仁齋直指	醫家	744- 1
	仁齋傷寒類書	醫家	744- 570
楊允孚〔元〕	灤京雜咏	別集四	1219- 617
楊公遠〔元〕	野趣有聲畫	別集四	1193- 729
楊太后(宋寧宗后)	宮詞(見二家宮詞)	總集	1416- 710
楊弘道〔元〕	小亨集	別集四	1198- 159
楊 甲〔宋〕	六經圖	經總義	183- 137
楊用道〔金〕	肘後備急方〔補〕	醫家	734- 365
楊名時〔淸〕	周易劄記	易類	47- 209
	詩經劄記	詩類	87- 33
	四書劄記	四書	210- 483
楊汝明〔宋〕	成都文類〔編〕	總集	1354- 291
楊至質〔宋〕	勿齋集	別集三	1183- 473
楊伯嵒〔宋〕	九經補韻	小學三	237- 767
	六帖補	類書	948- 739
楊宏道(見楊弘道)			
楊延齡(楊彥齡之誤，見楊彥齡)			
楊廷和〔明〕	楊文忠三錄	奏議	428- 749
楊 侃〔宋〕	兩漢博聞	史鈔	461- 1
楊炎正〔宋〕	西樵語業	詞曲一	1488- 203
楊長孺〔宋〕	誠齋集〔編〕	別集三	1160- 1 ～ 1161- 1
楊冠卿〔宋〕	客亭類稿	別集三	1165- 427
楊 奐〔元〕	還山遺稿	別集四	1198- 219
楊彥齡〔宋〕	楊公筆錄	雜家三	863- 191
楊 炯〔唐〕	盈川集	別集一	1065- 187
楊 倞〔唐〕	荀子〔註〕	儒家	695- 115
楊 時〔宋〕	二程粹言〔編〕	儒家	698- 355
	龜山集	別集三	1125- 101
楊時喬〔明〕	馬政紀	政書四	663- 503
楊時偉〔明〕	諸葛忠武書〔編〕	傳記二	447- 127
楊 桓〔元〕	六書統	小學二	227- 1
楊 基〔明〕	眉菴集	別集五	1230- 329
楊寅秋〔明〕	臨皋文集	別集五	1291- 597

著者	書名	類別	冊-頁
楊 掄〔明〕	琴譜合璧	藝術二	839- 179
楊衒之〔後魏〕	洛陽伽藍記	地理七	587- 1
楊 傑〔宋〕	無爲集	別集二	1099- 679
楊 復〔宋〕	儀禮圖	禮二	104- 1
	儀禮旁通圖	禮二	104- 315
	儀禮經傳通解續	禮五	131- 605 ～ 132- 1
楊開基〔清〕	松陽鈔存〔編注〕	儒家	725- 627
楊開鼎〔清〕	宋史〔考證〕	正史	280- 1 ～ 288- 1
楊 愼〔明〕	奇字韻	小學二	228- 375
	古音駢字	小學二	228- 399
	古音叢目	小學三	239- 241
	古音獵要	小學三	239- 278
	古音餘	小學三	239- 294
	古音附錄	小學三	239- 323
	古音略例	小學三	239- 333
	轉注古音略	小學三	239- 349
	墨池瑣錄	藝術一	816- 1
	異魚圖贊	譜錄三	847- 733
	異魚圖贊箋〔原本〕	譜錄三	847- 751
	丹鉛餘錄	雜家二	855- 1
	丹鉛續錄	雜家二	855- 123
	丹鉛摘錄	雜家二	855- 226
	丹鉛總錄	雜家二	855- 325
	譚苑醍醐	雜家二	855- 671
	升菴集	別集五	1270- 1
	詩話補遺	詩文評	1482- 473
楊 瑀〔元〕	山居新話	小說一	1040- 343
楊筠松〔唐〕	撼龍經	術數三	808- 39
	疑龍經	術數三	808- 58
	葬法倒杖	術數三	808- 72
	青囊奧語	術數三	808- 89
	天玉經內傳	術數三	808- 91
	外編	術數三	808- 107
楊萬里〔宋〕	誠齋易傳	易類	14- 513
	誠齋集	別集三	1160- 1 ～ 1161- 1
	誠齋詩話	詩文評	1480- 725
楊 載〔元〕	楊仲弘集	別集四	1208- 1
楊道聲〔清〕	周易淺述圖	易類	43- 317
楊 榮〔明〕	文敏集	別集五	1240- 1
楊維楨〔元〕	東維子集	別集四	1221- 373
	鐵崖古樂府	別集四	1222- 1
	樂府補	別集四	1222- 79
	復古詩集	別集四	1222- 123
	麗則遺音	別集四	1222- 145
	劉彥昺集〔評〕	別集五	1229- 713
	可傳集〔刪定〕	別集五	1232- 361
楊齊賢〔宋〕	李太白集分類補註〔集註〕	別集一	1066- 437
楊 億〔宋〕	册府元龜〔奉敕〕	類書	902- 1 ～ 919- 1
	武夷新集	別集二	1086- 351
	西崑詶唱集〔編〕	總集	1344- 487
楊 翮〔元〕	佩玉齋類藁	別集四	1220- 49
楊應奎〔明〕	海岱會集	總集	1377- 1
楊 簡〔宋〕	楊氏易傳	易類	14- 1
	五誥解	書類	57- 601
	慈湖詩傳	詩類	73- 1
	先聖大訓	儒家	706- 585
	慈湖遺書	別集三	1156- 605
楊 爵〔明〕	周易辯錄	易類	31- 1
	楊忠介集	別集五	1276- 1
楊 巍〔明〕	存家詩稿	別集五	1285- 477
楊繼盛〔明〕	楊忠愍集	別集五	1278- 611
溫大雅〔唐〕	唐創業起居注	編年	303- 955
溫庭筠〔唐〕	溫飛卿詩集箋注	別集一	1082- 447
溫 純〔明〕	溫恭毅集	別集五	1288- 361
溫 達〔清〕	聖祖仁皇帝親征平定朔漠方略〔奉敕〕	紀事	354- 425 ～ 355- 1
溫 璜〔明〕	溫氏母訓〔述〕	儒家	717- 521
滑 壽〔元〕	難經本義〔注〕	醫家	733- 429
萬民英〔明〕	星學大成	術數五	809- 285
	三命通會	術數五	810- 1
萬尙烈〔明〕	章斗津先生行狀(見圖書編附)	類書	972- 850
萬承蒼〔清〕	宋書〔考證〕	正史	257- 1 ～ 258- 1
	南史〔考證〕	正史	265- 1
萬斯大〔清〕	儀禮商	禮二	108- 253
	學禮質疑	禮四	129- 425
萬斯同〔清〕	補歷代史表	別史	402- 1
	儒林宗派	傳記三	458- 519
	崑崙河源考	地理四	579- 317
	廟制圖考	政書二	662- 167
	萬氏石經考	目錄二	683- 853

著者	書名	類別	冊-頁
萬 經〔清〕	分隸偶存	目錄二	684- 447
萬 樹〔清〕	詞律	詞曲四	1496- 1
葉大慶〔宋〕	考古質疑	雜家二	853- 15
葉子奇〔明〕	太玄本旨	術數一	803- 107
	草木子	雜家三	866- 733
葉 山〔明〕	葉八白易傳	易類	32- 585
葉方藹〔清〕	日講書經解義〔奉敕編〕	書類	65- 1
	御定孝經衍義〔監修〕	儒家	718- 1 ～ 719- 1
	讀書齋偶存稿	別集六	1316- 745
葉廷珪（見葉庭珪）			
葉 酉〔清〕	春秋究遺	春秋	181- 347
	新唐書〔考證〕	正史	272- 1 ～ 276- 1
葉秉敬〔明〕	字孿	小學二	228- 587
葉 采〔宋〕	近思錄〔集解〕	儒家	699- 1
葉 封〔清〕	嵩陽石刻集記	目錄二	684- 97
葉春及〔明〕	石洞集	別集五	1286- 229
葉庭珪〔宋〕	海錄碎事	類書	921- 1
葉 時〔宋〕	禮經會元	禮一	92- 1
葉紹翁〔宋〕	四朝聞見錄	小說一	1039- 637
葉 盛〔明〕	水東日記	小說一	1041- 1
葉 森〔元〕	古今同姓名錄〔補〕	類書	887- 1
葉 棻〔宋〕	五百家播芳大全文粹	總集	1352- 1 ～ 1353- 1
葉隆禮〔宋〕	欽定重訂契丹國志	別史	383- 655
葉夢得〔宋〕	葉氏春秋傳	春秋	149- 1
	春秋考	春秋	149- 247
	春秋三傳讞	春秋	149- 495
	春秋左傳讞	春秋	149- 496
	春秋公羊傳讞	春秋	149- 645
	春秋穀梁傳讞	春秋	149- 744
	石林燕語	雜家三	863- 535
	避暑錄話	雜家三	863- 629
	巖下放言	雜家三	863- 721
	建康集	別集三	1129- 587
	石林詩話	詩文評	1478- 985
	石林詞	詞曲一	1487- 449
葉 適〔宋〕	習學記言	雜家一	849- 323
	水心集	別集三	1164- 33
葉 懋〔元〕	僅存詩（見鄱陽五家集）	總集	1476- 416
葉 顒〔元〕	樵雲獨唱	別集四	1219- 45
葉 蘭〔元〕	寓庵詩集（見鄱陽五家集）	總集	1476- 387
葉 □〔宋〕	愛日齋叢鈔	雜家二	854- 613
葛立方〔宋〕	韻語陽秋	詩文評	1479- 79
	歸愚詞	詞曲一	1488- 85
葛 昕〔明〕	集玉山房稿	別集五	1296- 379
葛長庚〔宋〕	道德寶章	道家	1055- 239
葛 洪〔晉〕	肘後備急方	醫家	734- 365
	西京雜記〔輯〕	小說一	1035- 29
	抱朴子內篇	道家	1059- 1
	外篇	道家	1059- 124
	神仙傳	道家	1059- 253
葛 洪〔宋〕	涉史隨筆	史評	686- 75
葛紹體〔宋〕	東山詩選	別集三	1175- 39
葛勝仲〔宋〕	丹陽集	別集三	1127- 397
	丹陽詞	詞曲一	1487- 467
葛萬里〔清〕	別號錄	類書	1034- 113
董 史（一作更，見董更）			
董仲舒〔漢〕	春秋繁露	春秋	181- 697
董守諭〔明〕	卦變考略	易類	35- 651
董 弅〔宋〕	嚴陵集〔編〕	總集	1348- 523
董 更（一作董史）〔宋〕			
	書錄	藝術一	814- 283
董 汲〔宋〕	脚氣治法總要	醫家	738- 417
	旅舍備要方	醫家	738- 439
董邦達〔清〕	欽定盤山志〔奉敕〕	地理六	586- 1
董其昌〔明〕	畫禪室隨筆	雜家三	867- 419
董 炳〔宋〕	傷寒病總論〔編〕	醫家	738- 575
董 紀〔明〕	西郊笑端集	別集五	1231- 721
董真卿〔元〕	周易會通	易類	26- 69
董 淳〔宋〕	太平廣記〔纂修〕	小說二	1043- 1 ～ 1046- 1
董 莽（一作弅，見董弅）			
董 逌〔宋〕	廣川書跋	藝術一	813- 329
	廣川畫跋	藝術一	813- 443
董斯張〔明〕	吳興備志	地理三	494- 251
	廣博物志	類書	980- 1 ～ 981- 1
董 越〔明〕	朝鮮賦	地理十	594- 105
董嗣杲〔宋〕	廬山集	別集三	1189- 167
	英溪集	別集三	1189- 221
	西湖百詠	別集三	1189- 233
董 楷〔宋〕	周易傳義附錄	易類	20- 1
董 煟〔宋〕	救荒活民書	政書三	662- 233
董 鼎〔元〕	尚書輯錄纂註	書類	61- 531

著者	書名	類別	冊頁
	孝經大義	孝經	182- 111
董　誥〔清〕	欽定授時通考〔補編耕織圖〕	農家	732- 1
	御製文二集〔奉敕編〕	別集六	1301- 271
	御製詩四集〔奉敕編〕	別集六	1307- 1 ～ 1308- 1
董　說〔明〕	七國考	政書一	618- 765
董衝進〔宋〕	唐書釋音(見新唐書)	正史	276- 530
董豐垣〔清〕	識小編	雜家二	861- 519
虞世南〔唐〕	北堂書鈔	類書	889- 1
虞　荔〔陳〕	鼎錄	譜錄一	840- 9
虞　堪〔明〕	道園遺稿〔編〕	別集四	1207- 707
	希澹園詩集	別集五	1233- 581
虞　集〔元〕	道園學古錄	別集四	1207- 1
	道園遺稿	別集四	1207- 707
虞　儔〔宋〕	尊白堂集	別集三	1154- 1
裘曰修〔清〕	欽定重刻淳化閣帖釋文〔敕校〕	目錄二	683- 559
裘萬頃〔宋〕	竹齋詩集	別集三	1169- 423
解　悅〔清〕	文毅集〔編〕	別集五	1236- 591
解　縉〔明〕	古今列女傳	傳記三	452- 37
	文毅集	別集五	1236- 591
解　蒙〔元〕	易精蘊大義	易類	25- 537
詹　初〔宋〕	寒松閣集	別集三	1179- 1
詹　烜〔元〕	東山趙先生汸行狀(見東山存稿)	別集四	1221- 365
詹道傳〔元〕	四書纂箋	四書	204- 1
	大學纂箋	四書	204- 2
	中庸纂箋	四書	204- 49
	論語纂箋	四書	204- 125
	孟子纂箋	四書	204- 302
賈公彥〔唐〕	周禮注疏〔疏〕	禮一	90- 1
	儀禮注疏〔疏〕	禮二	102- 1
賈昌朝〔宋〕	羣經音辨	小學一	222- 1
	集韻〔同修〕	小學三	236- 433
賈思勰〔後魏〕	齊民要術	農家	730- 1
賈　島〔唐〕	長江集	別集一	1078- 437
賈　誼〔漢〕	新書	儒家	695- 387
道世(釋)〔唐〕	法苑珠林	釋家	1049- 1 ～ 1050- 1
道宣(釋)〔唐〕	廣弘明集	釋家	1048- 219
道潛(釋)〔宋〕	參寥子集	別集二	1116- 1
道璨(釋)〔宋〕	柳塘外集	別集三	1186- 783
鄒一桂〔清〕	小山畫譜	藝術一	838- 701
鄒元標〔明〕	願學集	別集五	1294- 1
鄒孟達〔明〕	洪武正韻〔纂修〕	小學三	239- 1
鄒奕孝〔清〕	欽定詩經樂譜全書〔奉敕〕	樂類	219- 1
	附欽定樂律正俗	樂類	219- 918
鄒　浩〔宋〕	道鄉集	別集二	1121- 161
鄒　智〔明〕	立齋遺文	別集五	1259- 431
鄒　鉉〔元〕	壽親養老新書〔續編〕	醫家	738- 283
雷思齊〔宋〕	易圖通變	易類	21- 789
	易筮通變	易類	21- 821
雷　鋐〔清〕	讀書偶記	儒家	725- 661
靖道謨〔清〕	雲南通志〔編纂〕	地理三	569- 1 ～ 570- 1
	貴州通志〔編纂〕	地理三	571- 1 ～ 572- 1
靳　輔〔清〕	靳文襄奏疏	奏議	430- 451
	治河奏續書	地理四	579- 613

十四畫

著者	書名	類別	冊頁
僧祐(釋)〔梁〕	弘明集〔編〕	釋家	1048- 1
圖理琛(見覺羅圖理琛)			
廖行之〔宋〕	省齋集	別集三	1167- 271
廖　剛〔宋〕	高峯文集	別集三	1142- 303
廖道南〔明〕	殿閣詞林記	傳記三	452- 121
廖瑩中〔宋〕	東雅堂昌黎集註〔集註〕	別集一	1075- 1
	外集註	別集一	1075- 490
熊三拔〔明西洋〕	泰西水法	農家	731- 931
	表度說〔口譯〕	天算一	787- 807
	簡平儀說	天算一	787- 835
熊　方〔宋〕	補後漢書年表	正史	253- 735
熊　禾〔宋〕	勿軒集	別集三	1188- 761
熊　克〔宋〕	中興小紀	編年	313- 779
	宣和北苑貢茶錄〔繪圖〕	譜錄二	844- 635
熊良輔〔元〕	周易本義集成	易類	24- 577
熊孟秉〔宋〕	勿軒集〔編〕	別集三	1188- 761
熊　忠〔元〕	古今韻會舉要	小學三	238- 357

著者	朝代	書名	類別	册－頁
熊朋來	〔元〕	五經説	經總義	184－245
		瑟譜	樂類	212－49
熊剛大	〔宋〕	性理羣書句解〔註〕	儒家	709－91
熊節	〔宋〕	性理羣書句解〔編〕	儒家	709－91
熊過	〔明〕	周易象旨決錄	易類	31－421
		春秋明志錄	春秋	168－1
熊賜履	〔清〕	御纂朱子全書〔奉敕纂〕	儒家	720－1 ～ 721－1
熊蕃	〔宋〕	宣和北苑貢茶錄	譜錄二	844－635
甄鸞	〔北周〕	周髀算經〔重述〕	天算一	786－1
		數術記遺〔注〕	天算二	797－161
		五經算術	天算二	797－193
		夏侯陽算經〔注〕	天算二	797－227
		張丘建算經〔注〕	天算二	797－251
福隆安	〔清〕	皇朝禮器圖式〔校補〕	政書二	656－1
福臨	(清世祖)	御定孝經注〔御定〕	孝經	182－255
		世祖章皇帝聖訓	詔令	411－97
		御定人臣儆心錄	職官二	602－761
		御定資政要覽	儒家	717－531
		御定內則衍義〔御定〕	儒家	719－347
		御定道德經註〔註〕	道家	1055－445
管時敏	〔明〕	蚓竅集	別集五	1231－673
管仲	〔周〕	管子	法家	729－1
綦崇禮	〔宋〕	北海集	別集三	1134－521
綦煥	〔宋〕	范文正別集〔輯〕	別集二	1089－769
翟汝文	〔宋〕	忠惠集	別集三	1129－181
翟均廉	〔清〕	周易章句證異	易類	53－671
		海塘錄	地理四	583－317
翟思忠	〔元〕	魏鄭公諫續錄	傳記二	447－55
翟耆年	〔宋〕	籀史	目錄二	681－427
蒲道源	〔元〕	閑居叢稿	別集四	1210－567
蒲壽宬	〔宋〕	心泉學詩稿	別集三	1189－835
蒲機	〔元〕	閑居叢稿〔編〕	別集四	1210－567
蒲積中	〔宋〕	歲時雜詠〔編〕	總集	1348－207
裴孝源	〔唐〕	貞觀公私畫史	藝術一	812－17
裴松之	〔南朝宋〕	三國志〔注〕	正史	254－1
裴庭裕	〔唐〕	東觀奏記	雜史	407－609
裴駰	〔南朝宋〕	史記〔集解〕	正史	243－1 ～ 244－1
		史記集解	正史	245－1 ～ 246－1
趙一清	〔清〕	水經注釋	地理四	575－1
		水經注箋刊誤	地理四	575－706
趙士粲	〔宋〕	無爲集〔編〕	別集二	1099－679
趙子櫟	〔宋〕	杜工部年譜	傳記二	446－251
趙仁舉	〔元〕	絳守居園池記〔注〕	別集一	1078－555
趙介	〔明〕	臨清詩選(見廣州四先生詩)	總集	1372－30
趙公豫	〔宋〕	燕堂詩稿	別集三	1142－193
趙升	〔宋〕	朝野類要	雜家二	854－101
趙友欽	〔元〕	原本革象新書	天算一	786－221
		重修革象新書	天算一	786－273
趙文	〔元〕	青山集	別集四	1195－1
趙令畤	〔宋〕	侯鯖錄	小說一	1037－355
趙以夫	〔宋〕	易通	易類	17－797
趙弘恩	〔清〕	江南通志〔監修〕	地理三	507－1 ～ 512－1
趙必瑑	〔宋〕	覆瓿集	別集三	1187－275
趙如源	〔明〕	左傳杜林合注〔編〕	春秋	171－323
趙汝适	〔宋〕	諸蕃志	地理十	594－1
趙汝愚	〔宋〕	宋名臣奏議〔編〕	奏議	431－1 ～ 432－1
趙汝楳	〔宋〕	周易輯聞	易類	19－25
		易雅	易類	19－286
		筮宗	易類	19－317
趙汝礪	〔宋〕	宣和北苑貢茶別錄	譜錄二	844－647
趙汝騰	〔宋〕	庸齋集	別集三	1181－235
趙汝鐩	〔宋〕	野谷詩稿	別集三	1175－89
趙君卿	〔漢〕	周髀算經	天算一	786－1
趙均	〔明〕	金石林時地考	目錄二	683－417
趙完璧	〔明〕	海壑吟稿	別集五	1285－543
趙宏恩	(見趙弘恩)			
趙岐	〔漢〕	孟子注疏〔注〕	四書	195－1
趙希弁	〔宋〕	郡齋讀書志〔續輯〕	目錄一	674－153
		附志	目錄一	674－301
		後志〔編〕	目錄一	674－368
趙希鵠	〔宋〕	洞天清錄	雜家四	871－1
趙抃	〔宋〕	清獻集	別集二	1094－739
趙汸	〔元〕	周易文詮	易類	27－423
		春秋集傳	春秋	164－1
		春秋師說	春秋	164－253
		春秋左氏傳補註	春秋	164－327
		春秋金鎖匙	春秋	164－413
		春秋屬辭	春秋	164－441
		東山存稿	別集四	1221－159
趙佶	(宋徽宗)	宮詞(見二家宮詞)	總集	1416－691
趙孟堅	〔宋〕	彝齋文編	別集三	1181－305
趙孟頫	〔元〕	松雪齋集	別集四	1196－597
		外集	別集四	1196－745

著者	書名	類別	冊頁
趙宜中〔明〕	六藝綱目〔附注〕	小學三	242- 581
趙　昂〔宋〕	李元賓文外編	別集一	1078- 294
趙　昇	(見趙升)		
趙明誠〔宋〕	金石錄	目錄二	681- 147
趙　采〔元〕	周易程朱傳義折衷	易類	23- 1
趙秉文〔金〕	滏水集	別集四	1190- 55
趙長卿〔宋〕	惜香樂府	詞曲一	1488- 375
趙　信〔清〕	南宋襍事詩	總集	1476- 611
趙南星〔明〕	學庸正說	四書	207- 357
趙彥肅〔宋〕	復齋易說	易類	13- 681
趙彥端〔宋〕	介菴詞	詞曲一	1488- 61
趙彥衛〔宋〕	雲麓漫鈔	雜家三	864- 259
趙　昱〔清〕	南宋襍事詩	總集	1476- 570
趙　爽	(或作趙嬰，見趙君卿)		
趙師秀〔宋〕	清苑齋詩集	別集三	1171- 189
	眾妙集	總集	1356- 925
趙師使〔宋〕	坦菴詞	詞曲一	1487- 499
趙師庚〔宋〕	金漳蘭譜	譜錄三	845- 121
趙　崡〔明〕	石墨鐫華	目錄二	683- 445
趙執信〔清〕	因園集	別集六	1325- 301
	聲調譜	詩文評	1483- 903
	談龍錄	詩文評	1483- 923
趙光宧〔明〕	寒山帚談	藝術一	816- 263
趙崇祚〔後蜀〕	花間集〔編〕	詞曲二	1489- 1
趙崇絢〔宋〕	雞肋	類書	948- 731
趙善括〔宋〕	應齋雜著	別集三	1159- 1
趙善湘〔宋〕	洪範統一	書類	59- 647
趙善璙〔宋〕	自警編	雜家五	875- 203
趙善譽〔宋〕	趙氏易說	易類	14- 449
趙　悳〔宋〕	詩辨說(見詩經疑問附)	詩類	77- 566
趙景良〔元〕	忠義集〔編〕	總集	1366- 913
趙　湘〔宋〕	南陽集	別集二	1086- 303
趙琦美〔明〕	趙氏鐵網珊瑚〔編〕	藝術一	815- 263
趙順孫〔宋〕	四書纂疏	四書	201- 1
	大學纂疏	四書	201- 1
	中庸纂疏	四書	201- 77
	論語纂疏	四書	201- 200
	孟子纂疏	四書	201- 496
趙殿成〔清〕	王右丞集箋注〔箋注〕	別集一	1071- 1
趙　煜	(見趙曄)		
趙與旹〔宋〕	賓退錄	雜家二	853- 653
趙與虤〔宋〕	娛書堂詩話	詩文評	1481- 461
趙　鼎〔宋〕	忠正德文集	別集三	1128- 635
趙鼎臣〔宋〕	竹隱畸士集	別集二	1124- 113
趙構(宋高宗)	思陵翰墨志	藝術一	812- 427
趙撝謙〔明〕	六書本義	小學二	228- 285
	趙考古文集	別集五	1229- 653
趙緣督	(友欽號，見趙友欽)		
趙鄰幾〔宋〕	太平廣記〔纂修〕	小說二	1043- 1 ～ 1046- 1
趙　震〔宋〕	成都文類〔編〕	總集	1354- 291
趙　曄〔漢〕	吳越春秋	載記	463- 1
趙　璘〔唐〕	因話錄	小說一	1035- 469
趙　蕃〔宋〕	乾道稿	別集三	1155- 1
	淳熙稿	別集三	1155- 17
	章泉稿	別集三	1155- 332
趙　蕤〔唐〕	長短經	雜家一	849- 1
趙　壎〔明〕	洪武正韻〔纂修〕	小學三	239- 1
趙鵬飛〔宋〕	春秋經筌	春秋	157- 1
趙繼序〔清〕	周易圖書質疑	易類	53- 421
輔　廣〔宋〕	詩童子問	詩類	74- 271
齊己(釋)〔唐〕	白蓮集	別集一	1084- 327
齊召南〔清〕	尚書注疏〔考證〕	書類	54- 1
	禮記注疏〔考證〕	禮三	115- 1 ～ 116- 1
	春秋左傳注疏〔考證〕	春秋	143- 1 ～ 144- 1
	春秋公羊傳注疏〔考證〕	春秋	145- 1
	春秋穀梁傳注疏〔考證〕	春秋	145- 535
	前漢書〔考證〕	正史	249- 1 ～ 251- 1
	宋史〔考證〕	正史	280- 1 ～ 288- 1
	水道提綱	地理四	583- 1
齊　熙〔宋〕	朱子讀書法〔編〕	儒家	709- 351
齊履謙〔元〕	春秋諸國統紀	春秋	159- 865
齊德之〔元〕	外科精義	醫家	746- 799

十五畫

著者	書名	類別	冊頁
劉一止〔宋〕	溪集	別集三	1132- 1
劉一清〔元〕	錢塘遺事	雜史	408- 959
劉三吾〔明〕	書傳會選〔奉敕〕	書類	63- 1
劉大勤〔清〕	師友詩傳續錄〔編〕	詩文評	1483- 894

劉子元 (見劉子玄)
劉子玄 (唐劉知幾字，見劉知幾)
劉子翬〔宋〕屏山集 別集三 1134- 351
劉才邵〔宋〕檆溪居士集 別集三 1130- 403
劉仁本〔元〕羽庭集 別集四 1216- 1
劉允鵬〔明〕龍筋鳳髓判〔注〕 類書 889- 851
劉元高〔宋〕三劉家集〔編〕 總集 1345- 543
劉仔肩〔明〕雅頌正音〔編〕 總集 1370- 583
劉可書〔清〕范忠貞集〔編〕 別集六 1314- 1
劉玉汝〔元〕詩纘緒 詩類 77- 577
劉仲甫〔宋〕棋訣 藝術四 839-1009
劉　同〔明〕王忠文集〔編〕 別集五 1226- 1
劉　向〔漢〕古列女傳 傳記三 448- 1
說苑 儒家 696- 1
新序 儒家 696- 187
列仙傳 道家 1058- 487
劉　因〔元〕四書集義精要 四書 202- 149
靜修集 別集四 1198- 481
劉守眞 (金劉完素字，見劉完素)
劉　安〔漢〕淮南鴻烈解 雜家一 848- 505
劉安上〔宋〕給事集 別集二 1124- 1
劉安世〔宋〕盡言集 奏議 427- 183
元城語錄 雜家三 863- 353
劉安節〔宋〕劉左史集 別集二 1124- 57
劉有定〔元〕衍極〔註〕 藝術一 814- 441
劉次莊〔宋〕法帖釋文 目錄二 681- 395
劉克莊〔宋〕後村集 別集三 1180- 1
後村詩話 詩文評 1481- 301
劉　邵〔魏〕人物志 雜家一 848- 759
劉孝孫〔唐〕張丘建算經〔撰細草〕 天算二 797- 251
劉孝標〔梁〕世說新語〔注〕 小說一 1035- 29
劉完素〔金〕素問玄機原病式 醫家 744- 703
宣明方論 醫家 744- 745
傷寒直格方 醫家 744- 847
傷寒標本心法類萃 醫家 744- 904
劉延世〔宋〕孫公談圃〔編〕 小說一 1037- 95
劉廷璋〔明〕王常宗集補遺〔編〕 別集五 1229- 431
劉　良〔唐〕六臣註文選〔註〕 總集 1330- 1 ～ 1331- 1
劉辰翁〔宋〕班馬異同〔評〕 正史 251- 431
箋註評點李長吉歌詩〔評點〕 別集一 1078- 481
放翁詩選後集〔選〕 別集三 1163- 769
須溪集 別集三 1186- 401
須溪四景詩集 別集三 1186- 637
劉宗周〔明〕論語學案 四書 207- 505
劉子遺書 儒家 717- 99
聖學宗要 儒家 717- 100
學言 儒家 717- 121
人譜 儒家 717- 175
人譜類記 儒家 717- 186
劉蕺山集 別集五 1294- 301
劉岳申〔元〕申齋集 別集四 1204- 171
劉於義〔清〕陝西通志〔監修〕 地理三 551- 1 ～ 556- 1
劉　昌〔明〕中州名賢文表〔編〕 總集 1373- 1
劉昌詩〔宋〕蘆浦筆記 雜家二 852- 505
劉　炎〔宋〕邇言 儒家 703- 509
劉　牧〔宋〕易數鉤隱圖 易類 8- 125
遺論九事 易類 8- 160
劉　攽〔宋〕彭城集 別集二 1096- 1
中山詩話 詩文評 1478- 265
劉知幾〔唐〕史通 史評 685- 1
劉　祁〔元〕歸潛志 小說一 1040- 223
劉秉忠〔元〕藏春集 別集四 1191- 633
劉長卿〔唐〕劉隨州集 別集一 1072- 1
劉　弇〔宋〕龍雲集 別集二 1119- 63
劉　恂〔唐〕嶺表錄異 地理八 589- 79
劉　昫〔後晉〕舊唐書 正史 268- 1 ～ 271- 1
劉　昭〔梁〕後漢書〔注志〕 正史 252- 1 ～ 253- 1
劉　昞〔北魏〕人物志〔註〕 雜家一 848- 759
劉　珍〔漢〕東觀漢記 別史 370- 65
劉　炳〔明〕劉彥昺集 別集五 1229- 713
春雨軒集(見鄱陽五家集) 總集 1476- 429
劉　玶〔宋〕屏山集〔編〕 別集三 1134- 351
劉禹錫〔唐〕劉賓客嘉話錄 小說一 1035- 453
劉賓客文集 別集一 1077- 323
外集 別集一 1077- 517
劉　致〔元〕牧庵年譜(見牧庵集) 傳記三 1201- 770
劉　郁〔元〕西使記 別集四 460- 923
劉　宰〔宋〕漫塘集 別集三 1170- 275
劉　恕〔宋〕資治通鑑外紀目錄 編年 312- 527
資治通鑑外紀 編年 312- 655
三劉家集 總集 1345- 543
劉時舉〔宋〕續宋編年資治通鑑 編年 328- 873
劉　純〔明〕玉機微義〔續增〕 醫家 762- 1

著者	朝代	書名	類別	冊-頁
劉　荀	〔宋〕	明本釋	儒家	703- 159
劉　基	〔明〕	洪武正韻〔評定〕	小學三	239- 1
		靈棋經〔注〕	術數四	808- 197
		誠意伯文集	別集五	1225- 1
劉　寅	〔明〕	三略直解	兵家	726- 99
劉將孫	〔元〕	養吾齋集	別集四	1199- 1
劉崇遠	〔南唐〕	金華子雜編	小說一	1035- 823
劉　崧	(一作嵩，見劉嵩)			
劉敏中	〔元〕	平宋錄	雜史	408-1035
		中庵集	別集四	1206- 1
劉　晝	〔北齊〕	劉子	雜家一	848- 881
劉　梗	〔明〕	雲莊集〔編〕	別集三	1157- 331
劉淵甫	〔明〕	海岱會集	總集	1377- 1
劉清之	〔宋〕	戒子通錄	儒家	703- 1
劉　球	〔明〕	兩谿文集	別集五	1243- 403
劉　紹	〔元〕	劉紹詩(見元音遺響)	總集	1369- 730
劉　跂	〔宋〕	學易集	別集二	1121- 533
劉　傑	〔明〕	王忠文集〔編〕	別集五	1226- 1
劉　敞	〔宋〕	春秋權衡	春秋	147- 171
		劉氏春秋傳	春秋	147- 363
		劉氏春秋意林	春秋	147- 485
		春秋傳說例	春秋	147- 541
		公是七經小傳	經總義	183- 1
		公是弟子記	儒家	698- 439
		公是集	別集二	1095- 401
劉　渙	〔宋〕	三劉家集	總集	1345- 543
劉統勳	〔清〕	欽定皇輿西域圖志〔奉敕〕	地理三	500- 1
		大清律例〔續纂〕	政書五	672- 377 ～ 673- 1
		評鑑闡要〔編〕	史評	694- 417
		御覽經史講義〔奉敕編〕	儒家	722- 125 ～ 723- 1
劉　歆	〔漢〕	西京雜記	小說一	1035- 1
劉溫舒	〔宋〕	素問入式運氣論奧	醫家	738- 451
		黃帝內經素問遺篇	醫家	738- 499
劉嵩(一作崧)	〔明〕	槎翁詩集	別集五	1227- 205
劉敬叔	〔南朝宋〕	異苑	小說二	1042- 499
劉義慶	〔南朝宋〕	世說新語	小說一	1035- 29
劉　肅	〔唐〕	唐新語	小說一	1035- 287
劉　蛻	〔唐〕	文泉子集	別集一	1082- 619
劉裕鐸	〔清〕	御纂醫宗金鑑〔奉敕纂〕	醫家	780- 1 ～ 782- 1
劉　詵	〔元〕	桂隱文集	別集四	1195- 115
		桂隱詩集	別集四	1195- 213
劉　過	〔宋〕	龍洲集	別集三	1172- 1
		龍洲詞	詞曲一	1488- 433
劉道醇	〔宋〕	五代名畫補遺	藝術一	812- 433
		宋朝名畫評	藝術一	812- 445
劉　榛	〔清〕	亦玉堂稿〔輯〕	別集五	1288- 209
劉　蒙	〔宋〕	劉氏菊譜	譜錄三	845- 15
劉　熙	〔漢〕	釋名	小學一	221- 383
劉　勰	〔梁〕	文心雕龍	詩文評	1478- 1
劉　履	〔元〕	風雅翼〔編〕	總集	1370- 1
劉澄甫	〔明〕	海岱會集	總集	1377- 1
劉潤之	〔明〕	二皇甫集〔編〕	總集	1332- 281
劉　摯	〔宋〕	忠肅集	別集二	1099- 443
劉　瑾	〔元〕	詩傳通釋	詩類	76- 261
		律呂成書	樂類	212- 115
劉　璉	〔明〕	自怡集	別集五	1233- 335
劉學箕	〔宋〕	方是閒居士小稿	別集三	1176- 565
劉　錫	〔宋〕	開慶四明續志	地理三	487- 347
劉　璟	〔明〕	易齋集	別集五	1236- 209
劉　壎	〔元〕	隱居通義	雜家三	866- 19
		水雲村稾	別集四	1195- 335
		補史十忠詩(見忠義集)	總集	1366- 913
劉　徽	〔晉〕	九章算術〔注〕	天算二	797- 1
		海島算經	天算二	797- 173
劉應奎	〔元〕	蒙川遺稿〔編〕	別集三	1182- 639
劉應時	〔宋〕	頤菴居士集	別集三	1164- 17
劉　績	〔明〕	三禮圖	禮四	129- 285
		管子補注	法家	729- 275
劉義仲	〔宋〕	通鑑問疑	史評	686- 1
		三劉家集	總集	1345- 543
劉　黻	〔宋〕	蒙川遺稿	別集三	1182- 639
劉謹之	〔清〕	欽定盛京通志〔奉敕〕	地理三	501- 1 ～ 503- 1
劉　鶚	〔元〕	惟實集	別集四	1206- 295
劉　爚	〔宋〕	雲莊集	別集三	1157- 331
劉　鑑	〔元〕	經史正音切韻指南	小學三	238- 853
劉體仁	〔清〕	七頌堂識小錄	雜家四	872- 119
劉　麟	〔明〕	清惠集	別集五	1264- 315
劉麟瑞	〔元〕	昭忠逸詠(見忠義集)	總集	1366- 913
厲　鶚	〔清〕	遼史拾遺	正史	289- 737
		東城雜記	地理八	592- 985
		南宋院畫錄〔輯〕	藝術一	829- 541
		樊榭山房集	別集六	1328- 1
		續集	別集六	1328- 144
		南宋襍事詩	總集	1476- 593

著者	書名	類別	冊-頁
	宋詩紀事	詩文評	1484- 1 ～ 1485- 1
	絕妙好詞箋〔箋〕	詞曲二	1490- 1
墨　翟〔周〕	墨子	雜家一	848- 19
慕容彥逢〔宋〕	摛文堂集	別集二	1123- 297
慶老(釋)〔宋〕	補禪林僧寶傳	釋家	1052- 781
樂　史〔宋〕	太平寰宇記	地理二	469- 1 ～ 470- 1
樂雷發〔宋〕	雪磯叢稿	別集三	1182- 689
樂韶鳳〔明〕	洪武正韻〔奉敕〕	小學三	239- 1
樊宗師〔唐〕	絳守居園池記	別集一	1078- 555
樊　綽〔唐〕	蠻書	載記	464- 1
樓　昉〔宋〕	東漢詔令(見兩漢詔令)〔編〕	詔令	426-1062
	崇古文訣	總集	1354- 1
樓　鑰〔宋〕	攻媿集	別集三	1152- 1 ～ 1153- 1
歐几里得〔西洋〕	幾何原本	天算二	798- 563
歐大任〔明〕	百越先賢志	傳記三	453- 723
歐陽元(見歐陽玄)			
歐陽玄〔元〕	圭齋文集	別集四	1210- 1
歐陽守道〔宋〕	巽齋文集	別集三	1183- 501
歐陽忞〔宋〕	輿地廣記	地理二	471- 233
歐陽修〔宋〕	詩本義	詩類	70- 181
	鄭氏詩譜(見詩本義附)〔補亡〕	詩類	70- 301
	新唐書	正史	272- 1 ～ 276- 1
	新五代史	正史	279- 1
	崇文總目〔奉敕〕	目錄一	674- 1
	集古錄	目錄二	681- 1
	洛陽牡丹記	譜錄三	845- 1
	歸田錄	小說一	1036- 531
	文忠集	別集二	1102- 1 ～ 1103- 1
	歐陽文粹	別集二	1103- 643
	廬陵文鈔(見唐宋八大家文鈔)	總集	1383- 324
	廬陵史鈔(見唐宋八大家文鈔)	總集	1383- 680
	六一詩話	詩文評	1478- 247
	六一詞	詞曲一	1487- 21
歐陽鉞〔明〕	歐陽修撰事蹟(見歐陽修撰集)〔輯〕	別集三	1136- 416
歐陽詢〔唐〕	藝文類聚	類書	887- 137 ～ 888- 1
歐陽詹〔唐〕	歐陽行周文集	別集一	1078- 195
歐陽德隆〔宋〕	增修校正押韻釋疑	小學三	237- 587
歐陽澈〔宋〕	歐陽修撰集	別集三	1136- 333
潘士藻〔明〕	讀易述	易類	33- 1
潘之淙〔明〕	書法離鉤	藝術一	816- 335
潘天成〔清〕	鐵廬集	別集六	1323- 521
	外集	別集六	1323- 571
潘永因〔清〕	宋稗類鈔〔編〕	類書	1034- 215
潘自牧〔宋〕	記纂淵海	類書	930- 1 ～ 932- 1
潘希曾〔明〕	竹澗集	別集五	1266- 645
	奏議	別集五	1266- 755
潘良貴〔宋〕	默成文集	別集三	1133- 373
潘季馴〔明〕	潘司空奏疏	奏議	430- 1
	兩河經略	奏議	430- 189
	河防一覽	地理四	576- 137
潘昂霄〔元〕	金石例	詩文評	1482- 289
潘思榘〔清〕	周易淺釋	易類	51- 1
潘時選(見潘永因)			
潘　滋〔明〕	梅巖文集〔輯編〕	別集三	1188- 531
潘　閬〔宋〕	逍遙集	別集二	1085- 565
潘　緯〔宋〕	柳河東集注〔音義〕	別集一	1076- 469
潛說友〔宋〕	咸淳臨安志	地理三	490- 1
滕元發(宋滕甫字，見滕甫)			
滕安上〔元〕	東庵集	別集四	1199- 493
滕　甫〔宋〕	征南錄	傳記四	460- 827
滕　珙〔宋〕	經濟文衡〔編〕	儒家	704- 1
	前集	儒家	704- 1
	後集	儒家	704- 157
	續集	儒家	704- 315
穀梁赤〔周〕	春秋穀梁傳注疏	春秋	145- 535
練子寧〔明〕	中丞集	別集五	1235- 1
蔡　卞〔宋〕	毛詩名物解	詩類	70- 535
蔡元定〔宋〕	律呂新書	樂類	212- 1
	發微論	術數三	808- 189
蔡世遠〔清〕	二希堂文集	別集六	1325- 633
	古文雅正	總集	1476- 1
蔡正孫〔宋〕	詩林廣記	詩文評	1482- 1
	前集	詩文評	1482- 1
	後集	詩文評	1482- 105
蔡　伸〔宋〕	友古詞	詞曲一	1487- 405
蔡　沈〔宋〕	書經集傳	書類	58- 1
	洪範皇極內篇	術數一	805- 697

蔡 邕〔漢〕獨斷 雜家二 850- 75
蔡中郎集 別集一 1063- 137
蔡 淵〔宋〕周易卦爻經傳訓解 易類 18- 1
易象意言 易類 18- 107
蔡 清〔明〕易經蒙引 易類 29- 1
四書蒙引 四書 206- 1
虛齋集 別集五 1257- 755
蔡 絛〔宋〕鐵圍山叢談 小說一 1037- 551
蔡 戡〔宋〕定齋集 別集三 1157- 563
蔡 節〔宋〕論語集說 四書 200- 557
蔡夢弼〔宋〕草堂詩話 詩文評 1481- 519
蔡德晉〔清〕禮經本義 禮二 109- 499
蔡 模〔宋〕孟子集疏 四書 200- 383
蔡 襄〔宋〕茶錄 譜錄二 844- 627
荔枝譜 譜錄三 845- 153
端明集 別集二 1090- 337
蔣一彪〔明〕古文參同契集解 道家 1058- 811
蔣子正（蔣正子之誤，見蔣正子）
蔣正子〔元〕山房隨筆 小說一 1040- 331
蔣廷錫〔清〕尙書地理今釋 書類 68- 217
蔣悌生〔明〕五經蠡測 經總義 184- 433
蔣 偕〔唐〕李相國論事集〔編〕 傳記二 446- 209
蔣 堂〔宋〕春卿遺稿 別集二 1087- 339
蔣 捷〔宋〕竹山詞 詞曲一 1488- 543
蔣 冕〔明〕曹祠部集〔輯〕 別集一 1083- 127
曹唐詩〔輯〕 別集一 1083- 144
蔣 超〔清〕宋景濂未刻集〔編〕 別集五 1224- 563
蔣 溥〔清〕欽定音韻彙輯〔奉敕〕小學三 240- 449
欽定盤山志〔奉敕〕 地理六 586- 1
欽定康濟錄〔刪潤〕 政書三 663- 223
御覽經史講義〔奉敕纂〕儒家 722- 125 ～ 723- 1
欽定西淸古鑑〔奉敕〕譜錄一 841- 1 ～ 842- 1
欽定錢錄〔奉敕〕 譜錄一 844- 1
御製樂善堂全集定本〔奉敕重編〕 別集六 1300- 233
御製詩初集〔奉敕編〕別集六 1302- 1
御製詩二集〔奉敕編〕別集六 1303- 1 ～ 1304- 1
蔣維鈞〔清〕義門讀書記〔編〕 雜家二 860- 1
蔣赫德〔清〕御定孝經注〔纂〕 孝經 182- 255
蔣 鐄〔明〕春卿遺稿〔輯〕 別集二 1087- 339
蔣 驥（字赤霄）〔清〕
傳神祕要 藝術一 838- 741
蔣 驥（字涑塍）〔清〕
山帶閣註楚辭 楚辭 1062- 601
楚辭餘論 楚辭 1062- 723
楚辭說韻 楚辭 1062- 772
褚伯秀〔宋〕南華眞經義海纂微 道家 1057- 1
褚 峻〔清〕金石經眼錄〔摹圖〕 目錄二 684- 711
褚 澄〔南齊〕褚氏遺書 醫家 734- 541
褚藏言〔唐〕竇氏聯珠集〔編〕 總集 1332- 357
鄧文原〔元〕巴西集 別集四 1195- 507
鄧玉函〔明西洋〕奇器圖說 譜錄一 842- 407
鄧名世〔宋〕古今姓氏書辯證 類書 922- 1
鄧伯羔〔明〕藝彀 雜家二 856- 1
補 雜家二 856- 41
鄧忠臣〔宋〕同文館唱和詩 總集 1344- 523
鄧 析〔周〕鄧析子 法家 729- 553
鄧 牧〔宋〕洞霄圖志 地理七 587- 405
伯牙琴 別集三 1189- 501
鄧 深〔宋〕大隱居士詩集 別集三 1137- 755
鄧 雅〔元〕玉笥集 別集四 1222- 667
鄧 肅〔宋〕栟櫚集 別集三 1133- 257
鄧 椿〔宋〕畫繼 藝術一 813- 503
鄧 椿（椿年之誤，見鄧椿年）
鄧椿年〔宋〕古今姓氏書辯證〔編〕 類書 922- 1
鄭小同〔魏〕鄭志 經總義 182- 325
鄭 元（見鄭玄）
鄭元祐〔元〕遂昌雜錄 小說一 1040- 379
僑吳集 別集四 1216- 421
鄭元慶〔清〕石柱記箋釋 地理七 588- 433
鄭文康〔明〕平橋藁 別集五 1246- 521
鄭文寶〔宋〕江表志 載記 464- 131
南唐近事 小說一 1035- 927
鄭方坤〔清〕經稗 經總義 191- 503
全閩詩話 詩文評 1486- 1
五代詩話 詩文評 1486- 453
鄭 玄（字康成）〔漢〕
周易鄭康成注 易類 7- 129
增補鄭氏周易 易類 7- 147
易緯八種
乾坤鑿度〔註〕 易類 53- 821
易緯稽覽圖〔註〕 易類 53- 840
易緯辨終備〔註〕 易類 53- 864
周易乾鑿度〔註〕 易類 53- 866
易緯通卦驗〔註〕 易類 53- 884
易緯乾元序制記〔註〕易類 53- 899
易緯是類謀〔註〕 易類 53- 903

著者	書名	類別	冊頁
	易緯坤靈圖	易類	53- 909
	尚書大傳〔註〕	書類	68- 385
	毛詩注疏〔箋〕	詩類	69- 43
	毛詩譜(見毛詩注疏)	詩類	69- 48
	鄭氏詩譜(見詩本義)	詩類	70- 301
	周禮注疏〔注〕	禮一	90- 1
	儀禮注疏〔注〕	禮二	102- 1
	禮記注疏〔注〕	禮三	115- 1 ~ 116- 1
	箴膏肓	春秋	145- 863
	起廢疾	春秋	145- 869
	發墨守	春秋	145- 876
	駁五經異義	經總義	182- 295
	鄭志	經總義	182- 325
鄭　玉〔元〕	春秋闕疑	春秋	163- 1
	師山集	別集四	1217- 1
	師山遺文	別集四	1217- 67
鄭玉道〔宋〕	琴堂諭俗編	雜家三	865- 221
鄭汝諧〔宋〕	易翼傳	易類	18- 303
	論語意原	四書	199- 111
鄭伯謙〔宋〕	太平經國書	禮一	92- 185
鄭　克〔宋〕	折獄龜鑑	法家	729- 861
鄭　谷〔唐〕	雲臺編	別集一	1083- 449
鄭良嗣〔宋〕	北山集〔編〕	別集三	1138- 1
鄭宗顏〔宋〕	考工記解(見周官新義)〔輯〕	禮一	91- 176
鄭　定〔明〕	鄭博士集(見閩中十子詩)	總集	1372- 361
鄭居中〔宋〕	政和五禮新儀〔奉敕〕	政書二	647- 1
鄭　岳〔明〕	艾軒集〔編〕	別集三	1142- 551
	山齋文集	別集五	1263- 1
鄭　杓〔元〕	衍極	藝術一	814- 441
鄭虎臣〔宋〕	吳都文粹〔編〕	總集	1358- 589
鄭　俠〔宋〕	西塘集	別集二	1117- 361
鄭　炫〔明〕	山齋文集〔編〕	別集五	1263- 1
鄭　紀〔明〕	東園文集	別集五	1249- 729
鄭若曾〔明〕	鄭開陽雜著	地理五	584- 443
	江南經略	兵家	728- 1
鄭剛中〔宋〕	周易窺餘	易類	11- 395
	北山集	別集三	1138- 1
鄭　瑤〔宋〕	景定嚴州續志	地理三	487- 523
鄭　眞〔明〕	四明文獻集〔輯〕	別集三	1187- 181
	滎陽外史集	別集五	1234- 1
鄭康成(漢鄭玄字，見鄭玄)			
鄭清之〔宋〕	安晚堂集	別集三	1176- 845
鄭處晦(誨之誤，見鄭處誨)			
鄭處誨〔唐〕	明皇雜錄	小說一	1035- 507
鄭善夫〔明〕	少谷集	別集五	1269- 1
鄭　棨(唐鄭綮之誤，見鄭綮)			
鄭　瑗〔明〕	井觀瑣言	雜家三	867- 233
鄭　戩〔宋〕	集韻〔同修〕	小學三	236- 433
鄭　瑤(宋鄭瑤之訛，見鄭瑤)			
鄭　綮〔唐〕	開天傳信記	小說二	1042- 839
鄭　潛〔明〕	樗菴類藁	別集五	1232- 93
鄭　獬〔宋〕	鄖溪集	別集二	1097- 109
鄭　樵〔宋〕	(?)六經奧論	經總義	184- 1
	爾雅註	小學一	221- 237
	通志	別史	372- 1 ~ 381- 1
	夾漈遺稿	別集三	1141- 505
鄭興裔〔宋〕	鄭忠肅奏議遺集	別集三	1140- 189
鄭還古(谷神子)〔唐〕			
	博異記	小說二	1042- 585
魯明善〔元〕	農桑衣食撮要	農家	730- 291
魯　貞〔元〕	桐山老農集	別集四	1219- 123
魯　訔〔宋〕	杜工部詩年譜	傳記二	446- 259
魯曾煜〔清〕	廣東通志〔編纂〕	地理三	562- 1 ~ 564- 1
黎民表〔明〕	瑤石山人稿	別集五	1277- 1
黎立武〔宋〕	中庸指歸	四書	200- 713
	中庸分章	四書	200- 721
	大學發微	四書	200- 737
	大學本旨	四書	200- 740
黎廷瑞〔宋〕	芳洲集(見鄱陽五家集)	總集	1476- 268
黎　崱〔元〕	安南志略	載記	464- 591
黎靖德〔宋〕	朱子語類〔編〕	儒家	700- 1 ~ 702- 1
黎　諒〔明〕	水心集〔編〕	別集三	1164- 33

十 六 畫

著者	書名	類別	冊頁
曇瑩(釋)〔宋〕	珞琭子賦注	術數五	809- 105
曉瑩(釋)〔宋〕	羅湖野錄	釋家	1052- 873
獨孤及〔唐〕	毘陵集	別集一	1072- 159
盧之頤〔明〕	痎瘧論疏	醫家	779- 63

著者	朝代	書名	類別	冊-頁
		本草乘雅半偈	醫家	779- 97
盧 柟	〔明〕	蠛蠓集	別集五	1289- 755
盧祖皐	〔宋〕	蒲江詞	詞曲一	1488- 253
盧 琦	〔元〕	圭峯集	別集四	1214- 687
盧象昇	〔明〕	忠肅集	別集五	1296- 589
盧照鄰	〔唐〕	盧昇之集	別集一	1065- 293
盧 辯	〔北周〕	大戴禮記	禮三	128- 399
穆尼閣	〔清西洋〕	天步眞原	天算一	793- 647
穆 修	〔宋〕	穆參軍集	別集二	1087- 1
		遺事	別集二	1087- 28
蕭士贇	〔元〕	李太白集分類補註〔補註〕	別集一	1066- 437
蕭子顯	〔梁〕	南齊書	正史	259- 1
蕭 洵	〔元〕	申齋集〔編〕	別集四	1204- 171
蕭 常	〔宋〕	蕭氏續後漢書	別史	384- 385
蕭 統	(梁昭明太子)			
		昭明太子集	別集一	1063- 647
		文選註〔編〕	總集	1329- 1
		六臣註文選〔編〕	總集	1330- 1 ~ 1331- 1
蕭雲從	〔清〕	欽定補繪蕭雲從離騷全圖〔原圖並注〕	楚辭	1062- 495
蕭 嵩	〔唐〕	大唐開元禮〔奉敕〕	政書二	646- 19
蕭 楚	〔宋〕	春秋辨疑	春秋	148- 107
蕭漢中	〔元〕	讀易考原	易類	25- 509
蕭 綺	〔梁〕	拾遺記〔輯編〕	小說二	1042- 311
蕭穎士	〔唐〕	蕭茂挺文集	別集一	1072- 317
蕭繹	(梁元帝)	金樓子	雜家一	848- 791
		古今同姓名錄	類書	887- 1
蕭 𣂏	〔元〕	勤齋集	別集四	1206- 377
衞元嵩	〔北周〕	元包經傳	術數一	803- 217
衞 宏	〔漢〕	漢官舊儀	政書二	646- 1
衞宗武	〔宋〕	秋聲集	別集三	1187- 627
衞 涇	〔宋〕	後樂集	別集三	1169- 463
衞 博	〔宋〕	定庵類稿	別集三	1152- 119
衞 湜	〔宋〕	禮記集說	禮三	117- 1 ~ 120- 1
諸 錦	〔清〕	補饗禮	禮二	109- 489
賴文俊	〔宋〕	催官篇	術數三	808- 153
賴 良	〔元〕	大雅集	總集	1369- 511
錢一本	〔明〕	像象管見	易類	33- 559
錢子正	〔明〕	綠苔軒集(見三華集)	總集	1372- 34
錢子義	〔明〕	種菊庵集(見三華集)	總集	1372- 87
錢元昌	〔清〕	廣西通志〔編纂〕	地理三	565- 1 ~ 568- 1
錢公善	〔明〕	三華集〔編〕	總集	1372- 33
錢文子	〔宋〕	補漢兵志	政書四	663- 481
錢世昭	〔宋〕	錢氏私志	小說一	1036- 657
錢仲益	〔明〕	錦樹集(見三華集)	總集	1372- 115
錢 易	〔宋〕	南部新書	小說一	1036- 175
錢 宰	〔明〕	臨安集	別集五	1229- 513
錢 時	〔宋〕	融堂書解	書類	59- 459
		融堂四書管見	經總義	183- 579
		兩漢筆記	史評	686- 413
錢 起	〔唐〕	錢仲文集	別集一	1072- 441
錢惟善	〔元〕	江月松風集	別集四	1217- 795
錢 棻	〔明〕	梅花道人遺墨〔輯〕	別集四	1215- 491
錢義方	〔元〕	周易圖說	易類	26- 617
錢澄之	〔清〕	田間易學	易類	39- 597
		田間詩學	詩類	84- 395
錢德洪	〔明〕	王文成全書〔原編〕	別集五	1265- 1 ~ 1266- 1
錢 穀	〔明〕	吳都文粹續集〔編〕	總集	1385- 1 ~ 1386- 1
錢 儼	〔宋〕	吳越備史	載記	464- 497
錫喇布哈	(元燮理溥化之新譯，見燮理溥化)			
閻若璩	〔清〕	古文尚書疏證	書類	66- 127
		四書釋地	四書	210- 315
		四書釋地續	四書	210- 340
		四書釋地又續	四書	210- 370
		四書釋地三續	四書	210- 435
		困學紀聞〔評註〕	雜家二	854- 137
		潛丘劄記	雜家二	859- 381
閻 詠	〔清〕	朱子古文書疑(見尚書古文疏證)〔輯〕	書類	66- 523
駱居安	〔明〕	竹齋集續集〔編〕	別集五	1233- 92
駱居敬	〔明〕	竹齋集續集〔編〕	別集五	1233- 92
駱賓王	〔唐〕	駱丞集	別集一	1065- 341
鮑 山	〔明〕	野菜博錄	農家	731- 979
鮑 彪	〔宋〕	鮑氏戰國策注	雜史	406- 469
鮑雲龍	〔宋〕	天原發微	術數一	806- 1
鮑 溶	〔唐〕	鮑溶詩集	別集一	1081- 531
		集外詩	別集一	1081- 557
鮑照	〔南朝宋〕	鮑明遠集	別集一	1063- 563
鮑 寧	〔明〕	天原發微〔辨正〕	術數一	806- 1
		天原發微問答節要	術數一	806- 23
鮑應鼇	〔明〕	明臣謚考	政書二	651- 417
龍仁夫	〔元〕	周易集傳	易類	25- 417
龍 袞	〔宋〕	江南野史	載記	464- 69
龜 圖	〔？〕	北戶錄〔註〕	地理八	589- 29

十七畫

著者	書名	類別	冊頁
勵宗萬〔清〕	毛詩注疏〔考證〕	詩類	69- 43
勵　鶚	(見厲鶚)		
應　劭〔漢〕	風俗通義	雜家三	862- 349
應　俊〔宋〕	琴堂諭俗編〔輯補〕	雜家三	865- 221
應撝謙〔清〕	古樂書	樂類	220- 97
燮理溥化〔元〕	文安集〔編〕	別集四	1208- 149
繆希雍〔明〕	先醒齋廣筆記	醫家	775- 159
	神農本草經疏	醫家	775- 287
薛　己〔明〕	薛氏醫案	醫家	763- 1 ～ 764- 1
薛　旦〔宋〕	浪語集〔編〕	別集三	1159- 143
薛用弱〔唐〕	集異記	小說二	1042- 573
薛　收〔唐〕	元經〔續並傳〕	編年	303- 829
薛延年〔元〕	人倫大統賦〔注〕	術數五	810- 823
薛季宣〔宋〕	浪語集	別集三	1159- 143
薛尚功〔宋〕	歷代鐘鼎彝器款識法帖	小學二	225- 503
薛居正〔宋〕	舊五代史〔奉敕〕	正史	277- 1 ～ 278- 1
薛師石〔宋〕	瓜廬集	別集三	1171- 205
薛　嵎〔宋〕	雲泉詩	別集三	1186- 737
薛　瑄〔明〕	讀書錄	儒家	711- 541
	續錄	儒家	711- 702
	敬軒文集	別集五	1243- 31
薛虞畿〔明〕	春秋別典	別史	386- 589
薛鳳祚〔清〕	兩河清彙	地理四	579- 347
	天步眞原〔譯〕	天算一	793- 647
	天學會通	天算一	793- 661
薛　據〔宋〕	孔子集語〔輯〕	儒家	709- 319
薛　蕙〔明〕	考功集	別集五	1272- 1
薛　濤〔唐〕	薛濤詩集(見薛濤李冶詩集)	總集	1332- 341
謝　伋〔宋〕	四六談麈	詩文評	1480- 19
謝希深〔宋〕	公孫龍子〔注〕	雜家一	848- 245
謝廷傑〔明〕	王文成全書〔彙集〕	別集五	1265- 1 ～ 1266- 1
謝良佐〔宋〕	上蔡語錄	儒家	698- 565
謝宗可〔元〕	詠物詩	別集四	1216- 619
謝　旻〔清〕	江西通志〔監修〕	地理三	513- 1 ～ 518- 1
謝枋得〔宋〕	疊山集	別集三	1184- 843
	文章軌範	總集	1359- 541
謝采伯〔宋〕	密齋筆記	雜家三	864- 643
	續筆記	雜家三	864- 686
謝　晉〔明〕	蘭庭集	別集五	1224- 419
謝　朓〔齊〕	謝宣城集	別集一	1063- 611
謝　逸〔宋〕	溪堂集	別集二	1122- 473
	溪堂詞	詞曲一	1487- 297
謝　肅〔明〕	密菴集	別集五	1228- 77
謝道承〔清〕	福建通志〔編纂〕	地理三	527- 1 ～ 530- 1
謝　榛〔明〕	四溟集	別集五	1289- 605
謝維新〔宋〕	古今合璧事類備要	類書	939- 1 ～ 941- 1
	前集	類書	939- 8
	後集	類書	939- 552 ～ 940- 1
	續集	類書	940- 393
	別集	類書	941- 1
	外集	類書	941- 444
謝肇淛〔明〕	滇略	地理三	494- 97
	北河紀	地理四	576- 567
	北河紀餘	地理四	576- 724
謝　赫〔南齊〕	古畫品錄	藝術一	812- 1
謝　遷〔明〕	歸田稿	別集五	1256- 1
謝應芳〔元〕	辨惑編	儒家	709- 535
	龜巢稿	別集四	1218- 1
謝　薖〔宋〕	竹友集	別集二	1122- 559
謝　翱〔宋〕	晞髮集	別集三	1188- 281
	晞髮遺集	別集三	1188- 330
	遺集補	別集三	1188- 343
	天地間集〔錄〕	別集三	1188- 346
	西臺慟哭記	別集三	1188- 349
	冬青樹引	別集三	1188- 361
邁　柱〔清〕	湖廣通志〔監修〕	地理三	531- 1 ～ 534- 1
鍾淵映〔清〕	歷代建元考	政書二	662- 1
鍾　輅〔唐〕	前定錄	小說二	1042- 625
	續錄	小說二	1042- 641
鍾　嶸〔梁〕	詩品	詩文評	1478- 189
韓元吉〔宋〕	南澗甲乙稿	別集三	1165- 1

韓　玉〔金〕東浦詞 詞曲一 1487- 615
韓　伯（字康伯，見韓康伯）
韓邦奇〔明〕啓蒙意見 易類 30- 95
苑洛志樂 樂類 212- 189
苑洛集 別集五 1269- 331
韓邦靖〔明〕朝邑縣志 地理三 494- 47
韓　拙〔宋〕山水純全集 藝術一 813- 315
韓　昂〔明〕圖繪寶鑑續編 藝術一 814- 625
韓彥直〔宋〕橘錄 譜錄三 845- 161
韓　非〔周〕韓非子 法家 729- 597
韓祇和〔宋〕傷寒微旨論 醫家 738- 541
韓　偓〔唐〕韓內翰別集 別集一 1083- 547
韓康伯〔晉〕周易註 易類 7- 201
周易注疏〔注〕 易類 7- 283
韓　淲〔宋〕澗泉日記 雜家三 864- 769
澗泉集 別集三 1180- 563
韓　琦〔宋〕安陽集 別集二 1089- 215
韓　菼〔清〕御定孝經衍義〔編纂〕 儒家 718- 1 ～ 719- 1
韓　愈〔唐〕論語筆解 四書 196- 1
別本韓文考異 別集一 1073- 261
外集 別集一 1073- 694
五百家注昌黎文集 別集一 1074- 1
東雅堂昌黎集註 別集一 1075- 1
外集註 別集一 1075- 490
昌黎文鈔（見唐宋八大家文鈔） 總集 1383- 17
韓道昭〔金〕五音集韻 小學三 238- 1
韓　雍〔明〕襄毅文集 別集五 1245- 603
韓　維〔宋〕南陽集 別集二 1101- 503
韓　醇〔宋〕柳河東集〔詁訓〕 別集一 1076- 1
韓　駒〔宋〕陵陽集 別集三 1133- 763
韓　嬰〔漢〕韓詩外傳 詩類 89- 775
鮮于樞〔元〕困學齋雜錄 雜家三 866- 1

十八畫

著者	書名	類別	冊頁
儲大文〔清〕	山西通志〔編纂〕	地理三	542- 1 ～ 550- 1
	存硯樓文集	別集六	1327- 1
儲光羲〔唐〕	儲光羲詩集	別集一	1071- 471
儲　泳〔宋〕	祛疑說	雜家三	865- 201
戴　良〔元〕	九靈山房集	別集四	1219- 253
戴　侗〔宋〕	六書故	小學二	226- 1
戴　昺〔宋〕	東野農歌集	別集三	1178- 683
戴表元〔元〕	剡源文集	別集四	1194- 1
戴原禮〔明〕	金匱鉤玄〔校補〕	醫家	746- 697
	推求師意	醫家	765- 1
戴　栩〔宋〕	浣川集	別集三	1176- 687
戴起宗（同啓宗）〔元〕	悟眞篇註疏〔疏〕	道家	1061- 429
戴啓宗（同起宗）〔元〕	脈訣刊誤	醫家	746- 863
戴　埴〔宋〕	鼠璞	雜家二	854- 61
戴　敏〔宋〕	東皐子詩（見石屏詩集卷首）	別集三	1165- 551
戴凱之〔晉〕	竹譜	譜錄三	845- 171
戴復古〔宋〕	石屏詩集	別集三	1165- 549
	石屏詞	詞曲一	1488- 613
戴　植（宋戴埴之誤，見戴埴）			
戴進賢〔清〕	欽定儀象考成〔奉敕〕	天算一	793- 1
戴　溪〔宋〕	續呂氏家塾讀詩記	詩類	73- 799
	春秋講義	春秋	155- 1
	石鼓論語問答	四書	199- 1
戴　德〔漢〕	大戴禮記	禮三	128- 399
戴　鱀〔明〕	古廉文集〔編〕	別集五	1242- 659
戴衢亨〔清〕	欽定授時通考〔補〕	農家	732- 1
	御製文餘集〔奉敕編〕	別集六	1301- 684
歸有光〔明〕	三吳水利錄	地理四	576- 517
	震川集	別集五	1289- 1
	別集	別集五	1289- 422
歸　莊〔清〕	震川集〔編〕	別集五	1289- 1
瞿　莊〔明〕	洪武正韻〔纂修〕	小學三	239- 1
瞿曇悉達〔唐〕	唐開元占經	術數二	807- 159
聶崇義〔宋〕	三禮圖集注	禮四	129- 1
薩里彌實〔元〕	瑞竹堂經驗方	醫家	746- 1
薩都拉（見薩都剌）			
薩都剌〔元〕	雁門集	別集四	1212- 565
薩　載〔清〕	欽定南巡盛典〔續編〕	政書二	658- 1 ～ 659- 1
薩囊徹辰〔清蒙古〕	欽定蒙古源流	雜史	410- 549
藍　仁〔明〕	藍山集	別集五	1229- 771
藍　田〔明〕	海岱會集	總集	1377- 1
藍　智〔明〕	藍澗集	別集五	1229- 833

著者	書名	類別	冊頁
藍鼎元〔清〕	平臺紀略	紀事	369- 557
	東征集	紀事	369- 584
	鹿洲初集	別集六	1327- 567
豐干(釋)〔唐〕	豐干拾得詩	別集一	1065- 56
豐　坊〔明〕	書訣	藝術一	816- 153
酈　露〔明〕	赤雅	地理十	594- 337
鎦　績〔明〕	霏雪錄	雜家三	866- 657
顏之推〔隋〕	顏氏家訓	雜家一	848- 937
	還寃志	小說二	1042- 561
顏元孫〔唐〕	干祿字書	小學二	224- 243
顏文選〔明〕	駱丞集〔註〕	別集一	1065- 341
顏師古〔唐〕	匡謬正俗	小學一	221- 471
	急就篇〔註〕	小學二	223- 1
	前漢書〔注〕	正史	249- 1 ~ 251- 1
顏眞卿〔唐〕	顏魯公集	別集一	1071- 585
魏了翁〔宋〕	周易要義	易類	18- 123
	尙書要義	書類	60- 1
	儀禮要義	禮二	104- 341
	春秋左傳要義	春秋	153- 253
	經外雜鈔	雜家二	853- 69
	古今考	雜家二	853- 107
	鶴山集	別集三	1172- 75 ~ 1173- 1
魏之琇〔清〕	名醫類案〔考證〕	醫家	765- 411
	續名醫類案	醫家	784- 1 ~ 785- 1
魏天應〔宋〕	論學繩尺〔編選〕	總集	1358- 71
魏仲舉〔宋〕	五百家注昌黎文集〔編〕	別集一	1074- 1
	五百家注柳先生集	別集一	1077- 1
魏　收〔北齊〕	魏書	正史	261- 1 ~ 262- 1
魏　初〔元〕	青崖集	別集四	1198- 689
魏　峙〔宋〕	李直講年譜(見盱江集)	別集二	1095- 4
魏　峴〔宋〕	四明它山水利備覽	地理四	576- 15
魏　校〔明〕	莊渠遺書	別集五	1267- 673
魏　泰〔宋〕	東軒筆錄	小說一	1037- 415
	臨漢隱居詩話	詩文評	1478- 291
魏荔彤〔清〕	大易通解	易類	44- 1
魏　野〔宋〕	東觀集	別集二	1087- 349
魏裔介〔清〕	兼濟堂文集	別集六	1312- 645
魏齊賢〔宋〕	五百家播芳大全文粹	總集	1352- 1 ~ 1353- 1
魏　徵〔唐〕	隋書	正史	264- 1
魏慶之〔宋〕	詩人玉屑	詩文評	1481- 1
魏學洢〔明〕	茅簷集	別集五	1297- 505
魏　濬〔明〕	易義古象通	易類	34- 171

十九畫

著者	書名	類別	冊頁
羅大經〔宋〕	鶴林玉露	雜家三	865- 253
羅　玘〔明〕	圭峯集	別集五	1259- 1
羅良弼〔宋〕	龍雲集〔編〕	別集二	1119- 63
羅　泌〔宋〕	路史	別史	383- 1
羅洪先〔明〕	念菴文集	別集五	1275- 1
羅　倫〔明〕	一峯文集	別集五	1251- 629
羅從彥〔宋〕	豫章文集	別集三	1135- 641
羅　椅〔宋〕	放翁詩選前集〔選〕	別集三	1163- 729
羅欽順〔明〕	困知記	儒家	714- 275
	續錄	儒家	714- 317
	整菴存稿	別集五	1261- 1
羅　濬〔宋〕	寶慶四明志	地理三	487- 1
羅　隱〔唐〕	兩同書	雜家一	849- 213
	羅昭諫集	別集一	1084- 191
羅　璧〔宋〕	識遺	雜家二	854- 507
羅　願〔宋〕	爾雅翼	小學一	222- 239
	新安志	地理三	485- 337
	羅鄂州小集	別集三	1142- 461
譚　峭〔南唐〕	化書	雜家一	849- 227
譚善心〔元〕	二程文集〔重編〕	總集	1345- 585
譚　綸〔明〕	譚襄敏奏議	奏議	429- 587
贊寧(釋)〔宋〕	筍譜	譜錄三	845- 181
	宋高僧傳	釋家	1052- 1
邊　貢〔明〕	華泉集	別集五	1264- 1
龐安時〔宋〕	傷寒總病論	醫家	738- 575
龐元英〔宋〕	文昌雜錄	雜家三	862- 649

二十畫

著者	書名	類別	冊頁
嚴用和〔宋〕	濟生方	醫家	743- 449
嚴　羽〔宋〕	滄浪集	別集三	1179- 27
	滄浪詩話	詩文評	1480- 809
嚴　粲〔宋〕	詩緝	詩類	75- 1
嚴虞惇〔清〕	讀詩質疑	詩類	87- 49
嚴　福〔清〕	明史〔考證〕	正史	297- 1 ～ 302- 1
嚴　澂〔明〕	松絃館琴譜	藝術二	839- 71
嚴　遵〔漢〕	道德指歸論	道家	1055- 75
寶　巴（元保八之新譯，見保八）			
竇　牟〔唐〕	竇氏聯珠集	總集	1332- 357
竇　庠〔唐〕	竇氏聯珠集	總集	1332- 357
竇　苹〔宋〕	酒譜	譜錄二	844- 835
竇　常〔唐〕	竇氏聯珠集	總集	1332- 357
竇　臮〔唐〕	述書賦	藝術一	812- 77
竇　羣〔唐〕	竇氏聯珠集	總集	1332- 357
竇　蒙〔唐〕	述書賦	藝術一	812- 77
竇　鞏〔唐〕	竇氏聯珠集	總集	1332- 357
蘇天爵〔元〕	元朝名臣事略	傳記三	451- 497
	治世龜鑑	儒家	709- 595
	滋溪文稿	別集四	1214- 1
	元文類〔編〕	總集	1367- 1
蘇伯衡〔明〕	蘇平仲文集	別集五	1228- 509
蘇易簡〔宋〕	文房四譜	譜錄一	843- 1
	文苑英華〔參修〕	總集	1333- 1 ～ 1342- 1
蘇　泂〔宋〕	泠然齋詩集	別集三	1179- 69
蘇　洵〔宋〕	謚法	政書二	646- 897
	嘉祐集	別集二	1104- 845
	老泉文鈔（見唐宋八大家文鈔）	總集	1384- 302
蘇舜欽〔宋〕	蘇學士集	別集二	1092- 1
蘇源明〔唐〕	元包經傳〔傳〕	術數一	803- 217
蘇　頌〔宋〕	新儀象法要	天算一	786- 79
	蘇魏公文集	別集二	1092- 127
蘇　軾〔宋〕	東坡易傳	易類	9- 1
	書傳	書類	54- 485
	蘇沈良方	醫家	738- 217
	仇池筆記	雜家三	863- 1
	東坡志林	雜家三	863- 21
	東坡全集	別集二	1107- 1 ～ 1108- 1
	東坡詩集註	別集二	1109- 1
	施註蘇詩	別集二	1110- 1
	蘇詩續補遺	別集二	1110- 696
	蘇詩補註	別集二	1111- 1
	東坡文鈔（見唐宋八大家文鈔）	總集	1384- 396
	東坡詞	詞曲一	1487- 101
蘇　携〔宋〕	蘇魏公文集〔編〕	別集二	1092- 127
蘇　籀〔宋〕	欒城遺言〔記〕	雜家三	864- 171
	雙溪集	別集三	1136- 121
蘇　轍〔宋〕	蘇氏詩集傳	詩類	70- 311
	蘇氏春秋集解	春秋	148- 1
	論語拾遺	四書	196- 45
	孟子解	四書	196- 53
	古史	別史	371- 205
	龍川略志	小說一	1037- 1
	別志	小說一	1037- 38
	老子解	道家	1055- 187
	東坡先生墓誌銘（見東坡全集）	別集二	1107- 19
	東坡先生墓誌銘（見施註蘇詩）	別集二	1110- 78
	欒城集	別集二	1112- 1
	欒城後集	別集二	1112- 585
	欒城第三集	別集二	1112- 783
	欒城應詔集	別集二	1112- 844
	潁濱文鈔（見唐宋八大家文鈔）	總集	1384- 719
蘇　鶚〔唐〕	蘇氏演義	雜家二	850- 185
	杜陽雜編	小說二	1042- 597
覺岸（釋）〔元〕	釋氏稽古略	釋家	1054- 1
覺慈（釋）〔宋〕	石門文字禪〔編〕	別集二	1116- 143
覺　範（卽釋惠洪，見惠洪）			
覺羅石麟〔清〕	山西通志〔監修〕	地理三	542- 1 ～ 550- 1
覺羅圖理琛〔清〕	異域錄	地理十	594- 793
贍　思〔元〕	河防通議	地理四	576- 43

二十一畫

著者	書名	類別	冊頁
辯機(釋)〔唐〕	大唐西域記	地理十	593- 635
顧予咸〔清〕	溫飛卿詩集箋注〔補注〕	別集一	1082- 447
顧允成〔明〕	小辨齋偶存	別集五	1292- 253
顧名端〔明〕	華陽集附顧非熊詩〔輯〕	別集一	1072- 503
顧　況〔唐〕	華陽集	別集一	1072- 503
顧炎武〔清〕	左傳杜解補正	春秋	174- 287
	九經誤字	經總義	191- 1
	音論	小學三	241- 1
	詩本音	小學三	241- 33
	易音	小學三	241- 143
	唐韻正	小學三	241- 167
	古音表	小學三	241- 521
	韻補正	小學三	241- 535
	歷代帝王宅京記	地理三	572- 571
	營平二州地名記	地理七	588- 375
	求古錄	目錄二	683- 659
	金石文字記	目錄二	683- 701
	石經考	目錄二	683- 833
	日知錄	雜家二	858- 367
顧阿瑛(見顧瑛)			
顧非熊〔唐〕	顧非熊詩	別集一	1072- 562
顧奎光〔清〕	春秋隨筆	春秋	181- 661
顧起元〔明〕	說略	類書	964- 341
顧從義〔明〕	法帖釋文考異	目錄二	683- 357
顧　清〔明〕	東江家藏集	別集五	1261- 273
顧野王〔梁〕	重修玉篇	小學二	224- 1
顧棟高〔清〕	毛詩類釋	詩類	88- 1
	續編	詩類	88- 197
	春秋大事表	春秋	179- 1 ～ 180- 1
	河南通志〔編纂〕	地理三	535- 1 ～ 538- 1
顧嗣立〔清〕	溫飛卿詩集箋注〔重訂〕	別集一	1082- 447
	元詩選〔編〕	總集	1468- 1 ～ 1471- 1
顧　瑛〔元〕	玉山璞稿	別集四	1220- 127
	玉山名勝集〔編〕	總集	1369- 1
	外集	總集	1369- 147
	草堂雅集〔編〕	總集	1369- 175
	玉山紀遊	總集	1369- 481
顧　璘〔明〕	顧華玉集	別集五	1263- 135
	浮湘藁	別集五	1263- 135
	山中集	別集五	1263- 173
	憑几集	別集五	1263- 262
	憑几集續編	別集五	1263- 312
	息園存稿詩	別集五	1263- 337
	息園存稿文	別集五	1263- 453
	緩慟集	別集五	1263- 612
顧憲成〔明〕	涇皐藏稿	別集五	1292- 1
顧應祥〔明〕	測圓海鏡分類釋術〔釋術〕	天算二	798- 127
	弧矢算術	天算二	798- 305
顧　鎮〔清〕	虞東學詩	詩類	89- 371
顧藹吉〔清〕	隸辨	小學二	235- 431
饒介之〔元〕	檜亭集〔輯〕	別集四	1208- 335
饒　節〔宋〕	倚松詩集	別集二	1117- 199

二十二畫

著者	書名	類別	冊頁
權德輿〔唐〕	吳尊師傳(見宗玄集)	別集一	1071- 772
	權文公集	別集一	1072- 797
酈道元〔後魏〕	水經注	地理四	573- 1
鬻　熊〔周〕	鬻子	雜家一	848- 1
龔明之〔宋〕	中吳紀聞	地理八	589- 289
龔　昱〔宋〕	樂菴遺書〔編〕	雜家一	849- 295
龔　詡〔明〕	野古集	別集五	1236- 261
龔鼎臣〔宋〕	東原錄	雜家三	862- 555
龔頤正〔宋〕	芥隱筆記	雜家二	852- 483
龔　璛〔元〕	存悔齋稿	別集四	1199- 323
龔　斆〔明〕	鵝湖集	別集五	1233- 629

二十四畫

著者	書名	類別	冊 頁
靈一(釋)〔唐〕	靈一詩(見唐四僧詩)	總集	1332- 326
靈澈(釋)〔唐〕	靈澈詩(見唐四僧詩)	總集	1332- 322

帝 后

著者	書名	類別	冊 頁
黃 帝	宅經	術數三	808- 1
	陰符經解	道家	1055- 1
梁元帝(蕭繹)	金樓子	雜家一	848- 791
	古今同姓名錄	類書	887- 1
唐太宗(李世民)	帝範	儒家	696- 587
唐玄宗(李隆基)	孝經注疏〔注〕	孝經	182- 23
	孝經指解〔注〕	孝經	182- 85
宋徽宗(趙佶)	宮詞(見二家宮詞)	總集	1416- 691
宋高宗(趙構)	思陵翰墨志	藝術一	812- 427
宋寧宗楊后	宮詞(見二家宮詞)	總集	1416- 710
明太祖(朱元璋)	明太祖文集	別集五	1223- 1
明仁孝文皇后(徐氏)	內訓	儒家	709- 721
清太祖(努爾哈赤)	太祖高皇帝聖訓	詔令	411- 1
清太宗(皇太極)	太宗文皇帝聖訓	詔令	411- 39
清世祖(福臨)	御定孝經注〔御定〕	孝經	182- 255
	世祖章皇帝聖訓	詔令	411- 97
	御定人臣儆心錄	職官二	602- 761
	御定資政要覽	儒家	717- 531
	御定內則衍義〔御定〕	儒家	719- 347
	御定道德經註〔註〕	道家	1055- 445
清聖祖(玄燁)	御製親征朔漠紀略(見聖祖仁皇帝親征平定朔漠方略)	紀事	354- 436
	聖祖仁皇帝聖訓	詔令	411- 145
	御批資治通鑑綱目〔批〕	史評	689- 1 ～ 691- 1
	御批資治通鑑綱目前編〔批〕	史評	692- 1
	御批續資治通鑑綱目〔批〕	史評	693- 1 ～ 694- 1
	聖諭廣訓〔頒諭〕	儒家	717- 589
	聖祖仁皇帝庭訓格言	儒家	717- 613
	聖祖仁皇帝御製文集	別集六	1298- 1 ～ 1299- 1
	初集	別集六	1298- 1
	第二集	別集六	1298- 320
	第三集	別集六	1299- 1
	第四集	別集六	1299- 377
	御選古文淵鑒〔選〕	總集	1417- 1 ～ 1418- 1
	御選唐詩〔選〕	總集	1446- 1
清世宗(胤禛)	御纂孝經集注	孝經	182- 269
	世宗憲皇帝聖訓	詔令	412- 1
	世宗憲皇帝上諭八旗	詔令	413- 1
	世宗憲皇帝上諭旗務議覆	詔令	413- 313
	世宗憲皇帝諭行旗務奏議	詔令	413- 483
	世宗憲皇帝上諭內閣	詔令	414- 1 ～ 415- 1
	世宗憲皇帝硃批諭旨	詔令	416- 1 ～ 425- 1
	聖諭廣訓〔繹釋〕	儒家	717- 589
	聖祖仁皇帝庭訓格言〔纂〕	儒家	717- 613
	世宗憲皇帝御製文集	別集六	1300- 1
清高宗(弘曆)	評鑑闡要	史評	694- 417
	御製日知薈說	儒家	717- 663
	御製樂善堂全集定本	別集六	1300- 233
	御製文集	別集六	1301- 1
	初集	別集六	1301- 1
	二集	別集六	1301- 271
	三集	別集六	1301- 563
	餘集	別集六	1301- 684
	御製詩集	別集六	1302- 1 ～ 1311- 1
	初集	別集六	1302- 1
	二集	別集六	1303- 1 ～ 1304- 1

著者	書名	類別	冊頁
	三集	別集六	1305- 1 ~ 1306- 1
	四集	別集六	1307- 1 ~ 1308- 1
	五集	別集六	1309- 1 ~ 1311- 1
	餘集	別集六	1311- 521

別號

著者	書名	類別	冊頁
西方子〔□〕	明堂灸經	醫家	738- 51
夷門君玉(同夷門隱叟)			
夷門隱叟(見王君玉)〔宋〕			
	國老談苑	小說一	1037- 631
谷神子(見鄭還古)〔唐〕			
	博異記	小說二	1042- 585
東軒居士〔宋〕	衞濟寶書	醫家	741- 813
河上公〔漢〕	老子道德經	道家	1055- 45
耐得翁〔宋〕	都城紀勝	地理八	590- 1
風　后〔□〕	握奇經	兵家	726- 1
秦越人(扁鵲)〔周〕	難經本義	醫家	733- 429
鬼谷子〔周〕	李虛中命書	術數五	809- 1
	鬼谷子	雜家一	848- 257
雲峯散人(見夏元鼎)〔宋〕			
	陰符經講義	道家	1055- 19
馮翊子(子休)〔唐〕	桂苑叢談	小說二	1042- 649
黃石公〔秦〕	黃石公三略	兵家	726- 89
	黃石公素書	兵家	726- 127
滄州樵叟〔宋〕	慶元黨禁	傳記三	451- 19

釋氏

著者	書名	類別	冊頁
大　圭〔元〕	夢觀集	別集四	1212- 227
大　訢〔元〕	蒲室集	別集四	1204- 525
元　奘(見玄奘)			
文　珦〔宋〕	潛山集	別集三	1186- 293
文　瑩〔宋〕	湘山野錄	小說一	1037- 225
	續錄	小說一	1037- 268
	玉壺野史	小說一	1037- 283
玄　奘〔唐〕	大唐西域記〔譯〕	地理十	593- 635
正　勉〔明〕	古今禪藻集〔輯〕	總集	1416- 1
行　均〔遼〕	龍龕手鑑	小學二	226- 647
妙　聲〔明〕	東皐錄	別集五	1227- 563
希　坦〔?〕	釋希坦詩(見九華詩集)	別集三	1189- 711
宗　泐〔明〕	全室外集	別集五	1234- 785
	續篇	別集五	1234- 853
居　簡〔宋〕	北磵集	別集三	1183- 1
念　常〔元〕	佛祖歷代通載	釋家	1054- 221
性　通〔明〕	古今禪藻集〔輯〕	總集	1416- 1
明　本〔元〕	梅花百詠	總集	1366- 559
法　顯〔南朝宋〕	佛國記	地理十	593- 611
契　嵩〔宋〕	鐔津集	別集二	1091- 397
拾　得〔唐〕	豐干拾得詩	別集一	1065- 56
英　〔元〕	白雲集	別集四	1192- 663
重　顯〔宋〕	祖英集	別集二	1091- 641
神　珙〔唐〕	玉篇反紐圖(見重修玉篇)	小學二	224- 237
	玉篇分毫字様(見重修玉篇)	小學二	224- 240
常　達〔唐〕	常達詩(見唐四僧詩)	總集	1332- 338
清　塞〔唐〕	清塞詩(見唐四僧詩)	總集	1332- 332
皎　然〔唐〕	杼山集	別集一	1071- 775
貫　休〔唐〕	禪月集	別集一	1084- 423
善　住〔元〕	谷響集	別集四	1195- 659
寒　山〔唐〕	寒山詩集	別集一	1065- 29
惠　洪〔宋〕	冷齋夜話	雜家三	863- 237
	禪林僧寶傳	釋家	1052- 639
	臨濟宗旨	釋家	1052- 784
	林間錄	釋家	1052- 791
	後集	釋家	1052- 861
	石門文字禪	別集二	1116- 143
惠　遠(同慧遠)〔南朝宋〕			
	廬山略記	地理六	585- 42
普　濟〔宋〕	五燈會元	釋家	1053- 1
智　昇〔唐〕	開元釋教錄	釋家	1051- 1
圓　至〔元〕	牧潛集	別集四	1198- 107
道　世〔唐〕	法苑珠林	釋家	1049- 1 ~ 1050- 1

著者	書名	類別	冊頁
道　宣〔唐〕	廣弘明集	釋家	1048- 219
道　濳〔宋〕	參寥子集	別集二	1116- 1
道　璨〔宋〕	柳塘外集	別集三	1186- 783
僧　祐〔梁〕	弘明集	釋家	1048- 1
齊　己〔唐〕	白蓮集	別集一	1084- 327
慶　老〔宋〕	補禪林僧寶傳	釋家	1052- 781
曇　瑩〔宋〕	珞琭子賦注	術數五	809- 105
曉　瑩〔宋〕	羅湖野錄	釋家	1052- 873
瞿曇悉達〔唐〕	唐開元占經	術數二	807- 159
豐　干〔唐〕	豐干拾得詩	別集一	1065- 56
贊　寧〔宋〕	筍譜	譜錄三	845- 181
	宋高僧傳	釋家	1052- 1
覺　岸〔元〕	釋氏稽古略	釋家	1054- 1
覺　慈〔宋〕	石門文字禪〔編〕	別集二	1116- 143
覺　範	(即釋惠洪，見惠洪)		
辯　機〔唐〕	大唐西域記	地理十	593- 635
靈　一〔唐〕	靈一詩(見唐四僧詩)	總集	1332- 326
靈　澈〔唐〕	靈澈詩(見唐四僧詩)	總集	1332- 322

無名氏

著者	書名	類別	冊頁
無名氏	乾坤鑿度	易類	53- 821
	易緯稽覽圖	易類	53- 840
	易緯辨終備	易類	53- 864
	周易乾鑿度	易類	53- 866
	易緯通卦驗	易類	53- 884
	易緯乾元序制記	易類	53- 899
	易緯是類謀	易類	53- 903
	易緯坤靈圖	易類	53- 909
	周禮集說	禮一	95- 251
	春秋年表	春秋	146- 719
	春秋通義〔宋〕	春秋	147- 159
	明本排字九經直音	經總義	184- 123
	漢隸分韻	小學二	228- 183
	原本廣韻	小學三	236- 1
	四聲全形等子	小學三	238- 837
	竹書紀年	編年	303- 1
	靖康要錄〔宋〕	編年	329- 407
	兩朝綱目備要	編年	329- 685
	宋季三朝政要〔元〕	編年	329- 961
	宋史全文〔元〕	編年	330- 1 ～ 331- 1
	逸周書	別史	370- 1
	咸淳遺事〔宋〕	雜史	408- 797
	大金弔伐錄	雜史	408- 833
	寧海將軍固山貝子功績錄〔清〕	傳記二	447- 227
	紹興十八年同年小錄	傳記三	448- 345
	慶元黨禁〔宋〕	傳記三	451- 19
	宋寶祐四年登科錄〔宋〕	傳記三	451- 47
	京口耆舊傳〔宋〕	傳記三	451- 119
	昭忠錄〔元〕	傳記三	451- 219
	保越錄〔明〕	傳記四	460- 929
	釣磯立談〔宋史虛白子〕	載記	464- 43
	江南餘載〔宋〕	載記	464- 149
	五國故事〔宋〕	載記	464- 203
	朝鮮史略〔明〕	載記	466- 367
	越史略	載記	466- 559
	三輔黃圖	地理一	468- 1
	無錫縣志	地理三	492- 653
	吳地記後集	地理七	587- 66
	朝鮮志〔明〕	地理十	594- 369
	南宋館閣錄續錄	職官一	595- 467
	太常續考〔明〕	職官一	599- 1
	土官底簿〔明〕	職官一	599- 331
	州縣提綱〔宋〕	職官二	602- 617
	大金集禮〔金〕	政書二	648- 27
	大金德運圖說〔金〕	政書二	648- 309
	廟學典禮〔元〕	政書二	648- 323
	寶刻類編〔宋〕	目錄二	682- 583
	歷代名賢確論〔宋〕	史評	687- 1
	家山圖書	儒家	709- 421
	顱顖經	醫家	738- 1
	銅人鍼灸經	醫家	738- 15
	小兒衞生總微論方	醫家	741- 49
	產寶諸方〔宋〕	醫家	743- 525
	急救仙方	醫家	744- 665
	周髀算經	天算一	786- 1
	九章算術	天算二	797- 1
	孫子算經	天算二	797- 139
	五曹算經	天算二	797- 179
	六壬大全	術數四	808- 471

書名	類別	冊頁
星命溯源	術數五	809- 45
演禽通纂	術數五	809- 237
月波洞中記	術數五	810- 693
宣和畫譜〔宋〕	藝術一	813- 67
宣和書譜〔宋〕	藝術一	813- 207
歙硯說〔宋〕	譜錄一	843- 79
辨歙石說〔宋〕	譜錄一	843- 83
端溪硯譜〔宋〕	譜錄一	843- 87
硯譜〔宋〕	譜錄一	843- 91
鶡冠子〔周〕	雜家一	848- 199
灌畦暇語〔唐〕	雜家三	862- 481
錦繡萬花谷〔宋〕	類書	924- 1
前集	類書	924- 1
後集	類書	924- 513
續集	類書	924- 828
羣書會元截江網〔宋〕	類書	934- 1
翰苑新書〔宋〕	類書	949- 1 ～ 950- 1
前集	類書	949- 3
後集上	類書	949- 536
後集下	類書	949- 693
別集	類書	950- 1
續集	類書	950- 118
排韻增廣事類氏族大全〔元〕	類書	952- 61
大唐傳載〔唐〕	小說一	1035- 527
玉泉子	小說一	1035- 619
南窗記談〔宋〕	小說一	1038- 235
東南紀聞〔元〕	小說一	1040- 199
天隱子〔唐〕	道家	1059- 563
无能子〔唐〕	道家	1059- 567
壼山四六〔宋〕	別集三	1178- 333
搜玉小集〔唐〕	總集	1332- 561
古文苑	總集	1332- 573
宋文選〔宋〕	總集	1346- 1
蘇門六君子文粹〔宋〕	總集	1361- 1
三國志文類〔宋〕	總集	1361- 505
增注唐策〔宋〕	總集	1361- 781
詩家鼎臠〔宋〕	總集	1362- 1
十先生奧論註〔宋〕	總集	1362- 27
廣州四先生詩〔明〕	總集	1372- 1
經義模範〔明〕	總集	1377- 79
環溪詩話〔宋〕	詩文評	1480- 27
尊前集	詞曲二	1489- 67
草堂詩餘	詞曲二	1489- 531

官　修

時代	書名	類別	冊頁
漢安帝	東觀漢記	別史	370- 65
齊文宣帝	魏書	正史	261- 1 ～ 262- 1
隋煬帝	巢氏諸病源候總論	醫家	734- 549
唐太宗	晉書	正史	255- 1 ～ 256- 1
	梁書	正史	260- 1
	陳書	正史	260- 511
	北齊書	正史	263- 1
	周書	正史	263- 391
	隋書	正史	264- 1
	藝文類聚	類書	887- 137 ～ 888- 1
唐高宗	唐律疏義	政書五	672- 1
唐玄宗	唐六典	職官一	595- 1
	大唐開元禮	政書二	646- 19
	唐開元占經	術數二	807- 159
	初學記	類書	890- 1
晉□□〔五代後晉〕	舊唐書	正史	268- 1 ～ 271- 1
宋太祖	舊五代史	正史	277- 1 ～ 278- 1
宋太宗	太平御覽	類書	893- 1 ～ 901- 1
	太平廣記	小說二	1043- 1 ～ 1046- 1
	文苑英華	總集	1333- 1 ～ 1342- 1
宋眞宗	重修玉篇	小學二	224- 1
	重修廣韻	小學三	236- 223
	册府元龜	類書	902- 1 ～ 919- 1
宋仁宗	皇祐新樂圖記	樂類	211- 1
	集韻	小學三	236- 433
	附釋文互註禮部韻略	小學三	237- 133

著者	書名	類別	冊-頁
	貢舉條式	小學三	237- 300
	新唐書	正史	272- 1 ~ 276- 1
	謚法	政書二	646- 897
	崇文總目	目錄一	674- 1
	武經總要	兵家	726- 235
宋神宗	資治通鑑	編年	304- 1 ~ 310- 1
	元豐九域志	地理二	471- 1
宋哲宗	營造法式	政書六	673- 399
宋徽宗	政和五禮新儀	政書二	647- 1
	聖濟總錄纂要	醫家	739- 1
	太平惠民和劑局方	醫家	741- 469
	指南總論	醫家	741- 706
宋高宗	紹興十八年同年小錄	傳記三	448- 345
宋孝宗	宋文鑑	總集	1350- 1 ~ 1351- 1
宋理宗	宋寶祐四年登科錄	傳記三	451- 47
宋光宗	太醫局諸科程文格	醫家	743- 1
金章宗	大金集禮	政書二	648- 27
金宣宗	大金德運圖說	政書二	648- 309
元世祖	農桑輯要〔司農司撰〕	農家	730- 195
元順帝	宋史	正史	280- 1 ~ 288- 1
	遼史	正史	289- 1
	金史	正史	290- 1 ~ 291- 1
明太祖	書傳會選	書類	63- 1
	洪武正韻	小學三	239- 1
	元史	正史	292- 1 ~ 295- 1
	明集禮	政書二	649- 1 ~ 650- 1
明成祖	周易傳義大全	易類	28- 1
	書經大全	書類	63- 185
	詩傳大全	詩類	78- 307
	禮記大全	禮三	122- 1
	春秋大全	春秋	166- 1
	四書大全	四書	205- 1
	歷代名臣奏議	奏議	433- 1 ~ 442- 1
	古今列女傳	傳記三	452- 37
	性理大全書	儒家	710- 1 ~ 711- 1
明宣宗	宣德鼎彝譜	譜錄一	840-1019
明英宗	明一統志	地理二	472- 1 ~ 473- 1
明孝宗	明會典	政書一	617- 1 ~ 618- 1
明光宗	禮部志稿	職官一	597- 1 ~ 598- 1
清世祖	易經通注	易類	37- 1
	御定孝經衍義	儒家	718- 1 ~ 719- 1
	御定內則衍義	儒家	719- 347
清聖祖	日講易經解義	易類	37- 201
	御纂周易折中	易類	38- 1
	日講書經解義	書類	65- 1
	欽定書經傳說彙纂	書類	65- 375
	欽定詩經傳說彙纂	詩類	83- 1
	日講禮記解義	禮三	123- 1
	日講春秋解義	春秋	127- 1
	欽定春秋傳說彙纂	春秋	173- 1
	日講四書解義	四書	208- 1
	御製律呂正義	樂類	215- 1
	御定康熙字典	小學二	229- 1 ~ 231- 1
	御定音韻闡微	小學三	240- 1
	平定三逆方略	紀事	354- 1
	聖祖仁皇帝親征平定朔漠方略	紀事	354- 425 ~ 355- 1
	御定歷代紀事年表	別史	387- 1 ~ 391- 1
	御定月令輯要	時令	467- 39
	幸魯盛典	政書二	652- 1
	萬壽盛典初集	政書二	653- 1 ~ 654- 1
	御纂性理精義	儒家	719- 589
	御纂朱子全書	儒家	720- 1 ~ 721- 1
	御製曆象考成	天算一	790- 1 ~ 791- 1
	御製數理精蘊	天算二	799- 1 ~ 801- 1

著者	書名	類別	冊-頁
	御定星曆考原	術數六	811- 1
	御定佩文齋書畫譜	藝術一	819- 1 ~ 823- 1
	御定佩文齋廣羣芳譜	譜錄三	845- 1 ~ 847- 1
	御定淵鑑類函	類書	982- 1 ~ 993- 1
	御定駢字類編	類書	994- 1 ~ 1004- 1
	御定分類字錦	類書	1005- 1 ~ 1007- 1
	御定子史精華	類書	1008- 1 ~ 1010- 1
	御定佩文韻府	類書	1011- 1 ~ 1028- 1
	御定韻府拾遺	類書	1029- 1 ~ 1030- 1
	御選古文淵鑑	總集	1417- 1 ~ 1418- 1
	御定歷代賦彙	總集	1419- 1 ~ 1422- 1
	御定全唐詩	總集	1423- 1 ~ 1431- 1
	御定佩文齋詠物詩選	總集	1432- 1 ~ 1434- 1
	御定歷代題畫詩類	總集	1435- 1 ~ 1436- 1
	御選宋金元明四朝詩	總集	1437- 1 ~ 1444- 1
	御訂全金詩增補中州集	總集	1445- 1
	御選唐詩	總集	1446- 1
	御定千叟宴詩	總集	1447- 1
	皇淸文穎	總集	1449- 1 ~ 1450- 1
	御選歷代詩餘	詞曲二	1491- 1 ~ 1493- 1
	御定詞譜	詞曲四	1495- 1
	御定曲譜	詞曲五	1496- 395
淸世宗	日講春秋解義	春秋	173- 1
	御纂孝經集註	孝經	182- 269
	御定執中成憲	儒家	722- 1
淸高宗	御纂周易述義	易類	38- 595
	御纂詩義折中	詩類	84- 1
	欽定周官義疏	禮一	98- 1 ~ 99- 1
	欽定儀禮義疏	禮二	106- 1 ~ 107- 1
	欽定禮記義疏	禮三	124- 1 ~ 126- 1
	御纂春秋直解	春秋	174- 1
	欽定繙譯五經四書	經總義	185- 1 ~ 189- 1
	御製律呂正義後編	樂類	215- 223 ~ 218- 1
	欽定詩經樂譜	樂類	219- 1
	欽定樂律正俗	樂類	219- 918
	御製增訂淸文鑑	小學二	232- 1 ~ 233- 1
	御製滿珠蒙古漢字三合切音淸文鑑	小學二	234- 1
	欽定西域同文志	小學二	235- 1
	欽定同文韻統	小學三	240- 359
	欽定叶韻彙輯	小學三	240- 449
	欽定音韻述微	小學三	240- 853
	欽定遼金元三史國語解	正史	296- 1
	欽定遼史語解	正史	296- 3
	欽定金史語解	正史	296- 118
	欽定元史語解	正史	296- 244
	明史	正史	297- 1 ~ 302- 1
	御批歷代通鑑輯覽	編年	335- 1 ~ 339- 1
	附明唐桂二王本末	編年	339- 737
	御定資治通鑑綱目三編	編年	340- 1
	皇淸開國方略	編年	341- 1
	欽定平定金川方略	紀事	356- 1
	平定準噶爾方略	紀事	357- 1 ~ 359- 1
	欽定平定兩金川方略	紀事	360- 1 ~ 361- 1
	欽定剿捕臨淸逆匪紀略	紀事	362- 1
	欽定蘭州紀略	紀事	362- 233
	欽定石峯堡紀略	紀事	362- 487
	欽定臺灣紀略	紀事	363- 1
	欽定重訂契丹國志	別史	383- 655

官修 淸

書名	類	冊-頁
欽定重訂大金國志	別史	383- 805
欽定續通志	別史	392- 1 ～ 401- 1
欽定蒙古源流	雜史	410- 549
御選明臣奏議	奏議	445- 1
欽定宗室王公功績表傳	傳記三	454- 1
欽定外藩蒙古回部王公表傳	傳記三	454- 217
欽定八旗滿洲氏族通譜	傳記三	455- 1 ～ 456- 1
欽定勝朝殉節諸臣錄	傳記三	456- 393
大清一統志	地理二	474- 1 ～ 483- 1
欽定熱河志	地理三	495- 1 ～ 496- 1
欽定日下舊聞考	地理三	497- 1 ～ 499- 1
欽定滿洲源流考	地理三	499- 451
欽定皇輿西域圖志	地理三	500- 1
欽定盛京通志	地理三	501- 1 ～ 503- 1
欽定河源紀略	地理四	579- 1
欽定盤山志	地理六	586- 1
皇清職貢圖	地理十	594- 395
詞林典故	職官一	599- 421
欽定國子監志	職官一	600- 1
欽定歷代職官表	職官一	601- 1 ～ 602- 1
欽定大清會典	政書一	619- 1
欽定大清會典則例	政書一	620- 1 ～ 625- 1
欽定續文獻通考	政書一	626- 1 ～ 631- 1
欽定皇朝文獻通考	政書一	632- 1 ～ 638- 1
欽定續通典	政書一	639- 1 ～ 641- 1
欽定皇朝通典	政書一	642- 1 ～ 643- 1
欽定皇朝通志	政書一	644- 1 ～ 645- 1
欽定大清通禮	政書二	655- 1
皇朝禮器圖式	政書二	656- 1
國朝宮史	政書二	657- 1
欽定滿洲祭神祭天典禮	政書二	657- 619
欽定南巡盛典	政書二	658- 1 ～ 659- 1
八旬萬壽盛典	政書二	660- 1 ～ 661- 1
欽定康濟錄	政書三	663- 223
欽定八旗通志	政書四	664- 1 ～ 671- 1
大清律例	政書五	672- 1 ～ 673- 1
欽定武英殿聚珍板程式	政書六	673- 709
欽定天祿琳琅書目	目錄一	675- 335
欽定重刻淳化閣帖釋文	目錄二	683- 559
評鑑闡要	史評	694- 417
欽定古今儲貳金鑑	史評	694- 583
御覽經史講義	儒家	722- 125 ～ 723- 1
欽定授時通考	農家	732- 1
御纂醫宗金鑑	醫家	780- 1 ～ 782- 1
御製曆象考成後編	天算一	792- 1
欽定儀象考成	天算一	793- 1
欽定協紀辨方書	術數六	811- 109
祕殿珠林	藝術一	823- 443
石渠寶笈	藝術一	824- 1 ～ 825- 1
欽定西清古鑑	譜錄一	841- 1 ～ 842- 1
欽定西清硯譜	譜錄一	843- 133
欽定錢錄	譜錄一	844- 1
御選唐宋文醇	總集	1447- 99
御選唐宋詩醇	總集	1448- 1
皇清文穎	總集	1449- 1 ～ 1450- 1
欽定四書文	總集	1451- 1
欽定千叟宴詩	總集	1452- 1

文淵閣寶

景印 文淵閣四庫全書 目錄

附 文淵閣四庫全書分架圖

臺灣商務印書館發行

景印文淵閣四庫全書後記

張連生

（一）四庫七閣略述

四庫全書創修於淸高宗乾隆三十八年（西元一七七三年），至乾隆四十七年（一七八二）第一部書成，歷時十年。全書薈萃我國歷代典籍之精華，共收書三千四百六十餘種，七萬九千餘卷，六千一百四十四函，三萬六千餘册，分爲經、史、子、集四部，其下又分爲四十四類，類下有屬。全書纂修之初，高宗僅命鈔寫四部，並仿寧波范氏天一閣式樣，建閣庋藏，貯於大內者曰文淵閣，盛京瀋陽故宮者曰文溯閣，圓明園者曰文源閣，熱河避暑山莊者曰文津閣，謂之北四閣或內廷四閣。乾隆又以江浙爲人文淵藪，復命續繕全書三部，分藏江蘇揚州大觀堂之文匯閣，鎭江金山寺之文宗閣，浙江杭州聖因寺之文瀾閣，稱爲南三閣或江浙三閣，並許江南士子就近傳觀鈔錄，用光文治。底本一部則貯於翰林院。十餘年間，動員三千八百餘人（不計各省獻書人力，只就四庫全書館統計），其中任館職者三百六十人，鈔繕書手三千多人，先後寫成全書七部（底本不計），薈要兩部，總册數達到三十一萬餘册，一千七百多萬葉，眞是人類有史以來空前之文化壯舉。

乾隆編纂此書，雖係借「右文」之名，行禁燬之實，然此書對我國歷代典籍作了一次相當徹底之整理。總裁于敏中、劉統勳，副總裁彭元瑞、朱珪等，皆甚負時望，而負責實際編務之總纂官紀昀、陸錫熊，總校官陸費墀，編纂如戴震、邵晋涵、周永年、翁方綱、姚鼐、祁韻士、王太岳諸人，皆爲一時名宿，乾隆年間名儒學者，咸被網羅。每書之前撰有提要，評述該書主要內容、作者生平與版本流別，具見考證功夫。而輯錄永樂大典三百八十五種，保存一些孤本秘笈，允稱全書精華，其價值尤無法衡量。

此一雄偉之文化鉅構，不及百年，已燬其半，咸豐十年（一八六〇），英法聯軍陷北京，火焚圓明園，文源之貯，咸化灰燼。南三閣之鎭江文宗閣，於道光二十二年（一八四二）鴉片戰爭中，首遭英軍破壞，繼於咸豐三年（一八五三），太平軍攻克鎭江，閣與書俱亡。揚州大觀堂之文匯閣，亦於咸豐四年（一八五四），太平軍攻揚州時被焚燬。而咸豐十一年（一八六一）太平軍第二次攻克杭州時，文瀾閣被焚，圖書散佚，經丁申、丁丙兄弟掇拾劫餘，僅得八千三百八十九册，其後經數十年重建補鈔，勉復舊觀。至一九〇〇年庚子八國聯軍之役，翰林院之底本亦散燬殆盡。七閣全書，至本世紀初，存者僅文淵、文津、文溯三閣與文瀾殘本而已，其幸不爲永樂大典之孤子而得久傳也。兹將四庫七閣，表列如左：

七閣四庫全書簡表

閣名	所在地	建閣年	成書年	存毀情形
北四閣（又稱內廷四閣）				
一、文淵閣	北平故宮文華殿後	乾隆四十一年(1776)	乾隆四十七年(1782)	存，現藏臺北市外雙溪故宮博物院。
二、文溯閣	瀋陽	乾隆四十七年(1782)	乾隆四十八年(1783)	存，民三運庋北京，民十四運返奉天。民二十，九一八後一度淪陷，民三四（一九四五）爲蘇軍所得，其後歸趙。
三、文源閣	北平近郊圓明園	乾隆四十年(1775)	乾隆四十八年(1783)	燬，咸豐十年（一八六〇）英法聯軍入北京，被英軍燒燬。
四、文津閣	熱河承德避暑山莊	乾隆四十九年(1784)	乾隆五十年春(1785)	存，民初運至北京，現存北平圖書館。
南三閣（又稱江浙三閣）				

五、文宗閣	鎮江金山寺	乾隆四十五年(1780)	乾隆五十二年(1787)	燬，鴉片戰爭中，於道光二十二年(一八四二)曾遭英軍破壞，咸豐三年(一八五三)太平軍攻克鎮江，閣書全燬。
六、文滙閣	揚州大觀堂	乾隆四十五年(1780)	乾隆五十二年(1787)	燬，咸豐四年（一八五四）太平軍攻揚州時被燬。
七、文瀾閣	杭州聖因寺行宮	乾隆四十七年(1782)	乾隆五十二年(1787)	殘存，咸豐十一年(一八六一)太平軍第二次攻下杭州時散佚，丁氏兄弟收集殘餘，並據刻本抄補。光緒六年(一八八〇)重建文瀾閣，丁氏兄弟將書送還，又陸續抄補。民國後，歸浙江圖書館庋藏。抗戰中曾運至重慶青木關，勝利後運回浙，仍存杭垣。

註：尚有底本一部存翰林院，陸續散佚，庚子（一九〇〇）八國聯軍之役被毀，僅有若干殘本存國內外圖書館。

逮民國初年，熱河文津、奉天文溯兩書，皆運至北京，與文淵鼎足而三，五星聚奎，一時稱盛。唯如此重寶，薈萃一地，有識之士，咸爲憂心，於是有景印以廣流傳，並藉以保存文獻之議。

（二）景印之波折

首先倡議景印者爲葉恭綽（譽虎）和滿人金梁(息侯)。先是，民國八年冬，大總統徐世昌命金梁編文華、武英二殿陳列古物目錄，金氏以先印四庫全書爲請。又同年葉氏遊歐，會見法國漢學家伯希和（Paul Pelliot, 1878–1945）與巴黎大學中國學院院長前法國總理班樂衞（Paul Painlevé, 1863–1933），兩氏提議景印四庫全書，以爲溝通中西文化之資。葉氏歸國，乃向政府報告，力贊其說。翌年六月，班氏來華抵京，建議以退還庚子賠款景印全書，而以三部贈送法國。大總統徐世昌俯允其請，並派內務總長朱啓鈐董理景印事宜，巴黎大學乃贈徐氏以名譽博士。當時政府曾與本館商議景印辦法，估計照京師圖書館所藏之文津閣本原式景印一百部，約需銀元二、三百萬之鉅，費時廿餘載，方克完成。款鉅難籌，價昂難銷，本館不敢貿然承命。政府又擬自行設局景印，亦因財政支絀，難以爲繼，事遂

中寢。

民國十三年，本館籌備慶祝創業三十週年（按本館創始於光緒二十三年，西元一八九七年），擬借文淵閣書縮印以爲紀念，特派本館前輩高夢旦（鳳謙）先生赴京接洽，中經鄭蘇龕（孝胥）之奔走，得清室內務府允許，並經政府批准，飭路局備車。書經查點裝箱三分之一，正擬定期運滬，不幸因大總統曹錕近侍李彥青索賄六萬元不成，遂以總統府公函阻止起運。事廢半途，功虧一簣，深可惋惜。

逮民國十四年，段執政內閣成立，葉譽虎長交通部，章行嚴（士釗）長教育部，二人皆贊同景印全書，並積極推動，政府遂明令將文津閣本點交本館景印，教育部並與本館訂立合同，全書裝點完畢，正擬請撥專車起運，而江浙直奉戰起，南運之事，遂又中止。延至十五年秋，本館以時局漸定，呈請政府照約起運，而政潮起伏，教長章士釗去職，繼任者無意於此，暗中反對者又甚烈，於是事遂中變，簽約無效，文津閣書復開箱歸架，於京師圖書館供衆閱覽矣。

第四次是民國十七年，東北地方長官張學良等宣稱着手景印瀋陽文溯閣全書，除了景印之外，還要勘誤、續修，計畫非常龐大，中外爲之側目。惜景印計畫雖大，華而不實，無從措手，計議未定；第二年，主事者楊宇霆被殺，羣龍無首。翌年中原大戰禍起，奉軍入關，百事叢脞，無暇及此，旣而九一八事變，東北淪亡，文溯閣書淪入日人之手，不僅景印計畫悉成虛願，四庫又損一部！

經過以上四次計畫景印而未能實現者，雖因國家多難，有以致之，私慾之徒，復迭加阻梗，又因全書卷帙過於龐大，投資浩鉅，而不易計日程功。國人漸漸認識到，景印全書，短期內絕無可能，而且亦非十分必要，因四庫所收之書，大部分尙有刻本流傳，所亟於保存流通者，乃一些罕傳珍本，例如四庫所輯錄之三百八十五種永樂大典遺書就是。因永樂大典已經燬亡，四庫輯本雖非原書，其珍貴此時也不下於原典了，是以逐漸有一股選印之論，專家學者更擬定八九百種亟宜景印之書目，於報刊上互相討論。而這時日軍之侵略砲火進犯熱河，逼近長城，空前國難來臨，平

津震動。文淵閣四庫全書隨華北文物南遷，景印流傳此八九百種孤本秘籍，藉以保存文獻，成爲當時迫切之任務。經過多方努力，由教育部委託國立中央圖書館籌備處與本館簽約，景印四庫全書珍本初集，共收書二三一種，將版本縮小，分裝一九六〇册，自民國二十二年開始至二十四年完成。國人十餘年殷切盼望，至此方得初步實現。

(三) 珍本之輯印

如前所述，本館自民國十三年以來，曾兩度籌謀景印四庫全書而未成，後於民國二十二年景印珍本初集，亦幾乎胎死腹中。珍本初集出版後，本擬繼續景印，因抗戰發生，事遂中止。近年臺省因經濟發展，人文蔚起，各方需要者日多，本館王故董事長雲五先生乃於民國五十八年重版珍本初集，其後復商得故宮博物院同意合作，報經行政院准予賡續選印罕傳之珍本，以期對國家文化有所貢獻，計自民國六十年迄六十三年，逐年選印一集，自初集至此，共印罕傳珍本九百六十種，合四庫原本七九八三册，其種數、册數，分別佔全書百分之二十八與百分之二十二。至全書中所收之大部頭典籍，如十三經、廿四史、九通等及其他名著，因大都已有刻本流傳，甚爲易得，且其中不乏宋元善本，就史料與校勘之價值言，有遠勝於庫書者，物力維艱，此一部分書籍，似無續予印行之必要，故本館印行珍本，至此原擬告一段落。唯次(六十四)年又再景印珍本別輯一種，一名「四庫全書輯自永樂大典諸佚書」。緣四庫全書之編纂，乃因輯校永樂大典諸佚書而起，經館臣輯出而收入四庫之書，著錄者三百八十五種，四千九百二十六卷，存目者一百二十七種，又有經館臣校輯而實未佚者近五十種。今大典因國家多難，迭遭兵燹，以致淪亡，其存留人間者，僅八百餘卷，四百餘册，是則四庫著錄輯自大典之佚書三百八十五種，皆屬罕傳孤本，稱之爲全書之精華，當不爲過，其中刋入武英殿聚珍版叢書者僅一百三十八種，是亟宜景印以廣其傳。因就四庫提要逐一檢查，凡輯自永樂大典之諸佚書，刪去先後五集珍本所景印者外，尚餘二百十四種，九百七十八册，遂輯印爲一集出版。當時原擬就此終止，不再繼續印行，故名之爲「別輯」。其後故宮博物院蔣前院長慰堂(復璁)先生披閱四庫總目，發現民國廿二年在大陸

時所謂珍本，並非今日在臺所謂珍本，緣臺省久受日治，對於大陸彼時流行之漢籍多未購備，故此間所謂四庫珍本，其範圍遠較當年大陸時所謂珍本爲廣，乃復愼選在臺失傳之典籍數百種，視同珍本，繼續景印，藉以保存文化，故又於六十五年印行珍本第六集。其後年印一集，迄七十一年四月珍本第十二集出版，連同別輯在內，共印行珍本十三集，收原書一千八百七十八種，一萬五千九百七十六册。就種數言，約佔全書百分之五四強，就册數言，則佔全書三六、三五八册之百分之四四弱，兩者平均爲百分之四十九，已約近全書之半。

(四) 景印全書之所由起

本館近二十年來之營運，大部叢書向佔主要部分。自王故董事長雲五先生於民國五十三年重主館務以還，即就本館先前風行一時之各大部叢書，着手整理，刪汰陳舊或不合時宜者，重加選輯，先後印行「萬有文庫薈要」、「叢書集成簡編」、「漢譯世界名著甲編」、「國學基本叢書四百種」，以及「四部叢刊」初編縮本、續編、三編、「百衲本二十四史」、「東方雜誌舊刊全部」以及「教育雜誌舊刊全部」等十餘種大部叢書，並於民國五十八年重版四庫珍本初集，以後逐年選印各集珍本等，賴此一系列之大部叢書，使本館得以一改前此十餘年來之式微歲月，繼續開張擴展。

民國六十八年八月十四日，雲老以九十二高齡謝世（一八八八—一九七九），對本館衝擊極大。余自雲老於五十三年重主館務之時，被任主持會計，五十八年兼長出版事務，六十年兼長營業處，六十三年出任總經理，前後二十餘年，個中經營情況，大都了然於胸。感逝前瞻，曷勝憂惶，因思本館印行珍本十三集，共耗時十三、四年，只約佔全書之半，今後若繼續景印，亦需十餘年，方克印完全書，時日渺遠，殺青難期，而人事滄桑，難以預計。且每年印行一集，有其局限性，因未印各書，多有別本流傳，四庫本往往不能相勝，則罕傳珍本之名，甚不相宜，選書配置，亦感困難。尤要者，珍本乃係選輯，每集皆含經、史、子、集四部，十三集珍本彙在一起，讀者不易週知各集珍本所選

者爲何？而其書既無頁碼，又分爲精裝、平裝兩種，册號並不一致，難以編製索引，査檢殊爲不便。若有別本，則學者往往捨珍本而不用，則與景印之初願有違。若繼續印行，問題益多，唯有改弦更張，別創新貌，將全書按總目之順序一次重印，改善缺失，並加編索引，使此中華文化瑰寶，得以發揮其應有之功用與價値，此全書景印計畫之所由起。夫印行四庫全書，關繫中國文化，向爲國人所盼望，亦爲本館前輩如張菊生（元濟）先生等一甲子以來之心願，余遂積極籌畫，期其實現。

（五）景印之籌畫

余於六十九年一月廿九日，挽同朱總編輯建公携函趨訪故宮博物院，擬一次印行全書，當時亦僅交換意見而已。又以事羈，暫歸沉寂，實則横亙余心，無時或忘。兩年中，余仍與各方接觸，以景印全書爲懸鵠。逮七十一年夏初，時機日益成熟，余乃走訪故宮博物院昌副院長瑞卿（彼得）先生（時任文獻處處長），再度提出景印全書之計畫與要求。瑞卿先生於景印全書之事，深表贊同，特以玆事體大，投資浩鉅，婉辭設譬，勉余謹愼將事。余極感瑞卿先生之善意，歸而籌畫，志在必行，乃於是年八月廿三日函請故宮同意改版景印，當經故宮博物院管理委員會第八屆第十次常務會議決議通過，並於九月廿一日以（七一）臺博圖字第〇九六九號函覆本館，同意合作景印「文淵閣四庫全書」。至此，籌印全書之計畫，終於向前邁進一大步。

余既喜多年夙願尋將得償，亦不免臨深履薄之懼。當卽積極展開籌印工作，先命同仁編輯目錄樣本，余則携帶各種先前搜集之資料，於十一月四日退居陽明山中，避免塵囂，冷靜思考，足履不出外庭，深夜踽踽不寐，窮四日夜之力，整理作業。

本館此次景印全書，不同於已往珍本，珍本乃係選輯，此則悉依文淵閣四庫原本景印，其順序概依四庫總目，除經、史、子、集四部外，復增收武英殿刊本總目提要、文淵閣鈔本簡明目錄，及四庫全書考證，全書悉蒐羅無遺。而

為期存眞，絕不刪減內容，亦不改易原書之片言隻字，縱原書之封面及封面、封底內頁之浮簽，亦一體印出，可藉此考見原書冊數及謄錄校勘人員姓名。原書版框高二二・三公分，寬一五・五公分，每葉十六行，行二十一字，魚尾下標注書名、卷次及頁次。珍本照原式縮印為三十二開，今則改為十六開，採四合一式景印，即每頁納原書二葉，每葉縮為高一〇・八公分，寬縮為七・五公分，即較原書縮小其半，字體略同於三號字而稍大，清晰易讀。如此改版，將比印製珍本節省成本逾百分之五十，且將更便於閱讀庋藏。每種書皆從單頁起印，每冊原書則換頁。尤要者，景印本每冊皆加編頁碼，以便編製索引。各冊除冊號外，頁碼皆從一始，藉以避免萬一誤編後，重印重裝之重大損失。

由於四庫全書卷帙龐大，全書多達二百三十萬頁，然此數只係泛稱，實際葉數究竟若干，文淵閣本則尚未見點數，而頁數之多寡，關係成本與售價至鉅。余依據文淵閣本之總冊數，佐以珍本之資料，並參酌文津、文溯之數據，詳細推估，連同每種及原書冊次換頁之空白頁在內，四合一印本估定為一百二十萬頁，若每冊平均八〇〇頁，則全書共為一、五〇〇冊。余並推算估定各部之冊數為經部二三六冊、史部四五二冊、子部三六七冊、集部四三五冊，另總目提要五冊，簡明目錄一冊，四庫考證原定三冊，其後為利檢閱，乃依四部分類改為四冊，至索引一冊，則隨書附贈。其後全書一千五百冊印製完成，其總頁數與余當初之推估若合符節。至經、史、子、集四部各冊之配本完成，亦與當初之推估相當（詳本文頁二〇）。而全書估計之重量，與日後之交運重量，不爽毫厘，此所感欣幸者也。

此外，余於全書之印製成本、數量，皆有甚為詳盡之推估，計算力求精細，而估計則求其寬，取料敵從寬之意，庶免毫厘之差而致千里之繆。同時，余於全書印製作業，包括複印原書，整校印稿及印裝等問題，除作通盤週詳考慮外，尤慮及其細節，並擬定作業計畫。至資金之來源與週轉，自為籌印此書所應考慮之重要問題之一，蓋以投資甚巨，而本館之傳統，向為獨立經營，力避告貸，運用資金，皆出之營運所得。適值彼時前三年間，本館因出版「四部叢刊」正編及廣編、「宛委別藏」、普及本「百衲本廿四史」、「四庫珍本」第十、十一、十二集，以及「重編國語辭典」等一系列大書，業績稱佳，積存之資金比六十八年底增達二・六倍，數至五千餘萬元，可供景印全書初期資金之

應用。唯全書卷帙龐大，若一次出版交書取款，則將不勝負荷，余乃決定每六個月出版一期，分爲十期出書，按期寄書收款，如是可藉營收週轉，結果證明此預測頗爲正確，除第一期書未出版前，需賴積存資金以爲支應外，此後各期皆以回收書款週轉運用，而毋需動及積存資金。其時余所最擔心而無法控制者，卽物價之波動。本館從事如此重大而長達五年之久之投資，實擔負甚大風險，如箭在弦，不得不發，爲盡其可能減低風險，余遂設計一辦法，卽凡已訂購全書者，其書款可分十期支付，而今後五年內無論物價變動若何，書價絕不調整，藉此鼓勵早日訂購，但自第一期書一百二十册出版以後，每六個月爲一期，逐期調高預約價格，至全書出齊爲止。蓋按出版界慣例，預約書價必低於出版後之現書售價，是書預期出版時間長達五年，當應參酌已出版册數之增加而逐期遞增其預約價格。另一方面，今後五年內若遇物價巨幅波動，則可適時調整書價，俾免發生巨額賠累。余猶恐人算不如天算，雖於投資與市場略有幾成把握，然倘若萬一失算或遇難以抗力之事故，導致銷路無法開展，問津者寥寥，而此時發售預約廣告業經宣布，無從轉圜，將陷於進退維谷之境。蓋若取消預約廣告，則商務八十餘年來之信譽，勢必毀於一旦，倘不慮後果，強自出書，則出版如此大書，不僅鉅額資金告貸不易，且將不勝賠累，或不免於破產。況其時適逢經濟不景氣，政府年度預算經已確定，執行時僅四個月，中央卽通令各機關按照已定之經常費預算減縮支出百分之五，市況之蕭條可知。余爲穩健計，乃復潛心冥思，想出一「登記預約」辦法，卽自七十一年十二月一日起至翌年三月底，爲期四個月，爲登記預約時間。登記預訂，僅需簽署預訂單，無需繳款，逮登記預約截止時預訂數如達五十整部，卽開寄預約憑單，承諾訂購。換言之，卽欲以此四個月之時間，觀察各方反應，以預訂數之多寡來決定是否印行。雖此戔戔之數，只佔成本之一小部分，仍將不計盈虧，保證如期出版，如期交書，絕不中斷，是乃不得已時，姑且作萬一退步之計也。

索居山中，竭盡智慮，幸得具體方案，卽束裝重返市區。行前方知余之居室，數日前，蘇俄大文豪一九七〇年諾貝爾文學獎得主，「古拉格羣島」(*Gulag Archipelago*) 之作者索忍尼辛 (Alekandr I. Solzhenitsyn) 曾在此盤桓。而日前有一大鳥飛入室中，徘徊不去，余欣然有此野趣，「豈鴻鵠之將至乎」?中心歡喜。返館後，立將擬定

計畫徵求館方意見。其時中經窒碍，心灰意懶，而公誼私情，不容半途而廢，唯反覆譬解，多所容忍。十一月十八日館方決定進行，各項籌備工作，亦粗告完成，當卽於七十一年十二月二日於報上刊登廣告，公開發表景印文淵閣四庫全書登記預約辦法。

（六）印製作業

本書之印製作業，從最初之借書複印，到最後將成品送進庫房，其過程頗爲繁雜，不能一一盡述。蓋因全書卷帙龐大，數量至巨，工作人員亦多，人多固然好辦事，然人多手雜，亦容易僨事。余印製此書，以力求品質臻於至善爲首要，爲達此目標，不惜寬用人力與耗費，計畫力求事前設計周延，以明確劃分職責爲規畫分工之前提下，工作則無論巨細，務求愼重。規定每項作業，皆需按照預訂之程序進行。對於每一工作，必經複核兩道以上之人手，以減少錯誤至最低。經手人員必須簽署，以加強其責任心而明職責。所有流程，皆有紀錄，紀錄概以表格出之，由工作人員逐目逐項塡寫，以求簡明而便檢查。茲將印製作業情形，略分爲1.複印原書，2.整理書稿，3.印刷裝訂，4.包裝儲運等四項，舉述如左：

（一）複印原書　前此景印珍本，皆在故宮博物院內就原書直接照相製版。七十一年故宮博物院擴建，將原製版之小屋拆除，若仍據原書直接製版，則必須將原書運往院外工作場所。果爾，則爲原書之安全計，勢須由院方與本館雙方派員逐日跟隨守護，且故宮貯藏本書之庫房，啓閉時間有定，往返奔波，每日可借印原書之時間更屬有限，關係印製進度甚巨。因此，乃徵得故宮同意，先將原書在院內複印，再以複印稿取回製版。七十一年十二月一日，本書之複印工作開始試印，是日先以一台全錄（XEROX）四一五〇型影印機試印。翌年二月，工作正式展開，此後影印機逐漸增至六台，經常工作人員十八名，迄七十四年三月初完成，全書之複印，共歷時兩年零三個月。

複印原書，說來容易，實際工作殊不簡單。原因有二：其一受機器性能之限制。蓋影印圖書，與一般日常複印文

件不同，因需以複印稿製版，故品質上之要求極其嚴格，有時開始影印，情況甚佳，連續印一二小時之後，忽有歪斜、斷線、黑點、感光濃淡不均等瑕疵，此機械性能之缺憾，以今日之技術，仍無法完全解決。其二爲原書因係抄寫，筆墨之粗細濃淡，間有不同，複印時或深或淺，需隨時加以調整，而調整電壓過於頻繁，則機器容易故障。凡此諸端，複印之書稿是否良好，須賴仔細逐頁逐行檢查辨別，頗費人力與目力。又原書每册首卷第一頁，例鈐有「文淵閣寶」之硃砂印，每册末頁則鈐「乾隆御覽之寶」小印，在原書雖字上鈐有印章，因字爲墨色，印章紅色，並不碍閱讀，經過複印，則文字、印章及版框均一律爲墨色，字印重疊，無法辨識，必須於複印時將紅印過濾而存其痕跡，略可顯現「文淵閣寶」等字樣，而又不損及正文之字跡，往往紅印需過濾兩三次，重複影印，以備整理複印稿剪貼之用。又原書之封面皆係絹製，經、史、子、集分爲綠、紅、藍、灰等色，而簡明目錄則爲黃色，景印封面時，必須濾去底色而只存其文字，新式複印機竟無法處理，百般找尋，唯有一種老式的小影印機可以影印，遂用以專印封面。至書內附有插圖而筆畫淡而細者，複印後多不能顯出，需先照原寸影印，再縮小複印。諸如此類，複印若有墨色不均，或有斷筆、歪斜，稍有瑕疵者，卽予重印，如此而重印者極多，耗損工料頗爲可觀。

至複印人員之分配，負責借還及檢查原書，並監督複印者一人；複印分三組進行，每組二人，另專印封面及紅印者一人；檢查複印稿者五人。複印稿是否清晰，有否漏印，皆當場比對原書，逐頁檢查，否則隨時重印，檢畢按册裝訂，並予點數、編號、簽名。間日派有專人自故宮將複印稿運回本館，以便整理編印。另僱拆裝原書特別技術人員四名。又由於機械常時故障，特專聘修理機械員一名，以備隨時修機保養，以維持複印工作之正常進度。

(二) 整理書稿 整理複印之書稿，爲全書景印工作之重點，全書景印工作之好壞，視整稿與配本之良窳而定。爲愼重起見，寧可多費人手，以求工作之愼密。自七十二年四月十五日起，在本館近旁租屋集中工作，除派員專責外，另招請各大學中文或歷史系畢業之女性爲助手，先後從事此一細緻而繁雜工作者，凡八十六人，經常維持二十四名同時分組工作。余爲此擬一「四庫整稿工作次序」，略分點收、編號、初檢、複檢、修稿、抽檢等項，其下各再列舉

細目，工作人員整理複印之書稿，皆按此順序進行。自複印稿點收編號後，必需經過「初檢」、「複檢」、「抽檢」及「複核」等過程，其中「初檢」、「複檢」工作又再各分爲專檢複印之品質與內容二部分進行。每頁書稿，除在故宮院內複印時隨卽檢查外，至此共需經過十二道手續方告竣事。若發現原稿有缺頁、重頁、頁碼誤號，册數、卷數與資料不符，以及書名、作者姓名、朝代，乃至該書之撰輯，內文文字缺損，或封面與內文有別，影印瑕疵等問題，皆需開具「檢核影印稿疑義單」，一一提示，而逐一設法解決。例如紅印頁模糊、影印瑕疵，則重新複印，或剪貼修整版面；若册數、卷數與資料不符，如「白氏長慶集」二十八册、「白香山詩集」二十册，資料上兩書皆誤作二十四册，乾隆之「御製詩集」總共二百九十册，資料上誤爲二九一册，均一一在疑義單內註明，並於本館新編目錄中更正。而原書卷數如杜牧「樊川集」，總目作二十卷，原書實只十七卷，蓋刪詩集三卷，只存文集十七卷也；又如蘇軾之「東坡志林」，總目作五卷，而四庫本乃據商濬稗海本抄錄，其內容雖與五卷本同，然實分爲十二卷。若書中有誤號、缺頁、缺卷者，並盡可能查證各書之其他版本，確定其爲缺頁、缺卷或誤號，除少數之缺頁，由故宮方面主動以四庫薈要本或武英殿刋本配補外，本館絕不主動增補，絕不更易原書之片言隻字，只在原缺卷、缺頁或誤號處，加註按語以說明之，此類之按語，全書共有一三二〇條。至原書抄繕時之訛誤，乃至蓄意刪改，雖明知其誤或蓄意造僞，則一體仍之，不加改易，蓋本館之景印，重在景印原書而非加以訂補也。

（三）印刷裝訂 四庫乃中華文化精華，必將垂諸久遠，景印複製，必須講究品質，力求上佳，方符四庫之盛名，而紙張印裝，實爲第一要務。本書印刷用紙，初擬用六十磅高級模造紙，至付印之前，爲求印製之精進，乃改用全木漿道林紙，並向寶隆紙業公司定製。緣寶隆斗六紙廠有最新歐製之造紙機器，設備新穎，規模宏大。首批訂製之紙二千餘令，以顏色太白，不符原色之要求，全部廢棄重製。本館所以用原色而不用白色，以此書原定印製五年方能完成，所用之紙非一次造成，恐前後不一致，用原色則可稍去此弊。未幾寶隆公司因財務困難停工，余唯恐供紙中斷，專程前往斗六將存紙押運北返，並繼由宏康公司續製，因其機器與寶隆廠不同，乃再改用六十二磅道林紙，更求用料

之精善。本書紙張，始初除由寶隆公司供應近三千令外，曾用日產二千令，餘均由宏康公司分批生產，佔全書用紙百分之八十以上，歷次皆能配合需要，適時供應。某次造紙，略有瑕疵，其主事者來館面談，願不計損失，整批重製，數亦二千餘令。彼此合作，重視品質，有共同之諒解，深感欣慰。按百餘年來，歐美造紙皆採酸性系統抄紙，我國隨之，因其含酸性，紙張易老化變色而碎裂，為期書能久藏，數度洽商宏康，請其研究改良，經其悉心鑽研，遂改近中性而後再改鹹性製造，以去前弊，是為本省造紙業者所鮮見，而為該公司之創舉。至封面用布，係指定色澤與花紋，委請臺灣科樂史工業公司特製，並約定此種布料，除供本館四庫全書封面裝幀之用外，絕不另製以供他用。全書用料品質之講求，有如此者。

承攬印裝全書廠商一覽表

承攬廠商	照相製版		印刷		裝訂	
	冊數	%	冊數	%	冊數	%
正大印書館			八九一	五九・四	八六九	五七・九
永美印刷製版公司	六〇九	四〇・六	六〇九	四〇・六		
新隆製版公司	五二三	三四・九				
永欣照相製版公司	二五二	一六・八				
新格裝訂公司					六一八	四一・二
大山裝訂製本社					一三	〇・九
淘汰者二家	一一六	七・七				
合計	一、五〇〇	一〇〇	一、五〇〇	一〇〇	一、五〇〇	一〇〇

至印刷裝訂作業，最初計畫每日製一百版，印刷機五台，每年印製二十五萬頁，全書五年完成。余對承攬廠商，

選擇極其嚴謹，除廠房機器之硬體設備外，其軟體之技術、經驗，乃至工作態度，皆在考慮之列。七十二年四月，本館與廠商訂約，稍後增聘廠商，其中製版五家，而後淘汰二家；印刷二家，經常用印刷機六至八台；另裝訂三家，至封面燙金二家，則由承攬裝訂者負責。在合約中，詳細規定每天之製版數、印刷量與裝訂數。七二年五月中旬正式發印，始初承攬廠商因不諳本館對此巨製之特別重視，製版印裝不甚順利，其品質未達要求者，卽予廢棄重製重裝。其後余欲再次提高品質，並控制進度之要求，特對製版者於五個月內兩度主動加其獎金，約較原合約之單價增加百分之二十；印工與裝訂，一年間亦兩度主動加價，分別增加一成餘至二成。余所以不惜花費，兩度對業者主動加價，在品質上求好，而進度則求準時。各書皆先裝毛樣二册送檢，經逐頁比對原稿，並經初複驗核等六人次之查檢，認爲無誤而後方允正式裝訂。若印製未能達到標準，則需無償重印、重裝，並扣其獎金。各廠商在責任與利益攸關之下，均能謹愼將事，與本館通力合作，順利達成景印全書之目的。玆將各廠家承攬比例，表列如前頁。

(四) 包裝儲運　本書首期一百二十册，預定七十二年八月底出書，由於全書體積龐大，而驗收包裝發運等需要空間亦廣，本館原有之木柵倉庫無法容納，勢需購置新庫以應需要，乃登報徵求，應徵者十餘家，多不合用，就中有臺北縣土城鄉慶樂街之塑膠布廠求售，建坪四八〇坪，尙敷應用，遂卽議購。唯該廠尙在運作，而屋主合夥人有歧見，不肯早日交屋，多方攔阻，而是時首批書已陸續出版，無處可以堆放。適遇暑假，學校不上課，乃向某國中商洽，借用教室二間，暫時置放，並展開包裝工作，同時洽請布廠逐步拆除機器，每拆除一機，廠房空出一角，隨卽跟進以水泥舖地，裝繕營修，如此一拆一舖，亦步亦趨。某次，水泥經已攪拌，而機器不肯拆遷，僵持不下，攪拌後之水泥逾時失效，勉強舖地，終不能用，於是打掉重舖。週折至再，時已屆八月下旬，學校行將開學，余爲此心急如焚，俟其陳設拆清，方始於開課之前二日，將存放某國中之書運入新倉庫，繼續包裝。其時因廠房設備拆走，正在修繕中，屋中無電，而申請新用電不能卽得，夜間擧燭照明，在盛暑之八月天，缺乏空氣調節，同仁揮汗如雨，誠苦不堪言。此新購倉庫，因原主合夥人間之歧見，不能爽快遷讓，因此營修工程時續時輟，致稍曠費工料，庫屋包括建地

與營繕，以及電動升降貨機及書架等等設備，共費二千萬元。余亦爲此倉庫委屈求全，而神疲力倦。

土城倉庫定名爲本館第二倉庫，目前專爲收發貯藏四庫全書之用，指派工作同仁僅四員。進書時，逐本檢查以後，先以高磅牛皮紙包裝，每包編號並具名，然後裝箱，每箱兩包，平均裝書十四册，所用紙箱乃係特製，極爲堅靱考究，上載箱次及內裝起訖册次，以及裝箱者代號。又爲適應郵寄海外，依地區別另行預裝爲每箱廿公斤及十公斤者若干部，以備隨時付郵。包裝俱經複驗，從檢查至裝箱，各項作業過程皆有紀錄，既便查複，亦課其責任。有時工作特別繁忙，則自館中各單位調派人手或招請工讀生增援。迄今進庫量約近千噸，日出紀錄最高達四十餘噸，實則自檢查、包裝、裝箱、上架、捆紮，以至交運等逐次工作估計，三年來以此最少人手，何止搬動萬噸！余深感同人之辛勞。今日發書大致已畢，正值整理並清點存書中，預計本文付梓之時，可暫告一段落，休息數日矣。

（七）銷售與國內外反應

本館景印全書，雖目的在於傳播中華文化，實亦基於業務上之需要，故銷路問題，首先在考慮之列。七十一年研擬印行此書之時，正值經濟不景氣，投資意願低減，公私機關皆緊縮支出，政府且於預算執行中明令縮減經常費支出，百業相當蕭條，本館適於此時作如此重大投資，推出此一史無前例之大書，量多價昂，銷售對象爲誰？實爲余考慮之重要問題。籌印之初，余對此書可能銷路之估計，不局限於一隅，而係根據以往銷售珍本之資料爲基礎，進而析研各公共圖書館、文化中心、機關學校以及同業等近年之動態，就中人際關係自亦爲因素之一。對於世界各地區，亦據各項資料，作通盤之評估，並對國外各大學之東亞語文學系以及漢學圖書館，作相當詳盡之調查。其次需要決定者，即全書之售價，以及已購珍本客戶如何補償之問題。余根據此書之估計印製成本，包括原書複印、整理書稿、印製裝幀、人事開銷，以及版稅（本館需贈一定數量之書予故宮，以供國際交換之用），乃至倉庫貯運，資金之週轉，營運之風險，乃至各地區之郵寄費用（國內免收，海外則按實另加）等等，本着精算寬估原則，決定此書之整部預約

售價爲新臺幣一百二十八萬元（美金三萬二千元），因分十期出書，故亦分十期於客戶收到書後付款。若全書款一次預付者，則給予折扣優待。此後書價雖按出書期次逐期調整，但先前訂購者則仍照原訂價，絕不加增，以此祛除客戶之觀望，因越早訂購，書價越廉，訂購時又毋需繳款，早訂購並無利息上之損失。現今全書業已出齊，每部定價一百六十萬元，較最初之預約價共增加三十二萬元，計加四分之一。再次考慮者，即前此購買珍本之客戶如何酌予補償之問題。珍本與全書部分重複，若已購置珍本再訂購全書，則不免重複，事不公允，亦必影響其購置全書之意願，故必須酌予補償，使他們覺得合算，並消除心中之顧慮，方可促銷。補償之道，熟思再四，決定按照其已購珍本之集數，每集精裝本補償一萬五千元，平裝本補償一萬二千元，約當其購置珍本時書價之四成，於訂購全書之價款內分期扣除。例如已購精裝本珍本十三集者，共補償十九萬五千元，全書扣減補償後，淨價爲一百零八萬五千元。

書價與補償額度確定之後，當即於七十一年十二月二日公布登記預約辦法，余則與王經理家華奔走各縣市，拜訪各文教機關，積極推介，並往香港，探索當地市場。經此兩個多月之積極奔走，登記預訂者僅三十一部，成績雖尚差強人意，唯距五十整部之目標尚遠。余發覺因書價百餘萬元，客戶多不敢冒然簽署，對本館於不景氣聲中能否完成此書之印製，亦不無疑問，故多持觀望態度。余盱衡情勢，自信早先對於銷路略有幾成把握之信念益堅，爲祛除客戶之觀望，一則以維公司之信譽，乃於次年二月底——距登記預訂截止尚餘一整月，即毅然宣布提前決定印行，以利推銷工作之進行，同時更積極展開景印工作。

日本與韓國，久受中國文化之薰陶，對四庫全書有相當之認識，而兩國經濟發達，學術文教機構經費亦甚充實，若推銷得法，爲一極具潛力之市場。今本館既已決定景印全書，余遂急於前往日韓一行。時昌瑞卿先生已榮任故宮博物院副院長，向以提倡「四庫學」爲己任，與彼方學人亦頗多熟識，甚願乘全書景印之便，前往日韓推廣四庫學，並與彼方學人商榷切磋。余遂函請故宮博物院同意，邀請瑞卿先生結伴東渡，奔走於東京、京都以及漢城、釜山之間，行程緊湊，十分辛苦。彼方學術教育機構對於景印全書之計畫，咸表嘉許與支持，此蓋因瑞卿先生之聲望與號召力，

有以致之，衷心感紉。

當本書景印計畫推出之初，各方反應不一，國內及日韓等地，多深表贊同，唯歐美地區部分漢學家與圖書館，因不明內情，頗持反對意見，甚至歐洲某一學術團體之主事者，通函歐、美、澳洲各地區，一致抵制，並分函我國有關方面，表示應即停止景印計畫。彼方認爲全書與珍本部分重複，重複購置則增加財力負擔；而已購之珍本業經編目，訂購全書再予編目，增加人力負擔；且全書體積龐大，存放空間有限，因此建議續印珍本，至全書印完爲止。本館對此意見，深感其熱誠與關切，唯對其因不明實情而生之誤解，不能不加以剴切之譬解，說明本館景印全書，其目的在改進珍本之缺失，從而促進文化，提倡學術，絕非純以營利爲目的之「生意上之策略」；而購置全書與購買續印珍本，其價錢相若，並不增加財力負擔，亦即尚未印行之珍本，約佔全書之半，若予續印，其價格約當百分之百之全書；且凡購置珍本者，本館爲示公平，允照已購之集數予以補償，而仍保有原購之珍本；況全書予以典藏，專供圖書館內閱覽參考，珍本則可單册外借，方便讀者，更可發揮原有珍本之功用，亦非無謂之浪費；就庋藏之空間言，全書每頁納原書二葉，其體積僅爲珍本之半；又全書乃按四庫原次順序景印，既先印總目提要及簡明目錄以挈綱領，復增編景印全書目錄，以及書名及著者姓名索引，可循此檢索。其後本館特爲印製書卡全套，隨書附贈，則訂戶更可免編目之勞。經此懇切說明，國外之漢學界與圖書館界始瞭然本館之苦心，於是紛紛改變初衷，悉表贊同，踴躍訂購。抑且本館因此於七十四年度內書籍出口逾百萬美元，其中主要爲四庫全書，因外銷績優，榮獲經濟部國際貿易局之表揚，爲我出版業唯一獲此榮譽者，亦創業者之先河，然此僅爲七十四年度之業績，其七二、七三年及本年之外銷數尚未包括在內。四庫之景印，廣受國內外學術界之支持，由此可見一斑。此後余復幾度前往海外，與彼方學人與圖書館界會晤，彼此交換意見，殊感愉快。

再者，當本館於七十一年十二月宣布籌印全書後不久，歐美學人即紛紛來函告知，海峽彼岸亦有籌印文津閣本之議，而其售價之低廉，殆不可思議，顯然未曾經過詳細之成本估算。景印全書，本館雖勉著先鞭，發售預約，卻因此

頗遭阻力。次年九月初，即見香港某報大事刊載，彼岸影印之文津閣本，亦將原書二葉併縮爲一頁，同爲十六開，唯分裝一千二百册，自一九八四年開始出書，預定七年印竣，一九九〇年出齊，消息中則未提及訂價。美國及日本報刊對此則消息，頗見引述，此時本館印行之文淵閣本首期一百二十册，已於八月底如期出版矣。抑有進者，本館景印之第七期書於七十四年六月出版，至此，經、史、子三部皆已完成，已逾全書百分之七十，而集部正在趕印中，此時復從海外傳來消息，彼方有將本館景印之「文淵閣四庫全書」製作微縮膠卷（Microfilm）發售，分爲經、史、子、集四期製作，至一九八八年完成，取價美金一萬五千元，並分函各地，招攬預約。以上諸事，對本館景印四庫全書，直接或間接不無造成一些困擾，雖其書其卷是否已經印製發行，因未親眼目覩，不得而知。然由此可見四庫積歷代文獻大成，文化鴻寶，則不論中外或民族，以及意識型態之差異，皆同受重視。

猶憶十餘年前，監察院曹委員啓文先生本於對傳統學術文化之關愛，曾提案建議政府景印四庫，案經院會通過，由行政院將此決議案交由故宮議辦，因限於當時之環境，未曾施行。六十八年十二月，報載執政黨四中全會通過九項提案，交中央常務委員會研究處理，其中一項爲：「王昇等五位委員，爲保存歷史文物，發揚中華文化，提議影印四庫全書。」其辦法爲由故宮博物院、中央文工會、行政院新聞局，會同各文化事業公司及其他有關文化事業單位，共同籌組「四庫全書景印委員會」，進行估價，所需經費先由中央補助，以成其事，俟有銷路，再行逐步歸還。據悉此五位委員除王化行（昇）將軍外，其他四人爲秦心波（孝儀）、李錫俊（煥）、宋長志、沈之岳等先生，俱爲國內有識知名人士和黨政要員，亦亟思籌謀景印，以弘揚文化。然由於此書龐大，民國以來，多次試圖景印未成，其中兩次爲中央政府主動提出，另一次則爲東北地方當局，甚至民國廿二年本館選印珍本初集，亦爲當時教育部與國立中央圖書館籌備處全力促成，是政府一向重視本書之景印流傳，可無疑義。際此文化復興聲中，政府亦將文化建設列爲十四項重大建設之一，而今本館不計盈虧，不藉補助，獨立自資，干冒風險，完成此書之印製，公私皆歡喜讚歎，鼎力支持。

本書之印行與銷售，普受國內外學術機構與廣大讀者之歡迎，俱皆本於學術熱誠和對文化之關愛，迭相來信，或面致鼓勵，或爲文揄揚。海外之華文報刋尤競相報導，例如美洲「世界日報」，數度大幅刊載景印全書消息。新加坡之南洋星洲「聯合晚報」，亦以幾近半版之篇幅刋登特稿，認爲此書「有珍藏價値」，時本館景印第一期書一百二十册方告出版，卽特派員專程携往新加坡，在世界貿易中心書籍展覽會場中展出，該文作者因此建議新加坡人，「不妨去看看老祖宗的文化面貌」。觀此，非僅海外華人與我們有着共同之文化脈動，卽日韓受中國文化影響地區，亦對四庫全書有種親和力，使我們推展四庫，得以順利進行，此尤爲余所感慰者也。

（八）全書完成

景印文淵閣四庫全書，原定包括索引共爲一、五〇〇册，其中「四庫全書考證」一書，原預定爲三册，爲查考方便起見，特按經、史、子、集之四部分類，析爲四册，故至「考證」印畢，已滿一、五〇〇册。全書分十期出版，原定於七十七年二月完成，由於同仁之努力與承攬廠商之配合，歷次均告提前出書，最後一批於本年三月廿八日印裝完竣進庫。計自七十一年十二月一日開始複印原書起算，至全書完成，爲時三年三月又二十八天；若自七十二年二月底決定印行起算，爲時三年又廿八天；若自七十二年四月十五日開始整理書稿起算，則尙不足三年，均較原定五年全書出齊之時間，大幅提前。玆將各期原定出書之時間與實際提前出書之時間，以及景印本之頁數，原書册數等項，表列如次頁。

索引因編輯繁複，排校費時，故稍延時日，而不能與全書同時出版。除索引外，本館復編輯景印本之全書總目錄，分全書册次、分部册次、頁次、書名、著者及已輯印珍本之集次等項排列，各書之卷數和原册數，皆曾仔細點數，若有缺卷，亦一一註明，甚便查考。另附原「文淵閣四庫全書分架圖」，此三種合爲一册，現正印刷中，可於本（七）月二十五日出版，連全書合計，共爲一、五〇一册。至此，文淵閣全書已成完璧，無復遺珠。全書豎立排列

書脊長度達二一五英尺。淨重二千三百六十二公斤，含紙箱毛重則爲二千五百五十五公斤，裝爲一百有七箱，另書卡

景印全書出版時間比較表（附載景印本頁數及原書冊數）

期次	類別	冊數	冊號	原定出書時間	實際出書時間	景印本頁數		原書冊數
一	總目提要	五冊	一—五	七二年八月底	七二年八月卅一日	四、六六四	*四、六六四	一二八冊
	簡明目錄	一冊	六			五五六	*五五六	一七冊
	經部	一一四冊	七—一二〇			九〇、四九二	一八八、三九八	五、四九七冊
二	經部	一二二冊	一二一—二四二	七三年二月底	七二年十二月廿九日	九七、九〇六		
三	史部	一五〇冊	二四三—三九二	七三年八月底	七三年三月廿七日	一二〇、四〇六	三五九、八五六	九、五一三冊
四	史部	一五〇冊	三九三—五四二	七四年二月底	七三年七月十四日	一一九、七〇〇		
五	史部	一五二冊	五四三—六九四	七四年八月底	七三年十月三十日	一一九、七五〇		
六	子部	一八〇冊	六九五—八七四	七五年二月底	七四年二月廿七日	一四七、八三二	二九六、六七〇	九、〇七〇冊
七	子部	一八七冊	八七五—一〇六一	七五年八月底	七四年六月廿一日	一四八、八三八		
八	集部	一五〇冊	一〇六二—一二一一	七六年二月底	七四年九月十六日	一一九、八三六	三四七、三六二	一二、二七八冊
九	集部	一五〇冊	一二一二—一三六一	七六年八月底	七四年十二月廿六日	一二〇、〇九二		
十	集部	一三五冊	一三六二—一四九六	七七年二月底	七五年三月廿八日	一〇七、四三四		
	考證	四冊	一四九七—一五〇〇			二、六九四	二、六九四	七二冊
合計		一、五〇〇冊		提早一年又三三七天出齊		一、二〇〇、二〇〇頁		**三六、五七五冊

註：*總目提要含索引三八八頁；簡明目錄含索引一五八頁。

**另「文淵閣四庫全書分架圖」八冊，附印在本館新編目錄之後。

一箱。此爲世界上第一大書，殆無疑義。

由於訂購本書之客戶，大多爲國內外大學及公私立圖書館，其所購圖書皆須編目，而本書卷帙龐大，若個別編目，非一兩年不易竣事，所費人力物力，極爲可觀，許多圖書館苦於缺乏人力，編目工作不能順利完成。余爲本諸服務之旨，特商請國立中央圖書館協助，承王館長振鵠先生之雅意，欣然同意採用中國圖書編目規則，依照中國機讀編目格式，編製書卡全套，包括主副卡、書名及作者分析卡，國外部分且另編附有羅馬拼音。每套供國內用者八、一〇三張，國外一五、二九八張，皆由本館印製，隨書附贈。本館雖爲此額外支出花費二百萬元有餘，而購買全書之國內外各圖書館則可免除各別編目之勞，所節省之人力物力，數百倍於此。此舉頗獲讚許，殊堪告慰。

今年四月，行政院新聞局因本館出版四庫全書，有功學術文化，特頒獎狀，以資鼓勵。張局長京育先生於致詞中有謂：

多年以來，商務印書館過去在大陸，近年在我們復興基地，可以說都是出版界非常重要的力量，他不僅對學術方面有很多貢獻，同時對學術本身的普及化，也有非常大的貢獻，他不僅出版了很多大部頭的、深奧的、學術性的書籍，也把各門各類的學術，用深入淺出的方式，帶給我們國民更多的知識和常識，在這方面，我們從小到大，可以說都受到商務印書館之惠。………我這次來，是因爲商務印書館出版了「景印文淵閣四庫全書」一千五百巨册，我們覺得這是學術界的一件大事，要有很大的擔當和魄力，才能來擔任這個重任的工作，所以我特別代表新聞局致贈一面獎牌給商務印書館，來表達我們的敬意。我想把上面所寫的幾句話唸給各位參考：「臺灣商務印書館以無比之人力、物力與毅力，費時三年，完成文淵閣四庫全書景印本。全書一千五百巨册，論卷帙之富，品目之繁，均足以震爍古今，傲視中外。對於宏揚中華文化，卓著貢獻。特贈獎牌，用資表揚。」

吾人多年之辛勞，至此得到政府與社會各界之肯定。而此書之得以順利景印出版，亦有賴政府與社會各界之支持與鼓勵。而故宮博物院蔣前院長慰堂先生惠然同意借印，並寵賜序文，以光篇幅；秦院長心波先生於接長故宮之後，更積極支持，亦惠賜鴻篇，復於複印工作完成，賜宴慰勞同仁；昌副院長瑞卿先生指示編輯方針，解析疑難，既爲本書撰

寫長序・復爲武英殿本總目提要撰寫長跋，考證其版本得失，且不辭辛勞，僕僕風塵，前往日韓宣揚四庫學；故宮文獻處處長王璞先生、研究員兼科長吳哲夫先生，以及其他諸君子，多方協助；行政院文建會陳主委奇祿先生於全書籌印之初，於臺大校友會招宴暢談，多所鼓勵，並賜序文；陳處長康順先生亦鼎力支持；中央圖書館王館長振鵠先生之盛情，與其同仁爲本書編製書卡。以上諸位前輩先生及友好之熱誠贊助，尤令余銘感五中，不能或忘，謹此致謝！

同仁中，王經理家華頗能洞悉隱微，對余多所鼓勵，頗覺吾道不孤，並於全書之銷售，特著貢獻。郭寶瑛與雷成敏兩小姐主持整理書稿及景印事宜，一切拉雜事項，統籌兼顧，備極辛勞。張子文兄則負文字之役，舉凡查證原書，加注按語，處理一些疑義和配本，並編輯全書目錄和索引，誠屬難能。出版科章科長堯鑫兄爲印刷資深長才，協助督責印刷裝訂，使此書之印裝俱臻上乘。倉庫林明宗兄等同仁於全書之點收檢查，包裝出貨，盛暑中揮汗工作，極其勞苦。又臺大王民信兄於全書目錄及索引之發凡起例，參酌意見；王權之兄退休多年，今特於索引中四角號碼部分用心審核，均爲余所感念。

總之，文淵閣四庫全書之景印問世，使此一中華文化精華得以化身千百，沾溉無窮而不虞散佚，完成本館先輩一甲子以還未了之心願，實現國人和世界人士將近一個世紀以來殷切之期望，而今（七十五）年又恰逢本館創業九十週年，尤特具紀念意義。余亟盼因此書之景印出版，能促成四庫學之研究發展，使我國之學術更上層樓，更進一步。

景印文淵閣四庫全書目錄

景印文淵閣四庫全書目錄 目次

凡例……一
欽定四庫全書總目……一
欽定四庫全書簡明目錄……一

經部

易類……一
書類……一五
詩類……二〇
禮類……二六
一、周禮之屬……二六
二、儀禮之屬……二八
三、禮記之屬……三〇
四、三禮總義之屬……三二
五、通禮之屬……三三
六、雜禮書之屬……三三
春秋類……三四
孝經類……四五
五經總義類……四六
四書類……四九
樂類……五六
小學類……五八
一、訓詁之屬……五八
二、字書之屬……五九
三、韻書之屬……六三

史部

正史類……六六
編年類……七〇
紀事本末類……七四
別史類……七六
雜史類……七八
詔令奏議類……八〇
一、詔令之屬……八〇
二、奏議之屬……八一
傳記類……八三
一、聖賢之屬……八三
二、名人之屬……八四
三、總錄之屬……八五
四、雜錄之屬……八八
史鈔類……八九
載記類……九〇
時令類……九二
地理類……九二
一、宮殿簿之屬……九二
二、總志之屬……九二
三、都會郡縣之屬……九三
四、河渠之屬……九七
五、邊防之屬……一〇〇
六、山水之屬……一〇〇
七、古蹟之屬……一〇一
八、雜記之屬……一〇二
九、遊記之屬……一〇四
十、外紀之屬……一〇四
職官類……一〇六
一、官制之屬……一〇六
二、官箴之屬……一〇七
政書類……一〇八

一、通制之屬……一〇八
二、儀制之屬……一〇九
三、邦計之屬……一一二
四、軍政之屬……一一二
五、法令之屬……一一三
六、考工之屬……一一三
目錄類……一一四
一、經籍之屬……一一四
二、金石之屬……一一五
史評類……一一七

子部

儒家類……一二〇
兵家類……一二九
法家類……一三一
農家類……一三一
醫家類……一三二
天文算法類……一四〇
一、推步之屬……一四〇
二、算書之屬……一四三
術數類……一四五
一、數學之屬……一四五
二、占候之屬……一四七
三、相宅相墓之屬……一四七
四、占卜之屬……一四八
五、命書相書之屬……一四九
六、陰陽五行之屬……一五〇
藝術類……一五一
一、書畫之屬……一五一
二、琴譜之屬……一五六
三、篆刻之屬……一五七
四、雜技之屬……一五七
譜錄類……一五八
一、器物之屬……一五八

二、飲饌之屬……一六〇
三、草木禽魚之屬……一六一
雜家類……一六三
一、雜學之屬……一六三
二、雜考之屬……一六四
三、雜說之屬……一六九
四、雜品之屬……一七六
五、雜纂之屬……一七七
六、雜編之屬……一七八
類書類……一七八
小說家類……一八六
一、雜事之屬……一八六
二、異聞之屬……一九三
三、瑣記之屬……一九六
釋家類……一九六
道家類……一九八

集部

楚辭類……二〇二
別集類……二〇三
一、漢至五代……二〇三
二、北宋建隆至靖康……二一五
三、南宋建炎至德祐……二二七
四、金至元……二五一
五、明洪武至崇禎……二六七
六、清代……二九〇
總集類……二九六
詩文評類……三一一
詞曲類……三一六
一、詞集之屬……三一六
二、詞選之屬……三二〇
三、詞話之屬……三二一
四、詞譜詞韻之屬……三二二
五、南北曲之屬……三二二
欽定四庫全書考證……三二二

景印文淵閣四庫全書目錄

凡例

一、文淵閣四庫全書，共收書三千四百餘種，都七萬九千三百餘卷，凡三萬六千五百餘册，卷帙殊爲繁富。本館以原庫本二葉合爲一頁、十六開大本景印，精裝一千五百鉅册，原期五年始克蕆事，唯經全力以赴，前後僅三年即告竣功。庫本全書原有「總目」與「簡明目錄」，本館先予影印，以挈綱領；唯總目與簡目卷帙亦極繁多，披覽亦頗不易，且與庫本全書亦間或有所出入，故特編印本目錄，冀求實用，以便檢索。

二、四庫全書分經、史、子、集四部，每部又分類，類下有屬。全書共四十四類，若併別集類之子目合計，則有屬凡七十。景印本悉照四庫分類輯印，最後並加編景印本全書目錄暨索引，全書共計：

欽定四庫全書總目　附抽燬書提要及索引	五册
欽定四庫全書簡明目錄　附補遺及索引	一册
經部　十類	二百三十六册
史部　十五類	四百五十二册
子部　十四類	三百六十七册
集部　五類	四百三十五册

欽定四庫全書考證　四冊

附　景印文淵閣四庫全書目錄暨索引　一冊

景印各書，每冊均賦以全書冊次暨其所屬部之冊次號，悉加編頁碼。今全書印竣，特加編「景印文淵閣四庫全書目錄」及書名、著者姓名之四角號碼索引與筆劃部首索引，以利檢索。至原文淵閣四庫全書分架圖兩種，亦一併收錄，庶成完璧。

三、各書如有「卷首」、「附錄」、「圖說」等字樣，均隨原書目錄次行低格呈示。如：

欽定詩經樂譜全書	三〇卷	二四冊	清永瑢　鄒奕孝等奉敕撰
卷首	一卷		
附　欽定樂律正俗	一卷		

若附錄之書，有單行性質與獨立名稱者，則將其書名一一標出。如：

周易輯聞	六卷	八冊	宋趙汝楳撰
易雅	一卷		
筮宗	一卷		

四、各部目錄之排列，悉照「景印文淵閣四庫全書」之冊次爲序，各書次第則以冊內頁碼之先後爲準。凡著錄之書，標示其所居景印本全書之冊次暨其所屬部之冊次、冊內之起始頁碼、書名、卷數、原書冊數、撰著者或編纂輯注者之姓名。若一冊內收書數種，其全書冊次及分部冊次僅標示於第一種書之上端，其他各書則只列頁碼。如：

一〇　經四	一	紫巖易傳	一〇卷	六冊	宋張浚撰
	二〇三	讀易詳說	一〇卷	六冊	宋李光撰

四五九　易小傳　六卷　六册　宋沈該撰

右三書均在景印本第十册內，其屬部册次是經部第四册，起始頁碼分別是一、二六三、四五九。

若某書因篇帙龐大，需佔數册，其起迄册次則一併臚列，册次下之起始頁碼，除非另行標示，皆為該書起始册內之頁碼。如：

一三五　經一二九　一　五禮通考　二六二卷
—一四二　—一三六　一　目錄　二卷
　　　　六六　卷首　四卷　二二八册　清秦蕙田撰

右書在景印本第一三五册至第一四二册內，其屬部册次是經部第一二九至第一三六册，起始頁碼一及目錄、卷首之頁碼一、六六，皆在第一三五册（卽經部之一二九册）內。

若一書佔有數册，而卷後尙有附錄，且所附之書，具有獨立性質與單獨名稱者，其書名、頁碼、册次，均不憚繁瑣重複，特為一一標出，以便檢索。如：

一三三　經一二七　一　禮書綱目　八五卷
—一三四　—一二八　三　目錄　一卷
　　　　四五　卷首　三卷　三八册　清江永撰
一三四　經一二八　五七八　附　論律呂　二卷
　　　　六三　深衣考誤　一卷

右「禮書綱目」一書，收在景印本第一三三册至第一三四册內，其屬部册次為經部第一二七至第一二八册，起始頁碼一及目錄、卷首之頁碼三、四五，均在前一册卽第一三三册（經部第一二七册）內，附錄兩種之頁碼五

七八、六一二，則在後一册卽第一三四册（經部一二八册）內。餘類推。

五、本目錄內所著錄之書名、人名，悉以景印本各册內封之「本册目次」所載者爲準，凡書名前所冠「欽定」、「御定」、「御製」、「御纂」、「重訂」、「增訂」、「古本」、「原本」、「新本」、「別本」等字樣，概仍其舊。而書名之著錄，大致以原書爲準，若原書之封面、提要、序跋、內文各卷標題互有出入，則擇其善者而從之。玆舉數例說明如下：

①有時爲力求完整周延，著錄之書名盡可能取其全名。如揚雄之「方言」，總目與簡明目錄著錄時皆只作「方言」，原書封面亦從簡稱，本目錄則從內文標題「輶軒使者絕代語釋別國方言」著錄。又如「親征平定朔漠方略」，亦從內文標題作「聖祖仁皇帝親征平定朔漠方略」；「事文類聚」作「古今事文類聚」。

②但亦有全名過長，贅冗難記，則概從簡稱。如詔令奏議類之「太祖高皇帝聖訓」，其全名原應作「大清太祖承天廣運聖德神功肇紀立極仁孝睿武端毅欽安弘文定業高皇帝聖訓」，此名將清太祖努爾哈赤之諡號整個著錄，非僅過於冗長，且並無特殊意義，則概從刪略。其他如太宗、世祖、聖祖等之「聖訓」，竝仿此。

③若原書封面、內文及原書提要之書名皆一致，唯此名稱實稍欠妥當，而總目或簡明目錄所著錄者如較爲正確，本目錄卽從總目或簡目著錄而不從原書。如政書類通制之屬，宋李心傳所撰「建炎以來朝野雜記」一書，庫本原書裏裏外外，通作「建炎雜記」。查建炎爲宋高宗年號，短短僅有四年，而此書記宋室南渡後高、孝、光、寧四朝之事，均與建炎無涉，且是書與「建炎以來繫年要錄」互爲經緯，是以本目錄從總目、簡目著錄爲「建炎以來朝野雜記」，核其實也。

④若兩書之名相同，總目或簡目著錄時，或加著者姓氏、別號，或加「原本」、「增訂」等字樣以爲區別，本目錄亦依此原則著錄。如經部禮類禮記之屬收有宋衛湜及元陳澔所著二書，皆名「禮記集說」，總目題衛湜之

書爲「禮記集說」，而因學者稱陳澔爲雲莊先生，故題其書曰「雲莊禮記集說」，以別於衛氏之書，唯原書封面稱陳澔之書不曰「雲莊」而作「陳氏」，今卽從原封面著錄爲「陳氏禮記集說」。

六、書名或著者姓名常因避諱或缺筆、或改字，甚爲複雜，且前後著錄每多不一致，令人莫知所從。其缺筆者可逕予復原，問題尙少，改字者則困擾殊多，如不加更易而悉照原稿著錄，則同一著者若有多種著作，其姓名往往兩歧，如丘濬，或作「邱濬」，吾丘衍或作「吾邱衍」、「吾衍」，陳弘緒、趙弘恩、張弘範，書中或缺筆作「弘」，或改字作「宏」，鄭玄或缺筆作「玄」，或改字作「鄭元」，似此兩歧，不知者或以爲兩人。後漢書著者范曄之「曄」字，缺筆作「曄」，尙易了解，吳越春秋之趙曄改字作「趙煜」，猛然間不易知爲誰氏。且古書流傳，非僅四庫，似此鑿枘不相應，徒增研究之困難，而絲毫無實質上之意義。今凡因避諱缺筆、改字相涵者，率取缺筆而不從改字，並均爲之復原，以求一致。其元朝人之譯名，經清帝改竄者，在目錄上均從清代「改正」之譯名著錄，不爲復原，而於索引中說明之。凡書名或人名，其有別名、異名者，分別於書名、著者姓名之四角號碼索引與筆畫部首索引內參見引出，以示某書卽某書，某人卽某人。

七、著者生當鼎革之秋，或處南北對峙之時，書中所署朝代常不一致，或書勝朝，或署新朝，如金履祥介於宋元之間，其時代或作宋，或作元；陶宗儀生當元明之際，或作元，或作明。遇此情況，則考較作者之生平，成書之時日，並查證其人在四庫別集中所繫之時代，俾在目錄上儘可能求其一致，如金履祥歸之於宋，陶宗儀則屬之於明。若不詳作者之朝代，則以方框□表示之；若並不詳其姓氏，則題曰「不著撰人」。如：

四〇八　史一六六　七七七　咸淳遺事　二卷　一冊　宋 不著撰人

八三三　大金弔伐錄　四卷　四冊　□ 不著撰人

八、本目錄內各書之卷數，均按照四庫舊有之算法。如：

周禮傳　一〇卷　明 王應電撰

原書實僅五卷，因每卷均有上下卷，四庫著錄時係析分子卷而計，故稱十卷。又如：

禮經會元　四卷　宋 葉 時撰

原書每卷亦均有上下卷，若析子卷而計，應爲八卷，然原著錄時係合而計之，故稱四卷。

各書之卷數若有缺佚時，則僅書實存卷數，並註明原書卷數及原缺卷次。如：

段氏毛詩集解　存二五卷（原三〇卷缺卷二六—三〇）卷首一卷｝一二册　宋 段昌武撰

此書原本三十卷，庫本後五卷佚缺，僅存二十五卷。

若一書中其內容包含各自獨立的部分，除總名外，亦一併將其子目名稱列出，並注明其卷數、册數，唯子目之卷數、册數均加括號以爲別，俾免重複核算。如：

二九六　史五四　一　欽定遼金元三史國語解　四六卷　二一册

三　欽定遼史語解　（一〇卷）（四册）

二八　欽定金史語解　（一二卷）（五册）

三四　欽定元史語解　（二四卷）（一二册）

右「欽定遼金元三史國語解」一書，實包含各自獨立之「遼史語解」、「金史語解」、「元史語解」三書，其卷數和册數分別爲一〇卷、一二卷、二四卷，四册、五册、一二册；三者相加共爲四十六卷及二十一册，即爲「遼金元三史國語解」一書之卷數與册數。

九、本館於民國二十二年景印「四庫全書珍本初集」，五十八年在臺重版，其後逐年選印國立故宮博物院所藏文淵

閣本，連同別輯在內，共已印行十三集，凡收書一千八百七十八種，一萬五千九百七十六册，約佔全書之半。

今爲便於查考，凡經已印行珍本者，特在本目錄下欄註明其集次，如：

三一	經二五	一	周易辯錄	四卷 四册	明楊爵撰	四集
		三三	易像鈔	一八卷 七册	明胡居仁撰	初集
		四三	周易象旨決錄	七卷 六册	明熊過撰	二集
		六一	易象鉤解	四卷 四册	明陳士元撰	

右第三十一册內，收書四種，前三書業經景印，分別收於四庫全書珍本第四集、初集、第二集中，「易象鉤解」則未曾景印，故其下無珍本之集次。

景印文淵閣四庫全書目錄

全書冊次	分部冊次	頁次	書名	著者	珍本集次
一—五	總目一—五	一	欽定四庫全書總目 二〇〇卷	清 永瑢 紀昀等撰	
		一	卷首 四卷（一二八冊）		
五	總目五	三四九	附 四庫抽燬書提要		
			書名及著者姓名索引		
六	簡目	一	欽定四庫全書簡明目錄 二〇卷 一七冊	清 永瑢 紀昀等撰	
		九五	附 補遺		
			書名及著者姓名索引		

經部（第七冊至第二百四十二冊）

易類（第七冊至第五十三冊）

全書冊次	分部冊次	頁次	書名	著者	珍本集次
七	經一	一	子夏易傳 一一卷 四冊	舊題周 卜子夏撰	
		一二九	周易鄭康成註 一卷 一冊	漢 鄭玄撰 宋 王應麟編	

全書冊次	分部冊次	頁次	書名		著者	珍本集次
八	經二	一四七	增補鄭氏周易	三卷　一冊	漢鄭玄撰　宋王應麟輯　清惠棟考補	
		一八五	陸氏易解	一卷　一冊	吳陸績撰　明姚士粦輯	
		二〇一	周易註	一〇卷　四冊	魏王弼　晉韓康伯撰	
		二一三	周易註疏	一三卷	魏王弼　晉韓康伯注　唐陸德明音義　孔穎達疏	
		五八四	附　周易略例		魏王弼著　唐邢璹注	
			附　考證	一卷　（以上）一二冊	清朱良裘　陳浩　李清植等考證	
		六〇三	周易集解	一七卷　八冊	唐李鼎祚撰	
		一	周易口訣義	六卷　四冊	唐史徵撰	別輯
		一〇五	周易舉正	三卷　一冊	舊題唐郭京撰	九集
		一二五	易數鈎隱圖	三卷	宋劉牧撰	
		一六〇	附　遺論九事	一卷　（以上）二冊		
		一六九	周易口義	一〇卷	宋胡瑗撰　倪天隱述	三集
		四四九	繫辭	二卷		
		五四七	卷末　說卦　序卦　雜卦	一卷　（以上）一二冊		
		五六五	溫公易說	六卷　二冊	宋司馬光撰	別輯
		六五九	橫渠易說	三卷	宋張載撰	
		七六〇	附　橫渠先生行狀	一卷　（以上）三冊	宋呂大臨撰	

號	冊	頁	書名	卷數	冊數	撰者	集
九	經三	一	東坡易傳	九卷	六冊	宋蘇　軾撰	
		一五五	伊川易傳	四卷	四冊	宋程　頤撰	
		四〇一	易學辨惑	一卷	一冊	宋邵伯溫撰	二集
		四一三	了齋易說	一卷	一冊	宋陳　瓘撰	初集
		四五九	吳園周易解	九卷	三冊	宋張　根撰	
		五六九	附錄	一卷			
		五七七	周易新講義	六卷	四冊	宋耿南仲撰	初集
一〇	經四	一	紫巖易傳	一〇卷	六冊	宋張　浚撰	
		二六三	讀易詳說	一〇卷	六冊	宋李　光撰	初集
		四五九	易小傳	六卷	六冊	宋沈　該撰	
一一	經五	一	漢上易傳	一一卷	一〇冊	宋朱　震撰	
		三〇八	卦圖	三卷			
		三六一	叢說	一卷			
		三九五	周易窺餘	一五卷	六冊	宋鄭剛中撰	別輯
		五九七	易璇璣	三卷	一冊	宋吳　沆撰	
		六二七	易變體義	一二卷	五冊	宋都　絜撰	初集
一二	經六	一	周易經傳集解	三六卷	一四冊	宋林　栗撰	初集

全書冊次	分部冊次	頁次	書名		著者	珍本集次
		五〇五	易原	八卷 四冊	宋 程大昌撰	別輯
		五九九	周易古占法	一卷 ⎫ 一冊	宋 程迥撰	十一集
		六〇九	周易章句外編	一卷 ⎭		
		六一五	原本周易本義	一二卷 ⎫ 二冊	宋 朱熹撰	六集
		七〇〇	卷末	二卷 ⎭		
		七〇五	別本周易本義	四卷 三冊	宋 朱熹撰 明 成矩編	六集
一三	經七	一	郭氏傳家易說	一一卷 六冊	宋 郭雍撰	九集
		二七五	周易義海撮要	一二卷 一〇冊	宋 李衡撰	
		六一五	南軒易說	三卷 三冊	宋 張栻撰	三集
		六八一	復齋易說	六卷 二冊	宋 趙彥肅撰	
一四	經八	一	楊氏易傳	二〇卷 六冊	宋 楊簡撰	七集
		二一五	周易玩辭	一六卷 六冊	宋 項安世述	
		四四九	趙氏易說	四卷 四冊	宋 趙善譽撰	別輯
		五一三	誠齋易傳	二〇卷 一〇冊	宋 楊萬里撰	
一五	經九	一	大易粹言	七三卷 ⎫ 一八冊	宋 方聞一編	二集
		三	卷首	一卷 ⎭		

冊次	編號	頁	書名	卷數	冊數	撰者	集
		七五三	易圖說	三卷	一冊	宋吳仁傑撰	
		七七九	古周易	一卷		宋呂祖謙編	
		八〇九	易傳燈	四卷	二冊	舊題宋徐總幹撰	別輯
		八五一	易裨傳	二卷	一冊	宋林至撰	
		八六三	外篇	一卷			
一六	經一〇	一	厚齋易學	五〇卷	二四冊	宋馮椅撰	初集
		五	易輯注	(四卷)			
		六九	易輯傳	(二八卷)			
		五九三	易外傳	(一八卷)			
		八一九	附錄 先儒著述	二卷			
一七	經一一	一	童溪易傳	三〇卷	一二冊	宋王宗傳撰	
		三七九	周易總義	二〇卷	六冊	宋易祓撰	三集
		六三一	西谿易說	一二卷	四冊	宋李過撰	初集
		七七五	丙子學易編	一卷	一冊	宋李心傳撰	
		七九七	易通	六卷	六冊	宋趙以夫撰	初集
一八	經一二	一	周易卦爻經傳訓解	二卷	二冊	宋蔡淵撰	初集
		一〇七	易象意言	一卷	一冊	宋蔡淵撰	別輯
		一一三	周易要義	一〇卷	六冊	宋魏了翁輯	十集

全書冊次	分部冊次	頁次	書名	卷數	冊數	著者	珍本集次
一九	經一三	三〇三	易翼傳	二卷	四冊	宋鄭汝諧撰	
		四一五	文公易說	二三卷	一二冊	宋朱鑑編	
		一	易學啓蒙小傳	一卷	一冊	宋稅與權撰	
		一七	附 易學啓蒙古經傳	一卷			
		二五	周易輯聞	六卷	六冊	宋趙汝楳撰	
		二八六	附 易雅	一卷	一冊		
		三一七	筮宗	一卷	一冊		
		三四九	用易詳解	一六卷	六冊	宋李杞撰	初集
		五七九	淙山讀周易	二一卷	六冊	宋方實孫撰	初集
二〇	經一四	一	周易傳義附錄	一四卷	二〇冊	宋董楷撰	
		七	綱領	一卷			
		三一	圖說	一卷			
		六五三	易學啓蒙通釋	二卷	二冊	宋胡方平撰	
		七四一	三易備遺	一〇卷	四冊	宋朱元昇撰	
二一	經一五	一	周易集說	四〇卷	一二冊	宋俞琰撰	十一集
		三九五	讀易舉要	四卷	四冊	宋俞琰撰	初集

編號	經	頁	書名	卷數	册數	撰者	集
二二	經一六	四七三	易象義	一六卷	一二册	宋 丁易東撰	二集
		四七九	卷首・易統論	一卷			
		七八九	易圖通變	五卷	一册	宋 雷思齊撰	
		八二一	易筮通變	三卷	一册		
		一	讀易私言	一卷	一册	元 許衡撰	
		九	易附錄纂註	一五卷	五册	元 胡一桂撰	
		一九九	周易啓蒙翼傳	四卷	四册	元 胡一桂撰	
		三九九	易纂言	一二卷	六册	元 吳澄撰	
		四〇一	卷首	一卷			
		五九五	易纂言外翼	八卷	二册	元 吳澄撰	別輯
		六九七	易源奧義	一卷	一册	元 保巴撰	初集
		七一〇	周易原旨	八卷	四册		
二三	經一七	一	周易程朱傳義折衷	三三卷	一四册	元 趙采撰	初集
		四四七	周易衍義	一六卷	一六册	元 胡震撰 胡光大續	初集
二四	經一八	一	易學濫觴	一卷	一册	元 黃澤撰	十集
		一七	大易緝說	一〇卷	一〇册	元 王申子撰	
		三〇〇	附 續刋大易緝說始末	一卷		元 田澤撰	
		三〇五	周易本義通釋	一二卷	六册	元 胡炳文撰	

全書冊次	分部冊次	頁次	書名			著者	珍本集次
二五	經一九	五七七	周易本義集成	一二卷	六冊	元 熊良輔撰	
		一	大易象數鈎深圖	三卷	三冊	元 張理撰	
		九七	學易記	九卷	一〇冊	元 李簡撰	
		九九	卷首	一卷			
		四一七	周易集傳	八卷	四冊	元 龍仁夫撰	八集
		五〇九	讀易考原	一卷	一冊	元 蕭漢中撰	五集
		五三七	易精蘊大義	一二卷	一二冊	元 解蒙撰	二集
二六	經二〇	一	易學變通	六卷	三冊	元 曾貫撰	別輯
		六九	周易會通	一四卷	一二冊	元 董眞卿撰	
		八五	卷首	二卷			
		六〇九	附錄	二卷			
		六一七	周易圖說	二卷	一冊	元 錢義方撰	初集
二七	經二一	一	周易爻變易緼	八卷	六冊	元 陳應潤撰	四集
		一九五	周易參義	一二卷	六冊	元 梁寅撰	
		四二三	周易文詮	四卷	三冊	元 趙汸撰	初集
二八	經二二	一	周易傳義大全	二四卷	二四冊	明 胡廣等奉敕撰	十集

編號	號次	頁	書名	卷數	冊數	著者	集
二九	經二三	一	易經蒙引	一二卷	二六冊	明　蔡　清撰	四集
三〇	經二四	一	讀易餘言	五卷	二冊	明　崔　銑撰	四集
		九五	啓蒙意見	四卷	四冊	明　韓邦奇撰	四集
		一九五	易經存疑	一二卷	一二冊	明　林希元撰	三集
三一	經二五	一	周易辯錄	四卷	四冊	明　楊　爵撰	四集
		一三一	易像鈔	一八卷	七冊	明　胡居仁撰	初集
		四三一	周易象旨決錄	七卷	六冊	明　熊　過撰	二集
		六五一	易象鈎解	四卷	四冊	明　陳士元撰	
三二	經二六	一	周易集註	一六卷	一二冊	明　來知德撰	四集
		五	卷首	二卷			
		四二九	讀易紀聞	六卷	六冊	明　張獻翼撰	四集
		五八五	葉八白易傳	一六卷	一二冊	明　葉　山撰	三集
三三	經二七	一	讀易述	一七卷	一四冊	明　潘士藻撰	三集
		五五九	像象管見	九卷	六冊	明　錢一本撰	五集
三四	經二八	一	周易劄記	三卷	二冊	明　逯中立撰	初集
		二	卷首・易學啓蒙集略	一卷			
		六七	周易易簡說	三卷	三冊	明　高攀龍撰	三集

全書冊次	分部冊次	頁次	書名	卷數	冊數	著者	珍本集次
三五	經二九	一七一	易義古象通	八卷	六冊	明 魏　濬撰	三集
		一七三	卷首	一卷			
		二六九	周易像象述	一〇卷	一〇冊	明 吳桂森撰	初集
		三七一	卷首・像象述金針	一卷			
		一	易用	六卷	四冊	明 陳祖念撰	初集
		一〇一	易象正	一六卷	一〇冊	明 黃道周撰	十二集
		四五七	兒易內儀以	六卷	二冊	明 倪元璐撰	九集
		五二四	兒易外儀	一五卷	三冊		
		五二四	卷首・義例八明	一卷			
		六五一	卦變考略	二卷	一冊	明 董守諭撰	三集
三六	經三〇	一	古周易訂詁	一六卷	一〇冊	明 何　楷撰	三集
		三七九	附 解經處答客問	一卷			
		三八三	周易玩辭困學記	一五卷	一二冊	明 張次仲撰	二集
		三八五	卷首	一卷			
三七	經三一	一	易經通注	九卷	六冊	清 傅以漸　曹本榮等奉敕撰	十二集
		二〇一	日講易經解義	一八卷	一二冊	清 牛　鈕　孫在豐等奉敕撰	七集

冊	經部	頁	書名	卷數	冊數	撰者	集
三八	經三二	一 三	御纂周易折中 卷首	二二卷 一卷	二〇冊	清　李光地等奉敕撰	八集
		五九五	御纂周易述義	一〇卷	六冊	清　傅　恒等奉敕撰	七集
三九	經三三	一 二	讀易大旨 卷首・總論	五卷 一卷	四冊	清　孫奇逢撰	八集
		一三三 一六一	周易稗疏 附　考異	四卷 一卷	二冊	清　王夫之撰	
		一六五 一六九	易酌 卷首	一四卷 一卷	一二冊	清　刁　包撰	四集
		五九七 六〇三	田間易學 卷首	一〇卷 二卷	一〇冊	清　錢澄之撰	五集
四〇	經三四	一	易學象數論	六卷	六冊	清　黃宗羲撰	六集
		一五五 六七八 七三四	周易象辭 附　周易尋門餘論 圖學辯惑	二一卷 二卷 一卷	一二冊	清　黃宗炎撰	七集
四一	經三五	一	周易筮述	八卷	六冊	清　王宏撰撰	三集
		一八三	仲氏易	三〇卷	一四冊	清　毛奇齡撰	
		四七九	推易始末	四卷	二冊	清　毛奇齡撰	九集

全書冊次	分部冊次	頁次	書名	卷數	冊數	著者	珍本集次
四二	經三六	五一九	春秋占筮書	三卷	一册	清 毛奇齡撰	十集
		五四九	易小帖	五卷	二册	清 毛奇齡撰	九集
		一	易俟	一八卷	一二册	清 喬萊撰	四集
		二	卷首：易俟圖	一卷			
		二六一	讀易日鈔	八卷	八册	清 張烈撰	二集
		五三五	周易通論	四卷	四册	清 李光地撰	十二集
		六二一	周易觀象	一二卷	六册	清 李光地撰	九集
四三	經三七	一	周易淺述	八卷	八册	清 陳夢雷撰	二集
		三七	周易淺述圖	一卷		清 楊道聲撰	
		三四九	易原就正	一二卷	一〇册	清 包儀撰	初集
		三五三	首卷	一卷			
四四	經三八	一	大易通解	一五卷	一二册	清 魏荔彤撰	初集
		四	卷首	一卷			
		五六五	附錄：讀啓蒙雜說	一卷			
		五八一	易經衷論	二卷	二册	清 張英撰	六集
		六三九	易圖明辨	一〇卷	五册	清 胡渭撰	

編號	經	頁	書名	卷數	冊數	著者	集
四五—四六	經三九—四〇	一	合訂刪補大易集義粹言	八〇卷	三六冊	清 納喇性德編	
四七	經四一	一	周易傳註	七卷	六冊	清 李塨撰	五集
		一九六	附 周易筮考	一卷			
		二〇九	周易劄記	二卷	一冊	清 楊名時撰	六集
		二四九	周易傳義合訂	一二卷	六冊	清 朱軾撰	九集
		四二七	周易玩辭集解	一〇卷	六冊	清 查愼行撰	十一集
		四二九	卷首	一卷			
		六七五	惠氏易說	六卷	三冊	清 惠士奇撰	
四八	經四二	一	周易函書約存	一五卷	一〇冊	清 胡煦撰	九集
		二三	卷首	三卷			
		三九九	周易函書約註	一八卷	一一冊		
		八一七	周易函書別集	一六卷	七冊		
		八一九	易學須知	（三卷）			
		八五九	易解辨異	（三卷）			
		九一五	篝燈約旨	（一〇卷）			
四九	經四三	一	易箋	八卷	六冊	清 陳法撰	五集
		二三九	學易初津（楚蒙山房易經解之一）	二卷	一冊	清 晏斯盛撰	八集
		二八七	易翼宗（楚蒙山房易經解之二）	六卷	四冊	清 晏斯盛撰	八集

全書冊次	分部冊次	頁次	書名			著者	珍本集次
五〇	經四四	四七一	易翼說（楚蒙山房易經解之三）	八卷	五冊	清　晏斯盛撰	八集
		一	周易孔義集說	二〇卷	一二冊	清　沈起元撰	三集
		五三五	易翼述信	一二卷	一〇冊	清　王又樸撰	五集
五一	經四五	一	周易淺釋	四卷	四冊	清　潘思榘撰	三集
		一八一 一八七	周易洗心 卷首	七卷 二卷	六冊	清　任啓運撰	四集
		三八三 三八六	豐川易說 卷首通論	一〇卷 一卷	六冊	清　王心敬撰	三集
五二	經四六	一	周易述	二三卷	一二冊	清　惠　棟撰	
		三〇一	易漢學	八卷	三冊	清　惠　棟撰	
		三七一	易例	二卷	二冊	清　惠　棟撰	
		四三一	易象大意存解	一卷	一冊	清　任陳晉撰	三集
		四五一	大易擇言	三六卷	一二冊	清　程廷祚撰	初集
五三	經四七	一	周易辨畫	四〇卷	一六冊	清　連斗山撰	四集
		四三一	周易圖書質疑	二四卷	六冊	清　趙繼序撰	初集

編號	書名	卷數	冊數	撰註者	集別
六七一	周易章句證異	一二卷	五冊	清　翟均廉撰	初集
	附錄				
八三一	乾坤鑿度（易緯之一）	二卷	一冊	漢　鄭　玄註	別輯
八四〇	易緯稽覽圖（易緯之二）	二卷	一冊	漢　鄭　玄註	別輯
八六四	易緯辨終備（易緯之三）	一卷	一冊（與八六六合）	漢　鄭　玄註	別輯
八六六	周易乾鑿度（易緯之四）	二卷		漢　鄭　玄註	別輯
八八四	易緯通卦驗（易緯之五）	二卷	一冊（與八九九、九〇三、九〇九合）	漢　鄭　玄註	別輯
八九九	易緯乾元序制記（易緯之六）	一卷		漢　鄭　玄註	別輯
九〇三	易緯是類謀（易緯之七）	一卷		漢　鄭　玄註	別輯
九〇九	易緯坤靈圖（易緯之八）	一卷			別輯

書類（第五十四冊至第六十八冊）

編號	書名	卷數	冊數	撰註者	集別
五四					
經四八					
一	尚書注疏	一九卷	一二冊（含附考證）	舊題漢孔安國傳　唐孔穎達疏　陸德明音義	
	附考證			清齊召南　陳　浩等考證	
四五一	洪範口義	二卷	一冊	宋　胡　瑗撰	別輯

全書冊次	分部冊次	頁次	書名	卷數	冊數	著者	珍本集次
		四八五	書傳	二〇卷	六冊	宋蘇　軾撰	
五五	經四九	一	尚書全解	四〇卷	二四冊	宋林之奇撰	
五六	經五〇	一	禹貢指南	四卷	二冊	宋毛　晃撰	
		五三	禹貢論	二卷	二冊	宋程大昌撰	
		一〇八	禹貢後論	一卷			
		一一七	禹貢山川地理圖	二卷	二冊		
		一六九	尚書講義	二〇卷	六冊	宋史　浩撰	二集
		三九三	夏氏尚書詳解	二六卷	一八冊	宋夏　僎撰	九集
五七	經五一	一	禹貢說斷	四卷	四冊	宋傅　寅撰	
		一三七	增修東萊書說	三五卷	一二冊	宋呂祖謙撰　時　瀾增修	
		四六七	尚書說	七卷	六冊	宋黃　度撰	
		六〇一	五誥解	四卷	一冊	宋楊　簡撰	別輯
		六二七	絜齋家塾書鈔	一二卷	一二冊	宋袁　燮撰	初集
五八	經五二	一	書經集傳	六卷	六冊	宋蔡　沈撰	
		一四一	尚書精義	五〇卷	二四冊	宋黃　倫撰	別輯

函	架	頁	書名	卷數	冊數	著者	集
五九	經五三	一	陳氏尚書詳解	五〇卷	一六冊	宋陳經撰	十集
		四五九	融堂書解	二〇卷	五冊	宋錢時撰	別輯
		六四七	洪範統一	一卷	一冊	宋趙善湘撰	別輯
六〇	經五四	一	尚書要義	存一七卷（缺卷七、八、九等三卷）	六冊	宋魏了翁撰	六集
		二	序說	一卷			
		一九三	書集傳或問	二卷	二冊	宋陳大猷撰	
		二八一	胡氏尚書詳解	一三卷	四冊	宋胡士行撰	
		四三二	尚書表注	二卷	二冊	宋金履祥撰	
六一	經五五	一	書纂言	四卷	四冊	元吳澄撰	
		二〇一	書集傳纂疏	六卷	六冊	元陳櫟撰	
		四四九	讀書叢說	六卷	三冊	元許謙撰	
		五三二	書傳輯錄纂註	六卷	六冊	元董鼎撰	
		五四八	卷首	二卷			
六二	經五六	一	尚書通考	一〇卷	六冊	元黃鎮成撰	
		二〇九	書蔡氏傳旁通	六卷	八冊	元陳師凱撰	
		四四三	讀書管見	二卷	二冊	元王充耘撰	

全書冊次	分部冊次	頁次	書名		著者	珍本集次
		五二一	書義斷法	六卷	元 陳悅道撰	初集
		五八〇	附 作義要訣	一卷 二冊	元 倪士毅輯	
		五八七	尚書纂傳	四六卷 一二冊	元 王天與撰	
		八八五	尚書句解	一三卷 四冊	元 朱祖義撰	
六三	經五七	一	書傳會選	六卷 六冊	明 劉三吾等奉敕撰	五集
		一八五	書經大全	一〇卷	明 胡廣等奉敕撰	七集
		二〇〇	圖說	一卷 一一冊		
六四	經五八	一	尚書考異	五卷 二冊	明 梅鷟撰	九集
		九九	尚書疑義	六卷 三冊	明 馬明衡撰	初集
		三三一	尚書日記	一六卷 一二冊	明 王樵撰	三集
		六七九	尚書砭蔡編	一卷 一冊	明 袁仁撰	十二集
		七〇三	尚書注考	一卷 一冊	明 陳泰交撰	十一集
		七三五	尚書疏衍	四卷 二冊	明 陳第撰	五集
		七九七	洪範明義	六卷	明 黃道周撰	
		七九九	卷首	一卷 三冊		
		九〇〇	卷末	一卷		

編號	經	頁	書名	卷數	冊數	著者	集
六五	經五九	一	日講書經解義	一三卷	一二冊	清 庫勒納 葉方藹等奉敕編	五集
		三七五	欽定書經傳說彙纂	二一卷	二〇冊	清 王頊齡等奉敕撰	八集
		三七五	書序	一卷			
		三九八	卷首	二卷			
六六	經六〇	一	尚書稗疏	四卷	三冊	清 王夫之撰	
		一一七	尚書古文疏證	八卷	一〇冊	清 閻若璩撰	
		五三三	附錄：朱子古文書疑	一卷		清 閻 詠輯	
		五四三	古文尚書冤詞	八卷	三冊	清 毛奇齡撰	十集
		六三一	尚書廣聽錄	五卷	二冊	清 毛奇齡撰	九集
六七	經六一	六八七	尚書埤傳	一五卷	一〇冊	清 朱鶴齡撰	三集
		六九一	附 書經考異	一卷			
		七〇〇	卷首	一卷			
		九六四	卷末：古文尚書逸篇	一卷			
		一	禹貢長箋	一二卷	五冊	清 朱鶴齡撰	三集
		五	卷首 圖	一卷			
六八	經六二	二二一	禹貢錐指	二〇卷	二〇冊	清 胡 渭撰	
		二二三	卷首 略例	一卷			
		二三五	圖	一卷			
		一	洪範正論	五卷	三冊	清 胡 渭撰	三集

全書冊次	分部冊次	頁次	書名	著者	珍本集次
		九九	尚書七篇解義　二卷　二冊	清　李光地撰	九集
		一四三	書經衷論　四卷　二冊	清　張英撰	六集
		二一七	尚書地理今釋　一卷　一冊	清　蔣廷錫撰	
		二四九	禹貢會箋　一二卷	清　徐文靖撰	五集
		二五四	卷首　一卷		
		二五八	圖　一卷　（以上）四冊		
			附錄		
		三八五	尚書大傳　三卷	舊題漢伏勝撰　鄭玄註	
		四二〇	補遺　一卷　（以上）二冊	清　孫之騄輯	
		四二五	書義矜式　六卷　四冊	元　王充耘撰	六集

詩類（第六十九冊至第八十九冊）

全書冊次	分部冊次	頁次	書名	著者	珍本集次
六九	經六三	一	詩序　二卷　一冊	舊題周卜商撰　宋朱熹辨說	
		四三	毛詩注疏　三〇卷（	漢毛亨傳　鄭玄箋　唐孔穎達疏　陸德明音義	

號	函	頁	書名	卷數	冊數	撰者	集
七〇	經六四	四八	卷首：毛詩譜附考證	一卷	二二冊	漢 鄭 玄撰	
		一〇六	附 毛詩注疏原目	一卷			
		一一三	毛詩注解傳述人 考證	一卷		唐 陸德明錄 清 張 照 勵宗萬等考證	
		一	毛詩草木鳥獸蟲魚疏	二卷	一冊	吳 陸 璣撰	
		三	陸氏詩疏廣要	四卷	四冊	吳 陸 璣撰 明 毛 晉廣要	
		一六九	毛詩指說	一卷	一冊	唐 成伯璵撰	
		一八一	詩本義	一五卷	四冊	宋 歐陽修撰	
		三〇一	附 鄭氏詩譜	一卷		漢 鄭 玄撰 宋 歐陽修補亡	
		三一一	蘇氏詩集傳	一九卷	八冊	宋 蘇 轍撰	六集
		五三五	毛詩名物解	二〇卷	二冊	宋 蔡 卞撰	
七一	經六五	一	毛詩李黃集解	四二卷	三四冊	宋 李 樗 黃 櫄撰	
七二	經六六	一	詩補傳	三〇卷	一四冊	宋 范處義撰	
		三	篇目	一卷			
		四三三	詩總聞	二〇卷	一二冊	宋 王 質撰	
		七四五	詩經集傳	八卷	四冊	宋 朱 熹撰	
七三	經六七	一	慈湖詩傳	二〇卷	一二冊	宋 楊 簡撰	四集

全書冊次	分部冊次	頁次	書名			著者	珍本集次
		三一	呂氏家塾讀詩記	三二卷	一二冊	宋 呂祖謙撰	
		七九九	續呂氏家塾讀詩記	三卷	三冊	宋 戴溪撰	別輯
七四	經六八	一	絜齋毛詩經筵講義	四卷	二冊	宋 袁燮撰	九集
		四三	毛詩講義	一二卷	六冊	宋 林岊撰	初集
		二七一	詩童子問	八卷	五冊	宋 輔廣撰	四集
		二七三	卷首	一卷			
		四一八	卷末	一卷			
		四三一	段氏毛詩集解	存二五卷（原三〇卷缺卷二六—三〇）	一二冊	宋 段昌武撰	三集
		四三三	卷首 學詩總說	一卷			
七五	經六九	一	詩緝	三六卷	一二冊	宋 嚴粲撰	七集
		四九九	詩傳遺說	六卷	三冊	宋 朱鑑編	
		五九七	詩考	一卷	一冊	宋 王應麟撰	
		六二三	詩地理考	六卷	三冊	宋 王應麟撰	
七六	經七〇	一	詩集傳名物鈔	八卷	八冊	元 許謙撰	
		二六一	詩傳通釋	二〇卷	一二冊	元 劉瑾撰	三集
		二六五	卷首	一卷			
		七八九	詩傳旁通	一五卷	六冊	元 梁益撰	四集

編號	經號	頁	書名	卷數	册數	撰者	集
七七	經七一	一	詩經疏義會通	二〇卷	二〇册	元 朱公遷撰	三集
		二	綱領	二卷			
		一四	圖說	一卷			
		五三一	詩經疑問	七卷	二册	元 朱倬撰	
		五六六	附 詩辨說	一卷		宋 趙悳撰	
		五七七	詩纘緒	一八卷	六册	元 劉玉汝撰	初集
七八	經七二	一	詩演義	一五卷	六册	元 梁寅撰	初集
		一九一	詩解頤	四卷	四册	明 朱善撰	
		三〇七	詩傳大全	二〇卷	一八册	明 胡廣等奉敕撰	五集
		三〇八	綱領	一卷			
		三三六	朱子詩序辨說	一卷			
七九	經七三	一	詩說解頤	四〇卷	一二册	明 季本撰	四集
		五〇五	讀詩私記	五卷	二册	明 李先芳撰	七集
		五四九	詩故	一〇卷	三册	明 朱謀㙔撰	十一集
八〇	經七四	一	六家詩名物疏	五五卷	二四册	明 馮復京撰	三集
		五	引用書目	一卷			
		一一	提要	三卷			
		五七九	重訂詩經疑問	一二卷	一〇册	明 姚舜牧撰	三集

全書冊次	分部冊次	頁次	書名	著者	珍本集次
八一	經七五	一	詩經世本古義 二八卷	明 何楷撰	四集
		五	卷首 一卷		
		八五一	卷後 一卷（一八冊）		
八二	經七六	一	待軒詩記 八卷	明 張次仲撰	二集
		五	卷首・學詩小箋總論 一卷（六冊）		
		二七	讀詩略記 六卷	明 朱朝瑛撰	初集
		三一八	卷首・論小序 一卷（六冊）		
八三	經七七	一	欽定詩經傳說彙纂 二一卷	清 王鴻緒等奉敕撰	八集
		八	卷首 二卷		
		七七四	朱子詩序辨說 二卷（二四冊）		
八四	經七八	一	御纂詩義折中 二〇卷（一四冊）	清 傅恒等奉敕撰	十集
		三九五	田間詩學 一二卷	清 錢澄之撰	五集
		三九九	卷首 一卷（一〇冊）		
		七六九	詩經稗疏 四卷（二冊）	清 王夫之撰	
八五	經七九	一	詩經通義 一二卷（六冊）	清 朱鶴齡撰	十一集
		三一七	毛詩稽古編 三〇卷（一二冊）	清 陳啓源撰	
八六	經八〇	一	詩所 八卷（六冊）	清 李光地撰	九集

函	經	頁	書名	卷數	册數	撰者	集
八七	經八一	一七一	毛詩寫官記	四卷	一册	清 毛奇齡撰	九集
		二一三	詩札	二卷		清 毛奇齡撰	九集
		二三三	詩傳詩說駁義	五卷	二册	清 毛奇齡撰	十集
		二七五	續詩傳鳥名卷	三卷	一册	清 毛奇齡撰	
		三〇七	詩識名解	一五卷	六册	清 姚 炳撰	五集
		五四三	詩傳名物集覽	一二卷	一〇册	清 陳大章撰	十二集
		一	詩說	三卷	一册	清 惠周惕撰	
		三三	詩經劄記	一卷	一册	清 楊名時撰	五集
八八	經八二	四九	讀詩質疑	三一卷	一八册	清 嚴虞惇撰	三集
		五一	卷首	一五卷			
		一	毛詩類釋	二一卷	六册	清 顧棟高撰	初集
		一九七	續編	三卷			
		二一一	詩疑辨證	六卷	六册	清 黃中松撰	初集
		四九九	三家詩拾遺	一〇卷	二册	清 范家相撰	
		五九三	詩瀋	二〇卷	四册	清 范家相撰	四集
八九	經八三	一	詩序補義	二四卷	一四册	清 姜炳璋撰	二集
		五	卷首・綱領	一卷			

全書冊次	分部冊次	頁次	書名	卷數	冊數	著者	珍本集次
		三七一	虞東學詩	一二卷	一〇冊	清顧鎮撰	三集
		三七四	詩說	一卷			
			附錄				
		七七五	韓詩外傳	一〇卷	四冊	漢韓嬰撰	

禮類（第九十冊至第一百四十二冊）

一、周禮之屬（第九十冊至第一百一冊）

全書冊次	分部冊次	頁次	書名	卷數	冊數	著者	珍本集次
九〇	經八四	一	周禮注疏	四二卷	二四冊	漢鄭玄注　唐賈公彥疏　陸德明音義	
			附考證			清吳紱等考證	
九一	經八五	一	周官新義	一六卷	六冊	宋王安石撰	別輯
		一〇六	附考工記解	二卷		宋王安石撰　鄭宗顏輯	
		一九七	周禮詳解	四〇卷	一二冊	宋王昭禹撰	初集
		六〇三	周禮復古編	一卷	一冊	宋俞庭椿撰	三集
九二	經八六	一	禮經會元	四卷	六冊	宋葉時撰	

		一八五	太平經國書	一一卷	三冊	宋 鄭伯謙撰	
		二六一	周官總義	三〇卷	一二冊	宋 易 祓撰	二集
九三—九四	經八七—八八	一	周禮訂義	八〇卷	三六冊	宋 王與之撰	
九五	經八九	一	鬳齋考工記解	二卷	二冊	宋 林希逸撰	
		一〇五	周禮句解	一二卷	四冊	宋 朱 申撰	四集
		二三一	周禮集說	一〇卷	一二冊	□不著撰人 宋 陳友仁增修	四集
		二三三	卷首	二卷			
		七六一	周官集傳	一六卷	六冊	元 毛應龍撰	四集
九六	經九〇	一	周禮傳	一〇卷	一二冊	明 王應電撰	三集
		二八四	周禮圖說	二卷			
		三七五	周禮翼傳	二卷			
		四八三	周禮全經釋原	一三卷	一二冊	明 柯尚遷撰	三集
		四八六	卷首	一卷			
		一〇三六	附錄：周禮通今續論	一卷			
九七	經九一	一	周禮註疏刪翼	三〇卷	二二冊	明 王志長撰	四集
九八—九九	經九二—九三	一	欽定周官義疏	四八卷	三四冊	清 乾隆十三年敕撰	五集
		一九	卷首	一卷			
一〇〇	經九四	一	周禮述註	二四卷	一二冊	清 李光坡撰	二集

全書冊次	分部冊次	頁次	書名			著者	珍本集次
一〇一	經九五	五四一	周禮纂訓	二一卷	一〇冊	清 李鍾倫撰	五集
		一	周官集注	一二卷	一〇冊	清 方苞撰	
		三八七	禮說	一四卷	一二冊	清 惠士奇撰	
		六六五	周官祿田考	三卷	一冊	清 沈彤撰	
		七一五	周禮疑義舉要	七卷	三冊	清 江永撰	

二、儀禮之屬（第一百二冊至第一百一十四冊）

全書冊次	分部冊次	頁次	書名			著者	珍本集次
一〇二	經九六	一	儀禮注疏	一七卷	一四冊	漢 鄭玄注 唐 賈公彥疏 陸德明音義 清 周學健 李清植等考證	
		四	原目 附 考證	一卷			
一〇三	經九七	一	儀禮識誤	三卷	二冊	宋 張淳撰	別輯
		三一	儀禮集釋	三〇卷	一六冊	宋 李如圭撰	別輯
		五三一	儀禮釋宮	一卷	一冊	宋 李如圭撰	別輯
一〇四	經九八	一	儀禮圖	一七卷	一二冊	宋 楊復撰	
		三一五	儀禮旁通圖	一卷			

冊次	經	頁	書名	卷數	冊數	撰者	集
一〇五	經九九	三四一	儀禮要義	五〇卷	一八冊	宋 魏了翁撰	六集
		一	儀禮逸經	二卷	一冊	元 吳澄撰	
		三	儀禮集說	一七卷	一六冊	元 敖繼公撰	
		六三五	經禮補逸	九卷	四冊	元 汪克寬撰	
		七三五	附錄	一卷			
一〇六—一〇七	經一〇〇—一〇一	一	欽定儀禮義疏	四八卷	五〇冊	清 乾隆十三年敕撰	十一集
		一八	卷首	二卷			
一〇八	經一〇二	一	儀禮鄭註句讀	一七卷	六冊	清 張爾岐撰	七集
		二四四	附 儀禮監本正誤	一卷			
		二四九	儀禮石本誤字	一卷			
		二五三	儀禮商	二卷	一冊	清 萬斯大撰	七集
		二八三	附錄	一卷			
		二九五	儀禮述註	一七卷	一二冊	清 李光坡撰	三集
一〇九	經一〇三	一	儀禮析疑	一七卷	一二冊	清 方苞撰	
		二八九	儀禮章句	一七卷	五冊	清 吳廷華撰	
		四八九	補饗禮	一卷	一冊	清 諸錦輯	十二集
		四九九	禮經本義	一七卷	一〇冊	清 蔡德晉撰	初集
		八〇一	宮室考	二卷	一冊	清 任啓運撰	

全書冊次	分部冊次	頁次	書名	著者	珍本集次
一一〇｜一一一	經一〇四｜一〇五	八二七	天子肆獻祼饋食禮 三卷 二冊	清 任啓運撰	十二集
		八三三	儀禮釋宮增注 一卷 一冊	清 江 永撰	
		八九九	儀禮小疏 七卷 三冊	清 沈 彤撰	
		一	儀禮集編 四〇卷	清 盛世佐撰	二集
		一四	卷首 二卷（以上三四冊）		
一一一	經一〇五	七〇九	內外服制通釋 七卷 一冊	宋 車 垓撰	
			附　錄		
一一二｜一一四	經一〇六｜一〇八	一	讀禮通考 一二〇卷	清 徐乾學撰	
		七	引用書目 一卷		
		二六	目錄 一卷（以上六〇冊）		

三、禮記之屬（第一百一十五冊至第一百二十八冊）

全書冊次	分部冊次	頁次	書名	著者	珍本集次
一一五｜一一六	經一〇九｜一一〇	一	禮記註疏 六三卷 附 考證（三二冊）	漢 鄭 玄注 唐 孔穎達疏 陸德明音義 清 齊召南等考證	
一一六	經一一〇	五三七	月令解 一二卷 三冊	宋 張 虙撰	初集
一一七｜一二〇	經一一一｜一一四	一	禮記集說 一六〇卷 八四冊	宋 衞 湜撰	

冊次	經部冊號	頁次	書名	卷數	冊數	撰者	集
一二一	經一一五	一	禮記纂言	三六卷	二六冊	元 吳 澄撰	五集
		六七九	陳氏禮記集說	一〇卷	一〇冊	元 陳 澔撰	九集
一二二	經一一六	一	禮記大全	三〇卷	一八冊	明 胡 廣等奉敕撰	六集
		七八三	月令明義	四卷	二冊	明 黃道周撰	
		七八五	卷首	一卷			
		八三三	表記集傳	二卷	二冊	明 黃道周撰	
		九二二	附 春秋表記問業	一卷			
		九三七	坊記集傳	二卷	二冊	明 黃道周撰	
		一〇〇三	附 坊記春秋問業	一卷			
		一〇一三	緇衣集傳	四卷	四冊	明 黃道周撰	
		一一一九	儒行集傳	二卷	二冊	明 黃道周撰	
一二三	經一一七	一	日講禮記解義	六四卷	三〇冊	清 張廷玉 鄂爾泰 汪由敦等奉敕編	九集
一二四 ｜ 一二六	經一一八 ｜ 一二〇	一	欽定禮記義疏	八二卷	六二冊	清 乾隆十三年敕撰	八集
		一九	卷首	一卷			
一二七	經一二一	一	深衣考	一卷	一冊	清 黃宗羲撰	十一集
		一五	陳氏禮記集說補正	三八卷	六冊	清 納喇性德撰	
		二七九	禮記述註	二八卷	一六冊	清 李光坡撰	二集

全書冊次	分部冊次	頁次	書名	卷	冊	著者	珍本集次
一一二八	經一二二	一	禮記析疑	四八卷	六冊	清 方苞撰	
		二七三	檀弓疑問	一卷	一冊	清 邵泰衢撰	三集
		二八七	禮記訓義擇言	八卷	四冊	清 江永撰	九集
		三六九	深衣考誤	一卷	一冊	清 江永撰	
			附錄				
		三七九	大戴禮記	一三卷	六冊	漢 戴德撰 北周 盧辯註	
		五四一	夏小正戴氏傳	四卷	一冊	宋 傅崧卿注	

四、三禮總義之屬（第一百二十九冊）

全書冊次	分部冊次	頁次	書名	卷	冊	著者	珍本集次
一一二九	經一二三	一	三禮圖集注	二〇卷	六冊	宋 聶崇義撰	
		二八五	三禮圖	四卷	四冊	明 劉績撰	
		四二五	學禮質疑	二卷	二冊	清 萬斯大撰	
		四七五	讀禮志疑	六卷	三冊	清 陸隴其撰	
		五六九	郊社禘祫問	一卷	一冊	清 毛奇齡撰	

冊次	經號	頁	書名	卷數	冊數	撰者	集
		五八五	參讀禮志疑	二卷	二冊	清汪紱撰	四集

五、通禮之屬（第一百三十冊至第一百四十二冊）

冊次	經號	頁	書名	卷數	冊數	撰者	集
一三〇	經一二四	一	禮書	一五〇卷	一八冊	宋陳祥道撰	五集
一三一	經一二五	一	儀禮經傳通解	三七卷	二二冊	宋朱熹撰	十集
一三一—一三二	經一二五—一二六	六〇五	儀禮經傳通解續	二九卷	三〇冊	宋黃榦　楊復撰	
一三三—一三四	經一二七—一二八	一	禮書綱目	八五卷	三八冊	清江永撰	十二集
		三	目錄	一卷			
		四五	卷首	三卷			
		五七八	附論律呂	二卷			
		六二三	深衣考誤	一卷			
一三五—一四二	經一二九—一三六	一	五禮通考	二六二卷	二二八冊	清秦蕙田撰	
		一	目錄	二卷			
		六六	卷首	四卷			

六、雜禮書之屬（第一百四十二冊）

冊次	經號	頁	書名	卷數	冊數	撰者	集
一四二	經一三六	四五七	書儀	一〇卷	二冊	宋司馬光撰	

全書冊次	分部冊次	頁次	書名	卷數	冊數	著者	珍本集次
		五二七	家禮	五卷	二冊	舊題宋 朱熹撰	
		五七九	附錄	一卷			
		五九一	泰泉鄉禮	七卷	二冊	明 黃佐撰	四集
		六六三	朱子禮纂	五卷	三冊	清 李光地編	九集
		七四三	辨定祭禮通俗譜	五卷	二冊	清 毛奇齡撰	九集

春秋類

（第一百四十三冊至第一百八十一冊）

全書冊次	分部冊次	頁次	書名	卷數	冊數	著者	珍本集次
一四三—一四四	經一三七—一三八	一	春秋左傳注疏	六〇卷	三六冊	周 左丘明傳 晉 杜預注 唐 孔穎達疏 陸德明音義	
		九	諸家序	一卷			
		三	附 原目	一卷			
		三五	春秋三傳注解傳述人	一卷		唐 陸德明撰	
			考證			清 陳浩 齊召南等考證	
一四五	經一三九	一	春秋公羊傳注疏	二八卷	一八冊	舊題周 公羊高撰 漢 何休解詁 唐 徐彥疏 陸德明音義	
			附 考證			清 齊召南 陳浩等考證	
		五三五	春秋穀梁傳注疏	二〇卷	一〇冊	舊題周 穀梁赤撰 晉 范寧集解 唐 楊士勛疏 陸德明音義	
			附 考證			清 齊召南 陳浩等考證	

一四六　經一四〇

頁	書名	卷數	冊數	撰者	輯
八六三	箴膏肓	一卷	一冊	漢鄭玄撰　不著輯人	別輯
八六九	起廢疾	一卷			
八七六	發墨守	一卷			
一	春秋釋例	一五卷	一〇冊	晉杜預撰	
三七五	春秋集傳纂例	一〇卷	四冊	唐陸淳撰	
五三七	春秋集傳微旨	三卷	三冊	唐陸淳撰	
五九五	春秋集傳辨疑	一〇卷	四冊	唐陸淳撰	
六八五	春秋名號歸一圖	二卷	一冊	後蜀馮繼先撰　宋岳珂重編	
七一九	春秋年表	一卷	一冊	□不著撰人	

一四七　經一四一

頁	書名	卷數	冊數	撰者	輯
一	春秋尊王發微	一二卷	五冊	宋孫復撰	四集
一三七	春秋皇綱論	五卷	一冊	宋王晳撰	
一五九	春秋通義	一卷	一冊	宋不著撰人	
一七一	春秋權衡	一七卷	六冊	宋劉敞撰	
三六三	劉氏春秋傳	一五卷	四冊	宋劉敞撰	
四八五	劉氏春秋意林	二卷	二冊	宋劉敞撰	別輯
五四一	春秋傳說例	一卷	一冊	宋劉敞撰	
五五一	孫氏春秋經解	一三卷	七冊	宋孫覺撰	

全書冊次	分部冊次	頁次	書名	卷數	冊數	著者	珍本集次
一四八	經一四二	一	蘇氏春秋集解	一二卷	四冊	宋 蘇轍撰	別輯
		一〇七	春秋辨疑	四卷	二冊	宋 蕭楚撰	
		一七三	崔氏春秋經解	一二卷	五冊	宋 崔子方撰	初集
		三三五	附 春秋例要	一卷			
		三四五	春秋本例	二〇卷	四冊	宋 崔子方撰	
		四五九	春秋五禮例宗	存七卷（原一〇卷，缺卷四、五、六等三卷）	三冊	宋 張大亨撰	九集
		五三五	春秋通訓	六卷	三冊	宋 張大亨撰	四集
一四九	經一四三	一	葉氏春秋傳	二〇卷	六冊	宋 葉夢得撰	
		二四七	春秋考	一六卷	六冊	宋 葉夢得撰	四集
		四九五	春秋三傳讞	二二卷	一〇冊	宋 葉夢得撰	初集
		四九六	春秋左傳讞	（一〇卷）	（四冊）		
		六四五	春秋公羊傳讞	（六卷）	（三冊）		
		七四四	春秋穀梁傳讞	（六卷）	（三冊）		
一五〇	經一四四	一	呂氏春秋集解	三〇卷	一四冊	宋 呂本中撰	
一五一	經一四五	一	胡氏春秋傳	三〇卷	八冊	宋 胡安國撰	
		八	春秋諸國興廢說	一卷			
		一二	春秋提要	一卷			

冊次	經部編號	頁次	書名	卷數	冊數	撰者	集別
		二五一	高氏春秋集註	四〇卷	一四册	宋高　閌撰	別輯
		五九三	春秋後傳	一二卷	六册	宋陳傅良撰	
一五二	經一四六	一	左氏傳說	二〇卷	六册	宋呂祖謙撰	
		四	卷首・看左氏規模	一卷			
		一四三	左氏傳續說	一二卷	六册	宋呂祖謙撰	別輯
		一四四	綱領	一卷			
		二九五	左氏博議	二五卷	一二册	宋呂祖謙撰	
一五三	經一四七	一	春秋比事	二〇卷	六册	舊題宋沈　棐撰	初集
		二五三	春秋左傳要義	三一卷	七册	宋魏了翁撰	初集
		二五五	卷首	一卷			
一五四	經一四八	一	春秋分記	九〇卷	三〇册	宋程公說撰	初集
		八	卷首・春秋分記例要	一卷			
一五五	經一四九	一	春秋講義	四卷	六册	宋戴　溪撰	三集
		一七五	春秋集義	五〇卷	一八册	宋李明復撰	初集
		一八〇	諸家姓氏事略	一卷			
		一八四	綱領	三卷			
一五六	經一五〇	一	張氏春秋集注	一一卷	四册	宋張　洽撰	
		三	綱領	一卷			

全書冊次	分部冊次	頁次	書名			著者	珍本集次
		一九	春秋王霸列國世紀編	三卷	三冊	宋李　琪撰	
		二六九	春秋通說	一三卷	六冊	宋黃仲炎撰	
		四五七	洪氏春秋說	三〇卷	一〇冊	宋洪咨夔撰	三集
一五七	經一五一	一	春秋經筌	一六卷	一四冊	宋趙鵬飛撰	
		四七七	呂氏春秋或問	二〇卷	六冊	宋呂大圭撰	
		六六四	附 春秋五論	一卷			
一五八	經一五二	一	春秋集傳詳說	三〇卷	二四冊	宋家鉉翁撰	
		六	綱領	一卷			
		五〇九	讀春秋編	一二卷	六冊	宋陳　深撰	
一五九	經一五三	一	春秋集傳釋義大成	一二卷	一〇冊	元俞　皋撰	
		三	諸家傳序	一卷			
		一三	綱領	一卷			
		一五	春秋世次圖說	一卷			
		三三五	春秋纂言	一九卷	一〇冊	元吳　澄撰	三集
		三三五	總例	(七卷)	(二冊)		
		四二八	春秋纂言	(一二卷)	(八冊)		
		七五三	春秋提綱	一〇卷	四冊	舊題元陳則通撰	

編號	書號	頁次	書名	卷數	册數	撰者	集
		八六五	春秋諸國統紀	六卷	二册	元 齊履謙撰	
		八六八	目錄	一卷			
一六〇	經一五四	一	春秋本義	三〇卷	一二册	元 程端學撰	
		六	春秋傳人名氏	一卷			
		一二	春秋綱領	一卷			
		二一	春秋本義通論	一卷			
		二五	春秋本義問答	一卷			
		五九	程氏春秋或問	一〇卷	六册	元 程端學撰	
一六一	經一五五	一	三傳辨疑	二〇卷	一二册	元 程端學撰	二集
一六二	經一五六	一	春秋讞義	九卷	六册	元 王元杰撰	二集
		一六三	春秋會通	二四卷	一二册	元 李廉撰	
		一六六	春秋諸傳序	一卷			
		一七六	讀春秋綱領	一卷			
一六三	經一五七	一	春秋闕疑	四五卷	二四册	元 鄭玉撰	三集
一六四	經一五八	一	春秋集傳	一五卷	八册	元 趙汸撰	
		二五三	春秋師說	三卷	二册	元 趙汸撰	
		三一一	附錄	二卷			
		三一七	春秋左氏傳補註	一〇卷	二册	元 趙汸撰	

全書冊次	分部冊次	頁次	書名	卷數	冊數	著者	珍本集次
一六五	經一五九	四二三	春秋金鎖匙	一卷	一冊	元趙　汸撰	
		四四一	春秋屬辭	一五卷	八冊	元趙　汸撰	
		四四六	目錄	一卷			
		一	春秋胡傳附錄纂疏	三〇卷	二八冊	元汪克寬撰	四集
		一三	卷首	二卷			
		七三	春秋春王正月考	一卷	二冊	明張以寧撰	
		七八	辨疑	一卷			
一六六	經一六〇	八〇七	春秋書法鉤元	四卷	三冊	明石光霽撰	二集
		一	春秋大全	三七卷	二二冊	明胡　廣等奉敕撰	六集
		三	序論	一卷			
		一九	諸國興廢說	一卷			
		二五	列國圖說	一卷			
		二六	二十國年表	一卷			
一六七	經一六一	一	春秋經傳辨疑	二卷	一冊	明童　品撰	五集
		三七	春秋正傳	三七卷	一八冊	明湛若水撰	四集
		六七四	附錄	二卷			
		六八三	左傳附注	五卷	三冊	明陸　粲撰	二集
		七四六	後錄	一卷			

冊	經	頁	書名	卷數	冊數	撰者	集
		七五三	春秋胡氏傳辨疑	二卷	一冊	明 陸粲撰	五集
一六八	經一六二	一	春秋明志錄	一二卷	一〇冊	明 熊過撰	初集
		三一三	春秋正旨	一卷	一冊	明 高拱撰	四集
		三二五	春秋輯傳	一三卷	一四冊	明 王樵輯	初集
		三二六	宗旨	一卷			
		三三五	春秋凡例	二卷			
一六九	經一六三	一	春秋億	六卷	四冊	明 徐學謨撰	三集
		八三	春秋事義全考	一六卷	一四冊	明 姜寶撰	四集
		四九一	春秋左傳屬事	二〇卷	一八冊	明 傅遜撰	四集
		九二七	春秋胡傳考誤	一卷	一冊	明 袁仁撰	十二集
		九五三	左氏釋	二卷	一冊	明 馮時可撰	五集
		九七九	春秋質疑	一二卷	二冊	明 楊于庭撰	初集
一七〇	經一六四	一	春秋孔義	一二卷	六冊	明 高攀龍撰	九集
		一五五	春秋辯義	三〇卷	三〇冊	明 卓爾康撰	三集
		一五六	卷首	八卷			
一七一	經一六五	一	讀春秋略記	一二卷	六冊	明 朱朝瑛撰	初集
		三	卷首・總論	一卷			

全書冊次	分部冊次	頁次	書名		著者	珍本集次
		二二七	春秋四傳質	二卷 二冊	明 王介之撰	五集
		三三三	左傳杜林合注	五〇卷 一二冊	晉 杜預 宋 林堯叟注 明 王道焜 趙如源同編	四集
		三三七	春秋提要	一卷		
一七二	經一六六	一	日講春秋解義	六四卷 二四冊	清 庫勒納 李光地等奉敕撰	七集
		二	總說	一卷		
一七三	經一六七	一	欽定春秋傳說彙纂	三八卷 二四冊	清 王掞 張廷玉等奉敕撰	八集
		三	卷首	二卷		
一七四	經一六八	一	御纂春秋直解	一二卷 一〇冊	清 傅恆等奉敕撰	十集
		二八七	左傳杜解補正	三卷 三冊	清 顧炎武撰	
		三四一	春秋稗疏	二卷 二冊	清 王夫之撰	
		三八五	春秋四傳糾正	一卷 一冊	清 俞汝言撰	九集
		四〇九	春秋平義	一二卷 七冊	清 俞汝言撰	三集
一七五	經一六九	一	讀左日鈔	一二卷 六冊	清 朱鶴齡撰	四集
		二三一	讀左日鈔補	二卷		
		二六三	左傳事緯	一二卷 一八冊	清 馬驌撰	五集
		六二〇	附 左傳事緯前集	八卷		

冊次	經部編號	頁	書名	卷數	冊數	撰者	集
一七六	經一七〇	一	春秋毛氏傳	三六卷	一八冊	清　毛奇齡撰	
		四〇九	春秋簡書刊誤	二卷	一冊	清　毛奇齡撰	
		四四一	春秋屬辭比事記	四卷	三冊	清　毛奇齡撰	
		四七九	春秋地名考略	一四卷	六冊	清　高士奇撰	四集
		六八一	春秋管窺	一二卷	六冊	清　徐庭垣撰	初集
一七七	經一七一	一	三傳折諸	四四卷	一八冊	清　張尚瑗撰	二集
		一	左傳折諸	(二八卷)	(一四冊)		
		五	卷首	(二卷)			
		五三七	公羊折諸	(六卷)	(二冊)		
		五三七	卷首	(一卷)			
		六四三	穀梁折諸	(六卷)	(二冊)		
		六四三	卷首	(一卷)			
		七三九	春秋闕如編	八卷	六冊	清　焦袁熹撰	三集
一七八	經一七二	一	春秋宗朱辨義	一二卷	一〇冊	清　張自超撰	四集
		二	卷首・總論	一卷			
		二九一	春秋通論	四卷	二冊	清　方　苞撰	
		三五一	春秋世族譜	二卷	一冊	清　陳厚耀撰	四集
		三九三	春秋長歷	一〇卷	六冊	清　陳厚耀撰	十一集

全書冊次	分部冊次	頁次	書名	卷數	冊數	著者	珍本集次
		六二七	惠氏春秋說	一五卷	一二冊	清 惠士奇撰	
一七九—一八〇	經一七三—一七四	一	春秋大事表	五〇卷	三四冊	清 顧棟高撰	
一八〇	經一七四	六〇三	附錄	一卷			
		六一四	讀春秋偶筆	一卷			
		六三三	輿圖	一卷			
一八一	經一七五	一	春秋識小錄	九卷	四冊	清 程廷祚撰	十二集
		一一九	惠氏春秋左傳補註	六卷	二冊	清 惠棟撰	
		二二一	春秋左傳小疏	一卷	一冊	清 沈彤撰	
		二四七	春秋地理考實	四卷	三冊	清 江永撰	
		三一九	三正考	二卷	一冊	清 吳鼐撰	九集
		三四七	春秋究遺	一六卷	一二冊	清 葉酉撰	二集
		三五一	春秋總說	一卷			
		三五七	春秋比例	一卷			
		六六一	春秋隨筆	二卷	一冊	清 顧奎光撰	四集
			附錄				
		六九七	春秋繁露	一七卷	六冊	漢 董仲舒撰	別輯

孝經類（第一百八十二冊）

一八二　經一七六

頁	書名	卷數	冊數	著者	集
一	古文孝經孔氏傳	一卷	一冊	舊題漢 孔安國傳　日本 太宰純音	十二集
一九	附 宋本古文孝經	一卷			
二三	孝經注疏 附 考證	九卷	二冊	舊題唐 玄宗御注　唐 陸德明音義 宋 邢昺疏　清 李清植等考證	
八五	孝經指解	一卷	一冊	唐 玄宗注 宋 司馬光指解　范祖禹說	
一〇三	孝經刊誤	一卷	一冊	宋 朱熹撰	
一二一	孝經大義	一卷	一冊	元 董鼎撰	
一二七	孝經定本	一卷	一冊	元 吳澄撰	
一四一	孝經述註	一卷	一冊	明 項霦撰	別輯
一五五	孝經集傳	四卷	四冊	明 黃道周撰	
二五五	御定孝經注	一卷	一冊	清 世祖御定　蔣赫德纂	五集
二六九	御纂孝經集註	一卷	一冊	清 雍正五年世宗御定	六集
二八一	孝經問	一卷	一冊	清 毛奇齡撰	

五經總義類（第一百八十二冊至第一百九十四冊）

全書冊次	分部冊次	頁次	書名	卷數	冊數	著者	珍本集次
一八二	經一七六	二九五	駁五經異義	一卷	二冊	漢 許 愼異義 鄭 玄駁	
		三一四	補遺	一卷			
		三三五	鄭志	三卷	三冊	魏 鄭小同撰	十一集
		三五五	經典釋文	三〇卷	二四冊	唐 陸德明撰	
一八三	經一七七	一	公是七經小傳	三卷	一冊	宋 劉 敞撰	
		四三	程氏經說	七卷	二冊	宋 程 頤撰 不著編輯人	四集
		一二七	六經圖	一〇卷	八冊	宋 楊 甲撰 毛邦翰補	
		四五五	六經正誤	六卷	四冊	宋 毛居正撰	
		五五九	九經三傳沿革例	一卷	一冊	宋 岳 珂撰	
		五七九	融堂四書管見	一三卷	五冊	宋 錢 時撰	初集
		七二七	四如講稿	六卷	二冊	宋 黃仲元撰	三集

冊	頁	篇	書名	卷數	冊數	著者	集
一八四	經一七八	一	六經奧論	六卷	五冊	舊題宋鄭　樵撰	
		三	總文	一卷			
		一三三	明本排字九經直音	二卷	二冊	□不著撰人	九集
		二四五	五經說	七卷	四冊	元熊朋來撰	
		三四三	十一經問對	五卷	四冊	舊題元何異孫撰	
		四三三	五經蠡測	六卷	四冊	明蔣悌生撰	
		五三九	簡端錄	一二卷	六冊	明邵　寶撰	三集
		六七九	五經稽疑	八卷	四冊	明朱睦㮮撰	初集
		七七九	經典稽疑	二卷	二冊	明陳耀文撰	二集
一八五—一八九	經一七九—一八三	一	欽定繙譯五經四書	一三一卷	一二八冊	清乾隆間欽定	
一八五	一七九	三	御製繙譯易經	(四卷)	(五冊)		
		九	周易圖說	(一卷)			
		二三	筮儀	(一卷)			
		二三	周易上下篇義	(一卷)			
		二一三	御製繙譯書經	(六卷)	(六冊)		
		四〇五	御製繙譯詩經	(八卷)	(八冊)		
一八六	一八〇	一	御製繙譯禮記	(三〇卷)	(三〇冊)		

全書冊次	分部冊次	頁次	書名	著者	珍本集次
一八七—一八九	經一八一—一八三	一	御製繙譯春秋（六四卷）｝（六五冊）		
		三	綱領（一卷）		
一八九	經一八三	二八三	御製繙譯四書（一九卷）（一四冊）		
		二八三	繙譯大學（一卷）（一冊）		
		三〇五	繙譯中庸（一卷）（一冊）		
		三四〇	繙譯論語（一〇卷）（五冊）		
		四五三	繙譯孟子（七卷）（七冊）		
一九〇	經一八四	一	七經孟子考文補遺 二〇〇卷 三〇冊	日本 山井鼎撰 物 觀補遺	
一九一	經一八五	一	九經誤字 一卷 一冊	清 顧炎武撰	
		七	經問 一八卷｝一〇冊	清 毛奇齡撰	
		二二一	經問補 三卷	清 毛遠宗輯	
		二五一	十三經義疑 一二卷 四冊	清 吳 浩撰	初集
		三五九	九經古義 一六卷 六冊	清 惠 棟撰	
		五〇三	經稗 一二卷 一二冊	清 鄭方坤撰	二集
一九二	經一八六	一	十三經注疏正字 八一卷 二四冊	清 沈廷芳撰	初集
一九三	經一八七	一	朱子五經語類 八〇卷 二〇冊	清 程 川編	三集
		三	易（四〇卷）（一〇冊）		

一九四　經一八八

頁	書名	卷數	冊數	著者	集
三七三	書	（九卷）	（二冊）		
四六八	詩	（七卷）	（二冊）		
五三四	春秋	（三卷）	（一冊）		
五五七	禮	（二一卷）	（五冊）		
一	羣經補義	五卷	三冊	清 江 永撰	
六一	經咫	一卷	一冊	清 陳祖范撰	九集
九三	九經辨字瀆蒙	一二卷	六冊	清 沈炳震撰	初集
三五三	古經解鉤沉	三〇卷	一二冊	清 余蕭客撰	五集

附錄

頁	書名	卷數	冊數	著者	集
八〇七	古微書	三六卷	一二冊	明 孫 瑴編	十二集

四書類（第一百九十五冊至第二百一十冊）

一九五　經一八九

頁	書名	卷數	冊數	著者
一	孟子注疏 附考證	一四卷	一〇冊	漢 趙 岐注 舊題宋 孫 奭疏暨音義 清 陸宗楷等考證
三三	論語集解義疏	一〇卷	五冊	魏 何 晏集解　梁 皇 侃義疏
五五	論語注疏	二〇卷	六冊	魏 何 晏集解　唐 陸德明音義 宋 邢 昺疏

全書冊次	分部冊次	頁次	書名		著者	珍本集次
			附考證）		清陸宗楷　呂熾等考證	
一九六	經一九〇	一	論語筆解	二卷　二冊	舊題唐韓愈　李翱同撰	
		二九	孟子音義	二卷　一冊	宋孫奭撰	
		四三	論語拾遺	一卷　一冊	宋蘇轍撰	
		五三	孟子解	一卷　一冊	宋蘇轍撰	
		六三	論語全解	一〇卷　六冊	宋陳祥道撰	三集
		三一九	孟子傳	二九卷　七冊	宋張九成撰	二集
		五一七	尊孟辨	三卷	宋余允文撰	別輯
		五四九	尊孟續辨	二卷　一冊		
		五六四	尊孟辨別錄	一卷		
一九七	經一九一	一	四書章句集注	一九卷	宋朱熹撰	
		三	大學章句	（一卷）		
		一四	論語集注	（二〇卷）　六冊		
		九〇	孟子集注	（七卷）		
		一九八	中庸章句	（一卷）		
		二一五	四書或問	三九卷　八冊	宋朱熹撰	

號	編號	頁	書名	卷數	冊數	著者	集
一九八	經一九二	一	論孟精義	三四卷	一二冊	宋朱熹撰	四集
		四	綱領	一卷			
		六	論語精義	（二〇卷）	（九冊）		
		四三〇	孟子精義	（一四卷）	（三冊）		
		五五五	中庸輯略	二卷	二冊	宋石𡼏編 朱熹刪定	
一九九	經一九三	一	石鼓論語答問	三卷	三冊	宋戴溪撰	
		二一	論語意原	四卷	二冊	宋鄭汝諧撰	
		一八九	癸巳論語解	一〇卷	五冊	宋張栻撰	
		三三一	癸巳孟子說	七卷	七冊	宋張栻著	
		五五三	蒙齋中庸講義	四卷	四冊	宋袁甫撰	
二〇〇	經一九四	一	四書集編	二九卷	一〇冊	宋眞德秀撰 劉承輯	初集
		三	大學集編	（二卷）	（一冊）		
		四四	中庸集編	（三卷）	（一冊）		
		一〇〇	論語集編	（一〇卷）	（四冊）		
		二三八	孟子集編	（一四卷）	（四冊）		
		三八三	孟子集疏	一四卷	六冊	宋蔡模撰	
		五五七	論語集說	一〇卷	五冊	宋蔡節編	
		七一三	中庸指歸	一卷			

全書冊次	分部冊次	頁次	書名			著者	珍本集次
二〇一	經一九五	七三一	中庸分章	一卷	一冊	宋 黎立武撰	
		七三七	大學發微	一卷			
		七四〇	大學本旨	一卷			
		一	四書纂疏	二八卷	一八冊	宋 趙順孫撰	
		一	大學纂疏	（一卷）	（一冊）		
		七七	中庸纂疏	（三卷）	（三冊）		
		二〇〇	論語纂疏	（一〇卷）	（七冊）		
		四九六	孟子纂疏	（一四卷）	（七冊）		
二〇二	經一九六	一	大學疏義	一卷	一冊	宋 金履祥撰	十二集
		三五	論孟集註考證	一七卷	五冊	宋 金履祥撰	
		三七	論語集註考證	（一〇卷）	（二冊）		
		一〇三	孟子集註考證	（七卷）	（三冊）		
		一四九	四書集義精要	二八卷	六冊	元 劉因撰	三集
		三一一	四書辨疑	一五卷	六冊	元 陳天祥撰	
		三一一	目錄	一卷			
		五三九	讀四書叢說	四卷	三冊	元 許謙撰	
二〇三	經一九七	一	四書通	二八卷	一八冊	元 胡炳文撰	
		八	大學通	（一卷）	（一冊）		

二〇四

經一九八

頁	書名	卷數	册數	撰者	集
四〇	中庸通	（三卷）	（三册）		
一〇五	論語通	（一〇卷）	（八册）		
三八一	孟子通	（一四卷）	（六册）		
六三七	四書通證	六卷	三册	元 張存中撰	
六四一	大學章句或問通證	（一卷）	（三册）		
六五〇	論語集註通證	（二卷）			
七〇三	孟子集註通證	（二卷）	（一册）		
七三四	中庸章句或問通證	（一卷）			
七四五	四書疑節	一二卷	六册	元 袁俊翁撰	二集
八九一	四書經疑貫通	八卷	三册	元 王充耘撰	五集
一	四書纂箋	二八卷	一二册	元 詹道傳撰	
二	大學纂箋	（二卷）	（一册）		
四九	中庸纂箋	（二卷）	（二册）		
一三五	論語纂箋	（一〇卷）	（四册）		
三〇二	孟子纂箋	（一四卷）	（五册）		
五〇七	四書通旨	六卷	六册	元 朱公遷撰	
六七五	四書管窺	八卷	六册	元 史伯璿撰	二集
九六一	大學中庸集說啓蒙	三卷	三册	元 景 星撰	
九六四	大學集說啓蒙	（一卷）	（一册）		
一〇〇七	中庸集說啓蒙	（二卷）	（二册）		

全書冊次	分部冊次	頁次	書名	著者	珍本集次
二〇五	經一九九	一	四書大全 四〇卷 三〇冊	明 胡廣等奉敕撰	六集
		二	大學章句大全 (一卷) (一冊)		
		四九	大學或問 (一卷) (一冊)		
		一〇三	論語集註大全 (二〇卷) (一三冊)		
		五三九	孟子集註大全 (一四卷) (一一冊)		
		八六八	中庸章句大全 (二卷) (二冊)		
		九四八	中庸或問 (二卷) (二冊)		
二〇六	經二〇〇	一	四書蒙引 一五卷 一五冊	明 蔡 清撰	三集
		七二八	四書蒙引別錄 一卷 一冊	明 莊 煦編	
		七五三	四書因問 六卷 四冊	明 呂 柟撰	四集
二〇七	經二〇一	一	問辨錄 一〇卷 四冊	明 高 拱撰	三集
		九七	論語類考 二〇卷 六冊	明 陳士元撰	九集
		二六九	孟子雜記 四卷 二冊	明 陳士元撰	
		三五七	學庸正說 三卷 三冊	明 趙南星撰	四集
		四三一	論語商 二卷 二冊	明 周宗建撰	四集
		五〇五	論語學案 一〇卷 八冊	明 劉宗周撰	
		七〇九	四書留書 六卷 四冊	明 章世純撰	四集

編號	經號	起頁	書名	卷數	冊數	撰者	集
二〇八	經二〇二	一	日講四書解義	二六卷	二四冊	清 喇沙里 陳廷敬等奉敕編	七集
		六四九	四書近指	二〇卷	六冊	清 孫奇逢撰	六集
		八三一	孟子師說	二卷	二冊	清 黃宗羲撰	五集
		九〇五	大學翼眞	七卷	四冊	清 胡 渭撰	三集
二〇九	經二〇三	一	四書講義困勉錄	三七卷	一八冊	清 陸隴其撰	四集
		八三九	松陽講義	一二卷	六冊	清 陸隴其撰	十集
二一〇	經二〇四	一	榕村四書說	七卷	四冊	清 李光地撰	九集
		二	大學古本說	（一卷）	（一冊）		
		一一	中庸章段	（一卷）			
		二七	中庸餘論	（一卷）			
		四三	讀論語劄記	（二卷）	（二冊）		
		八九	讀孟子劄記	（二卷）	（一冊）		
		一三三	論語稽求篇	七卷	二冊	清 毛奇齡撰	
		二〇七	四書賸言	四卷	三冊	清 毛奇齡撰	
		二五〇	補	二卷		清 毛遠宗編	
		二七七	大學證文	四卷	二冊	清 毛奇齡撰	九集
		三一五	四書釋地	一卷	五冊	清 閻若璩撰	
		三四〇	四書釋地續	一卷			
		三七〇	四書釋地又續	二卷			

全書冊次	分部冊次	頁次	書名	著者	珍本集次
		四三五	四書釋地三續 三卷		
		四八三	四書劄記 四卷 一冊	清 楊名時撰	七集
		五三一	此木軒四書說 九卷 四冊	清 焦袁熹撰	五集
		六五七	四書逸箋 六卷 二冊	清 程大中撰	
		七一三	鄉黨圖考 一〇卷 五冊	清 江永撰	

樂類（第二百一十一冊至第二百二十冊）

全書冊次	分部冊次	頁次	書名	著者	珍本集次
二一一	經二〇五	一	皇祐新樂圖記 三卷 一冊	宋 阮逸 胡瑗等奉敕撰	十一集
		三	樂書 二〇〇卷 二四冊	宋 陳暘撰	九集
二一二	經二〇六	一	律呂新書 二卷 二冊	宋 蔡元定撰	十集
		四九	瑟譜 六卷 二冊	元 熊朋來撰	別輯
		九三	韶舞九成樂補 一卷 一冊	元 余載撰	別輯
		一一五	律呂成書 二卷 二冊	元 劉瑾撰	別輯

冊次	經	頁	書名	卷數	冊數	撰者	集
		一八九	苑洛志樂	二〇卷	一二册	明 韓邦奇撰	四集
		六四三	鐘律通考	六卷	四册	明 倪 復撰	二集
二一三—二一四	經二〇七—二〇八	一	樂律全書	四二卷	三二册	明 朱載堉撰	
二一五	經二〇九	一	御製律呂正義	五卷	五册	康熙五十二年清聖祖御定	十一集
		二	上編 正律審音	(二卷)	(二册)		
		九一	下編 和聲定樂	(二卷)	(二册)		
		一八四	續編 協均度曲	(一卷)	(一册)		
二一五—二一八	經二〇九—二一二	三三	御製律呂正義後編	一二八卷	六〇册	清 允 祿 張 照等奉敕纂	
		三一	卷首	二卷			
二一九	經二一三	一	欽定詩經樂譜全書	三〇卷	二四册	清 永 瑢 鄒奕孝等奉敕纂	九集
		一	卷首	一卷			
		九一八	附 欽定樂律正俗	一卷			
二二〇	經二一四	一	古樂經傳	五卷	三册	清 李光地撰	十集
		九七	古樂書	二卷	二册	清 應撝謙撰	初集
		一九七	聖諭樂本解說	二卷	一册	清 毛奇齡撰	十一集
		二一九	皇言定聲錄	八卷	三册	清 毛奇齡撰	十集
		二九一	竟山樂錄	四卷	二册	清 毛奇齡撰	
		三三九	李氏學樂錄	二卷	一册	清 李 塨撰	

全書冊次	分部冊次	頁次	名	著者	珍本集次
		三六九	樂律表微 八卷 六冊	清 胡彥昇撰	三集
		五一一	律呂新論 二卷 一冊	清 江永撰	十集
		五四七	律呂闡微 一〇卷	清 江永撰	二集
		五四九	卷首：皇言定聲 一卷 （以上）四冊		
		六八七	琴旨 二卷	清 王坦撰	五集
		六八七	卷首：御製文 一卷 （以上）二冊		

小學類（第二百二十一冊至第二百四十二冊）

一、訓詁之屬（第二百二十一冊至第二百二十二冊）

全書冊次	分部冊次	頁次	名	著者	珍本集次
二二一	經二一五	一	爾雅注疏 一一卷 附考證 六冊	晉郭璞注 宋邢昺疏 唐陸德明音義 清張照等考證	
		二三七	爾雅註 三卷 二冊	宋 鄭樵撰	
		二八一	輶軒使者絕代語釋別國方言 一三卷 四冊	舊題漢 揚雄撰 晉 郭璞注	別輯
		三八三	釋名 八卷 一冊	漢 劉熙撰	

二二二　經二一六

頁	書名	卷數	册數	撰者
四三五	廣雅	一〇卷	二册	魏 張揖撰
四七一	匡謬正俗	八卷	二册	唐 顏師古撰
一	羣經音辨	七卷	二册	宋 賈昌朝撰
五九	埤雅　附 音釋	二〇卷	六册	宋 陸佃撰
三三九	爾雅翼	三二卷	六册	宋 羅願撰　元 洪焱祖音釋
五一五	駢雅	七卷	一册	明 朱謀㙔撰
五四九	字詁	一卷	一册	清 黃生撰
五八五	續方言	二卷	一册	清 杭世駿撰
六〇七	別雅	五卷	五册	清 吳玉搢撰

十一集

二、字書之屬（第二百二十三册至第二百三十五册）

二二三　經二一七

頁	書名	卷數	册數	撰者
一	急就篇	四卷	四册	漢 史游撰　唐 顏師古注　宋 王應麟補注
六三	說文解字	三〇卷	八册	漢 許慎撰　宋 徐鉉增釋
三八五	說文繫傳	四〇卷	一〇册	南唐 徐鍇撰　朱翺反切

全書冊次	分部冊次	頁次	書名	卷數	冊數	著者	珍本集次
		七九一	說文繫傳考異	四卷	二冊	清汪憲撰	九集
		八四三	附錄	一卷			
		八四九	說文解字篆韻譜	五卷	五冊	南唐徐鍇撰	
二二二四	經二一八	一	重修玉篇	三〇卷	六冊	梁顧野王撰　唐孫強增補　宋陳彭年　丘雍等重修	
		三三七	附 玉篇反紐圖	一卷		唐釋神珙撰	
		三四〇	玉篇分毫字樣	一卷			
		三四三	干祿字書	一卷	一冊	唐顏元孫撰	
		三五一	五經文字	三卷	二冊	唐張參撰	
		三九五	九經字樣	一卷	一冊	唐唐玄度撰	
		三〇七	汗簡	三卷	三冊	宋郭忠恕撰	
		三〇九	目錄敘略	一卷			
		三七七	佩觿	三卷	一冊	宋郭忠恕撰	
		四一三	古文四聲韻	五卷	二冊	宋夏竦集	十一集
二二二五	經二一九	一	類篇	四五卷	一二冊	舊題宋司馬光撰	六集
		五〇三	歷代鐘鼎彝器款識法帖	二〇卷	六冊	宋薛尚功撰	
		六七九	復古編	一一卷	三冊	宋張有撰	

冊次	編號	頁次	書名	卷數	冊數	撰者	集
		七四九	班馬字類	五卷	二冊	宋　婁　機撰	
		七九一	漢隸字源	六卷	六冊	宋　婁　機撰	
二二六	經二二〇	一	六書故	三三卷	一二冊	宋　戴　侗撰	六集
		三	卷首：六書通釋	一卷			
		六一九	字通	二卷	一冊	宋　李從周撰	
		六四七	龍龕手鑑	四卷	三冊	遼　釋行均撰	
二二七	經二二一	一	六書統	二〇卷	一四冊	元　楊　桓撰	八集
二二八	經二二二	一	周秦刻石釋音	一卷	一冊	元　吾丘衍撰	十二集
		一七	字鑑	五卷	二冊	元　李文仲撰	九集
		七五	說文字原	一卷	一冊	元　周伯琦撰	六集
		一〇六	六書正譌	五卷	二冊	元　周伯琦撰	六集
		一八三	漢隸分韻	七卷	二冊	□　不著撰人	十一集
		二八五	六書本義	一二卷	四冊	明　趙撝謙撰	四集
		二八九	綱領	一卷			
		二九六	圖考	一卷			
		三七五	奇字韻	五卷	一冊	明　楊　慎撰	
		三九九	古音駢字	二卷	六冊	明　楊　慎撰	
		四三三	古音駢字續編	五卷		清　莊履豐　莊鼎鉉同撰	

全書冊次	分部冊次	頁次	書名	著者	珍本集次
		五三九	俗書刊誤 一二卷 二冊	明 焦 竑撰	初集
		五八七	字辨 二卷 一冊	明 葉秉敬撰	十二集
二二九—二三一	經二二三—二二五	一	御定康熙字典 三六卷 四〇冊	清 張玉書 陳廷敬等奉敕纂	
		九	總目 一卷		
		一七	檢字 一卷		
		三一	辨似 一卷		
		三六	等韻 一卷		
二三一	經二二五	五九八	補遺 一卷		
		六三三	備考 一卷		
二三二—二三三	經二二六—二二七	一	御製增訂清文鑑 三二卷 四一冊	清 傅 恒等奉敕撰	
二三三	經二二七	三一五	補編 四卷		
		四四八	總綱 八卷		
		七三〇	補編總綱 一卷		
二三四	經二二八	一	御製滿珠蒙古漢字三合切音清文鑑 三一卷 三三冊	清 阿 桂等奉敕撰	十一集
二三五	經二二九	一	欽定西域同文志 二四卷 一〇冊	清 傅 恒等奉敕撰	三集
		四三一	隸辨 八卷 八冊	清 顧藹吉撰	五集
		八四五	篆隸考異 四卷 四冊	清 周 靖撰 文 含校	初集

三、韻書之屬（第二百三十六冊至第二百四十二冊）

冊	經	頁	書名	卷數	冊數	撰者	集
二三六	經二三〇	一	原本廣韻	五卷	五冊	□不著撰人	
		二三三	重修廣韻	五卷	五冊	宋 陳彭年 丘 雍等奉敕撰	
		四三三	集韻	一〇卷	一〇冊	舊題宋 丁 度 司馬光等奉敕纂	
二三七	經二三一	一	切韻指掌圖	三卷	三冊	宋 司馬光撰 明 邵光祖檢例	別輯
		四四	附檢圖之例	一卷			
		五五	韻補	五卷	二冊	宋 吳 棫撰	
		一三三	附釋文互註禮部韻略	五卷	五冊	宋 丁 度等撰	
		三〇〇	附 貢舉條式	一卷	一冊		
		三三三	增修互註禮部韻略	五卷	五冊	宋 毛 晃增註 毛居正重增	
		五八七	增修校正押韻釋疑	五卷	五冊	宋 歐陽德隆撰 郭守正增修	初集
		五九〇	卷首・校正條例	一卷			
		七六七	九經補韻	一卷	一冊	宋 楊伯嵒撰	
二三八	經二三二	一	五音集韻	一五卷	一二冊	金 韓道昭撰	七集
		三五七	古今韻會舉要	三〇卷	一二冊	元 黃公紹原編 熊 忠舉要	十集
		三六四	韻母	一卷			

全書冊次	分部冊次	頁次	書名	卷數	冊數	著者	珍本集次
		八三七	四聲全形等子	一卷	一冊	□不著撰人	十二集
		八五三	經史正音切韻指南	一卷	一冊	元 劉 鑑撰	
二三九	經二三三	一	洪武正韻	一六卷	六冊	明 樂韶鳳 宋 濂等奉敕撰	
		二四一	古音叢目	五卷	三冊	明 楊 慎撰	
		二七八	古音獵要	五卷			
		二九四	古音餘	五卷			
		三一三	古音附錄	一卷			
		三二三	古音略例	一卷	一冊	明 楊 慎撰	
		三四九	轉注古音略	五卷	二冊	明 楊 慎撰	
		四〇三	毛詩古音考	四卷	四冊	明 陳 第撰	
		五一九	屈宋古音義	三卷	三冊	明 陳 第撰	
二四〇	經二三四	一	御定音韻闡微	一八卷	一二冊	清 李光地等奉敕撰	十一集
		一三	卷首・韻譜	一卷			
		三五九	欽定同文韻統	六卷	二冊	清 允 祿 傅 恒等奉敕撰	十集
		四四九	欽定叶韻彙輯	五八卷	一〇冊	清 梁詩正 蔣 溥等奉敕撰	十集
		八五三	欽定音韻述微	三〇卷	一二冊	清 梁國治等奉敕撰	初集

函	經	頁	書名	卷數	冊數	撰者	集
二四一	經二三五	一	音論	三卷	一冊	清　顧炎武撰	
		三三	詩本音	一〇卷	四冊	清　顧炎武撰	
		一四三	易音	三卷	一冊	清　顧炎武撰	
		一六七	唐韻正	二〇卷	一〇冊	清　顧炎武撰	
		五三一	古音表	二卷	一冊	清　顧炎武撰	
		五五五	韻補正	一卷	一冊	清　顧炎武撰	
二四二	經二三六	一	古今通韻	一二卷	五冊	清　毛奇齡撰	十集
		二九七	易韻	四卷	一冊	清　毛奇齡撰	九集
		三三七	孫氏唐韻考	五卷	五冊	清　紀容舒撰	十一集
		四三八	古韻標準	四卷	二冊	清　江　永撰	
		四九〇	卷首・詩韻舉例	一卷			
			附　錄				
		五八一	六藝綱目	二卷	二冊	元　舒天民撰　舒　恭注 明　趙宜中附注	十二集
		六三六	附錄　字原	一卷			
		六四〇	六藝綱目發原	一卷			

史部（第二百四十三册至第六百九十四册）

正史類（第二百四十三册至第三百二册）

全書册次	分部册次	頁次	書名		著者	珍本集次
二四三—二四四	史一—二	一	史記	一三〇卷	漢 司馬遷撰 南朝宋 裴駰集解 唐 司馬貞索隱 張守節正義	
			附 考證		清 張照等考證	
二四四	史二	九六四	補史記三皇本紀	一卷	唐 司馬貞撰並注	
		九六六	史記正義論例謚法解列國分野	一卷 （以上四二册）	唐 張守節撰	
二四五—二四六	史三—四	一	史記集解	一三〇卷 二八册	南朝宋 裴駰撰	
二四六	史四	四四七	史記索隱	三〇卷 六册	唐 司馬貞撰	
二四七—二四八	史五—六	一	史記正義	一三〇卷	唐 張守節撰	
		一六	附 史記正義論例謚法解	一卷 （以上三〇册）		
二四八	史六	四二一	讀史記十表	一〇卷 五册	清 汪越撰 徐克范補	六集
		六七三	史記疑問	三卷 一册	清 邵泰衢撰	三集

冊次	史部	頁	書名	卷數	冊數	撰者	集
二四九—二五一	史七—九	一	前漢書	一二〇卷	五四冊	漢 班固撰　唐 顏師古注	
			附 考證			清 齊召南等考證	
二五一	史七	四三一	班馬異同	三五卷	六冊	宋 倪思編　舊題宋 劉辰翁評	八集
二五二—二五三	史一〇—一一	一	後漢書	一二〇卷	四二冊	南朝宋 范曄撰　唐 李賢注　晉 司馬彪撰志　梁 劉昭注志	
			附 考證			清 陳浩等考證	
二五三	史一一	七三五	補後漢書年表	一〇卷	五冊	宋 熊方撰	十一集
		八三一	兩漢刊誤補遺	一〇卷	三冊	宋 吳仁傑撰	
二五四	史一二	一	三國志	六五卷	二四冊	晉 陳壽撰　南朝宋 裴松之注	
		一三	魏志	(三〇卷)	(一四冊)		
		五四七	蜀志	(一五卷)	(四冊)		
		六九四	吳志	(二〇卷)	(六冊)		
			附 考證			清 李龍官等考證	
		九三七	三國史辨誤	不分卷	一冊	□不著撰人	
		九四九	三國志補注	六卷	四冊	清 杭世駿撰	
		一〇三八	附 諸史然疑	一卷	一冊		
二五五—二五六	史一三—一四	一	晉書	一三〇卷	五三冊	唐 房玄齡等奉敕撰	
			附 考證			清 孫人龍等考證	
二五六	史一四	一〇〇七	晉書音義	三卷	一冊	唐 何超撰	

全書冊次	分部冊次	頁次	書名	著者	珍本集次
二五七—二五八	史一五—一六	一	宋書 一〇〇卷 三六冊 附考證	梁沈約撰 清萬承蒼等考證	
二五九	史一七	一	南齊書 五九卷 一八冊 附考證	梁蕭子顯撰 清王祖庚等考證	
二六〇	史一八	一	梁書 五六卷 一二冊 附考證	唐姚思廉奉敕撰 清孫人龍等考證	
		五二一	陳書 三六卷 一〇冊 附考證	唐姚思廉奉敕撰 清孫人龍等考證	
二六一—二六二	史一九—二〇	一	魏書 一三〇卷 四八冊 附考證	北齊魏收奉敕撰 清孫人龍等考證	
二六三	史二一	一	北齊書 五〇卷 一二冊 附考證	唐李百藥奉敕撰 清姚範 朱荃等考證	
		三九一	周書 五〇卷 一二冊 附考證	唐令狐德棻等奉敕撰 清金文淳等考證	
二六四	史二二	一	隋書 八五卷 三〇冊 附考證	唐魏徵等奉敕撰 清張映斗等考證	
二六五	史二三	一	南史 八〇卷 三二冊 附考證	唐李延壽撰 清萬承蒼等考證	

冊次	史部冊次	頁	書名	卷數	冊數	撰者	備註
二六六—二六七	史二四—二五	一	北史 附考證	一〇〇卷	五〇冊	唐 李延壽撰 清 孫人龍等考證	
二六八—二七一	史二六—二九	一	舊唐書 附考證	二〇〇卷	八八冊	後晉 劉昫等奉敕撰 清 沈德潛等考證	
二七二—二七六	史三〇—三四	一	新唐書 附考證	二二五卷	八九冊	宋 歐陽修 宋祁等奉敕撰 清 沈德潛 葉酉等考證	
二七六	史三四	五三〇	唐書釋音	二五卷	三冊	宋 董衝進撰	
二七六	史三四	六一七	新唐書糾謬	二〇卷	六冊	宋 吳縝撰	
二七七—二七八	史三五—三六	一 八	舊五代史 目錄 附考證	一五〇卷 二卷	三〇冊	宋 薛居正等奉敕撰 清 邵晉涵等輯 清 永瑢 邵晉涵等考證	別輯
二七九	史三七	一	新五代史 附考證	七四卷	一二冊	宋 歐陽修撰 徐無黨注 清 孫人龍 王文清等考證	
二七九	史三七	五三九	五代史纂誤	三卷	一冊	宋 吳縝撰	別輯
二八〇—二八八	史三八—四六	一 五	宋史 目錄 附考證	四九六卷 三卷	一八〇冊	元 托克托等奉敕撰 清 林蒲封 齊召南 楊開鼎等考證	
二八九	史四七	一	遼史 附考證	一一五卷	二〇冊	元 托克托等奉敕撰 清 周長發等考證	
		七三七	遼史拾遺	二四卷	一四冊	清 厲鶚撰	七集

全書冊次	分部冊次	頁次	書名	著者	珍本集次
二九〇—二九一	史四八—史四九	一	金史　一三五卷　四八冊	元　托克托等奉敕撰	
二九二—二九五	史五〇—史五三	一	元史　二一〇卷 附考證　六九冊	明　宋濂　王禕等奉敕撰 清　王祖庚等考證	
二九六	史五四	一	欽定遼金元三史國語解　四六卷　二一冊	清　乾隆四十七年奉敕撰	九集
		三	欽定遼史語解　（一〇卷）（四冊）		
		一二八	欽定金史語解　（一二卷）（五冊）		
		二四四	欽定元史語解　（二四卷）（一二冊）		
二九七—三〇二	史五五—史六〇	一	明史　三三二卷	清　張廷玉等奉敕撰	
		三	目錄　四卷 附考證 （以上）一四五冊	清　嚴福　方煒等考證	

編年類（第三百三冊至第三百四十五冊）

全書冊次	分部冊次	頁次	書名	著者	珍本集次
三〇三	史六一	一	竹書紀年　二卷　一冊	舊題梁　沈約注	
		四三	竹書統箋　一二卷	清　徐文靖撰	六集
		四九	卷首　二卷 （以上）五冊		
		二〇三	前漢紀　三〇卷　六冊	漢　荀悅撰	

冊號	史號	頁	書名	卷數	冊數	撰者	集
		四九一	後漢紀	三〇卷	一二册	晉 袁 宏撰	
		八二九	元經	一〇卷	四册	舊題隋 王 通撰 宋 阮 逸注 唐 薛 收續并傳	十一集
		九五五	唐創業起居注	三卷	一册	唐 溫大雅撰	
三〇四—三一〇	史六二—六八	一	資治通鑑	二九四卷	一四四册	宋 司馬光撰 元 胡三省音註	
三一一	史六九	一	資治通鑑考異	三〇卷	一二册	宋 司馬光撰	
		三一七	資治通鑑釋例	一卷	（附通鑑考異册後）	宋 司馬光撰	
		三二一	資治通鑑目錄	三〇卷	二〇册	宋 司馬光撰	
三一二	史七〇	一	通鑑地理通釋	一四卷	六册	宋 王應麟撰	
		二一七	通鑑釋文辨誤	一二卷	六册	元 胡三省撰	
		三六一	通鑑胡注舉正	一卷	一册	清 陳景雲撰	八集
		三九一	稽古錄	二〇卷	五册	宋 司馬光撰	
		五三七	資治通鑑外紀	一〇卷	四册	宋 劉 恕撰	七集
		五三七	資治通鑑外紀目錄	五卷	二册		
三一三	史七一	一	皇王大紀	八〇卷	一八册	宋 胡 宏撰	二集
		七七九	中興小紀	四〇卷	一四册	宋 熊 克撰	別輯
三一四—三二二	史七二—八〇	一	續資治通鑑長編	五二〇卷	一九二册	宋 李 燾撰	
		一	目錄	二卷			

全書冊次	分部冊次	頁次	書名			著者	珍本集次
三二三	史八一	一	綱目續麟	二〇卷	一四冊	明 張自勳撰	二集
		三	綱目續麟凡例	一卷			
		一四	綱目續麟附錄	一卷			
		四三九	綱目續麟彙覽	三卷			
		五一三	綱目分註拾遺	四卷	四冊	清 芮長恤撰	三集
		六四七	綱目訂誤	四卷	一冊	清 陳景雲撰	六集
三二四	史八二	一	大事記	一二卷（二冊）	一二冊	宋 呂祖謙撰	十二集
		九八	大事記通釋	三卷（一冊）			
		一二四	大事記解題	一二卷（九冊）			
三二五—三二七	史八二—八五	一	建炎以來繫年要錄	二〇〇卷	七二冊	宋 李心傳撰	別輯
		一	目錄	一卷			
三二八	史八六	一	九朝編年備要	三〇卷	二四冊	宋 陳 均撰	七集
		八七三	續宋編年資治通鑑	一五卷	六冊	宋 劉時舉撰	
三二九	史八七	一	西漢年紀	三〇卷	一二冊	宋 王益之撰	別輯
		四〇七	靖康要錄	一二卷	六冊	宋 不著撰人	九集
		六八五	兩朝綱目備要	一六卷	八冊	□ 不著撰人名氏	初集

冊次	史部冊次	頁	書名	卷數	冊數	撰者	集
		九六一	宋季三朝政要	六卷	四冊	元 不著撰人	
三三〇—三三一	史八八—八九	一	宋史全文	三六卷	三六冊	元 不著撰人	十一集
三三二	史九〇	一	資治通鑑前編	一八卷（九冊）	一〇冊	宋 金履祥撰	
		三七六	資治通鑑前編舉要	三卷（一冊）			
		四三五	通鑑續編	二四卷	一二冊	元 陳桱撰	
三三三—三三四	史九一—九二	一	大事記續編	七七卷	三〇冊	明 王禕撰	五集
三三四	史九二	四四九	元史續編	一六卷	六冊	明 胡粹中撰	六集
三三五—三三九	史九三—九七	一	御批歷代通鑑輯覽	一一六卷	一〇二冊	清 高宗批 傅恒等奉敕撰	
三三九	史九七	七三七	附 明唐桂二王本末	四卷			
三四〇	史九八	一	御定資治通鑑綱目三編	四〇卷	一八冊	清 張廷玉等奉敕撰	六集
三四一	史九九	一	皇清開國方略	三二卷	一四冊	清 阿桂 梁國治等奉敕撰	
		三	御製開國方略聯句	一卷			
		二二	卷首・發祥世紀	一卷			
三四二—三四五	史一〇〇—一〇三	一	資治通鑑後編	一八四卷	六六冊	清 徐乾學撰	二集

紀事本末類（第三百四十六冊至第三百六十九冊）

全書冊次	分部冊次	頁次	書名	卷數	冊數	著者	珍本集次
三四六—三四九	史一〇四—一〇七	一	通鑑紀事本末	四二卷	六六冊	宋 袁 樞撰	
三四九	史一〇七	四四五	春秋左氏傳事類始末	五卷	六冊	宋 章 沖撰	
		四四五	目錄	一卷			
		七一三	附錄	一卷			
三五〇—三五二	史一〇八—一一〇	一	三朝北盟會編	二五〇卷	四四冊	宋 徐夢莘撰	六集
三五二	史一一〇	四八一	蜀鑑	一〇卷	四冊	宋 郭允蹈撰	
		六〇三	炎徼紀聞	四卷	二冊	明 田汝成撰	
三五三	史一一一	一	宋史紀事本末	二八卷	一八冊	明 馮 琦原編　陳邦瞻增輯	
		七五三	元史紀事本末	四卷	四冊	明 陳邦瞻撰	十二集
三五四	史一一二	一	平定三逆方略	六〇卷	一二冊	清 勒德洪等奉敕撰	初集
三五四—三五五	史一一二—一一三	四三五	聖祖仁皇帝親征平定朔漠方略	四八卷	二六冊	清 溫 達等奉敕撰	
		四三六	卷首：聖祖仁皇帝御製親征朔漠紀略	一卷			

編號	史號	頁	書名	卷數	冊數	撰者	集
三五六	史一一四	一	欽定平定金川方略	三二卷	一二冊	清　來　保等奉敕撰	
三五七—三五九	史一一五—一一七	一	平定準噶爾方略	一七三卷	四八冊	清　傅　恒等奉敕撰	
三五七	史一一五	一	前編	（五四卷）	（一五冊）		
		九	總目	（一卷）			
		二	卷首	（一卷）			
三五八	史一一六	一	正編	（八五卷）	（二四冊）		
三五九	史一一七	五〇六	續編	（三二卷）	（九冊）		
三六〇—三六一	史一一八—一一九	一	平定兩金川方略	一三六卷	五四冊	清　阿　桂等奉敕撰	
		八	卷首：天章	八卷			
		一六八	藝文	八卷			
三六二	史一二〇	一	欽定剿捕臨清逆匪紀略	一六卷	五冊	清　舒赫德　于敏中等奉敕撰	十集
		二三三	欽定蘭州紀略	二〇卷	七冊	清　阿　桂等奉敕撰	六集
		二三四	卷首：天章	一卷			
		四八七	欽定石峯堡紀略	二〇卷	八冊	清　乾隆四十九年敕撰	初集
		四八九	卷首：天章	一卷			
三六三	史一二一	一	欽定臺灣紀略	六五卷	二四冊	清　乾隆五十三年敕撰	
		三	卷首	五卷			
		八四七	綏寇紀略	一二卷	六冊	清　吳偉業撰	
三六四	史一二二	一	滇考	二卷	二冊	清　馮　甦撰	十二集

全書冊次	分部冊次	頁次	書名			著者	珍本集次
		二七	明史紀事本末	八〇卷	二〇冊	清 谷應泰撰	
三六五—三六八	史一二三—一二六	一	繹史	一六〇卷	七二冊	清 馬驌撰	
		四	目錄	一卷			
		一八	世系圖	一卷			
		三〇	年表	一卷			
三六九	史一二七	一	左傳紀事本末	五三卷	二二冊	清 高士奇撰	七集
		五五七	平臺紀略	一卷	一冊	清 藍鼎元撰	
		五八四	附 東征集	六卷	二冊		

別史類（第三百七十冊至第四百五冊）

全書冊次	分部冊次	頁次	書名			著者	珍本集次
三七〇	史一二八	一	逸周書	一〇卷	二冊	晉 孔晁注	
		六三	東觀漢記	二四卷	四冊	漢 劉珍等撰	別輯
		二三五	建康實錄	二〇卷	一二冊	唐 許嵩撰	六集
三七一	史一二九	一	隆平集	二〇卷	六冊	舊題宋 曾鞏撰	二集
		二〇五	古史	六〇卷	一四冊	宋 蘇轍撰	六集

三七二—三八一	史一三〇—一三九	一	通志	二〇〇卷	一九四冊	宋 鄭 樵撰	
三八二	史一四〇	一	東都事略	一三〇卷	二四冊	宋 王 稱撰	
三八三	史一四一	一	路史	四七卷	一八冊	宋 羅 泌撰	九集
三八四	史一四二	六五五	欽定重訂契丹國志	二八卷	六冊	宋 葉隆禮撰	八集
		六六一	卷首	一卷			
		八〇五	欽定重訂大金國志	四一卷	八冊	舊題宋 宇文懋昭撰	十二集
		八一〇	卷首	一卷			
		一	古今紀要	一九卷	一二冊	宋 黃 震撰	三集
三八五—三八六	史一四三—一四四	三六五	蕭氏續後漢書	四四卷	一二冊	宋 蕭 常撰	九集
		六六八	義例	一卷			
		六六九	附 續後漢書音義	四卷			
		一	郝氏續後漢書	存八七卷（原九〇卷，缺卷一、八〇、八八）	三四冊	元 郝 經撰　荀宗道注	別輯
三八六	史一四四	五六九	春秋別典	一五卷	六冊	明 薛虞畿撰	
三八七—三九一	史一四五—一四九	一	御定歷代紀事年表	一〇〇卷	九八冊	清 王之樞　周清原等奉敕撰	
		二	三元甲子編年	一卷			
		二七	目錄	一卷			
三九二—四〇一	史一五〇—一五九	一	欽定續通志	六四〇卷	二〇〇冊	清 嵇 璜　曹仁虎等奉敕撰	
四〇二	史一六〇	一	補歷代史表	五三卷	一二冊	清 萬斯同撰	九集

全書冊次	分部冊次	頁次	書名	著者	珍本集次
四〇三	史一六一	三三五	後漢書補逸 二一卷 一二冊	清 姚之駰撰	四集
四〇四—四〇五	史一六二—一六三	一	春秋戰國異辭 五四卷	清 陳厚耀撰	初集
		八	春秋戰國通表 二卷		
		一〇四五	摭遺 一卷 二八冊		
		一	尚史 一〇七卷 四六冊	清 李鍇撰	二集

雜史類（第四百六冊至第四百一十冊）

全書冊次	分部冊次	頁次	書名	著者	珍本集次
四〇六	史一六四	一	國語 二一卷 四冊	吳 韋昭注	
		一八七	國語補音 三卷 二冊	宋 宋庠補葺	十二集
		二三九	戰國策 三三卷 七冊	漢 高誘注 宋 姚宏續注	
		四六九	鮑氏戰國策注 一〇卷 四冊	宋 鮑彪撰	六集
四〇七	史一六五	一	戰國策校注 一〇卷	元 吳師道撰	
		一〇	卷首 一卷 八冊		
		三三七	貞觀政要 一〇卷 六冊	唐 吳兢撰 元 戈直集論	

			書名	卷數	册數	撰者	
		五五五	渚宮舊事	五卷	二册	唐 余知古撰	
		六〇四	補遺	一卷			
		六〇九	東觀奏記	三卷	一册	唐 裴庭裕撰	
		六三一	五代史闕文	一卷	一册	宋 王禹偁撰	七集
		六四一	五代史補	五卷	二册	宋 陶岳撰	
		六八五	北狩見聞錄	一卷	一册	宋 曹勛撰	十二集
		六九五	松漠紀聞	一卷		宋 洪皓撰	十二集
		七〇四	續	一卷			
		七一三	燕翼詒謀錄	五卷	二册	宋 王栐撰	
四〇八	史一六六	一	太平治迹統類	三〇卷	一八册	宋 彭百川撰	五集
		七九七	咸淳遺事	二卷	一册	宋 不著撰人	別輯
		八三三	大金弔伐錄	四卷	四册	□ 不著撰人	別輯
		九三三	汝南遺事	四卷	二册	元 王鶚撰	別輯
		九五九	錢塘遺事	一〇卷	二册	元 劉一清撰	
		一〇三五	平宋錄	三卷	一册	元 劉敏中撰	
四〇九—四一〇	史一六七—一六八	一	弇山堂別集	一〇〇卷	四四册	明 王世貞撰	

全書冊次	分部冊次	頁次	書名	卷數	冊數	著者	珍本集次
四一〇	史一六八	五三九	革除逸史	二卷	一冊	明 朱睦㮮撰	四集
		五四九	欽定蒙古源流	八卷	三冊	清 蒙古薩囊徹辰撰	三集

詔令奏議類（第四百一十一冊至第四百四十五冊）

一、詔令之屬（第四百一十一冊至第四百二十六冊）

全書冊次	分部冊次	頁次	書名	卷數	冊數	著者	珍本集次
四一一	史一六九	一	太祖高皇帝聖訓	四卷	二冊	清 康熙二十五年敕編	
		三九	太宗文皇帝聖訓	六卷	二冊	清 世祖敕編 聖祖續編	
		九七	世祖章皇帝聖訓	六卷	二冊	清 康熙二十六年敕編	
		一四五	聖祖仁皇帝聖訓	六〇卷	一八冊	清 雍正九年敕編	
四一二	史一七〇	一	世宗憲皇帝聖訓	三六卷	一二冊	清 乾隆五年敕編	
四一三	史一七一	一	世宗憲皇帝上諭八旗	一三卷	六冊		
		三三	上諭旗務議覆	一二卷	五冊	清 允祿等奉敕編	
		四八三	諭行旗務奏議	一三卷	三冊		

冊次	編號		書名	卷數	冊數	著者	集
四一四—四一五	史一七二—一七三	一	世宗憲皇帝上諭內閣	一五九卷	四二冊	清 允祿等奉敕編	
		三	卷首	一卷		清 弘晝等續編	
四一六—四二五	史一七四—一八三	一	世宗憲皇帝硃批諭旨	三六〇卷	二二六冊	清 雍正十年敕編 乾隆三年告成	
四二六	史一八四	一	唐大詔令集	存一〇七卷（原一三〇卷，缺卷一四—二四、八七—九八）	二四冊	宋 宋敏求編	十二集
		九七一	兩漢詔令	二三卷	六冊	宋 林虙編 樓昉續編	四集
		九七一	西漢詔令	（一二卷）	（四冊）	宋 林虙編	
		一〇六三	東漢詔令	（一一卷）	（二冊）	宋 樓昉編	

二、奏議之屬（第四百二十七冊至第四百四十五冊）

冊次	編號		書名	卷數	冊數	著者	集
四二七	史一八五	一	范文正奏議	二卷	二冊	宋 范仲淹撰	
		七三	包孝肅奏議集	一〇卷	四冊	宋 包拯撰 張田編	
		一八三	盡言集	一三卷	四冊	宋 劉安世撰	六集
		三一九	讜論集	五卷	三冊	宋 陳次升撰	初集
		三八九	左史諫草	一卷	一冊	宋 呂午撰	初集
		四〇四	附 左史呂公家傳	一卷		宋 方回撰	
		四一一	監簿呂公家傳	一卷			
		四一七	商文毅疏稿	一卷	一冊	明 商輅撰	四集

全書冊次	分部冊次	頁次	書名			著者	珍本集次
四二八	史一八六	四五三	王端毅奏議	一五卷	六冊	明 王恕撰	五集
		七〇五	馬端肅奏議	一二卷	三冊	明 馬文升撰	五集
		一	關中奏議	一八卷	一二冊	明 楊一清撰	五集
		五五九	胡端敏奏議	一〇卷	六冊	明 胡世寧撰	七集
		七四九	楊文忠三錄	八卷	三冊	明 楊廷和撰	四集
四二九	史一八七	一	何文簡疏議	一〇卷	八冊	明 何孟春撰	四集
		二六三	垂光集	一卷	一冊	明 周璽撰	五集
		二八九	孫毅菴奏議	二卷	二冊	明 孫懋撰	三集
		三三一	玉坡奏議	五卷	二冊	明 張原撰	三集
		四〇九	南宮奏稿	五卷	五冊	明 夏言撰	四集
		五五九	訥谿奏疏	一卷	一冊	明 周怡撰	九集
		五八七	譚襄敏奏議	一〇卷	五冊	明 譚綸撰	六集
四三〇	史一八八	一	潘司空奏疏	七卷	六冊	明 潘季馴撰	四集
		一八九	兩河經略	四卷	一冊	明 潘季馴撰	七集
		一九〇	卷首	一卷			
		二四九	兩垣奏議	一卷	一冊	明 逯中立撰	九集

冊次	史部冊次	頁次	書名	卷數	冊數	著者	集
		二五九	周忠愍奏疏	二卷	一冊	明 周起元撰	五集
		三〇三	張襄壯奏疏	六卷	六冊	清 張　勇撰	三集
		四五一	靳文襄奏疏	九卷	六冊	清 靳　輔撰	三集
		四五一	治河題藁	（八卷）			
		七一三	附 撫皖題藁	（一卷）			
		七三九	華野疏稿	五卷	三冊	清 郭　琇撰	三集
四三一—四三二	史一八九—一九〇	一	宋名臣奏議	一五〇卷	四八冊	宋 趙汝愚編	二集
四三三—四四二	史一九一—二〇一	一	歷代名臣奏議	三五〇卷	二二二冊	明 楊士奇　黃　淮等奉敕編	
四四三—四四四	史二〇一—二〇二	一	名臣經濟錄	五三卷	三〇冊	明 黃　訓編	三集
四四五	史二〇三	一	御選明臣奏議	四〇卷	三四冊	清 乾隆四十六年敕編	九集

傳記類（第四百四十六冊至第四百六十冊）

一、聖賢之屬（第四百四十六冊）

冊次	史部冊次	頁次	書名	卷數	冊數	著者	集
四四六	史二〇四	一	孔子編年	五卷	二冊	宋 胡　仔撰	六集
		五七	東家雜記	二卷	一冊	宋 孔　傳撰	

二、名人之屬（第四百四十六冊至第四百四十七冊）

全書冊次	分部冊次	頁次	書名	卷數	冊數	著者	珍本集次
四四六	史二〇四	九五	晏子春秋	八卷	三冊	舊題周晏嬰撰	
		一六一	魏鄭公諫錄	五卷	二冊	唐王方慶撰	五集
		二〇九	李相國論事集	六卷	二冊	唐李絳撰　蔣偕編	四集
		二五一	杜工部年譜	一卷	一冊	宋趙子櫟撰	
		二五九	杜工部詩年譜	一卷	一冊	宋魯訔撰	七集
		二七三	紹陶錄	二卷	一冊	宋王質撰	九集
		三〇五	金佗稡編	二八卷	六冊	宋岳珂撰	
		五二八	金佗續編	三〇卷	六冊		
四四七	史二〇五	一	象臺首末	五卷	二冊	宋胡知柔編	九集
		四七	附錄	一卷			
		五五	魏鄭公諫續錄	二卷	二冊	元翟思忠撰	別輯
		九一	忠貞錄	三卷	一冊	明李維樾　林增志同編	初集
		一三一	附錄	一卷			

一三七	諸葛忠武書	一〇卷	四册	明 楊時偉編	六集
三三七	寧海將軍固山貝子功績錄	一卷	一册	清 不著編人	十一集
二四五	朱子年譜	四卷	四册	清 王懋竑撰	九集
	朱子年譜考異	四卷	一册		
	朱子論學切要語	二卷	一册		

三、總錄之屬（第四百四十八册至第四百六十册）

四四八　史二〇六

一	古列女傳	七卷	二册	漢 劉　向撰	
七四	續古列女傳	一卷			
八五	高士傳	三卷	一册	晉 皇甫謐撰	
一二五	卓異記	一卷	一册	舊題唐 李　翺撰	
一三三	春秋臣傳	三〇卷	四册	宋 王　當撰	
二八三	廉吏傳	二卷	二册	宋 費　樞撰	初集
三四五	紹興十八年同年小錄	一卷	一册	宋 不著編人	八集
四二一	伊洛淵源錄	一四卷	五册	宋 朱　熹撰	

全書冊次	分部冊次	頁次	書名			著者	珍本集次
四四九	史二〇七	一	宋名臣言行錄前集	一〇卷	五册	宋朱熹纂集	
		一三五	後集	一四卷	六册		
		二九二	宋名臣言行錄續集	八卷	二册		
		三六三	別集	二六卷	八册	宋李幼武纂集	
		六四二	外集	一七卷	四册		
四五〇	史二〇八	一	名臣碑傳琬琰之集	一〇七卷	二六册	宋杜大珪編	十一集
		二	上集	(二七卷)	(八册)		
		三三五	中集	(五五卷)	(一三册)		
		六六八	下集	(二五卷)	(五册)		
四五一	史二〇九	一	錢塘先賢傳贊	一卷	一册	宋袁韶撰	
		一九	慶元黨禁	一卷	一册	舊題宋滄州樵叟撰	別輯
		四七	宋寶祐四年登科錄	四卷	二册	宋不著撰人	
		一一九	京口耆舊傳	九卷	三册	宋不著撰人	別輯
		二一九	昭忠錄	一卷	一册	元不著撰人	
		二三一	敬鄉錄	一四卷	四册	元吳師道輯	十一集
		四〇九	唐才子傳	八卷	三册	元辛文房撰	別輯
		四九七	元朝名臣事略	一五卷	七册	元蘇天爵撰	九集

編號	類號	頁	書名	卷數	冊數	撰者	集
四五二	史二一〇	一	浦陽人物記	二卷	一冊	明 宋　濂撰	
		三七	古今列女傳	三卷	三冊	明 解　縉等奉敕編	
		一三	殿閣詞林記	二二卷	一二冊	明 黃　佐　廖道南撰	九集
		四三	嘉靖以來首輔傳	八卷	四冊	明 王世貞撰	五集
四五三	史二一一	一	明名臣琬琰錄	二四卷	六冊	明 徐　紘編	六集
		二七五	明名臣琬琰續錄	二二卷	四冊		
		五〇三	今獻備遺	四二卷	六冊	明 項篤壽撰	三集
		七一三	百越先賢志	四卷	二冊	明 歐大任撰	十集
		七六三	元儒考略	四卷	二冊	明 馮從吾撰	四集
四五四	史二一二	一	欽定宗室王公功績表傳	一二卷	七冊	清 乾隆四十六年敕撰	
		一	卷首	一卷			
		二一七	欽定外藩蒙古回部王公表傳	一二〇卷	二一冊	清 乾隆四十四年敕撰	
		二一七	卷首	一卷			
		二一九	目錄	一卷			
四五五—四五六	史二一三—二一四	一	欽定八旗滿洲氏族通譜	八〇卷	三〇冊	清 乾隆九年敕撰	
		六	目錄	二卷			
四五六	史二一四	三九三	欽定勝朝殉節諸臣錄	一二卷	一二冊	清 舒赫德　于敏中等奉敕撰	六集

全書冊次	分部冊次	頁次	書名	卷數	冊數	著者	珍本集次
四五七	史二一五	一	明儒學案	六二卷	三〇冊	清 黃宗羲撰	
		四	發凡	一卷			
四五八	史二一六	一	中州人物考	八卷	六冊	清 孫奇逢撰	八集
		一七三	東林列傳	二四卷	九冊	清 陳鼎撰	五集
		四八四	卷末附 熹宗原本本紀	二卷	一冊		
		五一九	儒林宗派	一六卷	二冊	清 萬斯同撰	九集
		五九一	明儒言行錄	一〇卷	一〇冊	清 沈佳撰	三集
		九九三	明儒言行錄續編	二卷	二冊		
四五九	史二一七	一	史傳三編	五六卷	二二冊	清 朱軾撰	七集
四六〇	史二一八	一	閩中理學淵源考	九二卷	一八冊	清 李清馥撰	二集

四、雜錄之屬（第四百六十冊）

全書冊次	分部冊次	頁次	書名	卷數	冊數	著者	珍本集次
四六〇	史二一八	八二七	征南錄	一卷	一冊	宋 滕甫撰	十一集
		八三三	驂鸞錄	一卷	一冊	宋 范成大撰	
		八四七	吳船錄	二卷	一冊	宋 范成大撰	

		書名	卷數	册數	撰者	
	八七五	入蜀記	四卷	二册	宋陸游撰	
	九二三	西使記	一卷	一册	元劉郁撰	
	九二九	保越錄	一卷	一册	明不著撰人	
	九四三	粤閩巡視紀略	六卷	四册	清杜臻撰	四集
	一一二五	松亭行紀	二卷	一册	清高士奇撰	
	一一五三	扈從西巡日錄	一卷	一册	清高士奇撰	十集

史鈔類（第四百六十一册至第四百六十二册）

			書名	卷數	册數	撰者	
四六一	史二一九	一	兩漢博聞	一二卷	六册	宋楊侃輯	
四六一—四六二	史二一九—二二〇	二〇一	通鑑總類	二〇卷	二四册	宋沈樞撰	十一集
四六二	史二二〇	四八三	南史識小錄	八卷	三册	清沈名蓀 朱昆田同輯	九集
		五七四	北史識小錄	八卷	三册		

載記類（第四百六十三冊至第四百六十六冊）

全書冊次	分部冊次	頁次	書名	著者	珍本集次
四六三	史二二一	一	吳越春秋　六卷　二冊	漢趙曄撰　元徐天祐注	
		七三	越絕書　一五卷　二冊	漢袁康　吳平同撰	
		一三一	華陽國志　一二卷　六冊	晉常璩撰	
		三〇五	鄴中記　一卷　一冊	晉陸翽撰	別輯
		三一五	十六國春秋　一〇〇卷　二四冊	舊題魏崔鴻撰	
		一一〇五	別本十六國春秋　一六卷　二冊	舊題魏崔鴻撰	十一集
四六四	史二二二	一	蠻書　一〇卷　二冊	唐樊綽撰	別輯
		四三	釣磯立談　一卷　一冊	宋不著撰人	
		六九	江南野史　一〇卷　二冊	宋龍袞撰	十一集
		一一九	江南別錄　一卷　一冊	宋陳彭年撰	
		一三一	江表志　三卷　一冊	宋鄭文寶撰	
		一四九	江南餘載　二卷　一冊	宋不著撰人	別輯

冊次	史部編號	頁	書名	卷數	冊數	著者	集
		一六三	三楚新錄	三卷	一冊	宋 周羽翀撰	
		一七五	錦里耆舊傳	四卷	一冊	宋 句延慶撰	四集
		二〇三	五國故事	二卷	一冊	宋 不著撰人	
		二二一	蜀檮杌	二卷	一冊	宋 張唐英撰	
		二四七	馬氏南唐書	三〇卷	四冊	宋 馬令撰	
		三八三	陸氏南唐書	一八卷	四冊	宋 陸游撰	
		四九二	南唐書音釋	一卷		元 戚光撰	
		四九七	吳越備史	四卷	四冊	宋 錢儼撰	
		五七六	補遺	一卷			
		五九一	安南志略	二〇卷	四冊	元 黎崱撰	七集
四六五—四六六	史二二三—二二四	一	十國春秋	一一四卷	二四冊	清 吳任臣撰	三集
		六	目錄	一卷			
			附錄				
四六六	史二二四	三六七	朝鮮史略	一二卷	六冊	明 不著撰人	十集
		五五九	越史略	三卷	三冊	□ 不著撰人	

時令類（第四百六十七冊）

全書冊次	分部冊次	頁次	書名	著者	珍本集次
四六七	史二二五	一	歲時廣記　四卷　一冊	宋 陳元靚撰	八集
		三九 四五	御定月令輯要　二四卷 卷首・圖說　一卷　一八冊	清 李光地等奉敕撰	

地理類（第四百六十八冊至第五百九十四冊）

一、宮殿簿之屬（第四百六十八冊。按總目作「宮殿疏之屬」。）

全書冊次	分部冊次	頁次	書名	著者	珍本集次
四六八	史二二六	一	三輔黃圖　六卷　二冊	□ 不著撰人	
		三七	禁扁　五卷　二冊	元 王士點撰	五集

二、總志之屬（第四百六十八冊至第四百八十三冊）

四六八	史二二六	一三	元和郡縣志	四〇卷	一八冊	唐 李吉甫撰
四六九—四七〇	史二二七—二二八	一	太平寰宇記	存一九三卷（原二〇〇卷，缺卷一一三—一一九等七卷）	三六冊	宋 樂 史撰
四七一	史二二九	一	元豐九域志	一〇卷	七冊	宋 王 存等奉敕撰
		三	卷首	一卷		
		三三	輿地廣記	三八卷	六冊	宋 歐陽忞撰
		五二	方輿勝覽	七〇卷	二二冊	宋 祝 穆撰
		五二	目錄	一卷		
		五四五	引用文集目錄	一卷		
四七二—四七三	史二三〇—二三一	一	明一統志	九〇卷	四八冊	明 李 賢等奉敕撰
四七四—四八三	史二三二—二四一	一	大清一統志	四二四卷	一五二冊	清 和 珅等奉敕撰

七集

三、都會郡縣之屬（第四百八十四冊至第五百二十七冊）

四八四	史二四二	一	吳郡圖經續記	三卷	二冊	宋 朱長文撰
		五三	乾道臨安志	三卷	二冊	宋 周 淙撰
		一〇九	淳熙三山志	四二卷	一二冊	宋 梁克家撰
四八五	史二四三	一	吳郡志	五〇卷	一二冊	宋 范成大撰

六集

全書冊次	分部冊次	頁次	書名	著者	珍本集次
四八六	史二四四	三三七	新安志 一〇卷 四冊	宋 羅 願撰	六集
		五三七	剡錄 一〇卷 三冊	宋 高似孫撰	十集
		一	會稽志 二〇卷 一八冊	宋 施 宿等撰	七集
		四四〇	會稽續志 八卷 四冊	宋 張 淏撰	七集
		五六七	赤城志 四〇卷 一二冊	宋 陳耆卿撰	十一集
四八七	史二四五	一	寶慶四明志 二一卷 八冊	宋 羅 濬撰	
		三四七	開慶四明續志 一二卷 四冊	宋 梅應發 劉 錫同撰	
		四九三	海鹽澉水志 八卷 一冊	宋 常 棠撰	五集
		五三三	景定嚴州續志 一〇卷 二冊	宋 鄭 瑤 方仁榮同撰	八集
四八八—四八九	史二四六—二四七	一 二	景定建康志 五〇卷 卷首 一卷 二八冊	宋 周應合撰	九集
四九〇	史二四八	一	咸淳臨安志 存九十三卷（原一〇〇卷缺卷六四、九〇、九八—一〇〇等七卷） 三〇冊	宋 潛說友撰	十一集
四九一	史二四九	一	至元嘉禾志 三二卷 七冊	元 徐 碩撰	八集
		二六七	昌國州圖志 七卷 一冊	元 馮福京等撰	五集
		三一九	延祐四明志 一七卷 一〇冊	元 袁 桷撰	六集

		六八五	齊乘	六卷	六冊	元于欽撰	四集
		八一〇	附釋音	一卷			
四九二	史二五〇	一	至大金陵新志	一五卷	一四冊	元張鉉撰	七集
		六五三	無錫縣志	四卷	三冊	□不著撰人	十二集
四九三	史二五一	一	姑蘇志	六〇卷	三〇冊	明王鏊撰	十集
四九四	史二五二	一	武功縣志	三卷	二冊	明康海撰	九集
		四七	朝邑縣志	一卷	一冊	明韓邦靖撰	十二集
		六一	嶺海輿圖	一卷	一冊	明姚虞撰	
		九七	滇略	一〇卷	六冊	明謝肇淛撰	三集
		三五一	吳興備志	三二卷	一四冊	明董斯張撰	九集
四九五—四九六	史二五三—二五四	一	欽定熱河志	一二〇卷	四二冊	清和珅　梁國治等奉敕撰	
四九七—四九九	史二五五—二五七	一	欽定日下舊聞考	一六〇卷	六四冊	清于敏中　英廉等奉敕撰	
四九九	史二五七	四五一	欽定滿洲源流考	二〇卷	八冊	清阿桂　于敏中等奉敕撰	
五〇〇	史二五八	一	欽定皇輿西域圖志	四八卷	二四冊	清傅恒　劉統勳　于敏中等奉敕撰	
		一九	卷首・天章	四卷			
五〇一—五〇三	史二五九—二六一	一	欽定盛京通志	一三〇卷	五七冊	清阿桂　劉謹之等奉敕撰	

全書冊次	分部冊次	頁次	書名	著者	珍本集次
五〇四—五〇六	史二六二—二六四	一	畿輔通志 一二〇卷 七二冊	清 唐執玉 李衞等監修 田易等編纂	
五〇七—五一二	史二六五—二七〇	一 五四	江南通志 二〇〇卷 卷首 四卷 一四〇冊	清 趙弘恩等監修 黃之雋等編纂	
五一三—五一八	史二七一—二七六	一 一〇 二四	江西通志 一六二卷 繪圖 一卷 卷首 三卷 一三八冊	清 謝旻等監修 陶成等編纂	
五一九—五二六	史二七七—二八四	一 二四	浙江通志 二八〇卷 卷首 三卷 一五〇冊	清 嵇曾筠等監修 沈翼機等編纂	
五二七—五三〇	史二八五—二八八	一 一五 七〇	福建通志 七八卷 圖 一卷 卷首 四卷 六八冊	清 郝玉麟等監修 謝道承等編纂	
五三一—五三四	史二八九—二九二	一 一六	湖廣通志 一二〇卷 卷首 一卷 七八冊	清 邁柱等監修 夏力恕等編纂	
五三五—五三八	史二九三—二九六	一	河南通志 八〇卷 六四冊	清 田文鏡 王士俊等監修 孫灝 顧棟高等編纂	
五三九—五四一	史二九七—二九九	一 一九	山東通志 三六卷 輿圖 一卷 五八冊	清 岳濬等監修 杜詔等編纂	
五四二—五五〇	史三〇〇—三〇八	一	山西通志 二三〇卷 一八四冊	清 覺羅石麟等監修 儲大文等編纂	

冊號	史號		書名	卷數	冊數	著者	
五五一—五五六	史三〇九—三一四	一	陝西通志	一〇〇卷	一〇〇冊	清 劉於義等監修 沈青崖等編纂	
五五七—五五八	史三一五—三一六	一	甘肅通志	五〇卷	三四冊	清 許　容等監修 李　迪等編纂	
		八	卷首	一卷			
五五九—五六一	史三一七—三一九	一	四川通志	四七卷	四八冊	清 黃廷桂等監修 張晉生等編纂	
		三	卷首	一卷			
五六二—五六四	史三二〇—三二二	一	廣東通志	六四卷	五六冊	清 郝玉麟等監修 魯曾煜等編纂	
五六五—五六八	史三二三—三二六	一	廣西通志	一二八卷	七八冊	清 金　鉷等監修 錢元昌等編纂	
		七	卷首：目錄	一卷			
五六八	史三二六	[illegible]	附 補纂	一卷			
五六九—五七〇	史三二七—三二八	一	雲南通志	三〇卷	四〇冊	清 鄂爾泰等監修 靖道謨等編纂	
五七一—五七二	史三二九—三三〇	一	貴州通志	四六卷	三六冊	清 鄂爾泰等監修 靖道謨等編纂	
五七二	史三三〇	[illegible]	歷代帝王宅京記	二〇卷	六冊	清 顧炎武撰	十二集

四、河渠之屬（第五百七十三冊至第五百八十三冊）

冊號	史號		書名	卷數	冊數	著者	
五七三	史三三一	一	水經注	四〇卷	一八冊	後魏 酈道元撰	別輯
		一	卷首	一卷			
五七四	史三三二	一	水經注集釋訂訛	四〇卷	一八冊	清 沈炳巽撰	初集

全書冊次	分部冊次	頁次	書名	著者	珍本集次
五七五	史三三三	一	水經注釋 四〇卷	清 趙一清撰	三集
		六	目錄 一卷		
		六七九	附錄 二卷　一六冊		
		七〇六	水經注箋刊誤 一二卷　八冊	清 趙一清撰	三集
五七六	史三三四	一	吳中水利書 一卷　一冊	宋 單鍔撰	
		一五	四明它山水利備覽 二卷　一冊	宋 魏峴撰	
		四三	河防通議 二卷　二冊	元 沙克什撰	四集
		七一	治河圖略 一卷　一冊	元 王喜撰	
		八三	浙西水利書 三卷　二冊	明 姚文灝撰	三集
		一三七	河防一覽 一四卷　一二冊	明 潘季馴撰	
		五一七	三吳水利錄 四卷	明 歸有光撰	
		五六二	附 續增 一卷　一冊		
		五六七	北河紀 八卷	明 謝肇淛撰	二集
		五七三	卷首 一卷		
		七三四	北河紀餘 四卷　五冊		
五七七	史三三五	一	敬止集 四卷　三冊	明 陳應芳撰	二集

		八〇七	三吳水考	一六卷	一二冊	明 張內蘊 周大韶同撰	三集
五七八	史三三六	一	吳中水利全書	二八卷	二二冊	明 張國維撰	十一集
		一	目錄	一卷			
五七九	史三三七	一	欽定河源紀略	三五卷	一六冊	清 紀昀 陸錫熊等奉敕撰	
		一	卷首	一卷			
		三一七	崙崑河源考	一卷	一冊	清 萬斯同撰	
		三四七	兩河清彙	八卷	四冊	清 薛鳳祚撰	四集
		三四八	圖	一卷			
		四八五	居濟一得	八卷	四冊	清 張伯行撰	九集
		六一三	治河奏績書	四卷	五冊	清 靳輔撰	三集
		七四六	附 河防述言	一卷	一冊	清 陳潢原論 張靄生編述	
		七八一	直隸河渠志	一卷	一冊	清 陳儀撰	
五八〇—五八二	史三三八—三四〇	一	行水金鑑	一七五卷	六〇冊	清 傅澤洪撰	
五八三	史三四一	一	水道提綱	二八卷	六冊	清 齊召南撰	十一集
		三一七	海塘錄	二六卷	一二冊	清 翟均廉撰	初集
		三一八	卷首	二卷			

全書冊次	分部冊次	頁次	書名	卷數	冊數	著者	珍本集次
			五、邊防之屬（第五百八十四冊）				
五八四	史三四二	一	籌海圖編	一三卷	一〇冊	明 胡宗憲撰	五集
		四四三	鄭開陽雜著	一一卷	六冊	明 鄭若曾撰	
			六、山水之屬（第五百八十五冊至第五百八十六冊。按總目作「山川之屬」。）				
五八五	史三四三	一	南嶽小錄	一卷	一冊	唐 李沖昭撰	
		一三	廬山記	三卷	一冊	宋 陳舜俞撰	
		四三	附 廬山略記	一卷		南朝宋 釋惠遠撰	
		四五	赤松山志	一卷	一冊	宋 倪守約撰	
		五九	西湖遊覽志	二四卷	六冊	明 田汝成撰	五集
		二八四	西湖遊覽志餘	二六卷	一二冊		
		六三七	桂勝	四卷	二冊	明 張鳴鳳撰	四集
		七二九	附 桂故	八卷	二冊		

冊	史	頁	書名	卷數	冊數	撰者	集
五八六	史三四四	一	欽定盤山志	一六卷	六冊	清蔣溥 汪由敦 董邦達等奉敕撰	八集
		九	卷首	五卷			
		三二七	西湖志纂	一二卷	五冊	清梁詩正 沈德潛 傅王露等同撰	八集
		三三九	卷首	一卷			

七、古蹟之屬（第五百八十七冊至第五百八十八冊）

冊	史	頁	書名	卷數	冊數	撰者	集
五八七	史三四五	一	洛陽伽藍記	五卷	二冊	後魏楊衒之撰	
		五三	吳地記	一卷	一冊	舊題唐陸廣微撰	
		六六	吳地記後集	一卷		□不著撰人	
		七三	長安志	二〇卷	四冊	宋宋敏求撰	十一集
		二三九	洛陽名園記	一卷	一冊	宋李格非撰	
		二四九	雍錄	一〇卷	四冊	宋程大昌撰	
		四〇五	洞霄圖志	六卷	三冊	宋鄧牧撰	
		四六九	長安志圖	三卷	一冊	元李好文撰	九集
		五一三	汴京遺蹟志	二四卷	一〇冊	明李濂撰	十集
五八八	史三四六	一	武林梵志	一二卷	九冊	明吳之鯨撰	四集

全書冊次	分部冊次	頁次	書名	著者	珍本集次
		二六七	江城名蹟 四卷 三冊	清 陳弘緒撰	五集
		三七五	營平二州地名記 一卷 一冊	清 顧炎武撰	
		四〇一	金鼇退食筆記 二卷 一冊	清 高士奇撰	
		四一三	石柱記箋釋 五卷 二冊	清 鄭元慶撰	
		四七九	關中勝蹟圖志 三二卷 一二冊	清 畢沅撰	十集

八、雜記之屬（第五百八十九冊至第五百九十二冊）

全書冊次	分部冊次	頁次	書名	著者	珍本集次
五八九	史三四七	一	南方草木狀 三卷 一冊	晉 嵇含撰	
		一三	荊楚歲時記 一卷 一冊	梁 宗懍撰	
		二九	北戶錄 三卷 一冊	唐 段公路撰 龜圖註	
		六三	桂林風土記 一卷 一冊	唐 莫休符撰	
		七九	嶺表錄異 三卷 一冊	舊題唐 劉恂撰	別輯
		九九	益部方物略記 一卷 一冊	宋 宋祁撰	
		一〇九	岳陽風土記 一卷 一冊	宋 范致明撰	

五九〇

史三四八

頁	書名	卷數	册數	著者	集
一三五	東京夢華錄	一〇卷	二册	宋 孟元老撰	
一七五	六朝事迹編類	二卷	二册	宋 張敦頤撰	
二五一	會稽三賦	三卷	一册	宋 王十朋撰 周世則 史鑄注	
二八九	中吳紀聞	六卷	三册	宋 龔明之撰	
三六五	桂海虞衡志	一卷	一册	宋 范成大撰	
三八九	嶺外代答	一〇卷	四册	宋 周去非撰	別輯
一	都城紀勝	一卷	一册	宋 耐得翁撰	九集
一三	夢粱錄	二〇卷	六册	宋 吳自牧撰	
一七三	武林舊事	一〇卷	二册	宋 周密撰	
三〇一	增補武林舊事	八卷	六册	宋 周密撰 明 朱廷煥補	十二集
四三三	歲華紀麗譜	一卷	一册	元 費著撰	
四三八	附 牋紙譜	一卷			
四四〇	蜀錦譜	一卷			
四四三	吳中舊事	一卷	一册	元 陸友仁撰	別輯
四五九	平江記事	一卷	一册	元 高德基撰	
四七一	江漢叢談	二卷	一册	明 陳士元撰	
四九九	閩中海錯疏	三卷	一册	明 屠本畯撰	

全書冊次	分部冊次	頁次	書名			著者	珍本集次
五九一—五九二	史三四九—三五〇	一	蜀中廣記	一〇八卷	四〇冊	明 曹學佺撰	初集
五九二	史三五〇	七三五	益部談資	三卷	一冊	明 何宇度撰	
		七五九	顏山雜記	四卷	三冊	清 孫廷銓撰	五集
		八二七	嶺南風物記	一卷	一冊	清 吳綺撰 宋俊增補 江闓刪訂	四集
		八四一	龍沙紀略	一卷	一冊	清 方式濟撰	
		八六一	臺海使槎錄	八卷	四冊	清 黃叔璥撰	
		九八五	東城雜記	二卷	二冊	清 厲鶚撰	

九、遊記之屬（第五百九十三冊）

全書冊次	分部冊次	頁次	書名			著者	珍本集次
五九三	史三五一	一	遊城南記	一卷	一冊	宋 張禮撰	
		一七	河朔訪古記	三卷	二冊	元 納新撰	別輯
		六二	徐霞客遊記	一二卷	一二冊	明 徐宏祖撰	

十、外紀之屬（第五百九十三冊至第五百九十四冊）

册號	書號	頁	書名	卷數	册數	撰者	集
五九三	史三五一	六一一	佛國記	一卷	一册	南朝宋 釋法顯撰	
		六三五	大唐西域記	一二卷	五册	唐 釋玄奘譯 釋辯機撰	
		八一一	宣和奉使高麗圖經	四〇卷	四册	宋 徐兢撰	
		九〇九	附 宋故尚書刑部員外郎徐公行狀	一卷		宋 張孝伯撰	
五九四	史三五二	一	諸蕃志	二卷	二册	宋 趙汝适撰	
		四三	溪蠻叢笑	一卷	一册	宋 朱輔撰	
		五三	眞臘風土記	一卷	一册	元 周達觀撰	
		七一	島夷志略	一卷	一册	元 汪大淵撰	十集
		一〇五	朝鮮賦	一卷	一册	明 董越撰	十一集
		一一七	海語	三卷	一册	明 黄衷撰 黄學準增注	
		一三七	東西洋考	一二卷	四册	明 張燮撰	九集
		二七九	職方外紀	五卷	一册	明 西洋艾儒略撰	
		二八三	卷首	一卷			
		三三七	赤雅	三卷	一册	明 鄺露撰	
		三六九	朝鮮志	二卷	一册	明 不著撰人	十一集
		三九五	皇清職貢圖	九卷	八册	清 傅恒等奉敕撰	三集

全書冊次	分部冊次	頁次	書名			著者	珍本集次
		七七九	坤輿圖說	二卷	一冊	清 西洋南懷仁撰	
		七九三	異域錄	一卷	一冊	清 覺羅圖理琛撰	
		八四七	海國聞見錄	二卷	二冊	清 陳倫炯撰	五集

職官類（第五百九十五冊至第六百二冊）

一、官制之屬（第五百九十五冊至第六百二冊）

全書冊次	分部冊次	頁次	書名			著者	珍本集次
五九五	史三五三	一	唐六典	三〇卷	一二冊	唐 張九齡等撰 李林甫等注	六集
		二九五	翰林志	一卷	一冊	唐 李肇撰	
		三〇三	麟臺故事	五卷	二冊	宋 程俱撰	別輯
		三四一	翰苑羣書	一二卷	三冊	宋 洪遵編	十二集
		四一七	南宋館閣錄	存九卷（原一〇卷缺卷一）	二冊	宋 陳騤撰	別輯
		四六七	續錄	一〇卷	三冊	□ 不著撰人	
		五四九	玉堂雜記	三卷	一冊	宋 周必大撰	

冊次	史部號	頁	書名	卷數	冊數	撰者	集
五九六	史三五四	一	宋宰輔編年錄	二〇卷	一八冊	宋　徐自明撰	十二集
		七三	祕書監志	一一卷	四冊	元　王士點　商企翁同撰	五集
		八九	翰林記	二〇卷	四冊	明　黃　佐撰	
五九七—五九八	史三五五—三五六	一	禮部志稿	一〇〇卷	四八冊	明　林堯俞等纂修　俞汝楫等編撰	初集
五九九	史三五七	一	太常續考	八卷	八冊	明　不著撰人	初集
		三三	土官底簿	二卷	二冊	明　不著撰人	初集
		四三	詞林典故	八卷	六冊	清　鄂爾泰　張廷玉等奉敕撰	六集
六〇〇	史三五八	一	欽定國子監志	六二卷	一八冊	清　梁國治等奉敕撰	五集
六〇一—六〇二	史三五九—三六〇	一	欽定歷代職官表	七二卷	三六冊	清　永　瑢　紀　昀等奉敕撰	

二、官箴之屬（第六百二冊）

冊次	史部號	頁	書名	卷數	冊數	撰者	集
六〇二	史三六〇	六一七	州縣提綱	四卷	二冊	宋　不著撰人	別輯
		六五一	官箴	一卷	一冊	宋　呂本中撰	
		六五七	百官箴	六卷	二冊	宋　許月卿撰	五集
		七〇五	晝簾緒論	一卷	一冊	宋　胡太初撰	

全書冊次	分部冊次	頁次	書名			著者	珍本集次
		七二九	三事忠告	四卷	一冊	元 張養浩撰	九集
		七六一	御定人臣儆心錄	一卷	一冊	清 世祖撰 王永吉奉敕纂	十集

政書類（第六百三冊至六百七十三冊）

一、通制之屬（第六百三冊至六百四十五冊）

全書冊次	分部冊次	頁次	書名			著者	珍本集次
六〇三—六〇五	史三六一—三六三	一	通典	二〇〇卷	六〇冊	唐 杜佑撰	
六〇六—六〇七	史三六四—三六五	一	唐會要	一〇〇卷	三〇冊	宋 王溥撰	
六〇七	史三六五	四三九	五代會要	三〇卷	六冊	宋 王溥撰	
六〇八	史三六六	一	宋朝事實	二〇卷	六冊	宋 李攸撰	別輯
		三三九	建炎以來朝野雜記	四〇卷	一三冊	宋 李心傳撰	
		三三九	甲集	（二〇卷）	（八冊）		
		四四九	乙集	（二〇卷）	（五冊）		
六〇九	史三六七	一	西漢會要	七〇卷	一二冊	宋 徐天麟撰	
		四四九	東漢會要	四〇卷	一二冊	宋 徐天麟撰	

冊次	史部冊次	頁	書名	卷數	冊數	撰者	集
		七七九	漢制考	四卷	一冊	宋　王應麟撰	
六一〇—六一六	史三六八—三七四	一	文獻通考	三四八卷	一六八冊	元　馬端臨撰	
		七	自序	一卷			
		二七	總目錄	一卷			
六一七—六一八	史三七五—三七六	一	明會典	一八〇卷	四二冊	明　徐溥等奉敕撰　李東陽等重修	
六一八	史三七六	七六五	七國考	一四卷	七冊	明　董說撰	九集
六一九	史三七七	一	欽定大清會典	一〇〇卷	二四冊	清　允祹等奉敕撰	
六二〇—六二五	史三七八—三八三	一	欽定大清會典則例	一八〇卷	一二六冊	清　乾隆十二年奉敕撰	
六二六—六三一	史三八四—三八九	一	欽定續文獻通考	二五〇卷	一三七冊	清　嵇璜　曹仁虎等奉敕撰	
六三二—六三八	史三九〇—三九六	一	欽定皇朝文獻通考	三〇〇卷	一一五冊	清　乾隆十二年敕撰	
六三九—六四一	史三九七—三九九	一	欽定續通典	一五〇卷	八〇冊	清　嵇璜　曹仁虎等奉敕撰	
六四二—六四三	史四〇〇—四〇一	一	欽定皇朝通典	一〇〇卷	三五冊	清　乾隆三十二年敕撰	
六四四—六四五	史四〇二—四〇三	一	欽定皇朝通志	一二六卷	三〇冊	清　乾隆三十二年敕撰	
六四五	史四〇三	六八七	元朝典故編年考	一〇卷	六冊	清　孫承澤撰	二集

二、儀制之屬（第六百四十六冊至第六百六十二冊。按總目作「典禮之屬」。）

全書冊次	分部冊次	頁次	書名			著者	珍本集次
六四六	史四〇四	一	漢官舊儀	二卷	一冊	漢 衞 宏撰	別輯
		一六	補遺	一卷			
		一九	大唐開元禮	一五〇卷	二四冊	唐 蕭 嵩等奉敕撰	八集
		二一	目錄	一卷			
		八九七	諡法	四卷	一冊	宋 蘇 洵撰	
六四七	史四〇五	一	政和五禮新儀 存二〇一卷（原二二〇卷，缺卷七四、八八－九〇、一〇八－一一二、一二八－一三七、二〇〇）		二四冊	宋 鄭居中等奉敕撰	初集
		四	卷首	一卷			
		二六	政和御製冠禮	一〇卷			
		八五	政和五禮新儀目錄	六卷			
六四八	史四〇六	一	紹熙州縣釋奠儀圖	一卷	一冊	宋 朱 熹撰	九集
		二七	大金集禮 存三三卷（原四〇卷，缺卷二六、三一、卷三十七有缺併爲一卷）		一〇冊	金 不著撰人	八集
		三〇九	大金德運圖說	一卷	一冊	金 不著撰人	四集
		三三三	廟學典禮	六卷	三冊	元 不著撰人	初集
六四九－六五〇	史四〇七－四〇八	一	明集禮	五三卷	三〇冊	明 徐一夔等撰	八集
		二	目錄	二卷			
六五一	史四〇九	一	頖宮禮樂疏	一〇卷	一〇冊	明 李之藻撰	

編號	史號	原號	書名	卷數	冊數	著者	集
		四一七	明臣謚考	二卷	一冊	明 鮑應鼇撰	四集
		四一九	附 釋義	一卷			
		四五八	訂誤	一卷			
		四六三	明謚紀彙編	二五卷	六冊	明 郭良翰撰	二集
		六〇三	明宮史	五卷	二冊	舊題明 呂 毖校次	五集
六五二	史四一〇	一	幸魯盛典	四〇卷	一二冊	清 孔毓圻 金居敬等撰	九集
六五三—六五四	史四一一—四一二	一	萬壽盛典初集	一二〇卷	四二冊	清 王原祁 王掞監修 王奕清等奉敕撰	
六五五	史四一三	一	欽定大清通禮	五〇卷	一二冊	清 來保 李玉鳴等奉敕纂	八集
		八	目錄	一卷			
六五六	史四一四	一	皇朝禮器圖式	一八卷	一五冊	清 允祿等奉敕撰 福隆安等校補	六集
		一三	目錄	六卷			
六五七	史四一五	一	國朝宮史	三六卷	一八冊	清 乾隆七年敕撰 二十四年增修	
		六一九	欽定滿洲祭神祭天典禮	六卷	六冊	清 允祿總辦 官著等承修 阿桂 于敏中等漢譯	五集
六五八—六五九	史四一六—四一七	一	欽定南巡盛典	一〇〇卷	六三冊	清 高晉等初編 薩載等續編 阿桂 傅恒等合編	十一集
		一	卷首	二卷			
六六〇—六六一	史四一八—四一九	一	八旬萬壽盛典	一二〇卷	六一冊	清 阿桂等纂修	
		一	卷首	一卷			
六六二	史四二〇	一	歷代建元考	一〇卷	六冊	清 鍾淵映撰	

全書冊次	分部冊次	頁次	書名	著者	珍本集次
		一五五	北郊配位尊西向議　一卷　一冊	清　毛奇齡撰	
		一六七	廟制圖考　一卷　一冊	清　萬斯同撰	六集

三、邦計之屬（第六百六十二冊至第六百六十三冊）

全書冊次	分部冊次	頁次	書名	著者	珍本集次
六六二	史四二〇	二三三	救荒活民書　三卷	宋　董煟撰	
		二九八	拾遺　一卷　二冊		
		三一一	熬波圖　二卷　二冊	元　陳椿撰	十一集
		三六五	錢通　三二卷　一二冊	明　胡我琨撰	二集
六六三	史四二一	一	捕蝗考　一卷　一冊	清　陳芳生撰	九集
		一三	荒政叢書　一〇卷	清　俞森撰	十集
		二〇三	附錄　二卷　六冊		
		二三三	欽定康濟錄　六卷　六冊	清　陸曾禹原撰　倪國璉檢擇　蔣溥　梁詩正等刪潤	六集

四、軍政之屬（第六百六十三冊至第六百七十一冊）

冊	史	頁	書名	卷數	冊數	著者	集
六六三	史四二一	四三七	歷代兵制	八卷	二冊	宋 陳傅良撰	四集
		四八一	補漢兵志	一卷	一冊	宋 錢文子撰	
		五〇三	馬政紀	一二卷	四冊	明 楊時喬撰	
六六四—六七一	史四二二—四二九	一	欽定八旗通志	三四二卷	一八〇冊	清 乾隆五十一年奉敕撰	
		一	目錄	一二卷			
		二四	卷首	一二卷			

五、法令之屬（第六百七十二冊至第六百七十三冊）

冊	史	頁	書名	卷數	冊數	著者
六七二	史四三〇	一	唐律疏義	三〇卷	一〇冊	唐 長孫無忌等奉敕撰
六七二—六七三	史四三〇—史四三一	三七七	大清律例	四七卷	一八冊	清 三泰 徐本等奉敕纂 劉統勳等續纂

六、考工之屬（第六百七十三冊）

冊	史	頁	書名	卷數	冊數	著者	集
六七三	史四三一	三九九	營造法式	三四卷	七冊	宋 李誡奉敕撰	六集
		六九九	補遺	一卷			
		七〇九	欽定武英殿聚珍版程式	一卷	一冊	清 金簡撰	

目錄類（第六百七十四冊至第六百八十四冊）

一、經籍之屬（第六百七十四冊至第六百八十冊）

全書冊次	分部冊次	頁次	書名	著者	珍本集次
六七四	史四三二	一	崇文總目　一二卷　六冊	宋　王堯臣　王洙　歐陽修等奉敕撰	別輯
		一五三	郡齋讀書志　四卷　三冊		
		三〇一	附志　一卷　一冊	宋　晁公武撰　趙希弁續輯	
		三六八	後志　二卷　二冊	宋　趙希弁編	
		四三五	遂初堂書目　一卷　一冊	宋　尤　袤撰	
		四九一	子略　四卷　一冊	宋　高似孫撰	
		五三五	直齋書錄解題　二二卷　一二冊	宋　陳振孫撰	
六七五	史四三三	一	漢藝文志考證　一〇卷　二冊	宋　王應麟撰	別輯
		一三一	文淵閣書目　四卷　四冊	明　楊士奇編	
		三三一	授經圖義例　二〇卷　四冊	明　朱睦㮮撰	
		三三五	欽定天祿琳琅書目　一〇卷　五冊	清　于敏中　王際華　梁國治等奉敕編	
六七六	史四三四	一	千頃堂書目　三二卷　一八冊	清　黃虞稷撰	
六七七—六八〇	史四三五—四三八	一	經義考　存二九七卷（原三〇〇卷，缺卷二八六、二九九、三〇〇）　七八冊	清　朱彝尊撰	

二、金石之屬（第六百八十一冊至第六百八十四冊）

冊	頁	書名	卷數	冊數	撰者
六八一 史四三九	一	集古錄	一〇卷	五冊	宋 歐陽修撰
	一四七	金石錄	三〇卷	六冊	宋 趙明誠撰
	三七七	法帖刊誤	二卷	一冊	宋 黃伯思撰
	三九五	法帖釋文	一〇卷	一冊	宋 劉次莊撰
	四二七	籀史	一卷	一冊	宋 翟耆年撰
	四四三	隸釋	二七卷	一二冊	宋 洪 适撰
	七五九	隸續	二一卷	三冊	宋 洪 适撰
六八二 史四四〇	一	絳帖平	六卷	一冊	宋 姜 夔撰
	三七	石刻鋪敘	二卷	一冊	宋 曾宏父撰
	六一	法帖譜系	二卷	一冊	宋 曹士冕撰
	七三	蘭亭考	一二卷	四冊	宋 桑世昌撰　高似孫刪定
	一五五	蘭亭續考	二卷	一冊	宋 俞 松撰
	一八一	寶刻叢編	二〇卷	八冊	宋 陳 思撰
	五一七	輿地碑記目	四卷	二冊	宋 王象之撰

全書冊次	分部冊次	頁次	書名	著者	珍本集次
		五八三	寶刻類編　八卷　四冊	宋　不著撰人	別輯
六八三	史四四一	一	古刻叢鈔　一卷　一冊	明　陶宗儀編	
		二五	名蹟錄　五卷	明　朱珪編	二集
		八三	附錄　一卷　（二冊）		
		九三	吳中金石新編　八卷　六冊	明　陳暐撰	初集
		一三三	金薤琳琅　二〇卷　六冊	明　都穆撰	
		三五七	法帖釋文考異　一〇卷　二冊	明　顧從義撰	六集
		四一七	金石林時地考　二卷　一冊	明　趙均撰	
		四四五	石墨鐫華　六卷	明　趙崡撰	
		五一四	附錄　二卷　（四冊）		
		五三三	金石史　二卷　一冊	明　郭宗昌撰	
		五五九	欽定重刻淳化閣帖釋文　一〇卷　五冊	清　于敏中　王際華　裘曰修等奉敕校正	
		六五九	求古錄　一卷　一冊	清　顧炎武撰	十一集
		七〇一	金石文字記　六卷　六冊	清　顧炎武撰	
		八三三	石經考　一卷　一冊	清　顧炎武撰	十一集

六八四	史四四二					
八五三	萬氏石經考	二卷	一册	清　萬斯同撰	九集
一	來齋金石刻考略	三卷	三册	清　林　侗撰	七集
九七	嵩陽石刻集記	二卷	二册	清　葉　封撰	十一集
一六四	附　紀遺	一卷			
一六九	金石文考略	一六卷	一〇册	清　李光暎撰	五集
四四七	分隸偶存	二卷	二册	清　萬　經撰	十集
五〇三	淳化祕閣法帖考正	一二卷	四册	清　王　澍撰	
六四三	竹雲題跋	四卷	四册	清　王　澍撰	十一集
七二	金石經眼錄	一卷	一册	清　褚　峻摹圖　牛運震補說	十集
七六五	石經考異	二卷	一册	清　杭世駿撰	十一集

史評類（第六百八十五册至第六百九十四册）

六八五	史四四三			
一	史通	二〇卷	六册	唐　劉知幾撰
一五七	史通通釋	二〇卷	一〇册	清　浦起龍撰
四六三	附　新唐書劉知幾本傳	一卷		

全書冊次	分部冊次	頁次	書名	著者	珍本集次
		四六九	唐鑑 二四卷 六冊	宋 范祖禹撰 呂祖謙注	
		六三九 七〇〇	唐史論斷 三卷 附錄 一卷 三冊	宋 孫甫撰	
		七〇三	唐書直筆 四卷 一冊	宋 呂夏卿撰	
六八六	史四四四	一	通鑑問疑 一卷 一冊	宋 劉羲仲撰	十一集
		一三	三國雜事 二卷 一冊	宋 唐庚撰	
		二九	經幄管見 四卷 二冊	宋 曹彥約撰	別輯
		七五	涉史隨筆 一卷 一冊	宋 葛洪撰	
		九五	六朝通鑑博議 一〇卷 四冊	宋 李燾撰	初集
		一八五	宋大事記講義 二三卷 六冊	宋 呂中撰	二集
		四一三	兩漢筆記 一二卷 四冊	宋 錢時撰	初集
		五七一	舊聞證誤 四卷 二冊	宋 李心傳撰	別輯
		六一七	通鑑答問 五卷 二冊	宋 王應麟撰	十一集
六八七	史四四五	一	歷代名賢確論 一〇〇卷 二四冊	宋 不著撰人	三集

六八八	史四四六	一	歷代通略	四卷	四冊	元　陳　櫟撰	三集
		一〇九	附　歷代通略蒙求	一卷			
		二二一	十七史纂古今通要	一七卷	六冊	元　胡一桂撰	四集
		三三七	學史	一三卷	四冊	明　邵　寶撰	三集
		四五一	史糾	六卷	四冊	明　朱明鎬撰	十一集
六八九—六九一	史四四七—四四九	一	御批資治通鑑綱目	五九卷	六六冊	宋朱　熹撰 清聖　祖批	六集
		三	卷首	二卷			
六九二	史四五〇	一	御批資治通鑑綱目前編	一八卷	一六冊	宋金履祥撰 清聖　祖批	六集
		三	卷首・外紀	一卷			
		五七七	舉要	三卷			
六九三—六九四	史四五一—四五二	一	御批續資治通鑑綱目	二七卷	二六冊	明　商　輅等撰　周　禮發明 張時泰廣義 清聖　祖批	六集
六九四	史四五二	四一七	評鑑闡要	一二卷	四冊	清　高　宗撰　劉統勳等編	七集
		五八三	欽定古今儲貳金鑑	六卷	二冊	清　乾隆四十八年敕撰	五集

子部（第六百九十五冊至第一千零六十一冊）

儒家類（第六百九十五冊至第七百二十五冊）

全書冊次	分部冊次	頁次	書名	卷數	冊數	著者	珍本集次
六九五	子一	一	孔子家語	一〇卷	五冊	魏 王肅注	
		一一五	荀子	二〇卷	七冊	周 荀況撰 唐 楊倞注	
		三〇七	孔叢子	三卷	二冊	舊題漢 孔鮒撰	
		三五九	附 連叢子	（一卷）		漢 孔臧撰	
		三六九	新語	二卷	一冊	漢 陸賈撰	
		三八七	新書	一〇卷	四冊	漢 賈誼撰	
		四七五	鹽鐵論	一二卷	六冊	漢 桓寬撰 明 張之象註	
六九六	子二	一	說苑	二〇卷	七冊	漢 劉向撰	
		一八七	新序	一〇卷	四冊	漢 劉向撰	
		二六九	揚子法言	一〇卷	四冊	舊題漢 揚雄撰 晉 李軌 唐 柳宗元注 宋 宋咸 吳祕 司馬光重添注	

六九七

子三

頁	書名	卷數	冊數	撰注者	集
三五五	潛夫論	一〇卷	三冊	漢 王 符撰	
四三三	附 後漢書王符傳	一卷			
四三三	申鑒	二卷	一冊	漢 荀 悅撰 明 黃省曾註	
四六五	中論	二卷	一冊	漢 徐 幹撰	
五〇三	傅子	一卷	一冊	晉 傅 玄撰	別輯
五三一	中說	一〇卷	二冊	舊題隋 王 通撰 宋 阮 逸注	
五八七	帝範	四卷	二冊	唐 太宗御撰	別輯
六一九	續孟子	二卷	一冊	唐 林愼思撰	十一集
六二九	伸蒙子	三卷	一冊	唐 林愼思撰	
六四五	素履子	三卷	一冊	唐 張 弧撰	
六五七	家範	一〇卷	二冊	宋 司馬光撰	
七三五	帝學	八卷	二冊	宋 范祖禹撰	三集
七八一	儒志編	一卷	一冊	宋 王開祖撰	四集
八〇三	附錄	一卷			
一	太極圖說述解	一卷	一冊	明 曹 端撰	六集
一五	西銘述解	一卷		明 曹 端撰	六集
二三	通書述解	二卷	二冊	明 曹 端撰	六集

全書冊次	分部冊次	頁次	書名			著者	珍本集次
六九八	子四	七五	張子全書	一四卷	一〇冊	宋 張 載撰	
		三三〇	附錄	一卷			
		三三三	注解正蒙	二卷	二冊	清 李光地撰	九集
		四一一	正蒙初義	一七卷	一〇冊	清 王 植撰	二集
		一	二程遺書	二五卷	一〇冊	宋 程 顥 程 頤撰 朱 熹編	
		二六三	附錄	一卷			
		二八一	二程外書	一二卷	二冊	宋 程 顥 程 頤撰 朱 熹編	
		三五五	二程粹言	二卷	二冊	宋 楊 時編	
		四三九	公是弟子記	四卷	一冊	宋 劉 敞撰	
		四七三	節孝語錄	一卷	一冊	宋 徐 積撰 江端禮編	五集
		四九七	儒言	一卷	一冊	宋 晁說之撰	五集
		五一五	童蒙訓	三卷	一冊	宋 呂本中撰	十集
		五四五	省心雜言	一卷	一冊	宋 李邦獻撰	別輯
		五六五	上蔡語錄	三卷	一冊	宋 謝良佐撰 曾 恬 胡安國錄 朱 熹刪定	
		五九五	袁氏世範	三卷	三冊	宋 袁 采撰	別輯

編號	子目號	頁	書名	卷數	冊數	撰者	集別
		六四三	延平答問	一卷	一冊	宋朱熹撰	
		六六九	附錄	一卷			
六九九	子五	一	近思錄	一四卷	四冊	宋朱熹 呂祖謙同編 葉采集解	
		一二七	近思錄集註	一四卷	六冊	清茅星來撰	初集
		一三九	附說	一卷			
		三五七	近思錄集註	一四卷	四冊	清江永撰	
		四八九	雜學辨	一卷	一冊	宋朱熹撰	
		五一六	附記疑	一卷			
		五三一	御定小學集註	六卷	四冊	宋朱熹撰 明陳選集注	
七〇〇｜七〇二	子六｜八	一	朱子語類	一四〇卷	九二冊	宋黎靖德編	
七〇三	子九	一	戒子通錄	八卷	四冊	宋劉清之撰	初集
		一〇九	知言	六卷	二冊	宋胡宏撰	別輯
		一五〇	附錄	一卷			
		一五九	明本釋	三卷	三冊	宋劉荀撰	別輯
		二一九	少儀外傳	二卷	二冊	宋呂祖謙撰	別輯
		二六五	麗澤論說集錄	一〇卷	六冊	宋呂祖謙撰 呂祖儉蒐錄 呂喬年編	十一集
		四五七	曾子全書	一卷	一冊	宋汪晫編	

全書冊次	分部冊次	頁次	書名	卷數	冊數	著者	珍本集次
		四八七	子思子全書	一卷	一册	宋 汪晫編	
		五〇九	邇言	一二卷	二册	宋 劉炎撰	四集
		五三三	木鍾集	一一卷	六册	宋 陳埴撰	四集
七〇四	子一〇	一	經濟文衡	七二卷	二〇册	宋 朱熹撰 舊題宋 滕珙編	三集
		一	前集	(二五卷)	(六册)		
		一五七	後集	(二五卷)	(六册)		
		三一五	續集	(二二卷)	(八册)		
		四九七	大學衍義	四三卷	一八册	宋 眞德秀撰	
七〇五—七〇六	子一一—一二	一	西山讀書記	四〇卷	四〇册	宋 眞德秀撰	六集
七〇六	子一二	四二五	心經	一卷	一册	宋 眞德秀撰	
		四四一	政經	一卷	一册	宋 眞德秀撰	
		四七一	項氏家說	一〇卷	四册	宋 項安世撰	別輯
		五六一	附錄	二卷			
		五八五	先聖大訓	六卷	六册	宋 楊簡撰	七集
七〇七—七〇八	子一三—一四	一	黃氏日抄	存九四卷(原九七卷，佚缺卷八一、八九、九二)	六四册	宋 黃震撰	二集

七〇九　子一五

頁	書名	卷數	册數	撰者	集
一	北溪字義	二卷	二册	宋陳淳撰　王雋錄	
五八	附嚴陵講義	一卷			
六三	準齋雜說	二卷	二册	宋吳如愚撰	別輯
九一	性理羣書句解	二三卷	六册	宋熊節編　熊剛大註	四集
二九一	東宮備覽	六卷	一册	宋陳模撰	十一集
三一九	孔子集語	二卷	二册	宋薛據輯	
三三一	朱子讀書法	四卷	二册	宋張洪　齊熙同編	三集
四二一	家山圖書	一卷	一册	□不著撰人	初集
四五七	讀書分年日程	三卷	三册	元程端禮撰	
四五九	卷首	一卷			
五三五	辨惑編	四卷	三册	元謝應芳撰	
五八八	附錄	一卷			
五九五	治世龜鑑	一卷	一册	元蘇天爵撰	五集
六一七	管窺外篇	二卷	二册	元史伯璿撰	八集
七三一	內訓	一卷	一册	明仁孝文皇后徐氏撰	十一集
七四一	理學類編	八卷	四册	明張九韶撰	六集

七一〇—七一一　子一六—一七

頁	書名	卷數	册數	撰者	集
一	性理大全書	七〇卷	五六册	明胡廣等奉敕撰	五集

全書冊次	分部冊次	頁次	書名		著者	珍本集次
七一一	子一七	五四一	讀書錄	一一卷	明 薛 瑄撰	
		七〇三	續錄	一二卷 一二冊		
七一二—七一三	子一八—一九	一	大學衍義補	一六〇卷	明 丘 濬撰	二集
		八	卷首	一卷 六四冊		
七一四	子二〇	一	居業錄	八卷 四冊	明 胡居仁撰	
		二一	楓山語錄	一卷	明 章 懋撰	
		一二四	附 行實	一卷 一冊		
		一三七	東溪日談錄	一八卷 六冊	明 周 琦撰	二集
		二七五	困知記	二卷	明 羅欽順撰	
		三一七	續錄	二卷		
		三五八	附錄	一卷 四冊		
		三七三	讀書劄記	八卷 三冊	明 徐 問撰	
		四五一	士翼	三卷 三冊	明 崔 銑撰	五集
		五三一	涇野子內篇	二七卷 七冊	明 呂 柟撰	五集
七一五	子二一	一	周子抄釋	二卷	明 呂 柟撰	
		三	附錄	一卷 一冊		
		三	張子抄釋	六卷 三冊	明 呂 柟撰	

冊	子	頁	書名	卷數	冊數	著者	集
		一〇七	二程子抄釋	一〇卷	五冊	明 呂 柟編	
		二五一	朱子抄釋	二卷	一冊	明 呂 柟撰	
		二八一	中庸衍義	一七卷	一六冊	明 夏良勝撰	七集
七一六	子二二	一	格物通	一〇〇卷	三四冊	明 湛若水撰	五集
		九	卷首	一卷			
七一七	子二三	一	世緯	二卷	一冊	明 袁 袠撰	
		二七	呻吟語摘	二卷	二冊	明 呂 坤撰	十二集
		九九	劉子遺書	四卷	四冊	明 劉宗周撰	
		一〇〇	聖學宗要	(一卷)	(一冊)		
		一三一	學言	(三卷)	(三冊)		
		一七五	人譜	一卷	二冊	明 劉宗周撰	十一集
		一八六	人譜類記	二卷			
		二〇七	榕壇問業	一八卷	八冊	明 黃道周撰	三集
		五三一	溫氏母訓	一卷	一冊	明 溫 璜述	
		五三一	御定資政要覽	三卷	二冊	清 世 祖撰 呂 宮等纂	六集
		五七四	附 後序	一卷		蔣赫德 傅以漸等撰後序	
		五八九	聖諭廣訓	一卷	一冊	清 聖 祖頒諭 世 宗繹釋	十二集
		六一三	聖祖仁皇帝庭訓格言	一卷	一冊	清 世 宗纂	八集

全書冊次	分部冊次	頁次	書名	卷數	冊數	著者	珍本集次
七一八—七一九	子二四—二五	六六三	御製日知薈說	四卷	四冊	清 高宗御撰	八集
		一	御定孝經衍義	一〇〇卷	五〇冊	清 葉方藹 張英監修 韓菼編纂	十集
		六	目錄	一卷			
		一六	卷首	二卷			
七一九	子二五	三四七	御定內則衍義	一六卷	八冊	清 世祖御定 傅以漸等奉敕纂	七集
		五八九	御纂性理精義	一二卷	六冊	清 李光地奉敕纂	七集
七二〇—七二一	子二六—二七	一	御纂朱子全書	六六卷	六〇冊	宋 朱熹撰 清 李光地 熊賜履等奉敕纂	
七二二	子二八	一	欽定執中成憲	八卷	四冊	清 雍正六年敕撰	六集
七二二—七二三	子二八—二九	一二五	御覽經史講義	三〇卷	三二冊	清 蔣溥 劉統勳等奉敕編	九集
		一三三	目錄	二卷			
		二〇一	卷首	一卷			
七二四	子三〇	一	思辨錄輯要	三五卷	一二冊	清 陸世儀撰 張伯行編次	四集
		三四一	正學隅見述	一卷	一冊	清 王宏撰著	五集
		三七三	雙橋隨筆	一二卷	六冊	清 周召撰	初集
七二五	子三一	一	榕村語錄	三〇卷	二〇冊	清 李光地撰 徐用錫 李清植輯	九集
		四七七	讀朱隨筆	四卷	四冊	清 陸隴其撰	十二集

頁	書名	卷數	冊數	撰者	集
五六一	三魚堂賸言	一二卷	三冊	清 陸隴其撰 陳 濟編	十一集
六二七	松陽鈔存	二卷	二冊	清 陸隴其撰 楊開基編注	
六六一	讀書偶記	三卷	三冊	清 雷 鋐撰	三集

兵家類（第七百二十六冊至第七百二十八冊）

七二六　子三二

頁	書名	卷數	冊數	撰者	集
一	握奇經	一卷	一冊	舊題□風后撰 漢 公孫弘解 晉 馬 隆述讚 宋 高似孫注跋	
九	六韜	六卷	一冊	舊題周 呂 望撰	
四三	孫子	一卷	一冊（孫子、吳子、司馬法合）	周 孫 武撰	
五七	吳子	一卷		周 吳 起撰	
六五	司馬法	一卷		舊題周 司馬穰苴撰	
七一	尉繚子	五卷	一冊	周 尉 繚撰	
八九	黃石公三略	三卷	一冊（黃石公三略、三略直解合）	舊題秦 黃石公撰	
九九	三略直解	三卷		明 劉 寅撰	
一一七	黃石公素書	一卷	一冊	舊題秦 黃石公撰 宋 張商英註	
一四三	李衞公問對	三卷	一冊	舊題唐 李 靖撰	
一六三	太白陰經	八卷	三冊	唐 李 筌撰	十二集

全書冊次	分部冊次	頁次	書名	著者	珍本集次
七二七	子三三	二三五	武經總要 四〇卷 三二册	宋曾公亮 丁度等奉敕撰	初集
		二三五	前集 (二〇卷)(一四册)		
		五八三	後集 (二〇卷)(一八册)		
		一	虎鈐經 二〇卷 四册	宋許洞撰	
		一三一	何博士備論 二卷 二册	宋何去非撰	
		一七五	守城錄 四卷 一册	宋陳規撰	別輯
		一七七	靖康朝野僉言後序 (一卷) (一册)	宋陳規撰	
		一八五	守城機要 (一卷)		
		一九一	建炎德安守禦錄 (二卷)	宋湯璹撰	
		二〇五	武編 一〇卷 一〇册	明唐順之撰	四集
		二〇五	前集 (六卷)(六册)		
		五一一	後集 (四卷)(四册)		
		六七五	陣紀 四卷 二册	明何良臣撰	
七二八	子三四	一	江南經略 八卷 一四册	明鄭若曾撰	二集
		四八七	紀效新書 一八卷 六册	明戚繼光撰	十二集
		四八九	卷首 一卷		
		六八七	練兵實紀 九卷 四册	明戚繼光撰	
		七九九	練兵雜紀 六卷 四册		

法家類（第七百二十九冊）

七二九　子三五

頁	書名	卷數	冊數	撰者
一	管子	二四卷	一〇冊	舊題周 管 仲撰 唐 房玄齡注
二七五	管子補注	二四卷	一二冊	明 劉 績撰
五三三	鄧子	一卷	一冊	周 鄧 析撰
五六一	商子	五卷	一冊	舊題秦 商 鞅撰
五九七	韓非子	二〇卷	一〇冊	周 韓 非撰 元 何 犿註
七九五	疑獄集	四卷	三冊	五代 和凝 和㠓同撰
八三三	補疑獄集	六卷		明 張景撰
八六一	折獄龜鑑	八卷	四冊	宋 鄭 克撰
九六九	棠陰比事	一卷	一冊	宋 桂萬榮撰 明 吳 訥刪補
九八八	附錄	一卷		

五集　別輯

農家類（第七百三十冊至第七百三十二冊）

七三〇　子三六

頁	書名	卷數	冊數	撰者
一	齊民要術	一〇卷	六冊	後魏 賈思勰撰
六	附雜說	一卷		

全書冊次	分部冊次	頁次	書名	卷數	冊數	著者	珍本集次
		一六九	農書	三卷	一冊	宋 陳旉撰	
		一九三	附 蠶書	一卷		宋 秦觀撰	
		一九五	農桑輯要	七卷	四冊	元 司農司撰	別輯
		二九一	農桑衣食撮要	二卷	一冊	元 魯明善撰	
		三三五	農書	二二卷	一六冊	元 王禎撰	別輯
		六〇九	救荒本草	八卷	八冊	明 朱橚撰	十二集
七三一	子三七	一	農政全書	六〇卷	四〇冊	明 徐光啓撰	
		九三二	泰西水法	六卷	二冊	明 西洋熊三拔撰	十二集
		九七九	野菜博錄	四卷	四冊	明 鮑山撰	六集
七三二	子三八	一	欽定授時通考	七八卷	三二冊	清 鄂爾泰 張廷玉等奉敕撰 董誥 戴衢亨等補編耕織圖	五集

醫家類（第七百三十三冊至第七百八十五冊）

全書冊次	分部冊次	頁次	書名	卷數	冊數	著者	珍本集次
七三三	子三九	一	黃帝內經素問	二四卷	一四冊	唐 王冰次注 宋 林億等校正	
			附 釋文				
		三七	靈樞經	一二卷	四冊	唐 王冰注 宋 史崧校正 音釋	

冊次	編號	頁	書名	卷數	冊數	撰注者	集
七三四	子四〇	四二九	難經本義	二卷	二冊	周 秦越人撰 元 滑 壽注	
		四三五	附 彙考	一卷			
		四三九	闕誤總類	一卷			
		四四一	圖說	一卷			
		五〇九	鍼灸甲乙經	一二卷	八冊	晉 皇甫謐撰 宋 高保衡 林 億等校注	十一集
七三五	子四一	一	金匱要略論註	二四卷	四冊	漢 張 機撰 清 徐 彬註	四集
		二〇一	傷寒論注釋	一〇卷	四冊	漢 張 機撰 金 成無己注 晉 王叔和編	
		三〇七	附 傷寒明理論	三卷	二冊	金 成無己撰	
		三四七	傷寒論方	一卷			
		三六五	肘後備急方	八卷	六冊	晉 葛 洪撰 梁 陶弘景 金 楊用道補	
		五四一	褚氏遺書	一卷	一冊	舊題南齊 褚 澄撰	
		五四九	巢氏諸病源候總論	五〇卷	一四冊	隋 巢元方等奉敕撰	十集
七三五	子四一	一	備急千金要方	九三卷	四〇冊	唐 孫思邈撰 宋 高保衡 林 億等校正	
		九四五	銀海精微	二卷	二冊	舊題唐 孫思邈撰	五集
七三六—七三七	子四二—四三	一	外臺祕要方	四〇卷	四〇冊	唐 王 燾撰 宋 林 億 孫 兆等校正	五集
			目錄	二卷			
七三八	子四四	一	顱顖經	二卷	一冊	宋 不著撰人	別輯
		一五	銅人鍼灸經	七卷	二冊	宋 不著撰人	五集

全書冊次	分部冊次	頁次	書名	卷數	冊數	著者	珍本集次
		五一	明堂灸經	八卷	一冊	舊題□西方子撰	五集
		九七	博濟方	五卷	五冊	宋王衮編	別輯
		一二七	蘇沈良方	八卷	二冊	宋蘇軾 沈括撰	別輯
		一六三	壽親養老新書	四卷	三冊	宋陳直撰 元鄒鉉續編	十集
		四一七	脚氣治法總要	二卷	一冊	宋董汲撰	初集
		四三九	旅舍備要方	一卷	一冊	宋董汲撰	別輯
		四五一	素問入式運氣論奧	三卷	二冊	宋劉溫舒撰	十二集
		四九九	附 黃帝內經素問遺篇	一卷	一冊		
		五四一	傷寒微旨論	二卷	一冊	宋韓祇和撰	別輯
		五七五	傷寒總病論	六卷	四冊	宋龐安時撰	九集
		六六一	附 傷寒論音訓	一卷			
		六六三	修治藥法	一卷		宋董炳編	
七三九	子四五	一	聖濟總錄纂要	二六卷	二〇冊	宋徽宗敕編 清程林刪定	十一集
七四〇	子四六	一	證類本草	三〇卷	二二冊	宋唐慎微撰 曹孝忠校 寇宗奭衍義	
七四一	子四七	一	全生指迷方	四卷	二冊	宋王貺撰	別輯
		四九	小兒衛生總微論方	二〇卷	一二冊	宋□不著撰人 何大任校訂	六集

冊號	編號	頁	書名	卷數	冊數	撰者	集
		三七五	類證普濟本事方	一〇卷	五冊	宋 許叔微撰	五集
		四六九	太平惠民和劑局方	一〇卷	八冊	宋 陳師文等奉敕撰	
		七〇六	指南總論	三卷	二冊		
		七四五	傳信適用方	二卷	二冊	宋 吳彥夔撰	十一集
		八一三	衛濟寶書	二卷	一冊	舊題宋 東軒居士撰	三集
七四二	子四八	一	醫說	一〇卷	六冊	宋 張杲撰	六集
		二	目錄	一卷			
		三一九	鍼灸資生經	七卷	四冊	宋 王執中撰	二集
		四三五	婦人大全良方	二四卷	一四冊	宋 陳自明撰	七集
		四三五	目錄	二卷			
		四四七	辨識修製藥物法度	一卷			
七四三	子四九	一	太醫局諸科程文格	九卷	五冊	宋 何大任編	別輯
		一一七	產育寶慶集	二卷	一冊	宋 陳師聖 郭稽中等編	別輯
		一一九	三因極一病證方論	一八卷	一四冊	宋 陳言撰	四集
		四三三	集驗背疽方	一卷	一冊	宋 李迅撰	初集
		四四九	濟生方	八卷	三冊	宋 嚴用和撰	別輯
		五三五	產寶諸方	一卷	一冊	宋 不著撰人	別輯

全書冊次	分部冊次	頁次	書名	卷數	冊數	著者	珍本集次
七四四	子五〇	一	仁齋直指	二六卷	二〇冊	宋 楊士瀛撰	五集
		五七〇	附 仁齋傷寒類書	七卷	四冊	明 朱崇正附遺	
		六六五	急救仙方	六卷	二冊	□ 不著撰人	別輯
		七〇三	素問玄機原病式	一卷	一冊	金 劉完素撰	
		七四五	宣明方論	一五卷	三冊	金 劉完素撰	十二集
		八四七	傷寒直格方	三卷	二冊	金 劉完素撰	九集
		九〇四	傷寒標本心法類萃	二卷			
七四五	子五一	一	病機氣宜保命集	三卷	三冊	金 張元素撰	
		九九	儒門事親	一五卷	一〇冊	金 張從正撰	八集
		三六三	內外傷辯惑論	三卷	一冊	元 李杲撰	
		四〇一	脾胃論	三卷	三冊	元 李杲撰	九集
		四六九	蘭室祕藏	三卷	三冊	元 李杲撰	
		五七三	此事難知	二卷	二冊	元 王好古撰	
		六三一	醫壘元戎	一二卷	一二冊	元 王好古撰	四集
		九〇九	湯液本草	三卷	三冊	元 王好古撰	十一集
七四六	子五二	一	瑞竹堂經驗方	五卷	二冊	元 沙圖穆蘇編	五集

		四三	世醫得效方	二〇卷	一八册	元 危亦林撰	四集
		六三七	格致餘論	一卷	一册	元 朱震亨撰	
		六七五	局方發揮	一卷	一册	元 朱震亨撰	
		六九七	金匱鉤玄	三卷	三册	元 朱震亨撰　明 戴原禮校補	十一集
		七五五	扁鵲神應鍼灸玉龍經	一卷	一册	元 王國瑞撰	初集
		七九九	外科精義	二卷	二册	元 齊德之撰	
		八〇三	脈訣刊誤	二卷	二册	元 戴啓宗撰	
		九二四	附 脈書要語	一卷		明 汪 機輯	
		九三一	矯世惑脈論	一卷		明 汪 機撰	
		九三七	醫經溯洄集	二卷	二册	元 王 履撰	
七四七—七六一	子五三—六七	一	普濟方	四二六卷	三〇〇册	明 朱 橚撰	十二集
七六一	子六七	五六〇	附 直音略	一卷			
七六二	子六八	一	玉機微義	五〇卷	一六册	明 徐用誠原輯　劉 純續增	七集
		五七一	仁端錄	一六卷	一六册	明 徐 謙撰　陳 葵刪定	三集
七六三—七六四	子六九—七〇	一	薛氏醫案	七七卷	六二册	明 薛 己撰	
七六五	子七一	一	推求師意	二卷	二册	明 戴原禮撰　汪 機校錄	九集
		四一	鍼灸問對	三卷	三册	明 汪 機撰	八集

全書冊次	分部冊次	頁次	書名	著者	珍本集次
		三	外科理例 七卷	明 汪機撰	九集
		二〇八	附方 一卷 （六冊）		
		三三五	石山醫案 三卷	明 陳桷編	十二集
		三八六	附錄 一卷 （四冊）		
		四一一	名醫類案 一二卷 一二冊	明 江瓘編 江應宿增補 清 魏之琇等考證	六集
七六六	子七二	一	赤水玄珠 三〇卷 三〇冊	明 孫一奎撰	五集
		一〇七九	醫旨緒餘 二卷 二冊	明 孫一奎撰	四集
七六七—七七一	子七三—七七	一	證治準繩 一二〇卷 一二〇冊	明 王肯堂撰	
七七二—七七四	子七八—八〇	一	本草綱目 五二卷	明 李時珍撰	
		二	附圖 九卷 （六四冊）		
七七四	子八〇	五四九	奇經八脈考 一卷 一冊	明 李時珍撰	五集
		五七一	瀕湖脈學 一卷 一冊	明 李時珍撰	五集
七七五	子八一	一	傷寒論條辨 八卷	明 方有執撰	五集
		一三九	附 本草鈔 一卷		
		一四〇	或問 一卷		
		一四九	痙書 一卷 （六冊）		
		一五九	先醒齋廣筆記 四卷 四冊	明 繆希雍撰	四集

編號	子號	頁	書名	卷數	册數	撰者	集
七七六	子八二	二六七	神農本草經疏	三〇卷	一四册	明 繆希雍撰	十二集
七七七—七七八	子八三—八四	一	類經	三二卷	四〇册	明 張介賓撰	五集
		六八八	附 類經圖翼	一一卷			
		九五七	類經附翼	四卷			
七七九	子八五	一	景岳全書	六四卷	五四册	明 張介賓撰	十集
		一	瘟疫論	二卷	二册	明 吳有性撰	十一集
		五三	補遺	一卷			
		六三	痎瘧論疏	一卷	一册	明 盧之頤撰	十一集
		九七	本草乘雅半偈	一〇卷	一〇册	明 盧之頤撰	五集
七八〇—七八二	子八六—八八	一	御纂醫宗金鑑	九〇卷	八〇册	清 吳謙 劉裕鐸等奉敕纂	
		三	首卷	一卷			
七八三	子八九	一	尚論篇	四卷	八册	清 喻昌撰	二集
		三	卷首	一卷			
		一四六	後篇	四卷			
		二七一	醫門法律	一二卷	一六册	清 喻昌撰	二集
		六〇四	附 寓意草	四卷			
		六九九	傷寒舌鑑	一卷	一册	清 張登撰	十集
		七三五	傷寒兼證析義	一卷	一册	清 張倬撰	十一集

全書冊次	分部冊次	頁次	書名	卷數	冊數	著者	珍本集次
七八四—七八五	子九〇—九一	七七九	絳雪園古方選註	一六卷	六冊	清 王子接撰	五集
		九三	附 得宜本草	一卷			
七八五	子九一	一	續名醫類案	六〇卷	二八冊	清 魏之琇撰	二集
		三四三	蘭臺軌範	八卷	八冊	清 徐大椿撰	十二集
		五五七	神農本草經百種錄	一卷	一冊	清 徐大椿撰	
		五八一	傷寒類方	二卷	二冊	清 徐大椿撰	十一集
		六三九	醫學源流論	二卷	二冊	清 徐大椿撰	八集

天文算法類（第七百八十六冊至第八百二冊）

一、推步之屬（第七百八十六冊至第七百九十六冊）

全書冊次	分部冊次	頁次	書名	卷數	冊數	著者	珍本集次
七八六	子九二	一	周髀算經	二卷	二冊	舊題漢 趙君卿注　北周 甄鸞重述　唐 李淳風注釋	別輯
		六九	音義	一卷		唐 李籍撰	
		七九	新儀象法要	三卷	一冊	宋 蘇頌撰	
		一一三	六經天文編	二卷	二冊	宋 王應麟撰	

冊次	編號	頁	書名	卷數	冊數	撰者	集
		三一	原本革象新書	五卷	三冊	元 趙友欽撰	初集
		二七三	重修革象新書	二卷	一冊	元 趙友欽撰 明 王 褘刊訂	十一集
		三二一	七政推步	七卷	四冊	明 貝 琳修輯	初集
		四四九	聖壽萬年歷	五卷	三冊	明 朱載堉撰	四集
		四五一	卷首	一卷			
		五四七	附錄	一卷			
		五五六	附 律歷融通	四卷	四冊		
		六五八	音義	一卷			
七八七	子九三	一	古今律歷考	七二卷	三二冊	明 邢雲路撰	
		七五五	乾坤體義	三卷	二冊	明 西洋利瑪竇撰	五集
		八〇七	表度說	一卷	一冊	明 西洋熊三拔口譯 周子愚筆錄	十二集
		八三五	簡平儀說	一卷		明 西洋熊三拔撰	十二集
		八五一	天問略	一卷	一冊	明 西洋陽瑪諾撰	
七八八—七八九	子九四—九五	一	新法算書	一〇〇卷	三八冊	明 徐光啓等撰	五集
七八九	子九五	八一五	測量法義	一卷	一冊	明 徐光啓撰	
		八二三	測量異同	一卷			
		八二七	句股義	一卷			
		八五一	渾蓋通憲圖說	二卷	二冊	明 李之藻撰	

全書冊次	分部冊次	頁次	書名	著者	珍本集次
		九三五	圜容較義　一卷　一冊	明 李之藻撰	十二集
		九四五	歷體略　三卷	明 王英明撰	四集
		九四八	圖　一卷（以上一冊）		
七九〇—七九一	子九六—九七	一	御製歷象考成　四二卷　二七冊	清 允祿 何國宗等奉敕撰	四集
		七	上編（一六卷）（九冊）		
		六一八	下編（一〇卷）（三冊）		
七九一	子九七	一	表（一六卷）（一五冊）		
七九二	子九八	一	御製歷象考成後編　一〇卷　八冊	清 允祿等奉敕撰	四集
七九三	子九九	一	欽定儀象考成　三〇卷	清 允祿 戴進賢等奉敕撰	四集
		二	奏議　一卷		
		三	卷首　二卷（以上一六冊）		
		四五一	曉菴新法　六卷　三冊	清 王錫闡撰	
		五三三	中星譜　一卷　一冊	清 胡亶撰	四集
		五六五	天經或問前集　四卷　三冊	清 游藝撰	四集
		六四七	天步眞原　一卷　一冊	清 西洋穆尼閣撰 薛鳳祚譯	
		六六一	天學會通　一卷　一冊	清 薛鳳祚撰	四集
七九四—七九五	子一〇〇—一〇一	一	歷算全書　六〇卷　二六冊	清 梅文鼎撰	七集

冊次	編號	頁次	書名	卷數	冊數	著者	集
七九五	子一〇一	八一九	大統歷志	八卷	四冊	清　梅文鼎撰	二集
		九六一	勿菴歷算書記	一卷	一冊	清　梅文鼎撰	
		九九三	中西經星同異考	二卷	一冊	清　梅文鼏撰	
七九六	子一〇二	一	全史日至源流	三〇卷	二八冊	清　許伯政撰	五集
		二	卷首	二卷			
		六〇七	數學	八卷	三冊	清　江　永撰	
		七七九	續數學	一卷			

二、算書之屬（第七百九十七冊至八百二冊）

冊次	編號	頁次	書名	卷數	冊數	著者	集
七九七	子一〇三	一	九章算術	九卷	三冊	晉　劉　徽注　唐　李淳風注釋	別輯
		一二六	音義	一卷			
		一三九	孫子算經	三卷	一冊	□不著撰人	別輯
		一六一	數術記遺	一卷	一冊	舊題漢　徐　岳撰　北周　甄　鸞注	別輯
		一七三	海島算經	一卷		晉　劉　徽撰　唐　李淳風等奉詔注	別輯
		一七九	五曹算經	五卷	一冊	□不著撰人	
		一九三	五經算術	二卷	一冊	北周　甄　鸞撰　唐　李淳風注	別輯

全書冊次	分部冊次	頁次	書名	著者	珍本集次
		二二七	夏侯陽算經 三卷 一冊	□夏侯陽撰 北周甄鸞注	別輯
		二五一	張邱建算經 三卷 二冊	□張邱建撰 北周甄鸞注 唐李淳風注釋 劉孝孫撰細草	
		三〇三	緝古算經 一卷 一冊	唐王孝通撰	
		三三三	數學九章 一八卷 一二冊	宋秦九韶撰	別輯
七九八	子一〇四	一	測圓海鏡 一二卷 四冊	元李治撰	
		一一七	測圓海鏡分類釋術 一〇卷 二冊	元李治撰 明顧應祥釋術	二集
		二四三	益古演段 三卷 二冊	元李治撰	別輯
		三〇五	弧矢算術 一卷 一冊	明顧應祥撰	六集
		三三九	同文算指 一〇卷 五冊	明李之藻撰	
		三三九	前編 (二卷) (一冊)		
		三八〇	通編 (八卷) (四冊)		
		五六三	幾何原本 六卷 四冊	西洋歐几里得撰 明西洋利瑪竇譯 徐光啓筆受	
七九九—八〇一	子一〇五—一〇七	一	御製數理精蘊 五三卷 五〇冊	清康熙五十二年敕撰	十一集
		三	上編 (五卷) (四冊)		
七九九—八〇〇	子一〇五—一〇六	一九八	下編 (四〇卷) (二七冊)		
八〇〇—八〇一	子一〇六—一〇七	三七八	表 (八卷) (一九冊)		

八〇二　子一〇八

頁	書名	卷數	冊數	撰者	集
一	幾何論約	六卷	二冊	清　杜知耕撰	三集
八一	卷末	一卷			
九一	數學鑰	六卷	六冊	清　杜知耕撰	三集
二三三	數度衍	二三卷	八冊	清　方中通撰	二集
二三四	卷首	二卷			
五四一	附　幾何約	一卷			
五九三	句股引蒙	五卷	二冊	清　陳　訏撰	四集
六六九	句股矩測解原	二卷	一冊	清　黃百家撰	四集
六九七	少廣補遺	一卷	一冊	清　陳世仁撰	四集
七一七	莊氏算學	八卷	四冊	清　莊亨陽撰	初集
八五九、	九章錄要	一二卷	五冊	清　屠文漪撰	四集

術數類（第八百三冊至第八百十一冊）

一、數學之屬（第八百三冊至第八百六冊）

八〇三　子一〇九

頁	書名	卷數	冊數	撰者	集
一	太玄經	一〇卷	四冊	漢　揚　雄撰	
三	卷首	一卷		晉　范　望注	
一〇〇	釋音	一卷			

全書冊次	分部冊次	頁次	書名	著者	珍本集次
		一〇七	太玄本旨 九卷 五冊	明 葉子奇撰	三集
		一一	卷首 一卷		
		二一七	元包經傳 五卷 一冊	北周 衞元嵩撰 唐 蘇源明傳 唐 李江注 宋 韋漢卿釋音	
		二四三	附 元包數總義 二卷 一冊	宋 張行成撰	
		二六三	潛虛 一卷 一冊	宋 司馬光撰	
		二八三	附 潛虛發微論 一卷	宋 張敦實撰	
		二九一	皇極經世書 一四卷 二六冊	宋 邵雍撰	
八〇四	子一一〇	一	皇極經世索隱 二卷 一冊	宋 張行成撰	初集
		三七	皇極經世觀物外篇衍義 九卷 [illegible]八冊	宋 張行成撰	初集
		一九七	易通變 四〇卷 二二冊	宋 張行成撰	初集
八〇五	子一一一	一	觀物篇解 五卷 五冊	宋 祝泌撰	初集
		一九三	附 皇極經世解起數訣 三卷 一冊		
		二四五	皇極經世書解 一四卷 一六冊	清 王植撰	四集
		二三一	卷首 二卷		
		六六七	易學 一卷 一冊	宋 王湜撰	
		六九七	洪範皇極內篇 五卷 二冊	宋 蔡沈撰	四集

冊次	編號	頁碼	書名	卷數	冊數	撰者	集
八〇六	子一一二	一	天原發微	五卷	一二冊	宋鮑雲龍撰　明鮑寧辨正	初集
		九	附各類圖	一卷			
		三三	問答節要	一卷		明鮑寧撰	
		三一三	大衍索隱	三卷	三冊	宋丁易東撰	
		三七一	易象圖說	六卷	二冊	元張理撰	
		三七五	內篇	三卷	一冊		
		四〇七	外篇	三卷	一冊		
		四三五	三易洞璣	一六卷	六冊	明黃道周撰	十二集
		四三七	略例	一卷			

二、占候之屬（第八百七冊）

冊次	編號	頁碼	書名	卷數	冊數	撰者	集
八〇七	子一一三	一	靈臺祕苑	一五卷	四冊	北周庾季才原撰　宋王安禮等重修	五集
		一五九	唐開元占經	一二〇卷	三八冊	唐瞿曇悉達撰	四集

三、相宅相墓之屬（第八百八冊）

冊次	編號	頁碼	書名	卷數	冊數	撰者	集
八〇八	子一一四	一	宅經	二卷	一冊	舊題黃帝撰	

全書冊次	分部冊次	頁次	書名	著者	珍本集次
		二	葬書 一卷 一冊	舊題晉郭璞撰 元吳澄刪定	十二集
		三九	撼龍經 一卷		
		五八	疑龍經 一卷 一冊	舊題唐楊筠松撰	十二集
		七三	葬法倒杖 一卷		
		八三	青囊序 一卷	舊題唐曾文辿撰	九集
		八九	青囊奧語 一卷	舊題唐楊筠松撰	九集
		九一	天玉經 四卷 一冊	舊題唐楊筠松撰	九集
		九一	內傳(三卷)		
		一〇七	外編(一卷)		
		一二三	靈城精義 二卷 一冊	舊題南唐何溥撰	三集
		一五三	催官篇 二卷 一冊	宋賴文俊撰	九集
		一八九	發微論 一卷 一冊	宋蔡元定撰	九集

四、占卜之屬(第八百八冊)

全書冊次	分部冊次	頁次	書名	著者	珍本集次
八〇八	子一一四	一九七	靈棋經 二卷 二冊	舊題漢東方朔撰 明劉基等注	
		一九九	卷首 一卷		

序號	書名	卷數	冊數	撰注者	集別
二六九	焦氏易林	四卷	四冊	漢 焦 贛撰	
四三九	京氏易傳	三卷	一冊	漢 京 房撰 吳 陸 績注	
四七一	六壬大全	一二卷	一〇冊	□不著撰人	四集
八四九	卜法詳考	八卷	五冊	清 胡 煦撰	五集

五、命書相書之屬（第八百九冊至第八百十冊）

八〇九 子一一五

序號	書名	卷數	冊數	撰注者	集別
一	李虛中命書	三卷	一冊	舊題周 鬼谷子撰 唐 李虛中注	別輯
一九	玉照定眞經	一卷	一冊	舊題晉 郭 璞撰 張 顒注	初集
四五	星命溯源	五卷	二冊	□不著撰人	初集
一〇五	珞琭子賦注	二卷	二冊	宋 釋曇瑩撰	別輯
一五七	珞琭子三命消息賦注	二卷	一冊	宋 徐子平撰	別輯
一七七	三命指迷賦	一卷	一冊	舊題宋 岳 珂補注	別輯
一九一	星命總括	三卷	三冊	舊題遼 耶律純撰	初集
二三七	演禽通纂	二卷	二冊	□不著撰人	初集
二六五	星學大成	三〇卷	二二冊	明 萬民英撰	四集

全書冊次	分部冊次	頁次	書名	著者	珍本集次
八一〇	子一一六	一	三命通會 一二卷 一二冊	明 萬民英撰	四集
		六九三	月波洞中記 二卷 一冊	□不著撰人	別輯
		七一三	玉管照神局 三卷 三冊	舊題南唐 宋齊丘撰	別輯
		七五九	太清神鑑 六卷 三冊	舊題後周 王朴撰	別輯
		八二三	人倫大統賦 二卷 二冊	金 張行簡撰 元 薛延年注	別輯

六、陰陽五行之屬（第八百十冊至第八百十一冊）

全書冊次	分部冊次	頁次	書名	著者	珍本集次
八一〇	子一一六	八五五	太乙金鏡式經 一〇卷 二冊	唐 王希明撰	初集
		九三一	遁甲演義 四卷 二冊	明 程道生撰	初集
		九九九	禽星易見 一卷 一冊	明 池本理撰	初集
八一一	子一一七	一	御定星歷考原 六卷 四冊	清 李光地等奉敕編	六集
		一〇九	欽定協紀辨方書 三六卷	清 允祿 梅瑴成 何國宗 等奉敕撰	五集
		一一〇	奏議 一卷（合 三六冊）		

藝術類（第八百十二册至第八百三十九册）

一、書畫之屬（第八百十二册至第八百三十八册）

八一二　子一一八

頁	書名	卷數	册數	撰者
一	古畫品錄	一卷	一册	南齊 謝 赫撰
七	書品	一卷		梁 庾肩吾撰
一三	續畫品	一卷		舊題陳 姚 最撰
一七	貞觀公私畫史	一卷	一册	唐 裴孝源撰
三一	書譜	一卷		唐 孫過庭撰
三七	書斷	三卷	一册	唐 張懷瓘撰
七七	述書賦	二卷	一册	唐 竇 臮撰 竇 蒙註
一〇一	法書要錄	一〇卷	六册	唐 張彥遠撰
二七七	歷代名畫記	一〇卷	三册	唐 張彥遠撰
三五七	唐朝名畫錄	一卷	一册	唐 朱景玄撰
三七五	墨藪	二卷	二册	舊題唐 韋 續撰
四一六	附 法帖音釋刊誤	一卷		宋 陳與義撰

全書冊次	分部冊次	頁次	書名	著者	珍本集次
八一三	子一一九	四二一	畫山水賦 一卷	舊題唐 荊 浩撰	
		四二四	附 筆法記 一卷 一冊		
		四二七	思陵翰墨志 一卷 一冊	宋 高宗御撰	
		四三三	五代名畫補遺 一卷 一冊	宋 劉道醇撰	五集
		四四五	宋朝名畫評 三卷 一冊	宋 劉道醇撰	五集
		四七七	益州名畫錄 三卷 一冊	宋 黃休復撰	
		五〇七	圖畫見聞誌 六卷 二冊	宋 郭若虛撰	
		五七一	林泉高致集 一卷	宋 郭 熙撰	
		五九〇	附錄 一卷 一冊	郭 思編	
		五九五	墨池編 六卷 六冊	宋 朱長文撰	
		九三七	德隅齋畫品 一卷 一冊	宋 李 廌撰	
		一	畫史 一卷	宋 米 芾撰	
		二七	書史 一卷 一冊	宋 米 芾撰	
		五一	寶章待訪錄 一卷	宋 米 芾撰	
		六三	海嶽名言 一卷 一冊	宋 米 芾撰	
		六七	宣和畫譜 二〇卷 六冊	宋 不著撰人	

八一四

子一二〇

頁	書名	卷數	册數	撰者	備註
二〇七	宣和書譜	二〇卷	四册	宋　不著撰人	
三一五	山水純全集	一卷	一册	宋　韓　拙撰	
三一九	廣川書跋	一〇卷	四册	宋　董　逌撰	
四四三	廣川畫跋	六卷	三册	宋　董　逌撰	
五〇三	畫繼	一〇卷	二册	宋　鄧　椿撰	
五五三	續書譜	一卷	一册	宋　姜　夔撰	
五六三	寶眞齋法書贊	二八卷	六册	宋　岳　珂撰	別輯
一	書苑菁華	二〇卷	八册	宋　陳　思撰	
二〇五	書小史	一〇卷	二册	宋　陳　思撰	
二八三	書錄	三卷	一册	宋　董　更撰	
三一四	外篇	一卷			
三一七	竹譜	一〇卷	五册	元　李　衎撰	別輯
四一九	畫鑒	一卷	一册	元　湯　垕撰	
四四一	衍極	二卷	一册	元　鄭杓撰　劉有定註	
四七五	附圖				
四七七	法書考	八卷	二册	元　盛熙明撰	九集
五四一	圖繪寶鑑	五卷	四册	元　夏文彥撰	
六二五	續編	一卷		明　韓　昂撰	

全書冊次	分部冊次	頁次	書名			著者	珍本集次
		六三五	寓意編	一卷	一冊	明 都穆撰	
		六四五	書史會要	九卷	二冊	明 陶宗儀撰	十集
		七九三	補遺	一卷			
		八一〇	續書史會要	一卷	一冊	明 朱謀亜撰	
八一五	子一二一	一	珊瑚木難	八卷	八冊	明 朱存理編	
		二六三	趙氏鐵網珊瑚	一六卷	一六冊	舊題明 朱存理撰 趙琦美編	九集
八一六	子一二二	一	墨池瑣錄	四卷	一冊	明 楊慎撰	四集
		一五	書畫跋跋	三卷	三冊	明 孫鑛撰	
		一三一	續	三卷			
		一五三	書訣	一卷	一冊	明 豐坊撰	
		一八九	繪事微言	二卷	二冊	明 唐志契撰	初集
		二四三	書法雅言	一卷	一冊	明 項穆撰	
		二六三	寒山帚談	二卷	二冊	明 趙宧光撰	
		三一七	附 拾遺	一卷			
		三三三	寒山金石林甲乙表	一卷			
		三三四	金石林緒論	一卷			
		三三五	書法離鉤	一〇卷	二冊	明 潘之淙撰	

冊次	子部冊	頁	書名	卷數	冊數	撰者	集
八一七	子一二三	四〇三	畫史會要	五卷	五册	明 朱謀垔撰	二集
		五八七	書畫題跋記	一二卷	一四册	明 郁逢慶編	
		七六八	續題跋記	一二卷			
		一	清河書畫舫	一二卷	二〇册	明 張丑撰	
		五一一	眞蹟日錄	五卷	五册	明 張丑撰	三集
		六〇七	清河書畫表	一卷	一册	明 張丑撰	
		六一三	書畫見聞表	一卷		明 張丑撰	
		六一九	南陽書畫表	二卷	一册	明 張丑撰	
		六二〇	法書表	一卷			
		六二四	名畫表	一卷			
八一八	子一二四	一	珊瑚網	四八卷	二四册	明 汪砢玉撰	
八一九—八二三	子一二五—一二九	一	御定佩文齋書畫譜	一〇〇卷	九六册	清 孫岳頒等奉敕撰	
		四	總目	一卷			
		三	纂輯書籍	一卷			
八二三	子一二九	四四三	祕殿珠林	二四卷	八册	清 張照 梁詩正等奉敕撰	
八二四—八二五	子一三〇—一三一	一	石渠寶笈	四四卷	二八册	清 張照 梁詩正等奉敕撰	
八二六	子一三二	一	庚子銷夏記	八卷	四册	清 孫承澤撰	
		一〇一	繪事備考	八卷	一〇册	清 王毓賢撰	二集

全書冊次	分部冊次	頁次	書名	卷數	冊數	著者	珍本集次
		三一	書法正傳	一〇卷	四冊	清馮武撰	
		四六七	江村銷夏錄	三卷	三冊	清高士奇撰	
八二七—八二九	子一三三—一三五	一	式古堂書畫彙考	六〇卷	五八冊	清卞永譽撰	六集
八二九	子一三五	五四一	南宋院畫錄	八卷	四冊	清厲鶚輯	
八三〇—八三八	子一三六—一四四	一	六藝之一錄	四〇六卷	一六七冊	清倪濤撰	初集
		五四七	續編	一四卷			
八三八	子一四四	七〇一	小山畫譜	二卷	一冊	清鄒一桂撰	
		七四一	傳神祕要	一卷		清蔣驥撰	

二、琴譜之屬（第八百三十九冊）

全書冊次	分部冊次	頁次	書名	卷數	冊數	著者	珍本集次
八三九	子一四五	一	琴史	六卷	三冊	宋朱長文撰	七集
		七一	松絃館琴譜	二卷	一冊	明嚴澂撰	四集
		一三九	松風閣琴譜	二卷		清程雄撰	三集
		一三九	卷首	一卷			

冊號	編號	頁次	書名	卷數	冊數	撰者	集
		一六四	附 抒懷操	一卷		明楊掄撰	
		一七九	琴譜合璧	一八卷	一八冊	清和素譯	二集

三、篆刻之屬（第八百三十九冊）

冊號	編號	頁次	書名	卷數	冊數	撰者	集
八三九	子一四五	八三九	學古編	一卷	一冊	元吾丘衍撰	
		八五〇	附錄	一卷			
		八五三	印典	八卷	四冊	清朱象賢撰	九集

四、雜技之屬（第八百三十九冊）

冊號	編號	頁次	書名	卷數	冊數	撰者	集
八三九	子一四五	九七九	羯鼓錄	一卷	一冊	唐南卓撰	
		九八九	樂府雜錄	一卷		唐段安節撰	
		一〇〇一	棋經	一卷	一冊	宋晏天章撰	別輯
		一〇〇九	棋訣	一卷		宋劉仲甫撰	別輯

譜錄類（第八百四十冊至第八百四十七冊）

一、器物之屬（第八百四十冊至第八百四十四冊）

全書冊次	分部冊次	頁次	書名			著者	珍本集次
八四〇	子一四六	一	古今刀劍錄	一卷	一冊	梁 陶弘景撰	
		九	鼎錄	一卷		陳 虞 荔撰	
		一五	嘯堂集古錄	二卷	四冊	宋 王 俅撰	
		九一	考古圖	一〇卷	五冊	宋 呂大臨撰	
		二七一	續考古圖	五卷			
		三三一	釋文	一卷			
		三七一	重修宣和博古圖	三〇卷	一八冊	宋 王 黼撰	
		一〇一九	宣德鼎彝譜	八卷	二冊	明 呂 震等奉敕撰	
		一〇六六	附 宣爐博論	一卷		明 項子汴撰	
八四一—八四二	子一四七—一四八	一	欽定西清古鑑	四〇卷	二八冊	清 梁詩正 蔣 溥等奉敕撰	
八四二	子一四八	四〇七	奇器圖說	三卷	三冊	明 西洋鄧玉函撰 王 徵譯	
		五四五	諸器圖說	一卷		明 王 徵撰	

冊	頁	書名	卷數	冊數	撰者	備註
八四三 子一四九	一	文房四譜	五卷	二冊	宋蘇易簡撰	
	六三	硯史	一卷	一冊	宋米芾撰	
	七三	歙州硯譜	一卷		宋唐積撰	
	七九	歙硯說	一卷		宋不著撰人	
	八三	辨歙石說	一卷			
	八七	端溪硯譜	一卷		宋不著撰人	
	九一	硯譜	一卷		宋不著撰人	
	九七	硯箋	四卷	二冊	宋高似孫撰	三集
	一三三	欽定西清硯譜	二四卷	一二冊	清于敏中梁國治等奉敕編	初集
	一三七	目錄	一卷			
	六二五	墨譜法式	三卷	一冊	宋李孝美撰	四集
	六四九	墨經	一卷		宋晁貫之撰	
	六五五	墨史	三卷	一冊	元陸友撰	
	六七七	墨法集要	一卷	一冊	明沈繼孫撰	別輯
八四四 子一五〇	一	欽定錢錄	一六卷	六冊	清梁詩正蔣溥等奉敕撰	
	二一七	香譜	二卷	一冊	宋洪芻撰	
	二三九	陳氏香譜	四卷	四冊	宋陳敬撰	四集

全書冊次	分部冊次	頁次	書名	著者	珍本集次
		三四九	香乘　二八卷　八冊	明 周嘉胄撰	九集
			附錄		
		五八三	雲林石譜　三卷　一冊	宋 杜綰撰	

二、飲饌之屬（第八百四十四冊。按總目作「食譜之屬」。）

全書冊次	分部冊次	頁次	書名	著者	珍本集次
八四四	子一五〇	六〇九	茶經　三卷	唐 陸羽撰	
		六二七	茶錄　一卷　（一冊）	宋 蔡襄撰	
		六三一	品茶要錄　一卷	宋 黃儒撰	
		六三五	宣和北苑貢茶錄　一卷	宋 熊蕃撰 熊克繪圖	別輯
		六四七	附 北苑別錄　一卷　（一冊）	宋 趙汝礪撰	
		六五五	東溪試茶錄　一卷	宋 宋子安撰	別輯
		六六一	續茶經　三卷　（四冊）	清 陸廷燦撰	五集
		七九〇	附錄　一卷		

頁	書名	卷數	冊數	撰者
八〇七	煎茶水記	一卷	一冊	唐　張又新撰
八一三	北山酒經	三卷	一冊	宋　朱翼中撰
八二五	酒譜	一卷	一冊	宋　竇　苹撰
八三九	糖霜譜	一卷	一冊	宋　王　灼撰

三、草木禽魚之屬（第八百四十五冊至八百四十七冊。按總目作「草木鳥獸蟲魚之屬」。）

八四五　子一五一

頁	書名	卷數	冊數	撰者
一	洛陽牡丹記	一卷	一冊	宋　歐陽修撰
九	揚州芍藥譜	一卷		宋　王　觀撰
一五	劉氏菊譜	一卷	一冊	宋　劉　蒙撰
二九	史氏菊譜	一卷		宋　史正志撰
三三	范村梅譜	一卷		宋　范成大撰
三七	范村菊譜	一卷		宋　范成大撰
四一	百菊集譜	六卷	三冊	宋　史　鑄撰
四四	卷首・諸菊品目	一卷		
一〇七	補遺	一卷		
一二一	金漳蘭譜	三卷	一冊	宋　趙時庚撰
一三三	海棠譜	三卷	一冊	宋　陳　思撰

五集

全書冊次	分部冊次	頁次	書名	卷數	冊數	著者	珍本集次
		一三三	荔枝譜	一卷	一冊	宋　蔡　襄撰	
		一六一	橘錄	三卷		宋　韓彥直撰	
		一七一	竹譜	一卷	一冊	舊題晉　戴凱之撰	
		一八一	筍譜	一卷	一冊	宋　釋贊寧撰	
		二〇五	菌譜	一卷		宋　陳仁玉撰	
八四五—八四七	子一五一—一五三	二〇七	御定佩文齋廣羣芳譜	一〇〇卷	五四冊	清　汪　灝　張逸少等奉敕撰	
		二一五	目錄	二卷			
八四七	子一五三	六七七	禽經	一卷	一冊	舊題周　師　曠撰　晉　張　華注	
		六八九	蟹譜	二卷	一冊	宋　傅　肱撰	
		七〇三	蟹略	四卷		宋　高似孫撰	
		七三三	異魚圖贊	四卷	一冊	明　楊　慎撰	
		七五一	異魚圖贊箋	四卷	二冊	明　楊慎原本　清　胡世安箋	三集
		七五三	目錄	一卷			
		八一五	異魚圖贊補	三卷	一冊	清　胡世安撰	
		八四五	閏集	一卷			

雜家類（第八百四十八册至第八百八十六册）

一、雜學之屬（第八百四十八册至第八百四十九册）

八四八

子一五四

頁	書名	卷數	册數	撰者
一	鬻子	一卷	一册	舊題周 鬻熊撰 唐 逄行珪注
一九	墨子	一五卷	六册	舊題周 墨翟撰
一四九	子華子	二卷	一册	舊題周 程本撰
一八一	尹文子	一卷	一册（與慎子合）	周 尹文撰 魏 仲長統校定
一九三	慎子	一卷		周 慎到撰
一九九	鶡冠子	三卷	三册	周 不著撰人 宋 陸佃解
二四五	公孫龍子	一卷	一册（與鬼谷子合）	周 公孫龍撰 宋 謝希深注
二五七	鬼谷子	一卷		舊題周 鬼谷子撰
二七一	呂氏春秋	二六卷	一〇册	舊題秦 呂不韋撰 漢 高誘註
五〇五	淮南鴻烈解	二一卷	八册	漢 劉安撰 高誘註
七五九	人物志	三卷	一册	魏 劉邵撰 北魏 劉昞註
七九一	金樓子	六卷	四册	梁 孝元帝撰

別輯

全書冊次	分部冊次	頁次	書名	卷數	冊數	著者	珍本集次
八四九	子一五五	八八一	劉子	一〇卷	三冊	舊題北齊劉晝撰　唐袁孝政註	
		九三七	顏氏家訓	二卷	二冊	隋顏之推撰	
		一	長短經	九卷	八冊	唐趙蕤撰	
		二一三	兩同書	二卷	一冊（與化書合）	唐羅隱撰	
		二二七	化書	六卷		南唐譚峭撰	
		二五三	昭德新編	二卷	一冊	宋晁迥撰	四集
		二七七	芻言	三卷	一冊（與樂菴語錄合）	宋崔敦禮撰	別輯
		二九五	樂菴語錄	五卷		宋李衡撰　龔昱編	初集別輯
		三一七	附　宋史李衡傳	一卷			
		三三三	習學記言	五〇卷	二〇冊	宋葉適撰	三集
		八二一	本語	六卷	三冊	明高拱撰	

二、雜考之屬（第八百五十冊至第八百六十一冊）

全書冊次	分部冊次	頁次	書名	卷數	冊數	著者	珍本集次
八五〇	子一五六	一	白虎通義	二卷	二冊	漢班固撰	
		七五	獨斷	二卷	一冊	漢蔡邕撰	

八五一

子一五七

編號	書名	卷數	冊數	撰者	備註
九七	古今注	三卷	一冊	晉崔　豹撰	
一一四	附中華古今注	三卷		五代馬　縞撰	
一四三	資暇集	三卷	一冊	唐李匡乂撰	
一六七	刊誤	二卷	一冊	唐李　涪撰	十二集
一八五	蘇氏演義	二卷	一冊	唐蘇　鶚撰	
二〇九	兼明書	五卷	二冊	唐丘光庭撰	九集
二五三	近事會元	五卷	二冊	宋李上交撰	
三〇一	東觀餘論	二卷	二冊	宋黃伯思撰　黃　訒編	
三八五	靖康緗素雜記	一〇卷	二冊	宋黃朝英撰	
四三一	猗覺寮雜記	二卷	二冊	宋朱　翌撰	
五〇一	能改齋漫錄	一八卷	一〇冊	宋吳　曾撰	
八五三	雲谷雜紀	四卷	二冊	宋張　淏撰	別輯
八五五	卷首：書帖識語	一卷			
九〇七	卷末：奏狀題跋	一卷			
九一三	西溪叢語	二卷	二冊	宋姚　寬撰	十二集
一	學林	一〇卷	八冊	宋王觀國撰	

全書冊次	分部冊次	頁次	書名		著者	珍本集次
		二六五	容齋隨筆	一六卷	宋 洪　邁撰	
		四〇一	續筆	一六卷		
		五三四	三筆	一六卷		
		六六三	四筆	一六卷		
		七九〇	五筆	一〇卷	二二冊	
八五二	子一五八	一	考古編	一〇卷	二冊	宋 程大昌撰	
		六七	演繁露	一六卷		
		二〇八	續集	六卷	七冊	宋 程大昌撰	
		二三三	緯略	一二卷	六冊	宋 高似孫撰	
		四一一	甕牖閒評	八卷	四冊	宋 袁　文撰	別輯
		四八三	芥隱筆記	一卷	一冊	宋 龔頤正撰	
		五〇五	蘆浦筆記	一〇卷	二冊	宋 劉昌詩撰	
		五四七	野客叢書	三〇卷		
		八〇一	附 野老紀聞	一卷	一四冊	宋 王　楙撰	
八五三	子一五九	一	坦齋通編	一卷	一冊	宋 邢　凱撰	別輯
		一五	考古質疑	六卷	二冊	宋 葉大慶撰	別輯
		六九	經外雜鈔	二卷	一冊	宋 魏了翁撰	

冊	編號	頁	書名	卷數	冊數	撰者	集
		一〇七	古今考	一卷	二四冊	宋魏了翁撰	四集
		一三九	續古今考	三七卷		元方回續	
		六二九	潁川語小	二卷	一冊	宋陳叔方撰	別輯
		六五三	賓退錄	一〇卷	五冊	宋趙與旹撰	
八五四	子一六〇	一	學齋佔畢	四卷	二冊	宋史繩祖撰	
		六一	鼠璞	二卷	二冊	宋戴埴撰	
		一〇一	朝野類要	五卷	一冊	宋趙升撰	
		一三七	困學紀聞	二〇卷	一四冊	宋王應麟撰 清閻若璩何焯評註	
		五〇七	識遺	一〇卷	四冊	宋羅璧撰	十一集
		六一三	愛日齋叢鈔	五卷	三冊	宋葉□撰	
		六九七	日損齋筆記	一卷	一冊	元黃溍撰	
		七〇八	附錄	一卷			
八五五	子一六一	一	丹鉛餘錄	一七卷	二〇冊		
		一三三	續錄	一二卷		明楊愼撰	四集
		三三六	摘錄	一三卷			
		三三五	總錄	二七卷		明梁佐編	
		六七一	譚苑醍醐	九卷	二冊	明楊愼撰	

全書冊次	分部冊次	頁次	書名	卷數	冊數	著者	珍本集次
八五六	子一六二	一	藝轂	三卷	三冊	明鄧伯羔撰	二集
		四一	補	一卷			
		四七	正楊	四卷	四冊	明陳耀文撰	四集
		一五九	疑耀	七卷	六冊	明張萱撰	
		一六一	目錄	一卷			
		二九九	名義考	一二卷	六冊	明周祈撰	五集
		四五一	徐氏筆精	八卷	六冊	明徐𤊹撰	十集
八五七	子一六三	一	通雅	五二卷	四二冊	明方以智撰	三集
		六	卷首	三卷			
八五八	子一六四	一	巵林	一〇卷	八冊	明周嬰撰	
		二五一	補遺	一卷			
		二五七	拾遺錄	一卷	一冊	明胡爌撰	十一集
		二九五	義府	二卷	二冊	清黃生撰	
		三六七	日知錄	三二卷	三二冊	清顧炎武撰	
		三六七	目錄	一卷			
八五九	子一六五	一	藝林彙考	四〇卷	一四冊	清沈自南撰	二集
		八	棟宇篇	（一〇卷）	（四冊）		

冊	編號	頁	書名	卷數	冊數	撰者	集
八六〇	子一六六	一〇五	服飾篇	（一〇卷）	（二冊）		
		一八五	飲食篇	（七卷）	（二冊）		
		二五四	稱號篇	（一二卷）	（五冊）		
		三一七	植物篇	（一卷）	（一冊）		
		三八一	潛邱劄記	六卷	五冊	清　閻若璩撰　吳玉搢編	四集
		五六七	湛園札記	四卷	四冊	清　姜宸英撰	五集
		六四五	白田雜著	八卷	四冊	清　王懋竑撰	二集
		七八一	樵香小記	二卷	一冊	清　何琇撰	
八六一	子一六七	一	義門讀書記	五八卷	三八冊	清　何焯撰　蔣維鈞編	二集
		一	管城碩記	三〇卷	一六冊	清　徐文靖撰	七集
		四三一	訂譌雜錄	一〇卷	五冊	清　胡鳴玉撰	
		五一九	識小編	二卷	二冊	清　董豐垣撰	

三、雜說之屬（第八百六十二冊至第八百七十冊）

冊	編號	頁	書名	卷數	冊數	撰者	集
八六二	子一六八	一	論衡	三〇卷	一二冊	漢　王　充撰	
		三四九	風俗通義	一〇卷	二冊	漢　應　劭撰	

全書冊次	分部冊次	頁次	書名	卷數	冊數	著者	珍本集次
		四一五	封氏聞見記	一〇卷	二冊	唐 封 演撰	
		四六七	尚書故實	一卷	一冊	唐 李 綽撰	
		四八一	灌畦暇語	一卷	一冊	唐 不著撰人	十一集
		四九九	春明退朝錄	三卷	一冊	宋 宋敏求撰	
		五三三	宋景文筆記	三卷	一冊	宋 宋 祁撰	
		五五五	東原錄	一卷	一冊	宋 龔鼎臣撰	
		五七七	王氏談錄	一卷	一冊	宋 王欽臣撰	
		五九五	麈史	三卷	一冊	宋 王得臣撰	
		六四九	文昌雜錄	六卷	二冊	宋 龐元英撰	
		七〇四	補遺	一卷			
		七〇七	夢溪筆談	二六卷	八冊	宋 沈 括撰	
		八五八	補筆談	二卷			
八六三	子一六九	一	仇池筆記	二卷	一冊	舊題宋蘇 軾撰	
		二一	東坡志林	一二卷	四冊	宋 蘇 軾撰	
		九九	珩璜新論	一卷	一冊	宋 孔平仲撰	

頁	書名	卷數	册數	撰者	集
一四一	晁氏客語	一卷	一册	宋 晁說之撰	
一七一	師友談記	一卷	一册	宋 李 廌撰	
一九一	楊公筆錄	一卷	一册	宋 楊彥齡撰	十二集
二〇七	呂氏雜記	二卷	一册	宋 呂希哲撰	別輯
二三七	冷齋夜話	一〇卷	二册	宋 釋惠洪撰	
二八五	曲洧舊聞	一〇卷	三册	宋 朱 弁撰	
三五三	元城語錄解	三卷	二册	宋 馬永卿編 明 王崇慶解	
三九二	附 行錄	一卷		明 崔 銑編 于文熙補	
四〇一	嬾眞子	五卷	二册	宋 馬永卿撰	
四五一	春渚紀聞	一〇卷	四册	宋 何 薳撰	
五三五	石林燕語 附 考異	一〇卷	五册	宋 葉夢得撰 宇文紹奕考異	別輯
六二九	避暑錄話	二卷	二册	宋 葉夢得撰	
七一二	巖下放言	三卷	一册	宋 葉夢得撰	十一集
七四七	卻掃編	三卷	三册	宋 徐 度撰	
八〇一	五總志	一卷	一册	宋 吳 坰撰	

全書冊次	分部冊次	頁次	書名	卷數	冊數	著者	珍本集次
		八三一	紫微雜說	一卷	一冊	宋呂本中撰	
		八四九	辯言	一卷	一冊	宋員興宗撰	別輯
八六四	子一七〇	一	墨莊漫錄	一〇卷	四冊	宋張邦基撰	
		一〇三	寓簡	一〇卷	二冊	宋沈作喆撰	
		一七一	欒城遺言	一卷	一冊	宋蘇籀記	
		一八一	東園叢說	三卷	二冊	舊題宋李如篪撰	
		二三七	常談	一卷	一冊	宋吳箕撰	別輯
		二五九	雲麓漫抄	一五卷	八冊	宋趙彥衞撰	十集
		四一一	示兒編	二三卷	八冊	宋孫奕撰	
		五八五	游宦紀聞	一〇卷	二冊	宋張世南撰	
		六四三	密齋筆記	五卷	二冊	宋謝采伯撰	別輯
		六八六	續筆記	一卷			
		六九一	梁谿漫志	一〇卷	四冊	宋費衮撰	
		七六九	澗泉日記	三卷	一冊	宋韓淲撰	別輯
八六五	子一七一	一	老學庵筆記	一〇卷	四冊	宋陸游撰	

頁	書名	卷數	冊數	撰者	集
九一	愧郯錄	一五卷	四冊	宋岳 珂撰	初集
三〇一	祛疑說	一卷	一冊	宋儲 泳撰	
三一一	琴堂諭俗編	二卷	一冊	宋鄭玉道撰 彭仲剛續 宋應 俊輯補 元左 祥增	
二五三	鶴林玉露	一六卷	六冊	宋羅大經撰	
四〇五	補遺	一卷			
四〇九	貴耳集	一卷	三冊	宋張端義撰	
四三〇	二集	一卷			
四四九	三集	一卷			
四六九	吹劍錄外集	一卷	一冊	宋俞文豹撰	十一集
五〇五	脚氣集	一卷	一冊	宋車若水撰	十二集
五三七	藏一話腴	四卷	二冊	宋陳 郁撰	十二集
五三九	內編	（二卷）	（一冊）		
五五五	外編	（二卷）	（一冊）		
五七三	佩韋齋輯聞	四卷	二冊	宋俞德鄰撰	
六一一	書齋夜話	四卷	一冊	宋俞 琰撰	九集
六二五	齊東野語	二〇卷	八冊	宋周 密撰	
一	困學齋雜錄	一卷	一冊	元鮮于樞撰	

全書冊次	分部冊次	頁次	書名	著者	珍本集次
		一九	隱居通議 三一卷 一〇冊	元 劉 壎撰	
		二八三	湛淵靜語 二卷 一冊	元 白 珽撰	
		三一九	敬齋古今黈 八卷 五冊	元 李 治撰	別輯
		四一七	日聞錄 一卷 一冊（與勤有堂隨錄合）	元 李 翀撰	別輯
		四三三	勤有堂隨錄 一卷	元 陳 櫟撰	別輯
		四三九	玉堂嘉話 八卷 二冊	元 王 惲撰	
		五一三	庶齋老學叢談 三卷 二冊	元 盛如梓撰	
		五六一	研北雜志 二卷 二冊	元 陸 友撰	十一集
		六〇九	北軒筆記 一卷 一冊	元 陳世隆撰	
		六一九	閒居錄 一卷 一冊	元 吾丘衍撰	十二集
		六四五	雪履齋筆記 一卷 一冊	元 郭 翼撰	十一集
		六五七	霏雪錄 二卷 二冊	明 鎦 績撰	
		六九九	蠡海集 一卷 一冊	明 王 逵撰	
		七一三	草木子 四卷 三冊	明 葉子奇撰	十集

編號	書號	頁	書名	卷數	冊數	撰者	集
八六七	子一七三	一	胡文穆雜著	一卷	一册	明胡廣撰	二集
		二七	讕言長語	一卷	一册	明曹安撰	十二集
		六九	蟫精雋	一六卷	四册	明徐伯齡撰	二集
		一八九	震澤長語	二卷	一册	明王鏊撰	
		二三三	井觀瑣言	三卷	一册	明鄭瑗撰	
		二五五	南園漫錄	一〇卷	二册	明張志淳撰	二集
		三一七	雨航雜錄	二卷	一册	明馮時可撰	
		三五七	採芹錄	四卷	二册	明徐三重撰	二集
		四一九	畫禪室隨筆	四卷	二册	明董其昌撰	
		四八五	六研齋筆記	四卷	一二册	明李日華撰	七集
		五六九	二筆	四卷			
		六五六	三筆	四卷			
		七四一	物理小識	一二卷	八册	明方以智撰	十一集
		七四三	總論	一卷			
八六八—八六九	子一七四—子一七五	一	春明夢餘錄	七〇卷	三二册	清孫承澤撰	六集
八六九	子一七五	三〇九	居易錄	三四卷	一六册	清王士禎撰	

全書冊次	分部冊次	頁次	書名			著者	珍本集次
八七〇	子一七六	一	池北偶談	二六卷	八冊	清 王士禛撰	十二集
		三七九	香祖筆記	一二卷	四冊	清 王士禛撰	
		五四三	分甘餘話	四卷	二冊	清 王士禛撰	
		五九七	古夫于亭雜錄	五卷	二冊	清 王士禛撰	

四、雜品之屬（第八百七十一冊至第八百七十二冊）

全書冊次	分部冊次	頁次	書名			著者	珍本集次
八七一	子一七七	一	洞天清錄	一卷	一冊	宋 趙希鵠撰	
		二一	負暄野錄	二卷	一冊	宋 陳槱撰	
		四五	雲煙過眼錄	四卷	一冊	宋 周密撰	
		八一	續錄	一卷		元 湯允謨撰	
		八五	格古要論	三卷	一冊	明 曹昭撰	
		一二五	竹嶼山房雜部	三二卷	五冊	明 宋詡撰	二集
		三三九	遵生八牋	一九卷	一八冊	明 高濂撰	九集

冊次	類號	頁	書名	卷數	冊數	撰者	集
八七二	子一七八	一	清祕藏	二卷	一冊	明 張應文撰	
		三	長物志	一二卷	二冊	明 文震亨撰	
		九一	韻石齋筆談	二卷	一冊	清 姜紹書撰	
		一一九	七頌堂識小錄	一卷	一冊	清 劉體仁撰	
		一三九	硯山齋雜記	四卷	二冊	清 孫承澤撰	初集

五、雜纂之屬（第八百七十二冊至第八百八十五冊）

冊次	類號	頁	書名	卷數	冊數	撰者	集
八七二	子一七八	一九七	意林	五卷	四冊	唐 馬 總撰	
		二七三	紺珠集	一三卷	一二冊	舊題宋 朱勝非撰	
八七三	子一七九	一	類說	六〇卷	四〇冊	宋 曾 慥編	
八七四	子一八〇	一	事實類苑	六三卷	二四冊	宋 江少虞編	十一集
八七五	子一八一	一	仕學規範	四〇卷	六冊	宋 張 鎡撰	三集
		五	卷首・書目	一卷			
		二〇三	自警編	九卷	六冊	宋 趙善璙撰	三集
		四六三	言行龜鑑	八卷	三冊	元 張光祖撰	初集

全書冊次	分部冊次	頁次	書名	著者	珍本集次
八七六—八八二	子一八二—一八八	一	說郛　一二〇卷　一四四册	明　陶宗儀編	
八八三	子一八九	一	玉芝堂談薈　三六卷　三二册	明　徐應秋撰	十集
八八四	子一九〇	一	元明事類鈔　四〇卷　二四册	清　姚之駰撰	初集

六、雜編之屬（第八百八十五册至第八百八十六册）

全書冊次	分部冊次	頁次	書名	著者	珍本集次
八八五	子一九一	一	儼山外集　三四卷　七册	明　陸深撰	
八八五—八八六	子一九一—一九二	三二五	古今說海　存一三七卷（原一四二卷，缺卷一三二、一三三）　二四册	明　陸楫編	
八八六	子一九二	一六五	少室山房筆叢正集　三二卷　一二册	明　胡應麟撰	
八八六	子一九二	五二一	鈍吟雜錄　一〇卷　三册	清　馮班撰　馮武輯編	十集

類書類（第八百八十七册至第一千零三十四册）

冊號	編號	頁	書名	卷數	冊數	撰者	備註
八八七	子一九三	一	古今同姓名錄	二卷	一冊	梁 元帝撰　唐 陸善經續　元 葉森補	別輯
		三七	編珠	二卷	四冊	舊題隋 杜公瞻撰	四集
		七〇	附 補遺	二卷			
		一一〇	續編珠	二卷		清 高士奇撰	
八八七—八八八	子一九三—一九四	一三七	藝文類聚	一〇〇卷	五六冊	唐 歐陽詢等奉敕撰	
八八九	子一九五	一	北堂書鈔	一六〇卷	三二冊	唐 虞世南撰　明 陳禹謨補註	
		八五一	龍筋鳳髓判	四卷	四冊	唐 張鷟撰　明 劉允鵬注	
八九〇	子一九六	一	初學記	三〇卷	一六冊	唐 徐堅等撰	
		四	目錄	一卷			
		四九九	元和姓纂	一〇卷	八冊	唐 林寶撰	別輯
		五〇一	目錄	一卷			
八九一—八九二	子一九七—一九八	一	白孔六帖	一〇〇卷	五六冊	唐 白居易原本　宋 孔傳續撰	
八九二	子一九八	六三三	小名錄	二卷	一冊	唐 陸龜蒙撰	
		六五一	蒙求集註	二卷	二冊	唐 李瀚撰　宋 徐子光註	
		七九九	事類賦	三〇卷	八冊	宋 吳淑撰並註	

全書冊次	分部冊次	頁次	書名		著者	珍本集次
八九三—九〇一	子一九九—二〇七	一	太平御覽	一〇〇〇卷 一八〇冊	宋李昉等奉敕撰	
		八	經史圖書綱目	一卷		
		三三	目錄	一〇卷		
九〇二—九一九	子二〇八—二二五	一	冊府元龜	一〇〇〇卷 三三六冊	宋王欽若 楊億等奉敕撰	
		八	目錄	一〇卷		
九二〇	子二二六	一	事物紀原	一〇卷 一〇冊	宋高承撰	十二集
		二九三	實賓錄	一四卷 六冊	宋馬永易撰 文彪續補	初集
		四五五	書敘指南	二〇卷 六冊	宋任廣撰	
九二一	子二二七	一	海錄碎事	二二卷 二八冊	宋葉庭珪撰	
九二二	子二二八	一	古今姓氏書辯證	四〇卷 一六冊	宋鄧名世撰 鄧椿年編	別輯
		一	目錄	二卷		
		三八三	帝王經世圖譜	一六卷 八冊	宋唐仲友撰	別輯
九二三	子二二九	一	職官分紀	五〇卷 二八冊	宋孫逢吉撰	初集
		八九三	歷代制度詳說	一二卷 四冊	宋呂祖謙撰	三集
		九六九	八面鋒	一三卷 四冊	宋陳傅良撰	

編號	索書號		書名	卷數	册數	撰者	
九二四	子二三〇	一	錦繡萬花谷	一二〇卷	二六册	宋　不著撰人	
		一	前集	(四〇卷)	(一二册)		
		五三	後集	(四〇卷)	(九册)		
		八六	續集	(四〇卷)	(五册)		
九二五 —九二九	子二三一 —二三五	一	古今事文類聚	二三六卷	一四〇册	宋　祝　穆撰	
		一	前集	(六〇卷)	(三五册)		
九二六	子二三二	一	後集	(五〇卷)	(二八册)		
九二七	子二三三	一	續集	(二八卷)	(一八册)		
		五八	別集	(三二卷)	(一七册)		
九二八	子二三四	一	附　古今事文類聚新集	(三六卷)	(二〇册)	元　富大用撰	
九二九	子二三五	一	外集	(一五卷)	(一一册)		
		三八	古今事文類聚遺集	(一五卷)	(一一册)	元　祝　淵撰	
九三〇 —九三二	子二三六 —二三八	一	記纂淵海	一〇〇卷	七六册	宋　潘自牧撰	
九三三	子二三九	一	名賢氏族言行類稿	六〇卷 一卷	二二册	宋　章　定撰	初集
		二	目錄				
九三四	子二四〇	一	羣書會元截江網	三五卷	一六册	宋　不著撰人	二集
九三五	子二四一	一	全芳備祖集	五八卷	二二册	宋　陳景沂撰	五集
		三	前集	(二七卷)	(一〇册)		
		二六六	後集	(三一卷)	(一二册)		

全書冊次	分部冊次	頁次	書名	著者	珍本集次
九三六—九三八	子二四二—二四四	一	羣書考索 二一二卷 一〇二冊	宋 章如愚撰	
		一	前集 (六六卷)(三二冊)		
九三七	子二四三	一	後集 (六五卷)(三三冊)		
九三八	子二四四	一	續集 (五六卷)(二四冊)		
		六八五	別集 (二五卷)(一三冊)		
九三九—九四一	子二四五—二四七	一	古今合璧事類備要 存三六五卷 八〇冊	宋 謝維新編	
		八	前集 (六九卷)　}存八〇卷(原八一卷缺卷三)(四一冊)		
		五五三	後集		
九四〇	子二四六	三九三	續集 (五六卷)(一〇冊)		
九四一	子二四七	一	別集 (九四卷)(一八冊)		
		四四四	外集 (六六卷)(一一冊)		
九四二	子二四八	一	古今源流至論 四〇卷 二四冊	宋 林駉撰	十二集
		一	前集 (一〇卷)(五冊)		
		一五七	後集 (一〇卷)(七冊)		
		三三一	續集 (一〇卷)(七冊)		
		五〇九	別集 (一〇卷)(五冊)	宋 黃履翁撰	
九四三—九四八	子二四九—二五四	一	玉海 二〇〇卷　}一六四冊	宋 王應麟撰	
		三	目錄 一卷		
九四八	二五四	二六八	附 辭學指南 四卷		

編號	索書號	頁	書名	卷數	册數	撰者	集
		三七九	小學紺珠	一〇卷	八册	宋 王應麟撰	
		六三三	姓氏急就篇	二卷	二册	宋 王應麟撰	
		七〇一	小字錄	一卷	一册	宋 陳　思撰	五集
		七三一	雞肋	一卷	一册	宋 趙崇絢撰	
		七三九	六帖補	二〇卷	四册	宋 楊伯嵒撰	七集
九四九—九五〇	子二五五—二五六	一	翰苑新書	一五六卷	四八册	宋 不著撰人	
		三	前集	（七〇卷）	（二〇册）		
		五三六	後集上	（二六卷）	（六册）		
		六九三	後集下	（六卷）	（二册）		
		一	別集	（一二卷）	（五册）		
		二八	續集	（四二卷）	（一五册）		
九五一	子二五七	一	韻府羣玉	二〇卷	一八册	元 陰勁弦 陰復春編	
九五二	子二五八	一	純正蒙求	三卷	三册	元 胡炳文撰	十集
		六一	排韻增廣事類氏族大全	二二卷	二〇册	元 不著撰人	八集
		六三	綱目	一卷			
		五九三	名疑	四卷	四册	明 陳士元撰	十集

全書冊次	分部冊次	頁次	書名			著者	珍本集次
九五三—九五五	子二五九—二六一	一	荊川稗編	一二〇卷	八二冊	明 唐順之編	
九五六—九五七	子二六二—二六三	一	萬姓統譜	一四〇卷	四四冊	明 凌廸知撰	
		五	目錄	一卷			
		二九	卷首	六卷			
九五七	子二六三	八二四	附 氏族博考	一四卷	四冊		
九五八—九五九	子二六四—二六五	一	喩林	一二〇卷	五六冊	明 徐元太撰	
九六〇—九六三	子二六六—二六九	一	經濟類編	一〇〇卷	七八冊	明 馮琦 馮瑗編	
九六四	子二七〇	一	同姓名錄	一二卷	一二冊	明 余寅撰	七集
		一	目錄	一卷			
		三二六	錄補	一卷		明 周應賓撰	
		三四一	說略	三〇卷	二〇冊	明 顧起元撰	十二集
九六五—九六七	子二七一—二七三	一	天中記	六〇卷	六〇冊	明 陳耀文撰	十一集
		四六	附 週天大象賦	一卷		漢 張衡撰	
九六八—九七二	子二七四—二七八	一	圖書編	一二七卷	七二冊	明 章潢撰	五集
九七二	子二七八	八三〇	附 章斗津先生行狀	一卷		明 萬尙烈撰	
九七三	子二七九	一	駢志	二〇卷	一八冊	明 陳禹謨撰	二集

冊次	編號	函數	書名	卷數	冊數	撰者	集
九七四—九七八	子二八〇—子二八四	一 五一〇	山堂肆考 補遺	二二八卷 一二卷	一二六册	明 彭大翼撰 張幼學增定	二集
九七九	子二八五	一	古儷府	一二卷	一二册	明 王志慶編	
九八〇—九八一	子二八六—子二八七	一	廣博物志	五〇卷	三八册	明 董斯張撰	
九八二—九九三	子二八八—子二九九	一 一〇	御定淵鑑類函 目錄	四五〇卷 四卷	二七二册	清 張英 王士禎等奉敕纂	
九九四—一〇〇四	子三〇〇—子三一〇	一 四	御定駢字類編 目錄	二四〇卷 一卷	二一〇册	清 吳士玉 沈宗敬等奉敕撰	
一〇〇五—一〇〇七	子三一一—子三一三	一 四	御定分類字錦 目錄	六四卷 一卷	六〇册	清 何焯 陳鵬年等奉敕撰	
一〇〇八—一〇一〇	子三一四—子三一六	一 四	御定子史精華 目錄	一六〇卷 一卷	五四册	清 吳士玉 吳襄等奉敕撰	
一〇一一—一〇二八	子三一七—子三三四	一	御定佩文韻府	四四四卷	四三七册	清 張玉書 陳廷敬等奉敕撰	
一〇二九—一〇三〇	子三三五—子三三六	一	御定韻府拾遺	一一二卷	三八册	清 康熙五十五年御定	
一〇三一—一〇三二	子三三七—子三三八	一	格致鏡原	一〇〇卷	四〇册	清 陳元龍撰	
一〇三三	子三三九	一	讀書紀數略	五四卷	三〇册	清 宮夢仁撰	十一集

全書冊次	分部冊次	頁次	書名			著者	珍本集次
一〇三四	子三四〇	一	花木鳥獸集類	三卷	三冊	清 吳寶芝撰	二集
		一一三	別號錄	九卷	四冊	清 葛萬里撰	三集
		二二五	宋稗類鈔	三六卷	一八冊	清 潘永因編	

小說家類（第一千零三十五冊至第一千零四十七冊）

一、雜事之屬（第一千零三十五冊至第一千零四十一冊）

全書冊次	分部冊次	頁次	書名			著者	珍本集次
一〇三五	子三四一	一	西京雜記	六卷	一冊	漢 劉 歆撰 晉 葛 洪輯	
		二九	世說新語	三卷	六冊	南朝宋 劉義慶撰 梁 劉孝標注	
		二二五	朝野僉載	六卷	三冊	唐 張 鷟撰	
		二六七	唐新語	一三卷	五冊	唐 劉 肅撰	
		四〇三	次柳氏舊聞	一卷	一冊	唐 李德裕撰	
		四二一	唐國史補	三卷	二冊	唐 李 肇撰	
		四二一	目錄	一卷			

頁	書名	卷數	册數	撰者
四五三	劉賓客嘉話錄	一卷	一册	唐 韋絢撰
四六九	因話錄	六卷		唐 趙璘撰
五〇七	明皇雜錄	二卷	一册	唐 鄭處誨撰
五三〇	補遺	一卷		
五一七	大唐傳載	一卷	一册	唐 不著撰人
五四一	教坊記	一卷	一册	唐 崔令欽撰
五五一	幽閒鼓吹	一卷		唐 張固撰
五五七	松窗雜錄	一卷		唐 李濬撰
五六三	雲谿友議	三卷	三册	唐 范攄撰
六一九	玉泉子	一卷	一册	□ 不著撰人
六四一	雲仙雜記	一〇卷	二册	舊題唐 馮贄撰
六九五	唐摭言	一五卷	四册	五代 王定保撰
八〇九	中朝故事	二卷	一册	南唐 尉遲偓撰
八二三	金華子雜編	二卷		南唐 劉崇遠撰
八四三	開元天寶遺事	四卷	一册	五代 王仁裕撰
八六七	鑑誡錄	一〇卷	二册	後蜀 何光遠撰

全書冊次	分部冊次	頁次	書名			著者	珍本集次
一〇三六	子三四二	九三七	南唐近事	二卷	一冊	宋 鄭文寶撰	
		九四一	附 鄭仲賢遺集	一卷			
		一	北夢瑣言	二〇卷	五冊	宋 孫光憲撰	
		一三七	賈氏譚錄	一卷	一冊	宋 張　洎撰	
		一三三	洛陽搢紳舊聞記	五卷	二冊	宋 張齊賢撰	
		一七五	南部新書	一〇卷	四冊	宋 錢　易撰	
		二六五	王文正筆錄	一卷	一冊	宋 王　曾撰	
		二七五	儒林公議	一卷	一冊	宋 田　況撰	
		三一五	涑水記聞	一六卷	四冊	宋 司馬光撰	
		四六九	澠水燕談錄	一〇卷	二冊	宋 王闢之撰	
		五三一	歸田錄	二卷	一冊	宋 歐陽修撰	
		五五七	嘉祐雜誌	一卷	一冊	宋 江休復撰	
		五七九	東齋記事	六卷	二冊	宋 范　鎭撰	別、輯
		六〇九	青箱雜記	一〇卷	二冊	宋 吳處厚撰	

一〇三七

子三四三

頁	書名	卷數	册數	著者
六五七	錢氏私志	一卷	一册	宋錢世昭撰
一	龍川略志	一〇卷	二册	宋蘇轍撰
三八	別志	二卷	一册	
六一	後山談叢	四卷	一册	宋陳師道撰
九三	孫公談圃	三卷	一册	宋孫升語　劉延世編
一一九	談苑	四卷	一册	舊題宋孔平仲撰
一五五	畫墁錄	一卷	一册	宋張舜民撰
一七九	甲申雜記	一卷	一册（以下四種合）	宋王鞏撰
一九一	聞見近錄	一卷		
二一一	隨手雜錄	一卷		
二一九	附　甲申聞見二錄補遺	一卷		
二三五	湘山野錄	三卷	二册（以下二種合）	宋釋文瑩撰
二六八	續錄	一卷		
二八三	玉壺野史	一〇卷	三册	宋釋文瑩撰
三五五	侯鯖錄	八卷	二册	宋趙令畤撰
四一五	東軒筆錄	一五卷	四册	宋魏泰撰

全書冊次	分部冊次	頁次	書名			著者	珍本集次
一〇三八	子三四四	五〇七	泊宅編	三卷	一冊	宋方勺撰	
		五三三	珍席放談	二卷	一冊	宋高晦叟撰	別輯
		五五一	鐵圍山叢談	六卷	二冊	宋蔡絛撰	
		六三一	國老談苑	二卷	一冊	舊題宋王君玉撰	
		六四五	道山清話	一卷	一冊	舊題宋王暐撰	
		六七三	墨客揮犀	一〇卷	二冊	宋彭乘撰	
		一	唐語林	八卷	七冊	宋王讜撰	別輯
		二〇七	楓窗小牘	二卷	一冊	宋袁□撰	
		二三五	南窗記談	一卷	一冊	宋不著撰人	
		二四五	過庭錄	一卷	一冊	宋范公偁撰	
		二七三	萍洲可談	三卷	三冊	宋朱彧撰	別輯
		三一三	高齋漫錄	一卷	一冊	宋曾慥撰	別輯
		三三五	默記	三卷	一冊	宋王銍撰	
		三六三	揮麈錄	二〇卷	一〇冊	宋王明清撰	
		三六三	前錄	（四卷）	（二冊）		
		四〇〇	後錄	（一一卷）	（五冊）		

一〇三九

子三四五

頁	書名	卷數	册數	撰者	備註
五三四	三錄	(三卷)	(一册)		
五六六	餘話	(二卷)	(二册)		
六一七	玉照新志	六卷	二册	宋　王明清撰	
六八一	投轄錄	一卷	一册	宋　王明清撰	九集
七〇七	張氏可書	一卷	一册	宋　張知甫撰	別輯
七一五	聞見錄	二〇卷	六册	宋　邵伯溫撰	
一	清波雜志	一二卷	三册	宋　周　煇撰	
九二	別志	三卷			
一三七	雞肋編	三卷	三册	宋　莊　綽撰	
二一三	聞見後錄	三〇卷	六册	宋　邵　博撰	
三六三	北窗炙輠錄	二卷	一册	宋　施德操撰	
三九九	步里客談	二卷	一册	宋　陳長方撰	別輯
四〇七	桯史	一五卷	五册	宋　岳　珂撰	
五三三	獨醒雜志	一〇卷	二册	宋　曾敏行撰	
五八七	耆舊續聞	一〇卷	二册	宋　陳　鵠撰	
六二七	四朝聞見錄	五卷	五册	宋　葉紹翁撰	
六三九	目錄	一卷			

全書冊次	分部冊次	頁次	書名	著者	珍本集次
一〇四〇	子三四六	一	癸辛雜識 六卷 四冊	宋周　密撰	
		一	前集 (一卷) (一冊)		
		三	後集 (一卷) (一冊)		
		六〇	續集 (二卷) (一冊)		
		一一一	別集 (二卷) (一冊)		
		一六五	隨隱漫錄 五卷 一冊	宋陳世崇撰	
		一九九	東南紀聞 三卷 一冊	元不著撰人	別輯
		二三三	歸潛志 一四卷 四冊	元劉　祁撰	
		三三一	山房隨筆 一卷 一冊	元蔣正子撰	
		三四三	山居新話 四卷 二冊	元楊　瑀撰	
		三七九	遂昌雜錄 一卷	元鄭元祐撰	
		三九七	樂郊私語 一卷 (二書合) 一冊	元姚桐壽撰	
		四〇九	輟耕錄 三〇卷 一四冊	明陶宗儀撰	
一〇四一	子三四七	一	水東日記 三八卷 六冊	明葉　盛撰	
		二三一	菽園雜記 一五卷 四冊	明陸　容撰	

頁	書名	卷數	册數	撰者
三七九	先進遺風	二卷	二册	明 耿定向撰　毛 在增補
四二五	觚不觚錄	一卷	一册	明 王世貞撰
四四一	何氏語林	三〇卷	一六册	明 何良俊撰

三集

二、異聞之屬（第一千零四十二册至第一千零四十七册）

一〇四二　子三四八

頁	書名	卷數	册數	撰者
一	山海經	一八卷	三册	晉 郭 璞注
八六	山海經廣注	一八卷	六册	清 吳任臣注
二四五	穆天子傳	六卷	一册	晉 郭 璞注
二六五	神異經	一卷	一册（與下合）	舊題漢 東方朔撰　晉 張 華註
二七三	海內十洲記	一卷		舊題漢 東方朔撰
二八一	漢武故事	一卷	一册（與下合）	舊題漢 班 固撰
二八九	漢武帝內傳	一卷		舊題漢 班 固撰
二九九	洞冥記	四卷	一册	舊題漢 郭 憲撰
三一一	拾遺記	一〇卷	二册	前秦 王 嘉撰　梁 蕭 綺輯編

三集

全書冊次	分部冊次	頁次	書名	著者	珍本集次
		三六五	搜神記 二〇卷 四冊	舊題晉 干寶撰	十一集
		四六九	搜神後記 一〇卷 一冊	舊題晉 陶潛撰	
		四九九	異苑 一〇卷 二冊	南朝宋 劉敬叔撰	
		五三三	續齊諧記 一卷 一冊	梁 吳均撰	
		五六一	還冤志 一卷 一冊	隋 顏之推撰	
		五七三	集異記 一卷 ⎫ 一冊	唐 薛用弱撰	
		五八五	博異記 一卷 ⎭	舊題唐 谷神子撰	
		五九七	杜陽雜編 三卷 一冊	唐 蘇鶚撰	
		六二五	前定錄 一卷 ⎫ 一冊	唐 鍾輅撰	
		六四一	續錄 一卷 ⎭		
		六四九	桂苑叢談 一卷 一冊	舊題唐 馮翊子撰	
		六六一	劇談錄 二卷 一冊	唐 康駢撰	
		六九七	宣室志 一〇卷 ⎫ 四冊	唐 張讀撰	
		七七九	補遺 一卷 ⎭		

冊次	編號	頁次	書名	卷數	冊數	著者
		七八五	唐闕史	二卷	二冊	唐 高彥休撰
		八三三	甘澤謠	一卷	一冊	唐 袁郊撰
		八三五	附 東坡刪改圓澤傳	一卷		
		八三九	開天傳信記	一卷	一冊	唐 鄭棨撰
		八四九	稽神錄	六卷	二冊	宋 徐鉉撰
		九〇一	江淮異人錄	二卷	一冊	宋 吳淑撰 (別輯)
		九一五	茅亭客話	一〇卷	一冊	宋 黃休復撰
一〇四三—一〇四六	子三四九—三五二	一	太平廣記	五〇〇卷	七八冊	宋 李昉等奉敕撰
一〇四七	子三五三	一	分門古今類事	二〇卷	八冊	宋 不著撰人
		一九七	陶朱新錄	一卷	一冊	宋 馬純撰
		二一一	睽車志	六卷	二冊	宋 郭彖撰
		二六五	夷堅支志	五〇卷	一二冊	宋 洪邁撰
		二六七	支甲	(一〇卷)	(二冊)	
		三一七	支乙	(一〇卷)	(二冊)	
		三八八	支丙	(一〇卷)	(三冊)	
		四五〇	支丁	(一〇卷)	(三冊)	
		五一一	支戊	(一〇卷)	(二冊)	

全書冊次	分部冊次	頁次	書名		著者	珍本集次
			三、瑣記之屬（第一千零四十七冊。按總目作「瑣語之屬」。）			
一〇四七	子三五三	五七三	博物志	一〇卷　二冊	舊題晉張華撰	
		六一一	述異記	二卷　一冊	舊題梁任昉撰	
		六三七	酉陽雜俎	二〇卷 } 八冊	唐段成式撰	
		七六九	續集	一〇卷		
		八三七	清異錄	二卷　二冊	宋陶穀撰	
		九三一	續博物志	一〇卷　二冊	宋李石撰	
			釋家類（第一千零四十八冊至第一千零五十四冊）			
一〇四八	子三五四	一	弘明集	一四卷 } 六冊	梁釋僧祐編	
			附音釋			
		二二九	廣弘明集	三〇卷 } 一四冊	唐釋道宣撰	
		三一二	音釋	一卷		

一〇四九—一〇五〇	子三五五—三五六	一	法苑珠林 附 校譌 音釋	一二〇卷	六二冊	唐 釋道世撰	
一〇五一	子三五七	一	開元釋教錄	二〇卷	一〇冊	唐 釋智昇撰	六集
一〇五二	子三五八	一	宋高僧傳	三〇卷	一四冊	宋 釋贊寧撰	七集
		四三五	法藏碎金錄	一〇卷	八冊	宋 晁迥撰	十集
		六一一	道院集要	三卷	一冊	宋 晁迥撰 王古編	六集
		六三九	禪林僧寶傳	三〇卷	六冊	宋 釋惠洪撰	七集
		七八一	附 補禪林僧寶傳	一卷		宋 釋慶老撰	
		七八四	臨濟宗旨	一卷		宋 釋惠洪撰	
		七九一	林間錄	二卷	二冊	宋 釋惠洪撰	六集
		八六一	後集	一卷			
		八七三	羅湖野錄	四卷	二冊	宋 釋曉瑩撰	十一集
一〇五三	子三五九	一	五燈會元	二〇卷	二〇冊	宋 釋普濟撰	七集
一〇五四	子三六〇	一	釋氏稽古略	四卷	四冊	元 釋覺岸撰	三集
		三三一	佛祖歷代通載	二二卷	二〇冊	元 釋念常撰	三集

道家類（第一千零五十五冊至第一千零六十一冊）

全書冊次	分部冊次	頁次	書名			著者	珍本集次
一〇五五	子三六一	一	陰符經解	一卷	一冊	舊題黃帝撰　唐李筌註	
		一一	陰符經考異	一卷		宋朱熹撰	
		一九	陰符經講義	四卷	一冊	宋夏元鼎撰	
		四五	老子道德經	二卷	一冊	舊題漢河上公注	
		四八	篇目	一卷			
		七五	道德指歸論	六卷	二冊	舊題漢嚴遵撰	
		一三七	老子道德經	二卷	二冊	魏王弼註	
		一八七	老子解	二卷	二冊	宋蘇轍撰	
		二三九	道德寶章	一卷	一冊	宋葛長庚撰	
		二五七	道德眞經註	四卷	二冊	元吳澄撰	
		三三三	老子翼	三卷	三冊	明焦竑撰	
		三三六	采摭書目	一卷			
		四三六	考異	一卷			

冊	子部	頁	書名	卷數	冊數	撰者	集
		四四五	御定道德經註	二卷	二冊	清世祖註　成克鞏纂	四集
		四八一	老子說略	二卷	一冊	清張爾岐撰	三集
		五一九	道德經註	二卷	一冊	清徐大椿撰	
		五四六	附 陰符經註	一卷			
		五五一	關尹子	一卷	一冊	舊題周尹喜撰	
		五七三	列子	八卷	三冊	周列禦寇撰　舊題晉張湛注　唐殷敬慎釋文	
		六五一	沖虛至德眞經解	八卷	四冊	宋江遹撰	十二集
一〇五六	子三六二	一	莊子注	一〇卷	六冊	晉郭象注	
		一六九	南華眞經新傳	一九卷	八冊	宋王雱撰	
		三五〇	拾遺	一卷			
		三五五	莊子口義	一〇卷	一〇冊	宋林希逸撰	
一〇五七	子三六三	一	南華眞經義海纂微	一〇六卷	三二冊	宋褚伯秀撰	
一〇五八	子三六四	一	莊子翼	八卷	八冊	明焦竑撰	
		四	采摭書目	一卷			
		二七八	附 莊子闕誤	一卷		宋陳景元撰	
		二八四	附錄	一卷		明焦竑輯	
		三〇五	文子	二卷	二冊	舊題周辛鈃撰	

全書冊次	分部冊次	頁次	書名	卷數	冊數	著者	珍本集次
一〇五九	子三六五	三七一	文子纘義	一二卷	五冊	宋 杜道堅撰	別輯
		四八七	列仙傳	二卷	一冊	舊題漢 劉向撰	
		五〇九	周易參同契通眞義	三卷	一冊	後蜀 彭曉撰	
		五五七	周易參同契考異	一卷	一冊	宋 朱熹撰	
		五八一	周易參同契解	三卷	二冊	宋 陳顯微撰	
		六二五	周易參同契發揮	三卷	四冊	宋 俞琰撰	十集
		七三三	釋疑	一卷			
		七四九	周易參同契分章注	三卷	二冊	元 陳致虛撰	十二集
		八二一	古文參同契集解	三卷	三冊	明 蔣一彪撰	
		一	抱朴子內外篇	八卷	八冊	晉 葛洪撰	
		一	內篇	(四卷)	(四冊)		
		一二四	外篇	(四卷)	(四冊)		
		二五三	神仙傳	一〇卷	二冊	晉 葛洪撰	
		三一三	眞誥	二〇卷	六冊	梁 陶弘景撰	

冊次	編號	頁	書名	卷數	冊數	著者	集
		五〇九	亢倉子	一卷	一冊	唐 王士源撰	
		五三七	亢倉子注	九卷		唐 何　粲撰　明 黃　諫音釋	
		五四九	玄眞子	一卷	一冊	唐 張志和撰	
		五六三	附 天隱子	一卷		唐 不著撰人	
		五六七	无能子	三卷		唐 不著撰人	
		五八三	續仙傳	三卷	一冊	南唐 沈　汾撰	十一集
一〇六〇—一〇六一	子三六六—子三六七	一	雲笈七籤	一二二卷	四八冊	宋 張君房撰	
一〇六一	子三六七	四二九	悟眞篇註疏	三卷	三冊	宋張伯端撰　翁葆光註　元戴起宗疏	
		五一七	附 直指詳說	一卷		宋 翁葆光撰	
		五三五	古文龍虎經註疏	三卷	一冊	宋 王　道撰	
		五七七	易外別傳	一卷	一冊	宋 俞　琰撰	十一集
		五九七	席上腐談	二卷	一冊	宋 俞　琰撰	
		六二七	道藏目錄詳註	四卷	四冊	明 白雲霽撰	

集部（第一千零六十二冊至第一千四百九十六冊）

楚辭類（第一千零六十二冊）

全書冊次	分部冊次	頁次	書名	卷數	冊數	著者	珍本集次
一〇六二	集一	一	楚辭章句	一七卷	四冊	漢王逸撰	
		一一五	楚詞補注	一七卷	七冊	宋洪興祖撰	
		二九九	楚辭集注	八卷	六冊	宋朱熹撰	
		三七九	楚辭辯證	二卷			
		四〇三	楚辭後語	六卷			
		四五五	離騷草木疏	四卷	二冊	宋吳仁傑撰	
		四九五	欽定補繪蕭雲從離騷全圖	三卷	三冊	清蕭雲從原圖並注 乾隆四十七年敕補繪	六集
		六〇一	山帶閣註楚辭	六卷	七冊	清蔣驥撰	三集
		六〇三	卷首	一卷			
		七一三	楚辭餘論	二卷			
		七七三	楚辭說韻	一卷			

別集類（第一千零六十三册至第一千三百二十八册）

一、漢至五代（第一千零六十三册至第一千零八十四册）

一〇六三 集二

頁	書名	卷數	册數	撰者
一	揚子雲集	六卷	四册	漢揚雄撰 明鄭樸編
一三七	蔡中郎集	六卷	五册	漢蔡邕撰
三三一	孔北海集	一卷	一册	漢孔融撰
二四五	附錄	一卷		
二六三	曹子建集	一〇卷	二册	魏曹植撰
三三七	附疑字音釋	一卷		
三三九	嵇中散集	一〇卷	三册	魏嵇康撰
三八九	陸士龍集	一〇卷	四册	晉陸雲撰
四六四	附晉書本傳	一卷		
四六七	陶淵明集	八卷	二册	晉陶潛撰
四六九	總論	一卷		
五三九	璇璣圖詩讀法	二卷	一册	明康萬民撰

三集

全書冊次	分部冊次	頁次	書名	卷數	冊數	著者	珍本集次
		五六三	鮑明遠集	一〇卷	二冊	南朝宋鮑照撰	
		六一一	謝宣城集	五卷	一冊	齊謝朓撰	
		六四七	昭明太子集	六卷	二冊	梁蕭統撰	
		六九一	何水部集	一卷	一冊	梁何遜撰	
		七一三	江文通集	四卷	四冊	梁江淹撰　清梁賓編	
一〇六四	集三	一	庾開府集箋註	一〇卷	八冊	北周庾信撰　清吳兆宜註	四集
		二九七	庾子山集	一六卷	一四冊	北周庾信撰　清倪璠纂註	
		二九七	卷首	二卷			
		七九一	徐孝穆集箋注	六卷	六冊	陳徐陵撰　清吳兆宜注	
		七九二	附 陳書本傳	一卷		唐姚思廉撰	
		九二五	徐孝穆集箋注卷六備考	一卷		清徐文炳注	
一〇六五	集四	一	東皐子集	三卷	三冊	唐王績撰	九集
		二四	附 東皐子集傳	一卷			
		二七	附錄	一卷			
		二九	寒山詩集	一卷	一冊	唐釋寒山撰	
		五六	附 豐干拾得詩	一卷		唐釋豐干 釋拾得撰	

冊	集	頁	書名	卷數	冊數	撰者	
		六一	王子安集	一六卷	五冊	唐王勃撰 明張燮輯編	
		一八三	附錄	一卷			
		一八七	盈川集	一〇卷	四冊	唐楊炯撰 明童佩輯編	
		二八六	附錄	一卷			
		二九三	盧昇之集	七卷	二冊	唐盧照鄰撰	
		三四一	駱丞集	四卷	四冊	唐駱賓王撰 明顏文選註	四集
		五三四	附錄	一卷			
		五三七	陳拾遺集	一〇卷	五冊	唐陳子昂撰	
		六四八	附錄	一卷			
		六六一	張燕公集	二五卷	七冊	唐張說撰	
一〇六六	集五	一	李北海集	六卷	二冊	唐李邕撰	四集
		四七	附錄	一卷			
		五七	曲江集	二〇卷	四冊	唐張九齡撰	
		二一九	李太白文集	三〇卷	七冊	唐李白撰	十一集
		四三七	李太白集分類補註	三〇卷	一〇冊	唐李白撰 宋楊齊賢集註 元蕭士贇補註	
一〇六七	集六	一	李太白集注	三六卷	一六冊	唐李白撰 清王琦注	

全書冊次	分部冊次	頁次	書名	卷數	冊數	著者	珍本集次
一〇六八	集七	一	九家集注杜詩	三六卷	一二冊	唐杜甫撰　宋郭知達集注	四集
一〇六九	集八	一	補注杜詩	三六卷	二六冊	唐杜甫撰　宋黃希原注　黃鶴補注	十集
		五	傳序碑銘	一卷			
		一六	年譜辨疑	一卷			
		三三	集注杜詩姓氏	一卷			
		六六三	集千家註杜工部詩集	二〇卷	一六冊	唐杜甫撰　元高楚芳編	
一〇七〇	集九	一	杜詩攟	四卷	四冊	明唐元竑撰	三集
		九一	杜詩詳註	二五卷	二六冊	清仇兆鰲撰	七集
		一〇〇三	附補註	二卷			
一〇七一	集一〇	一	王右丞集箋注	二八卷	一四冊	唐王維撰　清趙殿成箋注	
		四	卷首	一卷			
		三四六	附錄	一卷			
		三七三	高常侍集	一〇卷	二冊	唐高適撰	
		四二五	常建詩	三卷	一冊	唐常建撰	六集
		四三五	附錄	一卷			
		四三七	孟浩然集	四卷	一冊	唐孟浩然撰	

一〇七二

集一一

編號	書名	卷數	冊數	撰者	集
四七一	儲光羲詩集	五卷	二冊	唐儲光羲撰	八集
五〇九	次山集	一二卷	三冊	唐元結撰	
五八五	顏魯公集	一五卷	六冊	唐顏眞卿撰　宋宋敏求編	
六八六	補遺	一卷			
六九七	年譜	一卷		宋留元剛編	
七〇六	行狀	一卷		唐因亮撰	
七一七	神道碑	一卷		唐令狐峘撰	
七三三	宗玄集	三卷	二冊	唐吳筠撰	九集
七五八	附　玄綱論	一卷			
七七〇	南統大君內丹九章經	一卷			
七七三	吳尊師傳	一卷		唐權德輿撰	
七七五	杼山集	一〇卷	四冊	唐釋皎然撰	
一	劉隨州集	一一卷	四冊	唐劉長卿撰	
七	韋蘇州集	一〇卷	四冊	唐韋應物撰	
一五九	毘陵集	二〇卷	六冊	唐獨孤及撰　梁肅編	
三一四	附　獨孤公神道銘	一卷		唐崔祐甫撰	
三一七	蕭茂挺文集	一卷	一冊	唐蕭穎士撰	十一集
三四五	李遐叔文集	四卷	三冊	唐李華撰	三集

全書冊次	分部冊次	頁次	書名	卷數	冊數	著者	珍本集次
		四四一	錢仲文集	一〇卷	二冊	唐 錢起撰	
		五〇三	華陽集	三卷	三冊	唐 顧況撰 明 顧名端輯	五集
		五〇三	目錄	一卷			
		五六二	附 顧非熊詩	一卷		唐 顧非熊撰	
		五六五	翰苑集	二二卷	八冊	唐 陸贄撰	
		五六七	目錄	一卷			
		七九七	權文公集	一〇卷	二冊	唐 權德輿撰	
一〇七三	集一二	一	韓集舉正	一〇卷	四冊	宋 方崧卿撰	初集
		一一三	外集舉正	一卷			
		一一八	韓集舉正敍錄	一卷			
		一一七	原本韓集考異	一〇卷	五冊	宋 朱熹撰 張洽校補	六集
		二六一	別本韓文考異	四〇卷	二〇冊	唐 韓愈撰 宋 朱熹考異 王伯大重編	
		六六八	補遺	一卷			
		六九四	外集	一〇卷			
		七一三	附錄	一卷			
一〇七四	集一三	一	五百家注昌黎文集	四〇卷	二〇冊	唐 韓愈撰 宋 魏仲舉編	四集
		五	評論詁訓音釋諸儒名氏	一卷			

編號	集號	頁	書名	卷數	冊數	撰者	集次
一〇七五	集一四	一	東雅堂昌黎集註	四〇卷	二〇冊	唐 韓 愈撰　宋 廖瑩中集註　李 漢編	十二集
		六	遺文	一卷			
		一三	朱子校昌黎集傳	一卷			
		四九〇	外集註	一〇卷			
		五三三	韓集點勘	四卷	二冊	清 陳景雲撰	九集
		五七六	附 文道先生墓誌銘	一卷		清 王 峻撰	
		五七七	文道先生傳	一卷		清 沈廷芳撰	
一〇七六	集一五	一	柳河東集	四五卷	二〇冊	唐 柳宗元撰　宋 韓 醇詁訓	四集
		四四六	外集	二卷			
		四六四	新編外集	一卷			
		四六九	柳河東集注	四三卷	一二冊	唐 柳宗元撰　宋 童宗說注釋　張敦頤音辯　潘 緯音義	
		八五〇	別集注	二卷			
		八七二	外集注	二卷			
		八八八	柳河東集注附錄	一卷			
一〇七七	集一六	一	五百家註柳先生集	二一卷	七冊	唐 柳宗元撰　宋 魏仲舉編	初集
		三	看柳文綱目	一卷			
		四	柳先生年譜	一卷		宋 文安禮撰	
		一三	評論詁訓諸儒名氏	一卷			
		二五九	新編外集	三卷			
		二八一	龍城錄	二卷			
		二九一	附錄	四卷			

全書冊次	分部冊次	頁次	書名		著者	珍本集次
		三三三	劉賓客文集	三〇卷	唐 劉禹錫撰 宋 宋敏求輯補	
		五一七	外集	一〇卷 一二册		
		五九五	呂衡州集	一〇卷 二册	唐 呂 溫撰	
一〇七八	集一七	一	張司業集	八卷 二册	唐 張 籍撰	
		六三	皇甫持正集	六卷 一册	唐 皇甫湜撰	
		一〇一	李文公集	一八卷 三册	唐 李 翺撰	
		一九五	歐陽行周文集	一〇卷	唐 歐陽詹撰	
		二五九	附錄	一卷 二册		
		二六五	李元賓文編	三卷	唐 李 觀撰 陸希聲編	
		二九四	外編	二卷 二册	宋 趙 昂編	
		三一一	孟東野詩集	一〇卷 四册	唐 孟 郊撰 宋 宋敏求編	
		三八九	長江集	一〇卷 二册	唐 賈 島撰	
		四三七	昌谷集	四卷	唐 李 賀撰	
		四七四	外集	一卷		
		四七八	附 李長吉小傳	一卷 四册	唐 李商隱撰	

號	集	頁	書名	卷數	册數	撰者	集
一〇七九	集一八	四八一	箋註評點李長吉歌詩	四卷	四册	唐李賀撰　宋吳正子箋註　劉辰翁評點	四集
		五四八	外集	一卷			
		五五五	絳守居園池記	一卷	一册	唐樊宗師撰　元趙仁舉注　吳師道　許謙補正	十二集
		五七三	補注	一卷			
		五七五	附錄	一卷			
		五七七	王司馬集	八卷	三册	唐王建撰	十集
		一	沈下賢集	一二卷	三册	唐沈亞之撰	
		九九	追昔遊集	三卷	一册	唐李紳撰	九集
		一〇七	會昌一品集	二〇卷	一〇册	唐李德裕撰	
		二四一	李衛公別集	一〇卷			
		三〇五	李衛公外集	四卷			
		三三四	附 李衛公本傳	一卷			
		三四七	元氏長慶集	六〇卷	一四册	唐元稹撰	
		六三八	補遺	六卷			
		六六三	附錄	一卷			
一〇八〇	集一九	一	白氏長慶集	七一卷	二八册	唐白居易撰	
一〇八一	集二〇	一	白香山詩集	四〇卷	二〇册	唐白居易撰　清汪立名編注	
		二	附 舊唐書白居易本傳	一卷			
		三	白香山年譜	一卷		清汪立名撰	
		二九	舊本白文公年譜	一卷		宋陳振孫撰	

全書冊次	分部冊次	頁次	書名	卷數	冊數	著者	珍本集次
		五三一	鮑溶詩集	六卷	二冊	唐 鮑 溶撰	九集
		五五七	集外詩	一卷			
		五六一	樊川文集	一七卷	六冊	唐 杜 牧撰	
		六九五	姚少監詩集	一〇卷	二冊	唐 姚 合撰	
一〇八二	集二一	一	李義山詩集	三卷	三冊	唐 李商隱撰	
		七九	李義山詩集注	三卷	六冊	唐 李商隱撰 清 朱鶴齡注	
		三一八	附錄	一卷			
		三三三	李義山詩譜	一卷			
		三三七	李義山文集箋註	一〇卷	六冊	唐 李商隱撰 清 徐樹穀箋 徐 炯註	四集
		四四七	溫飛卿詩集箋注	九卷	四冊	唐 溫庭筠撰 明 曾 益注 清 顧予咸補注 顧嗣立重訂	
		五五五	丁卯詩集	二卷	二冊	唐 許 渾撰	
		六〇五	補遺	一卷			
		六一九	文泉子集	六卷	一冊	唐 劉 蛻撰	
一〇八三	集二二	一	李羣玉詩集	三卷	二冊	唐 李羣玉撰	
		三一	後集	五卷			

頁	書名	卷數	册數	撰者	集
三九	黎嶽集	一卷	一册	唐李頻撰	九集
六三	孫可之集	一〇卷	一册	唐孫樵撰	
九五	麟角集	一卷	一册	唐王棨撰	
一三三	附 省題詩	一卷		宋王蘋輯錄	
一一七	曹祠部集	二卷	一册	唐曹鄴撰 明蔣冕輯	十一集
一四四	附 曹唐詩	一卷		唐曹唐撰	
一五三	文藪	一〇卷	三册	唐皮日休撰	
二一九	笠澤叢書	四卷	二册	唐陸龜蒙撰	五集
二六九	補遺	一卷			
二七九	甫里集	一九卷	六册	唐陸龜蒙撰	
四〇八	附錄	一卷			
四一七	咏史詩	二卷	一册	唐胡曾撰	
四四九	雲臺編	三卷	一册	唐鄭谷撰	
四八七	司空表聖文集	一〇卷	二册	唐司空圖撰	
五四七	韓內翰別集	一卷	一册	唐韓偓撰	十二集
五四九	附 新唐書本傳	一卷			

全書冊次	分部冊次	頁次	書名	卷數	冊數	著者	珍本集次
		五八三	唐風集	三卷	一冊	唐 杜荀鶴撰	九集
一〇八四	集二三	一	唐英歌詩	三卷	二冊	唐 吳 融撰	十集
		四三	玄英集	八卷	二冊	唐 方 干撰	三集
		八三	附錄	一卷			
		八七	黃御史集	八卷	四冊	唐 黃 滔撰	
		一八三	附錄	一卷			
		一九一	羅昭諫集	八卷	四冊	唐 羅 隱撰	三集
		二八七	徐正字詩賦	二卷	一冊	唐 徐 寅撰	五集
		三三七	白蓮集	一〇卷	四冊	唐 釋齊己撰	
		四二三	禪月集	二五卷	四冊	唐 釋貫休撰	
		五二六	補遺	一卷			
		五三一	浣花集	一〇卷	二冊	唐 韋 莊撰 韋 藹編	
		五三三	目錄	一卷			
		五七六	補遺	一卷			
		五八五	廣成集	一二卷	四冊	蜀 杜光庭撰	五集

別集二、北宋建隆至靖康（第一千零八十五冊至第一千一百二十四冊）

冊次	集號	頁	書名	卷數	冊數	著者	備註
一〇八五	集二四	一	騎省集	三〇卷	八冊	宋徐鉉撰　吳淑編	
		三二七	河東集	一五卷	四冊	宋柳開撰　張景編	
		三四七	附行狀	一卷			
		三五三	咸平集	三〇卷	八冊	宋田錫撰	四集
		三五五	附田司徒墓誌銘	一卷		宋范仲淹撰	
		三六八	田司徒神道碑陰	一卷		宋司馬光撰	
		五六五	逍遙集	一卷	一冊	宋潘閬撰	別輯
		五七五	乖崖集	一二卷	四冊	宋張詠撰	十一集
		六一三	附錄	一卷			
		六七〇	忠愍集	三卷	一冊	宋寇準撰　范雍編	
一〇八六	集二五	一	小畜集	三〇卷	一二冊	宋王禹偁撰	
		三〇三	南陽集	五卷	二冊	宋趙湘撰	別輯
		三三一	武夷新集	二〇卷	一〇冊	宋楊億撰	八集
		六一五	林和靖集	四卷	一冊	宋林逋撰	

全書冊次	分部冊次	頁次	書名	卷數	冊數	著者	珍本集次
一〇八七	集二六	一	穆參軍集	三卷	一冊	宋穆修撰	十集
		二八	附錄遺事	一卷			
		三一	元獻遺文	一卷	一冊	宋晏殊撰　清胡亦堂輯	七集
		四五	文莊集	三六卷	一二冊	宋夏竦撰	初集
		三三九	春卿遺稿	一卷	一冊	宋蔣堂撰　明蔣鑛輯	九集
		三四六	附傳				
		三四九	東觀集	一〇卷	二冊	宋魏野撰	七集
		四〇一	元憲集	三六卷	八冊	宋宋庠撰	別輯
一〇八八	集二七	一	景文集	六二卷	二〇冊	宋宋祁撰	別輯
		六〇九	文恭集	四〇卷	一四冊	宋胡宿撰	別輯
一〇八九	集二八	一	武溪集	二〇卷	八冊	宋余靖撰　余仲荀編	六集
		二二五	安陽集	五〇卷	一二冊	宋韓琦撰	四集
		五五一	范文正集	二〇卷	一〇冊	宋范仲淹撰	
		七六九	別集	四卷		宋綦煥輯	
		七九七	補編	五卷		清范能濬輯	

冊號	函號	頁	書名	卷數	冊數	著者	類別
一〇九〇	集二九	一	河南集	二七卷	六冊	宋尹　洙撰	
		一四六	附錄	一卷			
		一五七	孫明復小集	一卷	一冊	宋孫　復撰	八集
		一八一	徂徠集	二〇卷	七冊	宋石　介撰	四集
		三三三	附錄	一卷			
		三三七	端明集	四〇卷	一〇冊	宋蔡　襄撰	四集
一〇九一	集三〇	一	祠部集	三五卷	一二冊	宋強　至撰	別輯
		三九七	鐔津集	二二卷	八冊	宋釋契嵩撰	十集
		六四一	祖英集	二卷	二冊	宋釋重顯撰	十集
一〇九二	集三一	一	蘇學士集	一六卷	六冊	宋蘇舜欽撰	
		三一七	蘇魏公文集	七二卷	二四冊	宋蘇　頌撰　蘇　携編	四集
		七六一	伐檀集	二卷	一冊	宋黃　庶撰	十二集
一〇九三	集三二	一	華陽集	六〇卷	一二冊	宋王　珪撰	四集
		四四七	附錄	一〇卷			
		四九七	古靈集	二五卷	六冊	宋陳　襄撰　陳紹夫編	三集
		七〇五	附錄	一卷			

全書冊次	分部冊次	頁次	書名			著者	珍本集次
一〇九四	集三三	一	傳家集	八〇卷	二八冊	宋司馬光撰	
		七三九	清獻集	一〇卷	四冊	宋趙抃撰	四集
一〇九五	集三四	一	盱江集	三七卷	一六冊	宋李覯撰　明左贊編	
		四	李直講年譜	一卷			
		三三六	外集	三卷		宋魏峙撰	
		三五一	金氏文集	二卷	二冊	宋金君卿撰	四集
		四〇一	公是集	五四卷	一〇冊	宋劉敞撰	別輯
一〇九六	集三五	一	彭城集	四〇卷	一〇冊	宋劉攽撰	別輯
		三九三	邕州小集	一卷	一冊	宋陶弼撰	十一集
		四〇五	都官集	一四卷	六冊	宋陳舜俞撰	三集
		五五三	丹淵集	四〇卷	一〇冊	宋文同撰　家誠之編	
		八〇一	拾遺	二卷			
一〇九七	集三六	一	西溪集	一〇卷	四冊	宋沈遘撰	
		一〇九	鄖溪集	二八卷	一〇冊	宋鄭獬撰	三集
		三七九	錢塘集	一二卷	八冊	宋韋驤撰	五集

冊次	集部冊號	頁碼	書名	卷數	冊數	撰者	版本
一〇九八	集三七	一	淨德集	三八卷	八冊	宋呂陶撰	別輯
		二六九	安岳集	一二卷	三冊	宋馮山撰	三集
		三四五	元豐類藁	五〇卷	一六冊	宋曾鞏撰	
		七七八	附錄	一卷			
		七九一	龍學文集	一六卷	四冊	宋祖無擇撰　祖行編	五集
		八八二	附　源流始末	一卷			
一〇九九	集三八	一	宛陵集	六〇卷	二〇冊	宋梅堯臣撰	
		四二九	附錄	一卷			
		四三九	拾遺	一卷			
		四四三	忠肅集	二〇卷	五冊	宋劉摯撰	別輯
		六七九	無爲集	一五卷	五冊	宋楊傑撰　趙士粲編	五集
一一〇〇	集三九	一	王魏公集	七卷	三冊	宋王安禮撰	別輯
		八三	范太史集	五五卷	二〇冊	宋范祖禹撰	初集
		五七三	潞公文集	四〇卷	八冊	宋文彥博撰	六集
一一〇一	集四〇	一	擊壤集	二〇卷	八冊	宋邵雍撰	
		一七三	鄱陽集	一二卷	六冊	宋彭汝礪撰	二集
		三三五	曲阜集	四卷	四冊	宋曾肇撰　清曾僎編	十一集

全書冊次	分部冊次	頁次	書名	著者	珍本集次
		四一五	周元公集 八卷 三冊	宋 周惇頤撰 清 周沈珂編	
		五〇三	南陽集 存二九卷（原三〇卷缺卷二〇）	宋 韓維撰	二集
		七六六	附錄 一卷		
		七七〇	行狀 一卷 八冊		
		七七九	節孝集 三二卷 八冊	宋 徐積撰	八集
一一〇二—一一〇三	集四一—四二	一	文忠集 一五三卷	宋 歐陽修撰 周必大編	
		六	四朝國史本傳 一卷		
		一一	年譜 一卷		
一一〇三	集四二	五八〇	附錄 五卷 三四冊		
一一〇三	集四二	六四三	歐陽文粹 二〇卷	宋 歐陽修撰 陳亮編	六集
		六四三	目錄 一卷 六冊		
一一〇四	集四三	一	樂全集 四〇卷	宋 張方平撰	初集
		五一七	附錄 一卷 二二冊		
		五四一	范忠宣集 一八卷	宋 范純仁撰 清 范能濬輯補	八集
		七三五	奏議 二卷		
		七八七	遺文 一卷		
		八一〇	附錄 一卷		
		八一五	補編 一卷 一二冊		

編號	集號	頁	書名	卷數	冊數	撰者	集
		八四五	嘉祐集	一六卷	六冊	宋蘇洵撰	
		九七六	附錄	二卷		宋沈斐輯	
一一〇五	集四四	一	臨川文集	一〇〇卷	三〇冊	宋王安石撰	
一一〇六	集四五	一	王荊公詩注	五〇卷	一六冊	宋李壁撰	六集
		三九二	補遺	一卷			
		三九三	廣陵集	三〇卷	五冊	宋王令撰	七集
		五六三	附錄	一卷			
一一〇七—一一〇八	集四六—四七	一	東坡全集	一一五卷	五六冊	宋蘇軾撰	
		七	附　宋史本傳	一卷			
		一九	東坡先生墓誌銘	一卷		宋蘇轍撰	
		二八	東坡先生年譜	一卷		宋王宗稷撰	
一一〇九	集四八	一	東坡詩集註	三二卷	一〇冊	宋蘇軾撰　舊題宋王十朋註	十一集
一一一〇	集四九	一	施註蘇詩	四二卷	二六冊	宋蘇軾撰　施元之原註　清邵長蘅刪補	
		三	總目	二卷			
		四九	卷首注蘇例言	一卷			
		五六	王注正譌	一卷		清邵長蘅撰	
		六三	注蘇姓氏	一卷			
		六六	宋史本傳	一卷		元托克托撰	
		七八	東坡先生墓誌銘	一卷		宋蘇轍撰	
		八七	東坡先生年譜	一卷		宋王宗稷編　清邵長蘅重訂	
		六九六	蘇詩續補遺	二卷		宋蘇軾撰　清馮景補註	
		六九六	總目	一卷			

全書冊次	分部冊次	頁次	書名	卷數	冊數	著者	珍本集次
一一一一	集五〇	一	蘇詩補註	五〇卷	四〇冊	宋 蘇 軾撰 清 查愼行補註	五集
		三	年表	一卷			
		一九	采輯書目	一卷			
一一一二	集五一	一	欒城集	五〇卷	三四冊	宋 蘇 轍撰	
		五八五	欒城後集	二四卷			
		七八三	欒城第三集	一〇卷			
		八四四	欒城應詔集	一二卷			
一一一三	集五二	一	山谷集	九七卷	三二冊	宋 黃庭堅撰	
		五	內集	(三〇卷)	(一二冊)	宋 洪 炎編	
		三一〇	外集	(一四卷)	(七冊)	宋 李 彤編	
		五三九	別集	(二〇卷)	(六冊)	宋 黃 㽦編	
		七四一	詞	(一卷)	(一冊)		
		七六九	簡尺	(二卷)	(二冊)		
		八一九	年譜	(三〇卷)	(四冊)	宋 黃 㽦撰	
一一一四	集五三	一	山谷內集詩注	二〇卷	五冊	宋 黃庭堅撰 任 淵注	
		五	原目	一卷			
		三三五	山谷外集詩注	一七卷	六冊	宋 史 容注	
		三三六	原目	一卷			
		四八一	山谷別集詩注	二卷	一冊	宋 史季溫注	

函	集	頁	書名	卷數	册數	撰者	備註
一一一五	集五四	五二一	後山集	二四卷	八册	宋陳師道撰	
		七四一	后山詩注	一二卷	六册	宋陳師道撰　任淵注	
		一	柯山集	五〇卷	一二册	宋張耒撰	四集
		四二七	淮海集	四〇卷	一二册	宋秦觀撰	
		六五三	後集	六卷			
		六八六	長短句	三卷			
一一一六	集五五	七〇一	濟南集	八卷	四册	宋李廌撰	別輯
		一	參寥子詩集	一二卷	四册	宋釋道潛撰	九集
		九一	寶晉英光集	八卷	二册	宋米芾撰	
		一四三	石門文字禪	三〇卷	一四册	宋釋惠洪撰　釋覺慈編	十集
		五七一	青山集	三〇卷	七册	宋郭祥正撰	六集
		七五三	附錄	一卷			
		七五七	青山續集	七卷	四册	宋郭祥正撰	六集
一一一七	集五六	一	畫墁集	八卷	三册	宋張舜民撰	
		五五	陶山集	一六卷	六册	宋陸佃撰	別輯
		一九九	倚松詩集	二卷	二册	宋饒節撰	三集

全書冊次	分部冊次	頁次	書名	卷數	冊數	著者	珍本集次
		二六三	長興集	一九卷	四冊	宋 沈括撰	
		三六一	西塘集	九卷	六冊	宋 鄭俠撰	四集
		五〇三	附錄	一卷			
		五一五	雲巢編	一〇卷	三冊	宋 沈遼撰	
一一一八	集五七	一	景迂生集	二〇卷	二〇冊	宋 晁說之撰 晁子健編	
		四〇七	鷄肋集	七〇卷	二二冊	宋 晁補之撰 晁謙之編	
一一一九	集五八	一	樂圃餘藁	一〇卷	二冊	宋 朱長文撰 朱思輯	二集
		五六	附錄	一卷			
		六〇	補遺	一卷			
		六三	龍雲集	三二卷	一二冊	宋 劉弇撰 羅良弼編	十二集
		三三四	附錄	一卷			
		三三九	雲溪居士集	三〇卷	一四冊	宋 華鎮撰	初集
一一二〇	集五九	一	演山集	六〇卷	一六冊	宋 黃裳撰 黃玠編	初集
		一	目錄	一卷			
		三九一	姑溪居士前集	五〇卷	一二冊	宋 李之儀撰 吳芾編	十集
		六二八	後集	二〇卷			

編號	冊次	頁	書名	卷數	冊數	撰者	備註
一一二一	集六〇	一	灊水集	一六卷	八册	宋李　復撰	二集
		一六一	道鄉集	四〇卷	一八册	宋鄒　浩撰	十二集
		五三三	學易集	八卷	四册	宋劉　跂撰	別輯
		六二七	游廌山集	四卷	二册	宋游　酢撰	四集
一一二二	集六一	一	西臺集	二〇卷	八册	宋畢仲游撰	別輯
		二五七	樂靜集	三〇卷	五册	宋李昭玘撰	初集
		四一五	北湖集	五卷	三册	宋吳則禮撰	別輯
		四七三	溪堂集	一〇卷	四册	宋謝　逸撰	別輯
		五五九	竹友集	一〇卷	二册	宋謝　薖撰	
		六一五	日涉園集	一〇卷	四册	宋李　彭撰	別輯
一一二三	集六二	一	灌園集	二〇卷	八册	宋呂南公撰	初集
		一九三	慶湖遺老詩集	九卷	四册	宋賀　鑄撰	八集
		二七七	拾遺	一卷			
		二八九	補遺	一卷			
		二九三	附錄	一卷			
		二九七	摛文堂集	一五卷	六册	宋慕容彥逢撰	
		四八五	附錄	一卷			

全書冊次	分部冊次	頁次	書名	著者	珍本集次
		四九一	襄陵文集 一二卷 四冊	宋許　翰撰	初集
		五九九	浮沚集 九卷 四冊	宋周行己撰	別輯
		六九五	東堂集 一〇卷 五冊	宋毛　滂撰	初集
一一二四	集六三	一	給事集 五卷 二冊	宋劉安上撰	八集
		五七	劉左史集 四卷 二冊	宋劉安節撰	六集
		一一三	竹隱畸士集 二〇卷 八冊	宋趙鼎臣撰	初集
		二七一	眉山集 二二卷 四冊	宋唐　庚撰	六集
		二七三	眉山詩集 （一〇卷）（三冊）		
		三三三	眉山文集 （一二卷）（二冊）		
		三五五	洪龜父集 二卷 一冊	宋洪　朋撰	初集
		四三一	跨鼇集 三〇卷 八冊	宋李　新撰	初集
		六五七	忠愍集 三卷 二冊	宋李若水撰	四集
		六九三	附錄 一卷		
		六九五	忠肅集 三卷 三冊	宋傅　察撰　傅伯壽編	四集

別集三、南宋建炎至德祐（第一千一百二十五冊至第一千一百八十九冊）

冊次	集	頁	書名	卷數	冊數	撰者	備註
一一二五	集六四	一	宗忠簡集	八卷	三冊	宋 宗澤撰 宋 樓昉編 清 王庭曾重編	
		一〇一	龜山集	四二卷	一六冊	宋 楊時撰	四集
一一二五—一一二六	集六四—六五	四九一	梁谿集	一八〇卷	五六冊	宋 李綱撰	
		四九四	總目	一卷			
一一二六	集六五	八六九	年譜	一卷		宋 李綸撰	
		八八二	行狀	三卷			
一一二七	集六六	一	初寮集	八卷	八冊	宋 王安中撰	二集
		一六三	橫塘集	二〇卷	七冊	宋 許景衡撰	別輯
		三五三	西渡集	二卷	一冊	宋 洪炎撰	九集
		三六八	補遺	一卷			
		三六九	附錄	二卷			
		三七七	老圃集	二卷	一冊	宋 洪芻撰	別輯
		三九七	丹陽集	二四卷	一一冊	宋 葛勝仲撰	別輯
		六六九	毘陵集	一五卷	六冊	宋 張守撰	別輯

全書冊次	分部冊次	頁次	書名	著者	珍本集次
一一二八	集六七	一	浮溪集 三二卷 一二冊	宋汪藻撰	別輯
		三三五	浮溪文粹 一五卷	宋汪藻撰 明胡堯臣刊	五集
		四三三	附錄 一卷 （以上四冊）		
		四二九	莊簡集 一八卷 八冊	宋李光撰	初集
		六三五	忠正德文集 一〇卷 六冊	宋趙鼎撰	四集
一一二九	集六八	一	東窻集 一六卷 八冊	宋張擴撰	初集
		一八一	忠惠集 一〇卷	宋翟汝文撰	初集
		三〇四	附錄 一卷 （以上六冊）		
		三一九	松隱集 存三九卷（原四〇卷缺卷一四） 一〇冊	宋曹勛撰	七集
		五八七	建康集 八卷 四冊	宋葉夢得撰	
		六六三	簡齋集 一六卷 四冊	宋陳與義撰	
一一三〇	集六九	一	北山集 四〇卷 一六冊	宋程俱撰	三集
		四〇三	檆溪居士集 一二卷 八冊	宋劉才邵撰	初集
		五八三	筠谿集 二四卷	宋李彌遜撰	初集
		八二九	樂府 一卷		
		八四二	附 筠谿李公家傳 一卷 （以上一二冊）		

編號	冊次	頁	書名	卷數	册數	撰者	版本
一一三一	集七〇	一	華陽集	四〇卷	八册	宋張綱撰	三集
		二五七	忠穆集	八卷	四册	宋呂頤浩撰	初集
		三三九	紫微集	三六卷	一二册	宋張嵲撰	別輯
一一三二	集七一	一	苕溪集	五五卷	一二册	宋劉一止撰	二集
		二九七	東牟集	一四卷	八册	宋王洋撰	初集
		五三一	相山集	三〇卷	八册	宋王之道撰	初集
		七五七	三餘集	四卷	二册	宋黃彥平撰	五集
一一三三	集七二	一	大隱集	一〇卷	四册	宋李正民撰	四集
		一一五	龜谿集	一二卷	六册	宋沈與求撰	
		二六七	栟櫚集	二五卷	四册	宋鄧肅撰	四集
		三七三	默成文集	四卷	一册	宋潘良貴撰	四集
		三九一	鄱陽集	四卷	二册	宋洪皓撰	別輯
		四二五	韋齋集	一二卷	六册	宋朱松撰	
		四二九	卷首行狀	一卷		宋朱熹撰	
		五四八	附 玉瀾集	一卷		宋朱槔撰	

全書冊次	分部冊次	頁次	書名	卷數	冊數	著者	珍本集次
		五六一	澹齋集	一八卷	八冊	宋李流謙撰	二集
		七六〇	附錄	一卷			
		七六三	陵陽集	四卷	二冊	宋韓駒撰	三集
		八〇九	灊山集	三卷	三冊	宋朱翌撰	別輯
一一三四	集七三	一	雲溪集	一二卷	四冊	宋郭印撰	初集
		九七	盧溪文集	五〇卷	八冊	宋王庭珪撰	三集
		三四一	脫藁	一卷			
		三四三	附錄	一卷			
		三五一	屏山集	二〇卷	六冊	宋劉子翬撰 劉玶編	四集
		三五三	目錄	一卷			
		五三一	北海集	四六卷	一四冊	宋綦崇禮撰	初集
		八〇九	附錄	三卷			
一一三五	集七四	一	鴻慶居士集	四二卷	二〇冊	宋孫覿撰	十二集
		四六七	內簡尺牘	一〇卷	四冊	宋孫覿撰 李祖堯編註	九集
		五七七	崧菴集	六卷	二冊	宋李處權撰	三集

一一三六

集七五

編號	書名	卷數	冊數	著者	集
六四一	豫章文集	存一六卷（原一七卷缺卷二）	六冊	宋羅從彥撰　元曹道振編	四集
六四四	年譜	一卷			
七八三	藏海居士集	二卷	一冊	宋吳可撰	五集
一	和靖集	八卷	二冊	宋尹焞撰	十一集
六三	王著作集	八卷	二冊	宋王蘋撰　明王觀編	三集
一〇九	郴江百詠	一卷	一冊	宋阮閱撰	八集
三一	雙溪集	一五卷	六冊	宋蘇籀撰	
二八三	少陽集	六卷	二冊	宋陳東撰	七集
三三三	歐陽修撰集	六卷	四冊	宋歐陽澈撰	四集
四一六	附　歐陽修撰事蹟	一卷		明歐陽鉞輯	
四二七	東溪集	二卷	一冊	宋高登撰　明林希元編	
四五四	附錄	一卷			
四五九	岳武穆遺文	一卷	一冊	宋岳飛撰　明徐階編	
四七三	茶山集	八卷	四冊	宋曾幾撰	別輯
五四七	雪溪集	五卷	一冊	宋王銍撰	四集

全書冊次	分部冊次	頁次	書名	著者	珍本集次
		五八一	蘆川歸來集 一〇卷 附錄 一卷 五冊	宋 張元幹撰	五集
		六七一	附錄		
		六七九	東萊詩集 二〇卷 五冊	宋 呂本中撰	九集
一一三七	集七六	一	澹菴文集 六卷 附錄 一卷 三冊	宋 胡銓撰	十一集
		五八	附錄		
		八〇	五峰集 五卷 五冊	宋 胡宏撰 胡大時編	初集
		二五七	斐然集 三〇卷 一四冊	宋 胡寅撰	初集
		七五五	大隱居士詩集 二卷 一冊	宋 鄧深撰	九集
		七八五	浮山集 一〇卷 四冊	宋 仲并撰	初集
一一三八	集七七	一	北山集 三〇卷 一二冊	宋 鄭剛中撰 鄭良嗣編	
		二九三	橫浦集 二〇卷 八冊	宋 張九成撰 郎曄編	四集
		四四五	湖山集 一〇卷 四冊	宋 吳芾撰	別輯
		五八五	文定集 二四卷 八冊	宋 汪應辰撰	十集
		八二五	縉雲文集 四卷 附錄 一卷 四冊	宋 馮時行撰 明 李璽編	初集
		八九五	附錄		

編號	函	頁	書名	卷數	冊數	著者	版本
一一三九	集七八	一	嵩山集	五四卷	一二冊	宋晁公遡撰	二集
		二九九	默堂集	二二卷	八冊	宋陳淵撰　沈度編	三集
		五四一	知稼翁集	二卷	二冊	宋黃公度撰	十二集
		六一五	唯室集	四卷	三冊	宋陳長方撰	初集
		六五六	附錄	一卷			
		六六一	漢濱集	一六卷	八冊	宋王之望撰	別輯
一一四〇	集七九	一	香溪集	二二卷	八冊	宋范浚撰	
		一八九	鄭忠肅奏議遺集	二卷	一冊	宋鄭興裔撰	初集
		二三五	雲莊集	五卷	四冊	宋曾協撰	別輯
		三〇七	竹軒雜著	六卷	三冊	宋林季仲撰	別輯
		三六九	拙齋文集	二〇卷	八冊	宋林之奇撰	二集
		五三三	拾遺	一卷			
		五三五	附錄	一卷			
		五三九	于湖集	四〇卷	六冊	宋張孝祥撰	
		七五五	附錄	一卷			
一一四一	集八〇	一	太倉稊米集	七〇卷	二〇冊	宋周紫芝撰	二集

全書冊次	分部冊次	頁次	書名		著者	珍本集次
		五〇五	夾漈遺稿 三卷	一册	宋 鄭 樵撰	
		五一九	鄭峰真隱漫錄 存四九卷（原五〇卷缺卷四）	二〇册	宋 史 浩撰	二集
一一四二	集八一	一	海陵集 二三卷	八册	宋 周麟之撰　周 準編	七集
		一九三	燕堂詩稿 一卷	一册	宋 趙公豫撰	五集
		二〇七	竹洲集 二〇卷	四册	宋 吳 儆撰	四集
		二九七	附 棣華雜著 一卷			
		三〇三	高峯文集 一二卷	六册	宋 廖 剛撰	初集
		四六一	羅鄂州小集 六卷	四册	宋 羅 願撰	十二集
		五四一	附錄 二卷			
		五五一	艾軒集 九卷	四册	宋 林光朝撰　明 鄭 岳編	初集
		六五四	附錄 一卷			
一一四三—一一四六	集八二—八五	一	晦庵集 一〇〇卷	一〇〇册	宋 朱 熹撰	
		三	目錄 一卷			
一一四六	集八五	四二四	續集 五卷			
		五四四	別集 七卷			

冊次	集	頁	書名	卷數	冊數	撰者	集
一一四七—一一四九	集八六—八八	一	文忠集	二〇〇卷	七八冊	宋周必大撰　周綸編	二集
		四	卷首	一卷			
一一四九	集八八	二六六	附錄	五卷			
		三四三	雪山集	一六卷	六冊	宋王質撰	
		五〇九	梁谿遺稿	二卷	一冊	宋尤袤撰　清尤侗輯	五集
		五二九	方舟集	二四卷	一〇冊	宋李石撰	初集
		八五三	網山集	八卷	二冊	宋林亦之撰	初集
一一五〇	集八九	一	東萊集	一五卷	二〇冊	宋呂祖謙撰	十一集
		一六二	別集	一六卷			
		三六六	外集	六卷		宋呂祖儉　呂喬年編	
		四四〇	附錄	三卷			
		四九三	止齋集	五二卷	一六冊	宋陳傅良撰　曹叔遠編	
		九一八	附錄	一卷			
一一五一	集九〇	一	格齋四六	一卷	一冊	宋王子俊撰	五集

全書冊次	分部冊次	頁次	書名	著者	珍本集次
		四五	梅溪集　五四卷　一八冊	宋 王十朋撰 王聞詩 王聞禮編	
		五〇	廷試策（一卷）｝（二冊）		
		六三	奏議（四卷）		
		一〇九	梅溪前集（二〇卷）（六冊）		
		三〇三	後集（二九卷）｝（一〇冊）		
		六三四	附 有宋龍圖閣學士王公墓誌銘 一卷	宋 汪應辰撰	
		六三九	香山集　一六卷　五冊	宋 喻良能撰	別輯
		七五一	蒙隱集　二卷　一冊	宋 陳棣撰	三集
		七七九	宮教集　一二卷　四冊	宋 崔敦禮撰	三集
一一五二	集九一	一	倪石陵書　一卷　一冊	宋 倪朴撰 明 毛鳳韶輯	十一集
		一七	樂軒集　八卷　四冊	宋 陳藻撰 林希逸編	二集
		一一九	定庵類稿　四卷　四冊	宋 衞博撰	初集
		一九七	澹軒集　八卷　三冊	宋 李呂撰	初集
一一五二—一一五三	集九一—九二	二六三	攻媿集　一一二卷　四四冊	宋 樓鑰撰	
一一五四	集九三	一	尊白堂集　六卷　五冊	宋 虞儔撰	初集

冊號	集號	頁	書名	卷數	冊數	撰者	叢集
		一四一	東塘集	二〇卷	一〇冊	宋袁說友撰	初集
		四〇五	涉齋集	一八卷	六冊	原題宋許綸撰	別輯
		五三七	義豐集	一卷	一冊	宋王阮撰	十二集
		五七一	蠹齋鉛刀編	三二卷	五冊	宋周孚撰	二集
		六九〇	附拾遺詩	一卷			
一一五五	集九四	一	乾道稿	二卷（一冊）	一二冊	宋趙蕃撰	別輯
		一七	淳熙稿	二〇卷（九冊）			
		三三三	章泉稿	五卷（二冊）			
		四一一	雙溪類稾	二七卷	一二冊	宋王炎撰	三集
		七五九	止堂集	一八卷	四冊	宋彭龜年撰	別輯
一一五六	集九五	一	緣督集	二〇卷	八冊	宋曾丰撰	二集
		二三七	象山集	二八卷	一二冊	宋陸九淵撰　陸持之編	
		二四〇	目錄	一卷			
		五〇〇	外集	四卷			
		五四〇	附語錄	四卷			
		六〇五	慈湖遺書	一九卷	一二冊	宋楊簡撰	
		九二七	附錄	一卷			

全書冊次	分部冊次	頁次	書名	著者	珍本集次
一一五七	集九六	一	絜齋集 二四卷 一六冊	宋 袁燮撰	別輯
		三三一	雲莊集 二〇卷 六冊	宋 劉爚撰 明 劉梗編	二集
		五〇七	舒文靖集 二卷 二冊	宋 舒璘撰	三集
		五六三	定齋集 二〇卷 八冊	宋 蔡戡撰	別輯
一一五八	集九七	一 二一八	九華集 二五卷 附錄 一卷 八冊	宋 員興宗撰	初集
		二二三	野處類藁 二卷 一冊	舊題宋 洪邁撰	
		二四三 七九二	盤洲文集 八〇卷 附錄 一卷 一四冊	宋 洪适撰	
一一五九	集九八	一	應齋雜著 六卷 三冊	宋 趙善括撰	別輯
		六九	芸庵類藁 六卷 三冊	宋 李洪撰	初集
		一四三	浪語集 三五卷 一六冊	宋 薛季宣撰 薛旦編	七集
		五九三	石湖詩集 三四卷 八冊	宋 范成大撰	
一一六〇—一一六一	集九九—一〇〇	一	誠齋集 一三三卷 三八冊	宋 楊萬里撰 楊長孺編	

編號	集號	頁	書名	卷數	册數	撰者	備註
一一六二—一一六三	集一〇一—一〇二	一	劍南詩藁	八五卷	四四册	宋陸游撰　陸子虡編	
一一六三	集一〇二	三〇七	渭南文集	五〇卷	一三册	宋陸游撰	
		七一〇	放翁逸稿	二卷	一册	明毛晉輯	
		七一七	放翁詩選	一九卷	三册	宋陸游撰	
		七二九	前集	（一〇卷）	（一册）	宋羅椅選	
		七六九	後集	（八卷）	（一册）	宋劉辰翁選	
		八〇二	別集	（一卷）	（一册）		
一一六四	集一〇三	一	金陵百詠	一卷	一册	宋曾極撰	十一集
		一七	頤菴居士集	二卷	一册	宋劉應時撰	
		三三	水心集	二九卷	二〇册	宋葉適撰　明黎諒編	
		五二七	南湖集	一〇卷	五册	宋張鎡撰	別輯
一一六五	集一〇四	一	南澗甲乙稿	二二卷	八册	宋韓元吉撰	別輯
		三七九	自鳴集	六卷	一册	宋章甫撰	別輯
		四二七	客亭類稿	一四卷	六册	宋楊冠卿撰	別輯
		五四九	石屏詩集	六卷	四册	宋戴復古撰	九集
		五五一	卷首：東皋子詩	一卷		宋戴敏撰	
		六六一	蓮峯集	一〇卷	五册	宋史堯弼撰	初集

全書冊次	分部冊次	頁次	書名	著者	珍本集次
一一六六	集一〇五	一	江湖長翁集　四〇卷　二〇冊	宋　陳　造撰	五　集
		五三一	燭湖集　二〇卷	宋　孫應時撰	四　集
		七六四	附編　二卷　（一〇冊）		
一一六七	集一〇六	一	昌谷集　二二卷　一二冊	宋　曹彥約撰	初　集
		二七一	省齋集　一〇卷	宋　廖行之撰	初　集
		四〇三	附　原跋十七首　一卷		
		四〇七	附錄　一卷　（五冊）		
		四一三	南軒集　四四卷　一四冊	宋　張　栻撰　朱　熹編	
一一六八	集一〇七	一	勉齋集　四〇卷　二二冊	宋　黃　榦撰	二　集
		五〇一	北溪大全集　五〇卷	宋　陳　淳撰　陳　榘編	四　集
		八九六	外集　一卷　（一六冊）		
一一六九	集一〇八	一	山房集　八卷	宋　周　南撰	三　集
		一一三	後藁　一卷　（五冊）		
		一二三	橘山四六　二〇卷　一二冊	宋　李廷忠撰　明　孫雲翼注	五　集
		四二三	竹齋詩集　三卷	宋　裘萬頃撰	十　集
		四五五	附錄　一卷　（一冊）		

冊	集	號	書名	卷數	冊數	撰者	集
		四六三	後樂集	二〇卷	一〇册	宋衛涇撰	初集
一一七〇	集一〇九	一	華亭百詠	一卷	一册	宋許尚撰	九集
		二	梅山續藁	一八卷	六册	宋姜特立撰	二集
		一九	菊磵集	一卷	一册	宋高翥撰 清高士奇輯編	十二集
		一四三	附 林湖遺稿	一卷		宋高鵬飛撰	
		一四四	江邨遺稿	一卷		宋高選 高邁等撰	
		一四六	疎寮小集	一卷		宋高似孫撰	
		一五一	性善堂稿	一五卷	五册	宋度正撰	初集
		二七五	漫塘集	三六卷	二〇册	宋劉宰撰	九集
一一七一	集一一〇	一	克齋集	一七卷	六册	宋陳文蔚撰	二集
		一四五	芳蘭軒集	一卷	一册	宋徐照撰	十一集
		一五九	二薇亭詩集	一卷		宋徐璣撰	十一集
		一七一	西巖集	一卷	一册	宋翁卷撰	九集
		一八九	清苑齋詩集	一卷		宋趙師秀撰	九集
		二〇五	瓜廬集	一卷	一册	宋薛師石撰	十集
		三二	洺水集	三〇卷	一〇册	宋程珌撰	三集

全書冊次	分部冊次	頁次	書名	著者	珍本集次
		四九七	龍川集 三〇卷 八冊	宋陳亮撰	
一一七二	集一一一	一	龍洲集 一五卷 三冊	宋劉過撰	
一一七二—一一七三	集一一一—一一二	七五	鶴山集 一〇九卷 四八冊	宋魏了翁撰	
一一七四	集一一三	一	西山文集 存五四卷（原五五卷缺卷五一） 三〇冊	宋眞德秀撰	
一一七五	集一一四	一	方泉詩集 四卷 二冊	宋周文璞撰	四集
		三九	東山詩選 二卷 一冊	宋葛紹體撰	五集
		六三	白石道人詩集 二卷	宋姜夔撰	
		八五	附 集外詩 一卷		
		八六	諸賢酬贈詩 一卷（以上一冊）		
		八九	野谷詩稿 六卷 二冊	宋趙汝鐩撰	九集
		一三三	平齋集 三二卷 七冊	宋洪咨夔撰	十集
		三三一	蒙齋集 二〇卷 一二冊	宋袁甫撰	別輯
		五七三	康範詩集 一卷	宋汪晫撰	八集
		五八四	附 康範續錄 一卷		
		五八六	康範實錄 一卷		
		五九七	附錄外集 一卷（以上一冊）		

登記號	函號	編號	書名	卷數	冊數	撰者	集次
一一七六	集一一五	五九九	清獻集	二〇卷	七冊	宋杜範撰	二集
		一	鶴林集	四〇卷	二〇冊	宋吳泳撰	初集
		三九七	東澗集	一四卷	六冊	宋許應龍撰	初集
		五六五	方是閒居士小稿	二卷	二冊	宋劉學箕撰	三集
		六二五	翠微南征錄	一一卷	三冊	宋華岳撰	十集
		六八七	浣川集	一〇卷	四冊	宋戴栩撰	別輯
		七六九	漁墅類稿	八卷	四冊	宋陳元晉撰	初集
		八四五	安晚堂集	存七卷(原一二卷，缺卷一—五)	二冊	宋鄭清之撰	三集
		八八九	滄洲塵缶編	一四卷	六冊	宋程公許撰	初集
一一七七	集一一六	一	四六標準	四〇卷	三〇冊	宋李劉撰　明孫雲翼箋注	
一一七八	集一一七	一	篔窗集	一〇卷	四冊	宋陳耆卿撰	初集
		八九	友林乙稿	一卷	一冊	宋史彌寧撰	四集
		一一七	方壺存稿	四卷	二冊	宋汪莘撰	四集
		一四五	鐵菴集	三五卷	八冊	宋方大琮撰	二集
		三三三	壺山四六	一卷	一冊	宋不著撰人	初集

全書冊次	分部冊次	頁次	書名	卷數	冊數	著者	珍本集次
		三六五	默齋遺稿	二卷	一冊	宋 游九言撰	三集
		三八九	履齋遺稿	四卷	二冊	宋 吳 潛撰	二集
		三九一	附 宋史本傳	一卷		明 梅鼎祚編	
		四四一	臞軒集	一六卷	一〇冊	宋 王 邁撰	初集
		六八三	東野農歌集	五卷	一冊	宋 戴 昺撰	初集
		七〇三	敝帚藁畧	八卷	四冊	宋 包 恢撰	三集
		八〇五	清正存稿	六卷	五冊	宋 徐鹿卿撰	十二集
		九四六	附錄	一卷			
一一七九	集一一八	一	寒松閣集	三卷	一冊	宋 詹 初撰	六集
		一一七	滄浪集	三卷	二冊	宋 嚴 羽撰	十二集
		一六九	泠然齋詩集	八卷	四冊	宋 蘇 泂撰	初集
		一六三	可齋雜藁	三四卷	二六冊	宋 李曾伯撰	初集
		五〇三	續藁前	八卷			
		五六八	續藁後	一二卷			
一一八〇	集一一九	一	後村集	五〇卷	二四冊	宋 劉克莊撰	

函號	頁	書名	卷數	册數	撰者	集
一一八一 集一二〇	五六三	澗泉集	二〇卷	一〇册	宋韓淲撰	初集
	一	矩山存稿	五卷	二册	宋徐經孫撰	六集
	五三	附錄	一卷			
	六一	雪窗集	二卷	二册	宋孫夢觀撰	
	六三	本傳	一卷			
	一〇〇	附錄	一卷			
	一一三	文溪集	二〇卷	四册	宋李昴英撰	四集
	二三〇	附錄	一卷			
	二三五	庸齋集	六卷	三册	宋趙汝騰撰	初集
	三〇五	彝齋文編	四卷	三册	宋趙孟堅撰	三集
	三六九	張氏拙軒集	六卷	三册	宋張侃撰	初集
	四四一	玉楮集	八卷	二册	宋岳珂撰	十集
	五〇一	靈巖集	八卷	四册	宋唐士恥撰	三集
	五九九	楳埜集	一二卷	八册	宋徐元杰撰	別輯
一一八二 集一二一	一	恥堂存稿	八卷	六册	宋高斯得撰	別輯
	一三	秋崖集	四〇卷	一六册	宋方岳撰	三集

全書冊次	分部冊次	頁次	書名	著者	珍本集次
		六一七	芸隱橫舟稿　一卷	宋 施樞撰	九集
		六二七	芸隱勌游稿　一卷　一册		
		六三九	蒙川遺稿　四卷　二册	宋 劉黻撰　元 劉應奎編	十一集
		六六九	雪磯叢稿　五卷　一册	宋 樂雷發撰	九集
一一八三	集一二二	一	北磵集　一〇卷　六册	宋 釋居簡撰	二集
		一七五	西塍集　一卷　一册	宋 宋伯仁撰	九集
		一八七	梅屋集　五卷　一册	宋 許棐撰	十一集
		二一三	孝詩　一卷　一册	宋 林同撰	
		二二三	字溪集　一二卷	宋 陽枋撰	初集
		四一九	附錄　一卷　七册		
		四七三	勿齋集　二卷　一册	宋 楊至質撰	十集
		五〇一	巽齋文集　二七卷　七册	宋 歐陽守道撰	二集
一一八四	集一二三	一	雪坡集　五〇卷　一四册	宋 姚勉撰　姚龍起編	十一集
		三五九	文山集　二一卷　一〇册	宋 文天祥撰	

冊號	集號	頁	書名	卷數	冊數	撰者	集
		八〇五	文信國集杜詩	一卷	一冊	宋文天祥撰	八集
		八四三	疊山集	五卷	三冊	宋謝枋得撰	
一一八五	集一二四	一	本堂集	九四卷	二〇冊	宋陳著撰	二集
		五三五	端平詩雋	四卷	一冊	宋周弼撰 李龏編	三集
		五五三	竹溪鬳齋十一藁續集	三〇卷	一二冊	宋林希逸撰 林式之編	二集
一一八六	集一二五	一	魯齋集	二〇卷	一〇冊	宋王柏撰	
		二九三	潛山集	一二卷	四冊	宋釋文珦撰	初集
		四〇一	須溪集	一〇卷	八冊	宋劉辰翁撰	四集
		六三七	須溪四景詩集	四卷	一冊	宋劉辰翁撰	十一集
		六六三	葦航漫遊稿	四卷	二冊	宋胡仲弓撰	初集
		七一九	蘭皐集	二卷	一冊	宋吳錫疇撰	三集
		七三七	雲泉詩	一卷	一冊	宋薛嵎撰	十集
		七六五	嘉禾百咏	一卷	一冊	宋張堯同撰	
		七八三	柳塘外集	四卷	二冊	宋釋道璨撰	五集
一一八七	集一二六	一	碧梧玩芳集	二四卷	八冊	宋馬廷鸞撰	別輯

全書冊次	分部冊次	頁次	書名	著者	珍本集次
		一八一	四明文獻集 五卷 四冊	宋王應麟撰 明鄭眞 陳朝輔輯	
		二七五	覆瓿集 六卷 二冊	宋趙必瑑撰	八集
		三三三	閬風集 一二卷 五冊	宋舒岳祥撰	三集
		四四九	北遊集 二卷 一冊	宋汪夢斗撰	七集
		四七五	秋堂集 二卷	宋柴望撰	五集
		四九〇	附錄 一卷（以上一冊）		
		四九五	蛟峯文集 七卷	宋方逢辰撰	四集
		五八二	附 山房遺文 一卷	宋方逢振撰	
		五九二	蛟峯外集 三卷		
		六二五	山房外集 一卷（以上五冊）	明方中續輯	
		六六七	秋聲集 六卷 四冊	宋衞宗武撰	初集
一一八八	集一二七	一	牟氏陵陽集 二四卷 七冊	宋牟巘撰	
		三一	湖山類稿 五卷 一冊	宋汪元量撰	十二集
		二五一	水雲集 一卷		
		二七三	附錄 二卷（以上一冊）		

一一八九
集一一二八

頁	書名	卷數	冊數	著者	集
二八一	晞髮集	一〇卷	二冊	宋謝翱撰　明陸大業編	
三三〇	晞髮遺集	二卷			
三四三	遺集補	一卷			
三四六	附 天地間集	一卷		宋謝翱錄	
三四九	西臺慟哭記註	一卷		明張丁註	
三六一	多青樹引註	一卷			
三六五	潛齋集	一一卷	七冊	宋何夢桂撰	五集
五一八	附 家傳	一卷			
五二〇	鐵牛翁遺稿	一卷	一冊	元何景福撰	
五三一	梅巖文集	一〇卷	二冊	宋胡次焱撰　明胡璉　潘滋輯編	初集
五九一	四如集	四卷	四冊	宋黃仲元撰	十集
六八三	拾遺	一卷			
六八七	霽山文集	五卷	二冊	宋林景熙撰　元章祖程註	五集
七六一	勿軒集	八卷	三冊	宋熊禾撰　熊孟秉編	
八四一	古梅遺稿	六卷	一冊	宋吳龍翰撰	三集
一	佩韋齋集	二〇卷	六冊	宋俞德鄰撰	三集
一六七	廬山集	五卷	三冊	宋董嗣杲撰	初集
二三一	英溪集	一卷			

全書冊次	分部冊次	頁次	書名	著者	珍本集次
		二三三	西湖百詠　二卷　二冊	宋董嗣杲撰　明陳贄和韻	
		二七三	則堂集　六卷　四冊	宋家鉉翁撰	初集
		三六五	富山遺稿　一〇卷　三冊	宋方夔撰	初集
		四四七	眞山民集　一卷　一冊	宋眞桂芳撰	十一集
		四六三	百正集　三卷　一冊	宋連文鳳撰	別輯
		四八九	月洞吟　一卷　一冊	宋王鎡撰	九集
		五〇一	伯牙琴　一卷　一冊	宋鄧牧撰	
		五三一	補遺　一		
		五三五	存雅堂遺稿　五卷　一冊	宋方鳳撰　清張燧輯	
		五六一	吾汶藁　一〇卷　三冊	宋王炎午撰	九集
		六二九	在軒集　一卷　一冊	宋黃公紹撰	初集
		六五三	紫巖詩選　三卷　一冊	宋于石撰　元吳師道編	十一集
		六八七	九華詩集　一卷　一冊	宋陳巖撰	三集
		七二一	附釋希坦詩　一卷		

冊次	頁	書名	卷數	冊數	撰者	輯次
	七一三	寧極齋稿	一卷	一冊	宋 陳 深撰	三集
	七三四	附 愼獨叟遺稿	一卷		元 陳 植撰	
	七三九	自堂存藁	四卷	二冊	宋 陳 杰撰	十二集
	七八三	仁山文集	四卷	二冊	宋 金履祥撰	
		附錄				
	八二五	心泉學詩稿	六卷	二冊	宋 蒲壽宬撰	初集

別集四、金至元（第一千一百九十冊至第一千二百二十二冊）

冊次	頁	書名	卷數	冊數	撰者	輯次
一一九〇 集一二九	一	拙軒集	六卷	二冊	金 王 寂撰	別輯
	五五	滏水集	二〇卷	八冊	金 趙秉文撰	
	五七	目錄	一卷			
	二六七	滹南集	四五卷	一二冊	金 王若虛撰	
	五一五	續編詩	一卷			
	五一九	莊靖集	一〇卷	四冊	金 李俊民撰	十集

全書冊次	分部冊次	頁次	書名		著者	珍本集次
一一九一	集一三〇	一	遺山集	四〇卷	一八冊	金 元好問撰	
		四七一	附錄	一卷			
		四八七	湛然居士集	一四卷 四冊	元 耶律楚材撰	
		六三三	藏春集	五卷 三冊	元 劉秉忠撰	六集
		六九一	附錄	一卷	元 商 挺編	
		七〇三	淮陽集	一卷 一冊	元 張弘範撰	三集
		七一七	附錄 詩餘	一卷		
一一九二	集一三一	一	陵川集	三九卷 一八冊	元 郝 經撰	四集
		四七一	歸田類稿	二二卷 五冊	元 張養浩撰	三集
		六六三	白雲集	三卷 一冊	元 釋 英撰	十一集
一一九三	集一三二	一	稼村類藁	三〇卷 八冊	元 王義山撰	初集
		三一九	桐江續集	三六卷 一八冊	元 方 回撰	初集
		七三九	野趣有聲畫	二卷 二冊	元 楊公遠撰	二集
		七七七	月屋漫稿	一卷 一冊	元 黃 庚撰	八集

冊號	集	頁	書名	卷數	冊數	撰者	集次
一一九四	集一三三	一	剡源文集	三〇卷	一六冊	元 戴表元撰 明 周儀輯編	
		三九七	剩語	二卷	一冊	舊題元 艾性夫撰	初集
		四二九	養蒙文集	一〇卷	四冊	元 張伯淳撰	三集
		五二七	牆東類稿	二〇卷	一〇冊	元 陸文圭撰	別輯
一一九五	集一三四	一	青山集	八卷	四冊	元 趙文撰	初集
		一一五	桂隱文集	四卷	四冊	元 劉詵撰	二集
		二〇七	附錄	一卷			
		二一三	桂隱詩集	四卷	四冊		
		三一五	水雲村稾	一五卷	六冊	元 劉壎撰	四集
		五〇七	巴西集	二卷	二冊	元 鄧文原撰	三集
		五七九	屏巖小稿	一卷	一冊	元 張觀光撰	三集
		六二七	玉斗山人集	三卷	一冊	元 王奕撰	十一集
		六五九	谷響集	三卷	三冊	元 釋善住撰	三集
		七三九	竹素山房詩集	三卷	二冊	元 吾丘衍撰	十二集
		七六三	附錄	一卷			

全書冊次	分部冊次	頁次	書名	卷數	冊數	著者	珍本集次
一一九六	集一三五	一	紫山大全集	二六卷	一八冊	元 胡祗遹撰	四集
		四八七	松鄉集	一〇卷	三冊	元 任士林撰	二集
		五九七	松雪齋集	一〇卷	六冊	元 趙孟頫撰	
		七四五	外集	一卷			
一一九七	集一三六	一	吳文正集	存九八卷（原一〇〇卷缺卷五一、五二）	四二冊	元 吳澄撰 吳當編	二集
		九三三	附錄	一卷			
一一九八	集一三七	一	金淵集	六卷	三冊	元 仇遠撰	
		六三	山村遺集	一卷	一冊	元 仇遠撰 清 項夢昶編	十一集
		八七	湛淵集	一卷	一冊	元 白珽撰	
		一〇四	附 元故湛淵先生白公墓銘	一卷		明 宋濂撰	
		一〇七	牧潛集	七卷	二冊	元 釋圓至撰	十二集
		一五九	小亨集	六卷	三冊	元 楊弘道撰	初集
		二一九	還山遺稿	二卷	一冊	元 楊奐撰 明 宋廷佐輯	
		二三一	考歲略	一卷			
		二三六	附錄	一卷			

冊次	集部冊次	頁碼	書名	卷數	冊數	撰者	叢刊
一一九九	集一三八	二七三	魯齋遺書	一四卷	四冊	元許衡撰	四集
		四八一	靜修集	二五卷	八冊	元劉因撰	
		六六八	續集	三卷			
		六八九	青崖集	五卷	四冊	元魏初撰	初集
		一	養吾齋集	三二卷	一五冊	元劉將孫撰	初集
		三三三	存悔齋稿	一卷	一冊	元龔璛撰	三集
		三五一	附遺	一卷		明朱存理輯	
		三五五	雙溪醉隱集	六卷	五冊	元耶律鑄撰	二集
		四九三	東庵集	四卷	二冊	元滕安上撰	初集
		五三九	白雲集	四卷	二冊	元許謙撰　明李伸編	
		六〇五	附錄	一卷			
		六〇九	畏齋集	六卷	五冊	元程端禮撰	別輯
		七〇七	默庵集	五卷	一冊	元安熙撰	三集
		七三五	雲峯集	八卷	三冊	元胡炳文撰	四集
一二〇〇—一二〇一	集一三九—一四〇	一	秋澗集	一〇〇卷	四〇冊	元王惲撰	

全書冊次	分部冊次	頁次	書名	卷數	冊數	著者	珍本集次
一二〇一	集一四〇	四〇一	牧庵集	三六卷	一〇冊	元姚燧撰	別輯
		七七〇	附年譜	一卷		元劉致撰	
一二〇二	集一四一	一	雪樓集	三〇卷	一五冊	元程鉅夫撰	
		四六四	附元史本傳	一卷			
		四六六	年譜	一卷		元程世京編錄	
		四七五	曹文貞公詩集	一〇卷	二冊	元曹伯啓撰	四集
		五三五	後錄	一卷			
		五四三	芳谷集	二卷	二冊	元徐明善撰	
		六一三	陳剛中詩集	三卷	二冊	元陳孚撰	八集
		六六二	附錄	一卷			
		六七三	秋巖詩集	二卷	一冊	元陳宜甫撰	初集
		六九三	玉井樵唱	三卷	一冊	元尹廷高撰	初集
		七一七	蘭軒集	一六卷	八冊	元王旭撰	初集
一二〇三	集一四二	一	清容居士集	五〇卷	一六冊	元袁桷撰	
一二〇四	集一四三	一	此山詩集	一〇卷	二冊	元周權撰　陳旅選	三集

一二〇五

集一四四

頁	書名	卷數	冊數	撰者	集
五五	霞外詩集	一〇卷	四冊	元馬 臻撰	十集
一七一	申齋集	一五卷	八冊	元劉岳申撰 蕭 洵編	十二集
三六一	西巖集	二〇卷	八冊	元張之翰撰	初集
五三五	蒲室集	一五卷	五冊	元釋大訢撰	二集
一	弁山小隱吟錄	二卷	二冊	元黃 玠撰	
五七	續軒渠集	一〇卷	四冊	元洪希文撰 洪巖虎撰	六集
一四八	附錄	一卷			
一五一	定宇集	一六卷	一二冊	元陳 櫟撰	二集
一五三	年表	一卷			
四二七	別集	一卷			
四五一	艮齋詩集	一四卷	三冊	元侯克中撰	初集
五三三	知非堂稿	六卷	三冊	元何 中撰	五集
五九五	雲林集	六卷	三冊	元貢 奎撰	三集
六六七	梅花字字香	二卷	一冊	元郭豫亨撰	九集
六六九	前集	（一卷）	（一冊）		
六七六	後集	（一卷）			

全書冊次	分部冊次	頁次	書名			著者	珍本集次
一二〇六	集一四五	一	中庵集	二〇卷	八冊	元 劉敏中撰	三集
		二〇一	文忠集	六卷	三冊	元 王 結撰	初集
		二六三	靜春堂詩集	四卷	一冊	元 袁 易撰	
		二六四	目錄	一卷			
		二九五	惟實集	七卷	二冊	元 劉 鶚撰	四集
		三六二	附錄	一卷			
		三七七	勤齋集	八卷	三冊	元 蕭 𣂏撰	二集
		四五九	石田文集	一五卷	八冊	元 馬祖常撰	六集
		六五三	附錄	一卷			
		六五九	榘菴集	一五卷	六冊	元 同 恕撰	初集
一二〇七	集一四六	一	道園學古錄	五〇卷	三〇冊	元 虞 集撰	
		七〇七	道園遺稿	六卷	四冊	元 虞 集撰 明 虞 堪編	五集
一二〇八	集一四七	一	楊仲弘集	八卷	二冊	元 楊 載撰	
		六〇七	范德機詩集	七卷	三冊	元 范 梈撰	

冊號	類號	頁	書名	卷數	冊數	著者	附註
		一四九	文安集	一四卷	四冊	元揭傒斯撰 錫喇布哈編	
		三〇一	補遺	一卷			
		三〇三	翠寒集	一卷	一冊	元宋無撰	十一集
		三三五	檜亭集	九卷	二冊	元丁復撰 饒介之 李謙之輯	三集
		三九一	伊濱集	二四卷	八冊	元王沂撰	初集
一二〇九	集一四八	一	淵穎集	一二卷	八冊	元吳萊撰 明宋濂編	
		二一〇	附錄	一卷			
		二二五	文獻集	一〇卷	一四冊	元黃溍撰 明張儉編	
一二一〇	集一四九	一	圭齋文集	一五卷	六冊	元歐陽玄撰	
		一七三	附錄	一卷			
		一七七	待制集	二〇卷	一四冊	元柳貫撰 明宋濂等編	
		五三七	附錄	一卷			
		五四三	所安遺集	一卷	一冊	元陳泰撰	九集
		五六七	閑居叢稿	二六卷	八冊	元蒲道源撰 蒲機編	
一二一一	集一五〇	一	至正集	八一卷	一八冊	元許有壬撰	八集
		五七四	附 元史本傳	一卷			

全書冊次	分部冊次	頁次	書名		著者	珍本集次
一二一二	集一五一	五七九	圭塘小藁　一三卷	四冊	元 許有壬撰　許有孚編	六集
		六八四	別集　二卷			
		七一七	續集　一卷		明 許　顒編	
		一	禮部集　二〇卷	一〇冊	元 吳師道撰	十二集
		三〇三	附錄　一卷			
		三一一	積齋集　五卷	二冊	元 程端學撰	別輯
		三六七	燕石集　一五卷	六冊	元 宋　褧撰	二集
		五一三	秋聲集　四卷	二冊	元 黃鎮成撰	六集
		五六五	雁門集　四卷	三冊	元 薩都拉撰	
		六六五	杏庭摘藁　一卷	一冊	元 洪焱祖撰　洪　在編	三集
一二一三	集一五二	一	安雅堂集　一三卷	四冊	元 陳　旅撰　陳　籲編	二集
		一八一	傅與礪詩文集　二〇卷	六冊	元 傅若金撰	三集
		一八一	詩集　（八卷）	（四冊）		
		二九八	文集　（一一卷）	（二冊）		
		三六四	附錄　（一卷）			

冊次	頁	書名	卷數	冊數	撰者	集
	三七三	瓢泉吟稿	五卷	二冊	元 朱晞顏撰	初集
	四二七	筠軒集	一三卷	六冊	元 唐　元撰	三集
	五九七	俟菴集	三〇卷	八冊	元 李　存撰	二集
	六〇〇	墓志銘	一卷			
	八三三	附錄	一卷			
一二一四 集一五三	一	滋溪文稿	三〇卷	一四冊	元 蘇天爵撰	
	二	目錄	一卷			
	三六一	青陽集	六卷	四冊	元 余　闕撰	
	四二七	鯨背吟集	一卷	一冊	舊題元 朱晞顏撰	十集
	四三三	經濟文集	六卷	三冊	元 李士瞻撰　明 李　伸編	十一集
	五〇五	近光集	三卷	二冊	元 周伯琦撰	二集
	五四三	扈從集	一卷			
	五五一	純白齋類稿	二〇卷	六冊	元 胡　助撰	
	六八七	圭峯集	二卷	二冊	元 盧　琦撰	三集
	七五四	附錄	一卷			
一二一五 集一五四	一	蛻菴集	五卷	二冊	元 張　翥撰	五集

全書冊次	分部冊次	頁次	書名			著者	珍本集次
一二一六	集一五五	九一	五峰集	一〇卷	二冊	元 李孝光撰	七集
		一八五	野處集	四卷	二冊	元 邵亨貞撰	初集
		二二七	夢觀集	五卷	一冊	元 釋大圭撰	五集
		二六一	金臺集	二卷	一冊	元 納延撰	十一集
		三〇七	子淵詩集	六卷	三冊	元 張仲深撰	初集
		三五五	午溪集	一〇卷	二冊	元 陳鎰撰	初集 三集
		四一九	葯房樵唱	三卷	二冊	元 吳景奎撰	三集
		四五一	附錄	一卷			
		四五九	栲栳山人詩集	三卷	一冊	元 岑安卿撰	五集
		四九一	梅花道人遺墨	二卷	一冊	元 吳鎮撰 明 錢棻輯	
		五〇九	玩齋集	一〇卷	八冊	元 貢師泰撰 明 沈性編	三集
		七三三	拾遺	一卷			
		七三八	附錄	一卷			
		一	羽庭集	六卷	四冊	元 劉仁本撰	別輯

一二一七

集一五六

頁	書名	卷數	冊數	撰者	集
一三	不繫舟漁集	一五卷	六冊	元陳高撰	十集
二七三	附錄	一卷			
二七七	居竹軒詩集	四卷	二冊	元成廷珪撰	三集
三五一	句曲外史集	三卷	三冊	元張雨撰	
三八九	附錄	一卷			
三九四	補遺	三卷			
四一一	附	一卷			
四二一	僑吳集	一二卷	八冊	元鄭元祐撰　明張習重編	
六一四	附錄	一卷			
六一九	詠物詩	一卷	一冊	元謝宗可撰	六集
六三五	鹿皮子集	四卷	二冊	元陳樵撰	
六三五	目錄	一卷			
六九九	林外野言	二卷	一冊	元郭翼撰	四集
七三五	傲軒吟稿	一卷	一冊	元胡天游撰	初集
一	師山集	八卷	四冊	元鄭玉撰	四集
六七	師山遺文	五卷			
一〇一	附錄	一卷			

全書冊次	分部冊次	頁次	書名	卷	冊	著者	珍本次集
		二九	友石山人遺稿	一卷	一冊	元王翰撰 明王偁輯	八集
		一四三	聞過齋集	八卷	四冊	元吳海撰 明王偁編	
		二五三	學言稿	六卷	二冊	元吳當撰	三集
		三一七	北郭集	六卷	二冊	元許恕撰 明許節編	十二集
		三五四	補遺	一卷			
		三六一	附 述古齋集	一卷		明許節撰	
		三六五	玉笥集	一〇卷	四冊	元張憲撰	
		四七三	青村遺稿	一卷	一冊	元金涓撰 明金魁輯	
		四九三	鶴年詩集	三卷	二冊	元丁鶴年撰	
		五四三	附 丁孝子傳	一卷			
		五四七	貞素齋集	八卷	三冊	元舒頔撰	二集
		六六八	附錄	二卷			
		六八五	一山文集	九卷	三冊	元李繼本撰 明李伸編	十一集
		七九五	江月松風集	一二卷	二冊	元錢惟善撰	
一二一八	集一五七	一	龜巢稿	一七卷	一四冊	元謝應芳撰	十集

冊次	頁	書名	卷數	冊數	著者	備註
	四五七	石初集	一〇卷	三册	元 周霆震撰	十二集
	三三五	山窗餘稿	一卷	一册	元 甘 復撰	十二集
	五六三	梧溪集	七卷	六册	元 王 逢撰	二集
一二一九 集一五八	一	吾吾類稿	三卷	二册	元 吳 皐撰	別輯
	四二五	樵雲獨唱	六卷	三册	元 葉 顒撰	
	一三三	桐山老農集	四卷	一册	元 魯 貞撰	初集
	一五五	靜思集	一〇卷	四册	元 郭 鈺撰	二集
	二五三	九靈山房集	三〇卷	一四册	元 戴 良撰	
	二五六	年譜	一卷			
	六〇八	補編	二卷			
	六一七	灤京雜咏	一卷	一册	元 楊允孚撰	
	六二九	雲陽集	一〇卷	六册	元 李 祁撰	二集
一二二〇 集一五九	一	南湖集	二卷	二册	元 貢性之撰	七集
	四九	佩玉齋類藁	一〇卷	二册	元 楊 翮撰	初集
	一三七	玉山璞稿	一卷	一册	元 顧 瑛撰	
	一五一	清閟閣全集	一二卷	八册	元 倪 瓚撰 清 曹培廉編	

全書冊次	分部冊次	頁次	書名	卷數	冊數	著者	珍本集次
一二二一	集一六〇	三五七	麟原文集	二四卷	八册	元王　禮撰	初集
		三五七	前集	（一二卷）	（四册）		
		四五五	後集	（一二卷）	（四册）		
		五六六	附錄	一卷			
		五六九	來鶴亭集	八卷	二册	元呂　誠撰	八集
		六一五	補遺	一卷			
		六二一	雲松巢集	三卷	一册	元朱希晦撰	四集
		六四九	環谷集	八卷	四册	元汪克寬撰	七集
		一	性情集	六卷	二册	元周　巽撰	初集
		四三	花谿集	三卷	二册	元沈夢麟撰　明沈　清編	九集
		一一一	樗隱集	六卷	二册	元胡行簡撰	二集
		一五九	東山存稿	七卷	五册	元趙　汸撰	二集
		三六五	附　東山趙先生汸行狀	一卷		元詹　烜撰	
		三七三	東維子集	三〇卷	一四册	元楊維楨撰	
		三七六	卷首	一卷			
		七〇九	附錄	一卷			

冊次	函號	頁	書名	卷數	冊數	著者	
一二二二	集一六一	一	鐵崖古樂府	一〇卷	四冊	元楊維楨撰　吳復編	
		七九	樂府補	六卷			
		一三三	復古詩集	六卷	一冊	元楊維楨撰　章琬編	
		一四五	麗則遺音	四卷	一冊	元楊維楨撰　陳存禮編	四集
		一七六	附錄	一卷			
		一八一	夷白齋稾	三五卷	七冊	元陳基撰	九集
		三五六	外集	二卷			
		三九五	庸菴集	一四卷	五冊	元宋禧撰	二集
		四九九	可閒老人集	四卷	四冊	元張昱撰	初集
		六一九	石門集	七卷	二冊	元梁寅撰	四集
		六六七	玉笥集	九卷	四冊	元鄧雅撰	初集

別集五、明洪武至崇禎（第一千二百二十三冊至第一千二百九十七冊）

冊次	函號	頁	書名	卷數	冊數	著者	
一二二三	集一六二	一	明太祖文集	二〇卷	八冊	明太祖撰　明姚士觀　沈鈇編校	
一二二三—一二二四	集一六二—一六三	三二五	文憲集	三二卷	三二冊	明宋濂撰	

全書冊次	分部冊次	頁次	書名	卷數	冊數	著者	珍本集次
一二二四	集一六三	五六三	宋景濂未刻集	二卷	二冊	明宋濂撰 清蔣超編	四集
一二二五	集一六四	一	誠意伯文集	二〇卷	一六冊	明劉基撰	
		四九三	鳳池吟稿	一〇卷	四冊	明汪廣洋撰	三集
		五六七	陶學士集	二〇卷	八冊	明陶安撰	七集
		八〇九	西隱集	一〇卷	四冊	明宋訥撰	三集
		九三三	附錄	一卷			
一二二六	集一六五	一	王忠文集	二四卷	一八冊	明王禕撰 明劉傑 劉同編	
		五一五	翠屏集	四卷	四冊	明張以寧撰	二集
		六四七	說學齋稿	四卷	四冊	明危素撰	三集
		七五五	雲林集	二卷	一冊	明危素撰	三集
		七七三	白雲集	七卷	五冊	明唐桂芳撰	四集
一二二七	集一六六	一	林登州集	二三卷	八冊	明林弼撰	四集
		二〇〇	附錄	一卷			
		二〇五	槎翁詩集	八卷	八冊	明劉嵩撰	五集

冊次	集部冊次	頁	書名	卷數	冊數	撰者	集別
		五六三	東皐錄	三卷	三冊	明釋妙聲撰	五集
		六四九	覆瓿集	七卷	四冊	明朱同撰	初集
		七二五	附錄	一卷			
		七三三	栢軒集	五卷	四冊	明凌雲翰撰	十集
一二二八	集一六七	一	白雲稿	五卷	二冊	明朱右撰	二集
		七七	密菴集	八卷	四冊	明謝肅撰	別輯
		一七九	清江詩集	一〇卷	一四冊	明貝瓊撰	
		二九〇	文集	三〇卷			
		五〇九	蘇平仲文集	一六卷	一二冊	明蘇伯衡撰	
		五一〇	目錄	一卷			
一二二九	集一六八	一	胡仲子集	一〇卷	六冊	明胡翰撰	
		一三九	始豐稿	一四卷	八冊	明徐一夔撰	十集
		三八五	王常宗集	四卷	二冊	明王彝撰 都穆編	三集
		四三一	補遺	一卷			
		四三七	續補遺	一卷		明劉廷璋 浦杲同編	
		四四五	白石山房逸藁	二卷	一冊	明張丁撰	十一集
		四六八	附錄	一卷			

全書冊次	分部冊次	頁次	書名			著者	珍本集次
		四七五	滄螺集	六卷	一冊	明孫作撰	十集
		五一三	臨安集	六卷	二冊	明錢宰撰	三集
		五六三	尙絅齋集	五卷	三冊	明童冀撰	初集
		六五三	趙考古文集	二卷	二冊	明趙撝謙撰	四集
		七一三	劉彥昺集	九卷	二冊	明劉炳撰　楊維楨評	二集
		七七一	藍山集	六卷	二冊	明藍仁撰	別輯
		八三三	藍澗集	六卷	二冊	明藍智撰	別輯
一二三〇	集一六九	一	大全集	一八卷	八冊	明高啓撰	
		二五三	鳧藻集	五卷	三冊	明高啓撰	
		三三九	眉菴集	一二卷	四冊	明楊基撰	
		四八四	補遺	一卷			
		四八九	靜菴集	四卷	二冊	明張羽撰	
		五四七	北郭集	六卷	二冊	明徐賁撰	

一二三一　集一七〇

一　鳴盛集　四卷　四册　明林鴻撰　邵銅編　五集
八〇　附錄　一卷

八三　白雲樵唱集　四卷　四册　明王恭撰　四集
二〇五　附錄　一卷

二〇九　草澤狂歌　五卷　三册　明王恭撰　初集

二七九　半軒集　一二卷　六册　明王行撰　三集
四四〇　半軒集補遺　一卷
四五八　方外補遺　一卷
四六八　附　王半軒傳　一卷　明杜瓊撰

四七一　西菴集　九卷　四册　明孫蕡撰　六集

五七五　南郵詩集　四卷　三册　明陶宗儀撰　十一集

六三七　望雲集　五卷　一册　明郭奎撰　四集

六七三　蚓竅集　一〇卷　二册　明管時敏撰　十集

七三一　西郊笑端集　二卷　二册　明董紀撰　二集

一二三二　集一七一

一　草閣詩集　六卷　三册　明李曄撰
五八　拾遺　一卷
八一　文集　一卷
八五　附　筠谷詩集　一卷　明李轅撰

全書冊次	分部冊次	頁次	書名			著者	珍本集次
一二三三	集一七二	九三	楞菴類藁	二卷	一冊	明鄭潛撰	初集
		一一三	春草齋集	一〇卷	五冊	明烏斯道撰	十集
		一三五	詩集	(五卷)	(二冊)		
		一七七	文集	(五卷)	(三冊)		
		二五九	耕學齋詩集	一二卷	四冊	明袁華撰	三集
		三六一	可傳集	一卷	一冊	明袁華撰　楊維楨刪定	初集
		三八三	強齋集	一〇卷	五冊	明殷奎撰　余熂編	四集
		五三三	海桑集	一〇卷	六冊	明陳謨撰	四集
		七二一	畦樂詩集	一卷	一冊	明梁蘭撰	八集
		一	竹齋集	三卷	三冊	明王冕撰　王周編	
		九三	續集	一卷			
		一〇一	附錄	一卷		明駱居安編	
		一〇七	獨醉亭集	三卷	二冊	明史謹撰	初集
		一六一	海叟集	四卷	二冊	明袁凱撰	六集
		二一七	榮進集	四卷	二冊	明吳伯宗撰	三集

冊次	集次	頁	書名	卷數	冊數	著者	集
		二七三	梁園寓稿	九卷	二冊	明王　翰撰	三集
		三三五	自怡集	一卷	一冊	明劉　璉撰	四集
		三四九	附錄	一卷			
		三五三	斗南老人集	六卷	六冊	明胡　奎撰	五集
		五八一	希澹園詩集	三卷	二冊	明虞　堪撰	初集
		六一九	鵞湖集	六卷	三冊	明龔　斆撰	二集
一二三四	集一七三	一	滎陽外史集	存六三卷（原一〇〇卷，中缺卷一—六、一四—二〇、三一—三三、四四、五八—五九、六八—八六）	一九冊	明鄭　眞撰	初集
		六五一	繼志齋集	九卷	三冊	明王　紳撰	四集
		七八五	全室外集	九卷	三冊	明釋宗泐撰	六集
		八五三	續篇	一卷			
一二三五	集一七四	一	中丞集	二卷	二冊	明練子寧撰	十一集
		三七	中丞遺事附錄	一卷			
		四三	遜志齋集	二四卷	二二冊	明方孝孺撰	
		七一五	貞白遺稿	一〇卷	三冊	明程　通撰　程　長等輯	三集

全書冊次	分部冊次	頁次	書名			著者	珍本集次
一二三六	集一七五	八〇五	靜學文集	一卷	一冊	明王原采撰	十二集
		八〇六	附本傳	一卷			
		一	芻蕘集	六卷	四冊	明周是修撰	四集
		一三五	巽隱集	四卷	二冊	明程本立撰	十一集
		二〇九	易齋集	二卷	二冊	明劉璟撰	四集
		二一〇	附本傳	一卷			
		二六一	野古集	三卷	四冊	明龔詡撰	四集
		二六三	年譜	一卷			
		三一八	附錄	一卷			
		三三七	峴泉集	四卷	四冊	明張宇初撰	五集
		五一九	唐愚士詩	四卷	二冊	明唐之淳撰	四集
		五九一	文毅集	十六卷	六冊	明解縉撰 清解悅編	四集
		八三六	附錄	一卷			
一二三七	集一七六	一	虛舟集	五卷	三冊	明王偁撰	四集
		八一	王舍人詩集	五卷	四冊	明王紱撰	八集
		一七三	附錄	一卷			

冊次	集	頁	書名	卷數	冊數	撰者	集
		一七七	泊菴集	一六卷	六册	明梁潛撰	六集
		四三一	毅齋集	八卷	四册	明王洪撰	初集
		五四五	頤庵文選	二卷	二册	明胡儼撰	四集
		六八一	青城山人集	八卷	四册	明王璲撰	三集
一二三八—一二三九	集一七七—一七八	一	東里集	九三卷	四八册	明楊士奇撰	七集
		一	文集	(二五卷)	(一一册)		
		三〇〇	詩集	(三卷)	(三册)		
		三七〇	續集	(六二卷)	(三二册)		
一二三九	集一七八	五七九	別集	(三卷)	(二册)		
一二四〇	集一七九	一	文敏集	二五卷	一四册	明楊榮撰	四集
		四〇三	附錄	一卷			
		四八一	忠靖集	六卷	三册	明夏原吉撰	四集
		五三六	附錄	一卷			
		四三三	省愆集	二卷	二册	明黃淮撰	十集
		五七三	金文靖集	一〇卷	八册	明金幼孜撰	二集
一二四一—一二四二	集一八〇—一八一	一	抑菴文集	一三卷	四八册	明王直撰	八集
		三〇四	抑菴文後集	三七卷		明王稹　王稹編	

全書冊次	分部冊次	頁次	書名	卷數	冊數	著者	珍本集次
一二四二	集一八一	四〇七	運甓漫稿	七卷	五冊	明 李昌祺撰	二集
		五三一	梧岡集	一〇卷	六冊	明 唐文鳳撰	八集
		六五九	古廉文集	一一卷	八冊	明 李時勉撰 明 戴 難 李 顒編	三集
		六八八	附錄	一卷			
一二四三	集一八二	一	曹月川集	一卷	一冊	明 曹 端撰 清 張伯行輯	十二集
		一八	附錄	一卷			
		三一	敬軒文集	二四卷	一四冊	明 薛 瑄撰 張 鼎編	十二集
		四〇三	兩谿文集	二四卷	八冊	明 劉 球撰	十一集
一二四四	集一八三	一	忠肅集	一二卷	一〇冊	明 于 謙撰	四集
		三九六	附錄	一卷			
		四一九	蘭庭集	二卷	二冊	明 謝 晉撰	初集
		四八一	古穰集	三〇卷	一二冊	明 李 賢撰 程敏政編	二集
一二四五	集一八四	一	武功集	五卷	五冊	明 徐有貞撰	四集
		三三五	倪文僖集	三二卷	一四冊	明 倪 謙撰	十二集
		六〇三	襄毅文集	一五卷	七冊	明 韓 雍撰	四集

編號	冊次	頁	書名	卷數	冊數	著者	集
一二四六	集一八五	一	陳白沙集	九卷	一〇冊	明陳獻章撰　湛若水校定	
		三三三	附錄	一卷			
		三五三	類博稿	一〇卷	四冊	明岳正撰　李東陽編	三集
		四五五	附錄	一卷			
		四六七	竹巖集	二卷	二冊	明柯潛撰	四集
		五一三	補遺	一卷			
		五一六	附錄	一卷			
		五三一	平橋藁	一八卷	八冊	明鄭文康撰	七集
		六七六	附錄	一卷			
一二四七	集一八六	一	彭惠安集	一〇卷	四冊	明彭韶撰	三集
		一〇一	清風亭稿	八卷	三冊	明童軒撰　李澄編	三集
		一七九	方洲集	二六卷	一二冊	明張寧撰	三集
		五八一	附 讀史錄	六卷			
一二四八	集一八七	一	重編瓊臺藁	二四卷	一六冊	明丘濬撰　丘爾穀編	四集
		五三一	謙齋文錄	四卷	四冊	明徐溥撰	四集
一二四九	集一八八	一	椒邱文集	三四卷	一六冊	明何喬新撰	五集
		五三九	外集	一卷			

全書冊次	分部冊次	頁次	書名	著者	珍本集次
		五五九	石田詩選 一〇卷 四冊	明沈周撰 華汝德編	
		七一九	東園文集 一三卷 五冊	明鄭紀撰	三集
		八五八	附錄 一卷		
一二五〇	集一八九	一	懷麓堂集 一〇〇卷 三〇冊	明李東陽撰	
一二五一	集一九〇	一	青谿漫稿 二四卷 一二冊	明倪岳撰	十集
		三五七	康齋集 一二卷 一〇冊	明吳與弼撰	四集
		五九七	樓居雜著 一卷 一冊	明朱存理撰 朱觀潛輯	八集
		六一五	野航詩稿 一卷		
		六一八	野航文稿 一卷		
		六三三	野航附錄 一卷		
		六二九	一峯文集 一四卷 六冊	明羅倫撰	四集
一二五二｜一二五三	集一九一｜一九二	一	篁墩文集 九三卷 五六冊	明程敏政撰	三集
一二五三	集一九二	七六七	拾遺 一卷		
一二五四	集一九三	一	楓山集 四卷 四冊	明章懋撰	
		一四三	附錄 一卷		

冊號	集號	頁碼	書名	卷數	冊數	撰者	集
		一四五	定山集	一〇卷	六冊	明莊　昶撰	九集
		三三一	補遺	一卷			
		三六七	未軒文集	一二卷	八冊	明黃仲昭撰	三集
		五七六	補遺	二卷			
		六三五	醫閭集	九卷	四冊	明賀　欽撰　賀士諮編	九集
		七三一	翠渠摘稿	七卷	六冊	明周　瑛撰　林近龍編	二集
		八七三	續編	一卷		清周維鏞輯	
一二五五	集一九四	一	家藏集	七七卷	三四冊	明吳　寬撰	
		七九一	補遺	一卷			
一二五六	集一九五	一	歸田稿	八卷	四冊	明謝　遷撰	四集
		一一九	震澤集	三六卷	一六冊	明王　鏊撰	五集
		五三九	鬱洲遺稿	八卷	四冊	明梁　儲撰	四集
一二五七	集一九六	一	見素集	二八卷	二四冊	明林　俊撰	五集
		三三五	奏議	七卷			
		四五四	續集	一二卷			
		五七六	附錄	二卷			

全書冊次	分部冊次	頁次	書名			著者	珍本集次
一二五八	集一九七	五九一	古城集	六卷	六冊	明 張吉撰	三集
		七三七	補遺	一卷			
		七五五	虛齋集	五卷	五冊	明 蔡清撰	七集
		一	容春堂集	六一卷	三二冊	明 邵寶撰	五集
		一	前集	(二〇卷)	(八冊)		
		二三五	後集	(一四卷)	(七冊)		
		四〇〇	續集	(一八卷)	(一四冊)		
		七三三	別集	(九卷)	(三冊)		
一二五九	集一九八	一	圭峯集	三〇卷	一四冊	明 羅玘撰	四集
		三五一	吳文肅摘稿	四卷	四冊	明 吳儼撰	三集
		四三一	立齋遺文	五卷	二冊	明 鄒智撰	九集
		四七七	附錄	一卷			
		四八七	熊峯集	一〇卷	七冊	明 石珤撰	三集
		六八五	西村集	八卷	八冊	明 史鑑撰	三集
		六九〇	卷首	一卷			
一二六〇	集一九九	一	胡文敬集	三卷	二冊	明 胡居仁撰 余祐編	

冊	集	頁	書名	卷數	冊數	撰者	函
		七九	方簡肅文集	一〇卷	三冊	明 方良永撰	三集
		一六九	小鳴稿	一〇卷	八冊	明 朱誠泳撰	二集
		三六三	懷星堂集	三〇卷	一六冊	明 祝允明撰	六集
一二六一	集二〇〇	一	整菴存稿	二〇卷	一〇冊	明 羅欽順撰	四集
		二七三	東江家藏集	四二卷	二二冊	明 顧 清撰	
		八七八	附 風聞言事論	一卷		明 王 鏊著	五集
一二六二	集二〇一	一	空同集	六六卷	二六冊	明 李夢陽撰	八集
一二六三	集二〇二	一	山齋文集	二四卷	五冊	明 鄭 岳撰　鄭 炫編	四集
		一二五	顧華玉集	四五卷	一六冊	明 顧 璘撰	六集
		一三五	浮湘藁	（四卷）	（一冊）		
		一七三	山中集	（一〇卷）	（二冊）		
		二六三	憑几集	（五卷）	（二冊）		
		三一三	憑几集續編	（二卷）	（一冊）		
		三三七	息園存稿詩	（一四卷）	（四冊）		
		四五三	息園存稿文	（九卷）	（五冊）		
		六一三	緩慟集	（一卷）	（一冊）		
一二六四	集二〇三	一	華泉集	一四卷	一〇冊	明 邊 貢撰	七集

全書冊次	分部冊次	頁次	書名	卷數	冊數	著者	珍本集次
		二四五	東田遺稿	二卷	二冊	明張羽撰　張楨編	三集
		三一五	清惠集	一二卷	七冊	明劉麟撰	四集
		四八三	沙溪集	二三卷	八冊	明孫緒撰	八集
一二六五—一二六六	集二〇四—二〇五	一	王文成全書	三八卷	三四冊	明王守仁撰　明錢德洪原編　謝廷傑彙集	
一二六六	集二〇五	二五一	雙溪集	八卷	二冊	明杭淮撰	三集
		三一七	對山集	一〇卷	五冊	明康海撰　清孫景烈編	四集
		四六五	柏齋集	一一卷	八冊	明何瑭撰	六集
		六四五	竹澗集	八卷	八冊	明潘希曾撰	四集
		七五五	奏議	四卷			
		八二一	附錄	一卷			
一二六七	集二〇六	一	大復集	三八卷	一四冊	明何景明撰	七集
		三五三	附錄	一卷			
		三六九	洹詞	一二卷	一二冊	明崔銑撰	六集
		六七三	莊渠遺書	一六卷	一二冊	明魏校撰	五集

冊號	集號	頁	書名	卷數	冊數	撰者	集
一二六八	集二〇七	一	儼山集	一〇〇卷	二八冊	明陸深撰	五集
		六五一	續集	一〇卷			
		七三三	迪功集	六卷	二冊	明徐禎卿撰	
		七七七	附談藝錄	一卷			
		七八三	太白山人漫藁	八卷	三冊	明孫一元撰	三集
一二六九	集二〇八	一	少谷集	二五卷	一二冊	明鄭善夫撰	四集
		三三一	苑洛集	二二卷	一四冊	明韓邦奇撰	四集
		七二一	東洲初稿	一四卷	一二冊	明夏良勝撰	三集
		一〇三三	附錄	一卷			
一二七〇	集二〇九	一	升菴集	八一卷	三四冊	明楊慎撰　張士佩編	
一二七一	集二一〇	一	東巖集	六卷	一冊	明夏尚樸撰	二集
		五五	文簡集	五八卷	二三冊	明孫承恩撰	二集
		六七三	方齋存稿	一〇卷	六冊	明林文俊撰	四集
一二七二	集二一一	一	考功集	一〇卷	四冊	明薛蕙撰	四集
		一三三	附錄	一卷			
		一三一	雲村集	一四卷	六冊	明許相卿撰	二集

全書冊次	分部冊次	頁次	書名	著者	珍本集次
一二七三	集二一二	二八五	小山類稿 二〇卷 八冊	明張岳撰	五集
		三一三	夢澤集 二三卷 八冊	明王廷陳撰	十二集
		一	甫田集 三五卷	明文徵明撰	
		二九三	附 先君行略 一卷 （甫田集與附共）一二冊	明文嘉述	
		二九九	泰泉集 一〇卷 四冊	明黃佐撰	二集
		三九七	西村詩集 二卷	明朱朴撰	八集
		四三四	補遺 一卷 （西村詩集與補遺共）二冊		
		四三九	天馬山房遺稿 八卷 五冊	明朱淛撰	四集
		五六一	蘇門集 八卷 四冊	明高叔嗣撰	六集
		六一三	愚谷集 一〇卷 四冊	明李舜臣撰	五集
一二七四	集二一三	一	遵巖集 二四卷 一四冊	明王愼中撰	八集
		五七七	陸子餘集 八卷 四冊	明陸粲撰	五集
一二七五	集二一四	一	念菴文集 二二卷 一六冊	明羅洪先撰	五集
		五三三	皇甫司勳集 六〇卷 八冊	明皇甫汸撰	三集

編號	集	頁	書名	卷數	冊數	撰者	集數
一二七六	集二一五	一	楊忠介集	一三卷	六册	明楊　爵撰	五集
		一一六	附錄	五卷			
		一八三	荊川集	一二卷	八册	明唐順之撰	
		四九一	皇甫少玄集	二六卷	八册	明皇甫涍撰	三集
		六七三	外集	一〇卷			
一二七七	集二一六	一	瑤石山人稿	一六卷	八册	明黎民表撰	七集
		二〇五	止山集	二〇卷	四册	明丘雲霄撰	五集
		二〇六	南行集	（四卷）	（一册）		
		二一九	東遊集	（二卷）			
		二三五	北觀集	（四卷）	（一册）		
		二四五	山中集	（一〇卷）	（二册）		
		三〇五	張莊僖文集	五卷	四册	明張永明撰	三集
		四〇一	洞麓堂集	一〇卷	八册	明尹　臺撰	五集
		六五三	具茨集	一四卷	八册	明王立道撰	六集
		六五三	詩集	（五卷）	（二册）		
		七一三	文集	（八卷）	（五册）		
		八六八	遺稾	（一卷）	（一册）		

全書冊次	分部冊次	頁次	書名	著者	珍本集次
一二七八	集二一七	一	青霞集 一一卷	明 沈 鍊撰	五集
		一六五	年譜 一卷 （五冊）	明 王元敬編	
		一七三	滄溟集 三〇卷	明 李攀龍撰	八集
		五七三	附錄 一卷 （一四冊）		
		五七九	山海漫談 三卷 一冊	明 任 環撰	五集
		六一一	楊忠愍集 三卷	明 楊繼盛撰	
		六八〇	附錄 一卷 （四冊）		
一二七九—一二八一	集二一八—二二〇	一	弇州四部稿 一七四卷 八四冊	明 王世貞撰	
一二八二—一二八四	集二二一—二二三	一	弇州續稿 二〇七卷 一〇四冊	明 王世貞撰	
一二八五	集二二四	一	讀書後 八卷 四冊	明 王世貞撰	六集
		九七	方麓集 一六卷 一二冊	明 王 樵撰	三集
		四七七	存家詩稿 八卷 三冊	明 楊 巍撰	五集
		五四三	海壑吟稿 一一卷 五冊	明 趙完璧撰	二集
		六六五	伐檀齋集 一二卷	明 張元凱撰	二集
		七八〇	附 諸名家贈答詩 一卷 （四冊）		

冊	集	頁	書名	卷數	冊數	撰者	集數
一二八六	集二二五	一	備忘集	一〇卷	六册	明海瑞撰　清海廷芳編	
		三二九	石洞集	一八卷	一二册	明葉春及撰	五集
一二八七	集二二六	一	宗子相集	一五卷	六册	明宗臣撰	六集
		三三五	衡廬精舍藏稿	三〇卷	二〇册	明胡直撰	四集
		七〇三	衡廬續稿	一一卷			
一二八八	集二二七	一	薜荔園詩集	四卷	四册	明佘翔撰	八集
		一三七	鯤溟詩集	四卷	三册	明郭諫臣撰	五集
		二〇九	亦玉堂稿	一〇卷	四册	明沈鯉撰　清劉榛輯	五集
		三六一	溫恭毅集	三〇卷	一二册	明溫純撰	七集
		三六一	目錄	一卷			
一二八九	集二二八	一	震川集	三〇卷	一八册	明歸有光撰　清歸莊編	
		四三三	別集	一〇卷			
		六〇五	四溟集	一〇卷	六册	明謝榛撰　盛以進訂補	八集
		七五五	蠛蠓集	五卷	五册	明盧柟撰	五集
一二九〇	集二二九	一	少室山房集	一二〇卷	二八册	明胡應麟撰　江湛然輯	十二集
		四	附　石羊生傳	一卷		明王世貞撰	

全書冊次	分部冊次	頁次	書名			著者	珍本集次
一二九一	集二三〇	一	穀城山館詩集	二〇卷	八冊	明 于慎行撰	七集
		一九三	宗伯集	一〇卷	八冊	明 孫繼皐撰	四集
		五九七	臨皐文集	四卷	四冊	明 楊寅秋撰	二集
		七六五	淡然軒集	八卷	八冊	明 余繼登撰 馮 琦編	五集
一二九二	集二三一	一	涇皐藏稿	二二卷	一〇冊	明 顧憲成撰	八集
		二五三	小辨齋偶存	八卷	三冊	明 顧允成撰	九集
		三三九	高子遺書	一二卷	一二冊	明 高攀龍撰 陳龍正編	
一二九三	集二三二	一	少墟集	二〇卷	一二冊	明 馮從吾撰	五集
		三七七	石隱園藏稿	八卷	八冊	明 畢自嚴撰	五集
		六六九	仰節堂集	一四卷	六冊	明 曹于汴撰	三集
一二九四	集二三三	一	願學集	八卷	九冊	明 鄒元標撰	五集
		三〇一	劉蕺山集	一七卷	八冊	明 劉宗周撰	十二集
一二九五	集二三四	一	學古緒言	二五卷	一二冊	明 婁 堅撰	七集
		二九三	檀園集	一二卷	四冊	明 李流芳撰	六集

冊號	頁	書名	卷數	冊數	著者	集
一二九六 集二三五	四一	忠介燼餘集	三卷	一冊	明 周順昌撰 清 周 靖編	
	四三九	文忠集	一二卷	八冊	明 范景文撰 清 范毓秀 王孫錫編	
一二九六 集二三五	一	幔亭集	一五卷	八冊	明 徐 熥撰	五集
	一九七	白谷集	五卷	五冊	明 孫傳庭撰	十集
	三七九	集玉山房稿	一〇卷	六冊	明 葛 昕撰	三集
	五四三	宋布衣集	三卷	二冊	明 宋登春撰	
	五八九	忠肅集	二卷	一冊	明 盧象昇撰	十一集
一二九七 集二三六	一	倪文貞集	一七卷	一〇冊	明 倪元璐撰	
	二二三	續編	三卷			
	三二一	奏疏	一二卷			
	三三四	講編	四卷			
	三四三	詩集	二卷			
	三七九	凌忠介公集	六卷	四冊	明 凌義渠撰	三集
	四七一	申忠愍詩集	六卷	一冊	明 申佳胤撰	
	五〇五	茅簷集	八卷	四冊	明 魏學洢撰	四集
	六三一	陶菴全集	二二卷	八冊	明 黃淳耀撰	十二集

別集六、清代（第一千二百九十八冊至第一千三百二十八冊）

全書冊次	分部冊次	頁次	書名	著者	珍本集次
一二九八—一二九九	集二三七—二三八	一	聖祖仁皇帝御製文集　一七六卷　五八冊	清　聖祖御製	
		一	初集（四〇卷）　五卷）（一二冊）	清　張玉書等奉敕編	
		四	總目		
		三二〇	第二集（五〇卷）　六卷）（一八冊）	清　張玉書等奉敕編	
		三二〇	總目		
一二九九	集二三八	一	第三集（五〇卷）　六卷）（一六冊）	清　張玉書等奉敕編	
		一	總目		
		三七七	第四集（三六卷）　四卷）（一二冊）	清　允祿等奉敕編	
		三七七	總目		
一三〇〇	集二三九	一	世宗憲皇帝御製文集　三〇卷　四卷）一〇冊	清　世宗御製	
		一	目錄		
		三二三	御製樂善堂全集定本　三〇卷　一卷　一卷　一卷）一二冊	清　高宗御製　蔣溥等奉敕重編	
		三二三	序		
		二五七	目錄		
		五四一	跋		

一三〇一　集二四〇
御製文集　九二卷　二六冊　清　高宗御製
一　初集（三〇卷）　（八冊）　清　于敏中等奉敕編
五　目錄　二卷
二七一　二集（四四卷）　（一二冊）　清　梁國治　董　誥等奉敕編
二七三　目錄　二卷
五六三　三集（一六卷）　（五冊）　清　沈　初　彭元瑞等奉敕編
五六三　目錄　一卷
六八四　餘集（二卷）　（一冊）　清　彭元瑞　戴衢亨等奉敕編
六八四　目錄　一卷

一三〇二｜一三一一　集二四一｜二五〇
御製詩集　四五四卷　二九〇冊　清　高宗御製
一　初集（四四卷）　（二四冊）　清　蔣　溥等奉敕編
五　目錄　四卷
一三〇三｜一三〇四　集二四二｜二四三
一　二集（九〇卷）　（五二冊）　清　蔣　溥等奉敕編
三　目錄　一〇卷
一三〇五｜一三〇六　集二四四｜二四五
一　三集（一〇〇卷）　六二冊　清　于敏中等奉敕編
三　目錄　一二卷
一三〇七｜一三〇八　集二四六｜二四七
一　四集（一〇〇卷）　（三八冊）　清　董　誥等奉敕編
五　目錄　一二卷
一三〇九｜一三一一　集二四八｜二五〇
一　五集（一〇〇卷）　（一〇二冊）　清　王　杰等奉敕編
三　目錄　一二卷
一三一一　集二五〇
五三一　餘集（二〇卷）　（一二冊）
五三一　目錄　三卷

全書冊次	分部冊次	頁次	書名	著者	珍本集次
一三一二	集二五一	一	梅村集 四〇卷 一六冊	清 吳偉業撰	
		四二一	湯子遺書 一〇卷 六冊	清 湯斌撰 王廷燦編	十一集
		六三三	附錄 一卷		
		六四五	兼濟堂文集 二〇卷 一四冊	清 魏裔介撰	四集
一三一三	集二五二	一	學餘堂文集 二八卷 二二冊	清 施閏章撰	三集
		三五九	詩集 五〇卷		
		八四九	外集 二卷		
一三一四	集二五三	一	范忠貞集 一〇卷 六冊	清 范承謨撰 劉可書編	三集
		一九五	林蕙堂全集 二六卷 一八冊	清 吳綺撰	三集
一三一五	集二五四	一	精華錄 一〇卷 八冊	清 王士禛撰	
		二〇三	堯峯文鈔 五〇卷 一六冊	清 汪琬撰	
一三一六	集二五五	一	午亭文編 五〇卷 二二冊	清 陳廷敬撰	四集
		七四五	讀書齋偶存稿 四卷 四冊	清 葉方藹撰	二集

編號	冊次	頁	書名	卷數	冊數	撰者	集
一三一七	集二五六	一	松桂堂全集	三七卷	一〇冊	清 彭孫遹撰	三集
		三〇五	延露詞	三卷			
		三四三	南洤集	三卷			
一三一七—一三一八	集二五六—二五七	三八九	曝書亭集	八〇卷	二六冊	清 朱彝尊撰	
		五三五	附 葉兒樂府	一卷			
一三一八	集二五七	五四一	于清端政書	八卷	六冊	清 于成龍撰	九集
一三一九	集二五八	一	愚菴小集	一五卷	八冊	清 朱鶴齡撰	四集
		一九五	附 傳家質言	一卷			
		一九九	抱犢山房集	六卷	二冊	清 嵇永仁撰 嵇曾筠編	三集
		二〇〇	附 嵇留山先生傳	一卷		清 姜 垚撰	
		二七五	文端集	四六卷	一四冊	清 張 英撰	二集
一三二〇—一三二一	集二五九—二六〇	一	西河集	存一八九卷（原一九〇卷缺卷一二七）	七〇冊	清 毛奇齡撰	十一集
一三二二	集二六一	一	陳檢討四六	二〇卷	一〇冊	清 陳維崧撰 程師恭註	三集
		二七五	蓮洋詩鈔	一〇卷	四冊	清 吳 雯撰	十集
		三七八	墓誌銘	一卷			
		三八六	附錄	一卷			
		三八九	張文貞集	一二卷	一二冊	清 張玉書撰	

全書冊次	分部冊次	頁次	書名			著者	珍本集次
一三二三	集二六二	一	西陂類稿	三九卷	一二册	清 宋 犖撰	
		五三一	鐵廬集	三卷	四册	清 潘天成撰 許重炎編	十一集
		五三三	卷首	一卷			
		五七一	外集	二卷			
		五九三	湛園集	八卷	八册	清 姜宸英撰 黃叔琳編	十二集
一三二四	集二六三	一	古歡堂集	三七卷	一六册	清 田 雯撰	二集
		三九五	附 黔書	二卷			
		四六九	長河志籍考	一〇卷			
		五三五	榕村集	四〇卷	一八册	清 李光地撰	
一三二五	集二六四	一	三魚堂文集	一二卷	一四册	清 陸隴其撰 侯 銓編	
		一九四	外集	六卷			
		二八一	外集附錄	一卷			
		三〇一	因園集	一三卷	六册	清 趙執信撰	十集
		四三三	懷清堂集	二〇卷	八册	清 湯右曾撰	三集
		六三三	二希堂文集	一一卷	六册	清 蔡世遠撰	二集
		六三六	卷首	一卷			

册號	集號	頁	書名	卷數	册數	撰者	集
一三二六	集二六五	一	敬業堂詩集	五〇卷	二八册	清 查慎行撰	
		七一三	望溪集	八卷	五册	清 方苞撰	
一三二七	集二六六	一	存研樓文集	一六卷	一四册	清 儲大文撰	三集
		三七五	香屑集	一八卷	八册	清 黃之雋撰	三集
		五六四	卷末	一卷			
		五六七	鹿洲初集	二〇卷	二〇册	清 藍鼎元撰	
一三二八	集二六七	一	樊榭山房集	一〇卷	一〇册	清 厲鶚撰	
		一四四	續集	一〇卷			
		二八七	果堂集	一二卷	三册	清 沈彤撰	四集
		三八一	松泉集	四六卷	一二册	清 汪由敦撰	十一集
		三九一	詩集	（二六卷）	（六册）		
		六九一	文集	（二〇卷）	（六册）		

總集類（第一千三百二十九冊至第一千四百七十七冊）

全書冊次	分部冊次	頁次	書名			著者	珍本集次
一三二九	集二六八	一	文選註	六〇卷	二二冊	梁蕭統編 唐李善註	
一三三〇—一三三一	集二六九—二七〇	一	六臣註文選	六〇卷	四八冊	梁昭明太子蕭統編 唐李善 呂延濟 劉良 張銑 呂向 李周翰註	
一三三一	集二七〇	五七三	文選顏鮑謝詩評	四卷	二冊	元方回撰	四集
		六三一	玉臺新詠	一〇卷	三冊	陳徐陵編	
		七三五	玉臺新詠考異	一〇卷	五冊	清紀容舒撰	
一三三二	集二七一	一	高氏三宴詩集	三卷	一冊	唐高正臣輯	三集
		八	附 香山九老詩	一卷			
		一一	篋中集	一卷	一冊	唐元結編	十一集
		一九	河嶽英靈集	三卷	二冊	唐殷璠編	
		六三	國秀集	三卷	一冊	唐芮挺章編	
		九五	御覽詩	一卷	一冊	唐令狐楚編	九集

號	書名	卷數	冊數	撰者	叢書	集	冊
一三五	中興間氣集	二卷	一冊	唐　高仲武編			
一四九	極玄集	二卷	一冊	唐　姚　合編	十集		
一六三	松陵集	一〇卷	四冊	唐　皮日休　陸龜蒙同撰	十二集		
一八一	二皇甫集	八卷	二冊	唐　皇甫冉　皇甫曾合撰　明　劉潤之編	四集		
三一	唐四僧詩	六卷	一冊	唐　釋靈澈等撰	六集		
三四一	薛濤李冶詩集	二卷	一冊	唐　薛　濤　李　冶撰	十一集		
三五七	竇氏聯珠集	五卷	一冊	唐　竇　常等撰　褚藏言編			
三八一	才調集	一〇卷	五冊	蜀　韋　縠編			
五六一	搜玉小集	一卷	一冊	唐　不著撰人	十集		
五七三	古文苑	二一卷	六冊	宋　章樵註			
一	文苑英華	存九九九卷（原一〇〇〇卷缺卷五一六）	二九二冊	宋　李　昉等奉敕編		集二七二—二八一	一三三三—一三四二
四	目錄	四卷					
七三三	文苑英華辨證	一〇卷	四冊	宋　彭叔夏撰		集二八一	一三四二
一	唐文粹	一〇〇卷	四八冊	宋　姚　鉉編		集二八二—二八三	一三四三—一三四四
四八七	西崑詶唱集	二卷	一冊	宋　楊　億編		集二八三	一三四四

全書冊次	分部冊次	頁次	書名	卷數	冊數	著者	珍本集次
一三四五	集二八四	五三三	同文館唱和詩	一〇卷	二冊	宋 鄧忠臣等撰	初集
		五六三	唐百家詩選	二〇卷	八冊	宋 王安石編	十二集
		一	會稽掇英總集	二〇卷	八冊	宋 孔延之編	四集
		一七	清江三孔集	三〇卷	一五冊	宋 孔文仲等撰 王蓬編	五集
		五四三	三劉家集	一卷	一冊	宋 劉渙等撰 劉元高編	十二集
		五八五	二程文集	一三卷	六冊	宋程顥 程頤撰 宋胡安國原編 元譚善心重編	
		七四二	附錄	二卷			
一三四六	集二八五	一	宋文選	三二卷	一六冊	宋 不著編人	五集
		四六三	坡門酬唱集	二三卷	八冊	宋 邵浩編	七集
一三四七—一三四八	集二八六—二八七	一	樂府詩集	一〇〇卷	三二冊	宋 郭茂倩輯	
一三四八	集二八七	二〇七	歲時雜詠	四六卷	一四冊	宋 蒲積中編	三集
		五三三	嚴陵集	九卷	四冊	宋 董弅編	三集
		六〇七	南嶽倡酬集	一卷	一冊	宋 朱熹 張栻 林用中撰	初集
		六二五	附錄	一卷			

一三四九	集二八八	一	萬首唐人絕句	存九一卷（原一〇〇卷缺九卷）	二四冊	宋 洪 邁編	
		一	七言	（存七〇卷）（原七五卷缺卷一八-二二）	（二一冊）		
		六七三	五言	（存二一卷）（原二五卷缺卷一七、二三-二五）	（三冊）		
		八〇五	聲畫集	八卷	四冊	宋 孫紹遠編	八集
一三五〇-一三五一	集二八九-二九〇	一	宋文鑑	一五〇卷	六八冊	宋 呂祖謙奉敕編	
一三五一	集二九〇	七一五	古文關鍵	二卷	二冊	宋 呂祖謙編	
		七九三	回文類聚	四卷	一冊	宋 桑世昌編	七集
		八二三	補遺	一卷		清 朱存孝輯補	
一三五二-一三五三	集二九一-二九二	一	五百家播芳大全文粹	一一〇卷	六六冊	宋 魏齊賢 葉棻同編	十集
		三	姓氏	一卷			
一三五四	集二九三	一	崇古文訣	三五卷	一二冊	宋 樓 昉編	六集
		二九一	成都文類	五〇卷	二四冊	宋 扈仲榮 程遇孫等編	三集
一三五五	集二九四	一	文章正宗	二四卷	二四冊	宋 眞德秀編	十一集
		五	綱目	一卷			
一三五六	集二九五	一	續文章正宗	二〇卷	一六冊	宋 眞德秀原本 明 胡 松增訂 倪 澄重編	

全書冊次	分部冊次	頁次	書名			著者	珍本集次
		四〇九	天台前集	三卷	八冊	宋 李庚原本 林師葴 林表民等增修	初集
		四四四	前集別編	一卷			
		四五八	續集	三卷			
		五一七	續集別編	六卷			
		六一五	赤城集	一八卷	八冊	宋 林表民編	十集
		七八三	妙絕古今	四卷	二冊	宋 湯漢編	十二集
		八六一	唐僧弘秀集	一〇卷	三冊	宋 李龏編	八集
		九二五	衆妙集	一卷	一冊	宋 趙師秀編	九集
一三五七	集二九六	一	江湖小集	九五卷	二八冊	宋 陳起編	七集
		七一九	江湖後集	二四卷	一二冊	宋 陳起編	十一集
一三五八	集二九七	一	三體唐詩	六卷	三冊	宋 周弼編 清 高士奇輯注	七集
		七一	論學繩尺	一〇卷	一〇冊	宋 魏天應編選 林子長箋解	六集
		七三	論訣	一卷			
		五六九	吳都文粹	一〇卷	一〇冊	宋 鄭虎臣編	六集
		五九〇	目錄	一卷			
一三五九	集二九八	一	古文集成前集	七八卷	二〇冊	宋 王霆震編	二集
		五四一	文章軌範	七卷	三冊	宋 謝枋得編	十一集

編號	書號		書名	卷數	冊數	撰者	集
一三六〇	集二九九	六一七	月泉吟社詩	一卷	一冊	宋 吳 渭編	
		一	文選補遺	四〇卷	二六冊	宋 陳仁子輯	七集
一三六一	集三〇〇	一	蘇門六君子文粹	七〇卷	二〇冊	宋 張 耒等撰	
		五〇五	三國志文類	六〇卷	一四冊	宋 不著編人	三集
		七八一	增注唐策	一〇卷	五冊	宋 不著編人	八集
一三六二	集三〇一	一	詩家鼎臠	二卷	一冊	宋 不著編人	初集
		二七	十先生奧論註	存四〇卷	一二冊	宋 不著編人	初集
		二七	前集	(一五卷)	(四冊)		
		一八	後集	(一五卷)	(五冊)		
		二三九	續集	(存一〇卷)(原一五卷缺卷一—五)	(三冊)		
一三六二—一三六四	集三〇一—三〇三	三二七	兩宋名賢小集	三八〇卷	七六冊	舊題宋 陳 思編 元 陳世隆補	六集
		三三〇	總目	一卷			
一三六四	集三〇三	八七一	柴氏四隱集	三卷	一冊	宋 柴 望等撰 明 柴復貞輯	二集
一三六五	集三〇四	一	中州集	一〇卷	一〇冊	金 元好問編	
		三	卷首	一卷			
		三五九	附 中州樂府	一卷			
		三七九	唐詩鼓吹	一〇卷	五冊	金 元好問編 元 郝天挺註	
		五三三	二妙集	八卷	三冊	金 段克己 段成己撰	九集

全書冊次	分部冊次	頁次	書名	卷數	冊數	著者	珍本集次
		五九三	谷音	二卷	一册	元杜本輯	
		六一三	河汾諸老詩集	八卷	一册	元房祺編	
一三六六	集三〇五	一	瀛奎律髓	四九卷	二〇册	元方回編	八集
		五五九	梅花百詠	一卷	一册	元馮子振 釋明本撰	八集
		五八〇	附錄	一卷			
		五九一	天下同文集	存四三卷（原五〇卷，缺卷一七、一八、三〇、三三、三四、三五、四一）	五册	元周南瑞編	五集
		七一一	古賦辯體	一〇卷	五册	元祝堯撰	六集
		八六三	圭塘欸乃集	二卷	二册	元許有壬等撰	
		九一三	忠義集	七卷	二册	元趙景良編	九集
		九五五	宛陵羣英集	一二卷	四册	元汪澤民 張師愚同編	二集
一三六七	集三〇六	一	元文類	七〇卷	四八册	元蘇天爵編	
		六	目錄	三卷			
一三六八	集三〇七	一	元風雅	二四卷	八册	元傅習 孫存吾編	
		一	前集	（一二卷）	（四册）		
		九〇	後集	（一二卷）	（四册）		
		一七三	唐音	一四卷	七册	元楊士弘編 □張震註	十二集

編號	集號	頁	書名	卷數	冊數	撰者	集
一三六九	集三〇八	四二七	古樂府	一〇卷	五册	元 左克明編	十二集
		一	玉山名勝集	八卷	六册	元 顧瑛編	三集
		一四七	外集	一卷			
		一七五	草堂雅集	一四卷	八册	元 顧瑛編	四集
		四八一	玉山紀遊	一卷	一册	元 顧瑛等撰 明 袁華編	初集
		五一一	大雅集	八卷	三册	元 賴良編	三集
		五七九	元音遺響	一〇卷	六册	元 胡布等撰	三集
一三七〇	集三〇九	一	風雅翼	一四卷	六册	元 劉履編	六集
		三九	荊南倡和詩集	一卷	一册	元 周砥 明 馬治撰	五集
		二五四	附錄	一卷			
		二五九	乾坤清氣	一四卷	六册	明 偶桓編	三集
		二五九	目錄	一卷			
		四〇三	元音	一二卷	六册	明 孫原理輯	十一集
		五八三	雅頌正音	五卷	二册	明 劉仔肩編	七集
一三七一	集三一〇	一	唐詩品彙	九〇卷	二六册	明 高棅編	六集
		三	叙目	一卷			
		四四	歷代叙論	一卷			
		四七	姓氏爵里詳節	一卷			
		九二四	附 唐詩拾遺	一〇卷			

全書冊次	分部冊次	頁次	書名	卷數	冊數	著者	珍本集次
一三七二	集三一一	一	廣州四先生詩	四卷	一冊	明 不著編人	八集
		三	三華集	一八卷	五冊	明 錢公善編	初集
		三四	錄苔軒集	（六卷）	（三冊）	明 錢子正撰	
		八七	種菊庵集	（四卷）		明 錢子義撰	
		一一五	錦樹集	（八卷）	（二冊）	明 錢仲益撰	
		一八三	閩中十子詩	三〇卷	八冊	明 袁表 馬熒同編	六集
		四四一	滄海遺珠	四卷	二冊	明 沐昂編	三集
		四四一	目錄	一卷			
		四九一	元詩體要	一四卷	六冊	明 宋公傳編	三集
一三七三	集三一二	一	中州名賢文表	三〇卷	一八冊	明 劉昌編	四集
			附 元史本傳	一卷			
一三七三—一三七四	集三一二—三一三	四八三	明文衡	一〇〇卷	三四冊	明 程敏政編	
一三七五—一三七六	集三一四—三一五	一	新安文獻志	一〇〇卷	四二冊	明 程敏政編	
		二	先賢事略	二卷			
一三七七	集三一六	一	海岱會集	一二卷	三冊	明 石存禮等撰 馮琦編	四集
		七九	經義模範	一卷	一冊	明 不著編人	八集
一三七七—一三七八	集三一六—三一七	一〇一	文編	六四卷	四六冊	明 唐順之編	八集

一三七九－一三八〇	集三一八－三一九	一	古詩紀	一五六卷	五四册	明　馮惟訥撰	十集
一三八〇	集三一九	七〇三	詩紀匡謬	一卷	一册	清　馮　舒撰	
一三八一	集三二〇	一	全蜀藝文志	六四卷	三〇册	明　周復俊編	
一三八二	集三二一	一	古今詩刪	三四卷	一二册	明　李攀龍編	八集
		二九一	唐宋元名表	五卷	四册	明　胡　松編	六集
		四三一	文氏五家集	一四卷	六册	明　文洪 文徵明等撰	初集
		五九七	宋藝圃集	二二卷	一四册	明　李　蓘編	四集
		九四一	元藝圃集	四卷	四册	明　李　蓘編	四集
一三八三－一三八四	集三二二－三二三	一	唐宋八大家文鈔	一六四卷	五四册	明　茅　坤編	
		一	目錄	一卷			
一三八五－一三八六	集三二四－三二五	一	吳都文粹續集	存五四卷（原五六卷，缺卷二三、五四）	三二册	明　錢　穀編	初集
一三八六	集三二五	六九〇	補	二卷			
一三八七－一三九四	集三二六－三三三	一	石倉歷代詩選	五〇六卷	一七四册	明　曹學佺編	八集
一三九四	集三三三	二九三	四六法海	一二卷	一二册	明　王志堅編	六集
一三九五	集三三四	一	古樂苑	五二卷	二六册	明　梅鼎祚編	八集
		三	卷首	一卷			
		五四三	衍錄	四卷			
一三九六	集三三五	一	皇霸文紀	一三卷	七册	明　梅鼎祚編	六集

全書冊次	分部冊次	頁次	書名	著者	珍本集次
		一八五	西漢文紀 二四卷 二〇冊	明 梅鼎祚編	八集
一三九七	集三三六	一	東漢文紀 三二卷 三〇冊	明 梅鼎祚編	六集
一三九八	集三三七	一	西晉文紀 二〇卷 一八冊	明 梅鼎祚編	八集
		四七一	宋文紀 一八卷 一六冊	明 梅鼎祚編	六集
一三九九	集三三八	一	南齊文紀 一〇卷 八冊	明 梅鼎祚編	七集
		三三一	梁文紀 一四卷 一二冊	明 梅鼎祚編	七集
		五九五	陳文紀 八卷 八冊	明 梅鼎祚編	六集
一四〇〇	集三三九	一	北齊文紀 三卷 二冊	明 梅鼎祚編	六集
		五七	後周文紀 八卷 六冊	明 梅鼎祚編	七集
		一九七	隋文紀 八卷 八冊	明 梅鼎祚編	六集
一四〇〇—一四〇一	集三三九—三四〇	四〇九	釋文紀 四五卷 四〇冊	明 梅鼎祚編	初集
一四〇二—一四一〇	集三四一—三四九	一	文章辨體彙選 存七七九卷（原七八〇卷缺卷三八一） 二五四冊	明 賀復徵編	
一四一一	集三五〇	一	古詩鏡 三六卷	明 陸時雍編	六集
		三	詩鏡總論 一卷		
		三〇三	唐詩鏡 五四卷（以上共）二四冊		

編號	冊次	頁	書名	卷數	冊數	著者	集
一四一二—一四一六	集三五一—三五五	一	漢魏六朝百三家集	一一八卷	九〇冊	明 張溥輯	二集
一四一六	集三五五	二九一	古今禪藻集	二八卷	一四冊	明 釋正勉 釋性通同輯	
		六六五	三家宮詞	三卷	一冊	明 毛晉編	
		六八九	二家宮詞	二卷	一冊	明 毛晉編	
一四一七—一四一八	集三五六—三五七	一	御選古文淵鑒	六四卷	五四冊	清 聖祖御選 徐乾學等奉敕編注	
		二	總目	一卷			
一四一九—一四二二	集三五八—三六一	一	御定歷代賦彙	一八四卷	一二二冊	清 康熙四十五年 陳元龍奉敕編	九集
		一	正集	(一四〇卷)	(九四冊)		
		五	目錄	二卷			
		一	外集	(二〇卷)	(一五冊)		
		三六六	附 逸句	(二卷)	(一冊)		
		三九一	補遺	(二二卷)	(一二冊)		
一四二三—一四三一	集三六二—三七〇	一	御定全唐詩	九〇〇卷	二五四冊	清 康熙四十二年御定	
		七	總目	一二卷			
一四三二—一四三四	集三七一—三七三	一	御定佩文齋詠物詩選	四八六卷	七〇冊	清 張玉書 汪霦等奉敕編	
		六	總目	一卷			
一四三五—一四三六	集三七四—三七五	一	御定歷代題畫詩類	一二〇卷	三八冊	清 康熙四十六年 陳邦彥等奉敕編	六集
		四	總目	一卷			

全書冊次	分部冊次	頁次	書名	著者	珍本集次
一四三七—一四四四	集三七六—三八三	一	御選宋金元明四朝詩 三一七卷 二三二冊	清 聖祖御定 張豫章等奉敕編	
一四三七—一四三八	集三七六—三七七	一	御選宋詩 (七八卷)(五六冊)		
		六	姓名爵里 (二卷)		
一四三九	集三七八	一	御選金詩 (二五卷)(一六冊)		
		一	姓名爵里 (一卷)		
一四三九—一四四一	集三七八—三八〇	四一九	御選元詩 (八一卷)(六四冊)		
		四一九	姓名爵里 (二卷)		
一四四二—一四四四	集三八一—三八三	一	御選明詩 (一二〇卷)(九六冊)		
		一	姓名爵里 (八卷)		
一四四五	集三八四	一	御訂全金詩增補中州集 七二卷 四〇冊	清 郭元釪原編 康熙五十年敕補	
		三	目錄 一卷		
		一九	卷首 二卷		
一四四六	集三八五	一	御選唐詩 三二卷 三二冊	清 聖祖御定 陳廷敬等奉敕編注	八集
		四	目錄 三卷		
一四四七	集三八六	一	御定千叟宴詩 四卷 三冊	清 康熙六十一年敕編	九集
		九九	御選唐宋文醇 五八卷 三〇冊	清 乾隆三年敕編	
		一〇三	目錄 一卷		

冊號	集部號	頁	書名	卷數	冊數	編著者	集
一四四八	集三八七	一	御選唐宋詩醇	四七卷	二八冊	清　乾隆十五年敕編	八集
		三	目錄	二卷			
一四四九—一四五〇	集三八八—三八九	一	皇清文穎	一〇〇卷	六八冊	清　陳廷敬等奉敕編　張廷玉等奉敕續編	
		九	目錄	六卷			
		一三	卷首	二四卷			
一四五一	集三九〇	一	欽定四書文	四一卷	三二冊	清　方苞奉敕編	九集
		一〇	化治四書文	(六卷)	(二冊)		
		七三	正嘉四書文	(六卷)	(四冊)		
		二〇〇	隆萬四書文	(六卷)	(四冊)		
		三一五	啓禎四書文	(九卷)	(八冊)		
		五七六	本朝四書文	(一四卷)	(一四冊)		
一四五二	集三九一	一	欽定千叟宴詩	三四卷	三五冊	清　乾隆五十年敕編	七集
		六	卷首	二卷			
一四五三—一四五八	集三九二—三九七	一	明文海	四八〇卷	二〇二冊	清　黃宗羲編	
一四五九	集三九八	一	唐賢三昧集	三卷	三冊	清　王士禛編	
		六一	二家詩選	二卷	一冊	清　王士禛編	十一集
		八五	唐人萬首絕句選	七卷	三冊	宋　洪邁元本　清　王士禛編選	

全書冊次	分部冊次	頁次	書名	卷數	冊數	著者	珍本集次
一四五九—一四六〇	集三九八—三九九	一七三	明詩綜	一〇〇卷	五〇冊	清 朱彝尊編	
一四六一—一四六二	集四〇〇—四〇一	一	宋詩鈔	一〇六卷	五〇冊	清 吳之振編	九集
一四六三—一四六四	集四〇二—四〇三	一	宋元詩會	一〇〇卷	五〇冊	清 陳焯編	十集
一四六五	集四〇四	一	粵西詩載	二五卷(一四冊)	八二冊	清 汪森編	九集
一四六五—一四六七	集四〇四—四〇六	四三七	粵西文載	七五卷(五四冊)			
一四六七	集四〇六	三四三	粵西叢載	三〇卷(一四冊)			
一四六八—一四七一	集四〇七—四一〇	一	元詩選	一一一卷	八六冊	清 顧嗣立編	
一四六八—一四六九	集四〇七—四〇八	一	初集	(六八卷)	(四七冊)		
		二	卷首	(一卷)			
一四七〇—一四七一	集四〇九—四一〇	一	二集	(二六卷)	(二五冊)		
一四七一	集四一〇	三三一	三集	(一六卷)	(一四冊)		
一四七二—一四七三	集四一一—四一二	一	御定全唐詩錄	一〇〇卷	五四冊	清 徐倬編	八集
		二	總目	一卷			
一四七四	集四一三	一	甬上耆舊詩	三〇卷	一八冊	清 胡文學編	六集
一四七五	集四一四	一	檇李詩繫	四二卷	三〇冊	清 沈季友編	七集

冊次	集	頁	書名	卷數	冊數	撰者	
一四七六	集四一五	一	古文雅正	一四卷	一二冊	清　蔡世遠編	八集
		二六七	鄱陽五家集	一五卷	八冊	清　史　簡編	十集
		四八九	南宋襍事詩	七卷	四冊	清　沈嘉轍等撰	五集
一四七七	集四一六	一	宋百家詩存	四〇卷	三六冊	清　曹庭棟編	六集

詩文評類

（第一千四百七十八冊至第一千四百八十六冊）

冊次	集	頁	書名	卷數	冊數	撰者
一四七八	集四一七	一	文心雕龍	一〇卷	四冊	梁　劉　勰撰
		七一	文心雕龍輯注	一〇卷	四冊	清　黃叔琳撰
		一八九	詩品	三卷	一冊	梁　鍾　嶸撰
		二〇三	文章緣起	一卷	一冊	舊題梁　任　昉撰　明　陳懋仁註　清　方　熊補註
		二三一	本事詩	一卷	一冊	唐　孟　棨撰
		二四七	六一詩話	一卷	一冊	宋　歐陽修撰
		二五七	續詩話	一卷	一冊	宋　司馬光撰
		二六五	中山詩話	一卷	一冊	宋　劉　攽撰

全書冊次	分部冊次	頁次	書名			著者	珍本集次
		二七九	後山詩話	一卷	一册	舊題宋 陳師道撰	
		二九一	臨漢隱居詩話	一卷	一册	宋 魏 泰撰	
		二九九	優古堂詩話	一卷	一册	宋 吳 幵撰	
		三一九	詩話總龜	九八卷	二四册	宋 阮 閱撰	
		三一九	前集	(四八卷)	(一一册)		
		六六五	後集	(五〇卷)	(一三册)		
		九〇七	彥周詩話	一卷	一册	宋 許 顗撰	
		九二七	紫薇詩話	一卷	一册	宋 呂本中撰	
		九四一	四六話	二卷	一册	宋 王 銍撰	
		九六一	珊瑚鉤詩話	三卷	一册	宋 張表臣撰	
		九八五	石林詩話	一卷	一册	宋 葉夢得撰	
一四七九	集四一八	一	藏海詩話	一卷	一册	宋 吳 可撰	別輯
		一三	風月堂詩話	二卷	一册	宋 朱 弁撰	九集
		三一	歲寒堂詩話	二卷	一册	宋 張 戒撰	別輯

頁	書名	卷數	冊數	撰者	備註
五三	庚溪詩話	二卷	一冊	宋 陳巖肖撰	
一七九	韻語陽秋	二〇卷	六冊	宋 葛立方撰	
二二五	碧溪詩話	一〇卷	二冊	宋 黃徹撰	
二五七	唐詩紀事	八一卷	二六冊（合）	宋 計有功撰	
二五七	目錄	一卷			
一	觀林詩話	一卷	一冊	宋 吳聿撰	
一九	四六談麈	一卷	一冊	宋 謝伋撰	
二七	環溪詩話	一卷	一冊	宋 不著撰人	別輯
四五	漁隱叢話	一〇〇卷	二二冊	宋 胡仔撰	
四五	前集	（六〇卷）	（一三冊）		
三八五	後集	（四〇卷）	（九冊）		
六六五	竹坡詩話	一卷	一冊	宋 周紫芝撰	
六八三	文則	二卷	一冊	宋 陳騤撰	
七〇九	二老堂詩話	一卷	一冊	宋 周必大撰	
七一五	誠齋詩話	一卷	一冊	宋 楊萬里撰	
七四七	餘師錄	四卷	二冊	宋 王正德撰	別輯

全書冊次	分部冊次	頁次	書名	卷數	冊數	著者	珍本集次
		八〇九	滄浪詩話	一卷	一冊	宋 嚴羽撰	
一四八一	集四二〇	一	詩人玉屑	二〇卷	一〇冊	宋 魏慶之撰	
		一	目錄	一卷			
		三〇一	後村詩話	一四卷	五冊	宋 劉克莊撰	
		四六一	娛書堂詩話	一卷	一冊	宋 趙與虤撰	
		四八五	荊溪林下偶談	四卷	一冊	宋 吳子良撰	
		五一九	草堂詩話	二卷	一冊	宋 蔡夢弼撰	
		五四九	竹莊詩話	二四卷	八冊	宋 何谿汶撰	初集
		八〇三	文章精義	一卷	一冊	舊題宋 李耆卿撰	別輯
		八一三	浩然齋雅談	三卷	一冊	宋 周密撰	別輯
		八五三	對床夜語	五卷	一冊	宋 范晞文撰	
一四八二	集四二一	一	詩林廣記	二〇卷	八冊	宋 蔡正孫撰	
		一	前集	（一〇卷）	（四冊）		
		一〇五	後集	（一〇卷）	（四冊）		
		二四三	文說	一卷	一冊	元 陳繹曾撰	三集

頁	書名	卷數	册數	撰者	備註
二五五	修辭鑑衡	二卷	一册	元王構編	
二八九	金石例	一〇卷	二册	元潘昂霄撰	
三七一	作義要訣	一卷	一册	元倪士毅撰	五集
三七九	墓銘舉例	四卷	二册	明王行撰	十集
四三五	懷麓堂詩話	一卷	一册	明李東陽撰	
四五九	頤山詩話	一卷	一册	明安磐撰	初集
四七三	詩話補遺	三卷	二册	明楊慎撰	
五〇九	秇圃擷餘	一卷	一册	明王世懋撰	三集
五一九	唐音癸籤	三三卷	八册	明胡震亨撰	三集
一	歷代詩話	八〇卷	三六册	清吳景旭撰	
八一九	金石要例	一卷	一册	清黃宗羲撰	
八三一	漁洋詩話	三卷	三册（以下三種合）	清王士禛撰	
八八一	師友詩傳錄	一卷		清郎廷槐編	
八九四	師友詩傳續錄	一卷		清劉大勤編	
九〇三	聲調譜	三卷	一册（以下二種合）	清趙執信撰	
九二三	談龍錄	一卷		清趙執信撰	

全書冊次	分部冊次	頁次	書名	著者	珍本集次
一四八四—一四八五	集四二三—四二四	一	宋詩紀事 一〇〇卷 六四冊	清 厲鶚撰	十集
		一	總目 一卷		
一四八六	集四二五	一	全閩詩話 一二卷 一二冊	清 鄭方坤撰	
		四五三	五代詩話 一〇卷 八冊	清 鄭方坤撰	

詞曲類（第一千四百八十七冊至第一千四百九十六冊）

一、詞集之屬（第一千四百八十七冊至第一千四百八十八冊）

全書冊次	分部冊次	頁次	書名	著者	珍本集次
一四八七	集四二六	一	珠玉詞 一卷 } 一冊	宋 晏殊撰	
		三	六一詞 一卷 }	宋 歐陽修撰	
		四三	樂章集 一卷 一冊	宋 柳永撰	
		七九	安陸集 一卷 一冊	宋 張先撰	
		一〇一	東坡詞 一卷 一冊	宋 蘇軾撰	
		一五一	山谷詞 一卷 一冊	宋 黃庭堅撰	

頁	書名	卷數	册數	撰者
一七九	淮海詞	一卷	一册	宋秦　觀撰
一九五	書舟詞	一卷	一册	宋程　垓撰
二一九	小山詞	一卷	一册	宋晏幾道撰
二五三	晁无咎詞	六卷	一册	宋晁補之撰
二八一	姑溪詞	一卷	一册（與溪堂詞合）	宋李之儀撰
二九七	溪堂詞	一卷		宋謝　逸撰
三〇七	東堂詞	一卷	一册	宋毛　滂撰
三三七	片玉詞	二卷	一册（與補遺合）	宋周邦彥撰
三七〇	補遺	一卷		
三七三	初寮詞	一卷	一册（與聖求詞合）	宋王安中撰
三八三	聖求詞	一卷		宋呂濱老撰
四〇五	友古詞	一卷	一册	宋蔡　伸撰
四三一	和清眞詞	一卷	一册	宋方千里撰
四四九	石林詞	一卷	一册（與丹陽詞合）	宋葉夢得撰
四六七	丹陽詞	一卷		宋葛勝仲撰
四七九	筠谿樂府	一卷	一册	宋李彌遜撰
四九九	坦菴詞	一卷	一册	宋趙師使撰

全書冊次	分部冊次	頁次	書名		著者	珍本集次
		五三三	酒邊詞 二卷	一冊	宋向子諲撰	
		五四九	無住詞 一卷	一冊	宋陳與義撰	
		五五五	漱玉詞 一卷		宋李清照撰	
		五六一	竹坡詞 三卷	一冊	宋周紫芝撰	
		五八五	蘆川詞 一卷	一冊	宋張元幹撰	
		六一五	東浦詞 一卷	一冊	金韓玉撰	
		六二三	孏窟詞 一卷		宋侯寘撰	
		六三七	逃禪詞 一卷	一冊	宋揚无咎撰	
一四八八	集四二七	一	于湖詞 三卷	一冊	宋張孝祥撰	
		三一	海野詞 一卷	一冊	宋曾覿撰	
		四九	審齋詞 一卷		宋王千秋撰	
		六一	介菴詞 一卷	一冊	宋趙彥端撰	
		八五	歸愚詞 一卷	一冊	宋葛立方撰	
		九五	克齋詞 一卷		宋沈端節撰	
		一〇三	龍川詞 一卷		宋陳亮撰	
		一〇九	補遺 一卷			

頁	書名	卷數	冊數	撰者
一二一	稼軒詞	四卷	四冊	宋 辛棄疾撰
二〇三	西樵語業	一卷	一冊	宋 楊炎正撰
二一三	樵隱詞	一卷		宋 毛幵撰
二二三	放翁詞	一卷	一冊	宋 陸游撰
二四五	知稼翁詞	一卷	一冊	宋 黃公度撰
二五三	蒲江詞	一卷		宋 盧祖皐撰
二五九	平齋詞	一卷	一冊	宋 洪咨夔撰
二六九	白石道人歌曲	四卷	二冊	宋 姜夔撰
三〇〇	別集	一卷		
三〇五	夢窗稿	四卷	二冊	宋 吳文英撰
三七一	補遺	一卷		
三七五	惜香樂府	一〇卷	三冊	宋 趙長卿撰
四三三	龍洲詞	一卷	一冊	宋 劉過撰
四四五	竹屋癡語	一卷	一冊	宋 高觀國撰
四六三	山中白雲詞	八卷	四冊	宋 張炎撰
五三五	附錄	一卷		
五三七	附 樂府指迷	一卷		
五四三	竹山詞	一卷	一冊	宋 蔣捷撰

全書冊次	分部冊次	頁次	書名	著者	珍本集次
		五六三	竹齋詩餘 一卷 一冊	宋 黃機撰	
		五八一	梅溪詞 一卷 } 一冊	宋 史達祖撰	
		六〇五	散花菴詞 一卷	宋 黃昇撰	
		六一三	石屏詞 一卷 } 一冊	宋 戴復古撰	
		六二三	斷腸詞 一卷	宋 朱淑眞撰	
		六二九	天籟集 二卷 一冊	元 白樸撰	
		六五七	蛻巖詞 二卷 一冊	元 張翥撰	
		六八五	珂雪詞 二卷 二冊	清 曹貞吉撰	

二、詞選之屬（第一千四百八十九冊至第一千四百九十四冊）

全書冊次	分部冊次	頁次	書名	著者	珍本集次
一四八九	集四二八	一	花間集 一〇卷 } 三冊	後蜀 趙崇祚編	六集
		一	目錄 一卷		
		六七	尊前集 二卷 一冊	□ 不著編人	
		九七	梅苑 一〇卷 三冊	宋 黃大輿編	
		一六七	樂府雅詞 三卷 } 四冊	宋 曾慥編	
		二七八	拾遺 二卷		

册次	集部册次	頁次	書名	卷數	册數	著者
一四九〇	集四二九	三〇五	花菴詞選	一〇卷	八册	宋 黃昇編
		三九四	續集	一〇卷		
		五三一	草堂詩餘	四卷	四册	□ 不著撰人
		一	絕妙好詞箋	七卷	四册	宋 周密編　清 查爲仁 厲鶚箋
		一〇一	樂府補題	一卷	一册	宋 陳恕可輯
		一三	花草稡編	二四卷	二二册	明 陳耀文編
一四九一—一四九三	集四三〇—四三二	一	御選歷代詩餘	一二〇卷	八六册	清 聖祖御定　沈辰垣 王奕清等奉敕編
		五	總目	一卷		
一四九三	集四三二	四二七	詞綜	三〇卷	一四册	清 朱彝尊編
一四九四	集四三三	一	十五家詞	三七卷	一三册	清 孫默編

三、詞話之屬（第一千四百九十四册）

册次	集部册次	頁次	書名	卷數	册數	著者
一四九四	集四三三	五〇五	碧鷄漫志	一卷	一册	宋 王灼撰
		五二七	沈氏樂府指迷	一卷		宋 沈義父撰
		五三一	渚山堂詞話	三卷	一册	明 陳霆撰
		五五一	西河詞話	二卷	一册	清 毛奇齡撰
		五七一	詞苑叢談	一二卷	六册	清 徐釚撰

十 集

四、詞譜詞韻之屬（第一千四百九十五冊至第一千四百九十六冊）

全書冊次	分部冊次	頁次	書名	卷數	冊數	著者	珍本集次
一四九五	集四三四	一	御定詞譜	四〇卷	二二冊	清 康熙五十四年 王奕清等奉敕輯	
一四九六	集四三五	一	詞律	二〇卷	一二冊	清 萬樹撰	
		一	目錄	一卷			

五、南北曲之屬（第一千四百九十六冊）

全書冊次	分部冊次	頁次	書名	卷數	冊數	著者	珍本集次
一四九六	集四三五	三八三	顧曲雜言	一卷	一冊	明 沈德符撰	
		三九五	御定曲譜	一二卷	八冊	清 康熙五十四年 王奕清等奉敕撰	八集
		四〇〇	卷首	一卷			
		六四五	卷末	一卷			
		六五七	中原音韻	二卷	二冊	元 周德清撰	
一四九七—一五〇〇	考證一—四	一	欽定四庫全書考證	一〇〇卷	七二冊	清 王太岳等纂輯	

文淵閣四庫全書

分架圖 I

經部架圖

經部第一架第一層

第一函
目錄 一

第二函
二

第三函
三

第四函
子夏易傳
周易鄭註
新本鄭氏周易

第五函
陸氏易解
周易註

第六函
周易註疏 一

第七函
二

第八函
周易集解 一

第九函
二

第十函
周易口訣義
周易舉正
易數鈎隱圖

第十一函
周易口義 一

第十二函
二

經部第一架第二層

第十三函
溫公易說
橫渠易說

第十四函
東坡易傳

第十五函
伊川易傳
易學辨惑

第十六函
了齋易說
吳園易解
周易新講義

第十七函
紫巖易傳

第十八函
讀易詳說

第十九函
易小傳

第二十函
漢上易傳 一

第二十一函
二

第二十二函
周易窺餘

第二十三函
易璇璣
易變體義

第二十四函
周易經傳集解 一

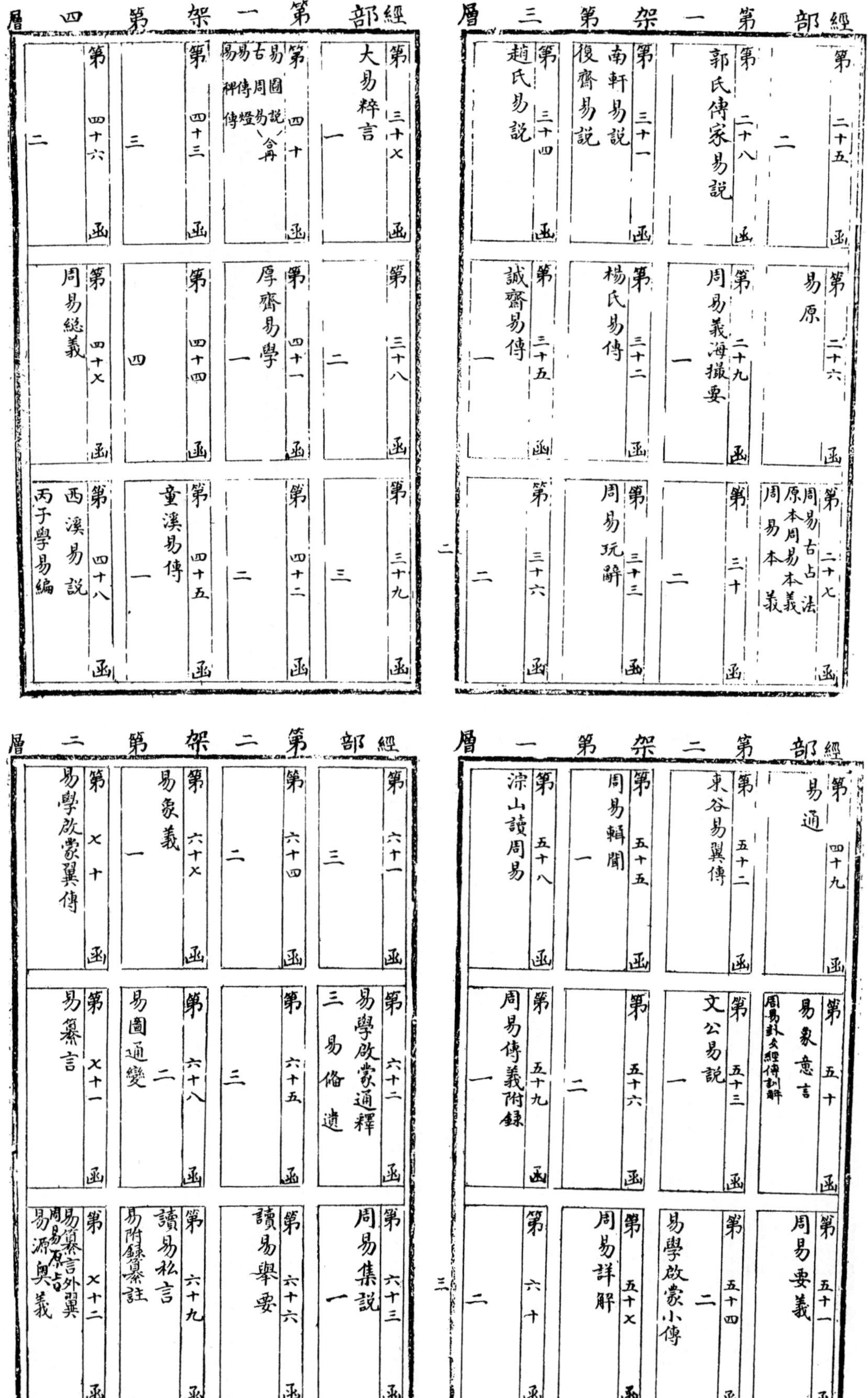

經部 第一架 第三層

第二十五函 二	第二十八函 郭氏傳家易說	第三十一函 南軒易說 復齋易說	第三十四函 趙氏易說
第二十六函 易原	第二十九函 周易義海撮要 一	第三十二函 楊氏易傳	第三十五函 誠齋易傳 一
第二十七函 周易古占法 原本周易本義 周易本義	第三十函 二	第三十三函 周易玩辭	第三十六函 二

二

經部 第一架 第四層

第三十七函 大易粹言 一	第四十函 易圖說 古周易 易傳燈 易裨傳 合冊	第四十三函 三	第四十六函 二
第三十八函 二	第四十一函 厚齋易學 一	第四十四函 四	第四十七函 周易總義
第三十九函 三	第四十二函 二	第四十五函 童溪易傳 一	第四十八函 西溪易說 丙子學易編

經部 第二架 第一層

第四十九函 易通	第五十二函 東谷易翼傳	第五十五函 周易輯聞 一	第五十八函 淙山讀周易
第五十函 易象意言 周易卦爻經傳訓解	第五十三函 文公易說 一	第五十六函 二	第五十九函 周易傳義附錄 一
第五十一函 周易要義	第五十四函 易學啟蒙小傳 二	第五十七函 周易詳解	第六十函 二

二

三

經部 第二架 第二層

第六十一函 三	第六十四函 二	第六十七函 易象義 一	第七十函 易學啟蒙翼傳
第六十二函 易學啟蒙通釋 三易備遺	第六十五函 三	第六十八函 易圖通變 二	第七十一函 易纂言
第六十三函 周易集說 一	第六十六函 讀易舉要	第六十九函 讀易私言 易附錄纂註	第七十二函 易纂言外翼 周易原旨 易源奧義

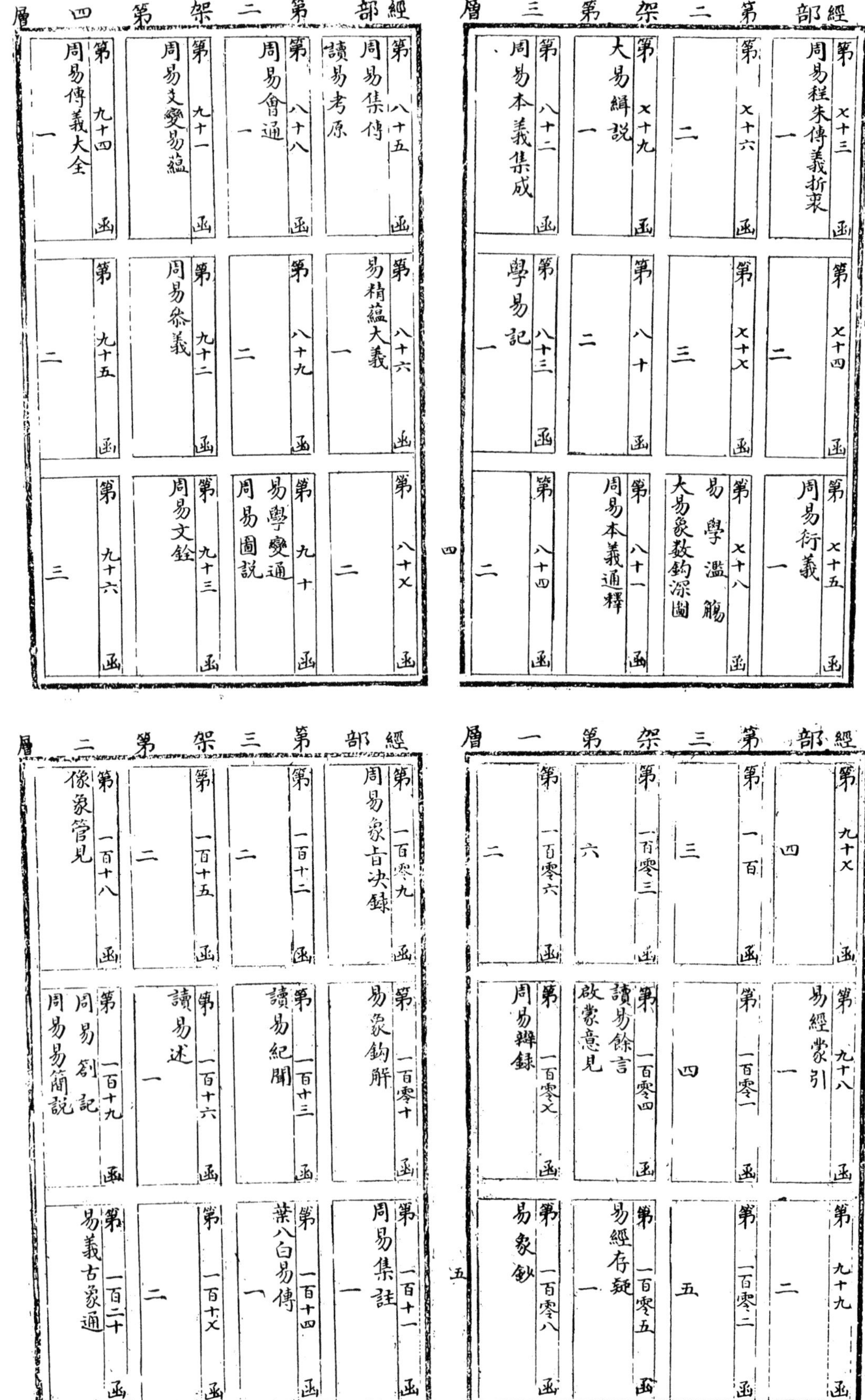

經部第二架第三層

第七十三函	周易程朱傳義折衷	一
第七十四函		二
第七十五函	周易衍義	一
第七十六函		二
第七十七函		三
第七十八函	易學濫觴 大易象數鉤深圖	
第七十九函	大易緝說	一
第八十函		二
第八十一函	周易本義通釋	
第八十二函	周易本義集成	一
第八十三函	學易記	一
第八十四函		二

四

經部第二架第四層

第八十五函	周易集傳 讀易考原	
第八十六函	易精蘊大義	一
第八十七函		二
第八十八函	周易會通	一
第八十九函		二
第九十函	易學變通 周易圖說	
第九十一函	周易爻變易蘊	
第九十二函	周易叅義	
第九十三函	周易文銓	
第九十四函	周易傳義大全	一
第九十五函		二
第九十六函		三

經部第三架第一層

第九十七函		四
第九十八函	易經蒙引	一
第九十九函		二
第一百函		三
第一百零一函		四
第一百零二函		五
第一百零三函		六
第一百零四函	讀易餘言 啟蒙意見	
第一百零五函	易經存疑	一
第一百零六函		二
第一百零七函	周易辨錄	
第一百零八函	易象鈔	

五

經部第三架第二層

第一百零九函	周易象旨決錄	
第一百零十函	易象鉤解	
第一百十一函	周易集註	一
第一百十二函		二
第一百十三函	讀易紀聞	
第一百十四函	葉八白易傳	一
第一百十五函		二
第一百十六函	讀易述	一
第一百十七函		二
第一百十八函	像象管見	
第一百十九函	周易劄記 周易易簡說	
第一百二十函	易義古象通	

三

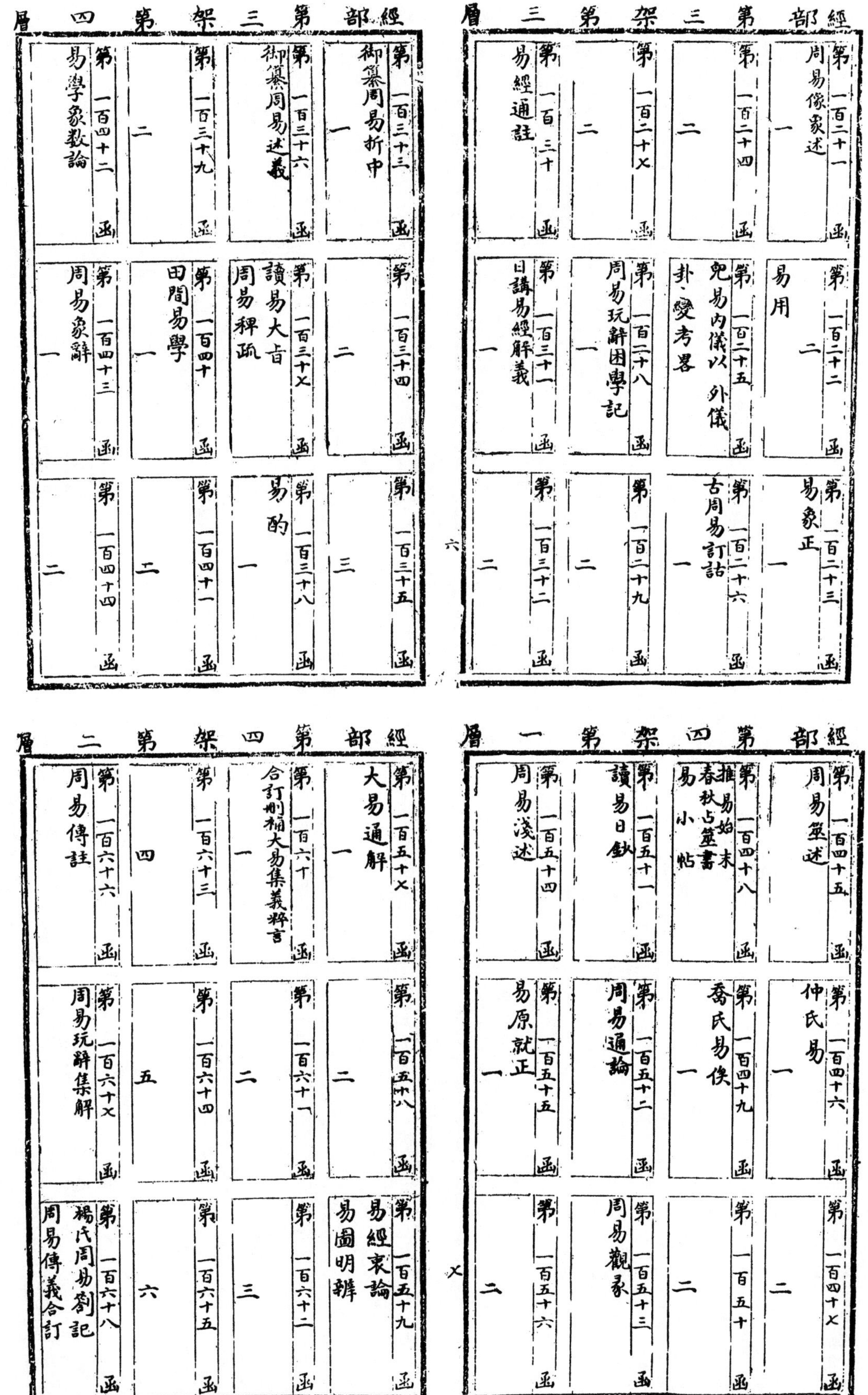

經部第三架第三層

第一百二十一函	周易像象述	一
第一百二十二函	易用	二
第一百二十三函	易象正	一
第一百二十四函		二
第一百二十五函	兒易內儀以 外儀 卦變考畧	
第一百二十六函	古周易訂詁	一
第一百二十七函		二
第一百二十八函	周易玩辭困學記	一
第一百二十九函		二
第一百三十函	易經通註	
第一百三十一函	日講易經解義	一
第一百三十二函		二

經部第三架第四層

第一百三十三函	御纂周易折中	一
第一百三十四函		二
第一百三十五函		三
第一百三十六函	御纂周易述義	
第一百三十七函	讀易大旨 周易稗疏	
第一百三十八函	易酌	一
第一百三十九函		二
第一百四十函	田間易學	一
第一百四十一函		二
第一百四十二函	易學象數論	
第一百四十三函	周易象辭	一
第一百四十四函		二

經部第四架第一層

第一百四十五函	周易筮述	
第一百四十六函	仲氏易	一
第一百四十七函		二
第一百四十八函	推易始末 春秋占筮書 易小帖	
第一百四十九函	喬氏易俟	一
第一百五十函		二
第一百五十一函	讀易日鈔	
第一百五十二函	周易通論	
第一百五十三函	周易觀彖	
第一百五十四函	周易淺述	
第一百五十五函	易原就正	一
第一百五十六函		二

經部第四架第二層

第一百五十七函	大易通解	一
第一百五十八函		二
第一百五十九函	易經衷論 易圖明辨	
第一百六十函	合訂刪補大易集義粹言	一
第一百六十一函		二
第一百六十二函		三
第一百六十三函		四
第一百六十四函		五
第一百六十五函		六
第一百六十六函	周易傳註	
第一百六十七函	周易玩辭集解	
第一百六十八函	楊氏周易劄記 周易傳義合訂	

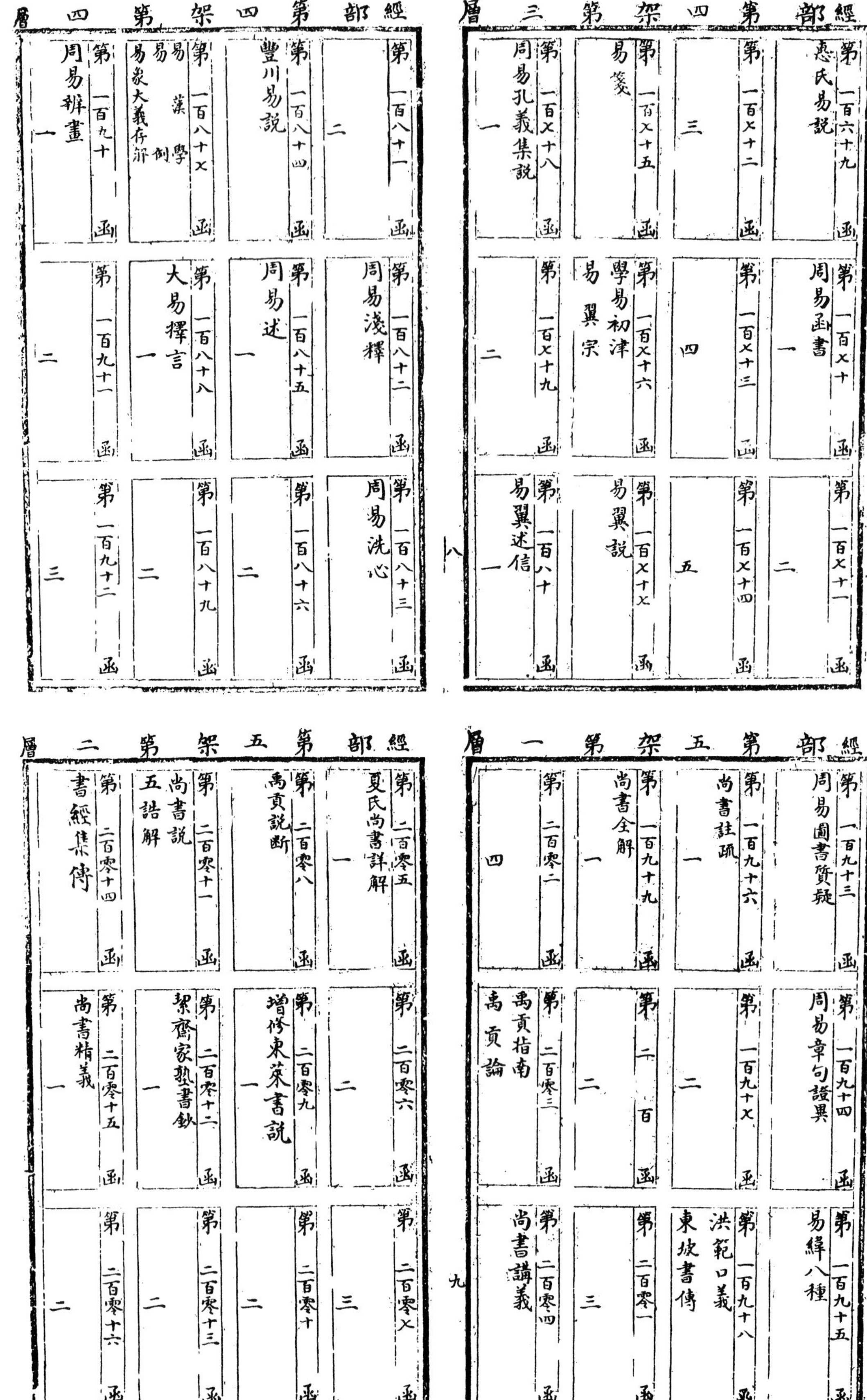

經部第四架第三層

第一百六十九函 惠氏易說	第一百七十二函 三	第一百七十五函 易箋	第一百七十八函 周易孔義集說 一
第一百七十函 周易函書 一	第一百七十三函 四	第一百七十六函 學易初津 易翼宗	第一百七十九函 二
第一百七十一函 二	第一百七十四函 五	第一百七十七函 易翼說	第一百八十函 易翼述信 一

八

經部第四架第四層

第一百八十一函 二	第一百八十四函 豐川易說	第一百八十七函 易漢學 易例 易象大義存解	第一百九十函 周易辨畫 一
第一百八十二函 周易淺釋	第一百八十五函 周易述 一	第一百八十八函 大易擇言 一	第一百九十一函 二
第一百八十三函 周易洗心	第一百八十六函 二	第一百八十九函 二	第一百九十二函 三

經部第五架第一層

第一百九十三函 周易圖書質疑	第一百九十六函 尚書註疏 一	第一百九十九函 尚書全解 一	第二百零二函 四
第一百九十四函 周易章句證異	第一百九十七函 二	第二百函 二	第二百零三函 禹貢指南 禹貢論
第一百九十五函 易緯八種	第一百九十八函 洪範口義 東坡書傳	第二百零一函 三	第二百零四函 尚書講義

九

經部第五架第二層

第二百零五函 夏氏尚書詳解 一	第二百零八函 禹貢說斷	第二百零十一函 尚書說 五誥解	第二百零十四函 書經集傳
第二百零六函 二	第二百零九函 增修東萊書說 一	第二百零十二函 絜齋家塾書鈔 一	第二百零十五函 尚書精義 一
第二百零七函 三	第二百零十函 二	第二百零十三函 二	第二百零十六函 二

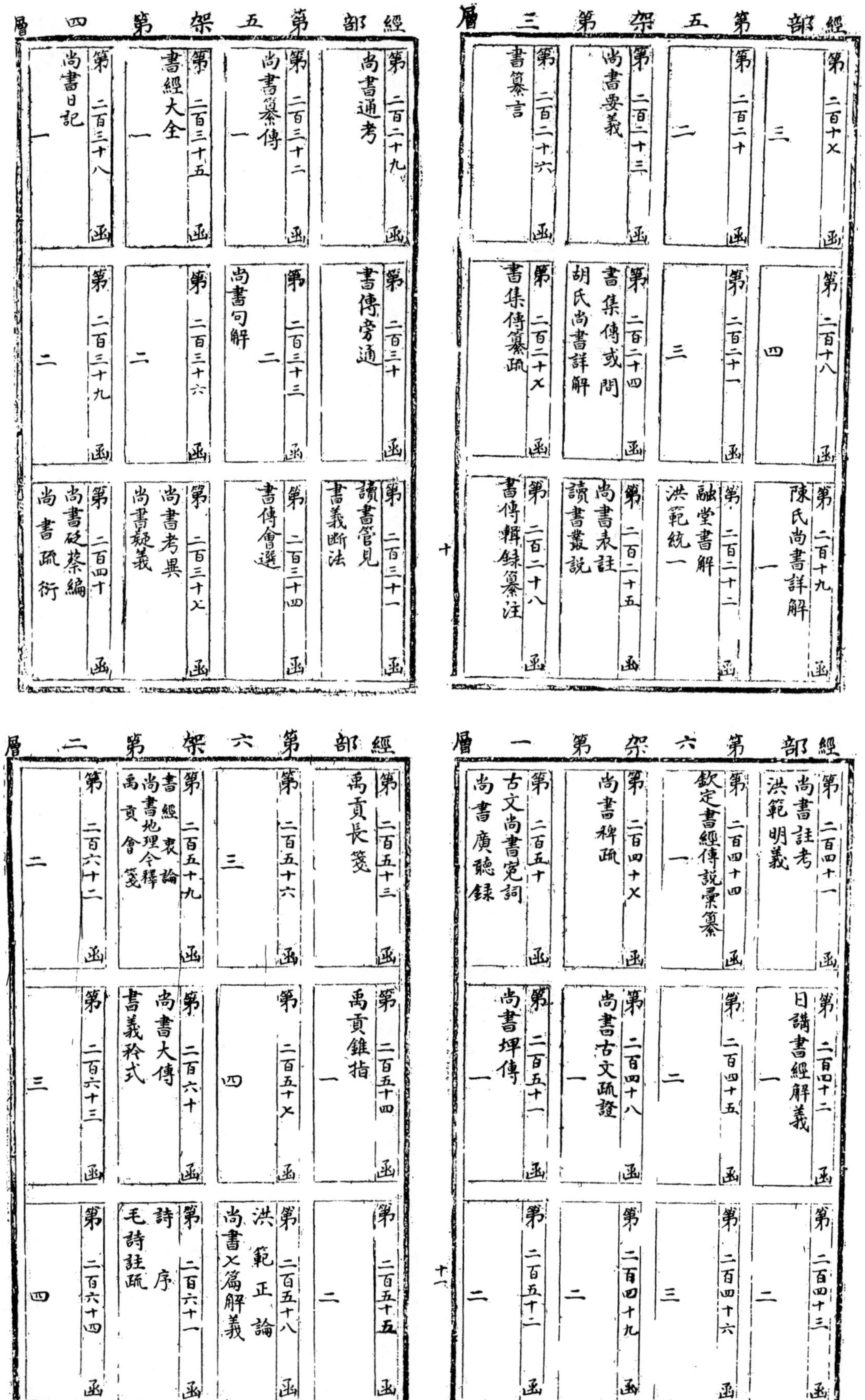

經部第五架第三層

函	書名	函次
第二百十七函		三
第二百十八函		四
第二百十九函	陳氏尚書詳解	一
第二百二十函		二
第二百二十一函		三
第二百二十二函	融堂書解 洪範統一	
第二百二十三函	尚書要義	
第二百二十四函	書集傳或問 胡氏尚書詳解	
第二百二十五函	尚書表註 讀書叢說	
第二百二十六函	書纂言	
第二百二十七函	書集傳纂疏	
第二百二十八函	書傳輯錄纂注	

十

經部第五架第四層

函	書名	函次
第二百二十九函	尚書通考	
第二百三十函	書傳旁通	
第二百三十一函	讀書管見 書義斷法	
第二百三十二函	尚書纂傳	一
第二百三十三函	二 尚書句解	
第二百三十四函	書傳會選	
第二百三十五函	書經大全	一
第二百三十六函		二
第二百三十七函	尚書考異 尚書疑義	
第二百三十八函	尚書日記	一
第二百三十九函		二
第二百四十函	尚書砭蔡編 尚書疏衍	

經部第六架第一層

函	書名	函次
第二百四十一函	尚書註考 洪範明義	
第二百四十二函	日講書經解義	一
第二百四十三函		二
第二百四十四函	欽定書經傳說彙纂	一
第二百四十五函		二
第二百四十六函		三
第二百四十七函	尚書稗疏	
第二百四十八函	尚書古文疏證	一
第二百四十九函		二
第二百五十函	古文尚書冤詞 尚書廣聽錄	
第二百五十一函	尚書埤傳	一
第二百五十二函		二

十一

經部第六架第二層

函	書名	函次
第二百五十三函	禹貢長箋	
第二百五十四函	禹貢錐指	一
第二百五十五函		二
第二百五十六函		三
第二百五十七函		四
第二百五十八函	洪範正論 尚書七篇解義	
第二百五十九函	書經衷論 尚書地理今釋 禹貢會箋	
第二百六十函	尚書大傳 書義矜式	
第二百六十一函	詩序 毛詩註疏	
第二百六十二函		二
第二百六十三函		三
第二百六十四函		四

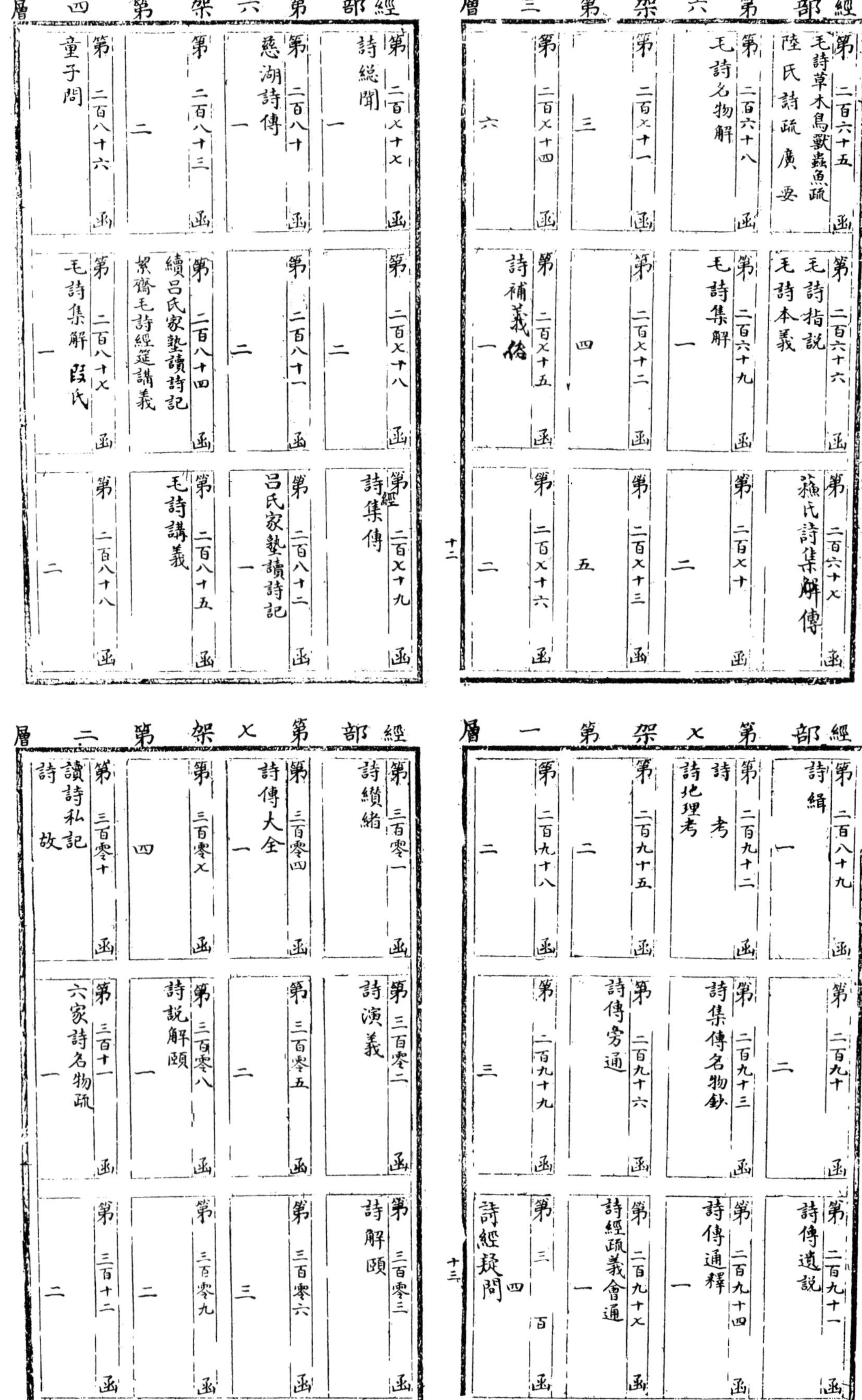

經部第六架第三層

第二百六十五函 毛詩草木鳥獸蟲魚疏 陸氏詩疏廣要	第二百六十八函 毛詩名物解	第二百七十一函 三	第二百七十四函 六
第二百六十六函 毛詩指說 毛詩本義	第二百六十九函 毛詩集解 一	第二百七十二函 四	第二百七十五函 詩補義 一
第二百六十七函 蘇氏詩集解傳	第二百七十函 二	第二百七十三函 五	第二百七十六函 二

十二

經部第六架第四層

第二百七十七函 詩總聞	第二百八十函 慈湖詩傳 一	第二百八十三函 二	第二百八十六函 童子問
第二百七十八函 二	第二百八十一函 二	第二百八十四函 續呂氏家塾讀詩記 絜齋毛詩經筵講義	第二百八十七函 毛詩集解 段氏 一
第二百七十九函 詩集傳	第二百八十二函 呂氏家塾讀詩記 一	第二百八十五函 毛詩講義	第二百八十八函 二

經部第七架第一層

第二百八十九函 詩緝 一	第二百九十二函 詩考 詩地理考	第二百九十五函 二	第二百九十八函 二
第二百九十函 二	第二百九十三函 詩集傳名物鈔	第二百九十六函 詩傳旁通	第二百九十九函 三
第二百九十一函 詩傳遺說	第二百九十四函 詩傳通釋 一	第二百九十七函 詩經疏義會通 一	第三百函 詩經疑問 四

十三

經部第七架第二層

第三百零一函 詩纘緒	第三百零四函 詩傳大全 一	第三百零七函 四	第三百十函 讀詩私記 詩故
第三百零二函 詩演義	第三百零五函 二	第三百零八函 詩說解頤 一	第三百十一函 六家詩名物疏 一
第三百零三函 詩解頤	第三百零六函 三	第三百零九函 二	第三百十二函 二

經部第七架第三層

- 第三百十三函　三
- 第三百十四函　四
- 第三百十五函　重訂詩經疑問　一
- 第三百十六函　二
- 第三百十七函　詩經世本古義　一
- 第三百十八函　二
- 第三百十九函　三
- 第三百二十函　待軒詩記　一
- 第三百二十一函　讀詩畧記　二
- 第三百二十二函　欽定詩經傳說彙纂　一
- 第三百二十三函　二
- 第三百二十四函　三

十四

經部第七架第四層

- 第三百二十五函　四
- 第三百二十六函　日講詩經解義　一　留空
- 第三百二十七函　二　留空
- 第三百二十八函　御纂詩義折中　一
- 第三百二十九函　二
- 第三百三十函　田間詩學　一
- 第三百三十一函　詩經稗疏　二
- 第三百三十二函　詩經通義
- 第三百三十三函　毛詩稽古編　一
- 第三百三十四函　二
- 第三百三十五函　詩所
- 第三百三十六函　毛詩寫官記　詩札（合冊）　詩傳詩說駁義　續詩傳鳥名卷

經部第八架第一層

- 第三百三十七函　詩識名解
- 第三百三十八函　詩傳名物集覽　一
- 第三百三十九函　詩說　二
- 第三百四十函　詩經劄記　讀詩質疑　一
- 第三百四十一函　二
- 第三百四十二函　三
- 第三百四十三函　毛詩類釋
- 第三百四十四函　詩疑辨證
- 第三百四十五函　三家詩拾遺　詩瀋
- 第三百四十六函　詩序補義　一
- 第三百四十七函　二
- 第三百四十八函　虞東學詩　一

十五

經部第八架第二層

- 第三百四十九函　二
- 第三百五十函　韓詩外傳
- 第三百五十一函　周禮註疏　一
- 第三百五十二函　二
- 第三百五十三函　三
- 第三百五十四函　四
- 第三百五十五函　周官新義
- 第三百五十六函　周禮詳解
- 第三百五十七函　二
- 第三百五十八函　周禮復古編　太平經圖書
- 第三百五十九函　禮經會元
- 第三百六十函　周官總義　一

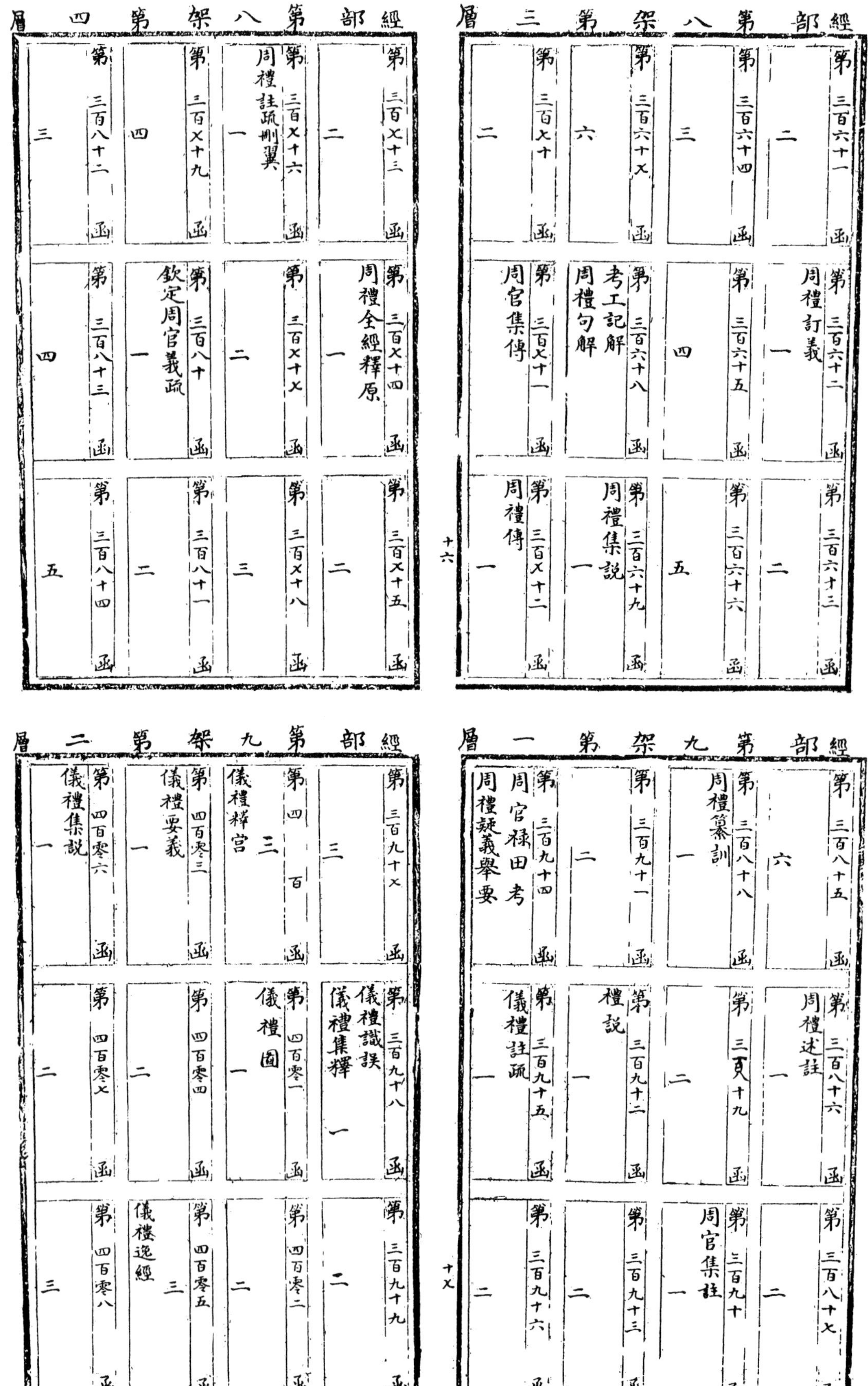

經部第八架第三層

函	書名	數
第三百六十一函		二
第三百六十二函	周禮訂義	一
第三百六十三函		二
第三百六十四函		三
第三百六十五函		四
第三百六十六函		五
第三百六十七函		六
第三百六十八函	考工記解 周禮句解	
第三百六十九函	周禮集說	一
第三百七十函		二
第三百七十一函	周官集傳	
第三百七十二函	周禮傳	一

十六

經部第八架第四層

函	書名	數
第三百七十三函		二
第三百七十四函	周禮全經釋原	一
第三百七十五函		二
第三百七十六函	周禮註疏刪翼	一
第三百七十七函		二
第三百七十八函		三
第三百七十九函		四
第三百八十函	欽定周官義疏	一
第三百八十一函		二
第三百八十二函		三
第三百八十三函		四
第三百八十四函		五

經部第九架第一層

函	書名	數
第三百八十五函		六
第三百八十六函	周禮述註	一
第三百八十七函		二
第三百八十八函	周禮纂訓	一
第三百八十九函		二
第三百九十函	周官集註	一
第三百九十一函		二
第三百九十二函	禮說	一
第三百九十三函		二
第三百九十四函	周官祿田考 周禮疑義舉要	
第三百九十五函	儀禮註疏	一
第三百九十六函		二

十七

經部第九架第二層

函	書名	數
第三百九十七函		三
第三百九十八函	儀禮識誤 儀禮集釋	一
第三百九十九函		二
第四百函	儀禮釋宮	三
第四百零一函	儀禮圖	一
第四百零二函		二
第四百零三函	儀禮要義	一
第四百零四函		二
第四百零五函	儀禮逸經	三
第四百零六函	儀禮集說	一
第四百零七函		二
第四百零八函		三

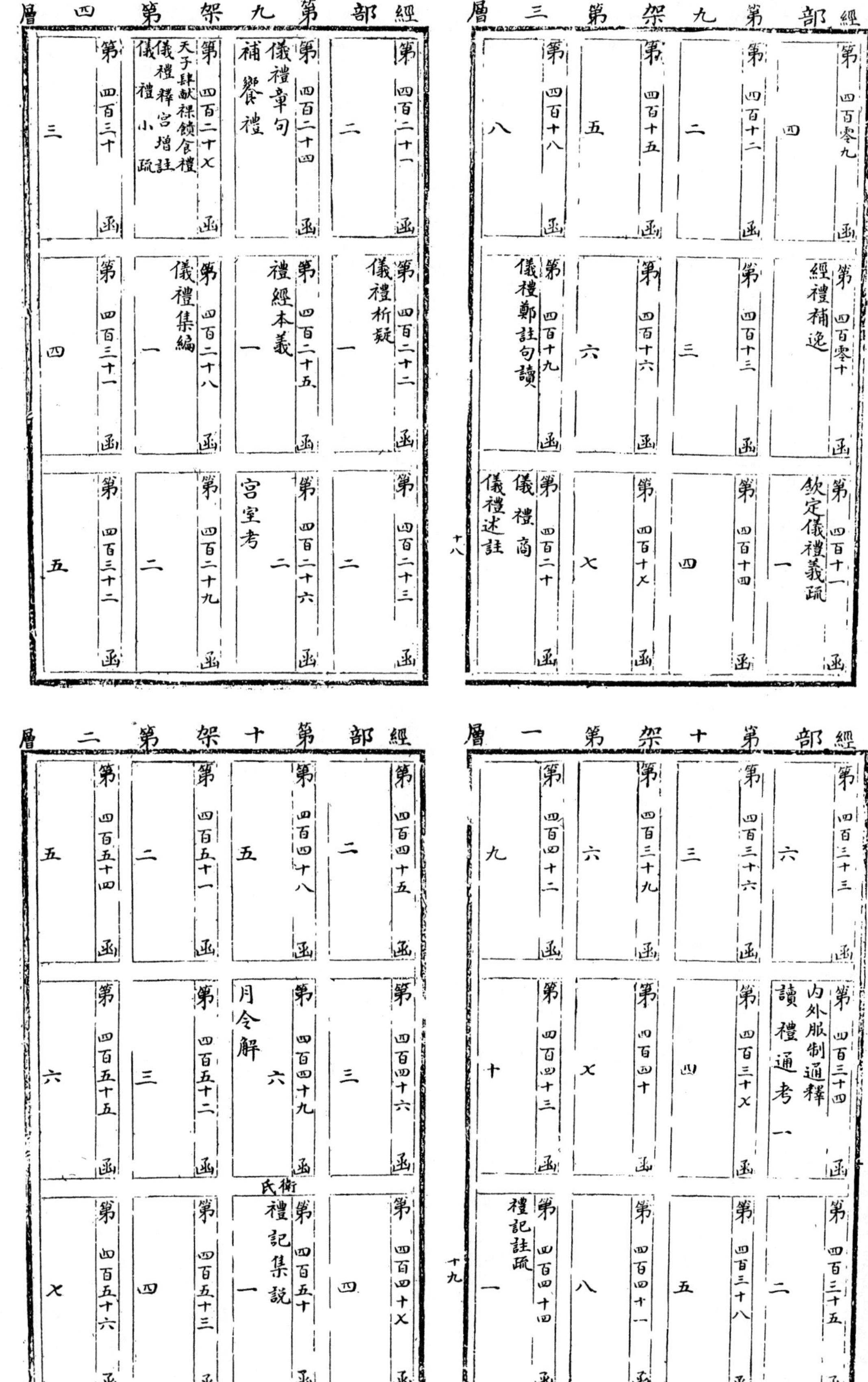

經部 第九架 第三層

函	書名	冊次
第四百零九函		四
第四百零十函	經禮補逸	
第四百十一函	欽定儀禮義疏	一
第四百十二函		二
第四百十三函		三
第四百十四函		四
第四百十五函		五
第四百十六函		六
第四百十七函		七
第四百十八函		八
第四百十九函	儀禮鄭註句讀	
第四百二十函	儀禮商 儀禮述註	

經部 第九架 第四層

函	書名	冊次
第四百二十一函		二
第四百二十二函	儀禮析疑	一
第四百二十三函		二
第四百二十四函	儀禮章句 補饗禮	
第四百二十五函	禮經本義	一
第四百二十六函	宮室考	二
第四百二十七函	天子肆獻祼饋食禮 儀禮釋宮增註 儀禮小疏	
第四百二十八函	儀禮集編	一
第四百二十九函		二
第四百三十函		三
第四百三十一函		四
第四百三十二函		五

經部 第十架 第一層

函	書名	冊次
第四百三十三函		六
第四百三十四函	內外服制通釋 讀禮通考	一
第四百三十五函		二
第四百三十六函		三
第四百三十七函		四
第四百三十八函		五
第四百三十九函		六
第四百四十函		七
第四百四十一函		八
第四百四十二函		九
第四百四十三函		十
第四百四十四函	禮記註疏	一

經部 第十架 第二層

函	書名	冊次
第四百四十五函		二
第四百四十六函		三
第四百四十七函		四
第四百四十八函		五
第四百四十九函	月令解	六
第四百五十函	衛氏禮記集說	一
第四百五十一函		二
第四百五十二函		三
第四百五十三函		四
第四百五十四函		五
第四百五十五函		六
第四百五十六函		七

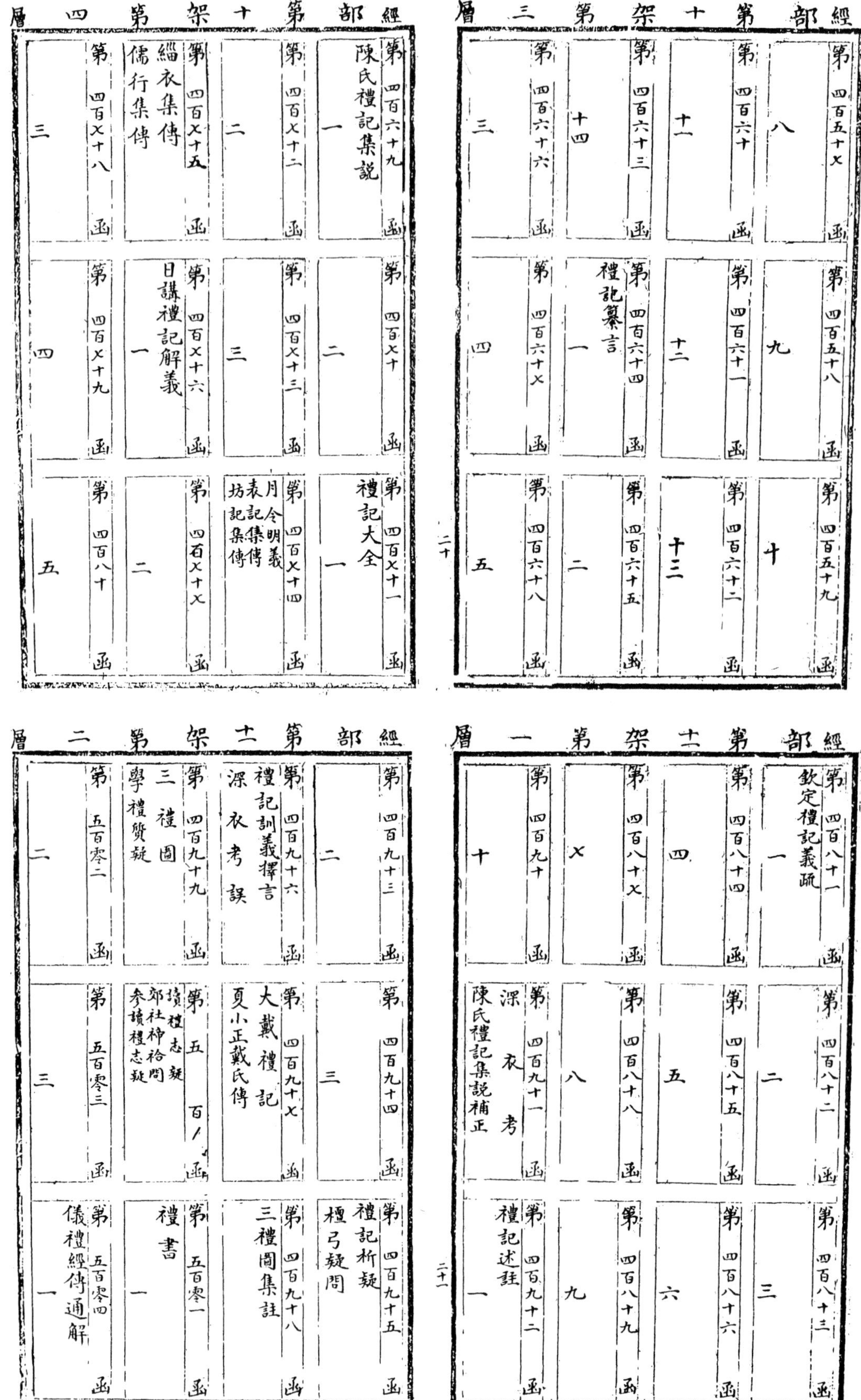

經部第十架第三層

函	書名／冊次
第四百五十七函	八
第四百五十八函	九
第四百五十九函	十
第四百六十函	十一
第四百六十一函	十二
第四百六十二函	十三
第四百六十三函	十四
第四百六十四函	禮記纂言 一
第四百六十五函	二
第四百六十六函	三
第四百六十七函	四
第四百六十八函	五

經部第十架第四層

函	書名／冊次
第四百六十九函	陳氏禮記集說 一
第四百七十函	二
第四百七十一函	禮記大全 一
第四百七十二函	二
第四百七十三函	三
第四百七十四函	月令明義 表記集傳 坊記集傳
第四百七十五函	緇衣集傳 儒行集傳
第四百七十六函	日講禮記解義 一
第四百七十七函	二
第四百七十八函	三
第四百七十九函	四
第四百八十函	五

經部第十一架第一層

函	書名／冊次
第四百八十一函	欽定禮記義疏 一
第四百八十二函	二
第四百八十三函	三
第四百八十四函	四
第四百八十五函	五
第四百八十六函	六
第四百八十七函	七
第四百八十八函	八
第四百八十九函	九
第四百九十函	十
第四百九十一函	深衣考 陳氏禮記集說補正
第四百九十二函	禮記述註 一

經部第十一架第二層

函	書名／冊次
第四百九十三函	二
第四百九十四函	三
第四百九十五函	禮記析疑 檀弓疑問
第四百九十六函	禮記訓義擇言 深衣考誤
第四百九十七函	大戴禮記 夏小正戴氏傳
第四百九十八函	三禮圖集註
第四百九十九函	三禮圖 學禮質疑
第五百函	讀禮志疑 郊社禘祫問 參讀禮志疑
第五百零一函	禮書 一
第五百零二函	二
第五百零三函	三
第五百零四函	儀禮經傳通解 一

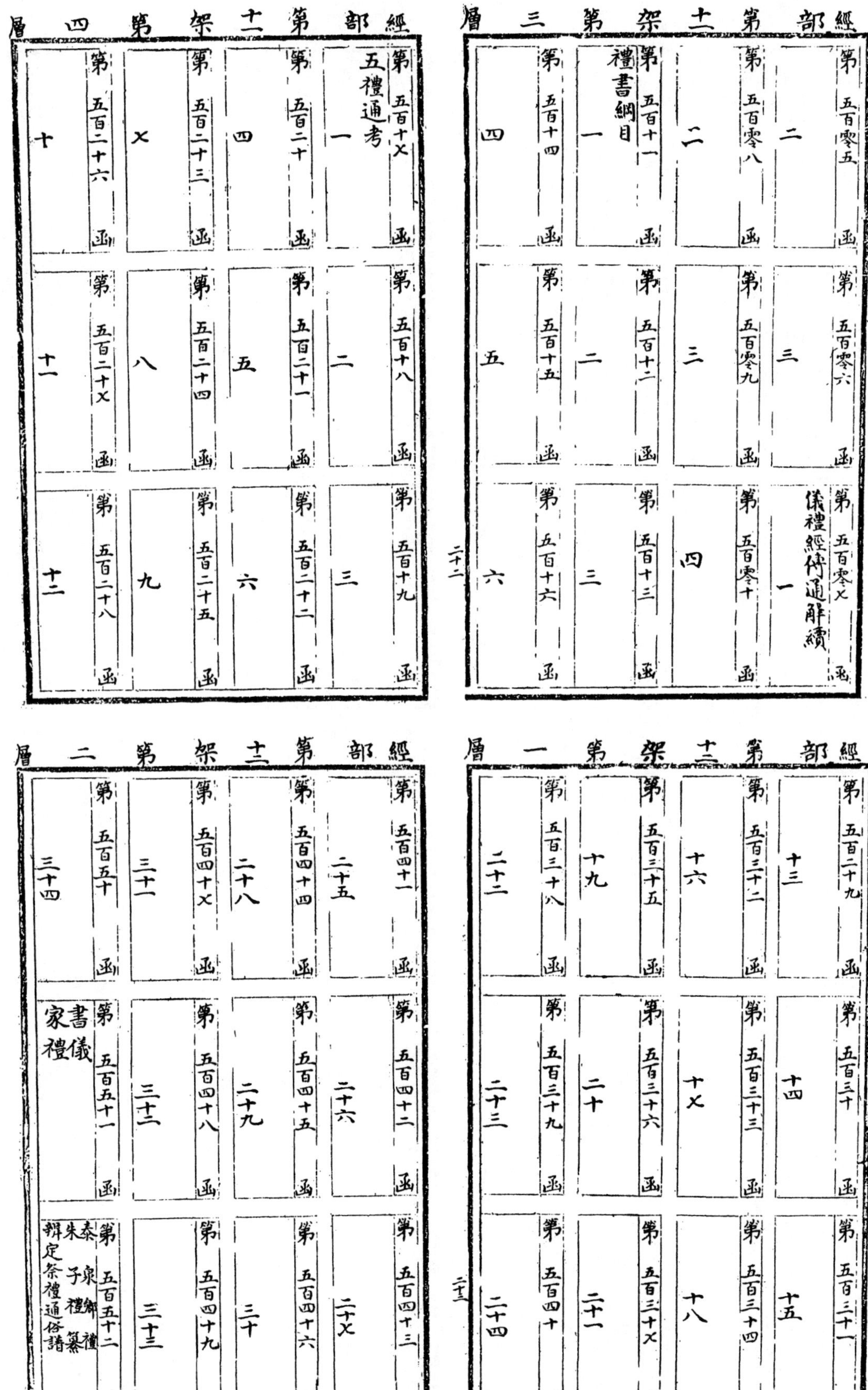

經部第十一架第三層

第五百零五函	二
第五百零六函	三
第五百零七函	儀禮經傳通解續 一
第五百零八函	二
第五百零九函	三
第五百一十函	四
第五百十一函	禮書綱目 一
第五百十二函	二
第五百十三函	三
第五百十四函	四
第五百十五函	五
第五百十六函	六

二十二

經部第十一架第四層

第五百十七函	五禮通考 一
第五百十八函	二
第五百十九函	三
第五百二十函	四
第五百二十一函	五
第五百二十二函	六
第五百二十三函	七
第五百二十四函	八
第五百二十五函	九
第五百二十六函	十
第五百二十七函	十一
第五百二十八函	十二

經部第十二架第一層

第五百二十九函	十三
第五百三十函	十四
第五百三十一函	十五
第五百三十二函	十六
第五百三十三函	十七
第五百三十四函	十八
第五百三十五函	十九
第五百三十六函	二十
第五百三十七函	二十一
第五百三十八函	二十二
第五百三十九函	二十三
第五百四十函	二十四

二十三

經部第十二架第二層

第五百四十一函	二十五
第五百四十二函	二十六
第五百四十三函	二十七
第五百四十四函	二十八
第五百四十五函	二十九
第五百四十六函	三十
第五百四十七函	三十一
第五百四十八函	三十二
第五百四十九函	三十三
第五百五十函	三十四
第五百五十一函	書儀 家禮
第五百五十二函	泰泉鄉禮 朱子禮纂 辨定祭禮通俗譜

經部第十二架第三層

第五百五十三函 春秋左傳註疏 一
第五百五十四函 二
第五百五十五函 三
第五百五十六函 四
第五百五十七函 五
第五百五十八函 六
第五百五十九函 春秋公羊註疏 一
第五百六十函 二
第五百六十一函 三
第五百六十二函 春秋穀梁註疏 一
第五百六十三函 箴膏肓起癈疾發墨守 二
第五百六十四函 春秋釋例 一

經部第十二架第四層

第五百六十五函 二
第五百六十六函 春秋集傳纂例 春秋集傳微旨
第五百六十七函 春秋集傳辨疑 春秋名號歸一圖 春秋年表
第五百六十八函 春秋尊王發微 春秋皇綱論 春秋通義
第五百六十九函 春秋權衡
第五百七十函 劉氏春秋傳 春秋意林
第五百七十一函 春秋傳說例 蘇氏春秋經解
第五百七十二函 春秋集解
第五百七十三函 春秋本例
第五百七十四函 崔氏春秋經解
第五百七十五函 春秋五禮例宗 春秋通訓
第五百七十六函 葉氏春秋傳

經部第十三架第一層

第五百七十七函 春秋考
第五百七十八函 春秋三傳讞 一
第五百七十九函 二
第五百八十函 呂氏春秋集解 一
第五百八十一函 二
第五百八十二函 胡氏春秋傳
第五百八十三函 高氏春秋集註 一
第五百八十四函 二
第五百八十五函 陳氏春秋後傳
第五百八十六函 春秋左氏傳說
第五百八十七函 春秋左氏傳續說
第五百八十八函 左氏傳議 一

經部第十三架第二層

第五百八十九函 二
第五百九十函 春秋比事
第五百九十一函 春秋左傳要義
第五百九十二函 春秋分記 一
第五百九十三函 二
第五百九十四函 三
第五百九十五函 四
第五百九十六函 春秋講義
第五百九十七函 春秋集義 一
第五百九十八函 二
第五百九十九函 三
第六百函 張氏春秋集註

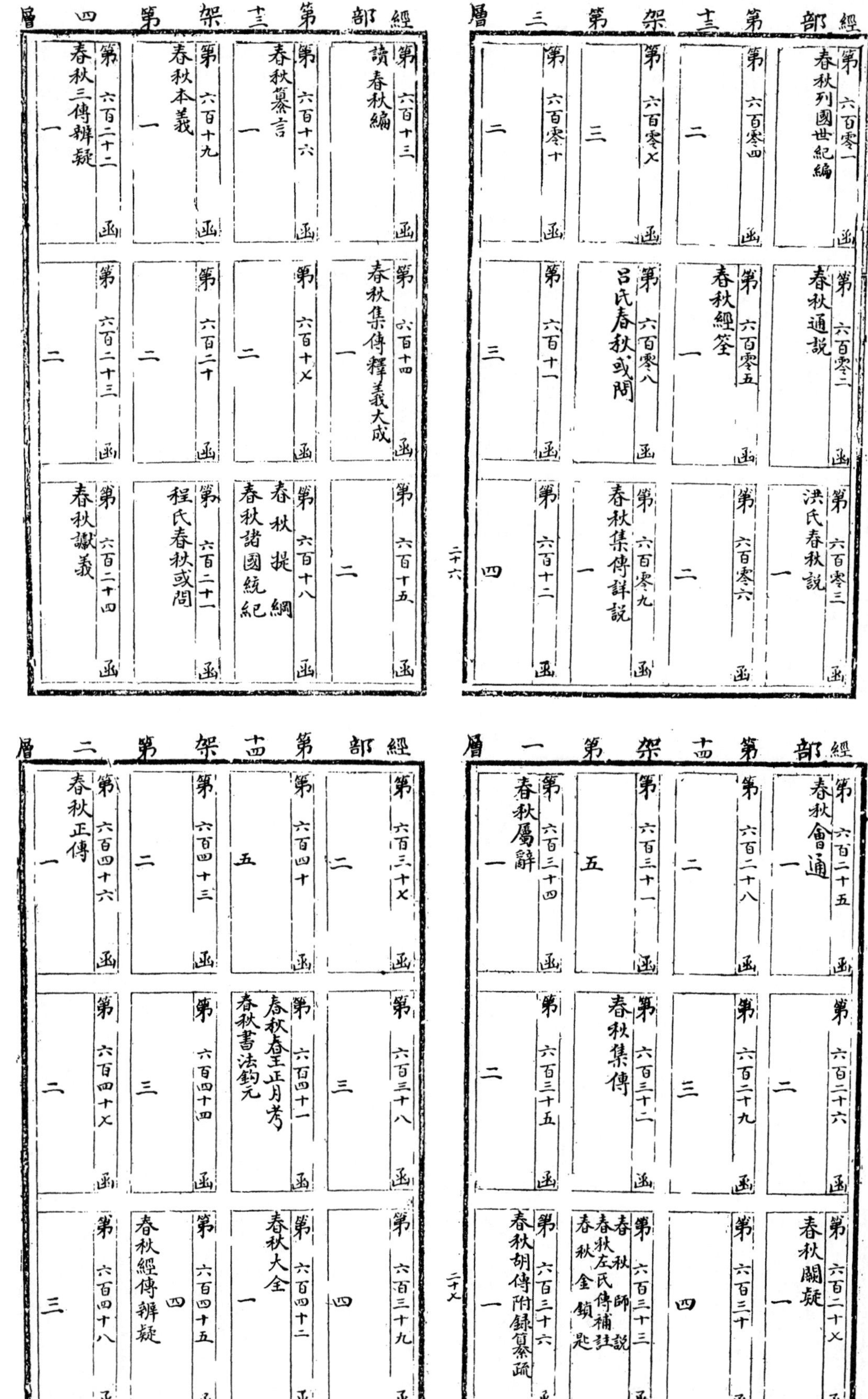

經部 第十三架 第三層

第六百零一函 春秋列國世紀編 一	第六百零四函 二	第六百零七函 三	第六百零十函 二
第六百零二函 春秋通說	第六百零五函 春秋經筌 一	第六百零八函 呂氏春秋或問	第六百十一函 三
第六百零三函 洪氏春秋說 一	第六百零六函 二	第六百零九函 春秋集傳詳說 一	第六百十二函 四

二十六

經部 第十三架 第四層

第六百十三函 讀春秋編	第六百十六函 春秋纂言 一	第六百十九函 春秋本義 一	第六百二十二函 春秋三傳辨疑 一
第六百十四函 春秋集傳釋義大成 一	第六百十七函 二	第六百二十函 二	第六百二十三函 二
第六百十五函 二	第六百十八函 春秋提綱 春秋諸國統紀	第六百二十一函 程氏春秋或問	第六百二十四函 春秋讞義

經部 第十四架 第一層

第六百二十五函 春秋會通 一	第六百二十八函 二	第六百三十一函 五	第六百三十四函 春秋屬辭 一
第六百二十六函 二	第六百二十九函 三	第六百三十二函 春秋集傳	第六百三十五函 二
第六百二十七函 春秋闕疑 一	第六百三十函 四	第六百三十三函 春秋師說 春秋左氏傳補註 春秋金鎖匙	第六百三十六函 春秋胡傳附錄纂疏 一

二十七

經部 第十四架 第二層

第六百三十七函 二	第六百四十函 五	第六百四十三函 二	第六百四十六函 春秋正傳 一
第六百三十八函 三	第六百四十一函 春秋春王正月考 春秋書法鈎元	第六百四十四函 三	第六百四十七函 二
第六百三十九函 四	第六百四十二函 春秋大全 一	第六百四十五函 春秋經傳辨疑 四	第六百四十八函 三

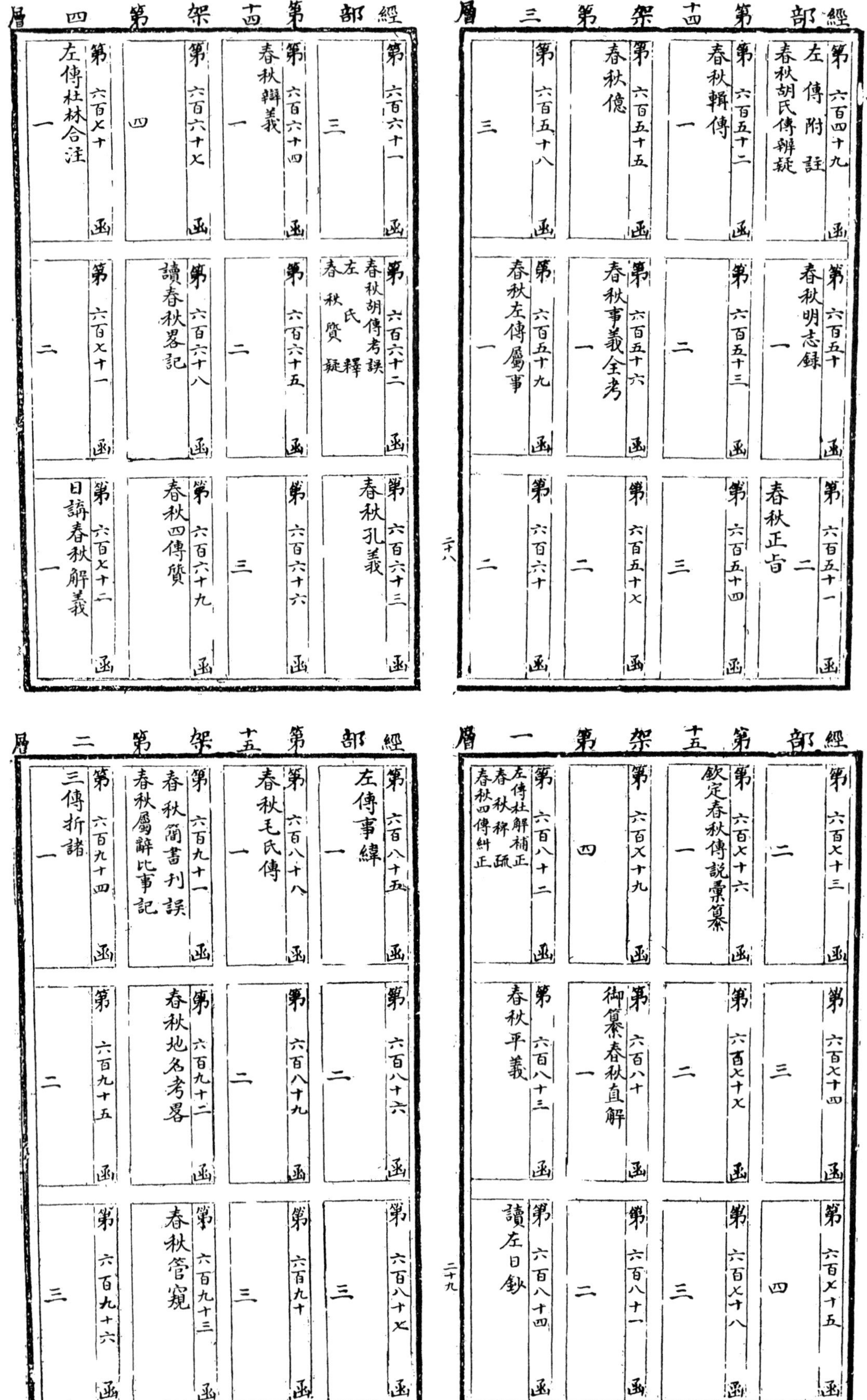

經部 第十四架 第三層

第六百四十九函 左傳附註 春秋胡氏傳辨疑	第六百五十二函 春秋輯傳 一	第六百五十五函 春秋億	第六百五十八函 三
第六百五十函 春秋明志錄 一	第六百五十三函 二	第六百五十六函 春秋事義全考 一	第六百五十九函 春秋左傳屬事 一
第六百五十一函 春秋正旨 二	第六百五十四函 三	第六百五十七函 二	第六百六十函 二

二十八

經部 第十四架 第四層

第六百六十一函 三	第六百六十四函 春秋辨義 一	第六百六十七函 四	第六百七十函 左傳杜林合注 一
第六百六十二函 春秋胡傳考誤 左氏釋 春秋質疑	第六百六十五函 二	第六百六十八函 讀春秋畧記	第六百七十一函 二
第六百六十三函 春秋孔義	第六百六十六函 三	第六百六十九函 春秋四傳質	第六百七十二函 日講春秋解義 一

經部 第十五架 第一層

第六百七十三函 二	第六百七十六函 欽定春秋傳說彙纂 一	第六百七十九函 四	第六百八十二函 左傳杜解補正 春秋稗疏 春秋四傳糾正
第六百七十四函 三	第六百七十七函 二	第六百八十函 御纂春秋直解 一	第六百八十三函 春秋平義
第六百七十五函 四	第六百七十八函 三	第六百八十一函 二	第六百八十四函 讀左日鈔

二十九

經部 第十五架 第二層

第六百八十五函 左傳事緯 一	第六百八十八函 春秋毛氏傳 一	第六百九十一函 春秋簡書刊誤 春秋屬辭比事記	第六百九十四函 三傳折諸 一
第六百八十六函 二	第六百八十九函 二	第六百九十二函 春秋地名考畧	第六百九十五函 二
第六百八十七函 三	第六百九十函 三	第六百九十三函 春秋管窺	第六百九十六函 三

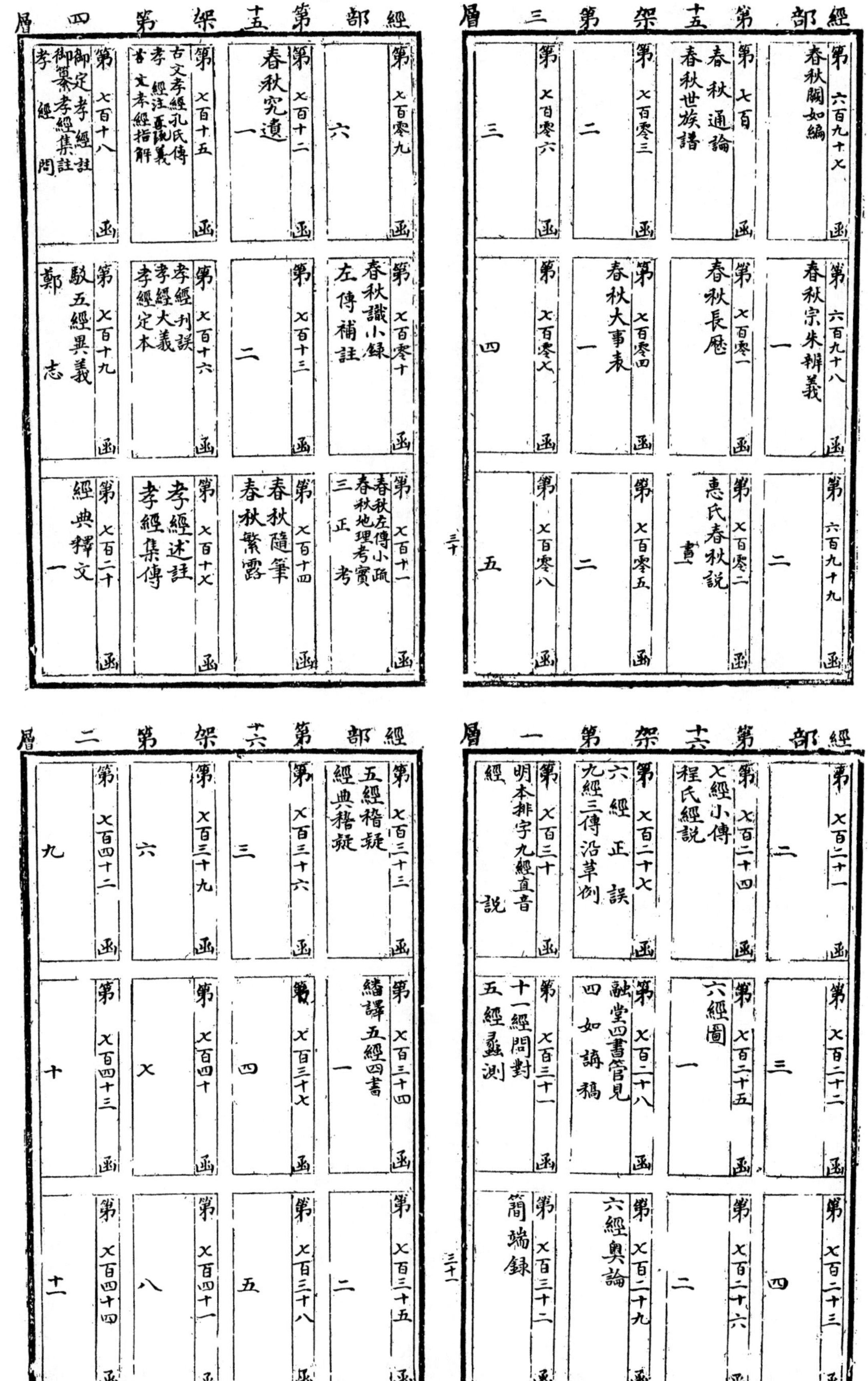

經部第十五架第三層

- 第六百九十七函 春秋闕如編
- 第六百九十八函 春秋宗朱辨義 一
- 第六百九十九函 二
- 第七百函 春秋通論 春秋世族譜
- 第七百零一函 春秋長歷
- 第七百零二函 惠氏春秋說 書一
- 第七百零三函 二
- 第七百零四函 春秋大事表 一
- 第七百零五函 二
- 第七百零六函 三
- 第七百零七函 四
- 第七百零八函 五

三十

經部第十五架第四層

- 第七百零九函 六
- 第七百零十函 春秋識小錄 左傳補註
- 第七百十一函 春秋左傳小疏 春秋地理考實 三正考
- 第七百十二函 春秋究遺 一
- 第七百十三函 二
- 第七百十四函 春秋隨筆 春秋繁露
- 第七百十五函 古文孝經孔氏傳 孝經注疏義 古文孝經指解
- 第七百十六函 孝經刊誤 孝經大義 孝經定本
- 第七百十七函 孝經述註 孝經集傳
- 第七百十八函 御定孝經註 御纂孝經集註 孝經問
- 第七百十九函 駁五經異義 鄭志
- 第七百二十函 經典釋文 一

經部第十六架第一層

- 第七百二十一函 二
- 第七百二十二函 三
- 第七百二十三函 四
- 第七百二十四函 七經小傳 程氏經說
- 第七百二十五函 六經圖 一
- 第七百二十六函 二
- 第七百二十七函 六經正誤 九經三傳沿革例
- 第七百二十八函 融堂四書管見 四如講稿
- 第七百二十九函 六經奧論
- 第七百三十函 明本排字九經直音 經說
- 第七百三十一函 十一經問對 五經蠡測
- 第七百三十二函 簡端錄

三十一

經部第十六架第二層

- 第七百三十三函 五經稽疑 經典稽疑
- 第七百三十四函 繙譯五經四書 一
- 第七百三十五函 二
- 第七百三十六函 三
- 第七百三十七函 四
- 第七百三十八函 五
- 第七百三十九函 六
- 第七百四十函 七
- 第七百四十一函 八
- 第七百四十二函 九
- 第七百四十三函 十
- 第七百四十四函 十一

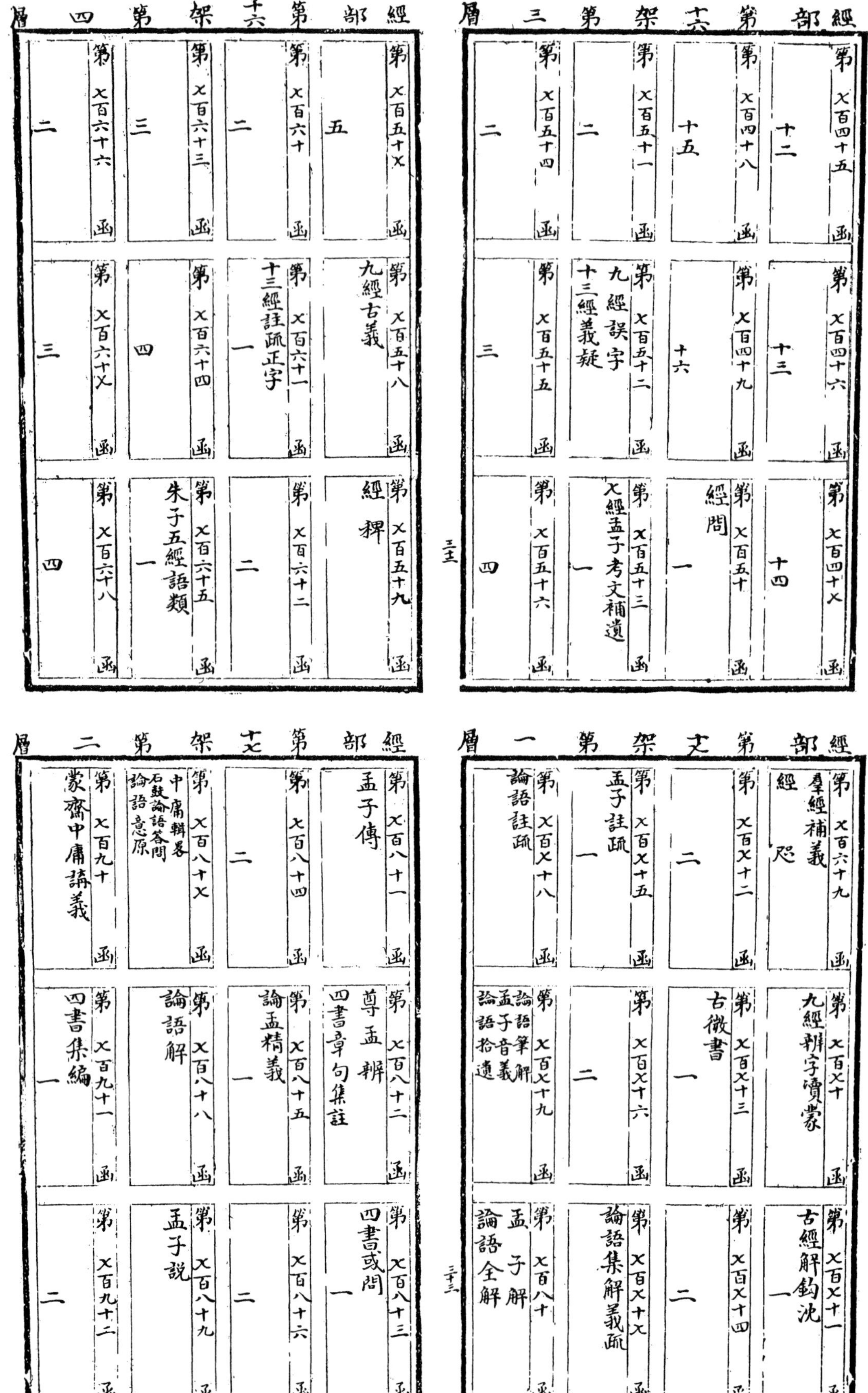

經部第十六架第三層

第七百四十五函 十二	第七百四十八函 十五	第七百五十一函 二	第七百五十四函 二
第七百四十六函 十三	第七百四十九函 十六	第七百五十二函 九經誤字 十三經義疑	第七百五十五函 三
第七百四十七函 十四	第七百五十函 經問 一	第七百五十三函 七經孟子考文補遺 一	第七百五十六函 四

三十二

經部第十六架第四層

第七百五十七函 五	第七百六十函 二	第七百六十三函 三	第七百六十六函 二
第七百五十八函 九經古義	第七百六十一函 十三經註疏正字 一	第七百六十四函 四	第七百六十七函 三
第七百五十九函 經稗	第七百六十二函 二	第七百六十五函 朱子五經語類 一	第七百六十八函 四

經部第十七架第一層

第七百六十九函 羣經補義 經咫	第七百七十二函 二	第七百七十五函 孟子註疏 一	第七百七十八函 論語註疏
第七百七十函 九經辨字瀆蒙	第七百七十三函 古微書 一	第七百七十六函 二	第七百七十九函 論語筆解 孟子音義 論語拾遺
第七百七十一函 古經解鉤沈 一	第七百七十四函 二	第七百七十七函 論語集解義疏	第七百八十函 孟子解 論語全解

三十三

經部第十七架第二層

第七百八十一函 孟子傳	第七百八十四函 二	第七百八十七函 中庸輯畧 石鼓論語答問 論語意原	第七百九十函 蒙齋中庸講義
第七百八十二函 尊孟辨 四書章句集註	第七百八十五函 論孟精義 一	第七百八十八函 論語解	第七百九十一函 四書集編 一
第七百八十三函 四書或問 一	第七百八十六函 二	第七百八十九函 孟子說	第七百九十二函 二

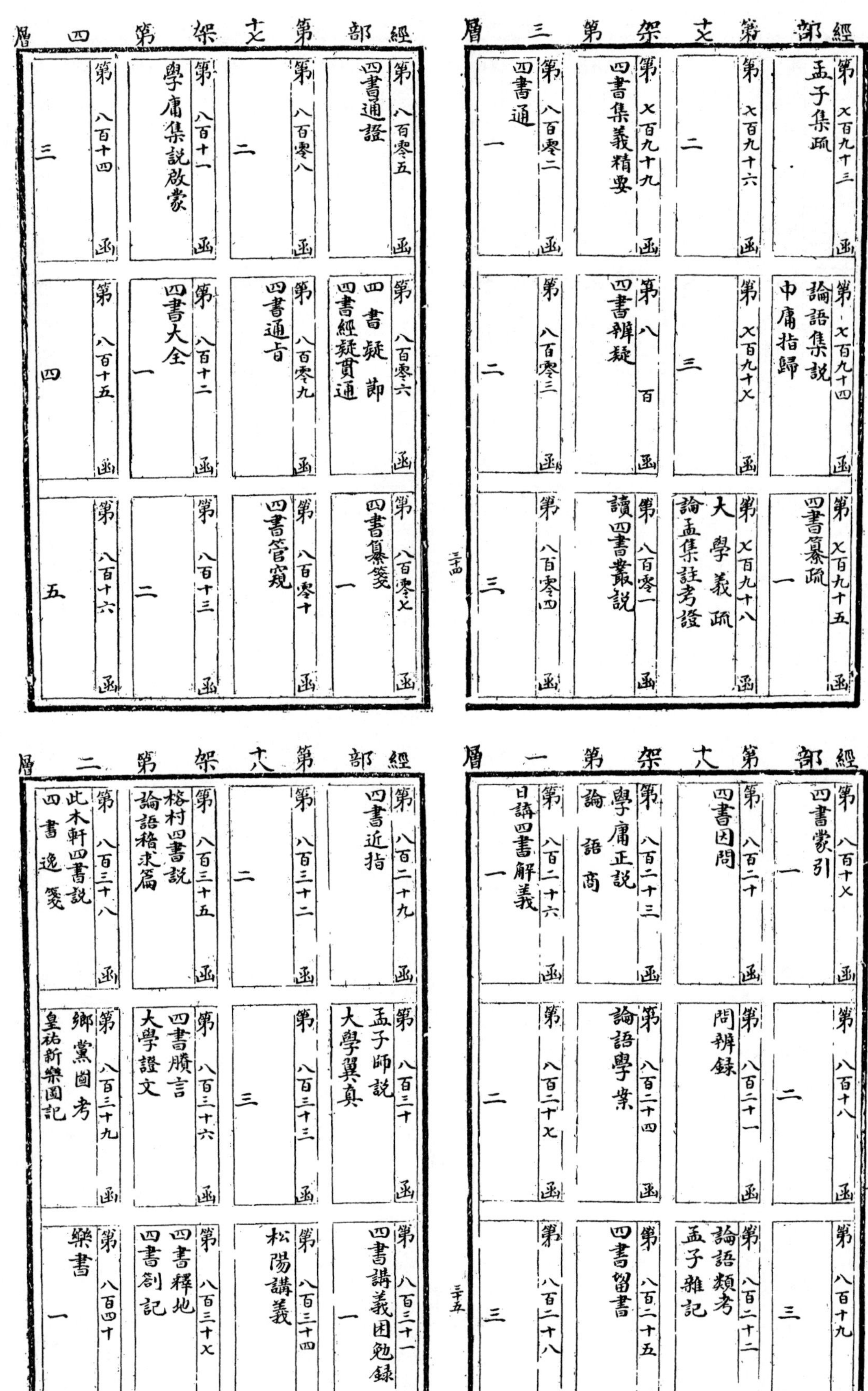

經部第七架第三層

第七百九十三函	孟子集疏
第七百九十四函	論語集說　中庸指歸
第七百九十五函	四書纂疏　一
第七百九十六函	二
第七百九十七函	三
第七百九十八函	大學義疏　論孟集註考證
第七百九十九函	四書集義精要
第八百函	四書辨疑
第八百零一函	讀四書叢說
第八百零二函	四書通　一
第八百零三函	二
第八百零四函	三

三十四

經部第七架第四層

第八百零五函	四書通證
第八百零六函	四書疑節　四書經疑貫通
第八百零七函	四書纂箋　一
第八百零八函	二
第八百零九函	四書通旨
第八百十函	四書管窺
第八百十一函	學庸集說啟蒙
第八百十二函	四書大全　一
第八百十三函	二
第八百十四函	三
第八百十五函	四
第八百十六函	五

經部第八架第一層

第八百十七函	四書蒙引　一
第八百十八函	二
第八百十九函	三
第八百二十函	四書因問
第八百二十一函	問辨錄
第八百二十二函	論語類考　孟子雜記
第八百二十三函	學庸正說　論語商
第八百二十四函	論語學案
第八百二十五函	四書留書
第八百二十六函	日講四書解義　一
第八百二十七函	二
第八百二十八函	三

三十五

經部第八架第二層

第八百二十九函	四書近指
第八百三十函	孟子師說　大學翼真
第八百三十一函	四書講義困勉錄　一
第八百三十二函	二
第八百三十三函	三
第八百三十四函	松陽講義
第八百三十五函	格村四書說　論語稽求篇
第八百三十六函	四書賸言　大學證文
第八百三十七函	四書釋地　四書劄記
第八百三十八函	此木軒四書說　四書逸箋
第八百三十九函	鄉黨圖考　皇祐新樂圖記
第八百四十函	樂書　一

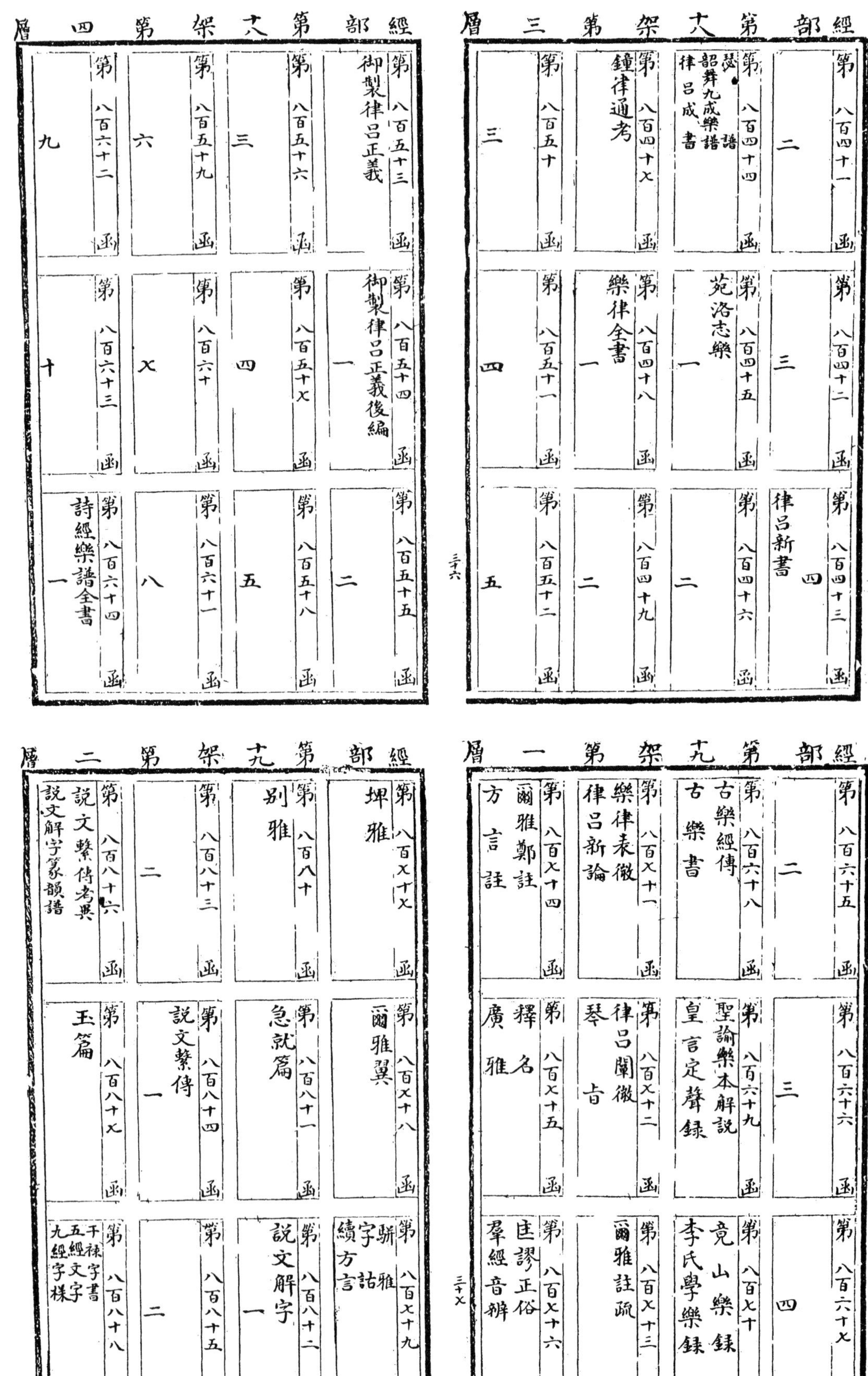

經部第八架第三層

- 第八百四十一函　二
- 第八百四十二函　三
- 第八百四十三函　律呂新書　四
- 第八百四十四函　瑟譜　韶舞九成樂譜　律呂成書
- 第八百四十五函　苑洛志樂　一
- 第八百四十六函　二
- 第八百四十七函　鐘律通考
- 第八百四十八函　樂律全書　一
- 第八百四十九函　二
- 第八百五十函　三
- 第八百五十一函　四
- 第八百五十二函　五

三十六

經部第八架第四層

- 第八百五十三函　御製律呂正義
- 第八百五十四函　御製律呂正義後編　一
- 第八百五十五函　二
- 第八百五十六函　三
- 第八百五十七函　四
- 第八百五十八函　五
- 第八百五十九函　六
- 第八百六十函　七
- 第八百六十一函　八
- 第八百六十二函　九
- 第八百六十三函　十
- 第八百六十四函　詩經樂譜全書　一

經部第九架第一層

- 第八百六十五函　二
- 第八百六十六函　三
- 第八百六十七函　四
- 第八百六十八函　古樂經傳　古樂書
- 第八百六十九函　聖諭樂本解說　皇言定聲錄
- 第八百七十函　竟山樂錄　李氏學樂錄
- 第八百七十一函　樂律表微　律呂新論
- 第八百七十二函　律呂闡微　琴旨
- 第八百七十三函　爾雅註疏
- 第八百七十四函　爾雅鄭註　方言註
- 第八百七十五函　釋名　廣雅
- 第八百七十六函　匡謬正俗　羣經音辨

三十七

經部第九架第二層

- 第八百七十七函　埤雅
- 第八百七十八函　爾雅翼
- 第八百七十九函　駢雅　字詁　續方言
- 第八百八十函　別雅
- 第八百八十一函　急就篇
- 第八百八十二函　說文解字　一
- 第八百八十三函　二
- 第八百八十四函　說文繫傳　一
- 第八百八十五函　二
- 第八百八十六函　說文繫傳考異　說文解字篆韻譜
- 第八百八十七函　玉篇
- 第八百八十八函　干祿字書　五經文字　九經字樣

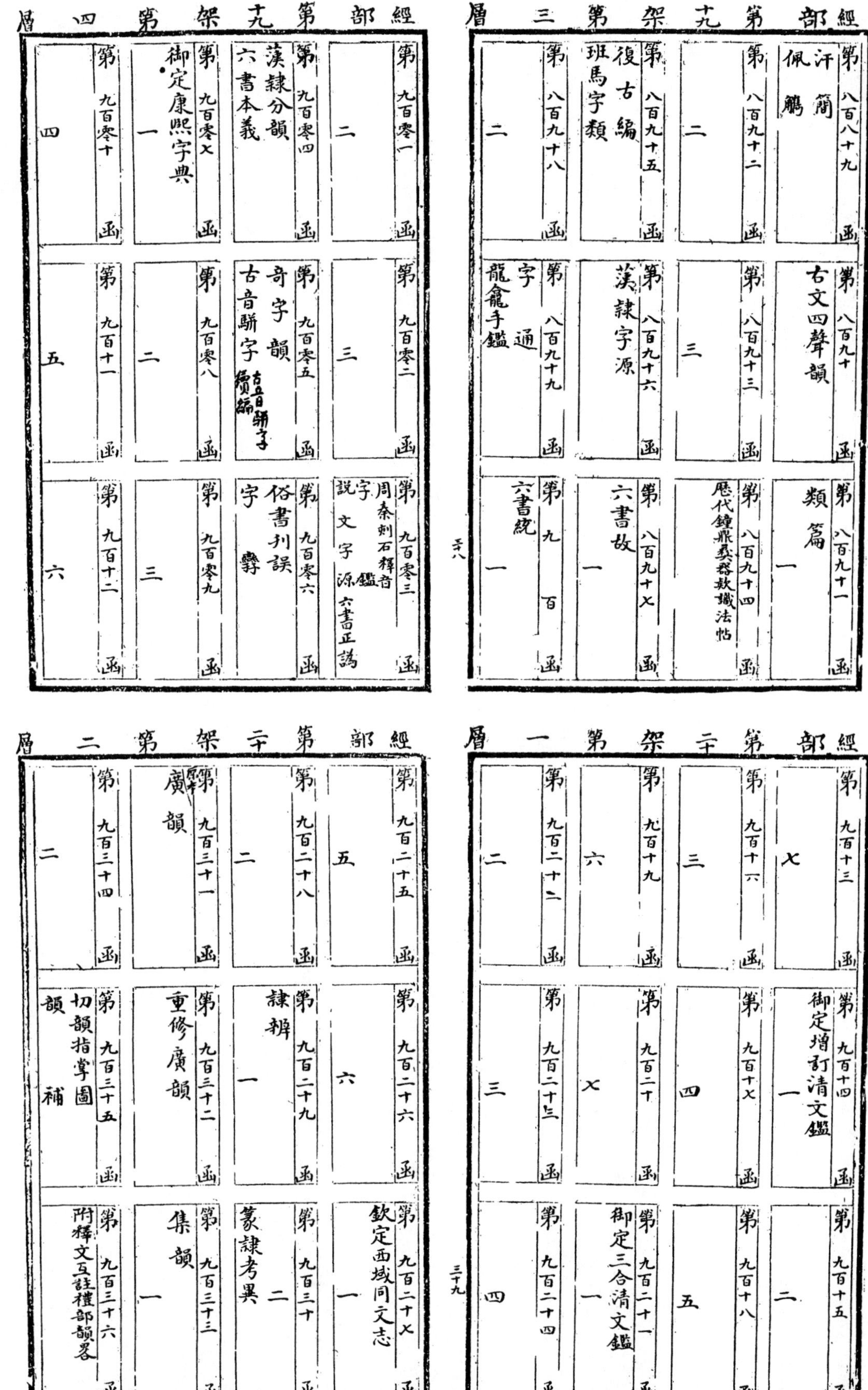

經部 第十九架 第三層

	一	二	三	四
上	第八百八十九函 汗簡 佩觿	第八百九十二函 二	第八百九十五函 復古編 班馬字類	第八百九十八函 二
中	第八百九十函 古文四聲韻	第八百九十三函 三	第八百九十六函 漢隸字源	第八百九十九函 字通 龍龕手鑑
下	第八百九十一函 類篇 一	第八百九十四函 歷代鐘鼎彝器款識法帖	第八百九十七函 六書故 一	第九百函 六書統 一

經部 第十九架 第四層

	一	二	三	四
上	第九百零一函 二	第九百零四函 漢隸分韻 六書本義	第九百零七函 御定康熙字典 一	第九百零十函 四
中	第九百零二函 三	第九百零五函 奇字韻 古音駢字 古音駢字續編	第九百零八函 二	第九百十一函 五
下	第九百零三函 周秦刻石釋音 字鑑 說文字原 六書正譌	第九百零六函 俗書刊誤 字鑿	第九百零九函 三	第九百十二函 六

三十八

經部 第二十架 第一層

	一	二	三	四
上	第九百十三函 七	第九百十六函 三	第九百十九函 六	第九百二十二函 二
中	第九百十四函 御定增訂清文鑑 一	第九百十七函 四	第九百二十函 七	第九百二十三函 三
下	第九百十五函 二	第九百十八函 五	第九百二十一函 御定三合清文鑑 一	第九百二十四函 四

經部 第二十架 第二層

	一	二	三	四
上	第九百二十五函 五	第九百二十八函 二	第九百三十一函 原本廣韻	第九百三十四函 二
中	第九百二十六函 六	第九百二十九函 隸辨 一	第九百三十二函 重修廣韻	第九百三十五函 切韻指掌圖 韻補
下	第九百二十七函 欽定西域同文志 一	第九百三十函 篆隸考異 二	第九百三十三函 集韻 一	第九百三十六函 附釋文互註禮部韻略

三十九

經部第廿架第三層

- 第九百三十七函　增修互註禮部韻畧
- 第九百三十八函　增修校正押韻釋疑　九經韻補
- 第九百三十九函　五音集韻　一
- 第九百四十函　二
- 第九百四十一函　古今韻會舉要　一
- 第九百四十二函　二　四聲全形等子　經史正音切韻指南
- 第九百四十三函　洪武正韻
- 第九百四十四函　古音叢目　古音畧例　轉注古音畧
- 第九百四十五函　毛詩古音考
- 第九百四十六函　屈宋古音義
- 第九百四十七函　御定音韻闡微　一
- 第九百四十八函　二

經部第廿架第四層

- 第九百四十九函　欽定同文韻統
- 第九百五十函　欽定叶韻彙輯　一
- 第九百五十一函　二
- 第九百五十二函　欽定音韻述微　一
- 第九百五十三函　二
- 第九百五十四函　三
- 第九百五十五函　音論　詩本音　易音
- 第九百五十六函　唐韻正　一
- 第九百五十七函　古音表　二
- 第九百五十八函　韻補正　古今通韻
- 第九百五十九函　易韻　孫氏唐韻考
- 第九百六十函　古韻標準　六藝綱目

史部架圖

史部第一架第一層

第九百六十一函	第九百六十四函	第九百六十七函	第九百七十函
一 史記	四	七	三
第九百六十二函	第九百六十五函	第九百六十八函	第九百七十一函
二	五	一 史記集解	四
第九百六十三函	第九百六十六函	第九百六十九函	第九百七十二函
三	六	二	五

史部第一架第二層

第九百七十三函	第九百七十六函	第九百七十九函	第九百八十二函
史記索隱	三	讀史記十表 史記疑問	三
第九百七十四函	第九百七十七函	第九百八十函	第九百八十三函
一 史記正義	四	一 前漢書	四
第九百七十五函	第九百七十八函	第九百八十一函	第九百八十四函
二	五	二	五

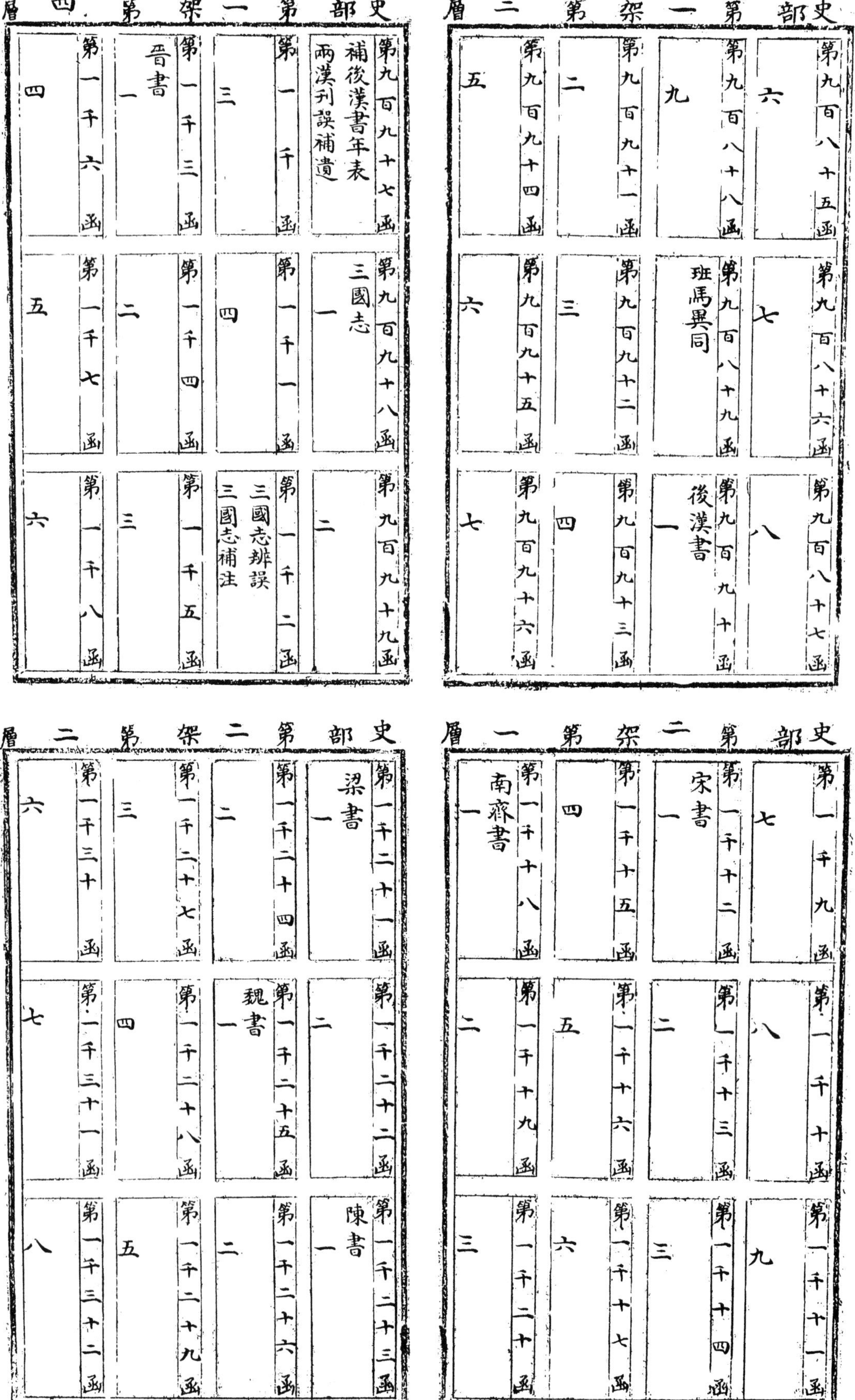

史部第一架第三層

第九百八十五函 六	第九百八十八函 九	第九百九十一函 二	第九百九十四函 五
第九百八十六函 七	第九百八十九函 班馬異同	第九百九十二函 三	第九百九十五函 六
第九百八十七函 八	第九百九十函 後漢書 一	第九百九十三函 四	第九百九十六函 七

史部第一架第四層

第九百九十七函 補後漢書年表 兩漢刊誤補遺	第一千函 三	第一千三函 晉書 一	第一千六函 四
第九百九十八函 三國志 一	第一千一函 四	第一千四函 二	第一千七函 五
第九百九十九函 二	第一千二函 三國志辨誤 三國志補注	第一千五函 三	第一千八函 六

史部第二架第一層

第一千九函 七	第一千十二函 宋書 一	第一千十五函 四	第一千十八函 南齊書 一
第一千十函 八	第一千十三函 二	第一千十六函 五	第一千十九函 二
第一千十一函 九	第一千十四函 三	第一千十七函 六	第一千二十函 三

史部第二架第二層

第一千二十一函 梁書 一	第一千二十四函 二	第一千二十七函 三	第一千三十函 六
第一千二十二函 二	第一千二十五函 魏書 一	第一千二十八函 四	第一千三十一函 七
第一千二十三函 陳書 一	第一千二十六函 二	第一千二十九函 五	第一千三十二函 八

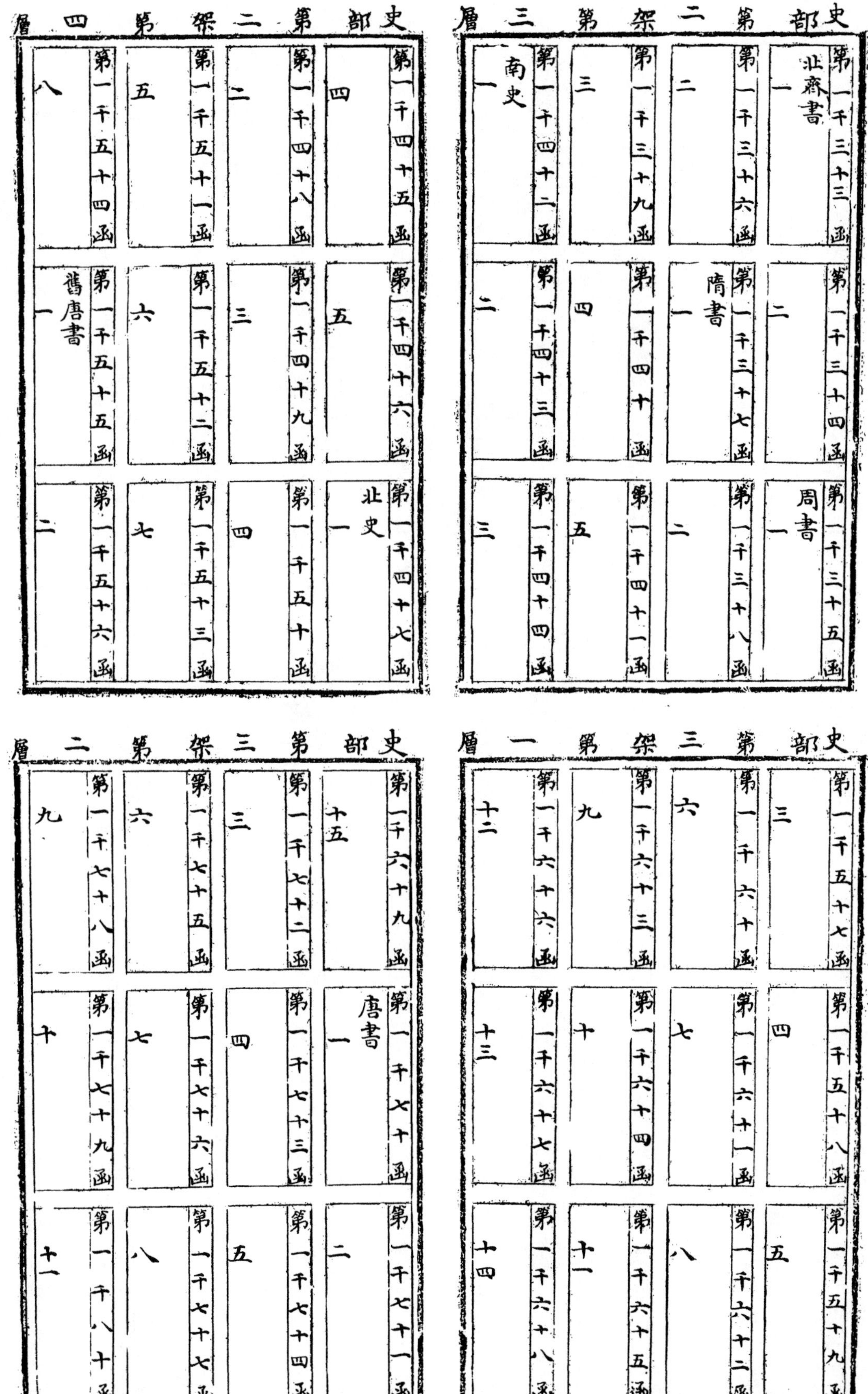

史部第二架第三層

第一千三十三函 北齊書 一	第一千三十六函 三	第一千三十九函 三	第一千四十二函 南史 一
第一千三十四函 二	第一千三十七函 隋書 一	第一千四十函 四	第一千四十三函 二
第一千三十五函 周書 一	第一千三十八函 二	第一千四十一函 五	第一千四十四函 三

史部第二架第四層

第一千四十五函 四	第一千四十八函 二	第一千五十一函 五	第一千五十四函 八
第一千四十六函 五	第一千四十九函 三	第一千五十二函 六	第一千五十五函 舊唐書 一
第一千四十七函 北史 一	第一千五十函 四	第一千五十三函 七	第一千五十六函 二

史部第三架第一層

第一千五十七函 三	第一千六十函 六	第一千六十三函 九	第一千六十六函 十二
第一千五十八函 四	第一千六十一函 七	第一千六十四函 十	第一千六十七函 十三
第一千五十九函 五	第一千六十二函 八	第一千六十五函 十一	第一千六十八函 十四

史部第三架第二層

第一千六十九函 十五	第一千七十二函 三	第一千七十五函 六	第一千七十八函 九
第一千七十函 唐書 一	第一千七十三函 四	第一千七十六函 七	第一千七十九函 十
第一千七十一函 二	第一千七十四函 五	第一千七十七函 八	第一千八十函 十一

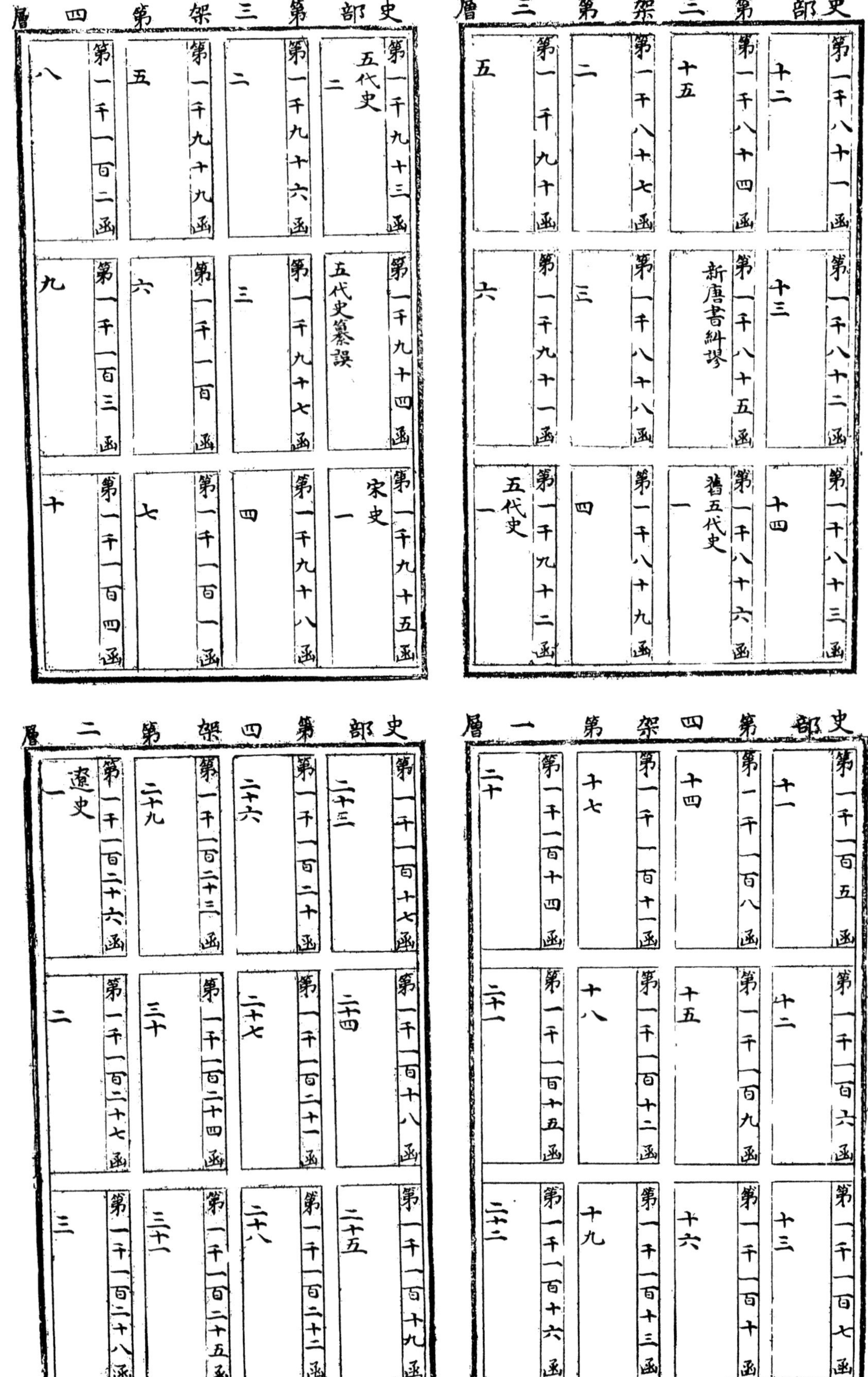

史部第三架第三層

第一千八十一函 十二	第一千八十四函 十五	第一千八十七函 二	第一千九十函 五
第一千八十二函 十三	第一千八十五函 新唐書糾謬	第一千八十八函 三	第一千九十一函 六
第一千八十三函 十四	第一千八十六函 舊五代史 一	第一千八十九函 四	第一千九十二函 五代史 一

史部第三架第四層

第一千九十三函 五代史 二	第一千九十六函 二	第一千九十九函 五	第一千一百二函 八
第一千九十四函 五代史纂誤	第一千九十七函 三	第一千一百函 六	第一千一百三函 九
第一千九十五函 宋史 一	第一千九十八函 四	第一千一百一函 七	第一千一百四函 十

史部第四架第一層

第一千一百五函 十一	第一千一百八函 十四	第一千一百十一函 十七	第一千一百十四函 二十
第一千一百六函 十二	第一千一百九函 十五	第一千一百十二函 十八	第一千一百十五函 二十一
第一千一百七函 十三	第一千一百十函 十六	第一千一百十三函 十九	第一千一百十六函 二十二

史部第四架第二層

第一千一百十七函 二十三	第一千一百二十函 二十六	第一千一百二十三函 二十九	第一千一百二十六函 遼史 一
第一千一百十八函 二十四	第一千一百二十一函 二十七	第一千一百二十四函 三十	第一千一百二十七函 二
第一千一百十九函 二十五	第一千一百二十二函 二十八	第一千一百二十五函 三十一	第一千一百二十八函 三

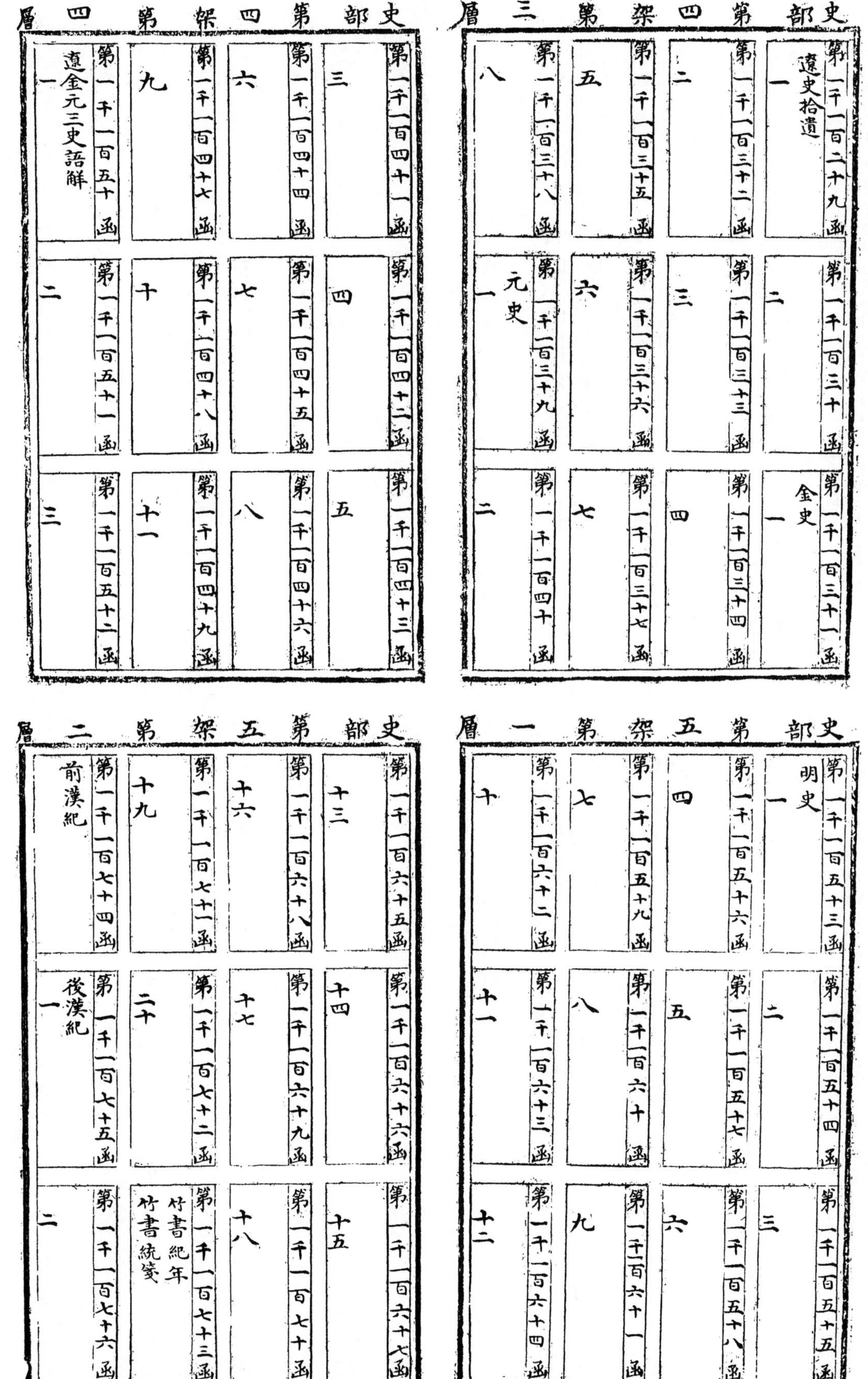

史部第四架第三層

- 第一千一百二十九函 一 遼史拾遺
- 第一千一百三十函 二
- 第一千一百三十一函 一 金史
- 第一千一百三十二函 二
- 第一千一百三十三函 三
- 第一千一百三十四函 四
- 第一千一百三十五函 五
- 第一千一百三十六函 六
- 第一千一百三十七函 七
- 第一千一百三十八函 八
- 第一千一百三十九函 一 元史
- 第一千一百四十函 二

史部第四架第四層

- 第一千一百四十一函 三
- 第一千一百四十二函 四
- 第一千一百四十三函 五
- 第一千一百四十四函 六
- 第一千一百四十五函 七
- 第一千一百四十六函 八
- 第一千一百四十七函 九
- 第一千一百四十八函 十
- 第一千一百四十九函 十一
- 第一千一百五十函 一 遼金元三史語解
- 第一千一百五十一函 二
- 第一千一百五十二函 三

史部第五架第一層

- 第一千一百五十三函 一 明史
- 第一千一百五十四函 二
- 第一千一百五十五函 三
- 第一千一百五十六函 四
- 第一千一百五十七函 五
- 第一千一百五十八函 六
- 第一千一百五十九函 七
- 第一千一百六十函 八
- 第一千一百六十一函 九
- 第一千一百六十二函 十
- 第一千一百六十三函 十一
- 第一千一百六十四函 十二

史部第五架第二層

- 第一千一百六十五函 十三
- 第一千一百六十六函 十四
- 第一千一百六十七函 十五
- 第一千一百六十八函 十六
- 第一千一百六十九函 十七
- 第一千一百七十函 十八
- 第一千一百七十一函 十九
- 第一千一百七十二函 二十
- 第一千一百七十三函 竹書紀年 竹書統箋
- 第一千一百七十四函 一 前漢紀
- 第一千一百七十五函 一 後漢紀
- 第一千一百七十六函 二

史部第五架第三層

第一千一百七十七函 元經 唐創業起居注	第一千一百八十函 三	第一千一百八十三函 六	第一千一百八十六函 九
第一千一百七十八函 資治通鑑 一	第一千一百八十一函 四	第一千一百八十四函 七	第一千一百八十七函 十
第一千一百七十九函 二	第一千一百八十二函 五	第一千一百八十五函 八	第一千一百八十八函 十一

史部第五架第四層

第一千一百八十九函 十二	第一千一百九十二函 十五	第一千一百九十五函 十八	第一千一百九十八函 二十一
第一千一百九十函 十三	第一千一百九十三函 十六	第一千一百九十六函 十九	第一千一百九十九函 二十二
第一千一百九十一函 十四	第一千一百九十四函 十七	第一千一百九十七函 二十	第一千二百函 二十三

史部第六架第一層

第一千二百一函 二十四	第一千二百四函 資治通鑑目錄 一	第一千二百七函 通鑑地理通釋 一	第一千二百十函 資治通鑑外紀
第一千二百二函 資治通鑑考異 一	第一千二百五函 二	第一千二百八函 通鑑釋文辨誤 二	第一千二百十一函 皇王大紀 一
第一千二百三函 二	第一千二百六函 三	第一千二百九函 通鑑胡注舉正 稽古錄	第一千二百十二函 二

史部第六架第二層

第一千二百十三函 三	第一千二百十六函 續資治通鑑長編 一	第一千二百十九函 四	第一千二百二十二函 七
第一千二百十四函 中興小紀 一	第一千二百十七函 二	第一千二百二十函 五	第一千二百二十三函 八
第一千二百十五函 二	第一千二百十八函 三	第一千二百二十一函 六	第一千二百二十四函 九

史部第六架第三層

函	書
第一千二百二十五函	十
第一千二百二十六函	十一
第一千二百二十七函	十二
第一千二百二十八函	十三
第一千二百二十九函	十四
第一千二百三十函	十五
第一千二百三十一函	十六
第一千二百三十二函	十七
第一千二百三十三函	十八
第一千二百三十四函	十九
第一千二百三十五函	二十
第一千二百三十六函	二十一

史部第六架第四層

函	書
第一千二百三十七函	二十二
第一千二百三十八函	二十三
第一千二百三十九函	二十四
第一千二百四十函	二十五
第一千二百四十一函	二十六
第一千二百四十二函	二十七
第一千二百四十三函	二十八
第一千二百四十四函	二十九
第一千二百四十五函	三十
第一千二百四十六函	綱目續麟 一
第一千二百四十七函	二
第一千二百四十八函	綱目分注拾遺 綱目訂誤

史部第七架第一層

函	書
第一千二百四十九函	大事記 一
第一千二百五十函	二
第一千二百五十一函	建炎以來繫年要錄 一
第一千二百五十二函	二
第一千二百五十三函	三
第一千二百五十四函	四
第一千二百五十五函	五
第一千二百五十六函	六
第一千二百五十七函	七
第一千二百五十八函	八
第一千二百五十九函	九
第一千二百六十函	十

史部第七架第二層

函	書
第一千二百六十一函	九朝編年備要 一
第一千二百六十二函	二
第一千二百六十三函	三
第一千二百六十四函	四
第一千二百六十五函	續宋編年資治通鑑
第一千二百六十六函	西漢年紀 一
第一千二百六十七函	二
第一千二百六十八函	靖康要錄
第一千二百六十九函	兩朝綱目備要 一
第一千二百七十函	二 宋季三朝政要
第一千二百七十一函	宋史全文 一
第一千二百七十二函	二

史部第七架第三層

函	書名	次
第一千二百七十三函		三
第一千二百七十四函		四
第一千二百七十五函		五
第一千二百七十六函		六
第一千二百七十七函	資治通鑑前編	一
第一千二百七十八函		二
第一千二百七十九函	通鑑續編	一
第一千二百八十函		二
第一千二百八十一函	大事記續編	一
第一千二百八十二函		二
第一千二百八十三函		三
第一千二百八十四函		四

史部第七架第四層

函	書名	次
第一千二百八十五函		五
第一千二百八十六函	元史續編	
第一千二百八十七函	御批通鑑輯覽	一
第一千二百八十八函		二
第一千二百八十九函		三
第一千二百九十函		四
第一千二百九十一函		五
第一千二百九十二函		六
第一千二百九十三函		七
第一千二百九十四函		八
第一千二百九十五函		九
第一千二百九十六函		十

史部第八架第一層

函	書名	次
第一千二百九十七函		十一
第一千二百九十八函		十二
第一千二百九十九函		十三
第一千三百函		十四
第一千三百一函		十五
第一千三百二函		十六
第一千三百三函		十七
第一千三百四函		十八
第一千三百五函		十九
第一千三百六函		二十
第一千三百七函	御定通鑑綱目三編	一
第一千三百八函		二

史部第八架第二層

函	書名	次
第一千三百九函		三
第一千三百十函	開國方畧	一
第一千三百十一函		二
第一千三百十二函	資治通鑑後編	一
第一千三百十三函		二
第一千三百十四函		三
第一千三百十五函		四
第一千三百十六函		五
第一千三百十七函		六
第一千三百十八函		七
第一千三百十九函		八
第一千三百二十函		九

史部第八架第三層

第一千三百二十一函	十
第一千三百二十二函	通鑑紀事本末 一
第一千三百二十三函	二
第一千三百二十四函	三
第一千三百二十五函	四
第一千三百二十六函	五
第一千三百二十七函	六
第一千三百二十八函	七
第一千三百二十九函	八
第一千三百三十函	九
第一千三百三十一函	十
第一千三百三十二函	十一

史部第八架第四層

第一千三百三十三函	春秋左傳事類始末
第一千三百三十四函	三朝北盟會編 一
第一千三百三十五函	二
第一千三百三十六函	三
第一千三百三十七函	四
第一千三百三十八函	五
第一千三百三十九函	六
第一千三百四十函	七
第一千三百四十一函	蜀鑑 炎徼紀聞
第一千三百四十二函	宋史紀事本末 一
第一千三百四十三函	二
第一千三百四十四函	三

史部第九架第一層

第一千三百四十五函	元史紀事本末
第一千三百四十六函	平定三逆方畧 一
第一千三百四十七函	二
第一千三百四十八函	平定朔漠方畧 一
第一千三百四十九函	二
第一千三百五十函	三
第一千三百五十一函	四
第一千三百五十二函	平定金川方畧 一
第一千三百五十三函	二
第一千三百五十四函	平定準噶爾方畧 一
第一千三百五十五函	二
第一千三百五十六函	三

史部第九架第二層

第一千三百五十七函	四
第一千三百五十八函	五
第一千三百五十九函	六
第一千三百六十函	七
第一千三百六十一函	八
第一千三百六十二函	九
第一千三百六十三函	平定兩金川方畧 一
第一千三百六十四函	二
第一千三百六十五函	三
第一千三百六十六函	四
第一千三百六十七函	五
第一千三百六十八函	六

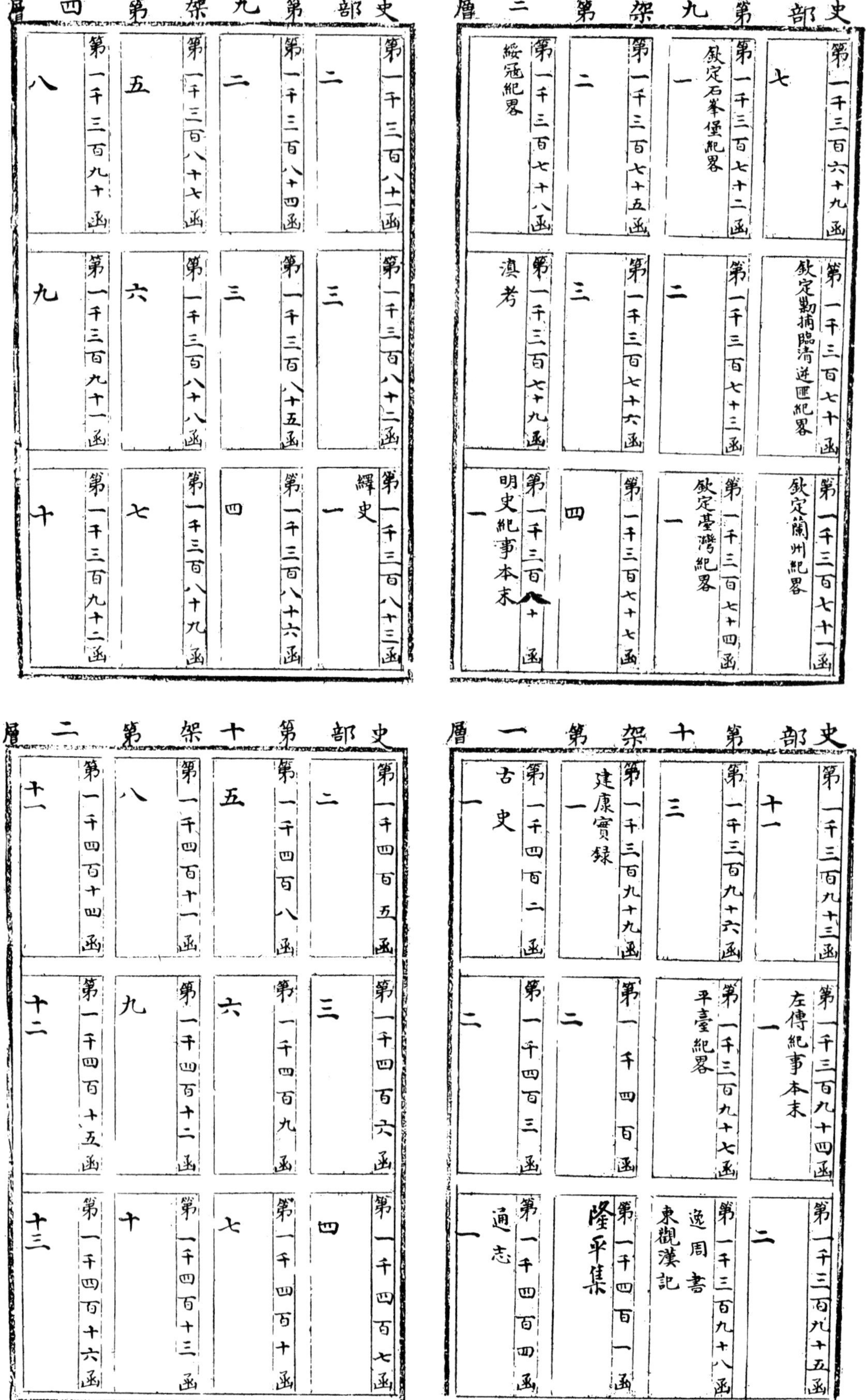

史部第九架第三層

第一千三百六十九函	七
第一千三百七十函	欽定勦捕臨清逆匪紀畧
第一千三百七十一函	欽定蘭州紀畧
第一千三百七十二函	欽定石峯堡紀畧 一
第一千三百七十三函	二
第一千三百七十四函	欽定臺灣紀畧 一
第一千三百七十五函	二
第一千三百七十六函	三
第一千三百七十七函	四
第一千三百七十八函	綏寇紀畧
第一千三百七十九函	滇考
第一千三百八十函	明史紀事本末 一

史部第九架第四層

第一千三百八十一函	二
第一千三百八十二函	三
第一千三百八十三函	繹史 一
第一千三百八十四函	二
第一千三百八十五函	三
第一千三百八十六函	四
第一千三百八十七函	五
第一千三百八十八函	六
第一千三百八十九函	七
第一千三百九十函	八
第一千三百九十一函	九
第一千三百九十二函	十

史部第十架第一層

第一千三百九十三函	十一
第一千三百九十四函	左傳紀事本末 一
第一千三百九十五函	二
第一千三百九十六函	三
第一千三百九十七函	平臺紀畧
第一千三百九十八函	逸周書 東觀漢記
第一千三百九十九函	建康實録 一
第一千四百函	二
第一千四百一函	隆平集
第一千四百二函	古史 一
第一千四百三函	二
第一千四百四函	通志 一

史部第十架第二層

第一千四百五函	二
第一千四百六函	三
第一千四百七函	四
第一千四百八函	五
第一千四百九函	六
第一千四百十函	七
第一千四百十一函	八
第一千四百十二函	九
第一千四百十三函	十
第一千四百十四函	十一
第一千四百十五函	十二
第一千四百十六函	十三

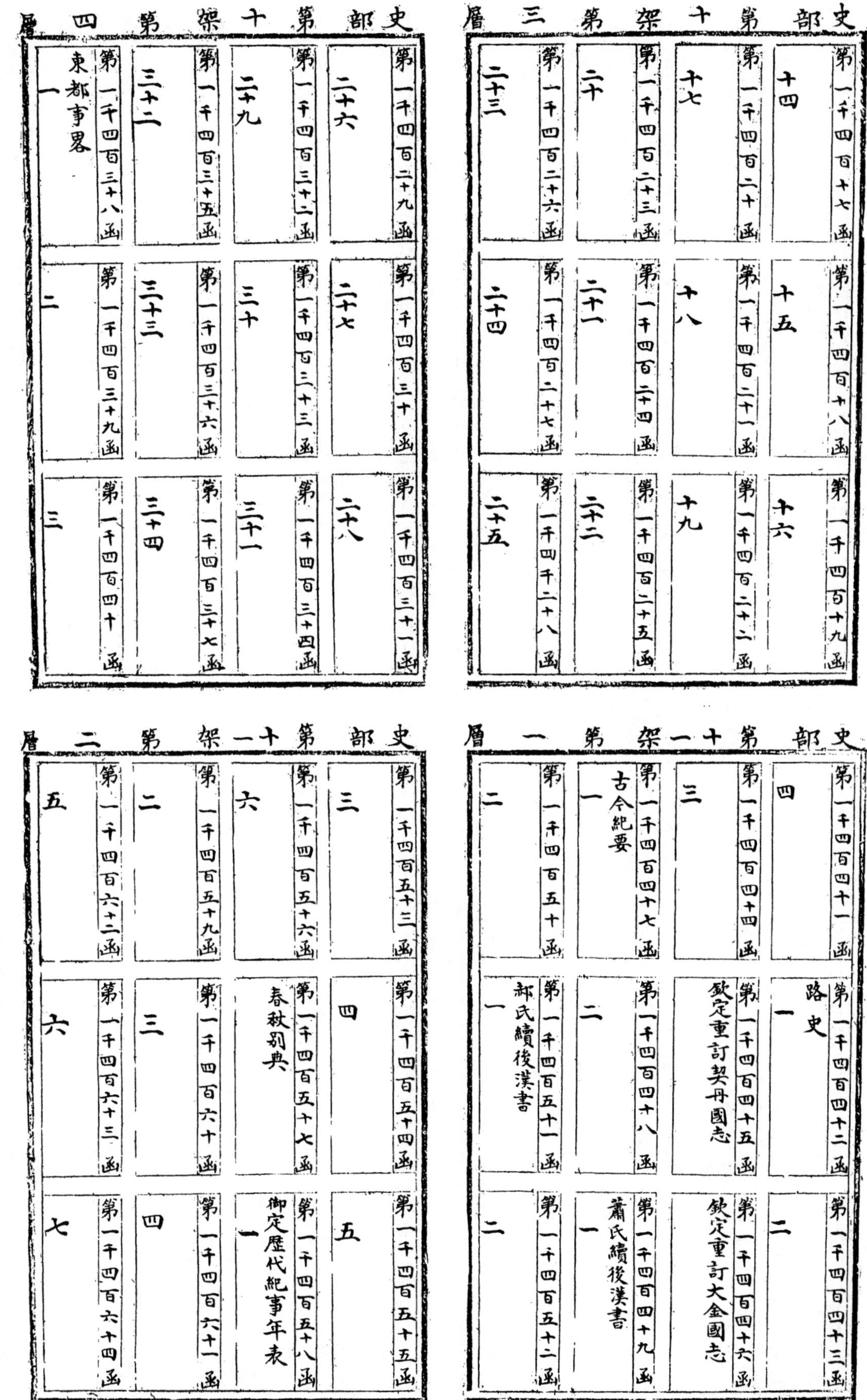

史部第十架第三層

函	冊
第一千四百十七函	十四
第一千四百十八函	十五
第一千四百十九函	十六
第一千四百二十函	十七
第一千四百二十一函	十八
第一千四百二十二函	十九
第一千四百二十三函	二十
第一千四百二十四函	二十一
第一千四百二十五函	二十二
第一千四百二十六函	二十三
第一千四百二十七函	二十四
第一千四千二十八函	二十五

史部第十架第四層

函	冊
第一千四百二十九函	二十六
第一千四百三十函	二十七
第一千四百三十一函	二十八
第一千四百三十二函	二十九
第一千四百三十三函	三十
第一千四百三十四函	三十一
第一千四百三十五函	三十二
第一千四百三十六函	三十三
第一千四百三十七函	三十四
第一千四百三十八函	東都事畧 一
第一千四百三十九函	二
第一千四百四十函	三

史部第十一架第一層

函	冊
第一千四百四十一函	四
第一千四百四十二函	路史 一
第一千四百四十三函	二
第一千四百四十四函	三
第一千四百四十五函	欽定重訂契丹國志
第一千四百四十六函	欽定重訂大金國志
第一千四百四十七函	古今紀要 一
第一千四百四十八函	二
第一千四百四十九函	蕭氏續後漢書 一
第一千四百五十函	二
第一千四百五十一函	郝氏續後漢書 一
第一千四百五十二函	二

史部第十一架第二層

函	冊
第一千四百五十三函	三
第一千四百五十四函	四
第一千四百五十五函	五
第一千四百五十六函	六
第一千四百五十七函	春秋别典
第一千四百五十八函	御定歷代紀事年表 一
第一千四百五十九函	二
第一千四百六十函	三
第一千四百六十一函	四
第一千四百六十二函	五
第一千四百六十三函	六
第一千四百六十四函	七

史部第十一架第三層

第一千四百六十五函 八	第一千四百六十八函 十一	第一千四百七十一函 十四	第一千四百七十四函 十七
第一千四百六十六函 九	第一千四百六十九函 十二	第一千四百七十二函 十五	第一千四百七十五函 十八
第一千四百六十七函 十	第一千四百七十函 十三	第一千四百七十三函 十六	第一千四百七十六函 十九

史部第十一架第四層

第一千四百七十七函 欽定續通志 一	第一千四百八十函 四	第一千四百八十三函 七	第一千四百八十六函 十
第一千四百七十八函 二	第一千四百八十一函 五	第一千四百八十四函 八	第一千四百八十七函 十一
第一千四百七十九函 三	第一千四百八十二函 六	第一千四百八十五函 九	第一千四百八十八函 十二

史部第十二架第一層

第一千四百八十九函 十三	第一千四百九十二函 十六	第一千四百九十五函 十九	第一千四百九十八函 二十二
第一千四百九十函 十四	第一千四百九十三函 十七	第一千四百九十六函 二十	第一千四百九十九函 二十三
第一千四百九十一函 十五	第一千四百九十四函 十八	第一千四百九十七函 二十一	第一千五百函 二十四

史部第十二架第二層

第一千五百一函 二十五	第一千五百四函 二十八	第一千五百七函 補歷代史表 一	第一千五百十函 二
第一千五百二函 二十六	第一千五百五函 二十九	第一千五百八函 二	第一千五百十一函 春秋戰國異辭 一
第一千五百三函 二十七	第一千五百六函 三十	第一千五百九函 後漢書補逸 一	第一千五百十二函 二

史部第十二架第三層

第一千五百十三函 三
第一千五百十四函 四
第一千五百十五函 五
第一千五百十六函 尚史 一
第一千五百十七函 二
第一千五百十八函 三
第一千五百十九函 四
第一千五百二十函 五
第一千五百二十一函 六
第一千五百二十二函 七
第一千五百二十三函 國語 國語補音
第一千五百二十四函 戰國策

史部第十二架第四層

第一千五百二十五函 鮑氏戰國策注
第一千五百二十六函 戰國策校注 一 鋼
第一千五百二十七函 二
第一千五百二十八函 貞觀政要
第一千五百二十九函 渚宮舊事 東觀奏記 五代史闕文
第一千五百三十函 五代史補 北狩見聞錄 松漠紀聞 燕翼貽謀錄（合冊）
第一千五百三十一函 太平治迹統類 一
第一千五百三十二函 二
第一千五百三十三函 三
第一千五百三十四函 咸淳遺事 大金弔伐錄
第一千五百三十五函 汝南遺事 錢塘遺事 平宋錄
第一千五百三十六函 弇山堂別集 一

史部第十三架第一層

第一千五百三十七函 二
第一千五百三十八函 三
第一千五百三十九函 四
第一千五百四十函 五
第一千五百四十一函 革除逸史
第一千五百四十二函 蒙古源流
第一千五百四十三函 太祖高皇帝聖訓 太宗文皇帝聖訓 世祖章皇帝聖訓
第一千五百四十四函 聖祖仁皇帝聖訓 一
第一千五百四十五函 二
第一千五百四十六函 三
第一千五百四十七函 世宗憲皇帝聖訓 一
第一千五百四十八函 二

史部第十三架第二層

第一千五百四十九函 上諭八旗
第一千五百五十函 上諭旗務議覆
第一千五百五十一函 諭行旗務奏議
第一千五百五十二函 上諭內閣 一
第一千五百五十三函 二
第一千五百五十四函 三
第一千五百五十五函 四
第一千五百五十六函 五
第一千五百五十七函 六
第一千五百五十八函 七
第一千五百五十九函 硃批諭旨 一
第一千五百六十函 二

史部第十三架第三層

第一千五百六十一函	三
第一千五百六十二函	四
第一千五百六十三函	五
第一千五百六十四函	六
第一千五百六十五函	七
第一千五百六十六函	八
第一千五百六十七函	九
第一千五百六十八函	十
第一千五百六十九函	十一
第一千五百七十函	十二
第一千五百七十一函	十三
第一千五百七十二函	十四

史部第十三架第四層

第一千五百七十三函	十五
第一千五百七十四函	十六
第一千五百七十五函	十七
第一千五百七十六函	十八
第一千五百七十七函	十九
第一千五百七十八函	二十
第一千五百七十九函	二十一
第一千五百八十函	二十二
第一千五百八十一函	二十三
第一千五百八十二函	二十四
第一千五百八十三函	二十五
第一千五百八十四函	二十六

史部第十四架第一層

第一千五百八十五函	二十七
第一千五百八十六函	二十八
第一千五百八十七函	二十九
第一千五百八十八函	三十
第一千五百八十九函	三十一
第一千五百九十函	三十二
第一千五百九十一函	三十三
第一千五百九十二函	三十四
第一千五百九十三函	三十五
第一千五百九十四函	三十六
第一千五百九十五函	唐大詔令集 一
第一千五百九十六函	二

史部第十四架第二層

第一千五百九十七函	三
第一千五百九十八函	四
第一千五百九十九函	兩漢詔令
第一千六百函	范文正奏議 包孝肅奏議
第一千六百一函	盡言集
第一千六百二函	讜論集 左史諫草 商文毅疏稿
第一千六百三函	王端毅奏議
第一千六百四函	馬端肅奏議
第一千六百五函	關中奏議 一
第一千六百六函	二
第一千六百七函	胡端敏奏議
第一千六百八函	楊文忠三錄 何文簡疏議

史部第十四架第三層

函	書	函	書	函	書	函	書
第一千六百九函	二	第一千六百十二函	納谿奏議 譚襄敏奏議	第一千六百十五函	文襄奏疏	第一千六百十八函	二
第一千六百十函	垂光集 孫穀菴奏議 王坡奏議	第一千六百十三函	潘司空奏疏 兩河經畧	第一千六百十六函	華野疏稿	第一千六百十九函	三
第一千六百十一函	南宮奏稿	第一千六百十四函	兩垣奏議 周忠愍奏疏 張襄壯奏議	第一千六百十七函	宋名臣奏議 一	第一千六百二十函	四

史部第十四架第四層

函	書	函	書	函	書	函	書
第一千六百二十一函	五	第一千六百二十四函	八	第一千六百二十七函	三	第一千六百三十函	六
第一千六百二十二函	六	第一千六百二十五函	歷代名臣奏議 一	第一千六百二十八函	四	第一千六百三十一函	七
第一千六百二十三函	七	第一千六百二十六函	二	第一千六百二十九函	五	第一千六百三十二函	八

史部第十五架第一層

函	書	函	書	函	書	函	書
第一千六百三十三函	九	第一千六百三十六函	十二	第一千六百三十九函	十五	第一千六百四十二函	十八
第一千六百三十四函	十	第一千六百三十七函	十三	第一千六百四十函	十六	第一千六百四十三函	十九
第一千六百三十五函	十一	第一千六百三十八函	十四	第一千六百四十一函	十七	第一千六百四十四函	二十

史部第十五架第二層

函	書	函	書	函	書	函	書
第一千六百四十五函	二十一	第一千六百四十八函	二十四	第一千六百五十一函	二十七	第一千六百五十四函	三十
第一千六百四十六函	二十二	第一千六百四十九函	二十五	第一千六百五十二函	二十八	第一千六百五十五函	三十一
第一千六百四十七函	二十三	第一千六百五十函	二十六	第一千六百五十三函	二十九	第一千六百五十六函	三十二

史部第十五架第三層

第一千六百五十七函	三十三
第一千六百五十八函	三十四
第一千六百五十九函	三十五
第一千六百六十函	三十六
第一千六百六十一函	三十七
第一千六百六十二函	明名臣經濟錄 一
第一千六百六十三函	二
第一千六百六十四函	三
第一千六百六十五函	四
第一千六百六十六函	五
第一千六百六十七函	御選明臣奏議 一
第一千六百六十八函	二

史部第十五架第四層

第一千六百六十九函	三
第一千六百七十函	四
第一千六百七十一函	孔子編年 東家雜記
第一千六百七十二函	晏子春秋 魏鄭公諫錄 李相國論事集
第一千六百七十三函	杜工部年譜 杜工部詩年譜 紹陶錄
第一千六百七十四函	金佗稡編 一
第一千六百七十五函	二
第一千六百七十六函	象臺首末 魏鄭公諫續錄 忠貞錄
第一千六百七十七函	諸葛忠武書 寧海將軍固山貝子功績錄
第一千六百七十八函	朱子年譜
第一千六百七十九函	古列女傳 高士傳 卓異記
第一千六百八十函	春秋列國臣傳 廉吏傳

史部第十六架第一層

第一千六百八十一函	紹興十八年同年小錄 伊雒淵源錄
第一千六百八十二函	宋名臣言行錄 一
第一千六百八十三函	二
第一千六百八十四函	三
第一千六百八十五函	名臣碑傳琬琰之集 一
第一千六百八十六函	二
第一千六百八十七函	三
第一千六百八十八函	四
第一千六百八十九函	錢塘先賢傳贊 慶元黨禁 寶祐四年登科錄
第一千六百九十函	京口耆舊傳 昭忠錄
第一千六百九十一函	敬鄉錄 唐才子傳
第一千六百九十二函	元名臣事畧

史部第十六架第二層

第一千六百九十三函	浦陽人物記 古今烈女傳
第一千六百九十四函	殿閣詞林記 一
第一千六百九十五函	二
第一千六百九十六函	嘉靖以來首輔傳
第一千六百九十七函	明名臣琬琰錄 一
第一千六百九十八函	二
第一千六百九十九函	今獻備遺
第一千七百函	百越先賢志 元儒考畧
第一千七百一函	欽定宗室王公功績表傳
第一千七百二函	欽定蒙古王公功績表傳 一
第一千七百三函	二
第一千七百四函	三

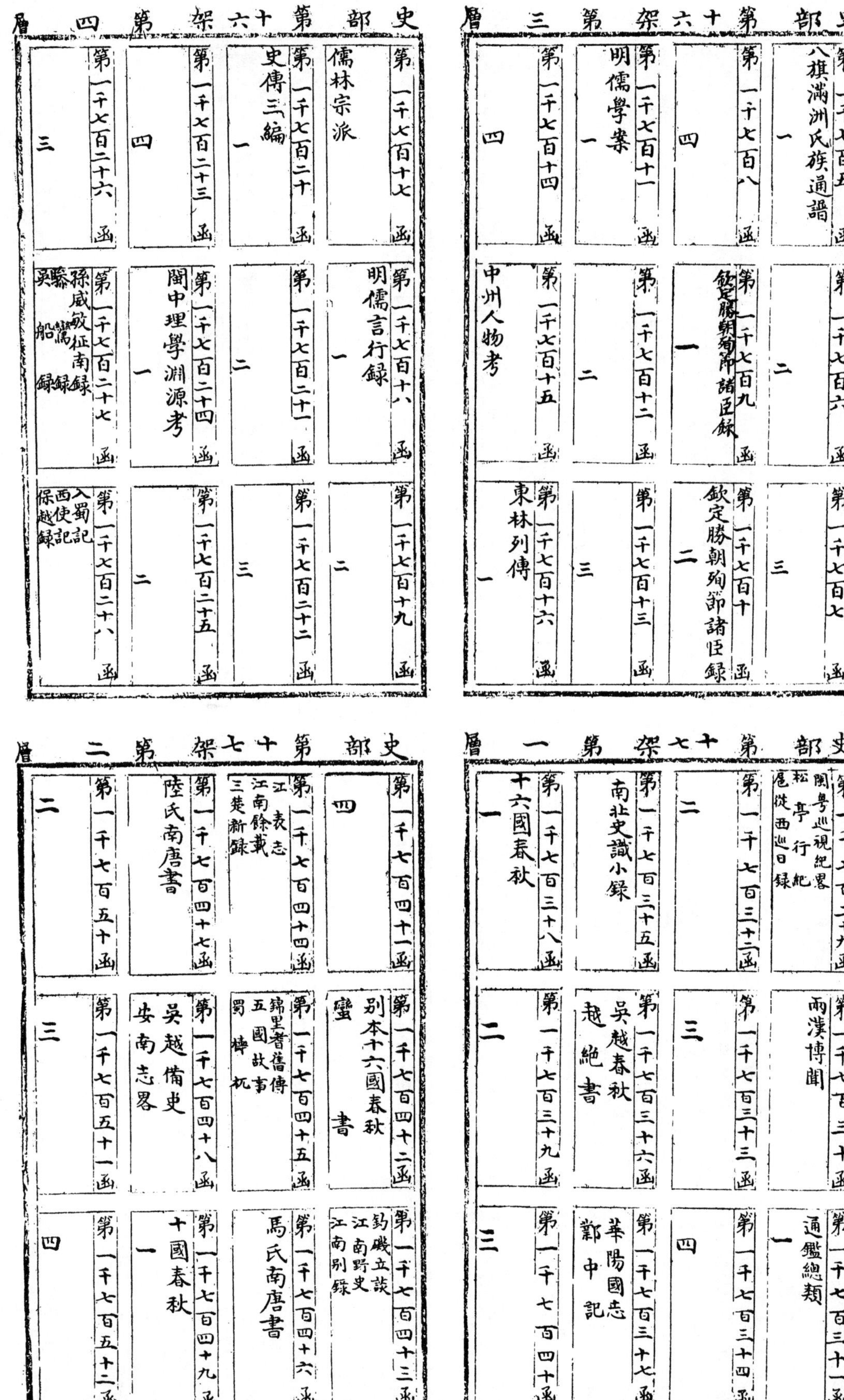

史部第十六架第三層

第一千七百五函	八旗滿洲氏族通譜	一
第一千七百六函		二
第一千七百七函		三
第一千七百八函		四
第一千七百九函	欽定勝朝殉節諸臣錄	一
第一千七百十函	欽定勝朝殉節諸臣錄	二
第一千七百十一函	明儒學案	一
第一千七百十二函		二
第一千七百十三函		三
第一千七百十四函		四
第一千七百十五函	中州人物考	
第一千七百十六函	東林列傳	一

史部第十六架第四層

第一千七百十七函	儒林宗派	
第一千七百十八函	明儒言行錄	一
第一千七百十九函		二
第一千七百二十函	史傳三編	一
第一千七百二十一函		二
第一千七百二十二函		三
第一千七百二十三函		四
第一千七百二十四函	閩中理學淵源考	一
第一千七百二十五函		二
第一千七百二十六函		三
第一千七百二十七函	孫威敏征南錄 驂鸞錄 吳船錄	
第一千七百二十八函	入蜀記 西使記 保越錄	

史部第十七架第一層

第一千七百二十九函	閩粤巡視紀畧 松亭行紀 扈從西巡日錄	
第一千七百三十函	兩漢博聞	
第一千七百三十一函	通鑑總類	一
第一千七百三十二函		二
第一千七百三十三函		三
第一千七百三十四函		四
第一千七百三十五函	南北史識小錄	
第一千七百三十六函	吳越春秋 越絶書	
第一千七百三十七函	華陽國志 鄴中記	
第一千七百三十八函	十六國春秋	一
第一千七百三十九函		二
第一千七百四十函		三

史部第十七架第二層

第一千七百四十一函		四
第一千七百四十二函	別本十六國春秋 蠻書	
第一千七百四十三函	釣磯立談 江南野史 江南別錄	
第一千七百四十四函	江表志 江南餘載 三楚新錄	
第一千七百四十五函	錦里耆舊傳 五國故事 蜀檮杌	
第一千七百四十六函	馬氏南唐書	
第一千七百四十七函	陸氏南唐書	
第一千七百四十八函	吳越備史 安南志畧	
第一千七百四十九函	十國春秋	一
第一千七百五十函		二
第一千七百五十一函		三
第一千七百五十二函		四

史部　第十七架　第三層

第一千七百五十三函	朝鮮史畧	
第一千七百五十四函	越史畧 歲時廣記	
第一千七百五十五函	御定月令輯要	一
第一千七百五十六函		二
第一千七百五十七函		三
第一千七百五十八函	三輔黃圖 禁扁	
第一千七百五十九函	元和郡縣志	一
第一千七百六十函		二
第一千七百六十一函		三
第一千七百六十二函	太平寰宇記	一
第一千七百六十三函		二
第一千七百六十四函		三

史部　第十七架　第四層

第一千七百六十五函		四
第一千七百六十六函		五
第一千七百六十七函		六
第一千七百六十八函	元豐九域志	
第一千七百六十九函	輿地廣記	
第一千七百七十函	方輿勝覽	一
第一千七百七十一函		二
第一千七百七十二函		三
第一千七百七十三函	明一統志	一
第一千七百七十四函		二
第一千七百七十五函		三
第一千七百七十六函		四

史部　第十八架　第一層

第一千七百七十七函		五
第一千七百七十八函		六
第一千七百七十九函		七
第一千七百八十函		八
第一千七百八十一函	大清一統志	一
第一千七百八十二函		二
第一千七百八十三函		三
第一千七百八十四函		四
第一千七百八十五函		五
第一千七百八十六函		六
第一千七百八十七函		七
第一千七百八十八函		八

史部　第十八架　第二層

第一千七百八十九函		九
第一千七百九十函		十
第一千七百九十一函		十一
第一千七百九十二函		十二
第一千七百九十三函		十三
第一千七百九十四函		十四
第一千七百九十五函		十五
第一千七百九十六函		十六
第一千七百九十七函		十七
第一千七百九十八函		十八
第一千七百九十九函		十九
第一千八百函		二十

史部第十八架第三層

函次	書名	次
第一千八百一函		二十一
第一千八百二函		二十二
第一千八百三函		二十三
第一千八百四函		二十四
第一千八百五函		二十五
第一千八百六函		二十六
第一千八百七函		二十七
第一千八百八函		二十八
第一千八百九函		二十九
第一千八百十函		三十
第一千八百十一函	吳郡圖經續記 乾道臨安志	一
第一千八百十二函	淳熙三山志	一

史部第十八架第四層

函次	書名	次
第一千八百十三函		二
第一千八百十四函	吳郡志	一
第一千八百十五函		二
第一千八百十六函	新安志 剡錄	
第一千八百十七函	會稽志	一
第一千八百十八函		二
第一千八百十九函		三
第一千八百二十函		四
第一千八百二十一函	赤城志	一
第一千八百二十二函		二
第一千八百二十三函	寶慶四明志	一
第一千八百二十四函		二

史部第十九架第一層

函次	書名	次
第一千八百二十五函	海鹽澉水志 景定嚴州續志	
第一千八百二十六函	景定建康志	一
第一千八百二十七函		二
第一千八百二十八函		三
第一千八百二十九函		四
第一千八百三十函		五
第一千八百三十一函	咸淳臨安志	一
第一千八百三十二函		二
第一千八百三十三函		三
第一千八百三十四函		四
第一千八百三十五函		五
第一千八百三十六函	至元嘉禾志	

史部第十九架第二層

函次	書名	次
第一千八百三十七函	昌國州圖志 延祐四明志	一
第一千八百三十八函		二
第一千八百三十九函	齊乘	
第一千八百四十函	至大金陵新志	一
第一千八百四十一函		二
第一千八百四十二函	無錫縣志	
第一千八百四十三函	姑蘇志	一
第一千八百四十四函		二
第一千八百四十五函		三
第一千八百四十六函		四
第一千八百四十七函		五
第一千八百四十八函	武功縣志 朝邑縣志 嶺海輿圖	

史部第十九架第三層

第一千八百四十九函 滇畧

第一千八百五十函 一 吳興備志

第一千八百五十一函 二

第一千八百五十二函 一 欽定熱河志

第一千八百五十三函 二

第一千八百五十四函 三

第一千八百五十五函 四

第一千八百五十六函 五

第一千八百五十七函 六

第一千八百五十八函 一 欽定日下舊聞考

第一千八百五十九函 二

第一千八百六十函 三

史部第十九架第四層

第一千八百六十一函 四

第一千八百六十二函 五

第一千八百六十三函 六

第一千八百六十四函 七

第一千八百六十五函 八

第一千八百六十六函 一 滿洲源流考

第一千八百六十七函 二

第一千八百六十八函 一 欽定皇輿西域志

第一千八百六十九函 二

第一千八百七十函 三

第一千八百七十一函 四

第一千八百七十二函 皇清職貢圖

史部第二十架第一層

第一千八百七十三函 一 欽定盛京通志

第一千八百七十四函 二

第一千八百七十五函 三

第一千八百七十六函 四

第一千八百七十七函 五

第一千八百七十八函 六

第一千八百七十九函 七

第一千八百八十函 八

第一千八百八十一函 一 畿輔通志

第一千八百八十二函 二

第一千八百八十三函 三

第一千八百八十四函 四

史部第二十架第二層

第一千八百八十五函 五

第一千八百八十六函 六

第一千八百八十七函 七

第一千八百八十八函 八

第一千八百八十九函 九

第一千八百九十函 十

第一千八百九十一函 十一

第一千八百九十二函 十二

第一千八百九十三函 一 江南通志

第一千八百九十四函 二

第一千八百九十五函 三

第一千八百九十六函 四

史部第二十架第三層

五 第一千八百九十七函	八 第一千九百函	十一 第一千九百三函	十四 第一千九百六函
六 第一千八百九十八函	九 第一千九百一函	十二 第一千九百四函	十五 第一千九百七函
七 第一千八百九十九函	十 第一千九百二函	十三 第一千九百五函	十六 第一千九百八函

史部第二十架第四層

十七 第一千九百九函	二十 第一千九百十二函	二 第一千九百十五函	五 第一千九百十八函
十八 第一千九百十函	二十一 第一千九百十三函	三 第一千九百十六函	六 第一千九百十九函
十九 第一千九百十一函	江西通志 一 第一千九百十四函	四 第一千九百十七函	七 第一千九百二十函

史部第二十一架第一層

八 第一千九百二十一函	十一 第一千九百二十四函	十四 第一千九百二十七函	十七 第一千九百三十函
九 第一千九百二十二函	十二 第一千九百二十五函	十五 第一千九百二十八函	十八 第一千九百三十一函
十 第一千九百二十三函	十三 第一千九百二十六函	十六 第一千九百二十九函	十九 第一千九百三十二函

史部第二十一架第二層

二十 第一千九百三十三函	浙江通志 一 第一千九百三十六函	四 第一千九百三十九函	七 第一千九百四十二函
二十一 第一千九百三十四函	二 第一千九百三十七函	五 第一千九百四十函	八 第一千九百四十三函
二十二 第一千九百三十五函	三 第一千九百三十八函	六 第一千九百四十一函	九 第一千九百四十四函

史部第二十一架第三層

第一千九百四十五函 十
第一千九百四十六函 十一
第一千九百四十七函 十二

第一千九百四十八函 十三
第一千九百四十九函 十四
第一千九百五十函 十五

第一千九百五十一函 十六
第一千九百五十二函 十七
第一千九百五十三函 十八

第一千九百五十四函 十九
第一千九百五十五函 二十
第一千九百五十六函 二十一

史部第二十一架第四層

第一千九百五十七函 二十二
第一千九百五十八函 二十三
第一千九百五十九函 二十四

第一千九百六十函 二十五
第一千九百六十一函 福建通志 一
第一千九百六十二函 二

第一千九百六十三函 三
第一千九百六十四函 四
第一千九百六十五函 五

第一千九百六十六函 六
第一千九百六十七函 七
第一千九百六十八函 八

史部第二十二架第一層

第一千九百六十九函 九
第一千九百七十函 十
第一千九百七十一函 湖廣通志 一

第一千九百七十二函 二
第一千九百七十三函 三
第一千九百七十四函 四

第一千九百七十五函 五
第一千九百七十六函 六
第一千九百七十七函 七

第一千九百七十八函 八
第一千九百七十九函 九
第一千九百八十函 十

史部第二十二架第二層

第一千九百八十一函 十一
第一千九百八十二函 十二
第一千九百八十三函 十三

第一千九百八十四函 河南通志 一
第一千九百八十五函 二
第一千九百八十六函 三

第一千九百八十七函 四
第一千九百八十八函 五
第一千九百八十九函 六

第一千九百九十函 七
第一千九百九十一函 八
第一千九百九十二函 九

史部 第二十二架 第三層

十 第一千九百九十三函	二 第一千九百九十六函	五 第一千九百九十九函	八 第二千二函
十一 第一千九百九十四函	三 第一千九百九十七函	六 第二千函	九 第二千三函
一 山東通志 第一千九百九十五函	四 第一千九百九十八函	七 第二千一函	十 第二千四函

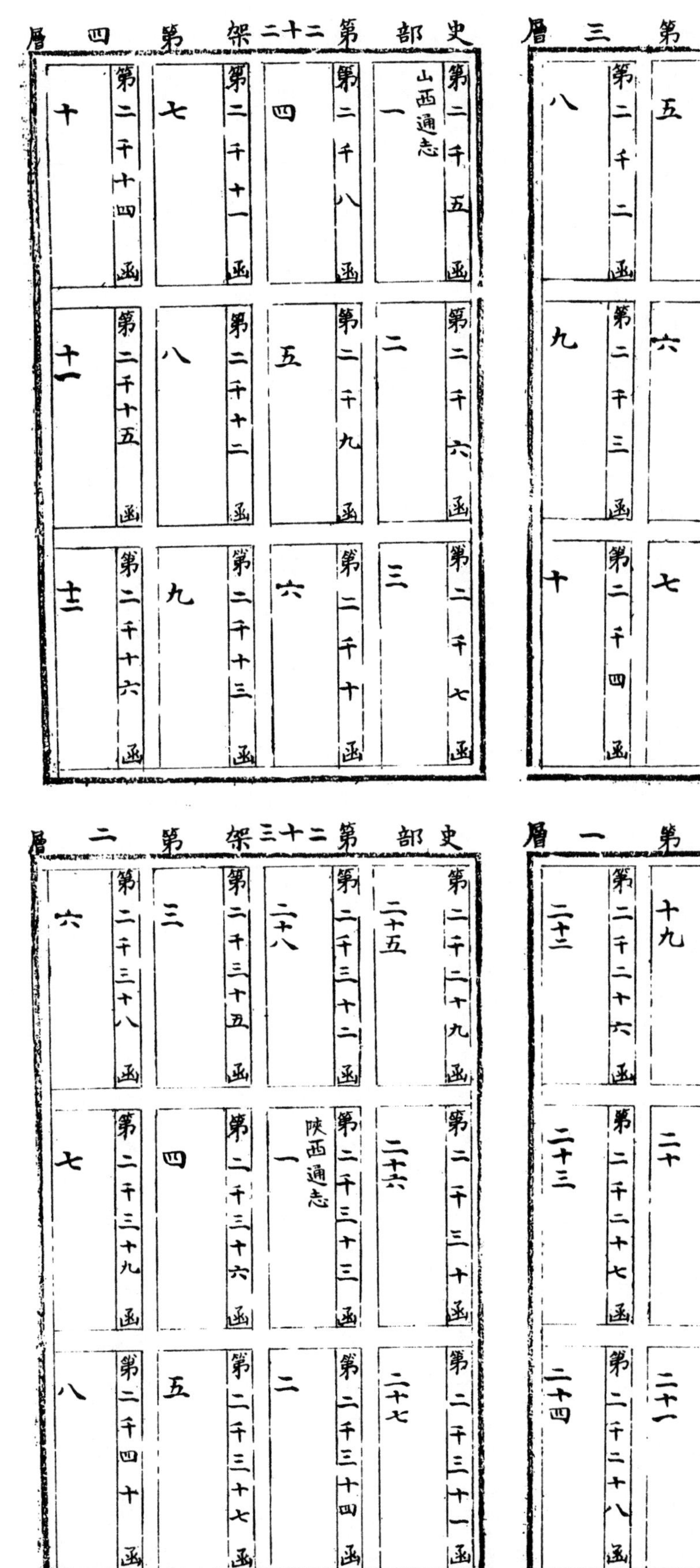

史部 第二十二架 第四層

一 山西通志 第二千五函	四 第二千八函	七 第二千十一函	十 第二千十四函
二 第二千六函	五 第二千九函	八 第二千十二函	十一 第二千十五函
三 第二千七函	六 第二千十函	九 第二千十三函	十二 第二千十六函

史部 第二十三架 第一層

十三 第二千十七函	十六 第二千二十函	十九 第二千二十三函	二十二 第二千二十六函
十四 第二千十八函	十七 第二千二十一函	二十 第二千二十四函	二十三 第二千二十七函
十五 第二千十九函	十八 第二千二十二函	二十一 第二千二十五函	二十四 第二千二十八函

史部 第二十三架 第二層

二十五 第二千二十九函	二十八 第二千三十二函	三 第二千三十五函	六 第二千三十八函
二十六 第二千三十函	一 陝西通志 第二千三十三函	四 第二千三十六函	七 第二千三十九函
二十七 第二千三十一函	二 第二千三十四函	五 第二千三十七函	八 第二千四十函

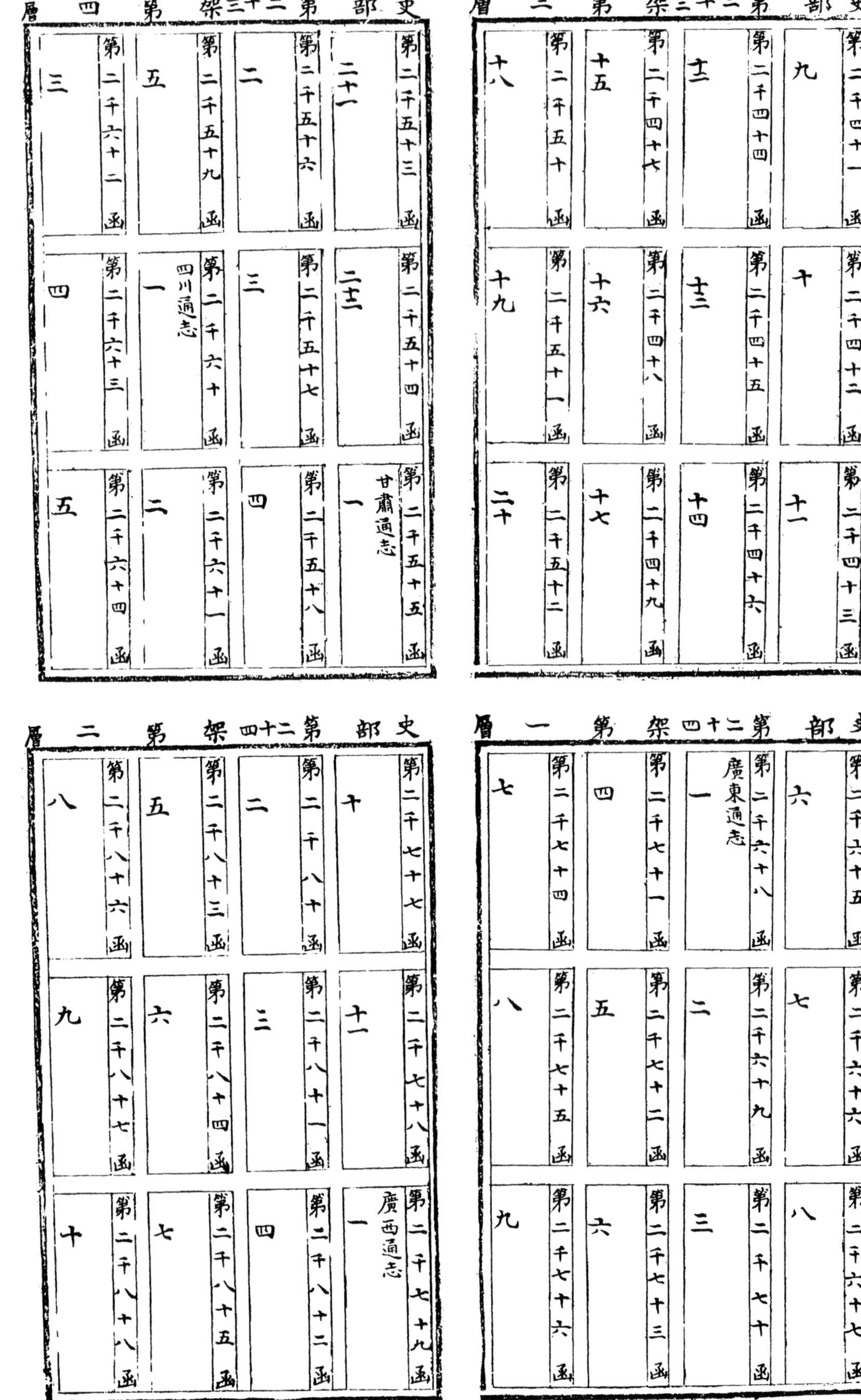

史部第二十三架第三層

第二千四十一函 九	第二千四十四函 十二	第二千四十七函 十五	第二千五十函 十八
第二千四十二函 十	第二千四十五函 十三	第二千四十八函 十六	第二千五十一函 十九
第二千四十三函 十一	第二千四十六函 十四	第二千四十九函 十七	第二千五十二函 二十

史部第二十三架第四層

第二千五十三函 二十一	第二千五十六函 二	第二千五十九函 五	第二千六十二函 三
第二千五十四函 二十二	第二千五十七函 三	第二千六十函 四川通志 一	第二千六十三函 四
第二千五十五函 甘肅通志 一	第二千五十八函 四	第二千六十一函 二	第二千六十四函 五

史部第二十四架第一層

第二千六十五函 六	第二千六十八函 廣東通志 一	第二千七十一函 四	第二千七十四函 七
第二千六十六函 七	第二千六十九函 二	第二千七十二函 五	第二千七十五函 八
第二千六十七函 八	第二千七十函 三	第二千七十三函 六	第二千七十六函 九

史部第二十四架第二層

第二千七十七函 十	第二千八十函 二	第二千八十三函 五	第二千八十六函 八
第二千七十八函 十一	第二千八十一函 三	第二千八十四函 六	第二千八十七函 九
第二千七十九函 廣西通志 一	第二千八十二函 四	第二千八十五函 七	第二千八十八函 十

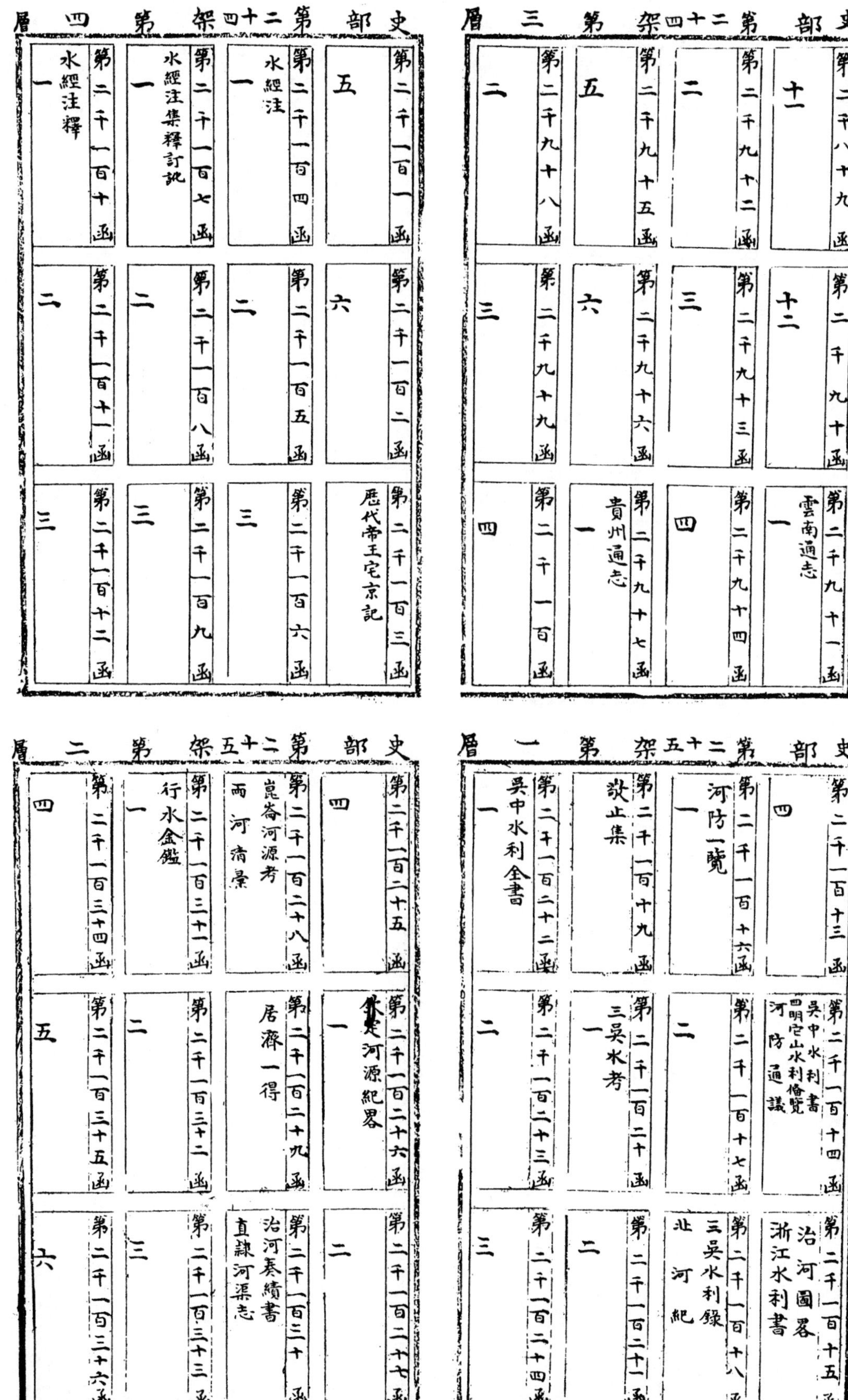

史部第二十四架第三層

第二千八十九函 十一	第二千九十二函 二	第二千九十五函 五	第二千九十八函 二
第二千九十函 十二	第二千九十三函 三	第二千九十六函 六	第二千九十九函 三
第二千九十一函 雲南通志 一	第二千九十四函 四	第二千九十七函 貴州通志 一	第二千一百函 四

史部第二十四架第四層

第二千一百一函 五	第二千一百四函 水經注 一	第二千一百七函 水經注集釋訂訛 一	第二千一百十函 水經注釋 一
第二千一百二函 六	第二千一百五函 二	第二千一百八函 二	第二千一百十一函 二
第二千一百三函 歷代帝王宅京記	第二千一百六函 三	第二千一百九函 三	第二千一百十二函 三

史部第二十五架第一層

第二千一百十三函 四	第二千一百十六函 河防一覽 一	第二千一百十九函 敬止集 一	第二千一百二十二函 吳中水利全書 一
第二千一百十四函 吳中水利書 四明它山水利備覽 河防通議	第二千一百十七函 二	第二千一百二十函 三吳水考 一	第二千一百二十三函 二
第二千一百十五函 治河圖畧 浙江水利書	第二千一百十八函 三吳水利錄 北河紀	第二千一百二十一函 二	第二千一百二十四函 三

史部第二十五架第二層

第二千一百二十五函 四	第二千一百二十八函 崑崙河源考 兩河清彙	第二千一百三十一函 行水金鑑 一	第二千一百三十四函 四
第二千一百二十六函 欽定河源紀畧 一	第二千一百二十九函 居濟一得	第二千一百三十二函 二	第二千一百三十五函 五
第二千一百二十七函 二	第二千一百三十函 治河奏績書 直隸河渠志	第二千一百三十三函 三	第二千一百三十六函 六

史部第二十五架第三層

函	書
第二千一百三十七函	七
第二千一百三十八函	八
第二千一百三十九函	九
第二千一百四十函	水道提綱
第二千一百四十一函	海塘錄 一
第二千一百四十二函	二
第二千一百四十三函	籌海圖編 一
第二千一百四十四函	二
第二千一百四十五函	鄭開陽雜著
第二千一百四十六函	南嶽小錄 廬山記 赤松山志
第二千一百四十七函	西湖遊覽志 一
第二千一百四十八函	二

史部第二十五架第四層

函	書
第二千一百四十九函	三
第二千一百五十函	桂勝 桂故
第二千一百五十一函	欽定盤山志
第二千一百五十二函	西湖志纂
第二千一百五十三函	洛陽伽藍記 吳地記
第二千一百五十四函	長安志 洛陽名園記
第二千一百五十五函	雍錄 洞霄圖志
第二千一百五十六函	長安志圖 汴京遺跡志 一
第二千一百五十七函	二
第二千一百五十八函	武林梵志 一
第二千一百五十九函	江城名蹟
第二千一百六十函	營平二州地名記 金鼇退食筆記 石柱記箋釋

史部第二十六架第一層

函	書
第二千一百六十一函	關中勝蹟圖志 一
第二千一百六十二函	二
第二千一百六十三函	南方草木狀 荊楚歲時記 北戶錄
第二千一百六十四函	桂林風土記 嶺表錄異 益部方物略記
第二千一百六十五函	岳陽風土記 東京夢華錄 六朝事跡類編
第二千一百六十六函	會稽三賦 中吳紀聞 桂海虞衡志
第二千一百六十七函	嶺外代答 都城紀勝
第二千一百六十八函	夢粱錄
第二千一百六十九函	武林舊事 歲華紀麗譜 吳中舊事
第二千一百七十函	平江紀事 江漢叢談 閩中海錯疏
第二千一百七十一函	蜀中廣記 一
第二千一百七十二函	二

史部第二十六架第二層

函	書
第二千一百七十三函	三
第二千一百七十四函	四
第二千一百七十五函	五
第二千一百七十六函	六
第二千一百七十七函	七
第二千一百七十八函	益部談資 增補武林舊事
第二千一百七十九函	顏山雜記 嶺南風物記 龍沙紀略
第二千一百八十函	臺海使槎錄 東城雜記
第二千一百八十一函	游城南記 河朔訪古記
第二千一百八十二函	徐霞客遊記 一
第二千一百八十三函	二
第二千一百八十四函	佛國記 大唐西域記

史部第二十六架第三層

第二千一百八十五函 宣和奉使高麗圖經 諸蕃志	第二千一百八十八函 職方外紀 赤雅 朝鮮志	第二千一百九十一函 二	第二千一百九十四函 宋宰輔編年錄 一
第二千一百八十六函 溪蠻叢笑 真臘風土記 島夷志畧	第二千一百八十九函 坤輿圖說 異域錄 海國聞見錄	第二千一百九十二函 翰林志 麟臺故事 翰苑羣書	第二千一百九十五函 二
第二千一百八十七函 朝鮮賦 海語 東西洋考	第二千一百九十函 唐六典 一	第二千一百九十三函 南宋館閣錄 玉堂雜記	第二千一百九十六函 三

史部第二十六架第四層

第二千一百九十七函 秘書監志	第二千二百函 二	第二千二百三函 五	第二千二百六函 八
第二千一百九十八函 翰林記	第二千二百一函 三	第二千二百四函 六	第二千二百七函 太常續考
第二千一百九十九函 禮部志稿 一	第二千二百二函 四	第二千二百五函 七	第二千二百八函 土官底簿

史部第二十七架第一層

第二千二百九函 詞林典故	第二千二百十二函 三	第二千二百十五函 三	第二千二百十八函 六
第二千二百十函 欽定國子監志 一	第二千二百十三函 歷代職官表 一	第二千二百十六函 四	第二千二百十九函 州縣提綱 官箴 百官箴
第二千二百十一函 二	第二千二百十四函 二	第二千二百十七函 五	第二千二百二十函 晝簾緒論 三事忠告 御定人臣儆心錄

史部第二十七架第二層

第二千二百二十一函 通典 一	第二千二百二十四函 四	第二千二百二十七函 七	第二千二百三十函 十
第二千二百二十二函 二	第二千二百二十五函 五	第二千二百二十八函 八	第二千二百三十一函 唐會要 一
第二千二百二十三函 三	第二千二百二十六函 六	第二千二百二十九函 九	第二千二百三十二函 二

史部 第二十七架 第三層

函	書
第二千二百三十三函	三
第二千二百三十四函	四
第二千二百三十五函	五
第二千二百三十六函	五代會要
第二千二百三十七函	宋朝事實
第二千二百三十八函	建炎雜記 一
第二千二百三十九函	二
第二千二百四十函	西漢會要 一
第二千二百四十一函	二
第二千二百四十二函	東漢會要 一
第二千二百四十三函	漢制考
第二千二百四十四函	文獻通考 一

史部 第二十七架 第四層

函	書
第二千二百四十五函	二
第二千二百四十六函	三
第二千二百四十七函	四
第二千二百四十八函	五
第二千二百四十九函	六
第二千二百五十函	七
第二千二百五十一函	八
第二千二百五十二函	九
第二千二百五十三函	十
第二千二百五十四函	十一
第二千二百五十五函	十二
第二千二百五十六函	十三

史部 第二十八架 第一層

函	書
第二千二百五十七函	十四
第二千二百五十八函	十五
第二千二百五十九函	十六
第二千二百六十函	十七
第二千二百六十一函	十八
第二千二百六十二函	十九
第二千二百六十三函	二十
第二千二百六十四函	二十一
第二千二百六十五函	二十二
第二千二百六十六函	二十三
第二千二百六十七函	二十四
第二千二百六十八函	二十五

史部 第二十八架 第二層

函	書
第二千二百六十九函	二十六
第二千二百七十函	明會典 一
第二千二百七十一函	二
第二千二百七十二函	三
第二千二百七十三函	四
第二千二百七十四函	五
第二千二百七十五函	六
第二千二百七十六函	七
第二千二百七十七函	七國考
第二千二百七十八函	欽定大清會典 一
第二千二百七十九函	二
第二千二百八十函	三

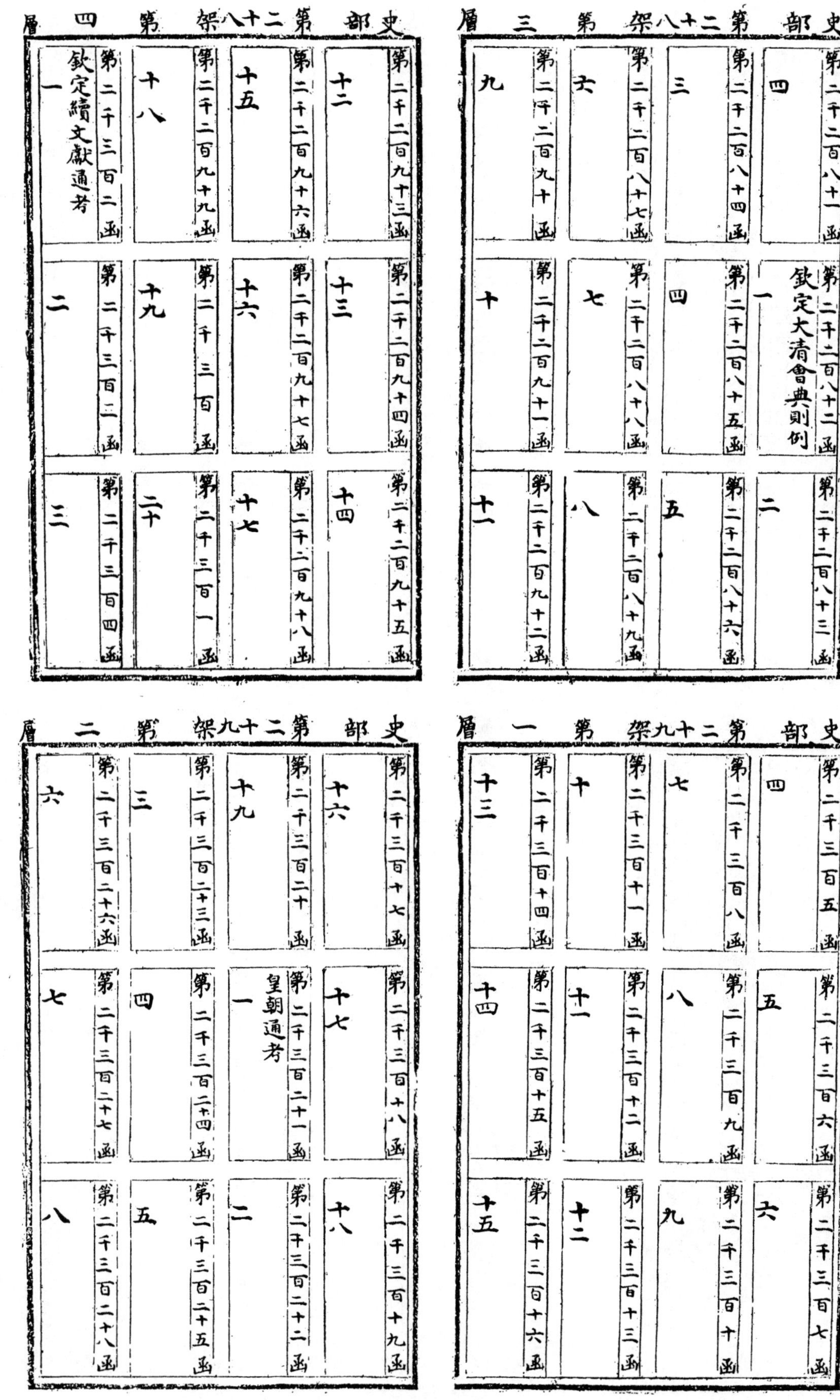

史部　第二十八架　第三層

函	號	書名
第二千二百八十一函	四	
第二千二百八十二函	一	欽定大清會典則例
第二千二百八十三函	二	
第二千二百八十四函	三	
第二千二百八十五函	四	
第二千二百八十六函	五	
第二千二百八十七函	六	
第二千二百八十八函	七	
第二千二百八十九函	八	
第二千二百九十函	九	
第二千二百九十一函	十	
第二千二百九十二函	十一	

史部　第二十八架　第四層

函	號	書名
第二千二百九十三函	十二	
第二千二百九十四函	十三	
第二千二百九十五函	十四	
第二千二百九十六函	十五	
第二千二百九十七函	十六	
第二千二百九十八函	十七	
第二千二百九十九函	十八	
第二千三百函	十九	
第二千三百一函	二十	
第二千三百二函	一	欽定續文獻通考
第二千三百三函	二	
第二千三百四函	三	

史部　第二十九架　第一層

函	號	書名
第二千三百五函	四	
第二千三百六函	五	
第二千三百七函	六	
第二千三百八函	七	
第二千三百九函	八	
第二千三百十函	九	
第二千三百十一函	十	
第二千三百十二函	十一	
第二千三百十三函	十二	
第二千三百十四函	十三	
第二千三百十五函	十四	
第二千三百十六函	十五	

史部　第二十九架　第二層

函	號	書名
第二千三百十七函	十六	
第二千三百十八函	十七	
第二千三百十九函	十八	
第二千三百二十函	十九	
第二千三百二十一函	一	皇朝通考
第二千三百二十二函	二	
第二千三百二十三函	三	
第二千三百二十四函	四	
第二千三百二十五函	五	
第二千三百二十六函	六	
第二千三百二十七函	七	
第二千三百二十八函	八	

史部第二十九架第三層

第二千三百二十九函	九
第二千三百三十函	十
第二千三百三十一函	十一
第二千三百三十二函	十二
第二千三百三十三函	十三
第二千三百三十四函	十四
第二千三百三十五函	十五
第二千三百三十六函	十六
第二千三百三十七函	十七
第二千三百三十八函	十八
第二千三百三十九函	十九
第二千三百四十函	二十

史部第二十九架第四層

第二千三百四十一函	二十一
第二千三百四十二函	二十二
第二千三百四十三函	二十三
第二千三百四十四函	欽定續通典 一
第二千三百四十五函	二
第二千三百四十六函	三
第二千三百四十七函	四
第二千三百四十八函	五
第二千三百四十九函	六
第二千三百五十函	七
第二千三百五十一函	八
第二千三百五十二函	九

史部第三十架第一層

第二千三百五十三函	十
第二千三百五十四函	皇朝通典 一
第二千三百五十五函	二
第二千三百五十六函	三
第二千三百五十七函	四
第二千三百五十八函	五
第二千三百五十九函	六
第二千三百六十函	七
第二千三百六十一函	皇朝通志 一
第二千三百六十二函	二
第二千三百六十三函	三
第二千三百六十四函	四

史部第三十架第二層

第二千三百六十五函	五
第二千三百六十六函	六
第二千三百六十七函	元朝典故編年考 漢官舊儀
第二千三百六十八函	大唐開元禮 一
第二千三百六十九函	二
第二千三百七十函	三
第二千三百七十一函	四 謚法
第二千三百七十二函	政和五禮新儀 一
第二千三百七十三函	二
第二千三百七十四函	三
第二千三百七十五函	四 紹熙州縣釋奠儀圖
第二千三百七十六函	大金集禮 一

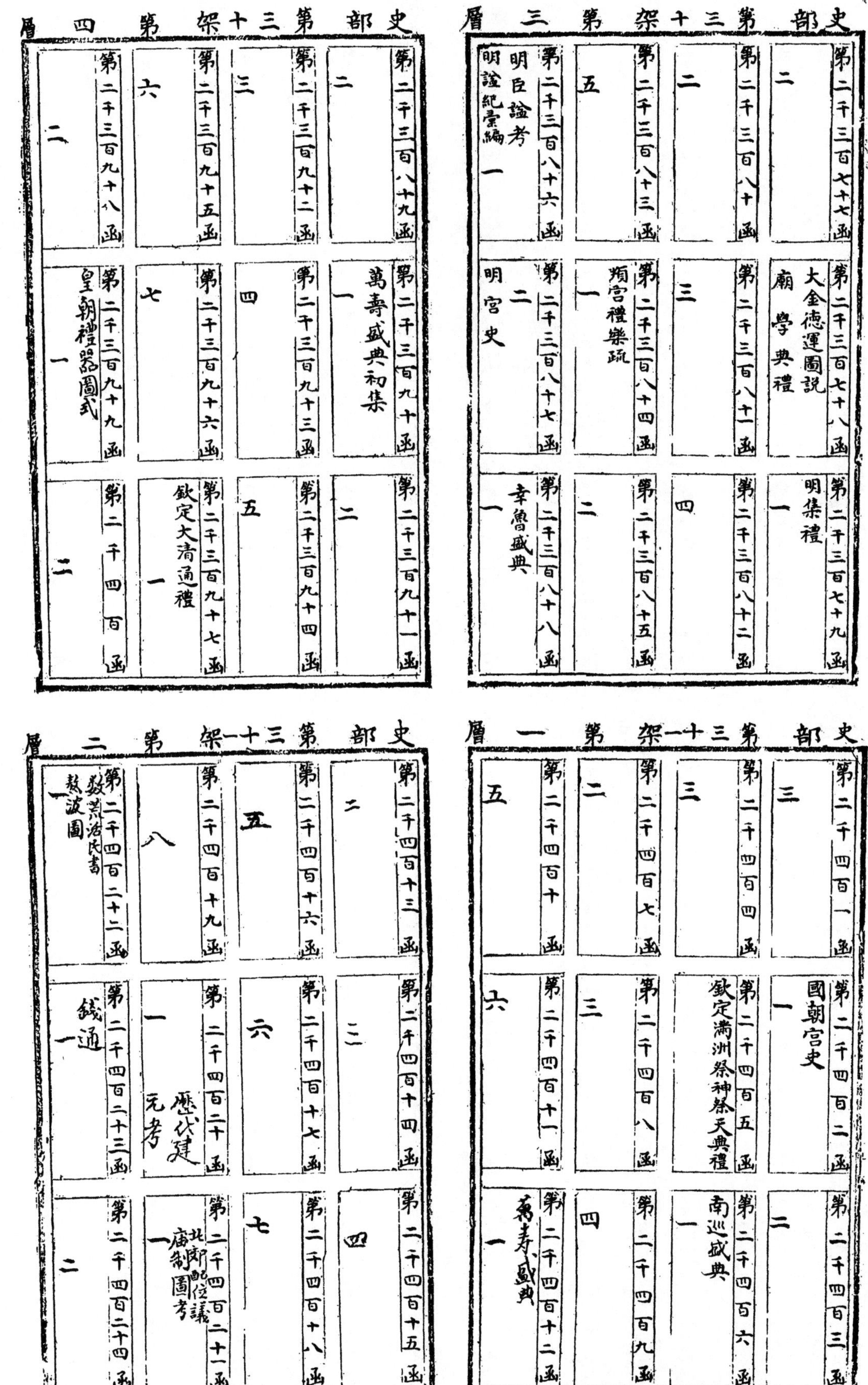

史部第三十架第三層

函	數	書名
第二千三百七十七函	二	
第二千三百八十函	二	
第二千三百八十三函	五	
第二千三百八十六函	一	明臣謚考 明謚紀彙編
第二千三百七十八函		大金德運圖說 廟學典禮
第二千三百八十一函	三	
第二千三百八十四函	一	頖宮禮樂疏
第二千三百八十七函	二	明宮史
第二千三百七十九函	一	明集禮
第二千三百八十二函	四	
第二千三百八十五函	二	
第二千三百八十八函	一	幸魯盛典

史部第三十架第四層

函	數	書名
第二千三百八十九函	二	
第二千三百九十二函	三	
第二千三百九十五函	六	
第二千三百九十八函	二	
第二千三百九十函	一	萬壽盛典初集
第二千三百九十三函	四	
第二千三百九十六函	七	
第二千三百九十九函	一	皇朝禮器圖式
第二千三百九十一函	二	
第二千三百九十四函	五	
第二千三百九十七函	一	欽定大清通禮
第二千四百函	二	

史部第三十一架第一層

函	數	書名
第二千四百一函	三	
第二千四百四函	三	
第二千四百七函	二	
第二千四百十函	五	
第二千四百二函	一	國朝宮史
第二千四百五函		欽定滿洲祭神祭天典禮
第二千四百八函	三	
第二千四百十一函	六	
第二千四百三函	二	
第二千四百六函	一	南巡盛典
第二千四百九函	四	
第二千四百十二函	一	萬壽盛典

史部第三十一架第二層

函	數	書名
第二千四百十三函	二	
第二千四百十六函	五	
第二千四百十九函	八	
第二千四百二十二函	一	救荒活民書 熬波圖
第二千四百十四函	三	
第二千四百十七函	六	
第二千四百二十函	一	歷代建元考
第二千四百二十三函	一	錢通
第二千四百十五函	四	
第二千四百十八函	七	
第二千四百二十一函	一	北郊配位議 廟制圖考
第二千四百二十四函	二	

史部第三十一架第三層

第二千四百二十五函 補蝗考 荒政叢書	第二千四百二十八函 欽定八旗通志 一	第二千四百三十一函 四	第二千四百三十四函 七
第二千四百二十六函 欽定康濟錄	第二千四百二十九函 二	第二千四百三十二函 五	第二千四百三十五函 八
第二千四百二十七函 歷代兵制 補漢兵志 馬政紀	第二千四百三十函 三	第二千四百三十三函 六	第二千四百三十六函 九

史部第三十一架第四層

第二千四百三十七函 欽定八旗通志一	第二千四百四十函 四	第二千四百四十三函 七	第二千四百四十六函 十
第二千四百三十八函 二	第二千四百四十一函 五	第二千四百四十四函 八	第二千四百四十七函 十一
第二千四百三十九函 三	第二千四百四十二函 六	第二千四百四十五函 九	第二千四百四十八函 十二

史部第三十二架第一層

第二千四百四十九函 十三	第二千四百五十二函 十六	第二千四百五十五函 十九 共二十八	第二千四百五十八函 大清律例 一
第二千四百五十函 十四	第二千四百五十三函 十七	第二千四百五十六函 唐律疏義 一	第二千四百五十九函 二
第二千四百五十一函 十五	第二千四百五十四函 十八	第二千四百五十七函 二	第二千四百六十函 三

史部第三十二架第二層

第二千四百六十一函 四	第二千四百六十四函 郡齋讀書志	第二千四百六十七函 二	第二千四百七十函 欽定天祿琳瑯書目
第二千四百六十二函 營造法式 欽定武英殿聚珍版程式	第二千四百六十五函 遂初堂書目 子畧	第二千四百六十八函 漢藝文志考證 文淵閣書目	第二千四百七十一函 千頃堂書目 一
第二千四百六十三函 崇文總目	第二千四百六十六函 直齋書錄解題 一	第二千四百六十九函 授經圖義例	第二千四百七十二函 二

史部 第三十二架 第三層

- 第二千四百七十三函：三
- 第二千四百七十四函：經義考 一
- 第二千四百七十五函：二
- 第二千四百七十六函：三
- 第二千四百七十七函：四
- 第二千四百七十八函：五
- 第二千四百七十九函：六
- 第二千四百八十函：七
- 第二千四百八十一函：八
- 第二千四百八十二函：九
- 第二千四百八十三函：十
- 第二千四百八十四函：十一

史部 第三十二架 第四層

- 第二千四百八十五函：十二
- 第二千四百八十六函：十三
- 第二千四百八十七函：集古録
- 第二千四百八十八函：金石録
- 第二千四百八十九函：法帖刊誤 法帖釋文 籀史
- 第二千四百九十函：隷釋 一
- 第二千四百九十一函：二
- 第二千四百九十二函：隷續 絳帖平 石刻鋪敘
- 第二千四百九十三函：法帖譜系 蘭亭考 蘭亭續考
- 第二千四百九十四函：寶刻叢編 一
- 第二千四百九十五函：二
- 第二千四百九十六函：輿地碑記目 寶刻類編 古刻叢抄

史部 第三十三架 第一層

- 第二千四百九十七函：名蹟録 吳中金石新編
- 第二千四百九十八函：金薤琳琅 法帖釋文考異
- 第二千四百九十九函：金石林時地考 石墨鐫華
- 第二千五百函：金石史 欽定淳化閣帖釋文
- 第二千五百一函：求古録 金石文字記 石經考
- 第二千五百二函：萬氏石經考 來齋金石刻考畧 嵩陽石刻集記
- 第二千五百三函：觀妙齋金石文考畧 一
- 第二千五百四函：二
- 第二千五百五函：分隷偶存 淳化祕閣法帖考正
- 第二千五百六函：竹雲題跋 金石經眼録 石經考異
- 第二千五百七函：史通
- 第二千五百八函：史通通釋 一

史部 第三十三架 第二層

- 第二千五百九函：二
- 第二千五百十函：唐鑑
- 第二千五百十一函：唐史論斷 唐書直筆
- 第二千五百十二函：通鑑問疑 三國雜事 經幄管見
- 第二千五百十三函：涉史隨筆 六朝通鑑博議
- 第二千五百十四函：宋大事記講義
- 第二千五百十五函：兩漢筆記
- 第二千五百十六函：舊聞證誤 通鑑答問
- 第二千五百十七函：歷代名賢確論 一
- 第二千五百十八函：二
- 第二千五百十九函：三
- 第二千五百二十函：四

史部第三十三架第三層

第二千五百二十一函　歷代通畧

第二千五百二十二函　史纂通要

第二千五百二十三函　學史　史糾

第二千五百二十四函　御批通鑑綱目正編　一

第二千五百二十五函　二

第二千五百二十六函　三

第二千五百二十七函　四

第二千五百二十八函　五

第二千五百二十九函　六

第二千五百三十函　七

第二千五百三十一函　八

第二千五百三十二函　九

史部第三十三架第四層

第二千五百三十三函　十

第二千五百三十四函　十一

第二千五百三十五函　十二

第二千五百三十六函　御批通鑑綱目前編　一

第二千五百三十七函　二

第二千五百三十八函　三

第二千五百三十九函　御批通鑑綱目續編　一

第二千五百四十函　二

第二千五百四十一函　三

第二千五百四十二函　四

第二千五百四十三函　五

第二千五百四十四函　御製評鑑闡要　欽定古今儲貳金鑑

子部架圖

子部第一架第一層

第二千五百四十五函 家語	第二千五百四十八函 新書	第二千五百五十一函 新序 揚子法言	第二千五百五十四函 帝範 續孟子 伸蒙子
第二千五百四十六函 荀子	第二千五百四十九函 盐鐵論	第二千五百五十二函 潛夫論 申鑒	第二千五百五十五函 素履子 家範 帝學
第二千五百四十七函 孔叢子 新語	第二千五百五十函 說苑	第二千五百五十三函 中論 傳子 中說	第二千五百五十六函 儒志編 太極圖說述解 通書述解

子部第一架第二層

第二千五百五十七函 張子全書 一	第二千五百六十函 正蒙初義 一	第二千五百六十三函 二	第二千五百六十六函 童蒙訓 省心雜言 上蔡語錄
第二千五百五十八函 二	第二千五百六十一函 二	第二千五百六十四函 二程外書 二程粹言	第二千五百六十七函 袁氏世範 延平荅問
第二千五百五十九函 注解正蒙	第二千五百六十二函 二程遺書 一	第二千五百六十五函 公是弟子記 節孝語錄 儒言	第二千五百六十八函 近思錄

子部第一架第三層

第二千五百六十九函 近思錄茅氏集注	第二千五百七十二函 朱子語類 一	第二千五百七十五函 四	第二千五百七十八函 七
第二千五百七十函 近思錄江氏集注 雜學辨	第二千五百七十三函 二	第二千五百七十六函 五	第二千五百七十九函 八
第二千五百七十一函 御定小學集注	第二千五百七十四函 三	第二千五百七十七函 六	第二千五百八十函 九

二

子部第一架第四層

第二千五百八十一函 十	第二千五百八十四函 十三	第二千五百八十七函 麗澤論說集錄	第二千五百九十函 經濟文衡 一
第二千五百八十二函 十一	第二千五百八十五函 戒子通錄 知言	第二千五百八十八函 曾子全書 子思子 通言	第二千五百九十一函 二
第二千五百八十三函 十二	第二千五百八十六函 明本釋 少儀外傳	第二千五百八十九函 木鐘集	第二千五百九十二函 三

子部第一架第五層

第二千五百九十三函 大學衍義 一	第二千五百九十六函 西山讀書記 一	第二千五百九十九函 四	第二千六百二函 七
第二千五百九十四函 二	第二千五百九十七函 二	第二千六百函 五	第二千六百三函 八
第二千五百九十五函 三	第二千五百九十八函 三	第二千六百一函 六	第二千六百四函 心經 政經 項氏家說

三

子部第一架第六層

第二千六百五函 先聖大訓 一	第二千六百八函 二	第二千六百十一函 五	第二千六百十四函 八
第二千六百六函 二	第二千六百九函 三	第二千六百十二函 六	第二千六百十五函 九
第二千六百七函 黃氏日鈔 一	第二千六百十函 四	第二千六百十三函 七	第二千六百十六函 十

子部第二架第一層

第二千六百十七函	十一
第二千六百十八函	十二
第二千六百十九函	十三
第二千六百二十函	北溪字義 準齋雜說
第二千六百二十一函	性理羣書句解
第二千六百二十二函	東宮備覽 孔子集語
第二千六百二十三函	朱子讀書法 家山圖書
第二千六百二十四函	讀書分年日程 辨惑編
第二千六百二十五函	治世龜鑑 管窺外編
第二千六百二十六函	內訓 理學類編
第二千六百二十七函	御定性理大全書 一
第二千六百二十八函	二

四

子部第二架第二層

第二千六百二十九函	三
第二千六百三十函	四
第二千六百三十一函	五
第二千六百三十二函	六
第二千六百三十三函	七
第二千六百三十四函	八
第二千六百三十五函	九
第二千六百三十六函	十
第二千六百三十七函	讀書錄 一
第二千六百三十八函	二
第二千六百三十九函	大學衍義補 一
第二千六百四十函	二

子部第二架第三層

第二千六百四十一函	三
第二千六百四十二函	四
第二千六百四十三函	五
第二千六百四十四函	六
第二千六百四十五函	七
第二千六百四十六函	八
第二千六百四十七函	九
第二千六百四十八函	十
第二千六百四十九函	十一
第二千六百五十函	十二
第二千六百五十一函	居業錄 楓山語錄
第二千六百五十二函	東溪日談錄

五

子部第二架第四層

第二千六百五十三函	困知記
第二千六百五十四函	讀書劄記 士翼
第二千六百五十五函	涇野子內篇
第二千六百五十六函	周子抄釋 張子抄釋
第二千六百五十七函	二程子抄釋 朱子抄釋
第二千六百五十八函	中庸衍義 一
第二千六百五十九函	二
第二千六百六十函	三
第二千六百六十一函	四
第二千六百六十二函	格物通 一
第二千六百六十三函	二
第二千六百六十四函	三

子部第二架第五層

- 第二千六百六十五函　四
- 第二千六百六十六函　五
- 第二千六百六十七函　六
- 第二千六百六十八函　世緯　呻吟語摘　劉子遺書
- 第二千六百六十九函　人譜
- 第二千六百七十函　榕壇問業　一
- 第二千六百七十一函　温氏母訓　二
- 第二千六百七十二函　御定資政要覽　聖祖仁皇帝庭訓格言
- 第二千六百七十三函　聖諭廣訓　御製日知薈說
- 第二千六百七十四函　御定孝經衍義　一
- 第二千六百七十五函　二
- 第二千六百七十六函　三

子部第二架第六層

- 第二千六百七十七函　四
- 第二千六百七十八函　五
- 第二千六百七十九函　六
- 第二千六百八十函　七
- 第二千六百八十一函　八
- 第二千六百八十二函　御定内則衍義
- 第二千六百八十三函　御纂性理精義
- 第二千六百八十四函　御纂朱子全書　一
- 第二千六百八十五函　二
- 第二千六百八十六函　三
- 第二千六百八十七函　四
- 第二千六百八十八函　五

子部第三架第一層

- 第二千六百八十九函　六
- 第二千六百九十函　七
- 第二千六百九十一函　八
- 第二千六百九十二函　九
- 第二千六百九十三函　十
- 第二千六百九十四函　十一
- 第二千六百九十五函　欽定執中成憲
- 第二千六百九十六函　御覽經史講義　一
- 第二千六百九十七函　二
- 第二千六百九十八函　三
- 第二千六百九十九函　四
- 第二千七百函　五

子部第三架第二層

- 第二千七百一函　六
- 第二千七百二函　七
- 第二千七百三函　八
- 第二千七百四函　思辨錄輯要　一
- 第二千七百五函　二　正學隅見述
- 第二千七百六函　雙橋隨筆
- 第二千七百七函　榕村語錄　一
- 第二千七百八函　二
- 第二千七百九函　三
- 第二千七百十函　讀朱隨筆　三魚堂賸言
- 第二千七百十一函　松陽抄存　讀書偶記
- 第二千七百十二函　握奇經　六韜　孫子　吳子　司馬法　合一冊

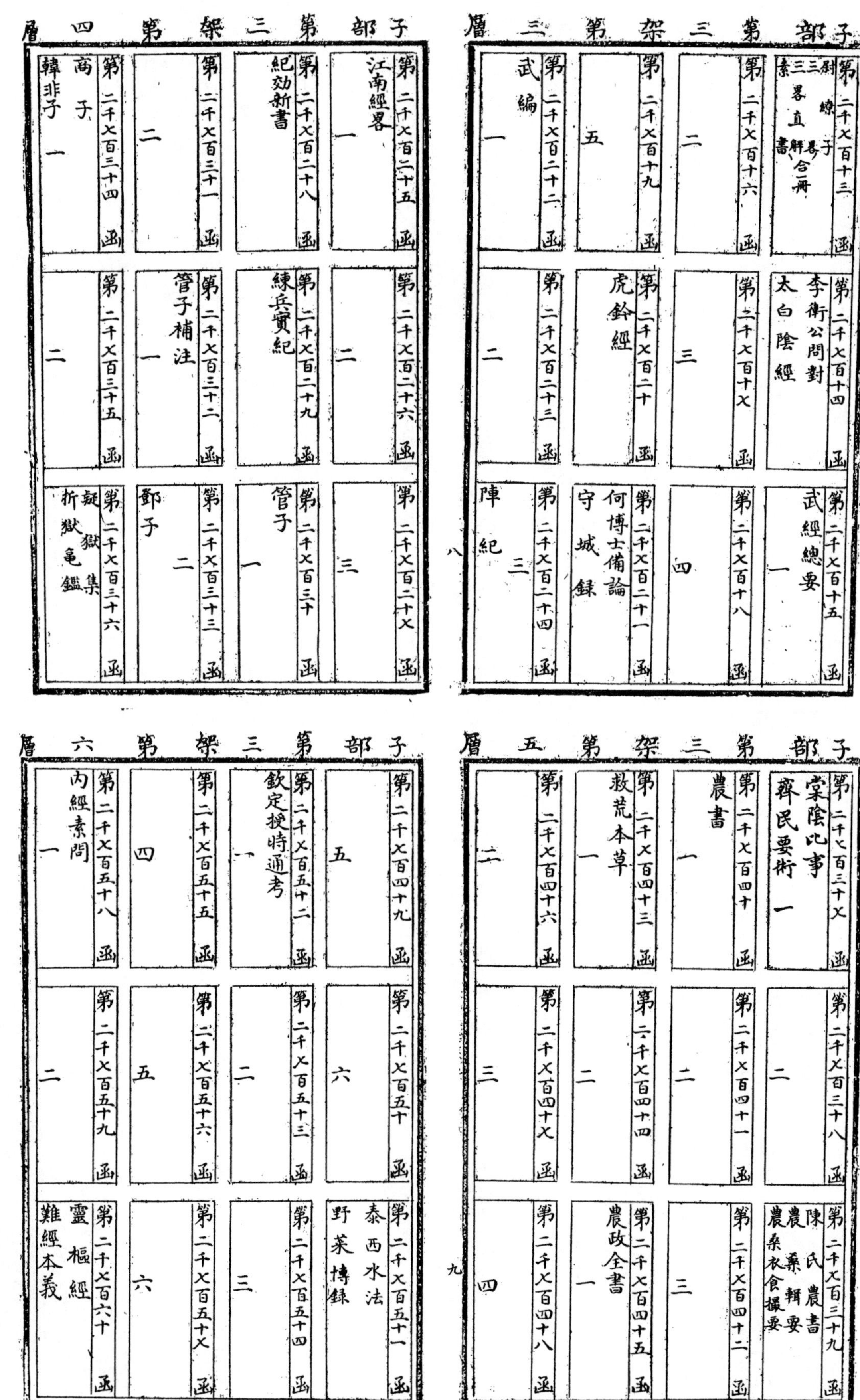

子部第三架第三層

函	書
第二千七百十三函	尉繚子 三略直解 素書 合一冊
第二千七百十四函	李衛公問對 太白陰經
第二千七百十五函	武經總要 一
第二千七百十六函	二
第二千七百十七函	三
第二千七百十八函	四
第二千七百十九函	五
第二千七百二十函	虎鈐經
第二千七百二十一函	何博士備論 守城錄
第二千七百二十二函	武編 一
第二千七百二十三函	二
第二千七百二十四函	三 陣紀

八

子部第三架第四層

函	書
第二千七百二十五函	江南經畧 一
第二千七百二十六函	二
第二千七百二十七函	三
第二千七百二十八函	紀効新書
第二千七百二十九函	練兵實紀
第二千七百三十函	管子 一
第二千七百三十一函	二
第二千七百三十二函	管子補注 一
第二千七百三十三函	二 鄧子
第二千七百三十四函	商子 韓非子 一
第二千七百三十五函	二
第二千七百三十六函	疑獄集 折獄龜鑑

子部第三架第五層

函	書
第二千七百三十七函	棠陰比事 齊民要術 一
第二千七百三十八函	二
第二千七百三十九函	陳氏農書 農桑輯要 農桑衣食撮要
第二千七百四十函	農書 一
第二千七百四十一函	二
第二千七百四十二函	三
第二千七百四十三函	救荒本草 一
第二千七百四十四函	二
第二千七百四十五函	農政全書 一
第二千七百四十六函	二
第二千七百四十七函	三
第二千七百四十八函	四

九

子部第三架第六層

函	書
第二千七百四十九函	五
第二千七百五十函	六
第二千七百五十一函	泰西水法 野菜博錄
第二千七百五十二函	欽定授時通考 一
第二千七百五十三函	二
第二千七百五十四函	三
第二千七百五十五函	四
第二千七百五十六函	五
第二千七百五十七函	六
第二千七百五十八函	內經素問 一
第二千七百五十九函	二
第二千七百六十函	靈樞經 難經本義

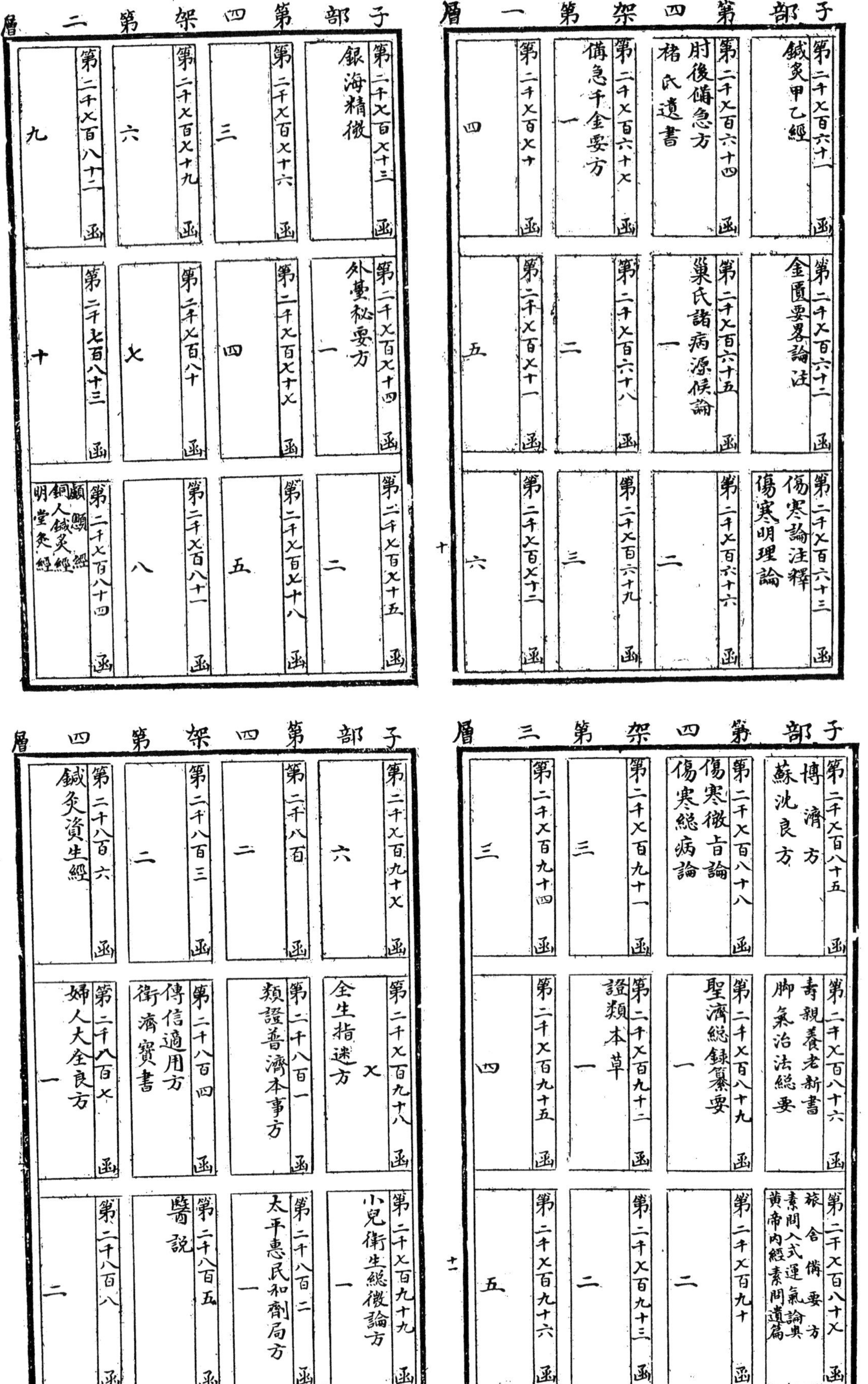

子部第四架第一層

第二千七百六十一函 鍼灸甲乙經
第二千七百六十二函 金匱要畧論注
第二千七百六十三函 傷寒論注釋 傷寒明理論
第二千七百六十四函 肘後備急方 褚氏遺書
第二千七百六十五函 巢氏諸病源候論 一
第二千七百六十六函 二
第二千七百六十七函 備急千金要方 一
第二千七百六十八函 二
第二千七百六十九函 三
第二千七百七十函 四
第二千七百七十一函 五
第二千七百七十二函 六

十

子部第四架第二層

第二千七百七十三函 銀海精微
第二千七百七十四函 外臺秘要方 一
第二千七百七十五函 二
第二千七百七十六函 三
第二千七百七十七函 四
第二千七百七十八函 五
第二千七百七十九函 六
第二千七百八十函 七
第二千七百八十一函 八
第二千七百八十二函 九
第二千七百八十三函 十
第二千七百八十四函 顱顖經 銅人鍼灸經 明堂灸經

子部第四架第三層

第二千七百八十五函 博濟方 蘇沈良方
第二千七百八十六函 壽親養老新書 脚氣治法總要
第二千七百八十七函 旅舍備要方 素問入式運氣論奥 黃帝內經素問遺篇
第二千七百八十八函 傷寒微旨論 傷寒總病論
第二千七百八十九函 聖濟總錄纂要 一
第二千七百九十函 二
第二千七百九十一函 三
第二千七百九十二函 證類本草 一
第二千七百九十三函 二
第二千七百九十四函 三
第二千七百九十五函 四
第二千七百九十六函 五

十一

子部第四架第四層

第二千七百九十七函 六
第二千七百九十八函 全生指迷方 七
第二千七百九十九函 小兒衛生總微論方 一
第二千八百函 二
第二千八百一函 類證普濟本事方
第二千八百二函 太平惠民和劑局方 一
第二千八百三函 二
第二千八百四函 傳信適用方 衛濟寶書
第二千八百五函 醫說
第二千八百六函 鍼灸資生經
第二千八百七函 婦人大全良方 一
第二千八百八函 二

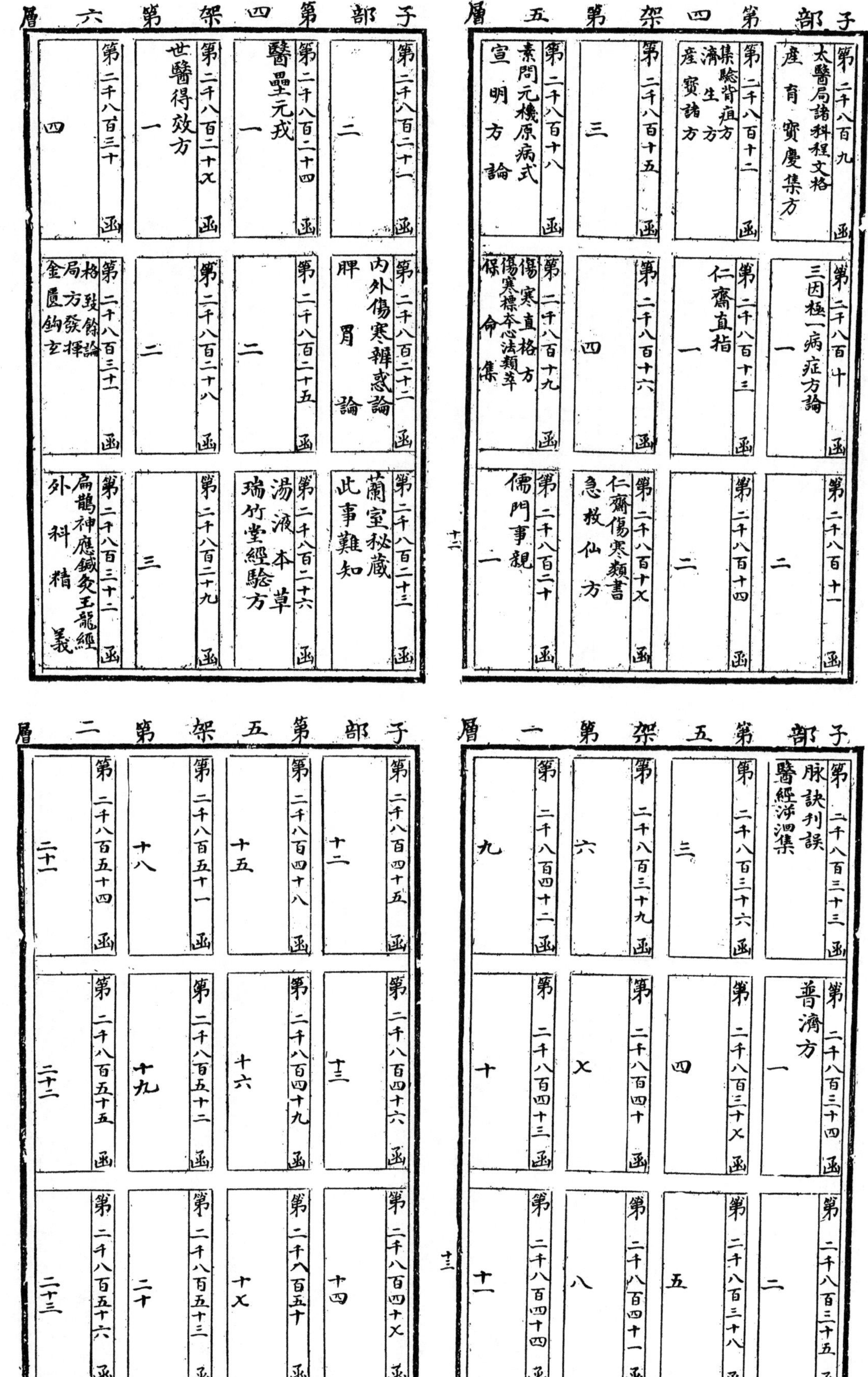

子部第四架第五層

- 第二千八百九函　太醫局諸科程文格　產育寶慶集方
- 第二千八百十函　三因極一病症方論　一
- 第二千八百十一函　二
- 第二千八百十二函　集驗背疽方　濟生方　產寶諸方
- 第二千八百十三函　仁齋直指　一
- 第二千八百十四函　二
- 第二千八百十五函　三
- 第二千八百十六函　四
- 第二千八百十七函　仁齋傷寒類書　急救仙方
- 第二千八百十八函　素問元機原病式　宣明方論
- 第二千八百十九函　傷寒直格方　傷寒標本心法類萃　保命集
- 第二千八百二十函　儒門事親　一

十二

子部第四架第六層

- 第二千八百二十一函　二
- 第二千八百二十二函　內外傷寒辨惑論　脾胃論
- 第二千八百二十三函　蘭室秘藏　此事難知
- 第二千八百二十四函　醫壘元戎　一
- 第二千八百二十五函　二
- 第二千八百二十六函　湯液本草　瑞竹堂經驗方
- 第二千八百二十七函　世醫得效方　一
- 第二千八百二十八函　二
- 第二千八百二十九函　三
- 第二千八百三十函　四
- 第二千八百三十一函　格致餘論　局方發揮　金匱鉤玄
- 第二千八百三十二函　扁鵲神應鍼灸玉龍經　外科精義

子部第五架第一層

- 第二千八百三十三函　脉訣刊誤　醫經溯洄集
- 第二千八百三十四函　普濟方　一
- 第二千八百三十五函　二
- 第二千八百三十六函　三
- 第二千八百三十七函　四
- 第二千八百三十八函　五
- 第二千八百三十九函　六
- 第二千八百四十函　七
- 第二千八百四十一函　八
- 第二千八百四十二函　九
- 第二千八百四十三函　十
- 第二千八百四十四函　十一

十三

子部第五架第二層

- 第二千八百四十五函　十二
- 第二千八百四十六函　十三
- 第二千八百四十七函　十四
- 第二千八百四十八函　十五
- 第二千八百四十九函　十六
- 第二千八百五十函　十七
- 第二千八百五十一函　十八
- 第二千八百五十二函　十九
- 第二千八百五十三函　二十
- 第二千八百五十四函　二十一
- 第二千八百五十五函　二十二
- 第二千八百五十六函　二十三

子部第五架第三層

第二千八百五十七函 二十四
第二千八百五十八函 二十五
第二千八百五十九函 二十六
第二千八百六十函 二十七
第二千八百六十一函 二十八
第二千八百六十二函 二十九
第二千八百六十三函 三十
第二千八百六十四函 三十一
第二千八百六十五函 三十二
第二千八百六十六函 三十三
第二千八百六十七函 三十四
第二千八百六十八函 三十五

子部第五架第四層

第二千八百六十九函 三十六
第二千八百七十函 三十七
第二千八百七十一函 三十八
第二千八百七十二函 三十九
第二千八百七十三函 四十
第二千八百七十四函 四十一
第二千八百七十五函 四十二
第二千八百七十六函 四十三
第二千八百七十七函 四十四
第二千八百七十八函 四十五
第二千八百七十九函 四十六
第二千八百八十函 四十七

子部第五架第五層

第二千八百八十一函 四十八
第二千八百八十二函 四十九
第二千八百八十三函 五十
第二千八百八十四函 玉機微義 一
第二千八百八十五函 二
第二千八百八十六函 三
第二千八百八十七函 四
第二千八百八十八函 仁端錄 一
第二千八百八十九函 二
第二千八百九十函 薛氏醫案 一
第二千八百九十一函 二
第二千八百九十二函 三

子部第五架第六層

第二千八百九十三函 四
第二千八百九十四函 五
第二千八百九十五函 六
第二千八百九十六函 七
第二千八百九十七函 八
第二千八百九十八函 推求師意 鍼灸問對
第二千八百九十九函 外科理例
第二千九百函 石山醫案
第二千九百一函 名醫類案 一
第二千九百二函 二
第二千九百三函 三
第二千九百四函 赤水元珠 一

子部第六架第一層

第二千九百五函 二	第二千九百八函 五	第二千九百十一函 醫旨緒餘	第二千九百十四函 三
第二千九百六函 三	第二千九百九函 六	第二千九百十二函 證治準繩 一	第二千九百十五函 四
第二千九百七函 四	第二千九百十函 七	第二千九百十三函 二	第二千九百十六函 五

十六

子部第六架第二層

第二千九百十七函 六	第二千九百二十函 九	第二千九百二十三函 十二	第二千九百二十六函 十五
第二千九百十八函 七	第二千九百二十一函 十	第二千九百二十四函 十三	第二千九百二十七函 十六
第二千九百十九函 八	第二千九百二十二函 十一	第二千九百二十五函 十四	第二千九百二十八函 十七

子部第六架第三層

第二千九百二十九函 十八	第二千九百三十二函 本草綱目 一	第二千九百三十五函 四	第二千九百三十八函 七
第二千九百三十函 十九	第二千九百三十三函 二	第二千九百三十六函 五	第二千九百三十九函 八
第二千九百三十一函 二十	第二千九百三十四函 三	第二千九百三十七函 六	第二千九百四十函 九

十七

子部第六架第四層

第二千九百四十一函 十	第二千九百四十四函 十三	第二千九百四十七函 先醒齋廣筆記	第二千九百五十函 三
第二千九百四十二函 十一	第二千九百四十五函 奇經八脈考 瀕湖脈訣 十四	第二千九百四十八函 神農本草經疏 一	第二千九百五十一函 四
第二千九百四十三函 十二	第二千九百四十六函 傷寒論條辯	第二千九百四十九函 二	第二千九百五十二函 類經 一

子部第六架第五層

函號	書名	序
第二千九百五十三函		二
第二千九百五十四函		三
第二千九百五十五函		四
第二千九百五十六函		五
第二千九百五十七函		六
第二千九百五十八函		七
第二千九百五十九函	景岳全書	一
第二千九百六十函		二
第二千九百六十一函		三
第二千九百六十二函		四
第二千九百六十三函		五
第二千九百六十四函		六

子部第六架第六層

函號	書名	序
第二千九百六十五函		七
第二千九百六十六函		八
第二千九百六十七函		九
第二千九百六十八函		十
第二千九百六十九函		十一
第二千九百七十函	瘟疫論 痎瘧論疏	
第二千九百七十一函	本草乘雅半偈	一
第二千九百七十二函		二
第二千九百七十三函	御纂醫宗金鑑	一
第二千九百七十四函		二
第二千九百七十五函		三
第二千九百七十六函		四

子部第七架第一層

函號	書名	序
第二千九百七十七函		五
第二千九百七十八函		六
第二千九百七十九函		七
第二千九百八十函		八
第二千九百八十一函		九
第二千九百八十二函		十
第二千九百八十三函		十一
第二千九八十四函		十二
第二千九百八十五函		十三
第二千九百八十六函		十四
第二千九百八十七函		十五
第二千九百八十八函		十六

子部第七架第二層

函號	書名	序
第二千九百八十九函	尚論篇	一
第二千九百九十函		二
第二千九百九十一函	醫門法律	一
第二千九百九十二函		二
第二千九百九十三函		三
第二千九百九十四函	傷寒舌鑑 傷寒兼證析義	
第二千九百九十五函	絳雪園古方選注	
第二千九百九十六函	續名醫類案	一
第二千九百九十七函		二
第二千九百九十八函		三
第二千九百九十九函		四
第三千函		五

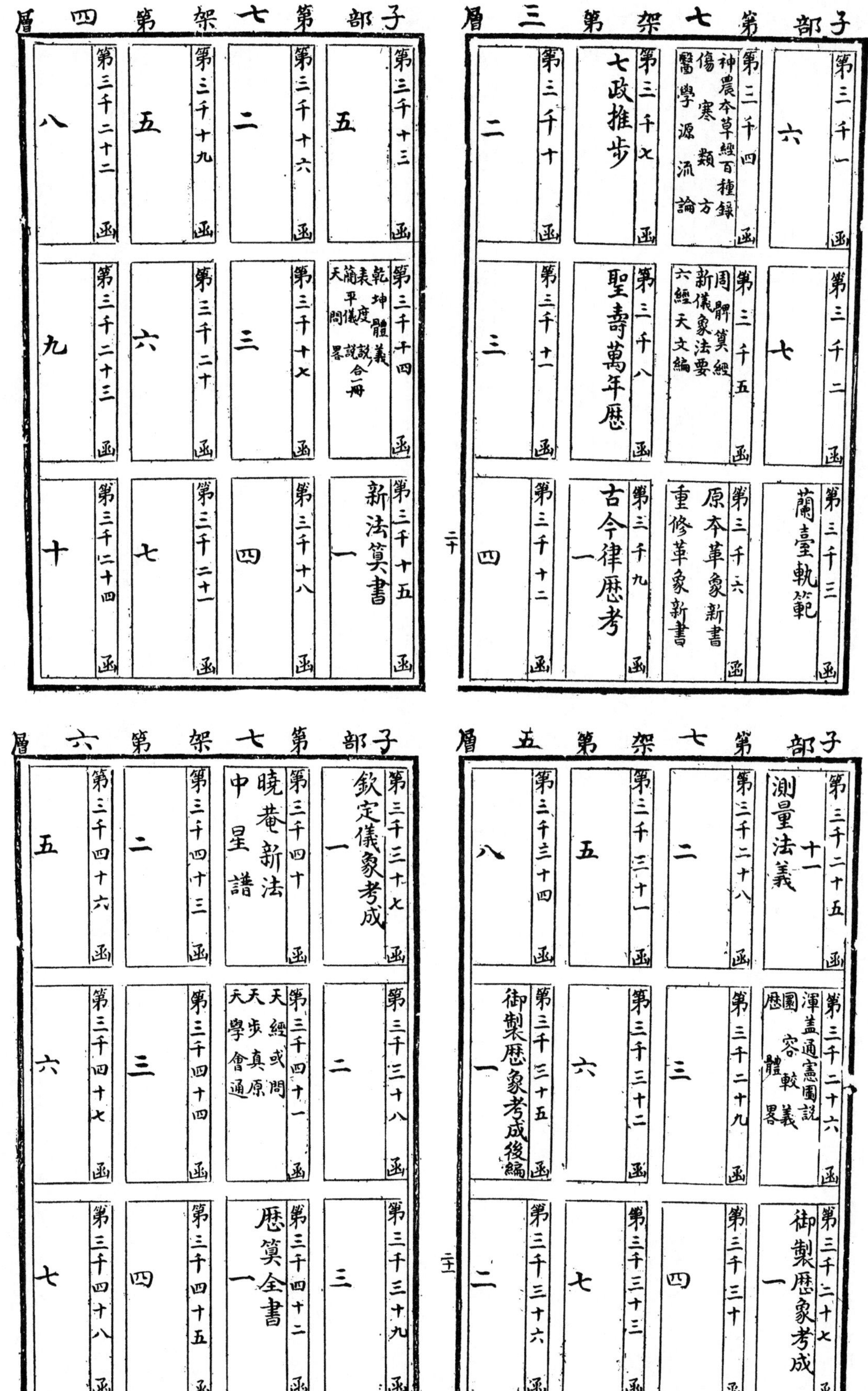

子部第七架第三層

第三千一函	六
第三千二函	七
第三千三函	蘭臺軌範
第三千四函	神農本草經百種錄　傷寒類方　醫學源流論
第三千五函	周髀算經　新儀象法要　六經天文編
第三千六函	原本革象新書　重修革象新書
第三千七函	七政推步
第三千八函	聖壽萬年歷
第三千九函	古今律歷考　一
第三千十函	二
第三千十一函	三
第三千十二函	四

二十

子部第七架第四層

第三千十三函	五
第三千十四函	乾坤體義　表度說　簡平儀說　天問畧　合一冊
第三千十五函	新法算書　一
第三千十六函	二
第三千十七函	三
第三千十八函	四
第三千十九函	五
第三千二十函	六
第三千二十一函	七
第三千二十二函	八
第三千二十三函	九
第三千二十四函	十

子部第七架第五層

第三千二十五函	測量法義　十一
第三千二十六函	渾蓋通憲圖說　圜容較義　歷體畧
第三千二十七函	御製歷象考成　一
第三千二十八函	二
第三千二十九函	三
第三千三十函	四
第三千三十一函	五
第三千三十二函	六
第三千三十三函	七
第三千三十四函	八
第三千三十五函	御製歷象考成後編　一
第三千三十六函	二

二十一

子部第七架第六層

第三千三十七函	欽定儀象考成　一
第三千三十八函	二
第三千三十九函	三
第三千四十函	曉菴新法　中星譜
第三千四十一函	天經或問　天步真原　天學會通
第三千四十二函	歷算全書　一
第三千四十三函	二
第三千四十四函	三
第三千四十五函	四
第三千四十六函	五
第三千四十七函	六
第三千四十八函	七

子部第八架第一層

第三千四十九函 大統歷志

第三千五十函 勿菴歷算書記 中西經星同異考

第三千五十一函 全史日至源流 一

第三千五十二函 二

第三千五十三函 三

第三千五十四函 四

第三千五十五函 數學

第三千五十六函 九章算術 孫子算經

第三千五十七函 數術記遺 海島算經 五曹算經 五經算術

第三千五十八函 夏侯陽算經 張邱建算經 緝古算經

第三千五十九函 數學九章 一

第三千六十函 二

二十二

子部第八架第二層

第三千六十一函 測圓海鏡 測圓海鏡分類釋術

第三千六十二函 益古演段 弧矢算術

第三千六十三函 同文算指

第三千六十四函 幾何原本

第三千六十五函 御定數理精蘊 一

第三千六十六函 二

第三千六十七函 三

第三千六十八函 四

第三千六十九函 五

第三千七十函 六

第三千七十一函 七

第三千七十二函 八

子部第八架第三層

第三千七十三函 九

第三千七十四函 十

第三千七十五函 十一

第三千七十六函 十二

第三千七十七函 十三 幾何論約

第三千七十八函 數學鑰

第三千七十九函 數度衍 一

第三千八十函 二

第三千八十一函 句股引蒙 句股矩測解原 少廣補遺

第三千八十二函 莊氏算學

第三千八十三函 九章錄要

第三千八十四函 太元經

二十三

子部第八架第四層

第三千八十五函 太元本旨

第三千八十六函 元包經傳 潛虛

第三千八十七函 皇極經世書 一

第三千八十八函 二

第三千八十九函 三

第三千九十函 四

第三千九十一函 五

第三千九十二函 六 皇極經世索隱

第三千九十三函 皇極經世觀物外篇衍義

第三千九十四函 易通變 一

第三千九十五函 二

第三千九十六函 三

子部第八架第五層

- 第三千九十七函 觀物篇解
- 第三千九十八函 皇極經世書解 一
- 第三千九十九函 二
- 第三千一百函 三
- 第三千一百一函 易學 洪範皇極內篇 一
- 第三千一百二函 天原發微 一
- 第三千一百三函 二
- 第三千一百四函 大衍索隱 易象圖說內外篇
- 第三千一百五函 三易洞璣
- 第三千一百六函 靈臺秘苑
- 第三千一百七函 唐開元占經 一
- 第三千一百八函 二

二十四

子部第八架第六層

- 第三千一百九函 三
- 第三千一百十函 四
- 第三千一百十一函 五
- 第三千一百十二函 六
- 第三千一百十三函 宅經 葬書 撼龍經
- 第三千一百十四函 青囊序 靈城精義 催官篇
- 第三千一百十五函 發微論 靈棋經
- 第三千一百十六函 焦氏易林 京氏易傳
- 第三千一百十七函 六壬大全 一
- 第三千一百十八函 二
- 第三千一百十九函 卜法詳考
- 第三千一百二十函 李虛中命書 玉照定真經 星命溯源

子部第九架第一層

- 第三千一百二十一函 珞琭子賦注 珞琭子三命消息賦注 三命指迷賦補注
- 第三千一百二十二函 星命總括 演禽通纂
- 第三千一百二十三函 星學大成 一
- 第三千一百二十四函 二
- 第三千一百二十五函 三
- 第三千一百二十六函 四
- 第三千一百二十七函 三命通會 一
- 第三千一百二十八函 二
- 第三千一百二十九函 三
- 第三千一百三十函 四
- 第三千一百三十一函 月波洞中記 玉管照神局
- 第三千一百三十二函 太清神鑑 人倫大統賦

二十五

子部第九架第二層

- 第三千一百三十三函 太乙金鏡式經 遁甲演義 禽星易見
- 第三千一百三十四函 御定星歷考源
- 第三千一百三十五函 欽定協紀辨方書 一
- 第三千一百三十六函 二
- 第三千一百三十七函 三
- 第三千一百三十八函 四
- 第三千一百三十九函 五
- 第三千一百四十函 古畫品 貞觀公私畫史 書斷
- 第三千一百四十一函 述書賦 歷代名畫記
- 第三千一百四十二函 法書要錄
- 第三千一百四十三函 唐朝名畫錄 墨藪 畫山水賦
- 第三千一百四十四函 思陵翰墨志 五代名畫補遺 宋朝名畫評

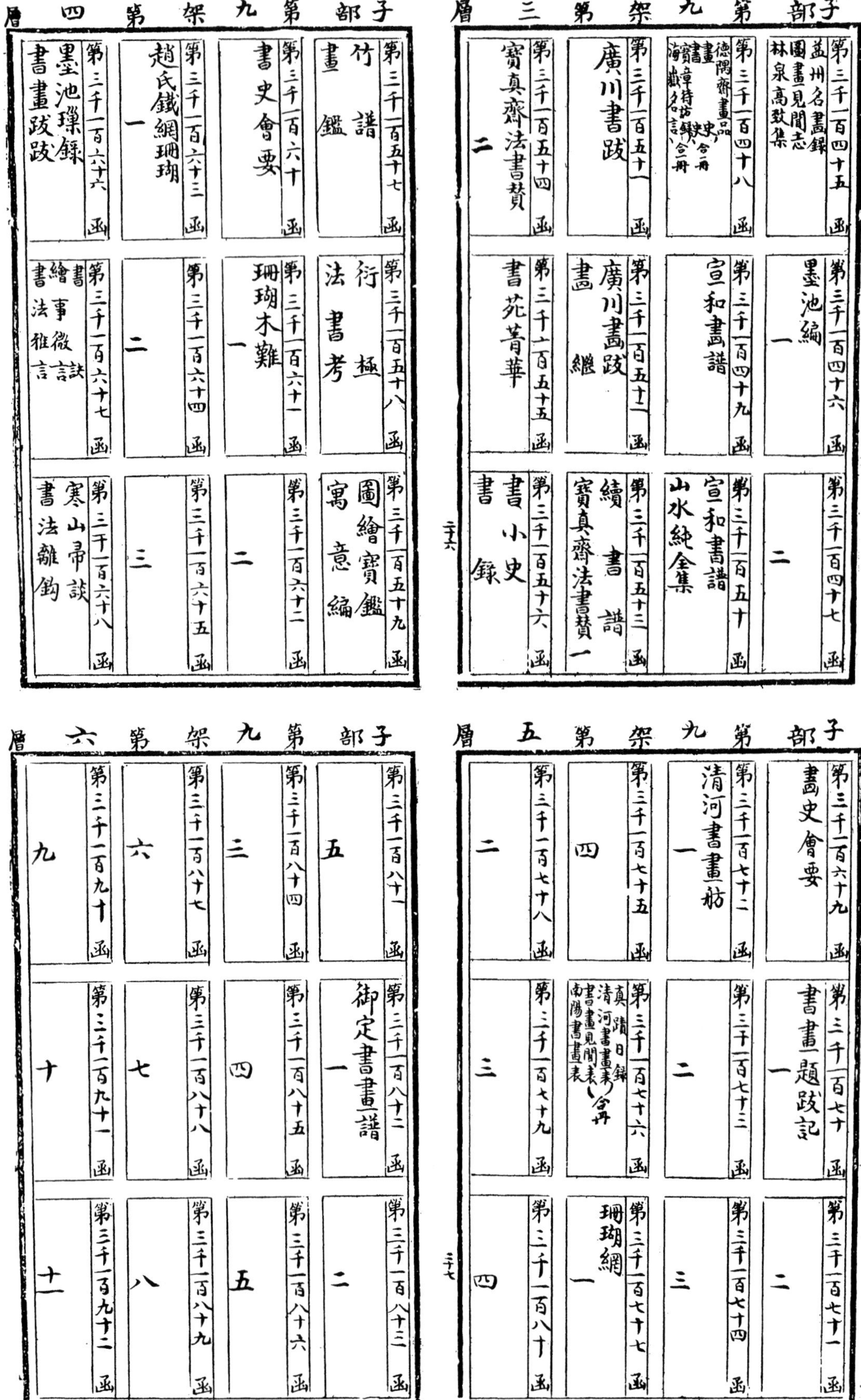

子部第九架第三層

第三千一百四十五函	益州名畫錄 圖畫見聞志 林泉高致集
第三千一百四十六函	墨池編 一
第三千一百四十七函	二
第三千一百四十八函	德隅齋畫品、畫史合一冊；書史、寶章待訪錄、海嶽名言、合一冊
第三千一百四十九函	宣和畫譜
第三千一百五十函	宣和書譜 山水純全集
第三千一百五十一函	廣川書跋
第三千一百五十二函	廣川畫跋 畫繼
第三千一百五十三函	續書譜 寶真齋法書贊 一
第三千一百五十四函	寶真齋法書贊 二
第三千一百五十五函	書苑菁華
第三千一百五十六函	書小史 書錄

三十六

子部第九架第四層

第三千一百五十七函	竹譜 畫鑑
第三千一百五十八函	衍極 法書考
第三千一百五十九函	圖繪寶鑑 寫意編
第三千一百六十函	書史會要
第三千一百六十一函	珊瑚木難 一
第三千一百六十二函	二
第三千一百六十三函	趙氏鐵網珊瑚 一
第三千一百六十四函	二
第三千一百六十五函	三
第三千一百六十六函	墨池瑣錄 書畫跋跋
第三千一百六十七函	書訣 繪事微言 書法雅言
第三千一百六十八函	寒山帚談 書法離鉤

子部第九架第五層

第三千一百六十九函	書史會要
第三千一百七十函	書畫題跋記 一
第三千一百七十一函	二
第三千一百七十二函	清河書畫舫 一
第三千一百七十三函	二
第三千一百七十四函	三
第三千一百七十五函	四
第三千一百七十六函	真蹟日錄 清河書畫表 書畫見聞表 南陽書畫表、合一冊
第三千一百七十七函	珊瑚網 一
第三千一百七十八函	二
第三千一百七十九函	三
第三千一百八十函	四

三十七

子部第九架第六層

第三千一百八十一函	五
第三千一百八十二函	御定書畫譜 一
第三千一百八十三函	二
第三千一百八十四函	三
第三千一百八十五函	四
第三千一百八十六函	五
第三千一百八十七函	六
第三千一百八十八函	七
第三千一百八十九函	八
第三千一百九十函	九
第三千一百九十一函	十
第三千一百九十二函	十一

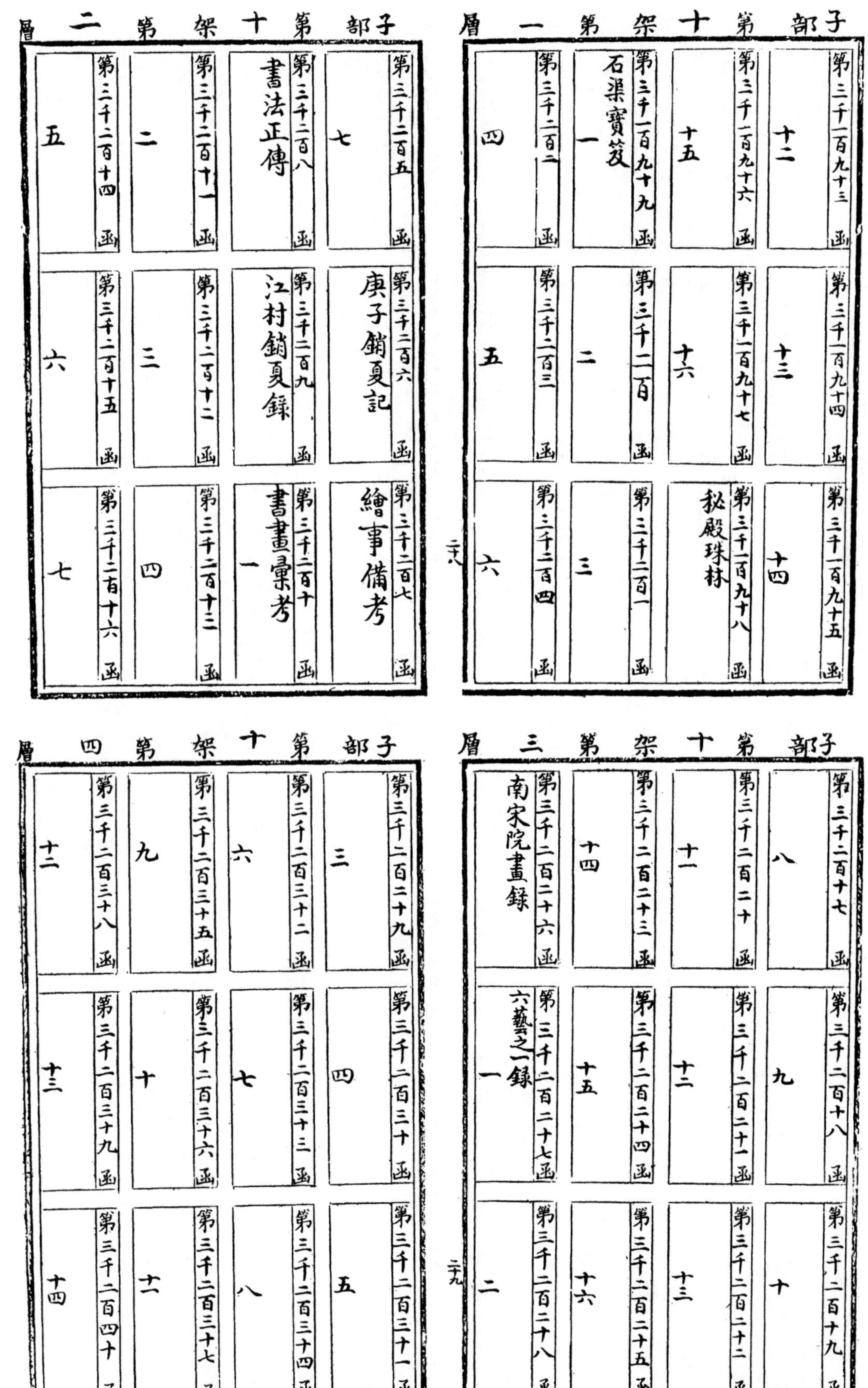

子部第十架第一層

- 第三千一百九十三函 十二
- 第三千一百九十四函 十三
- 第三千一百九十五函 十四
- 第三千一百九十六函 十五
- 第三千一百九十七函 十六
- 第三千一百九十八函 秘殿珠林
- 第三千一百九十九函 石渠寶笈 一
- 第三千二百函 二
- 第三千二百一函 三
- 第三千二百二函 四
- 第三千二百三函 五
- 第三千二百四函 六

子部第十架第二層

- 第三千二百五函 七
- 第三千二百六函 庚子銷夏記
- 第三千二百七函 繪事備考
- 第三千二百八函 書法正傳
- 第三千二百九函 江村銷夏錄
- 第三千二百十函 書畫彙考 一
- 第三千二百十一函 二
- 第三千二百十二函 三
- 第三千二百十三函 四
- 第三千二百十四函 五
- 第三千二百十五函 六
- 第三千二百十六函 七

子部第十架第三層

- 第三千二百十七函 八
- 第三千二百十八函 九
- 第三千二百十九函 十
- 第三千二百二十函 十一
- 第三千二百二十一函 十二
- 第三千二百二十二函 十三
- 第三千二百二十三函 十四
- 第三千二百二十四函 十五
- 第三千二百二十五函 十六
- 第三千二百二十六函 南宋院畫錄
- 第三千二百二十七函 六藝之一錄 一
- 第三千二百二十八函 二

子部第十架第四層

- 第三千二百二十九函 三
- 第三千二百三十函 四
- 第三千二百三十一函 五
- 第三千二百三十二函 六
- 第三千二百三十三函 七
- 第三千二百三十四函 八
- 第三千二百三十五函 九
- 第三千二百三十六函 十
- 第三千二百三十七函 十一
- 第三千二百三十八函 十二
- 第三千二百三十九函 十三
- 第三千二百四十函 十四

子部第十架第五層

第三千二百四十一函　十五
第三千二百四十二函　十六
第三千二百四十三函　十七
第三千二百四十四函　十八
第三千二百四十五函　十九
第三千二百四十六函　二十
第三千二百四十七函　二十一
第三千二百四十八函　二十二
第三千二百四十九函　二十三
第三千二百五十函　二十四
第三千二百五十一函　二十五
第三千二百五十二函　二十六

三十

子部第十架第六層

第三千二百五十三函　小山畫譜　傳神秘要　琴史　松弦館琴譜
第三千二百五十四函　緒譯琹譜　一
第三千二百五十五函　二
第三千二百五十六函　三
第三千二百五十七函　學古錄　印典　羯鼓錄　樂府雜錄
第三千二百五十八函　棊經　古今刀劍錄　嘯堂集古錄
第三千二百五十九函　考古圖
第三千二百六十函　重修宣和博古圖　一
第三千二百六十一函　二
第三千二百六十二函　三
第三千二百六十三函　四　宣德鼎彝譜
第三千二百六十四函　欽定西清古鑑　一

子部第十一架第一層

第三千二百六十五函　二
第三千二百六十六函　三
第三千二百六十七函　四
第三千二百六十八函　五
第三千二百六十九函　六
第三千二百七十函　七
第三千二百七十一函　奇器圖說
第三千二百七十二函　文房四譜　硯史　六種　硯箋
第三千二百七十三函　欽定西清硯譜　一
第三千二百七十四函　二
第三千二百七十五函　三
第三千二百七十六函　墨譜法式　墨經　合冊　墨法集要　墨史

三十一

子部第十一架第二層

第三千二百七十七函　錢錄
第三千二百七十八函　香譜　陳氏香譜
第三千二百七十九函　香乘
第三千二百八十函　雲林石譜　一冊　茶經　茶錄　合冊　品茶要錄　宣和北苑貢茶錄　東溪試茶錄　合冊
第三千二百八十一函　續茶經
第三千二百八十二函　煎茶水記　北山酒經　酒譜
第三千二百八十三函　糖霜譜　洛陽牡丹記　揚州芍藥記　合冊　劉氏菊譜　范村梅譜　史氏菊譜　范村菊譜　合冊
第三千二百八十四函　百菊集譜　金漳蘭譜　海棠譜
第三千二百八十五函　荔枝譜　橘錄　合冊　竹譜　筍譜　合冊
第三千二百八十六函　御定廣羣芳譜　一
第三千二百八十七函　二
第三千二百八十八函　三

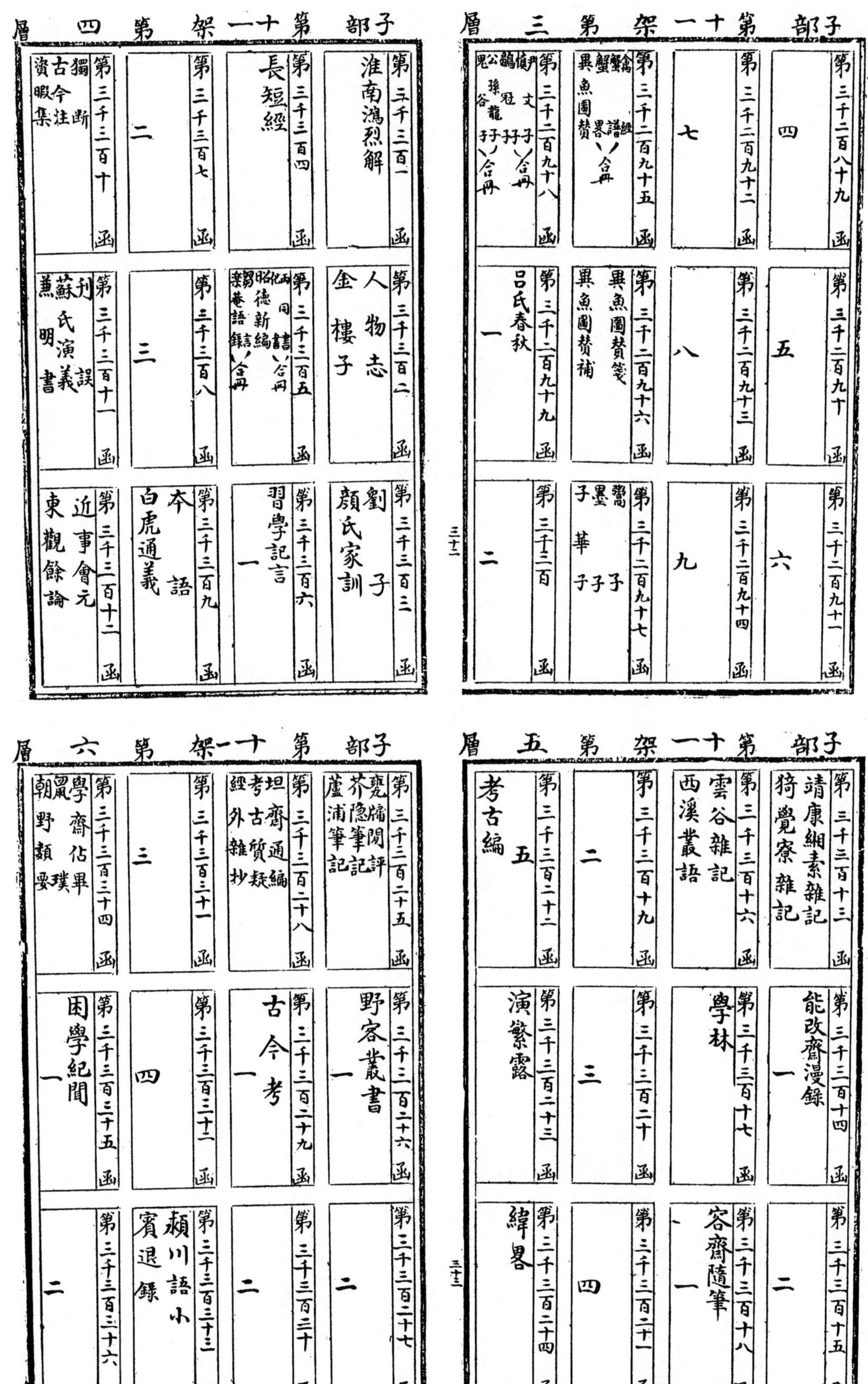

子部 第十一架 第三層

- 第三千二百八十九函 四
- 第三千二百九十函 五
- 第三千二百九十一函 六
- 第三千二百九十二函 七
- 第三千二百九十三函 八
- 第三千二百九十四函 九
- 第三千二百九十五函 禽經、蟹譜、蟹畧、異魚圖贊 合冊
- 第三千二百九十六函 異魚圖贊箋 異魚圖贊補
- 第三千二百九十七函 鬻子 墨子 子華子
- 第三千二百九十八函 尹文子、慎子、鶡冠子、公孫龍子、鬼谷子 合冊
- 第三千二百九十九函 呂氏春秋 一
- 第三千三百函 二

子部 第十一架 第四層

- 第三千三百一函 淮南鴻烈解
- 第三千三百二函 人物志 金樓子
- 第三千三百三函 劉子 顏氏家訓
- 第三千三百四函 長短經
- 第三千三百五函 兩同書、化書、昭德新編 合冊 芻言、樂菴語錄 合冊
- 第三千三百六函 習學記言 一
- 第三千三百七函 二
- 第三千三百八函 三
- 第三千三百九函 本語 白虎通義
- 第三千三百十函 獨斷 古今注 資暇集
- 第三千三百十一函 刊誤 蘇氏演義 兼明書
- 第三千三百十二函 近事會元 東觀餘論

三十二

子部 第十一架 第五層

- 第三千三百十三函 靖康緗素雜記 猗覺寮雜記
- 第三千三百十四函 能改齋漫錄 一
- 第三千三百十五函 二
- 第三千三百十六函 雲谷雜記 西溪叢語
- 第三千三百十七函 學林
- 第三千三百十八函 容齋隨筆 一
- 第三千三百十九函 二
- 第三千三百二十函 三
- 第三千三百二十一函 四
- 第三千三百二十二函 考古編 五
- 第三千三百二十三函 演繁露
- 第三千三百二十四函 緯畧

子部 第十一架 第六層

- 第三千三百二十五函 甕牖閒評 芥隱筆記 蘆浦筆記
- 第三千三百二十六函 野客叢書 一
- 第三千三百二十七函 二
- 第三千三百二十八函 坦齋通編 考古質疑 經外雜抄
- 第三千三百二十九函 古今考 一
- 第三千三百三十函 二
- 第三千三百三十一函 三
- 第三千三百三十二函 四
- 第三千三百三十三函 潁川語小 賓退錄
- 第三千三百三十四函 學齋佔畢 鼠璞 朝野類要
- 第三千三百三十五函 困學紀聞 一
- 第三千三百三十六函 二

三十三

子部　第十二架　第一層

- 第三千三百三十七函　識遺
- 第三千三百三十八函　愛日齋叢抄　日損齋筆記
- 第三千三百三十九函　丹鉛餘錄　一
- 第三千三百四十函　二
- 第三千三百四十一函　三
- 第三千三百四十二函　四
- 第三千三百四十三函　譚苑醍醐　藝彀
- 第三千三百四十四函　正楊
- 第三千三百四十五函　疑耀
- 第三千三百四十六函　名義考
- 第三千三百四十七函　徐氏筆精
- 第三千三百四十八函　通雅

三十四

子部　第十二架　第二層

- 第三千三百四十九函　二
- 第三千三百五十函　三
- 第三千三百五十一函　四
- 第三千三百五十二函　五
- 第三千三百五十三函　六
- 第三千三百五十四函　巵林
- 第三千三百五十五函　拾遺錄　義府
- 第三千三百五十六函　日知錄　一
- 第三千三百五十七函　二
- 第三千三百五十八函　三
- 第三千三百五十九函　四
- 第三千三百六十函　五

子部　第十二架　第三層

- 第三千三百六十一函　藝林彙考　一
- 第三千三百六十二函　二
- 第三千三百六十三函　潛邱劄記
- 第三千三百六十四函　湛園札記
- 第三千三百六十五函　白田雜著　樵香小記
- 第三千三百六十六函　義門讀書記　一
- 第三千三百六十七函　二
- 第三千三百六十八函　三
- 第三千三百六十九函　四
- 第三千三百七十函　五
- 第三千三百七十一函　六
- 第三千三百七十二函　管城碩記　一

三十五

子部　第十二架　第四層

- 第三千三百七十三函　二
- 第三千三百七十四函　三
- 第三千三百七十五函　訂譌雜錄　識小編
- 第三千三百七十六函　論衡　一
- 第三千三百七十七函　二
- 第三千三百七十八函　風俗通義　封氏聞見記
- 第三千三百七十九函　尚書故實　灌畦暇語　春明退朝錄
- 第三千三百八十函　宋景文筆記　東原錄　王氏談錄
- 第三千三百八十一函　文昌雜錄　麈史
- 第三千三百八十二函　夢溪筆談
- 第三千三百八十三函　仇池筆記　東坡志林
- 第三千三百八十四函　珩璜新論　晁氏客語　師友談記

子部　第十二架　第五層

第三千三百八十五函　揚公筆錄　呂氏雜記　冷齋夜話
第三千三百八十六函　曲洧舊聞　元城語錄
第三千三百八十七函　嬾真子　春渚紀聞
第三千三百八十八函　石林燕語考異
第三千三百八十九函　避暑錄話　巖下放言
第三千三百九十函　却掃編　五總志　紫微雜說
第三千三百九十一函　辨言　墨莊漫錄
第三千三百九十二函　寓簡　欒城遺言　東園叢說
第三千三百九十三函　常談　雲麓漫抄
第三千三百九十四函　示兒編
第三千三百九十五函　遊宦紀聞　密齋筆記
第三千三百九十六函　梁溪漫志　澗泉日記

三十六

子部　第十二架　第六層

第三千三百九十七函　老學庵筆記
第三千三百九十八函　愧郯錄　祛疑說　琴堂諭俗編
第三千三百九十九函　鶴林玉露
第三千四百函　貴耳集　吹劍錄外集
第三千四百一函　腳氣集　藏一話腴
第三千四百二函　佩韋齋輯聞　書齋夜話
第三千四百三函　齊東野語
第三千四百四函　困學齋雜錄　隱居通議　一
第三千四百五函　二
第三千四百六函　湛淵靜語　敬齋古今黈
第三千四百七函　日聞錄　勤有堂隨錄　玉堂嘉話　庶齋老學叢談
第三千四百八函　研北雜志　北軒筆記　閒居錄

子部　第十三架　第一層

第三千四百九函　雪履齋筆記　霏雪錄　蠡海集
第三千四百十函　草木子　胡文穆雜著　讕言長語
第三千四百十一函　蟫精雋
第三千四百十二函　震澤長語　井觀瑣言　南園漫錄
第三千四百十三函　雨航雜錄　採芹錄　畫禪室隨筆
第三千四百十四函　六硯齋筆記　一
第三千四百十五函　二
第三千四百十六函　物理小識
第三千四百十七函　春明夢餘錄　一
第三千四百十八函　二
第三千四百十九函　三
第三千四百二十函　四

三十七

子部　第十三架　第二層

第三千四百二十一函　五
第三千四百二十二函　六
第三千四百二十三函　居易錄　一
第三千四百二十四函　二
第三千四百二十五函　三
第三千四百二十六函　池北偶談
第三千四百二十七函　香祖筆記
第三千四百二十八函　分甘餘話　古夫于亭雜錄
第三千四百二十九函　洞天清錄　負暄野錄　雲煙過眼錄
第三千四百三十函　格古要論　竹嶼山房雜錄
第三千四百三十一函　遵生八牋　一
第三千四百三十二函　二

子部第十三架第三層

第三千四百三十三函 三
第三千四百三十四函 四
第三千四百三十五函 清秘藏 長物志
第三千四百三十六函 韻石齋筆談 七頌齋識小録
第三千四百三十七函 硯山齋雜記 意林
第三千四百三十八函 紺珠集 一
第三千四百三十九函 二
第三千四百四十函 類説 一
第三千四百四十一函 二
第三千四百四十二函 三
第三千四百四十三函 四
第三千四百四十四函 五

子部第十三架第四層

第三千四百四十五函 事寔類苑 一
第三千四百四十六函 二
第三千四百四十七函 三
第三千四百四十八函 四
第三千四百四十九函 仕學規範
第三千四百五十函 自警編 一
第三千四百五十一函 言行龜鑑 二
第三千四百五十二函 說郛 一
第三千四百五十三函 二
第三千四百五十四函 三
第三千四百五十五函 四
第三千四百五十六函 五

子部第十三架第五層

第三千四百五十七函 六
第三千四百五十八函 七
第三千四百五十九函 八
第三千四百六十函 九
第三千四百六十一函 十
第三千四百六十二函 十一
第三千四百六十三函 十二
第三千四百六十四函 十三
第三千四百六十五函 十四
第三千四百六十六函 十五
第三千四百六十七函 十六
第三千四百六十八函 十七

子部第十三架第六層

第三千四百六十九函 十八
第三千四百七十函 十九
第三千四百七十一函 二十
第三千四百七十二函 二十一
第三千四百七十三函 二十二
第三千四百七十四函 二十三
第三千四百七十五函 二十四
第三千四百七十六函 玉芝堂談薈 一
第三千四百七十七函 二
第三千四百七十八函 三
第三千四百七十九函 四
第三千四百八十函 元明事類鈔 一

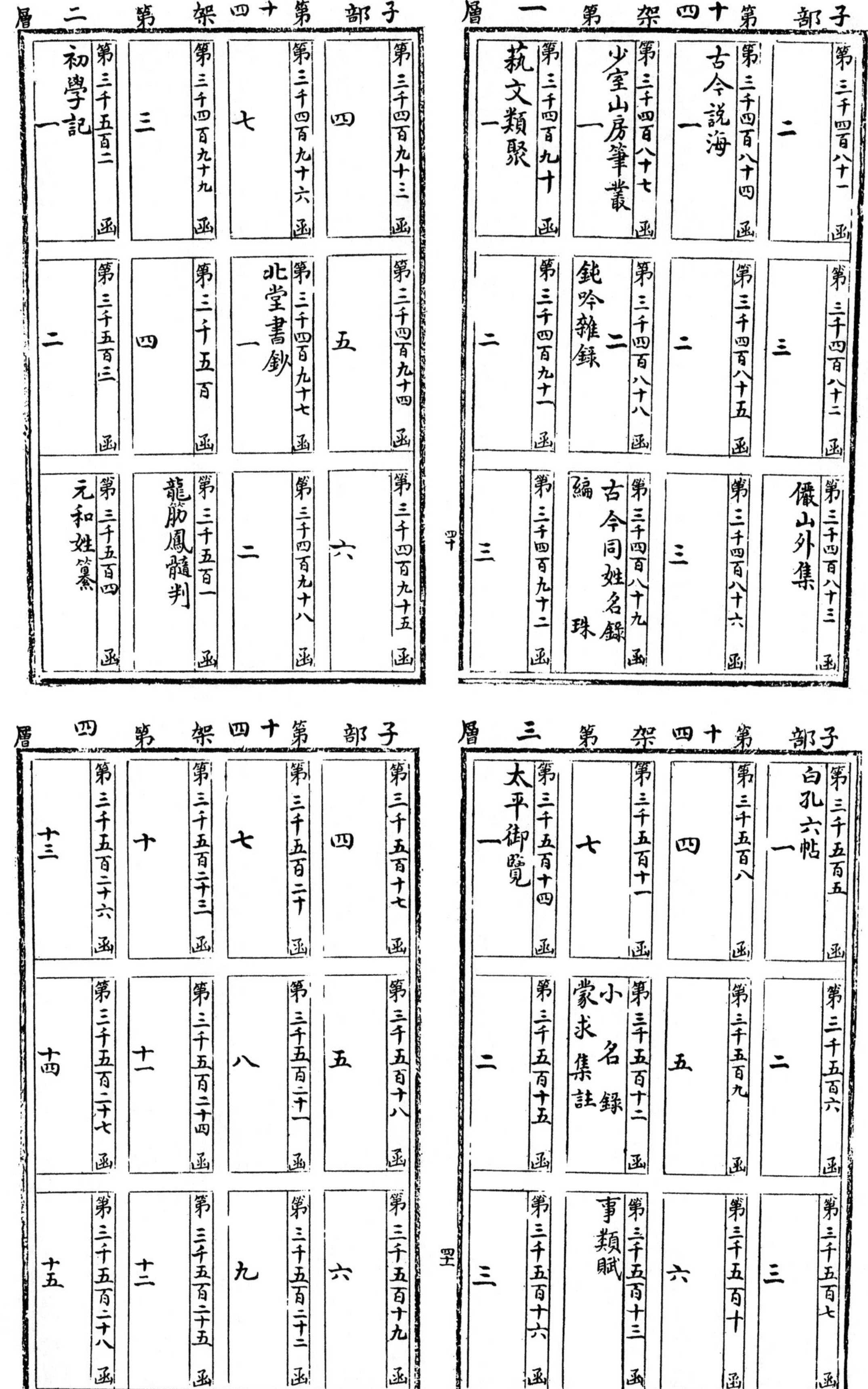

子部第十四架第一層

第三千四百八十一函	二
第三千四百八十二函	三
第三千四百八十三函	儼山外集
第三千四百八十四函	古今說海 一
第三千四百八十五函	二
第三千四百八十六函	三
第三千四百八十七函	少室山房筆叢 一
第三千四百八十八函	鈍吟雜錄 二
第三千四百八十九函	古今同姓名錄 編珠
第三千四百九十函	藝文類聚 一
第三千四百九十一函	二
第三千四百九十二函	三

四十

子部第十四架第二層

第三千四百九十三函	四
第三千四百九十四函	五
第三千四百九十五函	六
第三千四百九十六函	七
第三千四百九十七函	北堂書鈔 一
第三千四百九十八函	二
第三千四百九十九函	三
第三千五百函	四
第三千五百一函	龍筋鳳髓判
第三千五百二函	初學記 一
第三千五百三函	二
第三千五百四函	元和姓纂

子部第十四架第三層

第三千五百五函	白孔六帖 一
第三千五百六函	二
第三千五百七函	三
第三千五百八函	四
第三千五百九函	五
第三千五百十函	六
第三千五百十一函	七
第三千五百十二函	小名錄 蒙求集註
第三千五百十三函	事類賦
第三千五百十四函	太平御覽 一
第三千五百十五函	二
第三千五百十六函	三

四十一

子部第十四架第四層

第三千五百十七函	四
第三千五百十八函	五
第三千五百十九函	六
第三千五百二十函	七
第三千五百二十一函	八
第三千五百二十二函	九
第三千五百二十三函	十
第三千五百二十四函	十一
第三千五百二十五函	十二
第三千五百二十六函	十三
第三千五百二十七函	十四
第三千五百二十八函	十五

子部第十四架第五層

第三千五百二十九函 十六
第三千五百三十函 十七
第三千五百三十一函 十八
第三千五百三十二函 十九
第三千五百三十三函 二十
第三千五百三十四函 二十一
第三千五百三十五函 二十二
第三千五百三十六函 二十三
第三千五百三十七函 二十四
第三千五百三十八函 二十五
第三千五百三十九函 二十六
第三千五百四十函 二十七

子部第十四架第六層

第三千五百四十一函 二十八
第三千五百四十二函 二十九
第三千五百四十三函 三十
第三千五百四十四函 冊府元龜 一
第三千五百四十五函 二
第三千五百四十六函 三
第三千五百四十七函 四
第三千五百四十八函 五
第三千五百四十九函 六
第三千五百五十函 七
第三千五百五十一函 八
第三千五百五十二函 九

子部第十五架第一層

第三千五百五十三函 十
第三千五百五十四函 十一
第三千五百五十五函 十二
第三千五百五十六函 十三
第三千五百五十七函 十四
第三千五百五十八函 十五
第三千五百五十九函 十六
第三千五百六十函 十七
第三千五百六十一函 十八
第三千五百六十二函 十九
第三千五百六十三函 二十
第三千五百六十四函 二十一

子部第十五架第二層

第三千五百六十五函 二十二
第三千五百六十六函 二十三
第三千五百六十七函 二十四
第三千五百六十八函 二十五
第三千五百六十九函 二十六
第三千五百七十函 二十七
第三千五百七十一函 二十八
第三千五百七十二函 二十九
第三千五百七十三函 三十
第三千五百七十四函 三十一
第三千五百七十五函 三十二
第三千五百七十六函 三十三

子部 第十五架 第三層

第三千五百七十七函 三十四	第三千五百八十函 三十七	第三千五百八十三函 四十	第三千五百八十六函 四十三
第三千五百七十八函 三十五	第三千五百八十一函 三十八	第三千五百八十四函 四十一	第三千五百八十七函 四十四
第三千五百七十九函 三十六	第三千五百八十二函 三十九	第三千五百八十五函 四十二	第三千五百八十八函 四十五

四十四

子部 第十五架 第四層

第三千五百八十九函 四十六	第三千五百九十二函 四十九	第三千五百九十五函 五十二	第三千五百九十八函 五十五
第三千五百九十函 四十七	第三千五百九十三函 五十	第三千五百九十六函 五十三	第三千五百九十九函 五十六
第三千五百九十一函 四十八	第三千五百九十四函 五十一	第三千五百九十七函 五十四	第三千六百函 事物紀原 一

子部 第十五架 第五層

第三千六百一函 二	第三千六百四函 海錄碎事 一	第三千六百七函 四	第三千六百十函 帝王經世圖譜
第三千六百二函 寔賓錄	第三千六百五函 二	第三千六百八函 古今姓氏書辯証 一	第三千六百十一函 職官分紀 一
第三千六百三函 書叙指南	第三千六百六函 三	第三千六百九函 二	第三千六百十二函 二

四十五

子部 第十五架 第六層

第三千六百十三函 三	第三千六百十六函 錦繡萬花谷 一	第三千六百十九函 四	第三千六百二十二函 三
第三千六百十四函 四	第三千六百十七函 二	第三千六百二十函 古今事文類聚 一	第三千六百二十三函 四
第三千六百十五函 歷代制度詳說 八面鋒	第三千六百十八函 三	第三千六百二十一函 二	第三千六百二十四函 五

子部 第十六架 第一層

第三千六百二十五函 六	第三千六百二十八函 九	第三千六百三十一函 十二	第三千六百三十四函 十五
第三千六百二十六函 七	第三千六百二十九函 十	第三千六百三十二函 十三	第三千六百三十五函 十六
第三千六百二十七函 八	第三千六百三十函 十一	第三千六百三十三函 十四	第三千六百三十六函 十七

四十六

子部 第十六架 第二層

第三千六百三十七函 十八	第三千六百四十函 三	第三千六百四十三函 六	第三千六百四十六函 九
第三千六百三十八函 記纂淵海 一	第三千六百四十一函 四	第三千六百四十四函 七	第三千六百四十七函 十
第三千六百三十九函 二	第三千六百四十二函 五	第三千六百四十五函 八	第三千六百四十八函 名賢氏族言行類稿 一

子部 第十六架 第三層

第三千六百四十九函 二	第三千六百五十二函 二	第三千六百五十五函 三	第三千六百五十八函 三
第三千六百五十函 三	第三千六百五十三函 全芳備祖 一	第三千六百五十六函 羣書考索 一	第三千六百五十九函 四
第三千六百五十一函 羣書會元截江網 一	第三千六百五十四函 二	第三千六百五十七函 二	第三千六百六十函 五

四十七

子部 第十六架 第四層

第三千六百六十一函 六	第三千六百六十四函 九	第三千六百六十七函 十二	第三千六百七十函 二
第三千六百六十二函 七	第三千六百六十五函 十	第三千六百六十八函 十三	第三千六百七十一函 三
第三千六百六十三函 八	第三千六百六十六函 十一	第三千六百六十九函 古今合璧事類 一	第三千六百七十二函 四

子部 第十六架 第五層

- 第三千六百七十三函 五
- 第三千六百七十四函 六
- 第三千六百七十五函 七
- 第三千六百七十六函 八
- 第三千六百七十七函 九
- 第三千六百七十八函 十
- 第三千六百七十九函 古今源流至論 一
- 第三千六百八十函 二
- 第三千六百八十一函 三
- 第三千六百八十二函 四
- 第三千六百八十三函 玉海 一
- 第三千六百八十四函 二

子部 第十六架 第六層

- 第三千六百八十五函 三
- 第三千六百八十六函 四
- 第三千六百八十七函 五
- 第三千六百八十八函 六
- 第三千六百八十九函 七
- 第三千六百九十函 八
- 第三千六百九十一函 九
- 第三千六百九十二函 十
- 第三千六百九十三函 十一
- 第三千六百九十四函 十二
- 第三千六百九十五函 十三
- 第三千六百九十六函 十四

子部 第十七架 第一層

- 第三千六百九十七函 十五
- 第三千六百九十八函 十六
- 第三千六百九十九函 十七
- 第三千七百函 十八
- 第三千七百一函 十九
- 第三千七百二函 二十
- 第三千七百三函 二十一
- 第三千七百四函 小學紺珠
- 第三千七百五函 姓氏急就篇 小字錄
- 第三千七百六函 雞肋 六帖補
- 第三千七百七函 翰苑新書 一
- 第三千七百八函 二

子部 第十七架 第二層

- 第三千七百九函 三
- 第三千七百十函 四
- 第三千七百十一函 五
- 第三千七百十二函 六
- 第三千七百十三函 韻府羣玉 一
- 第三千七百十四函 二
- 第三千七百十五函 三
- 第三千七百十六函 純正蒙求 四
- 第三千七百十七函 氏族大全 一
- 第三千七百十八函 二
- 第三千七百十九函 名疑 三
- 第三千七百二十函 稗編 一

子部第十七架第三層

函	
第三千七百二十一函	二
第三千七百二十二函	三
第三千七百二十三函	四
第三千七百二十四函	五
第三千七百二十五函	六
第三千七百二十六函	七
第三千七百二十七函	八
第三千七百二十八函	九
第三千七百二十九函	十
第三千七百三十函	十一
第三千七百三十一函	萬姓統譜 一
第三千七百三十二函	二

五十

子部第十七架第四層

函	
第三千七百三十三函	三
第三千七百三十四函	四
第三千七百三十五函	五
第三千七百三十六函	六
第三千七百三十七函	七
第三千七百三十八函	八
第三千七百三十九函	喻林 一
第三千七百四十函	二
第三千七百四十一函	三
第三千七百四十二函	四
第三千七百四十三函	五
第三千七百四十四函	六

子部第十七架第五層

函	
第三千七百四十五函	七
第三千七百四十六函	經濟類編 一
第三千七百四十七函	二
第三千七百四十八函	三
第三千七百四十九函	四
第三千七百五十函	五
第三千七百五十一函	六
第三千七百五十二函	七
第三千七百五十三函	八
第三千七百五十四函	九
第三千七百五十五函	十
第三千七百五十六函	十一

五十一

子部第十七架第六層

函	
第三千七百五十七函	十二
第三千七百五十八函	十三
第三千七百五十九函	同姓名錄 一
第三千七百六十函	二
第三千七百六十一函	說畧 一
第三千七百六十二函	二
第三千七百六十三函	三
第三千七百六十四函	天中記 一
第三千七百六十五函	二
第三千七百六十六函	三
第三千七百六十七函	四
第三千七百六十八函	五

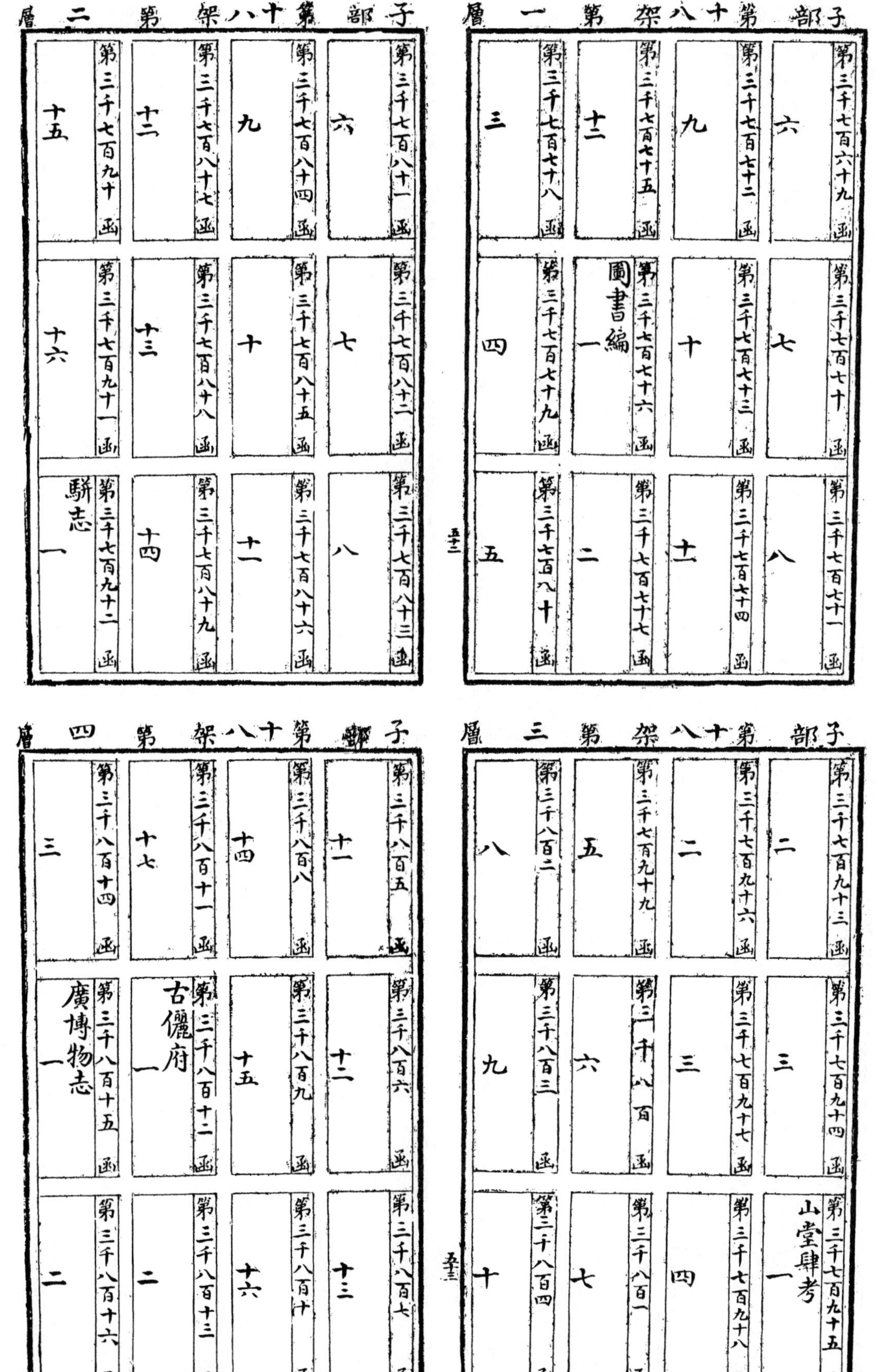

子部第十八架第一層

第三千七百六十九函 六	第三千七百七十二函 九	第三千七百七十五函 十二	第三千七百七十八函 三
第三千七百七十函 七	第三千七百七十三函 十	第三千七百七十六函 圖書編 一	第三千七百七十九函 四
第三千七百七十一函 八	第三千七百七十四函 十一	第三千七百七十七函 二	第三千七百八十函 五

五十二

子部第十八架第二層

第三千七百八十一函 六	第三千七百八十四函 九	第三千七百八十七函 十二	第三千七百九十函 十五
第三千七百八十二函 七	第三千七百八十五函 十	第三千七百八十八函 十三	第三千七百九十一函 十六
第三千七百八十三函 八	第三千七百八十六函 十一	第三千七百八十九函 十四	第三千七百九十二函 騈志 一

子部第十八架第三層

第三千七百九十三函 二	第三千七百九十六函 二	第三千七百九十九函 五	第三千八百二函 八
第三千七百九十四函 三	第三千七百九十七函 三	第三千八百函 六	第三千八百三函 九
第三千七百九十五函 山堂肆考 一	第三千七百九十八函 四	第三千八百一函 七	第三千八百四函 十

五十三

子部第十八架第四層

第三千八百五函 十一	第三千八百八函 十四	第三千八百十一函 十七	第三千八百十四函 三
第三千八百六函 十二	第三千八百九函 十五	第三千八百十二函 古儷府 一	第三千八百十五函 廣博物志 一
第三千八百七函 十三	第三千八百十函 十六	第三千八百十三函 二	第三千八百十六函 二

子部第十八架第五層

第三千八百十七函 三	第三千八百二十函 御定淵鑑類函 一	第三千八百二十三函 四	第三千八百二十六函 七
第三千八百十八函 四	第三千八百二十一函 二	第三千八百二十四函 五	第三千八百二十七函 八
第三千八百十九函 五	第三千八百二十二函 三	第三千八百二十五函 六	第三千八百二十八函 九

五十四

子部第十八架第六層

第三千八百二十九函 十	第三千八百三十二函 十三	第三千八百三十五函 十六	第三千八百三十八函 十九
第三千八百三十函 十一	第三千八百三十三函 十四	第三千八百三十六函 十七	第三千八百三十九函 二十
第三千八百三十一函 十二	第三千八百三十四函 十五	第三千八百三十七函 十八	第三千八百四十函 二十一

子部第十九架第一層

第三千八百四十一函 二十二	第三千八百四十四函 二十五	第三千八百四十七函 二十八	第三千八百五十函 三十一
第三千八百四十二函 二十三	第三千八百四十五函 二十六	第三千八百四十八函 二十九	第三千八百五十一函 三十二
第三千八百四十三函 二十四	第三千八百四十六函 二十七	第三千八百四十九函 三十	第三千八百五十二函 三十三

五十五

子部第十九架第二層

第三千八百五十三函 三十四	第三千八百五十六函 三十七	第三千八百五十九函 四十	第三千八百六十二函 四十三
第三千八百五十四函 三十五	第三千八百五十七函 三十八	第三千八百六十函 四十一	第三千八百六十三函 四十四
第三千八百五十五函 三十六	第三千八百五十八函 三十九	第三千八百六十一函 四十二	第三千八百六十四函 四十五

子部第十九架第三層

第三千八百六十五函 四十六
第三千八百六十六函 御定駢字類編 一
第三千八百六十七函 二
第三千八百六十八函 三
第三千八百六十九函 四
第三千八百七十函 五
第三千八百七十一函 六
第三千八百七十二函 七
第三千八百七十三函 八
第三千八百七十四函 九
第三千八百七十五函 十
第三千八百七十六函 十一

五十六

子部第十九架第四層

第三千八百七十七函 十二
第三千八百七十八函 十三
第三千八百七十九函 十四
第三千八百八十函 十五
第三千八百八十一函 十六
第三千八百八十二函 十七
第三千八百八十三函 十八
第三千八百八十四函 十九
第三千八百八十五函 二十
第三千八百八十六函 二十一
第三千八百八十七函 二十二
第三千八百八十八函 二十三

子部第十九架第五層

第三千八百八十九函 二十四
第三千八百九十函 二十五
第三千八百九十一函 二十六
第三千八百九十二函 二十七
第三千八百九十三函 二十八
第三千八百九十四函 二十九
第三千八百九十五函 三十
第三千八百九十六函 三十一
第三千八百九十七函 三十二
第三千八百九十八函 三十三
第三千八百九十九函 三十四
第三千九百函 三十五

五十七

子部第十九架第六層

第三千九百一函 御定分類字錦 一
第三千九百二函 二
第三千九百三函 三
第三千九百四函 四
第三千九百五函 五
第三千九百六函 六
第三千九百七函 七
第三千九百八函 八
第三千九百九函 九
第三千九百十函 十
第三千九百十一函 十一
第三千九百十二函 御定子史精華 一

子部第二十架第一層

第三千九百十三函 二	第三千九百十六函 五	第三千九百十九函 八	第三千九百二十二函 二
第三千九百十四函 三	第三千九百十七函 六	第三千九百二十函 九	第三千九百二十三函 三
第三千九百十五函 四	第三千九百十八函 七	第三千九百二十一函 御定佩文韻府 一	第三千九百二十四函 四

五十八

子部第二十架第二層

第三千九百二十五函 五	第三千九百二十八函 八	第三千九百三十一函 十一	第三千九百三十四函 十四
第三千九百二十六函 六	第三千九百二十九函 九	第三千九百三十二函 十二	第三千九百三十五函 十五
第三千九百二十七函 七	第三千九百三十函 十	第三千九百三十三函 十三	第三千九百三十六函 十六

子部第二十架第三層

第三千九百三十七函 十七	第三千九百四十函 二十	第三千九百四十三函 二十三	第三千九百四十六函 二十六
第三千九百三十八函 十八	第三千九百四十一函 二十一	第三千九百四十四函 二十四	第三千九百四十七函 二十七
第三千九百三十九函 十九	第三千九百四十二函 二十二	第三千九百四十五函 二十五	第三千九百四十八函 二十八

五十九

子部第二十架第四層

第三千九百四十九函 二十九	第三千九百五十二函 三十二	第三千九百五十五函 三十五	第三千九百五十八函 三十八
第三千九百五十函 三十	第三千九百五十三函 三十三	第三千九百五十六函 三十六	第三千九百五十九函 三十九
第三千九百五十一函 三十一	第三千九百五十四函 三十四	第三千九百五十七函 三十七	第三千九百六十函 四十

子部第二十架第五層

- 第三千九百六十一函 四十一
- 第三千九百六十二函 四十二
- 第三千九百六十三函 四十三
- 第三千九百六十四函 四十四
- 第三千九百六十五函 四十五
- 第三千九百六十六函 四十六
- 第三千九百六十七函 四十七
- 第三千九百六十八函 四十八
- 第三千九百六十九函 四十九
- 第三千九百七十函 五十
- 第三千九百七十一函 五十一
- 第三千九百七十二函 五十二

子部第二十架第六層

- 第三千九百七十三函 五十三
- 第三千九百七十四函 五十四
- 第三千九百七十五函 五十五
- 第三千九百七十六函 五十六
- 第三千九百七十七函 五十七
- 第三千九百七十八函 五十八
- 第三千九百七十九函 五十九
- 第三千九百八十函 六十
- 第三千九百八十一函 御定韻府拾遺 一
- 第三千九百八十二函 二
- 第三千九百八十三函 三
- 第三千九百八十四函 四

子部第二十一架第一層

- 第三千九百八十五函 五
- 第三千九百八十六函 六
- 第三千九百八十七函 格致鏡原 一
- 第三千九百八十八函 二
- 第三千九百八十九函 三
- 第三千九百九十函 四
- 第三千九百九十一函 五
- 第三千九百九十二函 六
- 第三千九百九十三函 讀書紀數畧 一
- 第三千九百九十四函 二
- 第三千九百九十五函 三
- 第三千九百九十六函 四

子部第二十一架第二層

- 第三千九百九十七函 花木鳥獸集類 別號錄
- 第三千九百九十八函 宋稗類鈔 一
- 第三千九百九十九函 二
- 第四千函 三
- 第四千一函 西京雜記 世說新語
- 第四千二函 朝野僉載 唐新語 次柳氏舊聞
- 第四千三函 唐國史補 劉賓客嘉話錄 明皇雜錄
- 第四千四函 大唐傳載 教坊記 雲溪友議
- 第四千五函 玉泉子 雲仙雜記 唐摭言
- 第四千六函 中朝故事 金華子雜編 開元天寶遺事 鑑戒錄
- 第四千七函 南唐近事 北夢瑣言
- 第四千八函 賈氏談錄 洛陽搢紳舊聞記 南部新書

子部　第二十一架　第三層

第四千九函	第四千十二函	第四千零十五函	第四千零十八函
王文正筆錄 儒林公議 涑水記聞	錢氏私志 龍川畧志 後山談叢	侯鯖錄 東軒筆錄	唐語林

第四千十函	第四千零十三函	第四千零十六函	第四千零十九函
澠水燕談錄 歸田錄	孫公談圃 談苑 畫墁錄	泊宅編 珍席放談 鐵圍山叢談	楓窗小牘 南窗記談 過庭錄

第四千十一函	第四千零十四函	第四千零十七函	第四千零二十函
嘉祐雜誌 東齋記事 青箱雜記	甲申雜記 湘山野錄 玉壺野史	國老談苑 道山清話 墨客揮犀	萍洲可談 高齋漫錄 默記

六十二

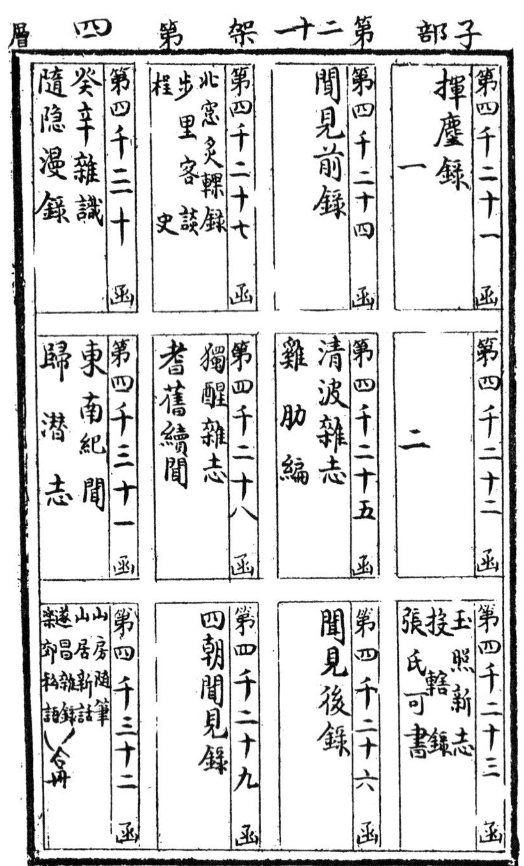

子部　第二十一架　第四層

第四千二十一函	第四千二十四函	第四千二十七函	第四千三十函
揮麈錄一	聞見前錄	北窗炙輠錄 步里客談 桯史	癸辛雜識 隨隱漫錄

第四千二十二函	第四千二十五函	第四千二十八函	第四千三十一函
二	清波雜志 雞肋編	獨醒雜志 耆舊續聞	東南紀聞 歸潛志

第四千二十三函	第四千二十六函	第四千二十九函	第四千三十二函
玉照新志 投轄錄 張氏可書	聞見後錄	四朝聞見錄	山房隨筆 山居新話 遂昌雜錄 樂郊私語 合冊

子部　第二十一架　第五層

第四千三十三函	第四千三十六函	第四千三十九函	第四千四十二函
輟耕錄一	菽園雜記 先進遺風 觚不觚錄	山海經	洞冥記 拾遺記

第四千三十四函	第四千三十七函	第四千四十函	第四千四十三函
二	何氏語林一	山海經廣注	搜神記 搜神後記

第四千三十五函	第四千三十八函	第四千四十一函	第四千四十四函
水東日記	二	穆天子傳 神異經 海內十洲記 漢武故事 漢武帝內傳	異苑 續齊諧記 還冤志

六十三

子部　第二十一架　第六層

第四千四十五函	第四千四十八函	第四千五十一函	第四千五十四函
集異記 博異記 杜陽雜編 前定錄 合冊	稽神錄 江淮異人錄 茅亭客話	三	六

第四千四十六函	第四千四十九函	第四千五十二函	第四千五十五函
桂苑叢談 劇談錄 宣室志	太平廣記一	四	七

第四千四十七函	第四千五十函	第四千五十三函	第四千五十六函
唐闕史 甘澤謡 開天傳信記	二	五	八

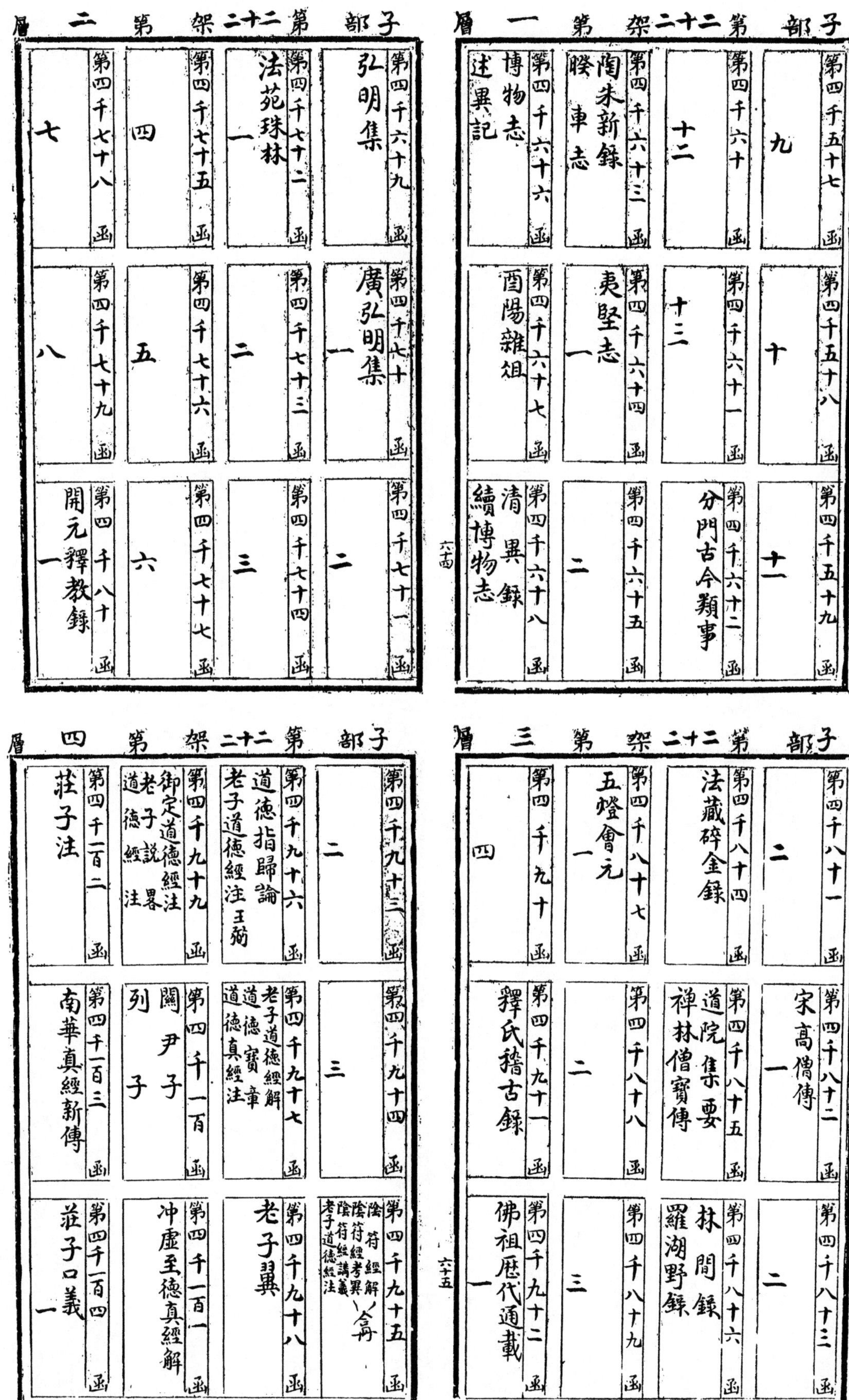

子部第二十二架第一層

第四千五十七函 九	第四千六十函 十二	第四千六十三函 陶朱新錄 睽車志	第四千六十六函 博物志 述異記
第四千五十八函 十	第四千六十一函 十三	第四千六十四函 夷堅志 一	第四千六十七函 酉陽雜俎
第四千五十九函 十一	第四千六十二函 分門古今類事	第四千六十五函 二	第四千六十八函 清異錄 續博物志

六十四

子部第二十二架第二層

第四千六十九函 弘明集	第四千七十二函 法苑珠林 一	第四千七十五函 四	第四千七十八函 七
第四千七十函 廣弘明集 一	第四千七十三函 二	第四千七十六函 五	第四千七十九函 八
第四千七十一函 二	第四千七十四函 三	第四千七十七函 六	第四千八十函 開元釋教錄 一

子部第二十二架第三層

第四千八十一函 二	第四千八十四函 法藏碎金錄	第四千八十七函 五燈會元 一	第四千九十函 四
第四千八十二函 宋高僧傳 一	第四千八十五函 道院集要 禪林僧寶傳	第四千八十八函 二	第四千九十一函 釋氏稽古錄
第四千八十三函 二	第四千八十六函 林間錄 羅湖野錄	第四千八十九函 三	第四千九十二函 佛祖歷代通載 一

六十五

子部第二十二架第四層

第四千九十三函 二	第四千九十六函 道德指歸論 老子道德經注 王弼	第四千九十九函 御定道德經注 老子說畧 道德經注	第四千一百二函 莊子注
第四千九十四函 三	第四千九十七函 老子道德經解 道德寶章 道德真經注	第四千一百函 關尹子 列子	第四千一百三函 南華真經新傳
第四千九十五函 陰符經解 陰符經考異 合冊 陰符經講義 老子道德經注	第四千九十八函 老子翼	第四千一百一函 沖虛至德真經解	第四千一百四函 莊子口義 一

子部第二十二架第五層

第四千一百五函 二	第四千一百八函 三	第四千一百十一函 二	第四千一百十四函 周易參同契解 周易參同契發揮
第四千一百六函 一 南華真經義海纂微	第四千一百九函 四	第四千一百十二函 文子 文子纘義	第四千一百十五函 周易參同契分章注 古文參同契集解
第四千一百七函 二	第四千一百十函 一 莊子翼	第四千一百十三函 列仙傳 周易參同契通真義 周易參同契考異	第四千一百十六函 一 抱朴子內外篇

子部第二十二架第六層

第四千一百十七函 二 神仙傳	第四千一百二十函 一 雲笈七籤	第四千一百二十三函 四	第四千一百二十六函 悟真篇註疏
第四千一百十八函 真誥	第四千一百二十一函 二	第四千一百二十四函 五	第四千一百二十七函 古文龍虎經注疏 易外別傳 席上腐談
第四千一百十九函 亢倉子 元真子 續神仙傳	第四千一百二十二函 三	第四千一百二十五函 六	第四千一百二十八函 道藏目錄詳註

集部架圖

集部第一架第一層

第四千一百二十九函 楚詞章句	第四千一百三十二函 離騷草木疏 欽定補繪離騷圖	第四千一百三十五函 蔡中郎集 孔北海集	第四千一百三十八函 璿璣圖詩讀法 鮑明遠集 謝宣城集
第四千一百三十函 楚詞補注	第四千一百三十三函 山帶閣注楚詞	第四千一百三十六函 曹子建集 嵇中散集	第四千一百三十九函 昭明太子集 江文通集 何水部集
第四千一百三十一函 楚詞集注	第四千一百三十四函 揚子雲集	第四千一百三十七函 陸士龍集 陶淵明集	第四千一百四十函 庾開府集箋注

集部第一架第二層

第四千一百四十一函 庾子山集 一	第四千一百四十四函 徐孝穆集箋注	第四千一百四十七函 盈川集 盧昇之集	第四千一百五十函 張燕公集
第四千一百四十二函 二	第四千一百四十五函 東皐子集 寒山子詩集	第四千一百四十八函 駱丞集	第四千一百五十一函 曲江集 李北海集
第四千一百四十三函 三	第四千一百四十六函 王子安集	第四千一百四十九函 陳拾遺集	第四千一百五十二函 李太白文集

集部第一架第三層

函號	書名	冊
第四千一百五十三函	李太白集分類補注	一
第四千一百五十四函		二
第四千一百五十五函	李太白集注	一
第四千一百五十六函		二
第四千一百五十七函		三
第四千一百五十八函		四
第四千一百五十九函	九家集注杜詩	一
第四千一百六十函		二
第四千一百六十一函		三
第四千一百六十二函	補注杜詩	一
第四千一百六十三函		二
第四千一百六十四函		三

集部第一架第四層

函號	書名	冊
第四千一百六十五函		四
第四千一百六十六函	集千家注杜工部詩集	一
第四千一百六十七函		二
第四千一百六十八函	杜詩攟	三
第四千一百六十九函	杜詩詳注	一
第四千一百七十函		二
第四千一百七十一函		三
第四千一百七十二函		四
第四千一百七十三函		五
第四千一百七十四函		六
第四千一百七十五函	王右丞集箋注	一
第四千一百七十六函		二

集部第一架第五層

函號	書名	冊
第四千一百七十七函	高常侍集　孟浩然集　常建集	
第四千一百七十八函	儲光羲集　元次山集	
第四千一百七十九函	顏魯公集	
第四千一百八十函	宗元集　抒山集	
第四千一百八十一函	劉隨州集　韋蘇州集	
第四千一百八十二函	毘陵集	
第四千一百八十三函	蕭茂挺文集　李遐叔文集	
第四千一百八十四函	錢仲文集　華陽集	
第四千一百八十五函	翰苑集	一
第四千一百八十六函	權文公集	二
第四千一百八十七函	韓集舉正	
第四千一百八十八函	原本韓集考異	

集部第一架第六層

函號	書名	冊
第四千一百八十九函	別本韓文考異	一
第四千一百九十函		二
第四千一百九十一函		三
第四千一百九十二函	五百家注韓昌黎文集	一
第四千一百九十三函		二
第四千一百九十四函		三
第四千一百九十五函		四
第四千一百九十六函	東雅堂韓昌黎集注	一
第四千一百九十七函		二
第四千一百九十八函		三
第四千一百九十九函	韓集點勘	四
第四千二百函	柳河東集	一

集部第二架第一層

第四千二百一函	二
第四千二百二函	三
第四千二百三函	柳河東集註 一
第四千二百四函	二
第四千二百五函	三
第四千二百六函	五百家注柳先生集
第四千二百七函	劉賓客文集 一
第四千二百八函	二
第四千二百九函	呂衡州集 張司業集
第四千二百十函	皇甫持正集 李文公集
第四千二百十一函	歐陽行周文集 李元賓文集
第四千二百十二函	孟東野詩集 長江集

集部第二架第二層

第四千二百十三函	昌谷集 箋注評點李長吉歌詩
第四千二百十四函	絳守居園池記 王司馬集 沈下賢集
第四千二百十五函	追昔遊集 會昌一品集 一
第四千二百十六函	二
第四千二百十七函	元氏長慶集 一
第四千二百十八函	二
第四千二百十九函	白氏長慶集 一
第四千二百二十函	二
第四千二百二十一函	三
第四千二百二十二函	四
第四千二百二十三函	五
第四千二百二十四函	六

集部第二架第三層

第四千二百二十五函	白香山詩集 一
第四千二百二十六函	二
第四千二百二十七函	三
第四千二百二十八函	四 鮑溶詩集
第四千二百二十九函	樊川集
第四千二百三十函	姚少監詩集 李義山詩集
第四千二百三十一函	李義山詩集注
第四千二百三十二函	李義山文集箋注
第四千二百三十三函	溫飛卿集箋注 丁卯集
第四千二百三十四函	文泉子集 黎嶽集 李羣玉詩集
第四千二百三十五函	孫可之集 麟角集 曹祠部集
第四千二百三十六函	文藪 笠澤藂書

集部第二架第四層

第四千二百三十七函	甫里集
第四千二百三十八函	詠史詩 雲臺編 司空表聖文集
第四千二百三十九函	韓內翰別集 唐英歌詩 唐風集
第四千二百四十函	玄英集 黃御史集
第四千二百四十一函	徐正字詩賦 羅昭諫集
第四千二百四十二函	白蓮集
第四千二百四十三函	禪月集
第四千二百四十四函	浣花集 廣成集
第四千二百四十五函	騎省集
第四千二百四十六函	河東集
第四千二百四十七函	咸平集
第四千二百四十八函	逍遙集 忠愍集 乖崖集

集部第二架第五層

- 第四千二百四十九函　小畜集　一
- 第四千二百五十函　二
- 第四千二百五十一函　南陽集　武夷新集　一
- 第四千二百五十二函　二
- 第四千二百五十三函　林和靖集　穆參軍集　元獻遺文
- 第四千二百五十四函　文莊集　一
- 第四千二百五十五函　二
- 第四千二百五十六函　春卿遺稿　東觀集
- 第四千二百五十七函　宋元憲集
- 第四千二百五十八函　二
- 第四千二百五十九函　宋景文集　一
- 第四千二百六十函　二

集部第二架第六層

- 第四千二百六十一函　三
- 第四千二百六十二函　四
- 第四千二百六十三函　五
- 第四千二百六十四函　文恭集　一
- 第四千二百六十五函　二
- 第四千二百六十六函　武溪集
- 第四千二百六十七函　安陽集　一
- 第四千二百六十八函　二
- 第四千二百六十九函　范文正集　一
- 第四千二百七十函　二
- 第四千二百七十一函　河南集
- 第四千二百七十二函　孫明復小集　徂徠集

集部第三架第一層

- 第四千二百七十三函　端明集　一
- 第四千二百七十四函　二
- 第四千二百七十五函　祠部集　一
- 第四千二百七十六函　二
- 第四千二百七十七函　三
- 第四千二百七十八函　鐔津集
- 第四千二百七十九函　祖英集　蘇學士集
- 第四千二百八十函　蘇魏公文集　一
- 第四千二百八十一函　二
- 第四千二百八十二函　三
- 第四千二百八十三函　四
- 第四千二百八十四函　五　伐檀集

集部第三架第二層

- 第四千二百八十五函　王華陽集　一
- 第四千二百八十六函　二
- 第四千二百八十七函　三
- 第四千二百八十八函　古靈集
- 第四千二百八十九函　傳家集　一
- 第四千二百九十函　二
- 第四千二百九十一函　三
- 第四千二百九十二函　四
- 第四千二百九十三函　趙清獻集
- 第四千二百九十四函　盱江集　一
- 第四千二百九十五函　二
- 第四千二百九十六函　三　金氏文集

集部第三架第三層

第四千二百九十七函 公是集 一
第四千二百九十八函 二
第四千二百九十九函 彭城集 一
第四千三百函 二
第四千三百一函 邕州小集 都官集
第四千三百二函 丹淵集 一
第四千三百三函 二
第四千三百四函 西溪集
第四千三百五函 鄖溪集 一
第四千三百六函 二
第四千三百七函 錢塘集
第四千三百八函 淨德集 一

集部第三架第四層

第四千三百九函 二
第四千三百十函 安岳集 元豐類藁 一
第四千三百十一函 二
第四千三百十二函 三
第四千三百十三函 龍學文集
第四千三百十四函 宛陵集 一
第四千三百十五函 二
第四千三百十六函 三
第四千三百十七函 劉忠肅集
第四千三百十八函 無為集 王魏公集
第四千三百十九函 范太史集 一
第四千三百二十函 二

集部第三架第五層

第四千三百二十一函 三
第四千三百二十二函 潞公文集
第四千三百二十三函 擊壤集
第四千三百二十四函 鄱陽集
第四千三百二十五函 曲阜集
第四千三百二十六函 周元公集
第四千三百二十七函 南陽集
第四千三百二十八函 節孝集
第四千三百二十九函 文忠集 一
第四千三百三十函 二
第四千三百三十一函 三
第四千三百三十二函 四

集部第三架第六層

第四千三百三十三函 五
第四千三百三十四函 六
第四千三百三十五函 歐陽文粹
第四千三百三十六函 樂全集 一
第四千三百三十七函 二
第四千三百三十八函 三
第四千三百三十九函 四
第四千三百四十函 范忠宣集 一
第四千三百四十一函 二
第四千三百四十二函 嘉祐集
第四千三百四十三函 臨川文集 一
第四千三百四十四函 二

集部第四架第一層

函號	書名	次
第四千三百四十五函		三
第四千三百四十六函		四
第四千三百四十七函		五
第四千三百四十八函		六
第四千三百四十九函	王荊公詩注	一
第四千三百五十函		二
第四千三百五十一函	廣陵集	
第四千三百五十二函	東坡全集	一
第四千三百五十三函		二
第四千三百五十四函		三
第四千三百五十五函		四
第四千三百五十六函		五

集部第四架第二層

函號	書名	次
第四千三百五十七函		六
第四千三百五十八函		七
第四千三百五十九函	東坡詩集注	一
第四千三百六十函		二
第四千三百六十一函	施註蘇詩	一
第四千三百六十二函		二
第四千三百六十三函		三
第四千三百六十四函		四
第四千三百六十五函		五
第四千三百六十六函		六
第四千三百六十七函	蘇詩補註	一
第四千三百六十八函		二

集部第四架第三層

函號	書名	次
第四千三百六十九函		三
第四千三百七十函		四
第四千三百七十一函		五
第四千三百七十二函		六
第四千三百七十三函		七
第四千三百七十四函	欒城集	一
第四千三百七十五函		二
第四千三百七十六函		三
第四千三百七十七函		四
第四千三百七十八函		五
第四千三百七十九函		六
第四千三百八十函	山谷集	一

集部第四架第四層

函號	書名	次
第四千三百八十一函		二
第四千三百八十二函		三
第四千三百八十三函		四
第四千三百八十四函		五
第四千三百八十五函		六
第四千三百八十六函	山谷集註	一
第四千三百八十七函		二
第四千三百八十八函		三
第四千三百八十九函	後山集	
第四千三百九十函	後山詩註	
第四千三百九十一函	柯山集	一
第四千三百九十二函		二

集部第四架第五層

第四千三百九十三函 三	第四千三百九十六函 濟南集	第四千三百九十九函 二	第四千四百二函 青山續集
第四千三百九十四函 淮海集 一	第四千三百九十七函 參寥子詩集 寶晉英光集	第四千四百函 三	第四千四百三函 畫墁集 陶山集
第四千三百九十五函 二	第四千三百九十八函 石門文字禪 一	第四千四百一函 青山集	第四千四百四函 倚松詩集 長興集

集部第四架第六層

第四千四百五函 西塘集	第四千四百八函 二	第四千四百十一函 二	第四千四百十四函 樂圃餘藁 龍雲集 一
第四千四百六函 雲巢編	第四千四百九函 三	第四千四百十二函 三	第四千四百十五函 二
第四千四百七函 景迂生集	第四千四百十函 雞肋集 一	第四千四百十三函 四	第四千四百十六函 雲溪居士集 一

集部第五架第一層

第四千四百十七函 二	第四千四百二十函 三	第四千四百二十三函 溈水集	第四千四百二十六函 三
第四千四百十八函 演山集 一	第四千四百二十一函 姑溪居士集 一	第四千四百二十四函 道鄉集 一	第四千四百二十七函 學易集 游廌山集
第四千四百十九函 二	第四千四百二十二函 二	第四千四百二十五函 二	第四千四百二十八函 西臺集 一

集部第五架第二層

第四千四百二十九函 二	第四千四百三十二函 竹友集 日涉園集	第四千四百三十五函 摛文堂集	第四千四百三十八函 給事集 劉左史集
第四千四百三十函 樂靜集	第四千四百三十三函 灌園集	第四千四百三十六函 襄陵文集 浮沚集	第四千四百三十九函 竹隱畸士集
第四千四百三十一函 北湖集 溪堂集	第四千四百三十四函 慶湖遺老集	第四千四百三十七函 東堂集	第四千四百四十函 眉山集 洪龜父集

集部第五架第三層

第四千四百四十一函 跨鰲集
第四千四百四十二函 忠愍集 忠肅集
第四千四百四十三函 宗忠簡集
第四千四百四十四函 龜山集 一
第四千四百四十五函 二
第四千四百四十六函 梁谿集 一
第四千四百四十七函 二
第四千四百四十八函 三
第四千四百四十九函 四
第四千四百五十函 五
第四千四百五十一函 六
第四千四百五十二函 七

集部第五架第四層

第四千四百五十三函 初寮集
第四千四百五十四函 橫塘集 西渡集
第四千四百五十五函 老圃集 丹陽集 一
第四千四百五十六函 二
第四千四百五十七函 毘陵集 張守
第四千四百五十八函 浮溪集 一
第四千四百五十九函 二
第四千四百六十函 浮溪文粹
第四千四百六十一函 莊簡集
第四千四百六十二函 忠正德文集
第四千四百六十三函 東窗集
第四千四百六十四函 忠惠集

集部第五架第五層

第四千四百六十五函 松隱集 一
第四千四百六十六函 二
第四千四百六十七函 建康集 簡齋集
第四千四百六十八函 北山集 一
第四千四百六十九函 二
第四千四百七十函 檆溪居士集
第四千四百七十一函 筠溪集 一
第四千四百七十二函 二
第四千四百七十三函 華陽集 張綱
第四千四百七十四函 忠穆集
第四千四百七十五函 紫微集 一
第四千四百七十六函 二

集部第五架第六層

第四千四百七十七函 苕溪集 一
第四千四百七十八函 二
第四千四百七十九函 東牟集
第四千四百八十函 相山集
第四千四百八十一函 三餘集 大隱集
第四千四百八十二函 龜溪集
第四千四百八十三函 栟櫚集 默成文集
第四千四百八十四函 鄱陽集 韋齋集 玉瀾集
第四千四百八十五函 澹齋集
第四千四百八十六函 陵陽集 韓駒 灊山集
第四千四百八十七函 雲溪集
第四千四百八十八函 盧溪文集

集部第六架第一層

函	書
第四千四百八十九函	屏山集
第四千四百九十函	北海集 一
第四千四百九十一函	二
第四千四百九十二函	鴻慶居士集 一
第四千四百九十三函	二
第四千四百九十四函	三
第四千四百九十五函	内簡尺牘 崧菴集
第四千四百九十六函	藏海居士集 豫章文集
第四千四百九十七函	和靖集 宋尹焞 王著作集 彬江百咏
第四千四百九十八函	雙溪集 蘇籀
第四千四百九十九函	少陽集 歐陽修撰集
第四千五百函	東溪集 岳武穆遺文 茶山集

集部第六架第二層

函	書
第四千五百一函	雪溪集 蘆川歸來集
第四千五百二函	東萊詩集 澹菴文集
第四千五百三函	五峯集 胡宏
第四千五百四函	斐然集 一
第四千五百五函	二
第四千五百六函	三
第四千五百七函	大隱居士集 浮山集
第四千五百八函	北山集 鄭剛中 一
第四千五百九函	二
第四千五百十函	橫浦集
第四千五百十一函	湖山集
第四千五百十二函	文定集 一

集部第六架第三層

函	書
第四千五百十三函	二
第四千五百十四函	縉雲文集
第四千五百十五函	嵩山集 一
第四千五百十六函	二
第四千五百十七函	默堂集
第四千五百十八函	知稼翁集 唯室集
第四千五百十九函	漢濱集 一
第四千五百二十函	二
第四千五百二十一函	香溪集
第四千五百二十二函	鄭忠肅奏議遺集 雲莊集 竹軒雜著
第四千五百二十三函	拙齋文集
第四千五百二十四函	于湖集

集部第六架第四層

函	書
第四千五百二十五函	太倉稊米集 一
第四千五百二十六函	二
第四千五百二十七函	三
第四千五百二十八函	四 夾漈遺稿
第四千五百二十九函	鄮峯真隱漫録 一
第四千五百三十函	二
第四千五百三十一函	三
第四千五百三十二函	海陵集
第四千五百三十三函	燕堂詩稿 竹洲集
第四千五百三十四函	高峯文集
第四千五百三十五函	羅鄂州小集 艾軒集
第四千五百三十六函	晦菴集 一

集部第六架第五層

函	書
第四千五百三十七函	二
第四千五百三十八函	三
第四千五百三十九函	四
第四千五百四十函	五
第四千五百四十一函	六
第四千五百四十二函	七
第四千五百四十三函	八
第四千五百四十四函	九
第四千五百四十五函	十
第四千五百四十六函	十一
第四千五百四十七函	十二
第四千五百四十八函	十三

集部第六架第六層

函	書
第四千五百四十九函	十四
第四千五百五十函	文忠集 周必大 一
第四千五百五十一函	二
第四千五百五十二函	三
第四千五百五十三函	四
第四千五百五十四函	五
第四千五百五十五函	六
第四千五百五十六函	七
第四千五百五十七函	八
第四千五百五十八函	九
第四千五百五十九函	十
第四千五百六十函	雪山集 梁谿遺稿

集部第七架第一層

函	書
第四千五百六十一函	方舟集 一
第四千五百六十二函	二 網山集
第四千五百六十三函	東萊集 一
第四千五百六十四函	二
第四千五百六十五函	三
第四千五百六十六函	四
第四千五百六十七函	止齋集 一
第四千五百六十八函	二
第四千五百六十九函	三
第四千五百七十函	格齋四六 梅溪集 一
第四千五百七十一函	二
第四千五百七十二函	三

集部第七架第二層

函	書
第四千五百七十三函	四
第四千五百七十四函	香山集
第四千五百七十五函	宮教集 蒙隱集
第四千五百七十六函	倪石陵書 樂軒集
第四千五百七十七函	定菴類稿 澹軒集
第四千五百七十八函	攻愧集 一
第四千五百七十九函	二
第四千五百八十函	三
第四千五百八十一函	四
第四千五百八十二函	五
第四千五百八十三函	六
第四千五百八十四函	尊白堂集

集部第七架第三層

函	書名	數
第四千五百八十五函	東塘集	一
第四千五百八十六函		二
第四千五百八十七函	涉齋集	
第四千五百八十八函	義豐集 蠹齋鉛刀編	
第四千五百八十九函	乾道稿 淳熙稿	
第四千五百九十函	淳熙稿	
第四千五百九十一函	淳熙稿 章泉稿	
第四千五百九十二函	雙溪類稿	一
第四千五百九十三函		二
第四千五百九十四函	止堂集	
第四千五百九十五函	緣督集	
第四千五百九十六函	象山集	一

集部第七架第四層

函	書名	數
第四千五百九十七函		二
第四千五百九十八函	慈湖遺書	一
第四千五百九十九函		二
第四千六百函		三
第四千六百一函	絜齋集	一
第四千六百二函		二
第四千六百三函	雲莊集 劉爚 舒文靖集	
第四千六百四函	定齋集	
第四千六百五函	九華集	一
第四千六百六函	野處類稿	二
第四千六百七函	盤洲文集	一
第四千六百八函		二

集部第七架第五層

函	書名	數
第四千六百九函		三
第四千六百十函		四
第四千六百十一函	應齋雜著 芸菴類稿	
第四千六百十二函	浪語集	一
第四千六百十三函		二
第四千六百十四函		三
第四千六百十五函	石湖詩集	
第四千六百十六函	誠齋集	一
第四千六百十七函		二
第四千六百十八函		三
第四千六百十九函		四
第四千六百二十函		五

集部第七架第六層

函	書名	數
第四千六百二十一函		六
第四千六百二十二函	劒南詩稿	一
第四千六百二十三函		二
第四千六百二十四函		三
第四千六百二十五函		四
第四千六百二十六函		五
第四千六百二十七函		六
第四千六百二十八函	渭南文集	一
第四千六百二十九函		二
第四千六百三十函	放翁詩選 金陵百咏 頤菴居士集	
第四千六百三十一函	水心集	一
第四千六百三十二函		二

集部第八架第一層

- 第四千六百三十三函　三
- 第四千六百三十四函　南湖集
- 第四千六百三十五函　南澗甲乙稿　一
- 第四千六百三十六函　白鳴集　二
- 第四千六百三十七函　客亭類稿
- 第四千六百三十八函　石屏詩集
- 第四千六百三十九函　蓮峯集
- 第四千六百四十函　江湖長翁集　一
- 第四千六百四十一函　二
- 第四千六百四十二函　三
- 第四千六百四十三函　四
- 第四千六百四十四函　燭湖集　一

集部第八架第二層

- 第四千六百四十五函　二
- 第四千六百四十六函　昌谷集　一
- 第四千六百四十七函　二
- 第四千六百四十八函　省齋集
- 第四千六百四十九函　南軒集　一
- 第四千六百五十函　二
- 第四千六百五十一函　勉齋集　一
- 第四千六百五十二函　二
- 第四千六百五十三函　三
- 第四千六百五十四函　四
- 第四千六百五十五函　北溪大全集　一
- 第四千六百五十六函　二

集部第八架第三層

- 第四千六百五十七函　山房集
- 第四千六百五十八函　橘山集　一
- 第四千六百五十九函　竹齋詩集　二
- 第四千六百六十函　後樂集　一
- 第四千六百六十一函　二
- 第四千六百六十二函　華亭百詠　梅山續稿　菊澗集
- 第四千六百六十三函　性善堂集
- 第四千六百六十四函　漫塘集　一
- 第四千六百六十五函　二
- 第四千六百六十六函　三
- 第四千六百六十七函　四
- 第四千六百六十八函　克齋集

集部第八架第四層

- 第四千六百六十九函　芳蘭軒集、二薇亭詩集（合冊）　西岩集、清苑齋詩集（合冊）　葦碧集
- 第四千六百七十函　洺水集　一
- 第四千六百七十一函　二
- 第四千六百七十二函　龍川集　一
- 第四千六百七十三函　龍洲集　二
- 第四千六百七十四函　鶴山集　一
- 第四千六百七十五函　二
- 第四千六百七十六函　三
- 第四千六百七十七函　四
- 第四千六百七十八函　五
- 第四千六百七十九函　六
- 第四千六百八十函　七

集部第八架第五層

函	書名	冊
第四千六百八十一函		八
第四千六百八十二函	西山文集	一
第四千六百八十三函		二
第四千六百八十四函		三
第四千六百八十五函		四
第四千六百八十六函		五
第四千六百八十七函	方泉詩集	六
第四千六百八十八函	東山詩選 白石詩集 野谷詩稿	
第四千六百八十九函	平齋集	
第四千六百九十函	蒙齋集	一
第四千六百九十一函	康範詩集	二
第四千六百九十二函	清獻集	

集部第八架第六層

函	書名	冊
第四千六百九十三函	鶴林集	一
第四千六百九十四函		二
第四千六百九十五函		三
第四千六百九十六函	東澗集	
第四千六百九十七函	方是閒居士小稿 翠微南征錄	
第四千六百九十八函	浣川集	
第四千六百九十九函	漁墅類稿 安晚堂詩集	
第四千七百函	滄洲塵缶編	
第四千七百一函	四六標準	一
第四千七百二函		二
第四千七百三函		三
第四千七百四函		四

集部第九架第一層

函	書名	冊
第四千七百五函		五
第四千七百六函		六
第四千七百七函		七
第四千七百八函	篔窗集	
第四千七百九函	友林乙稿 方壺存稿	
第四千七百十函	鐵菴集	
第四千七百十一函	壺山四六 默齋遺稿 履齋遺稿	
第四千七百十二函	臞軒集	一
第四千七百十三函		二
第四千七百十四函	東野農歌集 敝帚藁畧	
第四千七百十五函	清正存稿	
第四千七百十六函	寒松閣集 滄浪集	

集部第九架第二層

函	書名	冊
第四千七百十七函	冷然齋集	
第四千七百十八函	可齋雜稿	一
第四千七百十九函		二
第四千七百二十函		三
第四千七百二十一函		四
第四千七百二十二函		五
第四千七百二十三函	後村集	一
第四千七百二十四函		二
第四千七百二十五函		三
第四千七百二十六函		四
第四千七百二十七函	澗泉集	一
第四千七百二十八函		二

集部第九架第三層

第四千七百二十九函 矩山存稿 雪窗集
第四千七百三十函 文溪存稿
第四千七百三十一函 庸齋集 彝齋文編
第四千七百三十二函 張氏拙軒集 玉楮集
第四千七百三十三函 霛巖集
第四千七百三十四函 棋埜集
第四千七百三十五函 恥堂存稿
第四千七百三十六函 秋崖集 一
第四千七百三十七函 二
第四千七百三十八函 三 芸隱橫舟稿
第四千七百三十九函 蒙川遺稿 雪磯叢稿
第四千七百四十函 北澗集

集部第九架第四層

第四千七百四十一函 西塍集 梅屋集 孝詩
第四千七百四十二函 字溪集 一
第四千七百四十三函 二 勿齋集
第四千七百四十四函 巽齋文集
第四千七百四十五函 雪坡集 一
第四千七百四十六函 二
第四千七百四十七函 文山集 一
第四千七百四十八函 二
第四千七百四十九函 文信國集杜詩 疊山集
第四千七百五十函 本堂集 一
第四千七百五十一函 二
第四千七百五十二函 三 端平詩雋

集部第九架第五層

第四千七百五十三函 竹溪鬳齋十一稿續集 一
第四千七百五十四函 二
第四千七百五十五函 魯齋集 一
第四千七百五十六函 二
第四千七百五十七函 潛山集
第四千七百五十八函 須溪集
第四千七百五十九函 須溪四景詩 葦航漫游稿 蘭皋集
第四千七百六十函 雲泉詩 嘉禾百咏 柳塘外集
第四千七百六十一函 碧梧玩芳集
第四千七百六十二函 四明文獻集 覆瓿集 趙必瑑
第四千七百六十三函 閬風集 北游集
第四千七百六十四函 秋堂集 蛟峯文集

集部第九架第六層

第四千七百六十五函 秋聲集
第四千七百六十六函 牟氏陵陽集
第四千七百六十七函 湖山類稿 晞髮集
第四千七百六十八函 潛齋集 鉄牛翁稿
第四千七百六十九函 梅巖文集 四如集
第四千七百七十函 霽山文集 勿軒集 古梅遺稿
第四千七百七十一函 佩韋齋集
第四千七百七十二函 廬山集 西湖百咏
第四千七百七十三函 則堂集 富山遺稿
第四千七百七十四函 真山民集 百正集 月洞吟
第四千七百七十五函 伯牙琴 存雅堂遺稿 吾汶稿
第四千七百七十六函 在軒集 紫巖詩選 九華詩集

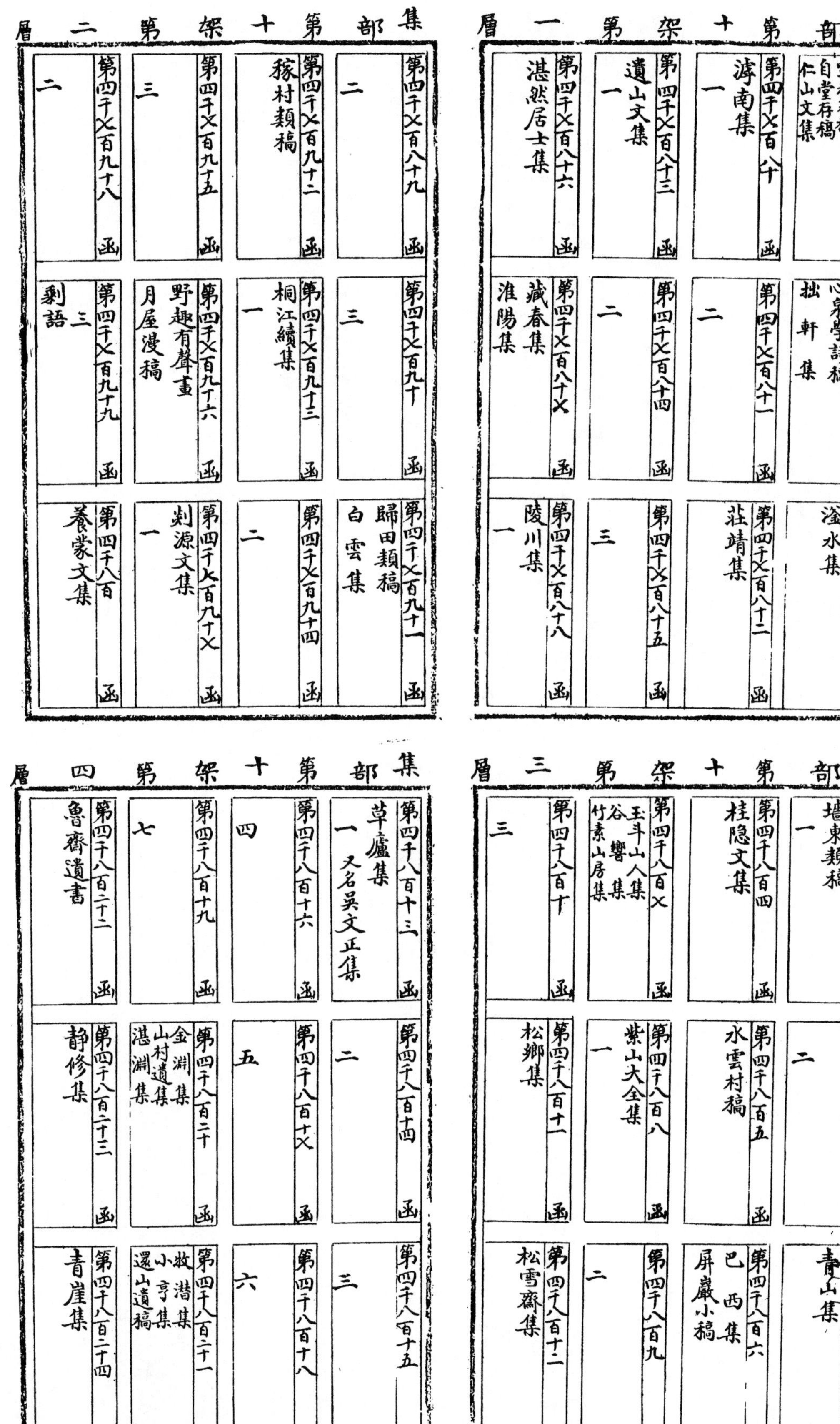

集部第十架第一層

- 第四千七百七十七函　寧極齋稿　自堂存稿　仁山文集
- 第四千七百七十八函　心泉學詩稿　拙軒集
- 第四千七百七十九函　淦水集
- 第四千七百八十函　滹南集　一
- 第四千七百八十一函　二
- 第四千七百八十二函　莊靖集
- 第四千七百八十三函　遺山文集　一
- 第四千七百八十四函　二
- 第四千七百八十五函　三
- 第四千七百八十六函　湛然居士集
- 第四千七百八十七函　藏春集　淮陽集
- 第四千七百八十八函　陵川集　一

集部第十架第二層

- 第四千七百八十九函　二
- 第四千七百九十函　三
- 第四千七百九十一函　歸田類稿　白雲集
- 第四千七百九十二函　稼村類稿
- 第四千七百九十三函　桐江續集　一
- 第四千七百九十四函　二
- 第四千七百九十五函　三
- 第四千七百九十六函　野趣有聲畫　月屋漫稿
- 第四千七百九十七函　剡源文集　一
- 第四千七百九十八函　二
- 第四千七百九十九函　三　剩語
- 第四千八百函　養蒙文集

集部第十架第三層

- 第四千八百一函　墻東類稿　一
- 第四千八百二函　二
- 第四千八百三函　青山集
- 第四千八百四函　桂隱文集
- 第四千八百五函　水雲村稿
- 第四千八百六函　巴西集　屏巖小稿
- 第四千八百七函　玉斗山人集　谷響集　竹素山房集
- 第四千八百八函　紫山大全集　一
- 第四千八百九函　二
- 第四千八百十函　三
- 第四千八百十一函　松鄉集
- 第四千八百十二函　松雪齋集

集部第十架第四層

- 第四千八百十三函　草廬集　一　又名吳文正集
- 第四千八百十四函　二
- 第四千八百十五函　三
- 第四千八百十六函　四
- 第四千八百十七函　五
- 第四千八百十八函　六
- 第四千八百十九函　七
- 第四千八百二十函　金淵集　山村遺集　湛淵集
- 第四千八百二十一函　牧潛集　小亨集　還山遺稿
- 第四千八百二十二函　魯齋遺書
- 第四千八百二十三函　靜修集
- 第四千八百二十四函　青崖集

集部第十架第五層

第四千八百二十五函 養吾齋集 一

第四千八百二十六函 二

第四千八百二十七函 存悔齋稿 雙溪醉隱集

第四千八百二十八函 東菴集 白雲集

第四千八百二十九函 畏齋集

第四千八百三十函 默菴集 雲峯集

第四千八百三十一函 秋澗集 一

第四千八百三十二函 二

第四千八百三十三函 三

第四千八百三十四函 四

第四千八百三十五函 五

第四千八百三十六函 六

集部第十架第六層

第四千八百三十七函 七

第四千八百三十八函 牧菴集 一

第四千八百三十九函 二

第四千八百四十函 雪樓集 一

第四千八百四十一函 二

第四千八百四十二函 三

第四千八百四十三函 曹文貞公詩集 芳谷集

第四千八百四十四函 陳剛中詩集 秋巖詩集 玉井樵唱

第四千八百四十五函 蘭軒集

第四千八百四十六函 清容居士集 一

第四千八百四十七函 二

第四千八百四十八函 三

集部第十一架第一層

第四千八百四十九函 四

第四千八百五十函 此山詩集 霞外詩集

第四千八百五十一函 申齋集

第四千八百五十二函 西巖集

第四千八百五十三函 蒲室集

第四千八百五十四函 弁山小隱吟錄 續軒渠集

第四千八百五十五函 定宇集 一

第四千八百五十六函 二

第四千八百五十七函 艮齋詩集 知非堂稿

第四千八百五十八函 雲林集 梅花字字香

第四千八百五十九函 中菴集 一

第四千八百六十函 二

集部第十一架第二層

第四千八百六十一函 文忠集 靜春堂詩集

第四千八百六十二函 惟實集 勤齋集

第四千八百六十三函 石田文集

第四千八百六十四函 渠菴集

第四千八百六十五函 道園學古錄 一

第四千八百六十六函 二

第四千八百六十七函 三

第四千八百六十八函 四

第四千八百六十九函 五 道園遺稿

第四千八百七十函 楊仲宏集 范德機詩集

第四千八百七十一函 文安集

第四千八百七十二函 翠寒集 檜亭集

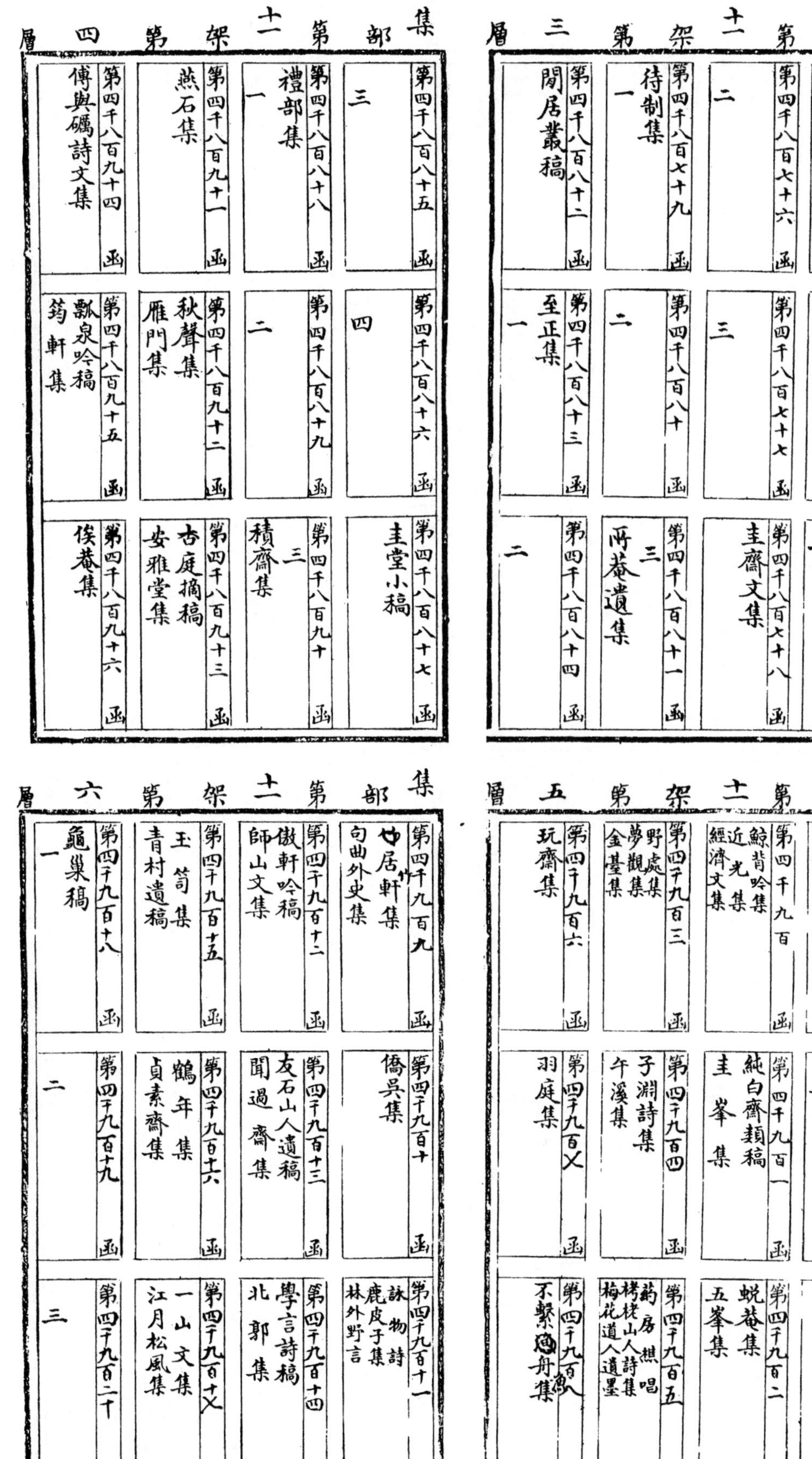

集部第十一架第三層

第四千八百七十三函 伊濱集

第四千八百七十四函 淵穎集

第四千八百七十五函 文獻集 一

第四千八百七十六函 二

第四千八百七十七函 三

第四千八百七十八函 圭齋文集

第四千八百七十九函 待制集 一

第四千八百八十函 二

第四千八百八十一函 三 所菴遺集

第四千八百八十二函 閒居叢稿

第四千八百八十三函 至正集 一

第四千八百八十四函 二

集部第十一架第四層

第四千八百八十五函 三

第四千八百八十六函 四

第四千八百八十七函 圭堂小稿

第四千八百八十八函 禮部集 一

第四千八百八十九函 二

第四千八百九十函 三 積齋集

第四千八百九十一函 燕石集

第四千八百九十二函 秋聲集 雁門集

第四千八百九十三函 杏庭摘稿 安雅堂集

第四千八百九十四函 傅與礪詩文集

第四千八百九十五函 瓢泉吟稿 筠軒集

第四千八百九十六函 俟菴集

集部第十二架第五層

第四千八百九十七函 滋溪文稿 一

第四千八百九十八函 二

第四千八百九十九函 青陽集

第四千九百函 鯨背吟集 近光集 經濟文集

第四千九百一函 純白齋類稿 圭峯集

第四千九百二函 蛻菴集 五峯集

第四千九百三函 野處集 夢觀集 金臺集

第四千九百四函 子淵詩集 午溪集

第四千九百五函 葯房樵唱 栲栳山人詩集 梅花道人遺墨

第四千九百六函 玩齋集

第四千九百七函 羽庭集

第四千九百八函 不繫舟漁集

集部第十二架第六層

第四千九百九函 居竹軒集 句曲外史集

第四千九百十函 僑吳集

第四千九百十一函 詠物詩 鹿皮子集 林外野言

第四千九百十二函 傲軒吟稿 師山文集

第四千九百十三函 友石山人遺稿 聞過齋集

第四千九百十四函 學言詩稿 北郭集

第四千九百十五函 玉笥集 青村遺稿

第四千九百十六函 鶴年集 貞素齋集

第四千九百十七函 一山文集 江月松風集

第四千九百十八函 龜巢稿 一

第四千九百十九函 二

第四千九百二十函 三

集部第十三架第一層

第四千九百二十一函	石初集、山窓餘稿	
第四千九百二十二函	梧溪集	一
第四千九百二十三函		二
第四千九百二十四函	吾吾類稿、棋雲獨唱	
第四千九百二十五函	桐山老農集、静思集	
第四千九百二十六函	九靈山房集	一
第四千九百二十七函		二
第四千九百二十八函		三
第四千九百二十九函	灤京雜咏、雲陽集	
第四千九百三十函	南湖集、佩玉齋類稿、玉山璞稿	
第四千九百三十一函	清閟閣全集	
第四千九百三十二函	麟原文集	

集部第十三架第二層

第四千九百三十三函	來鶴亭集、雲松巢集、環谷集	
第四千九百三十四函	性情集、花谿集、樗隱集	
第四千九百三十五函	東山存稿	
第四千九百三十六函	東維子集	一
第四千九百三十七函		二
第四千九百三十八函	鐵崖古樂府、復古詩集、麗則遺音	
第四千九百三十九函	夷白齋集	
第四千九百四十函	庸菴集	
第四千九百四十一函	可閒老人集	
第四千九百四十二函	石門集、玉笥集	
第四千九百四十三函	明太祖文集	
第四千九百四十四函	文獻集	一

集部第十三架第三層

第四千九百四十五函		二
第四千九百四十六函		三
第四千九百四十七函		四
第四千九百四十八函	宋景濂未刻集	五
第四千九百四十九函	誠意伯文集	一
第四千九百五十函		二
第四千九百五十一函	鳳池吟稿、陶學士集	一
第四千九百五十二函		二
第四千九百五十三函	西隱集、王忠文集 王禕	一
第四千九百五十四函		二
第四千九百五十五函		三
第四千九百五十六函	翠屏集	

集部第十三架第四層

第四千九百五十七函	說學齋稿、雲林集	
第四千九百五十八函	白雲集 唐桂芳	
第四千九百五十九函	林登州集	
第四千九百六十函	槎翁詩集	一
第四千九百六十一函		二
第四千九百六十二函	東皐録、覆瓿集	
第四千九百六十三函	柘軒集	
第四千九百六十四函	白雲稿、密菴集	
第四千九百六十五函	清江詩集	一
第四千九百六十六函		二
第四千九百六十七函	蘇平仲文集	一
第四千九百六十八函		二

集部第十二架第五層

第四千九百六十九函	胡仲子集
第四千九百七十函	始豐稿
第四千九百七十一函	王常宗集 白石山房逸稿 滄螺集
第四千九百七十二函	臨安集 尚絅齋集
第四千九百七十三函	趙考古文集 劉彥昺集
第四千九百七十四函	藍山集 藍澗集
第四千九百七十五函	大全集 一
第四千九百七十六函	二 鳧藻集
第四千九百七十七函	眉菴集 靜菴集
第四千九百七十八函	北郭集 徐賁 鳴盛集
第四千九百七十九函	白雲樵唱集 草澤狂歌
第四千九百八十函	半軒集

集部第十二架第六層

第四千九百八十一函	西菴集 南村詩集
第四千九百八十二函	望雲集 蚓竅集 西郊笑端集
第四千九百八十三函	草閣詩集 樗菴類稿
第四千九百八十四函	春草齋集
第四千九百八十五函	耕學齋詩集 可傳集
第四千九百八十六函	強齋集
第四千九百八十七函	海桑集
第四千九百八十八函	畦樂詩集 竹齋集
第四千九百八十九函	獨醉亭集 海叟集
第四千九百九十函	榮進集 梁園寓稿 自怡集
第四千九百九十一函	斗南老人集
第四千九百九十二函	希澹園集 鵞湖集

集部第十三架第一層

第四千九百九十三函	滎陽外史集 一
第四千九百九十四函	二
第四千九百九十五函	三
第四千九百九十六函	四
第四千九百九十七函	繼志齋集
第四千九百九十八函	全室外集 中丞集
第四千九百九十九函	遜志齋集 一
第五千函	二
第五千一函	三
第五千二函	貞白遺稿 靜學文集
第五千三函	芻蕘集
第五千四函	巽隱文集 易齋集

集部第十三架第二層

第五千五函	野古集
第五千六函	峴泉集 唐愚士集
第五千七函	文毅集
第五千八函	虛舟集 王舍人詩集
第五千九函	泊菴集
第五千十函	毅齋集
第五千十一函	頤菴文選 青城山人集
第五千十二函	東里文集 一
第五千十三函	二
第五千十四函	三
第五千十五函	四
第五千十六函	五

集部第十三架第三層

- 第五千十七函 六
- 第五千十八函 文敏集 一
- 第五千十九函 二
- 第五千二十函 省愆集 忠靖集
- 第五千二十一函 金文靖集 一
- 第五千二十二函 二
- 第五千二十三函 抑菴文集 一
- 第五千二十四函 二
- 第五千二十五函 三
- 第五千二十六函 四
- 第五千二十七函 五
- 第五千二十八函 六

集部第十三架第四層

- 第五千二十九函 運甓漫稿
- 第五千三十函 梧岡集
- 第五千三十一函 古廉文集
- 第五千三十二函 曹月川集 敬軒文集 一
- 第五千三十三函 二
- 第五千三十四函 兩谿文集 一
- 第五千三十五函 二
- 第五千三十六函 忠肅集 一
- 第五千三十七函 二
- 第五千三十八函 蘭庭集 古穰集 一
- 第五千三十九函 二
- 第五千四十函 武功集

集部第十三架第五層

- 第五千四十一函 倪文僖集 一
- 第五千四十二函 二
- 第五千四十三函 襄毅文集
- 第五千四十四函 陳白沙集 一
- 第五千四十五函 二
- 第五千四十六函 類博稿 竹巖集
- 第五千四十七函 平橋稿
- 第五千四十八函 彭惠安集 清風亭稿
- 第五千四十九函 方洲集 一
- 第五千五十函 二
- 第五千五十一函 重編瓊台稿 一
- 第五千五十二函 二

集部第十三架第六層

- 第五千五十三函 三
- 第五千五十四函 謙齋文錄
- 第五千五十五函 椒丘文集 一
- 第五千五十六函 二
- 第五千五十七函 三
- 第五千五十八函 石田詩選
- 第五千五十九函 東園文集
- 第五千六十函 懷麓堂集 一
- 第五千六十一函 二
- 第五千六十二函 三
- 第五千六十三函 四
- 第五千六十四函 五

集部第十四架第一層

第五千六十五函 清谿漫稿 一	第五千六十八函 二 樓居雜著	第五千七十一函 二	第五千七十四函 五
第五千六十六函 二	第五千六十九函 一峯集	第五千七十二函 三	第五千七十五函 六
第五千六十七函 康齋集 一	第五千七十函 篁墩文集 一	第五千七十三函 四	第五千七十六函 七

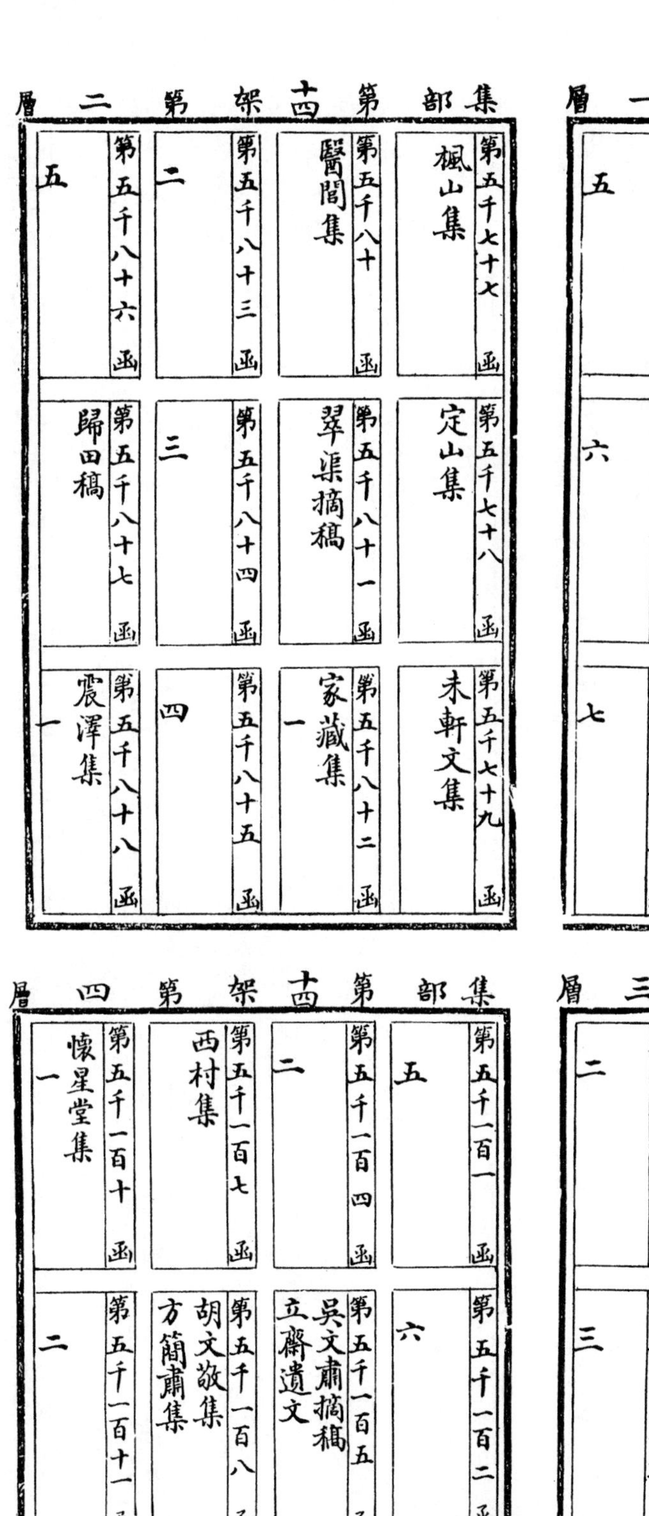

集部第十四架第二層

第五千七十七函 楓山集	第五千八十函 醫閭集	第五千八十三函 二	第五千八十六函 五
第五千七十八函 定山集	第五千八十一函 翠渠摘稿	第五千八十四函 三	第五千八十七函 歸田稿
第五千七十九函 未軒文集	第五千八十二函 家藏集 一	第五千八十五函 四	第五千八十八函 震澤集 一

集部第十四架第三層

第五千八十九函 二	第五千九十二函 二	第五千九十五函 古城集	第五千九十八函 二
第五千九十函 三 鬱洲遺稿	第五千九十三函 三	第五千九十六函 虛齋集	第五千九十九函 三
第五千九十一函 見素集 一	第五千九十四函 四	第五千九十七函 容春堂全集 一	第五千一百函 四

集部第十四架第四層

第五千一百一函 五	第五千一百四函 二	第五千一百七函 西村集	第五千一百十函 懷星堂集 一
第五千一百二函 六	第五千一百五函 吳文肅摘稿 立齋遺文	第五千一百八函 胡文敬集 方簡肅集	第五千一百十一函 二
第五千一百三函 圭峯集 一	第五千一百六函 熊峯集	第五千一百九函 小鳴稿	第五千一百十二函 三

集部第十四架第五層

函	書名冊次
第五千一百十三函	整菴存稿 一
第五千一百十四函	二
第五千一百十五函	東江家藏集 一
第五千一百十六函	二
第五千一百十七函	三
第五千一百十八函	四
第五千一百十九函	空同集 一
第五千一百二十函	二
第五千一百二十一函	三
第五千一百二十二函	四
第五千一百二十三函	山齋文集
第五千一百二十四函	顧華玉集 一

集部第十四架第六層

函	書名冊次
第五千一百二十五函	二
第五千一百二十六函	三
第五千一百二十七函	華泉集 一
第五千一百二十八函	二 東田遺稿
第五千一百二十九函	清惠集
第五千一百三十函	沙溪集
第五千一百三十一函	王文成全書 一
第五千一百三十二函	二
第五千一百三十三函	三
第五千一百三十四函	四
第五千一百三十五函	五
第五千一百三十六函	雙溪集 對山集

集部第十五架第一層

函	書名冊次
第五千一百三十七函	柏齋集
第五千一百三十八函	竹澗集
第五千一百三十九函	大復集 一
第五千一百四十函	二
第五千一百四十一函	洹詞 一
第五千一百四十二函	二
第五千一百四十三函	莊渠遺考 一
第五千一百四十四函	二
第五千一百四十五函	儼山集 一
第五千一百四十六函	二
第五千一百四十七函	三
第五千一百四十八函	四

集部第十五架第二層

函	書名冊次
第五千一百四十九函	五
第五千一百五十函	廸功集 太白山人漫稿
第五千一百五十一函	少谷集 一
第五千一百五十二函	二
第五千一百五十三函	苑洛集 一
第五千一百五十四函	二
第五千一百五十五函	三
第五千一百五十六函	東洲初稿 一
第五千一百五十七函	二
第五千一百五十八函	升菴集 一
第五千一百五十九函	二
第五千一百六十函	三

集部第十五架第三層

第五千一百六十一函 四	第五千一百六十四函 文簡集 一	第五千一百六十七函 四	第五千一百七十函 雲村集
第五千一百六十二函 五	第五千一百六十五函 二	第五千一百六十八函 方齋存稿	第五千一百七十一函 小山類稿
第五千一百六十三函 東巖集 六 夏尚樸	第五千一百六十六函 三	第五千一百六十九函 考功集	第五千一百七十二函 夢澤集

集部第十五架第四層

第五千一百七十三函 甫田集 一	第五千一百七十六函 天馬山房遺稿	第五千一百七十九函 二	第五千一百八十二函 念菴文集 一
第五千一百七十四函 二	第五千一百七十七函 蘇門集 愚谷集	第五千一百八十函 三	第五千一百八十三函 二
第五千一百七十五函 泰泉集 西村詩集	第五千一百七十八函 遵岩集 一	第五千一百八十一函 陸子餘集	第五千一百八十四函 三

集部第十五架第五層

第五千一百八十五函 皇甫司勳集 一	第五千一百八十八函 荊川集 一	第五千一百九十一函 瑤石山人詩稿	第五千一百九十四函 具茨集
第五千一百八十六函 二	第五千一百八十九函 二	第五千一百九十二函 止山集 張莊僖文集	第五千一百九十五函 青霞集
第五千一百八十七函 楊忠介集	第五千一百九十函 皇甫少玄集	第五千一百九十三函 洞麓堂集	第五千一百九十六函 滄溟集 一

集部第十五架第六層

第五千一百九十七函 二	第五千二百函 弇州四部稿 一	第五千二百三函 四	第五千二百六函 七
第五千一百九十八函 三	第五千二百一函 二	第五千二百四函 五	第五千二百七函 八
第五千一百九十九函 山海漫談 楊忠愍集	第五千二百二函 三	第五千二百五函 六	第五千二百八函 九

集部第六架第一層

第五千二百九函	十
第五千二百十函	十一
第五千二百十一函	十二
第五千二百十二函	十三
第五千二百十三函	十四
第五千二百十四函	十五
第五千二百十五函	十六
第五千二百十六函	十七
第五千二百十七函	十八
第五千二百十八函	十九
第五千二百十九函	二十
第五千二百二十函	廿一

集部第六架第二層

第五千二百二十一函	廿二
第五千二百二十二函	廿三
第五千二百二十三函	廿四
第五千二百二十四函	讀書後
第五千二百二十五函	方麓集 一
第五千二百二十六函	二 存家詩稿
第五千二百二十七函	海壑吟稿
第五千二百二十八函	伐檀齋集
第五千二百二十九函	偹忘集
第五千二百三十函	石洞集 一
第五千二百三十一函	二
第五千二百三十二函	宗子相集

集部第六架第三層

第五千二百三十三函	衡廬精舍藏稿 一
第五千二百三十四函	二
第五千二百三十五函	三
第五千二百三十六函	薜荔園詩集 鯤溟集
第五千二百三十七函	亦玉堂稿
第五千二百三十八函	温恭毅集 一
第五千二百三十九函	二
第五千二百四十函	震川集 一
第五千二百四十一函	二
第五千二百四十二函	三
第五千二百四十三函	四溟集
第五千二百四十四函	蠛蠓集

集部第六架第四層

第五千二百四十五函	少室山房集 一
第五千二百四十六函	二
第五千二百四十七函	三
第五千二百四十八函	四
第五千二百四十九函	穀城山館詩集
第五千二百五十函	宗伯集 一
第五千二百五十一函	二
第五千二百五十二函	臨皋文集
第五千二百五十三函	澹然軒集
第五千二百五十四函	涇皋藏稿 一
第五千二百五十五函	二 小辨齋偶存
第五千二百五十六函	高子遺書 一

集部第六架第五層

- 第五千二百五十七函 二
- 第五千二百五十八函 馮少墟集 一
- 第五千二百五十九函 二
- 第五千二百六十函 三
- 第五千二百六十一函 石隱園藏稿 一
- 第五千二百六十二函 二
- 第五千二百六十三函 仰節堂集
- 第五千二百六十四函 願學集 一
- 第五千二百六十五函 二
- 第五千二百六十六函 劉蕺山集 一
- 第五千二百六十七函 二
- 第五千二百六十八函 學古緒言 一

集部第六架第六層

- 第五千二百六十九函 二
- 第五千二百七十函 檀園集 忠介燼餘集
- 第五千二百七十一函 范文忠集
- 第五千二百七十二函 幔亭集
- 第五千二百七十三函 白谷集
- 第五千二百七十四函 集玉山房稿
- 第五千二百七十五函 宋布衣集 盧忠肅集
- 第五千二百七十六函 倪文貞集 一
- 第五千二百七十七函 二
- 第五千二百七十八函 凌忠介集 申忠愍集
- 第五千二百七十九函 茅簷集
- 第五千二百八十函 陶菴全集

集部第七架第一層

- 第五千二百八十一函 聖祖仁皇帝御製文集 一
- 第五千二百八十二函 二
- 第五千二百八十三函 三
- 第五千二百八十四函 四
- 第五千二百八十五函 五
- 第五千二百八十六函 六
- 第五千二百八十七函 七
- 第五千二百八十八函 八
- 第五千二百八十九函 九
- 第五千二百九十函 世宗憲皇帝御製文集 一
- 第五千二百九十一函 二
- 第五千二百九十二函 御製樂善堂全集定本 一

集部第七架第二層

- 第五千二百九十三函 二
- 第五千二百九十四函 御製文集 一
- 第五千二百九十五函 二
- 第五千二百九十六函 三
- 第五千二百九十七函 四
- 第五千二百九十八函 五
- 第五千二百九十九函 御製詩集 一
- 第五千三百函 二
- 第五千三百一函 三
- 第五千三百二函 四
- 第五千三百三函 五
- 第五千三百四函 六

集部第七架第三層

第五千三百五函 七
第五千三百六函 八
第五千三百七函 九
第五千三百八函 十
第五千三百九函 十一
第五千三百十函 十二
第五千三百十一函 十三
第五千三百十二函 十四
第五千三百十三函 十五
第五千三百十四函 十六
第五千三百十五函 十七
第五千三百十六函 十八

集部第七架第四層

第五千三百十七函 十九
第五千三百十八函 二十
第五千三百十九函 廿一
第五千三百二十函 廿二
第五千三百二十一函 廿三
第五千三百二十二函 廿四
第五千三百二十三函 廿五
第五千三百二十四函 廿六
第五千三百二十五函 廿七
第五千三百二十六函 廿八
第五千三百二十七函 御製詩集 廿九
第五千三百二十八函 三十

集部第七架第五層

第五千三百二十九函 三十一
第五千三百三十函 三十二
第五千三百三十一函 三十三
第五千三百三十二函 三十四
第五千三百三十三函 三十五
第五千三百三十四函 三十六
第五千三百三十五函 御製詩五集 三十七
第五千三百三十六函 三十八
第五千三百三十七函 三十九
第五千三百三十八函 四十
第五千三百三十九函 四十一
第五千三百四十函 四十二

集部第七架第六層

第五千三百四十一函 四十三
第五千三百四十二函 四十四
第五千三百四十三函 四十五
第五千三百四十四函 四十六
第五千三百四十五函 四十七
第五千三百四十六函 四十八
第五千三百四十七函 四十九
第五千三百四十八函 五十
第五千三百四十九函 五十一
第五千三百五十函 五十二
第五千三百五十一函 五十三
第五千三百五十二函 五十四

集部第六架第一層

第五千三百五十三函 五十五	第五千三百五十六函 二	第五千三百五十九函 二	第五千三百六十二函 三
第五千三百五十四函 五十六	第五千三百五十七函 湯子遺書	第五千三百六十函 學餘堂文集 一	第五千三百六十三函 范忠貞集
第五千三百五十五函 梅村集 一	第五千三百五十八函 兼濟堂文集 一	第五千三百六十一函 二	第五千三百六十四函 林蕙堂集 一

集部第六架第二層

第五千三百六十五函 二	第五千三百六十八函 堯峰文鈔 一	第五千三百七十一函 午亭文編 一	第五千三百七十四函 讀書齋偶存稿 松桂堂全集 一
第五千三百六十六函 三	第五千三百六十九函 二	第五千三百七十二函 二	第五千三百七十五函 二
第五千三百六十七函 精華錄	第五千三百七十函 三	第五千三百七十三函 三	第五千三百七十六函 曝書亭集 一

集部第六架第三層

第五千三百七十七函 二	第五千三百八十函 于清端政書	第五千三百八十三函 文端集 一	第五千三百八十六函 二
第五千三百七十八函 三	第五千三百八十一函 愚菴小集 一	第五千三百八十四函 二	第五千三百八十七函 三
第五千三百七十九函 四	第五千三百八十二函 抱犢山房集 二	第五千三百八十五函 西河集 一	第五千三百八十八函 四

集部第六架第四層

第五千三百八十九函 五	第五千三百九十二函 八	第五千三百九十五函 蓮洋詩鈔 二	第五千三百九十八函 西陂類稿 一
第五千三百九十函 六	第五千三百九十三函 九	第五千三百九十六函 張文貞集 一	第五千三百九十九函 二
第五千三百九十一函 七	第五千三百九十四函 陳檢討四六 一	第五千三百九十七函 二	第五千四百函 鐵廬集 湛園集 一

集部第六架第五層

第五千四百一函	二
第五千四百二函	古歡堂集 一
第五千四百三函	二
第五千四百四函	三
第五千四百五函	榕村集 一
第五千四百六函	二
第五千四百七函	三
第五千四百八函	三魚堂文集 一
第五千四百九函	二
第五千四百十函	因園集
第五千四百十一函	懷清堂集
第五千四百十二函	二希堂文集

集部第六架第六層

第五千四百十三函	敬業堂文集 一
第五千四百十四函	二
第五千四百十五函	三
第五千四百十六函	四
第五千四百十七函	五
第五千四百十八函	望溪集
第五千四百十九函	存研樓文集 一
第五千四百二十函	二
第五千四百二十一函	香屑集
第五千四百二十二函	鹿洲初集 一
第五千四百二十三函	二
第五千四百二十四函	樊榭山房集

集部第九架第一層

第五千四百二十五函	果堂集
第五千四百二十六函	松泉集
第五千四百二十七函	松泉集
第五千四百二十八函	文選 一
第五千四百二十九函	二
第五千四百三十函	三
第五千四百三十一函	四
第五千四百三十二函	六臣註文選 一
第五千四百三十三函	二
第五千四百三十四函	三
第五千四百三十五函	四
第五千四百三十六函	五

集部第九架第二層

第五千四百三十七函	六
第五千四百三十八函	文選顏鮑謝詩評 玉臺新咏
第五千四百三十九函	玉臺新咏考異 高氏三宴詩集
第五千四百四十函	篋中集 河嶽英靈集 國秀集
第五千四百四十一函	御覽詩 中興間氣集 極玄集
第五千四百四十二函	松陵集 二皇甫集
第五千四百四十三函	唐四僧詩 薛濤李冶詩集 竇氏連珠集
第五千四百四十四函	才調集 搜玉小集
第五千四百四十五函	古文苑
第五千四百四十六函	文苑英華 一
第五千四百四十七函	二
第五千四百四十八函	三

集部第九架第三層

第五千四百四十九函 四	第五千四百五十二函 七	第五千四百五十五函 十	第五千四百五十八函 十三
第五千四百五十函 五	第五千四百五十三函 八	第五千四百五十六函 十一	第五千四百五十九函 十四
第五千四百五十一函 六	第五千四百五十四函 九	第五千四百五十七函 十二	第五千四百六十函 十五

集部第九架第四層

第五千四百六十一函 十六	第五千四百六十四函 十九	第五千四百六十七函 廿二	第五千四百七十函 廿五
第五千四百六十二函 十七	第五千四百六十五函 二十	第五千四百六十八函 廿三	第五千四百七十一函 廿六
第五千四百六十三函 十八	第五千四百六十六函 廿一	第五千四百六十九函 廿四	第五千四百七十二函 廿七

集部第九架第五層

第五千四百七十三函 廿八	第五千四百七十六函 三十一	第五千四百七十九函 三十四	第五千四百八十二函 三十七
第五千四百七十四函 廿九	第五千四百七十七函 三十二	第五千四百八十函 三十五	第五千四百八十三函 文苑英華辨証
第五千四百七十五函 三十	第五千四百七十八函 三十三	第五千四百八十一函 三十六	第五千四百八十四函 唐文粹 一

集部第九架第六層

第五千四百八十五函 二	第五千四百八十八函 五	第五千四百九十一函 唐百家詩選	第五千四百九十四函 二 三劉家集
第五千四百八十六函 三	第五千四百八十九函 六	第五千四百九十二函 會稽掇英總集	第五千四百九十五函 二程文集
第五千四百八十七函 四	第五千四百九十函 西崑酬唱集 同文館唱和詩	第五千四百九十三函 清江三孔集 一	第五千四百九十六函 宋文選 一

集部第辛架第一層

函	書名	次
第五千四百九十七函		二
第五千四百九十八函	坡門酬唱集	
第五千四百九十九函	樂府詩集	一
第五千五百函		二
第五千五百一函		三
第五千五百二函		四
第五千五百三函	歲時雜咏	一
第五千五百四函		二
第五千五百五函	嚴陵集 南嶽倡酬詩	
第五千五百六函	萬首唐人絕句	一
第五千五百七函		二
第五千五百八函		三

集部第辛架第二層

函	書名	次
第五千五百九函		四
第五千五百十函	聲畫集	
第五千五百十一函	宋文鑑	一
第五千五百十二函		二
第五千五百十三函		三
第五千五百十四函		四
第五千五百十五函		五
第五千五百十六函		六
第五千五百十七函		七
第五千五百十八函		八
第五千五百十九函		九
第五千五百二十函		十

集部第辛架第三層

函	書名	次
第五千五百二十一函		十一
第五千五百二十二函	古文關鍵 回文類聚	
第五千五百二十三函	五百家播芳大全文粹	一
第五千五百二十四函		二
第五千五百二十五函		三
第五千五百二十六函		四
第五千五百二十七函		五
第五千五百二十八函		六
第五千五百二十九函		七
第五千五百三十函		八
第五千五百三十一函		九
第五千五百三十二函		十

集部第辛架第四層

函	書名	次
第五千五百三十三函		十一
第五千五百三十四函		十二
第五千五百三十五函	崇古文訣	一
第五千五百三十六函		二
第五千五百三十七函	成都文類	一
第五千五百三十八函		二
第五千五百三十九函		三
第五千五百四十函		四
第五千五百四十一函	文章正宗	一
第五千五百四十二函		二
第五千五百四十三函		三
第五千五百四十四函		四

集部第廿一架第五層

函	書名	次
第五千五百四十五函		五
第五千五百四十六函		六
第五千五百四十七函		七
第五千五百四十八函		八
第五千五百四十九函	天台集	
第五千五百五十　函	赤城集	
第五千五百五十一函	妙絕古今　唐僧宏秀集　衆妙集	
第五千五百五十二函	江湖小集	一
第五千五百五十三函		二
第五千五百五十四函		三
第五千五百五十五函		四
第五千五百五十六函		五

集部第廿一架第六層

函	書名	次
第五千五百五十七函	江湖後集	一
第五千五百五十八函		二
第五千五百五十九函	三體唐詩	三
第五千五百六十　函	論學繩尺	一
第五千五百六十一函		二
第五千五百六十二函	吳都文粹	一
第五千五百六十三函		二
第五千五百六十四函	古文集成	一
第五千五百六十五函		二
第五千五百六十六函		三
第五千五百六十七函		四
第五千五百六十八函	文章軌範　月泉吟社詩	

集部第廿二架第一層

函	書名	次
第五千五百六十九函	文選補遺	一
第五千五百七十　函		二
第五千五百七十一函		三
第五千五百七十二函		四
第五千五百七十三函	蘇門六君子文粹	一
第五千五百七十四函		二
第五千五百七十五函		三
第五千五百七十六函	三國志文類	一
第五千五百七十七函		二
第五千五百七十八函	增註唐策　詩家鼎臠	
第五千五百七十九函	十先生奧論注	一
第五千五百八十　函		二

集部第廿二架第二層

函	書名	次
第五千五百八十一函	兩宋名賢小集	一
第五千五百八十二函		二
第五千五百八十三函		三
第五千五百八十四函		四
第五千五百八十五函		五
第五千五百八十六函		六
第五千五百八十七函		七
第五千五百八十八函		八
第五千五百八十九函		九
第五千五百九十　函		十
第五千五百九十一函		十一
第五千五百九十二函		十二

集部第主架第三層

第五千五百九十三函	十三
第五千五百九十四函	柴氏四隱集　十四
第五千五百九十五函	中州集　一
第五千五百九十六函	二
第五千五百九十七函	唐詩鼓吹
第五千五百九十八函	二妙集　谷音　河汾諸老詩集
第五千五百九十九函	瀛奎律髓　一
第五千六百函	二
第五千六百一函	三
第五千六百二函	四
第五千六百三函	梅花百咏　天下同文集
第五千六百四函	古賦辯體　圭塘欸乃集

集部第主架第四層

第五千六百五函	忠義集　宛陵羣英集
第五千六百六函	元文類　一
第五千六百七函	二
第五千六百八函	三
第五千六百九函	四
第五千六百十函	五
第五千六百十一函	六
第五千六百十二函	元風雅
第五千六百十三函	唐音
第五千六百十四函	古樂府
第五千六百十五函	玉山名勝集
第五千六百十六函	草堂雅集　一

集部第主架第五層

第五千六百十七函	二
第五千六百十八函	玉山紀遊　大雅集
第五千六百十九函	元音遺響
第五千六百二十函	風雅翼
第五千六百二十一函	荊南倡和詩集　乾坤清氣
第五千六百二十二函	元音　雅頌正音
第五千六百二十三函	唐詩品彙　一
第五千六百二十四函	二
第五千六百二十五函	三
第五千六百二十六函	四
第五千六百二十七函	五
第五千六百二十八函	廣州四先生詩　三華集

集部第主架第六層

第五千六百二十九函	閩中十子詩　一
第五千六百三十函	滄海遺珠　二
第五千六百三十一函	元詩體要
第五千六百三十二函	中州名賢文表　一
第五千六百三十三函	二
第五千六百三十四函	三
第五千六百三十五函	明文衡　一
第五千六百三十六函	二
第五千六百三十七函	三
第五千六百三十八函	四
第五千六百三十九函	五
第五千六百四十函	六

集部第三十三架第一層

函	書名	次
第五千六百四十一函		七
第五千六百四十二函		八
第五千六百四十三函	新安文獻志	一
第五千六百四十四函		二
第五千六百四十五函		三
第五千六百四十六函		四
第五千六百四十七函		五
第五千六百四十八函		六
第五千六百四十九函		七
第五千六百五十函	海岱會集 經義模範	
第五千六百五十一函	文編	一
第五千六百五十二函		二

集部第三十三架第二層

函	書名	次
第五千六百五十三函		三
第五千六百五十四函		四
第五千六百五十五函		五
第五千六百五十六函		六
第五千六百五十七函	古詩紀	一
第五千六百五十八函		二
第五千六百五十九函		三
第五千六百六十函		四
第五千六百六十一函		五
第五千六百六十二函		六
第五千六百六十三函	詩紀匡謬	七
第五千六百六十四函	全蜀藝文志	一

集部第三十三架第三層

函	書名	次
第五千六百六十五函		二
第五千六百六十六函		三
第五千六百六十七函		四
第五千六百六十八函	古今詩刪	一
第五千六百六十九函		二
第五千六百七十函	唐宋元名表	
第五千六百七十一函	文氏五家集	
第五千六百七十二函	宋藝圃集	一
第五千六百七十三函		二
第五千六百七十四函	元藝圃集	
第五千六百七十五函	唐宋八大家文鈔	一
第五千六百七十六函		二

集部第三十三架第四層

函	書名	次
第五千六百七十七函		三
第五千六百七十八函		四
第五千六百七十九函		五
第五千六百八十函		六
第五千六百八十一函		七
第五千六百八十二函		八
第五千六百八十三函	吳都文粹續集	一
第五千六百八十四函		二
第五千六百八十五函		三
第五千六百八十六函		四
第五千六百八十七函		五
第五千六百八十八函	石倉歷代詩選	一

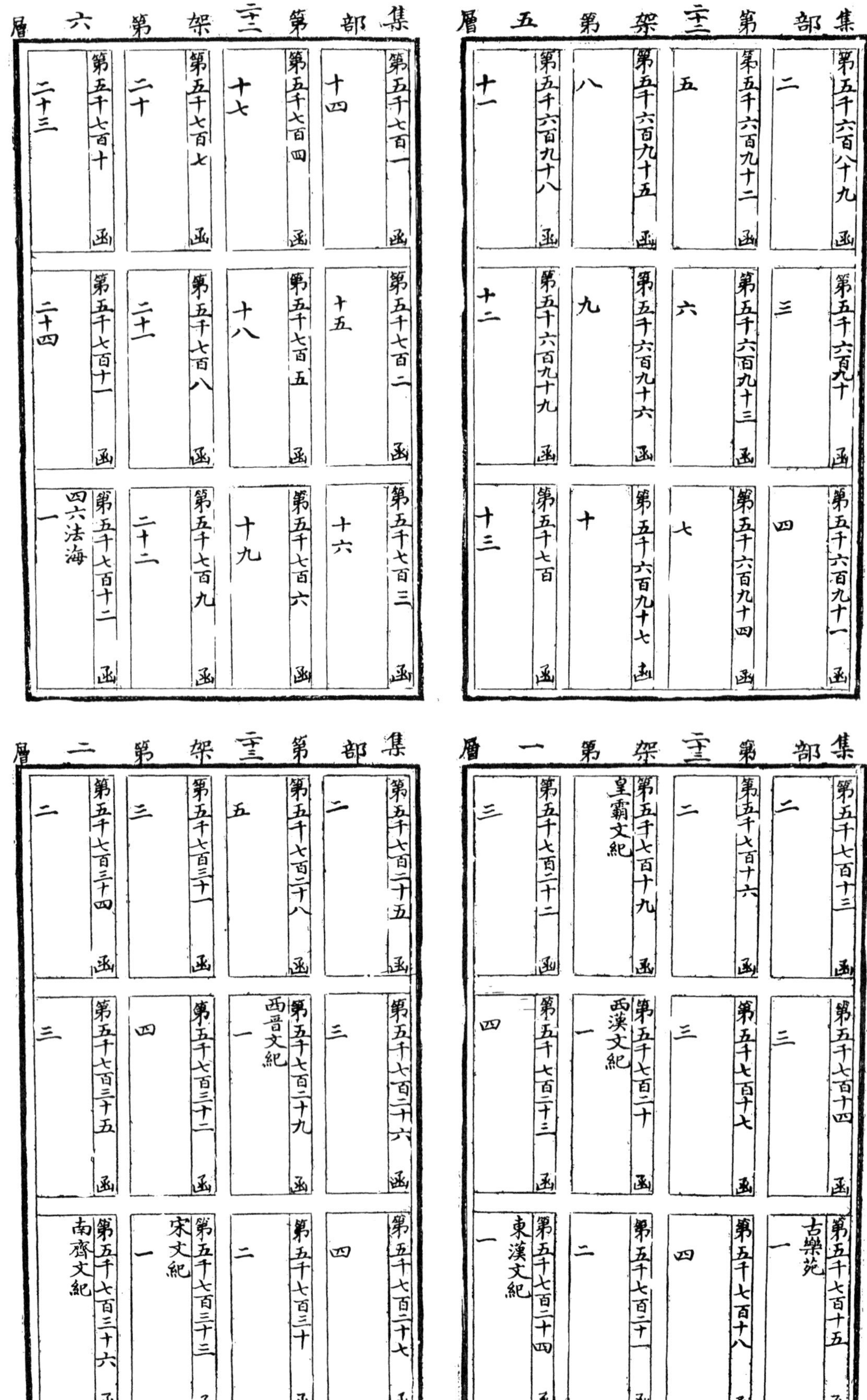

集部第三十二架第五層

第五千六百八十九函	二
第五千六百九十函	三
第五千六百九十一函	四
第五千六百九十二函	五
第五千六百九十三函	六
第五千六百九十四函	七
第五千六百九十五函	八
第五千六百九十六函	九
第五千六百九十七函	十
第五千六百九十八函	十一
第五千六百九十九函	十二
第五千七百函	十三

集部第三十二架第六層

第五千七百一函	十四
第五千七百二函	十五
第五千七百三函	十六
第五千七百四函	十七
第五千七百五函	十八
第五千七百六函	十九
第五千七百七函	二十
第五千七百八函	二十一
第五千七百九函	二十二
第五千七百十函	二十三
第五千七百十一函	二十四
第五千七百十二函	四六法海 一

集部第三十三架第一層

第五千七百十三函	二
第五千七百十四函	三
第五千七百十五函	古樂苑 一
第五千七百十六函	二
第五千七百十七函	三
第五千七百十八函	四
第五千七百十九函	皇霸文紀
第五千七百二十函	西漢文紀 一
第五千七百二十一函	二
第五千七百二十二函	三
第五千七百二十三函	四
第五千七百二十四函	東漢文紀 一

集部第三十三架第二層

第五千七百二十五函	二
第五千七百二十六函	三
第五千七百二十七函	四
第五千七百二十八函	五
第五千七百二十九函	西晉文紀 一
第五千七百三十函	二
第五千七百三十一函	三
第五千七百三十二函	四
第五千七百三十三函	宋文紀 一
第五千七百三十四函	二
第五千七百三十五函	三
第五千七百三十六函	南齊文紀

集部第三十三架第三層

第五千七百三十七函 梁文紀 一	第五千七百四十函 北齊文紀 後周文紀	第五千七百四十三函 二	第五千七百四十六函 五
第五千七百三十八函 二	第五千七百四十一函 隋文紀	第五千七百四十四函 三	第五千七百四十七函 六
第五千七百三十九函 陳文紀	第五千七百四十二函 釋文紀 一	第五千七百四十五函 四	第五千七百四十八函 文章辨體彙選 一

集部第三十三架第四層

第五千七百四十九函 二	第五千七百五十二函 五	第五千七百五十五函 八	第五千七百五十八函 十一
第五千七百五十函 三	第五千七百五十三函 六	第五千七百五十六函 九	第五千七百五十九函 十二
第五千七百五十一函 四	第五千七百五十四函 七	第五千七百五十七函 十	第五千七百六十函 十三

集部第三十三架第五層

第五千七百六十一函 十四	第五千七百六十四函 十七	第五千七百六十七函 二十	第五千七百七十函 二十三
第五千七百六十二函 十五	第五千七百六十五函 十八	第五千七百六十八函 二十一	第五千七百七十一函 二十四
第五千七百六十三函 十六	第五千七百六十六函 十九	第五千七百六十九函 二十二	第五千七百七十二函 二十五

集部第三十三架第六層

第五千七百七十三函 二十六	第五千七百七十六函 二十九	第五千七百七十九函 三十二	第五千七百八十二函 唐詩鏡 一
第五千七百七十四函 二十七	第五千七百七十七函 三十	第五千七百八十函 古詩鏡 一	第五千七百八十三函 二
第五千七百七十五函 二十八	第五千七百七十八函 三十一	第五千七百八十一函 二	第五千七百八十四函 三

集部第三十四架第一層

第五千七百八十五函		四
第五千七百八十六函	漢魏六朝百三家集	一
第五千七百八十七函		二
第五千七百八十八函		三
第五千七百八十九函		四
第五千七百九十函		五
第五千七百九十一函		六
第五千七百九十二函		七
第五千七百九十三函		八
第五千七百九十四函		九
第五千七百九十五函		十
第五千七百九十六函		十一

集部第三十四架第二層

第五千七百九十七函		十二
第五千七百九十八函		十三
第五千七百九十九函		十四
第五千八百函	古今禪藻集	一
第五千八百一函		二
第五千八百二函	三家宮詞　二家宮詞	三
第五千八百三函	御選古文淵鑑	一
第五千八百四函		二
第五千八百五函		三
第五千八百六函		四
第五千八百七函		五
第五千八百八函		六

集部第三十四架第三層

第五千八百九函		七
第五千八百十函		八
第五千八百十一函		九
第五千八百十二函		十
第五千八百十三函	御定歷代賦彙	一
第五千八百十四函		二
第五千八百十五函		三
第五千八百十六函		四
第五千八百十七函		五
第五千八百十八函		六
第五千八百十九函		七
第五千八百二十函		八

集部第三十四架第四層

第五千八百二十一函		九
第五千八百二十二函		十
第五千八百二十三函		十一
第五千八百二十四函		十二
第五千八百二十五函		十三
第五千八百二十六函		十四
第五千八百二十七函		十五
第五千八百二十八函		十六
第五千八百二十九函	御定全唐詩	一
第五千八百三十函		二
第五千八百三十一函		三
第五千八百三十二函		四

集部第二十四架第五層

第五千八百三十三函 五	第五千八百三十六函 八	第五千八百三十九函 十一	第五千八百四十二函 十四
第五千八百三十四函 六	第五千八百三十七函 九	第五千八百四十函 十二	第五千八百四十三函 十五
第五千八百三十五函 七	第五千八百三十八函 十	第五千八百四十一函 十三	第五千八百四十四函 十六

集部第二十四架第六層

第五千八百四十五函 十七	第五千八百四十八函 二十	第五千八百五十一函 二十三	第五千八百五十四函 二十六
第五千八百四十六函 十八	第五千八百四十九函 二十一	第五千八百五十二函 二十四	第五千八百五十五函 二十七
第五千八百四十七函 十九	第五千八百五十函 二十二	第五千八百五十三函 二十五	第五千八百五十六函 二十八

集部第二十五架第一層

第五千八百五十七函 二十九	第五千八百六十函 三十二	第五千八百六十三函 三	第五千八百六十六函 六
第五千八百五十八函 三十	第五千八百六十一函 御定佩文齋咏物詩選 一	第五千八百六十四函 四	第五千八百六十七函 七
第五千八百五十九函 三十一	第五千八百六十二函 二	第五千八百六十五函 五	第五千八百六十八函 八

集部第二十五架第二層

第五千八百六十九函 九	第五千八百七十二函 三	第五千八百七十五函 六	第五千八百七十八函 三
第五千八百七十函 御定歷代題畫詩類 一	第五千八百七十三函 四	第五千八百七十六函 御選四朝詩 一	第五千八百七十九函 四
第五千八百七十一函 二	第五千八百七十四函 五	第五千八百七十七函 二	第五千八百八十函 五

集部 第二十五架 第三層

函	號
第五千八百八十一函	六
第五千八百八十二函	七
第五千八百八十三函	八
第五千八百八十四函	九
第五千八百八十五函	十
第五千八百八十六函	十一
第五千八百八十七函	十二
第五千八百八十八函	十三
第五千八百八十九函	十四
第五千八百九十函	十五
第五千八百九十一函	十六
第五千八百九十二函	十七

集部 第二十五架 第四層

函	號
第五千八百九十三函	十八
第五千八百九十四函	十九
第五千八百九十五函	二十
第五千八百九十六函	二十一
第五千八百九十七函	二十二
第五千八百九十八函	二十三
第五千八百九十九函	二十四
第五千九百函	二十五
第五千九百一函	二十六
第五千九百二函	二十七
第五千九百三函	二十八
第五千九百四函	二十九

集部 第二十五架 第五層

第五千九百五函	御定全金詩增補中州集	一
第五千九百六函		二
第五千九百七函		三
第五千九百八函		四
第五千九百九函		五
第五千九百十函		六
第五千九百十一函	御選唐詩	一
第五千九百十二函		二
第五千九百十三函		三
第五千九百十四函		四
第五千九百十五函	御定千叟宴詩	五
第五千九百十六函	御選唐宋文醇	一

集部 第二十五架 第六層

第五千九百十七函		二
第五千九百十八函		三
第五千九百十九函		四
第五千九百二十函	御選唐宋詩醇	一
第五千九百二十一函		二
第五千九百二十二函		三
第五千九百二十三函		四
第五千九百二十四函	皇清文頴	一
第五千九百二十五函		二
第五千九百二十六函		三
第五千九百二十七函		四
第五千九百二十八函		五

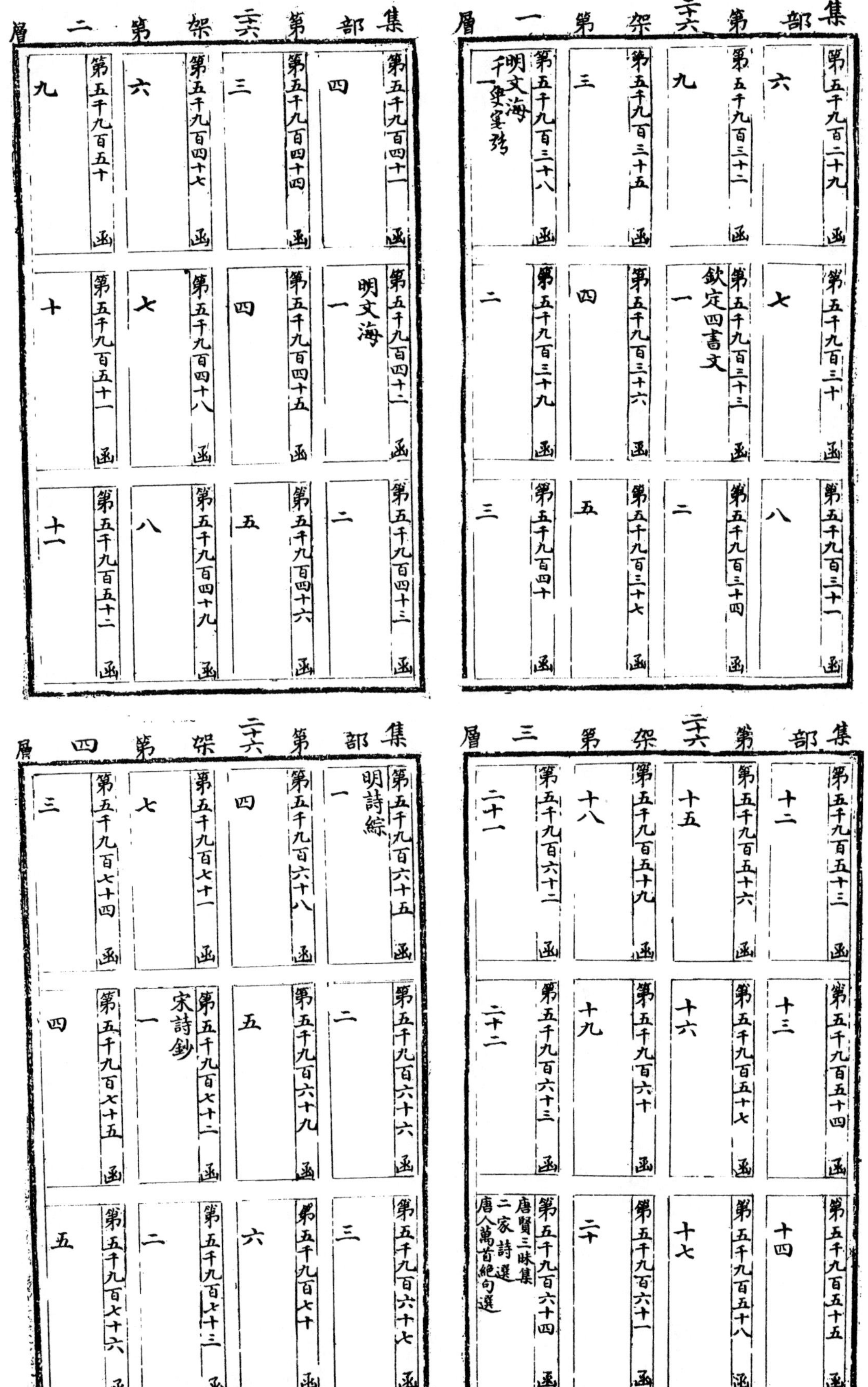

集部　第二十六架　第一層

第五千九百二十九函　六	第五千九百三十二函　九	第五千九百三十五函　三	第五千九百三十八函　明文海 一 千叟宴詩
第五千九百三十函　七	第五千九百三十三函　一 欽定四書文	第五千九百三十六函　四	第五千九百三十九函　二
第五千九百三十一函　八	第五千九百三十四函　二	第五千九百三十七函　五	第五千九百四十函　三

集部　第二十六架　第二層

第五千九百四十一函　四	第五千九百四十四函　三	第五千九百四十七函　六	第五千九百五十函　九
第五千九百四十二函　一 明文海	第五千九百四十五函　四	第五千九百四十八函　七	第五千九百五十一函　十
第五千九百四十三函　二	第五千九百四十六函　五	第五千九百四十九函　八	第五千九百五十二函　十一

集部　第二十六架　第三層

第五千九百五十三函　十二	第五千九百五十六函　十五	第五千九百五十九函　十八	第五千九百六十二函　二十一
第五千九百五十四函　十三	第五千九百五十七函　十六	第五千九百六十函　十九	第五千九百六十三函　二十二
第五千九百五十五函　十四	第五千九百五十八函　十七	第五千九百六十一函　二十	第五千九百六十四函　唐賢三昧集 二家詩選 唐人萬首絕句選

集部　第二十六架　第四層

第五千九百六十五函　一 明詩綜	第五千九百六十八函　四	第五千九百七十一函　七	第五千九百七十四函　三
第五千九百六十六函　二	第五千九百六十九函　五	第五千九百七十二函　一 宋詩鈔	第五千九百七十五函　四
第五千九百六十七函　三	第五千九百七十函　六	第五千九百七十三函　二	第五千九百七十六函　五

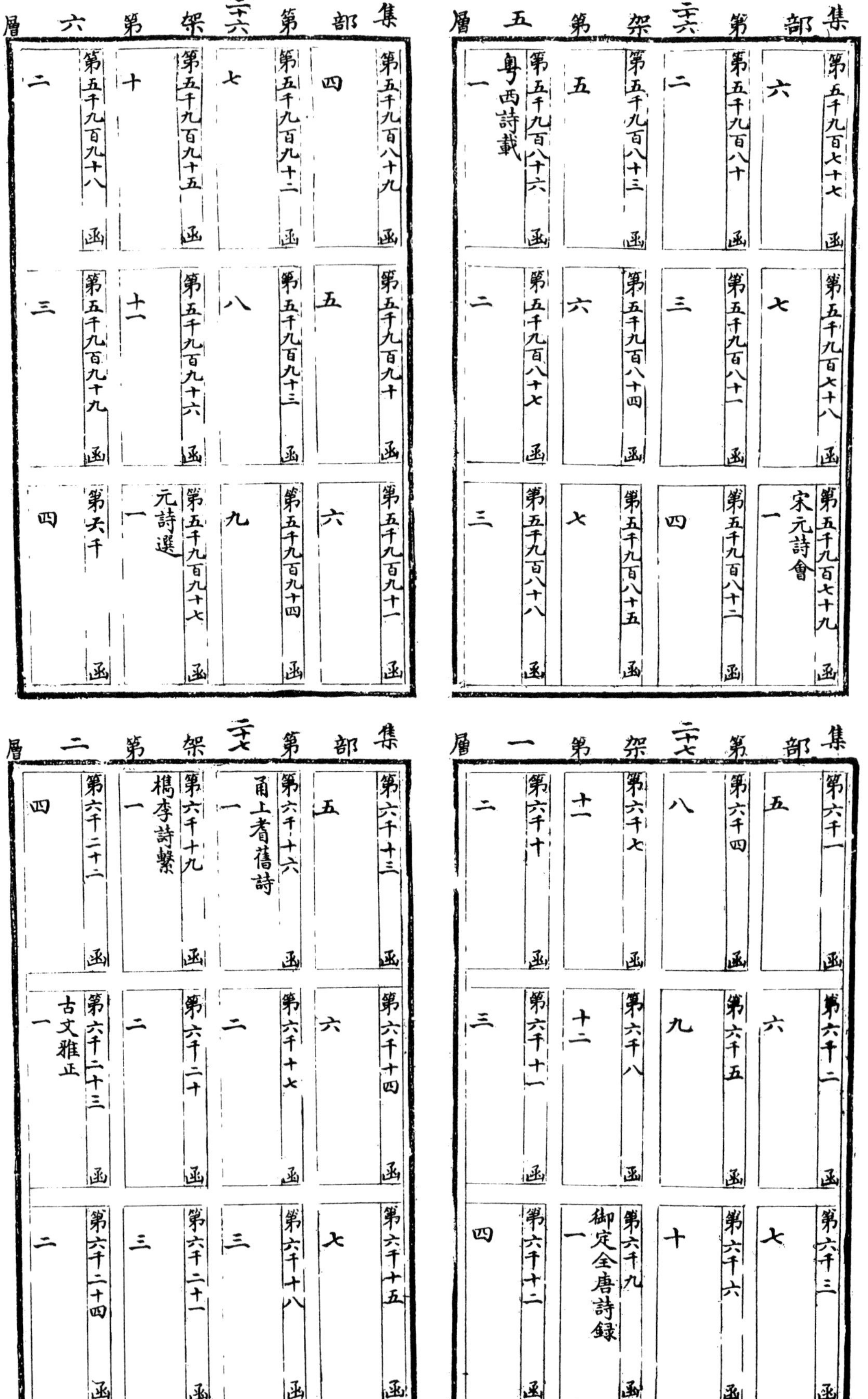

集部第二十六架第五層

第五千九百七十七函	六	第五千九百七十八函	七	第五千九百七十九函	宋元詩會 一
第五千九百八十函	二	第五千九百八十一函	三	第五千九百八十二函	四
第五千九百八十三函	五	第五千九百八十四函	六	第五千九百八十五函	七
第五千九百八十六函	粵西詩載 一	第五千九百八十七函	二	第五千九百八十八函	三

集部第二十六架第六層

第五千九百八十九函	四	第五千九百九十函	五	第五千九百九十一函	六
第五千九百九十二函	七	第五千九百九十三函	八	第五千九百九十四函	九
第五千九百九十五函	十	第五千九百九十六函	十一	第五千九百九十七函	元詩選 一
第五千九百九十八函	二	第五千九百九十九函	三	第六千函	四

集部第二十七架第一層

第六千一函	五	第六千二函	六	第六千三函	七
第六千四函	八	第六千五函	九	第六千六函	十
第六千七函	十一	第六千八函	十二	第六千九函	御定全唐詩録 一
第六千十函	二	第六千十一函	三	第六千十二函	四

集部第二十七架第二層

第六千十三函	五	第六千十四函	六	第六千十五函	七
第六千十六函	甬上耆舊詩 一	第六千十七函	二	第六千十八函	三
第六千十九函	檇李詩繫 一	第六千二十函	二	第六千二十一函	三
第六千二十二函	四	第六千二十三函	古文雅正 一	第六千二十四函	二

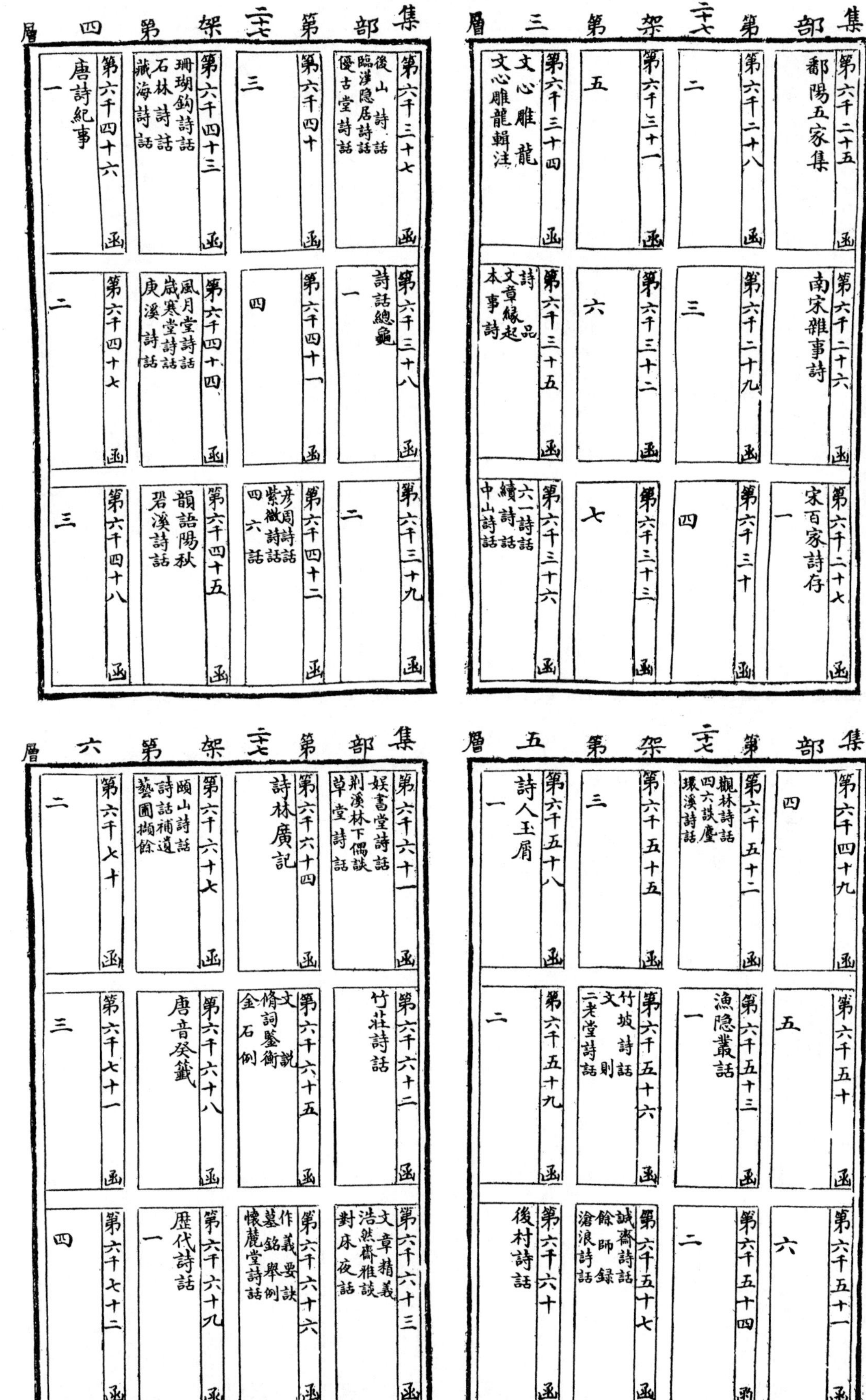

集部 第二十六架 第三層

第六千二十五函 鄱陽五家集	第六千二十六函 南宋雜事詩	第六千二十七函 宋百家詩存 一
第六千二十八函 二	第六千二十九函 三	第六千三十函 四
第六千三十一函 五	第六千三十二函 六	第六千三十三函 七
第六千三十四函 文心雕龍 文心雕龍輯注	第六千三十五函 詩品 文章緣起 本事詩	第六千三十六函 六一詩話 續詩話 中山詩話

集部 第二十七架 第四層

第六千三十七函 後山詩話 臨漢隱居詩話 優古堂詩話	第六千三十八函 詩話總龜 一	第六千三十九函 二
第六千四十函 三	第六千四十一函 四	第六千四十二函 彥周詩話 紫微詩話 四六話
第六千四十三函 珊瑚鉤詩話 石林詩話 藏海詩話	第六千四十四函 風月堂詩話 歲寒堂詩話 庚溪詩話	第六千四十五函 韻語陽秋 䂬溪詩話
第六千四十六函 唐詩紀事 一	第六千四十七函 二	第六千四十八函 三

集部 第二十七架 第五層

第六千四十九函 四	第六千五十函 五	第六千五十一函 六
第六千五十二函 觀林詩話 四六談麈 環溪詩話	第六千五十三函 漁隱叢話 一	第六千五十四函 二
第六千五十五函 三	第六千五十六函 竹坡詩話 文則 二老堂詩話	第六千五十七函 誠齋詩話 餘師錄 滄浪詩話
第六千五十八函 詩人玉屑 一	第六千五十九函 二	第六千六十函 後村詩話

集部 第二十七架 第六層

第六千六十一函 娛書堂詩話 荊溪林下偶談 草堂詩話	第六千六十二函 竹莊詩話	第六千六十三函 文章精義 浩然齋雅談 對床夜話
第六千六十四函 詩林廣記	第六千六十五函 文說 修詞鑑衡 金石例	第六千六十六函 作義要訣 墓銘舉例 懷麓堂詩話
第六千六十七函 頤山詩話 詩話補遺 藝圃擷餘	第六千六十八函 唐音癸籤	第六千六十九函 歷代詩話 一
第六千七十函 二	第六千七十一函 三	第六千七十二函 四

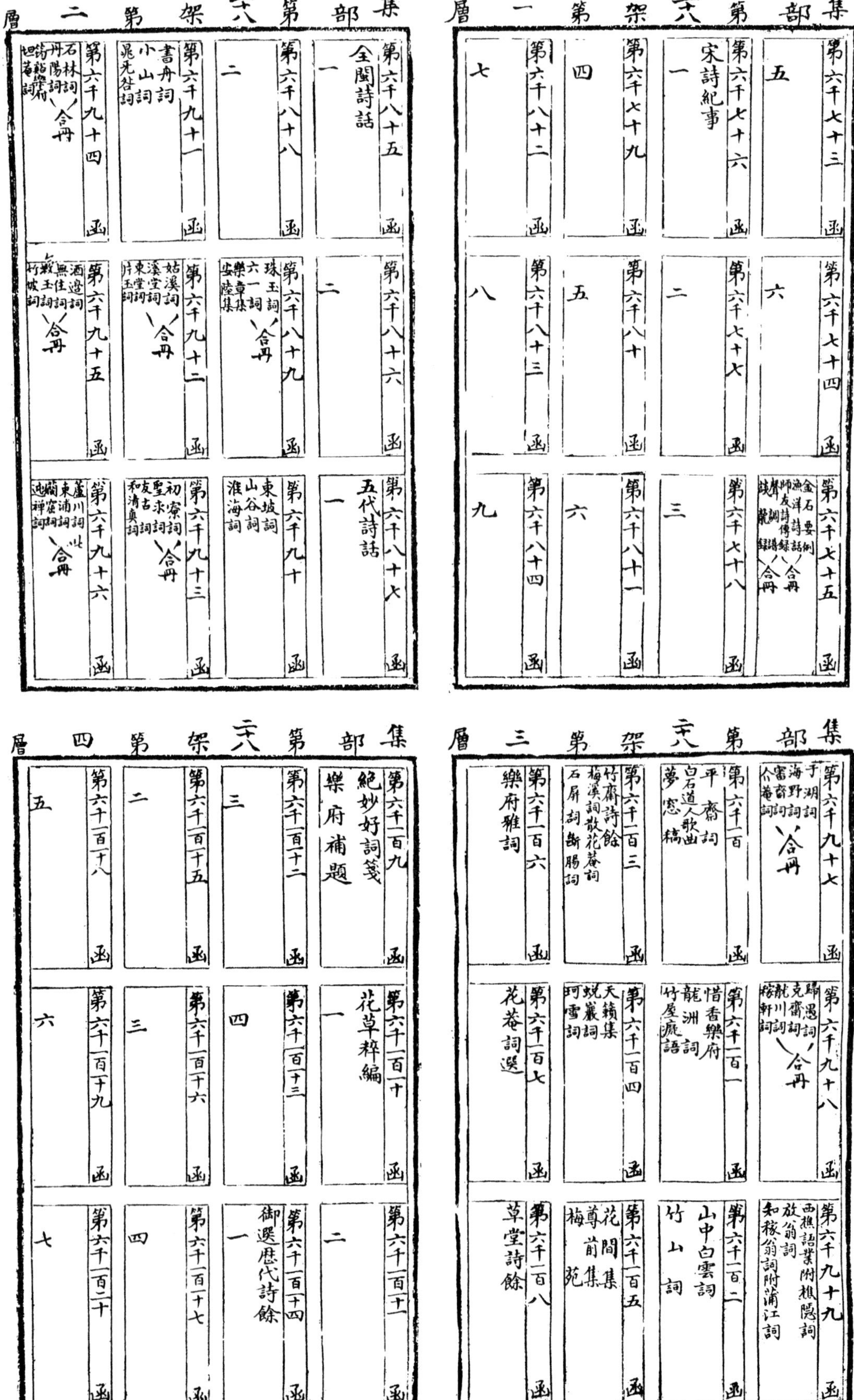

集部第六十八架第一層

函	書
第六千七十三函	五
第六千七十四函	六
第六千七十五函	金石要例、漁洋詩話（合冊）；師友詩傳録、聲調譜、談龍録（合冊）
第六千七十六函	宋詩紀事 一
第六千七十七函	二
第六千七十八函	三
第六千七十九函	四
第六千八十函	五
第六千八十一函	六
第六千八十二函	七
第六千八十三函	八
第六千八十四函	九

集部第六十八架第二層

函	書
第六千八十五函	全閩詩話 一
第六千八十六函	二
第六千八十七函	五代詩話 一
第六千八十八函	二
第六千八十九函	珠玉詞、六一詞、樂章集、安陸集（合冊）
第六千九十函	東坡詞、山谷詞、淮海詞
第六千九十一函	書舟詞、小山詞、晁无咎詞
第六千九十二函	姑溪詞、溪堂詞、東堂詞、片玉詞（合冊）
第六千九十三函	初寮詞、聖求詞、友古詞、和清真詞（合冊）
第六千九十四函	石林詞、丹陽詞、筠谿樂府、坦菴詞（合冊）
第六千九十五函	酒邊詞、無住詞、漱玉詞、竹坡詞（合冊）
第六千九十六函	蘆川詞、東浦詞、孏窟詞、逃禪詞（合冊）

集部第六十八架第三層

函	書
第六千九十七函	于湖詞、海野詞、審齋詞、介菴詞（合冊）
第六千九十八函	歸愚詞、克齋詞、龍川詞、稼軒詞（合冊）
第六千九十九函	西樵語業附樵隱詞、放翁詞、知稼翁詞附蒲江詞
第六千一百函	平齋詞、白石道人歌曲、夢窗稿
第六千一百一函	惜香樂府、龍洲詞、竹屋癡語
第六千一百二函	山中白雲詞、竹山詞
第六千一百三函	竹齋詩餘、梅溪詞、散花菴詞、石屏詞、斷腸詞
第六千一百四函	天籟集、蛻巖詞、珂雪詞
第六千一百五函	花間集、尊前集、梅苑
第六千一百六函	樂府雅詞
第六千一百七函	花菴詞選
第六千一百八函	草堂詩餘

集部第六十八架第四層

函	書
第六千一百九函	絕妙好詞箋、樂府補題
第六千一百十函	花草粹編 一
第六千一百十一函	二
第六千一百十二函	三
第六千一百十三函	四
第六千一百十四函	御選歷代詩餘 一
第六千一百十五函	二
第六千一百十六函	三
第六千一百十七函	四
第六千一百十八函	五
第六千一百十九函	六
第六千一百二十函	七

集部第天架第五層

函	書
第六千一百二十一函	八
第六千一百二十二函	九
第六千一百二十三函	十
第六千一百二十四函	十一
第六千一百二十五函	十二
第六千一百二十六函	十三
第六千一百二十七函	十四
第六千一百二十八函	詞綜 一
第六千一百二十九函	二
第六千一百三十函	十五家詞 一
第六千一百三十一函	二
第六千一百三十二函	三

集部第天架第六層

函	書
第六千一百三十三函	碧鷄漫志、樂府指迷、渚山堂詞話、西河詞話 合冊
第六千一百三十四函	詞苑叢談
第六千一百三十五函	御定詞譜 一
第六千一百三十六函	二
第六千一百三十七函	三
第六千一百三十八函	四
第六千一百三十九函	五
第六千一百四十函	詞律 一
第六千一百四十一函	二
第六千一百四十二函	三　顧曲雜言
第六千一百四十三函	御定曲譜 一
第六千一百四十四函	二　中原音韻

文淵閣四庫全書

分架圖 II

欽定四庫全書

經部第一架

周易口訣義
周易舉正
易數鈎隱圖
周易口義一
周易口義二

周易注疏二
周易集解一
周易集解二

子夏易傳
周易鄭注
新本鄭氏周易
陸氏易解
周易註
周易注疏一

簡明目録一
簡明目録二
簡明目録三

周易窺餘
易璇璣
易變體義
周易經傳集解一

易小傳
漢上易傳一
漢上易傳二

了齋易說
吳園易解
周易新講義
紫巖易傳
讀易詳說

温公易說
横渠易說
東坡易傳
伊川易傳
易學辨惑

趙氏易說
誠齋易傳一
誠齋易傳二

南軒易說
復齋易說
楊氏易傳
周易玩辭

郭氏傳家易說
周易義海撮要一
周易義海撮要二

周易經傳集解二
易原
周易古占法
原本周易本義
周易本義

童溪易傳二
周易總義
西谿易說
丙子學易編

厚齋易學三
厚齋易學四
童溪易傳一

易圖說
古周易
易傳燈
易稗傳
厚齋易學一
厚齋易學二

大易粹言一
大易粹言二
大易粹言三

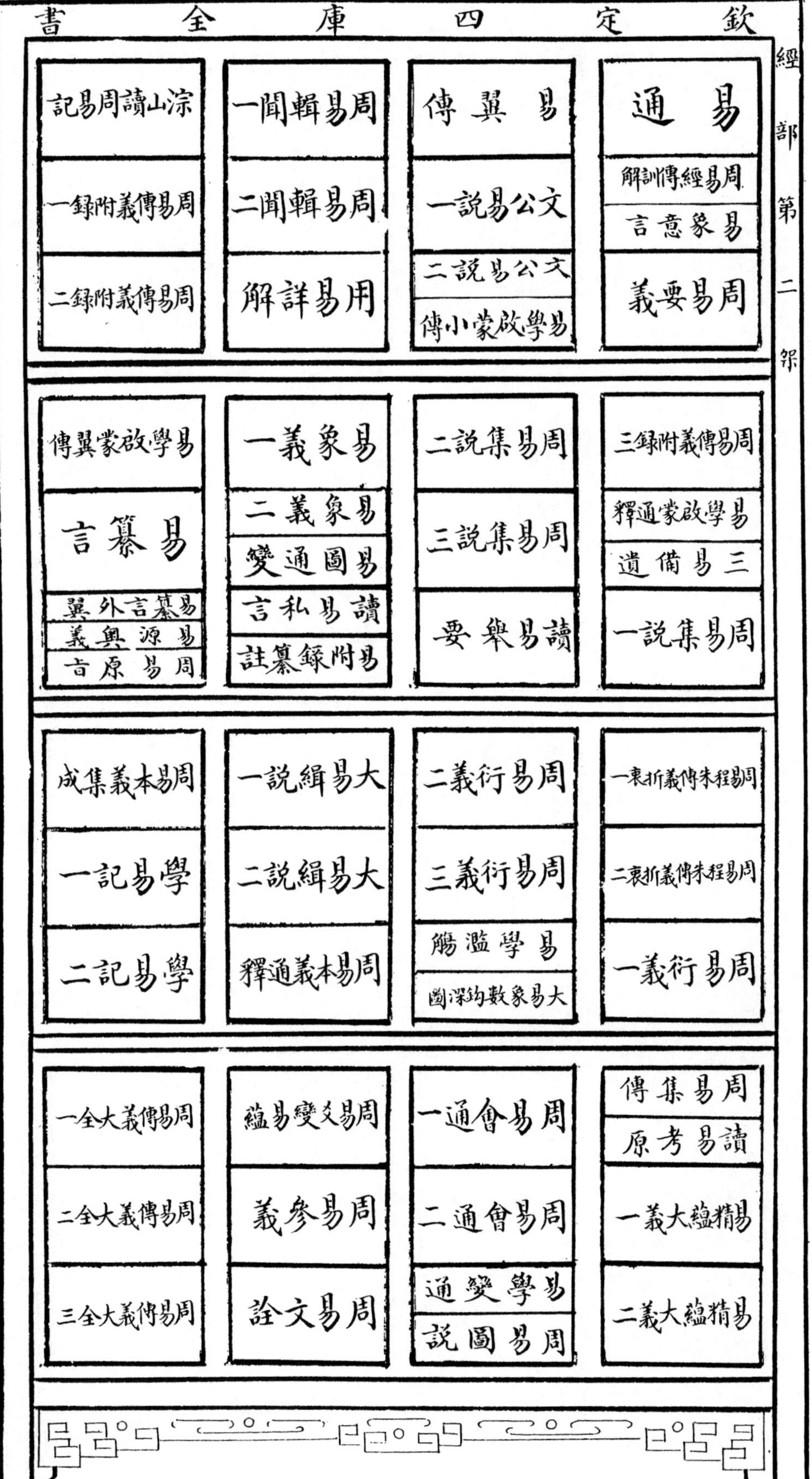

欽定四庫全書
易通
周易經傳訓解
易象意言
周易要義
易翼傳
文公易說一
文公易說二
易學啟蒙小傳
周易輯聞一
周易輯聞二
用易詳解
宗山讀周易記
周易傳義附録一
周易傳義附録二
周易傳義附録三
易學啟蒙通釋
三易備遺
周易集說一
周易集說二
周易集說三
讀易舉要
易象義一
易象義二
易圖通變
讀易私言
易附録纂註
易學啟蒙翼傳
易纂言
易纂言外翼
易源奧義
周易原旨
周易程朱傳義折衷一
周易程朱傳義折衷二
周易衍義一
周易衍義二
周易衍義三
易學濫觴
大易象數鈎深圖
大易緝說一
大易緝說二
周易本義通釋
周易本義集成
學易記一
學易記二
周易集傳
讀易考原
易精蘊大義一
易精蘊大義二
周易會通一
周易會通二
易學變通
周易圖說
周易爻變易缊
周易參義
周易文詮
周易傳義大全一
周易傳義大全二
周易傳義大全三

經部第二架

經部第三架

第四格	第三格	第二格	第一格
周易傳義大全四	易經蒙引三	易經蒙引六	易經存疑二
易經蒙引一	易經蒙引四	讀易餘言	周易辨録
		啟蒙意見	
易經蒙引二	易經蒙引五	易經存疑一	易象鈔

第四格	第三格	第二格	第一格
周易象指決録	周易集註二	葉八白易傳二	像象管見
易象鈎解	讀易紀聞	洗心齋讀易述一	周易劄記
			周易易簡說
周易集註一	葉八白易傳一	洗心齋讀易述二	易義古象通

第四格	第三格	第二格	第一格
周易像象述一	易象正二	古周易訂詁二	易經通註
周易像象述二	兒易內儀外儀	周易玩辭困學記一	日講易經解義一
易用	卦變考畧		
易象正一	古周易訂詁一	周易玩辭困學記二	日講易經解義二

第四格	第三格	第二格	第一格
御纂周易折衷一	御纂周易述義	易酌二	易學象數論
御纂周易折衷二	讀易大旨	田間易學一	周易辭象一
	周易稗疏		
御纂周易折衷三	易酌一	田間易學二	周易辭象二

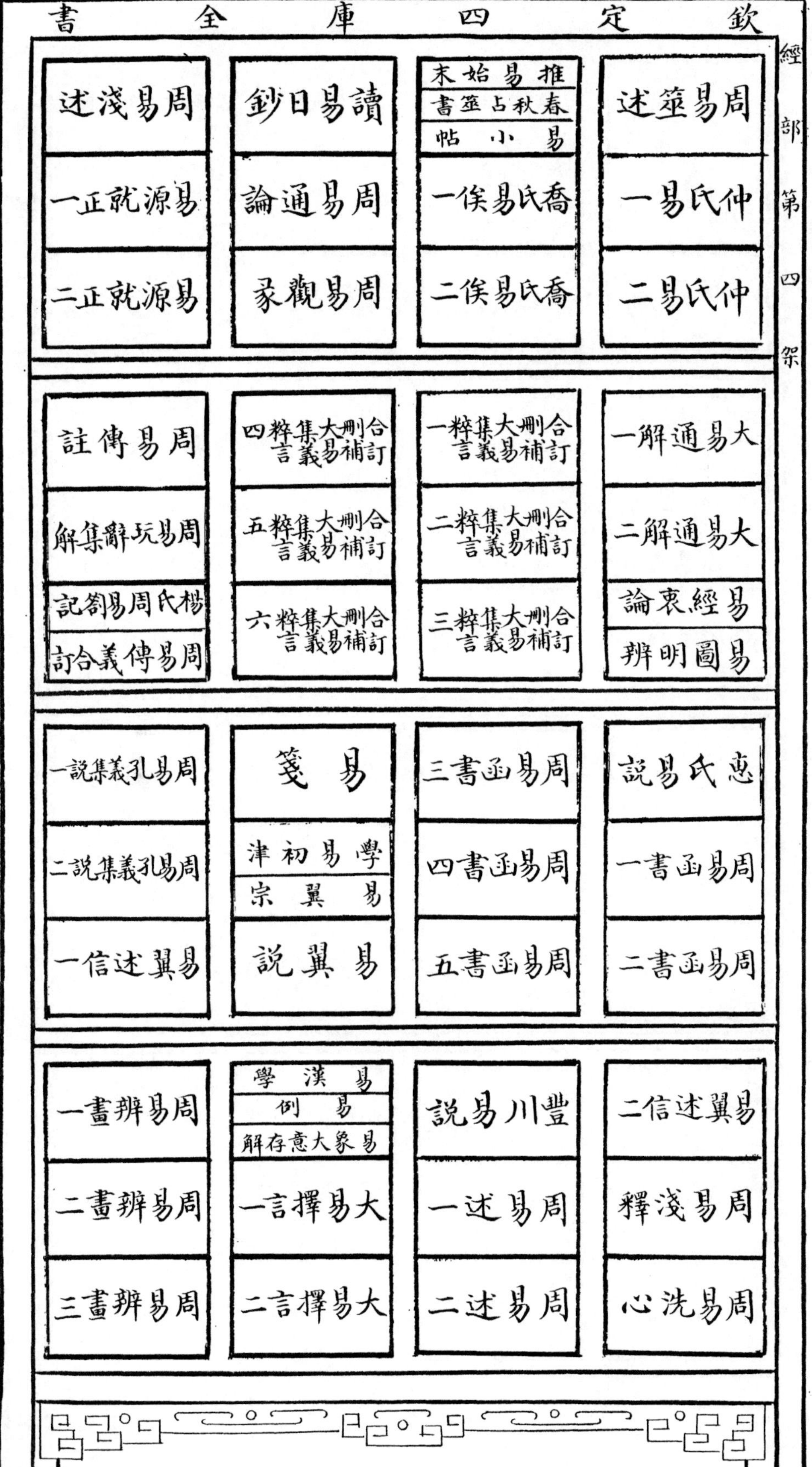

欽定四庫全書
經部第四架
周易筮述
仲氏易一
仲氏易二
推易始末
春秋占筮書
易小帖
喬氏易俟一
喬氏易俟二
讀易日鈔
周易通論
周易觀彖
周易淺述
易源就正一
易源就正二
大易通解一
大易通解二
易經衷論
易圖明辨
合訂刪補大易集義粹言一
合訂刪補大易集義粹言二
合訂刪補大易集義粹言三
合訂刪補大易集義粹言四
合訂刪補大易集義粹言五
合訂刪補大易集義粹言六
周易傳註
周易玩辭集解
楊氏周易劄記
周易傳義合訂
惠氏易說
周易函書一
周易函書二
周易函書三
周易函書四
周易函書五
易箋
學易初津
易翼宗
易翼說
周易孔義集說一
周易孔義集說二
易翼述信一
易翼述信二
周易淺釋
周易洗心
豐川易說
周易述一
周易述二
易漢學
易例
易象大意存解
大易擇言一
大易擇言二
周易辨畫一
周易辨畫二
周易辨畫三

經部第五架

周易圖書質疑
周易章句證異
易緯八種
尚書注疏一
尚書注疏二
洪範口義
東坡書傳
尚書全解一
尚書全解二
尚書全解三
尚書全解四
禹貢指南
禹貢論山川地理圖
尚書講義

尚書詳解一
尚書詳解二
尚書詳解三
禹貢說斷
增修書說一
增修書說二
尚書說
五誥解
絜齋家塾書鈔一
絜齋家塾書鈔二
書經集傳
尚書精義一
尚書精義二

尚書精義三
尚書精義四
陳氏尚書詳解一
陳氏尚書詳解二
陳氏尚書詳解三
融堂書解
洪範統一
尚書要義
尚書集傳或問
胡氏尚書詳解
尚書表註
讀書叢說
書纂言
書集傳纂疏
書傳輯錄纂注

尚書通考
書傳旁通
讀書管見
書義斷法
尚書纂傳一
尚書纂傳二
尚書句解
書傳會選
書經大全一
書經大全二
尚書考異
尚書疑義
尚書日記一
尚書日記二
尚書砭蔡編
尚書疏衍

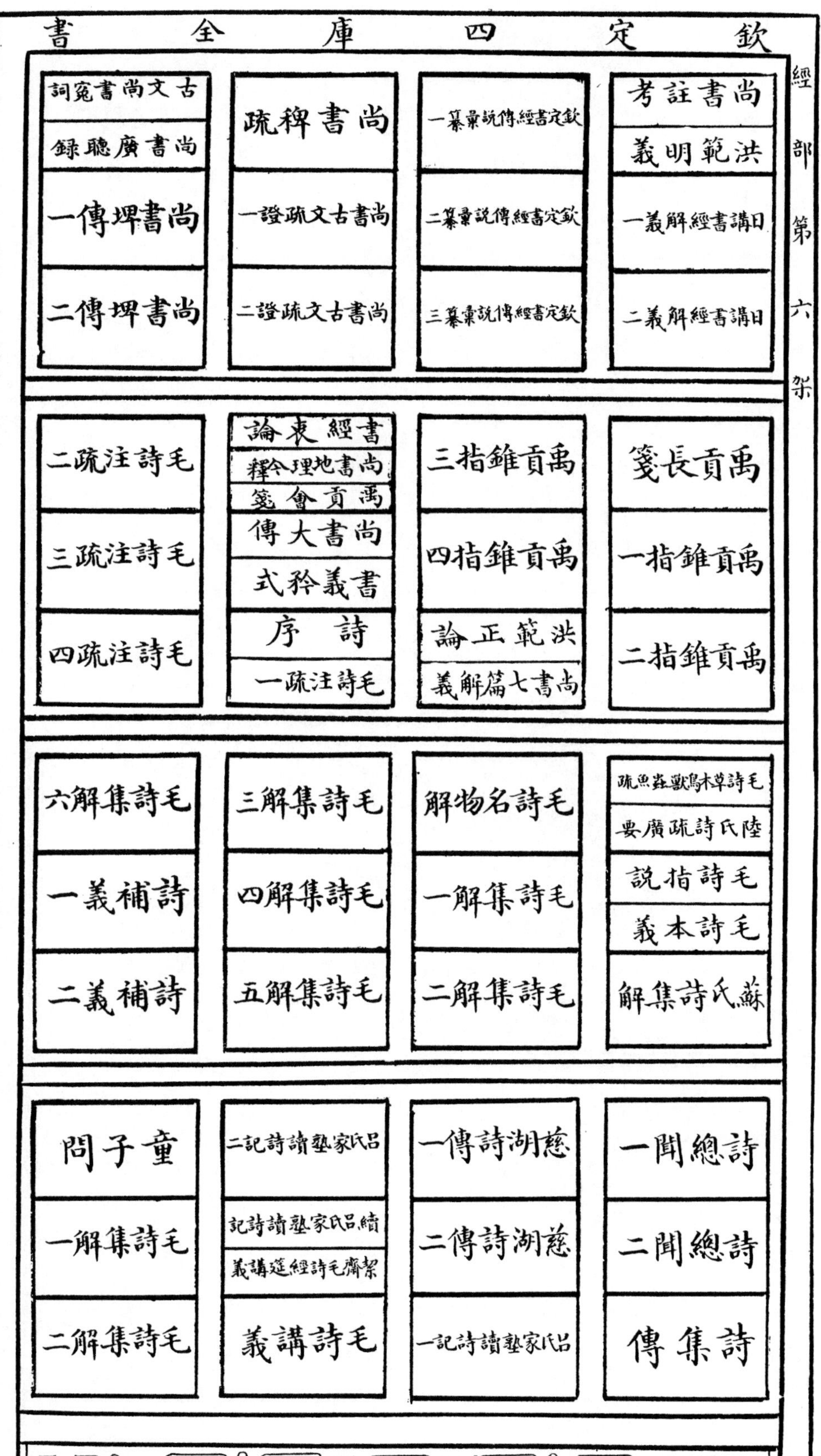

欽定四庫全書
經部第六架
古文尚書寃詞
尚書廣聽録
尚書埤傳一
尚書埤傳二
尚書稗疏
尚書古文疏證一
尚書古文疏證二
欽定書經傳說彙纂一
欽定書經傳說彙纂二
欽定書經傳說彙纂三
尚書註考
洪範明義
日講書經解義一
日講書經解義二
毛詩注疏二
毛詩注疏三
毛詩注疏四
書經衷論
尚書地理今釋
禹貢會箋
尚書大傳
書義矜式
詩序
毛詩注疏一
禹貢錐指三
禹貢錐指四
洪範正論
尚書七篇解義
禹貢長箋
禹貢錐指一
禹貢錐指二
毛詩集解六
詩補義一
詩補義二
毛詩集解三
毛詩集解四
毛詩集解五
毛詩名物解
毛詩集解一
毛詩集解二
毛詩草木鳥獸蟲魚疏
陸氏詩疏廣要
毛詩指說
毛詩本義
蘇氏詩集解
童子問
毛詩集解一
毛詩集解二
呂氏家塾讀詩記二
續呂氏家塾讀詩記
絜齋毛詩經筵講義
毛詩講義
慈湖詩傳一
慈湖詩傳二
呂氏家塾讀詩記一
詩總聞一
詩總聞二
詩集傳

欽定四庫全書

經部第七架

詩緝一
詩緝二
詩傳遺說

詩考
詩地理考
詩集傳名物鈔
詩傳通釋一

詩傳通釋二
詩傳旁通
詩經疏義會通一

詩經疏義會通二
詩經疏義會通三
詩經疏義會通四
詩經疑問

詩纘緒
詩演義
詩解頤

詩傳大全一
詩傳大全二
詩傳大全三

詩傳大全四
詩說解頤一
詩說解頤二

讀詩私記
詩故
六家詩名物疏一
六家詩名物疏二

六家詩名物疏三
六家詩名物疏四
重訂詩經疑問一

重訂詩經疑問二
詩經世本古義一
詩經世本古義二

詩經世本古義三
待軒詩記
讀詩畧記

欽定詩經傳說彙纂一
欽定詩經傳說彙纂二
欽定詩經傳說彙纂三

欽定詩經傳說彙纂四
日講詩經解義一
日講詩經解義二

御纂詩義折衷一
御纂詩義折衷二
田間詩學一

田間詩學二
詩經稗疏
詩經通義
毛詩稽古編一

毛詩稽古編二
詩所
毛詩寫官記
詩傳詩說駁義
續詩傳鳥名卷

欽定四庫全書
經部第八架
詩識名解
詩傳名物集覽一
詩傳名物集覽二
詩說
詩經剳記
讀詩質疑一
讀詩質疑二
讀詩質疑三
毛詩類釋
詩疑辨證
三家詩拾遺
詩瀋
詩序補義一
詩序補義二
虞東學詩一
虞東學詩二
韓詩外傳
周禮註疏一
周禮註疏二
周禮註疏三
周禮註疏四
周官新義
周禮詳解一
周禮詳解二
周禮復古編
太平經國書
禮經會元
周官總義一
周官總義二
周禮訂義一
周禮訂義二
周禮訂義三
周禮訂義四
周禮訂義五
周禮訂義六
考工記解
周禮句解
周禮集說一
周禮集說二
周官集傳
周禮傳一
周禮傳二
周禮全經釋原一
周禮全經釋原二
周禮註疏刪翼一
周禮註疏刪翼二
周禮註疏刪翼三
周禮註疏刪翼四
欽定周官義疏一
欽定周官義疏二
欽定周官義疏三
欽定周官義疏四
欽定周官義疏五

欽定四庫全書

經部第九架

- 欽定周官義疏六
- 周禮述註一
- 周禮述註二
- 周禮纂訓一
- 周禮纂訓二
- 周官集註一
- 周官集註二
- 禮說一
- 禮說二
- 周官祿田考
- 周禮疑義舉要
- 儀禮註疏一
- 儀禮註疏二

- 儀禮註疏三
- 儀禮識誤
- 儀禮集釋一
- 儀禮集釋二
- 儀禮集釋三
- 儀禮釋宮
- 儀禮圖一
- 儀禮圖二
- 儀禮要義一
- 儀禮要義二
- 儀禮要義三
- 儀禮逸經
- 儀禮集說一
- 儀禮集說二
- 儀禮集說三

- 儀禮集說四
- 經禮補逸
- 欽定儀禮義疏一
- 欽定儀禮義疏二
- 欽定儀禮義疏三
- 欽定儀禮義疏四
- 欽定儀禮義疏五
- 欽定儀禮義疏六
- 欽定儀禮義疏七
- 欽定儀禮義疏八
- 儀禮鄭註句讀
- 儀禮商
- 儀禮註述一

- 儀禮述註二
- 儀禮析疑一
- 儀禮析疑二
- 儀禮章句
- 補饗禮
- 禮經本義一
- 禮經本義二
- 宮室攷
- 天子肆獻祼饋食禮
- 儀禮釋宮增注
- 儀禮小疏
- 儀禮集編一
- 儀禮集編二
- 儀禮集編三
- 儀禮集編四
- 儀禮集編五

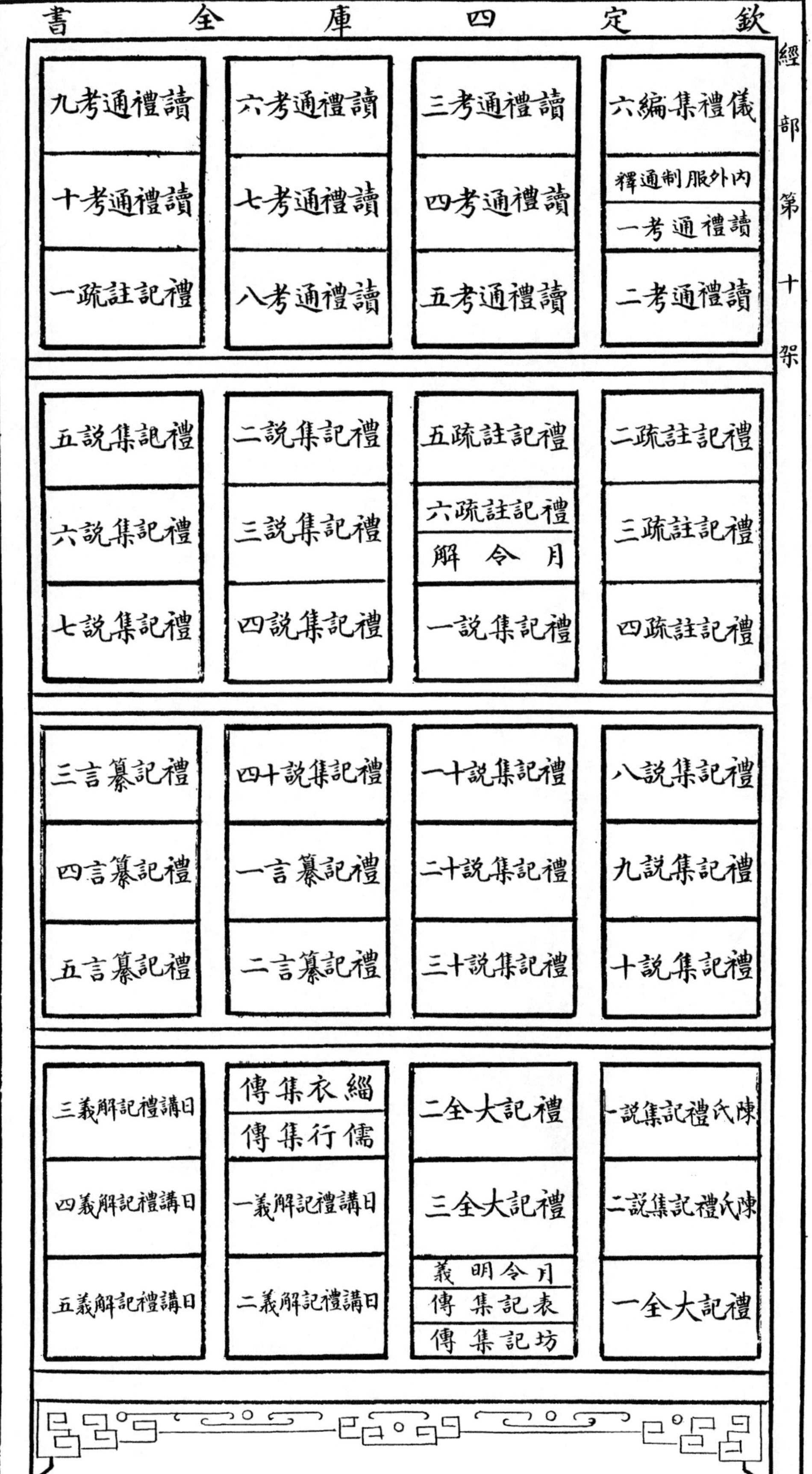
儀禮集編六
內外服制通釋
讀禮通考一
讀禮通考二
讀禮通考三
讀禮通考四
讀禮通考五
讀禮通考六
讀禮通考七
讀禮通考八
讀禮通考九
讀禮通考十
禮記註疏一
禮記註疏二
禮記註疏三
禮記註疏四
禮記註疏五
禮記註疏六
月令解
禮記集說一
禮記集說二
禮記集說三
禮記集說四
禮記集說五
禮記集說六
禮記集說七
禮記集說八
禮記集說九
禮記集說十
禮記集說十一
禮記集說十二
禮記集說十三
禮記集說十四
禮記纂言一
禮記纂言二
禮記纂言三
禮記纂言四
禮記纂言五
陳氏禮記集說一
陳氏禮記集說二
禮記大全一
禮記大全二
禮記大全三
月令明義
表記集傳
坊記集傳
緇衣集傳
儒行集傳
日講禮記解義一
日講禮記解義二
日講禮記解義三
日講禮記解義四
日講禮記解義五

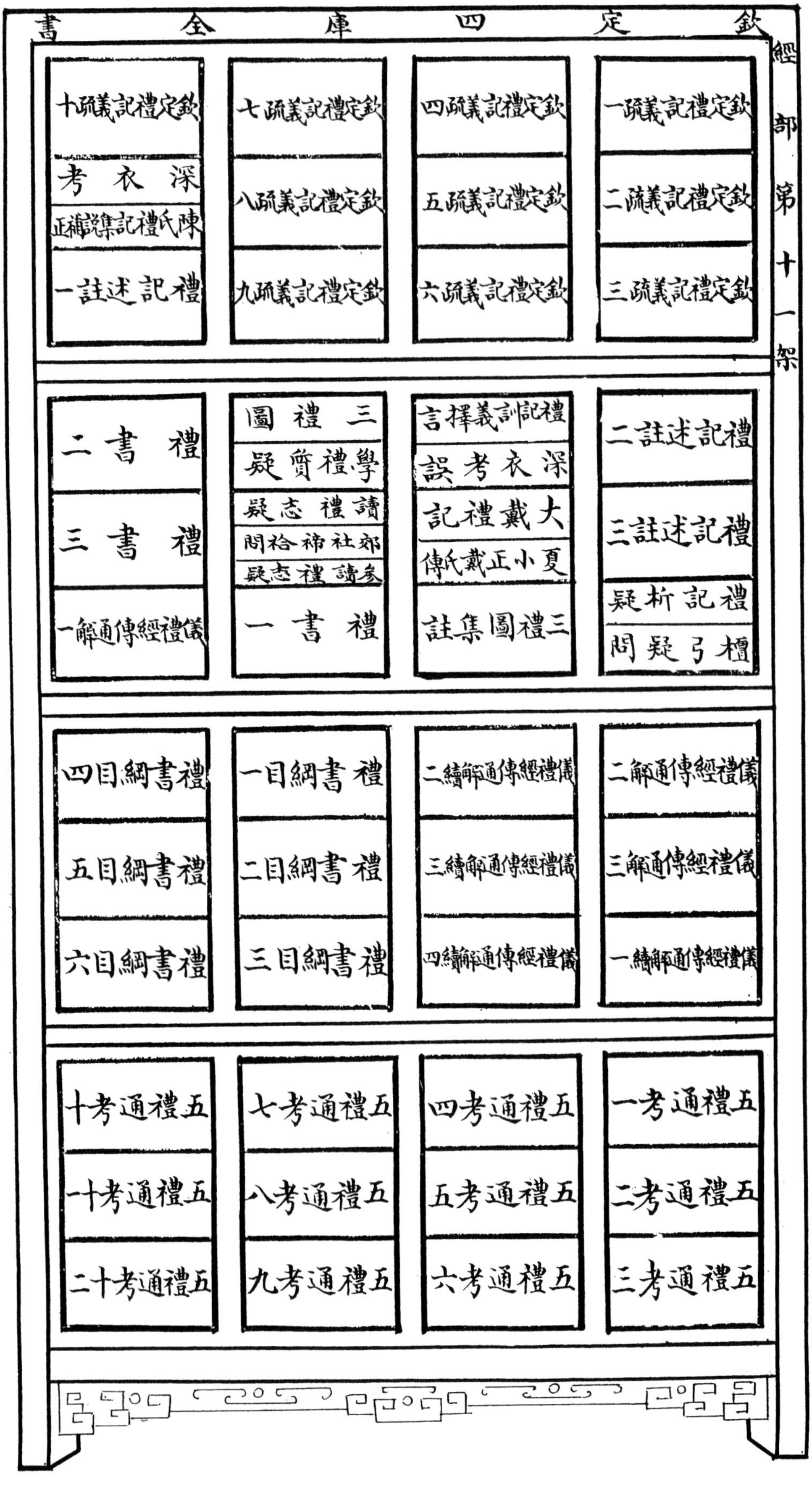

經部第十一架

欽定禮記義疏一
欽定禮記義疏二
欽定禮記義疏三
欽定禮記義疏四
欽定禮記義疏五
欽定禮記義疏六
欽定禮記義疏七
欽定禮記義疏八
欽定禮記義疏九
欽定禮記義疏十
深衣考
陳氏禮記集說補正
禮記述註一

禮記述註二
禮記述註三
禮記析疑
檀弓疑問
禮記訓義擇言
深衣考誤
大戴禮記
夏小正戴氏傳
三禮圖集註
三禮圖
學禮質疑
讀禮志疑
郊社禘祫問
參讀禮志疑
禮書一
禮書二
禮書三
儀禮經傳通解一

儀禮經傳通解二
儀禮經傳通解三
儀禮經傳通解續一
儀禮經傳通解續二
儀禮經傳通解續三
儀禮經傳通解續四
禮書綱目一
禮書綱目二
禮書綱目三
禮書綱目四
禮書綱目五
禮書綱目六

五禮通考一
五禮通考二
五禮通考三
五禮通考四
五禮通考五
五禮通考六
五禮通考七
五禮通考八
五禮通考九
五禮通考十
五禮通考十一
五禮通考十二

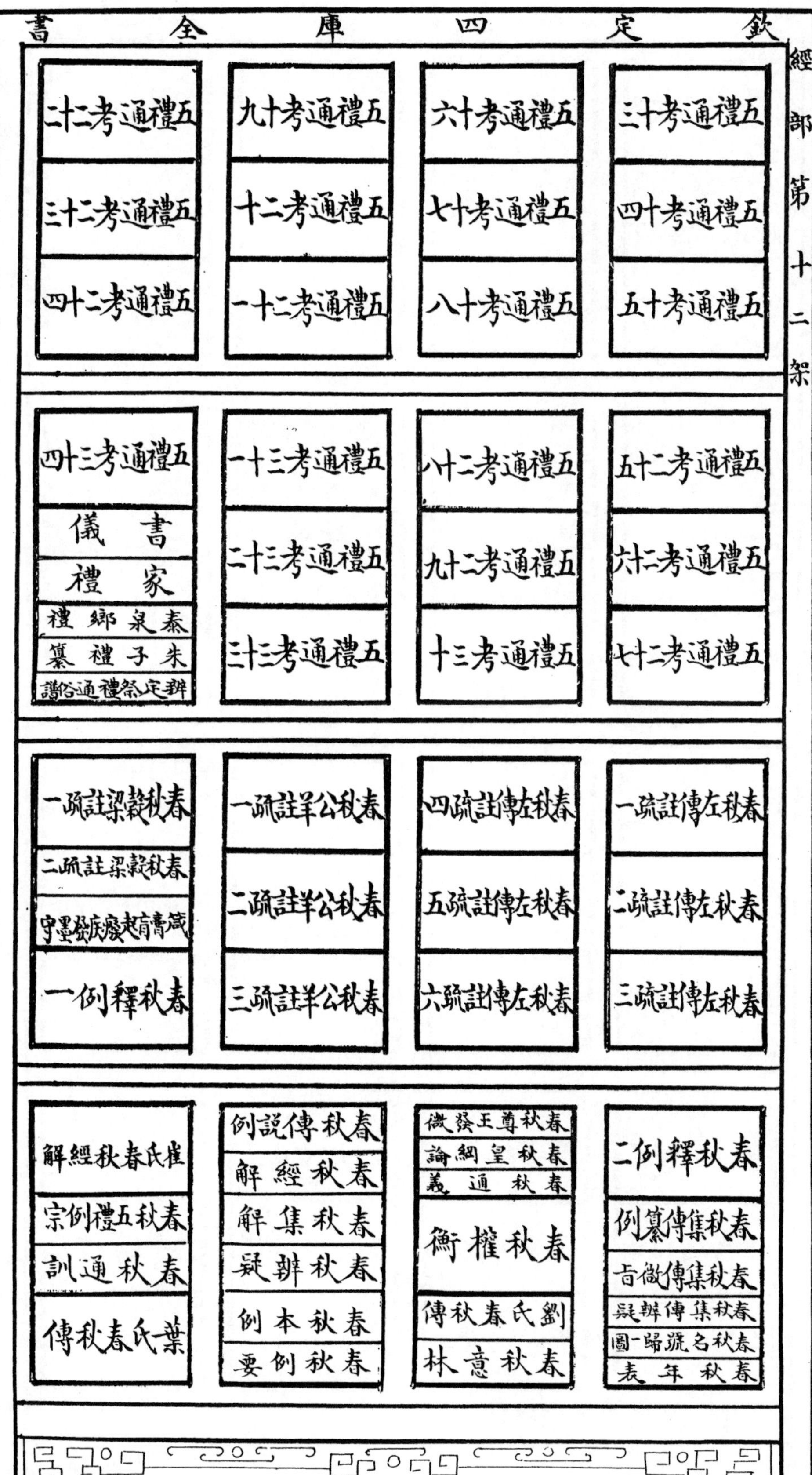

欽定四庫全書
經部第十二架
五禮通考十三
五禮通考十四
五禮通考十五
五禮通考十六
五禮通考十七
五禮通考十八
五禮通考十九
五禮通考二十
五禮通考二十一
五禮通考二十二
五禮通考二十三
五禮通考二十四
五禮通考二十五
五禮通考二十六
五禮通考二十七
五禮通考二十八
五禮通考二十九
五禮通考三十
五禮通考三十一
五禮通考三十二
五禮通考三十三
五禮通考三十四
書儀
家禮
泰泉鄉禮
朱子禮纂
辨定祭禮通俗譜
春秋左傳註疏一
春秋左傳註疏二
春秋左傳註疏三
春秋左傳註疏四
春秋左傳註疏五
春秋左傳註疏六
春秋公羊註疏一
春秋公羊註疏二
春秋公羊註疏三
春秋穀梁註疏一
春秋穀梁註疏二
箴膏肓起廢疾發墨守
春秋釋例一
春秋釋例二
春秋集傳纂例
春秋集傳微旨
春秋集傳辨疑
春秋名號歸一圖
春秋年表
春秋尊王發微
春秋皇綱論
春秋通義
春秋權衡
劉氏春秋傳
春秋意林
春秋傳說例
春秋經解
春秋集解
春秋辨疑
春秋本例
春秋例要
崔氏春秋經解
春秋五禮例宗
春秋通訓
葉氏春秋傳

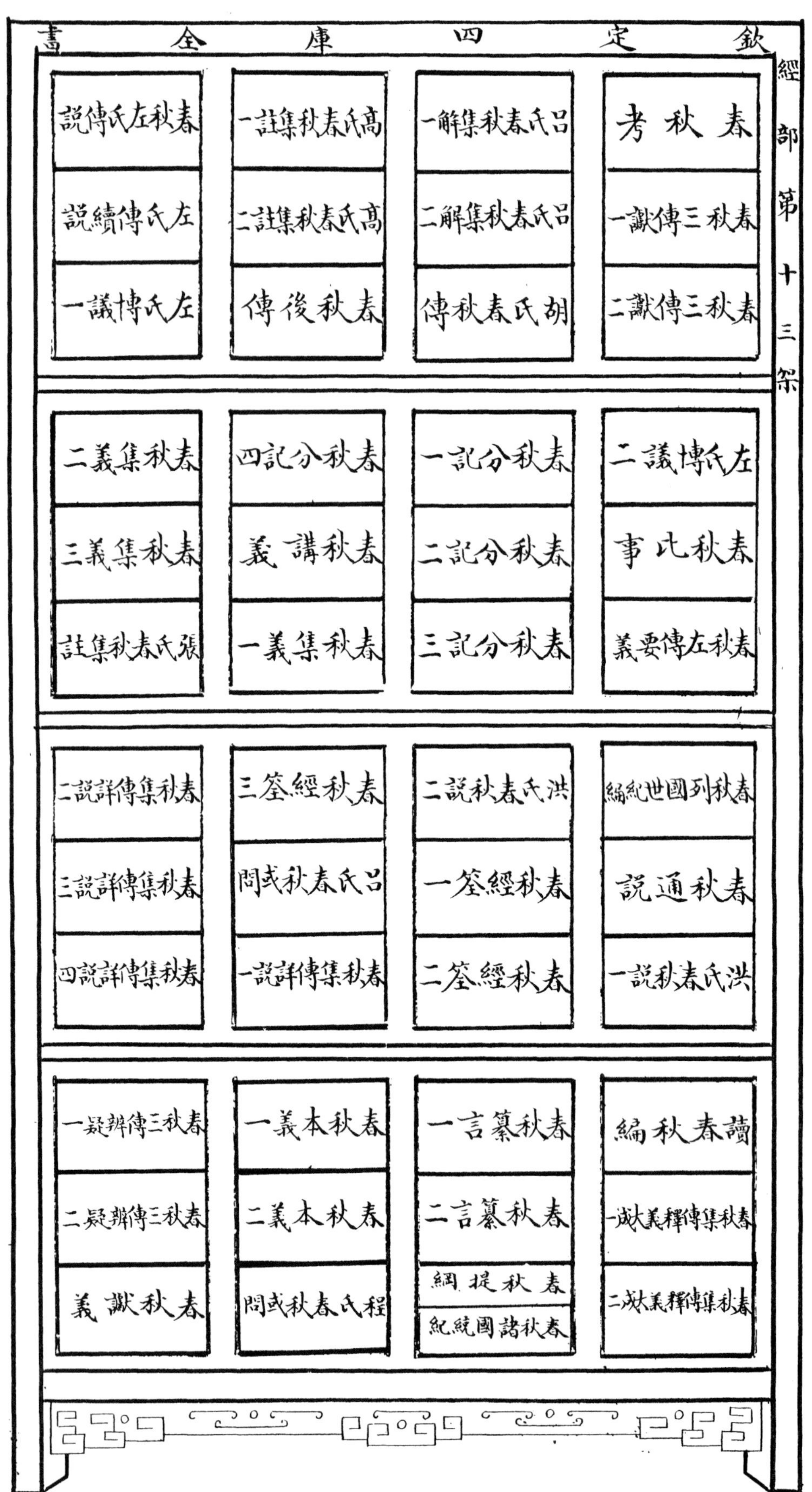
欽定四庫全書
經部第十三架
春秋考
春秋三傳讞一
春秋三傳讞二
呂氏春秋集解一
呂氏春秋集解二
胡氏春秋傳
高氏春秋集註一
高氏春秋集註二
春秋後傳
春秋左氏傳說
左氏傳續說
左氏博議一
左氏博議二
春秋比事
春秋左傳要義
春秋分記一
春秋分記二
春秋分記三
春秋分記四
春秋講義
春秋集義一
春秋集義二
春秋集義三
張氏春秋集註
春秋列國世紀編
春秋通說
洪氏春秋說一
洪氏春秋說二
春秋經筌一
春秋經筌二
春秋經筌三
呂氏春秋或問
春秋集傳詳說一
春秋集傳詳說二
春秋集傳詳說三
春秋集傳詳說四
讀春秋編
春秋集傳釋義大成一
春秋集傳釋義大成二
春秋纂言一
春秋纂言二
春秋提綱
春秋諸國統紀
春秋本義一
春秋本義二
程氏春秋或問
春秋三傳辨疑一
春秋三傳辨疑二
春秋讞義

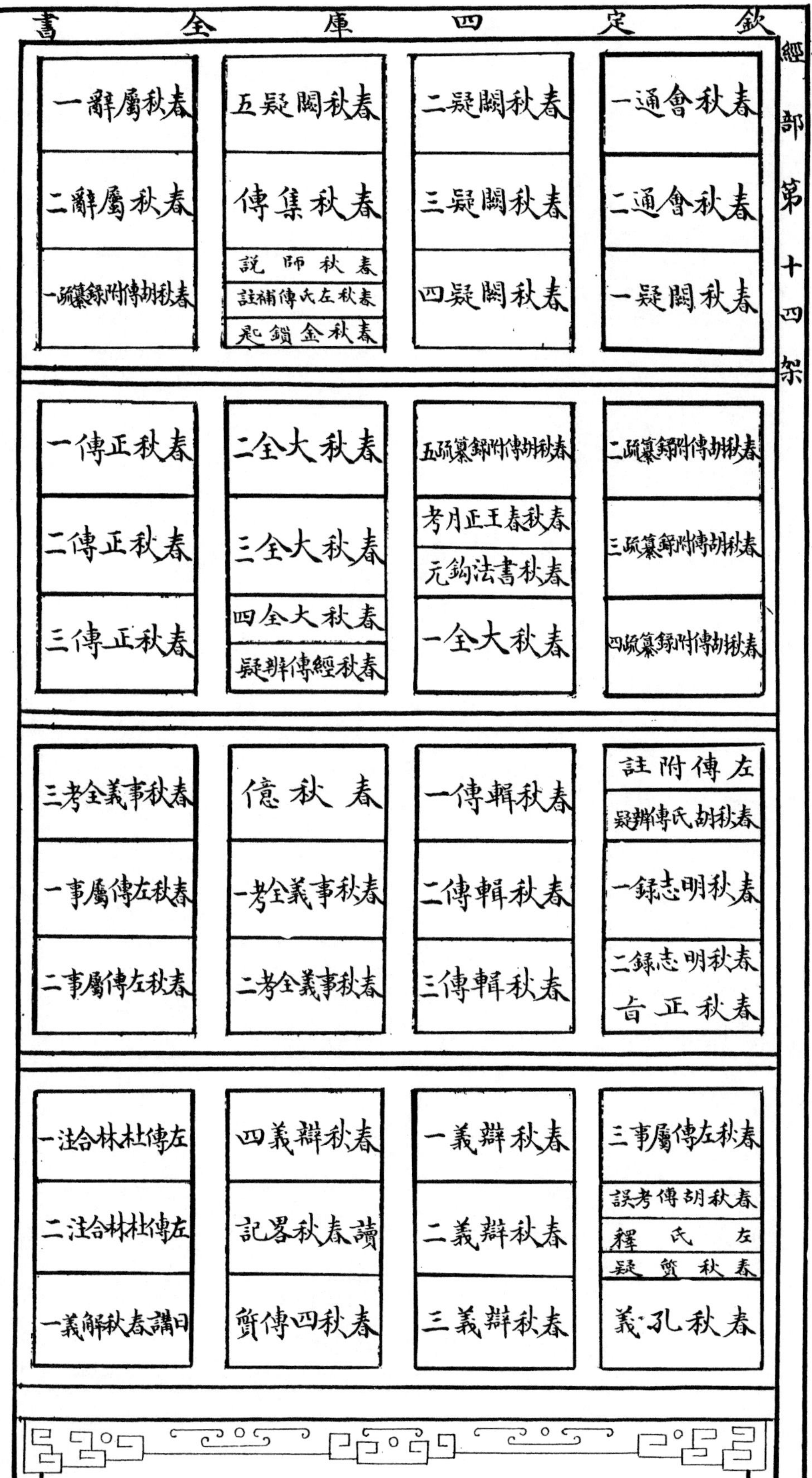
欽定四庫全書
經部第十四架
春秋會通一
春秋會通二
春秋闕疑一
春秋闕疑二
春秋闕疑三
春秋闕疑四
春秋闕疑五
春秋集傳
春秋師說
春秋左氏傳補註
春秋金鎖匙
春秋屬辭一
春秋屬辭二
春秋胡傳附錄纂疏一
春秋胡傳附錄纂疏二
春秋胡傳附錄纂疏三
春秋胡傳附錄纂疏四
春秋胡傳附錄纂疏五
春秋春王正月考
春秋書法鈎元
春秋大全一
春秋大全二
春秋大全三
春秋大全四
春秋經傳辨疑
春秋正傳一
春秋正傳二
春秋正傳三
左傳附註
春秋胡氏傳辨疑
春秋明志錄一
春秋明志錄二
春秋正旨
春秋輯傳一
春秋輯傳二
春秋輯傳三
春秋億
春秋事義全考一
春秋事義全考二
春秋事義全考三
左傳屬事一
左傳屬事二
左傳屬事三
春秋胡傳考誤
左氏釋
春秋質疑
春秋孔義
春秋辨義一
春秋辨義二
春秋辨義三
春秋辨義四
讀春秋畧記
春秋四傳質
左傳杜林合注一
左傳杜林合注二
日講春秋解義一

經部第十五架

日講春秋解義二
日講春秋解義三
日講春秋解義四

欽定春秋傳說彙纂一
欽定春秋傳說彙纂二
欽定春秋傳說彙纂三

欽定春秋傳說彙纂四
御纂春秋直解一
御纂春秋直解二

左傳杜解補正
春秋稗疏
春秋四傳糾正
春秋平義
讀左日鈔

左傳事緯一
左傳事緯二
左傳事緯三

春秋毛氏傳一
春秋毛氏傳二
春秋毛氏傳三

春秋簡書刊誤
春秋屬辭比事記
春秋地名考畧
春秋管窺

三傳折諸一
三傳折諸二
三傳折諸三

春秋闕如編
宗朱辨義一
宗朱辨義二

春秋通論
春秋氏族譜
春秋長曆
惠氏春秋說一

惠氏春秋說二
春秋大事表一
春秋大事表二

春秋大事表三
春秋大事表四
春秋大事表五

春秋大事表六
春秋識小錄
左傳補註
春秋左傳小疏
春秋地理考實
三正考

春秋究遺一
春秋究遺二
春秋隨筆
春秋繁露

古文孝經孔氏傳
孝經正義
孝經指解
孝經刊誤
孝經大義
孝經定本
孝經述註
孝經集傳

御定孝經註
御纂孝經集註
孝經問
駁五經異義
鄭志
經典釋文一

經部第十六架

經典釋文二
經典釋文三
經典釋文四

七經小傳
程氏經說
六經圖一
六經圖二

六經正誤
九經三傳沿革例
融堂四書管見
四如講稿
六經奧論

明本排字九經直音
經說
十一經問對
五經蠡測
簡端錄

五經稽疑
經典稽疑
繙譯五經四書一
繙譯五經四書二

繙譯五經四書三
繙譯五經四書四
繙譯五經四書五

繙譯五經四書六
繙譯五經四書七
繙譯五經四書八

繙譯五經四書九
繙譯五經四書十
繙譯五經四書十一

繙譯五經四書十二
繙譯五經四書十三
繙譯五經四書十四

繙譯五經四書十五
繙譯五經四書十六
經問一

經問二
九經誤字
十三經義疑
七經孟子考文補遺一

七經孟子考文補遺二
七經孟子考文補遺三
七經孟子考文補遺四

七經孟子考文補遺五
九經古義
經稗一

經稗二
十三經註疏正字一
十三經註疏正字二

十三經註疏正字三
十三經註疏正字四
朱子五經語類一

朱子五經語類二
朱子五經語類三
朱子五經語類四

經部第十七架

羣經補義
經咫
九經辨字瀆蒙
古經解鉤沈一

古經解鉤沈二
古微書一
古微書二

孟子註疏一
孟子註疏二
論語集解義疏

論語註疏
論語筆解
孟子音義
論語拾遺
孟子解
論語全解

孟子傳
尊孟辨
四書章句集註
四書或問一

四書或問二
論孟精義一
論孟精義二

中庸輯畧
石鼓論語答問
論語意原
論語解
孟子說

蒙齋中庸講義
四書集編一
四書集編二

孟子集疏
論語集說
中庸指歸
四書纂疏一

四書纂疏二
四書纂疏三
大學疏義
論孟集註考證

四書集義精要
四書辨疑
讀四書叢說

四書通一
四書通二
四書通三

四書通證
四書疑節
四書經疑貫通
四書纂箋一

四書纂箋二
四書通旨
四書管窺

學庸集說啟蒙
四書大全一
四書大全二

四書大全三
四書大全四
四書大全五

欽定四庫全書
經部第十八架
四書蒙引一
四書蒙引二
四書蒙引三
四書因問
問辨錄
論語類考
孟子雜記
學庸正說
論語商
論語學案
四書留書
日講四書解義一
日講四書解義二
日講四書解義三
四書近指
孟子師說
大學翼真
四書講義困勉錄一
四書講義困勉錄二
四書講義困勉錄三
松陽講義
榕村四書說
論語稽求篇
四書賸言
大學證文
四書釋地
四書劄記
此木軒四書說
四書逸箋
鄉黨圖考
皇祐新樂圖記
樂書一
樂書二
樂書三
樂書四
律呂新書
瑟譜
韶舞九成樂譜
律呂成書
苑洛志樂一
苑洛志樂二
鐘律通考
樂律全書一
樂律全書二
樂律全書三
樂律全書四
樂律全書五
御製律呂正義
御製律呂正義後編一
御製律呂正義後編二
御製律呂正義後編三
御製律呂正義後編四
御製律呂正義後編五
御製律呂正義後編六
御製律呂正義後編七
御製律呂正義後編八
御製律呂正義後編九
御製律呂正義後編十
欽定詩經樂譜全書一

經部第十九架

欽定詩經樂譜全書二
欽定詩經樂譜全書三
欽定詩經樂譜全書四

古樂經傳
古樂書
聖諭樂本解說
皇言定聲錄
竟山樂錄
李氏學樂錄

樂律表微
律呂新論
律呂闡微
琴旨
爾雅注疏

爾雅注
方言注
釋名
廣雅
匡謬正俗
羣經音辨

埤雅
爾雅翼
駢雅
字詁
續方言

別雅
急就篇
說文解字一

說文解字二
說文繫傳一
說文繫傳二

說文繫傳考異
說文解字篆韻譜
玉篇
干祿字書
五經文字
九經字樣

汗簡
佩觿
古文四聲韻
類篇一

類篇二
類篇三
歷代鐘鼎彝器款識法帖

復古編
班馬字類
漢隸字源
六書故一

六書故二
字通
龍龕手鑑
六書統一

六書統二
六書統三
周秦刻石釋音
字鑑
說文字源
六書正譌

漢隸分韻
六書本義
奇字韻
古音駢字
俗書刊誤
字孿

御定康熙字典一
御定康熙字典二
御定康熙字典三

御定康熙字典四
御定康熙字典五
御定康熙字典六

欽定四庫全書
經部第二十架
御定康熙字典七
御製增訂清文鑑一
御製增訂清文鑑二
御製增訂清文鑑三
御製增訂清文鑑四
御製增訂清文鑑五
御製增訂清文鑑六
御製增訂清文鑑七
御製三合清文鑑一
御製三合清文鑑二
御製三合清文鑑三
御製三合清文鑑四
御製三合清文鑑五
御製三合清文鑑六
欽定西域同文志一
欽定西域同文志二
隸辨一
隸辨二
篆隸考異
廣韻
重修廣韻
集韻一
集韻二
切韻指掌
韻補
附釋文互注禮部韻畧
增修互注禮部韻畧
增修校正押韻釋疑
九經補韻
五音集韻一
五音集韻二
古今韻會舉要一
古今韻會舉要二
四聲全形等子
經史正音切韻指南
洪武正韻
古音叢目
古音畧例
轉注古音畧
毛詩古音考
屈宋古音義
御定音韻闡微一
御定音韻闡微二
欽定同文韻統
欽定叶韻彙輯一
欽定叶韻彙輯二
欽定音韻述微一
欽定音韻述微二
欽定音韻述微三
音論
詩本音
易音
唐韻正一
唐韻正二
古音表
韻補正
古今通韻
易韻
孫氏唐韻考
古韻標準
六藝綱目

史部第一架

史記一	史記四	史記七	史記集解三
史記二	史記五	史記集解一	史記集解四
史記三	史記六	史記集解二	史記集解五

史記索隱	史記正義三	讀史記十表 史記疑問	漢書三
史記正義一	史記正義四	漢書一	漢書四
史記正義二	史記正義五	漢書二	漢書五

漢書六	漢書九	後漢書二	後漢書五
漢書七	班馬異同	後漢書三	後漢書六
漢書八	後漢書一	後漢書四	後漢書七

補後漢書年表 兩漢刊誤補遺	三國志三	晉書一	晉書四
三國志一	三國志四	晉書二	晉書五
三國志二	三國志辨誤 三國志補注	晉書三	晉書六

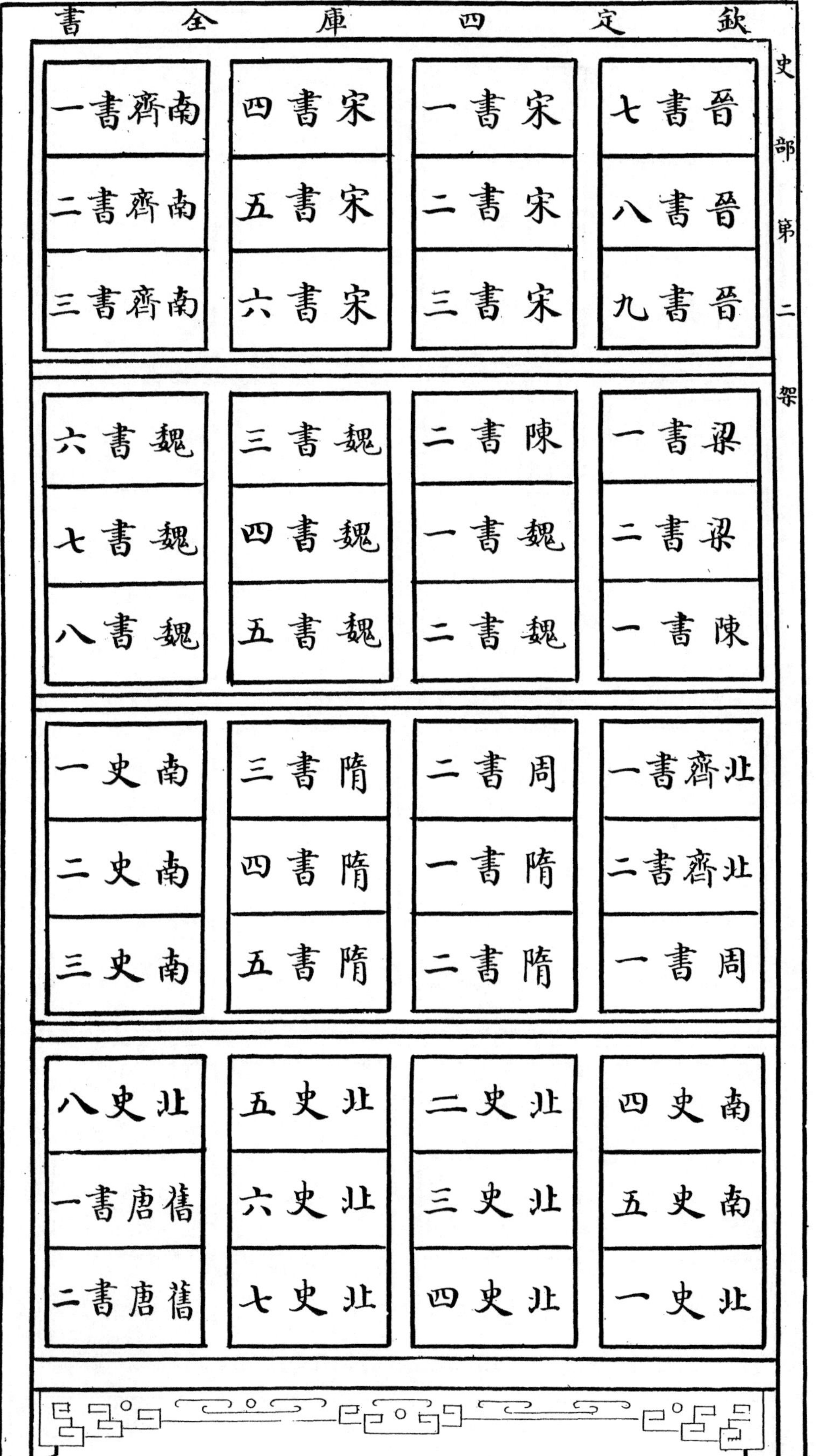
欽定四庫全書
史部第二架
晉書七
晉書八
晉書九
宋書一
宋書二
宋書三
宋書四
宋書五
宋書六
南齊書一
南齊書二
南齊書三
梁書一
梁書二
陳書一
陳書二
魏書一
魏書二
魏書三
魏書四
魏書五
魏書六
魏書七
魏書八
北齊書一
北齊書二
周書一
周書二
隋書一
隋書二
隋書三
隋書四
隋書五
南史一
南史二
南史三
南史四
南史五
北史一
北史二
北史三
北史四
北史五
北史六
北史七
北史八
舊唐書一
舊唐書二

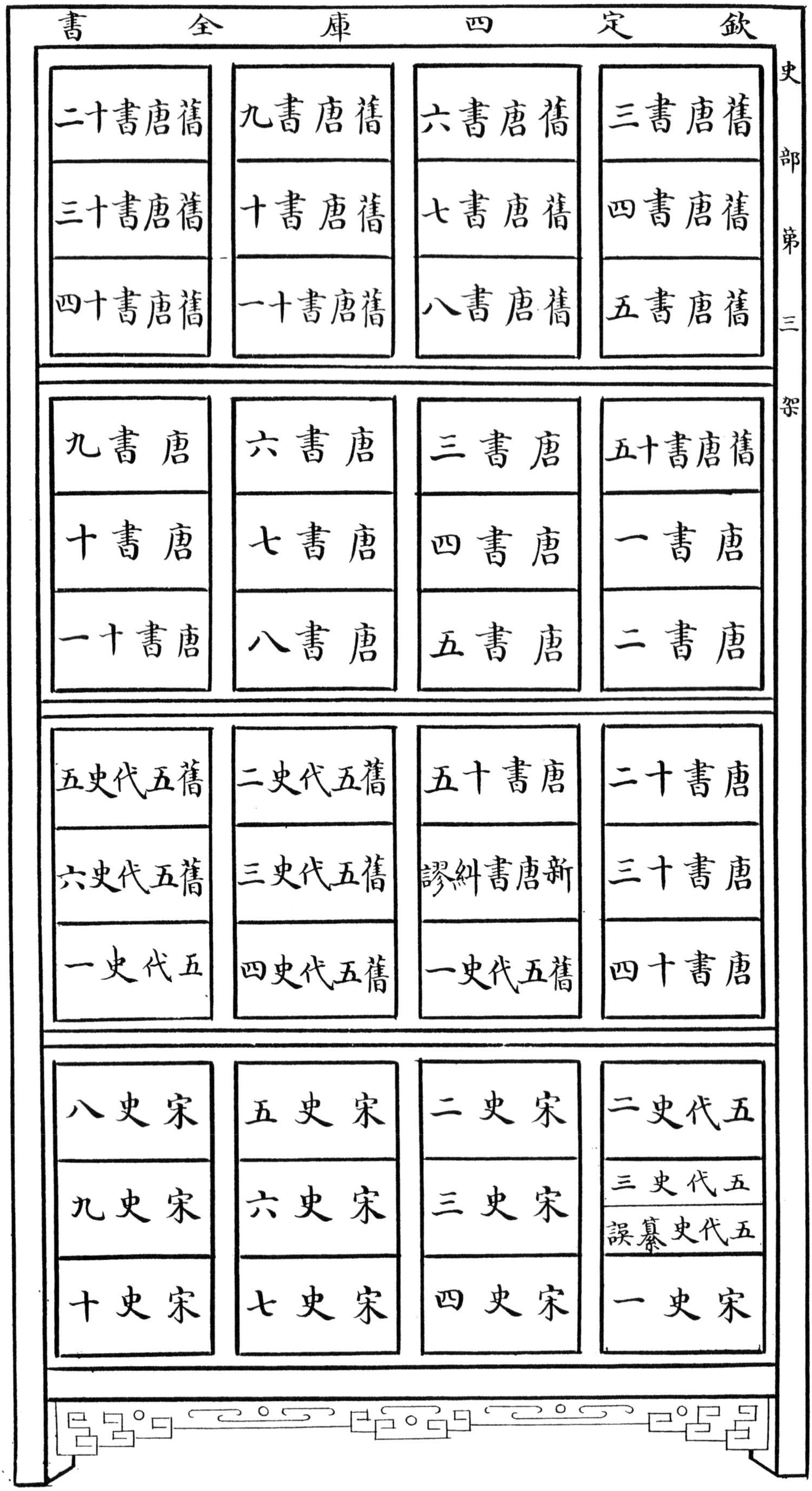

史部第三架

舊唐書三	舊唐書六	舊唐書九	舊唐書十二
舊唐書四	舊唐書七	舊唐書十	舊唐書十三
舊唐書五	舊唐書八	舊唐書十一	舊唐書十四

舊唐書十五	唐書三	唐書六	唐書九
唐書一	唐書四	唐書七	唐書十
唐書二	唐書五	唐書八	唐書十一

唐書十二	唐書十五	舊五代史二	舊五代史五
唐書十三	新唐書糾謬	舊五代史三	舊五代史六
唐書十四	舊五代史一	舊五代史四	五代史一

五代史二	宋史二	宋史五	宋史八
五代史三 五代史纂誤	宋史三	宋史六	宋史九
宋史一	宋史四	宋史七	宋史十

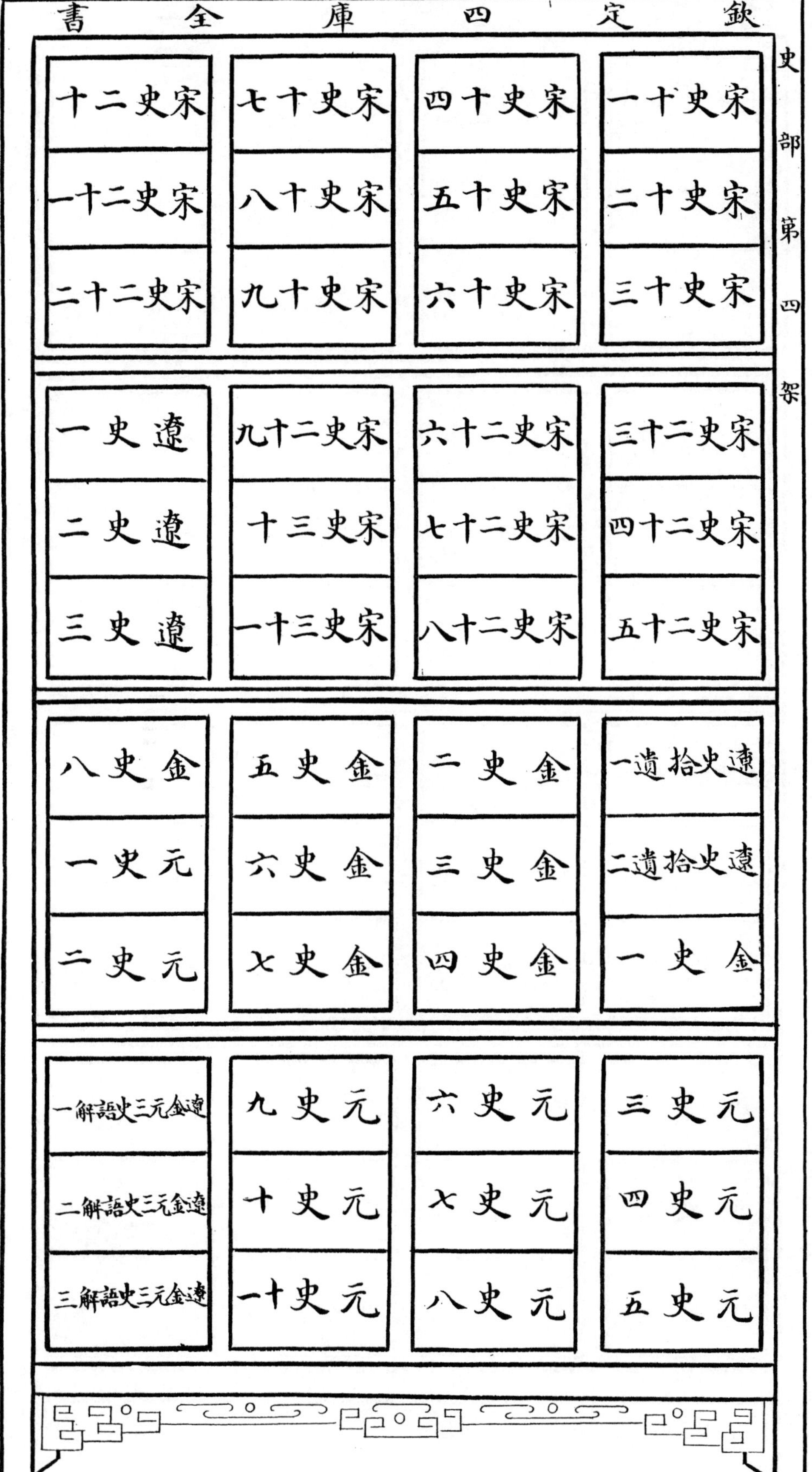
欽定四庫全書
史部第四架
宋史一十
宋史二十
宋史三十
宋史四十
宋史五十
宋史六十
宋史七十
宋史八十
宋史九十
宋史二十
宋史二十一
宋史二十二
宋史二十三
宋史二十四
宋史二十五
宋史二十六
宋史二十七
宋史二十八
宋史二十九
宋史三十
宋史三十一
遼史一
遼史二
遼史三
遼史拾遺一
遼史拾遺二
金史一
金史二
金史三
金史四
金史五
金史六
金史七
金史八
元史一
元史二
元史三
元史四
元史五
元史六
元史七
元史八
元史九
元史十
元史十一
遼金元三史語解一
遼金元三史語解二
遼金元三史語解三

史部第五架

明史一	明史四	明史七	明史十
明史二	明史五	明史八	明史十一
明史三	明史六	明史九	明史十二
明史十三	明史十六	明史十九	前漢紀
明史十四	明史十七	明史二十	後漢紀一
明史十五	明史十八	竹書紀年 竹書統箋	後漢紀二
元經 唐創業起居注	資治通鑑三	資治通鑑六	資治通鑑九
資治通鑑一	資治通鑑四	資治通鑑七	資治通鑑十
資治通鑑二	資治通鑑五	資治通鑑八	資治通鑑十一
資治通鑑十二	資治通鑑十五	資治通鑑十八	資治通鑑二十一
資治通鑑十三	資治通鑑十六	資治通鑑十九	資治通鑑二十二
資治通鑑十四	資治通鑑十七	資治通鑑二十	資治通鑑二十三

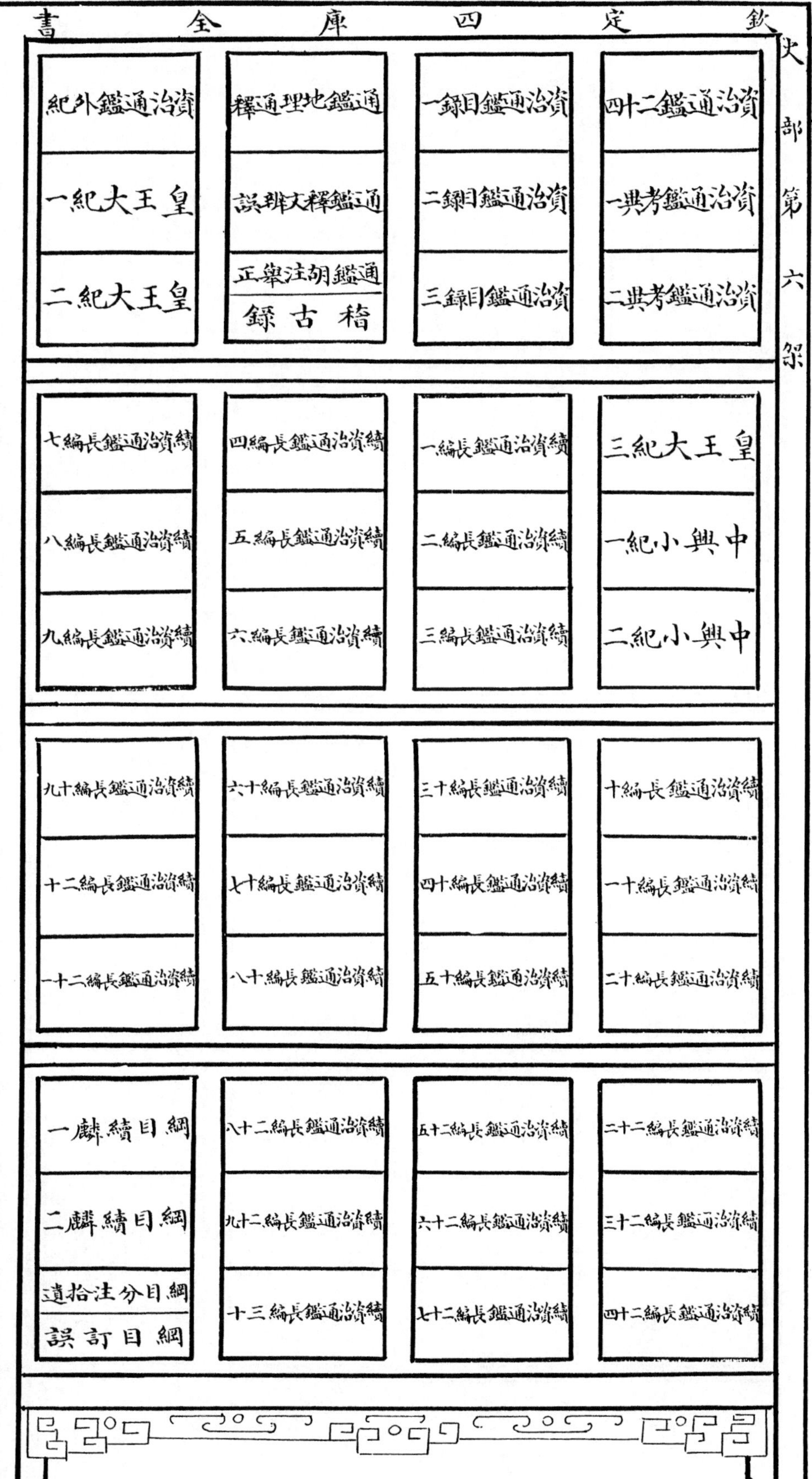
史部第六架
資治通鑑二十四
資治通鑑考異一
資治通鑑考異二
資治通鑑目錄一
資治通鑑目錄二
資治通鑑目錄三
通鑑地理通釋
通鑑釋文辯誤
通鑑胡注舉正
稽古錄
資治通鑑外紀
皇王大紀一
皇王大紀二
皇王大紀三
中興小紀一
中興小紀二
續資治通鑑長編一
續資治通鑑長編二
續資治通鑑長編三
續資治通鑑長編四
續資治通鑑長編五
續資治通鑑長編六
續資治通鑑長編七
續資治通鑑長編八
續資治通鑑長編九
續資治通鑑長編十
續資治通鑑長編十一
續資治通鑑長編十二
續資治通鑑長編十三
續資治通鑑長編十四
續資治通鑑長編十五
續資治通鑑長編十六
續資治通鑑長編十七
續資治通鑑長編十八
續資治通鑑長編十九
續資治通鑑長編二十
續資治通鑑長編二十一
續資治通鑑長編二十二
續資治通鑑長編二十三
續資治通鑑長編二十四
續資治通鑑長編二十五
續資治通鑑長編二十六
續資治通鑑長編二十七
續資治通鑑長編二十八
續資治通鑑長編二十九
續資治通鑑長編三十
綱目續麟一
綱目續麟二
綱目分注拾遺
綱目訂誤

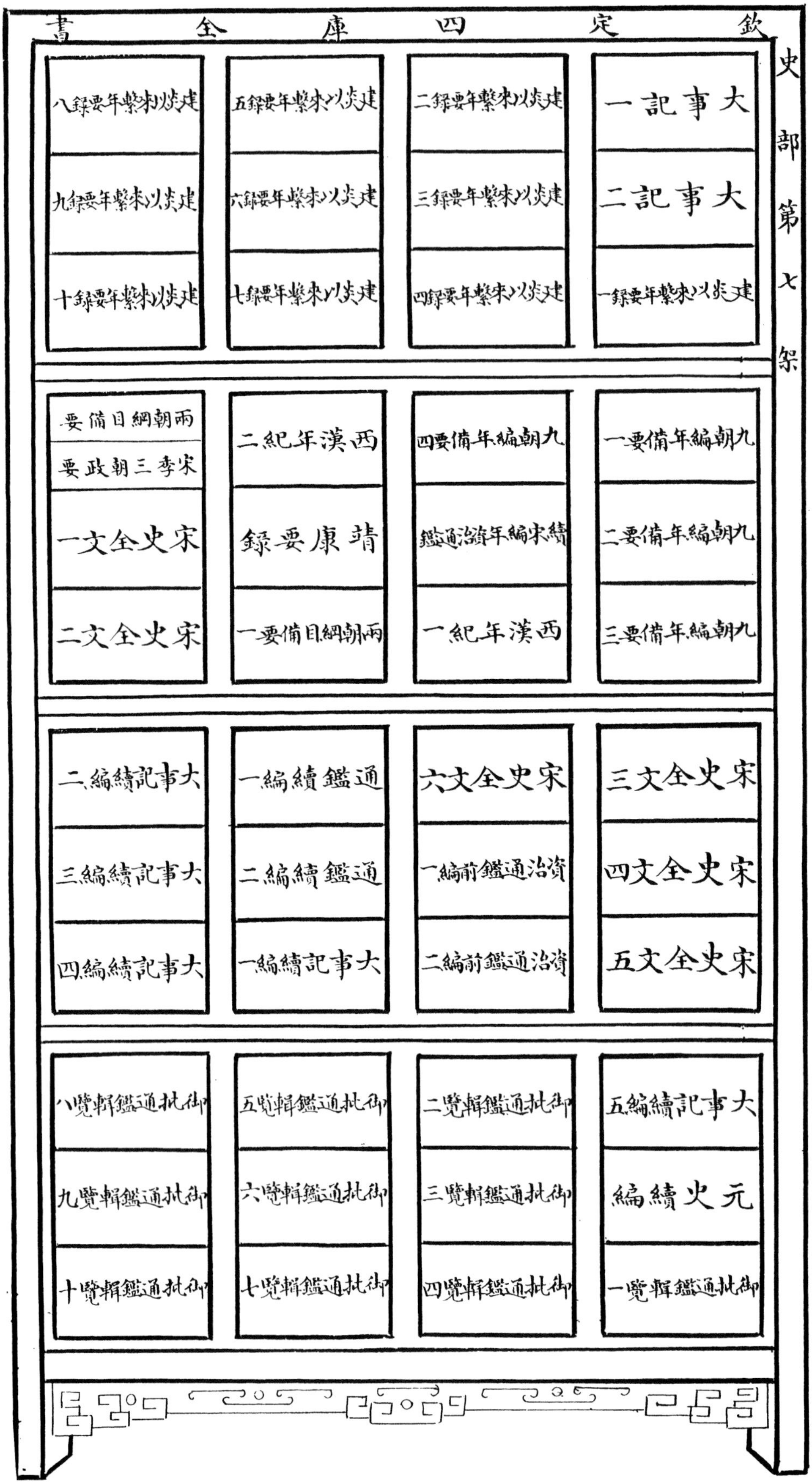

欽定四庫全書

史部第七架

大事記一	建炎以來繫年要錄二	建炎以來繫年要錄五	建炎以來繫年要錄八
大事記二	建炎以來繫年要錄三	建炎以來繫年要錄六	建炎以來繫年要錄九
建炎以來繫年要錄一	建炎以來繫年要錄四	建炎以來繫年要錄七	建炎以來繫年要錄十
九朝編年備要一	九朝編年備要四	西漢年紀二	兩朝綱目備要 宋季三朝政要
九朝編年備要二	續宋編年資治通鑑	靖康要錄	宋史全文一
九朝編年備要三	西漢年紀一	兩朝綱目備要一	宋史全文二
宋史全文三	宋史全文六	通鑑續編一	大事記續編二
宋史全文四	資治通鑑前編一	通鑑續編二	大事記續編三
宋史全文五	資治通鑑前編二	大事記續編一	大事記續編四
大事記續編五	御批通鑑輯覽二	御批通鑑輯覽五	御批通鑑輯覽八
元史續編	御批通鑑輯覽三	御批通鑑輯覽六	御批通鑑輯覽九
御批通鑑輯覽一	御批通鑑輯覽四	御批通鑑輯覽七	御批通鑑輯覽十

史部第八架

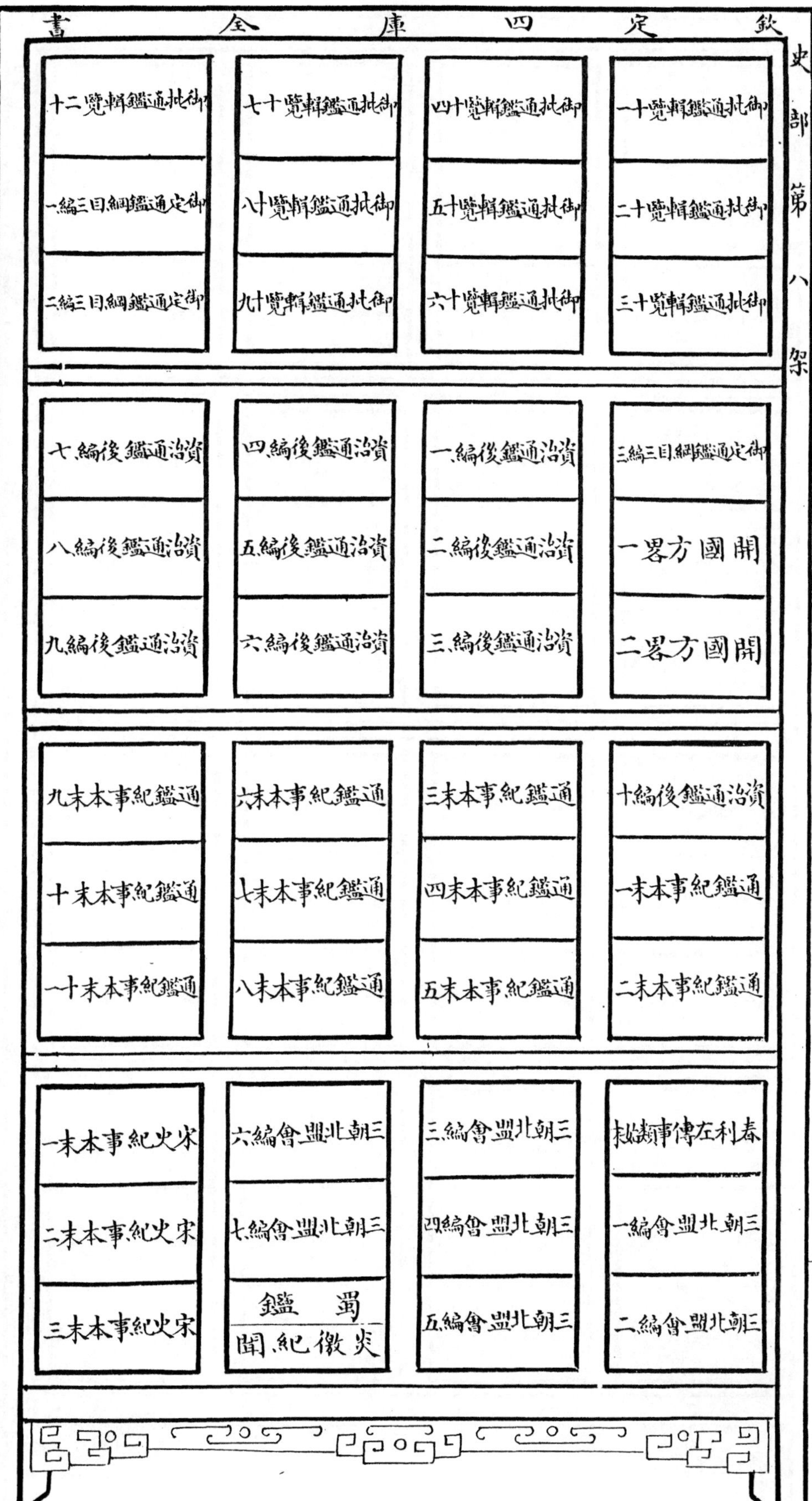
御批通鑑輯覽十一
御批通鑑輯覽十二
御批通鑑輯覽十三
御批通鑑輯覽十四
御批通鑑輯覽十五
御批通鑑輯覽十六
御批通鑑輯覽十七
御批通鑑輯覽十八
御批通鑑輯覽十九
御批通鑑輯覽二十
御定通鑑綱目三編一
御定通鑑綱目三編二
御定通鑑綱目三編三
開國方畧一
開國方畧二
資治通鑑後編一
資治通鑑後編二
資治通鑑後編三
資治通鑑後編四
資治通鑑後編五
資治通鑑後編六
資治通鑑後編七
資治通鑑後編八
資治通鑑後編九
資治通鑑後編十
通鑑紀事本末一
通鑑紀事本末二
通鑑紀事本末三
通鑑紀事本末四
通鑑紀事本末五
通鑑紀事本末六
通鑑紀事本末七
通鑑紀事本末八
通鑑紀事本末九
通鑑紀事本末十
通鑑紀事本末十一
春秋左傳事類始末
三朝北盟會編一
三朝北盟會編二
三朝北盟會編三
三朝北盟會編四
三朝北盟會編五
三朝北盟會編六
三朝北盟會編七
蜀鑑
炎徼紀聞
宋史紀事本末一
宋史紀事本末二
宋史紀事本末三

史部第九架

元史紀事本末
平定三逆方畧一
平定三逆方畧二

平定朔漠方畧一
平定朔漠方畧二
平定朔漠方畧三

平定朔漠方畧四
平定金川方畧一
平定金川方畧二

平定準噶爾方畧一
平定準噶爾方畧二
平定準噶爾方畧三

平定準噶爾方畧四
平定準噶爾方畧五
平定準噶爾方畧六

平定準噶爾方畧七
平定準噶爾方畧八
平定準噶爾方畧九

平定兩金川方畧一
平定兩金川方畧二
平定兩金川方畧三

平定兩金川方畧四
平定兩金川方畧五
平定兩金川方畧六

平定兩金川方畧七
欽定勦捕臨清逆匪紀畧
欽定蘭州紀畧

欽定石峯堡紀畧一
欽定石峯堡紀畧二
欽定臺灣紀畧一

欽定臺灣紀畧二
欽定臺灣紀畧三
欽定臺灣紀畧四

綏寇紀畧
滇考
明史紀事本末一

明史紀事本末二
明史紀事本末三
繹史一

繹史二
繹史三
繹史四

繹史五
繹史六
繹史七

繹史八
繹史九
繹史十

史部第十架

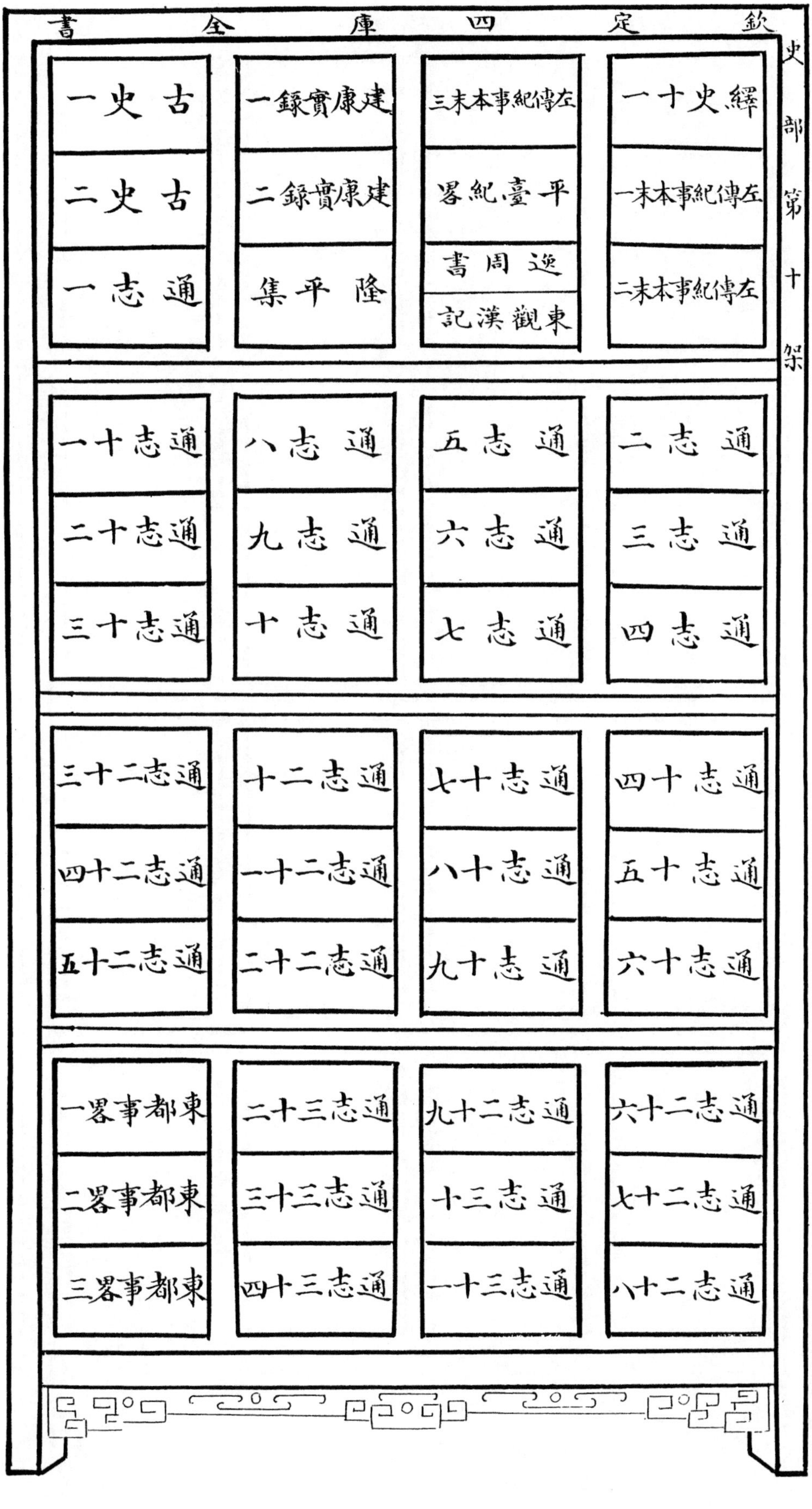

繹史十一	左傳紀事本末三	建康實錄一	古史一
左傳紀事本末一	平臺紀畧	建康實錄二	古史二
左傳紀事本末二	逸周書 東觀漢記	隆平集	通志一

通志二	通志五	通志八	通志十一
通志三	通志六	通志九	通志十二
通志四	通志七	通志十	通志十三

通志十四	通志十七	通志二十	通志二十三
通志十五	通志十八	通志二十一	通志二十四
通志十六	通志十九	通志二十二	通志二十五

通志二十六	通志二十九	通志三十二	東都事畧一
通志二十七	通志三十	通志三十三	東都事畧二
通志二十八	通志三十一	通志三十四	東都事畧三

史部第十一架

東都事畧四	路史三	古今紀要一	蕭氏續後漢書二
路史一	欽定重訂契丹國志	古今紀要二	郝氏續後漢書一
路史二	欽定重訂大金國志	蕭氏續後漢書一	郝氏續後漢書二

郝氏續後漢書三	郝氏續後漢書六	御定歷代紀事年表二	御定歷代紀事年表五
郝氏續後漢書四	春秋別典	御定歷代紀事年表三	御定歷代紀事年表六
郝氏續後漢書五	御定歷代紀事年表一	御定歷代紀事年表四	御定歷代紀事年表七

御定歷代紀事年表八	御定歷代紀事年表十一	御定歷代紀事年表十四	御定歷代紀事年表十七
御定歷代紀事年表九	御定歷代紀事年表十二	御定歷代紀事年表十五	御定歷代紀事年表十八
御定歷代紀事年表十	御定歷代紀事年表十三	御定歷代紀事年表十六	御定歷代紀事年表十九

欽定續通志一	欽定續通志四	欽定續通志七	欽定續通志十
欽定續通志二	欽定續通志五	欽定續通志八	欽定續通志十一
欽定續通志三	欽定續通志六	欽定續通志九	欽定續通志十二

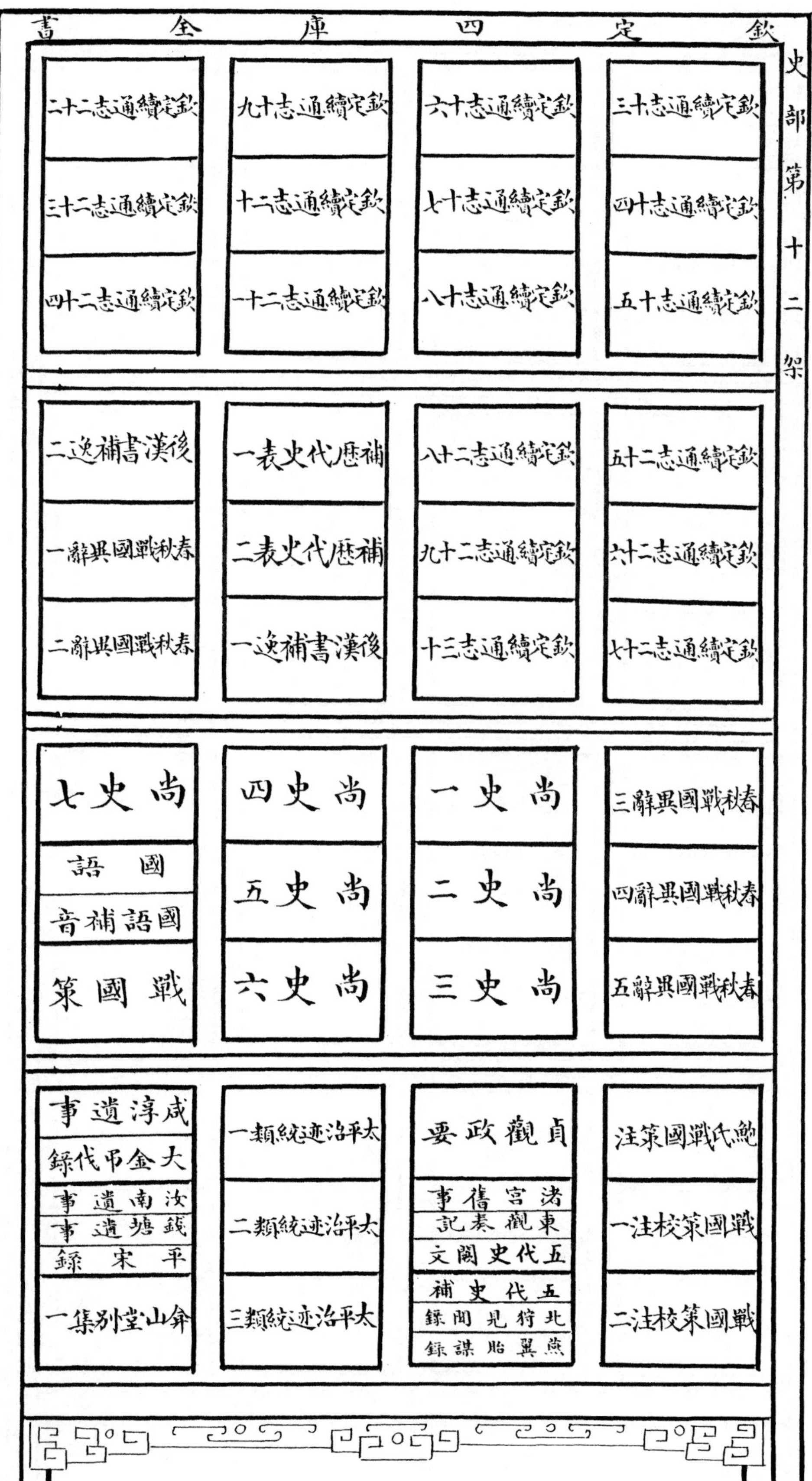
欽定續通志十三
欽定續通志十四
欽定續通志十五
欽定續通志十六
欽定續通志十七
欽定續通志十八
欽定續通志十九
欽定續通志二十
欽定續通志二十一
欽定續通志二十二
欽定續通志二十三
欽定續通志二十四
欽定續通志二十五
欽定續通志二十六
欽定續通志二十七
欽定續通志二十八
欽定續通志二十九
欽定續通志三十
補歷代史表一
補歷代史表二
後漢書補逸一
後漢書補逸二
春秋戰國異辭一
春秋戰國異辭二
春秋戰國異辭三
春秋戰國異辭四
春秋戰國異辭五
尚史一
尚史二
尚史三
尚史四
尚史五
尚史六
尚史七
國語
國語補音
戰國策
鮑氏戰國策注
戰國策校注一
戰國策校注二
貞觀政要
渚宮舊事
東觀奏記
五代史闕文
五代史補
北狩見聞錄
燕翼貽謀錄
太平治迹統類一
太平治迹統類二
太平治迹統類三
咸淳遺事
大金弔伐錄
汝南遺事
錢塘遺事
平宋錄
弇山堂別集一

史部第十三架

第一格			
弇山堂別集二	弇山堂別集五	太祖高皇帝聖訓 太宗文皇帝聖訓 世祖章皇帝聖訓	聖祖仁皇帝聖訓三
弇山堂別集三	弇山堂別集六 革除逸史	聖祖仁皇帝聖訓一	世宗憲皇帝聖訓一
弇山堂別集四	蒙古源流	聖祖仁皇帝聖訓二	世宗憲皇帝聖訓二

第二格			
上諭八旗	上諭内閣一	上諭内閣四	上諭内閣七
上諭旗務議覆	上諭内閣二	上諭内閣五	硃批諭旨一
諭行旗務奏議	上諭内閣三	上諭内閣六	硃批諭旨二

第三格			
硃批諭旨三	硃批諭旨六	硃批諭旨九	硃批諭旨十二
硃批諭旨四	硃批諭旨七	硃批諭旨十	硃批諭旨十三
硃批諭旨五	硃批諭旨八	硃批諭旨十一	硃批諭旨十四

第四格			
硃批諭旨十五	硃批諭旨十八	硃批諭旨二十一	硃批諭旨二十四
硃批諭旨十六	硃批諭旨十九	硃批諭旨二十二	硃批諭旨二十五
硃批諭旨十七	硃批諭旨二十	硃批諭旨二十三	硃批諭旨二十六

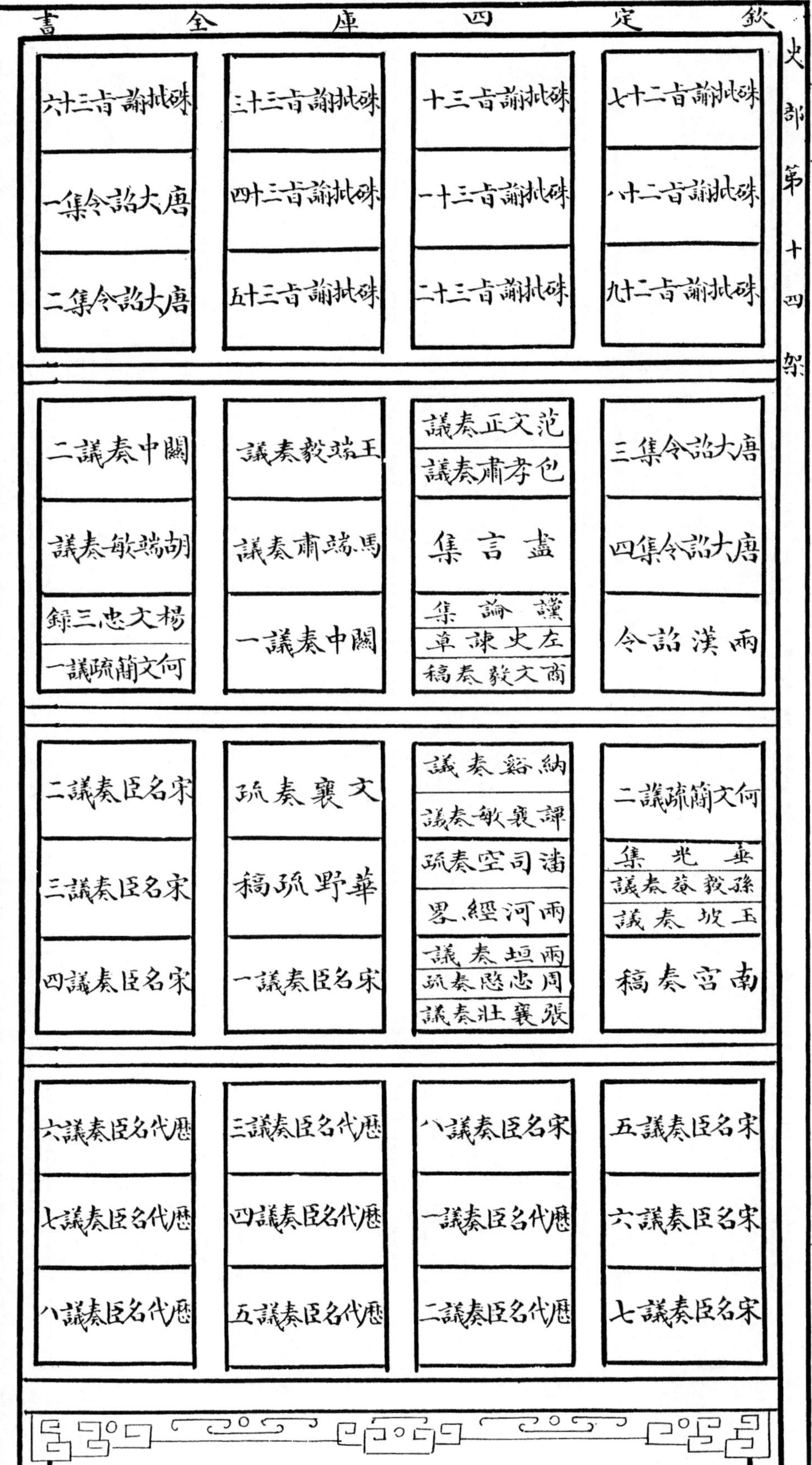
史部第十四架
硃批諭旨二十七
硃批諭旨二十八
硃批諭旨二十九
硃批諭旨三十
硃批諭旨三十一
硃批諭旨三十二
硃批諭旨三十三
硃批諭旨三十四
硃批諭旨三十五
硃批諭旨三十六
唐大詔令集一
唐大詔令集二
唐大詔令集三
唐大詔令集四
兩漢詔令
范文正奏議
包孝肅奏議
盡言集
讜論集
左史諫草
商文毅奏稿
王端毅奏議
馬端肅奏議
關中奏議一
關中奏議二
胡端敏奏議
楊文忠三錄
何文簡疏議一
何文簡疏議二
垂光集
孫毅菴奏議
玉坡奏議
南宮奏稿
納谿奏議
譚襄敏奏議
潘司空奏疏
兩河經略
兩垣奏議
周忠愍奏疏
張襄壯奏議
文襄奏疏
華野疏稿
宋名臣奏議一
宋名臣奏議二
宋名臣奏議三
宋名臣奏議四
宋名臣奏議五
宋名臣奏議六
宋名臣奏議七
宋名臣奏議八
歷代名臣奏議一
歷代名臣奏議二
歷代名臣奏議三
歷代名臣奏議四
歷代名臣奏議五
歷代名臣奏議六
歷代名臣奏議七
歷代名臣奏議八

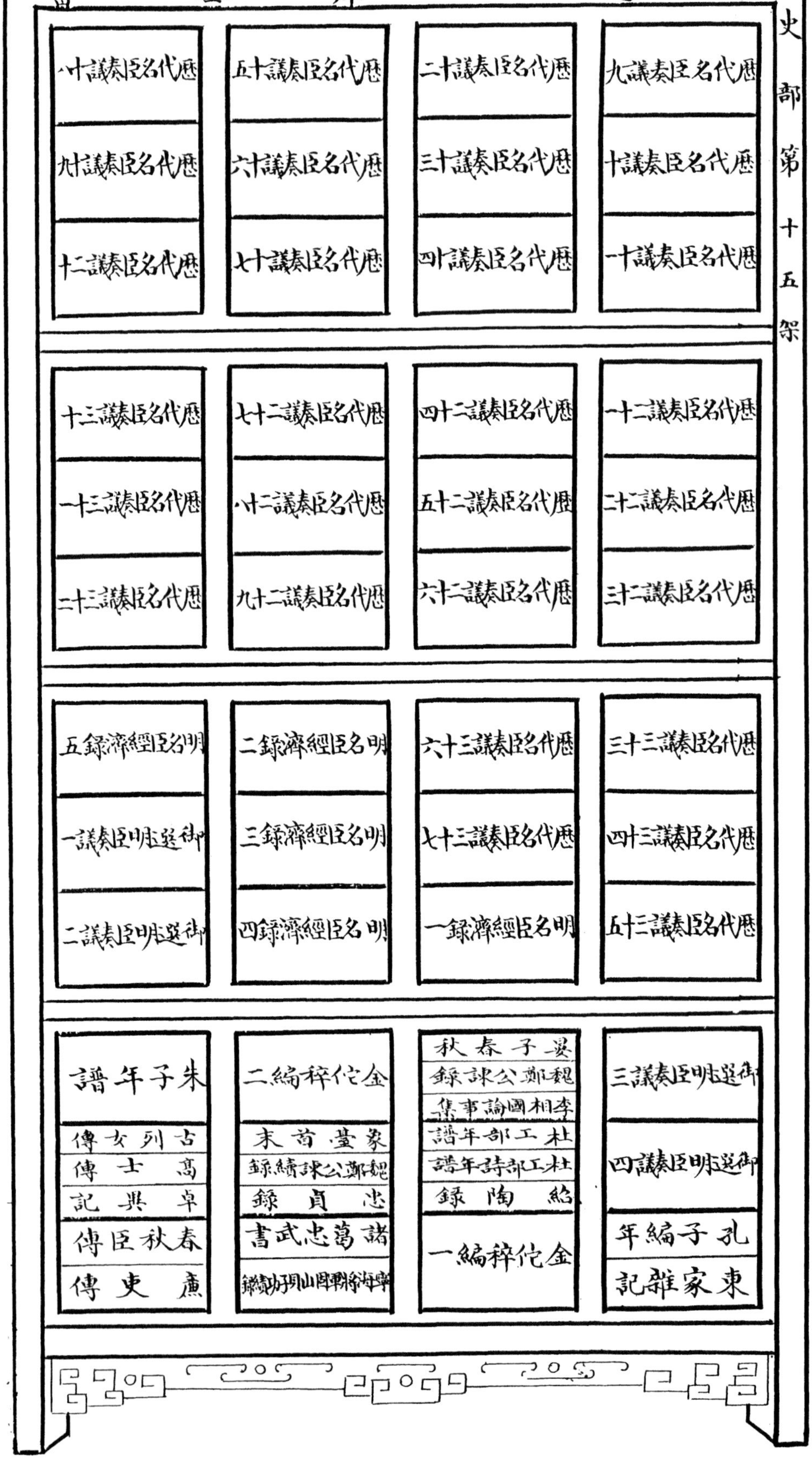

史部第十五架

歷代名臣奏議九
歷代名臣奏議十
歷代名臣奏議十一

歷代名臣奏議十二
歷代名臣奏議十三
歷代名臣奏議十四

歷代名臣奏議十五
歷代名臣奏議十六
歷代名臣奏議十七

歷代名臣奏議十八
歷代名臣奏議十九
歷代名臣奏議二十

歷代名臣奏議二十一
歷代名臣奏議二十二
歷代名臣奏議二十三

歷代名臣奏議二十四
歷代名臣奏議二十五
歷代名臣奏議二十六

歷代名臣奏議二十七
歷代名臣奏議二十八
歷代名臣奏議二十九

歷代名臣奏議三十
歷代名臣奏議三十一
歷代名臣奏議三十二

歷代名臣奏議三十三
歷代名臣奏議三十四
歷代名臣奏議三十五

歷代名臣奏議三十六
歷代名臣奏議三十七
明名臣經濟錄一

明名臣經濟錄二
明名臣經濟錄三
明名臣經濟錄四

明名臣經濟錄五
御選明臣奏議一
御選明臣奏議二

御選明臣奏議三
御選明臣奏議四
孔子編年
東家雜記

晏子春秋
魏鄭公諫錄
李相國論事集
杜工部年譜
杜工部詩年譜
紹陶錄
金佗稡編一

金佗稡編二
象臺首末
魏鄭公諫續錄
忠貞錄
諸葛忠武書
寧海將軍固山貝子功績錄

朱子年譜
古列女傳
高士傳
卓異記
春秋臣傳
廉吏傳

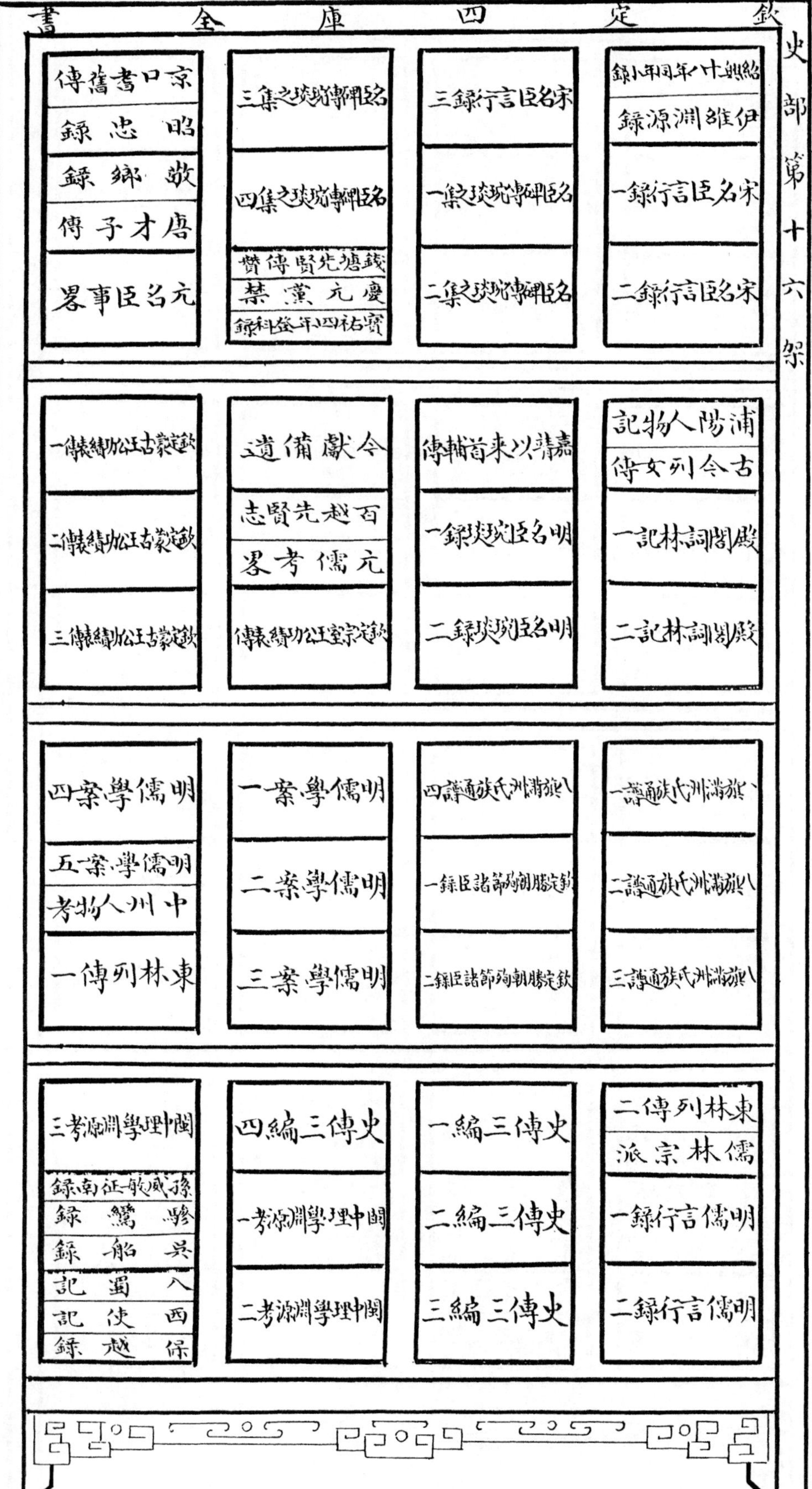
欽定四庫全書
史部第十六架
紹興十八年同年小錄
伊雒淵源錄
宋名臣言行錄一
宋名臣言行錄二
宋名臣言行錄三
名臣碑傳琬琰之集一
名臣碑傳琬琰之集二
名臣碑傳琬琰之集三
名臣碑傳琬琰之集四
錢塘先賢傳贊
慶元黨禁
寶祐四年登科錄
京口耆舊傳
昭忠錄
敬鄉錄
唐才子傳
元名臣事畧
浦陽人物記
古今列女傳
殿閣詞林記一
殿閣詞林記二
嘉靖以來首輔傳
明名臣琬琰錄一
明名臣琬琰錄二
今獻備遺
百越先賢志
元儒考畧
欽定宗室王公功績表傳
欽定蒙古王公功績表傳一
欽定蒙古王公功績表傳二
欽定蒙古王公功績表傳三
八旗滿洲氏族通譜一
八旗滿洲氏族通譜二
八旗滿洲氏族通譜三
八旗滿洲氏族通譜四
欽定勝朝殉節諸臣錄一
欽定勝朝殉節諸臣錄二
明儒學案一
明儒學案二
明儒學案三
明儒學案四
明儒學案五
中州人物考
東林列傳一
東林列傳二
儒林宗派
明儒言行錄一
明儒言行錄二
史傳三編一
史傳三編二
史傳三編三
史傳三編四
閩中理學淵源考一
閩中理學淵源考二
閩中理學淵源考三
孫威敏征南錄
驂鸞錄
吳船錄
入蜀記
西使記
保越錄

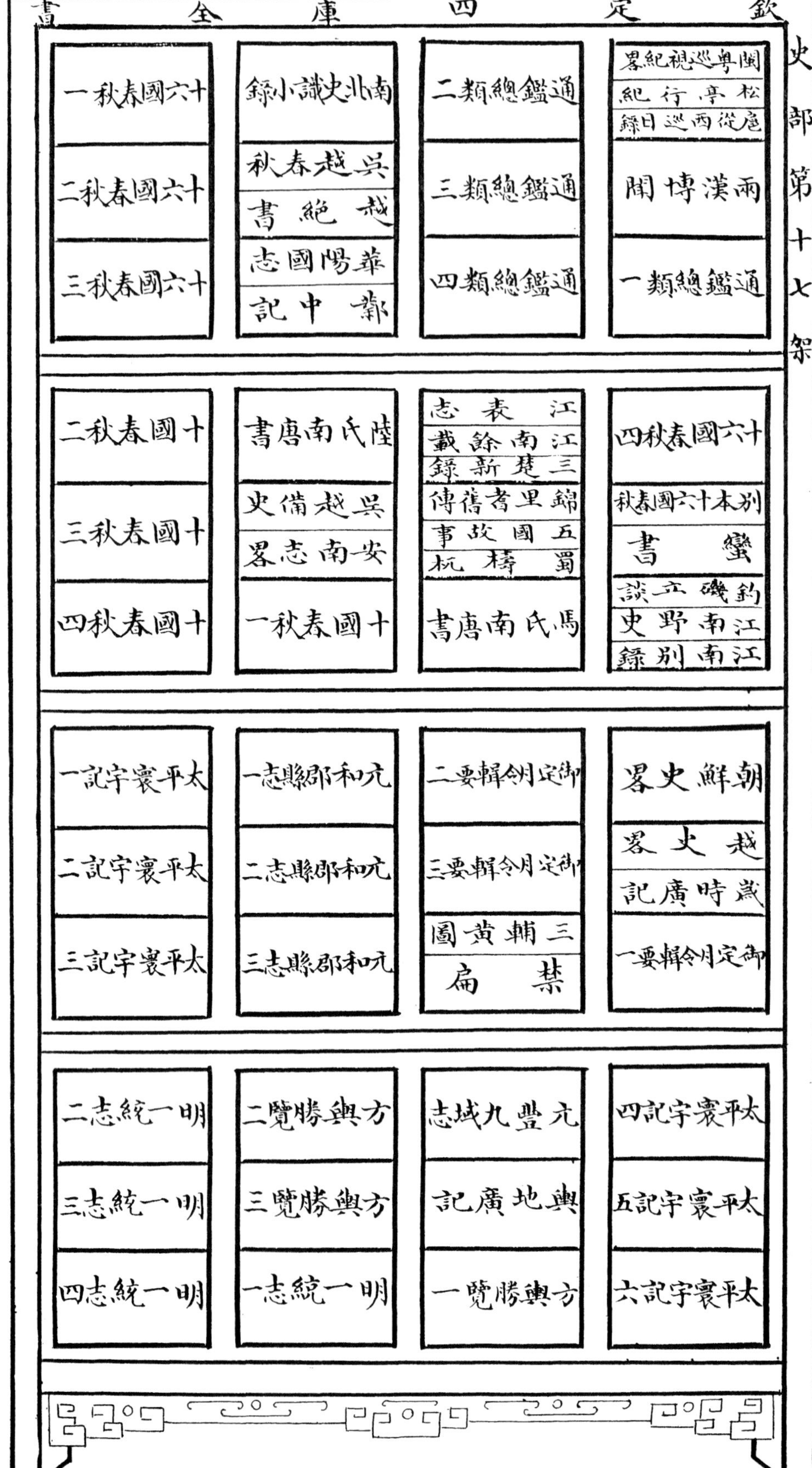

欽定四庫全書
史部第十七架
閩粵巡視紀畧
松亭行紀
扈從西巡日錄
兩漢博聞
通鑑總類一
通鑑總類二
通鑑總類三
通鑑總類四
南北史識小錄
吳越春秋
越絕書
華陽國志
鄴中記
十六國春秋一
十六國春秋二
十六國春秋三
十六國春秋四
別本十六國春秋
蠻書
釣磯立談
江南野史
江南別錄
江表志
江南餘載
三楚新錄
錦里耆舊傳
五國故事
蜀檮杌
馬氏南唐書
陸氏南唐書
吳越備史
安南志畧
十國春秋一
十國春秋二
十國春秋三
十國春秋四
朝鮮史畧
越史畧
歲時廣記
御定月令輯要一
御定月令輯要二
御定月令輯要三
三輔黃圖
禁扁
元和郡縣志一
元和郡縣志二
元和郡縣志三
太平寰宇記一
太平寰宇記二
太平寰宇記三
太平寰宇記四
太平寰宇記五
太平寰宇記六
元豐九域志
輿地廣記
方輿勝覽一
方輿勝覽二
方輿勝覽三
明一統志一
明一統志二
明一統志三
明一統志四

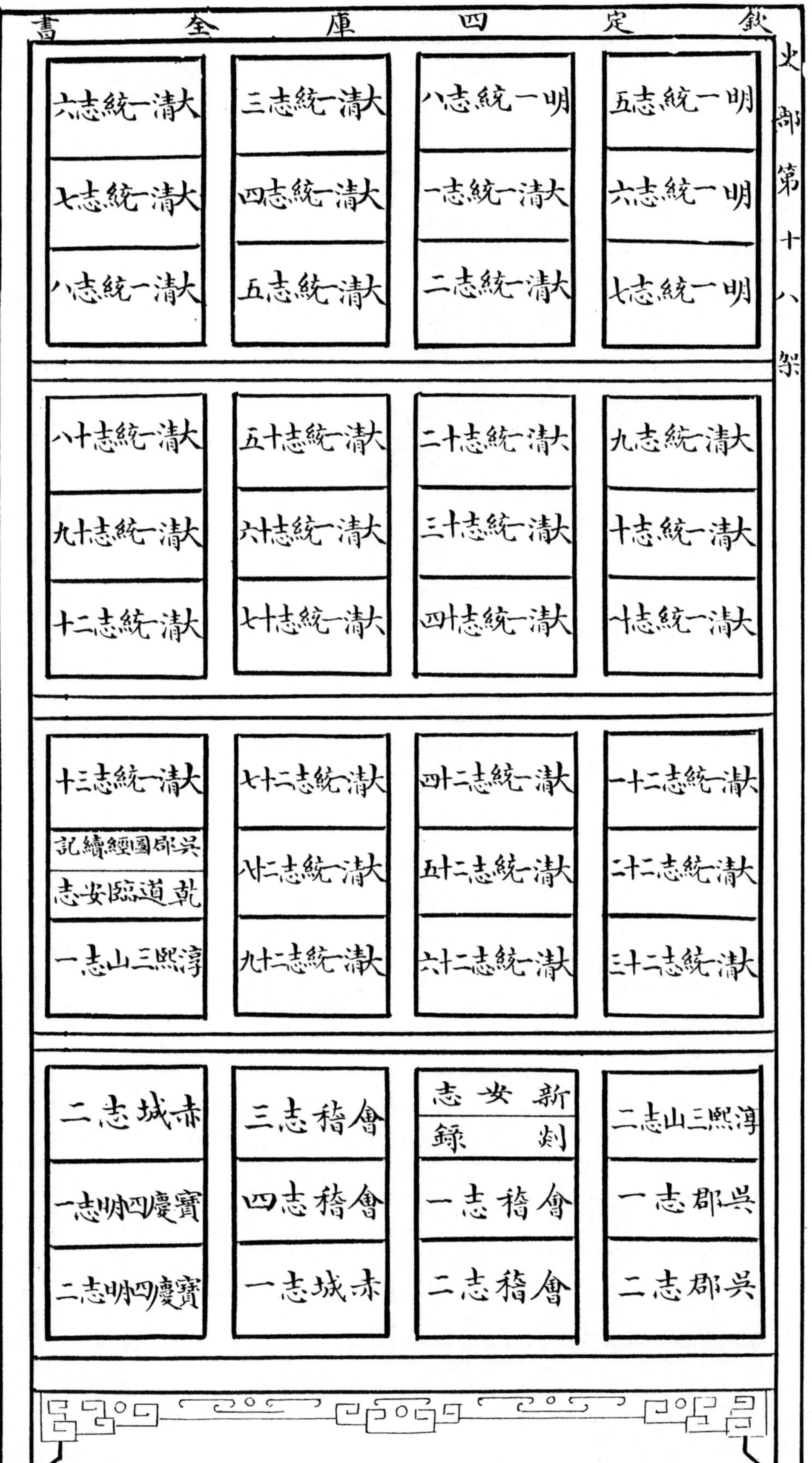
欽定四庫全書
史部第十八架
明一統志五
明一統志六
明一統志七
明一統志八
大清一統志一
大清一統志二
大清一統志三
大清一統志四
大清一統志五
大清一統志六
大清一統志七
大清一統志八
大清一統志九
大清一統志十
大清一統志十一
大清一統志十二
大清一統志十三
大清一統志十四
大清一統志十五
大清一統志十六
大清一統志十七
大清一統志十八
大清一統志十九
大清一統志二十
大清一統志二十一
大清一統志二十二
大清一統志二十三
大清一統志二十四
大清一統志二十五
大清一統志二十六
大清一統志二十七
大清一統志二十八
大清一統志二十九
大清一統志三十
吳郡圖經續記
乾道臨安志
淳熙三山志一
淳熙三山志二
吳郡志一
吳郡志二
新安志
剡錄
會稽志一
會稽志二
會稽志三
會稽志四
赤城志一
赤城志二
寶慶四明志一
寶慶四明志二

史部第十九架

海鹽澉水志 景定嚴州續志	景定建康志三	咸淳臨安志一	咸淳臨安志四
景定建康志一	景定建康志四	咸淳臨安志二	咸淳臨安志五
景定建康志二	景定建康志五	咸淳臨安志三	至元嘉禾志

昌國州圖志 延祐四明志一	至大金陵新志一	姑蘇志一	姑蘇志四
延祐四明志二	至大金陵新志二	姑蘇志二	姑蘇志五
齊乘	至大金陵新志三 無錫縣志	姑蘇志三	武功縣志 朝邑縣志 嶺海輿圖

滇略	欽定熱河志一	欽定熱河志四	欽定日下舊聞考一
吳興備志一	欽定熱河志二	欽定熱河志五	欽定日下舊聞考二
吳興備志二	欽定熱河志三	欽定熱河志六	欽定日下舊聞考三

欽定日下舊聞考四	欽定日下舊聞考七	滿洲源流考二	欽定皇輿西域志三
欽定日下舊聞考五	欽定日下舊聞考八	欽定皇輿西域志一	欽定皇輿西域志四
欽定日下舊聞考六	滿洲源流考一	欽定皇輿西域志二	皇清職貢圖

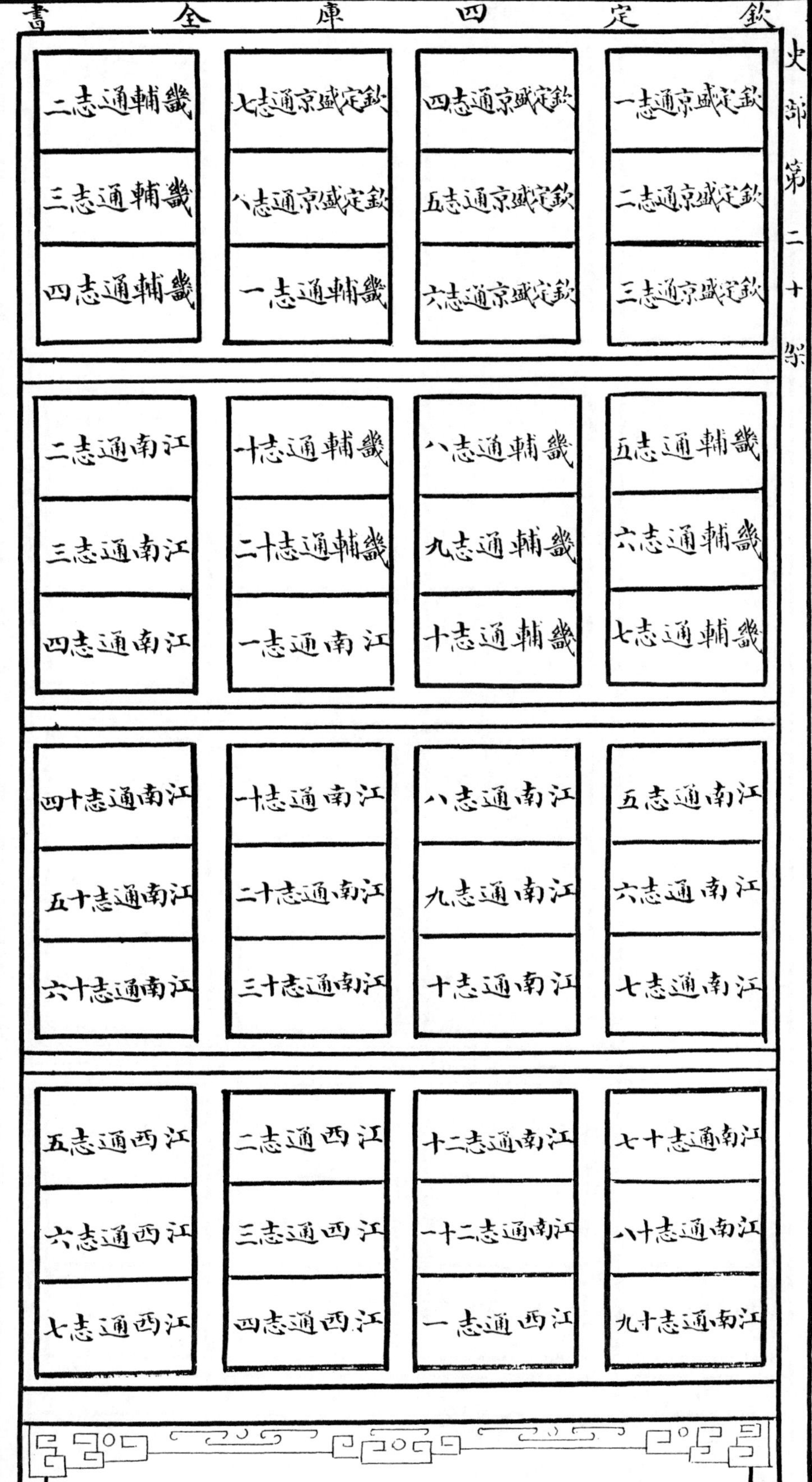

欽定盛京通志一
欽定盛京通志二
欽定盛京通志三
欽定盛京通志四
欽定盛京通志五
欽定盛京通志六
欽定盛京通志七
欽定盛京通志八
畿輔通志一
畿輔通志二
畿輔通志三
畿輔通志四
畿輔通志五
畿輔通志六
畿輔通志七
畿輔通志八
畿輔通志九
畿輔通志十
畿輔通志十一
畿輔通志十二
江南通志一
江南通志二
江南通志三
江南通志四
江南通志五
江南通志六
江南通志七
江南通志八
江南通志九
江南通志十
江南通志十一
江南通志十二
江南通志十三
江南通志十四
江南通志十五
江南通志十六
江南通志十七
江南通志十八
江南通志十九
江南通志二十
江南通志二十一
江西通志一
江西通志二
江西通志三
江西通志四
江西通志五
江西通志六
江西通志七

史部第二十一架

江西通志八	江西通志十一	江西通志十四	江西通志十七
江西通志九	江西通志十二	江西通志十五	江西通志十八
江西通志十	江西通志十三	江西通志十六	江西通志十九
江西通志二十	浙江通志一	浙江通志四	浙江通志七
江西通志二十一	浙江通志二	浙江通志五	浙江通志八
江西通志二十二	浙江通志三	浙江通志六	浙江通志九
浙江通志十	浙江通志十三	浙江通志十六	浙江通志十九
浙江通志十一	浙江通志十四	浙江通志十七	浙江通志二十
浙江通志十二	浙江通志十五	浙江通志十八	浙江通志二十一
浙江通志二十二	浙江通志二十五	福建通志三	福建通志六
浙江通志二十三	福建通志一	福建通志四	福建通志七
浙江通志二十四	福建通志二	福建通志五	福建通志八

史部第二十二架

湖廣通志八	湖廣通志五	湖廣通志二	福建通志九
湖廣通志九	湖廣通志六	湖廣通志三	福建通志十
湖廣通志十	湖廣通志七	湖廣通志四	湖廣通志一

河南通志七	河南通志四	河南通志一	湖廣通志十一
河南通志八	河南通志五	河南通志二	湖廣通志十二
河南通志九	河南通志六	河南通志三	湖廣通志十三

山東通志八	山東通志五	山東通志二	河南通志十
山東通志九	山東通志六	山東通志三	河南通志十一
山東通志十	山東通志七	山東通志四	山東通志一

山西通志十	山西通志七	山西通志四	山西通志一
山西通志十一	山西通志八	山西通志五	山西通志二
山西通志十二	山西通志九	山西通志六	山西通志三

史部第二十三架

山西通志十三	山西通志十六	山西通志十九	山西通志二十二
山西通志十四	山西通志十七	山西通志二十	山西通志二十三
山西通志十五	山西通志十八	山西通志二十一	山西通志二十四
山西通志二十五	山西通志二十八	陝西通志三	陝西通志六
山西通志二十六	陝西通志一	陝西通志四	陝西通志七
山西通志二十七	陝西通志二	陝西通志五	陝西通志八
陝西通志九	陝西通志十二	陝西通志十五	陝西通志十八
陝西通志十	陝西通志十三	陝西通志十六	陝西通志十九
陝西通志十一	陝西通志十四	陝西通志十七	陝西通志二十
陝西通志二十一	甘肅通志二	甘肅通志五	四川通志三
陝西通志二十二	甘肅通志三	四川通志一	四川通志四
甘肅通志一	甘肅通志四	四川通志二	四川通志五

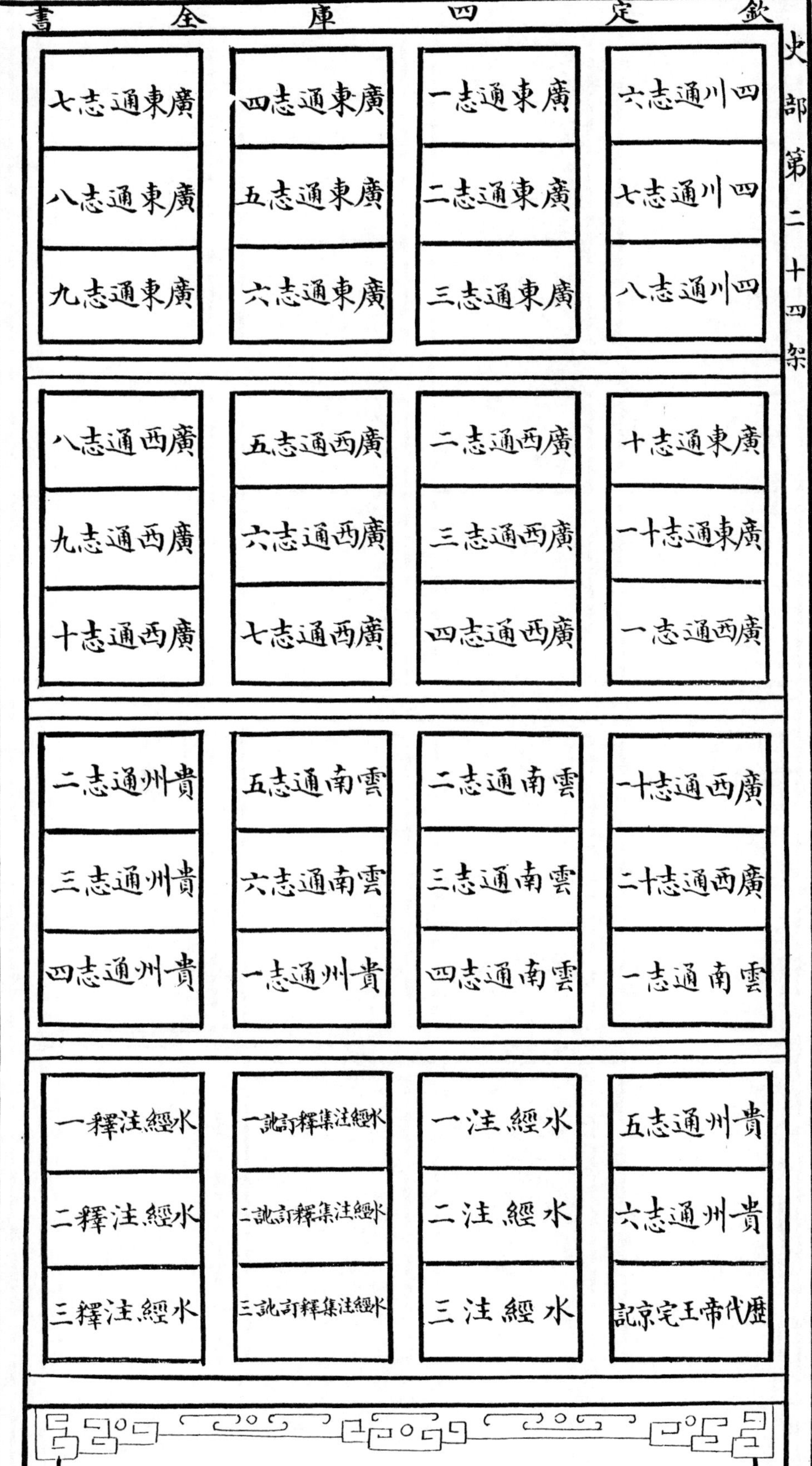
欽定四庫全書
四川通志六
四川通志七
四川通志八
廣東通志一
廣東通志二
廣東通志三
廣東通志四
廣東通志五
廣東通志六
廣東通志七
廣東通志八
廣東通志九
廣東通志十
廣東通志十一
廣西通志一
廣西通志二
廣西通志三
廣西通志四
廣西通志五
廣西通志六
廣西通志七
廣西通志八
廣西通志九
廣西通志十
廣西通志十一
廣西通志十二
雲南通志一
雲南通志二
雲南通志三
雲南通志四
雲南通志五
雲南通志六
貴州通志一
貴州通志二
貴州通志三
貴州通志四
貴州通志五
貴州通志六
歷代帝王宅京記
水經注一
水經注二
水經注三
水經注集釋訂訛一
水經注集釋訂訛二
水經注集釋訂訛三
水經注釋一
水經注釋二
水經注釋三

史部第二十四架

水經注釋四
吳中水利書
四明它山水利備覽
河防通議
治河圖略
浙江水利書

河防一覽一
河防一覽二
三吳水利錄
北河紀

敬止集
三吳水考一
三水水考二

吳中水利全書一
吳中水利全書二
吳中水利全書三

吳中水利全書四
河源紀略一
河源紀略二

崑崙河源考
兩河清彙
居濟一得
治河奏績書
直隸河渠志

行水金鑑一
行水金鑑二
行水金鑑三

行水金鑑四
行水金鑑五
行水金鑑六

行水金鑑七
行水金鑑八
行水金鑑九

水道提綱
海塘錄一
海塘錄二

籌海圖編一
籌海圖編二
鄭開陽雜著

南嶽小錄
廬山記
赤松山志
西湖遊覽志一
西湖遊覽志二

西湖遊覽志三
桂勝桂故
欽定盤山志

西湖志纂
洛陽伽藍記
吳地記
長安志
洛陽名園記

雍錄
洞霄圖志
長安志圖
汴京遺跡志一
汴京遺跡志二

武林梵志一
武林梵志二
江城名蹟
營平二州地名記
金鼇退食筆記
石柱記箋釋

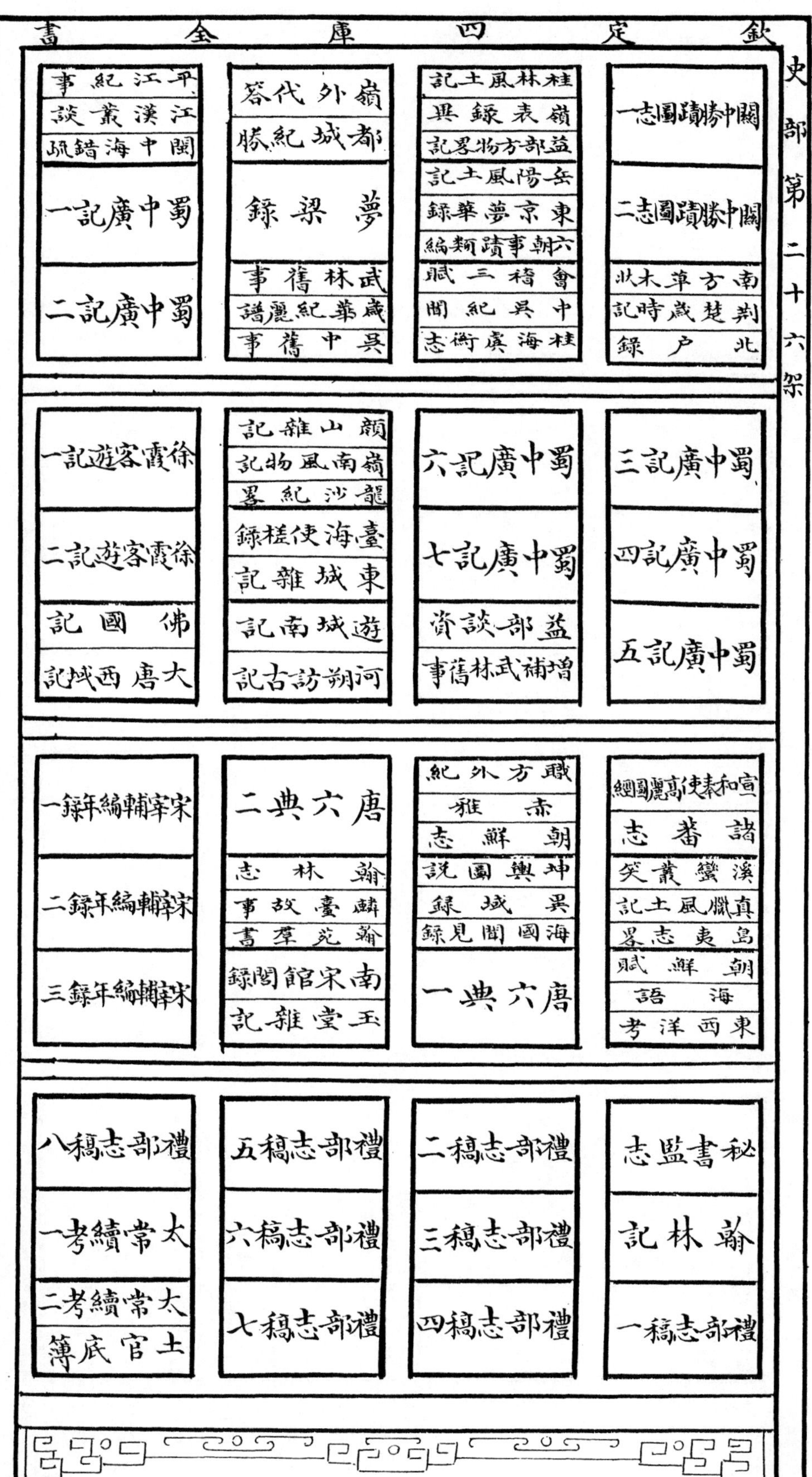
關中勝蹟圖志一
關中勝蹟圖志二
南方草木狀
荊楚歲時記
北戶錄
桂林風土記
嶺表錄異
益部方物略記
岳陽風土記
東京夢華錄
六朝事蹟編類
會稽三賦
中吳紀聞
桂海虞衡志
嶺外代答
都城紀勝
夢粱錄
武林舊事
歲華紀麗譜
吳中舊事
平江紀事
江漢叢談
閩中海錯疏
蜀中廣記一
蜀中廣記二
蜀中廣記三
蜀中廣記四
蜀中廣記五
蜀中廣記六
蜀中廣記七
益部談資
增補武林舊事
顏山雜記
嶺南風物記
龍沙紀略
臺海使槎錄
東城雜記
遊城南記
河朔訪古記
徐霞客遊記一
徐霞客遊記二
佛國記
大唐西域記
宣和奉使高麗圖經
諸蕃志
溪蠻叢笑
真臘風土記
島夷志略
朝鮮賦
海語
東西洋考
職方外紀
赤雅
朝鮮志
坤輿圖說
異域錄
海國聞見錄
唐六典一
唐六典二
翰林志
麟臺故事
翰苑羣書
南宋館閣錄
玉堂雜記
宋宰輔編年錄一
宋宰輔編年錄二
宋宰輔編年錄三
秘書監志
翰林記
禮部志稿一
禮部志稿二
禮部志稿三
禮部志稿四
禮部志稿五
禮部志稿六
禮部志稿七
禮部志稿八
太常續考一
太常續考二
土官底簿

史部第二十七架

詞林典故 欽定國子監志一 欽定國子監志二	欽定國子監志三 歷代職官表一 歷代職官表二	歷代職官表三 歷代職官表四 歷代職官表五	歷代職官表六 州縣提綱 官箴 百官箴 晝簾緒論 三事忠告 御定人臣儆心錄
通典一 通典二 通典三	通典四 通典五 通典六	通典七 通典八 通典九	通典十 唐會要一 唐會要二
唐會要三 唐會要四 唐會要五	五代會要 宋朝事寔 建炎雜記一	建炎雜記二 西漢會要一 西漢會要二	東漢會要一 東漢會要二 漢制考 文獻通考一
文獻通考二 文獻通考三 文獻通考四	文獻通考五 文獻通考六 文獻通考七	文獻通考八 文獻通考九 文獻通考十	文獻通考十一 文獻通考十二 文獻通考十三

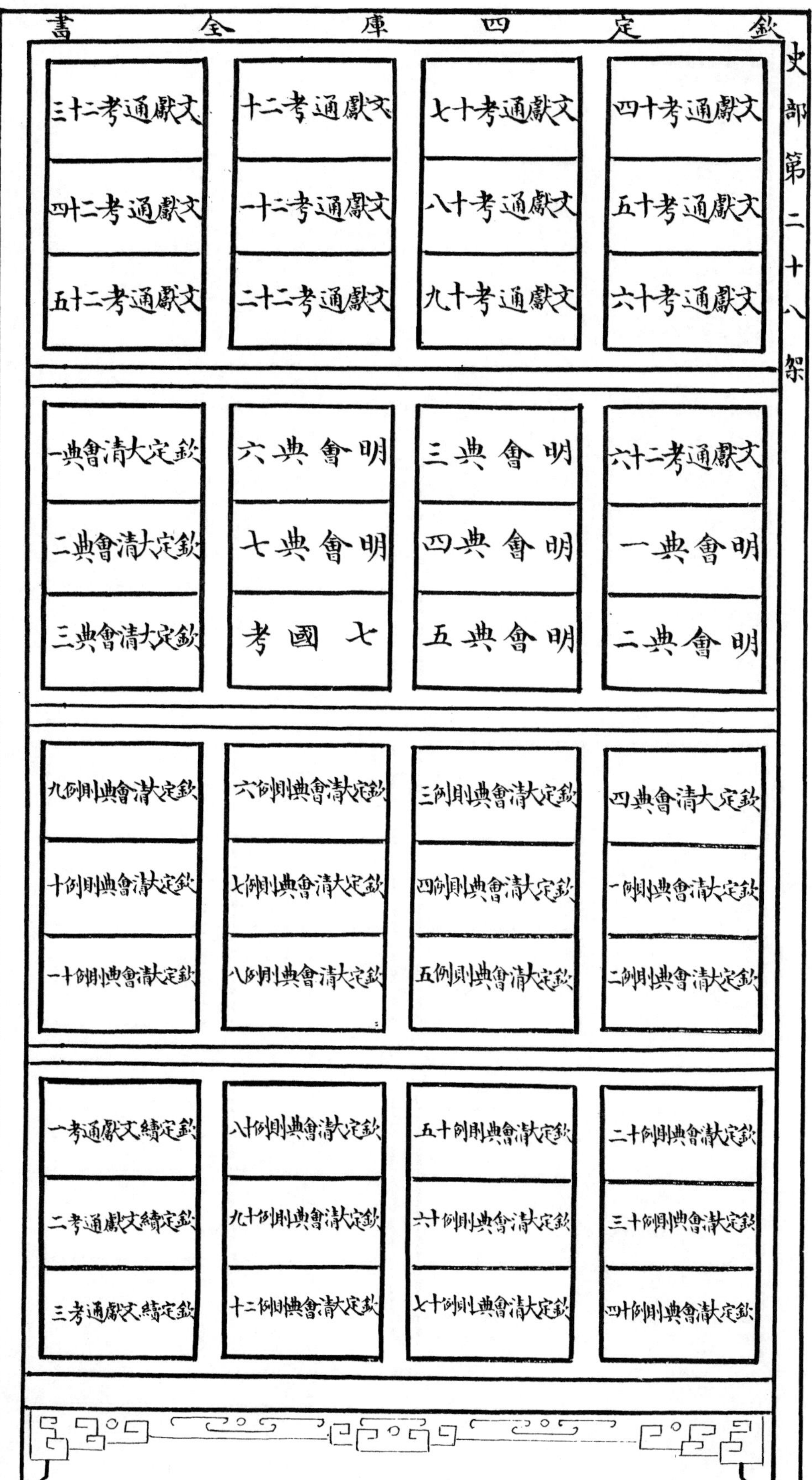

欽定四庫全書
史部第二十八架
文獻通考十四
文獻通考十五
文獻通考十六
文獻通考十七
文獻通考十八
文獻通考十九
文獻通考二十
文獻通考二十一
文獻通考二十二
文獻通考二十三
文獻通考二十四
文獻通考二十五
文獻通考二十六
明會典一
明會典二
明會典三
明會典四
明會典五
明會典六
明會典七
七國考
欽定大清會典一
欽定大清會典二
欽定大清會典三
欽定大清會典四
欽定大清會典則例一
欽定大清會典則例二
欽定大清會典則例三
欽定大清會典則例四
欽定大清會典則例五
欽定大清會典則例六
欽定大清會典則例七
欽定大清會典則例八
欽定大清會典則例九
欽定大清會典則例十
欽定大清會典則例十一
欽定大清會典則例十二
欽定大清會典則例十三
欽定大清會典則例十四
欽定大清會典則例十五
欽定大清會典則例十六
欽定大清會典則例十七
欽定大清會典則例十八
欽定大清會典則例十九
欽定大清會典則例二十
欽定續文獻通考一
欽定續文獻通考二
欽定續文獻通考三

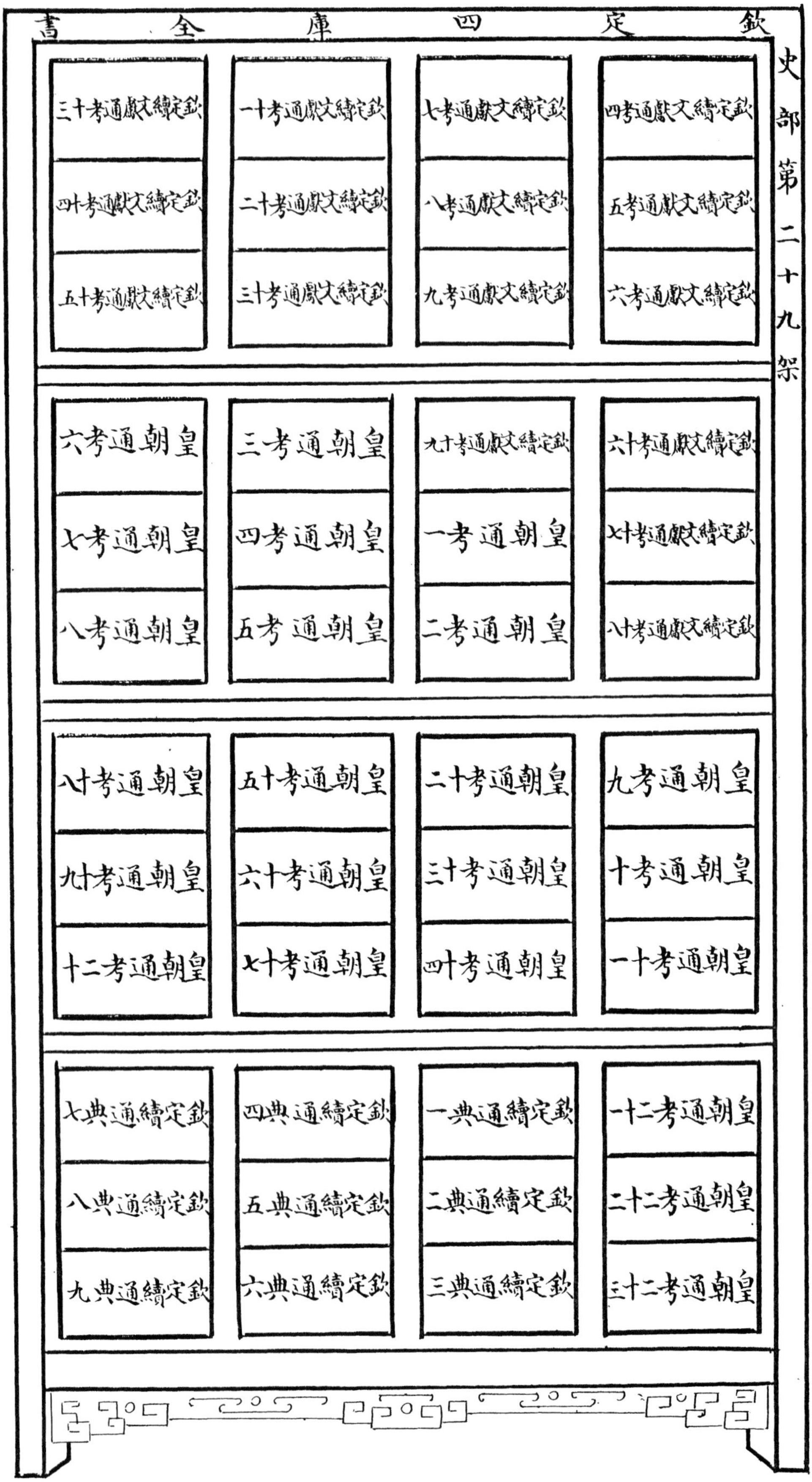

史部第二十九架

欽定續文獻通考四
欽定續文獻通考五
欽定續文獻通考六
欽定續文獻通考七
欽定續文獻通考八
欽定續文獻通考九
欽定續文獻通考十一
欽定續文獻通考十二
欽定續文獻通考十三
欽定續文獻通考十三
欽定續文獻通考十四
欽定續文獻通考十五

欽定續文獻通考十六
欽定續文獻通考十七
欽定續文獻通考十八
欽定續文獻通考十九
皇朝通考一
皇朝通考二
皇朝通考三
皇朝通考四
皇朝通考五
皇朝通考六
皇朝通考七
皇朝通考八

皇朝通考九
皇朝通考十
皇朝通考十一
皇朝通考十二
皇朝通考十三
皇朝通考十四
皇朝通考十五
皇朝通考十六
皇朝通考十七
皇朝通考十八
皇朝通考十九
皇朝通考二十

皇朝通考二十一
皇朝通考二十二
皇朝通考二十三
欽定續通典一
欽定續通典二
欽定續通典三
欽定續通典四
欽定續通典五
欽定續通典六
欽定續通典七
欽定續通典八
欽定續通典九

史部第三十架

第一格	第二格	第三格	第四格
欽定續通典十 皇朝通典一 皇朝通典二	皇朝通典三 皇朝通典四 皇朝通典五	皇朝通典六 皇朝通典七 皇朝通志一	皇朝通志二 皇朝通志三 皇朝通志四
皇朝通志五 皇朝通志六 元朝典故編年考 漢官舊儀	大唐開元禮一 大唐開元禮二 大唐開元禮三	大唐開元禮四 謚法 政和五禮新儀一 政和五禮新儀二	政和五禮新儀三 政和五禮新儀四 紹熙州縣釋奠儀圖 大金集禮一
大金集禮二 大金德運圖說 廟學典禮 明集禮一	明集禮二 明集禮三 明集禮四	明集禮五 頖宮禮樂疏一 頖宮禮樂疏二	明臣謚考 明謚紀彙編一 明謚紀彙編二 明宮史 幸魯盛典一
幸魯盛典二 萬壽盛典初集一 萬壽盛典初集二	萬壽盛典初集三 萬壽盛典初集四 萬壽盛典初集五	萬壽盛典初集六 萬壽盛典初集七 欽定大清通禮一	欽定大清通禮二 皇朝禮器圖式一 皇朝禮器圖式二

史部第三十一架

	第一格	第二格	第三格	第四格
第一層	皇朝禮器圖式三 國朝宮史一 國朝宮史二	國朝宮史三 欽定滿洲祭神祭天典禮 南巡盛典一	南巡盛典二 南巡盛典三 南巡盛典四	南巡盛典五 南巡盛典六 萬壽盛典一
第二層	萬壽盛典二 萬壽盛典三 萬壽盛典四	萬壽盛典五 萬壽盛典六 萬壽盛典七	萬壽盛典八 歷代建元考 北郊配位議 廟制圖考	救荒活民書 熬波圖 錢通一 錢通二
第三層	捕蝗考 荒政叢書 欽定康濟錄 歷代兵制 補漢兵制 馬政紀	欽定八旗通志一 欽定八旗通志二 欽定八旗通志三	欽定八旗通志四 欽定八旗通志五 欽定八旗通志六	欽定八旗通志七 欽定八旗通志八 欽定八旗通志九
第四層	欽定八旗通志十 欽定八旗通志十一 欽定八旗通志十二	欽定八旗通志十三 欽定八旗通志十四 欽定八旗通志十五	欽定八旗通志十六 欽定八旗通志十七 欽定八旗通志十八	欽定八旗通志十九 欽定八旗通志二十 欽定八旗通志二十一

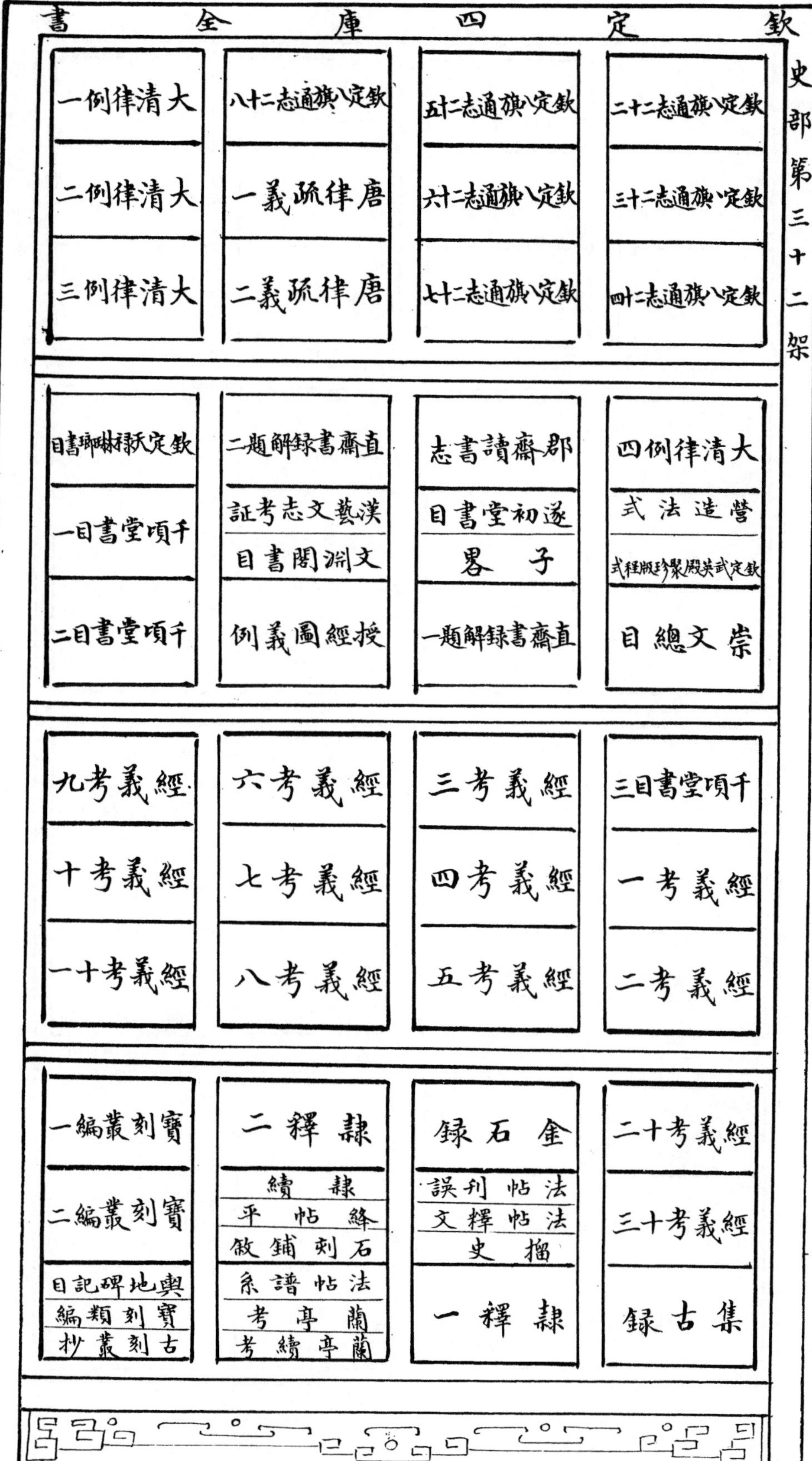

欽定四庫全書
史部第三十二架
欽定八旗通志二十二
欽定八旗通志二十三
欽定八旗通志二十四
欽定八旗通志二十五
欽定八旗通志二十六
欽定八旗通志二十七
欽定八旗通志二十八
唐律疏義一
唐律疏義二
大清律例一
大清律例二
大清律例三
大清律例四
營造法式
欽定武英殿聚珍版程式
崇文總目
郡齋讀書志
遂初堂書目
子畧
直齋書録解題一
直齋書録解題二
漢藝文志考証
文淵閣書目
授經圖義例
欽定天禄琳琅書目
千頃堂書目一
千頃堂書目二
千頃堂書目三
經義考一
經義考二
經義考三
經義考四
經義考五
經義考六
經義考七
經義考八
經義考九
經義考十
經義考十一
經義考十二
經義考十三
集古録
金石録
法帖刊誤
法帖釋文
籀史
隸釋一
隸釋二
隸續
絳帖平
石刻鋪敘
法帖譜系
蘭亭考
蘭亭續考
寶刻叢編一
寶刻叢編二
輿地碑記目
寶刻類編
古刻叢抄

一八四

欽定四庫全書
史部第三十三架
名蹟錄
吳中金石新編
金薤琳琅
法帖釋文考異
金石林時地考
石墨鐫華
金石史
欽定淳化閣帖釋文
求古錄
金石文字記
石經考
萬氏石經考
來齋金石刻考畧
嵩陽石刻集記
觀妙齋金石文考畧一
觀妙齋金石文考畧二
分隸偶存
淳化秘閣法帖考正
竹雲題跋
金石經眼錄
石經考異
史通
史通通釋一
史通通釋二
唐鑑
唐史論斷
唐書直筆
通鑑問疑
三國雜事
經幄管見
涉史隨筆
六朝通鑑博議
宋大事記講義
兩漢筆記
舊聞證誤
通鑑答問
歷代名賢確論一
歷代名賢確論二
歷代名賢確論三
歷代名賢確論四
歷代通畧
史纂通要
學史
史糾
御批通鑑綱目正編一
御批通鑑綱目正編二
御批通鑑綱目正編三
御批通鑑綱目正編四
御批通鑑綱目正編五
御批通鑑綱目正編六
御批通鑑綱目正編七
御批通鑑綱目正編八
御批通鑑綱目正編九
御批通鑑綱目正編十
御批通鑑綱目正編十一
御批通鑑綱目正編十二
御批通鑑綱目前編一
御批通鑑綱目前編二
御批通鑑綱目前編三
御批通鑑綱目續編一
御批通鑑綱目續編二
御批通鑑綱目續編三
御批通鑑綱目續編四
御批通鑑綱目續編五
御製評鑑闡要
欽定古今儲貳金鑑

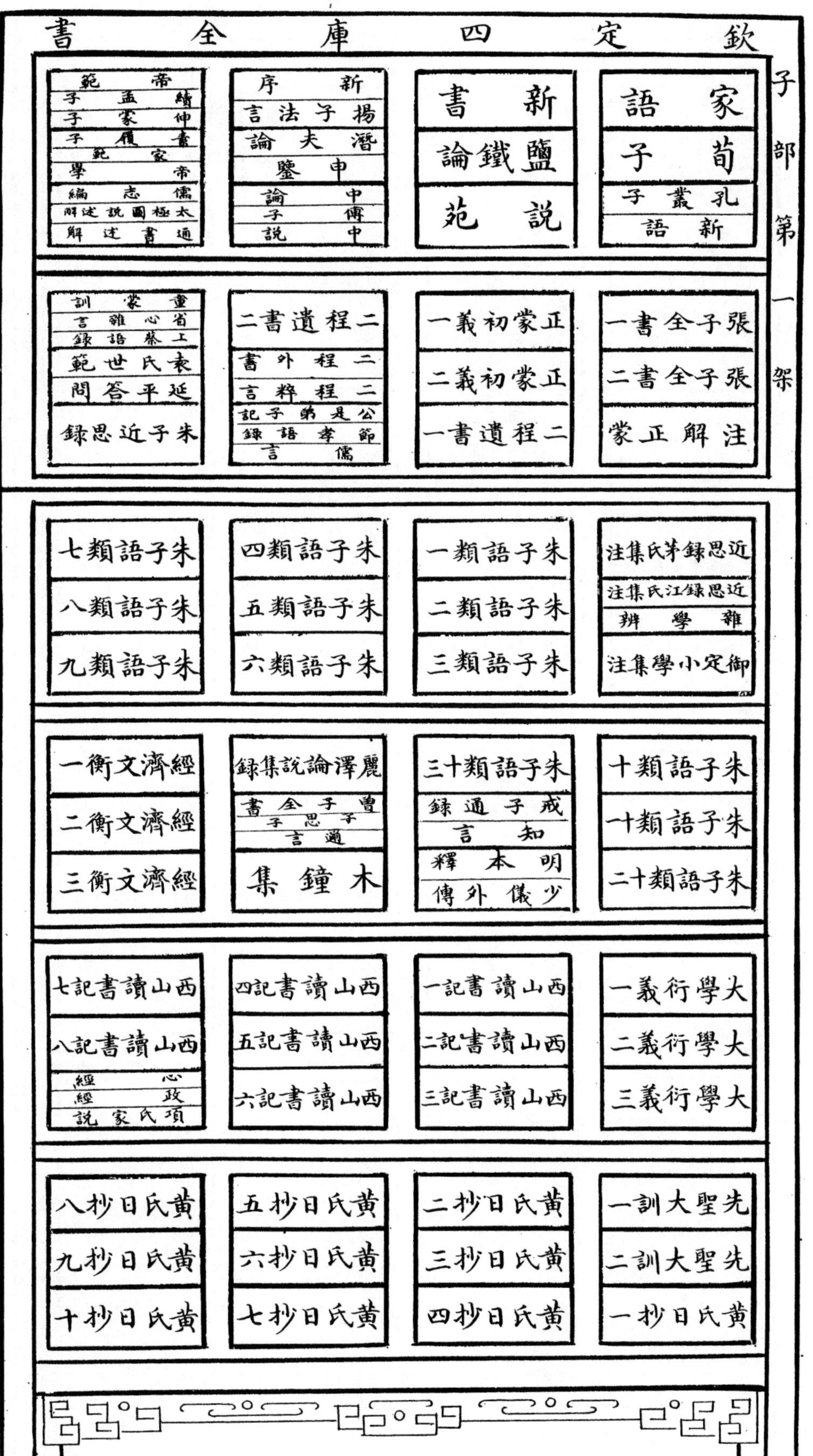
欽定四庫全書
子部第一架
家語
荀子
孔叢子
新語
新書
鹽鐵論
說苑
新序
揚子法言
潛夫論
申鑒
中論
傅子
中說
帝範
續孟子
伸蒙子
素履子
家範
帝學
儒志編
太極圖說述解
通書述解
張子全書一
張子全書二
注解正蒙
正蒙初義一
正蒙初義二
二程遺書一
二程遺書二
二程外書
二程粹言
公是弟子記
節孝語錄
儒言
童蒙訓
省心雜言
上蔡語錄
袁氏世範
延平答問
朱子近思錄
近思錄茅氏集注
近思錄江氏集注
雜學辨
御定小學集注
朱子語類一
朱子語類二
朱子語類三
朱子語類四
朱子語類五
朱子語類六
朱子語類七
朱子語類八
朱子語類九
朱子語類十
朱子語類十一
朱子語類十二
朱子語類十三
戒子通錄
知言
明本釋
少儀外傳
麗澤論說集錄
曾子全書
子思子
通言
木鐘集
經濟文衡一
經濟文衡二
經濟文衡三
大學衍義一
大學衍義二
大學衍義三
西山讀書記一
西山讀書記二
西山讀書記三
西山讀書記四
西山讀書記五
西山讀書記六
西山讀書記七
西山讀書記八
心經
政經
項氏家說
先聖大訓一
先聖大訓二
黃氏日抄一
黃氏日抄二
黃氏日抄三
黃氏日抄四
黃氏日抄五
黃氏日抄六
黃氏日抄七
黃氏日抄八
黃氏日抄九
黃氏日抄十

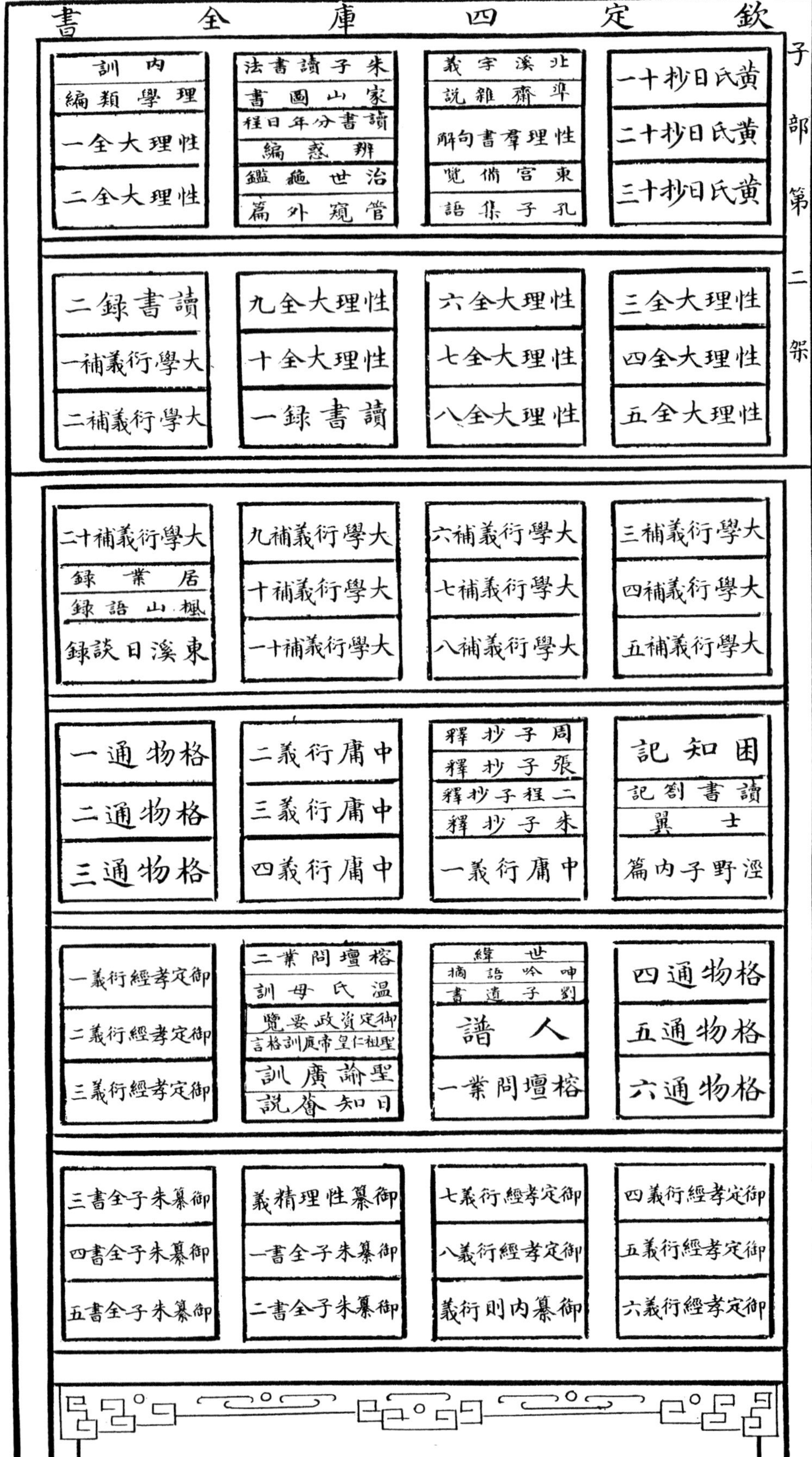
欽定四庫全書
子部第二架
黃氏日抄十一
黃氏日抄十二
黃氏日抄十三
北溪字義
準齋雜說
性理羣書句解
東宮備覽
孔子集語
朱子讀書法
家山圖書
讀書分年日程
辨惑編
治世龜鑑
管窺外篇
內訓
理學類編
性理大全一
性理大全二
性理大全三
性理大全四
性理大全五
性理大全六
性理大全七
性理大全八
性理大全九
性理大全十
讀書錄一
讀書錄二
大學衍義補一
大學衍義補二
大學衍義補三
大學衍義補四
大學衍義補五
大學衍義補六
大學衍義補七
大學衍義補八
大學衍義補九
大學衍義補十
大學衍義補十一
大學衍義補十二
居業錄
楓山語錄
東溪日談錄
困知記
讀書劄記
士翼
涇野子內篇
周子抄釋
張子抄釋
二程子抄釋
朱子抄釋
中庸衍義一
中庸衍義二
中庸衍義三
中庸衍義四
格物通一
格物通二
格物通三
格物通四
格物通五
格物通六
呻吟語摘
劉子遺書
世緯
人譜
榕壇問業一
榕壇問業二
溫氏母訓
御定資政要覽
聖祖仁皇帝庭訓格言
聖諭廣訓
日知薈說
御定孝經衍義一
御定孝經衍義二
御定孝經衍義三
御定孝經衍義四
御定孝經衍義五
御定孝經衍義六
御定孝經衍義七
御定孝經衍義八
御纂內則衍義
御纂性理精義
御纂朱子全書一
御纂朱子全書二
御纂朱子全書三
御纂朱子全書四
御纂朱子全書五

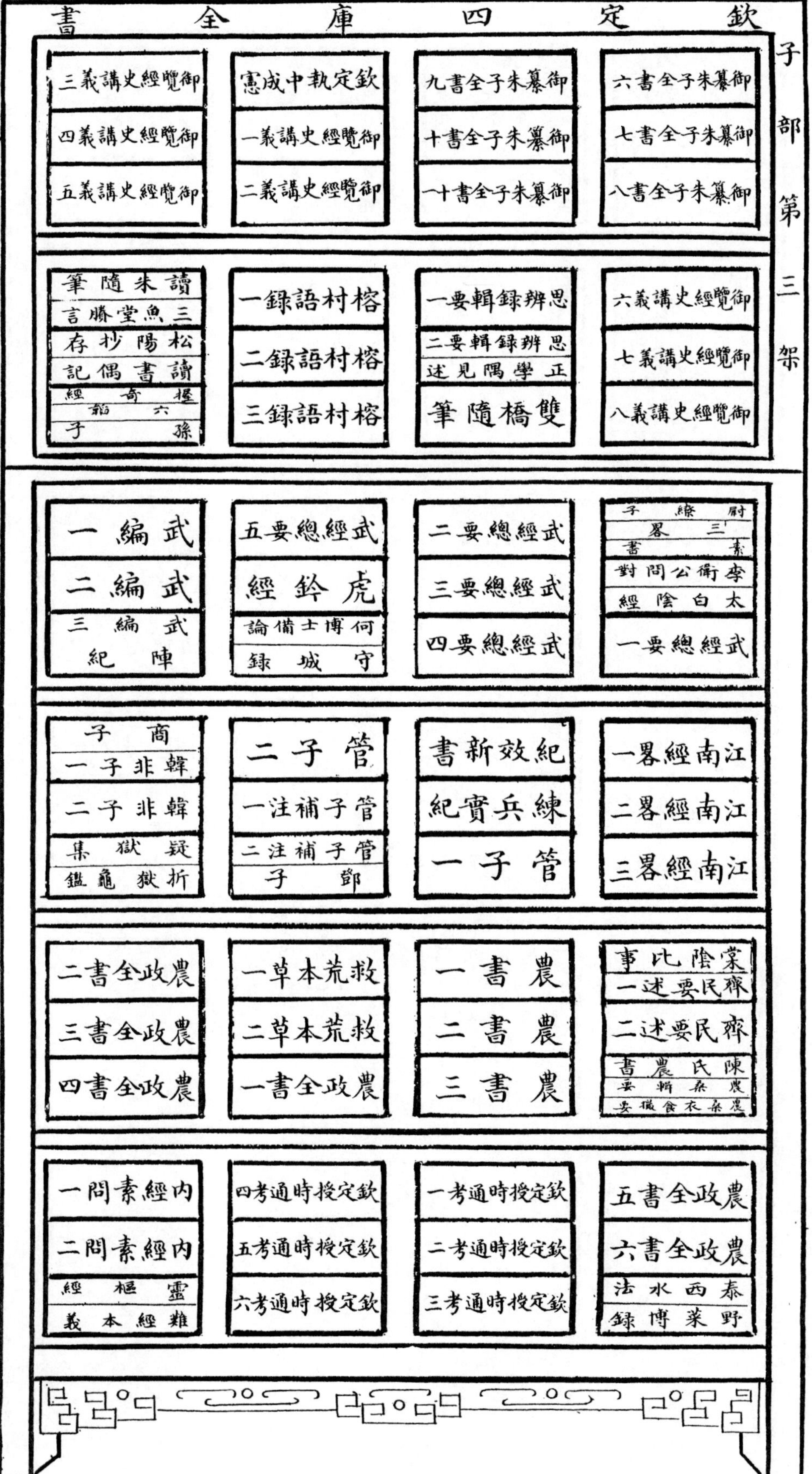

欽定四庫全書
子部第三架
御纂朱子全書六
御纂朱子全書七
御纂朱子全書八
御纂朱子全書九
御纂朱子全書十
御纂朱子全書十一
欽定執中成憲
御覽經史講義一
御覽經史講義二
御覽經史講義三
御覽經史講義四
御覽經史講義五
御覽經史講義六
御覽經史講義七
御覽經史講義八
思辨錄輯要一
思辨錄輯要二
正學隅見述
雙橋隨筆
榕村語錄一
榕村語錄二
榕村語錄三
讀朱隨筆
三魚堂賸言
松陽抄存
讀書偶記
握奇經
六韜
孫子
尉繚子
三畧
素書
李衛公問對
太白陰經
武經總要一
武經總要二
武經總要三
武經總要四
武經總要五
虎鈐經
何博士備論
守城錄
武編一
武編二
武編三
陣紀
江南經畧一
江南經畧二
江南經畧三
紀效新書
練兵實紀
管子一
管子二
管子補注一
管子補注二
鄧子
商子
韓非子一
韓非子二
疑獄集
折獄龜鑑
棠陰比事
齊民要術一
齊民要術二
陳氏農書
農桑輯要
農桑衣食撮要
農書一
農書二
農書三
救荒本草一
救荒本草二
農政全書一
農政全書二
農政全書三
農政全書四
農政全書五
農政全書六
泰西水法
野菜博錄
欽定授時通考一
欽定授時通考二
欽定授時通考三
欽定授時通考四
欽定授時通考五
欽定授時通考六
內經素問一
內經素問二
靈樞經
難經本義

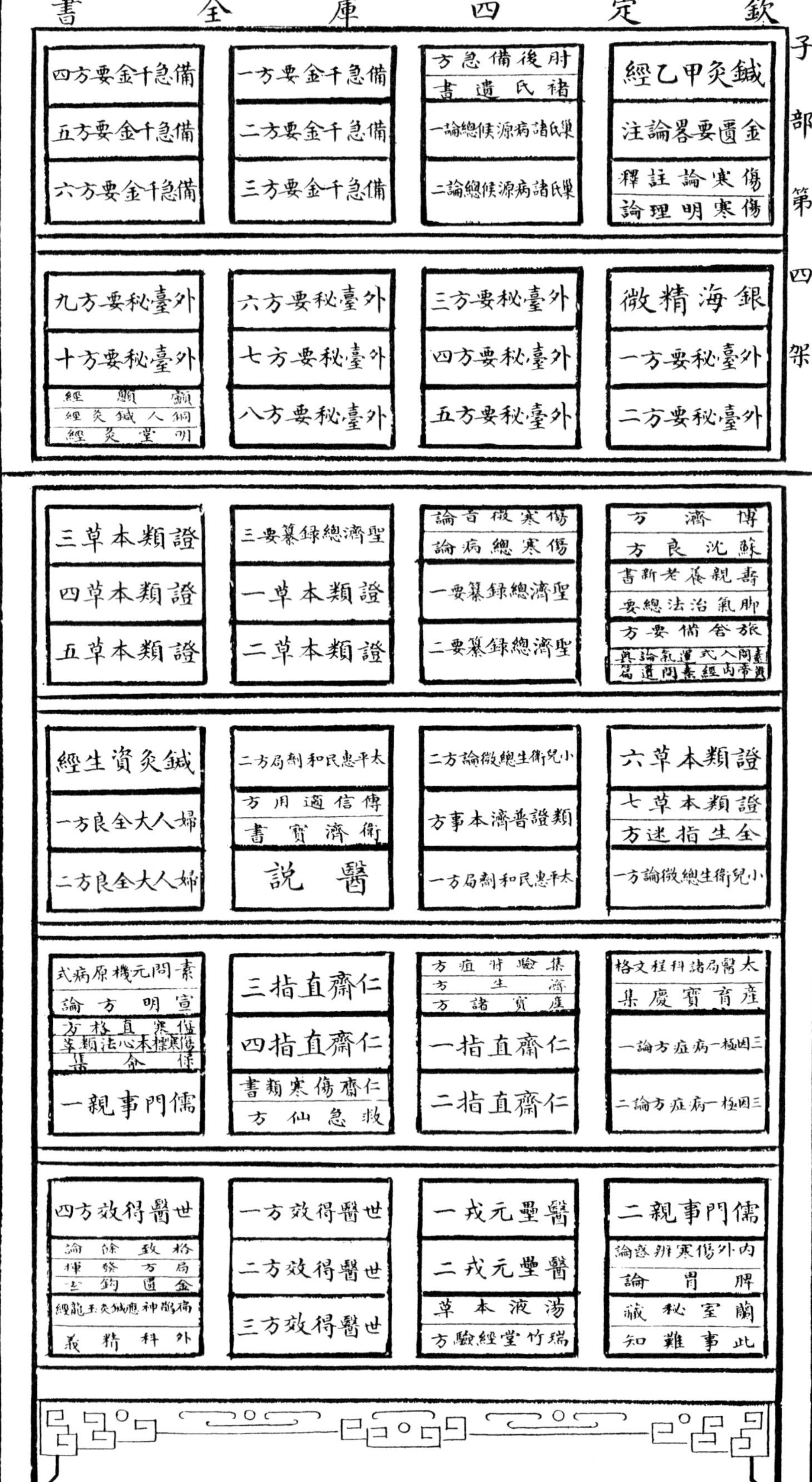

欽定四庫全書
子部第四架
鍼灸甲乙經
金匱要畧論注
傷寒論註釋
傷寒明理論
肘後備急方
褚氏遺書
巢氏諸病源候總論一
巢氏諸病源候總論二
備急千金要方一
備急千金要方二
備急千金要方三
備急千金要方四
備急千金要方五
備急千金要方六
銀海精微
外臺秘要方一
外臺秘要方二
外臺秘要方三
外臺秘要方四
外臺秘要方五
外臺秘要方六
外臺秘要方七
外臺秘要方八
外臺秘要方九
外臺秘要方十
顱顖經
銅人鍼灸經
明堂灸經
博濟方
蘇沈良方
壽親養老新書
腳氣治法總要
旅舍備要方
素問入式運氣論奧
黃帝內經素問遺篇
傷寒微旨論
傷寒總病論
聖濟總錄纂要一
聖濟總錄纂要二
聖濟總錄纂要三
證類本草一
證類本草二
證類本草三
證類本草四
證類本草五
證類本草六
證類本草七
全生指迷方
小兒衛生總微論方一
小兒衛生總微論方二
類證普濟本事方
太平惠民和劑局方一
太平惠民和劑局方二
傳信適用方
衛濟寶書
醫說
鍼灸資生經
婦人大全良方一
婦人大全良方二
太醫局諸科程文格
產育寶慶集
三因極一病症方論一
三因極一病症方論二
集驗背疽方
濟生方
產寶諸方
仁齋直指一
仁齋直指二
仁齋直指三
仁齋直指四
仁齋傷寒類書
救急仙方
素問玄機原病式
宣明方論
傷寒直格方
傷寒標本心法類萃
保命集
儒門事親一
儒門事親二
內外傷辨惑論
脾胃論
蘭室秘藏
此事難知
醫壘元戎一
醫壘元戎二
湯液本草
瑞竹堂經驗方
世醫得效方一
世醫得效方二
世醫得效方三
世醫得效方四
格致餘論
局方發揮
金匱鉤玄
扁鵲神應鍼灸玉龍經
外科精義

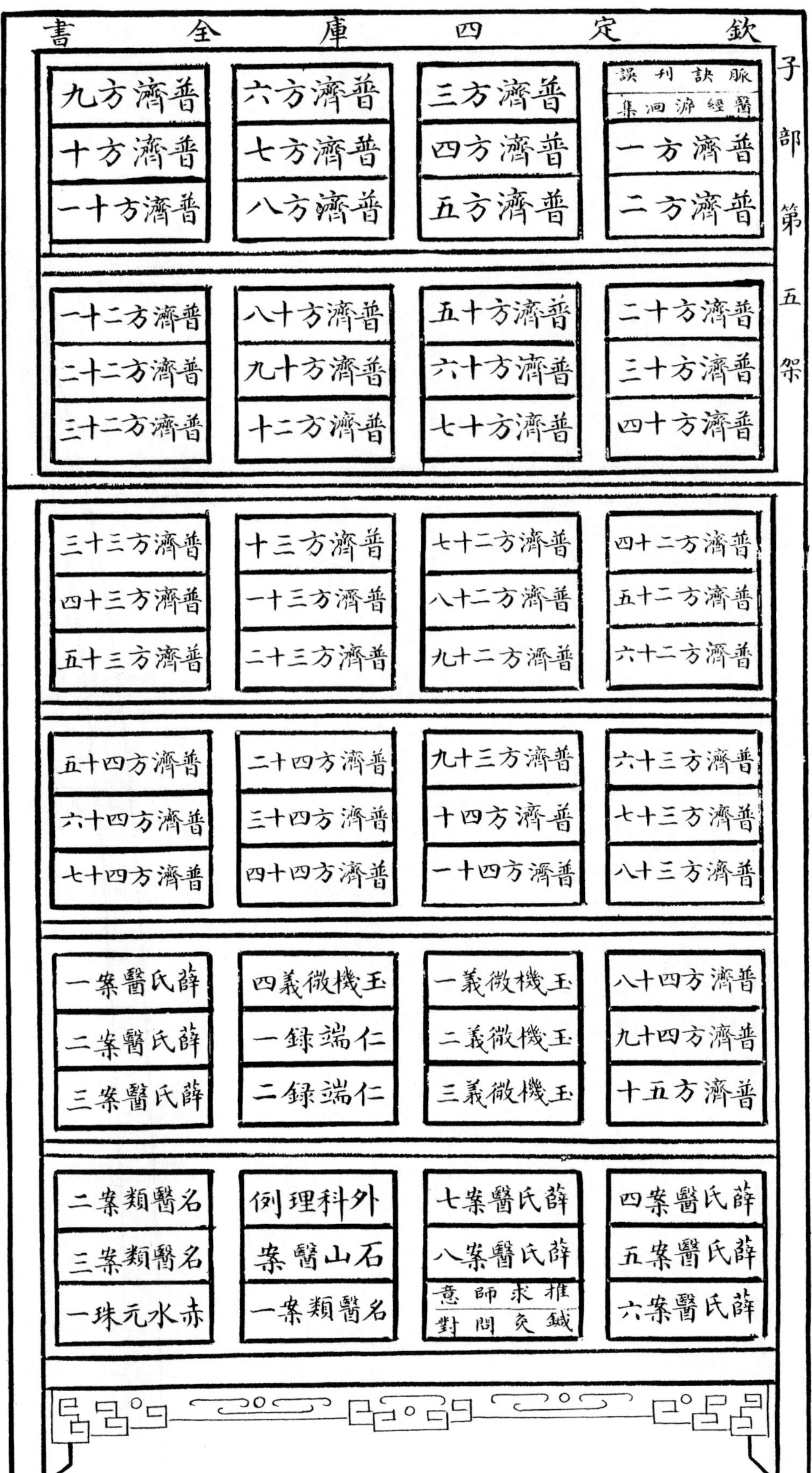

欽定四庫全書
子部第五架
脈訣刊誤
醫經泝洄集
普濟方一
普濟方二
普濟方三
普濟方四
普濟方五
普濟方六
普濟方七
普濟方八
普濟方九
普濟方十
普濟方十一
普濟方十二
普濟方十三
普濟方十四
普濟方十五
普濟方十六
普濟方十七
普濟方十八
普濟方十九
普濟方二十
普濟方二十一
普濟方二十二
普濟方二十三
普濟方二十四
普濟方二十五
普濟方二十六
普濟方二十七
普濟方二十八
普濟方二十九
普濟方三十
普濟方三十一
普濟方三十二
普濟方三十三
普濟方三十四
普濟方三十五
普濟方三十六
普濟方三十七
普濟方三十八
普濟方三十九
普濟方四十
普濟方四十一
普濟方四十二
普濟方四十三
普濟方四十四
普濟方四十五
普濟方四十六
普濟方四十七
普濟方四十八
普濟方四十九
普濟方五十
玉機微義一
玉機微義二
玉機微義三
玉機微義四
仁端錄一
仁端錄二
薛氏醫案一
薛氏醫案二
薛氏醫案三
薛氏醫案四
薛氏醫案五
薛氏醫案六
薛氏醫案七
薛氏醫案八
推求師意
鍼灸問對
外科理例
石山醫案
名醫類案一
名醫類案二
名醫類案三
赤水元珠一

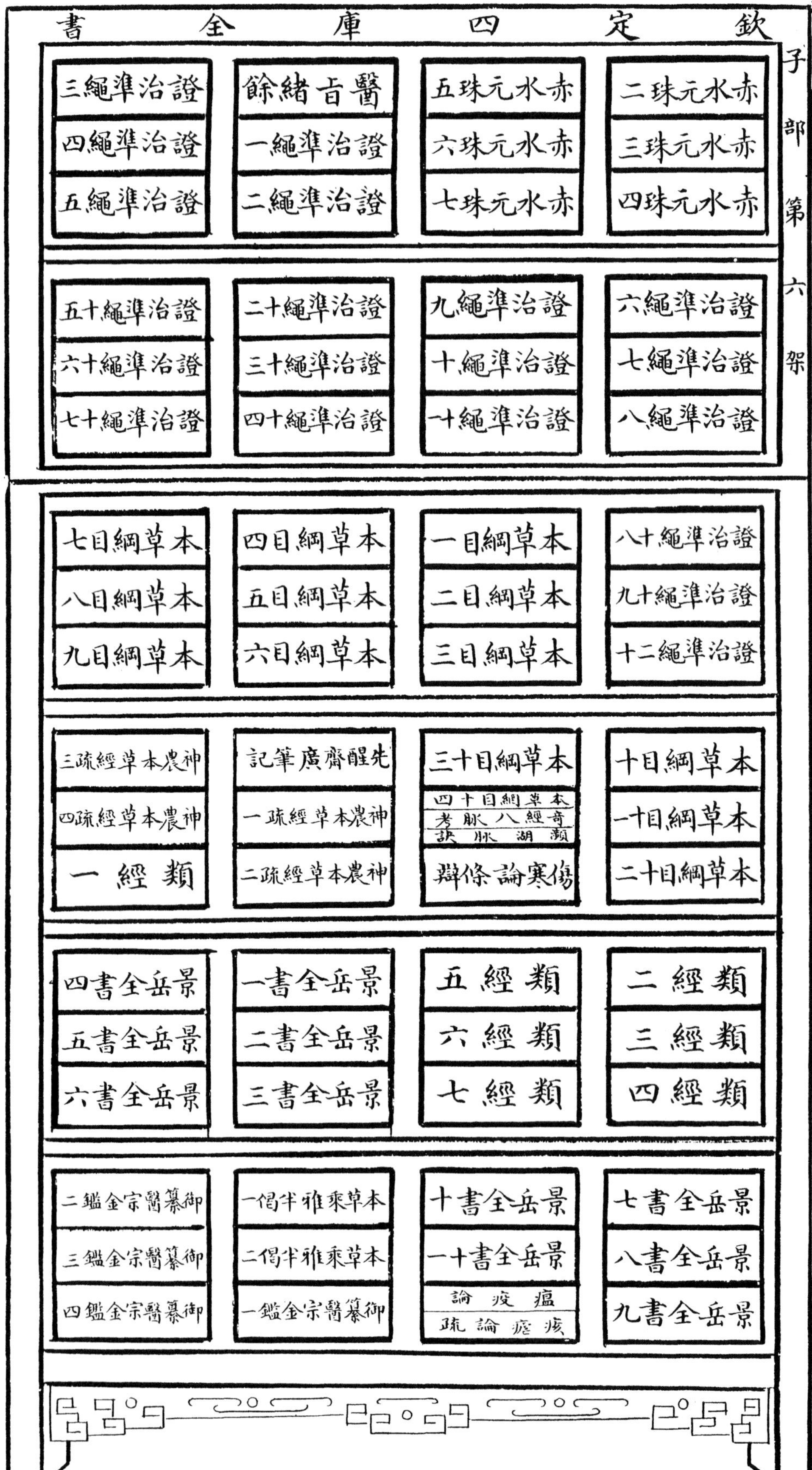

欽定四庫全書
子部第六架
赤水元珠二
赤水元珠三
赤水元珠四
赤水元珠五
赤水元珠六
赤水元珠七
醫旨緒餘
證治準繩一
證治準繩二
證治準繩三
證治準繩四
證治準繩五
證治準繩六
證治準繩七
證治準繩八
證治準繩九
證治準繩十
證治準繩十一
證治準繩十二
證治準繩十三
證治準繩十四
證治準繩十五
證治準繩十六
證治準繩十七
證治準繩十八
證治準繩十九
證治準繩二十
本草綱目一
本草綱目二
本草綱目三
本草綱目四
本草綱目五
本草綱目六
本草綱目七
本草綱目八
本草綱目九
本草綱目十
本草綱目十一
本草綱目十二
本草綱目十三
本草綱目十四
奇經八脈考
瀕湖脈訣
傷寒論條辯
先醒齋廣筆記
神農本草經疏一
神農本草經疏二
神農本草經疏三
神農本草經疏四
類經一
類經二
類經三
類經四
類經五
類經六
類經七
景岳全書一
景岳全書二
景岳全書三
景岳全書四
景岳全書五
景岳全書六
景岳全書七
景岳全書八
景岳全書九
景岳全書十
景岳全書十一
瘟疫論
痎瘧論疏
本草乘雅半偈一
本草乘雅半偈二
御纂醫宗金鑑一
御纂醫宗金鑑二
御纂醫宗金鑑三
御纂醫宗金鑑四

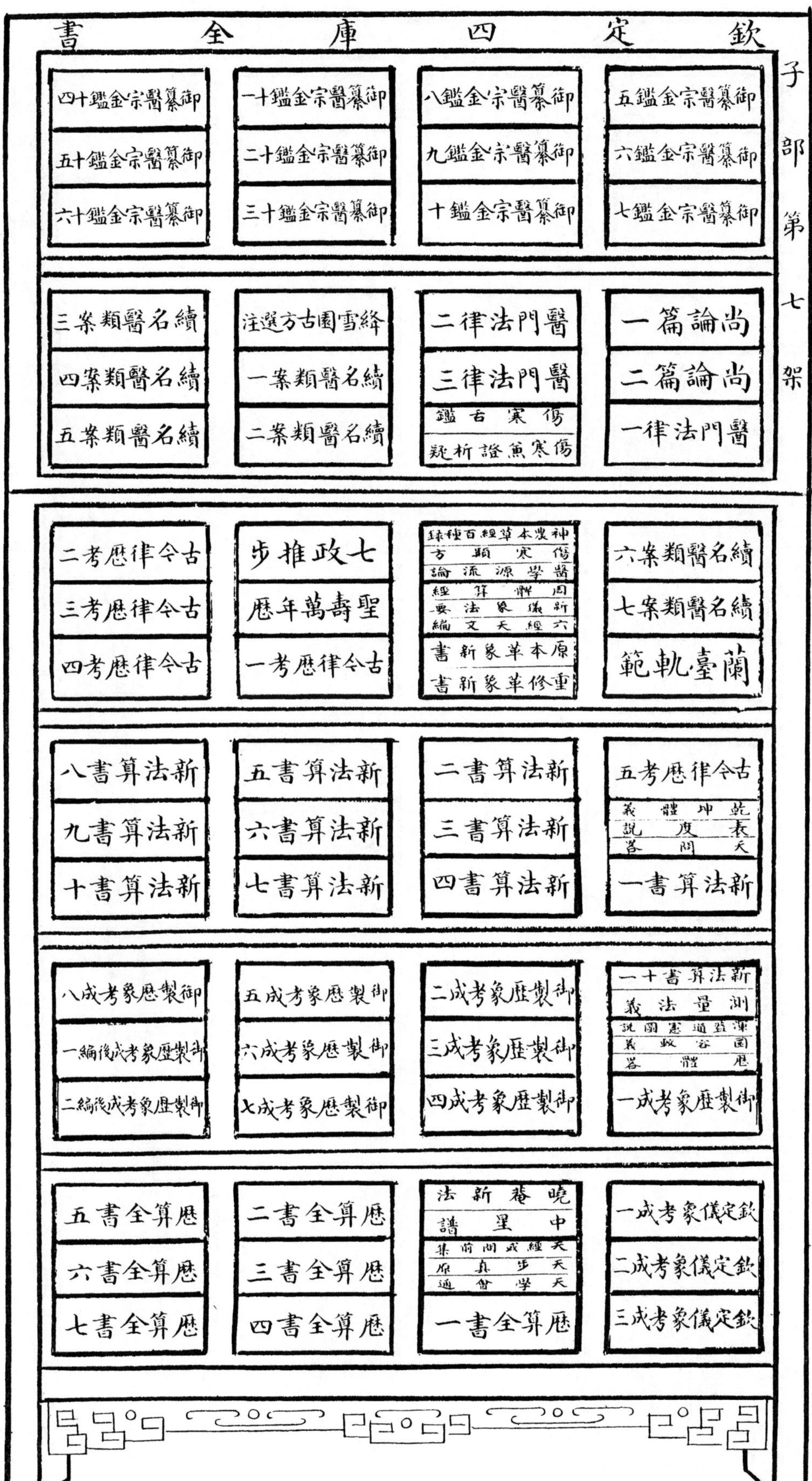

欽定四庫全書
子部第七架
御纂醫宗金鑑五
御纂醫宗金鑑六
御纂醫宗金鑑七
御纂醫宗金鑑八
御纂醫宗金鑑九
御纂醫宗金鑑十
御纂醫宗金鑑十一
御纂醫宗金鑑十二
御纂醫宗金鑑十三
御纂醫宗金鑑十四
御纂醫宗金鑑十五
御纂醫宗金鑑十六
尚論篇一
尚論篇二
醫門法律一
醫門法律二
醫門法律三
傷寒古鑑
傷寒兼證析疑
絳雪園古方選注
續名醫類案一
續名醫類案二
續名醫類案三
續名醫類案四
續名醫類案五
續名醫類案六
續名醫類案七
蘭臺軌範
神農本草經百種錄
傷寒類方
醫學源流論
周髀算經
新儀象法要
六經天文編
原本革象新書
重修革象新書
七政推步
聖壽萬年曆
古今律歷考一
古今律歷考二
古今律歷考三
古今律歷考四
古今律歷考五
乾坤體義
表度說
天問畧
新法算書一
新法算書二
新法算書三
新法算書四
新法算書五
新法算書六
新法算書七
新法算書八
新法算書九
新法算書十
新法算書十一
測量法義
渾蓋通憲圖說
圜容較義
歷體畧
御製歷象考成一
御製歷象考成二
御製歷象考成三
御製歷象考成四
御製歷象考成五
御製歷象考成六
御製歷象考成七
御製歷象考成八
御製歷象考成後編一
御製歷象考成後編二
欽定儀象考成一
欽定儀象考成二
欽定儀象考成三
曉菴新法
中星譜
天經或問前集
天步真原
天學會通
歷算全書一
歷算全書二
歷算全書三
歷算全書四
歷算全書五
歷算全書六
歷算全書七

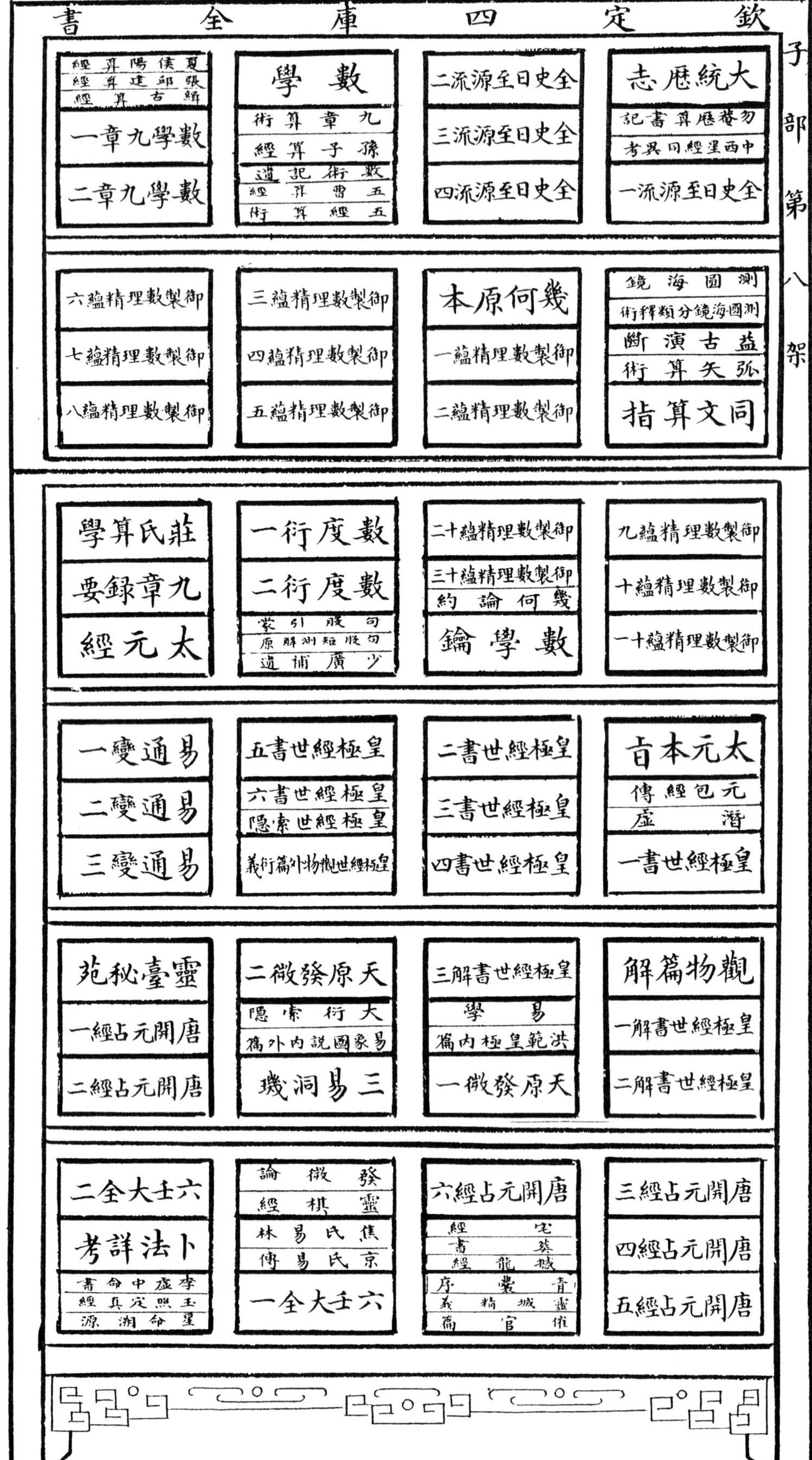

欽定四庫全書
子部第八架
大統歷志
勿菴歷算書記
中西經星同異考
全史日至源流一
全史日至源流二
全史日至源流三
全史日至源流四
數學
九章算術
孫子算經
數術記遺
五曹算經
五經算術
夏侯陽算經
張邱建算經
緝古算經
數學九章一
數學九章二
測圓海鏡
測圓海鏡分類釋術
益古演斷
弧矢算術
同文算指
幾何原本
御製數理精蘊一
御製數理精蘊二
御製數理精蘊三
御製數理精蘊四
御製數理精蘊五
御製數理精蘊六
御製數理精蘊七
御製數理精蘊八
御製數理精蘊九
御製數理精蘊十
御製數理精蘊十一
御製數理精蘊十二
御製數理精蘊十三
幾何論約
數學鑰
數度衍一
數度衍二
句股引蒙
句股矩測解原
少廣補遺
莊氏算學
九章錄要
太元經
太元本旨
元包經傳
潛虛
皇極經世書一
皇極經世書二
皇極經世書三
皇極經世書四
皇極經世書五
皇極經世書六
皇極經世索隱
皇極經世觀物外篇衍義
易通變一
易通變二
易通變三
觀物篇解
皇極經世書解一
皇極經世書解二
皇極經世書解三
易學
洪範皇極內篇
天原發微一
天原發微二
大衍索隱
易象圖說內外篇
三易洞璣
靈臺秘苑
唐開元占經一
唐開元占經二
唐開元占經三
唐開元占經四
唐開元占經五
唐開元占經六
宅經
葬書
撼龍經
青囊序
靈城精義
催官篇
發微論
靈棋經
焦氏易林
京氏易傳
六壬大全一
六壬大全二
卜法詳考
李虛中命書
玉照定真經
星命溯源

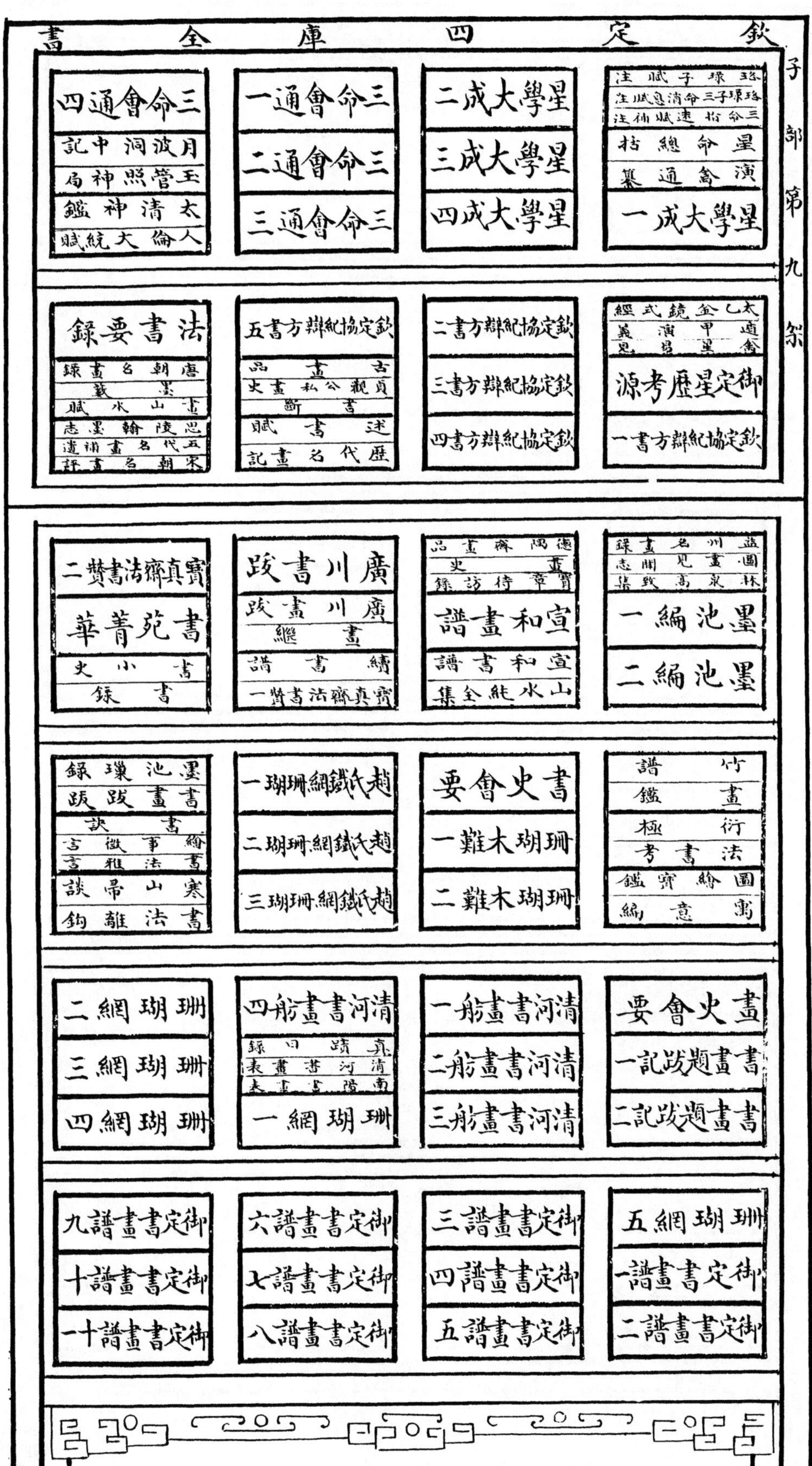
欽定四庫全書
子部第九架
珞琭子賦注
珞琭子三命消息賦注
三命指迷賦補注
星命總括
演禽通纂
星學大成一
星學大成二
星學大成三
星學大成四
三命通會一
三命通會二
三命通會三
三命通會四
月波洞中記
玉管照神局
太清神鑑
人倫大統賦
太乙金鏡式經
遁甲演義
禽星易見
御定星歷考源
欽定協紀辨方書一
欽定協紀辨方書二
欽定協紀辨方書三
欽定協紀辨方書四
欽定協紀辨方書五
古畫品
貞觀公私畫史
書斷
述書賦
歷代名畫記
法書要錄
唐朝名畫錄
墨藪
畫山水賦
思陵翰墨志
五代名畫補遺
宋朝名畫評
益州名畫錄
圖畫見聞志
林泉高致集
墨池編一
墨池編二
德隅齋畫品
畫史
寶章待訪錄
宣和畫譜
宣和書譜
山水純全集
廣川書跋
廣川畫跋
畫繼
續書譜
寶真齋法書贊一
寶真齋法書贊二
書苑菁華
書小史
書錄
竹譜
畫鑑
衍極
法書考
圖繪寶鑑
寓意編
書史會要
珊瑚木難一
珊瑚木難二
趙氏鐵網珊瑚一
趙氏鐵網珊瑚二
趙氏鐵網珊瑚三
墨池璅錄
書畫跋跋
書訣
繪事微言
書法雅言
寒山帚談
書法離鉤
畫史會要
書畫題跋記一
書畫題跋記二
清河書畫舫一
清河書畫舫二
清河書畫舫三
清河書畫舫四
真蹟日錄
清河書畫表
南陽書畫表
珊瑚網一
珊瑚網二
珊瑚網三
珊瑚網四
珊瑚網五
御定書畫譜一
御定書畫譜二
御定書畫譜三
御定書畫譜四
御定書畫譜五
御定書畫譜六
御定書畫譜七
御定書畫譜八
御定書畫譜九
御定書畫譜十
御定書畫譜十一

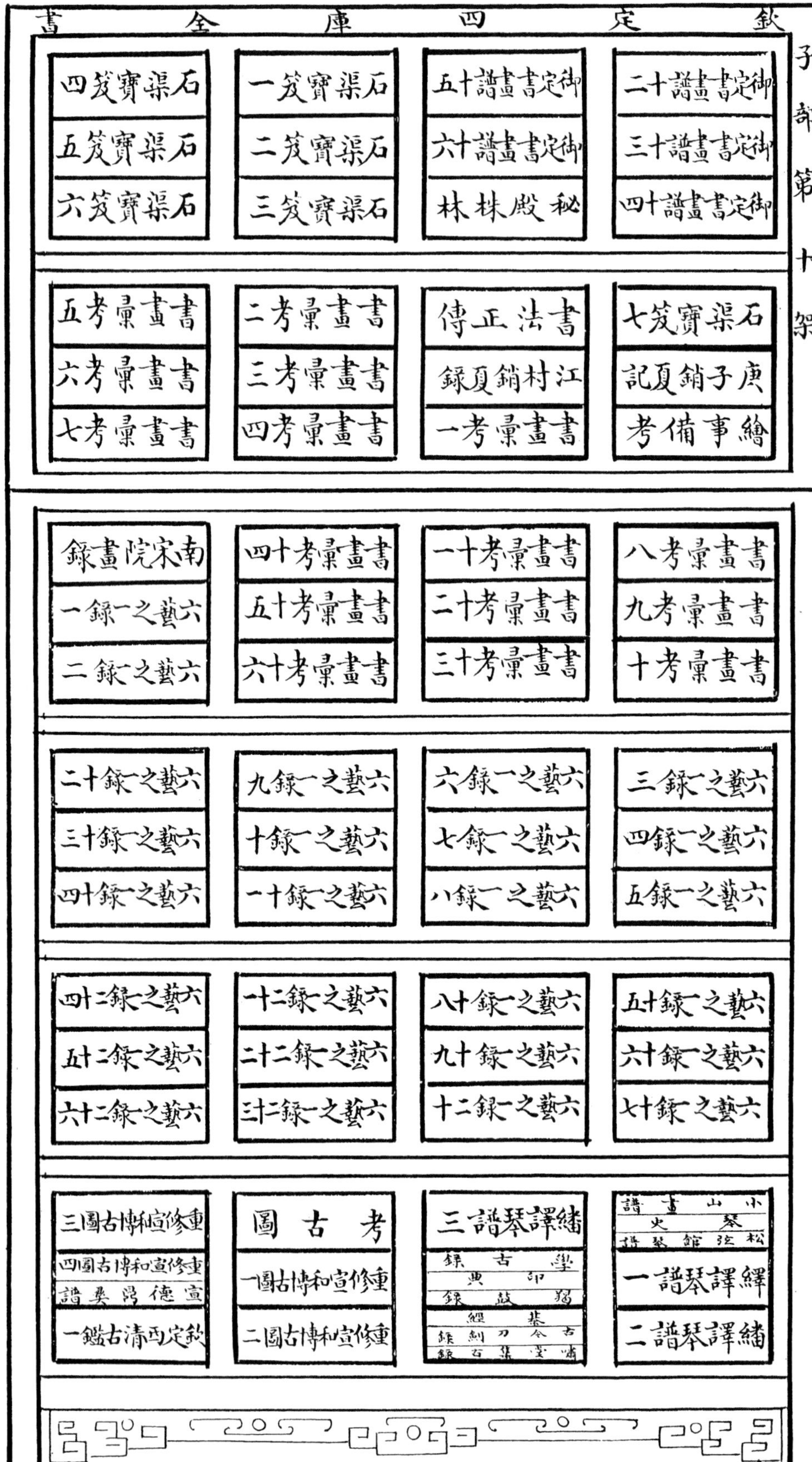
御定書畫譜十二
御定書畫譜十三
御定書畫譜十四
御定書畫譜十五
御定書畫譜十六
秘殿株林
石渠寶笈一
石渠寶笈二
石渠寶笈三
石渠寶笈四
石渠寶笈五
石渠寶笈六
石渠寶笈七
庚子銷夏記
繪事備考
書法正傳
江村銷夏錄
書畫彙考一
書畫彙考二
書畫彙考三
書畫彙考四
書畫彙考五
書畫彙考六
書畫彙考七
書畫彙考八
書畫彙考九
書畫彙考十
書畫彙考十一
書畫彙考十二
書畫彙考十三
書畫彙考十四
書畫彙考十五
書畫彙考十六
南宋院畫錄
六藝之一錄一
六藝之一錄二
六藝之一錄三
六藝之一錄四
六藝之一錄五
六藝之一錄六
六藝之一錄七
六藝之一錄八
六藝之一錄九
六藝之一錄十
六藝之一錄十一
六藝之一錄十二
六藝之一錄十三
六藝之一錄十四
六藝之一錄十五
六藝之一錄十六
六藝之一錄十七
六藝之一錄十八
六藝之一錄十九
六藝之一錄二十
六藝之一錄二十一
六藝之一錄二十二
六藝之一錄二十三
六藝之一錄二十四
六藝之一錄二十五
六藝之一錄二十六
小山畫譜
琴史
松弦館琴譜
繹譯琴譜一
緒譯琴譜二
緒譯琴譜三
學古錄
印典
羯鼓錄
棊經
古今刀劍錄
嘯堂集古錄
考古圖
重修宣和博古圖一
重修宣和博古圖二
重修宣和博古圖三
重修宣和博古圖四
宣德鼎彝譜
欽定西清古鑑一

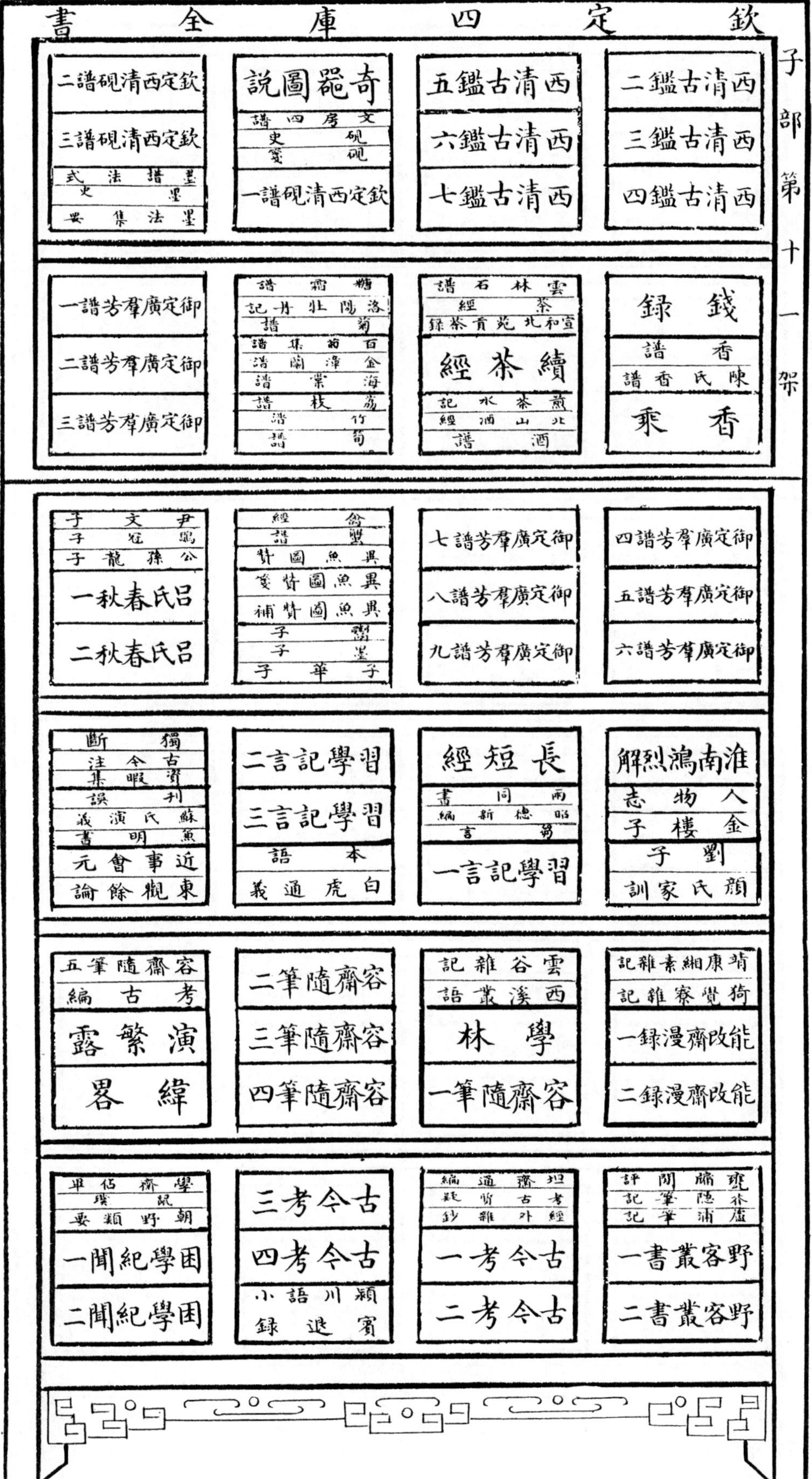

欽定四庫全書
子部第十一架
西清古鑑二
西清古鑑三
西清古鑑四
西清古鑑五
西清古鑑六
西清古鑑七
奇器圖說
文房四譜
硯史
硯箋
欽定西清硯譜一
欽定西清硯譜二
欽定西清硯譜三
墨譜法式
墨史
墨法集要
錢錄
香譜
陳氏香譜
香乘
雲林石譜
茶經
宣和北苑貢茶錄
續茶經
煎茶水記
北山酒經
酒譜
糖霜譜
洛陽牡丹記
菊譜
百菊集譜
金漳蘭譜
海棠譜
荔枝譜
竹譜
筍譜
御定廣羣芳譜一
御定廣羣芳譜二
御定廣羣芳譜三
御定廣羣芳譜四
御定廣羣芳譜五
御定廣羣芳譜六
御定廣羣芳譜七
御定廣羣芳譜八
御定廣羣芳譜九
蟹譜
異魚圖贊
異魚圖贊箋
異魚圖贊補
鬻子
墨子
子華子
尹文子
鶡冠子
公孫龍子
呂氏春秋一
呂氏春秋二
淮南鴻烈解
人物志
金樓子
劉子
顏氏家訓
長短經
昭德新編
兩同書
芻言
習學記言一
習學記言二
習學記言三
本語
白虎通義
獨斷
古今注
資暇集
刊誤
蘇氏演義
兼明書
近事會元
東觀餘論
靖康緗素雜記
猗覺寮雜記
能改齋漫錄一
能改齋漫錄二
雲谷雜記
西溪叢語
學林
容齋隨筆一
容齋隨筆二
容齋隨筆三
容齋隨筆四
容齋隨筆五
考古編
演繁露
緯略
甕牖閒評
芥隱筆記
蘆浦筆記
野客叢書一
野客叢書二
坦齋通編
考古質疑
經外雜鈔
古今考一
古今考二
古今考三
古今考四
潁川語小
賓退錄
學齋佔畢
鼠璞
朝野類要
困學紀聞一
困學紀聞二

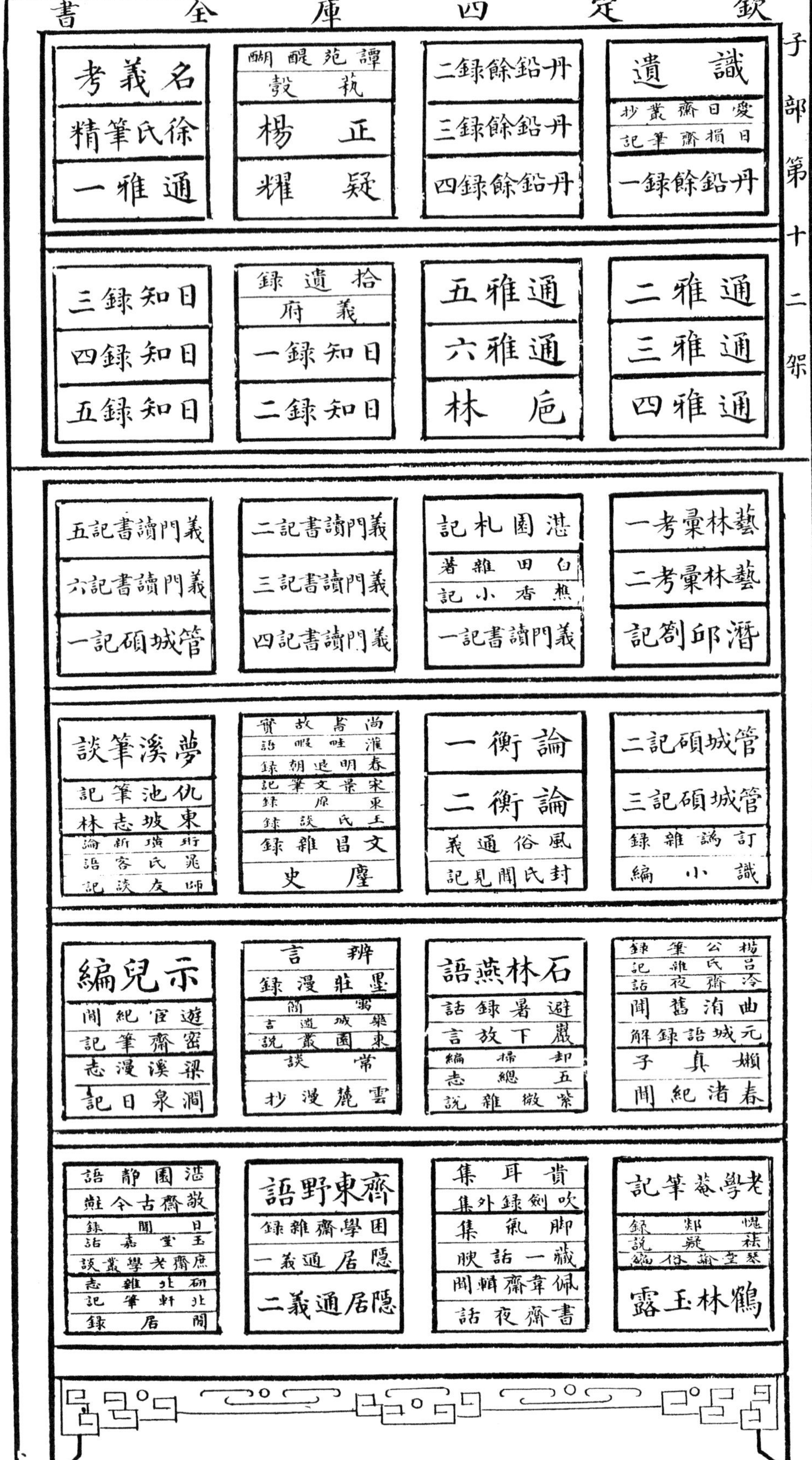

欽定四庫全書
子部第十二架
名義考
徐氏筆精
通雅一
譚苑醍醐
埶彀
正楊
疑耀
丹鉛餘錄二
丹鉛餘錄三
丹鉛餘錄四
識遺
愛日齋叢抄
日損齋筆記
丹鉛餘錄一
日知錄三
日知錄四
日知錄五
拾遺錄
義府
日知錄一
日知錄二
通雅五
通雅六
卮林
通雅二
通雅三
通雅四
義門讀書記五
義門讀書記六
管城碩記一
義門讀書記二
義門讀書記三
義門讀書記四
湛園札記
白田雜著
樵香小記
義門讀書記一
藝林彙考一
藝林彙考二
潛邱劄記
夢溪筆談
仇池筆記
東坡志林
珩璜新論
晁氏客語
師友談記
尚書故實
灌畦暇語
春明退朝錄
宋景文筆記
東原錄
王氏談錄
文昌雜錄
麈史
論衡一
論衡二
風俗通義
封氏聞見記
管城碩記二
管城碩記三
訂譌雜錄
識小編
示兒編
游宦紀聞
密齋筆記
梁谿漫志
澗泉日記
辨言
墨莊漫錄
寓簡
欒城遺言
東園叢說
常談
雲麓漫抄
石林燕語
避暑錄話
巖下放言
却掃編
五總志
紫微雜說
楊公筆錄
呂氏雜記
冷齋夜話
曲洧舊聞
元城語錄解
嬾真子
春渚紀聞
湛園靜語
敬齋古今黈
日聞錄
玉堂嘉話
庶齋老學叢談
研北雜志
北軒筆記
閒居錄
齊東野語
困學齋雜錄
隱居通義一
隱居通義二
貴耳集
吹劍錄外集
脚氣集
藏一話腴
佩韋齋輯聞
書齋夜話
老學菴筆記
愧郯錄
袪疑說
琴堂諭俗編
鶴林玉露

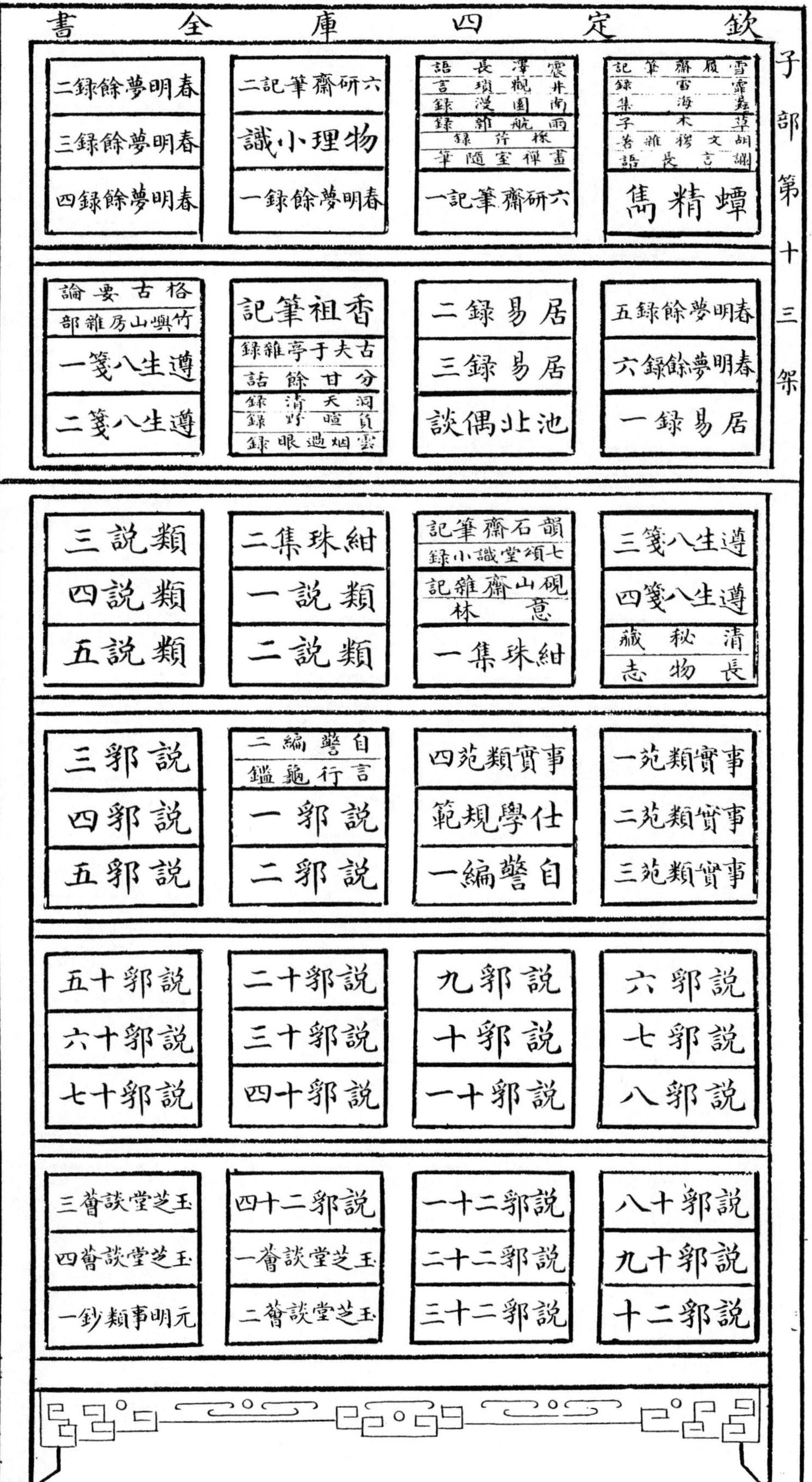
雪履齋筆記
霏雪錄
蠡海集
草木子
胡文穆雜著
讕言長語
蟫精雋
震澤長語
井觀瑣言
南園漫錄
雨航雜錄
椽荇錄
畫禪室隨筆
六研齋筆記一
六研齋筆記二
物理小識
春明夢餘錄一
春明夢餘錄二
春明夢餘錄三
春明夢餘錄四
春明夢餘錄五
春明夢餘錄六
居易錄一
居易錄二
居易錄三
池北偶談
香祖筆記
古夫于亭雜錄
分甘餘話
洞天清錄
負暄野錄
雲烟過眼錄
格古要論
竹嶼山房雜部
遵生八牋一
遵生八牋二
遵生八牋三
遵生八牋四
清秘藏
長物志
韻石齋筆記
七頌堂識小錄
硯山齋雜記
意林
紺珠集一
紺珠集二
類說一
類說二
類說三
類說四
類說五
事實類苑一
事實類苑二
事實類苑三
事實類苑四
仕學規範
自警編一
自警編二
言行龜鑑
說郛一
說郛二
說郛三
說郛四
說郛五
說郛六
說郛七
說郛八
說郛九
說郛十
說郛十一
說郛十二
說郛十三
說郛十四
說郛十五
說郛十六
說郛十七
說郛十八
說郛十九
說郛二十
說郛二十一
說郛二十二
說郛二十三
說郛二十四
玉芝堂談薈一
玉芝堂談薈二
玉芝堂談薈三
玉芝堂談薈四
元明事類鈔一

欽定四庫全書

子部第十四架

一	二	三	四
元明事類鈔二	古今說海一	少室山房筆叢一	藝文類聚一
元明事類鈔三	古今說海二	少室山房筆叢二 鈍吟雜錄 古今同姓名錄 編珠	藝文類聚二
儼山外集	古今說海三		藝文類聚三

一	二	三	四
藝文類聚四	藝文類聚七	北堂書鈔三	初學記一
藝文類聚五	北堂書鈔一	北堂書鈔四	初學記二
藝文類聚六	北堂書鈔二	龍筋鳳髓判	元和姓纂

一	二	三	四
白孔六帖一	白孔六帖四	白孔六帖七	太平御覽一
白孔六帖二	白孔六帖五	小名錄 蒙求集注	太平御覽二
白孔六帖三	白孔六帖六	事類賦	太平御覽三

一	二	三	四
太平御覽四	太平御覽七	太平御覽十	太平御覽十三
太平御覽五	太平御覽八	太平御覽十一	太平御覽十四
太平御覽六	太平御覽九	太平御覽十二	太平御覽十五

一	二	三	四
太平御覽十六	太平御覽十九	太平御覽二十二	太平御覽二十五
太平御覽十七	太平御覽二十	太平御覽二十三	太平御覽二十六
太平御覽十八	太平御覽二十一	太平御覽二十四	太平御覽二十七

一	二	三	四
太平御覽二十八	冊府元龜一	冊府元龜四	冊府元龜七
太平御覽二十九	冊府元龜二	冊府元龜五	冊府元龜八
太平御覽三十	冊府元龜三	冊府元龜六	冊府元龜九

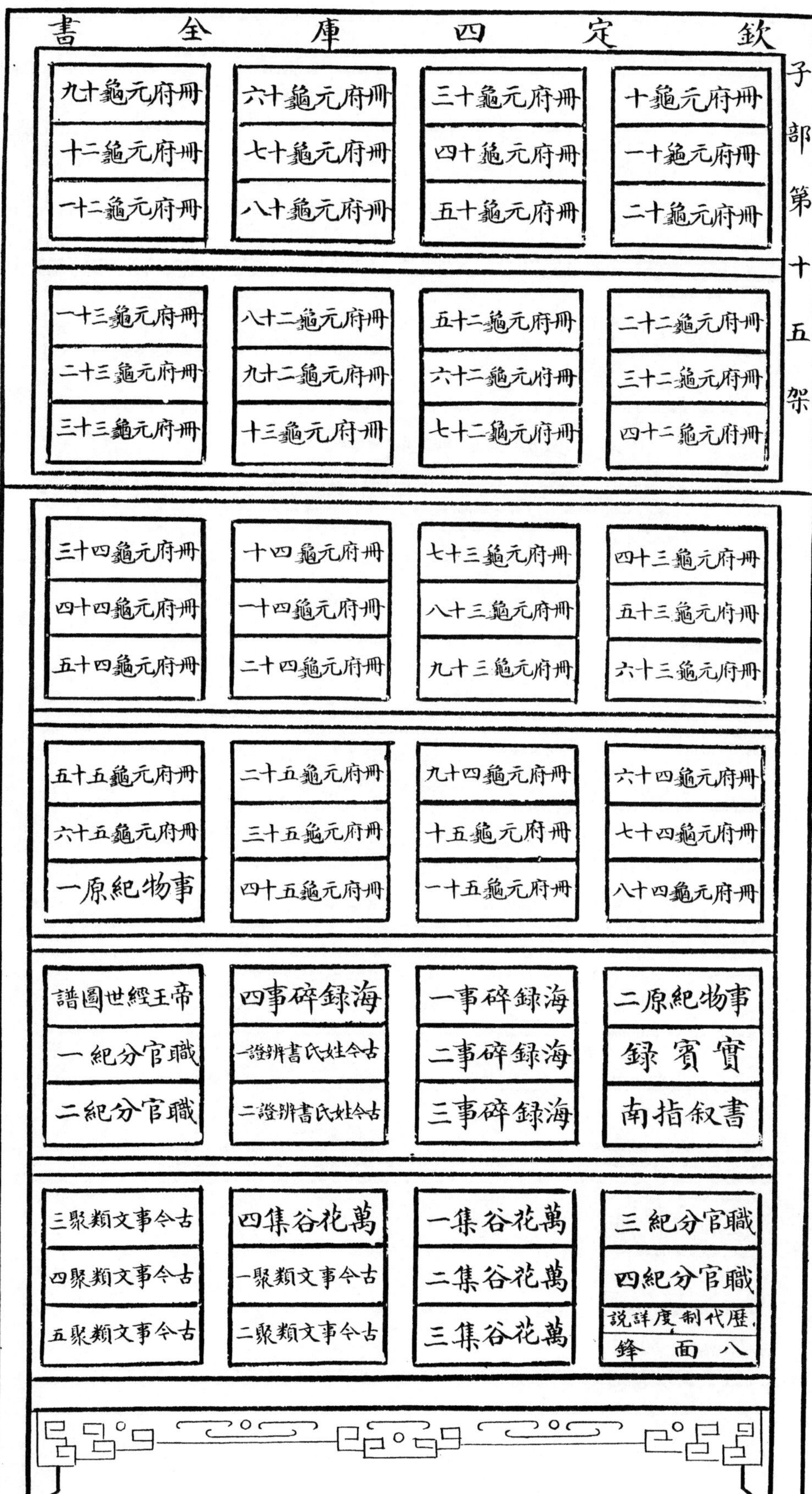
欽定四庫全書
子部第十五架
冊府元龜十
冊府元龜十一
冊府元龜十二
冊府元龜十三
冊府元龜十四
冊府元龜十五
冊府元龜十六
冊府元龜十七
冊府元龜十八
冊府元龜十九
冊府元龜二十
冊府元龜二十一
冊府元龜二十二
冊府元龜二十三
冊府元龜二十四
冊府元龜二十五
冊府元龜二十六
冊府元龜二十七
冊府元龜二十八
冊府元龜二十九
冊府元龜三十
冊府元龜三十一
冊府元龜三十二
冊府元龜三十三
冊府元龜三十四
冊府元龜三十五
冊府元龜三十六
冊府元龜三十七
冊府元龜三十八
冊府元龜三十九
冊府元龜四十
冊府元龜四十一
冊府元龜四十二
冊府元龜四十三
冊府元龜四十四
冊府元龜四十五
冊府元龜四十六
冊府元龜四十七
冊府元龜四十八
冊府元龜四十九
冊府元龜五十
冊府元龜五十一
冊府元龜五十二
冊府元龜五十三
冊府元龜五十四
冊府元龜五十五
冊府元龜五十六
事物紀原一
事物紀原二
實賓錄
書敘指南
海錄碎事一
海錄碎事二
海錄碎事三
海錄碎事四
古今姓氏書辯證一
古今姓氏書辯證二
帝王經世圖譜
職官分紀一
職官分紀二
職官分紀三
職官分紀四
歷代制度詳說
八面鋒
萬花谷集一
萬花谷集二
萬花谷集三
萬花谷集四
古今事文類聚一
古今事文類聚二
古今事文類聚三
古今事文類聚四
古今事文類聚五

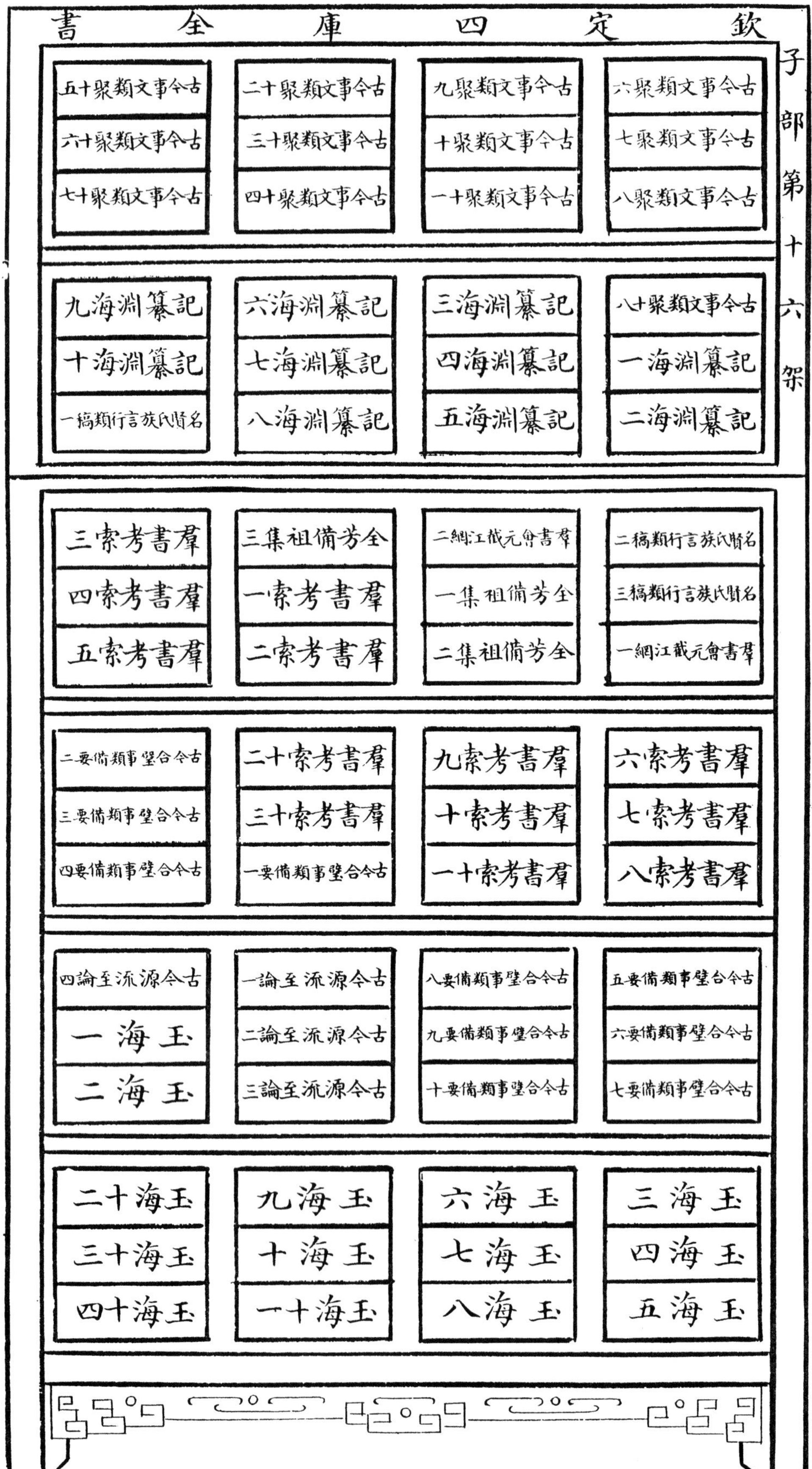
欽定四庫全書
子部第十六架
古今事文類聚六
古今事文類聚七
古今事文類聚八
古今事文類聚九
古今事文類聚十
古今事文類聚十一
古今事文類聚十二
古今事文類聚十三
古今事文類聚十四
古今事文類聚十五
古今事文類聚十六
古今事文類聚十七
古今事文類聚十八
記纂淵海一
記纂淵海二
記纂淵海三
記纂淵海四
記纂淵海五
記纂淵海六
記纂淵海七
記纂淵海八
記纂淵海九
記纂淵海十
名賢氏族言行類稿一
名賢氏族言行類稿二
名賢氏族言行類稿三
羣書會元截江網一
羣書會元截江網二
全芳備祖集一
全芳備祖集二
全芳備祖集三
羣書考索一
羣書考索二
羣書考索三
羣書考索四
羣書考索五
羣書考索六
羣書考索七
羣書考索八
羣書考索九
羣書考索十
羣書考索十一
羣書考索十二
羣書考索十三
古今合璧事類備要一
古今合璧事類備要二
古今合璧事類備要三
古今合璧事類備要四
古今合璧事類備要五
古今合璧事類備要六
古今合璧事類備要七
古今合璧事類備要八
古今合璧事類備要九
古今合璧事類備要十
古今源流至論一
古今源流至論二
古今源流至論三
古今源流至論四
玉海一
玉海二
玉海三
玉海四
玉海五
玉海六
玉海七
玉海八
玉海九
玉海十
玉海十一
玉海十二
玉海十三
玉海十四

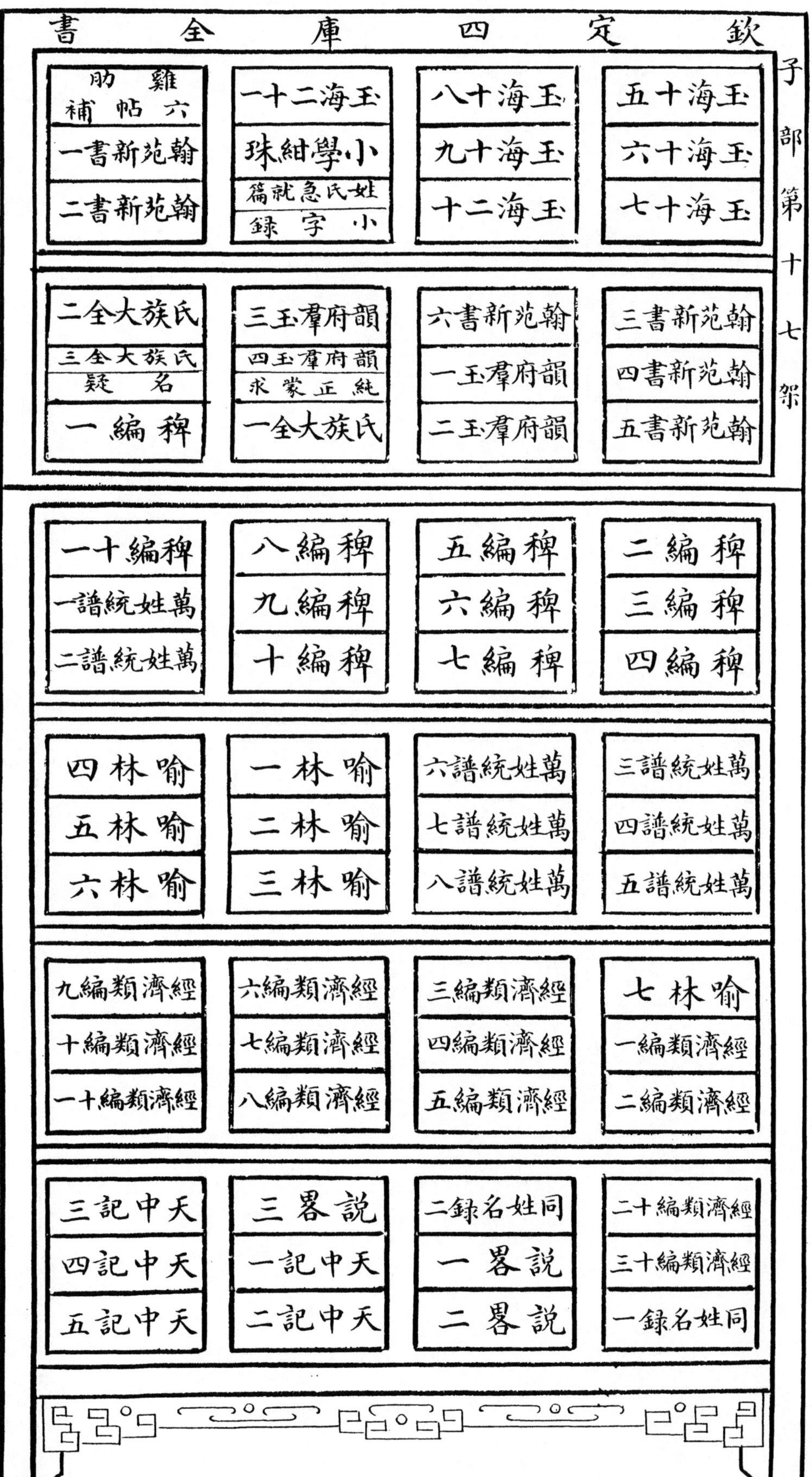

欽定四庫全書
子部第十七架
玉海十五
玉海十六
玉海十七
玉海十八
玉海十九
玉海二十
玉海二十一
小學紺珠
姓氏急就篇
小字錄
雞肋
六帖補
翰苑新書一
翰苑新書二
翰苑新書三
翰苑新書四
翰苑新書五
翰苑新書六
韻府羣玉一
韻府羣玉二
韻府羣玉三
韻府羣玉四
純正蒙求
氏族大全一
氏族大全二
氏族大全三
名疑
稗編一
稗編二
稗編三
稗編四
稗編五
稗編六
稗編七
稗編八
稗編九
稗編十
稗編十一
萬姓統譜一
萬姓統譜二
萬姓統譜三
萬姓統譜四
萬姓統譜五
萬姓統譜六
萬姓統譜七
萬姓統譜八
喻林一
喻林二
喻林三
喻林四
喻林五
喻林六
喻林七
經濟類編一
經濟類編二
經濟類編三
經濟類編四
經濟類編五
經濟類編六
經濟類編七
經濟類編八
經濟類編九
經濟類編十
經濟類編十一
經濟類編十二
經濟類編十三
同姓名錄一
同姓名錄二
說畧一
說畧二
說畧三
天中記一
天中記二
天中記三
天中記四
天中記五

子部第十八架

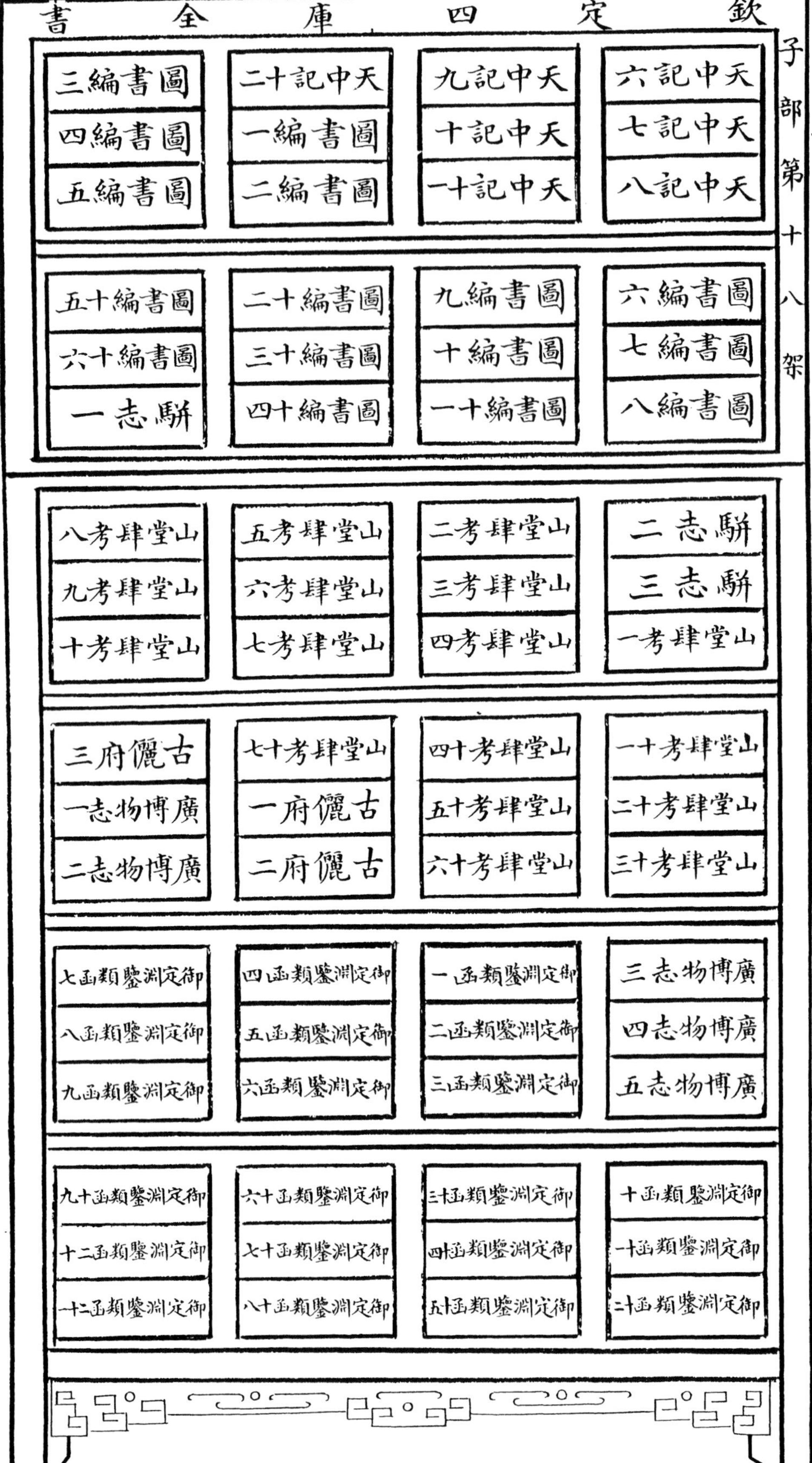
天中記六
天中記七
天中記八
天中記九
天中記十
天中記十一
天中記十二
圖書編一
圖書編二
圖書編三
圖書編四
圖書編五
圖書編六
圖書編七
圖書編八
圖書編九
圖書編十
圖書編十一
圖書編十二
圖書編十三
圖書編十四
圖書編十五
圖書編十六
駢志一
駢志二
駢志三
山堂肆考一
山堂肆考二
山堂肆考三
山堂肆考四
山堂肆考五
山堂肆考六
山堂肆考七
山堂肆考八
山堂肆考九
山堂肆考十
山堂肆考十一
山堂肆考十二
山堂肆考十三
山堂肆考十四
山堂肆考十五
山堂肆考十六
山堂肆考十七
古儷府一
古儷府二
古儷府三
廣博物志一
廣博物志二
廣博物志三
廣博物志四
廣博物志五
御定淵鑑類函一
御定淵鑑類函二
御定淵鑑類函三
御定淵鑑類函四
御定淵鑑類函五
御定淵鑑類函六
御定淵鑑類函七
御定淵鑑類函八
御定淵鑑類函九
御定淵鑑類函十
御定淵鑑類函十一
御定淵鑑類函十二
御定淵鑑類函十三
御定淵鑑類函十四
御定淵鑑類函十五
御定淵鑑類函十六
御定淵鑑類函十七
御定淵鑑類函十八
御定淵鑑類函十九
御定淵鑑類函二十
御定淵鑑類函二十一

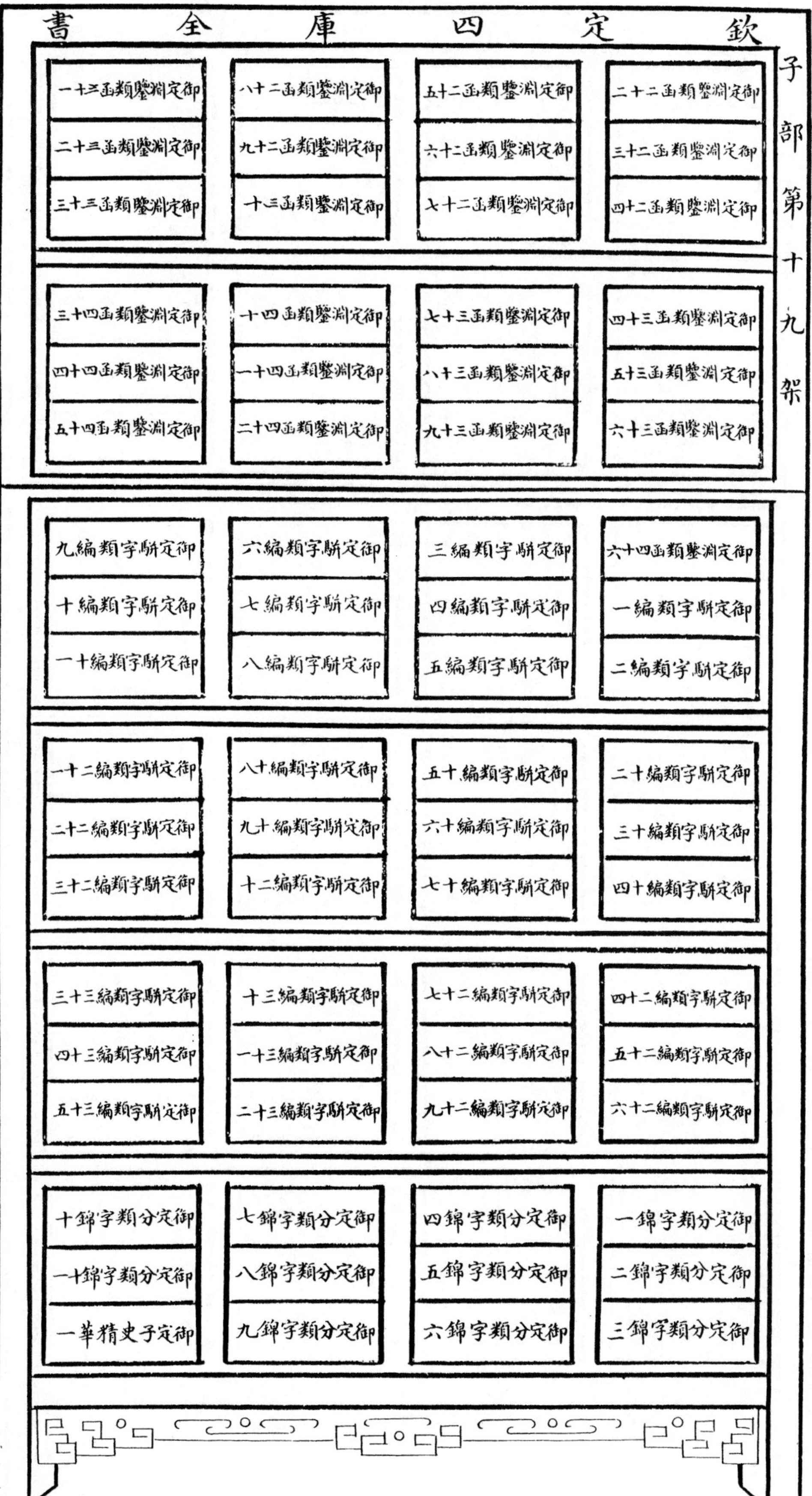
子部第十九架
御定淵鑑類函二十二
御定淵鑑類函二十三
御定淵鑑類函二十四
御定淵鑑類函二十五
御定淵鑑類函二十六
御定淵鑑類函二十七
御定淵鑑類函二十八
御定淵鑑類函二十九
御定淵鑑類函三十
御定淵鑑類函三十一
御定淵鑑類函三十二
御定淵鑑類函三十三
御定淵鑑類函三十四
御定淵鑑類函三十五
御定淵鑑類函三十六
御定淵鑑類函三十七
御定淵鑑類函三十八
御定淵鑑類函三十九
御定淵鑑類函四十
御定淵鑑類函四十一
御定淵鑑類函四十二
御定淵鑑類函四十三
御定淵鑑類函四十四
御定淵鑑類函四十五
御定淵鑑類函四十六
御定駢字類編一
御定駢字類編二
御定駢字類編三
御定駢字類編四
御定駢字類編五
御定駢字類編六
御定駢字類編七
御定駢字類編八
御定駢字類編九
御定駢字類編十
御定駢字類編十一
御定駢字類編十二
御定駢字類編十三
御定駢字類編十四
御定駢字類編十五
御定駢字類編十六
御定駢字類編十七
御定駢字類編十八
御定駢字類編十九
御定駢字類編二十
御定駢字類編二十一
御定駢字類編二十二
御定駢字類編二十三
御定駢字類編二十四
御定駢字類編二十五
御定駢字類編二十六
御定駢字類編二十七
御定駢字類編二十八
御定駢字類編二十九
御定駢字類編三十
御定駢字類編三十一
御定駢字類編三十二
御定駢字類編三十三
御定駢字類編三十四
御定駢字類編三十五
御定分類字錦一
御定分類字錦二
御定分類字錦三
御定分類字錦四
御定分類字錦五
御定分類字錦六
御定分類字錦七
御定分類字錦八
御定分類字錦九
御定分類字錦十
御定分類字錦十一
御定子史精華一

子部第二十架

御定子史精華二
御定子史精華三
御定子史精華四
御定子史精華五
御定子史精華六
御定子史精華七
御定子史精華八
御定子史精華九
御定佩文韻府一
御定佩文韻府二
御定佩文韻府三
御定佩文韻府四

御定佩文韻府五
御定佩文韻府六
御定佩文韻府七
御定佩文韻府八
御定佩文韻府九
御定佩文韻府十
御定佩文韻府十一
御定佩文韻府十二
御定佩文韻府十三
御定佩文韻府十四
御定佩文韻府十五
御定佩文韻府十六

御定佩文韻府十七
御定佩文韻府十八
御定佩文韻府十九
御定佩文韻府二十
御定佩文韻府二十一
御定佩文韻府二十二
御定佩文韻府二十三
御定佩文韻府二十四
御定佩文韻府二十五
御定佩文韻府二十六
御定佩文韻府二十七
御定佩文韻府二十八

御定佩文韻府二十九
御定佩文韻府三十
御定佩文韻府三十一
御定佩文韻府三十二
御定佩文韻府三十三
御定佩文韻府三十四
御定佩文韻府三十五
御定佩文韻府三十六
御定佩文韻府三十七
御定佩文韻府三十八
御定佩文韻府三十九
御定佩文韻府四十

御定佩文韻府四十一
御定佩文韻府四十二
御定佩文韻府四十三
御定佩文韻府四十四
御定佩文韻府四十五
御定佩文韻府四十六
御定佩文韻府四十七
御定佩文韻府四十八
御定佩文韻府四十九
御定佩文韻府五十
御定佩文韻府五十一
御定佩文韻府五十二

御定佩文韻府五十三
御定佩文韻府五十四
御定佩文韻府五十五
御定佩文韻府五十六
御定佩文韻府五十七
御定佩文韻府五十八
御定佩文韻府五十九
御定佩文韻府六十
御定韻府拾遺一
御定韻府拾遺二
御定韻府拾遺三
御定韻府拾遺四

子部第二十一架

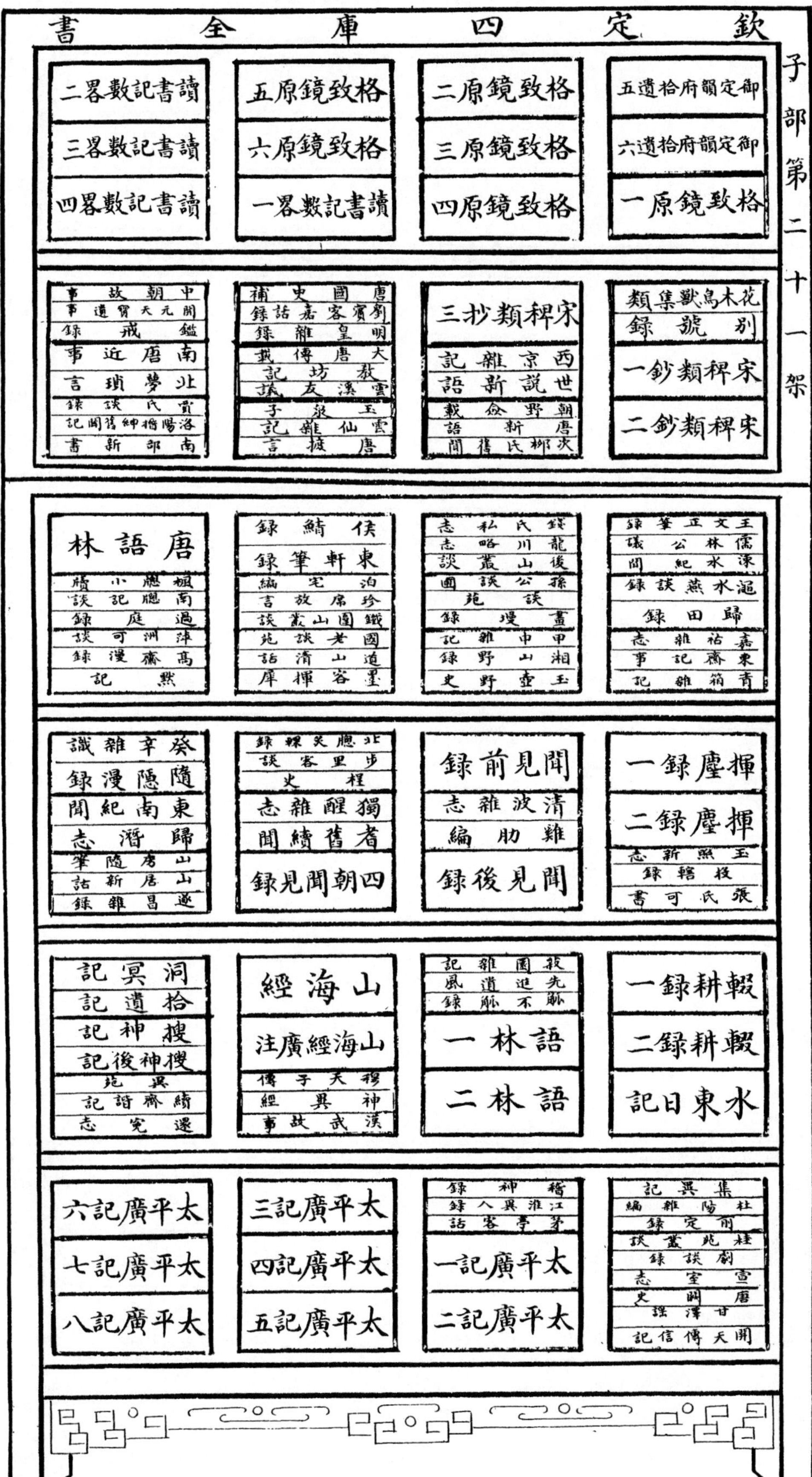
御定韻府拾遺五
御定韻府拾遺六
格致鏡原一
格致鏡原二
格致鏡原三
格致鏡原四
格致鏡原五
格致鏡原六
讀書記數畧一
讀書記數畧二
讀書記數畧三
讀書記數畧四
花木鳥獸集類
別號錄
宋稗類鈔一
宋稗類鈔二
宋稗類抄三
世說新語
西京雜記
朝野僉載
唐新語
次柳氏舊聞
唐國史補
劉賓客嘉話錄
明皇雜錄
大唐傳載
教坊記
雲溪友議
玉泉子
雲仙雜記
唐摭言
中朝故事
開元天寶遺事
鑑戒錄
南唐近事
北夢瑣言
賈氏談錄
洛陽搢紳舊聞記
南部新書
王文正筆錄
儒林公議
涑水紀聞
澠水燕談錄
歸田錄
嘉祐雜志
東齋記事
青箱雜記
錢氏私志
龍川略志
後山談叢
孫公談圃
畫墁錄
甲申雜記
湘山野錄
玉壺野史
侯鯖錄
東軒筆錄
泊宅編
珍席放言
鐵圍山叢談
國老談苑
道山清話
墨客揮犀
唐語林
楓窗小牘
南窗紀談
過庭錄
萍洲可談
高齋漫錄
默記
揮麈錄一
揮麈錄二
玉照新志
投轄錄
張氏可書
清波雜志
雞肋編
聞見前錄
聞見後錄
北窗炙輠錄
步里客談
桯史
獨醒雜志
耆舊續聞
四朝聞見錄
癸辛雜識
隨隱漫錄
東南紀聞
歸潛志
山房隨筆
山居新話
遂昌雜錄
輟耕錄一
輟耕錄二
水東日記
菽園雜記
先進遺風
觚不觚錄
語林一
語林二
山海經
山海經廣注
穆天子傳
神異經
漢武故事
洞冥記
拾遺記
搜神記
搜神後記
異苑
續齊諧記
還冤志
集異記
杜陽雜編
前定錄
桂苑叢談
劇談錄
宣室志
唐闕史
甘澤謠
開天傳信記
江淮異人錄
茅亭客話
稽神錄
太平廣記一
太平廣記二
太平廣記三
太平廣記四
太平廣記五
太平廣記六
太平廣記七
太平廣記八

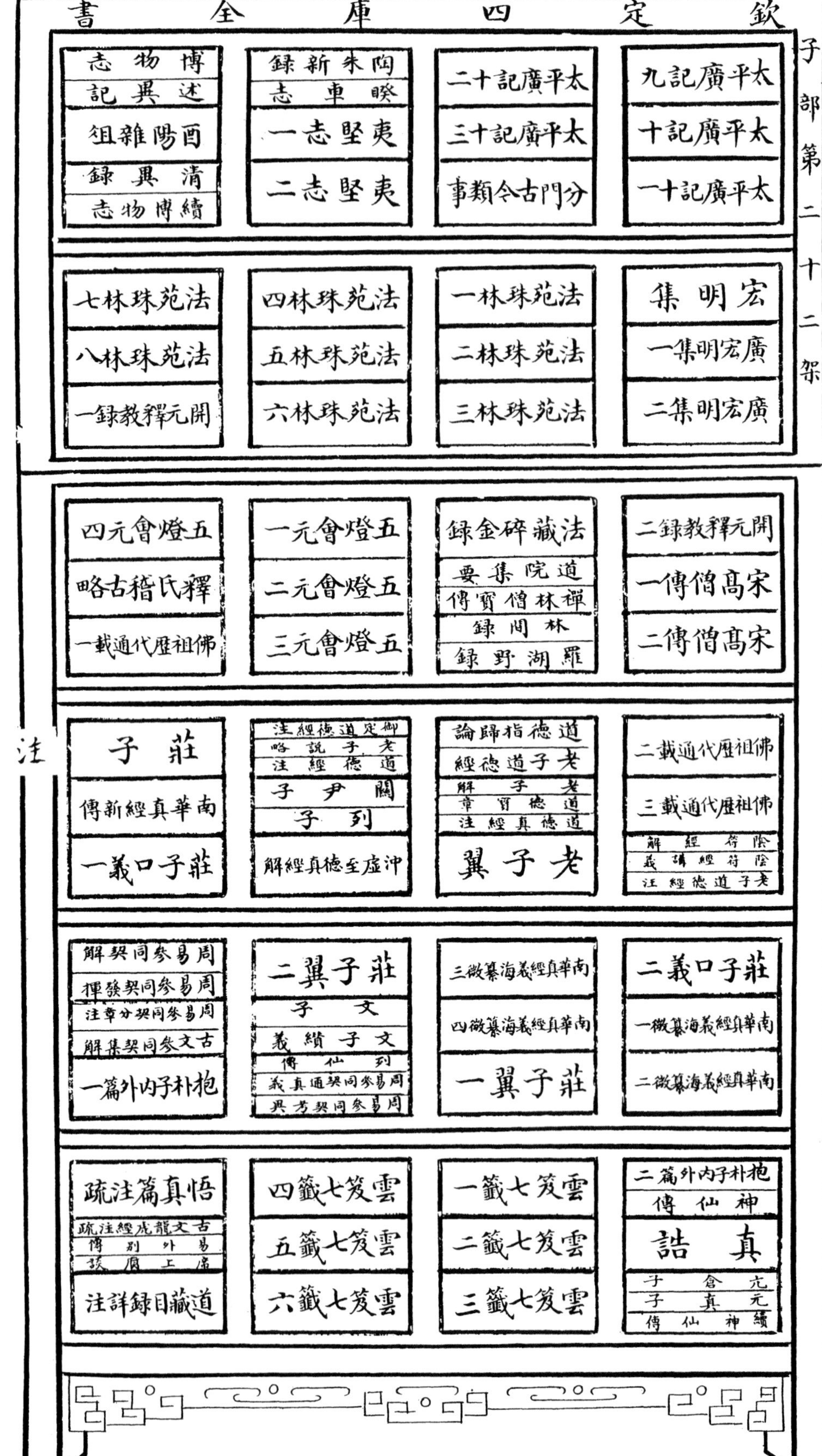
欽定四庫全書
子部第二十二架
太平廣記九
太平廣記十
太平廣記十一
太平廣記十二
太平廣記十三
分門古今類事
陶朱新錄
睽車志
夷堅志一
夷堅志二
博物志
述異記
酉陽雜俎
清異錄
續博物志
宏明集
廣宏明集一
廣宏明集二
法苑珠林一
法苑珠林二
法苑珠林三
法苑珠林四
法苑珠林五
法苑珠林六
法苑珠林七
法苑珠林八
開元釋教錄一
開元釋教錄二
宋高僧傳一
宋高僧傳二
法藏碎金錄
道院集要
禪林僧寶傳
林間錄
羅湖野錄
五燈會元一
五燈會元二
五燈會元三
五燈會元四
釋氏稽古略
佛祖歷代通載一
佛祖歷代通載二
佛祖歷代通載三
陰符經解
陰符經講義
老子道德經注
道德指歸論
老子道德經
老子解
道德寶章
道德真經注
老子翼
御定道德經注
老子說略
道德經注
關尹子
列子
沖虛至德真經解
莊子
南華真經新傳
莊子口義一
注
莊子口義二
南華真經義海纂微一
南華真經義海纂微二
南華真經義海纂微三
南華真經義海纂微四
莊子翼一
莊子翼二
文子
文子纘義
列仙傳
周易參同契通真義
周易參同契考異
周易參同契解
周易參同契發揮
周易參同契分章注
古文參同契集解
抱朴子內外篇一
抱朴子內外篇二
神仙傳
真誥
亢倉子
元真子
續神仙傳
雲笈七籤一
雲笈七籤二
雲笈七籤三
雲笈七籤四
雲笈七籤五
雲笈七籤六
悟真篇注疏
古文龍虎經注疏
易外別傳
席上腐談
道藏目錄詳注

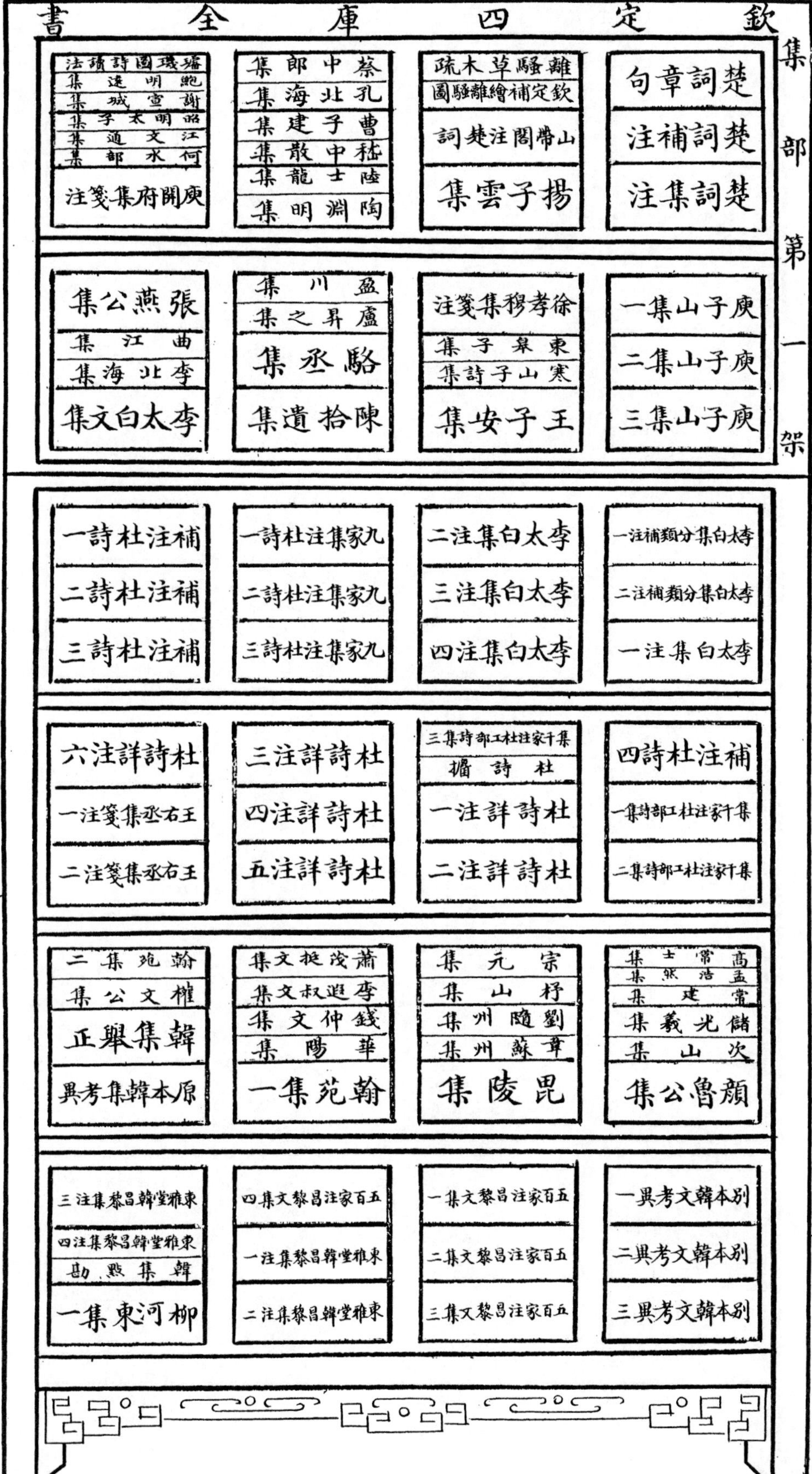

欽定四庫全書
集部第一架
楚詞章句
楚詞補注
楚詞集注
離騷草木疏
欽定補繪離騷圖
山帶閣注楚詞
揚子雲集
蔡中郎集
孔北海集
曹子建集
嵇中散集
陸士龍集
陶淵明集
璇璣圖詩讀法
鮑明遠集
謝宣城集
昭明太子集
江文通集
何水部集
庾開府集箋注
庾子山集一
庾子山集二
庾子山集三
徐孝穆集箋注
東皋子集
寒山子詩集
王子安集
盈川集
盧昇之集
駱丞集
陳拾遺集
張燕公集
曲江集
李北海集
李太白文集
李太白集分類補注一
李太白集分類補注二
李太白集注一
李太白集注二
李太白集注三
李太白集注四
九家集注杜詩一
九家集注杜詩二
九家集注杜詩三
補注杜詩一
補注杜詩二
補注杜詩三
補注杜詩四
千家注杜工部詩集一
千家注杜工部詩集二
千家注杜工部詩集三
杜詩攟
杜詩詳注一
杜詩詳注二
杜詩詳注三
杜詩詳注四
杜詩詳注五
杜詩詳注六
王右丞集箋注一
王右丞集箋注二
高常侍集
孟浩然集
常建集
儲光羲集
次山集
顏魯公集
宗元集
杼山集
劉隨州集
韋蘇州集
毘陵集
蕭茂挺文集
李遐叔文集
錢仲文集
華陽集
翰苑集一
翰苑集二
權文公集
韓集舉正
原本韓集考異
別本韓文考異一
別本韓文考異二
別本韓文考異三
五百家注昌黎文集一
五百家注昌黎文集二
五百家注昌黎文集三
五百家注昌黎文集四
東雅堂韓昌黎集注一
東雅堂韓昌黎集注二
東雅堂韓昌黎集注三
東雅堂韓昌黎集注四
韓集點勘
柳河東集一

集部第二架

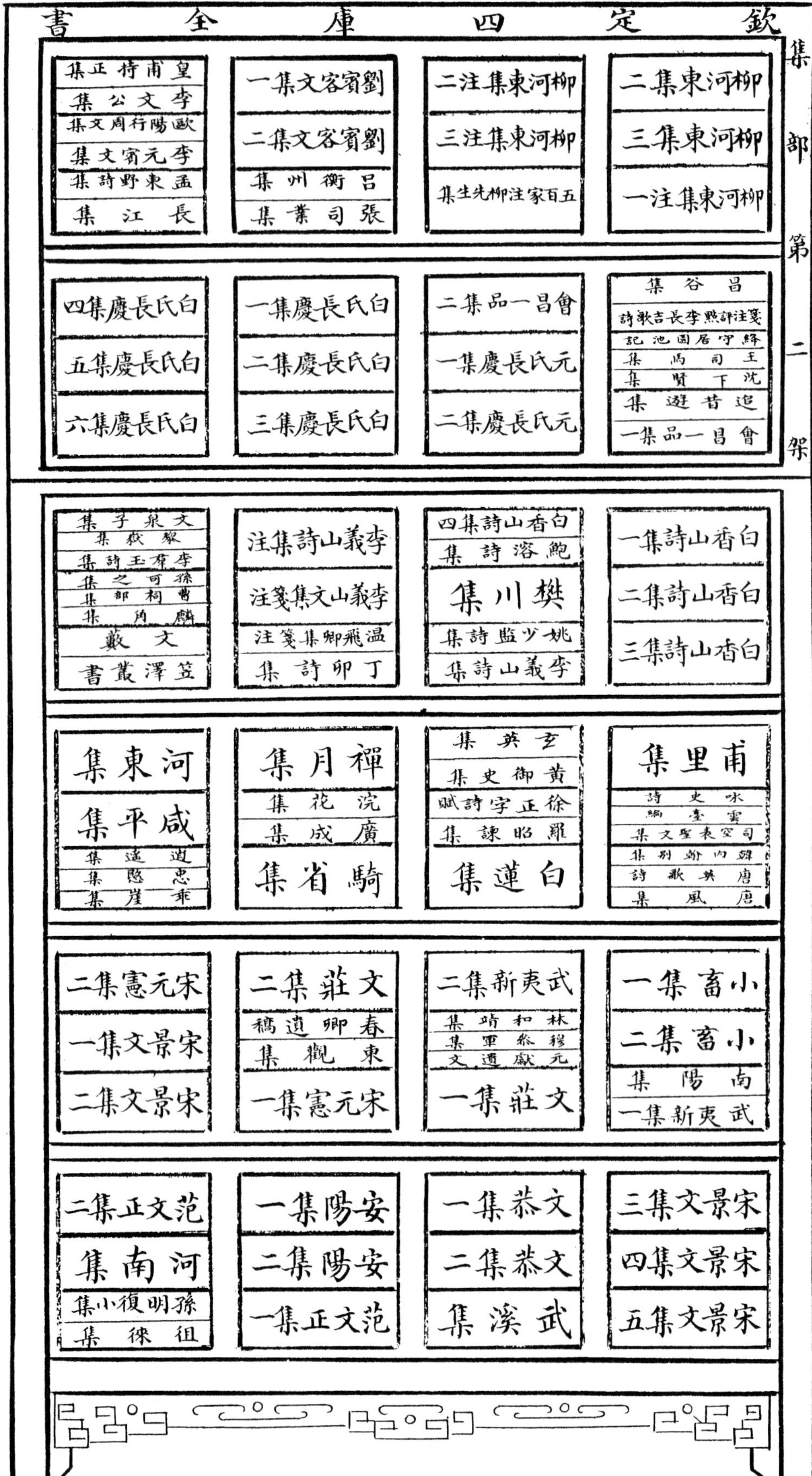
柳河東集二
柳河東集三
柳河東集注一
柳河東集注二
柳河東集注三
五百家注柳先生集
劉賓客文集一
劉賓客文集二
呂衡州集
張司業集
皇甫持正集
李文公集
歐陽行周文集
李元賓文集
孟東野詩集
長江集
昌谷集
箋注評點李長吉歌詩
絳守居園池記
王司馬集
沈下賢集
追昔遊集
會昌一品集一
會昌一品集二
元氏長慶集一
元氏長慶集二
白氏長慶集一
白氏長慶集二
白氏長慶集三
白氏長慶集四
白氏長慶集五
白氏長慶集六
白香山詩集一
白香山詩集二
白香山詩集三
白香山詩集四
鮑溶詩集
樊川集
姚少監詩集
李義山詩集
李義山詩集注
李義山文集箋注
溫飛卿集箋注
丁卯詩集
文泉子集
黎嶽集
李群玉詩集
孫可之集
曹祠部集
麟角集
文藪
笠澤叢書
甫里集
咏史詩
司空表聖文集
韓內翰別集
唐英歌詩
唐風集
玄英集
黃御史集
徐正字詩賦
羅昭諫集
白蓮集
禪月集
浣花集
廣成集
騎省集
河東集
咸平集
逍遙集
忠愍集
乖崖集
小畜集一
小畜集二
南陽集
武夷新集一
武夷新集二
林和靖集
穆參軍集
元獻遺文
文莊集一
文莊集二
春卿遺稿
東觀集
宋元憲集一
宋元憲集二
宋景文集一
宋景文集二
宋景文集三
宋景文集四
宋景文集五
文恭集一
文恭集二
武溪集
安陽集一
安陽集二
范文正集一
范文正集二
河南集
孫明復小集
徂徠集

集部第三架
端明集一
端明集二
祠部集一
祠部集二
祠部集三
鐔津集
祖英集
蘇學士集
蘇魏公文集一
蘇魏公文集二
蘇魏公文集三
蘇魏公文集四
蘇魏公文集五
伐檀集
華陽集一
華陽集二
華陽集三
古靈集
傳家集一
傳家集二
傳家集三
傳家集四
趙清獻集
盱江集一
盱江集二
盱江集三
金氏文集
公是集一
公是集二
彭城集一
彭城集二
邕州小集
都官集
丹淵集一
丹淵集二
西溪集
鄖溪集一
鄖溪集二
錢塘集
淨德集一
淨德集二
安岳集
元豐類稿一
元豐類稿二
元豐類稿三
龍學文集
宛陵集一
宛陵集二
宛陵集三
劉忠肅集
無為集
王魏公集
范太史集一
范太史集二
范太史集三
潞公文集
擊壤集
鄱陽集
曲阜集
周元公集
南陽集
節孝集
文忠集一
文忠集二
文忠集三
文忠集四
文忠集五
文忠集六
歐陽文粹
樂全集一
樂全集二
樂全集三
樂全集四
范忠宣集一
范忠宣集二
嘉祐集
臨川文集一
臨川文集二

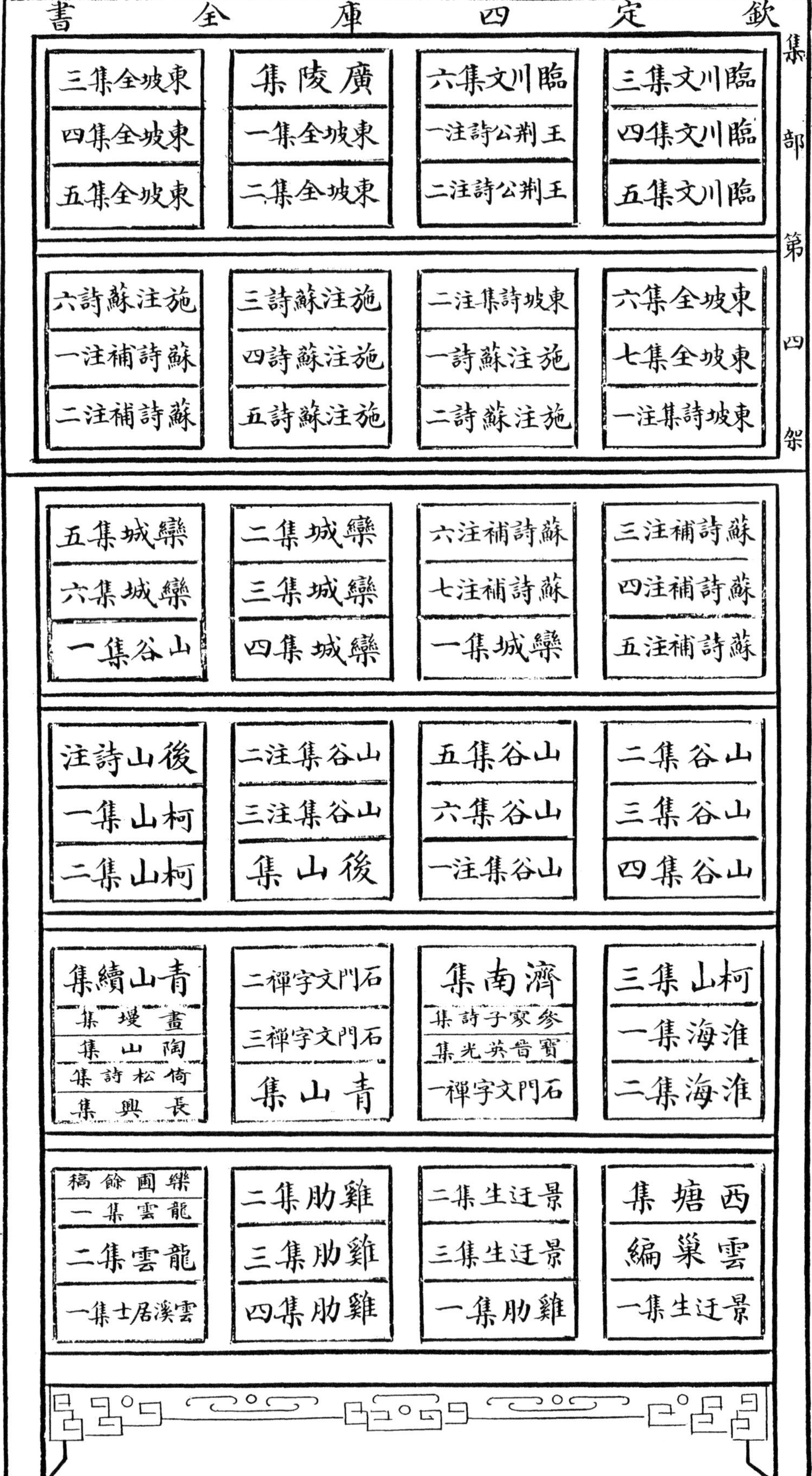

欽定四庫全書
集部第四架
臨川文集三
臨川文集四
臨川文集五
臨川文集六
王荊公詩注一
王荊公詩注二
廣陵集
東坡全集一
東坡全集二
東坡全集三
東坡全集四
東坡全集五
東坡全集六
東坡全集七
東坡詩集注一
東坡詩集注二
施注蘇詩一
施注蘇詩二
施注蘇詩三
施注蘇詩四
施注蘇詩五
施注蘇詩六
蘇詩補注一
蘇詩補注二
蘇詩補注三
蘇詩補注四
蘇詩補注五
蘇詩補注六
蘇詩補注七
欒城集一
欒城集二
欒城集三
欒城集四
欒城集五
欒城集六
山谷集一
山谷集二
山谷集三
山谷集四
山谷集五
山谷集六
山谷集注一
山谷集注二
山谷集注三
後山集
後山詩注
柯山集一
柯山集二
柯山集三
淮海集一
淮海集二
濟南集
參寥子詩集
寶晉英光集
石門文字禪一
石門文字禪二
石門文字禪三
青山集
青山續集
畫墁集
陶山集
倚松詩集
長興集
西塘集
雲巢編
景迂生集一
景迂生集二
景迂生集三
雞肋集一
雞肋集二
雞肋集三
雞肋集四
樂圃餘稿
龍雲集一
龍雲集二
雲溪居士集一

三一

集部第五架

雲溪居士集二
演山集一
演山集二
演山集三
姑溪居士集一
姑溪居士集二
潏水集
道鄉集一
道鄉集二
道鄉集三
學易集
游廌山集
西臺集一
西臺集二
樂靜集
北湖集
溪堂集
竹友集
日涉園集
灌園集
慶湖遺老集
摛文堂集
襄陵文集
浮沚集
東堂集
給事集
劉左史集
竹隱畸士集
眉山集
洪龜父集
跨鼇集
忠愍集
忠肅集
宗忠簡集
龜山集一
龜山集二
梁谿集一
梁谿集二
梁谿集三
梁谿集四
梁谿集五
梁谿集六
梁谿集七
初寮集
橫塘集
西渡集
老圃集
丹陽集一
丹陽集二
毗陵集
浮溪集一
浮溪集二
浮溪文粹
莊簡集
忠正德文集
東牕集
忠惠集
松隱集一
松隱集二
建康集
簡齋集
北山集一
北山集二
檆溪居士集
筠溪集一
筠溪集二
華陽集
忠穆集
紫微集一
紫微集二
苕溪集一
苕溪集二
東牟集
相山集
三餘集
大隱集
龜溪集
栟櫚集
默成文集
鄱陽集
韋齋集
玉瀾集
澹齋集
陵陽集
浮山集
雲溪集
盧溪文集

集部第六架

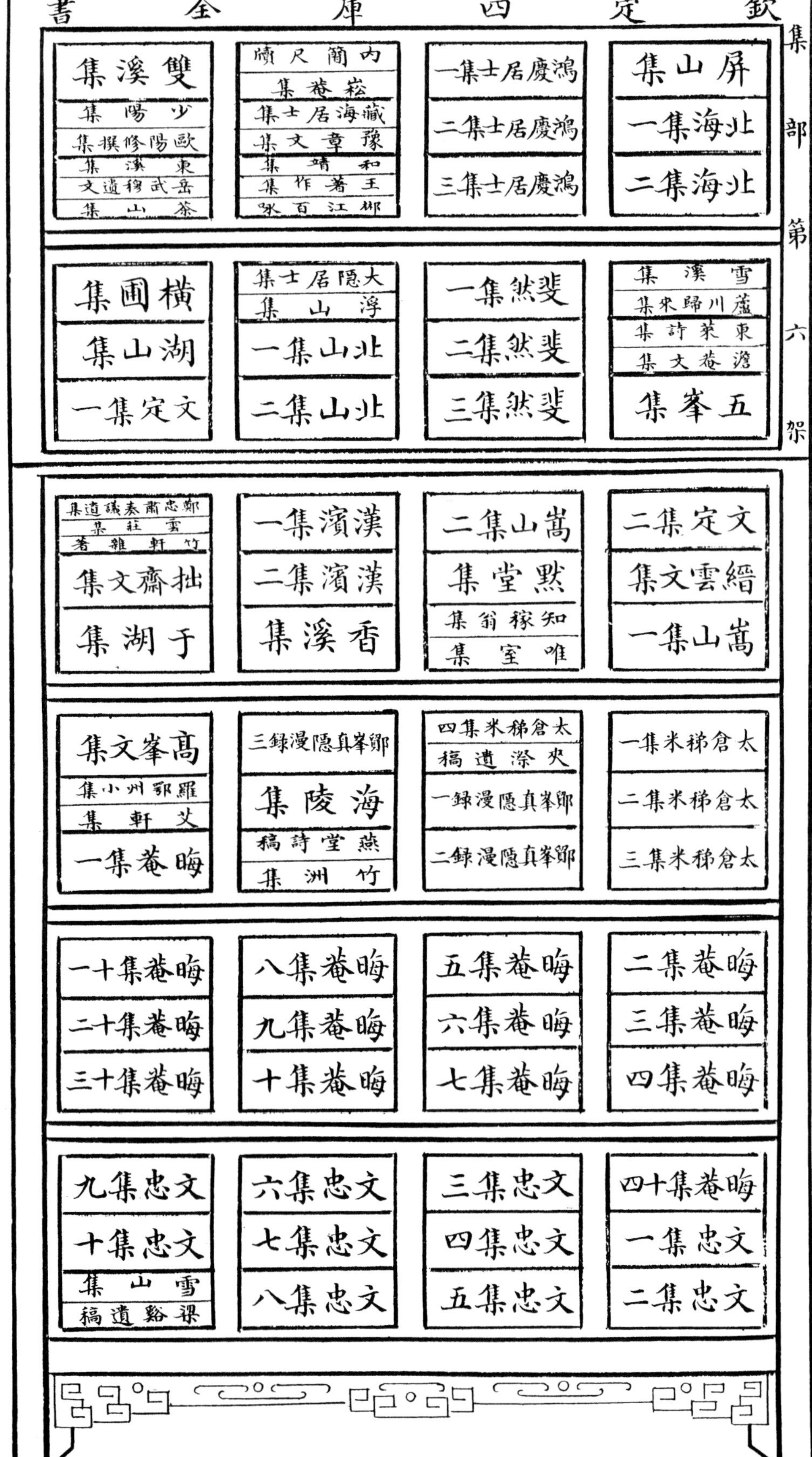
屏山集
北海集一
北海集二
鴻慶居士集一
鴻慶居士集二
鴻慶居士集三
內簡尺牘
崧菴集
藏海居士集
豫章文集
和靖集
王著作集
郴江百詠
雙溪集
少陽集
歐陽修撰集
東溪集
岳武穆遺文
茶山集
雪溪集
蘆川歸來集
東萊詩集
澹菴文集
五峯集
斐然集一
斐然集二
斐然集三
大隱居士集
浮山集
北山集一
北山集二
橫浦集
湖山集
文定集一
文定集二
縉雲文集
嵩山集一
嵩山集二
默堂集
知稼翁集
唯室集
漢濱集一
漢濱集二
香溪集
鄭忠肅奏議遺集
雲莊集
竹軒雜著
拙齋文集
于湖集
太倉稊米集一
太倉稊米集二
太倉稊米集三
太倉稊米集四
夾漈遺稿
鄮峯真隱漫錄一
鄮峯真隱漫錄二
鄮峯真隱漫錄三
海陵集
燕堂詩稿
竹洲集
高峯文集
羅鄂州小集
艾軒集
晦菴集一
晦菴集二
晦菴集三
晦菴集四
晦菴集五
晦菴集六
晦菴集七
晦菴集八
晦菴集九
晦菴集十
晦菴集十一
晦菴集十二
晦菴集十三
晦菴集十四
文忠集一
文忠集二
文忠集三
文忠集四
文忠集五
文忠集六
文忠集七
文忠集八
文忠集九
文忠集十
雪山集
梁谿遺稿

欽定四庫全書
集部第七架
方舟集一
方舟集二
網山集
東萊集一
東萊集二
東萊集三
東萊集四
止齋文集一
止齋文集二
止齋文集三
格齋四六
梅溪集一
梅溪集二
梅溪集三
梅溪集四
香山集
宮教集
蒙隱集
倪石陵書
樂軒集
定菴類稿
澹軒集
攻媿集一
攻媿集二
攻媿集三
攻媿集四
攻媿集五
攻媿集六
尊白堂集
東塘集一
東塘集二
涉齋集
蠹齋鉛刀編
義豐集
乾道稿
淳熙稿一
淳熙稿二
淳熙稿三
章泉稿
雙溪類稿一
雙溪類稿二
止堂集
緣督集
象山集一
象山集二
慈湖遺書一
慈湖遺書二
慈湖遺書三
絜齋集一
絜齋集二
舒文靖集
雲莊集
定齋集
九華集一
九華集二
野處類稿
盤洲集一
盤洲集二
盤洲集三
盤洲集四
應齋雜著
芸菴類稿
浪語集一
浪語集二
浪語集三
石湖詩集
誠齋集一
誠齋集二
誠齋集三
誠齋集四
誠齋集五
誠齋集六
劍南詩稿一
劍南詩稿二
劍南詩稿三
劍南詩稿四
劍南詩稿五
劍南詩稿六
渭南文集一
渭南文集二
放翁詩選
金陵百咏
順菴居士集
水心集一
水心集二

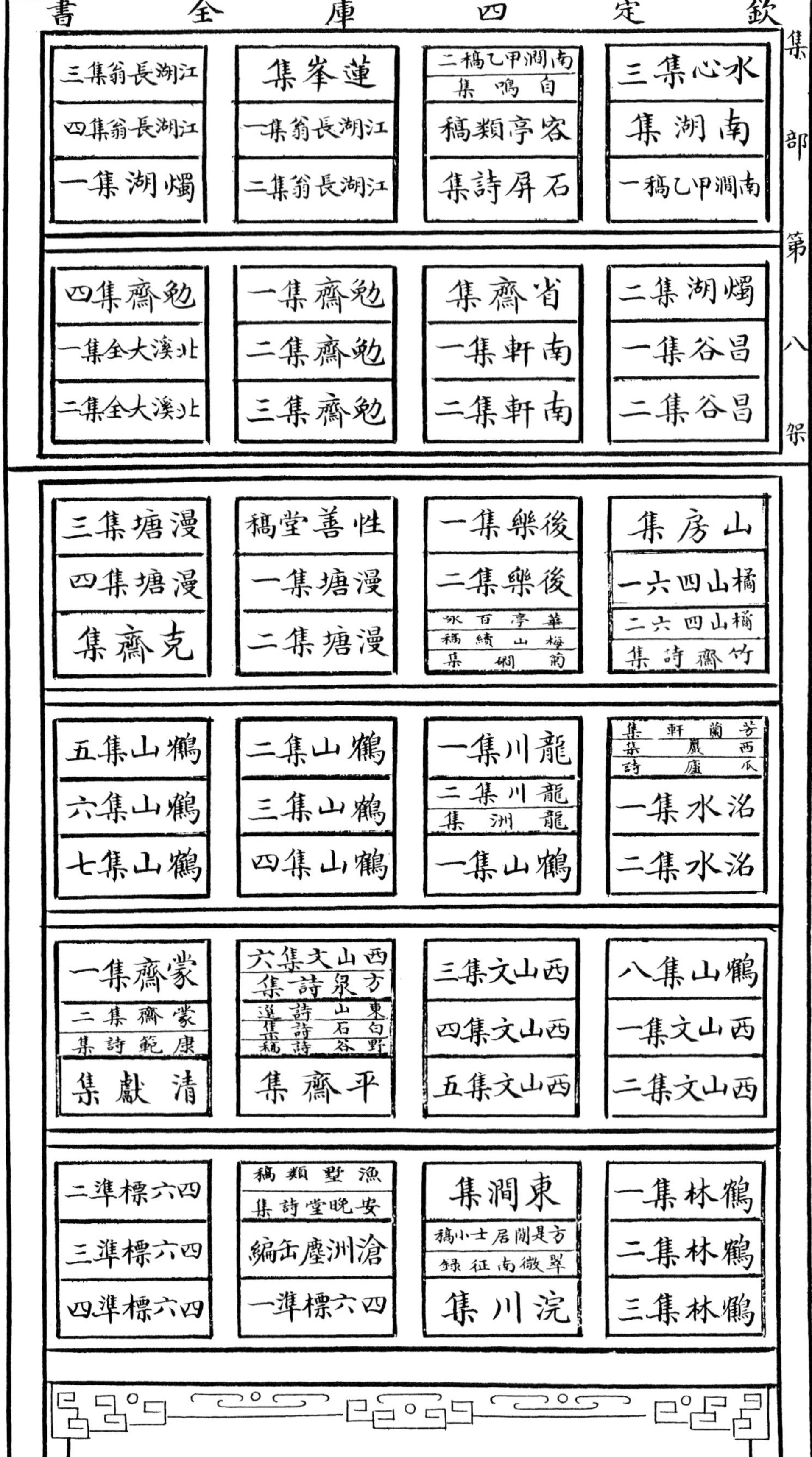
欽定四庫全書
集部第八架
水心集三
南湖集
南澗甲乙稿一
南澗甲乙稿二
自鳴集
客亭類稿
石屏詩集
蓮峯集
江湖長翁集一
江湖長翁集二
江湖長翁集三
江湖長翁集四
燭湖集一
燭湖集二
昌谷集一
昌谷集二
省齋集
南軒集一
南軒集二
勉齋集一
勉齋集二
勉齋集三
勉齋集四
北溪大全集一
北溪大全集二
山房集
橘山四六一
橘山四六二
竹齋詩集
後樂集一
後樂集二
華亭百咏
梅山續稿
菊磵集
性善堂稿
漫塘集一
漫塘集二
漫塘集三
漫塘集四
克齋集
芳蘭軒集
西巖集
瓜廬詩
洺水集一
洺水集二
龍川集一
龍川集二
龍洲集
鶴山集一
鶴山集二
鶴山集三
鶴山集四
鶴山集五
鶴山集六
鶴山集七
鶴山集八
西山文集一
西山文集二
西山文集三
西山文集四
西山文集五
西山文集六
方泉詩集
東山詩選
白石詩集
野谷詩稿
平齋集
蒙齋集一
蒙齋集二
康範詩集
清獻集
鶴林集一
鶴林集二
鶴林集三
東澗集
方是閒居士小稿
翠微南征録
浣川集
漁墅類稿
安晚堂詩集
滄洲塵缶編
四六標準一
四六標準二
四六標準三
四六標準四

集部第九架

四六標準五
四六標準六
四六標準七
貧牕集
友林乙稿
方壺存稿
鐵菴集
壺山四六
默齋遺稿
履齋遺集
臞軒集一
臞軒集二
東野農歌集
敝帚略稿
清正存稿
寒松閣集
滄浪集
冷然齋集
可齋雜稿一
可齋雜稿二
可齋雜稿三
可齋雜稿四
可齋雜稿五
後村集一
後村集二
後村集三
後村集四
澗泉集一
澗泉集二
矩山存稿
雪牕集
文溪存稿
庸齋集
晏齋文編
張氏拙軒集
玉楮集
靈巖集
棋埜集
恥堂存稿
秋崖集一
秋崖集二
秋崖集三
芸隱橫舟集
紫川遺稿
雪磯叢稿
北澗集
西塍集
梅屋集
孝詩
字溪集一
字溪集二
勿齋集
巽齋文集
雪坡集一
雪坡集二
文山集一
文山集二
文信國集杜詩
疊山集
本堂集一
本堂集二
本堂集三
端平詩雋
竹溪鬳齋十一稿續集一
竹溪鬳齋十一稿續集二
魯齋集一
魯齋集二
潛山集
須溪集
須溪四景詩
葦航漫游稿
蘭皋集
雲泉詩
嘉禾百詠
柳塘外集
碧梧玩芳集
四明文獻集
覆瓿集
閬風集
北游集
秋堂集
蛟峰文集
秋聲集
陵陽集
湖山類稿
晞髮集
潛齋集
梅巖文集
四如集
霽山文集
勿軒集
古梅吟稿
佩韋齋集
廬山集
西湖百詠
則堂集
富山遺稿
真山民集
百正集
月洞吟
伯牙琴
存雅堂遺稿
吾汶稿
在軒集
紫巖詩選
九華詩集

集部第十架

寧極齋稿
自堂存稿
仁山文集
心泉學詩稿
拙軒集
滏水集
滹南集一
滹南集二
莊靖集
遺山集一
遺山集二
遺山集三
湛然居士集
藏春集
淮陽集
陵川集一
陵川集二
陵川集三
歸田類稿
白雲集
稼村類稿
桐江續集一
桐江續集二
桐江續集三
野趣有聲畫
月屋漫稿
剡源文集一
剡源文集二
剡源文集三
剩語
養蒙文集
牆東類稿一
牆東類稿二
青山集
桂隱文集
水雲村稿
巴西集
屏巖小稿
玉斗山人集
谷響集
竹素山房詩集
紫山大全集一
紫山大全集二
紫山大全集三
松鄉集
松雪齋集
吳文正集一
吳文正集二
吳文正集三
吳文正集四
吳文正集五
吳文正集六
吳文正集七
金淵集
山村遺集
湛淵集
牧潛集
小亨集
還山遺稿
魯齋遺書
靜修集
青崖集
養吾齋集一
養吾齋集二
存悔齋稿
雙溪醉隱集
東菴集
白雲集
畏齋集
默菴集
雲峯集
秋澗集一
秋澗集二
秋澗集三
秋澗集四
秋澗集五
秋澗集六
秋澗集七
牧菴文集一
牧菴文集二
雪樓集一
雪樓集二
雪樓集三
曹文貞公詩集
芳谷集
陳剛中集
秋巖詩集
玉井樵唱
蘭軒集
清容居士集一
清容居士集二
清容居士集三

集部第十一架
清容居士集四
此山詩集
霞外詩集
中齋集
西巖集
蒲室集
弁山小隱吟録
續軒渠集
定宇集一
定宇集二
艮齋詩集
知非堂稿
雲林集
梅花字字香
中庵集一
中庵集二
文忠集
靜春堂詩集
惟實集
勤齋集
石田文集
渠菴集
道園學古録一
道園學古録二
道園學古録三
道園學古録四
道園學古録五
道園遺稿
楊仲弘集
范德機詩集
文安集
翠寒集
檜亭集
伊濱集
淵穎集
文獻集一
文獻集二
文獻集三
圭齋文集
待制集一
待制集二
待制集三
所安遺稿
閒居叢稿
至正集一
至正集二
至正集三
至正集四
圭塘小稿
禮部集一
禮部集二
禮部集三
積齋集
燕石集
秋聲集
雁門集
杏亭摘稿
安雅堂集
傅與礪詩文集
鄮泉吟稿
筠軒集
俟菴集
滋溪文稿一
滋溪文稿二
青陽集
鯨背吟集
近光集
經濟文集
純白齋類稿
圭峰集
蛻菴集
五峰集
野處集
夢觀集
金臺集
子淵詩集
午溪集
筠房樵唱
栲栳山人詩集
梅花道人遺墨
玩齋集
羽庭集
不繫舟漁集
居竹軒集
句曲外史集
僑吳集
詠物詩
鹿皮子集
林外野言
傲軒吟稿
師山文集
友石山人遺稿
聞過齋集
學言詩稿
北郭集
玉笥集
青村遺稿
鶴年集
貞素齋集
一山文集
江月松風集
龜巢集一
龜巢集二
龜巢集三

集部第十二架
石初集
山聰餘稿
梧溪集一
梧溪集二
吾吾類稿
樵雲獨唱
桐山老農集
靜思集
九靈山房集一
九靈山房集二
九靈山房集三
灤京雜咏
雲陽集
南湖集
佩玉齋類稿
玉山璞稿
清閟閣全集
麟原集
來鶴亭集
雲松巢集
環谷集
性情集
花谿集
樗隱集
東山存稿
東維子集一
東維子集二
鐵崖古樂府
復古詩集
麗則遺音
夷白齋稿
庸菴集
可閒老人集
石門集
玉笥集
明太祖文集
文憲集一
文憲集二
文憲集三
文憲集四
文憲集五
宋景濂未刻集
誠意伯文集一
誠意伯文集二
鳳池吟稿
陶學士集一
陶學士集二
西隱集
王忠文集一
王忠文集二
王忠文集三
翠屏集
說學齋稿
雲林集
白雲集
林登州集
槎翁詩集一
槎翁詩集二
東臯錄
覆瓿集
柘軒集
白雲稿
密菴集
清江詩集一
清江詩集二
蘇平仲集一
蘇平仲集二
胡仲子集
始豐稿
王常宗集
白石山房逸稿
滄螺集
臨安集
尚絅齋集
趙考古文集
劉彥昺集
藍山集
藍澗集
大全集一
大全集二
鳧藻集
眉菴集
靜菴集
北郭集
鳴盛集
白雲樵唱集
草澤狂歌
半軒集
西菴集
南村詩集
望雲集
蚓竅集
西郊笑端集
草閣詩集
樗菴類稿
春草齋集
耕學齋詩集
可傳集
強齋集
海桑集
畦樂詩集
竹齋集
獨醉亭集
海叟集
榮進集
梁園寓稿
自怡集
斗南老人集
希澹園集
鵞湖集

欽定四庫全書
集部第十三架
榮陽外史集一
榮陽外史集二
榮陽外史集三
榮陽外史集四
繼志齋集
全室外集
中丞集
遜志齋集一
遜志齋集二
遜志齋集三
貞白遺稿
靜學文集
芻蕘集
巽隱文集
易齋集
野古集
峴泉集
唐愚士集
文毅集
虛舟集
王舍人詩集
泊菴集
毅齋集
頤菴文選
青城山人集
東里文集一
東里文集二
東里文集三
東里文集四
東里文集五
東里文集六
文敏集一
文敏集二
省愆集
忠靖集
金文靖集一
金文靖集二
抑菴文集一
抑菴文集二
抑菴文集三
抑菴文集四
抑菴文集五
抑菴文集六
運甓漫稿
梧岡集
古廉文集
曹月川集
敬軒文集一
敬軒文集二
兩谿文集一
兩谿文集二
忠肅集一
忠肅集二
蘭亭集
古穰集一
古穰集二
武功集
倪文僖集一
倪文僖集二
襄毅文集
陳白沙集一
陳白沙集二
類博稿
竹巖集
平橋稿
彭惠安集
清風亭稿
方洲集一
方洲集二
重編瓊臺會稿一
重編瓊臺會稿二
重編瓊臺會稿三
謙齋文錄
椒丘文集一
椒丘文集二
椒丘文集三
石田詩選
東園文集
懷麓堂集一
懷麓堂集二
懷麓堂集三
懷麓堂集四
懷麓堂集五

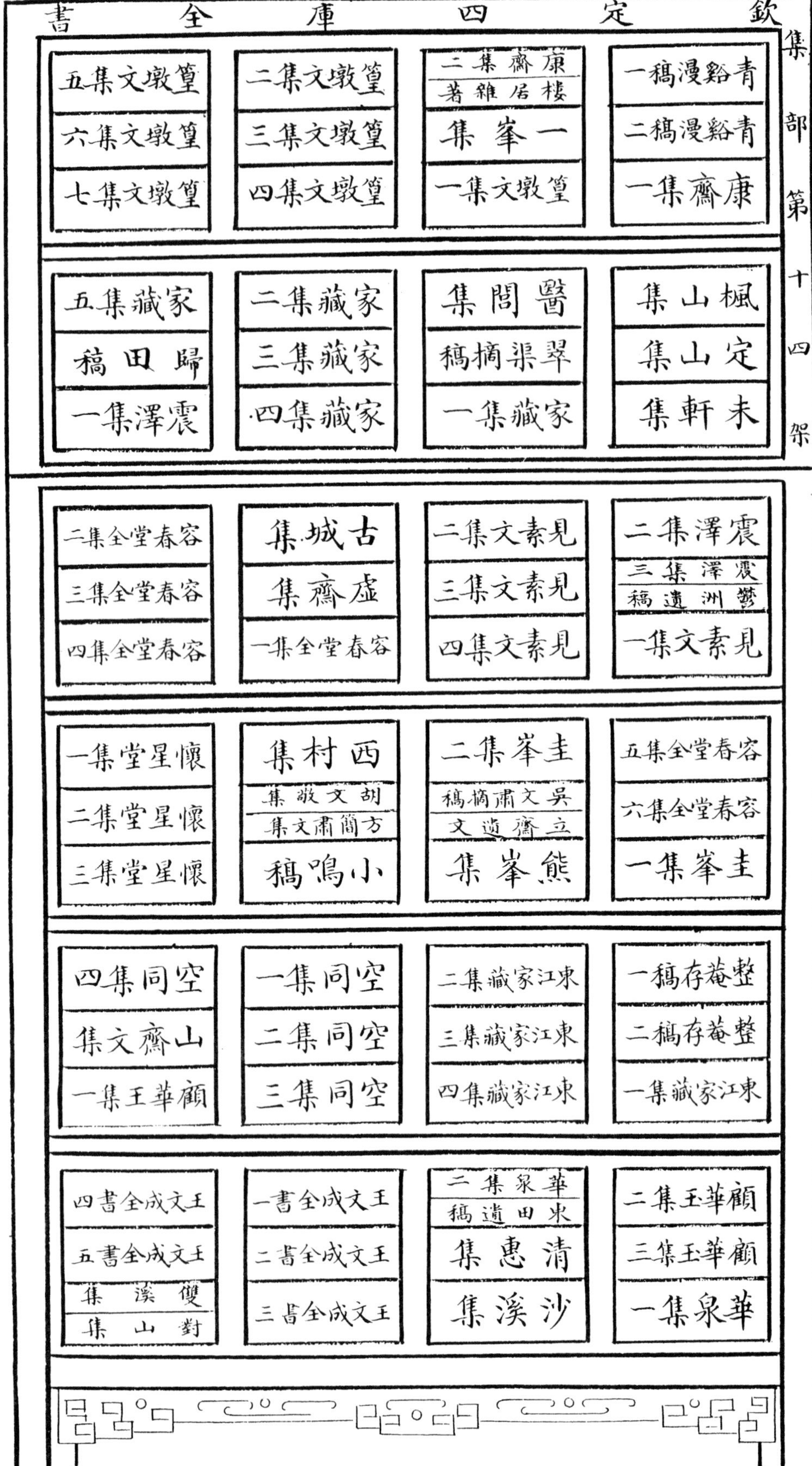
集部第十四架
青谿漫稿一
青谿漫稿二
康齋集一
康齋集二
樓居雜著
一峯集
篁墩文集一
篁墩文集二
篁墩文集三
篁墩文集四
篁墩文集五
篁墩文集六
篁墩文集七
楓山集
定山集
未軒集
醫閭集
翠渠摘稿
家藏集一
家藏集二
家藏集三
家藏集四
家藏集五
歸田稿
震澤集一
震澤集二
震澤集三
鬱洲遺稿
見素文集一
見素文集二
見素文集三
見素文集四
古城集
虛齋集
容春堂全集一
容春堂全集二
容春堂全集三
容春堂全集四
容春堂全集五
容春堂全集六
圭峯集一
圭峯集二
吳文肅摘稿
立齋遺文
熊峯集
西村集
胡文敬集
方簡肅文集
小鳴稿
懷星堂集一
懷星堂集二
懷星堂集三
整菴存稿一
整菴存稿二
東江家藏集一
東江家藏集二
東江家藏集三
東江家藏集四
空同集一
空同集二
空同集三
空同集四
山齋文集
顧華玉集一
顧華玉集二
顧華玉集三
華泉集一
華泉集二
東田遺稿
清惠集
沙溪集
王文成全書一
王文成全書二
王文成全書三
王文成全書四
王文成全書五
雙溪集
對山集

欽定四庫全書
集部第十五架
栢齋集
竹㵎集
大復集一
大復集二
洹詞一
洹詞二
莊渠遺書一
莊渠遺書二
儼山集一
儼山集二
儼山集三
儼山集四
儼山集五
迪功集
太白山人漫稿
少谷集一
少谷集二
苑洛集一
苑洛集二
苑洛集三
東洲初稿一
東洲初稿二
升菴集一
升菴集二
升菴集三
升菴集四
升菴集五
升菴集六
東巖集
文簡集一
文簡集二
文簡集三
文簡集四
方齋存稿
考功集
雲村集
小山類稿
夢澤集
甫田集一
甫田集二
泰泉集
西村詩集
天馬山房遺稿
蘇門集
愚谷集
遵巖集一
遵巖集二
遵巖集三
陸子餘集
念菴文集一
念菴文集二
念菴文集三
皇甫司勳集一
皇甫司勳集二
楊忠介集
荊川集一
荊川集二
皇甫少玄集
瑤石山人詩稿
止山集
張莊僖文集
洞麓堂集
具茨集
青霞集
滄溟集一
滄溟集二
滄溟集三
山海漫談
楊忠愍集
弇州四部稿一
弇州四部稿二
弇州四部稿三
弇州四部稿四
弇州四部稿五
弇州四部稿六
弇州四部稿七
弇州四部稿八
弇州四部稿九

集部第十六架
弇州四部稿十
弇州四部稿十一
弇州四部稿十二
弇州四部稿十三
弇州四部稿十四
弇州四部稿十五
弇州四部稿十六
弇州四部稿十七
弇州四部稿十八
弇州四部稿十九
弇州四部稿二十
弇州四部稿二十一
弇州四部稿二十二
弇州四部稿二十三
弇州四部稿二十四
讀書後
方麓集一
方麓集二
存家詩稿
海壑吟稿
伐檀齋集
備忘集
石洞集一
石洞集二
宗子相集
衡廬精舍藏稿一
衡廬精舍藏稿二
衡廬精舍藏稿三
群芳園詩集
鯤溟集
亦玉堂稿
溫恭毅集一
溫恭毅集二
震川集一
震川集二
震川集三
四溟集
蠛蠓集
少室山房集一
少室山房集二
少室山房集三
少室山房集四
穀城山館詩集
宗伯集一
宗伯集二
臨皐文集
澹然軒集
涇皐藏稿一
涇皐藏稿二
小辨齋偶存
高子遺書一
高子遺書二
少墟集一
少墟集二
少墟集三
石隱園藏稿一
石隱園藏稿二
仰節堂集
願學集一
願學集二
劉蕺山集一
劉蕺山集二
學古緒言一
學古緒言二
檀園集
忠介燼餘集
范文忠集
幔亭集
白谷集
集玉山房稿
宋布衣集
盧忠肅集
倪文貞集一
倪文貞集二
凌忠介集
申忠愍集
茅簷集
陶菴全集

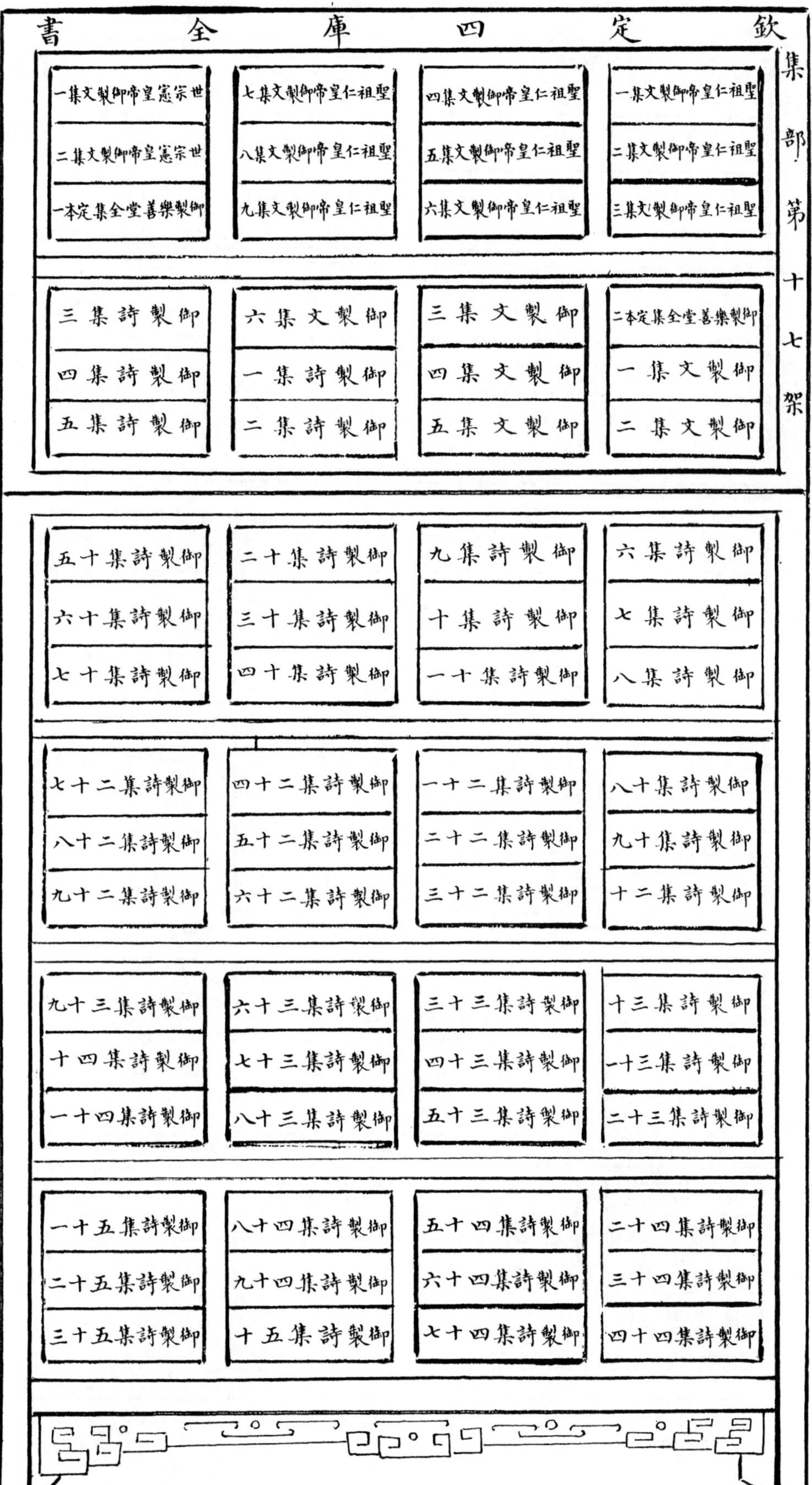

欽定四庫全書
集部第十七架
聖祖仁皇帝御製文集一
聖祖仁皇帝御製文集二
聖祖仁皇帝御製文集三
聖祖仁皇帝御製文集四
聖祖仁皇帝御製文集五
聖祖仁皇帝御製文集六
聖祖仁皇帝御製文集七
聖祖仁皇帝御製文集八
聖祖仁皇帝御製文集九
世宗憲皇帝御製文集一
世宗憲皇帝御製文集二
御製樂善堂全集定本一
御製樂善堂全集定本二
御製文一集
御製文二集
御製文三集
御製文四集
御製文五集
御製文六集
御製詩一集
御製詩二集
御製詩三集
御製詩四集
御製詩五集
御製詩六集
御製詩七集
御製詩八集
御製詩九集
御製詩十集
御製詩十一集
御製詩十二集
御製詩十三集
御製詩十四集
御製詩十五集
御製詩十六集
御製詩十七集
御製詩十八集
御製詩十九集
御製詩二十集
御製詩二十一集
御製詩二十二集
御製詩二十三集
御製詩二十四集
御製詩二十五集
御製詩二十六集
御製詩二十七集
御製詩二十八集
御製詩二十九集
御製詩三十集
御製詩三十一集
御製詩三十二集
御製詩三十三集
御製詩三十四集
御製詩三十五集
御製詩三十六集
御製詩三十七集
御製詩三十八集
御製詩三十九集
御製詩四十集
御製詩四十一集
御製詩四十二集
御製詩四十三集
御製詩四十四集
御製詩四十五集
御製詩四十六集
御製詩四十七集
御製詩四十八集
御製詩四十九集
御製詩五十集
御製詩五十一集
御製詩五十二集
御製詩五十三集

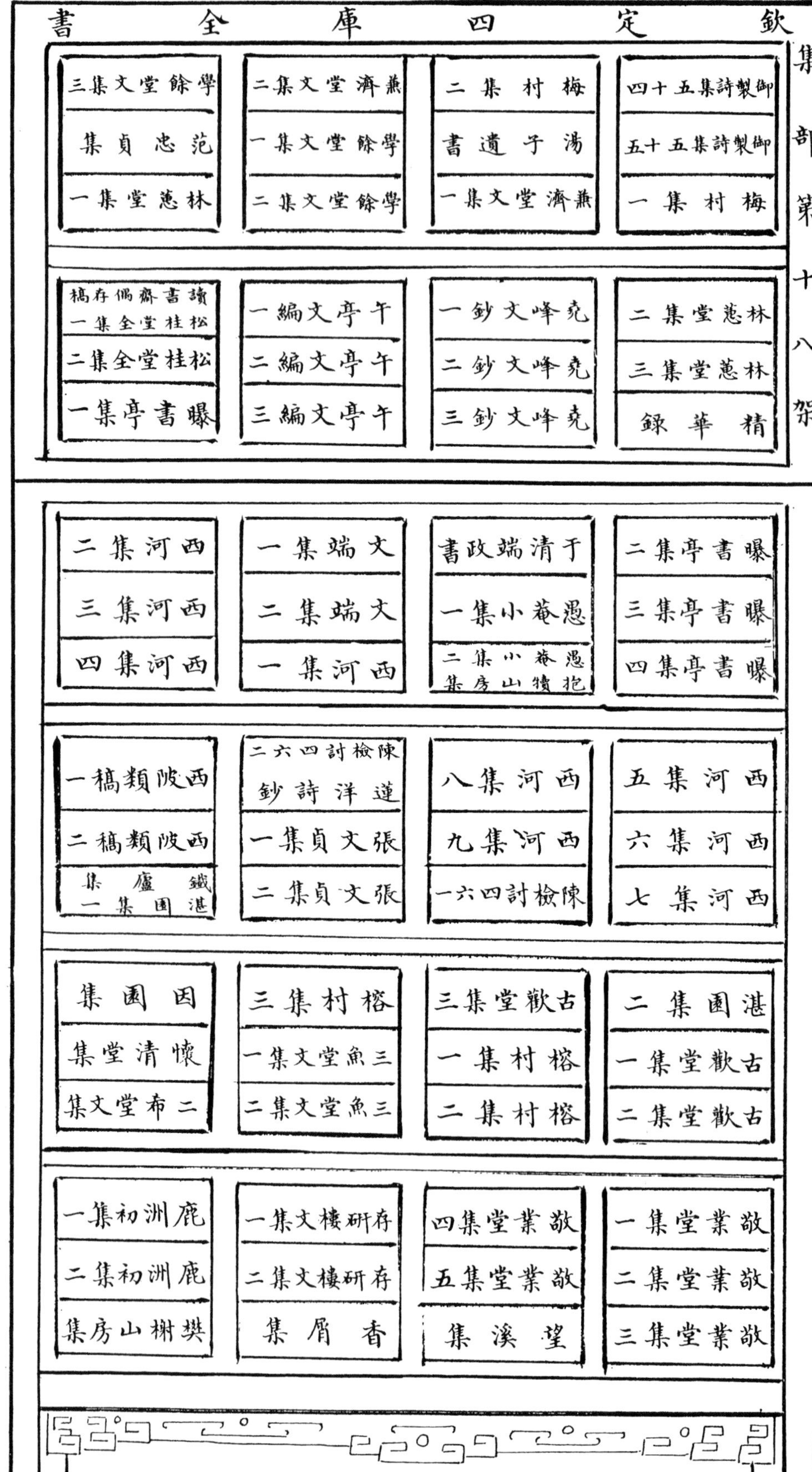
欽定四庫全書
集部第十八架
御製詩集五十四
御製詩集五十五
梅村集一
梅村集二
湯子遺書
蕪齋堂文集一
蕪齋堂文集二
學餘堂文集一
學餘堂文集二
學餘堂文集三
范忠貞集
林蕙堂集一
林蕙堂集二
林蕙堂集三
精華錄
堯峯文鈔一
堯峯文鈔二
堯峯文鈔三
午亭文編一
午亭文編二
午亭文編三
讀書齋偶存稿
松桂堂全集一
松桂堂全集二
曝書亭集一
曝書亭集二
曝書亭集三
曝書亭集四
于清端政書
愚菴小集一
愚菴小集二
抱犢山房集
文端集一
文端集二
西河集一
西河集二
西河集三
西河集四
西河集五
西河集六
西河集七
西河集八
西河集九
陳檢討四六一
陳檢討四六二
蓮洋詩鈔
張文貞集一
張文貞集二
西陂類稿一
西陂類稿二
鐵廬集
湛園集一
湛園集二
古歡堂集一
古歡堂集二
古歡堂集三
榕村集一
榕村集二
榕村集三
三魚堂文集一
三魚堂文集二
因園集
懷清堂集
二希堂文集
敬業堂集一
敬業堂集二
敬業堂集三
敬業堂集四
敬業堂集五
望溪集
存研樓文集一
存研樓文集二
香屑集
鹿洲初集一
鹿洲初集二
樊榭山房集

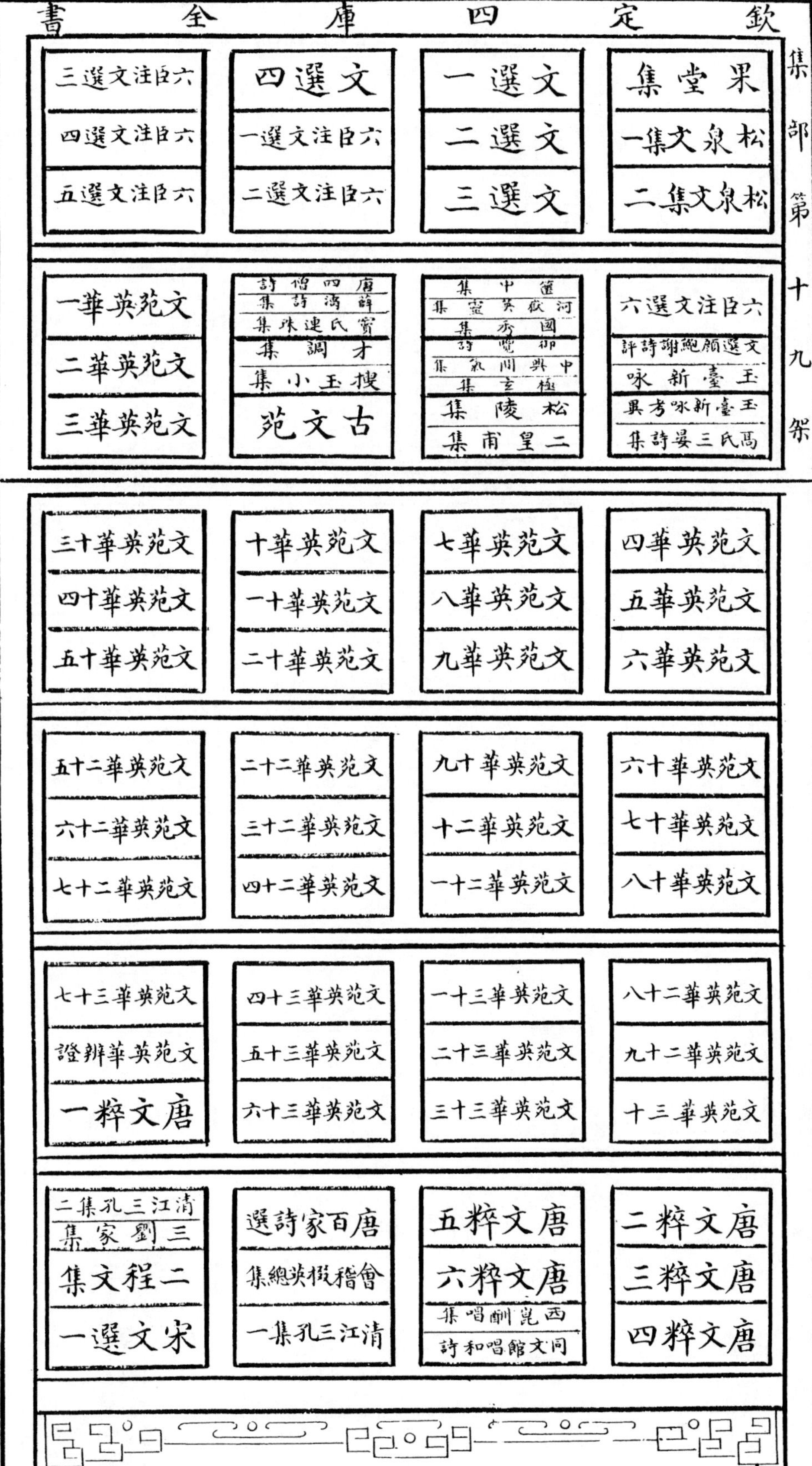

欽定四庫全書
集部第十九架
果堂集
松泉文集一
松泉文集二
文選一
文選二
文選三
文選四
六臣注文選一
六臣注文選二
六臣注文選三
六臣注文選四
六臣注文選五
六臣注文選六
文選顏鮑謝詩評
玉臺新詠
玉臺新詠考異
高氏三宴詩集
篋中集
河嶽英靈集
國秀集
御覽詩
中興間氣集
極玄集
松陵集
二皇甫集
唐四僧詩
薛濤詩集
竇氏聯珠集
才調集
搜玉小集
古文苑
文苑英華一
文苑英華二
文苑英華三
文苑英華四
文苑英華五
文苑英華六
文苑英華七
文苑英華八
文苑英華九
文苑英華十
文苑英華十一
文苑英華十二
文苑英華十三
文苑英華十四
文苑英華十五
文苑英華十六
文苑英華十七
文苑英華十八
文苑英華十九
文苑英華二十
文苑英華二十一
文苑英華二十二
文苑英華二十三
文苑英華二十四
文苑英華二十五
文苑英華二十六
文苑英華二十七
文苑英華二十八
文苑英華二十九
文苑英華三十
文苑英華三十一
文苑英華三十二
文苑英華三十三
文苑英華三十四
文苑英華三十五
文苑英華三十六
文苑英華三十七
文苑英華辨證
唐文粹一
唐文粹二
唐文粹三
唐文粹四
唐文粹五
唐文粹六
西崑酬唱集
同文館唱和詩
唐百家詩選
會稽掇英總集
清江三孔集一
清江三孔集二
三劉家集
二程文集
宋文選一

二二六

集部第二十架

宋文選二
坡門酬唱集
樂府詩集一

樂府詩集二
樂府詩集三
樂府詩集四

歲時雜咏一
歲時雜咏二
嚴陵集
南嶽酬唱集

萬首唐人絕句一
萬首唐人絕句二
萬首唐人絕句三

萬首唐人絕句四
聲畫集
宋文鑑一

宋文鑑二
宋文鑑三
宋文鑑四

宋文鑑五
宋文鑑六
宋文鑑七

宋文鑑八
宋文鑑九
宋文鑑十

宋文鑑十一
古文關鍵
回文類聚
五百家播芳大全文粹一

五百家播芳大全文粹二
五百家播芳大全文粹三
五百家播芳大全文粹四

五百家播芳大全文粹五
五百家播芳大全文粹六
五百家播芳大全文粹七

五百家播芳大全文粹八
五百家播芳大全文粹九
五百家播芳大全文粹十

五百家播芳大全文粹十一
五百家播芳大全文粹十二
崇古文訣一

崇古文訣二
成都文粹一
成都文粹二

成都文粹三
成都文粹四
文章正宗一

文章正宗二
文章正宗三
文章正宗四

文章正宗五
文章正宗六
文章正宗七

文章正宗八
天台集
赤城集

妙絕古今
唐僧弘秀集
眾妙集
江湖小集一
江湖小集二

江湖小集三
江湖小集四
江湖小集五

江湖後集一
江湖後集二
江湖後集三
三體唐詩

論學繩尺一
論學繩尺二
吳都文粹一

吳都文粹二
古文集成一
古文集成二

古文集成三
古文集成四
文章軌範
月泉吟社詩

欽定四庫全書
集部第二十一架
文選補遺一
文選補遺二
文選補遺三
文選補遺四
蘇門六君子文粹一
蘇門六君子文粹二
蘇門六君子文粹三
三國志文類一
三國志文類二
增注唐策
詩家鼎臠
十先生奧論注一
十先生奧論注二
兩宋名賢小集一
兩宋名賢小集二
兩宋名賢小集三
兩宋名賢小集四
兩宋名賢小集五
兩宋名賢小集六
兩宋名賢小集七
兩宋名賢小集八
兩宋名賢小集九
兩宋名賢小集十
兩宋名賢小集十一
兩宋名賢小集十二
兩宋名賢小集十三
兩宋名賢小集十四
柴氏四隱集
中州集一
中州集二
唐詩鼓吹
二妙集
谷音
河汾諸老詩集
瀛奎律髓一
瀛奎律髓二
瀛奎律髓三
瀛奎律髓四
梅花百咏
天下同文集
古賦辨體
圭塘欸乃集
忠義集
宛陵羣英集
元文類一
元文類二
元文類三
元文類四
元文類五
元文類六
元風雅
唐音
古樂府
玉山名勝集
草堂雅集一
草堂雅集二
玉山紀遊
大雅集
元音遺響
風雅翼
荊南唱和詩集
乾坤清氣
元音
雅頌正音
唐詩品彙一
唐詩品彙二
唐詩品彙三
唐詩品彙四
唐詩品彙五
廣州四先生詩
三華集
閩中十子詩一
閩中十子詩二
滄海遺珠
元詩體要
中州名賢文表一
中州名賢文表二
中州名賢文表三
明文衡一
明文衡二
明文衡三
明文衡四
明文衡五
明文衡六

明文衡七
明文衡八
新安文獻志一
新安文獻志二
新安文獻志三
新安文獻志四
新安文獻志五
新安文獻志六
新安文獻志七
海岱會集
經義模範
文編一
文編二

文編三
文編四
文編五
文編六
古詩紀一
古詩紀二
古詩紀三
古詩紀四
古詩紀五
古詩紀六
古詩紀七
詩紀匡謬
全蜀藝文志一

全蜀藝文志二
全蜀藝文志三
全蜀藝文志四
古今詩刪一
古今詩刪二
唐宋元明表
文氏五家集
宋藝圃集一
宋藝圃集二
元藝圃集
唐宋八大家文鈔一
唐宋八大家文鈔二

唐宋八大家文鈔三
唐宋八大家文鈔四
唐宋八大家文鈔五
唐宋八大家文鈔六
唐宋八大家文鈔七
唐宋八大家文鈔八
吳都文粹續集一
吳都文粹續集二
吳都文粹續集三
吳都文粹續集四
吳都文粹續集五
石倉歷代詩選一

石倉歷代詩選二
石倉歷代詩選三
石倉歷代詩選四
石倉歷代詩選五
石倉歷代詩選六
石倉歷代詩選七
石倉歷代詩選八
石倉歷代詩選九
石倉歷代詩選十
石倉歷代詩選十一
石倉歷代詩選十二
石倉歷代詩選十三

石倉歷代詩選十四
石倉歷代詩選十五
石倉歷代詩選十六
石倉歷代詩選十七
石倉歷代詩選十八
石倉歷代詩選十九
石倉歷代詩選二十
石倉歷代詩選二十一
石倉歷代詩選二十二
石倉歷代詩選二十三
石倉歷代詩選二十四
四六法海一

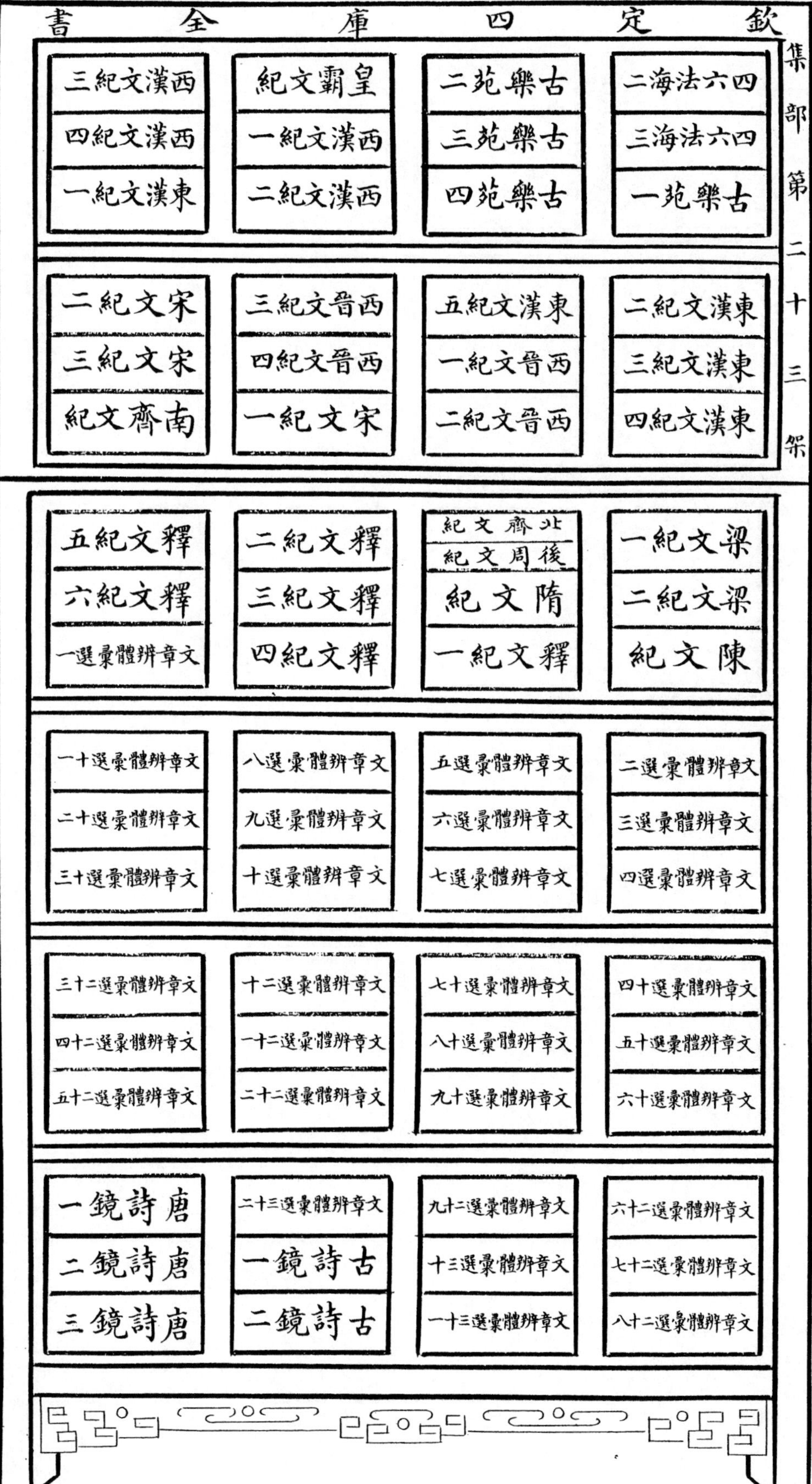

欽定四庫全書
集部第二十三架
四六法海二
四六法海三
古樂苑一
古樂苑二
古樂苑三
古樂苑四
皇霸文紀
西漢文紀一
西漢文紀二
西漢文紀三
西漢文紀四
東漢文紀一
東漢文紀二
東漢文紀三
東漢文紀四
東漢文紀五
西晉文紀一
西晉文紀二
西晉文紀三
西晉文紀四
宋文紀一
宋文紀二
宋文紀三
南齊文紀
梁文紀一
梁文紀二
陳文紀
北齊文紀
後周文紀
隋文紀
釋文紀一
釋文紀二
釋文紀三
釋文紀四
釋文紀五
釋文紀六
文章辨體彙選一
文章辨體彙選二
文章辨體彙選三
文章辨體彙選四
文章辨體彙選五
文章辨體彙選六
文章辨體彙選七
文章辨體彙選八
文章辨體彙選九
文章辨體彙選十
文章辨體彙選十一
文章辨體彙選十二
文章辨體彙選十三
文章辨體彙選十四
文章辨體彙選十五
文章辨體彙選十六
文章辨體彙選十七
文章辨體彙選十八
文章辨體彙選十九
文章辨體彙選二十
文章辨體彙選二十一
文章辨體彙選二十二
文章辨體彙選二十三
文章辨體彙選二十四
文章辨體彙選二十五
文章辨體彙選二十六
文章辨體彙選二十七
文章辨體彙選二十八
文章辨體彙選二十九
文章辨體彙選三十
文章辨體彙選三十一
文章辨體彙選三十二
古詩鏡一
古詩鏡二
唐詩鏡一
唐詩鏡二
唐詩鏡三

欽定四庫全書

集部第二十四架

唐詩鏡四 漢魏六朝百三家集一 漢魏六朝百三家集二	漢魏六朝百三家集三 漢魏六朝百三家集四 漢魏六朝百三家集五	漢魏六朝百三家集六 漢魏六朝百三家集七 漢魏六朝百三家集八	漢魏六朝百三家集九 漢魏六朝百三家集十 漢魏六朝百三家集十一
漢魏六朝百三家集十二 漢魏六朝百三家集十三 漢魏六朝百三家集十四	古今禪藻集一 古今禪藻集二 古今禪藻集三 三家宮詞 二家宮詞	御選古文淵鑑一 御選古文淵鑑二 御選古文淵鑑三	御選古文淵鑑四 御選古文淵鑑五 御選古文淵鑑六
御選古文淵鑑七 御選古文淵鑑八 御選古文淵鑑九	御選古文淵鑑十 御定歷代賦彙一 御定歷代賦彙二	御定歷代賦彙三 御定歷代賦彙四 御定歷代賦彙五	御定歷代賦彙六 御定歷代賦彙七 御定歷代賦彙八
御定歷代賦彙九 御定歷代賦彙十 御定歷代賦彙十一	御定歷代賦彙十二 御定歷代賦彙十三 御定歷代賦彙十四	御定歷代賦彙十五 御定歷代賦彙十六 御定全唐詩一	御定全唐詩二 御定全唐詩三 御定全唐詩四
御定全唐詩五 御定全唐詩六 御定全唐詩七	御定全唐詩八 御定全唐詩九 御定全唐詩十	御定全唐詩十一 御定全唐詩十二 御定全唐詩十三	御定全唐詩十四 御定全唐詩十五 御定全唐詩十六
御定全唐詩十七 御定全唐詩十八 御定全唐詩十九	御定全唐詩二十 御定全唐詩二十一 御定全唐詩二十二	御定全唐詩二十三 御定全唐詩二十四 御定全唐詩二十五	御定全唐詩二十六 御定全唐詩二十七 御定全唐詩二十八

御定全唐詩二十九
御定全唐詩三十
御定全唐詩三十一
御定全唐詩三十二
御定佩文齋詠物詩選一
御定佩文齋詠物詩選二
御定佩文齋詠物詩選三
御定佩文齋詠物詩選四
御定佩文齋詠物詩選五
御定佩文齋詠物詩選六
御定佩文齋詠物詩選七
御定佩文齋詠物詩選八
御定佩文齋詠物詩選九
御定歷代題畫詩類一
御定歷代題畫詩類二
御定歷代題畫詩類三
御定歷代題畫詩類四
御定歷代題畫詩類五
御定歷代題畫詩類六
御選四朝詩一
御選四朝詩二
御選四朝詩三
御選四朝詩四
御選四朝詩五
御選四朝詩六
御選四朝詩七
御選四朝詩八
御選四朝詩九
御選四朝詩十
御選四朝詩十一
御選四朝詩十二
御選四朝詩十三
御選四朝詩十四
御選四朝詩十五
御選四朝詩十六
御選四朝詩十七
御選四朝詩十八
御選四朝詩十九
御選四朝詩二十
御選四朝詩二十一
御選四朝詩二十二
御選四朝詩二十三
御選四朝詩二十四
御選四朝詩二十五
御選四朝詩二十六
御選四朝詩二十七
御選四朝詩二十八
御選四朝詩二十九
御訂全金詩增補中州集一
御訂全金詩增補中州集二
御訂全金詩增補中州集三
御訂全金詩增補中州集四
御訂全金詩增補中州集五
御訂全金詩增補中州集六
御選唐詩一
御選唐詩二
御選唐詩三
御選唐詩四
御定千叟宴詩
御選唐宋文醇一
御選唐宋文醇二
御選唐宋文醇三
御選唐宋文醇四
御選唐宋詩醇一
御選唐宋詩醇二
御選唐宋詩醇三
御選唐宋詩醇四
皇清文穎一
皇清文穎二
皇清文穎三
皇清文穎四
皇清文穎五

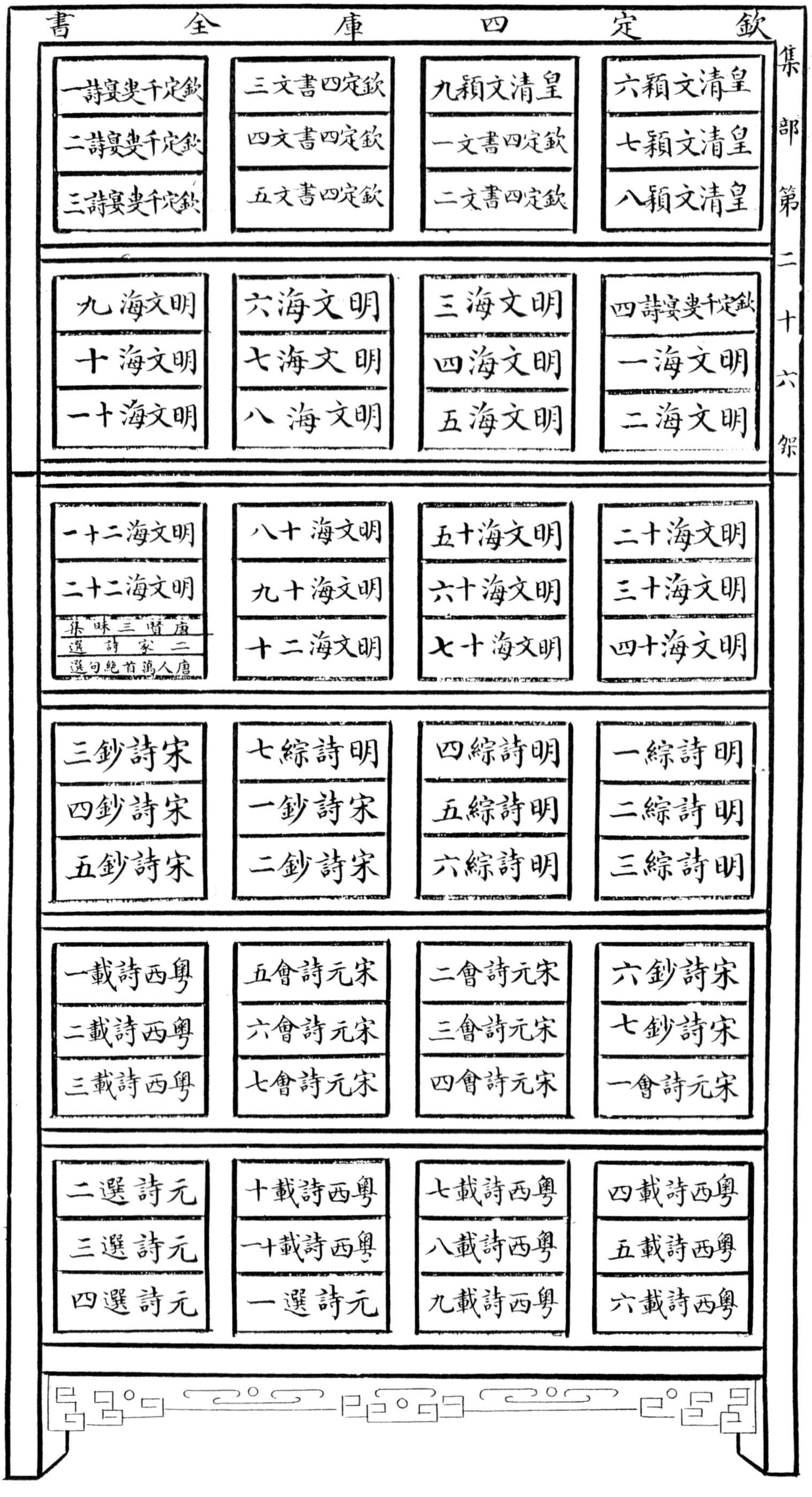

集部第二十六架

欽定千叟宴詩一	欽定四書文三	皇清文穎九	皇清文穎六
欽定千叟宴詩二	欽定四書文四	欽定四書文一	皇清文穎七
欽定千叟宴詩三	欽定四書文五	欽定四書文二	皇清文穎八
明文海九	明文海六	明文海三	欽定千叟宴詩四
明文海十	明文海七	明文海四	明文海一
明文海十一	明文海八	明文海五	明文海二
明文海二十一	明文海十八	明文海十五	明文海十二
明文海二十二	明文海十九	明文海十六	明文海十三
唐賢三昧集 二家詩選 唐人萬首絕句選	明文海二十	明文海十七	明文海十四
宋詩鈔三	明詩綜七	明詩綜四	明詩綜一
宋詩鈔四	宋詩鈔一	明詩綜五	明詩綜二
宋詩鈔五	宋詩鈔二	明詩綜六	明詩綜三
粵西詩載一	宋元詩會五	宋元詩會二	宋詩鈔六
粵西詩載二	宋元詩會六	宋元詩會三	宋詩鈔七
粵西詩載三	宋元詩會七	宋元詩會四	宋元詩會一
元詩選二	粵西詩載十	粵西詩載七	粵西詩載四
元詩選三	粵西詩載十一	粵西詩載八	粵西詩載五
元詩選四	元詩選一	粵西詩載九	粵西詩載六

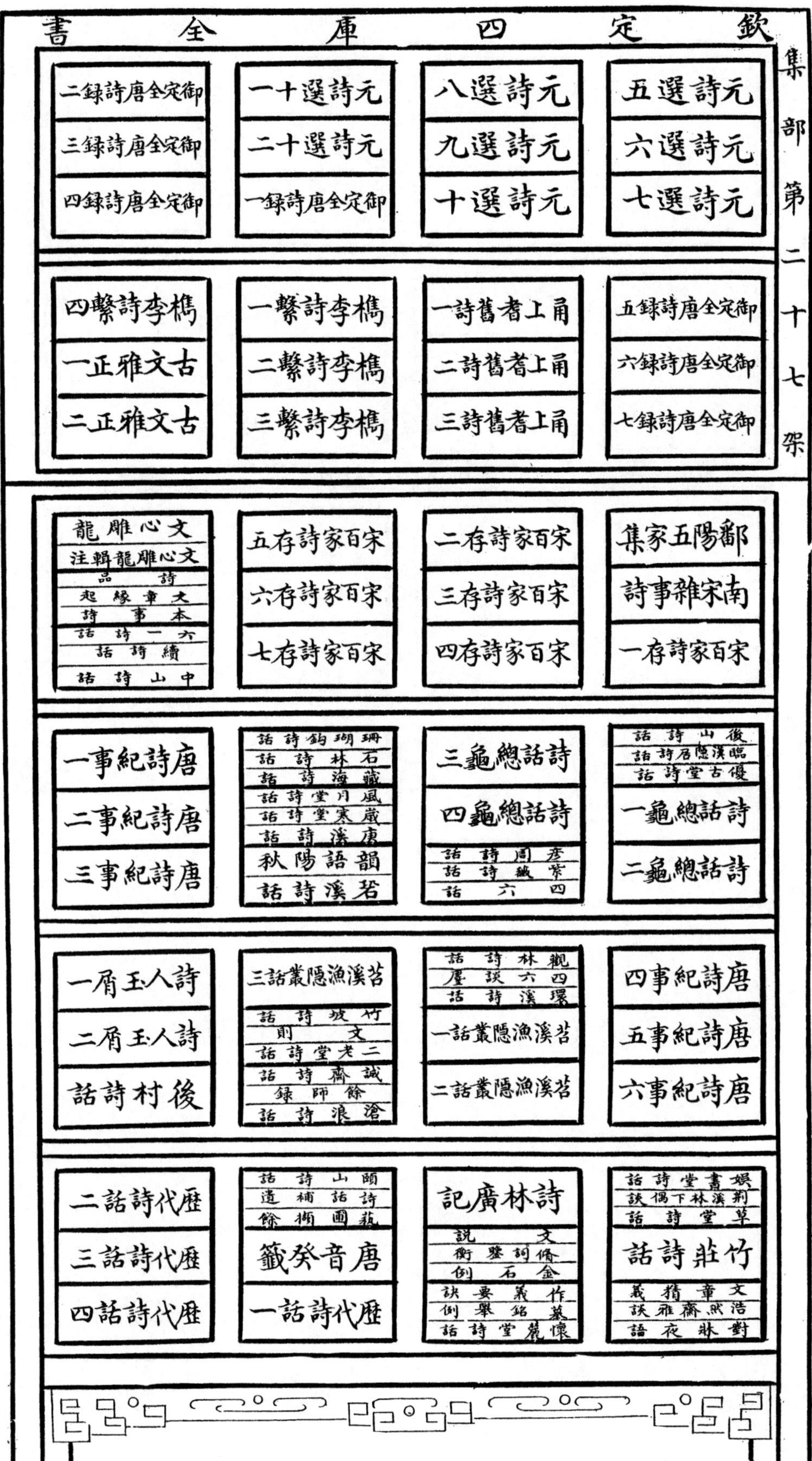

欽定四庫全書
集部第二十七架
元詩選五
元詩選六
元詩選七
元詩選八
元詩選九
元詩選十
元詩選十一
元詩選十二
御定全唐詩錄一
御定全唐詩錄二
御定全唐詩錄三
御定全唐詩錄四
御定全唐詩錄五
御定全唐詩錄六
御定全唐詩錄七
甬上耆舊詩一
甬上耆舊詩二
甬上耆舊詩三
檇李詩繫一
檇李詩繫二
檇李詩繫三
檇李詩繫四
古文雅正一
古文雅正二
鄱陽五家集
南宋雜事詩
宋百家詩存一
宋百家詩存二
宋百家詩存三
宋百家詩存四
宋百家詩存五
宋百家詩存六
宋百家詩存七
文心雕龍
文心雕龍輯注
詩品
文章緣起
本事詩
六一詩話
續詩話
中山詩話
後山詩話
臨漢隱居詩話
優古堂詩話
詩話總龜一
詩話總龜二
詩話總龜三
詩話總龜四
彥周詩話
紫微詩話
四六話
珊瑚鉤詩話
石林詩話
藏海詩話
風月堂詩話
歲寒堂詩話
庚溪詩話
韻語陽秋
苕溪詩話
唐詩紀事一
唐詩紀事二
唐詩紀事三
唐詩紀事四
唐詩紀事五
唐詩紀事六
觀林詩話
四六談麈
環溪詩話
苕溪漁隱叢話一
苕溪漁隱叢話二
苕溪漁隱叢話三
竹坡詩話
文則
二老堂詩話
誠齋詩話
餘師錄
滄浪詩話
詩人玉屑一
詩人玉屑二
後村詩話
娛書堂詩話
荊溪林下偶談
草堂詩話
竹莊詩話
文章精義
浩然齋雅談
對牀夜語
詩林廣記
文說
修辭鑑衡
金石例
作義要訣
墓銘舉例
懷麓堂詩話
頤山詩話
詩話補遺
藝圃擷餘
唐音癸籤
歷代詩話一
歷代詩話二
歷代詩話三
歷代詩話四

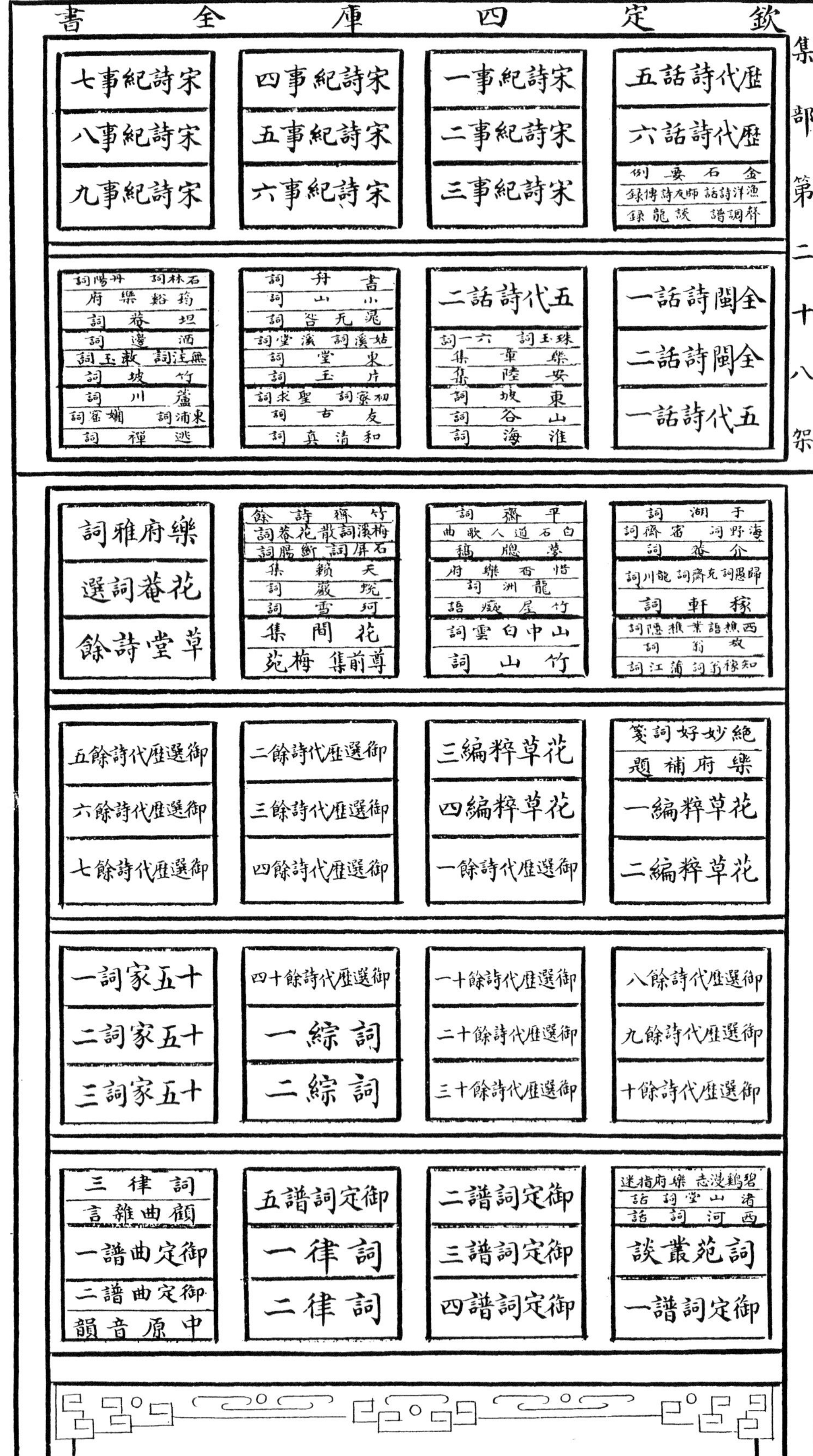

欽定四庫全書
集部第二十八架
歷代詩話五
歷代詩話六
金石要例
漁洋詩話 師友詩傳錄
聲調譜 談龍錄
宋詩紀事一
宋詩紀事二
宋詩紀事三
宋詩紀事四
宋詩紀事五
宋詩紀事六
宋詩紀事七
宋詩紀事八
宋詩紀事九
全閩詩話一
全閩詩話二
五代詩話一
五代詩話二
珠玉詞 六一詞
樂章集
安陸集
東坡詞
山谷詞
淮海詞
書舟詞
小山詞
晁无咎詞
姑溪詞 溪堂詞
東堂詞
片玉詞
初寮詞 聖求詞
友古詞
和清真詞
石林詞 丹陽詞
筠谿樂府
坦菴詞
酒邊詞
無住詞 敕玉詞
竹坡詞
蘆川詞
東浦詞 孏窟詞
逃禪詞
于湖詞
海野詞 審齋詞
介菴詞
歸愚詞 克齋詞 龍川詞
稼軒詞
西樵語業 樵隱詞
放翁詞
知稼翁詞 蒲江詞
平齋詞
白石道人歌曲
夢窗稿
惜香樂府
龍洲詞
竹屋癡語
山中白雲詞
竹山詞
竹齋詩餘
梅溪詞 散花菴詞
石屏詞 斷腸詞
天籟集
蛻巖詞
珂雪詞
花間集
尊前集 梅苑
樂府雅詞
花菴詞選
草堂詩餘
絕妙好詞箋
樂府補題
花草粹編一
花草粹編二
花草粹編三
花草粹編四
御選歷代詩餘一
御選歷代詩餘二
御選歷代詩餘三
御選歷代詩餘四
御選歷代詩餘五
御選歷代詩餘六
御選歷代詩餘七
御選歷代詩餘八
御選歷代詩餘九
御選歷代詩餘十
御選歷代詩餘十一
御選歷代詩餘十二
御選歷代詩餘十三
御選歷代詩餘十四
詞綜一
詞綜二
十五家詞一
十五家詞二
十五家詞三
碧鷄漫志 樂府指迷
渚山堂詞話
西河詞話
詞苑叢談
御定詞譜一
御定詞譜二
御定詞譜三
御定詞譜四
御定詞譜五
詞律一
詞律二
詞律三
顧曲雜言
御定曲譜一
御定曲譜二
中原音韻

二三五